Opera

GIORGIO BAGNOLI

Opera

ARNOLDO MONDADORI EDITORE

L'autore ringrazia Renata Berto, Luciano Carboneschi, Lucio De Piccoli, Angela Martin, Renato Martino, Stefano Muddolon, Elisabetta Navarbi, Marcello Trainotti, che hanno dato il loro prezioso contributo alla documentazione del volume.

Redazione: Amilcare Bardi
Art Director: Giorgio Seppi
Progetto grafico: Fulvio Ariani

© 1993 Arnoldo Mondadori S.p.A.,
Milano
Creazione Libri Illustrati
Prima edizione: agosto 1993

ISBN 88-04-35720-7

Finito di stampare nel mese di agosto 1993 presso le Artes Gráficas Toledo, S.A.
Printed in Spain

PRESENTAZIONE

La lirica è passione, entusiasmo, amore, ma come tutti i grandi sentimenti va approfondita, coltivata e fatta crescere con costanza. Per questo motivo, da alcuni anni la mia attività non consiste unicamente nell'interpretare il repertorio, ma anche nel diffondere la cultura del canto, oltre che nel rinforzarne le radici, cercando nuovi talenti vocali, dando vita a grandi istituzioni, provocando eventi di ampia diffusione popolare.
La conoscenza del melodramma e dei suoi interpreti passa anche attraverso l'editoria. Questo dizionario, per esempio, costituisce un utile strumento di apertura per tutti coloro che vogliono andare al di là del piacere di ascoltare una bella romanza o un preludio orchestrale.
Sono qui raccolte non solo le opere del mio repertorio, tra cui L'elisir d'amore, Rigoletto, Un ballo in maschera, Tosca, ma infinite altre, di tutte le epoche e di gran parte dei paesi del mondo. Di ognuna di esse il lettore troverà la trama, gli interpreti vocali, oltre che una chiara e ricca scheda storico-musicale. E ripercorrerà il cammino storico di quell'arte che io interpreto con amore sui palcoscenici di tutto il mondo, che entusiasma le platee di occidente e oriente, e che ha fatto grande la tradizione musicale italiana, creatrice e "primadonna" di questo genere musicale.
Ma il presente dizionario, corredato peraltro da un apparato figurativo di altissimo livello, e che comprende splendide foto tratte dagli archivi dei maggiori teatri del mondo, non propone solo un salto nel passato, nella storia consolidata del melodramma, ma chiede al lettore di affacciarsi altresí sulla lirica dei nostri giorni, attraverso tutti quei lemmi che sono dedicati ai cantanti del Novecento, e particolarmente a quelli che proprio in questi anni si vanno affermando.
Accanto al mio nome, infatti, e a quello di colleghi come Domingo e Carreras, si trova anche la presentazione di giovani e giovanissime stelle nascenti del firmamento del canto, di quelle voci che contribuiranno a tenere alta la bandiera del melodramma.
L'appassionato troverà inoltre in queste pagine i profili dei principali compositori, tra cui Rossini, Donizetti, Puccini, Massenet, e di librettisti e direttori d'orchestra.
Ecco dunque un libro che mancava da tempo sul mercato internazionale: un dizionario dell'opera lirica aggiornato e filologicamente corretto, ricco di aggiornamenti e sintetico; uno strumento insostituibile per togliersi ogni curiosità e, perché no?, per fare bella figura in una serata mondana a teatro.

Luciano Pavarotti

GUIDA ALLA LETTURA

Questo *Dizionario dell'opera* comprende, in ordine alfabetico, voci contrassegnate con un loro simbolo e relative a:
- ♦ cantanti
- ● compositori
- ■ direttori d'orchestra
- ▲ librettisti
- ★ opere

Per la traduzione dei titoli di opere straniere è stato usato il corsivo per quelle entrate ormai stabilmente nel repertorio dei teatri italiani (per esempio: *Die Meistersinger von Nürnberg* sarà *I maestri cantori di Norimberga*), mentre si è usato il tondo per quelle che non sono entrate a far parte del repertorio stabile, o che vengono rappresentate con il titolo originale (per esempio: *Tiefland* sarà Bassopiano).

Per le voci che riguardano le opere il testo iniziale – che indica l'autore, il librettista, la data e il luogo della prima rappresentazione – è in corsivo; una riga puntinata evidenzia il riassunto della trama; alcune considerazioni e/o notizie sull'opera o sull'autore sono in tondo nel blocchetto finale.

ABBADO, CLAUDIO
(Milano 1933)

Direttore d'orchestra italiano. Figlio del violinista Michelangelo e fratello del compositore Marcello. Ha studiato al Conservatorio di Milano, proseguendo la sua formazione musicale a Vienna con H. Swarowsky. Dopo aver vinto la Koussevitzky Competition (1958) e il Premio "Mitropoulos" (1963), nel 1967 ha inaugurato la stagione della Scala con *I Capuleti e i Montecchi* di Bellini. Inizia cosí un rapporto stabile con il teatro milanese, un sodalizio che lo porterà a esserne direttore principale, direttore musicale e quindi direttore artistico (1971-79), segnando uno dei momenti piú gloriosi della vita musicale italiana. Importanti le presenze a capo di grandi orchestre: della London Symphony Orchestra, della quale dal 1979 al 1988 è stato direttore stabile e musicale; dei Wiener Philharmoniker (direttore principale dal 1986 al 1991); della Chicago Symphony Orchestra (principale direttore ospite dal 1982). Dal 1989, dopo la morte di von Karajan, ha assunto la carica di direttore musicale dei Berliner Philharmoniker. Altrettanto importante la sua presenza alla direzione musicale della Staatsoper di Vienna (1986-91). Accanto a una intensa attività concertistica, Abbado ha da sempre mostrato un vivo interesse verso l'opera lirica. Ogni suo accostarsi al mondo dell'opera rappresenta un momento fondamentale nella storia dell'interpretazione lirica: dal suo basilare apporto alla rinascita rossiniana (*Il barbiere di Siviglia*, *Cenerentola*, *Il viaggio a Reims*), alle sue interpretazioni verdiane (*Simon Boccanegra*, *Macbeth*), fino al suo incontro con l'opera russa (*Boris Godunov*, *Kovàncǐna*) e tedesca: dallo Schubert di *Fierrabras*, a Wagner (*Lohengrin*, ecc.), a Berg (*Wozzeck*). Un repertorio operistico assai vasto e stilisticamente diverso, che Abbado ha reso sempre efficacemente, grazie alle sue capacità analitiche, ineccepibili dal punto di vista musicale, ma allo stesso tempo vivificate da una rara vitalità teatrale.

ACIS AND GALATEA
(*Aci e Galatea*)

Masque *in due parti di Georg Friedrich Händel (1685-1759), su libretto di J. Gay, tratto dalle* Metamorfosi di Ovidio. *Prima rappresentazione: Cannons, nella residenza del duca di Chandos, tra il 1717 e il 1718. Una seconda versione, in parte in lingua italiana, venne rappresentata a Londra, King's Theatre, il 10 giugno 1732.*

L'intreccio narra dell'amore della ninfa Galatea (soprano) per il pastore Aci (tenore). Buona parte dell'opera è caratterizzata da arie e cori che celebrano l'amore tra i due giovani. Il clima idilliaco si interrompe con l'arrivo del gigante Polifemo (basso), intenzionato a far sua la ninfa. I suoi tentativi di seduzione sono però inutili. Quando poi deve assistere a un reciproco giuramento d'amore tra Aci e Galatea, il gigante, in un accesso d'ira, scaglia un macigno contro Aci, ferendolo a morte. Alla disperata Galatea non resta che far uso dei suoi poteri divini, tramutando l'amato Aci in una sorgente. Un coro finale di pastori esorta la povera ninfa a non piangere piú, ma ad ascoltare il ruscello che "mormora ancora il tuo dolce canto d'amore".

Il *masque* è un genere di teatro tipicamente inglese che comprende, nella sua forma piú classica, una mescolanza di musica, danza, dialoghi parlati, mimica e una ricca messa in scena. In voga tra il XVI e il XVII secolo, all'epoca di *Acis and Galatea*, questo genere teatrale sopravviveva come reazione all'imperante opera italiana, riducendosi però in forme piú "dimesse", come opere brevi su temi pastorali e mitologici. Dopo la prima versione (nel 1708 aveva composto una cantata sul medesimo tema), Händel ripropose una versione, presentata come serenata, ampliata in tre atti, su testo italiano, al quale però il compositore aveva accostato arie e cori in lingua inglese. La ragione di questo miscuglio è che buona parte della compagnia di canto era formata da cantanti italiani, non molto adusi alla lingua inglese. Dopo questa "Serenata" (la composizione era stata presentata senza azione scenica), tra il 1739 e il 1740 Händel rimaneggiò la prima versione interamente in inglese del 1718. Si trattò soprattutto di un lavoro di abbreviazione, atto a giustificare l'inserimento di pagine strumentali. Altre opere che hanno trattato il medesimo soggetto si devono a M.-A. Charpentier (1678), J.-B. Lully (1686), F.-J. Haydn (1763).

ACKERMANN, OTTO
(Bucarest 1909 - Wabern, Berna 1960)

Direttore d'orchestra rumeno naturalizzato

Nella sequenza:
il direttore d'orchestra
italiano Claudio Abbado
dirige l'orchestra del Teatro alla Scala.

svizzero. Ha iniziato gli studi musicali nella città natale, perfezionandosi poi a Berlino con G. Szell. Iniziata la carriera in importanti teatri tedeschi, si è esibito come direttore e regista nei teatri di Berna (dal 1936) e di Zurigo (dal 1945). Direttore di solida e scrupolosa professionalità, ha diretto un vasto repertorio operistico, con particolare attenzione all'opera tedesca.

● ADAM, ADOLPHE-CHARLES
(Parigi 1803-1856)
Compositore francese. Osteggiato dalla famiglia, il giovane Adam studiò musica in segreto. Entrato al Conservatorio di Parigi, fu allievo di A. Boïeldieu. L'incontro con il celebre compositore fu determinante per Adam: fu proprio Boïeldieu infatti che lo indirizzò al genere dell'*opéra-comique*, per il quale egli compose circa venti lavori. Tra i piú famosi ricordiamo *Le postillon de Longjumeau* (Il postiglione di Longjumeau) del 1836 e *Si j'étais roi* (Se fossi re) del 1852, nei quali emergono la facile vena melodica, la leggerezza e la dinamicità del linguaggio teatrale, perfettamente aderente con lo stile di questo genere musicale.

♦ ADAM, THEO
(Dresda 1926)
Basso-baritono tedesco. Ha iniziato a cantare in giovane età nel Kreuzchor di Dresda, compiendo poi regolari studi di canto. Ha debuttato nel 1949 in *Der Freischütz* (Il

• 8

Sopra:
il basso-baritono tedesco Theo Adam
nei *Maestri cantori di Norimberga*.

In alto:
il compositore italiano Vincenzo Bellini.

franco cacciatore) di Weber, sempre a Dresda. Attivo soprattutto nei teatri dell'area tedesca, Adam ha in particolare legato il suo nome al Festival di Bayreuth, dove si è prodotto quasi ininterrottamente a partire dal 1952, quando vi esordí come Ortel in *Die Meistersinger von Nürnberg* (I maestri cantori di Norimberga) per poi cantare nei piú importanti ruoli wagneriani. Le interpretazioni di Adam brillano per intelligenza musicale unita a rare doti teatrali, emerse soprattutto nelle sue interpretazioni wagneriane.

▲ ADAMI, GIUSEPPE
(Verona 1878 - Milano 1946)
Librettista, commediografo e sceneggiatore cinematografico italiano. Fu critico musicale de "La Sera" di Milano e della rivista "Comoedia" (1931-34). Ha scritto i libretti de *La rondine*, *Il tabarro* e (in collaborazione con R. Simoni) *Turandot* di Puccini; *Giulietta e Romeo* per Zandonai.

● ADELAIDE DI BORGOGNA
Dramma in due atti di Gioachino Rossini (1792-1868), su libretto di G. Schmidt. Prima rappresentazione: Roma, Teatro Argentina, 27 dicembre 1817.

Il re tedesco Berengario (basso) ha conquistato il castello di Canosso, deponendo dal trono la principessa Adelaide (soprano). Il principe Ottone (contralto), che ama Adelaide e la vuole riportare sul trono, giunge a Canosso alla testa di un esercito. Berengario invia a Ottone suo figlio Adelberto (tenore) con false offerte di pace. Ottone, accolto con giubilo dal popolo, riceve anche le accorate invocazioni di Adelaide, che chiede giustizia. Il generale proclama il desiderio di farla sua sposa. Quando però si sta per celebrare il rito nuziale, irrompe Berengario con un gruppo di armati: Ottone riesce a fuggire mentre Adelaide viene arrestata. Adelberto vuole sposare Adelaide e la vuole costringere ad accettare la sua mano, annunciando che Ottone è stato ucciso. Il generale però non solo non è morto ma, radunato il suo esercito, ha sconfitto e imprigionato Berengario. Eurice (mezzosoprano), moglie di Berengario, libera Adelaide per aver salvo il marito. Berengario però non vuole cedere e con i suoi armati muove a battaglia contro Ottone, ma viene nuovamente sconfitto e imprigionato con il figlio. Ottone, prima di sposare Adelaide, con un atto di clemenza concede a Berengario e Adelberto perdono e libertà. Alla prima rappresentazione *Adelaide di Borgogna* fu un insuccesso, ma ciò nonostante venne replicata fino alla metà di gennaio del 1818. L'opera non è particolarmente ispirata, frutto di un Rossini affaticato da un anno di lavoro frenetico (nello stesso anno aveva composto *La Cenerentola*, *La gazza ladra* e *Armida*).

● ADELSON E SALVINI
Opera semiseria in tre atti di Vincenzo Bellini (1801-1835), su libretto di A.L. Tottola. Prima rappresentazione: Napoli, Teatro del Conservatorio di San Sebastiano, tra il 10 e il 15 febbraio 1825.

L'azione si svolge in Irlanda nel XVII secolo. Lord Adelson (baritono) ospita nel suo castello l'amico italiano Salvini (tenore), un pittore dal carattere bizzarro e passionale. L'artista si è follemente innamorato di Nelly (soprano), un'orfana protetta da lord Adelson. La ragazza non è insensibile al fascino dell'artista, ma è fidanzata con il nobile irlandese, il quale, per celebrare le nozze con Nelly, è ritornato al castello dopo una lunga assenza. Salvini, disperato, tenta il suicidio, ma è salvato da Adelson, il quale, intuendo che il gesto estremo dell'amico è il frutto di una delusione d'amore, vuole aiutare Salvini e si mostra pronto a farsi promotore della sua felicità, non sapendo che egli ama la sua fidanzata. Salvini è felice poiché crede che l'amico abbia capito il suo amore. Di questo stato d'animo approfitta Struley (basso), acerrimo nemico di Adelson. Struley insinua a Salvini che l'amico gli ha cosí facilmente ceduto Nelly, perché egli è già segretamente sposato. Si arriva cosí alle sospirate nozze del pittore. Giunge la sposa; Salvini, invece dell'amata Nelly, si trova di fronte Fanny (contralto), una vassalla di Adelson da quest'ultimo creduta l'oggetto della passione di Salvini. La reazione stupita del pittore crea un generale imbarazzo, interrotto improvvisamente dal divampare di un incendio, appiccato da Struley che

intende cosí creare un diversivo per poter facilmente rapire Nelly. Il piano però fallisce grazie all'intervento di Salvini che, scoperto l'inganno ordito da Struley e guarito dalla passione per Nelly, riconsegna la fanciulla ad Adelson, dichiarandosi disposto a sposare Fanny.
Adelson e Salvini, prima opera di Bellini, fu definita dall'autore stesso alla fine del manoscritto «dramma, alias pasticcio» e questa frase conferma la disorganicità compositiva della rappresentazione. Unica "perla" della partitura la romanza di Nelly "Dopo l'oscuro nembo", che Bellini trasferirà poi ne *I Capuleti e i Montecchi*, diventando la romanza di Giulietta "Oh, quante volte". *Adelson e Salvini* ebbe comunque un discreto successo, grazie al quale l'autore ebbe l'incarico di scrivere *Bianca e Fernando*.

ADINA, OVVERO IL CALIFFO DI BAGDAD

Farsa in un atto di Gioachino Rossini (1792-1868), su libretto di G. Bevilacqua Aldobrandini. Prima rappresentazione: Lisbona, Teatro de San Carlos, 22 giugno 1826.

Il califfo di Bagdad (basso) si prepara a sposare Adina (soprano), la sua schiava favorita. Lo schiavo Selimo (tenore), con la complicità di Mustafà (basso), giardiniere di Corte, riesce a penetrare nel serraglio per incontrare Adina da lui amata. La fanciulla, che ha accettato di sposare il califfo per riconoscenza, dopo avere ascoltato i rimproveri di Selimo si ricongiunge con l'amato. Adina chiede quindi al califfo di ritardare le nozze di un giorno. Il califfo concede la proroga ma poco dopo Alí (tenore), guardiano del serraglio, gli rivela che Adina è stata vista parlare in segreto con uno schiavo. Quando scende la notte, Adina, Selimo e Mustafà stanno per fuggire, ma vengono sorpresi dalle guardie che il califfo aveva posto a sorvegliare il serraglio. I fuggiaschi vengono condannati a morte, ma a questo punto vi è un colpo di scena: un medaglione al collo di Adina rivela che la fanciulla è la figlia del califfo, nata da Zora, una giovane araba da lui amata molti anni prima. L'opera termina cosí con il matrimonio tra Adina e Selimo.

Composta nel 1818, *Adina* andò in scena solamente nel 1826, cadendo subito nell'oblio. Un disinteresse che però non toglie nulla al valore di questa partitura, che sebbene venga denominata "farsa", di questo genere non ha pressoché nulla, presentando invece caratteristiche della "commedia giocosa", con raffinati aspetti lirico-sentimentali.

■ ADLER, KURT HERBERT

(Vienna 1905 - San Francisco 1988)
Direttore d'orchestra austriaco naturalizzato americano. Dopo aver compiuto gli studi musicali a Vienna, nel 1925 iniziò un'intensa attività musicale nei maggiori teatri europei, in particolare in Germania e Italia. Emigrato negli Stati Uniti (1938), si stabilí a Chicago e successivamente a San Francisco dove è stato collaboratore e quindi direttore artistico dell'Opera (dal 1956 al 1981) dando un importante contributo alla crescita musicale del grande teatro americano.

ADRIANA LECOUVREUR

Opera in quattro atti di Francesco Cilea (1866-1950), su libretto di A. Colautti, tratto dal dramma Adrienne Lecouvreur *di E. Scribe e E. Legouvé. Prima rappresentazione: Milano, Teatro Lirico, 6 novembre 1902.*

L'azione si svolge a Parigi nel 1730.
ATTO I. Il foyer della Comédie Française. Adriana Lecouvreur (soprano), celebre attrice alla Comédie, confida a Michonnet (baritono), direttore di scena del teatro e suo vecchio amico, di essere innamorata di un giovane ufficiale al seguito del conte Maurizio di Sassonia (tenore), ignorando che si tratta del conte in persona. A Maurizio, sopraggiunto per assistere allo spettacolo, Adriana dona, dopo un'appassionata dichiarazione d'amore, un mazzolino di viole. Il giovane conte è però nelle mire della principessa di Boullion (mezzosoprano). A mezzo di un biglietto scritto dalla Duclos, altra attrice della Comédie, amante del principe di Boullion (basso), la principessa invita Maurizio in un villino messo a disposizione dallo stesso principe. La missiva è però intercettata da Boullion, il quale invita tutti gli attori a una cena nella villa della sua favorita, dove potrà smascherare il suo rivale.
ATTO II. Un salotto del villino della Duclos. Durante un drammatico incontro tra Maurizio e la principessa di Boullion, la donna intuisce che il giovane conte è innamorato di un'altra. Maurizio, per placare la gelosia della principessa, le offre il mazzolino di violette avuto da Adriana. In quella giungono il principe di Boullion e gli invitati; Maurizio fa appena in tempo a nascondere la principessa in una stanza

Bozzetto per il costume di Adriana Lecouvreur.

attigua, dopo averle assicurato il suo aiuto. Giunge anche Adriana, che cosí scopre la vera identità di Maurizio. Il giovane spiega all'attrice la ragione per la quale si trova in quel luogo e ottiene da Adriana l'aiuto per trarre d'impaccio la donna, di cui non rivela il nome, che si trova nella stanza accanto. Rimaste sole le due donne si scoprono rivali nell'amore per Maurizio. ATTO III. Una sala del palazzo di Boullion. La principessa accoglie gli invitati alla festa e spera di individuare la rivale. Giunge anche Adriana. La principessa e l'attrice si sfidano apertamente sotto gli occhi di tutti. Le carte ormai sono scoperte: Adriana, invitata dalla Boullion a recitare, declama il monologo di *Fedra*, rivolgendo l'invettiva finale alla principessa. ATTO IV. Un salotto in casa di Adriana. È la festa di Adriana, che però è infelice perché crede di essere stata abbandonata da Maurizio. Le viene recapitato un cofanetto che contiene le violette che aveva donato a Maurizio; le violette, cosparse di veleno, sono l'estrema vendetta della principessa, Adriana ne aspira il profumo ed è presa da malore. Avvertito da Michonnet, giunge Maurizio. L'incontro tra i due innamorati è però di breve durata: Adriana, ormai avvelenata, dopo un breve delirio spira tra le braccia di Maurizio.

La protagonista è un personaggio storico: Adrienne Lecouvreur fu una famosa interprete delle opere di Corneille e di Voltaire e visse tra il 1692 e il 1730. Cilea si interessò ad Adriana avendo come base un dramma che Scribe e Legouvé avevano presentato a Parigi nel 1849. Il librettista di Cilea, A. Colautti, ridusse il dramma francese apportando le modifiche necessarie per la trasposizione musicale. L'opera andò in scena con esito trionfale al Teatro Lirico di Milano. Un successo che prosegue tuttora grazie a una raffinata linea melodica che, incentrandosi sulla protagonista, si fa passionale e vibrante. Le pagine di *Adriana*, grazie anche alla ricchezza coloristica dell'orchestrazione, sono i punti in cui maggiormente l'ispirazione di Cilea ha espresso quell'eleganza e quella grazia che sono le qualità predominanti del suo stile compositivo.

ADRIANO IN SIRIA
Opera in tre atti di Giovanni Battista Pergolesi (1710-1736), su libretto di P. Metastasio. Prima rappresentazione: Napoli, Teatro San Bartolomeo, 25 ottobre 1734.

Adriano (tenore), imperatore romano, dopo aver vinto i parti, si trova ad Antiochia. Alla sua corte si trovano, come pegno di pace, Osroa (tenore), re dei parti, Farnaspe (sopranista), principe assiro, ed Elmirena (soprano), figlia di Osroa e promessa sposa di Farnaspe. Il principe assiro chiede ad Adriano di poter sposare Elmirena, che però lo respinge. La principessa, oggetto di attenzioni anche da parte di Adriano, viene usata come strumento di congiura dal tribuno romano Aquilio (soprano o tenore); questi infatti, invaghitosi di Sabina (soprano), moglie dell'imperatore, vorrebbe fare in modo che la donna, scoprendo l'infatuazione di Adriano per Elmirena, abbandonasse il marito. Aquilio non è il solo a congiurare ai danni dell'imperatore; Osroa infatti provoca un incendio per tentare di uccidere Adriano. Il piano fallisce e Farnaspe viene arrestato come presunto autore della congiura. Adriano, dopo che Osroa travestito da romano ha tentato nuovamente di assassinarlo, lo fa arrestare, e gli chiede, in cambio della vita, la mano di Elmirena. Osroa acconsente, ma vuole che la figlia giuri odio eterno allo sposo. Adriano allora lo condanna a morte. Interviene Farnaspe, che, devoto al suo re, è pronto a cedere Elmirena, della quale ha riconquistato l'affetto, in cambio della salvezza di Osroa. Di fronte a questo gesto generoso Adriano, che ha scoperto anche le trame di Aquilio, perdona a Osroa e acconsente alle nozze tra Farnaspe ed Elmirena.

L'opera, composta da Pergolesi in occasione del compleanno della regina di Spagna, si presenta nella piú tipica forma dell'opera seria: diciassette arie, suddivise da recitativi, un duetto e il finale d'opera in *ensemble*. Tutte le arie, strutturate secondo lo schema A-B-A, sono caratterizzate per mettere in evidenza le doti canore ed espressive degli interpreti. Particolarmente degne di nota le arie di Farnaspe: "Sul mio cor so ben qual sia", "Lieto cosí talvolta" e ancora "Torbido in volto e nero", che Pergolesi compose appositamente per il celebre sopranista G. Majorano, detto il Caffariello.

★ AFFARE MAKROPULOS, L'
vedi *Věc Makropulos*

AFRICAINE, L'
(*L'Africana*)
Opera in cinque atti di Giacomo Meyerbeer (1791-1864), su libretto di E. Scribe. Prima rappresentazione: Parigi, Opéra, 28 aprile 1865.

ATTO I. Vasco de Gama (tenore), ufficiale di marina del re del Portogallo, è reduce da un naufragio durante un viaggio di esplorazione. Con sé ha due prigionieri che appartengono a una razza sconosciuta:

Manifesto di A. Barbizet per *L'Africana*, di G. Meyerbeer.

Selika (soprano, l'africana del titolo) che si è innamorata di Vasco, e Nelusko (baritono). Vasco, dinanzi ai consiglieri del re, avanza delle audaci teorie geografiche che consentirebbero ai portoghesi di ritornare in quelle terre favolose. Il grande inquisitore (basso) accusa de Gama di eresia e lo imprigiona insieme ai due schiavi. ATTO II. In carcere Vasco è confortato da Selika, che gli indica su una carta geografica la giusta rotta per doppiare il Capo delle Tempeste, oltre il quale si trova una grande isola, dove viveva prima che una tempesta la gettasse sulle coste africane. Vasco, felice, abbraccia Selika proprio mentre sta per entrare Ines (soprano), un tempo fidanzata a Vasco, la quale ora per poter liberare Vasco ha accettato di sposare don Pedro (basso) che, approfittando della disgrazia in cui è caduto Vasco, assume anche il comando di una spedizione diretta alla scoperta di nuove terre. ATTO III. Vasco, ripreso il mare, raggiunge la flotta di don Pedro sulla quale sono imbarcati anche Ines, Selika e Nelusko. Quest'ultimo, assunto come pilota da don Pedro, sta dirottando la nave verso nord per sfuggire a una tempesta che si sta avvicinando. Vasco avverte don Pedro dei pericoli nascosti in quella rotta. Don Pedro non gli crede e lo fa rinchiudere nella stiva. Scoppia la tempesta e la nave è assalita dai guerrieri di Nelusko che imprigionano tutti. ATTO IV. Con danze e canti gli indigeni festeggiano il ritorno della loro regina Selika. La donna giura di far rispettare la legge dei padri e che nessuno metterà piede sulla loro terra. Tutti i prigionieri sono perciò condannati a morte. Selika, per salvare Vasco, lo presenta come il suo sposo e questi, commosso, promette a Selika di restarle sempre vicino. ATTO V. Ines e Vasco vengono sorpresi insieme. Selika, dopo uno scatto d'ira, prende però la sua decisione e mettendo a tacere il proprio amore lascia liberi i due prigionieri, facendoli imbarcare sulla nave che li porterà in patria. Selika si dirige su una collina sulla quale si trova un grande albero di manzanillo: aspira il profumo dei fiori velenosi, quindi cade a terra in preda a delirio. Nelusko accorre verso la donna da lui sempre amata. Cerca di trascinarla via, ma Selika non vuole: lí ha trovato la sua felicità, quindi muore tra le braccia di Nelusko che, disperato, respira anche lui il profumo letale.

Composta da Meyerbeer in un arco di anni che va dal 1838 al 1863, quest'opera è anche il testamento musicale del compositore, che tra l'altro non poté nemmeno assistere al trionfo della sua composizione. La morte lo colse il 2 maggio 1864, quando ancora ap-

portava modifiche alla partitura. Del lavoro di completamento si fece carico il musicista F.-J. Fétis, che portò in scena *L'Africaine* nel 1865. Nonostante le incongruenze del libretto, la musica di Meyerbeer raggiunge in taluni punti una grande potenza lirica e drammatica. Basterebbe solo citare la celebre romanza di Vasco "O paradiso", oppure la grande scena finale dell'opera.

AGNES VON HOHENSTAUFEN
(Agnese di Hohenstaufen)

Opera in tre atti di Gaspare Spontini (1774-1851), su libretto di E. Raupach. Prima rappresentazione: Berlino, 28 maggio 1827 (solo il primo atto). Prima rappresentazione integrale: Berlino, Palazzo Reale, 12 giugno 1829.

L'azione si svolge a Magonza nel 1190. Agnese (soprano), figlia dell'imperatore Enrico VI di Hohenstaufen (basso), ama riamata Enrico il Palatino (tenore), figlio di Enrico il Leone, duca di Brunswick (basso), nemico acerrimo del casato imperiale. Irmengarda (soprano), madre di Agnese, cerca di intercedere perché si compia l'unione tra la figlia e il giovane Enrico, che segnerebbe così la fine delle ostilità tra le due famiglie. L'imperatore, che ha però destinato la mano di Agnese a Filippo Augusto re di Francia (tenore), fa arrestare Enrico che aveva tentato di incontrare Agnese. Cresce così la tensione tra i due casati. I cavalieri di Brunswick riescono a liberare Enrico che viene però sfidato a duello da Filippo di Francia. L'imperatore acconsente allo svolgersi della sfida. In realtà ha deciso di fare uccidere in un agguato il figlio di Enrico il Leone. Enrico, prima del duello con il re di Francia, riesce a sposare in segreto Agnese. Sul campo ha luogo la sfida tra Enrico e il falso duca di Borgogna (il nome sotto il quale si cela il re di Francia). Quest'ultimo sta per soccombere, ma viene salvato dai cavalieri francesi che svelano la sua vera identità. L'imperatrice rivela allora che Enrico e Agnese sono già sposati. La furia dell'imperatore si arresta all'arrivo di Enrico il Leone con i suoi armati. La situazione potrebbe precipitare, ma il duca di Brunswick, che avrebbe già in sua mano la città di Magonza, si sottomette all'imperatore che approva così le nozze tra Agnese e Enrico.

Scritta da Spontini durante il suo soggiorno a Berlino, l'opera rappresenta il raggiungimento e il compimento di un nuovo ideale operistico che sarà caro al Romanticismo e in particolare a Wagner e a Berlioz. Spontini giunge a una compattezza drammatica e a una unità

Bozzetto di K.F. Schnkelper per *Agnese di Hohenstaufen* di G. Spontini.

scenica di straordinaria modernità per la sua epoca. «Cento passi avanti» scrisse Wagner. La grande modernità di quest'opera, e di conseguenza la sua impopolarità, la si trova negli stessi scritti di Spontini: «Forse dopo la mia morte stamperanno questa partitura, perché ora forse questa musica non sarebbe compresa [...] nell'Agnese soltanto ho sviluppato il mio pensiero, pensiero grandioso, per un'opera maestosa, grande, di vaste dimensioni, opera che sempre sognavo e che sempre volevo avere [...]».

● AGRIPPINA
Dramma in musica in tre atti di Georg Friedrich Händel (1685-1759), su libretto di V. Grimani. Prima rappresentazione: Venezia, Teatro San Giovanni Crisostomo, 26 dicembre 1709.

L'intrigante imperatrice Agrippina (soprano o mezzosoprano), credendo morto in un naufragio suo marito l'imperatore Claudio (basso), ordina al figlio Nerone (mezzosoprano) di presentarsi al popolo come prossimo successore al trono di Roma. Agrippina si avvale dell'aiuto di due suoi adoratori, i liberti Pallante (basso) e Narciso (contralto), per la sua ascesa al potere, ma non ha fatto bene i suoi calcoli perché Claudio ritorna vivo e vegeto, salvato da Ottone (contralto) che ora l'imperatore ha proclamato suo successore. Ottone è innamorato di Poppea (soprano), ma questa è anche oggetto d'attenzioni da parte di Claudio, nonché del giovane Nerone. Di ciò approfitta Agrippina, mettendo in cattiva luce agli occhi di Poppea Ottone, che afferma essere solo desideroso di potere, poi ripete l'espediente per denigrarlo agli occhi di Claudio. Poppea, da parte sua, ha dato appuntamento ai suoi tre spasimanti: sinceratasi della fedeltà di Ottone, rivela all'imperatore che suo rivale in amore non è Ottone bensí Nerone. Claudio decide quindi di scacciare l'impudente Nerone, ma Agrippina ancora una volta la vince. Dopo essersi giustificata con il marito, che l'accusa di congiura, affermando che solo il bene di Roma l'ha spinta ad agire, la donna dimostra all'imperatore che nemmeno lui è amato da Poppea. Claudio allora favorisce l'unione tra Poppea e Ottone, il quale rinuncia a ogni sua pretesa al trono. Agrippina avrà cosí il trono e l'impero per il figlio Nerone.

Agrippina è l'unica testimonianza rimastaci del periodo italiano di Händel, ed è anche il primo grande successo della sua carriera di operista, mostrandosi già abilissimo nelle sue capacità creative e di trasformazione del vecchio libretto di Grimani; ma ancor piú rivela la sua arte di assimilazione dello stile dell'opera veneziana, un modulo "datato" che trasforma nella nuova formula dell'opera seria: arie con "da capo", sostenute da una piú ricca orchestrazione, di evidente assimilazione "romana".

● ÄGYPTISCHE HELENA, DIE
(*Elena egiziaca*)
Opera in due atti di Richard Strauss (1864-1949), su libretto di H. von Hofmannsthal. Prima rappresentazione: Dresda, Staatsoper, 6 giugno 1928.

Una violenta tempesta costringe Menelao (tenore) ed Elena (soprano), reduci dalla guerra di Troia, ad approdare sull'isola della maga Aithra (soprano). Menelao nutre un forte risentimento verso Elena e medita di ucciderla, ma interviene Aithra con i suoi poteri magici, facendogli credere che la donna rapita da Paride altro non era che un'ombra, mentre la "vera Elena" lo ha atteso fedelmente per dieci anni su quella stessa isola. Menelao però non ha nessun interesse per la "vera Elena", perfetta e fedele: l'unica che conti per lui è quella che l'ha tradito facendolo soffrire. Sull'isola giunge anche il nobile egizio Altair (baritono) con il figlio Da-Ud (tenore). I due rimangono affascinati dalla bellezza di Elena, provocando cosí l'ira di Menelao, che pazzo di gelosia, uccide Da-Ud durante una partita di caccia. Elena confessa allora al marito l'inganno di Aithra. Menelao d'istinto vorrebbe uccidere Elena, ma l'intervento di Aithra lo placa. L'opera si chiude con la riconciliazione dei due sposi.

Die Ägyptische Helena tratta con nobiltà un tema caro a Strauss: quello della fiducia e delle illusioni che nascono nel matrimonio. Notevole l'assolo di Elena, "Seconda luna di miele", all'inizio del secondo atto. Strauss lavorò anche a una seconda versione dell'opera, che ebbe la sua prima a Salisburgo nel 1933.

♦ AHNSJÖ, CLAES
(Stoccolma 1942)
Tenore svedese. Dopo gli studi di canto con E. Saeden, ha debuttato in *Die Zauberflöte* (*Il flauto magico*) di Mozart all'Opera Reale di Svezia (1969). Entrato nella compagnia stabile dell'Opera di Stato di Monaco di Baviera, ha cantato in numerose opere di Mozart, Rossini e Britten. Parallelamente alla carriera teatrale e concertistica, che ha visto Ahnsjö nei maggiori centri musicali internazionali, il suo nome è legato come protagonista ad alcune importanti incisioni discografiche: in particolare le prime registrazioni di opere di F. J. Haydn, *Orlando Paladino, La vera costanza, Armida, L'incontro improvviso, L'infedeltà delusa*, nelle quali sono emerse le sue doti peculiari di sensibilità interpretativa, finezza di fraseggio e di un canto sempre attento ai valori espressivi.

Hugo von Hofmannsthal con Richard Strauss al pianoforte.

■ **AHRONOVIČ, JURIJ**
(San Pietroburgo 1932)
Direttore d'orchestra russo. Dopo gli studi musicali, la sua carriera direttoriale si è svolta essenzialmente in Unione Sovietica. Nel 1972, dopo essere emigrato in Israele, ha iniziato un'importante attività internazionale nelle principali istituzioni teatrali e concertistiche in Europa e negli Stati Uniti. Personalità di spicco, Ahronovič unisce sicurezza e semplicità nel gesto direttoriale a doti di lucidità e sensibilità interpretative, ben espresse nella sua capacità di evidenziare i contrasti coloristici e ritmici di una partitura. È uno dei piú qualificati interpreti del repertorio sinfonico e lirico slavo, in particolare del periodo tardo romantico.

● **AIDA**
Opera lirica in quattro atti di Giuseppe Verdi (1813-1901), su libretto di A. Ghislanzoni, tratto da uno spunto di A.-F. Mariette rielaborato da C. du Locle in collaborazione con Verdi. Prima rappresentazione: Il Cairo, Teatro dell'Opera, 24 dicembre 1871.
Menfi e Tebe all'epoca faraonica. ATTO I. Radames (tenore), capitano della guardia, spera di essere scelto a guidare l'esercito egiziano contro gli etiopi che minacciano i confini d'Egitto. I suoi sogni di gloria sono legati al suo amore per la schiava etiope Aida (soprano). Anch'essa ama Radames, ma non sa di essere rivale di Amneris (mezzosoprano), figlia del re (basso), anche lei innamorata del giovane condottiero. Nel tempio di Iside, Radames riceve dalle mani del sommo sacerdote Ramfis (basso) le armi consacrate che lo porteranno alla vittoria. ATTO II. Amneris dando ad Aida la falsa notizia della morte in battaglia di Radames scopre i sentimenti della schiava. Radames viene accolto trionfalmente alla testa delle sue truppe con i carri da guerra, le insegne e i prigionieri etiopi. Tra questi vi è anche il re Amonasro (baritono), padre di Aida. Egli nasconde la sua identità: resterà con Aida ostaggio in mano agli egizi, mentre gli altri prigionieri, grazie all'intervento di Radames, potranno essere liberati. Il re ricompensa Radamaes offrendogli la mano di Amneris. ATTO III. Radames si lascia convincere da Aida ad abbandonare per sempre l'Egitto, e le rivela quindi il sentiero per il quale potranno fuggire evitando la sorveglianza delle guardie. Non visto, Amonasro ha udito il colloquio tra i due, esce dal nascondiglio e afferma che egli passerà attraverso quel passo con il suo esercito. Radames con orrore scopre di aver svelato un segreto militare tradendo cosí la patria. I tre sono sorpresi da Amneris e Ramfis e, mentre Aida e suo padre fuggono, Radames si dà prigioniero a Ramfis. ATTO IV. Amneris, disperatamente innamorata di Radames, compie un estremo tentativo per salvare l'amato. Tutto è vano: Radames, condotto davanti al tribunale dei sacerdoti, non si difende nemmeno dalle accuse che gli vengono mosse. Ramfis e i sacerdoti condannano Radames a essere sepolto vivo. Nella tomba Radames ritrova la sua amata Aida e, mentre nel tempio Amneris lamenta il suo perduto amore, i due amanti abbracciati danno l'ultimo addio alla vita.
Commissionata a Verdi dal viceré d'Egitto Ismail Pasciá, per celebrare l'inaugurazione del nuovo Teatro dell'Opera del Cairo, *Aida* rappresenta senza dubbio un punto determinante nell'evoluzione del linguaggio del compositore di Busseto. Verdi mostra la sua straordinaria abilità nel trattare le grandiose scene d'insieme con danze, marce e cori, scritti per le esigenze celebrative dell'opera, e amalgamarle al dramma intimo dei singoli personaggi. Determinante poi in *Aida* è l'uso del materiale orchestrale. Prevaricando quelle esigenze che fino ad allora avevano legato il compositore quasi esclusivamente all'elemento vocale, in *Aida* si rivela invece determinante l'uso verdiano dell'orchestrazione, ricca di colori, ma allo stesso tempo incisiva e sempre presente nel sottolineare, in ogni piú minuto carattere drammatico e scenico, l'incendere dell'opera.

Una scena dall'*Aida* al Teatro alla Scala nella regia di Franco Zeffirelli.

★ **AJO NELL'IMBARAZZO, L'**
Opera buffa in due atti di Gaetano Donizetti (1797-1848), su libretto di J. Ferretti, tratto dalla commedia omonima di G. Giraud, già musicata da Pilotti nel 1811. Prima rappresentazione: Roma, Teatro Valle, 4 febbraio 1824.

Il marchese Giulio Antiquati (basso) esige che i figli Enrico (tenore) e Pipetto (tenore), affidati alle cure dell'ajo don Gregorio (basso), crescano all'ombra di un'educazione rigida e antiquata. Mentre il piú giovane Pipetto corteggia spudoratamente la vecchia domestica Leonarda (mezzosoprano), l'altro fratello Enrico si è addirittura segretamente sposato con Gilda (soprano), dalla quale ha avuto anche un figlio. Il giovane, innamorato della moglie, ma costretto prigioniero in casa dal padre, chiede l'aiuto di don Gregorio, perché possa smuovere il padre dal suo rigido atteggiamento. Gilda, che si è nel frattempo introdotta in casa del marchese, è nascosta nella camera del tutore. Viene però scoperta e il marchese Giulio, con grande scandalo, crede che si tratti dell'amante dell'ajo. Alla fine la verità viene a galla. Il marchese capisce l'errore commesso, acconsente all'unione di Enrico con Gilda, e affida Pipetto al fratello affinché lo aiuti a conoscere il mondo.

L'opera, rappresentata anche con il titolo di *Don Gregorio*, è il primo apporto rilevante dato da Donizetti al genere buffo. Il tema della farsa, una pungente satira sulla rigida educazione alla castità che veniva impartita ai figli delle famiglie piú clericali, è trattato da Donizetti attraverso un'orchestrazione ricca di fantasia e di spunti brillanti. Lo stile si fa piú personale nei momenti "sentimentali" dell'opera, e Gilda si presenta già come anticipatrice del ruolo di Norina nel *Don Pasquale*; i ruoli buffi, con il loro canto sillabato su vertiginosi tempi rapidi, risentono ancora chiaramente dello stile rossiniano. Donizetti presentò una nuova versione dell'*Ajo* al Teatro Nuovo di Napoli il 26 aprile 1826.

★ **AKHNATEN**
(Akenaton)
Opera in tre atti di Philip Glass (n. 1937),

su libretto dell'autore in collaborazione con S. Goldman, R. Israel, R. Riddell. Prima rappresentazione: Stoccarda, Teatro dell'Opera, 3 marzo 1984.

La morte del faraone Amenhotep III segna l'ascesa al trono d'Egitto di Amenhotep IV (controtenore), ma quando il nuovo faraone si presenta al popolo annuncia che il suo nome è Akhnaten ("Spirito di Aton"). Il sovrano vuole segnare la fine del dio Amon e del panteismo egizio a favore di Aton, unico dio. Dopo avere represso e proscritto i vecchi sostenitori di Amon, Akhnaten in onore del nuovo dio e della moglie, l'amata Nefertiti (contralto), dà inizio alla fondazione di una città, Akhetaten ("città dell'orizzonte di Aton"). Il faraone vive ormai isolato nella sua torre d'avorio, incurante dello stato di caos in cui l'Egitto è caduto. I sacerdoti di Amon sobillano il popolo a destituire questo faraone che non ascolta le sofferenze della sua gente. La folla inferocita irrompe nel palazzo reale, il faraone e la sua famiglia sono trascinati via. Il tempio di Aton è distrutto, l'antico culto viene ristabilito. Mentre compaiono i resti della città di Akhetaten, meta di turisti, le ombre di Akhnaten e della sua famiglia seguono il corteo funebre del vecchio faraone, che è però anche il loro ultimo viaggio: l'era di Aton è finita.

Akhnaten, terza opera di Glass, si svolge durante il regno del faraone Amenhotep IV (1377-1358 a.C.), ed è costruita non su una vera e propria trama drammatica, bensí su episodi-simbolo della vita del faraone riformatore. Immagine portante dell'opera è la cerimonia funebre, che simboleggia l'importante rapporto degli egiziani con l'aldilà. Il tema funebre segna come filo conduttore tutta l'opera, unendo la vita con la morte, il momento in cui l'uomo incontra la sua immagine divina, ricordando la sua umana mortalità.

Il basso-baritono italiano Simone Alaimo.

♦ **ALAIMO, SIMONE**
(Villabate, Palermo 1946)
Basso-baritono italiano. Ha studiato canto, pianoforte e organo. Dopo avere ottenuto lusinghieri riconoscimenti in numerosi concorsi di canto, nel 1980 è definitivamente emerso grazie al I Concorso "Maria Callas", indetto dalla RAI. Si è successivamente perfezionato con G. Cigna ed E. Campogalliani, specializzandosi poi nel repertorio belcantista con R. Celletti. All'iniziale carriera di basso-buffo rossiniano (*Il barbiere di Siviglia*, *L'italiana in Algeri*, ecc.) Alaimo ha in seguito affiancato con esiti alterni ruoli del repertorio baritonale: *Torquato Tasso*, *L'esule di Roma* di Donizetti, *Luisa Miller* di Verdi e *Cavalleria rusticana* di Mascagni. È da annoverarsi tra i piú interessanti cantanti delle ultime generazioni, per morbidezza d'emissione, buone capacità nel canto d'agilità e notevoli doti sceniche.

♦ **ALBANESE, LICIA**
(Bari 1913)
Soprano italiano, naturalizzato americano. Allieva di canto di G. Baldassarre-Tedeschi, ha debuttato nel 1934 al Teatro Lirico di Milano come Cio-Cio-San (*Madama Butterfly* di Puccini). La vittoria al Concorso nazionale di canto nel 1933 e una *Butterfly* al Regio di Parma (1935) le hanno aperto le porte dei maggiori teatri. La sua carriera, a partire dal 1940, si è però svolta essenzialmente al Metropolitan di New York, dove ha cantato fino al 1966. Le doti espressive, il fraseggio intenso e preciso, la sua voce di soprano lirico dall'emissione fluida e omogenea, hanno fatto di Licia Albanese una delle maggiori interpreti del repertorio pucciniano.

● **ALBERT, EUGENE D'**
(Glasgow 1864 - Riga 1932)
Compositore tedesco. Studiò alla National Training School di Londra dove emersero subito le sue non comuni doti di pianista. Fu successivamente allievo di Liszt a Vienna, diventando uno dei piú acclamati interpreti del repertorio pianistico del musicista ungherese. La sua carriera di compositore iniziò nel campo della musica sinfonica e da camera; solo a partire dal 1893 si dedicò anche all'opera lirica, il cui esempio piú famoso è sicuramente *Tiefland* (Bassopiano) del 1903, che ancora oggi gode di una certa popolarità nei teatri tedeschi. Le sue opere sono di chiara matrice wagneriana, anche se sono riscontrabili elementi derivati dall'opera italiana.

★ **ALBERT HERRING**
Opera comica di Benjamin Britten (1913-1976), su libretto di E. Crozier, tratto dal racconto Le rosier de Madame Husson *di G. de Maupassant. Prima rappresentazione: Festival di Glyndebourne, 20 giugno 1947.*

L'azione si svolge a Loxford, nel Suffolk, nella primavera del 1900. In casa di Lady Billows (soprano), austera e virtuosa signora custode della pubblica morale, si sta svolgendo una riunione dei notabili cittadini per scegliere le candidate per la "regina di maggio". Nessuna delle ragazze del paese però risulta essere degna di tale onore. Si decide allora di eleggere un "re di maggio" nella persona di Albert Herring (tenore), un ragazzo ritenuto "ritardato", ma educato dalla signora Herring (contralto) secondo rigidi principi morali. Il giovane Albert vorrebbe rifiutare, ma la madre lo costringe ad accettare.
Durante la cerimonia d'incoronazione Albert, sotto l'effetto del rum che l'amico Sid (tenore) gli ha messo nella limonata, trova la forza di reagire alla tirannia della madre, e fugge con i soldi del premio ottenuto come "re di maggio" per provare tutto ciò che fino a quel momento gli è stato negato. Tutti cercano disperati Albert che ormai viene dato per morto, ma eccolo arrivare, sporco, scarmigliato e ubriaco. Adesso però si sente veramente libero. Mentre la madre cade in preda a un attacco isterico e le donne del comitato fuggono scandalizzate, il nuovo Albert viene festeggiato dai giovani del villaggio.
Scritta da Britten per l'English Opera Group, un complesso artistico animato dallo stesso compositore, l'opera al suo apparire ottenne un notevole successo di pubblico e di critica. Come in altri suoi lavori, Britten utilizza un'orchestra assai limitata: solamente dodici strumenti, che sono però sufficienti al musicista inglese per dare un colore brillante e teatrale alla partitura, nella quale emergono anche le capacità del compositore nell'offrire una intelligente e arguta caratterizzazione dei vari personaggi, dei quali vengono sottolineati indole e temperamento, grazie anche all'intervento dei diversi strumenti. Non a caso la figura di Lady Billows è una delle più brillanti caratterizzazioni del teatro lirico.

■ ALBRECHT, GERD
(Essen 1935)
Direttore d'orchestra tedesco. Figlio del musicologo Hans, ha studiato a Kiel e ad Amburgo. Ha iniziato l'attività direttoriale all'Opera di Stoccarda. Dopo aver diretto nei teatri della provincia tedesca, dal 1972 al 1974 ha ricoperto la carica di direttore musicale alla Deutsche Oper di Berlino. Ha poi diretto l'orchestra della Tonhalle di Zurigo (1975-81). Attivo nei maggiori teatri e istituzioni musicali, dal 1988 è direttore musicale all'Opera di Amburgo. Particolarmente sensibile al teatro d'opera contemporaneo, del quale ha diretto importanti prime mondiali, ha siglato anche molti recuperi del repertorio teatrale ottocentesco, tra questi *Olympie* di Spontini e *Jessonda* di Spohr.

■ ALCESTE
Dramma lirico in tre atti di Christoph Willibald Gluck (1714-1787), su libretto di R. de' Calzabigi, ricavato dalla tragedia omonima di Euripide. Prima rappresentazione in lingua italiana: Vienna, Burgtheater, 26 dicembre 1767. La versione francese (testo tradotto e adattato da F. Le Bland du Rollet) fu rappresentata a Parigi all'Académie Royale, il 23 aprile 1776.
ATTO I. Quadro primo. Sulla piazza del palazzo reale di Fere, in Tessaglia, il popolo invoca gli dei perché concedano la guarigione al re Admeto (tenore), ormai prossimo a morire. Tra la folla scende la regina Alceste (soprano) contornata dai figli. Commossa dalle manifestazioni del popolo, chiede la misericordia degli dei e si appresta a offrire olocausti ad Apollo. Quadro secondo. Nell'interno del tempio di Apollo, il gran sacerdote (basso) invoca il dio. Improvvisamente, tra il terrore dei presenti, si ode la voce dell'oracolo (basso): esso annuncia che il re dovrà morire, se qualcuno non si sacrificherà per lui. Rimasta sola Alceste, disperata, decide di offrire la sua vita per la salvezza dello sposo. ATTO II. In una sala del palazzo tutti gioiscono per la riacquistata salute di Admeto. Il re però è triste, ha saputo che la sua guarigione è dovuta al sacrificio di un ignoto generoso. Al momento di incontrare Alceste, Admeto legge sul suo volto un profondo turbamento, la interroga, e alla fine la regina confessa la verità. Disperato Admeto vuole seguire il destino della moglie. ATTO III. Quadro primo. Sulla piazza del palazzo reale Ercole (basso) apprende dalla folla il destino di Alceste e promette allora di strapparla dagli Inferi.

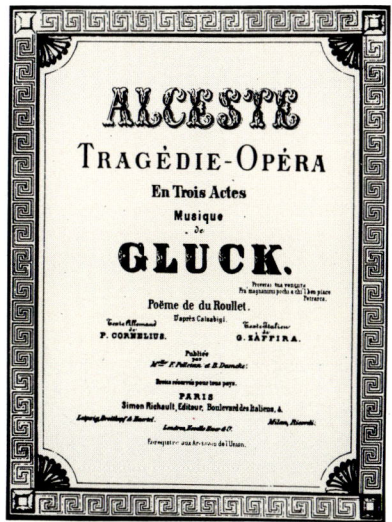

Sopra:
K. MacDonald è Albert Herring nell'omonima opera comica di B. Britten.

A sinistra:
frontespizio dello spartito dell'edizione francese di *Alceste*, di Ch. W. Gluck.

Quadro secondo. Alceste attende la notte per entrare nel regno d'Averno; Admeto vuole seguirla, ma invano: gli spiriti infernali reclamano una sola vittima. Mentre Alceste e Admeto si contendono generosamente il diritto al sacrificio, sopraggiunge Ercole, pronto ad affrontare le forze d'Averno. Ma il figlio di Giove non può sfidare il destino voluto dagli dei. Interviene allora Apollo (basso), che additando ad esempio la perfetta unione della coppia reale, stabilisce che entrambi vivranno e invita il popolo di Fere a festeggiare solennemente il meraviglioso avvenimento.

Alceste è il secondo frutto della collaborazione tra Gluck e R. de' Calzabigi. Dopo *Orfeo ed Euridice*, dove per la prima volta il musicista tedesco aveva espresso le sue idee di riforma in opposizione al melodramma italiano, questo lavoro è un'altra pietra miliare nel cammino del rinnovamento dell'opera. La prefazione apposta da Gluck alla prima versione riveste un significato storico. Fra le questioni essenziali, Gluck afferma l'importanza dell'aderenza drammatica tra espressione musicale e testo letterario, che, in un certo senso, mette la musica a "servizio della parola". Tutto questo contrasta con la concezione dell'opera italiana, volta a esaltare la pura bellezza della forma musicale, che rimane autonoma rispetto al testo. Ci troviamo di fronte, quindi, all'abolizione di tutte le convenzioni vocali e strutturali in voga nell'opera seria italiana, per puntare invece a un declamato espressivo accompagnato dall'orchestra. Per la versione di Parigi Gluck opera importanti rimaneggiamenti alla partitura, che però non soddisfano il pubblico. Il musicista allora, avvalendosi della collaborazione del compositore F.-J. Gossec, amplia l'azione coreografica del finale dell'opera, ripristinando il personaggio di Ercole che non appariva nella prima versione francese. Quest'ultima edizione è quella più rappresentata.

Bozzetto di scena per l'*Alceste* di Ch.W. Gluck.

♦ ALCYONE
(Alcione)
Tragedia lirica in cinque atti e un prologo di Marin Marais (1656-1728), su libretto di A. H. La Motte. Prima rappresentazione: Parigi, Académie Royale de Musique, 18 febbraio 1706.

Nel palazzo di Ceix, re di Tracia, fervono i preparativi per le nozze del sovrano con Alcione, figlia di Eolo. Pelée, amico di Ceix, è anch'esso innamorato di Alcione e a malapena riesce a nascondere questo suo sentimento. Il mago Phorbas, pretendente al trono di Tracia e quindi acerrimo nemico di Ceix, si serve delle sue arti magiche per sospendere il rito nuziale. Ceix, per conoscere quali impedimenti ostacolino la sua unione con Alcione, si reca da Phorbas, ignorando che questi è suo nemico. Il mago annuncia che Ceix perderà l'amata Alcione se non si recherà subito a Claros per invocare il dio Apollo. Partito Ceix, Phorbas istiga Pelée a rivelare ad Alcione il suo amore, ma il giovane non vuole tradire l'amico Ceix. Alcione, in preda a tristi presagi, attende il ritorno dell'amato. Gli appare anche Phosphore, padre di Ceix, che gli annuncia il prossimo ritorno del figlio. È l'alba di un nuovo giorno. Alcione scorge sulla riva un corpo privo di vita: è Ceix. Disperata la fanciulla si trafigge con una spada. Ecco sorgere dal mare il dio Nettuno: trasforma i due giovani in venti benevoli che placheranno le ire del dio del mare.

Alcyone è l'ultima delle quattro opere di Marais, la più importante dal punto di vista musicale. Pur risentendo dello stile della *tragédie-lyrique* di Lully, la ricercatezza, la ricchezza timbrica di Marais mostrano già un'evoluzione della *tragédie en musique* che egli esprime anche in una maggiore scioltezza dell'incedere della vicenda (una riduzione dei recitativi, rispetto a Lully), nonché in arditezze armoniche che già annunciano il futuro Rameau di *Hippolyte et Aricie*.

♦ ALER, JOHN
(Baltimora 1949)
Tenore statunitense. Ha studiato alla Catholic University di Washington. Nel 1977 ha vinto il Concorso internazionale di Parigi, iniziando così la carriera teatrale e concertistica. Nel 1981 ha debuttato alla New York City Opera nel *Don Giovanni* di Mozart e l'anno successivo è stato Tamino in *Die Zauberflöte* (*Il flauto magico*), sempre di Mozart, all'Opera di Stato di Amburgo. È successivamente apparso nei principali centri musicali europei e americani. Dotato di una voce gradevole, di buon fraseggio ed espressività, Aler si è dimostrato un interprete particolarmente congeniale alle opere del XVIII secolo, in particolare al melodramma francese di Gluck e Rameau.

♦ ALESSANDRO STRADELLA
Opera in tre atti di Friedrich von Flotow (1812-1883), su libretto di F.W. Riese, tratto da una comédie mêlée de chants di P.A.A. Pittaud e P. Duport. Prima rappresentazione: Amburgo, Stadttheater, 30 dicembre 1844.

Alessandro Stradella (tenore), cantante e musicista, ama riamato Leonora (soprano), pupilla del ricco veneziano Bassi (basso). Questi, che auspica per la pupilla un ricco matrimonio, ostacola la relazione tra i due amanti. Stradella convince allora Leonora a fuggire. Giunti in un villaggio presso

Roma, Leonora e Alessandro decidono di sposarsi. Iniziano i preparativi per le nozze. Tra i convitati si trovano anche due sicari, Barbarino (basso) e Malvolio (tenore), inviati da Bassi per uccidere Stradella e riportare a Venezia Leonora. I due però temporeggiano, conquistati dalla simpatia e dall'arte musicale di Stradella. Arriva Bassi che raddoppia l'offerta in denaro e induce Barbarino e Malvolio ad accettare, ma quando sentono Stradella cantare una canzone che parla della conversione di un colpevole, i due banditi si commuovono nuovamente al punto di cadere in ginocchio e chiedere perdono.

Già trattato precedentemente da Flotow nel 1837, come *comédie mêlée de chants*, il lavoro venne rielaborato e completato dal musicista nel 1844. Le vicende del famoso compositore e cantante seicentesco offrono al compositore lo spunto per creare un'opera che è una sorta di omaggio al belcanto italiano. L'opera fin dalla sua prima apparizione ebbe un grande successo e ancora adesso, insieme a *Martha*, è considerata il capolavoro di Flotow.

♦ ALEXANDER, JOHN
(Meridian, Mississippi 1923-1990)
Tenore statunitense. Ha iniziato la sua lunga carriera nel 1952 debuttando nel *Faust* di Gounod a Cincinnati. Nel 1961 compare per la prima volta al Metropolitan di New York in *Cosí fan tutte* di Mozart. È stato questo l'inizio della venticinquennale presenza di Alexander nel massimo teatro americano (nel 1982 lo si ricorda come Arbace a fianco di L. Pavarotti nell'*Idomeneo* di Mozart) dove si è prodotto in un repertorio che comprendeva, fra le altre, opere di Verdi, Puccini, Wagner e Strauss. Alexander viene ricordato in particolare come notevole interprete di Pollione nella prima incisione integrale di *Norma* (1964) con J. Sutherland. Ancora nel 1983 ha saputo dare una sua intensa interpretazione, nella registrazione di *Die Feen* (Le fate) di Wagner, nel ruolo di Arindal a fianco di J. Anderson.

♦ ALEXANDER, ROBERTA
(Lynchburg, Virginia 1949)
Soprano statunitense. Figlia d'arte (il padre maestro di coro e la madre cantante), già all'età di otto anni si è esibita su un palcoscenico nel musical *Lost in the Stars* di Neill. Dopo aver compiuto gli studi musicali negli Stati Uniti, si è trasferita in Europa (1978) dove ha iniziato la sua carriera artistica. Nel 1981 si è affermata ad Amsterdam come Pamina in *Die Zauberflöte* (*Il flauto magico*) di Mozart. Dal 1984 è ospite del Festival di Aix-en-Provence, dove ha cantato nella *Finta giardiniera* e in *Don Giovanni*, sempre di Mozart. In Italia, alla Fenice di Venezia, ha interpretato Vitellia nella *Clemenza di Tito* di Mozart (1986). Attiva in molti altri teatri europei e americani, la Alexander dedica parte della sua attività a recital e concerti. Oltre a possedere non comuni qualità vocali, può vantare una notevolissima presenza scenica, che la rende quanto mai efficace nelle sue interpretazioni.

● ALFANO, FRANCO
(Napoli 1876 - Sanremo, Imperia 1954)
Compositore italiano. Studiò al Conservatorio di Napoli e successivamente a Lipsia con Jadassohn. Apprezzato pianista, nel 1896 cominciò a dedicarsi all'opera, affermandosi però solamente nel 1904 con *Risurrezione*. I successivi lavori, *L'ombra di Don Giovanni* (1914), *La leggenda di Sakuntala* (1921) e *Cyrano de Bergerac* (1936), evidenziano il distacco del compositore dall'imperante opera verista. Alfano per contrasto ricercò una melodia e un clima espressivo incline all'intimismo, particolarmente espressi nel suo ultimo lavoro *Cyrano*, ricco di suggestioni musicali. Scarsamente rappresentato, Alfano è soprattutto noto per aver completato la *Turandot* di Puccini dopo la morte del compositore nel 1924.

● ALFONSO UND ESTRELLA
(Alfonso ed Estrella)
Opera in tre atti di Franz Schubert (1797-1828), composta tra il settembre 1821 e il febbraio 1822, su libretto di F. von Schober. Prima rappresentazione: Weimar, Teatro Granducale, 24 giugno 1854.

Mauregato (baritono), dopo essersi impadronito illegittimamente del trono di Troila (baritono), vive tormentato dal ricordo dei misfatti commessi: sua unica gioia la figlia Estrella (soprano). Troila intanto si è rifugiato sui monti in compagnia di pochi fedeli e del figlio Alfonso (tenore). Questi incontra casualmente Estrella, che si è smarrita durante una battuta di caccia, e fra i due giovani nasce l'amore. Estrella è però oggetto delle mire di Adolfo (basso), generale dell'usurpatore. Al rifiuto del re di concedergli la mano della figlia, Adolfo, per vendicarsi, trama contro il trono. Mauregato sta per soccombere, ma Alfonso, in veste di liberatore, sconfigge Adolfo. Il trono ritorna a Troila che perdona i torti stubiti, e Alfonso può adesso sposare l'amata Estrella fra il generale tripudio.

Nonostante le incongruenze e lo scarso valore letterario del libretto, Schubert ne seppe trarre ispirazione per comporre delle stupende melodie, anticipatrici del piú puro romanticismo tedesco, rivelando pari abilità nella costruzione dei momenti piú drammatici, come il finale del primo atto. Sebbene sia stata composta tra il 1821 e il 1822, l'opera venne rifiutata da tutti i teatri e Schubert non la vide mai rappresentata. Solo nel 1854, grazie a Liszt che ne diresse la prima rappresentazione, l'opera godette dell'onore delle scene.

In alto:
il compositore tedesco
Friedrich von Flotow.

Sopra:
il compositore austriaco Franz Schubert.

AL GRAN SOLE

★ **AL GRAN SOLE CARICO D'AMORE**
vedi *Au grand soleil d'amour chargé*

★ **ALÍ BABÀ**
Opera in quattro atti di Luigi Cherubini (1760-1842), su libretto di E. Scribe e Mélesville. Prima rappresentazione: Parigi, Opéra, 22 luglio 1833.

Nei pressi di una montagna Nadir (tenore) piange il suo amore per Delia (soprano), figlia dell'avido Alí Babà (baritono), la quale dovrà, per ordine del padre, sposare il ricco mercante Aboul Hassan (basso). Mentre Nadir è immerso nei suoi tristi pensieri, si accorge che tre uomini si sono avvicinati alla montagna e, dopo aver formulato una parola magica, sono penetrati al suo interno. Quando gli uomini si sono allontanati, Nadir ripete la formula ed entra in una grande caverna dove scopre delle enormi ricchezze. Il giovane felice raccoglie quanto piú oro possibile e si presenta a casa di Alí Babà, dove si stanno per celebrare le nozze tra Delia e Aboul Hassan. La cerimonia è sospesa, però Alí Babà si mostra sospettoso sull'improvvisa ricchezza di Nadir e, carpitone il segreto, fa allontanare Delia e si precipita alla montagna, dove è però fatto prigioniero dai briganti. Nella grotta trova Delia, caduta anch'essa nelle mani dei briganti: i due adesso dovranno, sotto scorta, recarsi al palazzo per pagare il prezzo della loro libertà. I tre briganti, Alí Babà e Delia, travestiti da mercanti, arrivano al palazzo di Alí Babà, portando nascosti nei sacchi che dovrebbero contenere caffè altri briganti. Provvidenziale e inaspettato è l'intervento di Aboul Hassan che per vendicarsi dei torti subiti fa bruciare i sacchi di caffè arrostendo cosí i ladroni e salvando Alí Babà e Delia che potrà sposare Nadir.

Alí Babà è l'ultima opera di Cherubini e da molti considerata una sorta di *Falstaff*, una fuga senile nel mondo della fiaba, dell'ironia. Un'uscita da una realtà che ormai non può apportare nulla alla saggezza della vecchiaia. Cherubini in *Alí Babà* conclude l'ultimo capitolo del suo personalissimo linguaggio, che sicuramente all'epoca di quest'opera sapeva già troppo di antico. Da qui il tiepido successo dell'opera alla prima rappresentazione parigina del luglio 1833.

♦ **ALIBERTI, LUCIA**
(Messina 1956)
Soprano italiano. Dopo essersi diplomata in canto, nel 1978 ha vinto il Concorso lirico di Spoleto, e si è imposta all'attenzione della critica internazionale interpretando Amina (*La sonnambula* di Bellini) all'inaugurazione del Festival dei Due Mondi di Spoleto del 1979. Sono subito emerse le prerogative vocali di questa cantante: estensione, buone capacità nel canto d'agilità, un fraseggio elegante ed espressivo. L'aver però affrontato ruoli piú decisamente "spinti" (*Il pirata, La traviata, Norma*) ha in parte intaccato l'organizzazione vocale della Aliberti, facendo emergere forzature nel registro acuto e opacità in quello centrale.

♦ **ALINA, REGINA DI GOLCONDA**
Opera semiseria in due atti di Gaetano Donizetti (1797-1848), su libretto di F. Romani. Prima rappresentazione: Genova, Teatro Carlo Felice, 12 maggio 1828.

Alina (soprano), giovane contadina provenzale, dopo essere stata rapita dai pirati e portata nel regno di Golconda, diviene la sposa del vecchio re, che alla sua morte la lascia regina di Golconda. Alina è adesso oggetto delle mire di Seide (tenore), che ambisce al trono. Giunge una nave francese, su cui si trovano Ernesto Volmar (baritono), giovane ambasciatore, e l'intendente Belfiore (baritono buffo). Alina e l'amica Fiorina (soprano), anch'essa un tempo rapita dai pirati, ritrovano in Volmar e Belfiore i loro antichi fidanzati francesi. Seide scopre l'amore di Alina per lo straniero e incita i suoi fidi alla rivolta. La regina e la sua confidente, dopo una serie di stratagemmi, rivelano ai due francesi la loro vera identità. Volmar, che ora ha ritrovato l'amata Alina, la salva da Seide, che nel frattempo l'aveva fatta prigioniera, e le restituisce il trono. Alina torna a regnare, circondata dall'amore di Volmar e dall'affetto del popolo di Golconda.

Scritta da Donizetti per l'inaugurazione della stagione lirica del Teatro Carlo Felice di Genova nel 1828, *Alina* è una delle opere piú ispirate nel vasto panorama della produzione del compositore bergamasco.

★ **ALLEGRA BRIGATA, L'**
Sei novelle in un'opera in tre atti di Gian Francesco Malipiero (1882-1973), su libretto proprio. Prima rappresentazione: Milano, Teatro alla Scala, 4 maggio 1950.

In un teatrino di un parco un'allegra compagnia di giovani sfaccendati si racconta delle novelle. La prima a iniziare è Violante (soprano), che racconta l'infelice storia d'amore tra un giovane cavaliere (tenore) e Panfilia (soprano) che muore d'amore. Segue la novella narrata da Oretta (mezzosoprano): in un convento lavora un pittore (tenore), che una notte riceve in segreto una donna. Questa, rimasta momentaneamente sola, inavvertitamente urta uno scaffale rovesciandosi addosso i colori del pittore che, rientrando, non la riconosce piú, la crede addirittura un'apparizione demoniaca e fugge terrorizzato. Accorrono i frati e la donna è costretta a fuggire dalla finestra.

In alto:
il soprano italiano Lucia Aliberti.

A destra:
scena da *Alina, regina di Golconda*, di G. Donizetti.

La terza novella è narrata da Dioneo (tenore): Alfonso di Toledo (tenore) desidera avere un appuntamento con una donna e per ottenerlo le fa dono di quanto ha con sé. Un cavaliere (baritono), parlando con Alfonso, scopre che la donna bramata è sua moglie, la costringe a restituire ad Alfonso ogni cosa, quindi la uccide. Semplicio narra ora di come Ferrantino degli Argenti (baritono) invaghitosi di Caterina (mezzosoprano), moglie di Francesco da Todi (baritono) e introdottosi in casa sua, chiuda fuori il marito, uscito per denunciare l'intruso, lasciandolo a battere invano alla porta. Finita la storia di Semplicio la parola passa a Lauretta (soprano). La sua novella narra di una donna con un fratello assai bizzarro, che ogni notte combatte con la propria ombra. Una notte un amante della donna, giunto a farle visita vestendo gli abiti del fratello, si imbatte nel vero fratello che, scambiandolo per la propria ombra, lo uccide a colpi di sciabola. L'ultima novella è narrata da Beltramo (baritono). Leonora (soprano) riceve il suo amante Pompeo (tenore) ma, inaspettato, giunge anche suo marito (baritono), e Leonora nasconde l'amante sotto gli abiti, in una cassa. Il marito mostra una spada appena acquistata, e su invito della moglie sta per conficcare la spada nella cassa, per provarne la qualità, ma la donna lo ferma in extremis. Pompeo, uscito dalla cassa, decide di vendicarsi della donna: fingendosi ammalato riceve la visita di Leonora, accompagnata da Barbara (mezzosoprano), sorella di Pompeo. Rimasto solo con Leonora, Pompeo la aggredisce strappandole gli abiti di dosso, lasciandola praticamente nuda nel suo letto. Barbara e alcuni cavalieri, venuti a trovare Pompeo, trovano lui guarito e Leonora nuda nel letto, ma giunge anche il marito della donna che, furente, uccide Pompeo. Calato il sipario sul teatrino, il dramma si sposta all'allegra brigata: Dioneo, che ama Violante, pronuncia parole di biasimo sull'atteggiamento geloso del marito della novella, provocando la reazione di Beltramo, anch'esso innamorato di Violante, che preso da un eccesso di gelosia, celata durante la narrazione delle novelle, uccide Dioneo. Il dramma nel dramma è finito nello sgomento generale.

L'opera, composta nel 1943, libera dalle tipologie operistiche ottocentesche, si basa sul contrasto fra l'indifferente rappresentazione delle novelle in secondo piano e un dramma reale che si svolge in primo piano.

★ ALLEGRE COMARI DI WINDSOR, LE
vedi *Lustigen Weiber von Windsor, Die*

♦ ALLEN, THOMAS
(Seaham Harbour, Durham 1944)
Baritono inglese. Ha studiato al Royal College of Music di Londra e ha debuttato nel 1969 nel *Barbiere di Siviglia* di Rossini alla Welsh National Opera. Nel 1971 ha interpretato la parte di Donald nel *Billy Budd* di Britten al Convent Garden di Londra. Dopo essersi prodotto in molti teatri europei, a partire dal 1980 si è affermato nei piú importanti teatri americani. Dotato di una gradevole voce baritonale, morbida e di notevole gusto nel fraseggio, duttile e vario, Allen, grazie anche alle sue doti di attore, si è affermato come uno dei piú sensibili interpreti oggi in attività.

♦ ALLIOT-LUGAZ, COLETTE
(Notre-Dame de Bellecombe 1947)
Soprano francese. Ha iniziato quindicenne gli studi di canto a Bonneville, perfezionandosi quindi a Ginevra con M. Fonay-Besson. Dopo essersi rivelata a Parigi come Pamina in *Die Zauberflöte* (*Il flauto magico*), la Alliot-Lugaz ha iniziato una brillante carriera artistica, testimoniata anche da una notevole attività discografica. Particolarmente apprezzata nel repertorio barocco, si è distinta per sensibilità e qualità interpretative anche in opere del Novecento francese (Messager, Chabrier, ecc.).

■ ALMEIDA, ANTONIO DE
(Neuilly-sur-Seine 1928)
Direttore d'orchestra francese di origine argentina. Ha iniziato gli studi musicali in Argentina per completarli successivamente negli Stati Uniti, a Washington e a Yale. La sua attività come direttore d'orchestra è iniziata a Tanglewood per proseguire poi a Boston (1945), New Haven (1947), Los Angeles (1953). In Europa ha diretto a Lisbona (1957-60), a Stoccarda (1963-64) e in Francia, dove è stato direttore all'Opéra di Parigi (1965-67) e *directeur général* a Nizza (1976-78). Proprio all'opera francese è particolarmente legato il suo nome: Almeida ha infatti siglato importanti esecuzioni di *Le docteur miracle* (*Il dottor miracolo*) di Bizet, *La juive* (*L'ebrea*) di Halévy, *Mignon* di Thomas e di *Les contes d'Hoffmann* (*I racconti di Hoffmann*) di Offenbach.

♦ ALTMEYER, JEANNINE
(Los Angeles 1948)
Soprano statunitense. Ha studiato canto con M. Singher, perfezionandosi poi con L. Lehmann. Nel 1971 ha debuttato al Metropolitan di New York nella *Carmen* di Bizet mentre l'anno dopo ha interpretato Freia in *Das Rheingold* (*L'oro del Reno*) di Wagner a Chicago, iniziando cosí la sua carriera di interprete wagneriana ed esibendosi nei maggiori teatri europei, soprattutto in Germania (Monaco, Bayreuth dal 1979). Sebbene non particolarmente dotata vocalmente (un'emissione alquanto dura nel registro acuto e un registro grave piuttosto opaco), la Altmeyer è una cantante di grande personalità, musicalità e intelligenza interpretativa.

♦ ALVA, LUIGI
(Lima 1927)
Tenore peruviano. Ha studiato a Lima, perfezionandosi successivamente alla Scuola di canto del Teatro alla Scala di Milano (1953). Ha debuttato al Teatro Nuovo di Milano nel 1954 nella *Traviata* di Verdi, mentre l'anno successivo ha avuto il suo primo contatto con l'opera del Settecento interpretando Paolino (*Il matrimonio segreto* di Cimarosa) alla Piccola Scala. Attivo dal 1960 nei maggiori teatri europei e americani, Alva, grazie alla sua vocalità di tenore di "grazia", unita a sensibilità musicale ed eleganza di fraseggio, è stato uno dei piú squisiti interpreti mozartiani, nonché di Paisiello, Cimarosa, Piccinni, Fioravanti.

Il baritono inglese Thomas Allen.

ALZIRA

Tragedia lirica in un prologo e due atti di Giuseppe Verdi (1813-1901), su libretto di S. Cammarano, tratto da Alzire ou les Américains *di Voltaire. Prima rappresentazione: Napoli, Teatro San Carlo, 12 agosto 1845.*

Zamoro (tenore), che comanda un gruppo di guerriglieri peruviani che combattono contro l'oppressione spagnola, salva la vita al governatore Alvaro (basso) che i suoi uomini stavano per uccidere. La fidanzata di Zamoro, Alzira (soprano), crede morto il suo amato, e si fa cristiana per poter sposare Gusmano (baritono), figlio di Alvaro, diventato nel frattempo governatore al posto del padre. Zamoro però impedisce le nozze e ferisce a morte Gusmano. In punto di morte Gusmano perdona l'uccisore e permette la realizzazione del sogno d'amore tra Alzira e l'amato Zamoro.

È considerato l'unico vero e proprio fallimento della carriera operistica di Verdi, e fu in seguito da lui stesso definita una «bruttura». Fu composta da Verdi controvoglia: la musica, che avrebbe dovuto essere pronta per l'inverno 1844-45, tardava perché l'autore si accusava malato. Qualche ritardo si ebbe anche a causa della Tadolini, che doveva partorire e che non essendo più giovane, si temeva perdesse la voce. Invece tutto andò bene per lei, ma non per *Alzira*. Un'opera che tuttavia, come afferma M. Mila «[...] ha una certa vitalità proprio per l'abbondanza sanguigna delle melodie, per l'energia dei ritmi, per il succedersi ininterrotto delle idee musicali». La vicenda di Alzira aveva già attirato l'attenzione di altri musicisti, fra cui N. Zingarelli che aveva trasformato in opera lo stesso soggetto nel 1794.

Una scena da *Alzira*, di G. Verdi, in un allestimento del Teatro Regio di Parma.

AMAHL AND THE NIGHT VISITORS
(*Amahl e gli ospiti notturni*)

Opera religioso-fiabesca in un atto di Giancarlo Menotti (n. 1911) su libretto proprio, ispirato alla celebre Adorazione dei magi *di H. Bosch. Composta su commissione della National Broadcasting Company di New York, fu teletrasmessa il 24 dicembre 1951. Prima rappresentazione teatrale: Bloomington, Università dell'Indiana, 21 febbraio 1952.*

Amahl (voce bianca) racconta alla madre (soprano) di aver visto nel cielo una cometa luminosa. La donna, non credendo alle fantasticherie del figlio, lo incita a coricarsi per dormire. Bussano alla porta. Ahmal e la madre si trovano di fronte i tre re magi, splendidamente vestiti. Gaspare (tenore), Melchiorre (baritono) e Baldassare (basso), guidati dalla cometa, sono alla ricerca di un Bambino che sta per nascere. Durante la notte la madre tenta di rubare un po' d'oro dei magi. Scoperta, la povera donna piange il suo desolante stato di povertà e ricorda che suo figlio Amahl può camminare solo con le grucce. I magi comprendono e le lasciano l'oro, mentre Ahmal, che voleva donare al Bambino le sue stampelle, scopre improvvisamente di poter camminare. Tutti sono felici e Ahmal segue i magi per conoscere Gesú.

L'opera, che ottenne alla prima un notevole successo, fu la prima opera a essere teletrasmessa dalla NBC, la rete televisiva per la quale Menotti l'aveva composta, diventando un programma abituale della vigilia natalizia. In Italia venne rappresentata a Firenze per il Maggio musicale il 9 maggio 1953 con la direzione di L. Stokowski; tra i protagonisti A. Cordova e G. Simionato.

♦ AMARA, LUCINE
(Hartford, Connecticut 1925)

Nome d'arte di Lucine Armaganjan, soprano statunitense d'origine armena. Ha studiato canto a San Francisco con Eisner-Eyn e ha iniziato la carriera come corista (1945-46). Dopo aver partecipato a vari concorsi di canto, nel 1950 ha debuttato nel *Don Carlo* di Verdi al Metropolitan di New York nella prima stagione del "regno" di R. Bing. Entrata stabilmente nella compagnia del celebre teatro newyorchese, ha cantato in oltre quattrocentocinquanta rappresentazioni di un repertorio assai vasto, in ruoli di soprano lirico e lirico-leggero, soprattutto dell'opera italiana.

AMELIA GOES TO THE BALL
(*Amelia al ballo*)

Opera buffa in un atto di Giancarlo Menotti (n. 1911), su libretto dell'autore. Anteprima: Filadelfia, Curtis Institute 3 marzo 1937. Prima rappresentazione: New York, Metropolitan Opera House, 1° aprile 1937.

Amelia (soprano), aiutata da due cameriere (mezzosoprano), si prepara ad andare al ballo. Giunge il marito (baritono) furibondo: ha appena scoperto che Amelia ha un amante. La donna, pur di finire in fretta la discussione e poter andare al ballo, ammette di avere una relazione con Bubi (tenore), l'inquilino del terzo piano. Il marito esce furente, lasciando il posto all'amante che chiede ad Amelia di fuggire con lui, ma la donna è impaziente di andare al ballo, e rifiuta. Entra il marito che sorprende i due amanti; tra i due uomini nasce una discussione che via via si trasforma in uno scambio di spiegazioni e poi di amichevoli confidenze. Amelia, ormai spazientita, rompe un vaso in testa al marito, che cade svenuto. Accorre gente e anche la polizia, guidata da un commissario (basso), e Amelia si giustifica accusando l'amante di essere un ladro che, introdottosi in casa, ha colpito il marito. Bubi, sbalordito, viene portato via dalle guardie, il marito finisce all'ospedale, mentre Amelia può finalmente andare al ballo accompagnata dal commissario.

Amelia goes to the Ball è la prima opera di Menotti e già presenta gli aspetti salienti dello stile musicale di questo compositore: una felice vena lirica inserita in una perfetta costruzione musicale, che unisce sapientemente l'esperienza moderna della musica americana a collaudati moduli tradizionali sette-ottocenteschi. Di sicura presa teatrale anche il libretto, dello stesso Menotti. Tutti elementi, questi, che hanno contribuito al successo dell'opera.

♦ AMELING, ELLY
(Rotterdam 1934)
Soprano olandese. Dopo gli iniziali studi di canto nella città natale, si è successivamente perfezionata a Parigi con P. Bernac, uno dei piú celebri interpreti della musica da camera francese. L'incontro ha influenzato e indirizzato la formazione artistica della Ameling, che si è subito imposta, per la sensibilità interpretativa e il raffinatissimo fraseggio, come una delle massime interpreti di un vastissimo repertorio cameristico e oratoriale che spazia da Bach a Britten, Mozart, Ravel, Satie, Schubert. Piú sporadico invece il suo rapporto con il teatro d'opera.

★ AMICO FRITZ, L'
Commedia lirica in tre atti di Pietro Mascagni (1863-1945), su libretto di P. Suardon (pseudonimo di N. Daspuro) tratto da L'ami Fritz *di E. Erckmann e C.A. Chatrian. Prima rappresentazione: Roma, Teatro Costanzi, 31 ottobre 1891.*

Fritz Kobus (tenore), giovane e ricco possidente, fa una scommessa con il rabbino David (baritono): se egli riuscirà a convertirlo al matrimonio, riceverà in premio una vigna. In realtà Fritz è già preso da teneri sentimenti per Suzel

(soprano), la figlia del suo fattore; anche la giovane ama il padrone, ma la sua riservatezza e il diverso stato sociale le impediscono di esprimersi. Con uno stratagemma David scopre il segreto di Suzel, e rivela quindi a Fritz che la fanciulla sta per sposare un giovane del paese. Fritz si mostra turbato e geloso, e dichiara alla fanciulla il proprio amore. David ha vinto la scommessa, ma farà dono a Suzel della vigna vinta con la scommessa.

Seconda opera di Mascagni dopo il successo di *Cavalleria rusticana* e, dopo questa, la piú conosciuta del compositore livornese. Pur confermandone la raffinata vena melodica, *L'amico Fritz* presenta dei limiti dovuti ai tentativi, solo in parte riusciti, di Mascagni di fondere insieme elementi musicali italiani, francesi e tedeschi.

★ AMLETO
vedi *Hamlet*

★ AMORE DEI TRE RE, L'
Poema tragico in tre atti di Italo Montemezzi (1875-1952), su libretto di S. Benelli. Prima rappresentazione: Milano, Teatro alla Scala, 10 aprile 1913.

L'azione si svolge in un castello italiano nel X secolo. Fiora (soprano), già promessa sposa di Avito (tenore), per ragioni politiche ha dovuto sposare Manfredo (baritono), figlio del barone Archibaldo (basso), straniero invasore che si è impadronito del castello e del contado. Il vecchio Archibaldo, che è cieco, si aggira tra le mura del maniero per sorprendere la nuora, che sospetta di infedeltà. Manfredo, teneramente innamorato della moglie, è tornato per un breve periodo al castello, e prima di ripartire la prega di salutarlo dagli spalti finché non sarà scomparso all'orizzonte. La donna, commossa, acconsente. Allontanatosi Manfredo, giunge Avito che Fiora in segreto ha continuato a incontrare. La passione travolge i due innamorati. Archibaldo, che ha udito le voci, interviene: Avito riesce a fuggire, mentre Fiora viene strangolata dal vecchio furente. Nella cripta del castello, dove giace il corpo di Fiora, Avito torna per baciare per l'ultima volta la donna amata, ma un gelo di morte lo invade: Archibaldo ha cosparso di veleno le labbra di Fiora per scoprire l'identità dell'amante. Manfredo, ritornato quando non aveva piú scorto sugli spalti la moglie, disperato la bacia e muore.

Costruita secondo i moduli del melodramma tradizionale italiano, sui quali il compositore ha saputo innestare un'orchestrazione ricca ed elaborata di chiara matrice wagneriana, *L'amore dei tre re* ha goduto soprattutto all'estero di una notevole popolarità e rimane la sua partitura piú riuscita. Fu rappresentata al Metropolitan di New York con la direzione di Toscanini, mentre illustri cantanti come R. Ponselle, L. Bori, E. Pinza, G.

A sinistra:
una scena da *L'amico Fritz*, di P. Mascagni, al Teatro alla Scala.

In alto:
manifesto per *L'amore dei tre re*, di I. Montemezzi.

AMORE DELLE TRE MELARANCE, L'

Martinelli sono solo alcuni dei piú celebrati interpreti della romantica opera.

★ **AMORE DELLE TRE MELARANCE, L'**
vedi *Ljubov k trëm apel'sinam*

★ **AMORE DI DANAE, L'**
vedi *Liebe der Danae, Die*

★ **ANACREON OU L'AMOUR FUGITIF**
(Anacreonte o L'amore fuggitivo)
Opera in due atti di Luigi Cherubini (1760-1842), su libretto di R. Mendouze. Prima rappresentazione: Parigi, Opéra, 4 ottobre 1803.

L'azione si svolge a Teo nella Jonia. Il vecchio poeta Anacreonte (tenore) sta per essere festeggiato da amici e seguaci. Assistendo ai preparativi, il poeta sente però che, nonostante l'età, il desiderio di amare è piú che mai vivo. Corinna (soprano), una giovane cantatrice, ama Anacreonte ed è da lui riamata. Nel vederla, Anacreonte si rasserena e canta un inno a Bacco e Amore, accompagnandosi con la lira. Scoppia un violentissimo temporale e il poeta offre rifugio a un fanciullo (soprano) che racconta di essere fuggito da casa per degli intrighi familiari. Il fanciullo, che in realtà è Amore, durante la festa diffonde in tutti i presenti un grande ardore.

• 22

In alto:
il soprano statunitense June Anderson.

A destra:
scena da *Andrea Chénier*, di U. Giordano.

Giunge intanto un messaggio da parte di Venere (soprano), che chiede le venga ricondotto il figlio. In casa di Anacreonte nessuno vorrebbe restituire il fanciullo, ma giunge la stessa dea per riportare con sé Amore. Il fanciullo allora, per ringraziare Anacreonte, gli concede i suoi favori per tutto il tempo che gli rimarrà da vivere.

Anacréon segnò il ritorno al teatro del compositore in un'epoca di gravi angustie. Ma il lavoro non ebbe molta fortuna. Si disse che la musica era troppo marcatamente tedesca. Dopo la prima rappresentazione, nel 1803, l'opera non venne piú presentata e solamente a Vienna nel 1805 furono ripresi alcuni brani in forma di concerto.

♦ **ANDERSON, JUNE**
(Boston 1952)
Soprano statunitense. Dopo essersi messa in luce a soli quindici anni vincendo un concorso di canto, ha studiato alla Yale University debuttando nel 1978 in *Die Zauberflöte* (*Il flauto magico*) di Mozart alla New York City Opera. A partire dal 1982 dopo la sua interpretazione di *Semiramide* all'Opera di Roma, la Anderson si è imposta all'attenzione di pubblico e critica internazionali. Ha preso parte a importanti riprese di opere rossiniane: *Otello* (Venezia, 1986 e Pesaro, 1988), *Armida* (Aix-en-Provence, 1988), *Maometto II* (San Francisco, 1988), *Ricciardo e Zoraide* (Pesaro, 1990). Accanto a Rossini la Anderson affianca opere del piú tipico repertorio di "coloratura", mettendosi particolarmente in risalto nel Bellini di *Sonnambula* e *Puritani*, nella donizettiana *Lucia di Lammermoor*, nonché nel *Rigoletto* verdiano. Voce di indubbie qualità, per timbro, emissione ed estensione, agilità, la Anderson è particolarmente adatta al canto "elegiaco" del Bellini e del Donizetti piú lirici, mentre Rossini mette a volte in evidenza un certo limite della cantante nella cosiddetta emissione "di forza", portando a talune forzature nel registro acuto.

● **ANDREA CHENIER**
Dramma storico in quattro quadri di Umberto Giordano (1867-1948), su libretto di L. Illica. Prima rappresentazione: Milano, Teatro alla Scala, 28 marzo 1896.

L'azione si svolge in Francia, nel castello di Coigny nel 1789 e a Parigi nel 1794. Alla festa della contessa di Coigny (mezzosoprano), giungono gli invitati; tra gli altri vi è anche il giovane poeta Andrea Chénier (tenore) che, su invito della contessina Maddalena (soprano), recita un inno all'amore e alla patria, ma anche di riprovazione verso l'egoismo del clero e dell'aristocrazia. Mentre Chénier si allontana, iniziano le danze che vengono però interrotte da Gérard (baritono), cameriere della contessa, che irrompe nella sala con una schiera di pezzenti. Gérard viene cacciato dalla contessa. A Parigi. La rivoluzione è compiuta. Chénier, amareggiato dal fatto che ormai la rivoluzione è degenerata nel "Terrore", viene consigliato dall'amico Roucher (basso) di lasciare Parigi, perché la sua vita è minacciata. Chénier tuttavia esita: da tempo riceve delle lettere da una sconosciuta. Quella sera potrà finalmente

incontrarla e non vuole perciò mancare all'appuntamento; scopre cosí che la sconosciuta è Maddalena, che ha perso la madre e ora vive nascosta. I due si innamorano, ma Gérard, che ha fatto spiare Chénier, li sorprende insieme. Chénier e Gérard si battono; Gérard rimane ferito, ma esorta Chénier a fuggire e proteggere Maddalena. Alla gente accorsa Gérard afferma di non conoscere il feritore. Il tribunale della rivoluzione. Andrea Chénier è stato catturato. Maddalena, sconvolta, è disposta a offrirsi a Gérard pur di salvare Andrea. Gérard, commosso, decide di aiutare Maddalena e Chénier. Tutto è inutile però; pur proclamandosi innocente Andrea Chénier viene condannato a morte: neppure gli sforzi di Gérard valgono a sottrarre Chénier alla ghigliottina. Per Maddalena non resta che unirsi al destino dell'amato: sostituendosi a un'altra condannata, si unisce ad Andrea e con lui sale alla ghigliottina.

Andrea Chénier, tra le opere di Giordano, è quella che ottenne maggiori consensi e ancora oggi la si trova spesso nelle programmazioni dei piú importanti teatri mondiali. Il grande successo di questo lavoro è senza dubbio legato alla sicura presa delle melodie, passionali e cariche di teatralità, nonché di una certa enfasi declamatoria. Il ruolo drammatico del giovane poeta Andrea Chénier, in particolare, ha da sempre sollecitato tutti i piú grandi interpreti.

★ ANELLO DEL NIBELUNGO, L'
vedi *Ring des Nibelungen, Der*

● ANFOSSI, PASQUALE
(Taggia, Imperia 1727 - Roma 1797)
Compositore italiano. Dopo aver studiato violino al Conservatorio di Santa Maria di Loreto a Napoli e composizione con F. Durante, iniziò a comporre opere a partire dal 1763, raggiungendo fama europea con *L'incognita perseguitata* (1773). La sua è una produzione veramente vasta che comprende settanta e piú opere, tra le quali troviamo *La finta giardiniera* (1774), che verrà musicata anche da Mozart, e *Il curioso indiscreto* (1777), per la quale ancora Mozart scrisse delle arie aggiunte. Le opere di Anfossi meriterebbero un'attenta riscoperta e rivalutazione, anche alla luce dell'influenza che il compositore ha esercitato sullo sviluppo dell'operismo mozartiano.

♦ ANGELICI, MARTHA
(Cargèse 1907 - Ajaccio 1973)
Soprano francese. Ha compiuto gli studi musicali a Bruxelles, iniziando la sua attività artistica nel 1934. Al 1936 il suo debutto teatrale a Marsiglia nella *Bohème* di Puccini. Fondamentale il legame della Angelici con il Teatro dell'Opéra Comique di Parigi dove, a

partire dal 1939, si è esibita per oltre quattordici anni nel repertorio lirico e lirico-leggero francese e italiano (Mireille, Micaela, Mimí, ecc.). A partire dal 1953 ha cantato all'Opéra, dove ha definitivamente consacrato il suo nome tra i piú amati dal pubblico francese. Particolarmente apprezzate le sue interpretazioni di Micaela (*Carmen* di Bizet) e Pamina in *Die Zauberflöte* (*Il flauto magico*) di Mozart.

ANGELIQUE
(Angelica)
Farsa in un atto di Jacques Ibert (1890-1962), su libretto di Nino. Prima rappresentazione: Parigi, Teatro Foemina, 27 gennaio 1927.

Il mercante di porcellane Bonifacio (baritono), stufo del carattere violento e autoritario della moglie Angelica (soprano), decide, seguendo il consiglio dell'amico Charlot (baritono), di mettere in vendita la donna. Angelica è attraente e non mancano gli acquirenti. I primi a presentarsi sono un italiano (tenore), un inglese (tenore), e un negro (basso), ma dopo aver conosciuto la donna i tre spasimanti desistono. Bonifacio, disperato, invoca il diavolo perché si prenda lui la moglie; Belzebú (tenore) appare miracolosamente, carpisce Angelica e se la porta via. Bonifacio festeggia l'avvenimento con gli amici, ma ecco ritornare il diavolo; la donna è un "vero inferno" e lui non ne vuole piú sapere. Bonifacio, fuori di sé, tenta addirittura il suicidio, ma è fermato dalla stessa Angelica che si presenta ora incredibilmente gentile e sottomessa. Bonifacio, anche se non del tutto convinto, accetta di riprendersi la moglie ma, appena cala il sipario, annuncia che la moglie "è sempre in vendita".

Angélique rappresenta uno dei maggiori e senza dubbio piú duraturi successi del melodramma francese della prima metà del nostro secolo. L'argomento farsesco ha trovato nella musica di Ibert una mirabile traduzione, ricca di spunti musicali: dall'opera buffa di stampo rossiniano, all'operetta francese di Offenbach e Lecocq. Ancora oggi *Angélique* mantiene inalterate la sua straordinaria brillantezza e l'inesauribile carica teatrale.

★ ANGELO DI FUOCO
vedi *Ognennyj Angel*

ANNA BOLENA
Opera in due atti di Gaetano Donizetti (1797-1848), su libretto di F. Romani. Prima rappresentazione: Milano, Teatro Carcano, 26 dicembre 1830.

Enrico VIII (basso), re d'Inghilterra, si è invaghito di Giovanna Seymour (mezzosoprano), ma per poterla sposare si deve sbarazzare della moglie Anna Bolena (soprano). A questo scopo si serve di Lord Riccardo Percy (tenore), antico spasimante e ancora adesso innamorato di Anna. Richiamato subdolamente dall'esilio, Percy chiede di incontrare l'amata. Anna, che sente vacillare la sua posizione di regina, tenta di opporsi alle profferte amorose di Percy, il quale, disperato, vorrebbe uccidersi. Enrico VIII irrompe negli appartamenti della moglie e fa arrestare Anna, Percy e il paggio Smeton (contralto), che involontariamente aveva assistito al colloquio tra i due. Giovanna Seymour, piena di rimorsi, è sconvolta per essere stata l'involontaria causa della rovina della regina e chiede clemenza al re e il perdono ad Anna, che prima vorrebbe scacciarla, ma, poi, commossa, generosamente la perdona. Il destino dell'infelice moglie di Enrico VIII è però segnato: dopo un sommario processo, è condannata a morte con il fratello Lord Rocheford (basso), Percy e Smeton.

L'esito trionfale di quest'opera segnò l'affermazione di Donizetti tra i compositori piú importanti del suo tempo, rivelandone la vigorosa personalità lirico-drammatica. L'opera fu anche la prima di Donizetti a circolare in Europa, rimanendo per molti anni

Il mezzosoprano italiano Giulia Grisi in *Anna Bolena*.

sempre presente nei cartelloni stagionali, scomparendo poi dai repertori sul finire del secolo scorso. Venne ripresa alla Scala di Milano nel 1957, protagonista la Callas, ottenendo in quell'occasione un enorme successo. Da allora *Anna Bolena* gode di un altro momento di notorietà.

■ ANSERMET, ERNEST
(Vevey 1883 - Ginevra 1969)
Direttore d'orchestra svizzero. Compí gli studi a Losanna e a Parigi, perfezionandosi poi in direzione d'orchestra a Monaco di Baviera e Berlino. Ha esordito nel 1914 a Montreux, dirigendo successivamente la parte musicale dei famosi "Ballets Russes" (1915-16) di Diaghilev e legandosi a Stravinskij di profonda amicizia. Nel 1918 ha fondato l'orchestra della Suisse Romande che ha diretto fino al 1966. È stato sicuramente uno dei piú famosi e sensibili interpreti della letteratura musicale del Novecento (Debussy, Stravinskij, ecc.) partecipando a importanti prime esecuzioni, tra cui *The Rape of Lucretia* (*Il sacrificio di Lucrezia*) di Britten a Glyndebourne nel 1946.

● ANTIGONAE
Opera in cinque atti di Carl Orff (1895-1982), dalla tragedia di Sofocle tradotta da F. Hölderlin. Prima rappresentazione: Salisburgo, Felsenreitschule, 9 agosto 1949.

Eteocle e Polinice, figli di Edipo e nipoti di Creonte (baritono), re di Tebe, sono morti uno per mano dell'altro e Creonte ha vietato, pena la morte, che il corpo di Polinice, traditore per aver tentato di invadere Tebe, venga sepolto, e Antigone (soprano) e Ismene (mezzosoprano), sorelle di Eteocle e Polinice, si disperano per il divieto dello zio. Antigone tuttavia sfida l'ira di Creonte e seppellisce Polinice, ma viene scoperta e trascinata davanti al re; la donna difende il suo operato, ma Creonte, inflessibile, la condanna a morte. Invano Emone (tenore), figlio di Creonte e fidanzato di Antigone, tenta di fare desistere il re dal suo rigido atteggiamento. Solo la voce dell'indovino Tiresia (tenore), che predice sventure sulla sua casa, qualora non torni sulle sue decisioni, convince il re a desistere. È però troppo tardi, un messaggero (basso) è latore di tragiche notizie: Antigone si è impiccata, e lo stesso Emone, disperato, si è dato morte. Mentre Creonte invoca la morte portando in braccio il corpo del figlio, il messaggero annuncia che anche la moglie Euridice (soprano) si è tolta la vita.

L'orchestrazione, tutta basata su strumenti a percussione, ad eccezione di un contrabbasso, rende pienamente il clima tetro e ossessionante della tragedia alla quale aderisce perfettamente il testo in lingua tedesca, mentre le voci si adeguano perfettamente alla divisione e al ritmo del verso. La tragedia di Antigone ha ispirato molti compositori; tra questi ricordiamo in particolare T. Traetta (1772), A. Honegger (1927).

♦ ANTONACCI, ANNA CATERINA
(Bologna 1961)
Soprano italiano. Si è diplomata in canto al Conservatorio Martini di Bologna, perfezionandosi quindi con il soprano E. Ramella. Nel 1986 ha esordito come Rosina nel *Barbiere di Siviglia* ad Arezzo; vincitrice ex aequo del Concorso internazionale "Maria Callas" e del Concorso "Pavarotti" di Filadelfia nel 1988, sempre nello stesso anno si è messa in luce come Elisabetta nella *Maria Stuarda* di Donizetti. Ha quindi partecipato alle stagioni dei piú importanti teatri lirici italiani, soprattutto in opere di non frequente rappresentazione: da *Gli Orazi e Curiazi* di Cimarosa (Opera di Roma, 1989), a *Elfrida* di Paisiello e *Ecuba* di Manfroce (Savona, Opera Giocosa, 1990) a *La rosa rossa e la rosa bianca* di Mayr (Festival Donizetti di Bergamo, 1990). Il repertorio dell'Antonacci si è poi volto alle opere rossiniane, interpretando soprattutto opere del Rossini "serio" (*Ermione, Elisabetta, regina d'Inghilterra, Mosè* e altre).

● ANTONY AND CLEOPATRA
(Antonio e Cleopatra)
Opera in tre atti di Samuel Barber (1910-1981), su testo di W. Shakespeare adattato da F. Zeffirelli. Prima rappresentazione: New York, Metropolitan Opera, 16 settembre 1966.

Antonio (basso-baritono), generale romano invaghito di Cleopatra (soprano), regina d'Egitto, si è abbandonato agli ozi della reggia di Alessandria. Le pressioni del Senato spingono Antonio a partire alla volta di Roma. Qui, per dare prova della propria lealtà, Antonio deve sposare Ottavia, sorella di Ottaviano (tenore). In Egitto intanto Cleopatra apprende dell'avvenuto matrimonio di Antonio. Questi ama ancora Cleopatra e dopo averla rivista in sogno parte alla volta dell'Egitto. La notizia che Antonio è ritornato tra le braccia di Cleopatra provoca l'ira di Ottaviano, che muove guerra all'Egitto. Antonio è sconfitto, e si rifugia nel palazzo

In alto:
Britten, Croziet e Ansermet
con i componenti della
Glyndebourne English Opera Company.

A destra:
il soprano italiano
Anna Caterina Antonacci
interpreta *Elisabetta, regina d'Inghilterra*.

di Cleopatra, dove la regina e il suo amante hanno un duro scontro. La donna si allontana verso la sua tomba e invia un messaggero per annunciare ad Antonio che il suo ultimo pensiero è stato per lui. Credendo Cleopatra morta, Antonio si trafigge con la spada; ancora moribondo è portato alla tomba di Cleopatra, spirando tra le sue braccia. Sopraggiunge Ottaviano, che vuole condurre Cleopatra a Roma come preda di guerra, ma la donna non vuole separarsi dall'amante. Si fa portare l'aspide e muore avvelenata dopo essersi fatta pungere dal rettile.

L'opera fu rappresentata in occasione dell'inaugurazione del nuovo Metropolitan di New York. Franco Zeffirelli che aveva preparato la riduzione del testo shakespeariano, curò anche la regia e le scene, mentre le coreografie furono di A. Aley.

★ APE MUSICALE, L'

Azione teatrale in due atti di Lorenzo Da Ponte (1749-1838), con musiche di Gioachino Rossini, Wolfgang Amadeus Mozart, Antonio Salieri, Domenico Cimarosa, Nicola Zingarelli. Prima rappresentazione dell'ultima versione: New York, febbraio 1829.

Davanti a una bottega di caffè alle "Isole Fortunate" (probabilmente Long Island, New York) un gruppo di artisti, il cantante Narciso (tenore), il poeta Mongibello (baritono) e don Nibbio l'impresario (baritono buffo) disquisiscono sul nuovo dramma che dovrà andare in scena di lí a pochi giorni. Tutti sono in attesa della primadonna Lucinda (soprano). Iniziano le prove del nuovo dramma che si intitolerà *L'ape musicale*, perché, come l'ape passa traendo il nettare da ogni fiore, cosí ogni cantante darà al poeta il meglio del proprio repertorio. Davanti al musicista don Canario (tenore), Lucinda e Narciso cantano un duetto da *Semiramide* di Rossini. Don Nibbio e Mongibello si inseriscono nella compagnia cantando anche loro delle arie di Rossini. E proprio con la musica del pesarese Lucinda chiuderà la nuova opera (il rondò finale dalla *Cenerentola*), dopo che Nibbio ha annunciato che, trovati i soldi, l'opera potrà andare in scena.

Lorenzo Da Ponte compose ben tre versioni di questo "pasticcio" musicale, rispettivamente nel 1789, 1791 e 1792, tutte e tre piú o meno legate agli usi e malcostumi del mondo del teatro musicale; l'ultima versione la presentò in occasione dell'arrivo a New York della nipote Giulia, giovane cantante al suo debutto americano. Il libretto, rimaneggiato in italiano e in inglese, è piú snello e organico rispetto alle precedenti edizioni. Quanto alla musica, segna una sorta di "viaggio" nell'evoluzione dell'opera buffa da Cimarosa a Mozart a Rossini, che chiude l'opera. Appare evidente quel sottile, ma saldo legame che unisce Mozart, Da Ponte e Rossini.

APOLLO ET HYACINTHUS SEU HYACINTHI METAMORPHOSIS

Commedia di Wolfgang Amadeus Mozart (1756-1791), su testo latino di R. Widl. Prima rappresentazione: Salisburgo, Università, 13 maggio 1767.

La vicenda, tratta dalle *Metamorfosi* di Ovidio, narra di Apollo (contralto) e di Zephirus (contralto) entrambi invaghiti del bellissimo Hyacinthus (soprano), figlio di Ebalus (tenore) re di Laconia. Mentre Apollo e Hyacinthus stanno gareggiando al lancio del disco, il geloso e vendicativo Zephirus usa la sua forza per dirottare il disco su Hyacinthus che viene cosí ferito a morte. Apollo, angosciato per la morte dell'amato Hyacinthus, lo trasforma in un fiore (il giacinto), mentre Zephirus viene mutato in vento.

L'undicenne Mozart scrisse quest'operina nel 1767 in occasione della rappresentazione di chiusura dell'anno accademico dell'Università di Salisburgo. *Apollo et Hyacinthus* venne inserito nella forma di nove intermezzi inframezzati al dramma *Clementia Croesi* di Widl. Il libretto in latino, pur nel carattere frammentario della struttura dovuto alla suddivisione in intermezzi, trova comunque la sua valorizzazione nella musica del giovane Mozart che rivela, pur nella semplicità dei mezzi espressivi (si pensi che gli stessi primi interpreti avevano un'età che andava dai dodici ai diciotto anni), una sensibilità e una fantasia che già superano gli aspetti puramente convenzionali o di buona fattura di un'opera su commissione.

ARABELLA

Commedia lirica in tre atti di Richard Strauss (1864-1949), su libretto di H. von Hofmannsthal. Prima rappresentazione: Dresda, Staatsoper, 1° luglio 1933.

Vienna, Carnevale 1860. Il conte Waldner (basso), capitano a riposo, benché carico di debiti, vive in un elegante albergo. Unica speranza per Waldner è riuscire a maritare le due figlie Arabella (soprano) e Zdenka (soprano). A tale scopo ha inviato un ritratto di Arabella al vecchio amico Mandryka, un signorotto di campagna. Nell'attesa di aver sistemato Arabella, la sorella Zdenka viene fatta passare per un ragazzo. La giovane, però, ama Matteo (tenore) e, non potendosi rivelare, gli scrive delle lettere ardenti firmandosi con il nome della sorella. Matteo cosí corteggia Arabella, che invece lo respinge, tutta romanticamente presa nell'attesa del vero amore; questo giunge sotto le sembianze del nipote del vecchio signorotto morto, Mandryka (baritono) anch'esso, innamorato di Arabella. Quando i due giovani si incontrano, scoprono di essere fatti l'uno per l'altra. Mandryka si sente però ingannato perché crede che Arabella

In alto:
Justino Diaz
nella prima rappresentazione
di *Antonio e Cleopatra*, di S. Barber.

Sopra:
bozzetto per *Arabella*, di R. Strauss.

abbia dato un appuntamento notturno a Matteo. Quando questi si reca all'incontro, in realtà entra nella camera di Zdenka. Mentre Arabella cerca di calmare il furente Mandryka, l'improvvisa apparizione di Zdenka risolve l'equivoco. I matrimoni adesso saranno due.

Decisamente contorta dal punto di vista drammatico, la bellezza di *Arabella* si trova tutta nei momenti piú prettamente lirici dell'opera, i duetti tra Arabella e Zdenka, ma ancor piú in quelli tra Arabella e Mandryka, e la musica di Strauss evidenzia la carica voluttuosa, erotica e decadente del libretto di von Hofmannsthal.

♦ ARAGALL, JAIME
(Barcellona 1939)
Tenore spagnolo. Dopo aver compiuto gli studi di canto in Spagna e in Italia ha debuttato alla Scala di Milano nel 1963. Da allora ha cantato nei principali teatri europei e americani in un repertorio comprendente le maggiori opere verdiane e pucciniane. Dotato di una voce di bel timbro, caldo, sonoro, squillante nel registro acuto, Aragall è uno dei piú apprezzati tenori oggi in attività.

♦ ARAIZA, FRANCISCO
(Città di Messico 1950)
Tenore messicano. Ha studiato canto con I. Gonzales (dal 1968). Nel 1970 ha debuttato nel *Fidelio*. Dopo aver vinto il Concorso internazionale di canto indetto dagli enti radiofonici tedeschi, nel 1975 è entrato a far parte della compagnia del Teatro dell'Opera di Karlsruhe, dove ha debuttato come Ferrando (*Cosí fan tutte*). Si è successivamente esibito nei maggiori teatri e festival europei. Nel 1981 ha debuttato negli Stati Uniti (Houston e San Francisco). Nel 1983 ha cantato per la prima volta al Metropolitan di New York (Belmonte) in *Die Entführung aus dem Serail* (*Il ratto dal serraglio*). Per estensione, agilità e lucentezza, Araiza è uno dei maggiori interpreti di Mozart (in particolare Tamino, Belmonte, Don Ottavio) dando però ottima prova di sé anche in campo rossiniano (*La Cenerentola, Semiramide, Viaggio a Reims*). Dal 1983, accanto ai ruoli a lui piú congeniali, ha affrontato un repertorio di maggiore spessore vocale: *Lohengrin, Wally, Tosca*.

★ ARCADIA IN BRENTA, L'
Dramma comico in tre atti di Baldassarre Galuppi (1706-1785), su libretto di C. Goldoni. Prima rappresentazione: Venezia, Teatro Sant'Angelo, 14 maggio 1749.

Il pigro e prodigo Fabrizio Fabroni (baritono buffo) ha dato convegno nella sua villa sul Brenta (la via d'acqua che congiunge Venezia con Padova) a un gruppo di sfaccendati amici, con il presupposto di qualche divertimento mondano e letterario. Tutta la vicenda ruota attorno ai caratteri dei singoli personaggi: dal già citato Fabrizio, al suo massaio, l'avido Foresto (baritono), alla figura del fatuo cicisbeo, il conte Bellezza (tenore), all'amoroso e geloso Giacinto (contralto). A questi personaggi maschili corrispondono altrettante figure femminili: Lauretta (soprano), donna concreta sia nelle parole sia nelle azioni, Lindora (soprano), sofisticata malata immaginaria e Rosanna (soprano), figura riflessiva, incline ai sospiri amorosi. Dopo una serie di schermaglie amorose, di intrecci, di incomprensioni, si giunge al formarsi delle coppie: Lauretta con Foresto, Lindora con il conte e Rosanna con Giacinto, mentre al povero e ingenuo Fabrizio non restano che i ringraziamenti della compagnia.

L'Arcadia in Brenta segna il proficuo incontro tra Galuppi e Goldoni ed è la prima di una serie numerosa e quasi sempre felice di melodrammi. Il libretto di Goldoni è del 1749 e riflette quella sottile ma impietosa critica che il commediografo rivolge alla società veneziana del tempo, con le sue decadenze, smanie e capricci. La caratterizzazione dei personaggi goldoniani trova una altrettanto fedele rispondenza nella musica di Galuppi.

■ ARENA, MAURIZIO
(Messina 1935)
Direttore d'orchestra italiano. Ha compiuto gli studi musicali a Palermo, perfezionandosi poi a Perugia con F. Ferrara. Dopo aver lavorato come direttore assistente al fianco di T. Serafin, A. Votto e G. Gavazzeni, nel 1963 ha debuttato al Teatro Massimo di Palermo (*Bohème* di Puccini) dove ha diretto fino al 1971, anno in cui ha iniziato un'intensa attività nei maggiori teatri italiani ed esteri. Per le sue doti di solida professionalità e sensibilità Arena è uno dei maggiori direttori d'opera oggi in attività. Particolarmente degne di nota le sue interpretazioni di opere di fine Ottocento e inizio secolo: Rubinstein, Alfano, Montemezzi e Leoncavallo.

● ARIADNE AUF NAXOS
(*Arianna a Nasso*)
Opera in un atto con prologo di Richard Strauss (1864-1949), su libretto di H. von Hofmannsthal. Prima rappresentazione della prima versione: Stoccarda, Königliches Hoftheater, 25 ottobre 1912. Prima rappresentazione della seconda versione: Vienna, Hofoper, 4 ottobre 1916.

In una sala adattata a teatro nella casa di un ricco viennese del XVIII secolo fervono i preparativi per la rappresentazione di un'opera seria. Il maestro di musica (baritono) con costernazione apprende che all'opera farà seguito un intrattenimento farsesco. Il compositore (soprano), amareggiato, diventa addirittura furente quando il maggiordomo (recitante) annuncia che per ordine del signore, per guadagnare tempo, i due spettacoli saranno rappresentati simultaneamente. Zerbinetta (soprano), usando le armi della seduzione, convince il compositore ad adattare i due

Sopra:
il tenore spagnolo Jaime Aragall.

A destra:
il tenore messicano
Francisco Araiza nel *Lohengrin*.

generi musicali, il "serio" con il "buffo". La recita può cosí iniziare. Sull'isola deserta di Nasso, Arianna (soprano), circondata dalle ninfe (soprani e contralti), piange il suo amaro destino: l'essere stata abbandonata da Teseo. Zerbinetta, Arlecchino (baritono), Scaramuccio (tenore), Truffaldino (basso) e Brighella (tenore) tentano di consolare il dolore della donna. Ma ecco che le ninfe annunciano l'arrivo di un dio. Arianna, spaventata, lo crede il messaggero della morte e gli si offre per scendere agli Inferi, ma il dio, che si rivela essere Bacco (tenore), porta con sé Arianna all'Olimpo.

La prima versione dell'opera, nata con le musiche di scena per *Le bourgeois gentilhomme* di Molière, naufragò a causa della lunghezza della rappresentazione e dell'eterogeneità tra la commedia francese e l'opera tedesca. Hofmannsthal e Strauss sottoposero l'opera a un completo rifacimento, che rendeva *Arianna* autonoma dalla commedia di Molière. *Arianna*, nella sua seconda versione, presentò cosí tutto il suo indiscutibile fascino musicale che ne ha segnato il successo, attribuibile piú agli intrinseci valori musicali che non alla formula del teatro nel teatro e alla contrapposizione tra un prologo realistico e dinamico a un'opera allegorica e statica.

♦ ARIANE ET BARBE-BLEUE
(*Arianna e Barbablú*)
Fiaba lirica in tre atti di Paul Dukas (1865-1935), su un libretto tratto con pochissimi adattamenti dal dramma di M. Maeterlink. Prima rappresentazione: Parigi, Opéra Comique, 10 maggio 1907.

Arianna (soprano), sesta moglie di Barbablú (basso), giunge al castello del marito. La coraggiosa donna vuole scoprire quale fine abbiano fatto le altre mogli che l'hanno preceduta. Barbablú le fa dono di sei chiavi d'oro e una d'argento; con le prime sei potrà accedere ai doni di nozze che si rivelano essere gioielli di inestimabile valore: ametiste, zaffiri, perle, smeraldi, rubini e diamanti. Aprendo la settima porta, alla quale il marito le aveva proibito l'accesso, Arianna ode delle voci femminili provenire da un sotterraneo. La sorprende Barbablú che furente vorrebbe trascinarla verso il sotterraneo. Alle grida di Arianna accorrono alcuni contadini che si trovavano nei pressi del castello, e Barbablú, umiliato, si allontana. Arianna ha scoperto dove si trovano le altre mogli che l'hanno preceduta, scende nel sotterraneo e le libera, avvertendo i contadini di proteggere il castello dal prossimo ritorno di Barbablú. Quando questi sta per giungere viene catturato dai contadini e portato tutto malconcio davanti alle mogli. Le donne però non intendono vendicarsi, anzi slegano l'uomo e ne curano le ferite. Solo Arianna, dopo aver inutilmente invitato le altre donne a riguadagnare la libertà, si allontana dal castello.

Unica opera di Paul Dukas, è anche uno dei suoi lavori piú riusciti e uno degli esempi, con *Pelléas et Mélisande* di Claude Debussy, di melodramma simbolista (non a caso entrambi su libretto di Maeterlinck). Sebbene la prima rappresentazione non avesse molto convinto, nelle repliche successive l'opera ottenne un crescente successo. In *Ariane et Barbe-Bleue* Dukas mette in evidenza grandi capacità nel trattare il tessuto orchestrale, ricco di colori e opulento, chiaro legame al mondo sonoro di Wagner e Debussy. La linea vocale invece non emerge per grande lirismo: Dukas la esprime soprattutto attraverso una forma di recitativo-arioso.

♦ ARIANNA
Tragedia in forma di rappresentazione di Claudio Monteverdi (1567-1643), su testo letterario di O. Rinuccini. Prima rappresentazione: Mantova, Teatro di Corte, 28 maggio 1608, in occasione dei festeggiamenti per le nozze del principe Francesco Gonzaga con Margherita di Savoia.

Sull'isola di Nasso. Venere annuncia che Arianna sarà abbandonata da Teseo e invoca Amore perché protegga l'infelice: Teseo, infatti, indotto da un suo consigliere, parte per Atene abbandonando Arianna sull'isola deserta. I cori commentano la vicenda, raccontando come Bacco, preso d'amore per Arianna, l'abbia confortata facendola sua sposa, tra il giubilo generale.

Allestita con grande successo nel 1608, l'*Arianna* di Claudio Monteverdi è andata purtroppo perduta, fatta eccezione per una parte della scena sesta, il "Lamento di Arianna", una pagina di eccezionale forza evocativa che per i contemporanei divenne esempio stilistico dell'espressione musicale del sentimento del dolore e della passione senza speranza. La scarna vicenda di Arianna trova nell'uso del coro l'espressione di sentimenti, affetti, dubbi e dilemmi. L'opera venne ripresa nel 1640 in occasione dell'inaugurazione del Teatro San Moisè, quando Monteverdi era a Venezia. Il mito di Arianna servì da soggetto ad altri compositori. Tra questi ricordiamo: B. Pasquini (1685), B. Marcello (1727), J. Massenet (1906).

♦ ARIÉ, RAFFAEL
(Sofia 1920 - St. Moritz 1988)
Basso bulgaro. Dopo aver iniziato gli studi di violino, venne indirizzato da C. Brambaroff, primo baritono dell'Opera di Sofia, agli studi di canto. Debuttò in un concerto nel 1939, poi, a causa della guerra, la sua carriera fu

Sopra:
una scena da *Arianna a Nasso*, di R. Strauss.

A sinistra:
frontespizio dell'*Arianna*, di C. Monteverdi.

interrotta. Nei primi anni del dopoguerra cantò all'Opera di Sofia in *Evgenij Onegin* (*Eugenio Oneghin*), *Boris Godunov*, *Knjaz Igor* (*Il principe Igor*). Nel 1946, dopo aver vinto il Concorso internazionale di Ginevra, venne in Italia dove debuttò in *Ljubov k trëm apel'sinam* (*L'amore delle tre melarance*) alla Scala di Milano. Ospite in tutti i principali teatri europei e americani, impersonò il ruolo di Truelove nella prima mondiale di *The Rake's Progress* (*La carriera di un libertino*) di Stravinskij (Venezia, La Fenice, 1951). Grazie alla sua voce di basso cantabile, morbida nell'emissione, unita a capacità di fraseggio, preciso e sensibile alle esigenze della partitura, Arié si è fatto ammirare in un repertorio vastissimo comprendente oltre un centinaio di opere.

♦ ARKHIPOVA, IRINA
(Mosca 1925)
Mezzosoprano russo. Ha studiato al Conservatorio di Mosca, ottenendo nel 1954 un importante riconoscimento per la sua interpretazione di Lijubača in *Zarskaia Nevěsta* (*La sposa dello zar*) di Rimskij-Korsakov. Dopo essersi prodotta in opere e concerti in teatri russi, in Polonia e in Finlandia, nel 1956 ha debuttato come Carmen al Bolscioi di Mosca, diventando in breve tempo primo mezzosoprano del massimo teatro moscovita. Apprezzata interprete del repertorio musicale russo, operistico e da camera, per tecnica, estensione e intelligenza interpretativa, la Arkhipova ha dato prove convincenti anche nell'opera italiana (*Aida, Trovatore, Don Carlo*).

ARLECCHINO ODER DIE FENSTER
(*Arlecchino o Le finestre*)
Capriccio teatrale in un atto di Ferruccio Busoni (1866-1924), su libretto proprio. Prima rappresentazione: Zurigo, Stadttheater, 11 maggio 1917.

A Bergamo, mentre ser Matteo (baritono), sarto saccente e lettore accanito della *Divina Commedia*, lavora seduto davanti a casa, Arlecchino (recitante) ne corteggia la moglie Annunziata (parte mimata). Arlecchino, per liberarsi del marito, gli comunica che la città è stata invasa dai barbari, poi si presenta travestito da capitano e arruola il terrorizzato Matteo. Colombina (mezzosoprano), moglie trascurata di Arlecchino, scoprendo la nuova infedeltà del marito, si lascia corteggiare dal cavaliere Leandro (tenore). Arlecchino si finge infuriato e abbatte con il suo spadone di legno il povero Leandro. Della confusione che nasce dal ferimento di Leandro approfitta Arlecchino che, liberatosi cosí della moglie e servendosi della chiave sottratta a ser Matteo, torna nella casa del sarto per uscirne con Annunziata.

Pur rifacendosi alla tradizione della commedia dell'arte, il libretto e la musica di Busoni ironizzano sulle forme stantie del vecchio melodramma italiano. Le figure di quest'opera, uscendo dai canoni tradizionali, rendono ancora piú pungente questa satira. Lo stesso protagonista Arlecchino è un ruolo recitato ed è alternativamente personaggio della vicenda e commentatore degli avvenimenti.

ARLESIANA, L'
Opera in tre atti di Francesco Cilea (1866-1950), su libretto di L. Marenco, tratto dal dramma l'Arlésienne di A. Daudet. Prima rappresentazione: Milano, Teatro Lirico, 27 novembre 1897.

L'azione si svolge in Provenza. Federico (tenore), figlio della fattoressa Rosa Mamai (mezzosoprano), alla fiera ha conosciuto una ragazza di Arles, se ne è innamorato e vuole sposarla. Metifio (baritono), un guardiano di cavalli, rivela a Rosa che la ragazza che Federico vuole sposare è stata la sua amante. Come prova le mostra due lettere dell'Arlesiana e gliele lascia perché possa farle vedere al figlio. Federico, sconvolto, vaga per la Camargue in preda a una profonda apatia. Rosa, che vede il figlio cosí distrutto, si dichiara disposta ad accogliere in casa l'Arlesiana. Federico è commosso, ma sarà lui che dovrà guarire dall'infatuazione, sposando Vivetta (soprano), una giovane che da sempre lo ama. In una sala della fattoria dove fervono i preparativi per le nozze giunge Metifio per riprendere le sue lettere proclamandosi deciso a non rinunciare all'Arlesiana. Alla vista e alle parole dell'uomo Federico è travolto dalla gelosia e si getta su Metifio per colpirlo. Condotto nella sua stanza, Federico sembra essersi calmato; giunta la notte, invece, il giovane raggiunge il granaio, dal quale si getta per placare la sua disperazione.

L'opera è ispirata al famoso dramma di Daudet per il quale Bizet aveva già composto delle musiche di scena nel 1872. Grazie al forte lirismo, ricco di accenti fortemente veristi, *L'Arlesiana* ebbe un grandissimo successo contribuendo in modo determinante a far conoscere il nome di Cilea e insieme lanciò E. Caruso che ne fu il primo interprete.

ARMIDA
Dramma in tre atti di Gioachino Rossini (1792-1868), su libretto di G. Schmidt, tratto dalla Gerusalemme Liberata di T. Tasso. Prima rappresentazione: Napoli, Teatro San Carlo, 11 novembre 1817.

Nel campo di battaglia cristiano, nei pressi di Gerusalemme, giunge Armida (soprano), accompagnata dallo zio Idraote (basso). La

Una scena da *Arlecchino o Le finestre*, di F. Busoni, Venezia, Teatro la Fenice.

donna si presenta a Goffredo (tenore) e ingannandolo gli racconta di essere stata spodestata dallo zio che la minaccia di morte, chiedendo l'intervento dei crociati per riconquistare il trono. Goffredo promette il suo aiuto solo dopo la resa di Gerusalemme; Armida si finge disperata. Eustazio (tenore) e i paladini, ammaliati da Armida, intervengono a favore della donna. Goffredo elegge allora Rinaldo (tenore) a difensore di Armida. La decisione provoca la reazione gelosa del paladino Gernando (tenore) il quale interrompe l'incontro tra Armida e Rinaldo. Questi, già caduto nelle trame della donna, raccoglie le provocazioni di Gernando, lo sfida a duello e lo uccide. L'ira di Goffredo per l'accaduto fa sí che Rinaldo segua Armida, cadendo cosí definitivamente in potere delle sue arti magiche. In un'isola incantata Rinaldo si è abbandonato alle mollezze e ai piaceri dell'amore. Inviati da Goffredo, Carlo (tenore) e Ubaldo (tenore) giungono nel giardino incantato. Quando Rinaldo si libera dalle illusioni di cui è stato vittima, risoluto segue Carlo e Ubaldo. Invano Armida tenta di trattenerlo. Al culmine dell'ira la maga invoca le Furie e giurando vendetta scompare tra le fiamme su un carro alato.

Nell'*Armida* Rossini pone come elementi portanti della vicenda la magia e il sogno. Una lussureggiante ricerca di colori orchestrali e di arditezze armoniche sono i mezzi espressivi utilizzati dal compositore. Il traboccare di belcanto rende ancora piú astratto e rarefatto il clima di quest'opera. Come contrasto a questo colorismo "barocco" Rossini inserisce un finale d'opera di inaspettato impatto drammatico, che, unito alla ricercatezza del linguaggio espressivo, contribuí all'insuccesso dell'opera all'epoca della prima rappresentazione.

ARMIDE
(*Armida*)
Dramma eroico in cinque atti di Christoph Willibald Gluck (1714-1787), su libretto di Ph. Quinault liberamente tratto dalla Gerusalemme Liberata *di T. Tasso. Prima rappresentazione: Parigi, Académie Royale de Musique, 23 settembre 1777.*

A Damasco, Armida (soprano), nipote di re Idraote (baritono), è riuscita a sedurre tutti i cavalieri crociati, ma è ferita nel suo orgoglio perché solo Rinaldo (tenore) è sfuggito ai suoi incanti. Armida riesce però a rapire l'eroe e a trasportarlo in un'isola incantata. La maga è adesso invaghita di Rinaldo, anche se sa che non la sua bellezza, ma le sue arti magiche lo hanno conquistato. L'eroe, che vive prigioniero sull'isola incantata e ha ormai dimenticato i suoi doveri di crociato, viene raggiunto da Ubaldo e da un cavaliere danese. I due uomini, che hanno superato e vinto gli incantesimi di Armida, fanno comprendere a Rinaldo le illusioni di cui è stato vittima. L'eroe, libero dall'incantesimo, è pronto a partire con i cavalieri. Armida disperata lo supplica di restare, ma Rinaldo abbandona l'isola. La maga invoca allora gli dei infernali che fanno sprofondare l'isola incantata nel mare.

Scritta da Gluck nel 1777, su un testo che era servito quasi un secolo prima (1686) a Lully, *Armide* non conosce, malgrado l'impostazione innovativa, l'unitarietà delle opere migliori quali *Orfeo ed Euridice*. Ben riuscita nelle pagine tragiche, meno in alcuni episodi solistici e corali, si avvale comunque, per il personaggio di Armida, di arie bellissime, che sono tra i momenti piú alti di tutto l'operismo gluckiano. *Armide* ha offerto lo spunto per molti altri melodrammi. Tra questi ricordiamo, oltre a quello del già citato Lully, quelli di T. Traetta (1761), N. Jommelli (1770) e G. Rossini (1817).

♦ ARMSTRONG, KARAN
(Dobson, Montana 1941)
Soprano statunitense. Ha iniziato gli studi musicali al Concordia College Moorhead (Minnesota) e quindi con L. Lehmann, F. Zweig e T. de Garmo. Dopo aver cantato al Metropolitan e alla New York City Opera, la sua carriera si è spostata in Germania dove si è imposta per una notevolissima interpretazione di *Salome* di Strauss, un'opera che ha poi interpretato nei maggiori teatri europei. Le sue doti di cantante-attrice sono altresí emerse in altre opere moderne (*Lulu*, *Wozzeck* di A. Berg) e contemporanee (*Jesu Hochzeit* di G. von Einem, 1980 e *Lou Salome* di Sinopoli, 1981). Ha sposato il noto regista teatrale F. Götz.

Manifesto per *Armida*, di Ch.W. Gluck.

♦ ARMSTRONG, SHEILA
(Ashington, Northumberland 1942)
Soprano inglese. Ha studiato alla Royal Academy of Music di Londra. Nel 1965 ha vinto il "Kathleen Ferrier Memorial Scholarship", debuttando lo stesso anno al Sadler's Wells di Londra come Despina (*Cosí fan tutte*). Nel 1966 è apparsa per la prima volta al Festival di Glyndebourne come Belinda in *Dido and Aeneas* (*Didone ed Enea*) di H. Purcell, mentre al 1973 risale il suo debutto al Covent Garden di Londra nel ruolo di Marcellina nel *Fidelio* di Beethoven. Per doti vocali, intelligenza interpretativa e presenza scenica la Armstrong è una rinomata interprete di un vasto repertorio lirico e concertistico, da Purcell, Händel, fino a Delius, Britten, Elgar, Vaughan Williams e molti altri compositori del XIX e XX secolo.

AROLDO
Dramma lirico in quattro atti di Giuseppe Verdi (1813-1901), su libretto di F.M. Piave, rifacimento dello Stiffelio. *Prima rappresentazione: Rimini, Teatro Nuovo, 16 agosto 1857.*

L'azione si svolge in Scozia nel 1200. Aroldo di Kent (tenore) torna dalla crociata e trova la moglie Mina (soprano) in preda a una profonda tristezza. Mina, durante la sua assenza, è stata l'amante del cavaliere di ventura Godvino (tenore), ospite del padre di lei, Egberto (baritono). Il solitario Briano (basso), amico di Aroldo, rivela l'inganno, ma invita l'uomo al perdono. Aroldo però non sa reggere all'offesa subita; dopo avere sciolto il suo vincolo matrimoniale con Mina parte e diviene eremita. Passano gli anni e una tempesta fa naufragare Mina ed Egberto presso l'eremo. Aroldo e la moglie si riconoscono, lei chiede perdono e l'ex crociato glielo accorda. Mina e Aroldo ritornano cosí insieme.

Si tratta di un rifacimento dell'opera *Stiffelio*, che per la sua scabrosa vicenda (un pastore protestante tradito dalla moglie) aveva suscitato rigidi interventi da parte della censura. Spostata d'epoca, cambiati i personaggi, Verdi sperava che la sua musica potesse trovare una nuova vitalità; in realtà anche *Aroldo* non ebbe il riscontro sperato e l'opera fu presto dimenticata.

♦ ARROYO, MARTINA
(New York 1935)
Soprano statunitense. Si è formata musicalmente presso la Manhattan's High School e ha debuttato nel 1958 alla prima americana di *Assassinio nella cattedrale* di Pizzetti. La sua prima importante affermazione giunse quando nel 1963 sostituí B. Nilsson in *Aida* al Metropolitan. In virtú di una voce dal timbro caldo, di bella estensione e dall'emissione fluida, la Arroyo si è imposta come una delle piú interessanti interpreti verdiane sulle scene internazionali. Ha dato buona prova di sé anche in opere del Settecento, di Mozart in particolare.

ASCANIO IN ALBA
Serenata teatrale in due atti di Wolfgang Amadeus Mozart (1756-1791), su libretto di G. Parini. Prima rappresentazione: Milano, Teatro Ducale, 17 ottobre 1771.

La campagna dove sorgerà la città di Alba. Venere (soprano), per solennizzare la fondazione di una nuova città, vuole celebrare le nozze del proprio nipote Ascanio (mezzosoprano) con la pastorella Silvia (soprano), discendente di Ercole. La dea vuole che tra i due giovani nasca un amore vero, e per mezzo di un sogno predispone la fanciulla ad amare Ascanio, che le si è presentato senza rivelare la sua vera identità. Silvia, però, memore di essere stata promessa sposa ad Ascanio, vuole allontanare il giovane. Venere allora chiarisce l'equivoco e riunisce i due innamorati. Durante la festa di nozze la dea compie un altro prodigio: tramuta gli alberi in colonne, le fronde in architravi, finché la città di Alba si mostra in tutto il suo splendore. Venere esorta quindi i giovani sposi a governare con giustizia il popolo a loro affidato.

Opera allegorica rappresentata in occasione delle nozze dell'arciduca Ferdinando d'Austria con Maria Ricciarda Beatrice d'Este e del suo ingresso a Milano in qualità di governatore e capitano generale della Lombardia. I personaggi mitologici non sono altro che le allegorie degli sposi, Venere è l'imperatrice Maria Teresa, madre di Ferdinando e Milano diventa la mitica Alba. Un Mozart quindicenne compose questo omaggio musicale che, pur rientrando in un certo gusto arcadico, presenta caratteristiche di equilibrio strumentale e di eleganza nella linea vocale, atta sempre a mettere in evidenza le singole doti vocali degli interpreti. Concepita inizialmente come intermezzo all'opera *Ruggero* di Hasse, *Ascanio in Alba* ebbe invece un'intera serata e il successo fu tale da oscurare in parte l'opera di Hasse.

★ ASCESA E CADUTA DELLA CITTA' DI MAHAGONNY
vedi *Aufstieg und Fall der Stadt Mahagonny*

★ ASSASSINIO NELLA CATTEDRALE
Opera tragica in due atti e un intermezzo di Ildebrando Pizzetti (1880-1968), su libretto

Assassinio nella cattedrale, di I. Pizzetti, rappresentata nella basilica di Sant'Ambrogio a Milano.

proprio da Murder in the Cathedral *di T.S. Eliot. Prima rappresentazione: Milano, Teatro alla Scala, 1° marzo 1958.*

L'azione si svolge a Canterbury nel dicembre 1170. Thomas Becket (basso), arcivescovo di Canterbury, è appena tornato da un esilio di sette anni a causa dei suoi contrasti con il re. Egli è accolto affettuosamente dai fedeli che però temono che il suo ritorno sia causa di nuove lotte e disagi per il popolo. Nel suo studio Thomas riceve la visita di quattro tentatori (tenore e bassi), che cercano di risvegliare in lui vecchie e nuove ambizioni: il piacere, il potere politico, mettersi a capo di una rivolta popolare, la tentazione del martirio. Thomas prega Dio di allontanare da sé queste tentazioni. Durante la Messa di Natale Thomas si dichiara pronto a ogni sacrificio, anche l'estremo, nel nome di Dio. Giungono quattro cavalieri del re (tenore e bassi) con l'accusa di tradimento nei confronti di Becket. L'arcivescovo si difende con tenacia, i cavalieri si allontanano profferendo minacce. I sacerdoti e i fedeli presagendo tragici avvenimenti vorrebbero sbarrare le porte della cattedrale, ma Becket si oppone. Poco dopo irrompono i cavalieri e al rifiuto di Becket di sottomettersi al re lo trafiggono con le spade. I sicari commentano ironicamente che questo era l'unico mezzo per risolvere il dualismo tra chiesa e monarchia. Un coro di fedeli inneggia al beato Thomas.

Si tratta di una delle ultime opere di Pizzetti, con la quale si conclude coerentemente il discorso già iniziato con *Fedra* e *La figlia di Jorio*. Una caratteristica accomuna tutte queste opere: un respiro largo, le visioni grandiose, dominate spesso da un intenso sentimento religioso.

ASSEDIO DI CALAIS, L'
Melodramma lirico in tre atti di Gaetano Donizetti (1797-1848), su libretto di S. Cammarano, tratto da Le siège de Calais *di P.-L. B. de Belloy. Prima rappresentazione: Napoli, Teatro San Carlo, 19 novembre 1836.*

La vicenda si svolge nel 1347 a Calais e nei dintorni. Aurelio (mezzosoprano), figlio di Eustachio di Saint-Pierre (baritono), governatore di Calais, torna, miracolosamente salvo, da una sortita fuori dalle mura circondate dagli inglesi di re Edoardo III (basso-baritono). La città è ormai allo stremo, Aurelio è riuscito a rubare qualcosa da mangiare per la moglie Eleonora (soprano) e per il figlio. I cittadini di Calais, sobillati da un infiltrato (basso), accusano Eustachio di essere responsabile della rovina della città. Il governatore riesce a smascherare la spia inglese e si offre, con il figlio Aurelio e altri cittadini, di subire il supplizio, unica condizione posta dal re inglese per salvare Calais. Eustachio e gli altri ostaggi si presentano al campo inglese, seguiti da Eleonora e dalle altre mogli piangenti. La regina Isabella (soprano) e i soldati inglesi, commossi, chiedono clemenza al sovrano inglese, il quale la accorda tra l'incredulità e la gioia dei presenti.

Quando Donizetti compose nel 1836 *L'assedio di Calais* per il maggiore teatro napoletano, e a quel tempo forse il più celebrato teatro lirico italiano, il compositore bergamasco guardava in realtà all'Opéra di Parigi. Sulle orme di Rossini, Donizetti intendeva produrre un lavoro che potesse diventare un *grand-opéra*, ma il suo sogno non si avverò, anzi, per taluni aspetti, l'opera non ebbe nemmeno un grande successo. Soprattutto le novità musicali, novità che come affermava Donizetti stesso rappresentavano un «genere nuovo in Italia», sono state alla base dell'impopolarità di quest'opera. Di grande rilievo invece le scene d'insieme, che costituiscono momenti di articolata e grandiosa teatralità: basta citare il sestetto "O sacra polve" che chiude in maniera veramente straordinaria il secondo atto, una pagina che già prelude alla coralità verdiana.

ASTUZIE FEMMINILI, LE
Melodramma giocoso in due atti di Domenico Cimarosa (1749-1801), su libretto di G. Palomba. Prima rappresentazione: Napoli, Teatro dei Fiorentini, 26 agosto 1794.

L'azione si svolge a Roma. Romualdo (baritono) comunica alla sua pupilla Bellina (soprano) che erediterà tutte le

In alto:
una scena dall'*Assedio di Calais*,
di G. Donizetti.

Sopra:
libretto delle *Astuzie femminili*,
per la musica di D. Cimarosa.

sostanze del padre solo se sposerà Giampaolo (basso comico), un anziano possidente di Napoli. Ma Bellina ama Filandro (tenore) e, con la complicità dell'amica Ersilia (soprano) e della governante Leonora (mezzosoprano), decide di fare di tutto per evitare il matrimonio con Giampaolo. Leonora avverte Giampaolo che Romualdo e Filandro aspirano alla mano della fanciulla. Filandro e Bellina vengono però sorpresi in tenero atteggiamento da Giampaolo. Furibondo, il vecchio minaccia con uno schioppo Bellina, che si mostra subito pronta a sposarlo. Giampaolo viene sorpreso da Leonora, che lo crede un ladro e si mette a gridare provocando un trambusto tale da mandare a monte il matrimonio di Bellina con Giampaolo. Filandro e Bellina si travestono da ungheresi, quindi si presentano in casa l'uno chiedendo dell'altro, dichiarandosi abbandonati per colpa di un certo Filandro e di una certa Bellina, che essi hanno fatto imprigionare. I presenti fanno incontrare i due "ungheresi" che si uniscono in matrimonio con la promessa di rimandare a casa Bellina. Si festeggiano le nozze. Allora i due si fanno riconoscere. Giampaolo e Romualdo montano su tutte le furie, ma poi, rassegnati, perdonano e festeggiano tutti insieme l'avvenimento.

Scritta per la corte di Vienna nel 1792, quest'opera della maturità è piena di freschezza, malgrado l'intreccio piú che banale, sul quale Cimarosa ha saputo creare tesori di melodia. L'autore, inoltre, a differenza degli operisti comici che allora si limitavano a fare di questi personaggi convenzionali delle mere caricature, li osserva nell'intimo e canta le loro gioie e i loro dolori.

◆ ATLANTIDA

Cantata scenica in un prologo e tre parti di Manuel de Falla (1876-1946), sul poema di J. Verdaguer y Santaló. Completata da E. Halffter. Prima esecuzione in forma di concerto: Barcellona, 24 novembre 1961. Prima rappresentazione: Milano, Teatro alla Scala, 18 giugno 1962.

PROLOGO. Cristoforo Colombo, ragazzo, naufraga su un'isola abitata da un vecchio saggio (tenore), che gli racconta la favolosa storia degli oceani e dello sprofondamento di Atlantida, di cui la Spagna è l'unica traccia rimasta. PARTE PRIMA. Ercole trova in fin di vita la regina Pirene (mezzosoprano). Il mostro a tre teste Gerione (due tenori, un basso), che l'ha cacciata dal suo regno, ha incendiato i boschi e ora si dirige verso Cadice. Ercole parte per vendicare la regina. PARTE SECONDA. Gerione convince a entrare in Atlantida Ercole che, giunto al giardino delle Esperidi, uccide il drago guardiano dell'albero dai frutti d'oro. Muoiono anche le Esperidi che gli dei trasformano nelle Pleiadi (quattro soprani, due mezzosoprani, tre contralti). I Titani intanto si ribellano al dio Nettuno; Ercole si apre un varco tra di loro e torna a Cadice per uccidere Gerione. Giunto dove ora è Gibilterra, l'eroe pensa al modo di opporsi ai Titani. La voce di Dio condanna la ribellione degli Atlantidi, e sprofonda in mare Atlantida. I Titani tentano con un'altissima torre di salire al cielo, ma l'arcangelo (tenore) con una spada di fuoco li ricaccia. Scomparsi i Titani, Ercole fissa con due colonne i limiti invalicabili del mare. PARTE TERZA. Colombo osserva l'oceano e le colonne d'Ercole. La regina Isabella (soprano) sogna delle isole che emergono dal mare. Colombo aiutato dalla regina salpa verso l'ignoto. Nel silenzio del mare inesplorato si ode il canto dei marinai in lode alla Vergine. Mentre Colombo osserva le stelle compare la terra desiderata, la "Cattedrale hispanica".

De Falla aveva iniziato il lavoro già nel 1928, poi lo aveva accantonato e ripreso varie volte; la cantata rimase incompiuta e fu terminata dal suo allievo E. Halffter. La messa in scena presenta notevoli difficoltà anche per i numerosi personaggi che richiede, sia per parti cantate, sia per parti mimate. Importante è il ruolo del coro, che si divide in "coro d'azione" e "coro di narrazione".

◆ ATLANTOV, VLADIMIR
(San Pietroburgo 1940)

Tenore russo. Figlio d'arte, studiò alla Scuola di Musica di San Pietroburgo. Dopo i primi esordi al Teatro Kirov, si è perfezionato in Italia, alla Scuola del Teatro alla Scala di Milano (1964-65). Nel 1967 ha debuttato al Teatro Bolscioi di Mosca. La sua vocalità robusta, piena, squillante ed estesa nel registro acuto, l'ha consacrato come uno dei principali cantanti del teatro moscovita, nonché uno dei tenori piú famosi del suo paese. Assai noto anche all'estero, dove canta regolarmente, nei maggiori teatri, oltre al repertorio operistico russo, in alcuni dei piú celebri ruoli di: *Carmen, Otello, Il tabarro, Pagliacci*. Nel 1987 gli è stato conferito il titolo onorifico di *Kammersänger* austriaco.

★ ATOMTOD
(La morte atomica)

Opera in due atti di Giacomo Manzoni (n. 1932), su libretto di E. Jona. Prima rappresentazione: Milano, Piccola Scala, 27 marzo 1965.

Per mezzo di immagini video, accompagnate da musica elettronica e da azione mimica, si assiste alla costruzione di una grande sfera-rifugio. Ora si dovrà pensare allo sfruttamento industriale dell'oggetto. Il costruttore e il proprietario

Una scena da *Atomtod*, di G. Manzoni, al Teatro Comunale di Treviso.

scelgono le persone che, in caso di necessità, entreranno con loro nella sfera-rifugio: una donna sexy, un generale, un servo e un ministro del culto. La voce di uno speaker cerca di calmare la popolazione in preda al terrore. Segni di una catastrofe. Due uomini e una donna in fuga tentano inutilmente di entrare in una sfera-rifugio. All'interno i sei personaggi vivono una apparente normalità, ma a poco a poco si assiste all'annientamento della loro individualità. All'esterno la gente continua a morire. Dalle sfere-rifugio escono i personaggi che ormai hanno perso ogni identità: le continue scariche magnetiche hanno annientato in loro ogni parvenza di esseri pensanti. La morte atomica non lascia segni di vita.
Seconda opera teatrale di Manzoni: itinerario di nuove ricerche sonore, atto a esprimere un ideale musicale oltre che ideologico.

● **ATTERBERG, KURT**
(Göteborg 1887 - Stoccolma 1974)
Compositore e direttore d'orchestra svedese. Ha studiato al Conservatorio di Stoccolma, perfezionandosi poi a Berlino con il compositore M. von Schillings. Dal 1913 al 1923 ha diretto l'orchestra del Teatro Drammatico di Stoccolma. La sua produzione operistica, molto considerata in Svezia e in Germania, comprende cinque opere: *Härvard Harpolekare* (Harvard l'arpista) 1919, *Bäckahästen* (Cavallo di fiume) 1925, *Fanal* (Paese in fiamme) 1934, *Aladdin* (Aladino) 1941 e *Stormen* (La tempesta) 1948.

★ **ATTESA**
vedi *Erwartung*

★ **ATTILA**
Dramma lirico in un prologo e tre atti di Giuseppe Verdi (1813-1901), su libretto di T. Solera, tratto da Attila re degli Unni *di Z. Werner. Prima rappresentazione: Venezia, Teatro La Fenice, 17 marzo 1846.*
Dopo aver distrutto Aquileia, Attila (basso) ha tra i prigionieri una fanciulla, Odabella (soprano), che si mostra indomita di fronte all'invasore. Attila, ammirando il coraggio della donna, le fa dono della sua spada. Odabella giura che quella spada sarà il suo strumento di vendetta. Giunge il generale romano Ezio (baritono) per venire a patti con Attila: gli lascerà via libera per conquistare il resto del mondo se in cambio il re dei barbari rinuncerà all'Italia. L'orgoglioso Attila rifiuta. Nel frattempo gli scampati di Aquileia sono stati messi in salvo da Foresto (tenore) e ora giurano di far risorgere la città. Nei pressi del campo di Attila Foresto incontra Odabella. Credendosi tradito, Foresto apprende dalla donna che ella è decisa nel proposito di uccidere il re unno. Mentre Attila e i suoi stanno per marciare alla volta di Roma, ecco giungere una processione di fanciulli e donne, guidata da un vecchio, il papa Leone I (basso). Attila riconosce nel vecchio la figura che gli era apparsa in un sogno e, atterrito, ordina alle truppe di fermarsi. Mentre è in atto una tregua con gli unni, Ezio e Foresto si alleano per assalire il campo di Attila. Loro complice è Odabella, che ha ormai la piena fiducia del barbaro. Quando Attila scopre la congiura è ormai troppo tardi: i guerrieri romani irrompono nel campo unno, mentre Odabella ferisce a morte Attila.
Attila, tra le partiture verdiane minori, fu in seguito dimenticata dall'autore. Ma oggi la riscoperta di tutto il repertorio del compositore ha nuovamente dato vitalità a quest'opera ricca di quel soffio rovente di patriottismo che circola un po' ovunque per la partitura. Quando, alla prima, il baritono cantò le famose parole di Ezio "Avrai tu l'Universo, resti l'Italia a me", il pubblico veneziano proruppe in un grido unanime: "Resti l'Italia a me!".

★ **ATTILIO REGOLO**
Dramma in tre atti di Johann Adolph Hasse (1699-1783), su libretto di P. Metastasio. Prima rappresentazione: Dresda, Hoftheater, 12 gennaio 1750.
Tutta Roma è in ansia per la sorte di Attilio Regolo, già da cinque anni prigioniero dei cartaginesi. Ma ecco giungere improvviso l'annuncio dell'arrivo dell'ambasciatore cartaginese Amilcare e dello stesso eroe romano. Attilio Regolo si è fatto latore e garante delle proposte di pace dei cartaginesi, ma dopo averle esposte al Senato, fra lo stupore generale, consiglia ai senatori il rifiuto. L'eroico atteggiamento del condottiero scuote profondamente l'animo di tutta Roma. Al momento della partenza di Attilio Regolo il popolo in tumulto si oppone a tale risoluzione. È lo stesso Regolo a parlare al popolo radunato, richiamandosi agli esempi di Roma antica: è preferibile una morte gloriosa a una vita macchiata dall'ignominia. L'opera si chiude con un coro che, mentre l'eroe parte per Cartagine, inneggia alla sua virtú.
Hasse, affrontando questo dramma di Metastasio dai toni insolitamente epici, aderì in modo straordinario alla drammaticità della vicenda, con pagine ricche di pregnante lirismo e di forza trascinante, e sfuggendo alle convenzioni e alla vuota retorica, si guadagnò sicuramente il primo posto tra i molti compositori che hanno musicato il testo.

Il prologo dell'*Attila*, di G. Verdi, in un allestimento del Teatro alla Scala di Milano.

ATYS

Tragédie-lyrique *in un prologo e cinque atti di Jean-Baptiste Lully (1632-1687), su libretto di Ph. Quinault. Prima rappresentazione: Parigi, Saint-Germain-en-Laye, 10 gennaio 1676.*

PROLOGO. La musa Melpomene (mezzosoprano) narra la storia di Atys (tenore) a re Luigi XIV che sta partendo per la guerra. In Frigia. Si stanno per celebrare le nozze di Sangaride (soprano) con il re di Frigia, Célénus (baritono). La giovane invece ama Atys che però non l'amerà mai, preso com'è di se stesso. Giunge Atys, che resta turbato nel vedere afflitta Sangaride; con tenerezza le offre il suo amore. Per le nozze di Sangaride giunge la dea Cybèle (soprano). La dea arde dal desiderio di vedere Atys del quale è segretamente innamorata, senza mai rivelare i suoi sentimenti; questi è turbato dal suo amore per Sangaride, che lo spinge a tradire la sua amicizia per Célénus. Un sonno improvviso coglie il giovane; è un artificio di Cybèle per rivelare il suo amore ad Atys. Il giovane si risveglia d'improvviso e si trova tra le braccia di Cybèle, che lo abbraccia teneramente. Sopraggiunge Sangaride disperata: ella non ama Célénus e non vuole sposarlo. Cybèle intuisce guardando i due giovani quale forte passione animi i loro cuori. Sangaride crede invece che Atys ami Cybèle. Egli riconforta la giovane e i due si promettono eterno amore; facendo leva sul fatto di essere sacerdote di Cybèle, Atys fa sospendere le nozze tra Sangaride e Célénus. Questi, furente, chiede giustizia alla dea. Cybèle rende pazzo Atys: in preda a orribili visioni egli uccide Sangaride credendola un mostro. Quando rinsavisce scopre il suo misfatto e vorrebbe uccidersi, ma Cybèle lo previene trasformandolo in un pino.

Questa importante *tragédie-lyrique* di Lully ha goduto di una importante ripresa scenica in occasione del tricentenario della morte del compositore, nel gennaio 1987.

● AUBER,
DANIEL-FRANÇOIS-ESPRIT
(Caen 1782 - Parigi 1871)
Compositore francese. Malgrado le precoci attitudini musicali, il padre lo mandò a Londra per fare pratica commerciale. Ritornato a Parigi, Auber trovò l'appoggio del compositore Boïeldieu, che spinse definitivamente il giovane verso la carriera di musicista. Dopo un inizio come compositore strumentale, Auber spostò i suoi interessi verso il teatro musicale, debuttando nel 1805 con l'opera *L'erreur d'un moment* (L'errore di un momento), che fu un relativo insuccesso. Il successo giunse con *La bergère châtelaine* (La pastorella castellana) del 1820. Da allora Auber iniziò un'intensa collaborazione con il librettista Scribe, che gli fornirà libretti d'opera per circa quarant'anni. Nasce così una lunga serie di opere serie e comiche, tra le quali le più famose sono: *La muette de Portici* (La muta di Portici) del 1828, *Fra' Diavolo* del 1830, *Le cheval de bronze* (Il cavallo di bronzo) del 1835, *Le domino noir* (Il domino nero) del 1837 e *Les diamants de la couronne* (I diamanti della corona) del 1841. Con *La muette de Portici* si ha la nascita del *grand-opéra*, un genere che, con le grandi scene di massa, le danze, i grandiosi effetti teatrali, influenzerà tutto il teatro francese di fine secolo. La produzione operistica di Auber si caratterizza per la grazia, lo scintillio, il brio della sua musica, che corrispondeva perfettamente al gusto del pubblico dell'epoca, un gusto, se vogliamo, un po' superficiale, ma che, attraverso la vena scintillante di Auber, non cade mai nel generico, compensando così tutte le mancheveloezze.

▲ AUDEN, WYSTAN HUGH
(York 1907 - Vienna 1973)
Poeta e drammaturgo inglese. Studiò al Christ Church College di Oxford. Dopo aver lavorato in campo teatrale, a partire dal 1938 iniziò a collaborare con il mondo musicale: nel 1941 scrisse il libretto per *Paul Bunyan* di B. Britten, quindi, in collaborazione con C. Kallmann, *The Rake's Progress* (La carriera di un libertino) per I. Stravinskij (1951). Firmò poi libretti per le opere di Henze, *Elegy for Young Lovers* (Elegia per giovani amanti) 1960 e *The Bassarids* (Le Bassaridi) 1966. Sempre con Kallmann curò la versione inglese dei libretti di *Don Giovanni* e di *Die Zauberflöte* (Il flauto magico) di Mozart.

● AUFSTIEG UND FALL DER STADT MAHAGONNY
(Ascesa e caduta della città di Mahagonny)
Opera in tre atti di Kurt Weill (1900-1950), su testo di B. Brecht. Prima rappresentazione: Lipsia, Neues Theater, 9 maggio 1930.

Leokadja (mezzosoprano), Begbick (baritono), Fatty (tenore) e Trinity Moses (baritono) stanno fuggendo dalla polizia. A bordo di un autocarro si dirigono verso la Costa d'Oro per cercare fortuna. L'automezzo si guasta e Leokadja decide di costruire sul posto una nuova città: Mahagonny. Subito comincia ad affluire gente: tra quelli che si sono trasferiti a Mahagonny ecco Jenny (soprano) e altre sei ragazze, Bill (baritono), Jack (tenore), Jim (tenore) e Joe (basso), che si sono arricchiti in Alaska come tagliaboschi. Jim fa coppia fissa con Jenny. L'atmosfera godereccia di Mahagonny comincia però a cambiare. Molti se ne vanno, la stessa Leokadja vorrebbe andarsene, ma è trattenuta dal fatto che la polizia ancora la

Una scena dall'*Atys* di J.-B. Lully.

LA *TRAGEDIE-LYRIQUE* FRANCESE

Dall'originale forma teatrale del *ballet de cour*, in cui si mescolavano poesia, musica e danza, con un forte predominio di quest'ultima, Jean-Baptiste Lully (1632-1687) e il librettista Philippe Quinault (1636-1686) hanno creato quella "tragedia in musica" in cui la vicenda drammatica, il libretto, l'azione coreografica e l'orchestra coesistono pur mantenendo la propria specificità e autonomia. Lully, con l'uso della declamazione lirica, chiaramente ispirata alla recitazione degli attori della Comédie-Française, non si limitò però ad esaltare la parola per mezzo del canto per puri fini espressivi, ma volle evidenziarne gli aspetti piú squisitamente drammatici. Per questi motivi la *tragédie-lyrique* si oppose alle influenze dell'opera italiana, esprimendosi in una forma musicale che, se da un lato si ispira idealmente al "recitar cantando" della scuola fiorentina, non dà però eccessivo sviluppo all'aria, che generalmente rimane assai breve e priva di abbandono canoro. A tale proposito, i cantanti dell'Académie Royale (l'unico teatro in cui era permesso rappresentare opere) erano sottoposti ad un rigido controllo, onde evitare qualsiasi divismo o "velleità canora", quale l'uso dell'improvvisazione, prassi ampiamente usata appunto dai cantanti italiani.

La *tragédie-lyrique* di Lully ha esercitato un'influenza fortissima su tutta la successiva produzione teatrale francese, costituendosi come forma codificata di spettacolo nazionale, alla quale gli altri compositori dovevano adeguarsi, al punto che Marc-Antoine Charpentier (1636-1704), ad esempio, poté esprimere compiutamente la propria personalità artistica solo dopo la morte di Lully. Charpentier fu decisamente piú sensibile alle influenze italiane, utilizzando per le scene delle proprie opere (come *Medée*, per esempio) interpreti italiani e addirittura, spesso, cantate in italiano; e inoltre, pur mantenendo sostanzialmente intatta la struttura formale della tragedia lulliana (cinque atti con un prologo, il soggetto essenzialmente classico, il libretto in versi e la forte presenza della danza), mescola alla declamazione francese il lirismo italiano, dando vita a uno stile che si traduce in una sorta di unico "arioso" vocale, musicalmente piú elaborato rispetto a Lully, ma soprattutto piú attento all'espressione drammatica. L'evoluzione della *tragédie-lyrique* raggiunge il piú alto grado di compiutezza espressiva con Jean-Philippe Rameau (1683-1764), che fu anche un grandissimo innovatore nel campo dell'armonia e dell'innovazione, come dimostrano le sue opere piú celebri: *Hippolyte et Aricie*, *Les Indes galantes*, *Castor et Pollux* e *Dardanus*. Nonostante l'inferiore qualità letteraria dei libretti utilizzati, rispetto a quelli di Lully, sul piano dell'espressività Rameau si rivela di gran lunga superiore, grazie all'uso piú sapiente dell'orchestra (largamente utilizzata in scene di tempesta, imitazioni di suoni della natura, ecc.) e dell'"arioso", che meglio esprime i sentimenti dei testi ed evidenzia con maggior incisività gli stati d'animo dei personaggi. Il genio drammatico di Rameau non trovò in Francia un degno successore per oltre un secolo, e solo Christoph Willibald Gluck (1714-1787), tedesco, fu capace, nello stesso periodo, di portare al massimo della sublimazione teatrale la *tragédie-lyrique*.

A destra:
il compositore francese
Jean-Philippe Rameau.

In alto:
una rappresentazione
dell'*Alceste*, di
J.-B. Lully, a Versailles.

sta ricercando. Quando si preannuncia l'arrivo di un uragano, Jim, che trova ormai noiosa Mahagonny, annuncia che d'ora in poi in città tutto sarà lecito. Mahagonny cade nella sfrenatezza e nell'anarchia: Jack muore d'indigestione, Joe resta stecchito combattendo a pugilato con Trinity Moses, Jim, sempre ubriaco, perde tutto il suo oro al gioco e finisce in carcere per non avere pagato il conto. Si imbastisce un processo: Jim viene accusato anche di aver sconvolto la vita della città e di aver causato la morte dei suoi amici. Mentre Jim si avvia alla sedia elettrica, l'uomo invita tutti a meditare sui fatti di Mahagonny. Se la città si era salvata dall'uragano che improvvisamente aveva cambiato direzione, adesso sta per essere distrutta da un incendio. La gente sfila come impazzita con una serie di cartelli che si contraddicono: attendendo la fine, tutti cantano della morte e della rovina della città.

Una prima versione, sotto forma di *Singspiel* in un atto, era già stata rappresentata a Baden Baden, tre anni prima della versione definitiva, nel 1927. Quando Brecht e Weill presentarono la nuova versione dell'opera, la reazione del pubblico di Lipsia fu di autentica insurrezione: la morale della storia appariva assolutamente sovversiva. Già inizialmente osteggiata dai nazisti, con l'ascesa al potere di Hitler *Mahagonny* venne proibita e nel 1938 se ne distrussero le partiture. Si salvò solo la copia originale, ritrovata nel dopoguerra.

♦ AUGER, ARLEEN
(Los Angeles 1939-1993)
Soprano statunitense. Dopo gli studi all'Università della California, dove si era diplomata nel 1963, si perfezionò a Chicago (1967). Entrata nella compagnia stabile della Staatsoper di Vienna (1967-74), debuttò come Regina della notte in *Die Zauberflöte* (*Il flauto magico*). La sua carriera internazionale l'ha vista nei maggiori teatri e centri musicali. Grazie alla sua voce dal timbro gradevole, agile nel canto di coloratura, dal fraseggio elegante e raffinato, la Auger si è particolarmente distinta nel repertorio settecentesco, da Händel a Haydn e Mozart.

★ AU GRAND SOLEIL D'AMOUR CHARGE
(*Al gran sole carico d'amore*)
Azione scenica in due tempi di Luigi Nono (1924-1990), su testi di Rimbaud, Gorkij, Brecht, Pavese, Michel, Bunke, Sanchez, Santamaria, guerrigliero del Vietnam, Marx, Lenin, Gramsci, Dimitrov, Che Guevara.
Prima rappresentazione: Teatro alla Scala di Milano, presso il Teatro Lirico, 6 aprile 1975.

L'azione scenica ruota attorno ad alcune figure di donne rivoluzionarie, come Louise Michael della Comune di Parigi, Tania Bunke, guerrigliera boliviana e il personaggio della madre, il quale compendia, in una proiezione ideale, i destini d'amore e di lotta dell'umanità. Compaiono anche le lotte, della Comune di Parigi del 1870, le rivoluzioni russe del 1905 e del 1917, le rivolte operaie, le lotte di liberazione dell'America Latina e la guerra del Vietnam; questi sono per il compositore non dei semplici avvenimenti storici, bensì dei processi di liberazione. L'aspetto teatrale è presentato in modo frammentario, non ha nessun riferimento con una normale azione scenica.

Nono, in *Au grand soleil d'amour chargé*,

In alto:
una scena dall'*Ascesa e caduta della città di Mahagonny*, di K. Weill.

A destra:
una scena da *Axur, re d'Ormus*, di A. Salieri.

grazie alla fondamentale collaborazione con il regista Ljubimov, il direttore C. Abbado e lo scenografo Borovskij, cerca di creare un linguaggio teatrale che unisca musica, parola, scena. I testi attingono da Rimbaud (il titolo è tratto da un verso del poeta francese), Gorkij, Brecht, Pavese e altri ancora. Le scenografie, i costumi e le coreografie, attraverso una elaborata articolazione dello spazio scenico, sono il naturale completamento della musica. La parte musicale si presenta con lo stile proprio di Nono, un linguaggio che, pur avvalendosi di una grande complessità di mezzi (canto solistico, coro, orchestra, mezzi elettronici) è anche scarno, esacerbato, talvolta evanescente, carico di tensioni liriche nella continua ricerca di un linguaggio vocale.

AURELIANO IN PALMIRA
Dramma serio in due atti di Gioachino Rossini (1792-1868), su libretto di G.F. Romanelli. Prima rappresentazione: Milano, Teatro alla Scala, 26 dicembre 1813.

Aureliano (tenore), imperatore romano, dopo aver riconquistato Antiochia, muove guerra a Zenobia (soprano), regina di Palmira. Il principe persiano Arsace (mezzosoprano) parte alla testa delle sue truppe per fermare l'invasore; è però sopraffatto dalle milizie romane e, catturato, viene condotto alla presenza di Aureliano. Il principe si proclama fedele a Zenobia. La stessa regina, dopo aver chiesto la liberazione di Arsace, è pronta a sfidare l'esercito romano. Aureliano, furente, promette la morte per Arsace e la sconfitta per Zenobia, ma colpito dall'orgoglio dell'indomita Zenobia, vorrebbe farla sua sposa. La donna rifiuta. Arsace, che nel frattempo è riuscito a fuggire, si è messo a capo delle truppe rimaste e cerca di riconquistare Palmira, ma viene sconfitto ed è nuovamente prigioniero. Arsace e Zenobia sono condannati a morte. Di fronte ai due valorosi prigionieri Aureliano si mostra però clemente: Zenobia e Arsace possono tornare liberi, a patto che giurino amicizia a Roma. Un coro di giubilo suggella l'alleanza.

Opera geniale, autentica miniera musicale cui il compositore attinse, come era solito fare per tenere fede agli impegni con i teatri, per i lavori successivi: dalla sinfonia che, prima in *Elisabetta, regina d'Inghilterra*, si assesterà poi nel *Barbiere di Siviglia*, a molti altri spunti musicali che troveranno il definitivo sviluppo nel celebre *Barbiere*. La vocalità dell'*Aureliano*, pur esprimendosi in un aulico stile fiorito perfettamente in aderenza con il carattere aristocratico e "eroico", ma anche "barocco" dei personaggi (il primo Arsace fu tra l'altro il Velluti, uno degli ultimi grandi sopranisti), dà anche spazio a un ispirato lirismo che, ad esempio, nel duetto Zenobia-Arsace ("Se tu m'ami o mia regina") anticipa il futuro Donizetti.

★ **AVVENTURE DELLA VOLPE ASTUTA, LE**
vedi *Příhody lišky bystroušky*

AXUR, RE D'ORMUS
Dramma tragicomico in cinque atti di Antonio Salieri (1750-1825), su libretto di P.-A.-C. de Beaumarchais, nella versione in lingua italiana di L. Da Ponte. Prima rappresentazione: Vienna, Burgtheater, 6 gennaio 1788.

Su ordine di re Axur (baritono), Altamor (basso) rapisce Aspasia (soprano), moglie del condottiero Atar (tenore). Ignaro della sorte della moglie, Atar si presenta al cospetto di Axur per invocare giustizia e aiuto. Vedendo l'eroe umiliato, l'invidioso e crudele Axur concede ad Atar una nave perché possa partire alla ricerca di Aspasia. Biscroma (basso buffo), servo di Axur, rivela ad Atar che Aspasia è prigioniera nel serraglio del re. Truppe nemiche minacciano Ormus. Tutti invocano il nome di Atar perché a capo dell'esercito salvi il regno. Axur proclama condottiero, ma Atar, fremente d'ira, si dichiara invece pronto ad assolvere ai suoi doveri di soldato e al desiderio di vendetta. Mentre nel serraglio è in atto una festa, Biscroma introduce Atar, travestito da negro, nel serraglio. Axur, imbattendosi in lui, vuole darlo per marito ad Aspasia, per punirla della sua inutile fedeltà al marito. Una schiera di armati comandati da Urson (tenore) entra nel serraglio: hanno ricevuto da Axur l'ordine di uccidere il negro. Quando però scoprono la vera identità dell'uomo tutti restano turbati, ma sono costretti lo stesso ad arrestare Atar. L'eroe condotto al cospetto di Axur può riabbracciare Aspasia. Il re dà ordine che siano divisi: Atar è condotto al supplizio. Si odono delle grida. Il popolo ha circondato il palazzo e invoca la liberazione di Atar. Il condottiero placa il popolo; Axur, vedendo che Atar gode più di lui dell'amore del popolo, si toglie la corona e si uccide. La folla proclama Atar nuovo re d'Ormus.

Dopo la versione francese, scritta su libretto di Beaumarchais, Salieri, sulla scia del strepitoso successo, preparò una nuova versione del *Tarare* (titolo della prima versione, del 1787) da presentare a Vienna dove, per tradizione, l'opera doveva essere in italiano. Il lavoro venne affidato a L. Da Ponte che modificò, rendendolo più snello, il libretto di Beaumarchais. Presentata al Burgtheater di Vienna, in occasione del matrimonio della principessa del Württemberg con l'arciduca Franz, *Axur* ottenne un clamoroso successo che proseguí tanto da fare di quest'opera una delle più rappresentate a Vienna.

Una scena da
Al gran sole carico d'amore, di L. Nono.

B

• BACH, JOHANN CHRISTIAN
(Lipsia 1735 - Londra 1782)
Compositore tedesco. Figlio minore di Johann Sebastian e di Anna Magdalena. In Italia compose la sua prima opera *Artaserse* (1760), ma si affermò soprattutto a Londra a partire dal 1762 con l'opera *Orione*, in cui introdusse i clarinetti in un'orchestra d'opera inglese. La sua produzione lirica, fedele alla tradizione operistica italiana, tutta basata su opere serie, su libretti del Metastasio, è composta di tredici titoli, dei quali sette vennero composti a Londra.

♦ BACQUIER, GABRIEL
(Béziers 1924)
Baritono francese. Ha studiato al Conservatorio di Parigi, debuttando poi con la compagnia lirica di J. Beckmans (1950-52). Successivamente ha cantato a Bruxelles (1953-56). Risale al 1960 il debutto ad Aix-en-Provence nel *Don Giovanni* di Mozart, un'opera che lo ha reso celebre e gli ha aperto le porte della carriera internazionale. Sebbene dotato di una voce non particolarmente bella e limitata tecnicamente, Bacquier ha saputo imporsi per le solide qualità interpretative e di fraseggio. Il suo repertorio, basato quasi essenzialmente sul teatro musicale francese, spazia dalle operette di Offenbach al *Pelléas et Mélisande* di Debussy.

▲ BADOARO, GIACOMO
(Venezia 1602-1654)
Librettista italiano. Di famiglia nobile, Badoaro fu molto attivo nella vita politica e culturale della Repubblica Veneta. Molto amico di Claudio Monteverdi, che lo volle anche come suo collaboratore, scrisse per lui il libretto per *Il ritorno d'Ulisse in patria* (1640). Badoaro fu uno tra i primi librettisti a comprendere e seguire le nuove esigenze dello stile compositivo, che puntava su una piú intensa caratterizzazione dei personaggi e su una maggiore ricerca drammatica.

♦ BAILEY, NORMAN
(Birmingham 1933)
Baritono inglese. Ha iniziato gli studi musicali in Rhodesia, completandoli poi a Vienna. La sua carriera si è svolta inizialmente nei teatri austriaci e tedeschi. Entrato poi nella compagnia del Sadler's Wells di Londra, nel 1968 ha interpretato il suo primo ruolo wagneriano, Hans Sachs in *Die Meistersinger* (*I maestri cantori*). E proprio come autorevole interprete di Wagner si è fatto apprezzare a Bayreuth e sui principali palcoscenici internazionali. Il suo repertorio, oltre a Wagner (particolarmente apprezzati i sui Wotan e Amfortas) comprende anche opere di Mozart: *Le nozze di Figaro*, Prokof'ev: *Vojna i mir* (*Guerra e pace*) e Britten: *Peter Grimes*.

♦ BAKER, DAME JANET
(Hatfield, Yorkshire 1933)
Mezzosoprano inglese. Ha studiato canto con H. Isepp a Londra. Nel 1956 ha vinto la "Kathleen Ferrier Competition" debuttando nell'opera *Tojemství* (*Il segreto*) di Smetana con la Oxford Opera Club. Interprete di un vasto repertorio soprattutto concertistico, la Baker ha dato ottima prova di sé in opere di Purcell: *Dido and Aeneas* (*Didone ed Enea*); Händel: *Giulio Cesare, Ariodante*; Berlioz: *Les troyens* (*I troiani*), *Béatrice et Bénédict* (*Beatrice e Benedetto*); Mozart: *Cosí fan tutte*, nonché in opere di Britten. Dopo alcune recite di *Maria Stuarda* di Donizetti alla English National Opera di Londra e di *Orfeo ed Euridice* di Gluck al Festival di Glyndebourne, nel 1982 ha dato definitivamente l'addio alle scene.

Il baritono francese Gabriel Bacquier.

▲ BALÁZS, BÉLA
(Szeged 1884 - Budapest 1949)
Teorico del cinema, sceneggiatore cinematografico e librettista ungherese. Dopo essersi laureato in filosofia, visse per molti anni in Austria dove si dedicò all'estetica cinematografica. Dal 1932 visse in Russia, rientrando in Ungheria solamente nel 1945. In campo teatrale scrisse due libretti per B. Bartók, per il balletto *A fából faragott királyfi* (*Il principe scolpito nel legno*) del 1917 e per l'opera *A kékszakállú herceg vára* (*Il castello del principe Barbablú*) del 1918.

• BALFE, MICHAEL WILLIAM
(Dublino 1808 - Rowney Abbey, Hertfordshire 1870)
Compositore e baritono irlandese. Studiò in Irlanda e quindi a Londra, dove debuttò come cantante. Nel 1823 fu in Italia dove compose la sua prima opera, *I rivali di se stessi*. Ritornato in Inghilterra nel 1835 cominciò la sua carriera di compositore, affermandosi con quella che è considerata la sua opera piú famosa, *The Bohemian Girl* (*La ragazza boema*). Dotato di una facile vena melodica, Balfe si fece apprezzare per la sua eleganza compositiva, assai gradita ai cantanti e al pubblico, e soprattutto per le sue ballate, che gli diedero una grande popolarità.

● BALLAD OF BABY DOE, THE
(La ballata di Baby Doe)
Opera in due atti di Douglas Moore (1893-1969), su libretto di J. Latouche. Prima rappresentazione: Central City, Colorado, Central City Opera, 7 luglio 1956.

La vicenda si svolge a Leadville e Denver tra il 1880 e il 1893. Horace Tabor (baritono), l'uomo piú ricco del Colorado, di ritorno da una serata a teatro, incontra la giovane Elizabeth Doe (soprano), moglie di un minatore, che tutti conoscono come Baby Doe. Quella che inizialmente sembra essere una semplice avventura si trasforma in realtà in autentica passione. Tabor divorzia dalla moglie Regina (mezzosoprano) per sposare, tra lo scandalo generale, Baby Doe. Passano gli anni. Tabor, che non ha dato ascolto ai consigli di Regina, che aveva tentato di avvertirlo di una vicina crisi economica, ora ha perduto tutto. Stremato dalla miseria e dalla malattia, Tabor muore tra le braccia di Baby Doe, che lo ha amato fino alla fine. L'opera termina con la visione di Baby Doe che, povera e vecchia, si avvia in un gelido giorno d'inverno verso la miniera di Tabor, dove morirà assiderata.

Ispirata alle vicende reali di Horace Tabor e Baby Doe, l'opera di Moore venne commissionata dalla Central City Opera Association e rappresentata con grande successo nel 1956. Dopo la prima, Moore e Latouche operarono una revisione sulla partitura (una scena nel II atto e un'aria per Baby Doe). Questa versione dell'opera venne rappresentata il 3 aprile 1958 al City Center di New York. Protagonista, in una delle sue prime importanti esibizioni, il soprano B. Sills.

BALLO IN MASCHERA, UN
Melodramma in tre atti di Giuseppe Verdi (1813-1901), su libretto di A. Somma, ispirato a Gustave III ou Le bal masqué *di E. Scribe. Prima rappresentazione: Roma, Teatro Apollo, 17 febbraio 1859.*

Boston alla fine del XVII secolo. I congiurati Samuel (basso) e Tom (basso) tramano contro Riccardo di Warwick (tenore), governatore del Massachusetts. A metterlo in guardia è Renato (baritono), suo segretario e marito di Amelia (soprano), della quale Riccardo è innamorato. Il governatore invita Renato e i cortigiani a visitare Ulrica (contralto), una donna accusata di stregoneria. Nell'antro della maga giunge in segreto anche Amelia. La donna chiede una pozione che la liberi di un amore che teme; Ulrica le consiglia di far uso di un'erba raccolta a mezzanotte, vicino al patibolo. Anche a Riccardo, che ha udito il dialogo, la maga predice il futuro: morirà per mano di un amico. Nel campo del patibolo Amelia è raggiunta da Riccardo. I due si confessano i sentimenti che nutrono l'uno per l'altra. Sopraggiunge Renato, Amelia si copre con il velo. Alcuni congiurati sono nelle vicinanze, pronti ad assassinare Riccardo. Questi fa appena in tempo ad allontanarsi, che arrivano i congiurati. Dopo aver riconosciuto Renato, gli chiedono chi sia la donna velata. Il rifiuto dell'uomo sta per far nascere uno scontro armato, e per evitarlo Amelia si fa riconoscere. Ilarità dei congiurati e disperazione di Renato che, scopertosi tradito, per vendicarsi si unisce ai congiurati: la sorte vuole che proprio lui sarà l'uccisore di Riccardo nel corso della festa in maschera che si terrà al palazzo del governatore. Durante il ballo Amelia scongiura Riccardo di allontanarsi dalla festa. Ma mentre i due parlano li sorprende Renato, che ferisce a morte Riccardo. Il governatore scagiona Amelia, perdona ai congiurati quindi muore tra il dolore dei presenti.

L'originale dramma di Scribe non aveva come protagonista un governatore americano, ma Gustavo re di Svezia. Cosí era anche per il libretto originale dell'opera. Gli interventi della censura, che non tollerava un regicidio in scena, mutarono la trama. Verdi tentò di difendere il suo lavoro, ma alla fine accettò di spostare la scena da Stoccolma a Boston e di trasformare il sovrano in governatore. Il musicista seguí con particolare attenzione la stesura del libretto, per raggiungere la dimensione dell'eleganza e dei sentimenti nobili anche nella tragedia e nella passione. La cura del libretto, secondo M. Mila, «[...] coincide con la maggiore attenzione prestata allo strumentale e con la ricerca sempre piú deliberata del declamato melodico». In alcune recenti importanti rappresentazioni del *Ballo in maschera* si è ripristinato il libretto originale con l'ambientazione svedese.

♦ **BALSLEV, LISBETH**
(Abenrade 1945)
Soprano danese. Ha studiato alla Opernakademie del Teatro Reale di Copenhagen, dove nel 1976 ha debuttato in *Kniaz Igor* (*Principe Igor*) di Borodin (Jaroslavna). Successivamente attiva nei maggiori teatri tedeschi (Amburgo, Dresda, Berlino, Stoccarda, Bayreuth) la Balslev si è imposta nel repertorio wagneriano; in particolare la sua interpretazione di Senta in *Der fliegende Holländer* (*Il vascello fantasma*) le ha dato notorietà internazionale, mettendo in evidenza una notevole personalità scenica e una grande sensibilità musicale.

♦ **BALTSA, AGNES**
(Lefkas 1944)
Mezzosoprano greco. Ha studiato ad Atene e successivamente a Monaco e Francoforte, dove ha debuttato come Cherubino in *Le nozze di Figaro* di Mozart (1968). Dopo aver cantato in numerosi teatri austriaci e tedeschi, tra i quali Salisburgo (dal 1970) e Berlino (dal 1973), ha iniziato una intensa carriera internazionale, sottolineata anche da una notevole attività discografica, interpretando un repertorio assai vasto. Grazie a una buona professionalità, impostazione tecnica, musicalità e qualità interpretativa, la Baltsa compensa i limiti di una voce dalle caratteristiche timbriche alquanto ibride con connotazioni piú sopranili nell'estensione, che invece nelle zone centrali risulta piuttosto "vuota". Le mancano quindi le caratteristiche timbriche della voce di mezzosoprano autentico.

♦ **BÄR, OLAF**
(Dresda 1957)
Baritono tedesco. Dopo aver compiuto gli studi musicali alla Musikhochschule di Dre-

A sinistra:
L. Pavarotti nel *Ballo in maschera*, di G. Verdi.

In alto:
un costume per il Riccardo del *Ballo in maschera*.

Sopra:
il mezzosoprano greco Agnes Baltsa.

MELODRAMMA E CENSURA

Come molte attività intellettuali, e altre forme d'arte e di spettacolo, la censura non ha risparmiato il melodramma. Oggetto primario degli interventi del "pubblico controllo" erano generalmente gli argomenti che non dovevano offendere i principi morali, religiosi, politici dominanti. Cosí nel *Ballo in maschera* Verdi dovette cambiare luoghi e personaggi perché l'assassinio di un re (Gustavo III) di un regno europeo (la Svezia) in un'epoca particolare, quella della Rivoluzione francese (1792), era un argomento politicamente pericoloso; vi erano poi ragioni di tipo morale: l'adulterio di una nobildonna con un sovrano, oltre a mettere in discussione un concetto sacro quale la fedeltà coniugale, rendeva immorale la vita di un re e della sua corte. Verdi combatté strenuamente per salvare la sua opera, riuscendo a mantenere l'apparato drammaturgico della vicenda: Gustavo III si trasformò in Riccardo, governatore di Boston (quindi di un paese d'oltreoceano, un secolo prima rispetto all'originale) e veniva assassinato da un semplice pugnale e non con un'arma da fuoco come avveniva nel *Gustavo III* di Scribe, il dramma al quale si era ispirato il libretto. Questa di *Un ballo in maschera* fu senza dubbio la piú difficile battaglia del compositore contro la censura, con la quale si era scontrato in numerose altre occasioni, come in *Rigoletto*, *Traviata* e *Stiffelio*.

Altre battaglie contro la censura le aveva combattute anche Donizetti, come in occasione della prima milanese della *Lucrezia Borgia* (1833), quando una famiglia milanese, che si dichiarava discendente della famiglia Borgia, esercitò tali pressioni sulla censura austriaca che la rappresentazione rischiò di saltare. La pignoleria dei censori non risparmiava neppure il piú velato riferimento a fatti politici, cosí, quando nel primo atto della *Lucrezia Borgia*, il duca Alfonso canta la frase "Non sempre chiusa ai popoli fu la fatal laguna", il riferimento alla un tempo libera Venezia, giudicato troppo evidente, fu fatto cambiare in "Non sempre tra le nuvole nascosta sta la luna". Le varie riprese della partitura donizettiana non ebbero una sorte migliore: alla Pergola di Firenze si trasforma in *Eustorgia da Romano*; al Comunale di Ferrara diviene *Giovanna I di Napoli*; al Regio di Torino *La rinnegata* e all'Argentina di Roma *Elisa Fosco* e cosí via. La censura intervene anche per il *Poliuto*: un decreto personale dello stesso re di Napoli proibí in maniera categorica la messa in scena dell'opera prevista per l'agosto del 1838, perché il soggetto dell'opera trattava la vita di un santo cristiano. Lo stesso avvenne per *La favorita* (1840): la storia di un monaco che si innamora dell'amante del re era assolutamente immorale; cosí dopo la prima rappresentazione parigina, l'opera si tramutò in *Elda*, *Daila e Riccardo* e *Matilde*. La censura non fu però solamente un fatto italiano ma era ben presente ed attiva in numerosi altri paesi: in Inghilterra, ad esempio le opere come il *Mosè* di Rossini o il *Nabucco* di Verdi, furono rappresentate con i personaggi o i luoghi mutati, perché la censura bandiva opere con argomenti sacri. Cosí avvenne anche per il *Samson et Dalila*, di Saint-Saëns, che apparve sulle scene londinesi solamente nel 1909; non vennero risparmiate nemmeno l'*Hérodiade* di Massenet e la *Salome* di Strauss, che prima di essere rappresentata a Londra, nel 1910, subí non poche modifiche.

A destra:
una scena da *Salome*
di R. Strauss.

In alto:
una scena da *Sansone e Dalila*, di
C. Saint-Saëns.

sda e preso parte a numerosi concorsi di canto, nel 1958 ha debuttato al Covent Garden di Londra, segnando l'inizio della sua carriera internazionale che lo ha visto nei maggiori teatri e festival europei: Aix-en-Provence (1986-88), Staatsoper di Vienna (1986), Teatro alla Scala di Milano (1986). Squisito interprete mozartiano (Papageno, Guglielmo) Bär è emerso anche come un raffinato interprete del repertorio liederistico.

♦ BARBAUX, CHRISTINE
(Saint-Mandé 1955)
Soprano francese. Dopo gli studi musicali ha vinto il concorso di arte lirica del Conservatorio di Parigi (1977), che le ha offerto la possibilità di debuttare come Despina in *Cosí fan tutte* di Mozart all'Opéra du Rhin, dove ha cantato per un triennio. Nel 1978 è apparsa per la prima volta all'Opéra di Parigi come Barbarina in *Le nozze di Figaro*, di Mozart, un ruolo che ha successivamente interpretato a Vienna e Salisburgo sotto la direzione di von Karajan. Soprano lirico-leggero, la Barbaux ha un repertorio che spazia da *Lucio Silla*, *La clemenza di Tito* di Mozart; *Rigoletto* di Verdi; *Hamlet* (*Amleto*) di Thomas; *Der Rosenkavalier* (*Il cavaliere della rosa*) di Strauss fino a Poulenc, del quale ha interpretato Blanche de la Force in *Les dialogues des Carmélites* (*I dialoghi delle Carmelitane*).

● BARBER, SAMUEL
(West Chester, Pennsylvania 1910 - New York 1981)
Compositore statunitense. Ha studiato al Curtis Institute di Filadelfia. Nel 1935 vinse il Premio "Pulitzer" e l'anno dopo l'"American Academy's Prix de Rome", che gli permise di venire in Europa per un lungo periodo. Non si dedicò all'opera fino al 1958, quando compose *Vanessa*, su libretto di G. Menotti, rappresentata al Metropolitan. Hanno fatto seguito *A Hand of Bridge* (*Una mano di bridge*) a Spoleto nel 1959 e *Antony and Cleopatra* (*Antonio e Cleopatra*) che inaugurò il nuovo Metropolitan al Lincoln Center nel 1966. Dapprima accusato di conservatorismo postromantico, solo nell'ultimo decennio Barber è stato rivalutato per la sua ricchezza melodica e la spontanea espressività teatrale.

▲ BARBIER, JULES
(Parigi 1822-1901)
Librettista e drammaturgo francese. Dopo aver iniziato l'attività di autore drammatico (1847), si affermò come librettista d'opera; in collaborazione con M. Carré, divenne uno dei piú richiesti e apprezzati autori di libretti della sua epoca. Direttore *ad interim* dell'Opéra-Comique (1887), fu amico e collaboratore prediletto di Ch. Gounod, per il quale scrisse numerosi libretti, tra i quali quelli di *Faust*, 1859, *La reine de Saba* (*La regina di Saba*) 1862 e *Roméo et Juliette* (*Romeo e Giulietta*), 1867. Scrisse inoltre i libretti per *Dinorah*, 1859, di G. Meyerbeer; *Mignon*, 1866 e *Hamlet* (*Amleto*), 1868 di A. Thomas e per *Les contes d'Hoffmann* (*I racconti di Hoffman*), 1881 di J. Offenbach.

BARBIER VON BAGDAD, DER
(*Il barbiere di Bagdad*)
Opera in due atti di Peter Cornelius (1824-1874), su libretto proprio, tratto dalle Mille e una notte, *su una trama già trattata in due Singspiele di G. André e di J. Hattasch. Prima rappresentazione: Weimar, Hoftheater, 15 febbraio 1858.*

Il giovane Nureddin (tenore) può finalmente incontrare l'amata Margiana (soprano), figlia del cadí (tenore). Per l'occasione fa chiamare un barbiere; arriva il loquace Abul Hassan (basso), che lo intrattiene con le sue chiacchiere. Finalmente Nureddin riesce a entrare nella casa dell'amata. Abul lo segue di nascosto. L'inaspettato ritorno del cadí (tenore) interrompe l'incontro dei due innamorati; Nureddin riesce a nascondersi in una cassa. Abul teme che al giovane sia accaduto il peggio e fa intervenire il califfo (baritono): Nureddin viene trovato nella cassa e il cadí deve cedere alle pressioni del califfo perché acconsenta a unire in matrimonio i due giovani. Il barbiere entra in servizio del califfo che si potrà cosí deliziare delle sue storie fantastiche.

Cornelius non poté gustare il sapore del successo di questa sua prima opera che, nonostante il sostegno di Liszt, a causa di intrighi e boicottaggi, venne ritirata dopo la prima rappresentazione. Fu solo a partire dal 1884, dopo l'esecuzione dell'opera a Karlsruhe (in una nuova orchestrazione di F. Mottl) che *Der Barbier von Bagdad* divenne assai popolare. L'opera, ricca di brio, è considerata la migliore commedia tedesca dopo *Die Meistersinger* (*I maestri cantori*) di Wagner. Tra le sue pagine piú famose si ricorda l'intermezzo, basato sul richiamo del muezzin.

BARBIERE DI SIVIGLIA, IL
Melodramma buffo in due atti di Gioachino Rossini (1792-1868), su libretto di C. Sterbini, dalla commedia Barbier de Séville *di P.-A.C. de Beaumarchais. Prima rappresentazione: Roma, Teatro Argentina, 20 febbraio 1816.*

ATTO I. L'azione si svolge a Siviglia. Il conte d'Almaviva (tenore) è innamorato di Rosina (contralto o soprano), pupilla di don Bartolo (basso buffo) e da questi tenuta in stretta sorveglianza. Per poter avvicinare Rosina, il conte si avvale di Figaro (baritono), barbiere della città, il quale suggerisce ad Almaviva di entrare in casa di Bartolo travestito da soldato e con una falsa richiesta di alloggio. Ma don Bartolo, che aspira segretamente alla mano ma soprattutto alla ricca dote di Rosina, ha saputo da don Basilio (basso), uno squattrinato maestro di musica, che il conte è giunto a Siviglia. Bartolo perciò, quando Almaviva si presenta travestito da soldato alla sua casa, si mostra subito sospettoso. Intanto il conte, con un pretesto, è riuscito a parlare, sebbene fugacemente, con Rosina. Dopo una serie di situazioni esilaranti, che provocano un pandemonio, intervengono i gendarmi, che rendono cosí vano il tentativo di Almaviva. ATTO II. L'astuzia di Figaro produce subito un altro gustoso stratagemma per poter avvicinare Rosina. Il conte si introdurrà la sera stessa in casa di don Bartolo, questa volta nei panni d'un maestro di musica, in sostituzione di don Basilio, che egli dirà malato. Lo stratagemma sembra aver successo, ma l'arrivo di don Basilio e una frase imprudente che sfugge al conte fanno nuovamente scoprire l'imbroglio e don Bartolo, furibondo, scaccia tutti da casa. Almaviva e Figaro però non demordono: durante un temporale, per mezzo di una scala, si introducono nella casa di don Bartolo per rapire Rosina. La ragazza, nel frattempo, è stata ingannata dal tutore:

Una scena dal *Barbiere di Siviglia*, di G. Rossini.

BARBIERE DI SIVIGLIA, IL

questi le ha fatto credere che Lindoro fosse un mezzano del conte di Almaviva. Rosina perciò si rifiuta di seguire il conte, ma l'equivoco è subito chiarito, e ci si avvia cosí al lieto fine. Quando arriva il notaio, chiamato da don Bartolo per affrettare le sue nozze con Rosina, viene costretto da Figaro a sposare Rosina e Almaviva. A don Bartolo non resta che far buon viso a cattiva sorte, consolandosi di non dover dare la dote a Rosina.

Sterbini scrisse il libretto del *Barbiere* in dieci giorni, dal 18 al 28 gennaio 1816, e in venti giorni Rossini aveva completato l'opera. Resta ancora incomprensibile come in cosí poco tempo egli abbia potuto creare uno dei massimi capolavori di tutti i tempi. L'opera al suo apparire incontrò un clamoroso insuccesso, orchestrato dall'*entourage* di Paisiello, che aveva scritto un'opera sullo stesso argomento sedici anni prima. Ma l'insuccesso della prima rappresentazione romana fu solo un episodio isolato, perché nelle successive repliche l'opera ottenne il dovuto trionfo. I valori del *Barbiere* si trovano nella grande omogeneità compositiva impressa da Rossini, nella finezza della strumentazione e nel ritmo costante dell'orchestra nel sostenere dall'inizio alla fine il canto. È poi impossibile non lasciarsi coinvolgere dalla sua atmosfera giocosa, dalla sua intramontabile comicità, grazie anche alla sottile e realistica caratterizzazione dei personaggi.

BARBIERE DI SIVIGLIA, IL OSSIA LA PRECAUZIONE INUTILE

Dramma giocoso in due atti di Giovanni Paisiello (1740-1816), su libretto di G. Petrosellini dalla commedia Barbier de Séville *di P.-A.C. de Beaumarchais. Prima rappresentazione: San Pietroburgo, Teatro imperiale, 15 settembre 1782.*

In una piazza di Siviglia, il conte d'Almaviva (tenore), travestito da Lindoro, confida a Figaro (baritono) di essere innamorato di Rosina (soprano), ma non riesce a parlarle perché la ragazza è sempre sorvegliata da don Bartolo (basso). Figaro, barbiere di Bartolo, confida al conte che il tutore ha intenzione di sposare la sua pupilla. Bartolo, messo sull'avviso

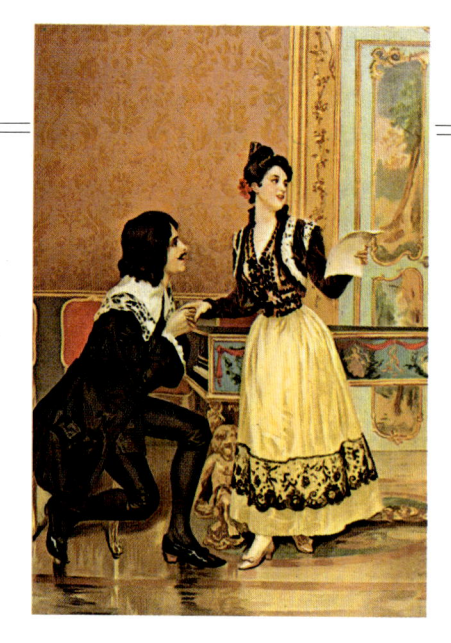

Oleografia popolare ottocentesca per Il barbiere di Siviglia.

da don Basilio (basso), maestro di musica di Rosina, si affanna per capire se questa ha scritto una lettera e a chi l'abbia inviata. Arriva Almaviva, travestito da soldato ubriaco, su consiglio di Figaro (che gli ha recapitato la lettera di Rosina). Il vecchio, alla fine di un furibondo litigio, riesce a liberarsi del finto soldato. Almaviva, questa volta travestito da maestro di musica allievo di Basilio, torna a casa di Bartolo. Il tutore ancora una volta scopre l'inganno e scaccia l'intruso. Figaro però è riuscito a impossessarsi della chiave del terrazzo. Don Bartolo esce di casa in cerca della polizia per arrestare Lindoro. Al suo ritorno scopre però che Rosina si è già sposata a Lindoro (che ha già rivelato la sua vera identità e che era entrato con Figaro attraverso la finestra) per opera del notaio che egli stesso aveva mandato a chiamare per sposare la pupilla.

Composta durante il periodo che il compositore trascorse alla corte di San Pietroburgo (1776-84), l'opera conobbe una grande popolarità per l'eleganza della partitura e la dolcezza melodica. Il libretto di Petrosellini, pur mantenendosi fedele a Beaumarchais, aveva perso rispetto alla commedia francese in arguzia e spontaneità, fatti che hanno causato, dopo l'iniziale successo, l'oblio del *Barbiere* di Paisiello.

♦ BARBIERI, FEDORA
(Trieste, 1920)

Mezzosoprano italiano. Debuttò nel 1940 come Fidalma con *Il matrimonio segreto* di Cimarosa. La sua notevole personalità in breve tempo l'ha fatta conoscere in tutti i maggiori teatri italiani ed esteri: Colón di Buenos Aires (dal 1947), Covent Garden di Londra (dal 1950), Metropolitan di New York (dal 1950). Per ricchezza timbrica, autenticamente mezzosopranile, e per la sua naturale personalità teatrale, la Barbieri è stata una delle maggiori cantanti del dopoguerra sia nel repertorio buffo: *Falstaff* di Verdi, *I quatro rusteghi* di Wolf-Ferrari, sia in quello piú autenticamente drammatico: *Carmen* di Bizet, *Samson et Dalila (Sansone e Dalila)* di Saint-Saëns, *Il trovatore* di Verdi. Ancora in attività, ha partecipato in ruoli di caratterista a rappresentazioni di *Boris Godunov* di Musorgskij (l'Ostessa) e *Cavalleria rusticana* di Mascagni (Mamma Lucia).

■ BARBIROLLI, SIR JOHN
(Londra 1899-1970)

Direttore d'orchestra inglese d'origine franco-italiana. Studiò a Londra, iniziando la carriera come violoncellista. Nel 1927 ha diretto le prime opere (*Aida*, *Madama Butterfly*) alla British National Opera. Dopo il suo debutto al Covent Garden nel 1928 (*Madama Butterfly* e *La bohème*) ha iniziato un'intensa attività direttoriale nei maggiori centri musicali europei (Vienna, Roma, ecc.) ma soprattutto con le massime orchestre, perché fu il repertorio sinfonico che Barbirolli frequentò maggiormente e con particolare successo. Nell'opera, come dimostrano i titoli da lui stesso piú amati (*La bohème* e *Butterfly*), Barbirolli fu un direttore particolarmente attento al rapporto tra espressione vocale e colore orchestrale, di marca prettamente sinfonica, ma che in Puccini ha trovato una felice attuazione.

■ BARENBOIM, DANIEL
(Buenos Aires 1942)

Direttore d'orchestra e pianista argentino, naturalizzato israeliano. Ha studiato all'Accademia Nazionale di Santa Cecilia e con E. Fischer e N. Boulanger. Nel 1955 ha debuttato a Parigi come pianista, iniziando cosí un'intensa attività concertistica. Al 1966 risale l'avvio della carriera direttoriale a capo della English Chamber Orchestra, dirigendo in seguito alcune tra le piú celebri orchestre internazionali, tra queste: i Berliner Philharmoniker, New York Philharmonic, l'Orchestre de Paris (1986-1989) e dal 1991 la Chicago Symphony Orchestra, alla direzione della quale è succeduto a sir G. Solti. Nel 1973 ha debuttato come direttore d'opera al Festival di Edimburgo nel *Don Giovanni* di Mozart. Ha diretto in numerosi teatri e festival internazionali, compreso Bayreuth (dal 1981). Come direttore d'opera Barenboim risente della sua chiara estrazione sinfonica; ha dato prova di lirismo ed eleganza nelle sottolineature strumentali, ma anche di scarsa tenuta teatrale.

♦ BARSTOW, JOSEPHINE
(Sheffield 1940)

Soprano inglese. Ha studiato a Birmingham e a Londra (London Opera Center). Nel 1967 ha debuttato al Sadler's Wells di Londra come Cherubino (*Le nozze di Figaro*). La sua prima importante affermazione l'ha avuta nel ruolo di Denise nell'opera *The Knot Garden* (Il giardino del labirinto) di Tippett (1970). Dotata di uno strumento vocale dal timbro non particolarmente bello, aspro nel registro acuto e non molto omogeneo nell'emissione, la Barstow ha saputo compensare questi limiti con una spiccata personalità scenica e vocale che l'hanno fatta emergere in ruoli di particolare spessore drammatico. Tra questi ricordiamo: Emilia Marty in *Věc Makropulos* (*L'affare Makropulos*), *Salome* di Strauss, Lady Macbeth in *Macbeth*. Importante anche la sua presenza in molte creazioni di opere di autori contemporanei quali M. Tippett, H.W. Henze, K. Penderecki.

● **BARTÓK, BÉLA**
(Nagyszentmiklós, Transilvania 1881 - New York 1945)
Compositore ungherese. Nella sua vastissima produzione musicale troviamo una sola opera: un lavoro giovanile in un atto *A kékszakállú herceg vára* (*Il castello del principe Barbablú*), del 1911, rappresentato a Budapest nel 1918. La straordinaria potenza drammatica, la ricchezza e originalità di questa partitura, nella quale la figura di Barbablú è inquadrata in una visione cupa e sofferente, fanno di quest'opera uno dei piú famosi lavori di tutta la sua attività, nonché una delle piú importanti creazioni del Novecento.

■ **BARTOLETTI, BRUNO**
(Sesto Fiorentino, Firenze 1926)
Direttore d'orchestra italiano. Ha studiato a Firenze, debuttando nel 1953 (*Rigoletto*) al Teatro Comunale e dove da allora ha diretto regolarmente, diventando dal 1957 al 1964 direttore stabile dell'orchestra del Maggio Musicale Fiorentino. Pur avendo iniziato e continuando tuttora a dirigere in importanti centri musicali e teatri internazionali, buona parte della sua attività direttoriale si svolge a Firenze e a Chicago dove, dal 1964, detiene la carica di *principal director*. Per grande professionalità e rigore interpretativo Bartoletti è uno dei piú apprezzati direttori d'opera, non solo di autori italiani, ma anche stranieri, soprattutto del Novecento: Berg, Hindemith, Prokof'ev e i contemporanei Dallapiccola e Penderecki, del quale ha diretto la prima mondiale di *Paradise Lost* (*Paradiso perduto*) a Chicago nel 1978.

♦ **BARTOLI, CECILIA**
(Roma, 1966)
Mezzosoprano italiano. Ha compiuto gli studi di canto all'Accademia di Santa Cecilia di Roma e, quando ancora studiava, ha interpretato il piccolo ruolo del Pastore in *Tosca* al Teatro dell'Opera di Roma. Dopo essersi imposta in un Concorso RAI, ha esordito nel 1987 al Teatro Filarmonico di Verona nel *Bertoldo, Bertoldino e Cacasenno* di Ciampi. Sempre nello stesso anno ha interpretato Rosina (*Il barbiere di Siviglia*), che l'ha imposta su altri palcoscenici italiani e stranieri (Modena, Colonia, ecc.). Come squisita interprete rossiniana, ha poi cantato in *La pietra di paragone* (Catania, 1988), *La scala di seta* (Pesaro, 1988), *Le comte Ory* (*Il conte Ory*) alla Scala di Milano nel 1991, *La Cenerentola* (Bologna, 1992). Accanto a quello rossiniano, la Bartoli si è messa in luce nel repertorio mozartiano: *Le nozze di Figaro* (Zurigo, 1989), *Lucio Silla* (Konzerthaus di Vienna, 1989), *Cosí fan tutte* (Napoli, 1990; Firenze, 1991). Dotata di una voce dal colore autenticamente mezzosopranile, sebbene di volume non molto ampio, musicalità, ottime capacità nel canto di coloratura, presenza scenica, la Bartoli si sta imponendo sia in campo internazionale che sul mercato discografico.

● **BASSARIDS, THE**
(*Le Bassaridi*)
Opera seria in un atto con intermezzo di Hans Werner Henze (n. 1926), su libretto di W.H. Auden e C. Kallmann dalle Baccanti di Euripide. Prima rappresentazione: Festival di Salisburgo, 6 agosto 1966.

Penteo (baritono), re di Tebe, proclama la fine del culto di Semele che con Zeus generò un figlio. Lo stesso re spegne la fiamma sull'altare della dea e stabilisce la morte per chi oserà riaccenderla. La stessa sorte toccherà a chi adorerà Dioniso. Penteo, che afferma essere adoratore di un solo dio, universale, il Bene, fa arrestare gli adoratori di Dioniso, tra questi anche sua madre Agave (mezzosoprano), che

A sinistra:
il compositore ungherese Béla Bartók.

Sopra:
il mezzosoprano italiano Cecilia Bartoli.

egli ignora essere stata sposa di Dioniso. Penteo cerca di penetrare nel mondo degli adoratori di Dioniso e si reca al monte Citera per assistere al suo culto. Viene però circondato e ucciso da un gruppo di Menadi, tra cui vi è anche la madre Agave. Quando la donna si rende conto che sotto l'influenza del dio ha ucciso il figlio, presa da disperazione invoca la morte. Appare Dioniso (tenore) e, mentre Tebe brucia, ordina ad Agave e a tutta la sua famiglia l'esilio eterno. L'opera si chiude con l'adorazione, da parte del coro, delle effigi di Dioniso e della madre Semele, divenuta la dea Tione.

Henze, che fa parte dell'avanguardia storica della musica contemporanea, ha visto nel simbolismo della tragedia la possibilità di sviluppare la propria poetica drammatica e lirica.

▲ BASSI, CALISTO
(Cremona 1800 - Abbiategrasso 1860 ca)
Librettista e traduttore italiano. Figlio d'arte, ereditò dalla famiglia una grande passione per il teatro. Visse a Milano dove lavorò come poeta e direttore di scena al Teatro alla Scala. Buon conoscitore del francese, si dedicò soprattutto alla traduzione di opere francesi e di quelle di compositori italiani in Francia. Tradusse *La muta di Portici* di Auber; *Il profeta* e *Roberto il diavolo* di Meyerbeer; *L'assedio di Corinto*, *Mosè* e *Guglielmo Tell* di Rossini; *La figlia del reggimento*, *La favorita*, *I martiri* di Donizetti.

★ BASSOPIANO
vedi *Tiefland*

♦ BASTIANINI ETTORE
(Siena 1922 - Sirmione, Brescia 1967)
Baritono italiano. Debuttò come basso a Ravenna nel 1945 (Colline nella *Bohème*); come baritono debuttò nel 1951 come Germont (*Traviata*). Già a partire dal 1953 è presente al Metropolitan di New York e successivamente al Covent Garden, alla Scala di Milano, a Salisburgo, ecc. Una carriera folgorante che si concluse nel 1965 al Metropolitan, quando era già gravemente malato. Dotato di una voce di bellissimo timbro, morbida e nobile nell'espressione, Bastianini, nonostante i limiti di emissione (soprattutto nella zona di "passaggio"), non inappuntabile, si è imposto come uno dei piú sensibili e dotati interpreti del melodramma romantico italiano.

♦ BASTIEN UND BASTIENNE
(*Bastiano e Bastiana*)
Singspiel *in un atto di Wolfgang Amadeus Mozart (1756-1791), su libretto di F.W. Weiskern, da* Le devin du village *di J.-J. Rousseau. Prima rappresentazione: Vienna, giardino della casa del dottor Mesmer, ottobre 1768.*

I personaggi sono solo tre, i due amanti e un vecchio e saggio pastore, Colas (basso). Bastiana (soprano) è infelice per l'incostanza di Bastiano (tenore) e si rivolge a Colas per avere conforto e consigli. Il pastore la induce a simulare indifferenza. Qaundo anche Bastiano si rivolge a Colas, questi ricorre ad apparizioni magiche; finché i due innamorati si riconciliano.

Scritta da un Mozart dodicenne, quest'operina segnò uno dei primi contatti del musicista con l'alta società viennese. Venne difatti commissionata dal dottor Mesmer, che fece rappresentare *Bastien und Bastienne* nel giardino della sua casa, frequentata dalla migliore società viennese. L'opera è un insieme di arie semplici e graziose e di duetti in forma di Lied, ma già si intravede una notevole sicurezza nel modo di trattare la piccola orchestra (archi, due oboi o flauti e due corni) e un certo senso drammatico.

♦ BASTIN, JULES
(Bruxelles 1933)
Basso belga. Ha studiato al Conservatorio di Bruxelles, iniziando la sua carriera teatrale nel 1964 all'Opera di Liegi e al Teatro La Monnaie di Bruxelles. Qui ha ottenuto le sue prime affermazioni in opere francesi e italiane. Ha cantato in importanti sedi teatrali e concertistiche europee, partecipando tra l'altro alla prima rappresentazione integrale di *Lulu* di Berg all'Opéra di Parigi (1979). Di Bastin vanno soprattutto sottolineate le notevoli capacità interpretative che l'hanno fatto apprezzare come un brillante interprete di ruoli comici e di caratterista.

♦ BATTAGLIA DI LEGNANO, LA
Tragedia lirica in quattro atti di Giuseppe Verdi (1813-1901), su libretto di S. Cammarano. Prima rappresentazione: Roma, Teatro Argentina, 27 gennaio 1849.

L'azione si svolge a Milano e a Como, nel 1176. Milano è minacciata dalle truppe di Federico Barbarossa (basso). Tra i difensori della città si trova anche Rolando (baritono), che riabbraccia il veronese Arrigo (tenore), creduto morto in battaglia. Arrigo rivede anche Lidia (soprano), in passato sua fidanzata, ma che ora per volere del padre ha dovuto sposare Rolando. Arrigo, arrendendosi al destino, entra a far parte dei Cavalieri della Morte, con grande dolore di Lidia, che gli invia una lettera per dissuaderlo. Rolando, che si accinge a partire per combattere, è avvicinato da Marcovaldo (basso), un prigioniero tedesco, invaghito di Lidia. Costui consegna a Rolando la lettera di Lidia. Lo sdegno di Rolando sfocia in vendetta: scoprendo Lidia e Arrigo a colloquio, l'uomo rinchiude Arrigo nella Torre, cosí non sarà presente all'appello dei Cavalieri della Morte e verrà disonorato. Arrigo, disperato, si lancia dalla finestra, tuffandosi nel fiume. Mentre Lidia e le donne milanesi pregano per i combattenti, giunge la notizia della sconfitta del Barbarossa. Ritornano i lombardi vittoriosi, tra loro vi è anche Arrigo in fin di vita. Il giovane scagiona Lidia, poi si spegne, stringendo al cuore lo stendardo del carroccio.

La battaglia di Legnano è ritenuta un'opera

Una scena da *Bastiano e Bastiana* di W.A. Mozart.

di passaggio dal Verdi dei cosiddetti "anni di galera" al Verdi delle opere più strutturate e complesse dal punto di vista psicologico, come nella successiva *Luisa Miller*. *La battaglia di Legnano* è un'opera solida ed equilibrata, anche se il soggetto si sarebbe prestato all'uso di toni più magniloquenti e forzati. L'opera conobbe un buon successo e le solite noie di censura, che infastidirono spesso il compositore nel dover cambiare luoghi e personaggi.

♦ BATTLE, KATHLEEN
(Portsmouth, Ohio 1948)
Soprano statunitense. Ha compiuto gli studi musicali all'Università di Cincinnati. Nel 1972 ha debuttato al Festival di Spoleto nel *Deutsche Requiem* di Brahms sotto la direzione di T. Schippers; nel 1977 ha luogo la sua prima apparizione al Metropolitan, nel ruolo del pastore nel *Tannhäuser* di Wagner. E proprio al massimo teatro americano si lega a tutt'oggi la carriera artistica della Battle, nonostante le sue esibizioni alla Staatsoper di Vienna, al Covent Garden di Londra (dal 1985), all'Opéra di Parigi (1984). Soprano lirico-leggero, la Battle è una raffinata interprete mozartiana (Zerlina, Susanna, Blondchen), ma particolarmente degne di nota sono la sua Rosina (*Il barbiere di Siviglia* di Rossini) e la sua Adina (*L'elisir d'amore* di Donizetti); quest'ultima interpretazione mette in luce un fraseggio raffinato e molto vario, nonché una vocalità controllata e fluida nell'emissione.

● BEATRICE DI TENDA
Tragedia lirica in due atti di Vincenzo Bellini (1801-1835), su libretto di F. Romani. Prima rappresentazione: Venezia, Teatro La Fenice, 16 marzo 1833.

L'azione si svolge nel castello di Binasco nell'anno 1418. Filippo Maria Visconti (baritono) è stanco della moglie Beatrice di Tenda (soprano), vedova del condottiero Facino Cane. Filippo si è ora invaghito di Agnese del Maino (mezzosoprano), dama di Beatrice. Orombello, conte di Ventimiglia (tenore), svela ad Agnese il suo amore segreto per Beatrice; Agnese, che ama Orombello, sconvolta dalla rivelazione, decide di vendicarsi. Impossessatasi di carte compromettenti, in possesso di Beatrice, le offre come prova a Filippo, che può così accusare Beatrice di adulterio, prova suffragata dall'aver scoperto la moglie a colloquio segreto con Orombello. Arrestata insieme a Orombello e condotta davanti ai giudici, Beatrice protesta la sua innocenza. Ma Orombello, sottoposto a tortura, cede, riconoscendo se stesso e la duchessa di una colpa non commessa. Beatrice e Orombello sono condannati a morte. La donna, mentre si reca al patibolo, ha la forza di perdonare Agnese che le ha rivelato la sua colpa.
Mentre Agnese cade svenuta, Beatrice sale al patibolo, fiera e coraggiosa, in mezzo al compianto del coro.

Bellini compose *Beatrice di Tenda* dopo il lungo periodo di riposo seguito al successo di *Norma* nel 1831. Caratteristica della stesura della *Beatrice* fu la fretta e conseguenza ne fu il clamoroso fiasco della prima rappresentazione alla Fenice. L'accoglienza negativa dell'opera provocò un grave dissidio tra Bellini e Romani, che si accusavano l'un l'altro dell'insuccesso, dissidio che portò alla rottura di quella collaborazione che aveva visto nascere tutte le migliori opere di Bellini. In seguito l'opera ottenne il favore del pubblico e fu ripetutamente rappresentata in Italia e all'estero, cosa che non avviene ai nostri giorni.

● BEATRICE ET BENEDICT
(*Beatrice e Benedetto*)
Opera in due atti di Hector Berlioz (1803-1869), su libretto proprio, tratto dal dramma Much Ado About Nothing *di W. Shakespeare. Prima rappresentazione: Baden-Baden, Teatro Benazet, 9 agosto 1862.*

A Messina si festeggia l'arrivo di don Pedro d'Aragona (basso). Héro (soprano), figlia del governatore, ha una ragione particolare per gioire della venuta di don Pedro: potrà rivedere l'amato Claudio (baritono), giovane signore al seguito del generale spagnolo. Se Héro gioisce per il suo amore, altrettanto non può fare la cugina Béatrice (mezzosoprano), preoccupata per l'incostanza del suo innamorato Bénédict (tenore), che la giovane spera ardentemente di sposare: questi, infatti, di matrimonio non ne vuole assolutamente sapere. Don Pedro e Claudio tentano invano di convincerlo lodando il valore dell'istituzione matrimoniale. In un salone del palazzo del governatore sono in pieno svolgimento i festeggiamenti in onore di don Pedro. Béatrice è in preda a una viva agitazione: in un sogno ha visto Bénédict partire per la guerra per poi cadere vittima in battaglia. Non desiderando l'avverarsi di quest'incubo, che già adesso l'ha fatta soffrire, Béatrice scaccia ogni idea di matrimonio. Ma alla fine l'amore trionfa e la vicenda si conclude con un logico lieto fine.

Béatrice et Bénédict, opera comica che si avvicina al repertorio italiano, è l'ultima composizione di Berlioz. Ebbe subito un ottimo successo, anche se l'opera non è mai entrata nel repertorio francese: basti pensare che in Francia fu rappresentata solo nel 1890.

▲ BEAUMARCHAIS,
PIERRE-AUGUSTIN CARON DE
(Parigi 1732-1799)
Commediografo e musicista dilettante francese. Figlio di un orologiaio, inizialmente si

In alto:
frontespizio della commedia
La folle journée,
di P.-A.C. de Beaumarchais.

A sinistra:
il soprano statunitense Kathleen Battle.

dedicò al mestiere del padre, venendo assunto alla corte di Luigi XV. Da autodidatta studiò la chitarra, il flauto e l'arpa, componendo dei lavori per questi strumenti. Ricevette anche qualche lezione dai compositori N. Piccinni e A.M. Grétry, con i quali stabilì anche rapporti d'amicizia, come con altri musicisti dell'epoca: Sacchini, Martini, Salieri, ecc. Maestro d'arpa delle figlie del re, Beaumarchais divenne celebre grazie alla sua produzione teatrale, il cui capolavoro è la trilogia: *Le barbier de Séville ou La précaution inutile* (*Il barbiere di Siviglia o La precauzione inutile*) del 1775, *Le mariage de Figaro ou La folle journée* (*Il matrimonio di Figaro o La folle giornata*) del 1784, *La mère coupable* (*La madre colpevole*) del 1792. Per il *Barbier de Séville* e per *Le mariage de Figaro* compose anche delle musiche di scena. Come librettista scrisse il testo di *Tarare* (Parigi, 1787), che venne musicato da Salieri.

♦ BECHI, GINO
(Firenze 1913-1993)
Baritono italiano. Studiò canto con R. Frazzi e con De Giorgi debuttando nel 1936 a Empoli come Germont (*La traviata*). Grazie agli eccezionali mezzi vocali (un'estensione che toccava anche il la^3 con una potenza veramente rara e un corpo vocale altrettanto notevole nelle zone centrali), Bechi divenne in breve tempo uno dei piú famosi baritoni italiani e come tale calcò i piú importanti palcoscenici del mondo: la Scala, Roma, Covent Garden, ecc. Interprete di buona parte del repertorio verdiano (*Aida*, *Un ballo in maschera*), ma anche dei *Pagliacci* di Leoncavallo, dell'*Andrea Chénier* di Giordano e della *Cavalleria rusticana* di Mascagni, la sua fu una carriera alquanto rapida e intensa e come tale onerosa per i suoi mezzi vocali, che mostrarono segni di usura (soprattutto negli anni Cinquanta). Si ritirò dalle scene nel 1965.

♦ BECHT, HERMANN
(Karlsruhe 1939)
Baritono tedesco. Ha studiato a Karlsruhe e a Sarrebrück con J. Greindl. Ha iniziato l'attività artistica nei teatri di Braunschveig, Wiesbaden e dal 1974 alla Deutsche Oper am Rheim. Al 1979 risale la prima di molte presenze al Festival di Bayreuth, dove è emerso come notevole interprete wagneriano. Particolarmente apprezzato il suo Alberich nel *Ring* nella famosa edizione firmata da P. Chereau e P. Boulez (1980).

■ BEECHAM, SIR THOMAS
(St. Helens, Lancashire 1879 - Londra 1961)
Direttore d'orchestra inglese. Non ebbe una vera e propria educazione musicale; dopo gli studi a Oxford viaggiò molto all'estero. Dal 1902 al 1904 ha diretto una piccola compagnia operistica "di giro". Nel 1910 ebbe la sua prima importante esperienza nel teatro d'opera, dirigendo la prima inglese di *Elektra* di Strauss al Covent Garden. Dello stesso autore fece poi conoscere in Inghilterra *Salome*, *Ariadne auf Naxos* (*Arianna a Nasso*) e *Der Rosenkavalier* (*Il cavaliere della rosa*). Un altro importante contributo all'opera Beecham l'ha dato dirigendo le prime esecuzioni di *A village Romeo and Juliet* (*Un Romeo e Giulietta del villaggio*) nel 1910 e *Irmelin* nel 1953 di F. Delius. Beecham è stato uno dei piú eminenti direttori inglesi. Presente nelle maggiori istituzioni concertistiche e teatrali del suo paese, le sue interpretazioni brillano per rigore, ma anche per fantasia e istinto musicale.

● BEESON, JACK
(Muncie, Indiana 1921)
Compositore statunitense. Ha studiato alla Eastman School of Music di Rochester, perfezionandosi con B. Bartók. La sua opera *Lizzie Borden* fu commissionata dalla Ford Foundation e rappresentata alla New York City Opera nel 1965. Altri lavori per il teatro musicale sono *Jonah* (1950), *Hello out There* (1957), *New York City Opera* (1965) e *Kansas City* (1975). Le opere di Beeson, pur nell'influenza di una tradizione operistica europea, esprimono stilemi musicali tipici della musica e del teatro americano, cosí come i libretti che si rifanno a tematiche e spunti letterari tipicamente d'oltreoceano.

Ludwig Van Beethoven al pianoforte.

● BEETHOVEN, LUDWIG VAN
(Bonn 1770 - Vienna 1827)
Compositore tedesco. Nell'immensa produzione musicale di Beethoven troviamo una sola opera completa, *Fidelio*, commissionata al musicista dal Theater an der Wien. Sicuramente *Fidelio* è una delle piú rielaborate, se non la piú rielaborata, opera della storia del melodramma. Dopo la prima rappresentazione del 1805 il *Fidelio* si presentava in tre atti, piuttosto squilibrati negli aspetti teatrali drammatici e comici. L'anno dopo l'opera subí la prima revisione: riduzione in due atti. Cambiò anche l'ouverture, la *Leonore n. 3* (Beethoven scrisse quattro ouverture per *Fidelio*). Fu solo nel 1814 che *Fidelio* giunse alla sua versione definitiva, quella che si esegue a tutt'oggi. Beethoven compose nel 1805 una scena per l'opera *Vestas Feurer* (*Il fuoco di Vesta*) e quindi le musiche di scena per l'*Egmont* di Goethe, *König Stephan* (*Re Stefano*) di A. von Kotzebue e il balletto *Die Geschöpfe des Prometheus* (*Le creature di Prometeo*) di S. Viganò.

● BEGGAR'S OPERA, THE
(L'opera del mendicante)
Opera in tre atti con musiche arrangiate e composte da John Christopher Pepusch (1667-1752), su testo di J. Gay. Prima rappresentazione: Londra, Lincoln's Inn Fields, 29 gennaio 1728.

Nell'introduzione il Mendicante, che si presume autore del lavoro, presenta l'opera e i suoi personaggi. Macheath (tenore), noto ladro e libertino, ha sposato Polly (soprano), figlia del ricettatore e strozzino Peachum (basso). Questi, temendo l'intrusione del genero che sa troppe cose su di lui, decide di denunciarlo e di farlo arrestare. Anche in carcere Macheath sa come cavarsela: Lucy (soprano), figlia del carceriere Lockit (baritono), è stata l'amante di Macheath e ora, dietro promessa di matrimonio, lo aiuta a fuggire. Ma saranno le denunce di altre donne, pagate dal suocero, che lo porteranno ancora in carcere. Egli dovrà ora essere giustiziato tra lo strazio di tutte le sue amiche e ammiratrici. Interviene allora il Mendicante che lo dichiara libero per volere dell'autore.

The Beggar's Opera è la prima e la piú famosa delle *ballad-operas*, un genere teatrale misto, fatto di prosa, versi e musica. Alla prima rappresentazione ebbe un'accoglienza trionfale. Gay immaginò una commedia preparata da pezzenti per pezzenti, e sebbene si respirasse l'aura del melodramma, rimase immutato l'ambiente di ladri, prostitute, criminali e cosí il linguaggio sciolto e talvolta volgare. La musica consiste in un adattamento di arie popolari e di pezzi di altri autori, abilmente variati da Pepusch.

♦ BEHRENS, HILDEGARD
(Varel, Oldenburg 1937)
Soprano tedesco. Ha compiuto i suoi studi musicali a Friburgo, iniziando la sua carriera alla Deutsche Oper (1971-72) e successivamente a Düsseldorf, dove ha interpretato alcuni dei ruoli che l'hanno in seguito consacrata alla celebrità, tra questi in particolare Maria in *Wozzeck* di Berg e Agathe in *Der Freischütz* (*Il franco cacciatore*) di Weber. Fu comunque con la *Salome* di Strauss al Festival di Salisburgo del 1977, sotto la direzione di H. von Karajan, che la Behrens si è definitivamente posta all'attenzione internazionale. La sua Brünnhilde nel *Ring* a Bayreuth (1983) e al Metropolitan ha altresí confermato le straordinarie doti musicali e interpretative di questa cantante, una delle massime interpreti di ruoli wagneriani in opere come *Tannhäuser*, *Lohengrin*, *Der fliegende Holländer* (*Il vascello fantasma*), *Tristan und Isolde* (*Tristano e Isotta*) e straussiani come *Ariadne auf Naxos* (*Arianna a Nasso*), *Die Frau ohne Schatten* (*La donna senz'ombra*), *Elektra*.

● BELFAGOR
Commedia lirica in un prologo, due atti e un epilogo di Ottorino Respighi (1879-1936), su libretto di C. Guastalla. Prima rappresentazione: Milano, Teatro alla Scala, 26 aprile 1923.

L'arcidiavolo Belfagor (baritono) giunge sulla terra per sapere se sia vero che il matrimonio conduce gli uomini alla perdizione. Belfagor si presenta in casa del farmacista Mirocleto (basso) e lo convince a dargli in sposa una figlia con una elargizione di centomila ducati; poi si ripresenta, sotto le vesti del ricco mercante Ipsilonne, e incontra le tre figlie dello speziale, Candida, Fidelia e Maddalena (soprani). Ipsilonne si invaghische di Candida, che però ama ed è promessa sposa a Baldo (tenore), ora lontano per un viaggio. Candida sposa Ipsilonne, ma non gli si concede, rendendo cosí disperato il povero diavolo che nel frattempo si è innamorato della giovane. Quando poi Candida viene a sapere del ritorno di Baldo, fugge per riabbracciare l'amato e con lui si reca a chiedere aiuto al prevosto. Belfagor si presenta a Baldo in veste di viandante e ad alta voce gli rivela, mentendo, che Ipsilonne ha abbandonato Candida dopo aver pienamente soddisfatto i suoi desideri. Baldo furente scaccia il falso viandante, ma ora è caduto in preda al dubbio. Candida, disperata, prega Dio perché avvenga un miracolo che convinca Baldo della sua fedeltà. Ed ecco che le campane della chiesa si mettono a suonare da sole. Belfagor, perduta definitivamente la partita, si accinge a tornare all'inferno.

Respighi lavorò un anno alla stesura della partitura di *Belfagor* (1921-22) e vi ha potuto profondere tutte le sue doti di versatilità: ora nel tono fantastico, ora nell'accento realistico, ora in parti schiettamente comiche che si contrappongono ai momenti piú squisitamente lirici e sentimentali. *Belfagor* è considerata l'opera piú spontanea di Respighi, grazie anche all'ottima collaborazione del musicista con il librettista C. Guastalla, al lavoro del quale la sua musica ha trovato una perfetta aderenza.

● BELISARIO
Opera in tre atti di Gaetano Donizetti (1797-1848), su libretto di S. Cammarano tratto da fonti diverse ma principalmente dal dramma Bélisaire di J.-F. Marmontel. Prima rappresentazione: Venezia, Teatro La Fenice, 4 febbraio 1836.

Antonina (soprano), moglie del generale Belisario (baritono), nutre un ingiusto risentimento verso il marito che crede autore dell'uccisione di uno dei due figli. I nemici del generale approfittano dell'ira della moglie per indurla a presentare false accuse di tradimento all'imperatore Giustiniano (basso) a carico di Belisario, che viene condannato a essere accecato ed esiliato. Cieco e proscritto, Belisario è accompagnato e consolato dalla figlia Irene (mezzosoprano). Nel suo errare Belisario incontra il giovane condottiero Alamiro (tenore), che a capo di truppe barbare sta marciando verso Bisanzio per vendicare l'oltraggio fatto a Belisario. Questi infatti ha riconosciuto nel giovane il figlio creduto morto. Belisario è ferito mortalmente nel combattimento e muore sotto gli occhi di Antonina, che ha scoperto la falsità delle accuse e ne ha informato l'imperatore. In preda al rimorso e alla disperazione anche Antonina muore.

Con *Belisario* Donizetti tornava a Venezia dopo diciassette anni di assenza; l'opera venne accolta calorosamente, ma non poté mai annoverarsi tra quelle di maggior successo del compositore.

In alto:
manifesto per *L'opera del mendicante*, di J.Ch. Pepusch.

A sinistra:
il soprano tedesco Hildegard Behrens.

★ **BELLA FANCIULLA DI PERTH, LA**
vedi *Jolie Fille de Perth, La*

● **BELLINI, VINCENZO**
(Catania 1801 - Puteaux, Parigi 1835)
Compositore italiano. Studiò al Conservatorio di Napoli con N. Zingarelli. E proprio come saggio finale compose la sua prima opera, *Adelson e Salvini* (1825). Il successo di questo lavoro gli valse la prima scrittura, *Bianca e Fernando* (Napoli, Teatro San Carlo, 1826). Il primo grande successo giunse l'anno successivo con l'opera *Il pirata* (Milano, Teatro alla Scala), che segnò l'inizio dell'importante collaborazione con il librettista F. Romani. Nel 1829 Bellini compose *La straniera* (Milano, Teatro alla Scala) e *Zaira* (Parma, Teatro Ducale). L'insuccesso di quest'ultima fece sí che Bellini trasferisse buona parte della musica nella successiva opera *I Capuleti e i Montecchi* (Venezia, Teatro La Fenice, 1830). Si arriva cosí a quelli che sono considerati i due capolavori della produzione belliniana, *La sonnambula* e *Norma*. Quest'ultima fu anche il punto piú alto della collaborazione artistica tra Bellini e Romani, un sodalizio che terminò bruscamente dopo l'insuccesso di *Beatrice di Tenda* (Venezia, La Fenice 1833). In questi anni Bellini inizia un lungo periodo di viaggi a Londra e Parigi, per la rappresentazione delle sue opere. E a Parigi Bellini presentò con enorme successo la sua ultima opera, *I puritani* (Théâtre Italien, 1835). Morí a Puteaux, nel 1835, per una acuta infiammazione intestinale.

♦ **BEŇAČKOVÁ-ČÁPOVÁ, GABRIELA**
(Bratislava 1947)
Soprano cecoslovacco. Ha compiuto gli studi musicali a Bratislava, diplomandosi nel 1971. La sua carriera artistica si è svolta inizialmente tra i teatri di Praga (dal 1970) e Bratislava (1973-74). Nel 1980 è entrata nella compagnia della Staatsoper di Vienna, mettendosi in evidenza per la sua voce dal timbro dolce, duttile nell'emissione e per le ottime qualità di interprete. Attiva anche nei maggiori teatri internazionali, la Beňačková basa il suo repertorio su opere come *Prodaná nevěsta* (*La sposa venduta*) e *Libuše* di Smetana, *Rusalka* di Dvořák, *Jenůfa* di Janáček, *Andrea Chénier* di Giordano e molte altre di autori slavi e italiani.

▲ **BENELLI, SEM**
(Filettole, Prato 1877 - Zoagli, Genova 1949)
Poeta e drammaturgo italiano. Iniziò gli studi a Firenze, che vennero però interrotti dalla morte del padre (1895); iniziò a lavorare continuando a studiare da autodidatta. Cominciò quindi a scrivere per i giornali e a produrre i primi lavori teatrali. I libretti, spesso derivati dai suoi drammi teatrali, vennero musicati da compositori del cosiddetto postverismo. Tra questi ricordiamo *L'amore dei tre re* (1913) di I. Montemezzi e *La cena delle beffe* (1924) di U. Giordano.

▲ **BENVENUTO CELLINI**
Opera in due atti di Hector Berlioz (1803-1869), su libretto di L. de Wailly e A. Barbier. Prima rappresentazione: Parigi, Opéra, 10 settembre 1838.

La vicenda si svolge a Roma durante il carnevale del 1532. Benvenuto Cellini (tenore), innamorato di Teresa (soprano), figlia del tesoriere del papa, Balducci (baritono), promessa in sposa a Fieramosca, trama di rapirla nella notte di carnevale travestito da frate. Venuto a conoscenza del piano, il Fieramosca lo sventa, ma un suo compagno resta ucciso. Cellini è accusato di omicidio, ma riesce a fuggire. Avendogli nel frattempo il papa ordinato di fondere il *Perseo*, egli torna alla bottega dove lo attendono il Fieramosca e il padre di Teresa per farlo arrestare e mettere sulla forca. Ma un cardinale promette a Benvenuto salva la vita e la mano di Teresa se, entro la serata, riuscirà a fondere la statua del *Perseo*; con grande rammarico dei suoi nemici l'impresa del Cellini riesce e l'ardimentoso fiorentino può finalmente accogliere la beneamata Teresa tra le sue braccia.

L'opera, composta tra il 1834 e il 1837, cadde clamorosamente alla prima rappresentazione. Le successive riprese (Weimar, 1852 e Londra, 1853) ebbero un esito diverso, ma non sollevarono le sorti dell'opera che non venne mai inclusa nel repertorio permanente. Se il libretto risulta inconsistente, di un romanticismo di maniera, d'altro canto la musica evidenzia la presenza d'un ambiente che non è piú solo uno sfondo. L'ouverture e il celebre *Carnevale romano* evidenziano un'impronta mediterranea, in aperto contrasto con le altre opere di Berlioz.

● **BERG, ALBAN**
(Vienna 1885-1935)
Compositore austriaco. Compí gli studi musicali da autodidatta. Dal 1904 al 1910 poté però approfondire gli studi compositivi con A. Schönberg, al quale si legò di profonda amicizia e dal quale fu anche influenzato nello sviluppo della composizione dodecafonica. Per il teatro d'opera Berg compose solamente due opere: *Wozzeck* (1925) e *Lulu*

Una scena dal *Benvenuto Cellini* di H. Berlioz.

(rappresentata postuma nel 1937), due composizioni che hanno come fulcro drammatico i personaggi di *Wozzeck* e *Lulu*, vittime di un tragico meccanismo che li costringe ad agire in un continuo alternarsi di razionalità e irrazionalità, fino all'autodistruzione. Nel suo linguaggio dodecafonico, al quale mescolano stilemi espressivi derivati da forme classiche (forma sonata, suite, ecc.), Berg scava mirabilmente e delinea queste nuove figure inusitate nel mondo di eroi che popolano il melodramma, ma che nella loro originalità e potenza sono due capisaldi di tutta la storia dell'opera.

♦ BERGANZA, TERESA
(Madrid, 1935)
Mezzosoprano spagnolo. Ha compiuto gli studi di canto con L. Rodríguez Aragón, debuttando come Dorabella in *Cosí fan tutte* di Mozart a Aix-en-Provence e imponendosi subito come una delle piú raffinate interpreti mozartiane. Nel 1958 a Dallas interpretò per la prima volta Isabella (*L'italiana in Algeri* di Rossini) e ancora una volta fece emergere il fraseggio e la naturale predisposizione alla coloratura rossiniana. Accanto a Mozart è il Rossini di *Cenerentola*, del *Barbiere di Siviglia* e della già citata *Italiana* il compositore in cui la vocalità brunita e allo stesso tempo fulgida della Berganza ha dato il meglio di sé. Meno convincente il suo approccio alla *Carmen* di Bizet (1977) alla quale per stile e personalità la Berganza è distante. Piú sporadiche in questi ultimi anni le sue esibizioni teatrali: *Carmen* (Londra, 1984), il debutto in *Werther* (Zurigo, 1977) e *Ariodante* (Barcellona, 1991). Piú intensa l'attività concertistica, che ha visto recentemente (luglio 1991) la Berganza fare un trionfale ritorno a Aix-en-Provence, che l'aveva vista debuttare.

♦ BERGONZI, CARLO
(Vidalenzo, Parma 1924)
Tenore italiano. Ha studiato al Conservatorio di Parma con E. Grandini e E. Campogalliani, debuttando nel 1948 a Lecce come baritono (Figaro nel *Barbiere di Siviglia* di Rossini). Già nel 1951 si presentò come Andrea Chénier a Bari. Ha cosí inizio una brillante carriera che ha visto Bergonzi protagonista nei maggiori teatri del mondo. Grazie a un solido supporto tecnico, notevoli qualità espressive e di fraseggio, si è messo in luce nel repertorio verdiano (*Un ballo in maschera*, *Il trovatore*, *La forza del destino*). Non vanno però sottovalutate le sue interpretazioni di opere di Donizetti, Leoncavallo e Mascagni. Grazie a tecnica, accento e stile, Bergonzi può vantare una straordinaria longevità artistica che lo ha visto protagonista di *La forza del destino* di Verdi a Ravenna, *L'elisir d'amore* di Donizetti al Metropolitan nel 1987, nonché nel ruolo di Maurizio nell'incisione di *Adriana Lecouvreur* di Cilea con J. Sutherland (1988).

● BERIO, LUCIANO
(Oneglia, Imperia 1925)
Compositore italiano. Ha studiato al Conservatorio di Milano con Ghedini e Dallapiccola. Nel 1955 con B. Maderna ha fondato a Milano un laboratorio per lo studio della musica elettronica. Ha insegnato composizione in alcune delle piú importanti istituzioni musicali internazionali, tra queste la Harvard University e la Juilliard School di New York. Il teatro musicale di Berio è frutto di continue evoluzioni ed elaborazioni, che uniscono il linguaggio elettronico a un teatro totale, che si esprime anche attraverso la pantomima, la coreografia e la recitazione. Tra i suoi lavori per il teatro ricordiamo: *Passaggio* (1962), *Laborintus II* (1962), *Recital I* (1972), *Opera* (1970-77), *La vera storia* (1982), *Un re in ascolto* (1984).

▲ BERIO DI SALSA, FRANCESCO
(Napoli fine sec. XVIII - prima metà del XIX)
Letterato e librettista italiano. Appartenente all'aristocrazia napoletana, Berio Di Salsa fu molto attivo nell'ambito della vita culturale della Napoli del primo Ottocento. Fu solo occasionalmente librettista con due testi scritti per l'amico Rossini, *Otello ossia Il moro di Venezia* (1816), e *Ricciardo e Zoraide* (1818).

● BERLIOZ, LOUIS-HECTOR
(La Côte-Saint-André, Isère 1803 - Parigi 1869)
Compositore francese. Quasi tutta la produzione musicale di Berlioz è improntata su una concezione drammatica-teatrale, sia che si tratti di una sinfonia (*Sinfonia fantastica*), o di un concerto (*Aroldo in Italia*). Egli ebbe quindi grandi capacità nell'espressione teatrale, ma il suo approccio diretto con il melodramma, già nella sua prima opera *Benvenuto Cellini* non godé dei favori del pubblico. Quando perciò si accinse a trarre un'opera da Virgilio, Berlioz non si preoccupò molto della scarsa praticità di rappresentazione di un lavoro di cosí grosse dimensioni. *Les troyens* (*I troiani*), pur contenendo momenti in cui la spettacolarità si mescola a una felice vena lirica e originalità di linguaggio con

In alto:
una scena da *Lulu*, di A. Berg.

A sinistra:
il compositore italiano
Luciano Berio.

una grandezza classica che nessun musicista aveva piú espresso dopo Gluck, non si affermò, non entrando mai nel normale repertorio lirico. Un destino che non ha risparmiato nemmeno l'altro lavoro di Berlioz, *Béatrice et Bénédict* (*Beatrice e Benedetto*) che il compositore scrisse per riposarsi dalle fatiche dell'opera *Les troyens*.

■ BERNSTEIN, LEONARD
(Lawrance, Massachusetts 1918 - New York 1990)
Direttore d'orchestra, compositore e pianista statunitense. Ha studiato alla Harvard University (1935-39), al Curtis Institute di Filadelfia (1939-41). Nel 1942 è assistente di Koussevitzky a Tanglewood, dove ha diretto la prima rappresentazione americana del *Peter Grimes* di Britten (1946). Grazie alla notevole personalità interpretativa, Bernstein si è in breve tempo affermato come uno dei maggiori direttori d'orchestra del nostro tempo. Con l'opera ha avuto un rapporto piuttosto incostante, contrassegnato da giudizi contrastanti, come testimoniano le sue incisioni discografiche di *Carmen* (1972) e di *Bohème* (1987), giudicate poco teatrali. Piú consone alla sua sensibilità sinfonica risultano le sue interpretazioni di *Fidelio* del 1978 e di *Tristan und Isolde* (*Tristano e Isotta*) del 1981. Come compositore ha scritto l'opera *Trouble in Tahiti* (1952), l'operetta *Candide* (1956), la celebre commedia musicale *West Side Story* (1957) e la piú recente opera *A Quiet Place* (1983).

♦ BERRY WALTER
(Vienna 1929)
Basso-baritono austriaco. Ha studiato canto presso l'Accademia di musica di Vienna con H. Gallos. Nel 1950 è entrato nella compagnia della Staatsoper, dove ha debuttato con il personaggio del conte in *Le nozze di Figaro*, affermandosi subito come raffinato interprete mozartiano. In questo repertorio si è esibito pressoché ovunque: dal Festival di Salisburgo (1953) al Metropolitan (1966) e in altri importanti centri musicali internazionali. Ha comunque dato notevoli prove di sé anche in opere di grande spessore drammatico, come *Die Frau ohne Schatten* (*La donna senz'ombra*) di Strauss, *Die Walküre* (*La walkiria*) di Wagner e *Wozzeck* di Berg.

▲ BERTATI, GIOVANNI
(Martellago, Venezia 1735 - Venezia 1815)
Librettista italiano. Studiò al Seminario di Treviso grazie all'interessamento del nobile A. Grimani. Non si diede però alla vita ecclesiastica, seguendo invece la sua forte attrazione per il mondo del teatro. Iniziò quindi l'attività di librettista, dapprima a Venezia, dove collaborò con B. Galuppi, poi a Vienna. Qui, dal 1790 al 1794, ottenne la nomina a Poeta cesareo, sostituendo L. Da Ponte che era caduto in disgrazia. Scrisse oltre settanta libretti, collaborando con numerosi musicisti: G. Paisiello, P. Anfossi, G. Gazzaniga, A. Salieri, D. Cimarosa, ecc. Tra le opere piú note per le quali scrisse il libretto ricordiamo *Il convitato di pietra* (1787) di G. Gazzaniga e, soprattutto, *Il matrimonio segreto* (1792) di D. Cimarosa.

♦ BERTOLO, ALDO
(Torino 1949)
Tenore italiano. Si è rivelato come Elvino (*La sonnambula* di Bellini) al Festival dei Due Mondi di Spoleto nel 1979 e da allora ha ottenuto grandi riconoscimenti su numerosi palcoscenici internazionali. Particolarmente degne di nota le sue interpretazioni di *Adelaide di Borgogna* di Rossini, dei *Puritani* di Bellini al Festival della Valle d'Itria, nel 1984 e nel 1985, e della prima esecuzione in epoca moderna dell'*Iphigénie en Tauride* (*Ifigenia in Tauride*) di Piccinni al Teatro Petruzzelli di Bari, nel 1986. Particolarmente apprezzato è il suo Ernesto nel *Don Pasquale* di Donizetti, da lui interpretato numerose volte, e dove ha messo in risalto la sua raffinata musicalità, oltre a una voce che, seppure di non grande volume, si mostra altresí estesa, omogenea e sempre molto espressiva.

● BESUCH DER ALTEN DAME, DER
(*La visita della vecchia signora*)
Opera in tre atti di Gottfried von Einem (n. 1918), su libretto tratto dal dramma omoni-

mo di F. Dürrenmatt. Prima rappresentazione: Vienna, Staatsoper, 23 maggio 1971.

Nella cittadina svizzera di Güllen tutti gli abitanti attendono l'arrivo di Claire Zachanassian (mezzosoprano), una concittadina straricca che manca da Güllen da oltre quarant'anni. Le sue ricchezze potrebbero essere di aiuto al povero paese. Ed ecco arrivare la donna, incredibilmente vecchia, circondata da una piccola corte. La vecchia signora si mostra pronta a offrire un'enorme somma di denaro, ma solo se gli verrà consegnato, morto, Alfred. Questi, molti anni prima, dopo averla messa incinta, non volle riconoscere il figlio, grazie alla complicità di un giudice compiacente che aveva accolto la testimonianza di due ubriachi. Sicché Claire, abbandonata, era finita in un bordello. Dopo molte incertezze la popolazione, avida di denaro, vota in consiglio comunale la morte di Alfred. Claire Zachanassian, appagata, riparte con il suo seguito e la bara contenente il corpo di Alfred, che seppellirà nel suo giardino. Gli abitanti di Güllen, ricevuto il denaro, manifestano la loro soddisfazione.

Dramma dell'ipocrisia del mondo moderno, dove un delitto per avidità viene contrabbandato come un atto di giustizia, *Der Besuch der alten Dame* si poggia su una partitura ricca di doviziose sonorità, di complesse tessiture contrappuntistiche e di una impostazione rigorosamente tonale. Le venature ironiche e grottesche sono sottolineate da ritmi meccanici alla Stravinskij o dalle melodie pucciniane della signora.

BIANCA E FALIERO OSSIA IL CONSIGLIO DEI TRE
Melodramma in due atti di Gioachino Rossini (1792-1868), su libretto di F. Romani tratto dal Conte di Carmagnola *di A. Manzoni. Prima rappresentazione: Milano, Teatro alla Scala, 26 dicembre 1819.*

L'azione si svolge a Venezia nel XVII secolo. Di ritorno da una vittoriosa campagna militare, il generale Faliero (contralto) rivede l'amata Bianca (soprano), dalla quale però apprende che il padre di lei, Contareno (tenore), si oppone alla loro unione; la giovane in realtà è stata promessa in sposa al nobile Capellio (basso). Faliero, scoperta la verità, accusa Bianca di aver tradito il loro giuramento d'amore, ma durante un colloquio segreto Bianca ribadisce il suo amore per lui. Il giovane tenta di convincere Bianca a fuggire con lui, ma l'improvviso arrivo di Contareno costringe Faliero a trovare rifugio nella vicina ambasciata spagnola, confinante con il palazzo di Contareno. Faliero però viene arrestato e sotto l'accusa di tradimento è condotto dinanzi al "Consiglio dei Tre", del quale fa parte Capellio. A salvare Faliero si presenta Bianca, che narra ai giudici l'accaduto. Lo stesso Capellio, commosso, sostiene la causa di Faliero. Vinta anche ogni resistenza da parte di Contareno, l'opera termina con l'unione tra Bianca e Faliero.

Per questa sua trentaseiesima opera Rossini si valse dell'ottimo libretto di Romani. Il risultato è di grandissima tenuta teatrale, con una efficace e differenziata caratterizzazione dei personaggi che si esprimono in una vocalità ricca di virtuosismo, caratteristica preminente dell'operismo serio rossiniano.

BIANCA E FERNANDO
Melodramma in due atti di Vincenzo Bellini (1801-1835), su libretto di D. Gilardoni tratto da Carlo duca di Agrigento *di C. Roti. Prima rappresentazione: Napoli, Teatro San Carlo, 30 maggio 1826.*

Fernando (tenore) giunge ad Agrigento. Entrando segretamente nella reggia, incontra Clemente (basso), con il quale ricorda l'uccisione di suo padre ad opera di Filippo (baritono). Fernando quindi si presenta, sotto il falso nome di Adolfo, a Viscardo (basso), complice di Filippo. Il finto Adolfo narra a Viscardo di aver visto morire Fernando. La notizia rende felice Filippo, il quale incontrando "Adolfo", gli rivela le sue prossime nozze con Bianca (soprano), sorella di Fernando. Fernando scopre poi che suo padre non è morto, ma è rinchiuso nelle segrete del castello e lui, per ordine di Filippo, lo dovrà uccidere. Bianca, che finora è vissuta ignara della verità, riabbraccia in "Adolfo" il fratello Fernando e quindi, saputa la vera sorte del padre, si reca alla prigione con lui. Sopraggiunge però anche Filippo che, vedendo vacillare il suo potere, minaccia di uccidere il figlio di Bianca. Interviene però Clemente disarmando Filippo, e tutto finisce nel migliore dei modi.

Seconda opera di Bellini, alla prima esecuzione ottenne un buon successo di pubblico e di critica. Questo fu il giudizio dello stesso Donizetti: «È bella, bella, bella, e specialmente per uno che è la prima che scrive». Bellini, con la collaborazione di F. Romani, apportò successivamente delle modifiche all'opera, che venne rappresentata nella nuova versione a Genova per l'inaugurazione del Teatro Carlo Felice nel 1828. *Bianca e Fernando* però non riuscì ad avere molta fortuna e non fu mai inserita nel repertorio belliniano, normalmente rappresentato nei teatri.

BILLY BUDD
Opera in quattro atti di Benjamin Britten (1913-1976), su libretto di E.M. Forster ed E. Crozier dell'omonimo racconto di H. Melville. Prima rappresentazione: Londra, Covent Garden, 1° dicembre 1951.

A bordo della nave da guerra "Indomita" nell'estate del 1797, in viaggio verso il Mediterraneo. La nave è a corto di uomini e, quando viene segnalato il passaggio di un mercantile, una delegazione è mandata a bordo per reclutare uomini per la marina militare. Tra gli arruolati vi è anche Billy Budd (baritono), un ingenuo ragazzo simpatico a tutti tranne al maestro d'armi John Claggart (basso), che prende a perseguitarlo e ad accusarlo anche di fronte al capitano Vere (tenore). Questi, uomo onesto e molto stimato da tutti, invita Billy e Claggart a un chiarimento. Il marinaio, che si sente accusato e tradito, sferra un pugno a Claggart, che cade a terra morto. Il capitano sa che Billy Budd non è veramente colpevole, ma secondo la legge marziale lo deve processare; Billy viene condannato a morte. La sentenza è eseguita al tramonto, per impiccagione.

È probabilmente l'unica opera lirica che sia priva di parti femminili. Venne commissionata al

---

Pagina a fianco:
(in alto) caricatura di Louis-Hector Berlioz e (sotto) una scena da *A Quiet Place*, di L. Bernstein.

In questa pagina:
una scena da *Bianca e Faliero*, di G. Rossini.

compositore britannico dal British Art Council e una versione in due soli atti fu successivamente presentata al Covent Garden di Londra il 9 gennaio 1964. Su questo stesso soggetto ha scritto un'opera anche il compositore F. Ghedini.

● BIZET, GEORGES
(Parigi 1838 - Bougival, Parigi 1875)
Compositore francese. Studiò al Conservatorio di Parigi dove fu allievo di Gounod, il cui influsso è avvertibile nelle parti melodiche delle sue opere. Già all'inizio della sua carriera Bizet si dedicò alla composizione di opere, come il *Don Procopio* (1858-59), che rappresenta l'attenzione di Bizet verso l'opera italiana, in particolare di Rossini e Donizetti. Dopo *Ivan IV* (1862-63) è la volta di *Les pêcheurs de perles* (*I pescatori di perle*) del 1863, il primo lavoro in cui Bizet presenta elementi di maggiore libertà e crea un proprio stile musicale, elementi, questi, che ritroviamo ancor piú evidenti, sebbene privi di omogeneità, in *La jolie fille de Perth* (*La bella figlia di Perth*) del 1866. Ricordiamo ancora *Djamileh* (1871-72) e *Carmen* (1873-74, rappresentata nel 1875), che esprime la piena maturità artistica di Bizet; in quest'opera, egli si esprime compiutamente, grazie anche a un libretto congeniale, che offre la possibilità di caratterizzare efficacemente i personaggi e soprattutto di dare una forza, un calore e un colore che non hanno precedenti nell'*opéra-comique*.

♦ BJÖRLING, JUSSI
(Stora Tuna 1911 - Stoccolma 1960)
Tenore svedese. Studiò alla Scuola dell'Opera Reale di Stoccolma con J. Forsell e T. Voghera. Debuttò a Stoccolma nel 1930 come Don Ottavio nel *Don Giovanni* di Mozart. Ha cantato a Vienna, a Chicago (1937) e a Londra (1938), ma il suo nome è legato al Metropolitan di New York, dove, dal 1938 al 1960, fu uno dei beniamini del pubblico newyorchese, acclamato interprete del repertorio italiano. Dotato di una voce dal timbro nobile, squillante e sostenuta da una eccellente tecnica, Björling, grazie anche a un raffinato gusto di canto, ha dato notevoli interpretazioni di *Trovatore*, *Aida*, *Tosca*, *Bohème* e *Turandot*.

♦ BLAKE, ROCKWELL ROBERT
(Plattsburg, New York 1951)
Tenore statunitense. Dopo gli studi musicali a New York, ha debuttato al Kennedy Center di Washington nell'*Italiana in Algeri* di Rossini (1976). Nel 1978 ha vinto il "Richard Tucker Award", che gli ha aperto le porte della New York City Opera, dove ha interpretato *Le comte Ory* (*Il conte Ory*) di Rossini (1979). Al 1981 risale il suo debutto al Metropolitan nell'*Italiana in Algeri* al fianco di M. Horne, affermandosi cosí definitivamente come il piú completo interprete rossiniano oggi in attività. Le straordinarie capacità virtuosistiche, il fraseggio nobile ed espressivo, la notevole estensione, hanno fatto sí che Blake riportasse per la prima volta nel nostro secolo i ruoli tenorili, in particolare del Rossini "serio" di *La donna del lago*, *Ermione*, *Armida*, *Zelmira* e *Semiramide*, nel giusto spessore drammatico reso ancora piú esaltante dallo straordinario virtuosismo.

♦ BLEGEN, JUDITH
(Lexington, Kentucky 1941)
Soprano statunitense. Ha studiato al Curtis Institute di Filadelfia, debuttando in sede concertistica nel 1963. L'anno successivo ha partecipato al Festival dei Due Mondi di Spoleto, e si è perfezionata nel repertorio italiano con L. Ricci, debuttando nel 1968 come Rosina (*Il barbiere di Siviglia* di Rossini). Ritornata negli Stati Uniti, ha iniziato una intensa carriera teatrale in molti teatri americani, in particolare al Metropolitan di New York. Soprano lirico leggero, la Blegen ha legato il suo nome a numerosi ruoli mozartiani, nonché a Sophie in *Der Rosenkavalier* (*Il cavaliere della rosa*) di Strauss, Mélisande (*Pelléas et Mélisande*) di Debussy, Musetta (*La bohème*) di Puccini.

● BOHEME, LA
Opera in quattro atti di Ruggero Leoncavallo (1857-1919), su libretto dell'autore, dal romanzo Scénes de la vie de bohème *di H. Murger. Prima rappresentazione: Venezia, Teatro La Fenice, 6 maggio 1897.*
È la notte di Natale. Al caffè Momus di Parigi si ritrovano quattro amici: il pittore Marcello (tenore), il poeta Rodolfo (baritono), il musicista Schaunard (baritono) e il filosofo Colline (baritono). Qui incontrano Musetta (mezzosoprano) e Mimí (soprano). Marcello pronuncia ardenti parole d'amore che conquistano Musetta. Anche tra Mimí e Rodolfo nasce un tenero sentimento. Durante una festa che Musetta è costretta a dare in cortile perché i creditori le hanno svuotato la casa, il visconte Paolo (baritono), che si è infatuato di Mimí, convince la ragazza ad andare a vivere con lui. Trascorso un breve periodo, anche Musetta, stanca di una vita di stenti, lascia Marcello. Mimí invece, pentita, vorrebbe ritornare da Rodolfo, ma il poeta, amareggiato, la scaccia con dure parole. È nuovamente la vigilia di Natale. Nella soffitta di Rodolfo, Musetta e Marcello sono ritornati insieme e ora con gli altri amici si sono riuniti per festeggiare il Natale. Improvvisamente entra Mimí, è gravemente malata. Tutti cercano di aiutarla, ma ormai è troppo tardi: Mimí muore tra le braccia di Rodolfo.
L'opera di Leoncavallo venne presentata un anno dopo quella omonima di Puccini. La partitura ottenne un favorevole successo di pubblico e di critica, anche se rispetto alla *Bohème* di Puccini l'interesse per il lavoro di Leoncavallo andò scemando per uscire ben presto di repertorio.

Sopra:
il compositore francese
Georges Bizet.

A destra:
il tenore statunitense
Rockwell Blake.

BOHEME, LA
Opera in quattro atti di Giacomo Puccini (1858-1924), su libretto di G. Giacosa e L. Illica, dal romanzo Scénes de la vie de bohème *di H. Murger. Prima rappresentazione: Torino, Teatro Regio, 1° febbraio 1896.*

A Parigi, la vigilia di Natale 1830. In una soffitta quattro artisti squattrinati, il poeta Rodolfo (tenore), il pittore Marcello (baritono), il musicista Schaunard (baritono) e il filosofo Colline (basso), hanno improvvisato un festino, interrotto però dall'arrivo del padrone di casa Benoît (basso), che viene a reclamare l'affitto. Dopo essersi liberati dell'importuno, i quattro amici decidono di festeggiare al caffè Momus. Rodolfo si attarda a scrivere. Bussano. È Mimí (soprano), una vicina che chiede un fiammifero per riaccendere la sua candela. Dopo un iniziale imbarazzo, tra i due giovani si crea un'atmosfera intima e dolce che sfocia nell'amore. Rodolfo e Mimí si sono riuniti agli altri amici al caffè Momus. Tra la folla appare Musetta (soprano), vecchia fiamma di Marcello e ora accompagnata dall'anziano Alcindoro (basso). Musetta ama ancora Marcello e con un pretesto allontana Alcindoro, quindi si getta tra le braccia di Marcello. In una fredda mattina di febbraio Mimí, malata e tremante confida a Marcello che la relazione con Rodolfo sta ormai per finire. Lo stesso Rodolfo rivela all'amico che il grave stato di salute di Mimí gli suggerisce l'opportunità di una separazione. Mimí, che di nascosto ha ascoltato, commossa rivela la sua presenza. I due amanti si abbracciano, ma la separazione è solo rinviata. Compare Musetta che litiga con Marcello. È passato del tempo. Marcello e Rodolfo rievocano con rimpianto i giorni dei loro amori. L'arrivo di Schaunard e Colline risolleva il morale dei due, ma poco dopo irrompe Musetta dicendo che Mimí è fuori dalla porta, mortalmente malata. Tutti gli amici si prodigano per alleviare le sofferenze della povera ragazza, ma ormai è troppo tardi: Mimí muore tra le braccia dell'amato Rodolfo.

Segnata da un lungo e tormentato lavoro con i librettisti, *La bohème* impegnò Puccini dal 1893 al 1895. L'accoglienza alla prima fu positiva, ma ben lontana dall'entusiasmo che aveva accolto *Manon Lescaut*. Il solido impianto teatrale, il perfetto equilibrio delle situazioni teatrali e la nitida caratterizzazione dei personaggi hanno fatto di *Bohème* una delle piú originali e rappresentate creazioni del teatro lirico.

BOHEMIAN GIRL, THE
(La ragazza di Boemia)
Opera in tre atti di Michael William Balfe (1808-1870), su libretto di A. Bunn, tratto dalla pantomina The Gipsy *di J.B. Saint-Georges. Prima rappresentazione: Londra, Theatre Royal Drury Lane, 27 novembre 1843.*

Ambientata in Germania, la vicenda narra di un nobile polacco di nome Taddeo (tenore) e della sua amata, Arlina (soprano), figlia del conte Arnheim (baritono); Arlina da piccola era stata rapita dagli zingari e da loro allevata. Al momento in cui si svolge la vicenda, ella è accusata di aver rubato un gioiello a un gentiluomo, ma viene improvvisamente riconosciuta dal padre, il governatore di Presburgo che, felice di aver ritrovato la figlia scomparsa, accetta di concederla in sposa a Taddeo, nonostante egli sia un nobile proscritto per ragioni politiche.

È la piú famosa opera di Balfe e senza dubbio l'opera inglese che ebbe maggior successo nella prima metà dell'Ottocento e l'unica ad avere una risonanza europea e americana. Dopo la prima rappresentazione, che ottenne un successo grandissimo, *The Bohemian Girl* venne tradotta in molte lingue, russo compreso. Le sue arie sono state per molto tempo notissime in Inghilterra ed è rimasta ininterrottamente in repertorio con frequenti rappresentazioni al Drury Lane e al Covent Garden.

BÖHM, KARL
(Graz 1894 - Salisburgo 1981)
Direttore d'orchestra austriaco. Ha iniziato gli studi musicali a Graz per completarli poi a Vienna. Dopo il suo debutto a Graz nel 1917 è stato direttore principale all'Opera di Monaco (1921-27), quindi dal 1933 ai Wiener Philharmoniker e alla Staatsoper di Vienna (1943-45 e 1954-56). Ha diretto regolarmente a Salisburgo, dove ha legato il suo nome alle opere di Mozart e di R. Strauss, del quale ha diretto le prime esecuzioni di *Die schweigsame Frau* (*La donna silenziosa*) nel 1935 e *Daphne* nel 1938. Particolarmente degne di nota anche le sue interpretazioni di Berg (*Wozzeck*) e delle opere di R. Wagner. Per il rigore interpretativo delle sue direzioni, sempre sorvegliatissime nella ricerca espressiva che non prevarichi le intenzioni dell'autore, Böhm è stato considerato il piú fedele "guardiano della tradizione".

BOÏELDIEU, ADRIEN
(Rouen 1775 - Jarcy, Seine-et-Oise 1834)
Compositore francese. Cominciò a comporre opere a Rouen prima di trasferirsi a Parigi. Le sue composizioni mostrano una felice e scorre-

In alto:
una scena dalla Bohème*,*
di G. Puccini.

Sopra:
il direttore d'orchestra austriaco
Karl Böhm.

vole vena melodica, un'orchestrazione fresca, vibrante e ricca di colori, che gli valsero l'appellativo di "Mozart di Francia". Tra il 1797 e il 1800 ha composto *La famille suisse*, *Zoraïme et Zulnar*, *Beniowski*, ottenendo un grande successo in particolare con *Le calife de Bagdad* (Il califfo di Bagdad). Nel 1804 divenne maestro di cappella alla corte dello zar a San Pietroburgo, dove rimase fino al 1807. Ritornato a Parigi, riconquistò la sua popolarità con *Jean de Paris* (1812) e con l'opera che viene considerata il suo capolavoro, *La dame blanche* (La dama bianca) del 1823.

▲ BOITO, ARRIGO
(Padova 1842 - Milano 1918)
Poeta, librettista e compositore italiano. Studiò musica a Milano con A. Mazzucato. Grazie a una borsa di studio si recò a Parigi, dove conobbe V. Hugo, H. Berlioz, G. Rossini e G. Verdi. Nella capitale francese concepì l'idea di comporre un'opera su Faust e una su Nerone. Tornato a Milano, compose il *Mefistofele* (1868), che però ebbe un'accoglienza fredda. Boito fu accusato di essere un imitatore di Wagner. *Mefistofele* ebbe un esito migliore a Bologna, una città proverbialmente più aperta alle novità musicali. Con lo pseudonimo-anagrammato di Tobia Gorrio scrisse il libretto della *Gioconda* per Ponchielli. Come librettista collaborò anche con Verdi per il rifacimento del *Simon Boccanegra*, scrivendo poi i libretti di *Otello* e *Falstaff*, che sono considerati i migliori del melodramma italiano. La sua opera *Nerone* fu rappresentata postuma alla Scala sotto la direzione di A. Toscanini nel 1924.

★ BOLIVAR
Opera in tre atti di Darius Milhaud (1892-1974), libretto di M. Milhaud, tratto dal dramma omonimo di J. Supervielle. Prima rappresentazione: Parigi, Opéra, 10 maggio 1950.

> L'azione si svolge in varie località del Venezuela, del Perú e della Colombia, nel primo trentennio del XIX secolo. Dopo la morte della moglie Maria Teresa (soprano), Bolivar (baritono) inizia la sua lotta in difesa dei coloni oppressi dai dominatori spagnoli. È una battaglia lunga e dolorosa, confortata da un'altra presenza femminile, Manuela (soprano). Il condottiero valica le Ande, raggiungendo il suo sogno di liberare il Sudamerica dalla dominazione spagnola. L'Alto Perú, in suo onore, prende il nome di Repubblica Bolivar. L'eroe però rifiuta ogni carica, in omaggio alle sue idee democratiche, e nonostante ciò è fatto oggetto di trame e di attentati da parte di chi lo considera un dittatore. Alla fine dell'opera, Bolivar, stanco e ammalato, dopo aver auspicato una federazione di tutti gli stati liberati, muore confortato dalla visione dell'amata moglie Maria Teresa.

Bolivar è la terza opera di una trilogia: *Christophe Colomb* (Cristoforo Colombo), 1930, *Maximilien* (Massimiliano), 1932, dedicata alla storia americana. Composta nel 1943, è un omaggio all'eroe sudamericano, ma soprattutto un atto di fede nella libertà, in un momento in cui l'Europa stava dolorosamente riprendendosi dalle ferite della guerra. L'opera, che alla prima rappresentazione parigina venne accolta piuttosto freddamente, risente del soggiorno di Milhaud in Brasile (1917-18), dove studiò e assimilò la musica folkloristica sudamericana.

♦ BONISOLLI, FRANCO
(Rovereto, Trento 1938)
Tenore italiano. Si è affermato al Concorso Internazionale di Spoleto (1961), dove ha debuttato nella *Rondine* di Puccini. Si è poi esibito nei maggiori teatri internazionali: Staatsoper di Vienna (dal 1968), Metropolitan di New York (dal 1971) e in molti teatri italiani, compresa La Scala. Tenore spinto di stampo verista, Bonisolli si è affermato in *Turandot*, *Tosca*, *Il trovatore* e *Aida*.

♦ BONNEY, BARBARA
(Montclair, New Jersey 1956)
Soprano statunitense. Ha iniziato gli studi musicali (canto e violencello) presso la New Hampshire University, perfezionandosi quindi in Europa dove ha debuttato in *Semele* di Händel al Festival di Ludwigsburg, ottenendo un notevole successo. Nel 1987 si è definitivamente affermata come Sophie in *Der Rosenkavalier* (Il cavaliere della rosa) a Montecarlo, un ruolo che ha poi interpretato sulle maggiori scene internazionali e con i più importanti direttori (Solti, Haitink, ecc.). Attiva al Grand Théâtre di Ginevra (1987) e nei teatri di Losanna (1988), Zurigo, ecc. nella stagione 1989-90 ha esordito al Metropolitan in *Die Fledermaus* (Il pipistrello) di J. Strauss. Il repertorio della Bonney comprende opere di Donizetti, Mozart, ecc.

■ BONYNGE, RICHARD
(Sydney 1930)
Direttore d'orchestra e pianista australiano. Il nome di Bonynge si lega a quello della moglie, il celebre soprano J. Sutherland, della quale ha segnato tutta la carriera. La sua attività direttoriale si è praticamente legata a

Sopra:
il poeta, librettista e compositore italiano Arrigo Boito.

In alto:
un bozzetto di F. Léger per il *Bolivar* di D. Milhaud.

quella della moglie. Particolarmente importante il recupero di una prassi esecutiva storico-filologica di opere barocche (Händel, Bononcini, Graun), nonché del repertorio francese romantico e del tardo Ottocento (Delibes, Massenet, ecc.). Ha diretto nei maggiori teatri europei e americani; dal 1976 al 1986 è stato direttore musicale dell'Australian Opera Company di Sydney.

★ BORIS GODUNOV
Opera in un prologo e quattro atti di Modest Musorgskij (1839-1881), su libretto proprio, tratto dal dramma omonimo di A. Puškin e da Istorija gosudarstva rossijskogo *di N. Karam'zin. Prima rappresentazione: San Pietroburgo, 27 gennaio 1874.*

L'azione ha luogo negli anni 1598-1605. Prologo. Nel convento di Novodevičij, Boris Godunov (basso), che anni prima aveva fatto assassinare lo zarevič Dimitrij, finge di volere rinunziare al trono. All'esterno alcuni suoi agenti incitano la folla a invocare il nome di Boris come successore dello zar morto. Nella piazza del Cremlino, al suono delle campane, Boris viene incoronato zar. ATTO I. Monastero di Cudov. Il monaco Pimen (basso) scrive la sanguinosa cronaca dei suoi tempi, mentre il novizio Grigorij (tenore) dorme. Improvvisamente il giovane si desta. In preda a visioni di potere, Grigorij, che ha saputo da Pimen le vicende dello zarevič ucciso, decide di vendicarsi assumendone l'identità. In una taverna al confine lituano. Giungono due monaci mendicanti, Varlaam (basso) e Misail (tenore), con loro è anche Grigorij. Il falso Dimitrij è inseguito dalle guardie. Lo raggiungono all'osteria, ma riesce a fuggire. ATTO II. Appartamento dello zar al Cremlino. Boris, dopo aver trascorso qualche momento di serenità con i figli, riceve il principe Cuiskij (tenore). Questi porta la notizia di una insurrezione suscitata da un tale che si spaccia per lo zarevič Dimitrij. Boris, terrorizzato, si fa assicurare da Cuiskij sulla morte del vero Dimitrij, ma, tormentato dai rimorsi, cade in preda all'angoscia. ATTO III. Castello di Sandomir, in Polonia. La principessa Marina Mniszek (mezzosoprano), ambiziosa di potere, seduce il falso Dimitrij, incoraggiandolo a non desistere dall'impresa. Marina è sostenuta dal gesuita Rangoni (basso), al quale ha promesso di riportare la Russia al cattolicesimo quando salirà al trono di Mosca. ATTO IV. Davanti alla cattedrale di San Basilio a Mosca. Il popolo mormora sull'avanzata delle truppe del falso Dimitrij. Un "innocente" (tenore), derubato di una moneta, chiede allo zar di dare ai ladri la stessa sorte che lui ha dato a Dimitrij. Boris, impedendo che l'infelice venga arrestato, gli chiede di pregare per lui, ma questi si rifiuta, piangendo la sorte della Russia. Una sala del Cremlino. La Duma, presieduta da Cuiskij, è riunita per valutare la rivolta del falso Dimitrij. Interviene il monaco Pimen, che narra di miracoli avvenuti sulla tomba dello zarevič. Boris, che ha assistito al racconto, è preso da un forte malore. Sentendosi vicino alla morte, fa chiamare il figlio Fedor (mezzosoprano) e dopo averlo proclamato suo successore, muore. Nella foresta di Kromij, di notte. Folle di rivoltosi si radunano in attesa di Dimitrij. Un boiardo è stato catturato e ora viene torturato, due gesuiti che cantano lodi allo zarevič Dimitrij vengono scacciati. Tra grida d'esultanza giunge Dimitrij. La folla lo segue come in preda a delirio. Sulla scena resta solo l'innocente, che piange sull'infelice destino della Russia.

Boris fu iniziato nel 1868 e terminato l'anno successivo. Presentato al comitato di lettura del Teatro Marinskij di San Pietroburgo, fu respinto perché troppo lontano dal gusto corrente e troppo ardite le soluzioni musicali del compositore. Musorgskij apportò allora delle modifiche alla partitura (la più importante è l'aggiunta dell'atto "polacco"), ma l'opera venne nuovamente respinta. Dopo esecuzioni concertistiche e parziali, *Boris* poté finalmente andare in scena nel 1874, con grandissimo successo. Dopo la morte del compositore, N. Rimskij-Korsakov si assunse il compito di pubblicare la partitura, ma soprattutto intraprese una nuova orchestrazione, intervenendo talvolta in contrasto con le indicazioni dell'autore. Un'altra revisione dell'opera si deve a D. Šostakovič, su incarico del Bolscioi. Negli ultimi anni (dopo che l'opera è stata quasi sempre eseguita nella versione di Rimskij-Korsakov) si è tornati a rappresentare la versione originale.

♦ BORKH, INGE
(Mannheim 1917)
Nome d'arte di Ingeborg Simon, soprano tedesco. Ha studiato canto in Italia, a Milano con Muratti, e poi al Mozarteum di Salisburgo. Nel 1940 ha debuttato a Lucerna in *Der Zigeunerbaron* (*Lo zingaro barone*) di J. Strauss. Ha cantato in Svizzera (*Fidelio*, *Aida*, *Wozzeck*, ecc.) fino al 1952, quando a Basilea fece sensazione la sua interpretazione di Magda Sorel nel *Console* di Menotti che le procurò scritture in Germania (dal 1952) e in America (dal 1953). Interprete di grande presenza drammatica, sostenuta da una solida vocalità e da un fraseggio vigoroso, la Borkh è stata una celebrata interprete di *Salome* e di *Elektra* di R. Strauss.

Una scena dal *Boris Godunov*, di M. Musorgskij.

BORODIN, ALEKSANDR
(San Pietroburgo 1833-1887)
Compositore russo. Figlio naturale di un principe fu avviato dalla madre agli studi scientifici, nonostante il giovane Borodin dimostrasse precoci doti musicali. L'incontro con M. Musorgskij fu determinante per Borodin che poté, parallelamente alla sua carriera scientifica, sviluppare le doti musicali entrando a far parte con Balakirev, Cui, Musorgskij e Rimskij-Korsakov del Gruppo dei Cinque. Il Borodin operista ha portato a termine una sola opera, *Il prode*, rappresentata nel 1867 senza il nome dell'autore. Il suo capolavoro, *Kniaz Igor* (*Il principe Igor*), composto tra il 1869 e il 1887, venne completato da Glazunov e Rimskij-Korsakov. Con *Boris Godunov* di Musorgskij e *Jizn za Tsari* (*Una vita per lo zar* o *Ivan Susanin*) di Glinka, *Kniaz Igor* rappresenta l'altro culmine dell'opera russa.

BOUGHTON, RUTLAND
(Aylesbury, Buckinghamshire 1878 - Londra 1960)
Compositore inglese. Iniziò gli studi musicali al Royal College of Music di Londra (dal 1900), per poi proseguirli da autodidatta. Con il proposito di creare una scuola musicale basata sulla scia del dramma musicale wagneriano, nel 1914 istituí con lo scrittore R.R. Buckley la Glastonbury Festival Players, una sorta di Bayreuth inglese. Qui Boughton compose le sue opere, tutte basate su vicende della storia inglese, o tratte dai cicli leggendari di re Artú. La piú famosa è sicuramente *The Immortal Hour* (L'ora immortale), Glastonbury, 1914, che godette di una certa popolarità a Londra, dove venne rappresentata nel 1922.

★ BOULEVARD SOLITUDE
Dramma lirico in sette quadri di Hans Werner Henze (n. 1926), su libretto di G. Weil, tratto dalla Manon Lescaut di A.F. Prévost. Prima rappresentazione: Hannover, Landstheater, 17 febbraio 1952.

Un atrio di una stazione. Manon Lescaut (soprano), accompagnata dal fratello (baritono), attende il treno per andare in un collegio a Losanna. Approfittando di una momentanea assenza del fratello, Manon conosce lo studente Armand Des Grieux (tenore), con il quale parte per Parigi. Manon e Armand vivono miseramente in una mansarda. Lescaut, che ha raggiunto la sorella dopo la fuga, la convince ad abbandonare lo studente per andare a vivere con il vecchio e ricco Lilaque (tenore). Manon e suo fratello sono stati scacciati dalla casa di Lilaque con l'accusa di furto. Manon ritrova Armand ormai dedito alla droga. La giovane è nuovamente spinta dal fratello ad accettare la corte del figlio di Lilaque (baritono), che si è invaghito di lei. Ancora una volta però, Manon, il fratello e Armand sono sorpresi da Lilaque a rubare in casa del figlio. Manon, che con un colpo di pistola ha ferito mortalmente Lilaque, viene arrestata. Scortata dalle guardie, Manon evita di guardare Armand che rimane, solo, sulla piazza.

Boulevard Solitude, composta a Parigi tra il 1950 e il 1951, riesce a riprodurre l'ambiente e l'ambito culturale di quegli stessi anni. La storia concede alla musica un preciso compito di commento e descrizione. Grazie a un sapiente uso della dodecafonia, mescolata a sottili atmosfere tonali e a un abile uso dell'armonia, Henze ha reso accessibile l'opera moderna a un vasto pubblico.

■ BOULEZ, PIERRE
(Montbrison, Loire 1925)
Direttore d'orchestra e compositore francese. Dal 1944 al 1946 studiò con Messiaen e R. Leibowitz, ma ben presto si dedicò alla ricerca individuale nel campo degli studi sulla musica atonale, e da autodidatta è la sua formazione direttoriale, che ha sempre cercato di legare al campo della composizione e della ricerca. Da quando, nel 1955, ha iniziato l'attività compositiva, Boulez è divenuto una delle figure piú emblematiche e vitali nel campo della musica moderna. Cosí come sono dissacratorie le sue interpretazioni berghiane di *Wozzeck* (1963) e *Lulu*, che ha diretto nella acclamata e discussa prima inte-

A destra:
il baritono Sesto Bruscantini in una scena del *Falstaff*, di G. Verdi, nell'allestimento del Teatro San Carlo di Napoli.

In alto:
il compositore francese Pierre Boulez.

grale all'Opéra di Parigi nel 1979, altrettanto rumore ha fatto il suo approccio a Wagner: dal suo primo *Parsifal* a Bayreuth (1966), alla discussa realizzazione del *Ring* con P. Chéreau (1976-80), che ha rovesciato drasticamente la tradizione interpretativa del compositore tedesco all'interno del suo stesso tempio.

★ BRAVO, IL
Melodramma in tre atti di Saverio Mercadante (1795-1870), su libretto di G. Rossi. Prima rappresentazione: Milano, Teatro alla Scala, 9 marzo 1839.

A Venezia nel XVI secolo. Foscari (basso), invaghitosi di Violetta (soprano), ne fa uccidere il tutore Maffeo. Pisani (tenore), tornato segretamente dall'esilio per rapire l'amata Violetta, chiede asilo al Bravo (tenore). Teodora (soprano), madre di Violetta, pentita di aver abbandonato la figlia in tenera età, la fa rapire dal Bravo. Questi rivela poi a Teodora il suo segreto: egli è il padre di Violetta, costretto a fare il sicario della Serenissima per salvare la vita del padre, detenuto ai Piombi. Ora il Bravo ha ricevuto l'ordine di uccidere Teodora, che ha offeso i nobili veneziani scacciandoli da una sua festa. Teodora, informata dallo stesso Bravo, si uccide proprio mentre un messo annuncia al Bravo che il vecchio padre è morto, sciogliendolo così dal suo giuramento. Intanto Violetta, che ha potuto riabbracciare l'amato Pisani, lascia Venezia.

Il libretto è tratto dal romanzo *The Bravo* di J.F. Cooper, con alcune sostituzioni di azioni e di nomi, e dal dramma *La vénitienne* di A. Bourgeois.

● BRITTEN, BENJAMIN
(Lowestoft, Suffolk 1913 - Aldeburgh, Suffolk 1976)
Compositore e direttore d'orchestra inglese. Studiò al Royal College of Music con J. Ireland e F. Bridge, avvicinandosi ai maggiori compositori contemporanei: Berg, Stravinskij, ecc. Britten fu subito attratto dal mondo del melodramma, considerando l'opera come «la piú affascinante di tutte le forme musicali». Fondamentale in proposito l'incontro con il poeta W.H. Auden e con il tenore P. Pears, che hanno influenzato il suo indirizzo teatrale. Dalla prima opera importante, il *Peter Grimes* del 1945, fino all'ultima creazione, *Death in Venice* (*Morte a Venezia*) del 1973, Britten è stato un compositore quanto mai eclettico, toccando i generi piú svariati nel campo del teatro in musica: dall'opera da camera tragica di *The Rape of Lucretia* (*Il sacrificio di Lucrezia*) del 1946, a quella comico-satirica dell'*Albert Herring* (1947), a quella per bambini di *Let's make an Opera* (*Facciamo un'opera*) del 1949. Molti generi musicali che Britten ha dominato pienamente grazie a una facile vena melodica, magistero compositivo e soprattutto a un istintivo senso del teatro.

◆ BRUSCANTINI, SESTO
(Porto Civitanova, Macerata 1919)
Baritono italiano. Ha studiato a Roma con L. Ricci, debuttando a Civitanova nella *Bohème* di Puccini (1946). La sua prima importante affermazione è giunta nel 1949, interpretando Geronimo (*Il matrimonio segreto* di Cimarosa) alla Scala di Milano. Specializzatosi nel repertorio "buffo", Bruscantini è stato un applauditissimo interprete di *Elisir d'amore* (Dulcamara), *La Cenerentola* (Dandini), *Don Pasquale* e *Cosí fan tutte* (Don Alfonso). Grazie alla notevole tecnica vocale e alle sue capacità nell'uso espressivo della parola vocale, Bruscantini ha potuto affrontare anche ruoli drammatici (*Traviata*, *Don Carlo*, ecc.); dopo una carriera assai lunga, nel 1991 si è ritirato dalle scene per dedicarsi all'insegnamento.

◆ BRUSON, RENATO
(Ganze, Padova 1936)
Baritono italiano. Ha studiato canto con E. Fava-Ceriati. Nel 1961 ha debuttato a Spoleto nel *Trovatore*. La *Lucia di Lammermoor* al Metropolitan (1968) ha decretato l'affermarsi di quello che ancora oggi è uno dei massimi baritoni in attività. La sua vocalità, morbida, ricca di colori, dall'emissione omogenea, è legata al belcanto italiano, in particolare a Donizetti, del quale ha contribuito al recupero di molte opere (*Poliuto, Torquato Tasso, Fausta*, ecc.). Straordinariamente espressivo e ricco di penetrazioni psicologiche anche nelle sue interpretazioni verdiane: da *Macbeth* a *Traviata, Simon Boccanegra* e *Otello*.

■ BRYDON, RODERICK
(Edimburgo 1948)
Direttore d'orchestra inglese. Dopo gli studi musicali, ha iniziato la sua carriera artistica dirigendo alla Sadler's Wells Opera e alla Scottisch Opera. Ha quindi esordito al Covent Garden in *A Midsummer Night's Dream* (*Sogno di una notte di mezza estate*) di Britten. Ha poi diretto ad Hannover (*Albert Herring* di Britten), Karlsruhe (*Alcina* di Händel), Bordeaux (*Cosí fan tutte* di Mozart), Genova (*La clemenza di Tito* di Mozart), Venezia (*Otello* di Rossini, *Mitridate re di Ponto* di Mozart). Molto attivo anche in campo sinfonico (a capo della Scottish Chamber Orchestra), Brydon è uno tra i piú apprezzati direttori d'opera oggi in attività.

◆ BUMBRY, GRACE
(St. Louis, Missouri 1937)
Mezzosoprano e soprano statunitense. Ha studiato con L. Lehmann (1955-58). Dopo aver partecipato a numerosi concorsi di canto, nel 1960 si è affermata debuttando all'Opéra di Parigi in *Aida* (Amneris). Il successo ottenuto le valse il trionfale ingresso come Venere (*Tannhäuser* di Wagner), prima cantante di colore a Bayreuth. Molto attiva anche in campo concertistico, la Bumbry ha

Il baritono italiano Renato Bruson.

ben presto affiancato a quelli che sono i suoi piú applauditi ruoli di mezzosoprano (Amneris, Eboli, Carmen) parti sopranili (Lady Macbeth, Salomè, Gioconda, Norma. ecc.). Peculiarità di questa cantante sono la raffinatezza e la musicalità dell'interpretazione, unite a un grandissimo temperamento scenico.

♦ BURCHULADZE, PAATA
(Tbilisi 1955)
Basso georgiano. Ha iniziato gli studi musicali nella città natale per poi completarli alla scuola del Bolscioi di Mosca. Dopo il debutto a Tbilisi nel 1976, si è perfezionato a Milano con G. Simionato. Dopo aver preso parte a numerosi concorsi di canto, ha cantato al Bolscioi di Mosca (*Boris Godunov*) e dal 1984 ha iniziato una intensa carriera nei maggiori teatri europei e negli Stati Uniti. Ha cantato alla Scala (*Aida* e *Nabucco*), alla Staatsoper di Vienna (*Luisa Miller*, *Il barbiere di Siviglia*, *Kovàncina*). Burchuladze è presente in molte produzioni discografiche di opere italiane e russe.

♦ BURROWS, STUART
(Pontypridd, Galles 1933)
Tenore gallese. Ha compiuto gli studi musicali nel Galles debuttando nel 1963 a Cardiff come Ismaele nel *Nabucco* di Verdi. Dopo essere apparso al Covent Garden nel ruolo di un prigioniero nel *Fidelio* di Beethoven (1967), ha ottenuto il primo grande successo interpretando Tamino in *Die Zauberflöte* (*Il flauto magico*). E proprio come interprete mozartiano (*Don Giovanni*, *Cosí fan tutte*, *La clemenza di Tito*, ecc.) si è prodotto sui maggiori palcoscenici internazionali. Molto attivo anche in campo concertistico, Burrows ha interpretato anche opere del repertorio italiano ottocentesco. Particolarmente degno di nota il suo Leicester nella *Maria Stuarda* di Donizetti al fianco di B. Sills.

● BUSONI, FERRUCCIO
(Empoli, Firenze 1866 - Berlino 1924)
Compositore e pianista italiano. Grande appassionato e studioso di Bach, ne ha pubblicato e trascritto per pianoforte numerose opere. Tra il 1906 e il 1911 ha composto la sua prima opera, *Die Brautwahl* (*La sposa sorteggiata*), rappresentata ad Amburgo nel 1912, nella quale sono presenti quegli aspetti satirici e ironici nei confronti della tradizione melodrammatica, elementi che ritroviamo piú che mai evidenti nelle successive opere, *Arlecchino* e *Turandot*, entrambe del 1917. Nello stesso anno iniziò a comporre la sua ultima opera, *Doktor Faust* (*Dottor Faust*), rimasta incompiuta e completata da P. Jarnach, un suo allievo. *Doktor Faust*, con il suo austero intellettualismo, rappresenta l'opera piú "espressionista" di Busoni.

● BUSSOTTI, SYLVANO
(Firenze 1931)
Compositore italiano. Ha studiato al Conservatorio di Firenze, dedicandosi contemporaneamente alla pittura e alla grafica. Dal 1949 al 1956 da autodidatta si è dedicato agli studi di composizione sviluppando una poetica e uno stile assai personali. Molto importante nella sua formazione di compositore è stato l'incotro con J. Cage. Molto attivo in campo teatrale, Bussotti è uno dei piú convinti assertori di una nuova forma di "teatro totale", che ha espresso in una sua concezione di "spettacolo con musica". Tra le sue prime composizioni teatrali di un certo rilievo troviamo *La Passion selon Sade* (La Passione secondo Sade, Palermo, 1965), un'opera articolata in quattro "quadri viventi"; *Lorenzaccio* (Venezia, 1972), un grande affresco teatrale che mescola melodramma con danza, recitazione e arte gestuale. Tra le composizioni teatrali piú recenti troviamo: *L'ispirazione* (Firenze, 1988), *Fedra* (Roma, 1988) e *Bozzetto siciliano* (Catania, 1990). Da ricordare, inoltre, la sua attività di regista, scenografo e costumista.

■ BYCHKOV, SEMYON
(San Pietroburgo 1952)
Direttore d'orchestra russo naturalizzato americano. Dopo gli studi al Conservatorio di San Pietroburgo, nel 1976 ha lasciato la Russia, iniziando a dirigere in Germania Federale e quindi negli Stati Uniti, dove è stato acclamato come migliore musicista dell'anno (1981). Nel 1984 ha diretto *La finta giardiniera* di Mozart ad Aix-en-Provence. Con la stessa opera si è esibito a Lione (1986) e, in forma di concerto, a Parigi (1991) con l'Orchestre de Paris, della quale dal 1989 è direttore musicale, succedendo a D. Barenboim. Con lo stesso complesso ha diretto nel 1991 *La damnation de Faust* (*La dannazione di Faust*) di Berlioz.

In alto:
il mezzosoprano e soprano statunitense Grace Bumbry.

A destra:
ritratto del compositore e pianista italiano Ferruccio Busoni.

C

◆ **CABALLÉ, MONTSERRAT**
(Barcellona 1933)
Soprano spagnolo. Ha iniziato gli studi musicali nel 1945 presso il Conservatorio del Liceu di Barcellona. Dopo il suo debutto avvenuto nel 1956, ha cantato in molti teatri europei, interpretando per lo piú ruoli secondari. Nel 1965 si è clamorosamente rivelata cantando *Lucrezia Borgia* di Donizetti alla Carnegie Hall. Dopo una Margherita (*Faust* di Gounod) al Metropolitan di New York, sempre nel 1965, il nome della Caballé è entrato nell'albo d'oro, inserendosi tra le piú grandi belcantiste dell'ultimo ventennio. Conosciuta in tutto il mondo, si è cimentata in un repertorio assai vasto: da Händel (*Giulio Cesare*) a Rossini (*Elisabetta, regina d'Inghilterra*, *La donna del lago*), a Verdi (*Aida*, *Trovatore*, *Un ballo in maschera*, *Luisa Miller*, ecc.) fino a Wagner in *Tristan und Isolde* (*Tristano e Isotta*) e R. Strauss (*Salome*, *Arabella*). Una enorme varietà di stili vocali che non hanno certamente giovato alla sua vocalità: una perfetta padronanza dell'emissione, sempre omogenea, con i suoi straordinari pianissimi. Queste e altre doti, già a partire dalla seconda metà degli anni Settanta, hanno mostrato i segni di un indurimento e di una precoce usura. Nonostante ciò la Caballé resta una delle figure piú eminenti della storia del melodramma.

● **CACCINI, GIULIO**
(Tivoli, Roma 1550 ca. - Firenze 1618)
Compositore e cantante italiano. Dopo aver studiato canto, arpa e liuto, nel 1564 entrò a servizio di Cosimo de' Medici. Grazie alla sua abilità musicale, riuscí a inserirsi nella vita artistica di Firenze, entrando nei piú esclusivi circoli culturali, in particolare quello della Camerata dei Bardi. Lo scopo dei poeti, letterati e musicisti che formavano questa cerchia di artisti era di cercare un'alternativa all'impossibilità di comprensione dei testi nelle composizioni polifoniche, attraverso un'analisi dei trattati sulla musica greca. Dal 1589 Caccini iniziò a comporre: l'occasione fu la celebrazione del matrimonio tra Ferdinando de' Medici con Cristina di Lorena, per la quale scrisse alcuni brani dell'intermezzo *La Pellegrina*. Nel 1600 un altro matrimonio, quello tra Enrico IV di Francia e Maria de' Medici, culminò con l'imponente rappresentazione del *Rapimento di Cefalo*, da lui messo in musica. In quegli stessi giorni vide la luce *Euridice* di J. Peri, che viene considerata la prima opera della storia del melodramma. Per l'opera del Peri, Caccini compose alcuni brani che poi riutilizzò per un'altra *Euridice* da lui composta e che venne rappresentata nel dicembre dello stesso anno 1600. Nel 1602 pubblicò la raccolta *Le nuove musiche*, che evidenziano il cambiamento dallo stile polifonico a quello monodico. Dopo essersi recato a Parigi alla corte di Enrico IV, ritornò a Firenze dove morí nel 1618.

◆ **CACHEMAILLE, GILLES**
(Orbe 1951)
Baritono svizzero. Ha studiato al Conservatorio di Losanna, cominciando la sua carriera artistica nei teatri di Losanna e Ginevra. Nel 1982 ha debuttato ad Aix-en-Provence (*Les Boréades* di Rameau). Nello stesso teatro si è poi esibito in ruoli mozartiani (Papageno, Figaro, ecc.). Dopo aver vinto il "Grand Prix d'art lyrique" di Montecarlo (1985), ha avuto inizio la sua carriera internazionale, soprattutto in teatri dell'area tedesca.

▲ **CAHUSAC, LOUIS DE**
(Montauban 1706 - Parigi 1759)
Poeta, drammaturgo e librettista francese. Di famiglia nobile, Cahusac è tra l'altro l'autore di un fondamentale trattato sulla danza (1754). Nel campo dell'opera scrisse svariati libretti per Rameau; tra questi si ricordano quelli per *Zaïs* (1748), *Naïs* (1749) e *Zoroastre* (1749).

▲ **CAIN, HENRI**
(Parigi 1859-1937)
Librettista e letterato francese. Si dedicò inizialmente alla pittura, poi si volse alla letteratura, al giornalismo e al teatro, diventando uno dei piú apprezzati librettisti della sua epoca. Tra i suoi lavori si ricordano i libretti per *La navarraise* (*La navarrese*) 1894, *Chérubin* (1905), *Don Quichotte* (*Don Chisciotte*) 1912 di Massenet; per *L'Aiglon* (1937) di Honegger e Ibert e per *Cyrano de Bergerac* (1936) di Alfano.

● **ČAJKOVSKIJ, PËTR IL'IČ**
(Kamsko-Votkinsk, Vjatka 1840 - San Pietroburgo 1893)
Compositore russo. Avviato dalla famiglia agli studi di magistratura, il giovane Pëtr ottenne nel 1859 un impiego al Ministero della giustizia di San Pietroburgo, ma ben presto si dimise per dedicarsi completamente alla musica, studiando al Conservatorio di San Pietroburgo con A. Rubinštein e con N. I. Saremba. Nel 1866 venne assunto come insegnante di composizione al Conservatorio di Mosca. Durante questo periodo compose le sue prime opere: *Voivoda* (1868), *L'ondina*, mai pubblicata, ma che in parte riutilizzò nella successiva opera *Opričnik* (*L'ufficiale della guardia*) nel 1874. Al 1876 risale invece *Kuznec Vakula* (*Il fabbro Vakula*), successivamente trasformata in *Čereviǰki* (*Gli stivaletti*), 1887. L'incontro con Nadežda von Meck coincise con la creazione di capolavori come *Evgenij Onegin* (*Eugenio Oneghin*),

In alto:
il soprano spagnolo
Montserrat Caballé.

Sopra:
il compositore russo
Pëtr Il'ič Čajkovskj.

1879, la sua opera piú bella. Allontanandosi dai soggetti russi, compose *Orleanskaja Deva* (*La pulzella d'Orléans*) 1881, che risente chiaramente di un certo gusto da *grand-opéra* francese. Dopo questa parentesi, il compositore tornò ai soggetti completamente russi; videro cosí la luce *Mazeppa* (1884), *Čorodejka* (*L'incantatrice*) 1887 e *Pikovaja Dama* (*La dama di picche*) 1890, ricca di grandissime tensioni emotive che rasentano l'isterismo, evidenti nel personaggio di Hermann. L'ultima sua opera è *Iolanta* (1892), un lavoro discontinuo, che conserva però un'ispirazione ciajkovskiana e che in taluni squarci orchestrali presagisce alla successiva *Sesta sinfonia* (1893).

● **CALDARA, ANTONIO**
(Venezia 1670 - Vienna 1736)
Compositore italiano. Allievo probabilmente di G. Legrenzi, iniziò la sua carriera musicale come suonatore di viola e violoncello e come cantore in San Marco, a Venezia. Fu quindi a servizio del duca di Mantova (1701-7) e del principe Ruspoli a Roma (1709-11). Il suo soggiorno romano fu interrotto da un viaggio a Barcellona, dove venne nominato compositore di camera di re Carlo III. Nel 1712 fu alla corte di Vienna, dove però non ricevette nessuna carica ufficiale.

*Sopra:
il compositore italiano
Antonio Caldara.*

*In alto:
Il soprano Maria Callas
nella Traviata.*

Rientrato a Roma, vi rimase fino al 1716, anno in cui ricevette la carica di vicemaestro di cappella a Vienna, di cui era titolare il compositore J.J. Fux. Con questa carica Caldara rimase fino alla morte a Vienna, dove compose buona parte delle sue opere teatrali, una produzione assai vasta che comprende circa settantotto opere, scritte tra il 1689 e il 1735.

♦ **CALLAS, MARIA**
(New York 1923 - Parigi 1977)
Nome d'arte di Maria Anna Kalogeropoulos. Soprano statunitense d'origine greca. Ancora bambina si esibí a New York in concorsi e trasmissioni radiofoniche. Quando la sua famiglia si trasferí ad Atene (1937), Maria iniziò gli studi musicali al Conservatorio della città greca. Nel 1938 debuttò al Teatro dell'Opera di Atene in *Cavalleria rusticana* di Mascagni. In questo stesso teatro si esibí dal 1940 al 1945 (*Tosca*, *Fidelio*, ecc.). Dopo essersi specializzata con E. De Hidalgo, seguí il padre in America (1946) dove però non ottenne ingaggi. Nel 1947 giunse in Italia, dove debuttò in *Gioconda* di Ponchielli all'Arena di Verona. Seguirono altre presenze in altri teatri italiani: Venezia (*Turandot*, *Aida*, ecc.), Roma, Firenze (*Norma*, *I vespri siciliani*). Nel 1949 iniziò la carriera internazionale (Buenos Aires, Città di Messico, ecc.). Nel 1951 cantò alla Scala (*I vespri siciliani* di Verdi), ottenendo una clamorosa affermazione. A partire da allora il nome della Callas si legò a quello del teatro milanese, del quale, salvo una breve interruzione dal 1958 al 1960, ha siglato con rappresentazioni memorabili la stagione d'oro. Nacquero cosí *Norma*, *Macbeth*, *Medea*, *La vestale*, *La sonnambula*, *Traviata*, *Anna Bolena*, *Il pirata* e *Poliuto*. Nel 1964 fu per l'ultima volta sulle scene nella *Norma* all'Opéra di Parigi. Le ultime apparizioni pubbliche furono al fianco di G. Di Stefano in una lunga serie di concerti in Europa, America e Giappone (1973-75). Maria Callas segnò una svolta nella storia del canto. Le sue eccezionali doti vocali (un'estensione che comprendeva sia il registro di mezzosoprano che quello di soprano lirico leggero), unite a una tecnica notevolissima e a una spiccata musicalità, hanno fatto sí che rompesse ogni barriera di stile e vocalità. Vanno poi aggiunti lo straordinario fraseggio – che insieme alle impareggiabili doti di attrice hanno ridato vita a personaggi dimenticati quali Medea, Armida, Lady Macbeth, Anna Bolena – e una serie di recuperi sempre contraddistinti da una perfetta aderenza psicologica e stilistica. Sono questi alcuni dei molteplici aspetti che hanno reso "storica" la figura di Maria Callas. Una presenza che ancora oggi è piú che mai viva.

▲ **CALZABIGI, RANIERI DE'**
(Livorno 1714 - Napoli 1795)
Letterato e librettista italiano. A Napoli, dove iniziò la sua attività librettistica, tra il 1743 e il 1748, entrò in contatto con P. Metastasio. Attorno al 1750 si recò a Parigi dove, con il fratello, gestí una lotteria, sotto la protezione di Madame de Pompadour. Gli esiti, dapprima positivi ma poi disastrosi, di questa attività lo costrinsero ad abbandonare Parigi per Vienna (1761). Qui grazie al conte Durazzo, intendente del teatro di corte, poté iniziare la sua collaborazione con Gluck, che dovette al poeta e librettista una parte fondamentale della sua riforma teatrale. I principali libretti di Calzabigi sono *Orfeo ed Euridice* (1762), *Alceste* (1767), *Paride ed Elena* (1770), per Gluck; *Le Danaidi* (1774) (poi tradotto in francese e musicato da Salieri) ed *Elfrida* (1792) per Paisiello.

● **CAMBIALE DI MATRIMONIO, LA**
Farsa comica in un atto di Gioachino Rossini (1792-1868), su libretto di G. Rossi, tratto dalla commedia omonima di C. Federici. Prima rappresentazione: Venezia, Teatro San Moisè, 3 novembre 1810.

Il vecchio negoziante Tobia Mill (basso) ha appena concluso un buon affare con il ricco commerciante americano Slook (basso comico): una forte somma di denaro in cambio di una moglie giovane. Tobia pensa subito alla figlia Fanny (soprano). La giovane è disperata perché è segretamente innamorata del giovane Edoardo Milfort (tenore). Quando l'americano arriva, resta soddisfatto della futura sposa. Fanny invece minaccia di cavargli gli occhi se egli la sposerà. Frattanto arriva Edoardo, che difende i suoi diritti sull'amata. Slook si commuove per il sentimento che unisce i due giovani. Dona quindi a Edoardo la cambiale di matrimonio e lo nomina suo erede.

LA "BELCANTO RENAISSANCE"

Si può affermare che la "belcanto renaissance" nasce la sera del 3 gennaio 1949, quando alla Fenice di Venezia il soprano Maria Callas sostituisce Margherita Carosio nei *Puritani* di Bellini. In un ruolo come quello di Elvira, fino ad allora appannaggio dei soprani leggeri, la vocalità rivoluzionaria della Callas ripropone nella giusta collocazione storica e psicologica la vocalità belliniana. Cosí personaggi come Elvira, Amina della *Sonnambula*, la Lucia donizettiana – che nei soprani leggeri avevano «un' immagine soltanto esteriore d'ingenuità e purezza, invece di ricavarla dalla melodia, dai colori, dall'accento e dall'eventuale fiorettatura» (Celletti) – trovano nella vocalità della Callas una adeguata interpretazione psicologica, tutta ricavata da un uso quanto mai espressivo del fraseggio, dei colori della voce e della coloratura, usata a fine drammatico, cioè espressivo, e non come un inutile sfoggio di acrobazie vocali. Grazie dunque al recupero della vocalità del cosiddetto soprano drammatico d'agilità della prima metà dell'Ottocento, la Callas, da autentica musicologa quale era, riportò alla luce opere ormai scomparse dai normali repertori teatrali: ritornavano cosí alla ribalta *Armida* e *Il turco in Italia* di Rossini, *Il pirata* di Bellini, *Anna Bolena* e *Poliuto* di Donizetti. Non va però sottaciuto il fatto, che contemporaneamente alla Callas, un altro soprano, Renata Tebaldi, compiva in un altro repertorio un'altra rinascita "belcantista", epurando dal "malcanto" di stampo verista opere come *Aida*, *La forza del destino*, *Andrea Chénier*, *Madama Butterfly*, ecc.
Una strada seguita anche da Magda Olivero e ripresa ai giorni nostri da Raina Kabaivanska, ambedue autentiche restauratrici della vocalità di Puccini e coevi. Altrettanto importante è stata la presenza del mezzosoprano Giulietta Simionato che ha posto le basi per la rinascita del canto rossiniano. La via al belcanto aperta dalla Callas viene quindi ripresa e approfondita da quelle che si possono definire le piú autentiche stiliste del nostro tempo: il soprano Joan Sutherland e il mezzosoprano Marilyn Horne. Entrambe hanno ripristinato la prassi vocale in voga nel XVIII secolo, oltre al gusto delle variazioni e delle cadenze nel repertorio preverdiano. Inizia cosí il periodo piú ricco di riscoperte, delle quali oltre alla Sutherland e alla Horne sono fautrici i soprani Leyla Gencer, Montserrat Caballé e Beverly Sills. Si impone inoltre il mezzosoprano Teresa Berganza, che con la Horne avvia la specializzazione rossiniana, seguita poi con varie sfaccettature dai soprani Lella Cuberli, Katia Ricciarelli, Luciana Serra, June Anderson, Cecilia Gasdia, Mariella Devia e dai mezzosoprani Lucia Valentini-Terrani, Martine Dupuy, Frederica von Stade e dall'ultima promessa belcantista, Cecilia Bartoli. A tanto fiorire femminile non ha corrisposto un'altrettanto determinante presenza di voci maschili. Cosí cantanti come Franco Corelli, Carlo Bergonzi, Alfredo Kraus, Luciano Pavarotti e Renato Bruson hanno segnato un punto importante alla rinascita del canto, ma non del belcanto vero e proprio. Si è dovuto attendere l'avvento del basso Samuel Ramey e dei tenori Rockwell Blake e Chris Merritt per ritrovare il belcanto (in particolare Rossini) in tutta la sua pienezza, ai quali possiamo aggiungere, per l'Italia, solo i tenori Dano Raffanti, Giuseppe Morino e ancor piú William Matteuzzi al quale si è affiancato il basso Michele Pertusi.

A sinistra:
il soprano Joan Sutherland.

In alto:
una scena dal *Viaggio a Reims*, di G. Rossini.

Una scena dalla Cambiale di matrimonio, *di G. Rossini.*

Quando Tobia apprende che Slook non sposerà piú sua figlia, si infuria e sfida a duello l'americano. Prima di incrociare le spade, Slook rivela a Tobia che Fanny ama Edoardo. Il vecchio, pago del fatto che Edoardo è stato nominato erede universale dell'americano, acconsente al matrimonio. L'opera si conclude cosí fra l'allegria e i ringraziamenti generali.

La cambiale di matrimonio venne composta da Rossini all'età di diciotto anni. Mancavano al maestro studio ed esperienza per poter creare un'opera nuova e originale e gli schemi utilizzati sono quelli della scuola italiana dell'epoca. Tuttavia in quest'opera, in cui l'elemento comico si fonde con spunti sentimentali, già si avverte il delinearsi dell'originalità di stile propria di Rossini. Vi si coglie soprattutto la predisposizione del maestro per l'opera buffa.

■ CAMBRELING, SYLVAIN
(Amiens 1948)
Direttore d'orchestra francese. La sua è una famiglia di musicisti: la sorella Frédérique è un'affermata arpista, mentre il fratello Philippe è già avviato a una brillante carriera direttoriale. Sylvain ha compiuto gli studi musicali al Conservatorio di Amiens, perfezionandosi in direzione d'orchestra a Parigi con P. Dervaux. Dopo aver vinto il Concorso internazionale di Besançon (1974), ha iniziato come direttore aggiunto a Lione (1975-81), e il debutto nel 1977 all'Opéra di Parigi in *The Rake's Progress* (*La carriera di un libertino*) di Stravinskij ha sancito il successo di Cambreling, avviandolo a una brillante carriera internazionale: Glyndebourne (*Il barbiere di Siviglia*, 1981), Scala di Milano (*Lucio Silla*, 1984), Metropolitan di New York (*Romeo et Juliette*, 1986). Nel 1981 è stato nominato direttore principale al Teatro La Monnaie di Bruxelles, e nel 1987 ne ha assunto la carica di direttore musicale. Molto attivo anche in sede concertistica, Cambreling si è mostrato un interprete assai convincente per sensibilità e carica teatrale. Particolarmente apprezzate le sue interpretazioni di *Louise* di Charpentier, *Sapho* di Gounod, *Salome* di Strauss e *Moses und Aron* (*Mosè e Aronne*) di Schönberg.

▲ CAMMARANO, SALVATORE
(Napoli 1801-1852)
Librettista italiano. È il piú celebre di una famiglia di artisti. Iniziò come commediografo e successivamente (1834) intraprese l'attività di librettista, diventando uno dei piú importanti collaboratori di Donizetti: *Lucia di Lammermoor* (1835), *Belisario* (1836), *L'assedio di Calais* (1836), *Pia de' Tolomei* (1837), *Roberto Devereux* (1837), *Maria di Rudenz* (1838), *Maria di Rohan* (1843), *Poliuto* (1848) e Verdi: *Alzira* (1845), *La battaglia di Legnano* (1849), *Luisa Miller* (1849) e *Il trovatore* (1853, completato da L.E. Bardare). Scrisse anche libretti per Mercadante (*Il reggente*, 1843, ecc.) e Pacini (*Saffo*, 1840, ecc.).

★ CAMPANA SOMMERSA, LA
Opera in quattro atti di Ottorino Respighi (1879-1936), su libretto di C. Guastalla, che si ispirò al racconto Die versunkene Glocke *di G. Hauptmann. Prima rappresentazione: Amburgo, Stadttheater, 18 novembre 1927.*
Il prato "d'argento", dove vivono la strega buona dei boschi (mezzosoprano), l'elfa Rautèndelein (soprano), il fauno Ondino (baritono), le ninfe e gli gnomi, è minacciato in ogni parte dall'invadenza dell'uomo. La gente della valle ha fatto costruire una campana, ma il fauno rompe una ruota del carro che la trasporta e la campana precipita in fondo al lago. Il fabbro Enrico (tenore), nel tentativo di salvare la campana, resta ferito. Rautèndelein se ne innamora e lo vuole seguire. L'elfa bacia sugli occhi Enrico, che si trova cosí ad avere una nuova visione della vita. Enrico, che ora vive con Rautèndelein, attende alla costruzione di un'opera titanica: un tempio per un'umanità migliore. Il curato (basso) vuole far tornare Enrico: Magda, sua moglie, dalla disperazione si è gettata nel lago e la sua famiglia è distrutta. Si odono i rintocchi della campana sommersa. Enrico, disperato, scaccia Rautèndelein, ma la vita dell'uomo è ormai legata all'elfa. Enrico sta per morire. Gli appare Rautèndelein, l'elfa lo rimprovera di averla abbandonata, poi lo bacia e lo assiste mentre egli muore, invocando il sole.

La campana sommersa ottenne un grande successo in tutto il mondo, benché l'irrealtà fantastica del tema nuoccia forse al rigore dell'opera. È curioso ricordare che in un primo tempo Respighi pensò di utilizzare un testo tedesco poiché l'editore che aveva curato la trattativa con Hauptmann richiedeva la prima in Germania, come poi avvenne.

■ CAMPANELLA, BRUNO
(Bari 1943)
Direttore d'orchestra italiano. Ha studiato direzione d'orchestra con P. Bellugi, H. Swarowsky e Th. Schippers. Ha debuttato al Festival di Spoleto nel 1967. Dal 1971 dirige nei maggiori teatri lirici italiani e stranieri, affermandosi come uno dei migliori direttori d'opera in attività. Particolarmente apprezzato nell'opera buffa, ha dato brillanti interpretazioni di *Don Pasquale*, *Elisir d'amore*, *La figlia del reggimento*, *Il barbiere di Siviglia* e del repertorio italiano ottocentesco.

CAMPANELLO DELLO SPEZIALE O IL CAMPANELLO DI NOTTE, IL

Opera buffa in un atto di Gaetano Donizetti (1797-1848), su libretto del compositore, tratto dal vaudeville La sonette de nuit *di L. Lhérie. Prima rappresentazione: Napoli, Teatro Nuovo, 7 giugno 1836.*

L'azione si svolge a Napoli. Il maturo speziale don Annibale Pistacchio (basso) festeggia in casa le sue nozze con la giovane e bella Serafina (soprano), prima di partire la mattina successiva alle cinque per recarsi a Roma per questioni ereditarie. Don Annibale, quindi, ha fretta di liberarsi degli invitati, per restare solo con la sposa. Enrico (baritono), cugino ed ex pretendente di Serafina, ha deciso di mandare a monte la prima notte di nozze di don Annibale. Enrico suona alla porta, prima travestito da cavaliere francese con un imbarazzo di stomaco; poco dopo, altra scampanellata: Enrico è un cantante che ha perso la voce e chiede un rimedio. Alla fine arriva un tipo (sempre Enrico) con una ricetta così complicata che richiede un mucchio di tempo per la preparazione, e così arrivano le cinque: il povero don Annibale deve partire per Roma.

Nota anche come *Il campanello*, fu composta in una sola settimana per salvare un impresario dal fallimento in uno dei periodi più dolorosi della vita del compositore: aveva perso da poco il padre, la madre, una figlia e la moglie. L'opera ottenne molto successo in Italia e all'estero ed è ancora oggi rappresentata.

★ CAMPIELLO, IL

Commedia musicale in tre atti di Ermanno Wolf-Ferrari (1876-1948), su libretto di M. Ghisalberti, tratto dall'omonima commedia di C. Goldoni. Prima rappresentazione: Milano, Teatro alla Scala, 12 febbraio 1936.

L'azione si svolge a Venezia, a metà del Settecento. In un campiello con diverse case e una locanda. Il cavaliere napoletano Astolfi (baritono), molto raffinato ma squattrinato, è venuto da Napoli a Venezia per cercare di salvare le sue finanze. Astolfi corteggia la leziosa Gasparina (soprano), ma tiene d'occhio anche Lucieta (soprano), fidanzata di Anzoleto (basso), e Gnese (soprano), innamorata di Zorzeto (tenore). Nell'intreccio amoroso si inseriscono le vecchie del campiello: Orsola (mezzosoprano), madre di Zorzeto, Pasqua (tenore) e Cate (mezzosoprano). L'incostante Astolfi, corteggiando le giovani e lusingando le vecchie, provoca le gelosie dei fidanzati, scatenando un susseguirsi di baruffe e di schiamazzi nel campiello. Fabrizio (basso), zio di Gasparina, non ne può più del rumorosissimo campiello e decide di cambiar casa, prima però acconsente a maritare la nipote al cavaliere Astolfi, anche se squattrinato. Durante una cena pacificatrice tra gli abitanti del campiello, Astolfi annuncia le sue prossime nozze con Gasparina. La giovane dà un ultimo delicato e commosso addio al campiello e alla sua amata Venezia, che deve abbandonare per seguire il marito nella lontana Napoli.

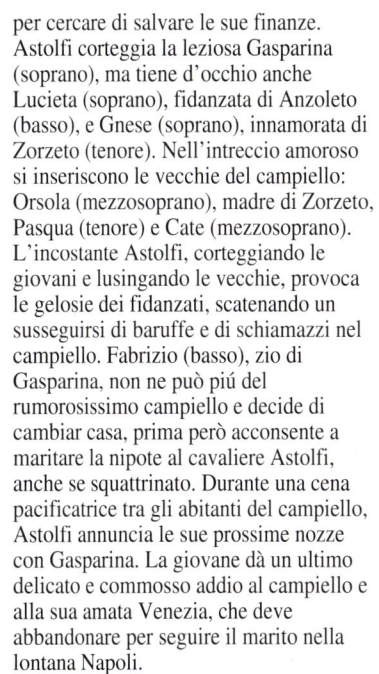

Il campiello è senza dubbio una delle opere più riuscite di Wolf-Ferrari. La partitura evidenzia con particolare equilibrio malinconia e vivacità, i due caratteri peculiari dell'opera. Non va però sottovalutato il notevolissimo adattamento musicale del testo, con quel brio chiassoso che caratterizza la commedia goldoniana, la cui trama abbastanza semplice e lineare è vivacizzata soprattutto dalla rapidità delle baruffe e dal repentino loro trasformarsi in paci precarie.

● CAMPRA, ANDRE

(Aix-en-Provence 1660 - Versailles 1744)
Compositore francese d'origine italiana. Figlio di un chirurgo piemontese, studiò ad Aix-en-Provence. Iniziò l'attività musicale come maestro di cappella a Tolone (1679-81), Arles (1681-83), Tolosa (1683-94) e quindi come direttore musicale a Notre-Dame a Parigi (1694). Nel 1697 compose la sua prima opera (un'*opéra-ballet*) *L'Europe galante*, uno dei suoi lavori più noti. Nel 1700 lasciò la carica di Notre-Dame per dedicarsi completamente alla composizione teatrale. Il suo stile fondeva con eleganza e

In alto:
il direttore d'orchestra
Bruno Campanella.

A sinistra:
bozzetto per una scena del *Campiello*,
di E. Wolf-Ferrari.

varietà le scuole musicali francese e italiana, soddisfacendo in pieno il gusto francese dell'epoca, ancora fortemente legato all'operismo di Lully e Charpentier. Tra le opere piú note ricordiamo: *Tancrède* (1702), *Les fêtes vénitiennes* (*Le feste veneziane*) 1710 e *Achille et Déidamie* (1735).

★ CANDIDE
Opera in due atti di Leonard Bernstein (1918-1990), su libretto di L. Hellman in collaborazione con D. Parker, J. La Touche, R. Wilbur, tratto dal racconto omonimo di Voltaire. Prima rappresentazione: Boston, Martin Beck Theatre, 29 ottobre 1956.

Nel castello del barone Thunder-ten-Tranckh, in Westfalia, vivono Cunegonda (soprano) e Massimiliano (baritono), figli del barone, un loro cugino Candido (tenore) e Paquette (mezzosoprano), una giovane cameriera. I quattro vivono in perfetta armonia grazie alla filosofia di vita a loro impartita dal dottor Pangloss (tenore). Questa perfetta armonia di vita viene turbata dal nascere di un tenero sentimento tra Candido e Cunegonda. Questo amore viene scoperto e Candido viene scacciato dal castello. Il povero giovane, nel tentativo di rifarsi una vita, inizia una serie di peregrinazioni e vicissitudini che però non fanno crollare in lui la fiducia nella vita che gli ha inculcato Pangloss. Anche Cunegonda, Massimiliano e Paquette non passano dei bei momenti: dopo che il castello è stato distrutto dai nemici bulgari, finiscono dispersi per il mondo. Travolti da sorti avverse, Candido, Cunegonda, Massimiliano e Paquette si incontrano e poi nuovamente si perdono: una volta in Portogallo, un'altra in Francia, e poi ancora in Sudamerica e infine a Venezia. Dopo un'innumerevole serie di avventure i quattro ritrovano anche il dottor Pangloss: finalmente riuniti, benché poveri, torneranno in Westfalia a coltivare la terra, sempre fiduciosi della vita.

Composta da Bernstein tra il 1954 e il 1956 *Candide*, dopo il debutto a Boston, nel dicembre dello stesso anno sbarca a New York. Le rappresentazioni a Broadway furono un fiasco, solo settantatré repliche, troppo poche per un *musical*. Dopo le ultime rappresentazioni newyorchesi (febbraio 1957), *Candide* cominciò a subire una serie di revisioni (non operate da Bernstein) per adattare lo spettacolo alle varie situazioni di rappresentazione (una prassi abbastanza normale per Broadway). Tra gli anni 1988 e 1989 il direttore d'orchestra J. Mauceri e poi lo stesso Bernstein ne hanno dato una versione definitiva. Come per *West Side Story*, anch'esso nato come *musical*, le barriere dei generi musicali si possono considerare superate. La freschezza della musica di Bernstein, coinvolgente nella sua divertente ironia, avvicina *Candide* al genere dell'operetta classica. Ma al di là di queste classificazioni di genere, *Candide* rappresenta uno dei lavori piú interessanti del teatro musicale americano.

★ CANTATRICI VILLANE, LE
Opera giocosa in due atti di Valentino Fioravanti (1764-1837), su libretto di G. Palomba. La data della prima rappresentazione è incerta: poté avere luogo a Napoli tra il 1798 e il 1799.

A Frascati, l'ostessa Agata (soprano), le contadine Giannetta (mezzosoprano) e Rosa (soprano), incoraggiate da don Bucefalo (basso), un maestro di cappella sciocco e ignorante, hanno deciso di diventare cantanti. Don Bucefalo chiede a un signorotto locale, don Marco (basso), di prestargli il cembalo per insegnare il canto a Rosa. La donna è vedova di un giovane militare scomparso in Spagna. Ma Carlino (tenore), il marito "morto", ritorna in paese con grandi baffi e nessuno lo riconosce. Nel sentire le chiacchiere di paese, il marito sospetta che la moglie tradisca la sua memoria. Per meglio controllare la situazione, sbandierando un ordine del quartiermastro si fa alloggiare in casa di Rosa. La moglie canterina, con don Marco divenuto il suo impresario, si prepara al debutto. Ciò scatena la gelosia delle altre donne, che sparlano piú che mai della loro amica. Carlino, con l'appoggio dei paesani, scatena un putiferio. Arrivano anche i gendarmi e a questo punto Carlino si fa riconoscere e si scusa con tutti, giacché solo la gelosia e l'amore l'hanno spinto ad agire cosí. L'opera finisce nell'allegria generale.

La data della prima rappresentazione non è sicura: nelle memorie di Fioravanti è scritto che venne rappresentata «nel Carnevale 1798, entrando l'anno 99». Una versione ridotta di un solo atto (testo adattato da G.M. Foppa) venne rappresentata a Venezia, al Teatro San Moisè, il 28 dicembre 1801. Delle numerose opere del Fioravanti, *Le cantatrici villane* fu quella che ebbe i maggiori successi e venne subito rappresentata in tutta Europa, rimanendo nel repertorio fino ai giorni nostri.

■ CANTELLI, GUIDO
(Novara 1920 - Orly, Parigi 1956)
Direttore d'orchestra italiano. Allievo di A. Pedrollo (1939-41), di G.F. Ghedini (1941-43) e di A. Votto, si diplomò in composizio-

Una scena da *Le cantatrici villane*, di V. Fioravanti, in un allestimento al Teatro Mercadante di Napoli.

ne al Conservatorio di Milano nel 1943, mentre già dal 1940 aveva intrapreso la carriera di direttore d'orchestra. Dopo essersi affermato nella *Traviata* a Novara nel 1943, già a partire dal 1944 fu invitato dai maggiori teatri, dirigendo nelle principali sedi concertistiche d'Europa e d'America. Mentre si recava negli Stati Uniti, nel 1956, per dirigere la Philharmonia di New York, morí in una sciagura aerea all'aeroporto di Orly. Proprio in quell'anno era stato nominato direttore stabile alla Scala. Era considerato il successore di Toscanini, che per lui ebbe una particolare predilezione.

♦ CAPECCHI, RENATO
(Il Cairo 1923)
Basso-baritono italiano. Dopo aver studiato a Milano sotto la guida del Maestro Carrozzi, ha esordito alla RAI nel 1948 e l'anno successivo a Reggio Emilia in *Aida*. Ha ottenuto la prima grande affermazione nel *Don Giovanni* ad Aix-en-Provence (1949) e, come Dulcamara, in un successivo *Elisir d'amore* a Firenze (1950). Da allora le opere buffe settecentesche e quelle del primo Ottocento (Rossini, Donizetti, ecc.), ma anche ruoli drammatici (*Rigoletto*, *Puritani*, *Wozzeck*, ecc.), hanno visto Capecchi esibirsi sui palcoscenici di tutto il mondo. Grande attore e interprete sensibile, ha supplito con queste doti ai limiti di uno strumento vocale dal colore piuttosto chiaro e piuttosto limitato nell'estensione. Ancora attivo sulle scene, ha recentemente preso parte alla prima rappresentazione dell'*Ispirazione* di S. Bussotti (Firenze, 1988), nonché ad alcune messinscene de *Le convenienze ed inconvenienze teatrali* (Venezia, 1988), *L'elisir d'amore* (Genova, 1989) e di *Manon Lescaut* (Modena, 1990).

★ CAPITANO JINKS DEI CAVALLUCCI MARINI, IL
vedi *Captain Jinks of the Horse Marines*

★ CAPPELLO DI PAGLIA DI FIRENZE, IL
Farsa musicale in due atti e cinque quadri di Nino Rota (1911-1979), su libretto proprio e della madre, Ernesta, dalla commedia Le chapeau de paille d'Italie *di E.-M. Labiche. Composta nel 1946. Prima rappresentazione: Palermo, Teatro Massimo, 21 aprile 1955.*
Fadinard (tenore), giovane facoltoso, sta per sposare Elena (soprano), figlia dell'agricoltore Nonancourt (basso). In casa di Fadinard piombano Anaide (soprano) con l'amante, il tenente Emilio (baritono): il cavallo di Fadinard ha completamente rovinato, mangiandolo, il cappello di paglia di Anaide. La donna deve riaverne un altro altrimenti andrà incontro a seri guai da parte del marito molto geloso. Fadinard è così costretto a partire alla ricerca del cappello. Da qui una girandola di avventure, dai negozi di modisteria fino alla casa del marito di Anaide, che viene così ad avere la conferma dei suoi sospetti sull'infedeltà della moglie. Quando il matrimonio di Fadinard sembra, per tutta una serie di equivoci, ormai andato a monte, Vézinet (tenore), zio di Elena che senza saperlo ha regalato alla nipote un cappello identico a quello che Fadinard sta disperatamente cercando, pone fine all'intricata situazione. Recuperato il cappello, Anaide sbeffeggia il marito geloso, mentre Fadinard persuade il padre di Elena a riacconsentire alle nozze e così il corteo nuziale si ricompone. L'opera è stata rappresentata un po' ovunque in Italia e all'estero; a Milano, alla Piccola Scala, dato il successo ottenuto, fu addirittura inserita nel programma per due stagioni consecutive. Caratteristica del *divertissement*, che era stato già ripreso anche da R. Clair per lo schermo, è il perfetto meccanismo che genera una serie infinita di gag. La musica, arguta e garbata, bene asseconda le movimentate vicende del testo.

♦ CAPPUCCILLI, PIERO
(Trieste 1929)
Baritono italiano. Ha compiuto gli studi di canto nella città natale sotto la guida di L. Donaggio. Ha debuttato nel 1957 al Teatro Nuovo di Milano come Tonio (*I pagliacci*). Ha così avuto inizio una brillante carriera che ancora oggi lo vede esibirsi nei maggiori teatri internazionali. Il suo nome è però legato in modo particolare alla Scala di Milano, teatro nel quale, a partire dal 1964, si è esibito pressoché ininterrottamente e dove ha colto alcuni dei suoi più grandi successi. Basterà citare l'ormai storico *Simon Boccanegra* di Abbado-Strehler (1971), *Macbeth* ancora con Abbado e Strehler (1975) e *Otello* di Kleiber-Zeffirelli (1976). Dotato di una voce dal timbro caldo, molto estesa e sostenuta da una corretta emissione, Cappuccilli si è sempre distinto anche per le notevoli capacità che ne fanno uno dei più acclamati interpreti verdiani, nonché dei maggiori ruoli baritonali del melodramma italiano (Gerard, Barnaba, Michele, ecc.).

★ CAPRICCI DI CALLOT, I
Opera in un prologo e tre atti di Gian Francesco Malipiero (1882-1973), su libretto proprio. Prima rappresentazione: Roma, Teatro dell'Opera, 24 ottobre 1942.
Quattro coppie di maschere danzanti annunciano il carnevale. La sartina Giacinta (soprano) si prepara a parteciparvi e si cuce un meraviglioso vestito con il quale ha intenzione di stupire il giovane fidanzato Giglio (tenore), un attore squattrinato. A Roma, sul corso, il carnevale è in pieno svolgimento; in mezzo alle maschere si divertono anche il piccolo vecchio e il ciarlatano che prima

Il baritono Piero Cappuccilli in una scena del *Simon Boccanegra* di G. Verdi, nell'allestimento del Teatro alla Scala.

CAPRICCIO

fanno uno scherzo ai due innamorati e alla fine ne celebrano le nozze a una tavola sontuosamente imbandita.

L'opera è considerata dalla critica un felice incontro della sensibilità malipieriana per l'irreale e il fantastico con l'hoffmaniana *Prinzessin Brambilla* (*Principessa Brambilla*) e con le ventiquattro incisioni dei *Balli di Sfessania* di J. Callot. «La musica è una melodia irresistibile e ininterrotta che passa dalle voci, rimbalza all'orchestra non senza affinità con i "pannelli" del primo periodo, ma con un serrato contrappunto di musica e azione, che si condizionano pur serbando la propria autonomia» (D. De Paoli). La musica serve spesso a sottolineare l'azione e soprattutto a dar carattere ai personaggi.

● CAPRICCIO
Conversazione musicale in un atto di Richard Strauss (1864-1949), su libretto di C. Krauss. Prima rappresentazione: Monaco, Nationaltheater, 28 ottobre 1942.

Un castello nei dintorni di Parigi. La contessa Madeleine (soprano) ascolta nel suo salotto l'esecuzione di un sestetto d'archi (usato come ouverture dell'opera) dedicatole dal musicista Flamand (tenore). Questi, con il poeta Olivier (baritono) e il direttore di teatro La Roche, ha acceso una discussione in cui ognuno difende il primato della sua arte. In occasione del compleanno della contessa, La Roche allestirà nel castello la tragedia di Olivier. Il conte (baritono), fratello di Madeleine, prova la scena principale del dramma con l'attrice Clairon (contralto), che egli ama. Flamand, colto dall'ispirazione, mette in musica la scena. L'esibizione di una danzatrice offre l'occasione per riaprire la discussione sulle priorità nel campo delle arti. Il conte propone allora a Flamand e a Olivier un'opera che tratti di questi conflitti e che abbia come personaggi quelli che sono presenti nella stanza. È un momento di intensa emozione: le frontiere tra vita e teatro sono cancellate. Tutti gli ospiti ripartono per Parigi. Nella stanza vuota appare Madeleine, ha dato un appuntamento a Flamand e a Olivier per l'indomani. Ha promesso che uno di loro sarà il suo sposo, ma non ha ancora deciso la risposta: «Se scegli l'uno perdi l'altro. Si può vincere senza perdere?».

Strauss raggiunse in questa sua ultima opera quello che da sempre era stato uno dei suoi scopi primari: rendere comprensibili le parole nell'esecuzione di un'opera. Il centro di *Capriccio* è la contessa, personificazione dell'opera come ispiratrice e sintesi di poesia e musica. Il dilemma finale di Madeleine è, in questo senso, quello dell'autore e in suo onore egli ha radunato i frammenti delle opere che amava di piú.

★ CAPTAIN JINKS OF THE HORSE MARINES
(*Il capitano Jinks dei cavallucci marini*)
Commedia romantica in tre atti di Jack Beeson (n. 1921), su libretto di S. Harnick. Prima rappresentazione: Kansas City, Lyric Theatre, 20 settembre 1975.

Jonathan Jinks (tenore), con i suoi amici Charlie (baritono) e Willie (baritono), è in attesa di dare il benvenuto in America alla celebre cantante lirica Aurelia Trentoni (soprano). Dopo che l'impresario Mapleson (basso) ha decantato il fascino e i nomi di celebri ammiratori della cantante, Charlie, invidioso di Jinks, che ha fama di essere un grande conquistatore di donne, lo provoca con una scommessa: sedurre Aurelia Trentoni. Jinks accetta. Durante l'incontro tra la cantante e Jinks, tra i due

In alto:
una scena da *I capricci di Callot*,
di F. Malipiero.

A destra:
una scena dal *Capriccio*,
di R. Strauss.

nasce una forte attrazione. Aurelia accetta di incontrare nuovamente Jinks. Questi, vergognandosi della scommessa fatta e nel tentativo di essere galante con Aurelia, per sveltire le pratiche doganali sui bagagli della cantante, cerca di corrompere un ispettore, ma sbaglia persona e viene arrestato. Uscito di prigione su cauzione, Jinks è ormai perdutamente innamorato di Aurelia. Anche la donna lo ama, e i due si fidanzano in segreto. Durante una prova della *Traviata*, l'opera con la quale Aurelia debutterà, la madre di Jinks (mezzosoprano) invita Aurelia ad abbandonare il figlio. La cantante promette che ci penserà, ma chiede alla signora Jinks, che non è mai stata all'Opera, di essere presente al suo debutto. Il sempre più geloso Charlie si presenta da Aurelia: accusa Jinks di essere un cacciatore di dote e di aver scommesso di sposare Aurelia. La donna, sconvolta, non vuole più cantare, ma alla fine si lascia convincere. Dopo il trionfale debutto di Aurelia nella *Traviata*, la vicenda volge al lieto fine. Incontrando Jinks, Aurelia comprende finalmente che l'amore di Jonathan è sincero; anche la madre, commossa dalla storia di Violetta, acconsente con gioia al matrimonio del figlio. Alla fine tutti cantano un inno all'irresistibile potere della musica.

Tratta da una commedia di C. Fitch del 1870 circa, quest'opera di Beeson mescola gli aspetti comici di derivazione leggera, da commedia – che si traducono musicalmente in toni da *musical* – all'aspetto romantico dell'opera espresso, in toni più marcatamente lirici, dai due protagonisti Aurelia e Jinks. Per rendere ancora più evidente la melodrammaticità del personaggio di Aurelia, il compositore accosta volutamente l'incontro tra Aurelia e la madre di Jinks al duetto tra Violetta e Germont della *Traviata* verdiana. Un'opera che Beeson cita più volte in questa sua gradevolissima e fresca partitura.

CAPULETI E I MONTECCHI, I
Tragedia lirica in due atti di Vincenzo Bellini (1801-1835) su libretto di F. Romani, tratto dalla tragedia Romeo and Juliet *di W. Shakespeare. Prima rappresentazione: Venezia, Teatro La Fenice, 11 marzo 1830.*

L'azione è in Verona nel XIII secolo. Romeo Montecchi (mezzosoprano), innamorato di Giulietta Capuleti (soprano), senza farsi riconoscere si presenta a Capellio (basso), padre di Giulietta, con una richiesta di tregua tra le due famiglie, divise da un odio profondo. La tregua dovrebbe essere suggellata dalle nozze tra Giulietta e lo stesso Romeo. Capellio rifiuta con alterigia ogni proposta, annunciando poi che Giulietta tra breve sposerà Tebaldo (tenore), uno dei suoi uomini più fidati. Romeo, incontrandosi segretamente con Giulietta, vorrebbe fuggire con l'amata, ma la giovane non accetta di abbandonare, perdendo l'onore, la casa paterna. Romeo tenta ancora di portare con sé Giulietta, ma è sorpreso e riconosciuto dai Capuleti e riesce a salvarsi soltanto grazie al tempestivo intervento dei suoi. Giulietta, per evitare il matrimonio con Tebaldo, segue il consiglio del suo confidente Lorenzo (basso): berrà una fiala contenente un potente sonnifero che la farà sembrare morta. Al risveglio potrà riunirsi con Romeo. Questi si sta per battere in duello con Tebaldo, quando da palazzo Capuleti si odono canti funebri che annunciano la morte di Giulietta. Sconvolti dalla sciagura, entrambi abbassano le armi. Alle tombe dei Capuleti Romeo, disperato contemplando l'amata, si avvelena. Poco dopo Giulietta si sveglia, vede Romeo morente e cade anch'essa uccisa dal dolore sul corpo dell'amato.

Bellini scrisse quest'opera col proposito di riscattarsi dall'insuccesso riportato dalla *Zaira* a Parma e proprio per completare la rivincita ne trasferí parte della musica nella nuova opera. La riuscita fu completa: grande infatti fu il successo. Bisogna sottolineare come il carattere squisitamente patetico della vicenda fosse molto adatto a stimolare la sensibilità di Bellini, che seppe raggiungere punte di elevato lirismo.

CARAVANE DU CAIRE, LA
(La carovana del Cairo)
Opéra-ballet in tre atti di André Modeste Grétry (1741-1813), su libretto di E. Morel de Chéfdeville. Prima rappresentazione: Fontainebleau, 30 ottobre 1783, davanti ai sovrani. Prima rappresentazione teatrale: Parigi, Académie Royale de Musique, 15 gennaio 1784.

In una carovana di viaggiatori che si sta recando al Cairo, si trova Husca (basso), un venditore di schiavi. Tra i suoi prigionieri si trovano anche Zélime (soprano), la figlia di un Nababbo, e suo marito, il cavaliere francese Saint-Phar (tenore). Durante il viaggio la carovana è assalita da una banda di predoni, Saint-Phar si fa liberare da Husca e con grande coraggio difende i viaggiatori, scacciando gli assalitori. Husca si mostra riconoscente verso Saint-Phar concedendogli la libertà. Il giovane chiede che al suo posto venga liberata Zélime, ma

Una scena da *I Capuleti e i Montecchi*, di V. Bellini.

CARDILLAC

Una scena da Cardillac, di P. Hindemith, in un allestimento del Teatro alla Scala.

il mercante rifiuta: la fanciulla gli frutterà una bella somma al Bazar del Cairo. Infatti, della fanciulla si invaghisce lo stesso Pascià (basso) che fa portare Zélime nel suo serraglio. Vane sono le proteste di Saint-Phar che aveva raccimolato una somma per riscattare la moglie. Qualche giorno dopo, nel palazzo del Pascià si stanno svolgendo dei festeggiamenti in onore del capitano della marina francese Florestan (baritono), il quale aveva tratto in salvo il vascello del Pascià durante una tempesta. La festa viene interrotta dall'eunuco Tamorin (contralto) il quale annuncia che un uomo ha rapito Zélime. La fanciulla e il suo rapitore sono ben presto catturati e condotti al cospetto del Pascià. Florestan, presente alla scena, riconosce in Saint-Phar, il rapitore di Zélime, suo figlio, che egli credeva morto. Il Pascià, per ricambiare Florestan che gli ha salvato la vita, rende la libertà a Saint-Phar e a sua moglie. L'opera termina cosí nella gioia generale.

La musica si sposa elegantemente al libretto di Morel de Chéfdeville e presenta ingredienti di sicuro successo presso il pubblico parigino di allora: esotismo, scene di folla, una battaglia, ecc. Il mirabile e vivace succedersi di arie, ariette, recitativi, balletti, conquistò il pubblico che decretò all'opera un successo calorosissimo. La musica di Grétry è molto attenta al cosiddetto "colore locale", a quel gusto dell'oriente che in Francia sarà particolarmente in voga negli anni Ottanta del XVIII secolo.

CARDILLAC
Dramma in quattro atti di Paul Hindemith (1895-1963), su libretto di F. Lion, tratto dal racconto Das Fräulein von Scuderi *di E.T.A. Hoffmann. Prima rappresentazione: Dresda, Staatsoper, 9 novembre 1926. Prima rappresentazione dell'opera interamente revisionata: Zurigo, Stadttheater, 20 giugno 1952.*

A Parigi nell'ultimo decennio del Seicento. La città vive nella paura perché misteriosi delitti turbano le notti dei parigini. Un cavaliere (tenore) si reca alla bottega del celebre orafo Cardillac (baritono). Il giovane ammira i lavori dell'orafo: fra questi un diadema meraviglioso, che il cavaliere vorrebbe comprare. Cardillac glielo rifiuta, ma il giovane lo prende e fugge. Il cavaliere si reca dalla sua amante, primadonna dell'Opéra (soprano), e le dona il prezioso diadema. Ma ecco insinuarsi un uomo mascherato che fugge con il gioiello dopo aver ucciso il cavaliere. L'apprendista (tenore) sa che l'assassino è lo stesso Cardillac, ma tace perché è innamorato di sua figlia (soprano). Il marchese (parte muta), la primadonna e un gruppo di artisti dell'Opéra si recano da Cardillac. La cantante vede il diadema e cade svenuta. Il marchese acquista il gioiello.

L'apprendista, sospettato di essere l'autore degli omicidi, avvisa la primadonna del pericolo che corre indossando il diadema che il marchese le ha donato, La donna è poi avvicinata da Cardillac: come ammaliata gli porge il diadema. Alla scena ha assistito un ufficiale (basso) che sorvegliava l'apprendista. L'uomo si impossessa del gioiello e fugge. Cardillac si getta come un pazzo all'inseguimento dell'ufficiale. Ne nasce una mischia furibonda, l'ufficiale è ferito. L'apprendista confessa la verità e rivela che l'orefice è l'assassino. Avventori e passanti fanno confessare Cardillac, poi lo uccidono. La cantante, la figlia e l'apprendista lo piangono, malgrado si fosse lasciato trascinare dalla follia, affascinato dalla propria creazione.

Dopo la prima versione del 1926, Hindemith modificò ampiamente l'opera nel 1952. In *Cardillac* la musica non determina la situazione emotiva, né vi partecipa. Essa a volte si stacca volutamente dal contenuto drammatico delle parole, suonando senza posa, in una lucida polifonia di forma neoclassica. Hindemith componeva con un'oggettività intensa, ma impersonale, puntando soprattutto sugli effetti immediati e meccanici. Ciononostante la musica di *Cardillac* è ben lontana dal risultare impersonale o inespressiva. Nella successiva rielaborazione il maestro ritenne comunque opportuno rivedere la partitura alla luce delle sue nuove concezioni estetiche.

CARMEN
Dramma lirico in quattro atti di Georges Bizet (1838-1875), su libretto di H. Meilhac e L. Halévy, dalla novella omonima di P. Mérimée. Prima rappresentazione: Parigi, Opéra-Comique, 3 marzo 1875.

In Spagna verso il 1820. Una piazza di Siviglia. Micaela (soprano), una ragazza di paese, cerca timidamente don José, un brigadiere dei dragoni. Don José (tenore) arriva proprio mentre dalla manifattura dei tabacchi escono le ragazze. Tra questi vi è Carmen (mezzosoprano) che, invaghita di don José, tenta di sedurlo lanciandogli un fiore. Ancora turbato dalla sfrontatezza della zingara, egli abbraccia Micaela che gli porta notizie della madre. Alla manifattura scoppia una rissa. Carmen viene arrestata per aver ferito una ragazza. Affidata a José, la zingara affascina l'uomo; completamente sedotto da Carmen egli l'aiuta a fuggire. Nella taverna di Lillas Pastia. Carmen è oggetto delle attenzioni del toreador Escamillo (baritono). La donna però è ora presa da José che giunge poco dopo. José, accecato dalla passione, disobbedisce agli ordini del capitano Zuniga (basso). Divenuto disertore, fugge con Carmen sulle montagne. Nel covo dei contrabbandieri. Carmen è stanca di José e ora si è invaghita del torero Escamillo. Questi poco dopo giunge al rifugio. José, pazzo di gelosia, si getta su Escamillo. I due si affrontano con i coltelli e Carmen riesce a stento a dividerli. Anche Micaela arriva al covo dei contrabbandieri. La ragazza induce José a seguirla presso la madre morente. Don José segue Micaela minacciando Carmen che lo sfida con la sua sfrontatezza. Davanti all'arena di Siviglia. La folla applaude Escamillo che in compagnia di Carmen, divenuta la sua amante, si reca alla corrida. Don José si aggira per la piazza per poter avvicinare Carmen. La donna senza timore affronta il suo ex-amante. José la supplica di tornare con lui, di amarlo ancora, ma Carmen, con tono freddo e sprezzante, getta ai piedi di José un anello che le aveva regalato. Accecato dalla gelosia, José si getta sulla donna pugnalandola a morte, poi, singhiozzando, la invoca disperatamente e si lascia arrestare.

L'opera, alla sua prima rappresentazione, non fu capita e accusata di immoralità, di oscenità, di mancanza di senso del teatro, di rottura di tutte le tradizioni del buon gusto. Si tratta invece del capolavoro di Bizet e di una delle massime creazioni della storia del melodramma. Pur restando nell'ambito della struttura tradizionale dell'*opéra-comique*, Bizet le conferisce una vitalità nuova. Lasciate intatte le arie, le canzoni, i cori, i duetti, ecc. la novità sta nel grande impatto emotivo, nei sentimenti appassionati e violenti, che per la prima volta trovano posto nell'*opéra-comique* francese, un genere teatrale quanto mai legato a modi estetici assai convenzionali. La musica segue queste nuove caratteristiche volute da Bizet: l'invenzione musicale è continua ed elettrizzante. Dopo l'insuccesso della prima, l'opera si riprese per giungere otto anni dopo al trionfo definitivo. Purtroppo Bizet non poté assistere alla fortuna del suo lavoro, poiché morì tre mesi dopo la prima rappresentazione. *Carmen* perciò è anche l'ultima opera del compositore. A partire dagli anni 1880-90, *Carmen* si impose nella versione con i recitativi musicati da E. Guiraud e solo in anni recenti si è ritornati agli originali dialoghi parlati.

▲ CARRE, MICHEL
(Parigi 1819 - Argenteuil, Parigi 1872)
Autore drammatico e librettista francese. Il suo esordio avvenne con un dramma in versi *La jeunesse de Luther* (1843) che ebbe un certo successo. Seguirono altri lavori teatrali. Come librettista, Carré, in collaborazione di J. Barbier, scrisse numerosi libretti per i principali compositori francesi del periodo: per Meyerbeer *Dinorah*, 1859; per Gounod *Le médecin malgré lui* (*Il medico per forza*), 1858, *Faust*, 1859, *La reine de Saba* (*La regina di Saba*), 1862, ecc.; per Thomas *Mignon*, 1866, *Hamlet*, 1868, ecc.; per Bizet *Les pêcheurs de perles* (*I pescatori di perle*), 1863 e per Offenbach *Les contes d'Hoffmann* (*I racconti di Hoffmann*), 1881.

♦ CARRERAS, JOSÉ
(Barcellona 1946)
Tenore spagnolo. Ha esordito a undici anni nel *Retablo de Maese Pedro* (*Teatro dei burattini di Mastro Pedro*) di M. de Falla a Barcellona, proseguendo gli studi al Conservatorio della sua città con F. Puig. Nella stagione 1970-71 ha debuttato come Ismaele (*Nabucco*), sempre a Barcellona. Nel 1971 ha vinto il Concorso "Verdi" di Busseto. Assai importante nella carriera di Carreras sono stati l'appoggio e l'incoraggiamento del soprano M. Caballé, con la quale ha cantato per la prima volta come Gennaro in *Lucrezia Borgia* (Barcellona, 1970). Tra il 1971 e 1974 si esibisce alla New York City Opera (*Madama Butterfly*), al Colón di Buenos Aires e a Chicago. Già a partire dal 1974 il nome di Carreras si afferma sui maggiori palcoscenici internazionali: Metropolitan (*Tosca*), Scala di Milano (1975), Festival di Salisburgo (*Un ballo in maschera*, 1976), Covent Garden (*Traviata*). Una carriera ricca di avvenimenti e intensissima, affiancata anche da una notevolissima attività discografica. Si giunge cosí al 1987, anno in cui un improvviso malore coglie Carreras sul set del film *La bohème* di L. Comencini. Gli viene riscontrata una leucemia. La sua carriera, bruscamente interrotta, riprende gradualmente nel 1988, dapprima solo in concerti poi nuovamente in opere: *Carmen* a Vienna, *Samson et Dalila* (*Sansone e Dalila*) a Londra, ecc., sebbene in misura minore rispetto al passato. Carreras è dotato di un bellissimo timbro vocale, solare, nonché di una grande passionalità teatrale. Sono altresí evidenti una certa tendenza a cantare "aperto" (specialmente nel registro acuto) e una certa qual genericità stilistica. Resta comunque uno dei cantanti piú ammirati e amati dal grosso pubblico.

In alto:
una scena
dalla *Carmen*, di G. Bizet.

A sinistra:
il tenore spagnolo José Carreras.

★ **CARRIERA DI UN LIBERTINO, LA**
vedi *Rake's Progress, The*

♦ **CARTERI, ROSANNA**
(Verona, 1930)
Soprano italiano. Ha studiato con F. Cusinati e con N. Ederle e ha debuttato nel 1949 alle Terme di Caracalla, a Roma, come Elsa in *Lohengrin* di Wagner. Dopo aver cantato a Bologna (1950) nel *Falstaff* di Verdi, si è affermata alla Scala (1951) in *La buona figliola* di Piccinni e si è quindi esibita sui principali palcoscenici mondiali (San Francisco, 1954; Chicago, 1955; Parigi, 1961; Salisburgo, 1962). Dotata di bel timbro vocale e di elegante presenza scenica, ha partecipato sia a prime rappresentazioni quali *Il calzare d'argento* di Pizzetti (Milano, 1961), *Il mercante di Venezia* di Castelnuovo-Tedesco (1961), ecc., sia a importanti riprese quali *La rondine* di Puccini (Napoli, 1958) e *La donna del lago* di Rossini (Firenze, 1959).

♦ **CARUSO, ENRICO**
(Napoli 1873-1921)
Tenore italiano. Di famiglia modestissima, non compí regolari studi di canto, ricevendo solo saltuarie lezioni da vari maestri. Il suo debutto viene fatto risalire al novembre 1894 (altri affermano al 1895) nell'*Amico Francesco* di Morelli. Cantò inizialmente in piccoli teatri, ottenendo una prima importante affermazione nel 1897 nella *Gioconda* di Ponchielli al Massimo di Palermo. Iniziò quindi una carriera che divenne sempre piú intensa e che presto si estese anche a teatri esteri (San Pietroburgo, Buenos Aires, Londra). Partecipò alle prime rappresentazioni di *Arlesiana* (1897), *Fedora* (1898) e *Adriana Lecouvreur* (1902). Nella stagione 1903-4 fece il suo ingresso al Metropolitan di New York, dove cantò fino alla stagione 1920-21. In questo lungo periodo di permanenza al Metropolitan, Caruso si esibí in un repertorio assai vasto: da *L'elisir d'amore* all'*Aida*, da *Martha* (*Marta*) a *Manon Lescaut*, da *Faust* a *Samson et Dalila* (*Sansone e Dalila*) e *La juive* (*L'ebrea*). Fu proprio durante una rappresentazione dell'opera di Halévy che incominciò ad accusare i sintomi di quella polmonite bronchiale che lo costrinse a sospendere la recita e lo portò alla morte (1921). Caruso ancora oggi incarna il mito del tenore: il suo splendido vocale e la sua emissione che da naturale seppe affinarsi fino a diventare pressoché impeccabile, sono testimoniati dalle numerosissime incisioni effettuate in un arco di tempo assai lungo (1902-20) e che lo hanno consacrato come il primo tenore "discografico".

● **CASELLA, ALFREDO**
(Torino 1883 - Roma 1947)
Compositore italiano. Nato in una famiglia di musicisti, iniziò giovanissimo lo studio del pianoforte. Nel 1896 si trasferí a Parigi, dove, oltre che a dedicarsi agli studi, diede inizio all'attività concertistica come pianista. Nel 1915 fece ritorno in Italia e nel giro di pochi anni si impose come una delle principali figure della storia musicale italiana, sia come compositore che come promotore di iniziative atte al recupero di autori del passato (Settimane Musicali Senesi). Come compositore d'opera ha scritto *La donna serpente* (Roma, 1932), *La favola di Orfeo* (Venezia, 1932) e *Il deserto tentato* (Firenze, 1937).

● **CASKEN, JOHN**
(Barnsley, Yorkshire 1949)
Compositore inglese. Ha compiuto gli studi musicali alla Birmingham University per poi perfezionarsi in Polonia, dove ha seguito i corsi di A. Dobrowolski. Fondamentale nella sua formazione musicale è stato l'incontro con il compositore polacco W. Lutoslawski, dal quale ha assimilato uno stile molto sobrio e chiaro nell'uso dell'armonia. Dopo il suo ritorno in Inghilterra, Casken ha preso parte a importanti rassegne di musica contemporanea: al Bath Festival (1980), a quello di Musica Nova a Glasgow (1984), all'Huddersfield Festival (1986) e al Music Today Festival di Tokyo (1990). Nel 1989 è stata rappresentata a Londra la sua opera *Golem*, che gli è valsa il primo premio al "Britten Award for Composition" (1990). Attualmente insegna musica alla Durham University.

♦ **CASOLLA, GIOVANNA**
(Napoli 1945)
Soprano italiano. Allieva di M. Lauro al Conservatorio San Pietro a Maiella di Napoli, dove si è diplomata, ha esordito nel 1977 al Festival di Spoleto, nella prima esecuzione mondiale dell'opera *Napoli Milionaria* di N. Rota. Si è quindi prodotta in numerosi teatri italiani, tra cui La Scala di Milano, dove ha esordito nel 1982 nel *Tabarro* di Puccini (ripresa poi 1987). Alla Scala ha poi interpretato *La fanciulla del West* di Puccini, con la direzione di L. Maazel (1991); di rilievo la sua interpretazione di Eboli nel *Don Carlo* di Verdi al Metropolitan di New York, nel 1986, che ha segnato il suo esordio americano (ruolo che ha interpretato su alcuni dei maggiori palcoscenici: al Comunale di Firenze, 1985; alla Fenice di Venezia, 1992; all'Arena di Verona, ecc.) e nella *Tosca* a Filadelfia diretta da R. Muti. Presente in numerosi teatri europei (Staatsoper di Vienna, Monaco di Baviera,

In alto:
il tenore italiano Enrico Caruso.

A destra:
il compositore italiano Alfredo Casella.

Bruxelles, ecc.), la Casolla, grazie a un non comune temperamento drammatico e vocale, è una delle maggiori interpreti di *Tosca, Fanciulla del West, Tabarro* di Puccini, oltre che di *Andrea Chénier* di Giordano, *Cavalleria rusticana* di Mascagni e di altre opere cosiddette "veriste". Proprio per le sue importanti interpretazioni in tale repertorio, nel 1991 ha ricevuto il prestigioso riconoscimento "Luigi Illica".

♦ CASSELLO, KATLEEN
(Wilmington, Delaware 1958)
Soprano statunitense, naturalizzato italiano. Ha studiato con D. Pressley a Newark, Delaware. Nel 1984, grazie alla vittoria ottenuta al Concorso "Austrian-American" di Wilmington, ha potuto seguire un corso di perfezionamento a Salisburgo (1984). Ancora tra il 1984 e il 1985 ha ottenuto importanti riconoscimenti in vari concorsi di canto, tra cui quelli intitolati a "Francesco D'Andrade" a Oporto, il "Francisco Vinas" di Barcellona, il "Pavarotti" di Filadelfia e il "Mozart" di Salisburgo. Grazie a quest'ultima affermazione ha potuto esordire all'Opera di Amburgo come Regina della notte nello *Zauberflöte* (*Il flauto magico*) di Mozart (1985), un ruolo che ha poi interpretato con grande successo a Francoforte, Berlino (Deutsche Oper), Bolscioi di Mosca (1986), Staatsoper di Vienna, Ginevra, ecc. Grazie alla sua vocalità essenzialmente di soprano lirico corposa nei centri, estesa e particolarmente predisposta alla coloratura, la Cassello ha affrontato, oltre a numerosi ruoli mozartiani (Donna Anna, Fiordiligi, Costanze, Vitellia, ecc.) quelli di protagonista in *Traviata, Rigoletto, Lucia di Lammermoor, Manon*, ecc. Nel 1992 ha esordito in Italia, all'Arena di Verona, come Musetta (*La bohème*). Ha quindi cantato *Lucia di Lammermoor* a Treviso e Palermo (1992) e *La traviata* a Orange (1993).

♦ CASSILY, RICHARD
(Washington 1927)
Tenore statunitense. Ha studiato al Conservatorio di Baltimora (1946-52). Ha debuttato a New York in un'opera di Menotti *The Saint of Bleecker Street* (*La Santa di Bleecker Street*), 1955. Dopo aver cantato per alcune stagioni alla New York City Opera, nel 1965 è stato invitato a interpretare Radames (*Aida*) all'Opera di Stato di Amburgo. È quindi entrato a far parte della compagnia stabile del teatro tedesco, non tralasciando però l'attività internazionale nei maggiori teatri e festival europei. Tenore lirico-spinto, Cassily si è affermato in un repertorio piuttosto ampio, comprendente opere italiane e tedesche: *Pagliacci, Fidelio, Otello, Parsifal, Tannhäuser, Der Freischütz* (*Il franco cacciatore*).

★ CASTELLO DEL PRINCIPE BARBABLÚ, IL
vedi *Kékszakállú herceg vára, A*

● CASTOR ET POLLUX
(*Castore e Polluce*)
Tragedia lirica in un prologo e cinque atti di Jean-Philippe Rameau (1683-1764), su libretto di P.-J. Bernard. Prima rappresentazione: Parigi, Opéra, 24 ottobre 1737.

PROLOGO. Minerva (soprano) e Amore (tenore) implorano Venere (soprano) che incateni il dio della guerra. La dea compare, con Marte (basso) incatenato ai suoi piedi: il mondo appare piú bello e tutti gioiscono per la pace ritrovata.
TRAGEDIA. Telaira (soprano) piange la morte dell'amato Castore (tenore). Arriva trionfante Polluce (basso), che annuncia di aver vendicato la morte del fratello Castore e confessa a Telaira il suo amore per lei. La donna gli chiede di scendere agli Inferi e riportare in vita Castore. Polluce invoca Giove per riavere il fratello. Ma solo a una condizione Castore può ritornare in vita: che Polluce si sostituisca a lui nel regno dei morti. La principessa Febea (soprano), innamorata di Polluce, cerca di impedire che scenda all'Ade, ma, scoperto il suo amore per Telaira, disperata incita i demoni contro l'eroe, il quale però, vincendo le forze dell'oltretomba, raggiunge il fratello Castore. Questi non vuole accettare la vita in cambio di quella del fratello. Per amore di Telaira, Castore accetta la vita che gli si offre, ma solo per un giorno. L'incontro fra Telaira e Castore è drammatico, perché l'uomo annuncia di essere tornato solo per un giorno. Ma ecco apparire Giove (basso): impietosito e ammirando l'amore e la virtú dei due fratelli, libera Polluce e lo riunisce a Castore, invitandoli a prender posto fra le costellazioni immortali.
Terza opera di Rameau, dopo *Hippolyte et Aricie* e *Les Indes galantes* (Le Indie galanti). Come per le due precedenti, anche per *Castor et Pollux* il successo fu notevole: venne rappresentata duecentocinquantaquattro volte dal 1737 al 1785, un numero notevole di repliche per l'epoca. Rameau riprese l'opera nel 1754 rinnovandola completamente: il cambiamento si mostrò senz'altro benefico, portando a un irrobustimento della musica e a una maggiore compattezza. Per la critica *Castor et Pollux* è il capolavoro drammatico di Rameau.

● CATALANI, ALFREDO
(Lucca 1854 - Milano 1893)
Compositore italiano. Dopo aver studiato al Liceo Musicale di Lucca, si perfezionò in pianoforte e composizione a Parigi. Ritornato in Italia (1873), proseguí gli studi al Conservatorio di Milano. Qui compose la sua prima opera, *La falce* (1875), su libretto di A. Boito. Seguirono: *Elda* (Torino, 1880), *Dejanice* (Milano, 1883) ed *Edmea* (Milano, 1886). Nel 1890 Catalani rappresentò *Loreley*, rifacimento di *Elda*. Sono questi gli anni della sua massima creatività, che culmina con la composizione di *Wally* (Milano, 1892). In quest'opera Catalani raggiunge il perfetto equilibrio del suo linguaggio espressivo: ricerca di un colore naturalistico (nel caso di *Wally* le melodie tirolesi), un'intensità drammatica che guarda alla scuola veristica e un'intensa vena lirica di chiara matrice pucciniana.

● CATERINA CORNARO
Opera in un prologo e due atti di Geatano Donizetti (1797-1848), su libretto di G. Sacchero tratto da quello della Reyne de Chypre *di Saint-Georges. Prima rappresentazione: Napoli, Teatro San Carlo, 12 gennaio 1844.*

Il soprano italiano Giovanna Casolla nel *Don Carlo*, di G. Verdi.

CATONE IN UTICA

L'azione si svolge a Venezia e a Nicosia nel 1472. Nella grande sala di palazzo Cornaro si stanno celebrando le nozze tra Gerardo (tenore), cavaliere francese, e Caterina (soprano), figlia di Andrea Cornaro (basso). La cerimonia è sospesa da un uomo mascherato il quale, in un colloquio segreto con Andrea, si rivela essere Mocenigo (basso), membro del Consiglio dei Dieci e ambasciatore veneziano a Cipro. Su ordine del governo veneziano, Caterina dovrà sposare Lusignano (baritono), re spodestato di Cipro: con questo matrimonio politico Lusignano avrà il sostegno di Venezia per riconquistare il trono, mentre la Repubblica veneta tornerà ad avere il predominio sull'isola. Caterina deve accettare, altrimenti Gerardo verrà ucciso. In un drammatico duetto Caterina, per salvare Gerardo, rinnega i suoi sentimenti. Gerardo si allontana maledicendo la donna amata. A Cipro, Lusignano si è ormai reso conto di essere una pedina in mano ai veneziani; gli sgherri di Mocenigo gli tendono un agguato, ma l'intervento di un cavaliere lo salva. Il cavaliere è Gerardo che, dopo aver offerto la sua amicizia al re, apprende dalla stessa Caterina la vera ragione della loro divisione. Il complotto contro Cipro è però a una svolta drammatica. Le navi veneziane stanno per sferrare l'attacco decisivo alla città. Gerardo a capo delle truppe di Lusignano porta alla vittoria i cipriotti. Il re però è ferito a morte e spira tra le braccia di Caterina che giura di difendere il regno.

Sebbene appartenga al Donizetti minore, *Caterina Cornaro* è un'opera assolutamente non priva di interesse, ricca di momenti ispirati e di grande espressività lirica e tenuta teatrale. All'inizio degli anni Settanta ha goduto un momento di popolarità grazie alle interpretazioni di cantanti del calibro di M. Caballé e L. Gencer.

● **CATONE IN UTICA**
Melodramma in tre atti di Antonio Vivaldi (1678-1741), su libretto di P. Metastasio. Prima rappresentazione: Verona, Teatro Filarmonico, primavera 1737, di fronte a Carlo Alberto, principe elettore di Baviera.

Una scena dalla *Cavalleria rusticana*, di P. Mascagni.

Marzia (soprano), figlia di Catone (tenore), ama Cesare (soprano) ed è amata da Arbace (soprano), principe di Numidia e alleato del padre della giovane. Fulvio (mezzosoprano), appartenente al partito cesariano, ama Emilia (mezzosoprano), vedova di Pompeo e figlia di Scipione. Marzia, per il suo amore verso Cesare, rifiuta la mano di Arbace. Catone è a colloquio con il generale romano che assedia la città di Utica: alle sue proposte di pace egli risponde di lasciare Roma libera dalla sua dittatura. Marzia cerca di convincere il padre a favore di Cesare, Emilia di attirare a sé Fulvio perché uccida Cesare. Ma Catone, quando viene a sapere del suo amore per il tiranno di Roma, caccia la figlia. Emilia intanto tenta il tutto per tutto per eliminare Cesare e riesce ad assalirlo con la spada sguainata: giungerà Fulvio a salvarlo. I soldati del generale hanno intanto vinto la resistenza di Utica e Catone muore davanti al generale vittorioso. Ma Cesare rifiuta ogni onore per il suo trionfo, perché il suo prezzo è per lui intollerabile: con Catone muore un suo irriducibile nemico, che è però l'ultimo vero cittadino di Roma.

Il *Catone* metastasiano era già stato musicato da L. Vinci (1728) e da J.A. Hasse (1731). Del *Catone in Utica* di Vivaldi sono rimasti il secondo e il terzo atto, mentre è andato perduto il primo atto che, stando a quello che ci ha tramandato lo stesso Vivaldi, era composto da recitativi e arie di vari compositori. Il dramma di Metastasio era giudicato troppo audace perché prevedeva la morte in scena del protagonista; il poeta dovette quindi approntare un lieto fine per non turbare i gusti del pubblico. Questa è la versione musicata da Vivaldi e sebbene non sia una delle sue opere migliori, contiene pagine di altissimo valore musicale che ne testimoniano la maturità stilistica come operista.

★ **CAVALIERE DELLA ROSA, IL**
vedi *Rosenkavalier, Der*

★ **CAVALIERI DI EKEBÚ, I**
Dramma lirico in quattro atti di Riccardo Zandonai (1883-1944), su libretto di A. Rossato, tratto dal romanzo Gösta Berlings saga *di S. Lagerlöf. Prima rappresentazione: Milano, Teatro alla Scala, 7 marzo 1925.*

Ekebú, terra di Svezia. Il prete Gösta Berling (tenore) è stato privato dell'ufficio e allontanato dal presbiterio perché dedito all'alcool. Scacciato da un'osteria e rimproverato dalla ragazza che ama, Anna (soprano), vorrebbe morire. La "comandante" (mezzosoprano), padrona delle ferriere e castellana di Ekebú, gli offre un lavoro tra i "cavalieri", altri sbandati ex militari, mezzo avventurieri e mezzo bohémien, che ha raccolto. Gösta dichiara pubblicamente ad Anna, durante uno spettacolo di Natale, che l'ama. I due si baciano. Il malvagio Sintram (basso) insinua che la comandante ha venduto al diavolo le anime dei cavalieri e viene così scacciata. Ritorna in un secondo momento, ammalata, quando già i cavalieri hanno deciso di richiamarla. La donna perdona tutti e prima di morire lascia le sue proprietà a Gösta e Anna. I cavalieri ritornano al loro solito lavoro.

È forse la più interessante partitura di Zandonai. L'opera ebbe successo trionfale anche a Stoccolma, dove venne rappresentata nel 1928 per il settantesimo compleanno della Lagerlöf.

● **CAVALIERI, EMILIO DE'**
(Roma 1545 ca.-1602)
Compositore italiano. Grazie al padre, amico di Michelangelo, fu introdotto negli ambienti più raffinati della cultura romana, dove si mise in luce per le notevoli qualità artistiche.

Già a partire dal 1557 operava in campo musicale a San Marcello, mentre per la chiesa di Santa Maria in Aracoeli construí due organi. Fu anche a Firenze a servizio di Ferdinando de' Medici per il quale scrisse alcune pagine de *La pellegrina*, il celebre "intermezzo" dato in occasione delle nozze del granduca con Cristina di Lorena (1589). Nel 1600 si stabilí definitivamente a Roma, dove restò fino alla morte e dove compose quello che è considerato il suo capolavoro, l'allegoria drammatica *Rappresentatione di anima et di corpo*, rappresentata nel febbraio del 1600. Non si può considerare una vera e propria opera, piuttosto una sorta di "opera sacra", vicina alla sacra rappresentazione, che costituí il primo esempio romano di quelli che erano i cambiamenti dello stile vocale che stava abbandonando la polifonia a favore della monodia.

CAVALLERIA RUSTICANA
Melodramma in un atto di Pietro Mascagni (1863-1945), su libretto di G. Targioni-Tozzetti e G. Menasci, tratto dall'omonima novella di G. Verga. Prima rappresentazione: Roma, Teatro Costanzi, 17 maggio 1890.

In un paese della Sicilia alla fine dell'Ottocento. Turiddu (tenore), prima che partisse per il servizio militare, era stato promesso sposo di Lola (mezzosoprano). Ma il giovane, al suo ritorno, l'ha trovata maritata al carrettiere Alfio (baritono); dopo aver tentato di consolarsi con Santuzza (soprano), non ha però cessato di corteggiare Lola, con la quale anzi intrattiene una relazione. Santuzza, profondamente innamorata di Turiddu, cerca di convincerlo a ritornare da lei, ma egli, infastidito dalla gelosia della donna, la respinge con violenza. Santuzza lo maledice e rivela ad Alfio l'infedeltà di Lola. Il carrettiere giura di vendicarsi. Mentre Turiddu sta bevendo all'osteria insieme a Lola e ad altri paesani, sopraggiunge Alfio, che provoca e sfida a duello Turiddu. Turiddu ha un ultimo pensiero di pietà per Santuzza e la raccomanda a sua madre Lucia (contralto), alla quale poi chiede di essere benedetto. Turiddu quindi si allontana. Poco dopo giunge un mormorio lontano, poi il grido delle donne che annuncia la morte di Turiddu.

L'opera vinse il primo premio di un concorso bandito nel 1888 dall'editore Sonzogno e alla prima rappresentazione ottenne un clamoroso successo. Un successo che ancora oggi accompagna quest'opera. All'efficace libretto, che rappresenta uno degli incontri piú felici tra linguaggio musicale e linguaggio letterario, la musica di Mascagni risponde con la sua forte carica di passionalità che si esprime in un canto appassionato e immediato.

CAVALLI, FRANCESCO
(Crema, Cremona 1602 - Venezia 1676)
Compositore italiano. Pseudonimo di Pier Francesco Caletti Bruni. Ebbe i primi insegnamenti musicali dal padre, poi, grazie alla protezione del nobile veneziano Federigo Cavalli, per un periodo podestà di Crema, Francesco si recò nel 1616 a Venezia al seguito del gentiluomo. Qui fu probabilmente allievo di C. Monteverdi ed entrò alla Cappella di S. Marco, assumendo il nome del suo protettore. Nel 1639 venne rappresentata la sua prima opera, *Le nozze di Teti e Peleo*. Fu l'inizio di una intensissima attività che vide Cavalli comporre opere, principalmente per i teatri veneziani, ma anche per Milano (*Orione*, 1653) e Parigi (*Ercole amante*, 1662). Cavalli è, dopo Monteverdi, il principale esponente della cosiddetta scuola operistica veneziana. Tra le sue opere ricordiamo anche *Egisto* (1643), *Ormindo* (1644), *Giasone* (1649), *Calisto* (1651), *Serse* (1654) ed *Erismena* (1655), che hanno goduto anche di recenti riprese sceniche.

CECCATO, ALDO
(Milano 1934)
Direttore d'orchestra italiano. Ha studiato al Conservatorio di Milano e si è quindi perfezionato alla Hochschule di Berlino e all'Accademia Chigiana di Siena (1961-63). Nel 1964 ha debuttato al Teatro Nuovo di Milano con *Don Giovanni*. Dopo aver diretto in numerosi teatri italiani, compresa La Scala (1967), ha iniziato la carriera internazionale che l'ha visto debuttare al Covent Garden di Londra nel 1970 (*La traviata*), a Glyndebourne in *Ariadne auf Naxos* (*Arianna a Nasso*) nel 1971. È stato anche direttore delle orchestre di Detroit (1973-77), Amburgo (1972-83) e dal 1985 dei complessi di Bergen e della N.D.R. di Hannover. Tra le sue piú recenti esibizioni teatrali ricordiamo *Maria Stuarda* di Donizetti al Festival "Donizetti e il suo tempo" di Bergamo (1989).

CECCHINA OSSIA LA BUONA FIGLIOLA
Opera in tre atti di Niccolò Piccinni (1728-1800), su libretto di C. Goldoni. Prima rappresentazione: Roma, Teatro delle Dame, 6 febbraio 1760.

Cecchina (soprano) è una povera figliola, raccolta in tenera età dal marchese della Conchiglia (tenore) e cresciuta nella sua casa. La fanciulla è innamorata del marchese ed è da questo corrisposta. L'unione però non è vista di buon occhio da Lucinda (soprano), sorella del marchese, perché teme che le oscure origini della ragazza possano essere di ostacolo al proprio matrimonio con il cavaliere Armidoro (soprano). Ella tenta perciò di impedire la realizzazione dell'amore tra Cecchina e il marchese, sfruttando anche l'invidia delle sue cameriere Sandrina (soprano) e Paoluccia (mezzosoprano), che calunniano l'onestà di Cecchina. A porre termine a questa situazione giunge il

Una scena da *Cecchina ossia La buona figliola*, di N. Piccinni.

corazziere Tagliaferro (basso buffo), cui è stato affidato il compito di cercare la figlia di un barone tedesco che era stata abbandonata ancora in fasce, dopo che le era morta la madre durante la guerra. Si scopre cosí che Cecchina altri non è che la giovane baronessa Marianna: ora la fanciulla e il marchese, e anche Lucinda e Armidoro possono sposarsi.

Nella *Cecchina* Piccinni ha introdotto, accanto alla tradizionale tipologia comica, drammi sentimentali che rifondono nell'opera una nuova spiritualità. Il lavoro ebbe subito un'enorme fortuna e il suo strepitoso successo continuò fino alla fine del XVIII secolo. A Roma si diffuse anche una "moda alla Cecchina" e parecchi locali pubblici si chiamarono con il suo nome.

★ CECILIA
Mistero in tre episodi e quattro quadri di don Licinio Refice (1883-1954), su libretto di E. Mucci. Prima rappresentazione: Roma, Teatro dell'Opera, 15 febbraio 1934.

Nella casa dei nobili Valerii fervono i preparativi per ricevere Cecilia (soprano), promessa sposa di Valeriano (tenore). Fra gli schiavi corre voce che la giovane sia cristiana. Giungono Tiburzio (baritono), fratello di Valeriano, e quindi lo sposo, acclamato dalla folla, seguito poco dopo dal corteo nuziale di Cecilia. Gli sposi restano infine soli e Valeriano esprime a Cecilia il suo amore e tutto il desiderio che nutre per lei. La giovane, pur corrispondendo ai sentimenti dello sposo, sente palpitare dentro il suo cuore un amore ancora piú grande e, in nome di questo, rifiuta di concedersi a Valeriano, che non riesce a comprenderla. Appare un angelo a difendere la purezza di Cecilia, e i due si recano alla catacomba. Una serie di prodigi annulla le ultime perplessità di Valeriano che, ormai conquistato al Cristianesimo, cade in ginocchio. Il vescovo Urbano (basso) lo battezza e la felicità dei due sposi è ora perfetta, con la benedizione divina. Nell'ultimo episodio Valeriano e Tiburzio sono uccisi. Cecilia è posta sotto processo. Amachio (baritono), prefetto di Roma, tenta di convincerla ad abiurare, anche col fuoco: ma una pioggia di rose la ristora. Cecilia viene infine brutalmente uccisa da un soldato. La sua casa sarà trasformata in un tempio.

Cecilia è il piú grosso successo teatrale di Refice. Un successo in parte dovuto alla splendida interpretazione di C. Muzio, che ne fu la prima interprete. Anche in successive riprese *Cecilia* si è legata al nome di importanti cantanti, come R. Tebaldi, che la interpretò nel 1953, e R. Scotto, nel 1976 nella prima americana dell'opera a New York.

● CENDRILLON
(Cenerentola)
Opera fiabesca in quattro atti e sei quadri di Jules Massenet (1842-1912), su libretto di H. Cain, ispirato alla fiaba di C. Perrault. Prima rappresentazione: Parigi, Opéra-Comique, 24 maggio 1899.

Madame de la Haltière (mezzosoprano) si reca al gran ballo del principe con le due figlie Noemi (soprano) e Dorotea (mezzosoprano). A casa rimane la figliastra Lucietta (soprano), chiamata Cenerentola. La fanciulla si addormenta e in sogno le appare la fata (soprano leggero) che trasforma il suo povero vestito in un magnifico abito da ballo. Cenerentola si precipita fuori; ma dovrà essere di ritorno per mezzanotte. Nella sala da ballo del palazzo reale, il principe (soprano) è completamente insensibile alle attenzioni affettuose delle due sorellastre di Cenerentola. Ma ecco che l'improvviso arrivo in incognito di Cenerentola lo scuote: egli è letteralmente affascinato dalla bellezza e dalla grazia della fanciulla. Invano cerca di trattenerla con tenere parole d'amore: suona la mezzanotte e Cenerentola scappa perdendo una scarpetta. Le sorellastre ritornano dal ballo. Inviperite, narrano la scandalosa comparsa di una sconosciuta non invitata a corte e ingenerano in Cenerentola il sospetto che il principe dubiti della sua purezza di cuore. Sconvolta la fanciulla decide di trovare la morte nel bosco delle fate, dove giunge anche il principe che, felice di ritrovarla, le offre il cuore per mostrarle la sincerità del suo amore. A questo punto le fate li fanno addormentare in modo che l'avventura sembri loro un bel sogno. Cenerentola è stata trovata svenuta nel bosco e si è appena rimessa da una grave malattia. Dalla strada giunge la voce di un araldo: annuncia che il principe riceverà personalmente le fanciulle che andranno a provare la scarpetta perduta dalla sconosciuta. Cenerentola si convince che il suo non è stato un sogno. Nella reggia. La fata conduce Cenerentola, che porta nelle mani il cuore del principe da lui donatole nel bosco fatato. Il principe può finalmente stringere tra le braccia la bella amata, coronando il suo sogno d'amore.

Per quanto l'autore vi abbia profuso la sua fluente vena melodica, lavorando con cura alla partitura, l'opera risulta appesantita da schemi musicali da lui troppo spesso usati. Anche il tentativo, implicito nella scelta del libretto, di creare un'opera francese simile a quella tedesca allora di moda, *Hänsel und Gretel* di E. Humperdinck, si può considerare non del tutto riuscito.

● CENERENTOLA, LA OSSIA LA BONTÀ IN TRIONFO
Melodramma giocoso in due atti di Gioachino Rossini (1792-1868), su libretto di J. Ferretti. Prima rappresentazione: Roma, Teatro Valle, 25 gennaio 1817.

Nel palazzo del barone don Magnifico, Angelina (contralto), detta Cenerentola, abita con Clorinda (soprano) e Tisbe (mezzosoprano), le due capricciose figlie del barone, suo patrigno. La ragazza viene trattata come una serva e umiliata in tutti i modi. Essa è di animo nobile: aiuta un

Una scena dalla *Cenerentola*, di G. Rossini.

mendicante (basso) mentre le sorelle lo scacciano da casa (in realtà è Alidoro, maestro del principe Ramiro). Frattanto un gruppo di cavalieri annuncia che il principe Ramiro (tenore) darà un ricevimento e sceglierà la sposa tra le dame invitate. Il principe stesso, sotto le spoglie del suo cameriere Dandini (baritono), che a sua volta si è travestito da principe e lo accompagna, si reca alla casa delle ragazze. Egli ammira la gentile Cenerentola e subito se ne innamora. Ma la giovane, per la gelosia delle sorellastre, viene lasciata a casa. Al palazzo, durante la festa, appare una bella sconosciuta. È Cenerentola che indossa un meraviglioso abito che Alidoro le ha fatto indossare. Tutti l'ammirano e notano la somiglianza dell'ignota con la figliastra di don Magnifico. Cenerentola rifiuta le proposte del falso principe, impersonato da Dandini, e gli dichiara di essere innamorata del suo cameriere, che in realtà è il vero principe. Ramiro esulta tra sé. Dandini, intanto, ha svelato di non essere il principe a don Magnifico che, furente, ritorna a casa con Tisbe e Clorinda; qui Cenerentola li ha preceduti e, smesso l'abito sfarzoso, è intenta alle faccende domestiche. Arriva il principe Ramiro, si fa riconoscere e chiede in sposa la fanciulla. Sala con trono. Cenerentola e il principe ricevono gli omaggi dei dignitari; fra gli altri vi sono il patrigno e le sorellastre. Cenerentola dimostra ancora la sua nobiltà d'animo, perdonando tutti i torti subiti. Vivrà così felice con il principe suo sposo.

Tratto dal racconto di Perrault, il libretto di Ferretti è privo delle trame fantasiose che apparivano nell'originale, perché secondo il librettista gli elementi fiabeschi sarebbero risultati poco credibili sul palcoscenico. La prima, davanti al pubblico romano, non ebbe successo, ma già dalla sera successiva l'accoglienza fu piú che positiva.

♦ CERQUETTI, ANITA
(Montecosaro, Macerata 1931)
Soprano italiano. Studiò a Perugia, debuttando a Spoleto nel 1951 come Aida. Un esordio che segnò l'inizio di una folgorante carriera che affermò la Cerquetti in tutto il mondo. All'ampiezza e all'omogeneità e intensità del suono accompagnava un'emissione morbida e duttile sull'intera gamma sonora. La Cerquetti si impose come il primo soprano "drammatico d'agilità" del dopo Callas: ammirata Norma, Abigaille, Leonora, Leonora di Vargas, Elvira. Quasi certamente per un eccesso di attività, la cantante conobbe un rapido declino, subendo anche un'operazione alla gola che pose definitivamente fine alla sua brillante carriera (1961).

● CESTI, ANTONIO
(Arezzo 1623 - Firenze 1669)
Compositore italiano. Nel 1637 entrò nell'ordine dei Frati Minori Conventuali di Volterra. Tra il 1647 e il 1649 ricevette gli ordini sacerdotali, cosa che non gli impedí di prendere parte anche come interprete alla prima rappresentazione della sua prima opera, *Orontea* (Venezia, 1649), che gli diede subito grande fama. Nel 1659, grazie anche all'intervento di papa Alessandro VII, lasciò il monacato per diventare prete secolare. Condusse quindi una vita quanto mai intensa e avventurosa nelle maggiori corti italiane, per giungere poi a Vienna, dove raggiunse la sua massima popolarità. Tra il 1666 e il 1667 compose la sua opera piú famosa, *Il pomo d'oro*, allestita in occasione delle nozze dell'imperatore d'Austria. Erede di Monteverdi e diretto concorrente di Cavalli, Cesti ebbe, a differenza del rivale, una piú felice vena lirica, espressa in particolare nel largo uso dell'aria che con Cesti trova la prima importante dimensione belcantista.

● CHABRIER, ALEXIS-EMMANUEL
(Ambert, Auvergne 1841 - Parigi 1894)
Compositore francese. Pur dedicandosi in modo discontinuo alla musica, fu amico di musicisti e poeti, frequentando i piú importanti ambienti artistici parigini dove si legò a intellettuali francesi di primo piano, come Manet, Massenet, Verlaine, Fauré, tanto che va considerato uno dei padri dell'Impressionismo in musica. Nel 1877 compose la sua prima opera *L'étoile* (La stella), seguita da *Une éducation manquée* (Una educazione mancata) nel 1879. Dopo aver ascoltato *Tristan und Isolde* (Tristano e Isotta) a Monaco, Chabrier decise di dedicarsi completamente alla composizione. Le influenze wagneriane sulla sua musica sono evidenti nell'opera *Gwendoline*, che, rifiutata dall'Opéra di Parigi, venne rappresentata a Bruxelles nel 1886. In quello stesso anno vide le scene anche *Le roi malgré lui* (Il re suo malgrado), considerato il suo capolavoro. Nel 1889 iniziò la composizione di *Briséis*, rimasta incompiuta per la sopravvenuta malattia e morte del compositore. L'opera andò in scena postuma nel 1899 a Berlino.

In alto:
bozzetto per una scena del *Pomo d'oro*, di A. Cesti.

A sinistra:
il compositore francese Alexis-Emmanuel Chabrier.

● **CHAILLY, LUCIANO**
(Ferrara 1920)
Compositore italiano. Ha compiuto gli studi musicali a Ferrara, Bologna e Milano, dove si è diplomato in composizione. Nel 1948 ha avuto modo di incontrare a Salisburgo P. Hindemith: la lezione hindemithiana sarà determinante nel rigore e nella compattezza stilistica che si evidenzieranno nelle future composizioni di Chailly. Al teatro musicale Chailly ha iniziato a dedicarsi nel 1955 con la sua prima opera *Ferrovia sopraelevata*, su testo di D. Buzzati, rappresentata a Bergamo. Due anni dopo, nel 1957, è andata in scena alla Piccola Scala *Una domanda di matrimonio*, tratta da un opera di Čecov. Per il teatro d'opera Chailly ha poi composto: *Il canto del cigno* (Bologna, 1957), *La riva delle Sirti* (Montecarlo, 1959), *Procedura penale* (Como, 1959), *Il mantello* (Firenze, 1960), *Era proibito* (Milano, 1963) e *L'idiota* (Roma, 1970).

■ **CHAILLY, RICCARDO**
(Milano 1953)
Direttore d'orchestra italiano. Figlio del compositore Luciano, ha iniziato gli studi musicali con il padre per proseguirli poi al Conservatorio di Milano. Si è quindi perfezionato all'Accademia Chigiana di Siena con F. Ferrara. Nel 1972 ha debuttato al Teatro Nuovo di Milano (*Werther* di Massenet). Diventato assistente di C. Abbado alla Scala, ha iniziato parallelamente a dirigere in importanti sedi teatrali e concertistiche. Dal 1974 è ospite dell'Opera di Chicago, e dal 1977 all'Opera di S. Francisco. Nel 1978 ha ufficialmente debuttato alla Scala con *I masnadieri* di Verdi. Dal 1986 è direttore musicale del Teatro Comunale di Bologna dove ha diretto *I vespri siciliani* (1986), *La traviata* (1987), *Falstaff* (1987), *La walkiria* (1988), *Giovanna d'Arco* (1989), *Don Giovanni* (1990).

★ **CHARLOTTE CORDAY**
Opera in tre atti di Lorenzo Ferrero (n. 1951), su libretto di G. Di Leva. Prima rappresentazione: Roma, Teatro dell'Opera, 21 febbraio 1989.

Parigi, 13 luglio 1793. Charlotte (soprano), partita dalla città natale di Caen, giunge a Parigi all'alba. Qui incontra Camille (tenore), suo amico d'infanzia, ora deputato alla Convenzione. Charlotte trova Camille deluso dalla Rivoluzione. Pieno di paure e di sospetti, l'uomo si allontana dando appuntamento a Charlotte per il pomeriggio dello stesso giorno. Ormai si è fatto giorno e mentre un gruppo di bambini si diverte con un macabro gioco alla ghigliottina, Charlotte attira l'attenzione di Gaston (baritono), guardia del corpo e confidente di Marat. Il loro colloquio è però interrotto da un tafferuglio. Rimasta sola, Charlotte è avvicinata da un'ambulante (contralto), dalla quale decide di comprare uno scialle e un pugnale. Poco dopo giunge Marat (basso), il quale nota subito lo sguardo di Charlotte, rimanendone turbato. Sul Campo di Marte. Camille e Charlotte si ritrovano. Ai sentimenti di delusione dell'uomo, Charlotte risponde incitandolo a compiere gesta esemplari. Un ubriaco (baritono), molestando il dialogo tra Charlotte e Camille, lancia al deputato accuse di tradimento. Ne nasce una disputa che rischia di degenerare, se inaspettatamente non intervenisse Marat il quale, mostrandosi clemente, liquida la questione con un gesto scherzoso; quindi, accusando un attacco del suo male, si ritira nella sua casa. Marat, nella tinozza a cui lo costringe la malattia, si risveglia da un breve sonno. Poco dopo gli si presenta di fronte Charlotte. La donna accusa Marat di aver tradito la Rivoluzione insanguinando la Francia. L'uomo dapprima si difende con fierezza poi, trovando insensate le accuse di Charlotte, si mostra annoiato da questo incontro. A questo punto Charlotte lo pugnala e in questo istante Marat si spiega perché lo sguardo di Charlotte lo aveva turbato.

Settima esperienza teatrale di L. Ferrero, nata in occasione delle celebrazioni per il bicentenario della Rivoluzione francese. Il compositore torinese, perfettamente conscio che il melodramma ha un suo modo di "comunicare", che si può definire "tradizionale", cita quelle che egli chiama «le convenzioni comunicative» del melodramma, espresse però attraverso un'armonia che si collega all'«unico vero linguaggio contemporaneo (che altro non è se non la complessa fusione di altri linguaggi), quello del rock».

● **CHARPENTIER, GUSTAVE**
(Dieuze, Lorena 1860 - Parigi 1956)
Compositore francese. Fu allievo di Massenet al Conservatorio di Parigi. Nel 1887 vinse il "Prix de Rome" con la cantata *Didon*. Il lavoro che rese celebre Charpentier è

In alto:
il direttore d'orchestra italiano
Riccardo Chailly.

A destra:
il compositore francese
Gustave Charpentier.

l'opera *Louise* (Luisa) del 1900, che ebbe un grandissimo successo, quanto altrettanto evidente fu il fiasco di quello che voleva essere il seguito del suo capolavoro: *Julien* (1913), infatti, nonostante le rappresentazioni in vari teatri europei e in America, dove ebbe per protagonista Caruso, non riuscí a entrare in repertorio come *Louise*. Il successo di quest'ultima fu cosí importante e duraturo che lo stesso Charpentier nel 1936 diede la supervisione alla trasposizione cinematografica dell'opera.

● CHARPENTIER,
MARC-ANTOINE
(Parigi 1636-1704)
Compositore francese. A quattordici anni venne in Italia, dove studiò con G. Carissimi a Roma. Al suo ritorno a Parigi, nel 1662, si fece subito conoscere come compositore collaborando con Molière al Théâtre Français. La sua prima opera fu *David et Jonathas* (1688). L'affermazione definitiva di Charpentier giunse dopo la morte di Lully, al quale il musicista successe all'Académie Royale de Musique, dove si rappresentò la sua opera piú famosa, *Médée* (Medea) del 1693. Charpentier è senza dubbio il compositore d'opera piú famoso a cavallo tra Lully e Rameau.

● CHAUSSON, ERNEST
(Parigi 1855 - Limay, Seine-et-Oise 1899)
Compositore francese. Avviato agli studi di legge, fu solo in un secondo tempo che poté dedicarsi alla musica, diventando allievo di C. Franck. Convinto estimatore di Debussy e acceso wagneriano, Chausson compose tre opere: *Les caprices de Marianne* (I capricci di Marianna), 1882, *Hélène* (Elena), (1883-86), e *Le roi Arthus*, (Re Artú) che fu l'unica a essere rappresentata nel 1903 e che testimonia le affinità di Chausson al teatro wagneriano, *Tristan und Isolde* (Tristano e Isotta) in particolare. Morí in seguito a una caduta in bicicletta.

♦ CHERNOV, VLADIMIR
(Krasnodar 1953)
Baritono russo. Ha iniziato gli studi musicali nella città di Stravropol (1974-76) per poi proseguirli presso il Conservatorio di Mosca (1976-81). Grazie alla vittoria ottenuta al Concorso internazionale di canto "Čajkovskij" di Mosca nel 1982, ha potuto frequentare per un anno la Scuola di perfezionamento del Teatro alla Scala (1982-83). Ritornato in Russia, ha esordito a San Pietroburgo come Germont (*La traviata*) al Teatro Marinskij. Qui si è esibito regolarmente fino al 1990, producendosi in un repertorio che comprendeva opere italiane quali *Il barbiere di Siviglia*, *Don Pasquale*, ecc.), francesi, *Faust*, e russe, *Pikovaja Dama* (La dama di picche), *Evgenij Onegin* (Eugenio Oneghin). Nel 1987 ha cantato, con la compagnia del Kirov di San Pietroburgo in *Pikovaja Dama* e *Evgenij Onegin* al Covent Garden, dove poi è ritornato con *Il barbiere di Siviglia* e *Attila* (1991). Dal 1989 si esibisce regolarmente negli Stati Uniti (*La bohème* a Boston) e dal 1991 al Metropolitan di New York (*Luisa Miller*, *Traviata*, *Don Carlo*, *Trovatore*, *Stiffelio*, ecc.), oltre che in altri importanti teatri degli Stati Uniti (Chicago, San Francisco, Seattle, ecc.). Ha cantato all'Opera di Roma (*Luisa Miller*, 1990), alla Staatsoper di Vienna (*Il barbiere di Siviglia*, *Pikovaja Dama*, 1991-92), al teatro La Monnaie di Bruxelles (*Il barbiere di Siviglia*, 1992) e all'Arena di Verona (*La bohème*, *Don Carlo*, 1992). Grazie alla sua bella vocalità di baritono lirico, omogenea nei vari registri ed estesa, raffinata nel fraseggio, e a una notevole presenza scenica Chernov è oggi uno dei piú quotati interpreti in campo internazionale.

● CHERUBINI, LUIGI
(Firenze 1760 - Parigi 1842)
Compositore italiano. Studiò a Firenze, dove iniziò la carriera come compositore di musica sacra. Nel 1779 scrisse la sua prima opera, *Quinto Fabio*, rappresentata ad Alessandria nel 1780. Al 1783 risale la sua prima opera comica, *Lo sposo di tre, marito di nessuna*, composta per il Teatro S. Samuele di Venezia. Nel 1784 fu a Londra, dove compose due opere (*La finta principessa*, 1785 e *Giulio Sabino*, 1786). Dopo il periodo londinese, Cherubini giunse a Parigi (1786) e vi rimase fino alla morte. Nella capitale francese si affermò con *Lodoïska* (1791), ma il successo vero e proprio giunse con quella che ancora oggi è considerata la sua opera maggiore, *Médée* (Medea) del 1797. Fecero seguito *L'hôtellerie portugaise* (L'osteria portoghese) del 1798 e *Les deux journées* (Le due giornate) del 1800. L'ascesa di Napoleone, ostile al compositore, fece sí che Cherubini decidesse di lasciare Parigi per recarsi a Vienna (1805). Ritornato a Parigi, fu solo nel 1813, quando l'astro napoleonico volgeva al termine, che Cherubini poté tornare all'Opéra, dove rappresentò *Les Abencerages* (Gli Abencerragi). *Alí Babà* (1833) è l'ultimo tributo teatrale di Cherubini. Nonostante la sua musica sia in apparenza circondata da un alone di rigore e austerità, in realtà è quanto mai ricca di fremiti lirici e drammatici che fanno di Cherubini il grande iniziatore del melodramma romantico.

Il compositore italiano Luigi Cherubini.

♦ CHIARA, MARIA
(Piavon di Oderzo, Treviso 1942)
Soprano italiano. Si è formata ai corsi di avviamento del Teatro La Fenice di Venezia. Nel 1965 si è rivelata in una rappresentazione di gala dell'*Otello* di Verdi nel cortile del Palazzo Ducale di Venezia. Sempre lo stesso anno ha debuttato all'Opera di Roma nella prima italiana del *Der junge Lord* (*Giovane Lord*) di Henze. Nel 1966, ancora a Roma, ha cantato per la prima volta *La traviata*, un'opera che poi ha interpretato nei maggiori teatri internazionali. Accanto all'opera verdiana, la Chiara si è affermata in *Turandot* (Liú), *Madama Butterfly*, *Manon Lescaut*, *Bohème* (Mimí), *Suor Angelica*. Nel 1977 ha affrontato *Aida*, opera che ha poi eseguito, a partire dal 1980, all'Arena di Verona e all'inaugurazione scaligera del 1985. Soprano lirico, dal timbro molto bello, caldo e vibrante, con un'emissione omogenea, in particolare nelle mezzevoci. A ciò va aggiunto un fraseggio raffinato e sensibile che si è messo particolarmente in luce in *Aida*, forse la sua interpretazione piú completa e rifinita.

■ CHRISTIE, WILLIAM
(New York 1944)
Direttore d'orchestra e clavicembalista statunitense. Dopo gli studi di pianoforte e organo, si è formato all'Università di Harvard (1962-66), dove ha avuto le prime esperienze musicali. L'incontro nel 1967 con il celebre clavicembalista R. Kirkpatrick, del quale Christie è stato allievo, lo ha indirizzato verso la musica antica. Dopo essersi dedicato per due anni all'insegnamento, all'Università di Darthmouth, ha lasciato gli Stati Uniti per l'Inghilterra. A Londra ha fatto parte dei "Five Centuries Ensemble" (1971-72), con J. Nelson e R. Jacobs si è poi prodotto nel Concerto Vocale (1975). Dal 1978 ha iniziato la creazione di quello che ora è l'*ensemble* vocale e strumentale "Les Arts Florissants", con il quale si dedica alla riscoperta e all'esecuzione della musica antica, in particolare del barocco francese. In campo teatrale ha diretto importanti esecuzioni di *Médée* (*Medea*) nel 1986 e *David et Jonathas* nel 1988 di Charpentier, *Cleofide* di Hasse nel 1987. Particolare interesse hanno poi riscontrato le sue interpretazioni di *Anacréon*,

Hippolyte et Aricie, *Les Indes galantes* (*Le Indie galanti*) di Rameau, e *Atys* di Lully.

♦ CHRISTOFF, BORIS
(Plovdiv 1918 - Roma 1993)
Basso bulgaro. Dopo aver iniziato a cantare come corista, grazie all'intervento del re di Bulgaria poté avere una borsa di studio che gli permise di recarsi in Italia (1943). A Roma studiò con R. Stracciari e debuttò in un concerto all'Accademia di Santa Cecilia (1946). Dopo avere per un breve tempo cantato in alcune parti minori, già a partire dal 1947 Christoff, in virtú di una voce unica, per estensione e potenza, unita a capacità drammatiche e a una notevolissima personalità scenica, si affermava in ruoli di protagonista. Oltre che nel repertorio russo in opere come *Kovànčina*, *Kniaz Igor* (*Principe Igor*) e soprattutto *Boris Godunov*, Christoff ha ottenuto grandi successi anche in quelle italiane, in particolare in Verdi (*Don Carlo*, *Ernani*, *Simon Boccanegra*). Presente nelle maggiori istituzioni europee e americane, non si è però mai esibito al Metropolitan di New York. Grazie a una notevole longevità vocale, Christoff tra il 1980 e il 1984 ha tenuto vari recital di canto, apparendo ancora in *Simon Boccanegra* (Opera di Roma) e *Don Carlo* (Regio di Parma).

★ CHRISTOPHE COLOMB
(*Cristoforo Colombo*)
Opera in due parti e ventisette quadri di Darius Milhaud (1892-1974), su libretto di P. Claudel. Prima esecuzione: Berlino, Staatsoper, 5 maggio 1930, con testo tedesco di R.S. Hoffmann.

L'azione si svolge dalla metà del XV secolo ai primi anni del XVI. Il narratore (recitante) dà inizio alla lettura della vita di Colombo. Il navigatore, vecchio e povero, assiste a una sorta di processo agli avvenimenti riguardanti la scoperta dell'America. Su uno schermo si avvicendano le visioni della vita di Colombo: dalla fanciullezza mentre guarda il mare a quando, da adulto, cerca di realizzare il suo sogno di navigatore. Altrettanto importante nell'opera è la figura della regina Isabella (soprano), della quale appaiono alcuni momenti della sua giovinezza e i momenti piú gloriosi del suo

In alto:
il soprano italiano
Maria Chiara.

A destra:
Boris Christoff
nel *Don Carlo*, di G. Verdi.

regno. Dopo l'incontro tra Colombo (baritono) e la regina, inizia l'avventura del navigatore: dalla partenza, alle difficoltà del viaggio, alla scoperta della nuova terra. Al suo ritorno in Spagna, Colombo è accolto come un trionfatore, ma il re e i suoi consiglieri lo guardano con sospetto. Colombo è al centro della propria coscienza. Sullo schermo si susseguono schiere di indios trucidati, di schiavi negri incatenati, di marinai che chiedono conto della loro vita. La regina Isabella, che ha sostenuto il navigatore nei momenti piú difficili della sua esistenza, desidera rivederlo e lo manda a cercare. Ma Colombo non è nelle regge o nei luoghi dei potenti, è nella misera locanda di Valladolid. Il navigatore manda in dono alla regina la sua vecchia mula: con l'animale, bardato di splendidi drappi, la regina entra nel Regno dei cieli, camminando su un tappeto che raffigura l'America. Nel fondo si vede roteare la Terra, dalla quale esce una colomba, forse quella che un tempo una giovanissima Isabella aveva lanciato al cielo.

L'opera è la prima della trilogia sudamericana di cui fanno parte *Maximilien* (*Massimiliano*) del 1932 e *Bolivar* del 1950. È un'allegoria religiosa rappresentata in una libera successione di scene svincolate dal tempo e dallo spazio. Importante l'intervento contemporaneo del narratore che legge, della proiezione cinematografica e del coro che commenta. È certamente la piú matura delle opere corali di Milhaud. Essa costituisce la sintesi del suo cammino artistico, qui rappresentato come in una summa musicale.

■ CHUNG, MYUNG-WHUN
(Seul 1953)
Direttore d'orchestra e pianista coreano naturalizzato americano. Ha iniziato la carriera artistica come pianista (1960) per poi dedicarsi alla direzione d'orchestra (dal 1971) a capo dell'Orchestra Sinfonica Nazionale di Corea. Ha poi diretto negli Stati Uniti, dove è stato assistente di C.M. Giulini alla Los Angeles Philharmonic Orchestra (1978). Nel 1986 ha debuttato al Metropolitan, e l'anno seguente ha ottenuto un grandissimo successo dirigendo il *Boris Godunov* di Musorgskij al Teatro Comunale di Firenze, dove è successivamente tornato con *Simon Boccanegra* di Verdi (1988) e *La leggenda dell'invisibile città di Kitež* di Rimskij-Korsakov (1990). Nel 1989 ha inaugurato la nuova Opéra Bastille, con *Les troyens* (*I troiani*) di Berlioz, di cui è direttore musicale. Di grandissima abilità professionale, dotato di un gesto sicuro e nitido, nonché di una grande capacità analitica e di senso del teatro, Chung è uno dei piú quotati direttori d'orchestra in campo internazionale.

▲ CICOGNINI, GIACINTO ANDREA
(Firenze 1606 - Venezia attorno al 1651)
Drammaturgo e librettista italiano. Sebbene fosse stato avviato agli studi di giurisprudenza a Pisa, il suo interesse primario era il teatro. Fu autore di drammi e di una cinquantina di libretti d'opera, tra cui: *Il Giasone* (1649) per F. Cavalli e *Orontea*, musicato nel 1649 da A. Cesti, nel 1654 da F. Cirillo e nel 1660 da F. Vismarri.

● CID, LE
(*Il Cid*)
Opera in quattro atti e otto quadri di Jules Massenet (1842-1912), su libretto di A. D'Ennery, L. Gallet e E. Blau, tratto dall'omonima tragedia di Corneille. Prima rappresentazione: Parigi, Opéra, 30 novembre 1885.

Spagna, XI secolo, al tempo della *Reconquista* contro gli arabi. Per vendicare un'offesa fatta al padre, don Rodrigo (tenore) uccide in duello don Gormas (basso), la cui figlia, Chimene (soprano), è sua promessa sposa. I due fidanzati devono dunque separarsi e la fanciulla chiede al re (baritono) vendetta per il sangue del padre. Tuttavia la punizione del giovane cavaliere è rinviata. Rodrigo deve infatti partire per combattere i mori. Quando ritorna vincitore, è da tutti acclamato come "Cid campeador" (signore guerriero). È però il momento in cui il re deve far giustizia per il conte di Gormas ed egli decide che a pronunciarsi debba proprio essere colei che piú è stata offesa: Chimene, la figlia dell'ucciso. Il Cid si ritiene colpevole ed è deciso a togliersi la vita, ma Chimene ferma la sua mano. Salvato e perdonato dall'amore della donna, il Cid sarà unito all'amata.

Opera grandiosa d'amore e di gloria questo *Cid* non è però da annoverare tra le composizioni migliori di Massenet; accanto a una felice vena melodica, vi si trovano una tendenza a un certo manierismo e un eccessivo indulgere ai gusti del pubblico. Contiene comunque delle pagine di grande sensibilità lirica.

♦ CIESINSKI, KATHERINE
(Newark, Delaware 1950)
Mezzosoprano statunitense. Ha compiuto gli studi musicali alla Philadelphia's Temple University e al Curtis Institute della stessa città. Dopo essersi qualificata in importanti concorsi internazionali di canto (1976-77), ha esordito nel 1978 come Sofia (*Vanessa* di Barber) allo Spoleto Festival a Charleston (USA). Negli anni successivi ha cantato all'Opera di Santa Fe (*Lulu* di Berg), al Lyric Opera di Chicago (*Faust*) oltre che in altri numerosi teatri e sedi concertistiche americani ed europei: a Radio France a Nancy, Vienna, Spoleto, ecc. La Ciesinski è dotata di voce di rilievo, di bel timbro, ricco di armonici a cui si aggiunge un notevole temperamento interpretativo.

♦ CIGNA, GINA
(Angères, Parigi 1900)
Soprano italiano. Dopo aver iniziato gli studi da autodidatta, si è perfezionata a Parigi con E. Calvé, H. Darclée e R. Storchio. Con lo pseudonimo di Ginette Sens ha esordito alla Scala nel 1927 come Freia in *Das Rheingold* (*L'oro del Reno*). Due anni dopo,

Il direttore d'orchestra e pianista coreano Myung-Whun Chung.

questa volta come Gina Cigna, sempre alla Scala ha cantato Elvira (*Ernani*). Inizia cosí una brillante carriera che ha visto la Cigna affermarsi come uno dei piú acclamati soprani drammatici tra gli anni Trenta e Quaranta. Celebri le sue interpretazioni di *Turandot*, *Norma* e *Gioconda*. Nel 1948, a seguito di un incidente stradale, si ritirò dalle scene per dedicarsi all'insegnamento.

▲ CIGNA-SANTI, VITTORIO AMADEO
(Torino 1728-1799)
Librettista italiano. Fece parte dell'Accademia dei Trasformati di Torino, scrisse numerosi libretti, quasi tutti su argomenti mitologici, uno dei quali, il *Mitridate re di Ponto*, venne musicato anche da Mozart (1770).

● CILEA, FRANCESCO
(Palmi, Reggio Calabria 1866 - Varazze, Savona 1950)
Compositore italiano. Studiò al Conservatorio di Napoli (1881-89). Ancora studente scrisse la sua prima opera, *Gina* (1889), seguita da *Tilda* (Firenze, 1892), che gli era stata commissionata dallo stesso Ricordi. Dal 1894 al 1904 Cilea fu titolare della cattedra di contrappunto e teoria al Conservatorio di Firenze. Fu durante questo periodo che compose le opere *L'Arlesiana* (Milano, 1897) e *Adriana Lecouvreur* (Milano, 1902), il suo capolavoro musicale. Al 1907 risale l'opera *Gloria*, rappresentata con non molto successo alla Scala sotto la direzione di A. Toscanini. Una successiva opera, *Il matrimonio selvaggio* (1909), non fu mai rappresentata. Lo stile musicale di Cilea, pur risentendo della scuola verista, ne è allo stesso tempo distaccato, esprimendosi maggiormente in momenti di intensa liricità. In ciò Cilea è decisamente piú influenzato dai compositori francesi, Massenet in particolare, dal quale il compositore ha tratto quella dimensione drammatica che però allo stesso tempo rimane sempre pervasa da un raffinato lirismo.

● CIMAROSA, DOMENICO
(Aversa, Caserta 1749 - Venezia 1801)
Compositore italiano. Studiò al Conservatorio di S. Maria di Loreto, dove ebbe come maestri P. Gallo, F. Fenaroli e S. Carajus. Uscitone nel 1772, esordí a Napoli al Teatro dei Fiorentini con due farse, *Le stravaganze del conte* (1772) e *Le magie di Merlina e Zoroastro* (1772). La sua attività si svolse quindi tra Napoli e Roma, poi tra il 1787 e il 1791 fu maestro di cappella alla corte di San Pietroburgo. Fu successivamente a Vienna, dove compose *Il matrimonio segreto* (1792): il suo successo fu tale che l'opera fu bissata per intero. Nel 1793 ritornò a Napoli e quindi a Venezia dove rappresentò *Gli Orazi e i Curiazi* (1796), il suo capolavoro nel genere serio. Ha composto circa settanta opere, oltre a musica sacra, oratori e composizioni strumentali.

★ CIRANO
Commedia lirica in due atti di Marco Tutino (n. 1954), su libretto di D. Bramati, tratto da Cyrano de Bergerac *di E. Rostand. Prima rappresentazione: Alessandria, Teatro Comunale, 18 settembre 1987.*

Dopo aver provocato una zuffa al Palazzo di Borgogna, Cirano (baritono) alla taverna di Ragueneau sta per scrivere una lettera a Rossana (soprano), della quale è profondamente innamorato; ma ecco giungere la stessa Rossana, che confida a Cirano di amare Cristiano di Neuvillette (tenore), un giovane cadetto. Cirano promette alla giovane di favorire il suo amore per Cristiano. Quando poi Cirano incontra l'antagonista, lo invita a recarsi da Rossana per dichiarare i suoi sentimenti. Nel giardino della casa di Rossana, l'impacciato cadetto, attraverso la voce e le parole ammalianti di Cirano, canta il suo amore a un'estasiata Rossana. L'idillio è interrotto dall'arrivo della governante (mezzosoprano) che annuncia la partenza dei cadetti per l'assedio di Arras. La sala del Palazzo di Borgogna. Rossana è in lutto per la morte di Cristiano. Ansiosa, la giovane chiede di Cirano: ha saputo che alcuni nemici hanno deciso di tendergli un agguato. Cirano compare nella sala, pallidissimo, con la testa fasciata. L'agguato ha già avuto luogo. In preda a delirio, l'uomo legge una lettera rivolgendosi a Rossana, che immediatamente capisce la verità e riconosce in lui il vero autore delle bellissime parole a lei indirizzate durante quell'ormai lontano incontro con Cristiano. Ma ormai è troppo tardi, Cirano muore straziato dalle ferite.

Seconda opera del giovane compositore milanese, un musicista che viene genericamente inserito in una corrente detta "neoromantica", che avanza dure critiche alle avanguardie, ree di aver fatto "fuggire" il pubblico dalle sale da concerto e dai teatri. Tutino vuole, prima di tutto, rivolgersi al pubblico, quello che ama il melodramma: «*Cirano* è un'opera popolare che si esprime anche attraverso un linguaggio tradizionale (arie, concertati, ecc.), ma allo stesso tempo vuole essere espressione della musica dei nostri giorni. A *Cirano* ho dato la musica, i suoni che sento veramente miei. Musica ad alta tensione. Molto vicina al rock».

● CIRO IN BABILONIA
Dramma in due atti di Gioachino Rossini (1792-1868), su libretto di F. Aventi. Prima rappresentazione: Ferrara, Teatro Municipale, 14 marzo 1812.

Baldassarre (tenore), re di Babilonia, si invaghisce di Amira (soprano), moglie di Ciro (contralto), re di Persia, da lui sconfitto. Mentre questa è sua prigioniera insieme al figlioletto, il re babilonese cerca di lusingarla con le sue proposte amorose. La donna resiste alle sue profferte; Ciro intanto, travestito da ambasciatore, cerca di liberarla. Scoperto, viene arrestato e imprigionato. Baldassarre è deciso ad avere Amira, anche contro la sua volontà, e ordina che sia apprestato il banchetto

In alto:
il compositore italiano
Francesco Cilea in una foto del 1913.

A destra:
il compositore italiano Domenico Cimarosa.

nuziale. Ma scoppia un tremendo temporale: in mezzo a tuoni e lampi compare una mano misteriosa che traccia sul muro, a caratteri di fuoco, oscure e minacciose parole. Il re babilonese ne è sconvolto. Vengono convocati i magi e il profeta Daniele (basso). Questi interpreta l'avvenimento come un segno dell'ira divina; i magi invece consigliano al re di sacrificare agli dei tre augusti prigionieri persiani. Mentre Ciro, Amira e il figlio stanno per essere condotti al supplizio, al palazzo di Baldassarre giunge la notizia che le difese babilonesi sono state travolte dai persiani. Ciro viene quindi liberato e siede sul trono di Baldassarre. Il popolo rende omaggio al nuovo re.

Ciro può essere considerato come un semplice tentativo sulla strada che doveva condurre il maestro ai capolavori della maturità. Egli stesso lo considerava un fallimento; in effetti il libretto è assai debole, pieno di banalità e luoghi comuni. La musica invece contiene arie originali, che permisero all'opera di ottenere un certo successo.

★ CITTÀ MORTA, LA
vedi *Tote Stadt, Die*

■ CLEMENCIC, RENÉ
(Vienna 1928)
Direttore d'orchestra, compositore e virtuoso del flauto dolce, austriaco. Ha compiuto gli studi musicali a Vienna, Berlino e Parigi. Già a partire dal 1957 ha iniziato a esibirsi come virtuoso del flauto dolce, e dal 1958 con un *ensemble* da lui fondato, una formazione strumentale che nel 1969 ha preso il nome di "Clemencic Consort". Con essa si è prodotto in numerose riprese moderne di musiche medievali e rinascimentali, specializzandosi poi nella produzione di opere del periodo barocco italiano. In questo campo ha riportato in luce opere di P.A. Ziani (*L'Assalonne punito*), A. Sartorio (*Orfeo*), A. Vivaldi (*L'Olimpiade*), J.J. Fux (*Dafne in lauro*), J. de Sousa Carvalho (*Testoride Argonauta*) e altri. Dal 1987 tiene un corso sulla musica italiana barocca all'Accademia Chigiana di Siena.

▼ CLEMENZA DI TITO, LA
Opera seria in due atti di Wolfgang Amadeus Mozart (1756-1791), su libretto di C. Mazzolà, tratto dal dramma omonimo di P. Metastasio. Prima rappresentazione: Praga, Ständetheater, 6 settembre 1791.

Tito (tenore) appare come un patetico personaggio che si ostina a perdonare tutti quelli che congiurano contro di lui. A fianco dell'imperatore stanno due coppie di innamorati: Sesto (mezzosoprano), amico fraterno di Tito, e Vitellia (soprano), figlia del defunto imperatore Vitellio; Annio (mezzosoprano), amico di Sesto, e Servilia (soprano), sorella di Sesto. Anche Tito ama una donna, Berenice, ma a essa rinuncia per non suscitare l'invidia di Vitellia, desiderosa di diventare imperatrice. Poi Tito vorrebbe sposare Servilia, ma appena viene a conoscere da lei stessa il suo amore per Annio, le concede senza indugio di sposare l'uomo amato. Quando l'imperatore sarebbe ormai propenso a sposare Vitellia, la congiura da lei stessa fomentata è a tal punto che non può essere più arrestata. Ma Tito, creduto morto in un primo momento, ritorna, perdona a tutti e assiste alle nozze delle due coppie.

Ormai da dieci anni Mozart non componeva opere serie, quando alla fine dell'estate del suo ultimo anno di vita gli giunse la commissione per un'opera che celebrasse l'incoronazione di Leopoldo II, re di Boemia. Il tempo concessogli era limitatissimo, quattro sole settimane, e inoltre non ebbe alcuna libertà di scelta per il libretto. I personaggi erano alquanto convenzionali, per cui a Mozart riuscì difficile tratteggiarli musicalmente e vivificarli. Il poco tempo a disposizione, poi, fece sí che l'orchestrazione fosse molto semplice e lineare e costrinse Mozart ad affidare a Süssmayr la composizione dei recitativi. *La clemenza di Tito* è comunque l'esempio piú alto di opera seria scritta da Mozart, un genere nel quale il musicista non arrivò mai a manifestare interamente il suo genio, come fece invece nell'opera buffa.

■ CLUYTENS, ANDRE
(Anversa 1905 - Neuilly, Parigi 1967)
Direttore d'orchestra belga naturalizzato francese. Figlio d'arte, studiò ad Anversa, dove iniziò la carriera direttoriale (1927-32). Molto attivo in campo operistico, Cluytens ha diretto all'Opéra-Comique di Parigi (1947-53). Nel 1955 è stato il primo direttore francese invitato a dirigere a Bayreuth (*Tannhäuser*), dove è tornato successivamente per dirigere *Die Meistersinger von Nürnberg* (*I maestri cantori di Norimberga*), *Parsifal* e *Lohengrin*. Ha inoltre diretto in altre importanti istituzioni teatrali europee e americane. Per sensibilità teatrale, eleganza nelle sottolineature strumentali e coloristiche, Cluytens è stato un grande interprete del repertorio lirico francese: *Pelléas et Mélisande*, *Les contes d'Hoffmann* (*I racconti di Hoffmann*), ecc. e del teatro wagneriano.

♦ COBURN, PAMELA
(Dayton, Ohio 1952)
Soprano statunitense. Ha iniziato gli studi musicali alla Indiana University, per poi proseguirli alla Eastman School Rochester e alla Juilliard School di New York. Dopo il debutto in sede concertistica, nel 1978 si è recata in Europa; in Germania (1980) grazie anche all'incoraggiamento del soprano E. Schwarzkopf, ha ottenuto i primi lusinghieri riconoscimenti. Ospite dell'Opera di Stato di Monaco (dal 1982) e della Staatsoper di

Una scena dal *Ciro in Babilonia*, di G. Rossini.

COCTEAU, JEAN

Vienna (dal 1984), la Coburn è un'apprezzata interprete mozartiana (*Le nozze di Figaro*, *Cosí fan tutte*, *Idomeneo*) nonché di Verdi (*Falstaff*), Bizet (Micaela in *Carmen*) e altri. Molto attiva anche nei maggiori teatri internazionali (nel 1988 ha cantato nel *Peter Grimes* al Maggio Musicale Fiorentino), la Coburn dedica una parte della sua attività a recital e concerti.

▲ COCTEAU, JEAN
(Maisons-Laffitte, Yvelines 1889 - Milly-la-Forêt, Essonne 1963)

Poeta, romanziere, drammaturgo e librettista francese. Dotato di un talento multiforme, fu anche pittore e regista cinematografico. Mostrò sempre un vivo interesse verso i movimenti d'avanguardia. Fu cosí un fervente sostenitore del Gruppo del Sei, che volevano contrastare Debussy e l'Impressionismo. Artista versatile, Cocteau collaborò con numerose e diverse personalità musicali. Scrisse tra l'altro i libretti di *Le pauvre matelot* (Il povero marinaio), 1927 di Milhaud; *Oedipus rex* (1927) di Stravinskij; *Antigone* (1927) di Honegger; *La voix humaine* (La voce umana), 1959 di Poulenc.

♦ COLE, VINSON
(Kansas City, Missouri 1950)

Tenore statunitense. Ha studiato al Curtis Institute di Filadelfia, dove nel 1975 si è messo in luce interpretando il *Werther* di Massenet. Sempre nello stesso anno ha debuttato al Festival di Santa Fe in *La vida breve* (La vita breve). Nel 1976 ha iniziato la carriera internazionale con *Acis and Galatea* (Aci e Galatea) al Festival di Angers e *Die Entführung aus dem Serail* (Il ratto dal serraglio) alla Welsh Opera di Cardiff (1977). Si è poi esibito a Vancouver (1977), Lione (1978), Boston (1980), al Festival di Salisburgo (dal 1983) e in molti altri teatri europei e americani. Tenore lirico, Cole si esibisce in un repertorio assai vasto, comprendente opere come *Le comte Ory* (Il conte Ory) di Rossini, *Il matrimonio segreto* di Cimarosa, *Don Pasquale* e *Anna Bolena* di Donizetti e altre.

♦ COMTE ORY, LE
(Il conte Ory)

Melodramma giocoso in due atti di Gioachino Rossini (1792-1868), su libretto di E. Scribe e C.G. Delestre-Poirson. Prima rappresentazione: Parigi, Opéra, 20 agosto 1828.

Nei pressi del castello di Formoutiers, intorno all'anno 1200. Il conte Ory (tenore), aiutato dall'amico Roberto (basso), si finge eremita: il suo scopo è quello di riuscire a entrare nel castello per corteggiare la contessa Adele (soprano). Giunge Isolier (mezzosoprano), paggio del conte; non riconoscendo il padrone, confida al finto eremita il suo amore per Adele. Cosí, quando la contessa si avvicina all'eremita, questi le parla dei sentimenti del paggio, ma la invita a starne lontana. Mentre la contessa, turbata, sta per ritornare al castello, arriva l'aio del conte (basso), che smaschera Ory tra l'indignazione generale. La notte successiva. Un gruppo di povere pellegrine si presenta al castello. Dicendosi minacciate dal conte, le donne vengono accolte dalla contessa. Le pellegrine si rivelano essere il conte Ory con alcuni suoi cavalieri, tutti travestiti. Giunge però Isolier, che capisce l'inganno, e decide con la contessa di giocare un brutto tiro all'intraprendente rivale. Preso il posto di Adele, Isolier, con le vesti della contessa, si lascia corteggiare dal conte nella camera immersa nell'oscurità. Le trombe annunciano il ritorno del conte di Formoutiers, fratello di Adele; Ory è costretto a fuggire insieme ai suoi compari. Adele va incontro al fratello e le altre dame ai loro mariti. La contessa decide infine di concedere la propria mano al fedele Isolier, che è riuscito a sventare le insidie del conte Ory.

Tratto da una commedia dello stesso Scribe, il libretto fu ampliato, rispetto all'originale, perché raggiungesse la lunghezza necessaria. La musica che Rossini compose per l'opera venne in parte tratta dal *Viaggio a Reims* (1825) e sprigionò una intensità melodica tale da decretarne un successo davvero trionfale. L'umorismo di *Le comte Ory* si differenzia da quello del *Barbiere di Siviglia* perché piú contenuto e aristocratico, ma è anche piú sottile e ambiguo nel sottolineare gli aspetti "piccanti" del libretto. Anche se in apparenza la verve può apparire minore, la comicità è quella dei capolavori del compositore pesarese, tanto che l'opera segna una importante tappa nell'evoluzione di questo genere musicale e prevede anche dialoghi recitativi secondo i moduli dell'*opéra-comique*.

♦ CONI, PAOLO
(Perugia 1957)

Baritono italiano. Dopo gli iniziali studi di canto, si è perfezionato con L. Kozma e R. Celletti. Nel 1983 ha debuttato in *Lucia di Lammermoor*, interpretando poi *Torquato Tasso* di Donizetti, *Don Giovanni* e *Le nozze di Figaro* di Mozart. Nel 1986 si è affermato al Comunale di Bologna come Guido da Monforte (*I vespri siciliani*). Ha quindi debuttato al Teatro alla Scala di Milano (1987-88), nella *Bohème*, dove è ritornato poi come Germont in *Traviata*, sotto la direzione di R. Muti. Già presente nei cartelloni dei piú importanti teatri lirici internazionali, Coni si esibisce regolarmente al Covent Garden di Londra, alla Staatsoper di Vienna e a New York, dove ha debuttato con L. Pavarotti (*L'elisir d'amore*). Dotato di una voce dal timbro bellissimo, straordinariamente espressivo e dall'emissione morbida e omogenea, Coni ha dato ottime prove di sé nel teatro di Donizetti (recentemente in *Maria di Rohan*, *La favorita* e *L'assedio di Calais*); non sempre convincenti, invece, sono state le sue interpretazioni verdiane, nelle quali il cantante ha dato segni di forzare nell'emissione, evidenziando un registro

Sopra:
il tenore statunitense Vinson Cole.

In alto:
il tenore A. Nourrit nel Conte Ory,
di G. Rossini

CONNELL, ELIZABETH
(1946)

Soprano irlandese naturalizzata inglese. Ha studiato al London Opera Centre e con M. Teyte Prize (1972). Nel 1972 ha debuttato al Wexford Festival come mezzosoprano. E proprio in questa vocalità si è successivamente esibita all'Australian Opera (1973) e alla English National Opera. A partire dal 1983 si esibisce in ruoli di soprano, apparendo nei piú importanti teatri europei e americani. Il suo repertorio comprende opere di Mozart (*Cosí fan tutte*), Verdi (*Macbeth*, *Don Carlo*), nonché di Donizetti, Beethoven (*Fidelio*) e Wagner. Particolarmente apprezzate le sue recenti interpretazioni in *Der fliegende Holländer* (*Il vascello fantasma*) a Trieste nel 1986, *Oberon* alla Scala nel 1989 e *Poliuto* a Roma nel 1989.

★ CONQUISTA DEL MESSICO, LA
vedi *Eroberung von Mexico, Die*

CONSUL, THE
(*Il console*)
Dramma musicale in tre atti di Giancarlo Menotti (n. 1911), su libretto dell'autore. Prima rappresentazione: Filadelfia, Shubert Theatre, 1° marzo 1950.

In un paese d'Europa, in epoca moderna. John Sorel (baritono), un patriota che si batte per liberare il suo paese da un regime poliziesco, viene ferito dalla polizia ma riesce a fuggire. Sua moglie, Magda (soprano), volendo seguire il marito che intende fuggire in un paese libero, si reca al consolato, dove una segretaria (mezzosoprano) gelida e disumana frappone cavilli, carte e documenti fra il console e la povera gente che vuole partire. Durante un intero mese Magda tenta inutilmente di parlare al console. Nel frattempo le giungono notizie di suo marito: John non è ancora all'estero, varcherà la frontiera solo se la famiglia lo potrà seguire. Magda, al colmo della disperazione (il figlio è morto e la madre di John è gravemente malata), continua a recarsi al consolato: dall'ufficio del console vede uscire un agente della polizia segreta (basso), che l'aveva piú volte interrogata. Magda, vedendo l'uomo, cade svenuta. John, che ha saputo della morte del figlio e delle condizioni della madre, tenta di raggiungere la moglie, ma viene subito arrestato dalla polizia. Magda, saputo dell'intenzione di John di ritornare in città, e ignara che il marito è già incarcerato, decide di suicidarsi; John, non avendo piú nessun legame con la famiglia, potrà cosí mettersi in salvo. Chiude porte e finestre e apre i rubinetti del gas. Mentre Magda è ormai agonizzante, squilla il telefono che dovrebbe annunciare l'arresto di John e l'inutilità del suo gesto.

L'opera ha riscosso un successo davvero travolgente: per otto mesi rimase in cartellone nello stesso teatro, vinse poi il premio "Pulitzer" e il "Drama Critica Award", fu tradotta in dodici lingue e rappresentata in venti paesi.

CONTES D'HOFFMANN, LES
(*I racconti di Hoffmann*)
Opera fantastica in tre atti, con prologo ed epilogo, di Jacques Offenbach (1819-1880), su libretto di J. Barbier e M. Carré, tratto da tre racconti di E.T.A. Hoffmann. Prima rappresentazione: Parigi, Opéra-Comique, 10 febbraio 1881.

Nella taverna di Mastro Lutero (basso o baritono) a Norimberga. Il consigliere Lindor (basso o baritono), la prima delle quattro incarnazioni diaboliche nemiche del poeta Hoffmann (tenore), intercetta e sottrae un biglietto che la cantante Stella ha inviato a Hoffmann fissandogli un appuntamento. Giunge il poeta con l'amico Nicklausse (mezzosoprano). Gli studenti che affollano la taverna invitano Hoffmann a raccontare le sue avventure amorose. Il primo amore di Hoffmann è Olympia

In alto:
il baritono italiano Paolo Coni.

A sinistra:
scena dal *Console* di G. Menotti.

Sopra:
il soprano irlandese Elizabeth Connell nel *Macbeth*, di G. Verdi.

(soprano), che il poeta crede essere la figlia dello scienziato Spallanzani (tenore). In realtà essa è un automa costruito da Spallanzani con l'aiuto di Coppelius (basso o baritono). Durante una festa Olympia canta e danza divinamente, ma Coppelius, altro personaggio diabolico nemico di Hoffmann, manda in frantumi l'automa e il poeta si rende conto con dolore dell'inganno. A Venezia. Hoffmann è innamorato di Giulietta (soprano), una cortigiana caduta in potere del demoniaco Dappertutto (basso o baritono). La donna sta per far cadere anche Hoffmann in mano a Dappertutto. Il poeta, perdutamente innamorato della cortigiana, sfida a duello l'ex amante della donna, Schlemil (basso o baritono), il quale possiede la chiave per entrare nella camera di Giulietta. Dopo aver ucciso l'uomo ed essersi impadronito della chiave, Hoffmann si accorge che Giulietta è fuggita con Dappertutto. A Monaco. Hoffmann questa volta si è innamorato di Antonia (soprano), figlia del liutaio Crespel (basso). La fanciulla ama il canto, ma il padre non vuole perché lo sforzo del cantare potrebbe essere fatale, come lo fu per sua madre. Giunge il diabolico dottor Miracolo (basso o baritono), che trascina la fanciulla in un canto pieno di suggestione al quale è impossibile resistere. Alla fine, stremata, Antonia cade a terra morta, sotto gli occhi del disperato Hoffmann. Nella taverna, come all'inizio dell'opera. Hoffmann ha terminato i suoi racconti. Entra Stella; vedendo il poeta addormentato si allontana accompagnata dal consigliere Lindorf. Hoffmann, in una visione, vede l'amico Nicklausse trasformarsi nella sua Musa ispiratrice che lo invita a rinunciare definitivamente alle passioni terrene in favore della sua Arte.

Rimasta incompleta nella strumentazione, fu portata a termine da E. Guiraud (1837-1892) e venne rappresentata postuma. Malgrado sia la più ambiziosa, e nonostante contenga pagine di notevole valore musicale, l'opera non è la più riuscita del compositore. In essa comunque si trovano i segni di quello che sarà il nuovo *opéra-comique*, che si spinge alla ricerca di personaggi lirico-drammatici umanamente vivi e toccanti.

CONVENIENZE E LE INCONVENIENZE TEATRALI, LE
Opera giocosa in un atto di Gaetano Donizetti (1797-1848), su libretto del compositore, tratto da una farsa di S.A. Sografi. Prima rappresentazione: Napoli, Teatro Nuovo, 21 novembre 1827.

Nella sala prova di un teatro di provincia, il compositore Biscroma (baritono comico) e il poeta Prospero (basso buffo) attendono l'arrivo della compagnia di canto per iniziare le prove della nuova opera. Arriva la primadonna Daria (soprano), accompagnata dal marito Procolo (baritono), la seconda donna Luigia (soprano), accompagnata dalla madre Agata Scannagalli (basso o baritono comico) e il resto della compagnia. Il clima si fa subito arroventato: Daria tiranneggia e fa le bizze ai danni dei colleghi, del poeta e del compositore. Da parte sua Agata, che "ha cantato alla Scala", si intromette a più non posso cercando di far valere i diritti della figlia. Finalmente si giunge alla prova di scena, ma la situazione è ormai compromessa e due cantanti sono fuggiti, gettando l'impresario (baritono) nella disperazione. Tra battibecchi e ripicche la prova riprende, ma ecco arrivare l'impresario: per la fuga dei due cantanti, il direttore del teatro ha deciso di non eseguire più l'opera. Costernazione generale e fuggi fuggi di tutti gli artisti.

Un'opera molto divertente, che ha avuto accoglienze favorevoli anche in una serie di riprese recenti.

In alto:
scena disegnata da Alberto Savinio
per *I racconti di Hoffmann*,
di J. Offenbach.

A destra:
il compositore statunitense
Aaron Copland.

★ CONVITATO DI PIETRA, IL
vedi *Kamennyj Gost'*

● COPLAND, AARON
(New York 1900-1990)
Compositore statunitense. Studiò con V. Wittgenstein e R. Goldmark a New York. Completò poi gli studi a Parigi con N. Boulanger. Per il teatro lirico ha composto due opere: la prima, *The Second Hurricane* (1937), si caratterizza per lo stile brillante e nervoso di chiara derivazione jazz; la seconda, *The Tender Land* (1954), è un dramma ambientato nel Middle West negli anni della crisi. Qui lo stile è piú nostalgico e, attraverso i toni folcloristici ed evocativi, si avvicina al mondo sonoro della sua celebre *suite* per orchestra *Appalachian Spring* (1944). Copland è considerato il "gran padre" della musica statunitense.

♦ CORBELLI, ALESSANDRO
(Torino 1952)
Baritono italiano. Ha studiato canto con G. Valdengo e C. Thiolas, perfezionandosi all'Accademia Chigiana di Siena (1975). Ha successivamente ottenuto notevoli affermazioni in importanti concorsi di canto, che gli hanno aperto, benché giovanissimo, le porte dei maggiori teatri internazionali: dalla Scala all'Opéra di Parigi, dalla Staatsoper di Vienna al Covent Garden di Londra, nonché dei teatri di Chicago e Filadelfia. Dotato di grande presenza scenica e verve teatrale, unite a non comuni qualità musicali e stilistiche, Corbelli è uno dei migliori interpreti del repertorio brillante e dei cosiddetti ruoli di "mezzo carattere" tra Sette e Ottocento: dal *Barbiere di Siviglia* di Paisiello, al Mozart di *Cosí fan tutte* e *Le nozze di Figaro*, fino al Rossini di *Cenerentola* e al Donizetti di *Don Pasquale*.

■ CORBOZ, MICHEL
(Marsens 1934)
Direttore di coro e orchestra svizzero. Non ha avuto una regolare formazione musicale, ma uno zio, maestro di coro, lo ha avviato agli studi di pianoforte, canto, accompagnamento e armonia. A vent'anni ha ricevuto la nomina di maestro di capella a Notre-Dame di Losanna. Nel 1961 ha fondato l'"Ensemble Vocal" di Losanna con il quale si è rivelato grazie alla sua interpretazione di *Orfeo* di Monteverdi, che va considerata come una delle prime esecuzioni nate alla luce di un recupero di una prassi esecutiva "antica". Nel 1969 è diventato direttore dei cori della Fondazione Gulbenkian di Lisbona. A capo di questi complessi ha dato un alto contributo al recupero e all'esecuzione di composizioni sacre di Monteverdi, Bach e Vivaldi. In campo operistico ha diretto le realizzazioni teatrali e discografiche di *Ercole amante* di F. Cavalli (1979) e di *David et Jonathas* di M.-A. Charpentier (1981).

★ CORDOVANO, IL
Opera in un atto di Goffredo Petrassi (n. 1904), su libretto di E. Montale, da un testo di M. de Cervantes. Prima rappresentazione: Milano, Teatro alla Scala, 12 maggio 1949.
Lorenza (soprano), giovane moglie di Cannizares (basso), si lamenta con la nipote Cristina (soprano leggero) e con la vicina Hortigosa (contralto) dell'esasperante gelosia del marito. Le due donne convincono Lorenza a vincere gli scrupoli e a prendersi un amante. Agendo da ruffiana, Hortigosa introduce nella casa un giovane nascosto in un grande tappeto arrotolato (un tappeto cordovano). Mentre Cannizares osserva il tappeto, il giovane sguscia nella stanza di Lorenza, dove compie la sua impresa amorosa; insospettito dalle grida della moglie, entra nella stanza. Lorenza lo accoglie gettandogli in faccia un catino. Nel tramestio il giovane riesce a fuggire. Al chiasso accorre una guardia; sopraggiungono poi musici e ballerini che, fingendo di festeggiare la riappacificazione dei due sposi, celebrano invece l'inizio del piccante connubio. Cristina in disparte si lamenta di Hortigosa perché non ha trovato un amante per lei.
L'opera segue fedelmente l'intermezzo di Cervantes intitolato *El viejo celoso* (1615), adattamento teatrale a sua volta del *Celoso extremeño*, una delle *Novelas ejemplares* (1613) dello stesso Cervantes. È una tra le opere piú complesse e significative di Petrassi, ricca di allusività e di intuizioni psicologiche musicalmente realizzate.

♦ CORELLI, FRANCO
(Ancona, 1921)
Tenore italiano. Ha compiuto gli studi musicali al Conservatorio di Pesaro. Dopo aver vinto, nel 1950, un concorso bandito dal Maggio Musicale Fiorentino, ha debuttato l'anno successivo a Spoleto come don José

In alto:
il baritono italiano Alessandro Corbelli.

Sopra:
bozzetto di scena per *Il Cordovano*, di G. Petrassi.

(*Carmen*), uno dei ruoli che lo hanno poi reso celebre in tutto il mondo. Dopo aver cantato nel ruolo di Maurizio di Sassonia all'Opera di Roma (*Adriana Lecouvreur*) e aver preso parte a una realizzazione televisiva dei *Pagliacci*, ha fatto il suo trionfale ingresso alla Scala (1954), cantando al fianco della Callas nella *Vestale* di Spontini. Accanto alla celebre cantante e sempre alla Scala, ha interpretato *Fedora* (1956), *Il pirata* (1958) e *Poliuto* (1960). Celebre in tutto il mondo per le sue interpretazioni di Manrico, don Alvaro, don José, Andrea Chénier e Calaf, per le grandi risonanze di uno strumento vocale non particolarmente bello ma di grande estensione e dotato di uno squillo luminoso, Corelli ha incarnato con pochi altri il mito del tenore "eroico". Dopo alcuni concerti negli Stati Uniti, a cavallo tra il 1980-81, si è ritirato dall'attività artistica.

♦ CORENA, FERNANDO
(Ginevra 1916 - Lugano 1984)
Basso svizzero. Dopo avere iniziato gli studi musicali a Ginevra, si è perfezionato a Milano. Ha debuttato a Trieste nel 1947 come Varlaam nel *Boris Godunov*. Dopo il suo esordio scaligero nella prima rappresentazione del *Cordovano* di Petrassi (1949), ha iniziato un'intensa carriera internazionale. L'anno 1953 ha segnato l'inizio della sua lunga presenza al Metropolitan (circa venticinque anni). Dotato di grande verve e presenza teatrale, Corena è stato uno degli ultimi eredi della tradizione dei bassi buffi in questo secolo. Sono rimaste celebri le sue interpretazioni di don Bartolo (*Il barbiere di Siviglia*), *Don Pasquale*, Mustafà (*L'italiana in Algeri*).

● CORNELIUS, PETER
(Magonza 1824-1874)
Compositore tedesco. Dopo aver iniziato la carriera artistica come attore, si dedicò alla musica, diventando seguace di Liszt e Wagner, con i quali intrattenne sempre degli ottimi rapporti: Liszt diresse il suo *Der Barbier von Bagdad* (*Il barbiere di Bagdad*) a Weimar nel 1858. Dal 1859 al 1864 visse a Vienna, dove compose l'opera *Der Cid* (*Il Cid*), che andò in scena a Weimar nel 1865, nonostante i dissensi di Wagner, che gli aveva consigliato alcune modifiche. L'opera ottenne un ottimo successo, ma non si salvò dalle dure critiche di Wagner. La sua ultima opera, *Gunlöd*, rappresentata postuma nel 1891, non ottenne un particolare successo.

● CORREGIDOR, DER
(*Il corregidor*)
Opera in quattro atti di Hugo Wolf (1860-1903), su libretto di R. Mayreder-Obermayer, tratto dalla novella *El sombrero de tres picos* di P. de Alarcón y Ariza. Prima rappresentazione: Mannheim, Nationaltheater, 7 giugno 1896.

Frasquita (mezzosoprano), moglie del mugnaio Tio Lucas (baritono), è corteggiata dal vecchio don Eugenio de Zuniga (tenore buffo), il corregidor, impenitente donnaiolo. Il corregidor fa convocare Lucas dall'alcalde (basso). Don Eugenio ha così pronta l'occasione per andare indisturbato da Frasquita. La donna però resiste e minaccia il vecchio con uno schioppo; il corregidor sviene dalla paura. Frasquita esce per cercare il marito; questi arriva poco dopo e scopre don Eugenio che dorme nel suo letto. Pensando a un tradimento di Frasquita, Lucas decide di vendicarsi: indossa gli abiti del corregidor ed esce. Intanto giunge l'alcalde, seguito dall'usciere e dal segretario, che Lucas aveva fatti ubriacare quando si era accorto che lo stavano trattenendo con inutili pretesti. Smaltita la sbornia, i tre piombano in camera di Lucas e, credendo che nel letto si trovi il mugnaio, riempiono di botte don Eugenio. Giunge Frasquita: tutti escono di casa, alla ricerca di Lucas. La compagnia giunge alla casa del corregidor. Qui vengono a sapere che il sedicente don Eugenio è già a letto. Frasquita piange, perché pensa che il marito sia a letto con la moglie del corregidor. In realtà il mugnaio ha avuto solo uno scambio di vedute con donna Mercedes (soprano) e insieme hanno deciso di punire i rispettivi coniugi. Lucas e Frasquita si rassicurano sulla reciproca fedeltà, mentre Mercedes lascia al corregidor il dubbio di essere strato tradito.

Der Corregidor risente del fatto che Wolf fu soprattutto autore di *Lieder*, infatti l'opera risulta come un insieme di pezzi di musica da camera. Non mancano però felici soluzioni teatrali unite a una sottile caratterizzazione dei personaggi, quei personaggi borghesi che vivono, appunto, nel mondo dei celebri *Liederbücher* di Wolf.

● CORSARO, IL
Melodramma tragico in tre atti di Giuseppe Verdi (1813-1901), su libretto di F.M. Piave tratto da *The Corsair* di G. Byron. Prima rappresentazione: Trieste, Teatro Grande, 25 ottobre 1848.

Il corsaro greco Corrado (tenore) riesce a infiltrarsi nel campo dei turchi, comandati dal pascià Said (baritono). È travestito e non viene riconosciuto. Però i suoi corsari attaccano il campo prima che egli abbia dato il segnale convenuto, così che Corrado viene scoperto, ferito e incarcerato. È Gulnara (soprano), concubina di Said, che lo salva. Quando il corsaro, fuggiasco, raggiunge finalmente l'isola-rifugio, trova Medora (soprano), la sua fidanzata che, pervenutale la falsa notizia della sua morte,

Il tenore italiano Franco Corelli con M. Callas e V. De Sabata.

sta morendo di dolore: Corrado, sconvolto, si getta in mare e scompare tra i flutti.
Per un po' Verdi aveva pensato a un parallelo tra Corrado e Garibaldi, e al sottofondo patriottico rappresentato, in questo caso, dalla guerra dei corsari greci contro i turchi. Poi, conosciuto meglio il libretto, abbandonò l'idea. In piú, andava maturando una profonda antipatia per l'editore F. Lucca, che gli aveva commissionato l'opera, scritta frettolosamente mentre si trovava a Parigi.

♦ CORTEZ, VIORICA
(Bucium 1935)
Mezzosoprano rumeno naturalizzato francese. Ha iniziato gli studi musicali a Iasi, per poi completarli al Conservatorio di Bucarest. Tra il 1964 e il 1965 ha preso parte a numerosi concorsi di canto. Dopo il primo premio ottenuto al Concorso di canto di Tolosa, ha debuttato nella stessa città come Dalila in *Samson et Dalila* (*Sansone e Dalila*) di Saint-Saëns nel 1965. Ha successivamente cantato a Bucarest, Parigi (Opéra), Milano (Scala), Londra (Covent Garden) e in numerosi altri teatri. Dotata di una voce dal timbro caldo, naturalmente sensuale, estesa, la Cortez ha fatto sfoggio di grande sensibilità di fraseggio e di una notevolissima presenza scenica. Particolarmente apprezzate le sue interpretazioni di *Carmen*, *Samson et Dalila*, *Aida*, *Don Carlo*, *Trovatore*, *Werther*. Nel 1974 ha sposato il compositore E. Bondeville, del quale ha interpretato l'opera *Antoine et Cléopatre* (Rouen, 1974).

★ COSA RARA, UNA,
OSSIA BELLEZZA ED ONESTÀ
Opera in due atti di Vicente Martín y Soler (1754-1806), su libretto di L. Da Ponte. Prima rappresentazione: Vienna, Burgtheater, 17 novembre 1786.

La vicenda è tutta basata sugli intrecci amorosi di alcune coppie di contadini e pastori, fidanzati o innamorati. Perno della vicenda è Isabella, regina di Spagna (soprano), che è continuamente chiamata in causa per districare le gelosie e le controversie delle varie coppie di amanti. Tita (baritono) e Ghita (soprano) sono vittime di continue gelosie; Lilla (soprano) è innamorata di Lubino (baritono), ma il loro amore è piú che mai contrastato; la regina è poi preoccupata per il proprio figlio, il principe Giovanni (tenore), che si è invaghito di Lilla. Agli intrighi del principe per avere la giovane pastorella si aggiungono i litigi e le provocazioni tra Lubino e Tita. Alla fine la regina riporta l'ordine: il principe, vera causa scatenante dei vari litigi tra le coppie, viene salvato dal suo scudiero Corrado (tenore), che si presenta come colpevole al posto del principe. Dopo aver mandato in esilio lo scudiero, l'opera si chiude con la ritrovata pace tra le varie coppie.

Una cosa rara rappresenta la seconda opera viennese del compositore spagnolo, e anche la seconda nata in collaborazione con Da Ponte. Tratta da *La luna de la sierra* di L. Vélez de Guevara fu uno dei piú clamorosi successi della storia dell'opera a Vienna. In breve tempo nacque addirittura tra le dame la moda di agghindarsi alla *Cosa rara*. L'opera fece velocemente il giro delle maggiori città europee, restando in repertorio (nel 1812 la troviamo ancora rappresentata a Parigi). Il suo successo meritò anche una citazione mozartiana: è la scena finale dell'opera, quando don Giovanni si fa servire a tavola da Leporello. Una piccola orchestra suona una trascrizione tratta dal finale del primo atto di *Una cosa rara*. Quando Leporello ascolta il pezzo, lo riconosce ed esclama: «Bravi! Cosa rara!».

● COSÍ FAN TUTTE OSSIA LA SCUOLA DEGLI AMANTI
Dramma giocoso in due atti di Wolfgang Amadeus Mozart (1756-1791), su libretto di L. Da Ponte. Prima rappresentazione: Vienna, Burgtheater, 26 gennaio 1790.

L'azione si svolge a Napoli nel XVIII secolo. ATTO I. Quadro primo. Sala di un caffè. Il vecchio filosofo don Alfonso (basso) spinge due giovani ufficiali, Guglielmo (baritono) e Ferrando (tenore), a scommettere sulla fedeltà delle loro fidanzate, Fiordiligi (soprano) e Dorabella (mezzosoprano). I due, sicuri della vittoria, accettano e per ventiquattro ore si mettono a disposizione di don Alfonso. Quadro secondo. Giardino con vista sul mare. Fiordiligi e Dorabella effondono il loro amore contemplando i ritratti dei fidanzati. Sopraggiunge don Alfonso e per mettere alla prova le due donne annuncia una finta partenza dei due ufficiali per la guerra. Le due sorelle, disperate, ricevono il commiato dei loro fidanzati, mentre don Alfonso commenta la scena divertito. Quadro terzo. Don Alfonso ha conquistato la non disinteressata complicità di Despina (soprano), cameriera delle fanciulle, che introduce in casa due nuovi pretendenti: questi altro non sono che Ferrando e

A sinistra:
una scena da *Cosí fan tutte*, di W.A. Mozart.

In alto:
il mezzosoprano rumeno
Viorica Cortez.

Guglielmo, travestiti da albanesi. I due cavalieri iniziano subito a corteggiare Dorabella e Fiordiligi, che però reagiscono sdegnate. Quadro quarto. Un giardino. Dorabella e Fiordiligi si lamentano della lontananza dei loro fidanzati, ma ecco giungere affannati i due albanesi che, visto il rifiuto delle due donne, hanno deciso di avvelenarsi. Dorabella e Fiordiligi invocano soccorso. Entra Despina travestita da medico, tocca il corpo dei due finti avvelenati che, miracolosamente risanati, rinnovano le loro profferte amorose. ATTO II. Quadro primo. Camera in casa di Fiordiligi e Dorabella. Le due sorelle, incoraggiate da Despina, non sono più tanto sicure del loro amore verso i loro fidanzati; si lasciano cosí facilmente convincere a ricevere quella sera stessa in giardino i nuovi spasimanti. Quadro secondo. Giardino in riva al mare. Iniziano i corteggiamenti, Guglielmo conquista il cuore di Dorabella, gettando nella disperazione l'amico Ferrando. Quadro terzo. Camera delle due sorelle. Fiordiligi, travestita da militare, è decisa a raggiungere il fidanzato lontano. Entra Ferrando che vincendo l'ormai esile resistenza della donna, conquista l'amore di Fiordiligi. Quadro quarto. Sala con tavola apparecchiata. Tutto è pronto per il doppio matrimonio: Despina, travestita da notaio, sta per celebrare le nozze, ma un improvviso rullo di tamburi annuncia il ritorno dei soldati. Le due donne nascondono i due albanesi in un'altra stanza, mentre Ferrando e Guglielmo, deposto il travestimento, si presentano alle due ragazze e, visto che queste stanno per sposarsi, fingono di infuriarsi contro i loro presunti rivali. Interviene allora don Alfonso che, chiarendo finalmente tutto, riappacifica gli animi ricomponendo le coppie.

Commissionata dall'imperatore Giuseppe II, l'opera venne composta da Mozart in un periodo assai breve: quasi interamente nel mese di dicembre del 1789. L'argomento, indicato, pare, dallo stesso imperatore, si ispirava a un fatto realmente accaduto in quel periodo a Trieste e che era stato spunto per infiniti pettegolezzi nei salotti viennesi. Il 31 dicembre, nella sua casa di Judenplatz, Mozart presentò l'opera ad alcuni amici, tra i quali figuravano il fedele Puchberg, che tante volte era venuto in soccorso alle dissestate finanze del maestro, e J. Haydn. Si arrivò cosí alla prima rappresentazione, e i viennesi riservarono all'opera un'accoglienza calorosa, tanto che nel mese di gennaio si ebbero cinque repliche, interrotte dalla morte di Giuseppe II. La musica di Mozart gioca con i personaggi con consapevole riflessione, senza prenderli sul serio; è un gioco ambiguo di sentimenti futili e genuini, confusi nell'instabile impulsività dei personaggi, dove a volte, attraverso la musica, dietro la maschera di maniera appare l'uomo. Mozart però non si fa illusioni, e la conclusione è una sorta di invito a considerare la natura umana per quello che è: fragile, instabile, indifesa.

♦ COSSOTTO, FIORENZA
(Crescentino, Vercelli 1935)
Mezzosoprano italiano. Ha studiato al Conservatorio di Torino, dove si è diplomata nel 1956. Si è quindi perfezionata presso la Scuola della Scala di Milano. Entrata nella compagnia del celebre teatro milanese, ha debuttato come Suor Matilde alla prima rappresentazione (1957) di *Les dialogues des Carmélites* (*I dialoghi delle Carmelitane*) di Poulenc. Ha successivamente cantato in ruoli marginali fino al 1961, anno in cui si è affermata come Leonora nella *Favorita*. Inizia cosí una brillantissima e intensa carriera che, a tutt'oggi, è in pieno svolgimento. La sua voce, naturalmente brunita, luminosa nel registro acuto, e il suo fraseggio, incisivo ed espressivo, hanno fatto della Cossotto un'eccellente interprete del repertorio verdiano. Le sue interpretazioni di Azucena, Amneris, Eboli sono universalmente riconosciute tra le più complete tra quelle apparse sulle scene nell'ultimo ventennio.

Sopra:
una scena da *Cosí fan tutte*,
di W.A. Mozart.

In alto:
il mezzosoprano italiano
Fiorenza Cossotto.

♦ COSSUTTA, CARLO
(Trieste 1932)
Tenore italiano. Trasferitosi giovanissimo in Argentina, ha esordito nel 1958 come Cassio nell'*Otello* al Colón di Buenos Aires. In breve tempo si è imposto come primo tenore del massimo teatro sudamericano. Ancora nel ruolo di Cassio è apparso per la prima volta in Italia (Roma, 1962). Si è quindi esibito al Covent Garden nel *Trovatore* (1964), in *Cavalleria rusticana* e *Don Carlo* (1968); alla Staatsoper di Vienna, nel *Simon Boccanegra* e nel *Macbeth*; all'Opéra di Parigi, nel *Requiem* verdiano e nel *Trovatore*. Passato gradualmente dai ruoli lirici ad altri più marcatamente drammatici, Cossutta ha saputo evitare alterazioni alla propria organizzazione vocale. Ha così raggiunto una completa e omogenea maturazione vocale e interpretativa, testimoniata dal suo notevolissimo Otello, nell'omonima opera verdiana, un ruolo del quale ha saputo dare una personale e intelligente interpretazione.

♦ COTRUBAS, ILEANA
(Galati 1939)
Soprano rumeno. Ha compiuto gli studi musicali al Conservatorio di Bucarest. Ha esordito nel ruolo di Yniold in *Pelléas et Mélisande* di Debussy per poi esibirsi come Oscar (*Un ballo in maschera*) e Cherubino (*Le nozze di Figaro*). Dopo essersi affermata in importanti concorsi di canto (1965-66), è stata scritturata dal Teatro La Monnaie di Bruxelles, dove ha interpretato i ruoli di Pamina in *Die Zauberflöte* (*Il flauto magico*) e Costanza in *Die Entführung aus dem Serail* (*Il ratto dal serraglio*). E proprio come squisita cantante mozartiana la Cotrubas ha acquisito notorietà internazionale. Interprete sensibile e raffinata, ha dato convincenti prove di sé anche in *Bohème*, *Traviata* e *Manon*.

Molto attiva anche in sede concertistica, dove ha mostrato una particolare predilezione per la musica da camera francese (Debussy, Poulenc, Fauré, ecc.), in questi ultimi anni si è preferibilmente esibita in questa veste, avendo abbandonato pressoché definitivamente il teatro d'opera.

♦ CRASS, FRANZ
(Wipperfürth, Colonia 1928)
Basso-baritono tedesco. Ha studiato al Conservatorio di Colonia. Ha debuttato nel 1954 al Teatro Municipale di Krefeld e due anni dopo è entrato a far parte della compagnia di Hannover. Contemporaneamente si è prodotto nei maggiori teatri tedeschi, tra cui il Festival di Bayreuth, dove si è affermato come apprezzato interprete wagneriano: l'Olandese in *Der fliegende Holländer* (*Il vascello fantasma*) e Guernemanz in *Parsifal*. Altrettanto degni di nota il suo Sarastro in *Die Zauberflöte* (*Il flauto magico*) di Mozart e Rocco nel *Fidelio* di Beethoven. A partire dalla metà degli anni Settanta, a causa di un rapido declino vocale, le sue apparizioni teatrali si sono fatte sempre più sporadiche.

♦ CREPUSCOLO DEGLI DEI, IL
vedi *Ring des Nibelungen, Der*

♦ CRESPIN, REGINE
(Marsiglia 1927)
Soprano francese. Dopo gli studi musicali al Conservatorio di Parigi, ha debuttato a Reims (1948) come Charlotte nel *Werther* di Massenet. Nel 1951 si è affermata all'Opéra di Parigi interpretando Elsa nel *Lohengrin* di Wagner. All'Opéra ha cantato come Marescialla nel 1956 in *Der Rosenkavalier* (*Il cavaliere della rosa*) di Strauss e nella prima francese del 1957 in *Les dialogues des Carmélites* (*I dialoghi delle Carmelitane*) di Poulenc. Presente a Bayreuth (*Parsifal* e *Walkiria*) dal 1958, Glyndebourne (1959), alla Scala (*Fedra* di Pizzetti, nel 1960) e negli altri maggiori teatri europei e americani, la Crespin è stata uno dei più sensibili ed espressivi soprani drammatici a cavallo tra gli anni Sessanta e Settanta. Proprio a partire dagli anni Settanta ha gradualmente abbandonato i ruoli di soprano per affrontare parti di mezzosoprano (Santuzza, Carmen, ecc.). Nel 1989 ha iniziato una lunga tournée di concerti d'addio, ma è apparsa ancora sulle scene come Contessa in *Pikovaja Dama* (*Dama di picche*) di Čajkovskij a Parigi nel 1991.

★ CRISPINO E LA COMARE
Melodramma giocoso in tre atti di Federico (1809-1877) e Luigi (1805-1859) Ricci, su libretto di F.M. Piave. Prima rappresentazione: Venezia, Teatro Gallo a S. Benedetto, 28 febbraio 1850.

A Venezia. Crispino (basso buffo), un povero calzolaio, non sa come sfuggire alle prepotenze di don Asdrubale (basso), il suo padrone di casa, che, tra l'altro, gli insidia la moglie Annetta (soprano). Crispino, disperato, sta per gettarsi in un pozzo, quando una misteriosa donna, la Comare (mezzosoprano), lo ferma e gli promette che diventerà ricco e famoso. Crispino si fingerà medico: se, visitando un malato,

A sinistra:
il soprano rumeno Ileana Cotrubas.

In alto:
una scena da *Crispino e la comare*,
di F. e L. Ricci.

non la vedrà accanto al capezzale, questi si salverà. Crispino, ormai medico affermato, si reca per un consulto a casa di don Asdrubale. Sua nipote Lisetta (soprano) è gravemente ammalata. Vedendo la Comare vicino a don Asdrubale, Crispino proclama che Lisetta si salverà, mentre perirà lo zio. E cosí avviene. Crispino si è insuperbito per i suoi successi, la sua fama e la sua ricchezza. Un giorno, dopo che ha trattato in malo modo Annetta, appare la Comare. Crispino vorrebbe scacciarla, ma la donna gli batte su una spalla e il ciabattino cade svenuto. Sprofonda quindi in un sotterraneo, dove la Comare gli rivela di essere la Morte, annunciandogli che è venuto il suo momento. Crispino, pentito, chiede perdono. La Comare, commossa, gli concede di tornare alla famiglia. Poco dopo Crispino si risveglia circondato da Annetta, dai figli e dagli amici. Alla contentezza della moglie, Crispino accompagna il suo sincero proposito di cambiar vita.

Crispino e la comare è l'opera piú famosa dei fratelli Ricci. Il valore teatrale del lavoro è probabilmente dovuto al singolo apporto di ciascuno dei due fratelli, anche se è quanto mai difficile stabilire il contributo che ognuno diede all'opera, estremamente piacevole e ben equilibrata, sia nel testo che nell'azione scenica. La musica ha la vivacità melodica caratteristica della scuola napoletana e non manca di vere e proprie trovate armoniche e di un ottimo gusto strumentale.

● CRISTOFORO COLOMBO
Opera in tre atti e un epilogo di Alberto Franchetti (1860-1942), su libretto di L. Illica. Prima rappresentazione: Genova, Teatro Carlo Felice, 6 ottobre 1892.

Cristoforo Colombo (baritono) ha ancora una volta ricevuto una risposta negativa al suo desiderio di solcare i mari alla ricerca di nuove terre. La regina Isabella (soprano), anch'essa delusa dalla sentenza, con gesto generoso si toglie il diadema e lo offre a Colombo: servirà per armare le navi necessarie alla spedizione. Sull'oceano, a bordo della "Santa Maria", c'è aria di scoraggiamento e di ammutinamento. I marinai stanno per avventarsi minacciosi contro Colombo, quando si odono le grida

Il libretto di *Cristoforo Colombo* di A. Franchetti.

«Terra! Terra!». In Spagna si attende il ritorno di Colombo. Sul navigatore pesa l'accusa di essersi appropriato di tutte le ricchezze e proclamato sovrano della nuova terra. Colombo viene tratto in arresto e portato in carcere. Sono passati degli anni. Colombo, vecchio, ammalato e in miseria, riceve la notizia della morte della regina Isabella; dolorosamente colpito, comincia a vaneggiare sull'onda dei ricordi, poi, rivolto al suo vecchio amico don Fernando Guevara (tenore), con un filo di voce annuncia che la sua ultima ora è venuta e si accascia. Guevara si inginocchia accanto a Colombo morto.

L'opera era in programma per le celebrazioni del quattrocentesimo anniversario della scoperta dell'America. Il lavoro, soprattutto nel secondo atto, presentò alcune difficoltà di messa in scena che ostacolarono le prime rappresentazioni: in seguito, per divergenze con l'autore, il direttore L. Mancinelli lasciò infatti alla terza rappresentazione il compito di dirigere l'orchestra al giovane Toscanini. L'opera venne rimaneggiata piú volte. Rappresentata al Teatro alla Scala il 26 dicembre 1892, passò poi in Germania e oltreoceano.

★ CRISTOFORO COLOMBO
vedi *Christophe Colomb*

● CROCIATO IN EGITTO, IL
Opera in due atti di Giacomo Meyerbeer (1791-1864), su libretto di G. Rossi. Prima rappresentazione: Venezia, Teatro La Fenice, 7 marzo 1824.

Il cavaliere Armando di Orville (mezzosoprano), unico superstite di una cruenta battaglia tra crociati e mori, vive alla corte del sultano d'Egitto, Aladino (basso). Armando, sotto il nome di Elmireno, gode di ampi favori da parte del sultano, a cui ha anche salvato la vita, e per questo motivo è diventato comandante delle truppe egiziane, e ora sta per sposarne la figlia Palmide (soprano), dalla quale ha segretamente avuto un figlio. Giunge nel frattempo un'ambasciata dei cavalieri di Rodi, guidata da Adriano di Monfort (tenore), il quale riconosce in Elmireno il nipote Armando, da tutti creduto morto. Adriano rinfaccia al nipote di aver tradito la fede cristiana e l'onore di cavaliere, oltre alla promessa di matrimonio fatta a Felicia (contralto). Preso da rimorsi, Armando giura fedeltà ai cavalieri di Rodi, quindi si presenta al sultano, al quale svela la sua vera identità. Aladino, furente, dichiara guerra ai cavalieri cristiani. L'opera però si conclude felicemente: Felicia e Adriano, commossi dall'amore di Palmide (che nel frattempo si è convertita al cristianesimo), benedicono la sua unione con Armando. Questi riconquista anche la fiducia di Aladino, sventa una congiura di palazzo e salva nuovamente la vita del sovrano. Armando e Palmide possono cosí sposarsi tra il plauso generale.

Meyerbeer giunse in Italia nel 1815 per studiare lo stile del melodramma "all'italiana" e qui compose varie opere, tra le quali *Romilda e Costanza*, nel 1817 e, nel 1824, *Il crociato in Egitto*, con la quale concluse il suo soggiorno italiano. Scritta nel piú puro stile belcantista, di chiara derivazione rossiniana, in quest'opera compare l'ultimo grande ruolo (Armando) scritto per un castrato, il celebre Giovanni Battista Velluti. Il successo del *Crociato in Egitto* fu notevolissimo e l'opera in breve tempo fu rappresentata un po' dappertutto. Sulla scia di questa notorietà, seppure duramente criticato da Schumann e da Wagner, Meyerbeer giungerà a Parigi, già conosciuto come celebre compositore d'opera.

♦ CUBERLI, LELLA
(Austin, Texas, 1945)
Nome di Ellen Terrell, sposata Cuberli. Soprano statunitense naturalizzato italiano. Ha compiuto gli studi musicali alla Southern Methodist University di Dallas. Trasferitasi in Italia, si è perfezionata all'Accademia Chigiana di Siena. Dopo essersi affermata in importanti concorsi di canto, ha debuttato nel 1975 nella *Traviata* a Budapest. Nel 1978 ha colto il primo importante successo come Costanza nel *Die Entführung aus dem Serail* (*Il ratto dal serraglio*). Sono cosí emerse, oltre che alla notevolissima presenza scenica, le peculiari doti vocali e stilistiche della Cuberli: eleganza e raffinatezza di fraseggio,

un'emissione ineccepibile, sia nel canto spianato che in quello di coloratura. Queste caratteristiche di autentico belcanto hanno fatto sí che il nome della Cuberli si legasse in modo particolare alle opere di Rossini: *Il turco in Italia*, *Tancredi*, *Bianca e Faliero*, *Viaggio a Reims* e *Semiramide*. A tutt'oggi è una delle piú complete interpreti della "Rossini Renaissance".

♦ CUPIDO, ALBERTO
(Portofino, Genova 1947)
Tenore italiano. Ha studiato al Conservatorio "Giuseppe Verdi" di Milano e successivamente al Centro di Perfezionamento del Teatro alla Scala e all'Accademia Chigiana di Siena. Vincitore dei concorsi di canto di Parma (1975) e Busseto (1976), ha esordito nel 1976 come Pinkerton (*Madama Butterfly*) al Teatro Comunale di Genova. L'anno seguente interpretava Rodolfo (*La bohème*) a Francoforte, esibendosi quindi nei maggiori teatri tedeschi: Deutsche Oper di Berlino (*La traviata*, 1979; *La bohème*, *Luisa Miller*, ecc.); Opera di Stato di Amburgo (*La bohème*, 1979); Opera Bavarese di Monaco (*La bohème*, 1980); ecc. Ospite all'Opéra di Parigi dal 1983, il suo nome è altresí presente nei cartelloni della Scala di Milano (dal 1984, con *Lucia di Lammermoor*), della Staatsoper di Vienna (dal 1981, *Gianni Schicchi*), dell'Opera di San Francisco (dal 1983, con *La traviata*), del Covent Garden di Londra (*Tosca*, 1992) e di tutti gli altri principali teatri italiani ed europei. Interprete del repertorio lirico-romantico italiano (*Bohème*, *Luisa Miller*, *Don Carlo*, ecc.) e francese (*Faust*, *Werther*, *Manon* ecc.) Cupido sfoggia un timbro vocale quanto mai accattivante, oltre a una notevole facilità nel registro acuto e a un fraseggio naturalmente incisivo.

■ CURTIS, ALAN
(Masone, Michigan 1934)
Direttore d'orchestra e clavicembalista statunitense. Si è diplomato all'Università del Michigan (1955) e a quella dell'Illinois (1956). Ha quindi iniziato a esibirsi nella duplice veste di clavicembalista e di direttore d'orchestra. Insegnante alla Berkeley University, Curtis è molto attivo anche nel campo della revisione di partiture, sia nel campo della letteratura clavicembalistica (opere di Couperin, Balbastre, Bach), che in quello della riscoperta del teatro barocco. In campo operistico ha curato e diretto importanti recuperi di *Admeto* e di *Agrippina* di Händel.

CYRANO DE BERGERAC
Opera in quattro atti e cinque quadri di Franco Alfano (1876-1954), su testo di H. Cain, tratto dal dramma di E. Rostand. Prima rappresentazione: Roma, Teatro dell'Opera, 26 gennaio 1936.

A Parigi verso il 1640. Cyrano (tenore), nobile e squattrinato guascone, è segretamente innamorato della cugina Rossana (soprano). Venuto a sapere che essa ama un suo compagno d'armi, Cristiano (tenore), che non ha il coraggio di dichiararsi, si sacrifica per la felicità dei due amici e di notte, imitando la voce di Cristiano, chiede a Rossana un bacio. Rossana accetta, allora compare Cristiano che si sostituisce a Cyrano. Cristiano e Rossana si sposano. Cristiano e Cyrano partono per la guerra e quest'ultimo scrive per l'amico le lettere d'amore a Rossana, la quale giunge al campo per riabbracciare il marito tanto innamorato; ma Cristiano è ferito mortalmente in battaglia e chiede spirando all'amico di rivelare alla moglie chi sia il vero autore delle lettere; ma Cyrano non vuole deludere l'amore di Rossana. Quindici anni dopo Cyrano, ferito da ignoti sicari, viene ricoverato nel convento dove Rossana vive dopo la morte di Cristiano e le dice frasi d'amore ardenti e appassionate. Rossana scopre cosí la verità e capisce di aver sempre amato in Cristiano lo spirito di Cyrano. L'eroe muore tra le braccia della donna.

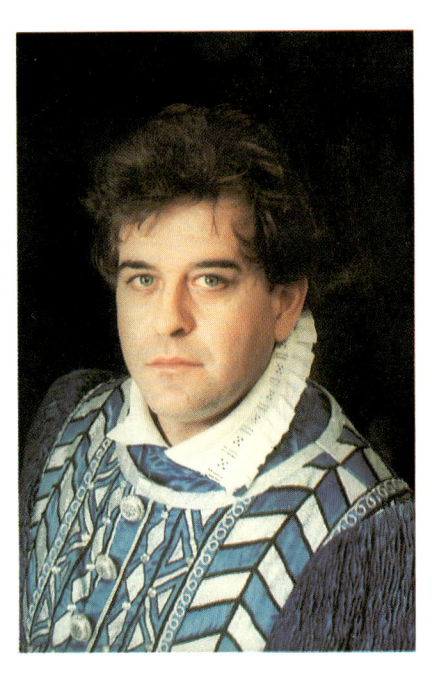

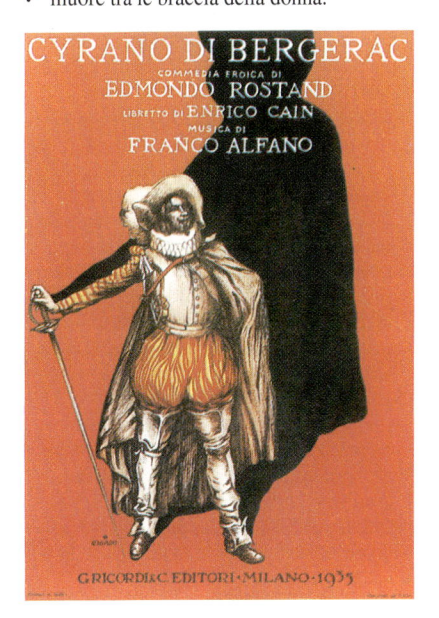

L'opera è l'ultimo lavoro del compositore. Dopo la prima romana il *Cyrano de Bergerac* venne rappresentato all'Opéra-Comique di Parigi il 29 maggio 1936, in lingua francese. Ambedue le rappresentazioni riscossero un discreto successo, ma l'opera non venne inclusa nel repertorio. In *Cyrano* Alfano adottò uno stile italiano unito a un'attenzione, tipicamente "francese", per la strumentazione in contrasto con l'imperante scuola verista, creando un clima espressivo incline all'intimismo.

In alto:
il soprano italiano Lella Cuberli.

A sinistra:
il tenore italiano Alberto Cupido.

Sopra: il libretto
del *Cyrano di Bergerac* di F. Alfano.

★ DAFNE
vedi *Daphne*

★ DAFNE IN LAURO
Componimento per camera in un atto di Johann Joseph Fux (1660-1741), su libretto di P. Pariati. Prima rappresentazione: Vienna, 1714, in occasione del compleanno dell'imperatore Carlo VI.

Alcune ninfe sono intente ai preparativi per una partita di caccia della dea Diana (soprano). Tra le ninfe vi è anche la bella Dafne (soprano), che dichiara il suo rifiuto dell'amore. Amore (soprano), che ha ascoltato le parole della ninfa, si presenta travestito da pastore e decanta un potere al quale nessuno, neppure un dio, può resistere; Apollo però si fa beffe del pastore. Durante la caccia, Amore scaglia due frecce, una infuocata, diretta ad Apollo che è cosí travolto da una grande passione, mentre la ninfa è totalmente insensibile a ogni approccio amoroso. Apollo, folle d'amore, è raggiunto da Mercurio (tenore). Il messaggero degli dei invita Apollo a ricordarsi della sua dignità divina. Ma il dio, tutto preso dalla sua passione, non ascolta l'appello di Mercurio. Dafne, tramutata in alloro, coronerà le virtú di eroi e sovrani, primo tra tutti l'imperatore Carlo VI, di cui si festeggia il compleanno.

Al servizio della corte imperiale il compositore austriaco scrisse, fra l'altro, numerose "feste teatrali", composizioni musicali destinate a celebrare i momenti solenni della vita di corte. A questo genere appartiene *Dafne in Lauro*. I libretti erano quasi sempre di derivazione mitologica per poter creare un'analogia tra le divinità dell'Olimpo e il regnante da celebrare. Cosí avviene anche nel libretto del Pariati, dove l'imperatore Carlo VI diventa l'"Austriaco Giove", sul capo del quale sta il lauro, simbolo di gloria.

In alto:
il soprano italiano Toti Dal Monte
nel ruolo di Lucia
in *Lucia di Lammermoor*.

Sopra:
il compositore italiano Luigi Dallapiccola
in un disegno di Colacicchi.

● DALLAPICCOLA, LUIGI
(Pisino d'Istria 1904 - Firenze 1975)
Compositore italiano. Dopo aver iniziato gli studi musicali nella città natale, seguí, nel periodo del primo conflitto mondiale, la sua famiglia che si era trasferita in Austria. Al suo ritorno in Italia, proseguí gli studi musicali a Pisino e poi a Trieste e a Firenze (1922), città nel cui Conservatorio ha svolto tutta la sua attività di compositore e di didatta (1934-67). La sua produzione teatrale poggia su quattro titoli: *Volo di notte* (Firenze, 1940), *Il prigioniero* (Firenze, 1950) e *Ulisse* (Berlino, 1968), a cui va aggiunta la sacra rappresentazione *Job* (Roma, 1950), opere che rappresentano momenti fondamentali nella storia musicale, non solo italiana. La produzione teatrale di Dallapiccola è ispirata a un tema costante: l'uomo, con i suoi drammi, le sue angosce, i suoi continui interrogativi.

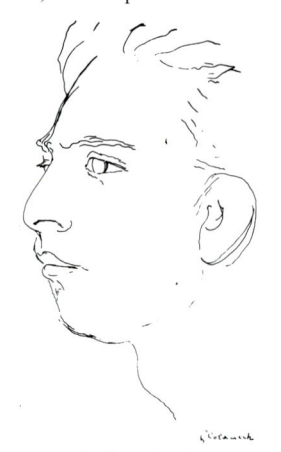

★ DALL'OGGI AL DOMANI
vedi *Von Heute auf Morgen*

♦ DAL MONTE, TOTI
(Mogliano Veneto, Treviso 1893 - Pieve di Soligo, Treviso 1975)
Nome d'arte di Antonietta Meneghel, soprano italiano. Dopo essere stata avviata allo studio del pianoforte, in seguito a un incidente si dedicò al canto sotto la guida di B. Marchisio. Ebbe il debutto ufficiale alla Scala (1916) come Biancofiore in *Francesca da Rimini* di Zandonai. Dopo essersi ulteriormente specializzata con il baritono Pini-Corsi, nel 1918 ha cantato Gilda nel *Rigoletto* a Torino, ruolo che ha poi nuovamente interpretato alla Scala (1922) e successivamente in tutti i maggiori teatri europei e americani. Accanto a Gilda, la Dal Monte è stata celebre come Lucia, Amina, Rosina, ruoli ai quali ha poi affiancato quelli di Mimí e Cio-Cio-San. Una delle ultime dive del periodo che possiamo definire "pre-Callas", la Toti (come veniva comunemente chiamata), pur con i limiti di spessore di una voce come la sua, di tipico soprano leggero, non ha mai limitato il suo canto a mero sfoggio di virtuosismo, dando ai suoi personaggi una sottile ma personale chiave interpretativa.

★ DAMA DI PICCHE, LA
vedi *Pikovaja Dama*

★ DAME BLANCHE, LA
(*La dama bianca*)
Opera in tre atti di François-Adrien Boïeldieu (1775-1834), su libretto di E. Scribe da Guy Mannering *e* The Monastery *di W. Scott. Prima rappresentazione: Parigi, Opéra-Comique, 10 dicembre 1825.*

Scozia 1759. Dikson (tenore), un proprietario terriero della contea di Avenal, accoglie nella sua casa George (tenore), un giovane ufficiale, e gli narra la storia del castello di Avenal e del conte, morto in Francia. Il giovane non sa nulla della propria famiglia ed è sulle tracce di una fanciulla che lo ha curato delle sue recenti ferite e di cui si è innamorato. Gaveston (basso), già intendente del conte, ha manovrato i beni del suo padrone per crearsi un proprio patrimonio, con il quale comperare lo stesso castello messo in vendita per la pressione dei creditori. Tutti i proprietari del paese si sono accordati per acquistare la tenuta e conservarla al suo proprietario. Dikson è incaricato dell'operazione. Il castello ha una leggenda: il fantasma della dama bianca.

E proprio la dama bianca convoca Dikson per la mezzanotte: l'uomo è terrorizzato e allora Georges si offre di sostituirlo. Al castello è giunta nel frattempo Anna (soprano), una giovane orfana che i conti avevano allevato e che è sotto la tutela di Gaveston. La giovane, grazie a un tesoro nascosto, intende salvare il castello. Sotto i panni della dama bianca, Anna incontra Georges e lo convince a comperare per lei il castello. Cosí avviene. In un vortice di colpi di scena e di intrighi si scopre che Georges è il giovane Julien, figlio del conte scomparso. Non manca il lieto fine: Anna è la misteriosa fanciulla cercata da Georges e cosí, con la gioia dei due giovani, tutto si chiarisce e finisce nel migliore dei modi.

La dame blanche è il capolavoro di Boïeldieu. La musica è leggera, facile, graziosa, limpida ed ebbe un successo enorme, raggiungendo una notevole popolarità, tanto che per decenni fu il cavallo di battaglia dei maggiori teatri francesi (nel solo 1826 venne data ben centocinquanta volte) e il 16 dicembre 1962 si ebbe a Parigi la sua millesima rappresentazione.

DAMNATION DE FAUST, LA
(*La dannazione di Faust*)

Leggenda drammatica in quattro atti e dieci quadri di Hector Berlioz (1803-1869), su libretto proprio e di A. Gandonnière, tratto dal Faust *di Goethe. Prima rappresentazione in forma di concerto: Parigi, Opéra-Comique (Salle Favart), 6 dicembre 1846. In forma scenica: Casino di Montecarlo, 18 febbraio 1893.*

In Ungheria. Il vecchio filosofo Faust (tenore), oppresso dal peso degli anni, assiste al risveglio del ridente villaggio. Tornato a casa, in Germania, Faust non sopporta piú la sua vita solitaria e sceglie di morire con il veleno. Gli appare Mefistofele (baritono), pronto a offrirgli la giovinezza e i piaceri della vita. Incerto, Faust mette alla prova Mefistofele, domandandogli di attuare le sue promesse. Mefistofele trasporta Faust prima in una taverna in mezzo a un'allegra compagnia di studenti e soldati e poi in un boschetto, dove il filosofo, ringiovanito, si addormenta e sogna Margherita (soprano), della quale subito si innamora. Aiutato da Mefistofele, Faust riesce a entrare in casa dell'amata. Faust si mostra a Margherita e, dichiarandole il suo amore, la seduce. Ma subito interviene Mefistofele e conduce via Faust. Margherita, pazza d'amore, piange la pace perduta, attendendo Faust che l'ha abbandonata. In una foresta, Faust, stanco dei piaceri della vita, chiede alla Natura di donargli la pace. Mefistofele, timoroso di perdere la sua anima, l'avverte che

Margherita sta per essere giustiziata con l'accusa di aver ucciso la madre. Faust lo supplica di aiutare Margherita e Mefistofele accetta, chiedendogli in cambio la sua anima. Mentre Faust precipita all'Inferno, Margherita che, pentita, ha accettato la sua punizione rifiutando l'aiuto di Mefistofele, sale al cielo tra schiere di angeli che rendono gloria a Dio.

Alla fine del 1828 Berlioz aveva composto la cantata per soli coro e orchestra intitolata *Otto scene da Faust op. 1*, che costituirà l'embrione della nuova partitura, alla cui composizione egli giungerà però soltanto nel 1845; un anno dopo la farà rappresentare a Parigi col titolo *La damnation de Faust*. L'esito della prima rappresentazione fu decisamente negativo; alla seconda replica, preparata con la massima cura, il fiasco fu clamoroso. Il completo insuccesso influí profondamente sull'animo del compositore francese, che giunse sull'orlo di una gravissima crisi. Alcuni decenni dopo l'opera ottenne un incredibile successo e oggi rimane l'unica veramente popolare tra quelle che egli scrisse.

DANAIDES, LES
(*Le Danaidi*)

*Tragedia lirica in cinque atti di Antonio Salieri (1750-1825), su libretto di F.-L.-G. Leblanc du Roullet e di L.T. von Tschudi, tratto in parte dall'*Ipermestra *di R. de' Calzabigi. Prima rappresentazione: Parigi, Opéra, 26 aprile 1784.*

Danao (basso), cacciato e perseguitato dal fratello Egitto, si vuole vendicare e chiede alle sue cinquanta figlie, che stanno per sposare i cinquanta figli di Egitto, di cancellare l'offesa ricevuta. Celebrate le nozze, le figlie esaudiscono i desideri del padre, uccidendo i loro sposi. Soltanto una, Ipermestra (soprano), non si piega alla volontà paterna e riesce a far fuggire l'amato Linceo (tenore). Istigate dal padre, le Danaidi cercano furiosamente il fuggitivo sul monte Tirso. Linceo intanto, con i suoi armati, torna al palazzo. Danao, che non ha piú via di scampo, cerca Ipermestra per vendicarsi di lei, ma viene raggiunto da Pelago (baritono) che lo uccide. Linceo fugge con la sposa a Menfi, nella terra di

In alto:
una scena da
La dannazione di Faust, di H. Berlioz,
all'Opéra di Parigi.

Sopra:
un'illustrazione per il *Faust*
di Goethe, cui si ispirò H. Berlioz
per *La dannazione di Faust*.

Isis. Una folgore distrugge il palazzo di Danao. La terra si apre e, in un mare di sangue, emerge la roccia alla quale è incatenato Danao: una folgore gli passa continuamente sul capo e un avvoltoio gli mangia le viscere. Le Danaidi, incatenate tutte insieme, sono tormentate da demoni, serpenti e Furie, sotto una crudele pioggia di fuoco.

Les Danaïdes, capolavoro di Salieri, contiene notevoli anticipazioni romantiche, che si manifestano nell'accentuazione dell'espressività drammatica. La prima parigina fu dovuta all'appoggio e all'entusiasmo di Ch.W. Gluck. Anzi, Salieri figurò solo come collaboratore di questo musicista, e se ne rivelò unico autore solo dopo il grande successo ottenuto.

★ DANAIDI, LE
vedi *Danaïdes, Les*

♦ DANCO, SUZANNE
(Bruxelles 1911)
Soprano belga. Dopo aver iniziato gli studi musicali al Conservatorio della città natale, nel 1936 ha vinto un concorso di canto a Vienna. Ha quindi proseguito gli studi a Praga, con F. Carpi. Nel 1941 ha avuto luogo il suo debutto teatrale a Genova come Fiordiligi in *Cosí fan tutte* di Mozart. Si è quindi prodotta in molti teatri italiani: alla Scala, all'Opera di Roma, ecc. Il nome della Danco si è però successivamente legato ai festival di Edimburgo, Glyndebourne e Aix-en-Provence, dove si è mostrata una sensibilissima interprete mozartiana. Si è inoltre esibita al Covent Garden di Londra, alla Staatsoper di Vienna e nei maggiori teatri americani. Dopo il ritiro dalle scene si è dedicata all'insegnamento. In questa veste ha tenuto corsi di perfezionamento all'Accademia Chigiana di Siena.

♦ DANIELS, BARBARA
(Grenville, Ohio 1946)
Soprano statunitense. Ha studiato con I. Tajo e A. Markova, perfezionandosi poi con celebri direttori come Th. Schippers e J. Levine. Nel 1974 ha debuttato a Cincinnati come Musetta (*La bohème*) e si è quindi trasferita in Europa dove, tra il 1975 e il 1984, si è esibita a Innsbruck (*Cosí fan tutte*), allo Staatstheater di Kassel e all'Opera di Colonia. Nel 1978 ha debuttato al Covent Garden (*La bohème*), dove poi ha interpretato *Don Giovanni*, *Die Fledermaus* (*Il pipistrello*) e *Falstaff*. Nel 1983 ha fatto il suo ingresso, ancora come Musetta, al Metropolitan, dove si esibisce regolarmente. In Italia ha cantato a Perugia nel *Mosè* di Rossini (in forma di concerto), all'Accademia di Santa Cecilia, nella *Bohème*, sotto la direzione di L. Bernstein (1987), e al Regio di Torino nella *Traviata* (1988).

★ DANNAZIONE DI FAUST, LA
vedi *Damnation de Faust, La*

▲ D'ANNUNZIO, GABRIELE
(Pescara 1863 - Gardone Riviera, Brescia 1938)
Poeta, romanziere e drammaturgo italiano. Nel corso della sua vita ebbe sempre stretti contatti con il mondo musicale, sia per una forte connessione al suo stile letterario, espressione di una "musicalità" della parola, sia per uno specifico interesse, volendo contribuire alla diffusione in Italia della musica di C. Debussy e R. Strauss. Importante è poi lo stretto rapporto con i compositori della "giovane scuola", con i quali collaborò. Nacquero cosí i libretti di *La nave* (1908) e *La Pisanella* (1913) per I. Pizzetti; *La Parisina* (1913) per P. Mascagni. Operò successivamente numerosi adattamenti per il teatro d'opera, ancora per Pizzetti (*Fedra*, *La figlia di Jorio*), G.F. Malipiero (*Sogno di un tramonto d'autunno*) e altri ancora. Il suo testo piú celebre scritto per il teatro musicale è sicuramente *Le martyre de Saint Sébastien* (*Il martirio di San Sebastiano*) del 1911 per Debussy.

♦ DANTONS TOD
(*La morte di Danton*)
Opera in due atti di Gottfried von Einem (n. 1918), su libretto dell'autore e di B. Blacher, tratto dal dramma omonimo di G. Büchner. Prima rappresentazione: Festival di Salisburgo, 6 agosto 1947.

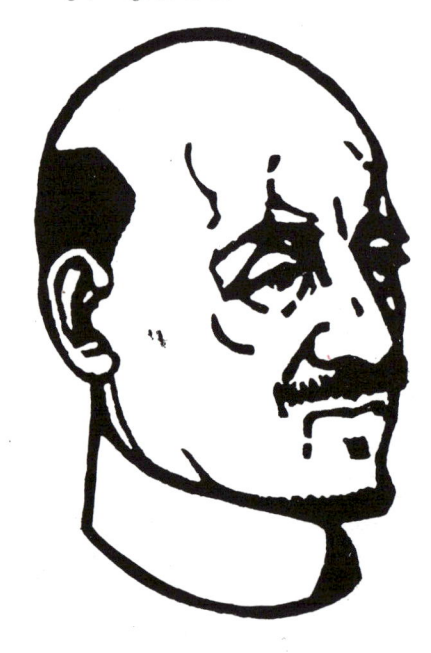

*In alto:
una scena da Le Danaidi,
il capolavoro di A. Salieri.*

*A destra:
Gabriele D'Annunzio oltre che poeta
fu anche grande librettista.*

L'azione si svolge a Parigi nel 1794. In casa di Hérault de Séchelles (tenore). Tra gli ospiti vi sono Georges Danton (baritono), sua moglie Giulia (mezzosoprano) e il deputato Camille Desmoulins (tenore). De Séchelles, Danton e Desmoulins sono preoccupati per il grave momento che il paese sta attraversando; bisogna finire con la distruzione e riorganizzare per costruire la Repubblica. Danton però non si fa nessuna illusione sulle reali possibilità di mutare il corso attuale degli eventi. Mentre in strada si susseguono le manifestazioni contro i borghesi e gli intellettuali, Robespierre (tenore) arringa la folla con discorsi demagogici sul potere del popolo. Danton, che ha assistito, più tardi lo richiama a una visione più realistica. Allora Robespierre capisce che si deve liberare di Danton e dei suoi sostenitori. Danton e Desmoulins vengono arrestati. Durante il processo, Danton difende strenuamente le sue idee e denuncia il pericolo incombente di una dittatura. La Convenzione li condanna per aver cercato di sovvertire l'autorità della legge. Danton e i suoi compagni si avviano al patibolo cantando la *Marsigliese*, ma la loro voce è coperta dalle urla della folla. Quando tutto è finito e la piazza è deserta, Lucilla (soprano), moglie di Desmoulins, impazzita, si siede piangendo sui gradini della ghigliottina.

L'opera ebbe molto successo al Festival di Salisburgo, anche per il particolare momento in cui venne presentata: la recente caduta del regime nazista. Il testo di Büchner, che si componeva di ventinove scene, è stato condensato nelle sei dell'opera senza tradire l'originale. Nel 1950 il compositore preparò una nuova versione del lavoro.

◆ DAPHNE
(Dafne)
Opera in un atto di Richard Strauss (1864-1949), su libretto di J. Gregor. Prima rappresentazione: Dresda, Staatsoper, 15 ottobre 1938.

Mentre fervono i preparativi della festa in onore di Dioniso, la giovane Dafne (soprano), figlia di Gea (mezzosoprano) e di Peneo, persa nella contemplazione della natura, prega il sole di non tramontare perché possa continuare a vedere gli alberi, i fiori, la sorgente. Ha invece soltanto incomprensione per il pastore Leucippo (tenore), che la ama, lo respinge ed è per questo rimproverata da Gea. Compare Apollo (tenore) in sembianze umane e Dafne, incaricata dal padre di prendersi cura dello straniero, è colpita dal suo nobile aspetto, lo chiama fratello e si stringe a lui. Apollo, che ha fermato per lei il carro del sole, la bacia. Dafne fugge turbata. Durante una festa di pastori, Leucippo, sotto un travestimento, offre a Dafne una bevanda dionisiaca e la invita a danzare, ma Apollo, geloso, rivela l'inganno e si manifesta nella sua divinità. Leucippo lo maledice e il dio lo uccide con una freccia, ma, di fronte alla disperazione di Dafne, che si crede responsabile della morte del giovane, riconosce di avere usurpato i diritti di Dioniso e prega Zeus di trasformare la fanciulla in un lauro.

Scarsamente rappresentata, *Daphne* ha in comune con la tarda produzione lirica del compositore tedesco un carattere olimpico, che si pone al di fuori dello spazio e del tempo. Le sue pagine più belle sono l'interludio sinfonico che accompagna il bacio di Apollo e il canto finale di Dafne che si trasforma in lauro.

▲ DA PONTE, LORENZO
(Ceneda, oggi Vittorio Veneto 1749 - New York 1838)
Nome d'arte di Emanuele Conegliano, letterato e librettista italiano di origine ebraica. Dopo essersi convertito al cristianesimo nel 1763 (prese il nome di Da Ponte in omaggio al vescovo di Ceneda), studiò in seminario prendendo gli ordini sacri nel 1773. Iniziò una vita errabonda, ricca di scandali, giungendo nel 1781 a Vienna dove, grazie all'aiuto di A. Salieri, divenne poeta dei teatri imperiali. Qui avvenne l'incontro con Mozart, per il quale scrisse i libretti per *Le nozze di Figaro* (1786), *Don Giovanni* (1787) e *Così fan tutte* (1790). Sempre nella capitale austriaca operò per Martín y Soler (*Una cosa rara*, 1786, ecc.), Salieri (*Axur re d'Ormus*, 1788, ecc.) e altri musicisti. Alla morte dell'imperatore Giuseppe II, lasciò Vienna per stabilirsi a Londra (1793), da dove però fuggì nel 1805 per raggiungere l'America. A New York tenne la cattedra d'italiano alla Columbia University (1826-37). Con M. Garcia fu tra i primi a diffondere l'opera italiana negli Stati Uniti.

◆ DARA, ENZO
(Mantova 1938)
Basso italiano. Ha studiato canto e pianoforte con B. Sutti. Nel 1960 ha debuttato a Fano come Colline nella *Bohème*. Nel 1966 ha interpretato per la prima volta il ruolo di Dulcamara (*L'elisir d'amore*) a Reggio Emilia. Al 1969 risale una delle sue prime importanti affermazioni come Mustafà (*L'italiana in Algeri* di Rossini) al Festival dei Due Mondi, sotto la direzione di Th. Schippers. Con la sua interpretazione di Bartolo (*Il barbiere di Siviglia*) alla Scala nel 1971, nella celebre edizione di Abbado-Ponnelle, ha confermato le sue doti, apparendo come il miglior basso comico italiano. Attore straordinario, ma sempre misuratissimo, mai abbandonato a esibizioni buffonesche, Dara rientra in una autentica tradizione italiana, nella quale il canto non viene mai messo in secondo piano e, a una precisione vocale da stilista autentico, unisce la sua strepitosa "vis" teatrale. Così tutto il Rossini comico, ma anche Cimarosa (*Il matrimonio segreto*), Donizetti (*Don Pasquale, Il campanello*), hanno trovato in Dara l'interprete più autentico, acclamato nei maggiori teatri del mondo.

Il basso italiano Enzo Dara.

DARDANUS
Tragedia lirica in un prologo e cinque atti di Jean-Philippe Rameau (1683-1764), su libretto di Ch.A. le Clerc de la Bruère. Prima rappresentazione: Parigi, Opéra, 19 novembre 1739.

Nel prologo, Amore caccia Gelosia, che infastidisce e turba i Piaceri; senza di lei però essi si addormentano e Venere deve richiamarla per risvegliarli. La tragedia narra la storia di Ifisia (soprano), figlia di Teucro (basso), re della Frigia, la quale ama suo malgrado Dardano (tenore), nemico della sua patria. Teucro l'ha destinata al principe Antenore (basso-baritono). Angosciata, Ifisia decide di consultare il mago Ismenore (basso). Dardano, che corrisponde il suo amore, ottiene da Ismenore una bacchetta magica con la quale prende le sembianze del mago. Ascolta cosí la confidenza di Ifisia, sa del suo amore e infine le si rivela gioioso; la giovane fugge confusa. Dardano viene catturato dai suoi nemici, ma Giove fa sorgere dal mare un mostro e Antenore parte per combatterlo. Viene però salvato da Dardano, liberato da Venere (soprano), e, non riconoscendolo, gli promette eterna amicizia, offrendogli in pegno la spada. Un oracolo di Nettuno ha dichiarato che la mano di Ifisia andrà al vincitore del mostro. Cosí Dardano, davanti a Teucro e al suo popolo in festa, viene riconosciuto per la sua impresa, e Antenore rinuncia al suo amore, fedele alla sua promessa.

Opera piú volte rimaneggiata, tanto da assumere una veste definitiva solo nel 1760, è stata qui narrata nella versione originale. Tolti gli elementi fantastici e miracolosi (ad esempio l'episodio del mostro), la perdita di deliziose melodie presenti nell'originale è compensata dalla drammaticità assunta dalla musica nella stesura definitiva.

● DARGOMYŽSKIJ ALEKSANDR SERGEEVIČ
(Dargomyž, Tula 1813 - San Pietroburgo 1869)

Compositore russo. Di famiglia benestante, a sei anni iniziò gli studi di pianoforte e successivamente violino e canto. Dopo aver lavorato come impiegato all'ufficio del personale del demanio (1831-35), abbandonò il lavoro per dedicarsi completamente alla composizione. La sua prima opera *Esmeralda* (1847), tratta da *Notre-Dame de Paris* di V. Hugo, è un lavoro di chiara influenza francese. Dopo aver lungamente viaggiato all'estero, Dargomyžskij intraprese la composizione di *Rusalka* (1856), che riscosse un debole successo, ma che rappresentò invece il primo passo dell'autore nella sua ricerca drammaturgica espressa in un recitativo melodico. Questo suo linguaggio compositivo è pienamente espresso nella sua ultima opera *Kamènnyj gost'* (*Il convitato di pietra*), rappresentata postuma nel 1872, nella quale i personaggi si esprimono quasi esclusivamente attraverso il recitativo, che sembra voler riportare l'opera ad una dimensione arcaica, come alle sue origini.

★ DA UNA CASA DI MORTI
vedi *Mrtvého Domu Z*

DAVID ET JONATHAS
Tragedia in musica in un prologo e cinque atti di Marc-Antoine Charpentier (1636-1704), su libretto di padre Bretonneau. Prima rappresentazione: Parigi, Collège Louis-Le-Grand, 28 febbraio 1688.

Saul (basso), re d'Israele, in guerra contro i filistei, sentendosi privo dell'appoggio divino, si reca da una strega (contralto); questa evoca l'ombra di Samuele (basso) e predice a Saul la sua prossima fine e l'ascesa al trono di David. Dopo aver vinto gli amaleciti, David (contralto) si reca al campo dei filistei; il loro re Achis (basso) accoglie con tutti gli onori David, quindi lo informa che incontrerà Saul, con il quale cercherà di scendere a patti. Durante questa tregua, in attesa di risoluzioni che porranno fine o faranno proseguire la guerra tra gli israeliti e i filistei, David può riabbracciare Jonathas (soprano), figlio di Saul e suo amico fraterno. Nel frattempo Joabel (tenore), geloso di David, insinua a Saul il dubbio che David con il pretesto della tregua stia in realtà complottando per la rovina di Israele. Saul, che attendeva la giusta occasione per liberarsi di David, crede immediatamente alle false accuse di Joebel. Accusato di tradimento, David viene difeso da Achis. Questo provoca ancor piú l'ira di Saul, che scende nuovamente in campo contro i filistei. David, che ha trovato rifugio nel campo nemico, si incontra con Jonathas al quale dichiara che mai alzerà la spada contro Saul. Poco dopo, la battaglia vede la sconfitta di Saul. Jonathas, ferito a morte, spira tra le braccia di David; lo stesso Saul, in fuga dai filistei, è caduto sulla sua stessa spada ed ora è in fin di vita. Mentre Achis annuncia che David sarà il nuovo re di Israele, il giovane, troppo colpito dalla morte dell'amico, si allontana.

David et Jonathas, composta nel 1688, subito dopo la morte di Lully, è la prima risposta di rottura all'egemonia teatrale imposta da questo compositore. Rappresentata come intermezzo della tragedia latina *Saul* di padre Charmillat, quest'opera di Charpentier è un grande passo avanti nello sviluppo della *tragédie-lyrique*.

♦ DAVIES, RYLAND
(Cwn Ebbw Vale, Monmouthshire 1943)
Tenore gallese. Mentre ancora studiava al Royal College of Music di Manchester, prese parte ad alcune esecuzioni del *Barbiere di Siviglia*, dell'*Italiana in Algeri*, del *Fidelio* e del *Paride ed Elena*. Durante la stagione 1964-65, Davies ha debuttato ufficialmente alla National Opera del Galles come Almaviva (*Il barbiere di Siviglia*). La sua carriera si è successivamente incentrata tra i teatri di Sadler's Wells e Covent Garden di Londra, dove ha preso parte a numerose rappresentazioni di opere di Britten (*Gloriana*, 1967), di Berlioz e di Mozart.

■ DAVIS, SIR COLIN
(Weybridge, Surrey 1927)
Direttore d'orchestra inglese. Dopo aver studiato come clarinettista, ha deciso di dedicarsi alla direzione d'orchestra. Ha fondato e diretto nel 1950 la Chelsea Opera Group, dove ha avuto le prime esperienze direttoriali. Si è quindi prodotto al Royal Festival Hall di Londra (1952) e alla BBC Scottish Orchestra (1957-59), prima di diventare nel 1959 direttore musicale del Sadler's Wells di Londra. Nel 1967 ha debuttato al Metropolitan (*Peter Grimes* di Britten), e lo stesso anno lo ha

Il direttore d'orchestra inglese Sir Colin Davis.

visto assumere la carica di direttore principale della BBC Symphony Orchestra (fino al 1974). Si è quindi esibito con le principali orchestre internazionali. Molto attivo anche in campo teatrale, Davis è stato direttore musicale del Covent Garden di Londra (1971-86), teatro nel quale dirige regolarmente. È poi stato il primo direttore inglese chiamato a dirigere a Bayreuth (1977-86). La sua spiccata e vitale teatralità, la sua lucidità analitica, hanno fatto emergere il Davis operista nel teatro mozartiano e nell'operismo francese (Berlioz in particolare). Sono inoltre particolarmente degne di nota anche le sue interpretazioni delle opere di Britten e di Tippett.

♦ DAWSON, LYNNE
(1953)
Soprano inglese. Dopo aver intrapreso l'attività di interprete di lingua francese, si è dedicata al canto studiando alla Guildhall School of Music di Londra. Ha quindi iniziato l'attività artistica in campo concertistico, affermandosi come cantante di musica antica e barocca. A partire dal 1985 si è esibita con l'English Concert di Trevor Pinnock, come solista del Monteverdi Choir e con altri celebri complessi inglesi. In campo operistico si è esibita nel 1987 al Festival di Aix-en-Provence in *Iphigénie en Aulide*, (*Ifigenia in Aulide*), al Festival di Brighton (*Le nozze di Figaro*), Radio France (*Arabella*), Napoli, Teatro Mercadante (*Cosí fan tutte*, 1990), Amsterdam (*Benvenuto Cellini*). Interprete sensibile e raffinata, la Dawson è particolarmente nota nel repertorio mozartiano.

● DEATH IN VENICE
(*Morte a Venezia*)
Opera in due atti di Benjamin Britten (1913-1976), su libretto di M. Piper, tratto dal racconto Der Tod in Venedig *di Th. Mann. Prima rappresentazione: Festival di Aldeburgh, 17 giugno 1973.*

A Monaco. Il grande scrittore Gustav von Aschenbach (tenore), in una inutile ricerca del bello, della giovinezza, dell'illusione di un amore perfetto, dopo un'analisi di se stesso lascia Monaco per Venezia. Giungendo in un albergo al Lido di Venezia, Aschenbach resta profondamente colpito da una donna e dai suoi tre figli, uno in particolare, il giovane Tadzio, che l'artista considera un "capolavoro" che egli stesso avrebbe voluto creare. In una Venezia opprimente, malata di un "morbo" dilagante, Aschenbach si lascia trasportare in un mondo mitologico, nel quale su una spiaggia inondata di sole, vede Tadzio e i suoi amici impegnati in gesta atletiche. In questo continuo vagare irreale, lo scrittore perde ogni contatto con il mondo reale. Rimasto solo, perché tutti gli ospiti dell'albergo sono fuggiti alla notizia che in città sta dilagando un'epidemia di colera, Aschenbach in una apparizione vede Tadzio che nuovamente gioca sulla spiaggia. Il giovane però viene gettato a terra e umiliato da uno dei suoi amici; Aschenbach grida. Vorrebbe soccorrere Tadzio; ma il giovane si rialza e si incammina verso il mare, ignorando gli amici che lo chiamano. Anche lo scrittore ripete il nome da lui cosí amato e, mentre Tadzio sembra volgersi a lui, muore.

Britten ha seguito con molta fedeltà il testo di Mann, trasferendo il dramma del protagonista in una dimensione quasi mitologica.

■ DE BERNART, MASSIMO
(Roma 1950)
Direttore d'orchestra italiano. Ha studiato pianoforte, composizione e direzione d'orchestra ai Conservatori di Venezia, Firenze, Torino, all'Accademia di Vienna e all'Accademia Chigiana di Siena. Nel 1978 ha vinto la prima edizione del Concorso internazionale di direzione d'orchestra "V. Gui" e l'anno successivo il Premio internazionale "Th. Schippers". Dal 1976 a oggi svolge un'intensa attività nel campo dell'opera lirica presso i principali teatri italiani, mettendosi in luce come uno dei piú attenti riscopritori di autori e di partiture dimenticate. È stato direttore stabile e artistico dell'Orchestra Giovanile Italiana da lui fondata nel 1977, dell'Orchestra Regionale Toscana, fondata nel 1980, e dei Teatri di Pistoia e Pisa.

● DEBUSSY, CLAUDE
(Saint-Germain-en-Laye, Yvelines 1862 - Parigi 1918)
Compositore francese. Dal 1872 studiò al Conservatorio di Parigi dove dimostrò di es-

A sinistra:
una scena da *Morte a Venezia*,
di B. Britten.

In alto:
nel disegno, il compositore francese
Claude Debussy.

sere uno studente piuttosto ribelle, mal tollerante delle discipline accademiche. Nell'estate del 1880 si recò in Russia dove incontrò Nadežda von Meck, la celebre mecenate di Čajkovskij, che lo assunse come pianista fino al 1883. Nel 1884 vinse il Grand Prix de Rome con la cantata *L'enfant prodige*. Si perfezionò quindi a Roma dove conobbe Verdi e Liszt. Tra il 1887 e il 1888 compose *La demoiselle élue*, la sua seconda importante opera vocale. Nel 1890 si accostò al dramma di C. Mendès *Rodrigue et Chimène*, in un primo irrealizzato approccio con l'opera. Si giunge cosí al 1892, anno in cui M. Maeterlinck rappresentò a Bruxelles il suo dramma *Pelléas et Mélisande*. Subito Debussy si interessò al testo, chiedendo all'autore l'opportunità di poterne trarre un'opera. La gestazione di *Pelléas et Mélisande*, che rappresenta l'unica autentica esperienza di Debussy nel campo dell'opera lirica, durò ben nove anni (1893-1902).

♦ DE CAROLIS, NATALE
(Anagni, Frosinone 1957)
Basso-baritono italiano. Ha iniziato gli studi musicali con R. Guelfi per poi completarli con M.V. Romano. Dopo aver vinto il Concorso di Spoleto (1983), ha debuttato come don Basilio nel *Barbiere di Siviglia*. Ha quindi cantato in molti teatri italiani e si è definitivamente rivelato nel 1987, interpretando Masetto nel *Don Giovanni* inaugurale della stagione scaligera sotto la direzione di R. Muti. Si è quindi avviato a una carriera internazionale, ospite dei maggiori teatri e festival lirici, da New York a Salisburgo. Dotato, oltre che di un gradevole timbro vocale, di una notevolissima abilità scenica, De Carolis è un apprezzato interprete mozartiano e un raffinato cantante rossiniano. Nel 1990 ha ricevuto il Premio "Giacomo Lauri Volpi" come rivelazione dell'anno.

■ DE FABRITIIS, OLIVIERO
(Roma 1902-1982)
Direttore d'orchestra italiano. Dopo aver studiato composizione con L. Refice al Liceo Musicale di Santa Cecilia di Roma, si è dedicato alla direzione d'orchestra, debuttando nel 1923 al Teatro Nazionale di Roma dirigendo *I puritani* di Bellini. Fu subito ingaggiato come maestro sostituto al Teatro Costanzi e quindi al Teatro dell'Opera di Roma, dove, a partire dal 1934, divenne segretario artistico. Collaboratore musicale di T. Serafin e quindi direttore musicale dell'Ente romano, parallelamente si è esibito al Teatro alla Scala (dal 1940), al San Carlo di Napoli (dal 1942), ecc. Attivo anche all'estero: Sudamerica (1946-47), Metropolitan di New York (dal 1947) e in altri importanti centri teatrali. Direttore di solido rigore professionale, De Fabritiis è stato uno dei maggiori direttori d'opera italiani. Tra le sue ultime prestazioni va ricordata la notevole direzione di *Mefistofele* di Boito, nell'incisione discografica con L. Pavarotti (1980-81).

▲ DE GAMERRA, GIOVANNI
(Livorno 1743 - Vicenza 1803)
Poeta, drammaturgo e librettista italiano. Ecclesiastico, dopo aver studiato legge a Pisa, si dedicò alla letteratura operando a Milano (1765-70) e successivamente a Vienna, dove godette dei favori di Metastasio, diventando Poeta cesareo (1775). Ritornato in Italia, fu chiamato a Napoli (1786) da Ferdinando IV ed elaborò il "Piano per lo stabilimento del nuovo teatro musicale", che però non godette dell'approvazione reale. Dopo un periodo trascorso a Pisa, ritornò a Vienna, dove fu Poeta del Teatro Imperiale (1793-1802). Scrisse numerosi libretti per Paisiello, Sacchini, Salieri, Paer, Mayr e altri. Si ricorda inoltre il libretto del *Lucio Silla*, musicato da Mozart e da J. Ch. Bach.

■ DELACOTE, JACQUES
(Remiremont, Vosges 1942)
Direttore d'orchestra francese. Si è formato al Conservatorio di Nancy e a quello di Parigi (1956-63). Ha quindi intrapreso gli studi di direzione d'orchestra all'Accademia Musicale di Vienna con H. Swarowsky (1965-70). Dopo aver conseguito il primo premio al Concorso "Mitropoulos" (1970), Delacôte ha iniziato la carriera direttoriale. A partire dal 1972 ha cominciato a dirigere in campo teatrale: alla Staatsoper di Vienna, all'Opéra di Parigi, al Covent Garden di Londra e in altri teatri internazionali.

● DELIBES, CLEMENT-PHILIBERT-LEO
(Saint-Germain-du-Val, Sarthe 1836 - Parigi 1891)
Compositore francese. Studiò al Conservatorio di Parigi organo e composizione con F. Benoist e A. Adam. Nel 1853 fu ingaggiato come pianista al Théâtre-Lyrique di Parigi e quindi come maestro del coro all'Opéra. Già a partire dal 1852 si era dedicato alla composizione di operette, mentre nel 1857 presentò la sua prima *opéra-comique*, *Maître Griffard*, alla quale seguirono *Le jardinier et son seigneur* (Il giardiniere e il suo signore) del 1863, *Le roi l'a dit* (Il re l'ha detto) e *Jean de Nivelle*, entrambe del 1880. Del 1883 è invece il capolavoro di Delibes, *Lakmé*. Altrettanto celebri nella sua produzione musicale i balletti *Coppélia* (1867) e *Sylvia* (1876).

● DELIUS, FREDERICK
(Bradford, Yorkshire 1862 - Grez-sur-Loing, Fontainebleau 1934)
Compositore inglese. Nonostante l'avversione della famiglia, si dedicò agli studi musicali. Trasferitosi in Florida, studiò musica come autodidatta e poi con T.F. Ward. Ritornato in Europa, completò la sua formazione musicale a Lipsia. Tra il 1890 e il 1892 compose la sua prima opera *Irmelin*, rappresentata per la prima volta a Oxford nel 1953. Seguí *Koanga* (1895-97), rappresentata nel 1904, mentre tra il 1900 e il 1901 compose la sua opera piú famosa, *A Village Romeo and Juliet* (Romeo e Giulietta del villaggio) rappresentata nel 1907, seguita da *Fennimore and Gerda* (1908-10), rappresentata nel 1919. Compose anche *The Magic Fountain* (La fontana magica) nel 1893 e *Margot-La-Rouge* (Margherita la rossa) nel 1902, che non vennero mai rappresentate.

Il basso-baritono italiano Natale De Carolis.

♦ DELLA CASA, LISA
(Burgdorf, Berna 1919)
Soprano svizzero. All'età di quindici anni iniziò gli studi di canto a Zurigo con M. Haeser. Nel 1941 debuttò a Solothurn e Biel in *Madama Butterfly*. Dal 1943 cantò allo Stadttheater di Zurigo (fino al 1950), dove colse un'importante affermazione come Arabella nell'opera omonima di Strauss, che viene considerata la sua interpretazione più completa e riuscita. Nel 1947 iniziò ad esibirsi alla Staatsoper di Vienna, e poi nei maggiori teatri e nei più importanti festival del mondo: Salisburgo, Glyndebourne, Bayreuth, Metropolitan (1953). Dotata di una ineccepibile tecnica di emissione, timbro soave e fraseggio raffinato, la Della Casa è stata una delle più acclamate interpreti straussiane in *Der Rosenkavalier* (*Il cavaliere della rosa*), *Capriccio*, ecc. e mozartiane. Si ritirò dalle scene nel 1974.

♦ DEL MONACO, MARIO
(Firenze 1915 - Mestre, Venezia 1982)
Tenore italiano. Studiò al Conservatorio di Pesaro con L. Melai-Palazzini e A. Melocchi. Dopo il suo esordio a Pesaro nel 1940 come Turiddu nella *Cavalleria rusticana*, colse la prima importante affermazione sempre nello stesso anno al Teatro Puccini di Milano come Pinkerton in *Madama Butterfly*. Già a partire dal 1946 il nome di Del Monaco si imponeva in numerosi teatri italiani e stranieri. Nel 1949 esordí alla Scala con *Manon Lescaut*, dove si esibí fino al 1963. Nel 1950 cantò il suo primo Otello, il ruolo che più di ogni altro si identificò con questo cantante, che lo interpretò per quattrocentoventisette volte, fino al 1972. La sua robusta e squillante vocalità, la sua personalità interpretativa, aggressiva e drammatica, resero celebre Del Monaco, oltre che in *Otello*, in *Andrea Chénier*, *La fanciulla del West*, *La forza del destino*, *Pagliacci* e *Samson et Dalila* (*Sansone e Dalila*), opere nelle quali le sue prerogative vocali ed interpretative si misero particolarmente in luce. Nel 1975, dopo alcune recite di *Pagliacci* a Vienna, si ritirò dalle scene.

♦ DE LOS ANGELES, VICTORIA
(Barcellona 1923)
Nome d'arte di Victoria Lopez Garcia, soprano spagnolo. Nel 1940 iniziò gli studi di canto e pianoforte al Conservatorio di Barcellona. Diplomatasi nel 1942, prese parte a numerosi concorsi di canto, vincendo praticamente ovunque. Nel 1945 debuttò al Liceu di Barcellona (*Le nozze di Figaro*); già nel 1948 interpretò Salud in *La vida breve* (*La vita breve*) di de Falla, uno dei suoi più toccanti e riusciti personaggi, alla BBC di Londra. L'anno successivo si esibí come Margherita (*Faust*) all'Opéra di Parigi. Sono le prime tappe di una ricca carriera internazionale che negli anni successivi l'ha portata al Covent Garden in *Bohème*; alla Scala in *Ariadne auf Naxos* (*Arianna a Nasso*); Metropolitan in *Faust*, *Madama Butterfly*, ecc.; Bayreuth in *Tannhaüser*, ecc. La sua purissima vocalità e la sua emissione morbida e controllatissima sono emerse anche in campo concertistico, al quale la cantante si è particolarmente dedicata, specialmente negli ultimi anni della sua carriera.

★ DEMETRIO E POLIBIO
Dramma serio in due atti di Gioachino Rossini (1792-1868), su libretto di V. Viganò Mombelli. Prima rappresentazione: Roma, Teatro Valle, 18 maggio 1812.

La vicenda si svolge nella capitale del regno dei parti. Il re Polibio (basso) annuncia il matrimonio della figlia Lisinga (soprano) con Siveno (contralto), un giovane che Polibio ama come un figlio, essendo cresciuto alla sua corte. Giunge Eumene, ambasciatore del re di Siria Demetrio (tenore): in realtà sotto le vesti del diplomatico si nasconde lo stesso sovrano. Questi chiede a Polibio che Siveno, figlio di un carissimo amico del re di Siria, torni alla corte di Demetrio. Polibio rifiuta perché vuole troppo bene a Siveno per separarsi da lui. Eumene-Demetrio decide allora di rapire Siveno, ma quando entra nelle stanze reali, scopre di essere penetrato negli appartamenti di Lisinga. Accortosi dell'errore, decide di rapire la giovane, per usarla come ostaggio. Siveno e Polibio raggiungono i rapitori. In questo drammatico momento Demetrio riconosce, da una medaglia che Siveno indossa, che il giovane è suo figlio. Lisinga viene subito lasciata libera, mentre Siveno, pur addolorato, segue il ritrovato padre. Disperata per la separazione, Lisinga vuole riconquistare Siveno, anche con la forza, e si reca all'accampamento del re di Siria, con l'intenzione di uccidere Demetrio, ma mentre sta per alzare il pugnale Siveno la ferma. Demetrio da questo gesto capisce che Siveno lo ha riconosciuto come padre, riunisce i due innamorati e quindi offre al re Polibio la sua amicizia.

Primo lavoro teatrale del compositore pesarese, *Demetrio e Polibio* fu composto tra il 1808 e il 1809, su commissione della famiglia Mombelli: Domenico Mombelli, tenore, fu Demetrio, mentre le figlie Ester e Marianna furono rispettivamente Lisinga e Siveno. Il libretto dell'opera era di Vincenzina, moglie di Domenico. *Demetrio e Polibio*, alla prima rappresentazione, ottenne un ottimo successo di pubblico. Venne bissato il duetto tra Lisinga e Siveno, "Questo cor ti giura amore", unico momento in cui si rivela quel lirismo che ritornerà in altri futuri duetti tra soprano e contralto, nelle opere del Rossini maturo.

★ DEMOFOONTE
vedi *Démophoon*

★ DEMON
(Il demone)
Opera seria in tre atti di Anton Grigor'evič Rubinštejn (1829-1894), su libretto di P.A. Viskovatov, dal poema omonimo di Lermontov. Prima rappresentazione: San Pietroburgo, Teatro Imperiale, 25 gennaio 1875.

Una scena dal *Lucio Silla*, opera mozartiana su libretto di Giovanni De Gamerra.

Il demone (baritono), rappresentato come un comune mortale con caratteristiche demoniache, incontra Tatiana (soprano), che danza con altre fanciulle, alla vigilia del suo matrimonio. Innamoratosi della giovane, fa assalire e trucidare dai briganti il futuro sposo, il principe Sinodal (tenore). Per sfuggire al demone, Tatiana si rifugia in convento. Ma anche lí viene raggiunta dal demone: durante un lungo duetto d'amore egli celebra il suo trionfo. Ma appare Sinodal, trasformato in angelo. Voci celesti chiamano la giovane, la quale sfugge dalle braccia del demone e cade a terra morta. Mentre Tatiana, redenta, sale al cielo, il demone resta solo e disperato.

Demon riscosse alla sua prima rappresentazione un clamoroso successo, ed è considerata il capolavoro musicale di Rubinštejn.

★ **DEMONE**
vedi *Demon*

★ **DEMOPHOON**
(Demofoonte)
Opera in tre atti di Luigi Cherubini (1760-1842), su libretto di J.-F. Marmontel da P. Metastasio. Prima rappresentazione: Parigi, Académie Royale de Musique, 1° dicembre 1788.

Demofoonte, re del Chersoneso di Tracia, deve ogni anno sacrificare una vergine del suo popolo e domanda all'oracolo di Apollo quando potrà finire questo orrendo tributo. L'oracolo risponde: «Quando l'innocente usurpatore di un regno sarà noto a se stesso». Demofoonte ha fatto allontanare le sue figlie affinché non vengano sorteggiate per il sacrificio e altrettanto intende fare il suo ministro Matusio, con sua figlia Dircea. Il re, irato, condanna al sacrificio la giovane. Egli però ignora che Dircea si è segretamente sposata con Timante, suo figlio e principe ereditario destinato a sposare Creusa, figlia del re di Creta. Costei invece è amata da Cherinto, secondogenito di Demofoonte. Timante rifiuta di sposare Creusa; Demofoonte, messo in sospetto, scopre le nozze di Timante con Dircea e in un primo tempo li condanna a morte, poi li perdona. A questo punto Matusio scopre che Dircea è figlia di Demofoonte, mentre Timante risulta essere figlio suo. Quindi Timante non è piú l'erede al trono. Ecco dunque verificarsi la profezia, perché l'innocente usurpatore prende conoscenza della sua colpa involontaria. I sacrifici possono dunque cessare e Demofoonte potrà dare a Cherinto, suo unico erede, la mano di Creusa.

Démophoon è la prima opera francese di Cherubini, che per scriverla rinunciò allo stile italiano delle precedenti, rappresentate in Italia e a Londra, sforzandosi anche di convogliare nell'espressione drammatica le risorse delle sue capacità armoniche; però il pubblico dell'epoca non comprese questi cambiamenti; altri musicisti avrebbero attuato queste sue idee piú tardi con maggiore successo.

♦ **DERMOTA, ANTON**
(Kropa, Slovenia 1910 - Vienna 1989)
Tenore sloveno naturalizzato austriaco. Dopo gli studi di organo e composizione al Conservatorio di Lubiana, si dedicò al canto sotto la guida di M. Rado. Nel 1936 è quindi apparso a Vienna in *Die Zauberflöte* (*Il flauto magico*) e al Festival di Salisburgo sotto la direzione di A. Toscanini. Sia a Vienna sia a Salisburgo Dermota legherà buona parte della sua carriera. La sua vocalità di tenore lirico-leggero lo fece eccellere nei ruoli mozartiani (Ferrando, Tamino, Belmonte, ecc.), ma grazie all'ottima tecnica e al fraseggio vigoroso, si cimentò in un repertorio ben piú vasto: *Fidelio*, *Les contes d'Hoffmann* (*I racconti di Hoffmann*), *Bohème*, ecc., ruoli che, accanto a quelli mozartiani, interpretò sui piú grandi palcoscenici mondiali. A partire dal 1966 insegnò all'Accademia di musica di Vienna.

Il tenore Anton Dermota interpreta Florestano nel Fidelio, *di L. Van Beethoven.*

♦ **DERNESCH, HELGA**
(Vienna 1939)
Soprano e mezzosoprano austriaco. Dopo aver compiuto gli studi musicali al Conservatorio di Vienna, nel 1961 è entrata a far parte della compagnia stabile dello Stadttheater di Berna, dove ha debuttato come Fiordiligi (*Cosí fan tutte*) per poi cantare in *Simon Boccanegra* e *Les contes d'Hoffmann* (*I racconti di Hoffmann*). Si è quindi esibita a Wiesbaden e dal 1965 a Bayreuth, dove nel 1967 ha colto la prima importante affermazione come Elisabetta (*Tannhaüser*). Sempre a Bayreuth ha interpretato i ruoli di Freia, Gutrune (1968) e Eva (1969). Come interprete wagneriana si è affermata a Vienna, Berlino e a Salisburgo con Karajan in *Tristan und Isolde* (*Tristano e Isotta*) nel 1969. Alla fine degli anni Settanta ha iniziato a esibirsi in ruoli di mezzosoprano. Nel 1985 è stata Marfa (*Kovàncĭna*) e Erodiade (*Salome*) alla Scala (1987) e al Metropolitan (1990). Nel ruolo di Erodiade, la Dernesch ha esibito una vocalità salda e una grande espressività interpretativa.

■ **DE SABATA, VICTOR**
(Trieste 1892 - Santa Margherita Ligure, Genova 1967)
Direttore d'orchestra e compositore italiano. Il padre, insegnante di canto e maestro del coro alla Scala di Milano, indirizzò il giovane Victor agli studi musicali, intrapresi poi al Conservatorio di Milano (1902-1910): pianoforte, violino e composizione. A partire dal primo dopoguerra cominciò a dedicarsi alla direzione d'orchestra. Dal 1918 al 1929 ha diretto a Montecarlo, dopo aver debuttato con *Falstaff*, numerose altre opere (*La fanciulla del West*, *La rondine*, ecc.), compresa la prima mondiale, nel 1925, dell'opera di Ravel *L'enfant et les sortilèges* (*Il fanciullo e i sortilegi*), oltre alle prime locali di *Sadko* di Rimskij-Korsakov, del *Trittico* di Puccini, del *Rosenkavalier* (*Il cavaliere della rosa*) di R. Strauss e di *Turandot* di Puccini. Il nome di De Sabata è però legato in particolare al Teatro alla Scala, dove dal 1929 al 1953 fu direttore stabile e quindi direttore musicale e artistico. Attivo anche nei piú importanti teatri italiani ed esteri, Firenze (dal 1933), Bayreuth (1936), Londra (1946), ecc., De Sabata è stato uno dei piú grandi direttori d'orchestra italiani e di lui si ricordano le trascinanti interpretazioni di Verdi, Wagner e Puccini (celeberrima la sua incisione di *Tosca* con M. Callas, 1953). Va inoltre ricordata la sua attività di compositore, con la quale acquisí una certa fama. In questo campo si ricordano l'opera *Il macigno* (1917), l'azione coreografica *Mille e una notte* (1931) e i poemi sinfonici *La notte di Platone* (1923) e *Gethsemani* (1925).

♦ **DESSÍ, DANIELA**
(Genova 1957)
Soprano italiano. Si è diplomata al Conservatorio di Parma, perfezionandosi quindi all'Accademia Chigiana di Siena; nel 1980 ha vinto il Concorso Auditorium indetto dalla RAI giungendo poi finalista alla prima edizione del Concorso "Maria Callas". Ha iniziato la carriera come solista in concerti da camera e in oratori, e ha esordito nel teatro lirico a Savona con *La serva padrona*, e in seguito ha cantato nei principali teatri italiani ed esteri. Dotata di una voce di soprano lirico dal timbro ricco e coloristicamente molto bello, la Dessí è interprete di un repertorio assai vasto e stilisticamente assai diverso. Tra le sue più recenti interpretazioni ricordiamo in particolare: *Mefistofele* e *Don Giovanni* a Firenze nel 1990, *Don Carlo*, *Falstaff*, *Les Danaïdes* (Le Danaidi) a Ravenna nel 1989-90.

♦ **DEUTEKOM, CRISTINA**
(Amsterdam 1932)
Nome d'arte di Christine Engel, soprano olandese. Ha studiato con J. Thomas e C. Riemersma al Conservatorio di Amsterdam. Entrata come corista all'Opera di Amsterdam, tra il 1965 e il 1966 ha interpretato ruoli marginali. Nel 1967 si è rivelata interpretando la Regina della notte in *Die Zauberflöte* (*Il flauto magico*) alla Staatsoper di Monaco. Sono subito emerse le qualità vocali di questa cantante: estensione, una notevolissima predisposizione al canto di coloratura (anche se l'emissione delle coloriture è piuttosto anomala) su una voce lirica, quindi non priva di un certo spessore. Il successo di questa sua interpretazione ha segnato l'inizio di una ricca carriera internazionale. Il repertorio della Deutekom ha spaziato da Mozart a Bellini, Donizetti, Rossini e Verdi. Ancora attiva negli anni Ottanta, la Deutekom ha interpretato con notevole successo il ruolo di Caterina d'Aragona nell'*Enrico VIII* di Saint-Saëns (1983).

♦ **DEVIA, MARIELLA**
(Chiusavecchia, Imperia 1948)
Soprano italiano. Ha studiato a Milano con I. Magnoni, diplomandosi poi all'Accademia di Santa Cecilia di Roma. Ha debuttato al Teatro Comunale di Treviso nel 1973 in *Lucia di Lammermoor*, dopo aver vinto il Concorso "Toti Dal Monte". In seguito ha cantato in numerosi teatri italiani (Opera di Roma, Massimo di Palermo, Comunale di Bologna, ecc.) ed europei (Vienna, Monaco, Amburgo, ecc.) e nel 1979 ha esordito al Metropolitan come Gilda (*Rigoletto*). Ancora a New York ha cantato *Lakmé* e *Benvenuto Cellini* alla Carnegie Hall. Nel maggio del 1987 ha esordito alla Scala (*I Capuleti e i Montecchi*) per la direzione di R. Muti, ritornandovi poi per *Le comte Ory* (*Il conte Ory*) di Rossini e *Lodoïska* di Cherubini (1991). Si esibisce regolarmente al Covent Garden di Londra. Attiva in numerosi altri teatri e festival internazionali (Aix-en-Provence, Pesaro, ecc.), la Devia è a tutt'oggi una delle più autorevoli belcantiste in attività. La sua vocalità tersa e luminosa, estesa, sostenuta da una emissione pressoché perfetta, ha i suoi punti di forza nelle opere di Rossini, Bellini e Donizetti.

♦ **DEVIN DU VILLAGE, LE**
(L'indovino del villaggio)
Intermezzo musicale in un atto di Jean-Jacques Rousseau (1712-1778), su libretto proprio. Prima rappresentazione: Fontainebleau, Teatro di Corte, 18 ottobre 1752.

Colette (soprano) si lamenta di essere stata abbandonata da Colin (tenore). Nel villaggio vi è un indovino (basso), ed ella pensa di recarvisi per sapere se riuscirà a far tornare l'amato. L'uomo rivela alla giovane che Colin l'ha lasciata per un'altra donna, ma che ama ancora lei: sarà lui stesso a prendersi l'incarico di riportarlo ai piedi dell'amata. Le dà infine il consiglio di fingere di non essere più innamorata del giovane. Quando infatti Colin vuole tornare dalla donna, l'indovino gli dice che Colette si è innamorata di un signore di città. Il giovane, disperato, chiede un sortilegio, ma l'incontro fra i due giovani non sembra molto favorevole a Colin. Alla fine però tutto si risolve per il meglio e l'indovino e i paesani partecipano alla riconciliazione dei due innamorati.

In questo lavoro di Rousseau è presente l'influenza dell'opera buffa italiana, in particolare della *Serva padrona* di Pergolesi, rappresentata a Parigi all'inizio del 1752. L'ope-

Il soprano italiano Daniela Dessí in una scena di *Così fan tutte*, di W.A. Mozart. Con lei è il basso L. Desderi.

rina di Pergolesi aveva scatenato la famosa *querelle des bouffons* che coinvolse i sostenitori dell'opera francese (Lully, Rameau) e quelli dell'opera italiana. Rousseau si schierò con questi ultimi, e *Le devin du village* è la testimonianza della sua passione per la musica italiana.

♦ DEVINU, GIUSY
(Cagliari 1960)
Soprano italiano. Si è diplomata a pieni voti in canto e pianoforte al Conservatorio della sua città. Nel 1982 ha debuttato come Violetta nella *Traviata*, l'opera che costituisce uno dei capisaldi del suo repertorio e che ha già interpretato in numerosi teatri italiani (alla Scala con la direzione di R. Muti). La sua corposa vocalità di soprano lirico, particolarmente estesa e ben adusa al canto d'agilità e la sua innata musicalità e raffinatezza ne fanno uno dei piú dotati soprani oggi in attività. Particolarmente apprezzate le sue interpretazioni in *Rigoletto* (Bologna, 1990), *L'occasione fa il ladro* (Pesaro, 1989), *Don Pasquale* (Venezia, 1990), *Le nozze di Figaro* (Venezia, 1991). Grande successo di pubblico e critica ha avuto la sua apparizione al "Concerto di soprani" a Caracalla (Roma, 1991).

Sopra:
il soprano italiano Giusy Devinu.

In alto:
una scena da *I dialoghi delle Carmelitane*, di F. Poulenc.

♦ DIALOGUES DES CARMELITES, LES
(*I dialoghi delle Carmelitane*)
Opera in tre atti di Francis Poulenc (1899-1963), su libretto dell'autore, tratto dal dramma omonimo di G. Bernanos. Prima rappresentazione: Milano, Teatro alla Scala, 26 gennaio, 1957.

Parigi 1789. Il marchese De La Force (baritono), in una sala del suo palazzo, attende la figlia Bianca. Quando la giovane rientra, profondamente turbata e agitata, annuncia la sua intenzione di ritirarsi in un convento per ritrovare la pace e il perduto equilibrio interiore. Qualche tempo dopo, nel convento del Carmelo, Bianca fa amicizia con Costanza (soprano), una giovane suora dal carattere spensierato. Un giorno però Bianca ha da Costanza la rivelazione che, per una miracolosa intuizione, ella sa che troveranno la morte insieme. Bianca è molto agitata da questa notizia e proibisce a Costanza di parlare di morte. Frattanto la madre superiora (mezzosoprano), gravemente malata, entra in agonia; incapace di accettare serenamente la morte, confessa a Bianca la sua angoscia. La giovane ne rimane profondamente turbata. Qualche giorno dopo il convento viene assalito dalla folla in tumulto; le suore decidono di non fuggire e accettare il martirio. Solo Bianca fugge e fa ritorno a casa. Le suore vengono arrestate e condannate a morte: condotte al supplizio, salgono a una a una sul patibolo cantando il *Salve, regina*. Quando è la volta di Costanza, Bianca all'improvviso si fa largo tra la folla che assiste all'esecuzione e trasfigurata da una gioia misteriosa, che ha fugato ogni paura, si avvia verso il patibolo.

Poulenc ha saputo cogliere in quest'opera i tratti piú squisitamente femminili del lavoro di Bernanos, rinunciando tuttavia a penetrare nel dedalo delle argomentazioni filosofiche di cui esso è intessuto.

♦ DIAZ, JUSTINO
(San Juan, Portorico 1940)
Basso-baritono statunitense. Dopo aver frequentato l'Università di Portorico, ha compiuto gli studi musicali al Conservatorio del New England (Boston). Dopo aver iniziato a esibirsi al New England Opera Theater (1961) e successivamente all'American Opera Society (1963-64), si è rivelato interpretando il ruolo di protagonista nell'*Antony and Cleopatra* (Antonio e Cleopatra) di S. Barber che ha inaugurato il nuovo Lincoln Center del Metropolitan di New York nel 1966. Inizia cosí un'intensa carriera internazionale: al Festival di Salisburgo ha impersonato Escamillo in *Carmen* per la direzione di H. von Karajan; al Teatro alla Scala di Milano è stato Maometto nella celebre edizione dell'*Assedio di Corinto* di Rossini. Ha poi cantato a Vienna, Amburgo, Parigi e Londra, ma buona parte della sua attività si è incentrata al Metropolitan e in altri teatri e festival musicali americani. Grazie alla sua notevole estensione, ha affrontato molti ruoli baritonali e recentemente ha interpretato Jago nell'edizione cinematografica dell'opera di Verdi diretta da F. Zeffirelli (1986); un ruolo che ha interpretato anche in teatro, sempre al Metropolitan, sotto la direzione di C. Kleiber (1990).

♦ DIDO AND AENEAS
(*Didone ed Enea*)
Opera in tre atti di Henry Purcell (1659-1695), su libretto di N. Tate. Prima rappresentazione: Londra, Pensionato Femminile di Josias Priest, Chelsea, ottobre o dicembre 1689.

Il palazzo reale di Cartagine. Belinda (soprano) esorta la sorella Didone (mezzosoprano) alla serenità, ma invano perché il cuore della regina è tormentato dall'amore per Enea (tenore). Il principe troiano entra con il suo seguito, confessa a Didone il suo amore e supplica la regina di corrispondere i suoi sentimenti. La scena si chiude con un coro e una danza maestosi.

La caverna delle streghe. Una maga (mezzosoprano) evoca le streghe e palesa loro il suo progetto di togliere Enea a Didone e di portare Cartagine alla distruzione. La maga invia un suo elfo (soprano), nelle sembianze di Mercurio, con un falso messaggio di Giove: Enea deve lasciare Cartagine per seguire il suo destino di conquista. Mentre Enea, Didone e Belinda sono a caccia con il loro seguito, vengono colti da una tempesta suscitata dalla maga per far tornare la regina a palazzo. Mentre tutti lasciano il bosco, il falso Mercurio appare a Enea e gli ingiunge di lasciare la città quella notte stessa. Mentre la flotta di Enea è pronta a salpare, l'eroe ha un ultimo drammatico colloquio con Didone; turbato dai suoi rimproveri, pensa per un momento di non partire, ma la regina, con il cuore spezzato dal dolore, si dichiara pronta a subire la sua sorte e gli intima con fierezza di partire. Rimasta sola con la sorella, Didone canta il proprio canto funebre: con un estremo atto d'amore chiede che i suoi errori non siano causa di dolore a Enea. L'opera si chiude con un coro che invita Amore a spargere petali di rose sull'infelice regina morta.

Dido and Aeneas è la sola opera, nel senso italiano del termine, scritta da Purcell. È certamente un capolavoro, ma non scevro di difetti: composta per delle risorse teatrali assai modeste, della durata di poco più di un'ora, la partitura presenta i limiti imposti dai ritmi stretti dell'azione. Situata a metà strada fra le *masques* inglesi e le produzioni musicali italiane, la cui influenza è innegabile, il valore primario di *Dido and Aeneas* risiede nella maestria con cui il compositore inglese, prima di qualsiasi altro, soddisfa le complesse esigenze di un'opera seria, vincendo i limiti imposti dal soggetto, ridotto, come durata e come azioni, a un quadro corrispondente a non più di un atto d'opera.

♦ DIMITROVA, GHENA
(Beglej, presso Pleven 1941)
Soprano bulgaro. Ha studiato con Ch. Brumbarov al Conservatorio di Sofia, dove si è diplomata. Durante la stagione 1965-66 è entrata a far parte della compagnia stabile del Teatro dell'Opera di Sofia. Dopo aver cantato in ruoli marginali, nel 1967 ha per la prima volta interpretato il ruolo di Abigaille (*Nabucco*). Nel 1970 ha vinto il Concorso internazionale di Sofia, che le ha permesso di perfezionarsi in Italia (1972-73) presso la Scuola della Scala di Milano. Nel 1972, dopo aver conquistato il primo premio al Concorso internazionale di Treviso, ha inaugurato la stagione del Regio di Parma come Amelia in *Un ballo in maschera*, accanto a un altro esordiente, J. Carreras. Nel 1975 ha interpretato un altro personaggio, Turandot, che accanto ad Abigaille e Lady Macbeth costituisce una delle sue più acclamate interpretazioni. Con l'opera di Puccini si è esibita nei maggiori teatri internazionali: dalla Scala di Milano al Metropolitan (1987), al Covent Garden di Londra (1984), ecc. Dotata di un eccezionale strumento vocale, unico per potenza, omogeneità, risonanza e pastosità, qualità che si uniscono a un temperamento teatrale forte e impetuoso, la Dimitrova è uno dei pochissimi soprani drammatici oggi in attività. Il suo repertorio, oltre alle già citate *Nabucco*, *Macbeth* e *Turandot*, comprende *Tosca*, *Gioconda*, *Norma*, *La fanciulla del West*.

♦ DINORAH OU LE PARDON DE PLOERMEL
(Dinorah o Il perdono di Ploërmel)
Opera semiseria in tre atti di Giacomo Meyerbeer (1791-1864), su libretto di J. Barbier e M. Carré. Prima rappresentazione: Parigi, Opéra-Comique, 4 aprile 1859.
La vicenda si svolge in Bretagna. Dinorah (soprano), pazza per il dolore di essere stata

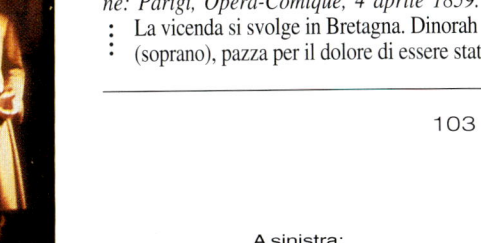

A sinistra:
una scena da *Didone ed Enea*,
di H. Purcell.

In alto:
il soprano bulgaro Ghena Dimitrova
in una scena del *Nabucco*.

L'OPERA INGLESE

All'anno 1656, con la rappresentazione a Londra de *The Siege of Rhodes*, si suole far risalire la nascita dell'opera in Inghilterra. Composta da vari autori (la musica è però andata perduta) questa prima opera rientrava nel genere del *masque*, genere teatrale tipicamente inglese nel quale confluivano canto, danza, pantomima e recitazione. La derivazione era quella del *ballet de cour* francese e dell'"intermedio" italiano. I primi importanti esempi di opera vera e propria sono sicuramente il *Venus and Adonis* (1682 ca.) di John Blow (1649-1708) e soprattutto *Dido and Aeneas* (1689) di Henry Purcell (1659-1695), che presenta chiare influenze francesi, mentre lavori come *King Arthur* (1691) e *The Fairy Queen* (1692) chiamate opere nella terminologia dell'epoca, sono in realtà partiture composite, nelle quali il canto ha una posizione non marginale, ma presentano ancora le caratteristiche teatrali del *masque*. Il XVIII secolo vede l'avvento dell'opera italiana: *Camilla* di Giovanni Bononcini (1670-1747), rappresentata in lingua inglese nel 1706, è la prima "opera seria" italiana rappresentata in Inghilterra. E Bononcini, dal 1716 al 1731, rivaleggiò nel genere con Georg Friedrich Hëndel (1685-1759), che dopo il successo del *Rinaldo* (1711), la sua prima opera inglese, legò il suo teatro alla lingua italiana e a cantanti italiani; solo nell'oratorio (che presenta nell'uso dell'aria un certo gusto teatrale) il compositore ha fatto uso della lingua inglese. Con *The Beggar's Opera* (1728) di John Gay (1685-1732) con musiche adattate (da temi popolari e da opere) da Johann Christoph Pepusch (1667-1752), che segna la nascita della *Ballad opera*, e con *Artaxerses* (1762) di Thomas Augustine Arne (1710-1778), si hanno le prime reazioni al predominio dell'opera italiana. Figura di spicco dell'operismo inglese del primo Ottocento è Henry Bishop (1786-1855), i cui lavori, in particolare *Clari* (1823), la sua opera piú celebre, evidenziano una semplice, ma felice vena lirica. Grande impulso alla nascita di un'opera romantica inglese si ebbe dopo la prima rappresentazione di *Oberon* (1826) di Carl Maria von Weber; principali compositori di questo periodo sono Michael Balfe (1808-1870), autore de *The Bohemian Girl* (1843), e William Wallace (1812-1865), il cui maggior successo è l'opera *Maritana* (1845) nei quali è però ancora forte l'influenza delle tendenze musicali italiane. Solo nei primi anni del Novecento si delineano le prime esperienze autenticamente inglesi con Routland Boughton (1878-1960) e Josef Holbrooke (1878-1958), i primi importanti fautori della nascita di un'opera nazionale inglese, sebbene di stampo wagneriano. Le figure di Frederick Delius (1862-1934), Gustav Holst (1874-1934) e Ralph Vaughan Williams (1872-1958), autori rispettivamente di *A Village Romeo and Juliet* (1907), *Sāvitri* (1916) e di *Hugh the drover* (1924) (le prime opere autenticamente inglesi) sono i piú eminenti operisti del primo ventennio del Novecento, prima dell'avvento di Benjamin Britten (1913-1976), summa del teatro musicale inglese e figura tra le piú eminenti della musica del Novecento. Al suo fianco spicca anche la figura di Sir Michael Tippett (1905), l'autore di *The Midsummer Marriage* (1955), *King Priam* (1962) e *The Knot Garden* (1970).

A destra:
il compositore inglese
Henry Purcell in un rittratto
di Closterman.

In alto:
una scena dall'*Albert Herring*,
di B. Britten.

abbandonata nel giorno delle nozze, vaga per le campagne alla ricerca dell'amato Hoël (baritono). Giunge alla capanna del pastore Corentin (tenore) e si addormenta; vi giunge anche Hoël, ma Dinorah non lo riconosce e ritorna alle sue peregrinazioni. Hoël racconta a Corentin come una terribile tempesta gli avesse distrutto la capanna proprio nel giorno delle nozze, ed egli, non volendo costringere Dinorah a una vita di stenti, si fosse messo alla ricerca di un tesoro di cui aveva notizia. Anche Corentin si unisce alla ricerca e insieme giungono nel luogo del tesoro. Nessuno dei due, però, vuole essere il primo a toccarlo, perché i folletti che lo custodiscono possono far morire chi osi tanto. Ecco arrivare Dinorah. Hoël, credendola un'apparizione magica, fugge; Corentin ne approfitta per convincere la fanciulla a toccare il tesoro. Dinorah cade svenuta e Hoël, che ha riconosciuto la giovane, la soccorre e la salva. Lo shock subito ha però un effetto benefico e cancella dalla memoria di Dinorah il ricordo dell'abbandono e dell'anno trascorso alla ricerca di Hoël. Questi capisce la situazione e si affretta a convincerla che nulla è accaduto. I due giovani felici si avviano alla chiesa di Ploërmel, dove avrà luogo il rito nuziale.

Pur non appartenendo al genere storico che gli era piú congeniale, Meyerbeer realizza *Dinorah* con gusto ed eleganza supplendo alla fragilità del libretto e dell'impianto musicale con preziose arie, tuttora ricche di fascino.

♦ D'INTINO, LUCIANA
(S. Vito al Tagliamento, Pordenone 1959)
Mezzosoprano italiano. Si è diplomata al Conservatorio "B. Marcello" di Venezia nel 1983; sempre nello stesso anno ha vinto il Concorso di canto di Spoleto grazie al quale ha esordito come Azucena (*Il trovatore*). Negli anni immediatamente successivi al debutto, ha cantato in *Barbiere di Siviglia* a Macerata e Napoli (1984 e 1986), *Aida* (Cagliari, Trieste, ecc.), *Luisa Miller* (Opera di Roma, 1990) e in altri teatri. Dal 1987 è presente nelle stagioni della Scala di Milano, dove ha cantato in *Nabucco*, *Guillaume Tell* (*Guglielmo Tell*), *Lu frate 'nnamurato* di Pergolesi, *Fetonte* di Jommelli e *Adriana Lecouvreur* di Cilea. Degne di nota le sue presenze nei teatri di Venezia (*Cosí fan tutte*, *Adriana Lecouvreur*), Pesaro (*L'occasione fa il ladro*, *La gazza ladra*), Torino (*Don Carlo*), Napoli e Firenze (*La forza del destino*), oltre che in importanti teatri internazionali come il Metropolitan di New York, dove ha debuttato nel 1991 (*Luisa Miller*). La sua voce, di bel timbro, omogenea sull'intera estensione e sostenuta da un'ottima tecnica, ne fa uno dei migliori mezzosoprani oggi in attività.

★ DIRINDINA, LA
Farsetta in due parti di Domenico Scarlatti (1685-1757), su libretto di G. Gigli. Destinata a essere rappresentata al Teatro Capranica di Roma per il Carnevale del 1715 insieme all'opera *Ambleto* dello stesso Scarlatti, a causa di interventi della censura pontificia non venne rappresentata.

La semplice vicenda vede la giovane e avvenente Dirindina (soprano), ambiziosa di diventare una cantante d'opera, recarsi a lezione di canto dall'ambiguo e scaltro don Carissimo (baritono buffo). Mentre il vecchio don Carissimo, tra un vocalizzo e l'altro, corteggia Dirindina, il musico castrato Liscione (soprano) lusinga la giovane con la prospettiva di una possibile scrittura. Di fronte a un interdetto Carissimo, Liscione mette a prova le capacità interpretative di Dirindina. Trasformandosi in una lacrimosa Didone, l'aspirante primadonna accusa il suo Enea-Liscione di infedeltà e abbandono. Al termine della prova Dirindina e Liscione cantano la loro soddisfazione e il loro amore. A loro si unisce anche don Carissimo, che sebbene sorpreso, benedice ironicamente l'unione tra i due, augurando una improbabile prosperità.

Questa gustosissima partitura, riportata alla luce dal musicologo F. Degrada nel 1968, è uno dei piú riusciti esempi di quel filone musicale detto "opera in berlina". Un genere che si è poi notevolmente sviluppato, generando autentici capolavori come *L'impresario* di Mozart, *Prima la musica e poi le parole* di Salieri, *Le convenienze e le inconvenienze teatrali* di Donizetti.

♦ DI STEFANO, GIUSEPPE
(Motta Santa Anastasia, Catania 1921)
Tenore italiano. Cominciò a studiare canto con A. Tocchio a Milano ma a causa della guerra fu costretto a interrompere gli studi musicali. Rifugiatosi in Svizzera, apparve in concerti e opere, incidendo anche i primi dischi sotto lo pseudonimo di Nino Florio. Tornato in Italia nel 1946, si perfezionò a Milano con L. Montesanto, per poi debuttare come Des Grieux (*Manon Lescaut*) a Reggio Emilia. Nel corso dello stesso anno si esibí alla Fenice di Venezia in *Les pêcheurs de perles* (*I pescatori di perle*) di Bizet, al Teatro Comunale di Bologna (*La sonnambula*) e a Barcellona (*Rigoletto*). Nel 1947 fece il suo ingresso alla Scala (*Manon*), iniziando cosí una carriera artistica che lo vide esibirsi al Metropolitan (*Rigoletto*, *Elisir d'amore*, ecc.), a Città di Messico, all'Opéra di Parigi (*Faust*), a Berlino (*Lucia di Lammermoor*), ecc. La sua voce, notevole per bellezza di timbro, e le sue capacità tecniche, specie nella prima parte della sua carriera (fino ai primi anni Cinquanta), gli permisero un suggestivo uso dell'emissione in pianissimo, oltre a un canto generalmente morbido ed espressivo. L'aver poi affrontato ruoli drammatici come quelli di Calaf, Canio, Andrea Chénier, Alvaro, Osaka, ecc. lo spinse ad aprire e a forzare l'emissione, con risultati assai discutibili. Dopo la metà degli anni Sessanta ridusse sensibilmente la sua attività, apparendo al Teatro alla Scala di Milano nell'*Incoronazione di Poppea* di Monteverdi, a Montréal, a Vienna in *Das Land des Lächelns* (*Il paese del sorriso*) di Lehár e al San Carlo di Napoli nel 1969. Tra il 1973 e il 1974 è apparso al fianco della Callas, con la quale si era più volte esibito in teatro, in una lunga tournée di concerti.

Una scena da *La Dirindina*, di D. Scarlatti.

DIVIETO D'AMARE, IL
vedi *Liebesverbot, oder Die Novize von Palermo, Das*

DJAMILEH
Opera comica in un atto di Georges Bizet (1838-1875), su libretto di L. Gallet, tratto dal poema Namouna *di A. de Musset. Prima rappresentazione: Parigi, Opéra-Comique, 22 maggio 1872.*

L'azione è ambientata in Egitto. Harun (tenore), un giovane ricco e annoiato, cambia amante di mese in mese e ogni volta incarica il suo segretario Splendiano (baritono) di comperarne una nuova al mercato. Anche Djamileh (mezzosoprano) sarebbe destinata a subire la stessa sorte e verrebbe abbandonata, se non si fosse innamorata di Harun. La fanciulla si accorda con il segretario per ripresentarsi ad Harun con un travestimento. In questo modo, con l'astuzia, l'amore e la devozione, la schiava conquista il cuore di Harun.

Come tutte le opere di Bizet, *Djamileh* è ambientata in un paese straniero ed è ricca di colore orientale. In essa si trova qualche prima eco di quello che sarà il Bizet definitivo. L'opera non ebbe successo e l'accusa fu di wagnerismo; dopo undici rappresentazioni fu tolta dal cartellone. Sarebbe tornata a Parigi solamente il 27 ottobre 1938.

DOHNÁNYI, CHRISTOPH VON
(Berlino 1929)

Direttore d'orchestra tedesco. Ha compiuto gli studi musicali a Monaco, dove ha ottenuto il Premio "Richard Strauss" per la direzione d'orchestra (1951). L'anno successivo, su invito di G. Solti, ha iniziato la sua attività artistica come maestro del coro e successivamente come direttore all'Opera di Francoforte. Si è quindi prodotto come direttore musicale a Lubecca (1957-63), Kassel (1963-66). Importante la sua presenza come direttore e intendente all'Opera di Francoforte (1968-77). Con le stesse cariche artistiche ha operato dal 1975 all'Opera di Amburgo. Presente anche in campo internazionale (dal 1984 è direttore musicale dell'orchestra di Cleveland), in campo teatrale von Dohnányi è particolarmente apprezzato come direttore del repertorio novecentesco e contemporaneo. In questo campo ha diretto le prime esecuzioni delle opere *Der junge Lord* (*Il piccolo Lord*) nel 1965, *The Bassarids* (*Le Bassaridi*) nel 1966 di H.W. Henze, *Kabale und Liebe* (*Raggiro e amore*) nel 1976 di G. Von Einem, *Baal* (1981) di F. Cerha. Ha sposato il soprano A. Silja, con la quale ha inciso *Lulu* (1978) e *Wozzeck* (1980), interpretazioni che hanno avuto notevoli consensi di critica.

DOKTOR FAUST
Opera in due preludi, un intermezzo e tre quadri di Ferruccio Busoni (1866-1924), su libretto proprio, tratto dalle antiche leggende popolari sul mito di Faust e dall'opera di Marlowe, The Tragical History of Doctor Faustus. *Prima rappresentazione: Dresda, Staatsoper, 21 maggio 1925.*

L'azione si svolge nella prima metà del XVI secolo. A Wittemberg il dottor Faust (baritono) riceve la visita di tre studenti sconosciuti (tenore e baritono), che gli offrono un libro con il quale potrà ridurre in proprio potere le forze infernali. A mezzanotte Faust compie i gesti rituali: gli si presenta Mefistofele (tenore). Egli darà a Faust tutto ciò che vuole fino alla sua morte, poi Faust diventerà suo schiavo. Faust firma il patto. Il fratello di Margherita ha giurato di uccidere Faust che gli ha sedotto la sorella. Mefistofele fa in modo che un gruppo di soldati lo scambino per un bandito e lo uccidano. Faust, preceduto dalla sua fama di scienziato, giunge al palazzo del duca di Parma (baritono). Qui si innamora della duchessa (soprano), la seduce e la porta con sé in Germania. Qualche tempo dopo, Mefistofele porta a Faust la notizia della morte della duchessa e getta sul pavimento il cadavere di un neonato come attribuzione di colpa a Faust. Poi lo trasforma in un mucchio di paglia e lo incendia. Dal fumo esce la figura di una donna: è la bella Elena greca; l'apparizione, però, all'avvicinarsi di Faust svanisce. Appaiono i tre studenti, quelli che gli avevano fatto dono del libro magico; sono venuti per riprenderlo e per annunciare a Faust che la sua morte è vicina. Faust, angosciato, cerca di compiere qualche gesto che lo redima. Sui gradini della chiesa c'è una mendicante con un bimbo in braccio. La mendicante è la duchessa di Parma, il bimbo è il neonato morto. Appaiono poi il fantasma del fratello di Margherita, mentre il volto del crocefisso si trasforma nel volto di Elena. Faust, disperato, copre col suo mantello il

In alto:
H. W. Henze con Christoph von Dohnányi durante una prova per la prima de *Le Bassaridi*.

A destra:
un bozzetto di Sironi per il secondo atto del *Doktor Faust* di F. Busoni.

neonato morto, quindi compie un rito magico. Faust muore, ma dal suo mantello esce un adolescente che tiene in mano un ramo fiorito e si allontana.

Alla morte del compositore l'opera era incompleta e venne terminata da Ph. Jarnach. È l'ultima opera di Busoni e costituisce anche il culmine della sua produzione per la maturità e la completezza raggiunte.

★ DOKTOR FAUSTUS
Scene dal romanzo omonimo di Th. Mann, testo e musica di Giacomo Manzoni (n. 1932). Prima rappresentazione: Milano, Teatro alla Scala, 16 maggio 1989.

Il compositore Adrian Leverkühn (baritono-basso) si incontra con una prostituta, da lui soprannominata Esmeralda (soprano). Nonostante gli avvertimenti di lei, fra loro ha luogo un rapporto. Piú tardi Adrian si reca dal dottor Erasmi (recitante), che gli diagnostica una infezione luetica. In "un luogo o piú luoghi" Adrian incontra Satana, che a poco a poco si trasforma in tre persone. La prima (basso) gli espone il patto: ventiquattro anni di attività straordinaria, poi la perdizione del corpo e dell'anima. La seconda (tenore leggero) illustra come avverrà ciò: la malattia contagiosa che gli ha trasmesso Esmeralda lo porterà alla pazzia e alla morte. La terza (soprano) esprime ciò che sono l'inferno e la dannazione eterna. Infine tutte e tre gli ricordano le condizioni del patto e l'ultima prescrizione: l'impossibilità di amare chicchessia su questa terra. Adrian accetta. L'uomo accoglie nella sua casa il nipotino Nepomuk Schneidewein, detto Echo. L'affetto che Adrian prova per Echo risulta fatale al bambino, che muore a causa di una meningite. Adrian, distrutto dal dolore e da un sentimento di colpa per essersi abbandonato ai sentimenti, contravvenendo al patto con Satana, decide di cancellare ciò che di buono, di nobile e di magnanimo esiste al mondo. Adrian giunge alla fine della sua vita. Di fronte ad alcuni amici, l'uomo confessa il suo patto con Satana, suggellato dal suo incontro con Esmeralda. Adrian rivive la triste vicenda della sua infanzia e, in un crescendo di visioni allucinanti, impazzisce. Serenus Zeitblom (voce recitante), amico di infanzia di Adrian, racconta gli ultimi anni di vita, la morte e la sepoltura di Leverkühn.

Il mondo letterario di Mann è da sempre al centro della vita artistica di Manzoni. *Doktor Faustus* (1943-47), l'imponente e complesso testo dello scrittore tedesco, già in passato aveva trovato una prima interpretazione musicale da parte di Manzoni, nelle *Scene sinfoniche per il Doktor Faustus* (1984) e nello *Studio finale del Doktor Faustus* (1984-85). Queste prime idee strumentali sono confluite nello sviluppo drammaturgico e musicale del *Doktor Faustus* (1984-88).

♦ DOMINGO, PLACIDO
(Madrid 1941)
Tenore spagnolo naturalizzato messicano. Dopo gli studi di pianoforte e direzione d'orchestra, si è dedicato allo studio del canto da autodidatta, dedicandosi però solo in un secondo tempo alla musica lirica. Dopo il debutto a Città di Messico, Domingo ha avuto la sua prima importante affermazione, a Dallas, dove ha debuttato come Arturo nella *Lucia di Lammermoor* (1961); negli Stati Uniti si è principalmente svolta la sua attività, fino al 1966 circa, quando ha iniziato la carriera internazionale, comparendo nei piú importanti teatri europei e italiani. Da allora la sua attività artistica non conosce soste, dividendosi tra i teatri di mezzo mondo, sale d'incisione, e anche set cinematografici, dove è stato protagonista di importanti film d'opera: *Traviata, Cavalleria rusticana, Pagliacci, Otello* di F. Zeffirelli, e *Carmen* di F. Rosi. È uno dei tenori piú celebri del nostro tempo, in virtú della sua voce unica, inconfondibile per colore e intensità timbrica, ma anche raffinata nello stile, scenicamente incisiva e nobile; a ciò si unisce un calore interpretativo ricco di immediatezza e spontaneità, che lo rende sempre scenicamente credibile. Interprete di un vastissimo repertorio, da Weber a Wagner, ha dato i risultati piú convincenti nella letteratura musicale tardo-romantica e verista.

♦ DOMINGUEZ, ORALIA
(San Luiz Potosí 1927)
Mezzosoprano messicano. Ha compiuto gli studi musicali al Conservatorio di Città di Messico, debuttando poi nel 1950 al Teatro dell'Opera del Messico. Venuta in Europa, dopo essersi esibita in una serie di concerti tra Inghilterra, Francia, Spagna e Germania, nel 1953 ha debuttato alla Scala come principessa di Boullion (*Adriana Lecouvreur*). Ha poi cantato al San Carlo di Napoli, all'Opéra di Parigi, ecc. Nel 1955 ha preso parte alla prima rappresentazione dell'opera di Tippett *The Midsummer Mariage* (Il matrimonio del solstizio d'estate) al Covent Garden. Nel suo repertorio, oltre ai piú noti ruoli di mezzosoprano (Amneris, Azucena, Carmen, ecc.), vi sono anche ruoli di opere di Monteverdi (*Orfeo, Incoronazione di Poppea*), Händel (*Giulio Cesare*) e Rossini. Grazie al fraseggio raffinato, a un ottimo supporto tecnico e a un'emissione morbida e controllata, ha saputo dare alla vocalità antica una convincente collocazione stilistica e interpretativa.

*Il tenore spagnolo Placido Domingo nell'*Otello*, di G. Verdi.*

Una scena dal Don Carlo, di G. Verdi, nell'allestimento del Teatro Comunale di Firenze.

DON CARLO
Opera in cinque atti di Giuseppe Verdi (1813-1901), su libretto di F.-J. Méry e C. Du Locle, tratto dall'omonima tragedia di F. Schiller. Prima rappresentazione: Parigi, Opéra, 11 marzo 1867.

L'azione si svolge in Francia e in Spagna nel 1560. L'infante di Spagna don Carlo (tenore) incontra Elisabetta di Valois (soprano), che gli è stata promessa in sposa, ma la notizia che il re di Francia ha concesso la mano di Elisabetta al padre di Carlo, il re di Spagna Filippo II (basso), stronca l'amore dei due giovani. Nel chiostro del convento di San Giusto, don Carlo confida il suo dolore all'amico Rodrigo (baritono), che lo invita a lasciare la Spagna per le Fiandre. Con l'aiuto di Rodrigo, prima di partire incontra per l'ultima volta Elisabetta. Il giovane cerca di riconquistarla, ma la donna, per quanto turbata, è fedele al suo giuramento verso Filippo II, del quale adesso è la sposa. Non appena Carlo è scomparso, giunge il re. Irritato per aver trovato la regina sola, Filippo manifesta a Rodrigo, con un rapido accenno, la sua gelosia per un possibile amore tra Elisabetta e il figlio. Piú tardi, nei giardini della regina, Carlo ha un convegno con una dama, che egli crede Elisabetta; si tratta invece della principessa d'Eboli (mezzosoprano), innamorata di lui, e la donna, compresi i veri sentimenti dell'infante, decide di vendicarsi. Sulla piazza della Madonna d'Atocha, durante un "auto-da-fé", Carlo si presenta al fianco di una delegazione fiamminga e si schiera come ribelle di fronte al potere reale. Nel suo studio, Filippo riceve il Grande Inquisitore (basso), che gli chiede di condannare come eretici Carlo e Rodrigo, dei quali teme un'aperta ribellione. Nel frattempo la principessa d'Eboli ha compiuto la sua vendetta: ha consegnato al re un cofanetto di Elisabetta dov'è chiuso un ritratto di Carlo e ora il re, certo del tradimento, fa arrestare il figlio. In carcere Carlo riceve la visita di Rodrigo. L'uomo, che si è addossato ogni responsabilità della ribellione contro il re, viene improvvisamente ferito a morte da un colpo d'archibugio sparato da un sicario. Rimesso in libertà, Carlo incontra Elisabetta nel chiostro del convento di San Giusto. Ma ecco irrompere Filippo II e il Grande Inquisitore; Carlo sta per essere arrestato, quando la tomba di Carlo V si spalanca e appare un frate: dicendo che la pace dalle tribolazioni terrestri si conquisterà nell'Aldilà, protegge Carlo. Filippo, l'Inquisitore ed Elisabetta credono di aver visto Carlo V.

Terzo lavoro commissionato a Verdi dall'Opéra parigina, dopo *Jerusalem* (rifacimento dei *Lombardi*) e *I vespri siciliani*. Verdi concepí *Don Carlo* in cinque atti per rendere omaggio alle consuetudini francesi. Ma non era particolarmente soddisfatto di questa soluzione: per adattarsi al gusto del *grand-opéra*, Verdi dovette inserire un certo numero di episodi secondari, oltre agli immancabili balletti, che aumentavano la spettacolarità, ma rendevano piú lento e farraginoso lo sviluppo della vicenda. Cosí, dopo averlo presentato a Bologna (1867), Verdi operò numerosi tagli, riducendo l'opera dagli originali cinque atti a quattro. In questa forma venne presentata alla Scala nel 1884.

★ DON CHISCIOTTE
vedi *Don Quichotte*

DON GIOVANNI OSSIA IL CONVITATO DI PIETRA
Dramma giocoso in un atto di Giuseppe Gazzaniga (1743-1818), su libretto di G. Bertati. Prima rappresentazione: Venezia, Teatro Giustiniani di San Moisè, 5 febbraio 1787.

Don Giovanni (tenore) approfitta della notte per sedurre donna Anna (soprano), ma viene sorpreso dal Commendatore (basso), il padre della donna. Don Giovanni lo ferisce a morte e quindi fugge. Donna Anna chiede al suo fidanzato, il duca Ottavio (tenore), di vendicare la morte del padre, quindi decide di ritirarsi in convento fino al momento in cui la vendetta non sarà compiuta. Nel frattempo don Giovanni, mentre è alla ricerca di nuove avventure, si imbatte in donna Elvira (soprano), una sua antica fiamma. Il libertino si libera della donna affidandola alle confidenze del suo servo Pasquariello (basso), il quale, di fronte a una donna Elvira sconvolta, decanta tutte le avventure amorose del suo padrone. Don Giovanni, liberatosi di donna Elvira, è alle prese con un'altra sua conquista, donna Ximena (soprano), alla quale giura fedeltà eterna. Una promessa che dura ben poco tempo: dopo aver lasciato Ximena, don Giovanni giunge nel bel mezzo di una festa di paese. Qui trova Pasquariello alle prese con Maturina (soprano), una giovane contadina. Il fidanzato di questa, Biagio (basso), è irritato perché la giovane danza con Pasquariello; don Giovanni riappacifica gli animi, ma solo per essere lui il seduttore di Maturina, dopo aver fatto allontanare Biagio, coprendolo di minacce. Poco dopo donna Ximena, presa dai dubbi sui reali sentimenti di don Giovanni, chiede a Pasquariello la verità sul suo conto. Mentre il servitore sta decantando le qualità del suo padrone, giunge lo stesso don Giovanni seguito da donna Elvira che lo sta coprendo di improperi. Donna Ximena chiede spiegazioni a don Giovanni, ed egli, con la consueta astuzia, riesce a convincere le due donne sulla sincerità dei suoi sentimenti. La scena successiva ci porta nel cimitero dove si trova il mausoleo del Commendatore. La statua del padre di donna Anna accetta l'invito a cena che sfrontatamente gli ha rivolto don Giovanni. Poco dopo, nella sua casa, don Giovanni e Pasquariello stanno banchettando allegramente. Sono interrotti dall'arrivo della statua del Commendatore che trascina all'inferno don Giovanni. Pasquariello, il duca Ottavio, Elvira, Ximena e Maturina non esprimono nessuna "morale", bensí decidono di dimenticare Don Giovanni abbandonandosi alle gioie del carnevale.

Rappresentata otto mesi prima dell'altro piú celebre *Don Giovanni*, quello di Mozart, l'opera di Gazzaniga nacque come seconda parte di uno spettacolo scritto per il carnevale di Venezia, come una sorta di "capriccio drammatico". Nella prima parte, andata perduta, una compagnia di teatranti non riesce a trovare uno spettacolo che possa divertire il pubblico. Alla fine il capocomico decide di mettere in scena *Il convitato di pietra*, un dramma di sicuro successo. La musica di Gazzaniga, pur rimanendo fedele alla tradizione dell'opera buffa italiana, evidenzia non comuni doti drammatico-musicali che fanno di questo *Don Giovanni* un'opera di notevole interesse.

DON GIOVANNI OSSIA IL DISSOLUTO PUNITO

Dramma giocoso in due atti di Wolfgang Amadeus Mozart (1756-1791), su libretto di L. Da Ponte. Prima rappresentazione: Praga, Ständetheater, 29 ottobre 1787.

La vicenda si svolge in una città della Spagna. Don Giovanni (baritono), cavaliere libertino, si è introdotto mascherato in casa del Commendatore (basso) per sedurne la figlia, donna Anna (soprano). Le grida della fanciulla fanno accorrere il padre, che resta ucciso dopo un breve duello con il libertino. Piú tardi don Giovanni si imbatte in donna Elvira (soprano), da lui un tempo sedotta e poi abbandonata; il cavaliere, per liberarsi della donna, affida a Leporello l'incarico di rivelare a Elvira la vera natura del suo carattere, cinico e dissoluto. Don Giovanni intanto si invaghisce di una giovane contadina, Zerlina (soprano). La giovane, lusingata dalle attenzioni del cavaliere, sta per cedergli, quando interviene donna Elvira. Zerlina tuttavia partecipa con il fidanzato Masetto (basso) a una festa organizzata da don Giovanni. Nella sala da ballo entrano anche tre personaggi mascherati: sono donna Elvira, donna Anna (che ha riconosciuto in don Giovanni, dalla voce, l'uccisore del padre) e il suo fidanzato don Ottavio (tenore). Durante le danze, don Giovanni riesce a trarre in disparte Zerlina, che invoca aiuto. Le maschere si scoprono il volto, rinfacciano a don Giovanni tutti i suoi misfatti e predicono vicina la punizione. Piú tardi don Giovanni, indossando gli abiti di Leporello, vuole sedurre la cameriera di donna Elvira. Viene però interrotto dall'arrivo di Masetto che cerca don Giovanni per vendicarsi, ma il seduttore, sotto le spoglie di Leporello, fa allontanare i contadini che danno man forte a Masetto, quindi, prima di fuggire, prende a bastonate il malcapitato. Don Giovanni si rifugia al cimitero dove è sepolto il Commendatore. Qui incontra Leporello e mentre gli narra le ultime avventure galanti, dalla statua equestre del Commendatore risuona una voce minacciosa. Quando scopre che a parlare è stata la statua, l'impavido libertino costringe il servo Leporello a invitare il Commendatore a cena. Poco dopo, mentre il banchetto è in pieno svolgimento, donna Elvira irrompe in un ultimo disperato tentativo di indurre don Giovanni al pentimento, ma schernita e derisa, fugge. Sulla porta si imbatte nella statua del Commendatore che ha accettato l'invito. La statua invita don Giovanni a restituirgli la visita e gli porge la mano: stringendo quella mano, don Giovanni si sente raggelare e mentre la statua scompare, si spalanca un baratro nel quale il libertino scompare.

L'opera, la cui composizione iniziò nell'estate del 1787, a settembre non era ancora completata: si narra che Mozart compose l'ouverture il giorno prima della rappresentazione. Uno degli elementi che rende straordinaria questa partitura è il superamento di una denominazione di genere: *Don Giovanni* non si può definire un'opera buffa-giocosa vera e propria, ma una fusione perfetta di elementi giocosi con altri di autentica tragedia, espressi da una musica realistica e tenebrosa. Da questa unione di elementi cosí diversi nasce la complessità dell'opera che giustamente è uno dei capolavori assoluti nel campo dell'opera lirica.

DON PASQUALE

Opera buffa in tre atti di Gaetano Donizetti (1797-1848), su libretto proprio e di G.

In alto:
una scena dal *Don Giovanni*, di W. A. Mozart.

A sinistra:
Mozart mentre compone il *Don Giovanni* a Praga.

DON PERLIMPLIN

Ruffini. Prima rappresentazione: Parigi, Théâtre des Italiens, 3 gennaio 1843.

L'azione si svolge a Roma. Don Pasquale (basso comico) è furente perché il nipote ed erede Ernesto (tenore) non accetta un matrimonio di convenienza predisposto con una ricca e posata signora. Il dottor Malatesta (baritono), amico di Ernesto, si finge solidale con don Pasquale. Scaltramente propone al vecchio di punire il giovane, prendendo egli stesso moglie. Gli propone addirittura sua sorella. L'anziano gentiluomo è allettato dalla proposta e sollecita l'amico a fargliela conoscere. Malatesta allora istruisce Norina (soprano), una giovane e bella vedova di cui è innamorato Ernesto. La giovane dovrà sostenere la parte dell'inesistente Sofronia, affascinare don Pasquale e poi, una volta firmato il contratto di matrimonio (naturalmente falso), farlo impazzire con i suoi capricci. Il vecchio è conquistato dalla dolcezza della presunta Sofronia e chiede di poter procedere subito al contratto, firmato il quale Norina comincia la trasformazione: diventa sfrontata e arrogante, gettando nella disperazione don Pasquale. Un giorno don Pasquale tenta di impedire alla moglie di andare a teatro; Norina per tutta risposta, molla uno schiaffone al povero vecchio, e uscendo lascia cadere di proposito un biglietto di Ernesto che le dà un appuntamento per la sera in giardino. Allora don Pasquale manda a chiamare il dottor Malatesta perché lo aiuti a sorprendere la moglie. Quando don Pasquale giunge, Ernesto fugge senza essere riconosciuto e il vecchio, furente, su suggerimento di Malatesta comunica alla moglie che il giorno dopo arriverà in casa Norina, moglie di Ernesto. Sofronia annuncia che non supporta l'affronto e se ne andrà, ma temendo un inganno pretende di assistere al matrimonio. Don Pasquale acconsente. Allora gli viene rivelato il complotto. Don Pasquale dapprima si arrabbia ma poi è felice di essersi liberato di Sofronia e acconsente al matrimonio tra Norina e Ernesto.

Quando Donizetti compose il *Don Pasquale* era già al vertice della sua carriera. La com-

DON PASQUALE
DRAMMA BUFFO IN TRE ATTI

POSTO IN MUSICA DAL MAESTRO

GAETANO DONIZETTI

da rappresentarsi

NEL TEATRO CARLO FELICE

l'Autunno del 1843.

GENOVA
Tipografia dei Fratelli Pagano.
Canneto il lungo, n.° 800.

posizione durò undici giorni nel novembre del 1842, assai piú lungo fu il lavoro di strumentazione e di adattamento alle varie esigenze dei singoli interpreti. Il successo di pubblico e di critica fu strepitoso e *Don Pasquale* venne subito accolto trionfalmente in tutti i teatri del mondo. È l'ultimo grande successo di Donizetti, ancora oggi assai popolare. *Don Pasquale* e *L'elisir d'amore* sono considerati non solo i capolavori comici di Donizetti, ma, con *Il barbiere di Siviglia*, costituiscono la terna dei gioielli dell'opera comica ottocentesca.

In alto:
il libretto del *Don Pasquale* stampato per la rappresentazione del 1843 al Carlo Felice di Genova.

A destra:
Gaetano Donizetti in un ritratto di G. Carnevali detto il Piccio.

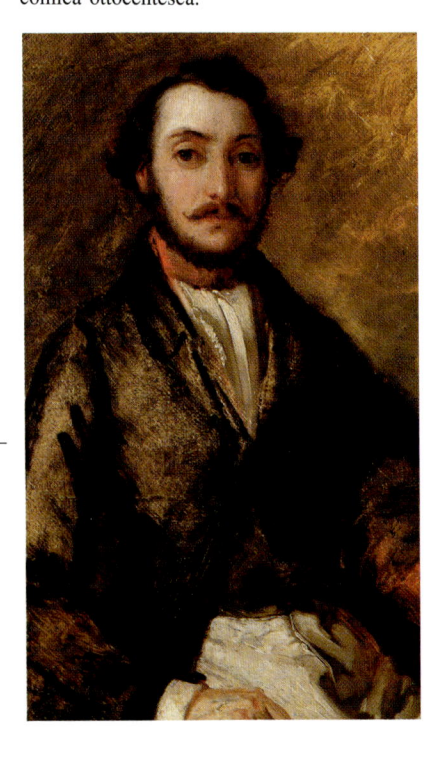

★ DON PERLIMPLIN OVVERO IL TRIONFO DELL'AMORE E DELL'IMMAGINAZIONE
Opera radiofonica in un atto di Bruno Maderna (1920-1973), adattamento dell'autore dalla commedia *Amor de Don Perlimplín con Belisa en su jardín* di F. García Lorca. Prima esecuzione: RAI, 1962.

È una favola dialogata nella quale si narra la vicenda incantata di don Perlimplin, anziano sposo di Belisa, il quale uccide il giovane cavaliere dal mantello rosso, innamorato della donna e da lei riamato. Ma il cavaliere dal mantello rosso non è altri che il mite don Perlimplin che uccide se stesso, o forse la parte peggiore di sé, affinché Belisa acquisti un'anima.

Con quest'opera, Maderna si accosta per la prima volta al teatro attraverso il mezzo radiofonico. Si tratta di una commedia in musica, nella quale i personaggi sono recitanti. Soltanto Belisa canta eccezionalmente due pezzi. Il protagonista, don Perlimplin, è invece impersonato dal suono di un flauto che "dialoga" con gli altri attori sostituendo alle parole del testo i suoi fraseggi e le sue interiezioni musicali.

● DON PROCOPIO
Opera buffa in due atti di Georges Bizet (1838-1875), su testo originale italiano di C. Cambiaggio, tradotto in francese da P. Collin e P. Bérel. Prima rappresentazione postuma: Montecarlo, Théâtre du Casino, 10 marzo 1906.

Nella casa di campagna di don Andronico, in Italia, attorno al 1800. Don Andronico (basso) ha deciso di dare la nipote Bettina (soprano) in moglie a don Procopio (baritono), un vecchio ricco e avaro. Tutti gli altri familiari congiurano per evitare il matrimonio. Cosí Bettina, spalleggiata da Eufemia (soprano), la moglie di don Andronico, e da suo fratello Ernesto (baritono), lascia intendere al vecchio che ha intenzione di sperperare tutto il suo denaro, non lasciandogli piú un momento di tranquillità. Stordito e terrorizzato, don Procopio rinuncia al progetto matrimoniale con mille scuse. Bettina esulta e convola a giuste nozze con l'amato Odoardo (tenore), il giovane ufficiale che la corteggiava.

L'opera, scritta nel 1858, fu rinvenuta tra le carte del compositore Auber dopo la sua morte. La versione rappresentata nel 1906 era già tradotta in francese; quella originale in italiano venne eseguita per la prima volta a Strasburgo nel 1958. L'opera è un'imitazione dell'opera buffa italiana e risale ai tempi in cui Bizet studiava a Roma. Essa si ricollega al *Don Pasquale* di Donizetti, ma rivela già una buona tecnica e una vivacità espressiva non comune.

★ DON QUICHOTTE
(Don Chisciotte)

Opera in cinque atti di Jules Massenet (1842-1912), su libretto di H. Cain, tratto dal romanzo Le chevalier à la triste figure *di J. Le Lorrain ispirato dall'omonimo libro di M. de Cervantes. Prima rappresentazione: Montecarlo, Théâtre du Casino, 12 febbraio 1910.*

La vicenda di Don Chisciotte narrata da Le Lorrain si ispira liberamente a quella di Cervantes. Nel suo lavoro Lorrain ha mutato Dulcinea (soprano) in una cameriera, Don Chisciotte (basso) in un magniloquente predicatore, e il saggio Sancio (baritono) in una specie di propagandista del socialismo.

Questo *Don Quichotte* è una delle opere tarde e minori del musicista francese. Il libretto è di scarso valore, e anche la musica non è certamente all'altezza delle altre composizioni che resero celebre Massenet.

★ DON SANCHE OU LE CHATEAU D'AMOUR
(Don Sanche o Il castello d'amore)

Opera comica in un atto di Franz Liszt (1811-1886), su libretto di M.M. Théaulon e De Rancé. Prima rappresentazione: Parigi, Opéra-Comique, 17 ottobre 1825.

Il castello dell'amore è una sorta di "isola felice" dove coppie di innamorati nobili e plebee inneggiano alle gioie dell'amore. Alle porte del castello si presenta il giovane cavaliere don Sanche (tenore). L'ingresso però gli viene vietato perché solo le coppie di innamorati possono avere libero accesso. Don Sanche compiange il suo triste stato: ama la principessa Elzire (mezzosoprano), che è invece invaghita del cavaliere Romualde de Navarra. Il signore del castello dell'amore, il mago Alidor (baritono), viene in aiuto di don Sanche. Per mezzo di una magia, Alidor vede la principessa in viaggio verso la Navarra; e provoca quindi una tempesta che fa cambiare direzione alla principessa e al suo seguito. Elzire giunge nei pressi del castello, chiede ospitalità, ma le viene negata: non ha un innamorato, quindi non può entrare. Il paggio del castello (soprano) invita Elzire ad accettare l'amore di don Sanche, cosí potrà entrare nel castello. Ma l'altezzosa principessa rifiuta. Un coro annuncia l'arrivo del cavaliere Romualde. Il superbo cavaliere vuole a ogni costo sposare Elzire. Di fronte alla tracotanza dell'uomo, don Sanche decide di battersi in nome di colei che ama senza speranza. Nel duello don Sanche viene gravemente ferito; a questo punto Elzire scopre di amarlo. Disperata, la principessa chiede di entrare al castello: offre la sua vita in cambio di quella di don Sanche. Le porte del castello si aprono e compare Alidor. Il mago rivela la verità: sotto le sembianze di Romualde vi era lo stesso Alidor, il duello e la ferita di don Sanche altro non sono se non una prova d'amore. Elzire e don Sanche, tra la gioia generale, si giurano eterno amore.

La partitura scomparsa è stata ritrovata nel 1900 da J. Chantavoine. Si tratta dell'unica opera di Liszt scritta quando egli aveva solo quattordici anni, ed è a ragione considerata di non grande rilievo.

♦ DONAT, ZDISLAVA
(Posen, Poznan 1936)

Soprano polacco. Ha compiuto gli studi musicali al Conservatorio di Varsavia per poi perfezionarsi in Italia. Ha quindi preso parte a numerosi concorsi di canto, iniziando a esibirsi all'Opera di Poznan (1964-71) e all'Opera di Varsavia (1971). È quindi apparsa in numerosi teatri europei e americani. Il suo nome è però legato ai teatri dell'area tedesca: Opera di Monaco, Salisburgo, Bregenz in particolare, dove si è distinta come Regina della notte in *Die Zauberflöte* (*Il flauto magico*) e Costanza in *Die Entführung aus dem Serail* (*Il ratto dal serraglio*).

♦ DONATH, HELEN
(Corpus Christi, Texas 1940)

Nome d'arte di Helen Erwin, soprano statunitense. All'età di diciotto anni, dopo aver studiato canto con C. Dapholl, ha iniziato a esibirsi in concerti. Nel 1961 si trasferí in Europa, entrando a far parte della compagnia dell'Opera di Colonia, dove ha debuttato come una delle figlie del Reno in *Das Rheingold* (*L'oro del Reno*). Si è successivamente prodotta all'Opera di Hannover (1963-66) e a Monaco di Baviera (1967). Da segnalare poi numerose presenze al Festival di Salisburgo (dal 1964) e in moltissimi altri teatri internazionali: Vienna, Parigi, Amburgo, ecc. Molto attiva anche in sede concertistica e in campo discografico, grazie alla sua bella vocalità di soprano lirico si è messa in luce come squisita Marzelline nel *Fidelio*, Gretel in *Hänsel und Gretel*, Pamina in *Die Zauberflöte* (*Il flauto magico*), Zerlina in *Don Giovanni* e Sofia in *Der Rosenkavalier* (*Il cavaliere della rosa*).

Una scena dal *Don Chisciotte*, di J. Massenet.

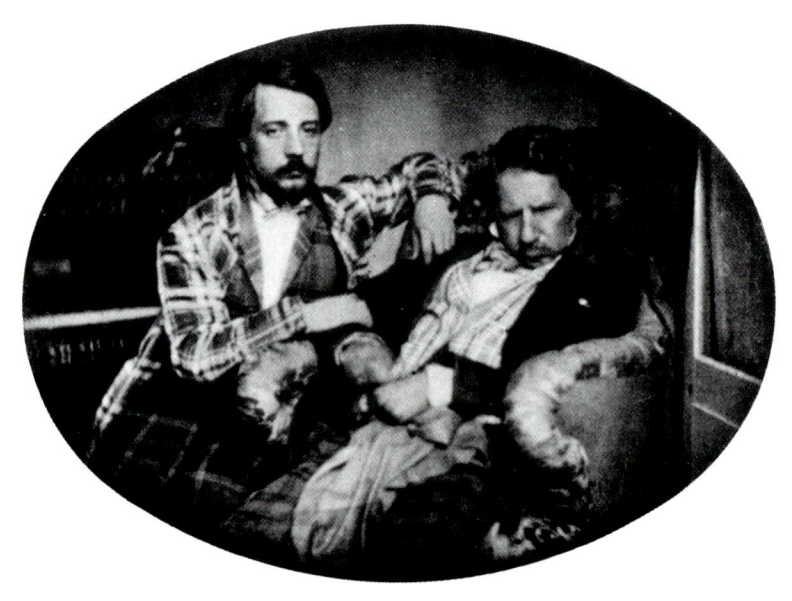

DONIZETTI, GAETANO
(Bergamo 1797 - 1848)

Compositore italiano. Studiò a Bergamo e tra i suoi insegnanti ebbe il compositore G.S. Mayr. Iniziò a comporre quando ancora era studente, cogliendo la sua prima affermazione con l'opera *Enrico di Borgogna* (1818). Tra il 1818 e il 1829 compose quasi trenta opere; tra queste ricordiamo *Zoraide di Granata* (1822), *L'ajo nell'imbarazzo* (1824), *Emilia di Liverpool* (1824), *Gabriella di Vergy* (1826), *Le convenienze e le inconvenienze teatrali* (1827), *L'esule di Roma* (1828), *Elisabetta al castello di Kenilworth* (1829). Si giunge così al 1830, anno in cui vi è la definitiva consacrazione del compositore con *Anna Bolena*, una tragedia di passioni su libretto di F. Romani, che segnò anche una svolta artistica della sua carriera. Negli anni immediatamente successivi Donizetti scrisse un altro capolavoro, *L'elisir d'amore* (1832), seguito da *Lucrezia Borgia* (1833) e da *Rosmonda d'Inghilterra* e *Maria Stuarda*, entrambe del 1834. Nel 1835 Donizetti, ormai al colmo della celebrità, iniziò a comporre per i teatri parigini, esordendo al Théâtre des Italiens con *Marin Faliero*, e nello stesso anno vide la luce un altro dei suoi capolavori musicali, *Lucia di Lammermoor*. Dopo il gustoso *Campanello dello speziale* (1836), Donizetti entrò, con il 1837, in un anno particolarmente doloroso della sua vita, contrassegnato dalla morte della moglie Virginia. Superando questo triste momento, riuscí a mettere in scena il *Roberto Devereux*. Nel 1839 la censura napoletana impedí la rappresentazione di *Poliuto*; il compositore, amareggiato, portò l'opera a Parigi, dove andò in scena nel 1840 sotto il titolo *Les martyrs*. Sempre per le scene parigine nacquero *La fille du régiment* (*La figlia del reggimento*), *La favorita* e *Don Pasquale* (1843). Altro capolavoro del compositore è *Linda di Chamounix*, un malinconico dramma composto per Vienna nel 1842 che gli meritò grandi onori. Un'attività assai intensa caratterizzò anche questi anni della vita del compositore, già minato nel fisico e nello spirito: i disturbi mentali, causati da una sifilide, lo stavano portando alla pazzia. Le sue ultime opere nacquero in uno stato di crescente prostrazione che l'8 aprile 1848 lo portò alla morte.

DONNA DEL LAGO, LA
Opera seria in due atti di Gioachino Rossini (1792-1868), su libretto di L.A. Tottola, tratto dal poema The lady of the lake *di W. Scott. Prima rappresentazione: Napoli, Teatro San Carlo, 24 novembre 1819.*

L'azione si svolge ai tempi in cui gli abitanti della parte montagnosa dello Sterling si opponevano a Giacomo V di Scozia, che voleva invadere le loro terre. Elena (soprano), la figlia del capo dei ribelli Douglas d'Angus (basso), attraversando il lago confida alle onde i suoi pensieri. Essa ama Malcolm (contralto), ma il padre l'ha promessa a Rodrigo (tenore). Re Giacomo (tenore) viene a conoscenza della bellezza della giovane; si traveste da cavaliere e, sotto il nome di Uberto di Snowdn, chiede ospitalità alla fanciulla, subito innamorandosene. Venuto a sapere della passione che la lega a Malcolm, il re riparte e, congedandosi, le regala un anello con il quale essa potrà ottenere tutto ciò che vuole da Giacomo V di Scozia. La giovane con il prezioso dono va alla corte di Giacomo; riconosce con sorpresa il cavaliere Uberto e mostrandogli l'anello chiede la liberazione del padre. Il re, fedele

In alto:
Donizetti assistito dal nipote Andrea a Parigi.

A destra:
una scena da *La donna del lago*, di G. Rossini.

IL MELODRAMMA ITALIANO E LA LETTERATURA ROMANTICA

Ai nostri giorni è assai difficile rendersi conto dell'importanza avuta dal romanzo storico nella cultura europea dell'Ottocento: basti pensare che *The Bride of Lammermoor* di Walter Scott, ora pressoché sconosciuto, al suo apparire, nel 1819, conobbe una straordinaria popolarità, e che prima di raggiungere l'immortalità nella *Lucia di Lammermoor* di Donizetti, le tristi vicende di questa eroina scozzese erano state ampiamente utilizzate in numerose trasposizioni teatrali e melodrammatiche. Prima di Donizetti, anche Rossini si era lasciato coinvolgere dalle malinconiche atmosfere di Scozia descritte dallo Scott di *The Lady of the Lake*: nella sua *Donna del lago* (1819) Rossini, fondamentalmente estraneo al romanticismo nordeuropeo, si anima di languide melodie e di canti marziali dei clan scozzesi. Ma le suggestioni e le passioni che scaturivano dai romanzi di Scott si fanno piú palpabili nella *Lucia di Lammermoor*; grazie anche all'ottimo libretto di Salvatore Cammarano, il compositore coglie pienamente l'atmosfera misteriosa, notturna, gotica. Ancora drammi e passioni, inseriti in ambientazioni storiche, sono tra gli ingredienti dell'opera letteraria di Friedrich Schiller (1759-1805), il cui *Wilhelm Tell* (1804) segna l'altro incontro di Rossini con il romanticismo, espresso nel suo *Guglielmo Tell* (1829). Ancora da Schiller è tratto il libretto di *Maria Stuarda* di Donizetti (1834), mentre a *Der Jung Frau von Orleans* (*La Pulzella di Orleans*, 1801), *Die Räuber* (*I masnadieri*, 1781), *Kabale und Liebe* (*Amore e raggiro*, 1784) e *Don Carlos* (1787) sono legati alcune significative tappe dell'evoluzione drammaturgica. Se in *Giovanna D'Arco* (1845) e nei *Masnadieri* (1847) la musica risentí della mediocrità dei libretti, in *Luisa Miller* del 1848 (tratta da *Kabale und Liebe*) e in *Don Carlo* (1867) Verdi si impadronisce dei temi cari a Schiller, l'amore contrastato dal padre (presente sia in *Kabale und Liebe* che in *Don Carlos*) e allo stesso tempo il sentimento di venerazione del protagonista per il genitore, che segna gli aspetti contrastanti che generano il dramma. A ciò si aggiunge una nuova tematica, che appare nel *Don Carlo*, quella dell'amicizia: per l'amicizia con Posa, Carlo rinuncia al suo desiderio di felicità. Non meno influenti sull'ispirazione dei compositori furono i lavori di Victor Hugo (1802-1885). I suoi drammi e i suoi romanzi, fortemente imbevuti di idee politiche che esaltavano eguaglianza e libertà, rappresentarono un momento assai importante della letteratura romantica e non solo di quella francese. Hugo stimolò molto il lavoro dei librettisti (ma anche quello dei censori che infierirono non poco sulle opere ispirate a questo autore): a lui attinse Donizetti per la sua *Lucrezia Borgia* (1833); ancora a un lavoro del drammaturgo francese, l'*Hernani* (1830) si era interessato Bellini, ma poi le opposizioni censorie gli avevano fatto cambiare idea e preferí dedicarsi alla piú tranquilla *Sonnambula*. L'*Hernani* viene cosí ripreso da Verdi che, nonostante le opposizioni dello stesso Hugo (che giudicava il libretto di *Ernani* una «goffa contraffazione» del suo lavoro) trovò in questo dramma e soprattutto in *Le roi s'amuse* (Il re si diverte, 1832), dal quale nacque il *Rigoletto* (1851), «il piú grande soggetto e forse il piú gran dramma dei tempi moderni [...]». E proprio nel *Rigoletto* Verdi, che seguí minuziosamente la stesura del libretto, raggiunse una perfetta sintesi del dramma di Hugo, superando certe prolissità che caratterizzano il linguaggio del drammaturgo francese. Ancora a Hugo, al suo *Angélo, tyran de Padoue* (1835) si ispirarono Saverio Mercadante per *Il giuramento* (1837) e Amilcare Ponchielli per la sua celeberrima *Gioconda* (1876).

DONNA SAGGIA, LA

alla promessa, non solo dona la libertà a Douglas, ma completa la felicità della giovane unendola in matrimonio con Malcolm.

Rossini compose l'opera con la rapidità che gli era solita. La musica non soltanto è spontanea e originale, ma presenta una complessa elaborazione, con motivi nuovissimi, nei quali si prefigurano temi e cadenze dell'opera lirica romantica.

★ **DONNA SAGGIA, LA**
vedi *Kluge, Die*

★ **DONNA SENZ'OMBRA, LA**
vedi *Frau ohne Schatten, Die*

★ **DONNA SERPENTE, LA**
Opera fiaba in un prologo e tre atti di Alfredo Casella (1883-1947), su libretto di C. Ludovici, tratto dall'omonima fiaba di C. Gozzi. Prima rappresentazione: Roma, Teatro dell'Opera, 17 marzo 1932.

L'azione si svolge nel Caucaso al tempo delle fate. La fata Miranda (soprano), figlia diletta del re Demogorgòn (baritono), ha chiesto di trasferirsi tra i mortali per sposare il re Altidòr (tenore). La giovane però dovrà sottostare ad alcune condizioni: dovrà rimanere nove anni e un giorno accanto al suo sposo senza rivelare la sua vera identità. Se in questo periodo Altidòr non l'avrà maledetta, nonostante le terribili azioni che Miranda provocherà, se l'uomo resisterà, Miranda diverrà mortale e rimarrà con il suo sposo. Se Altidòr non resisterà, Miranda sarà trasformata in un serpente e tale rimarrà per duecento anni. Dopo nove anni e un giorno di felice vita in comune, allietata dalla nascita di due figli, Altidòr scopre la vera identità di Miranda. La donna e i figli sono però scomparsi. Altidòr li sta cercando disperatamente nel deserto, accompagnato dal suo vecchio tutore Pantúl (baritono). Improvvisamente il deserto diventa il giardino di una reggia. Miranda compare e avverte Altidòr che per potersi ricongiungere con lei dovrà rimanere nel deserto e sopportare le difficili prove a cui sarà sottoposto senza mai maledirla. Poco dopo, accompagnata da un violento terremoto, Miranda compare in cima a una roccia. Si levano le fiamme di un rogo e Miranda ordina che vi si gettino i figli. Altidòr è sconvolto, ma non maledice Miranda. Tornato a Tiflis, Altidòr trova la città assediata e ormai ridotta alla fame, mentre l'esercito tartaro sta per sferrare l'attacco decisivo. Giunge un'ultima ferale notizia: i nemici sono comandati da Miranda. Altidòr non resiste piú e maledice la sposa che lo ha costretto a lasciare il paese in un momento di cosí grande pericolo. Allora compare Miranda che rivela la sua condanna, che tuttavia forse egli potrà ancora revocare con qualche eccezionale atto di coraggio. Trasformata in serpente, Miranda striscia via. Giunge la fata Farzana (soprano) e da lei Altidòr apprende che Miranda si trova in cima a un'alta montagna del Caucaso. Per liberarla occorre affrontare difficili prove. Il re parte per liberare la moglie. Fra le rupi vi è una spianata con un sepolcro: lì è racchiusa la donna serpente. Altidòr uccide tre mostri, poi, avvicinandosi al sepolcro, ode la voce di Miranda che lo chiama. L'uomo si precipita verso il sepolcro, ma un muro di fuoco si alza a impedirglielo. Il re senza esitazione si getta tra le fiamme. Ha vinto. Il sepolcro scompare per lasciare il posto al palazzo di Miranda, alla stessa Miranda, che si getta fra le braccia dello sposo, e ai suoi figli.

«Evadendo da ogni seduzione veristica e poco preoccupandosi, tutto sommato, del dramma, ma molto della musica, Casella ha dato nella fiaba *La donna serpente* quasi un'antologia dei suoi modi migliori, rifacendosi non solo alla tradizione comica del *Falstaff*, ma al gusto dell'opera scenografica secentesca e a tutti i suoi preferiti antenati musicali italiani» (M. Mila).

★ **DONNA SILENZIOSA, LA**
vedi *Schweigsame Frau, Die*

★ **DONNERSTAG AUS LICHT**
(Giovedí da "Luce")
Opera in tre atti; libretto, danza, azioni e gesti di Karlheinz Stockhausen (n. 1928). Prima rappresentazione: Milano, Teatro alla Scala, 15 marzo 1981.

Michael, figlio di Eva e Lucifer, cresce mostrando straordinarie doti artistiche. I suoi genitori vivono momenti tragici: la madre impazzisce e finisce in un manicomio dove viene uccisa da un medico; il padre, alcolizzato, parte per la guerra, dalla quale non fa piú ritorno. Eva e Lucifer si presentano a Michael, completamente diversi, con l'incarico di esaminarlo. Michael supera brillantemente gli esami di canto, tromba e danza e viene ammesso alla scuola. Michael inizia quindi un fantastico viaggio intorno alla terra. Al Polo Sud, tra musicisti abbigliati da pinguini, Michael si esibisce con due clarinettisti in spassose acrobazie da clown; ritorna quindi alla sua residenza celeste, accolto con un inno che però viene turbato dal diavolo-Lucifer, contro il quale Michael ingaggia una difficile battaglia che vince, potendo cosí continuare la sua festa. Alla fine il giovane rievoca le vicende bibliche di Lucifer, l'angelo orgoglioso, mentre lui ha voluto diventare uomo per "portare la musica celeste agli uomini, e la musica umana ai celesti".

Primo capitolo del monumentale *Licht*, il ciclo operistico in sette giornate che impegnerà il compositore tedesco, come egli stesso ha affermato, fino al 2010. A questo ciclo sono collegati tre personaggi principali. In questo primo capitolo, Michael si affianca al Giovedí, giorno di Thor-Donner-Giove. Stockhausen è autore totale: suoi il testo, la coreografia, la regia.

■ **DORÁTI, ANTAL**
(Budapest 1906 - Gerzensee 1988)
Direttore d'orchestra e compositore ungherese naturalizzato americano. Compí gli studi musicali a Budapest, avendo tra i suoi insegnanti i compositori Z. Kodály e B. Bartók. Dopo aver iniziato la carriera direttoriale in Ungheria e Germania, a partire dal 1933 di-

---

Pagina precedente:
un ritratto di Walter Scott (sopra), e (sotto) una scena dall'*Ernani*, di G. Verdi.

In questa pagina:
una scena da *Giovedí da "Luce"*, di K. Stockhausen.

resse i celebri Ballets Russes di Montecarlo e quindi l'American Ballet Theatre (1938-1941). Nel 1948 prese la cittadinanza americana, continuando una intensa attività direttoriale con molte orchestre internazionali: Minneapolis Symphony Orchestra (1949), BBC Symphony Orchestra (1962), Orchestra Sinfonica di Stoccolma (1966), National Symphony Orchestra di Washington, Royal Philharmonic (1976) e dal 1977 al 1981 la Detroit Symphony Orchestra. In campo teatrale vanno ricordate le pregevoli realizzazioni discografiche delle opere di Haydn. Ha composto musiche per orchestra, concerti, balletti e musica vocale.

♦ DORIA, RENEE
(Perpignan 1921)
Soprano francese. Già all'età di diciotto anni si esibiva in concerto. Nel 1942 fece il suo trionfale debutto teatrale all'Opéra di Marsiglia come Rosina nel *Barbiere di Siviglia*. Fecero seguito Olympia in *Les contes d'Hoffmann* (*I racconti di Hoffmann*) e *Lakmé*, nell'opera omonima, con la quale ha esordito all'Opéra-Comique (1944). Nel 1947 fece la sua prima apparizione all'Opéra come Regina della notte in *Die Zauberflöte* (*Il flauto magico*), seguirono *Rigoletto*, *Traviata*, *Les dialogues des Carmélites* (*I dialoghi delle Carmelitane*), ecc. Si è esibita in Italia, Olanda, aggiungendo altri personaggi al suo repertorio: Margherita (*Faust*), Lucia (*Lucia di Lammermoor*), Juliette (*Romeo et Juliette*), ecc. In oltre trent'anni di carriera la Doria ha cantato in un repertorio assai vasto, di ben oltre sessanta ruoli, con i quali si è conquistata una larghissima notorietà, soprattutto in Francia.

▲ D'ORMEVILLE, CARLO
(Roma 1840 - Milano 1924)
Autore drammatico, librettista e impresario teatrale italiano. Fondatore e animatore di riviste dedicate al teatro, fu attivo prima come direttore di scena alla Scala, poi come impresario per vari teatri (allestí la prima di *Aida* al Cairo, nel 1871). Scrisse circa un'ottantina di libretti, tra cui si ricordano il *Ruy Blas* (1869) per F. Marchetti; *Lina* (1877) per A. Ponchielli e *Elda* (1880), che poi divenne *Loreley* (1890), per A. Catalani.

■ DOWNES, EDWARD
(Birmingham 1924)
Direttore d'orchestra inglese. Dopo aver studiato all'Università di Birmingham (1941-44), si è dedicato agli studi musicali presso il Royal College of Music di Londra. Grazie a una borsa di studio (1948) si è perfezionato in direzione d'orchestra con H. Scherchen. Nel 1950 ha iniziato l'attività direttoriale e dal 1952 si è esibito al Covent Garden di Londra, dove è stato tra l'altro assistente di G. Solti. È stato il primo direttore inglese a dirigere, nel secondo dopoguerra, la *Tetralogia* di Wagner (1967). Dal 1972 al 1976 è stato direttore musicale dell'Australian Opera di Sydney, mentre dal 1980 è direttore principale della BBC Philharmonic Orchestra di Manchester. Ha diretto numerose prime, tra cui quelle di *Victory* di Bennett, *Taverner* di Maxwell Davies, ecc.

● DREIGROSCHENOPER, DIE
(*L'opera da tre soldi*)
Dramma musicale in un prologo e tre atti di Kurt Weill (1900-1950), su libretto di B. Brecht, libera trasposizione di The Beggar's Opera *di J. Gay. Prima rappresentazione: Berlino, Theater am Schiffbauerdamm, 31 agosto 1928.*

Londra, attorno al 1900. Nel prologo un cantastorie presenta i personaggi che agiranno nel dramma. Polly, la figlia del commerciante Peachum (basso), nonostante il dissenso dei genitori ha sposato il bandito Mackie Messer (tenore). I genitori di Polly, per liberarsi dello sgradito genero, decidono di denunciarlo. Sono sicuri di trovarlo in un bordello di Turnbridge. La signora Peachum corrompe le prostitute: avranno un premio se denunceranno Mackie non appena si recherà da loro. Ed è quanto accade: Jenny delle spelonche (mezzosoprano) chiama la Peachum e la guardia Smith. Il bandito cerca di fuggire, ma è arrestato. In carcere Mackie riceve la visita di Lucy (soprano), la figlia del capo della polizia Brown (basso), detto Brown-la-tigre. Aiutato dalla giovane, Mackie fugge. Quando Peachum scopre che Mackie si è dileguato, ne dà la colpa a Brown. Se il capo della polizia non agirà inflessibilmente, Peachum organizzerà una manifestazione di mendicanti per disturbare il corteo dell'incoronazione della regina. Poco tempo dopo, Brown riesce nuovamente ad arrestare Mackie. L'uomo viene condannato a morte. Polly corre al carcere per un ultimo saluto. Mackie cerca di racimolare del denaro per corrompere un poliziotto e fuggire, ma non ce la fa. Chiede perdono a tutti e si avvia alla forca. All'ultimo momento arriva un messo reale a cavallo: la regina grazia Mackie Messer, gli dona un castello, lo fa nobile e manda gli auguri agli sposi. Peachum commenta: «La realtà purtroppo è assai diversa, si sa. I messi a cavallo giungono assai di rado, se i calpestati osano recalcitrare».

Opera a carattere politico e sociale, continua le tesi già contenute in *Mahagonny*: affronta il pubblico e lo coinvolge, costringendolo a riflettere sulle condizioni della società attuale. La musica attinge al cabaret, al jazz, al melodramma e al folk. Non accompagna, prende apertamente parte. L'opera è composta di ventidue pezzi chiusi, una forma di *Singspiel* con parti recitate e parti cantate: ballate, recitativi, canzonette, tempi di foxtrot, shimmy. La musica migliora notevolmente il testo, che non è tra i più efficaci di Brecht.

115

Il direttore d'orchestra e compositore ungherese Antal Doráti.

DROG OG MARSK
(Re e maresciallo)
Opera tragica in quattro atti di Peter Heise (1830-1879), su libretto di Ch. Richardt. Prima rappresentazione: Copenhagen, 25 settembre 1878.

> La vicenda si svolge in Danimarca nel 1246. Re Erik V (tenore) era conosciuto come un impenitente conquistatore di cuori femminili. Durante una campagna militare contro gli svedesi, il re invia il fedele maresciallo Ingeborg (baritono) a capo delle sue milizie, e nel frattempo non perde l'occasione per sedurre la moglie del maresciallo. Quando l'uomo ritorna dalla guerra trova la moglie vittima della violenza e pronta a chiedere vendetta per l'oltraggio subito. Il maresciallo si presenta dinanzi al Consiglio supremo della corona. Di fronte al popolo, alla nobiltà e allo stesso re Erik, accusa il sovrano di aver tradito il suo onore di cavaliere, quindi rompe ogni giuramento di fedeltà alla corona. Le coraggiose accuse del maresciallo trovano l'appoggio di numerosi nobili della corte danese, che si uniscono al cavaliere nell'attuare la vendetta. La congiura si attua la notte di Santa Cecilia, il 22 novembre 1286, quando il re viene assassinato in un fienile, con cinquantasei pugnalate, secondo una leggenda sferrate da ciascuno dei congiurati.

La vicenda dell'opera si basa su numerose leggende danesi che narrano le vicende del regicidio di Erik V. Il principale elemento ispiratore dell'opera di Heise fu però una tragedia scritta da C. Hauch e rappresentata nel 1849: il giovane Heise sicuramente assistette a una delle rappresentazioni, perché a partire dagli anni successivi iniziò a comporre musiche che si ispiravano all'argomento; questo lavoro poi, grazie alla collaborazione con il librettista e amico Richardt, trovò una concreta realizzazione nell'opera *Drog og Marsk* che alla prima rappresentazione ebbe un grandissimo successo, tanto che superò il centinaio di repliche.

▲ DU LOCLE, CAMILLE
(Orange, Avignone 1832 - Capri 1903)
Librettista francese. Nel 1856 esordí come librettista con l'operetta *M'sieu Londry* per J. Duprato, mentre nel 1869 divenne segretario dell'Opéra, quindi direttore aggiunto e infine direttore dell'Opéra-Comique, dapprima con D. Leuven (fino al 1874), quindi da solo (fino al 1876). Durante questo periodo commissionò a Bizet la *Carmen*. Particolarmente felice fu il suo rapporto d'amicizia e collaborazione con Verdi, per il quale scrisse, in collaborazione con F.J. Méry, il libretto per il *Don Carlo*. Tradusse in francese i libretti di *Aida*, *Simon Boccanegra*, *La forza del destino* e *Otello*. Scrisse inoltre libretti per E. Reyer, tra cui quello per l'opera *Sigurd* (1884).

★ DUE BARONI DI ROCCA AZZURRA, I
Commedia buffa in due atti di Domenico Cimarosa (1749-1801), su libretto di G. Palomba. Prima rappresentazione: Roma, Teatro Valle, carnevale 1783.

> Il barone Demofonte (baritono buffo) e suo nipote Totaro (baritono) sono in trepida attesa della sposa di quest'ultimo. Franchetto (tenore) si presenta come ambasciatore della sposa. L'uomo, per far diventare baronessa la sorella Sandra (soprano), sostituisce il ritratto di Laura (soprano), la sposa, con quello della sorella. Quando quest'ultima giunge, trova un'accoglienza non degna del suo stato di futura baronessa. Quando poi si scopre che esistono due promesse spose, si deve capire quale delle due sia la vera Laura. Inizia cosí una serie di situazioni fatte di travestimenti, con battibecchi e gelosie per scoprire la verità. Alla fine Franchetto confessa di essere l'autore dell'inganno e che la vera sposa è Laura. Tutti però possono rimanere soddisfatti: Laura sposa Totaro, mentre Demofonte sposa Sandra, che cosí può diventare baronessa.

Nonostante talune debolezze del libretto, alquanto scontato nelle situazioni e nella presentazione dei personaggi, l'opera ebbe un certo successo e venne rappresentata in vari teatri. Per una rappresentazione viennese dell'opera, nel 1789, Mozart compose una nuova aria per Laura, *Alma grande, nobil cuore K. 578*.

● DUE FOSCARI, I
Tragedia lirica in tre atti di Giuseppe Verdi (1813-1901), su libretto di F.M. Piave tratto dalla tragedia The Two Foscari *di G. Byron. Prima rappresentazione: Roma, Teatro Argentina, 3 novembre 1844.*

> Venezia, XV secolo. Francesco Foscari (baritono) è doge dal 1423 al 1457. Dopo un periodo di esilio, causato dalla sua vita sregolata, il figlio del doge, Jacopo (tenore), rientra clandestinamente a Venezia. Il fatto è noto a Jacopo Loredano (tenore), nemico dei Foscari, che lo denuncia al Consiglio dei Dieci. Il doge non può venir meno al suo dovere e deve rinnovare l'esilio del giovane. Abbandonando la moglie Lucrezia (soprano) e i figli, Jacopo muore sulla nave che lo sta portando sull'isola di Candia. Il doge abdica, poi si spegne anch'egli, affranto dal dolore.

Quando il compositore italiano si accostò al dramma di Byron, lo trovò «pieno di passione, musicabilissimo». Quando però l'opera non risultò perfettamente riuscita, lo stesso Verdi, secondo il quale i requisiti principali di un libretto dovevano essere situazioni intensamente emozionali, contrasti e velocità di azione, scrisse che piuttosto che una tragedia il lavoro di Byron «sembra un mortorio».

● DUKAS, PAUL
(Parigi 1865-1935)
Compositore francese. Studiò al Conservatorio di Parigi. Nel 1888 vinse il secondo premio al Grand Prix de Rome con la cantata *Velléda*. Il successo gli giunse con lo scherzo sinfonico *L'apprenti sorcier* (*L'apprendista stregone*) del 1897, che ancora oggi è la sua composizione piú celebre. Al 1892 risalgono i suoi primi tentativi in campo operistico, che troveranno però una sola realizzazione completa nell'*Ariane et Barbe-Bleue* (*Arianna e Barbablú*) del 1907, composta su libretto di Maeterlinck. È quasi sicuramente la prima opera che abbia direttamente subito l'influenza del *Pelléas et Mélisande* di Debussy; a differenza di questa, però, ha una partitura stilisticamente piú definita, in particolare per la caratterizzazione emotiva della vicenda.

♦ DUNN, SUSAN
(Malvern, Arkansas 1954)
Soprano statunitense. Dopo gli studi musicali all'Hendrix College Arkansas e alla Indiana University, ha debuttato come Aida e

Il compositore ceco Antonin Dvořák.

Peonia (Illinois) nel 1982. Dopo aver vinto diversi concorsi di canto, compreso il "Richard Tucker Award" (1983), nel 1985 si è imposta interpretando il primo atto della *Walkiria* alla Carnegie Hall di New York. Ha cosí cominciato una brillante carriera nei maggiori teatri americani (Chicago, San Francisco, Houston, Washington, ecc.), imponendosi come ottima interprete verdiana. Proprio nel ruolo verdiano di Elena (*I vespri siciliani*), la Dunn si è clamorosamente imposta al Teatro Comunale di Bologna (1986), dove ha interpretato *Don Carlo* (1988) e *Giovanna D'Arco* (1990). Ancora nel repertorio verdiano ha cantato alla Staatsoper di Vienna (*Un ballo in maschera*, 1988) e ha debuttato al Metropolitan di New York (*Il trovatore*, 1989), dove ha successivamente interpretato *Luisa Miller* (1991). Attiva anche in campo concertistico, la Dunn è una delle maggiori interpreti verdiane in attività.

♦ DUPUY, MARTINE
(Marsiglia 1952)

Mezzosoprano francese. Dopo gli studi al Conservatorio di Marsiglia, ha cominciato a esibirsi in piccoli ruoli al Teatro dell'Opera della sua città (1973). Ha preso parte a vari concorsi di canto, fra cui "La voix d'or Ninon Vallin" (1973) e il Premio "Lauri-Volpi" di Peschiera del Garda (1975). Si è specializzata in Italia con R. Celletti, che l'ha indirizzata al repertorio belcantista, comparendo in breve tempo nei maggiori teatri italiani e successivamente sui palcoscenici europei e americani. La sua straordinaria capacità di vocalizzazione, la perfetta musicalità, il gusto e l'espressività hanno imposto questa cantante nel ristretto numero delle autentiche belcantiste oggi in attività. Il suo nome è legato in modo particolare alle opere di G. Rossini.

♦ DUVAL, DENISE
(Parigi 1921)

Soprano francese. Ha compiuto gli studi musicali al Conservatorio di Bordeaux, dove ha debuttato al Grand Théâtre. Fondamentale fu poi l'incontro con il compositore F. Poulenc, che per lei ha scritto alcuni dei suoi piú importanti ruoli lirici: *Les mamelles de Tirésias* (Le mammelle di Tiresia), *Les dialogues des Carmélites* (I dialoghi delle Carmelitane) e *La voix humaine* (La voce umana). Attiva in numerosi teatri europei (Scala di Milano, La Monnaie di Bruxelles, ecc.) la Duval, per le sue qualità di interprete musicalissima, si è particolarmente distinta come una delle piú complete interpreti del teatro musicale francese del Novecento.

● DVOŘÁK, ANTONÍN
(Nelahozeves, Moldava 1841 – Praga 1904)

Compositore ceco. In giovanissima età suonava il violino e cantava nel coro della cappella della sua città. Dal 1854 si perfezionò in organo e teoria musicale dedicandosi anche agli studi di canto, pianoforte e viola. Trasferitosi a Praga nel 1857, suonò come violinista nell'orchestra del Teatro Prozatimni (1861). Parallelamente aveva già iniziato a comporre, un'attività alla quale si dedicò completamente a partire dal 1871. Nel giro di pochi anni le sue composizioni lo resero celebre non solo in Europa, ma anche negli Stati Uniti, dove fu invitato a dirigere il Conservatorio di New York (1892-95). Al teatro d'opera iniziò a dedicarsi a partire dal 1870 con la sua prima opera *Alfred*, alla quale fecero seguito *Kráhl a uhlír* (Il re e il carbonaio) nel 1871, *Tvrdé palice* (Teste dure), composta nel 1874 e rappresentata nel 1881, *Vanda* (1876), *Šelma sedlák* (Il contadino furbo) nel 1878, *Dimitrij* (1881-82). Particolarmente degne di nota sono *Jakobin* (Il giacobino) del 1889, *Čert a Káča* (Il diavolo e Caterina) del 1899, ricche di elementi musicali legati al folklore boemo. Al 1901 risale *Rusalka*, il capolavoro teatrale di Dvořák, mentre nel 1904 venne rappresentata la sua ultima opera, *Armida*, il cui insuccesso provocò al compositore un attacco di apoplessia che lo portò alla morte.

♦ DVORSKY, PETER
(Horná Ves 1951)

Tenore cecoslovacco. Appena terminati gli studi musicali al Conservatorio di Bratislava, non ancora ventenne, è entrato a far parte della compagnia del Teatro Nazionale di questa città, dove ha debuttato nel 1972. Dopo aver vinto il Concorso Čajkovskij di Mosca (1974), si è perfezionato presso il Teatro alla Scala di Milano. A partire dal 1976 si è esibito alla Staatsoper di Vienna, mentre nel 1977 ha avuto inizio la sua carriera internazionale: Metropolitan di New York (*La traviata*), Scala di Milano (*Bohème*, *Adriana Lecouvreur*, *Manon Lescaut*), Covent Garden di Londra, ecc. Dotato di una bellissima voce di tenore lirico, nel corso degli ultimi anni si è sempre piú cimentato in ruoli di tenore lirico-spinto.

In alto:
bozzetto per una scena del *Dimitrij*, di A. Dvořák.

A sinistra:
il tenore Peter Dvorsky.

★ **EBREA, L'**
vedi *Juive, La*

★ **ECHO ET NARCISSE**
(*Eco e Narciso*)
Dramma lirico in un prologo e tre atti di Christoph Willibald Gluck (1714-1787), su libretto di L.Th. von Tschudi. Prima rappresentazione: Parigi, Académie Royale de Musique, 24 settembre 1779.

Il giovane Narciso (tenore) vive in contemplazione della sua immagine, mentre la sua innamorata, Eco (soprano), capace di ripetere solo quello che ode, non sa in qual modo distogliere l'amato da questo suo amore esclusivo per se stesso. Amore (soprano), che aveva favorito il nascere del sentimento tra i due giovani, cerca di battersi per difendere il suo operato. Purtroppo, né le preghiere, né i sacrifici, né i pianti di pastori e naiadi portano a un cambiamento della situazione. La disperata Eco vede solo nella morte la via d'uscita per il suo amore infelice. Vedendo Eco in fin di vita, Narciso capisce cosa sia veramente l'amore; preso da disperazione, vorrebbe togliersi la vita, ma interviene Amore che riunisce Eco a Narciso, mentre i pastori e le divinità silvestri inneggiano alla felice unione dei due giovani.

Ultima opera di Gluck, venne rappresentata qualche tempo dopo *Iphigénie en Tauride* (*Ifigenia in Tauride*) ma, a differenza di questa, fu un "fiasco" e in seguito all'insuccesso clamoroso riportato dalla prima rappresentazione, Gluck cessò praticamente di comporre. Dopo aver apportato sostanziali modifiche alla partitura, *Echo et Narcisse* venne nuovamente rappresentata nel 1781. Quest'opera si stacca piuttosto nettamente dagli altri lavori di Gluck, e l'ambientazione "pastorale" non ha nulla in comune con le opere "barocche" di un Lully o di un Rameau, pervasa com'è da una sottile malinconia e da sentimenti di sofferenza e di desiderio di morte.

♦ **EDA-PIERRE, CHRISTIANE**
(Fort-de-France, Martinica 1932)
Soprano francese. Dopo aver compiuto gli studi musicali al Conservatorio di Parigi, ha debuttato nel 1958 all'Opera di Nizza in *Les pêcheurs de perles* (*I pescatori di perle*) di Bizet. Ingaggiata dall'Opéra Comique e dall'Opéra di Parigi (1960), ha iniziato una carriera che l'ha vista brillare in un repertorio comprendente opere francesi, da *Lakmé*, a *Les Indes galantes* (Le Indie galanti), a *Dardanus*, ecc., e italiane, da *Lucia di Lammermoor*, a *Rigoletto*, a *Traviata*, ecc. Interprete musicalissima, raffinata e stilisticamente assai duttile, la Eda-Pierre ha saputo dare ottima prova di sé anche nelle opere mozartiane, oltre che in quelle di autori contemporanei, quali P. Capdevielle, G. D'Amy, D. Milhaud, C. Chaynes e O. Messiaen. Dal 1977 detiene la cattedra di canto al Conservatorio di Parigi.

♦ **EDELMANN, OTTO**
(Vienna 1917)
Basso-baritono austriaco. Ha studiato all'Accademia di Musica di Vienna per poi debuttare nel Teatro di Gera nel 1937 (*Le nozze di Figaro*). Ha poi proseguito la carriera all'Opera di Norimberga, interrotta a causa della guerra, per riprendere poi nel 1947, anno in cui ha debuttato alla Staatsoper di Vienna in *Der Freischütz* (Il franco cacciatore). Ha cantato a Bayreuth (1951-52), al Metropolitan di New York (1954), al Festival di Salisburgo (1948-64) e alla Scala di Milano (1951-54). Tra le sue maggiori interpretazioni ricordiamo Rocco nel *Fidelio*, Hans Sachs in *Die Meistersinger von Nürnberg* (*I maestri cantori di Norimberga*) e il barone Ochs in *Der Rosenkavalier* (*Il cavaliere della rosa*) che ha inciso sotto la direzione di H. von Karajan (1956).

● 118

Sopra:
il frontespizio dell'opera *Edgar*,
di G. Puccini.

In alto:
locandina per la prima rappresentazione
di *Elettra* di R. Strauss,
a Dresda il 25 gennaio 1909.

★ **EDGAR**
Opera in quattro atti di Giacomo Puccini (1858-1924), su libretto di F. Fontana, dal dramma La coupe et les lèvres *di de Musset. Prima rappresentazione: Milano, Teatro alla Scala, 21 aprile 1889.*

Nelle Fiandre, anno 1302. Edgar (tenore) è combattuto tra l'amore puro per Fidelia (soprano) e l'attrazione sensuale per Tigrana (mezzosoprano), una negra abbandonata bambina dagli zingari e allevata dal padre di Fidelia. Frank (baritono), fratello di Fidelia, ama, non ricambiato, Tigrana. Questa, accusata dalla popolazione del villaggio di condotta scandalosa, viene difesa da Edgar. Frank sfida il rivale, ma viene ferito. Edgar e Tigrana fuggono. Edgar si unisce a un gruppo di soldati di passaggio, tra i quali riconosce Frank. I due si riconciliano ed Edgar rivela di essersi pentito di aver abbandonato Fidelia. Tigrana giura di vendicarsi dell'abbandono. Il bastione di una fortezza presso Courtray. Si celebra una messa per Edgar, creduto morto in battaglia. Compare un monaco che alla fine si rivela essere lo stesso Edgar. Fidelia, felice per avere ritrovato Edgar, si getta nelle sue braccia, ma è pugnalata da Tigrana. L'assassina è condotta via per essere giustiziata.

L'opera fu giudicata dalla critica un fallimento e, dopo la prima rappresentazione, ebbe solo due repliche. Il soggetto, estraneo alla sensibilità di Puccini, ma imposto dall'editore Ricordi, sicuramente giocò negativamente sull'esito dell'opera, che Puccini nello stesso 1889 rivide riducendola da quattro a tre atti. La nuova versione fu rappresentata a Ferrara il 28 febbraio 1892.

■ EICHHORN, KURT
(Monaco di Baviera 1908)
Direttore d'orchestra tedesco. Dopo aver studiato al Conservatorio di Würzburg, ha iniziato l'attività direttoriale al Teatro di Bielefeld. Attivo all'Opera di Dresda (dal 1941) e all'Opera di Monaco (dal 1946), dove ha svolto buona parte della sua carriera artistica. Attivo anche in campo sinfonico, Eichhorn si è distinto soprattutto nel repertorio tedesco. Particolarmente apprezzate dalla critica le sue incisioni delle opere di Orff *Die Kluge* (La donna astuta) del 1970 e *Der Mond* (*La luna*) del 1974.

● EINEM, GOTTFRIED VON
(Berna 1918)
Compositore austriaco. Dopo aver iniziato lo studio del pianoforte, nel 1938 è diventato *Korrepetitor* alla Staatsoper di Berlino e contemporaneamente assistente musicale al Festival di Bayreuth. Tra il 1941 e il 1942 ha studiato composizione con B. Blacher. La sua prima opera, *Dantons Tod* (*La morte di Danton*) fu rappresentata nel 1947 al Festival di Salisburgo, festival di cui è stato membro del comitato direttivo. Direttore al Konzerthausgesellschaft di Vienna, è anche stato insegnante di composizione alla Hochschule di Vienna. Per il teatro d'opera ha inoltre composto *Der Prozess* (Il processo) nel 1953, *Der Zerrissene* (Il ferito) nel 1964, *Der Besuch der Alten Dame* (La visita della vecchia signora) nel 1971 e *Kabale und Liebe* (Intrigo e amore) nel 1976.

● EINSTEIN ON THE BEACH
(Einstein sulla spiaggia)
Opera in quattro atti di Philip Glass (n. 1937), su testo proprio e di R. Wilson. Prima rappresentazione: New York, Metropolitan Opera House, 21 novembre 1976.

Viene definita opera, ma questo lavoro di Glass si stacca completamente da un normale concetto di opera lirica. Tutto il lavoro si concentra attorno a tre immagini ricorrenti, ognuna delle quali ha una diversa caratterizzazione musicale. In queste immagini vi sono dei treni, che ricordano i trenini con i quali giocava Einstein da bambino, ma anche i treni che da adulto usò come analogie per illustrare la sua teoria sulla relatività. Compare poi un letto, sul quale Einstein probabilmente meditava sulla minaccia della catastrofe atomica che con il suo lavoro aveva aiutato a realizzare. Qui Glass inserisce una sorta di processo alla scienza moderna. La terza immagine si ricollega sempre alle implicazioni dell'atomo, un potenziale di liberazione e trascendenza, scaturite da Einstein. A rappresentare quest'ultima visione è una navicella spaziale, che il compositore ricollega all'apocalisse nucleare suggerita dal titolo preso dal romanzo di N. Shute, *On the Beach*, sull'olocausto nucleare. Queste immagini, qui descritte in modo essenziale, sono in realtà molto piú complesse e astratte. Compare anche lo stesso Einstein che, imbracciando un violino (che egli suonava per rilassarsi), osserva l'azione come un moderno Nerone.

È una delle piú rappresentative composizioni teatrali del minimalista Glass. L'opera è affidata a una compagine assai varia: quattro attori, un gruppo di dodici voci e alcuni danzatori; con un organico strumentale composto da un violino solista, due flauti, quattro sassofoni e tre organi elettrici.

● ELEKTRA
(Elettra)
Tragedia in un atto di Richard Strauss (1864-1949), su libretto di H. von Hofmannsthal, tratto dal suo dramma ispirato alla tragedia di Sofocle. Prima rappresentazione: Dresda, Königliches Opernhaus, 25 gennaio 1909.

Cortile nel palazzo degli Atridi. Elettra (soprano) è tormentata dal ricordo del padre Agamennone, ucciso a tradimento dalla moglie Clitennestra (mezzosoprano) e dal suo amante Egisto (tenore). Crisotemide (soprano) avverte la sorella che la madre ed Egisto vogliono rinchiuderla in una torre. Poco dopo giunge Clitennestra, coperta di gioielli e talismani; la donna spera di liberarsi, con sacrifici propiziatori, degli incubi che ogni notte la perseguitano. Elettra accusa la madre di aver cacciato di casa il fratello Oreste per timore della sua vendetta. Clitennestra minaccia Elettra, e le chiede un rimedio per i suoi sogni atroci. "Tu non sognerai piú" risponde Elettra "quando la giusta vittima cadrà sotto l'ascia", quindi indica la madre come vittima. Giunge un'ancella che porta la notizia della morte di Oreste. Clitennestra esulta. Elettra, decisa a proseguire l'opera di vendetta, chiede aiuto alla sorella, ma Crisotemide fugge spaventata. Sola, Elettra è avvicinata da uno degli stranieri che avevano annunciato la morte di Oreste. Dopo aver scoperto di trovarsi di fronte a Elettra, l'uomo rivela la sua vera identità: egli è Oreste (baritono) e ha fatto diffondere la notizia della propria morte per colpire piú facilmente gli uccisori del padre. Entra quindi nel palazzo. Poco dopo si ode il grido disumano di Clitennestra. Sopraggiunge Egisto; Elettra lo accompagna illuminandogli il cammino con la torcia attraverso il cortile. Egisto scompare nel palazzo. Un attimo di silenzio, poi Egisto compare a una finestra invocando soccorso. La vendetta è compiuta. Come una baccante, Elettra inizia una frenetica danza di gioia poi, improvvisamente, cade

Bozzetto di L. Sievert per *Elettra* di R. Strauss.

al suolo senza vita. Crisotemide si getta sul suo corpo, poi si precipita alla porta del palazzo. Bussa, ma nessuno risponde.

Elektra segna l'inizio della collaborazione tra Strauss e Hofmannsthal. L'invenzione musicale di Strauss è meno sconvolgente rispetto a *Salome*, nonostante un maggior organico orchestrale e una gamma di effetti piú ampia. Dal punto di vista drammatico, la partitura tocca i suoi punti piú alti nell'incontro tra Clitennestra ed Elettra, dove, per rendere il carattere tormentato della regina, la musica va dal politonalismo ai limiti dell'atonismo, e nella scena del riconoscimento tra Elettra e Oreste, dove la tensione, a lungo accumulata, raggiunge il suo apice.

★ ELENA EGIZIACA
vedi *Ägyptische Helena, Die*

★ ELETTRA
vedi *Elektra*

★ ELISABETTA AL CASTELLO DI KENILWORTH
Melodramma in tre atti di Gaetano Donizetti (1797-1848), su libretto di A.L. Tottola, tratto dal romanzo Kenilworth *di W. Scott. È conosciuta anche con il titolo* Il castello di Kenilworth. *Prima rappresentazione: Napoli, Teatro San Carlo, 6 luglio 1829.*

Al castello di Kenilworth fervono i preparativi per l'arrivo della regina Elisabetta (soprano). Alberto, conte di Leicester (tenore), sapendo che la regina lo ama, confessa all'amico Lambourne (basso) di aver però trovato il vero amore in Amelia (soprano), che ha segretamente sposato. Amelia viene cosí nascosta da Warney (baritono), scudiero di Leicester, in alcune stanze segrete del castello, ma Warney, innamorato di Amelia, cerca di dividere la coppia dicendo alla donna che il marito l'ha tradita. Amelia riesce a fuggire dalla prigionia e si imbatte in Elisabetta, alla quale rivela il suo legame con Leicester e il presunto tradimento. Indignata, Elisabetta si presenta a Leicester con Amelia, ma Warney, mentendo, dice alla regina che la donna è sua moglie. Piú tardi Warney tenta di trascinare via Amelia; al suo rifiuto, Warney, fingendo di porgerle da bere, le offre un calice di veleno. Amelia viene però salvata dalla sua confidente Fanny (mezzosoprano). Ecco sopraggiungere Leicester e quindi Elisabetta. La regina ha scoperto la verità: ordina l'arresto di Warney, quindi perdona Leicester e Amelia.

Le vicende del romanzo di Scott avevano dato lo spunto a Rossini per la sua *Elisabetta, regina d'Inghilterra*, rappresentata sempre a Napoli nel 1815, per essere piú volte ripresa anche nel 1829, a pochi mesi dalla prima dell'*Elisabetta* donizettiana. Questo fatto ha sicuramente influenzato il compositore bergamasco, che si esprime con uno stile marcatamente rossiniano. In particolare il personaggio di Elisabetta mostra, attraverso uno sfoggio di fioriture, chiare analogie con quello del pesarese. Qui per la prima volta Donizetti affrontò il personaggio di Elisabetta, che poi ritornerà, con ben diversa consistenza, in *Maria Stuarda* (1834) e *Roberto Devereux* (1837).

★ ELISABETTA, REGINA D'INGHILTERRA
Dramma in due atti di Gioachino Rossini (1792-1868), su libretto di G. Schmidt tratto dalla pièce *di Federici. Prima rappresentazione: Napoli, Teatro San Carlo, 4 ottobre 1815.*

Il conte di Leicester (tenore) è di ritorno da una vittoria contro gli scozzesi. La stessa regina Elisabetta (soprano) accoglie trepidante il condottiero di cui è innamorata. Tra gli ostaggi scozzesi vi è anche Matilde (soprano), la giovane figlia di Maria Stuarda, che Leicester ha segretamente sposato. Temendo l'ira di Elisabetta, Leicester si confida con l'amico Norfolk (tenore), ma questi, geloso dei suoi successi, si affretta a rivelare a Elisabetta il tradimento del favorito. La regina, dopo aver reso pubblico il matrimonio di Leicester, lo fa arrestare insieme a Matilde e al fratello di lei, Enrico (mezzosoprano). Nella prigione, Leicester riceve la visita di Norfolk, che crede ancora suo amico. L'uomo lo avverte che il popolo è pronto a insorgere per liberarlo, ma Leicester non vuole che si mettano in discussione le decisioni della regina. Poco dopo, la stessa Elisabetta offre a Leicester la possibilità di evadere, ma egli rifiuta, chiedendo invece la libertà per Matilde ed Enrico. La regina però afferma che Matilde ed Enrico dovranno essere giudicati. Si scopre cosí che il vero traditore è Norfolk; questi, che ha assistito al dialogo, esce dal suo nascondiglio e con una spada minaccia Elisabetta, ma intervengono Enrico e Matilde che lo fermano. Dopo che le guardie hanno trascinato via il traditore, Elisabetta accorda a tutti il proprio perdono, mentre il popolo inneggia alla magnanimità della regina.

Con *Elisabetta, regina d'Inghilterra* Rossini fece il suo ingresso al Teatro San Carlo di Napoli. Vista l'importanza di questa occasione, egli dedicò una particolare attenzione alla

Una scena da *Elisabetta, regina d'Inghilterra*, di G. Rossini, in un allestimento al Teatro San Carlo di Napoli.

stesura dell'opera, che segna un importante passo avanti nello sviluppo dello stile "serio" del compositore. In *Elisabetta, regina d'Inghilterra* scompaiono i recitativi "secchi" a favore di quelli accompagnati dall'orchestra e lo stesso uso del coro trova una maggiore partecipazione drammatica.

ELISIR D'AMORE, L'

Opera in due atti di Gaetano Donizetti (1797-1848), su libretto di F. Romani che si rifà a quello preparato da E. Scribe per Auber nel 1831, Le Philtre. *Prima rappresentazione: Milano, Teatro alla Canobbiana, 12 maggio 1832.*

L'azione si svolge in un villaggio dei Paesi Baschi. Nemorino (tenore), un giovane e timido contadino, è innamorato di Adina (soprano), ricca fittaiuola, e le dichiara i suoi sentimenti, ma non viene ricambiato dalla donna, che è incostante e capricciosa e sembra preferire la compagnia del presuntuoso Belcore (baritono), sergente della guarnigione. Sulla piazza del villaggio intanto arriva il dottor Dulcamara (basso comico), un vero ciarlatano, che offre la toccasana per ogni male. Nemorino coglie subito l'occasione per chiedere a Dulcamara un filtro capace di suscitare l'amore di Adina. Dopo aver bevuto l'elisir (che in realtà è una semplice bottiglia di vino), l'ingenuo Nemorino è tanto sicuro dell'effetto del liquore che cambia completamente umore e atteggiamento nei confronti della ragazza. Adina, sorpresa e indispettita, accetta per ripicca la corte di Belcore e la sua proposta di matrimonio. Nemorino, disperato, chiede a Dulcamara un'altra bottiglia di elisir, ma non avendo piú soldi accetta la proposta che gli fa Belcore e si arruola all'istante per ricevere il compenso d'ingaggio con il quale acquistare l'elisir. Nel frattempo si è sparsa la notizia d'una ricca eredità che uno zio avrebbe lasciato a Nemorino. Egli non sa ancora nulla e all'improvviso si vede circondato e corteggiato dalle ragazze del paese; cosí pensa subito che l'elisir abbia cominciato a fare i suoi effetti. Intanto Adina è venuta a sapere dell'elisir d'amore e del sacrificio compiuto da Nemorino con l'arruolamento. Commossa, scopre di amare il giovane. La vicenda si avvia cosí al lieto fine. Nemorino, che ora è ricco, e libero dall'impegno di arruolamento può sposare Adina, mentre Dulcamara decanta ancora una volta la straordinaria efficacia del suo portentoso elisir.

L'opera, alla prima rappresentazione, ottenne un successo trionfale e rimase in cartellone per trentadue sere consecutive. *L'elisir d'amore* è un vero gioiello dell'opera comica ottocentesca, e con *Don Pasquale* e *Il barbiere di Siviglia* può considerarsi il punto piú alto raggiunto in questo genere. La partitura trabocca di motivi piacevoli, di graziose melodie, dalle quali traspare la personale vena buffa di Donizetti, dove la risata si trasforma in sorriso e il sorriso si vela di malinconia, come nella famosa romanza "Una furtiva lacrima".

ENFANT ET LES SORTILEGES, L'
(Il fanciullo e i sortilegi)

Opéra-ballet in due atti di Maurice Ravel (1875-1937), su libretto di Colette. Prima rappresentazione: Montecarlo, Théâtre du Casino, 21 marzo 1925.

Interno di un'antica casa in Normandia. Il protagonista, un bambino (mezzosoprano), sta tentando di fare i compiti, ma la sua mente insegue desideri proibiti: tirare la coda al gatto o addirittura mettere in castigo la mamma (contralto). Quando questa ritorna e scopre che il compito non è neppure incominciato, il bambino viene punito. Rimasto solo, il bimbo sfoga il suo furore distruggendo tutto ciò che lo circonda, e alla fine, esausto, si getta su una grande poltrona che improvvisamente si anima respingendolo. Hanno qui inizio i sortilegi: gli oggetti distrutti dal bambino si lamentano del trattamento subito. Il bambino, impaurito, si avvicina al caminetto, ma il fuoco (soprano) lo minaccia, mentre dalla tappezzeria a brandelli escono pastori e pastorelle: danzano al suono di una dolce musica e si lamentano per il dolore di non potersi piú unire. Dalle pagine di un libro di favole esce una principessa (soprano), alla quale il bimbo domanda aiuto. La principessa lo calma con la sua dolcezza, ma poi scompare; al suo posto appare un vecchio dall'aspetto poco rassicurante: è l'aritmetica, il bambino spaventato fugge in giardino. Ma anche qui gli animali e gli alberi hanno qualcosa da rimproverare al

In alto:
il dottor Dulcamara
in una incisione di De Valentini per
L'elisir d'amore di G. Donizetti.

Sopra:
una scena da *Il fanciullo e i sortilegi*,
di M. Ravel.

piccolo. Lasciato finalmente solo, il bambino trova e cura amorevolmente uno scoiattolo ferito. Gli animali, che si sono accorti del suo gesto di bontà, incominciano a non essere più sicuri della sua cattiveria, e infine lo accompagnano a casa dalla mamma, lasciandolo solo davanti a lei. I sortilegi sono finiti e il bambino ha capito quanto fa male essere cattivi.

La prima rappresentazione di *L'enfant et les sortilèges* scatenò un'ondata di polemiche fra i critici. Ripresa nel 1926 a Parigi, l'opera continuò a suscitare contrasti. È sulle scene dei teatri di New York, Londra e Bruxelles che verrà pienamente riconosciuto il suo valore. Venne compresa la fantasia della musica di Ravel, che non rispecchia i canoni dell'opera tradizionale e rimane unica nel suo genere.

★ ENRICO VIII
vedi *Henry VIII*

● ENTFÜHRUNG AUS DEM SERAIL, DIE
(*Il ratto dal serraglio*)
Singspiel *in tre atti di Wolfgang Amadeus Mozart (1756-1791), su libretto di G. Stephanie jr., tratto da* Belmonte und Constanze *di C.F. Bretzner. Prima rappresentazione: Vienna, Burgtheater, 16 luglio 1782.*

In Turchia, nel XVIII secolo. Davanti al palazzo di Selim Pascià (recitante), Belmonte (tenore), un giovane spagnolo, cerca la sua promessa sposa, Costanza (soprano), rapita dai pirati e poi venduta al pascià insieme al servitore Pedrillo (tenore) e alla sua fidanzata Blondchen (soprano). Dopo aver chiesto inutilmente delle informazioni a Osmin (basso), sorvegliante del palazzo, Belmonte riesce a incontrare Pedrillo, che è stato nominato giardiniere del palazzo. Dopo la gioia dell'incontro i due concertano rapidamente un piano di fuga. Nel frattempo, Selim cerca di ottenere l'amore della giovane prigioniera, ma Costanza è pronta a morire piuttosto che venir meno alla fedeltà verso Belmonte. Quando Selim ha congedato Costanza, Pedrillo presenta al pascià Belmonte, che viene assunto come

Una scena da *Il ratto dal serraglio*, di W.A. Mozart, in un allestimento al Teatro alla Scala.

architetto di giardini. La sera del giorno dopo, Blondchen cerca di consolare Costanza, molto triste al pensiero della morte che l'attende. Pedrillo riesce a comunicare a Blondchen il piano di fuga, prima però bisogna liberarsi di Osmin. Con facilità Pedrillo lo convince a bere del vino in cui è stato messo del sonnifero. Dopo che Osmin è caduto in un sonno profondo, Pedrillo accosta una scala al muro, e da essa poco dopo scendono Costanza e Blondchen. Le due coppie si riuniscono. Osmin, che nel frattempo si è risvegliato, sopraggiunge pregustando la vendetta. I quattro giovani vengono arrestati e condotti davanti al pascià. Belmonte viene poi riconosciuto da Selim come il figlio di un suo acerrimo nemico. Questo fatto sembra segnare ancor più la sorte dei quattro giovani, ma Selim, con un colpo di scena, libera le due coppie che potranno tornare alle loro case, malgrado le proteste di Osmin. Un *vaudeville* conclude l'opera.

Die Entführung aus dem Serail rappresenta un momento altamente significativo nello sviluppo del *Singspiel*, come notò anche Goethe: «La comparsa dell'*Entführung* offuscò ogni altra cosa». Il successo dell'opera fu notevolissimo e Mozart, contrariamente al solito, si era dedicato a lungo alla composizione della musica, quasi un anno intero. Egli cercò di trovare il giusto tono della fiaba, di fondere elementi comici, tragici, favolosi, operando una mirabile sintesi.

● ERCOLE AMANTE
Opera in cinque atti di Francesco Cavalli (1602-1676), su libretto dell'abate F. Buti. Prima rappresentazione: Parigi, Teatro delle Tuileries, 7 febbraio 1662. Allo spettacolo prese parte il re Luigi XIV nelle fulgide vesti del Sole.

Il prologo allegorico aggiunto per l'occasione da Camille Lilius era un omaggio alle quindici famiglie reali più importanti dell'Occidente, tra le quali emergeva ovviamente quella francese. Esse erano presentate, dal cielo, da Diana (soprano) e furono impersonate da alcune dame della corte con il re e la regina. Diana ordina a Ercole (basso) di continuare le sue fatiche e gli promette in sposa la Bellezza (soprano). L'azione prosegue narrando le vicende degli amori di Ercole e Jole (soprano), gli intrighi di Giunone (contralto) e l'amore di Illo (tenore), figlio di Ercole, per la stessa Jole. Nel finale Ercole riceve in moglie la Bellezza e Illo sposa Jole.

Composta da Cavalli in occasione delle nozze di Luigi XIV con l'Infanta Maria Teresa (1660), l'opera venne però rappresentata solamente due anni dopo. La partitura musicale non ottenne il successo sperato, soprattutto a causa dell'ostilità dei musicisti francesi verso l'opera italiana. Nel maggio dello stesso 1662 Cavalli, amareggiato, rientrò a Venezia e non riuscirà mai più a fare rappresentare il macchinoso *Ercole amante*.

■ EREDE, ALBERTO
(Genova 1909)
Direttore d'orchestra italiano. Studiò nella città natale e a Milano, perfezionandosi successivamente con Weingartner (1929-31) e F. Busch (1930). Debuttò nel 1930 all'Accademia Nazionale di Santa Cecilia di Roma e quindi diresse per la prima volta la *Tetralogia* di Wagner a Torino (1935). È apparso ai festival di Glyndebourne e di Salisburgo dove è stato direttore musicale dal 1935 al 1938. Nel secondo dopoguerra fu direttore musicale della New London Opera Company

(1946-48). Dal 1950 al 1955 ha diretto al Metropolitan di New York e dal 1956 alla Deutsche Oper am Rhein, divenendone direttore musicale nel 1958. Assai attivo anche nei più importanti teatri italiani (Scala di Milano e San Carlo di Napoli, in particolare), Erede dal 1975 è direttore artistico del Concorso "Paganini" di Genova. Particolarmente degna di nota la sua partecipazione al Festival di Bayreuth, dove nel 1968 ha diretto *Lohengrin*.

● ERKEL, FERENC
(Gyula, Békés 1810 - Budapest 1893)
Compositore, direttore d'orchestra e pianista ungherese. Dopo aver iniziato lo studio della musica con il padre, all'età di dodici anni fu inviato a Bratislava, dove studiò pianoforte e composizione. Iniziò la carriera come pianista (1834), mentre a partire dal 1838 assunse la direzione del Teatro Comunale Tedesco di Pest, dove debuttò dirigendo *La straniera* di Bellini. In questo stesso teatro, nel 1840, rappresentò la sua prima opera, *Bátori Mária*. Delle sue dieci opere, particolarmente celebri e ancora oggi frequentemente rappresentate sono *Hunyadi László* (1844), *Bánk bán* (Il bano Bánk) 1861, *Brancovics György* (1874). Fondatore dell'Orchestra Filarmonica di Budapest (1840) e insegnante all'Accademia Nazionale di Musica, Erkel incoraggiò lo sviluppo di una tradizione musicale ungherese.

● ERMIONE
Azione tragica in due atti di Gioachino Rossini (1792-1868), su libretto di A.L. Tottola, tratto dalla tragedia Andromaque *di J. Racine. Prima rappresentazione: Napoli, Teatro San Carlo, 27 marzo 1819.*

La principessa Ermione (soprano) ama il re Pirro (tenore), che le ha giurato di farla sua sposa, ma questi si è invaghito di Andromaca (mezzosoprano) e per lei sta infrangendo il giuramento. Il principe greco Oreste (tenore), che ama non corrisposto Ermione, viene da questa usato come strumento per compiere la sua vendetta. Quando Pirro sta per recarsi all'ara con Andromaca, viene ucciso da Oreste. Ermione, che si è però pentita dell'ordine dato a Oreste in un momento di disperazione, maledice l'uccisore, il quale fugge trascinato via dai soldati.

«Scritta per i posteri»: con questa frase Rossini pare giustificasse il mancato successo di *Ermione*. È questa un'opera molto importante nello sviluppo drammatico-musicale rossiniano. Il compositore punta al superamento del "numero chiuso", sostituito da grandi scene "drammatico-musicali". L'atto secondo, ad esempio, si compone di soli quattro numeri: la grande scena di Ermione "Di che vedesti piangere" esprime magistralmente l'andamento drammatico voluto da Rossini, una sorta di aria "dilatata", nella quale si inseriscono recitativi e altre scene che non interrompono l'incedere drammatico. Questa straordinaria modernità non venne compresa dal pubblico napoletano, per cui l'opera non superò la prima rappresentazione. *Ermione* venne così consegnata ai posteri, e lo dimostrano le recenti riprese sceniche che hanno evidenziato lo straordinario valore musicale di questa partitura.

● ERNANI
Dramma lirico in quattro parti di Giuseppe Verdi (1813-1901), su libretto di F.M. Piave, tratto dal dramma Hernani *di V. Hugo. Prima rappresentazione: Venezia, Teatro La Fenice, 9 marzo 1844.*

In Spagna e ad Aquisgrana nel 1519. Don Carlo (baritono) è re di Spagna ed Ernani (tenore) sta preparando una rivolta per spodestarlo. Il giovane ama Elvira (soprano), promessa in sposa al vecchio don Silva (basso). Ernani si reca al castello dei Silva per rapire Elvira. La giovane è amata anche dal re, che si trova al castello. Ernani, Elvira e don Carlo si incontrano nelle stanze della giovane, quando sopraggiunge don Silva. Il re si fa riconoscere dall'adirato nobiluomo e salva Ernani, facendolo passare per un proprio messo. Poco tempo dopo Ernani, inseguito dai soldati, trova rifugio nel castello dei Silva. Si stanno per celebrare le nozze del vecchio conte con Elvira; Ernani, disperato, rivela la sua identità e si consegna a Silva. Sopraggiunge il re alla ricerca del ribelle, ma Silva, per dovere di ospitalità, non consegna il rivale: Carlo allora si allontana dal castello portando con sé Elvira. Poco dopo Ernani rivela al geloso Silva che anche il re è innamorato

A sinistra:
una scena dall'*Ermione*, di G. Rossini,
nell'allestimento
al Rossini Opera Festival.

In alto:
una scena dall'*Ernani*, di G. Verdi,
nell'allestimento
al Teatro dell'Opera di Roma.

di Elvira. Il bandito invita quindi il geloso Silva a unirsi nella vendetta; dopo che questa sarà compiuta, Silva potrà avere anche la sua vita suonando un corno da caccia, che egli lascia in pegno. Qualche tempo dopo, ad Aquisgrana, nel sotterraneo del monumento sepolcrale a Carlo Magno, don Carlo, nel frattempo diventato imperatore, fa arrestare un gruppo di congiurati, tra i quali vi sono Ernani e Silva. Potrebbe uccidere i ribelli, ma vuole essere magnanimo: perdona a tutti e offre a Ernani la mano di Elvira. Mentre si stanno svolgendo i festeggiamenti di nozze, si ode lo squillo di un corno, quindi appare Silva: Ernani sa qual è il suo dovere e lo compie trafiggendosi il petto con un pugnale.

Il famosissimo dramma teatrale di Hugo trovò una felice trasposizione nella musica di Verdi, ricca di impeto romantico. Il compositore, nella felice contrapposizione tra i personaggi, sa inserire l'intervento drammatico del coro, che diviene particolarmente vibrante in "Si ridesti il leon di Castiglia", destinato a diventare uno di piú amati inni del Risorgimento italiano.

★ EROBERUNG VON MEXICO, DIE
(La conquista del Messico)
Opera in un atto di Wolfgang Rihm (n. 1952), su libretto dello stesso compositore tratto dal Théâtre de Seraphine *di A. Artaud. Prima rappresentazione: Amburgo, Teatro dell'Opera, 2 febbraio 1992.*

Nonostante vi siano due personaggi come Montezuma (soprano drammatico) e Fernando Cortez (baritono), non esiste un'azione vera e propria. Il compositore ha suddiviso la partitura in quattro quadri: 1) Presagi. Il Messico è in attesa; sente avvicinarsi la tempesta. 2) Professione di fede. Il Messico visto nell'ottica di Cortez. 3) Sconvolgimento. La rivolta dilaga per tutto il paese. 4) L'abdicazione. Disordine totale.

Rihm non affronta il tema mettendo in evidenza lo scontro tra due civiltà, o il genocidio di un popolo, bensí attraverso l'elaborato simbolismo del *Théâtre de Seraphine* di Artaud, un testo nel quale emerge un conflitto tra il principio del maschile e quello del femminile, qui visto in tre elementi "Neutro, Femminile e Maschile", tre aspetti che fungono da motivo conduttore che percorre tutta la partitura (e che giustifica il fatto che il ruolo di Montezuma sia affidato a una voce femminile). Musicalmente il compositore tedesco ha voluto creare un'ambientazione sonora; ha cosí disposto 47 strumenti (con una certa predominanza di percussioni) in vari spazi del teatro; il coro è stato invece registrato su nastro magnetico, mentre sul palcoscenico agiscono i due personaggi e altre "voci" che rifuggono però da qualsiasi necessità di comunicazione o caratterizzazione psicologica. Nonostante la complessità della partitura, *Die Eroberung von Mexico* è stato salutato come uno dei maggiori successi del teatro tedesco contemporaneo.

★ ERODIADE
vedi *Hérodiade*

★ ERWARTUNG
(Attesa)
Monodramma per soprano e orchestra di Arnold Schönberg (1874-1951), su testo di M. Pappenheim. Prima rappresentazione: Praga, Neues Deutsches Theater, 6 giugno 1924.

Ai margini di un bosco. Una donna (soprano) si reca all'appuntamento con l'amante. Nell'aria immobile della notte avverte una minaccia nascosta, ma si fa coraggio e si inoltra nel bosco. La donna crede di indovinare nel buio presenze misteriose che la toccano, la trattengono. Ha l'impressione di udire un pianto. Fruscii e il grido di un uccello notturno la terrorizzano: fugge, giungendo in una

In alto:
una scena dell'atto III dell'*Ernani*.

A destra:
il soprano J. Martin
in una scena di *Attesa*, di A. Schönberg,
in un'allestimento al Teatro alla Scala.

radura illuminata dalla luna. La donna riprende fiato, cerca di dominarsi, si ferma in ascolto illudendosi di sentire il richiamo dell'amante, ma è nuovamente travolta dalla paura che cento mani la afferrino, che grandi occhi sbarrati la fissino nel buio. La donna, esausta e lacera, giunge nei pressi della strada che conduce alla casa della sua rivale. Cercando un luogo dove riposarsi, la donna urta con un piede qualcosa. È il cadavere del suo uomo, ancora sanguinante, assassinato. La donna non crede ai propri occhi. Poi, come in delirio, copre di baci il corpo senza vita, gli rimprovera amaramente i suoi tradimenti, è invasa da sconnessi, indicibili ricordi. Giunge il mattino a separare gli amanti. Questa volta per sempre.

La musica di *Erwartung*, scritta durante il periodo "atonale" di Schönberg, forma un flusso indifferenziato, percorso da guizzi, da fenomeni sonori istantanei che si annullano senza continuità né sviluppo, cosí come la parte vocale è un recitativo, inframmezzato da esplosioni melodiche.

ESCLARMONDE
Opera in quattro atti di Jules Massenet (1842-1912), su libretto di E. Blau e di L. de Gramont. Prima rappresentazione: Parigi, Opéra-Comique, 15 maggio 1889.

Dinanzi alla basilica di Bisanzio, l'imperatore e mago Phorcas (baritono) abdica in favore della figlia Esclarmonde (soprano). La giovane, iniziata anch'essa alle arti magiche, potrà conservare il trono e i poteri magici solo se terrà celato il suo viso fino al compimento del ventesimo anno d'età. In quel momento si svolgerà un torneo, il cui vincitore otterrà la sua mano. Phorcas affida a Parséis (mezzosoprano) il compito di badare alla sorella. Poco tempo dopo Esclarmonde confida alla sorella i suoi sentimenti per il cavaliere francese Roland (tenore), del quale si è innamorata senza che egli lo sappia. Parséis consiglia allora alla sorella di usare i suoi poteri per far venire a lei Roland. Esclarmonde invoca quindi gli spiriti dell'aria, dell'acqua e del fuoco affinché conducano il cavaliere su un'isola incantata dove essa si recherà per incontrarlo. Giunta sull'isola, Esclarmonde dichiara il suo amore a Roland, ma lo avverte che non dovrà mai tentare di scoprire la sua identità. La giovane quindi consegna al cavaliere la spada di San Giorgio con la quale dovrà liberare la città di Blois dall'assedio dei saraceni. Roland sbaraglia i nemici e come ricompensa il re Cléomer (baritono) gli offre la mano di sua figlia. Davanti allo stupore di tutti, Roland rifiuta questo onore. Piú tardi il vescovo di Blois (basso) spinge Roland a rivelargli le ragioni del suo rifiuto. Il giovane è cosí costretto a parlare della misteriosa donna che ogni notte giunge da lui. Il vescovo, dopo aver messo in guardia Roland, che egli crede vittima di un malefizio, si allontana. Poco dopo giunge Esclarmonde, ma proprio nello stesso istante si spalanca la porta e compare il vescovo seguito da un gruppo di monaci. Mentre il vescovo e i monaci lanciano degli esorcismi, Esclarmonde, maledicendo il suo amore tradito, fugge sul suo carro di fuoco. Nella foresta delle Ardenne un araldo annuncia il torneo che si svolgerà a Bisanzio per la mano di Esclarmonde. Parséis si reca da Phorcas e gli rivela quanto è accaduto. Il vecchio imperatore, dopo aver evocato Esclarmonde, decide che per la sua disobbedienza essa sarà privata per sempre del trono e dei poteri, e che Roland morirà se Esclarmonde non rinuncerà al suo amore. La giovane incontra quindi Roland e gli annuncia che non lo può piú amare. Roland, che ora desidera solo la morte, si reca al torneo e ne esce vincitore. Si presenta quindi al cospetto della sua promessa sposa, velata, per rifiutarla: a questo punto Esclarmonde si rivela e tutti gioiscono con i due innamorati.

Esclarmonde, scritta da Massenet per l'Esposizione Universale del 1889, è un opera che si può definire grandiosa e spettacolare, in cui il compositore, pur risentendo di una certa influenza wagneriana, si esprime con un suo particolare linguaggio e dimostra una personalità spiccata, evidente in quella dolcezza melodica che resta la sua peculiare caratteristica.

♦ ESPERIAN, KALLEN
(Waukegan, Illinois 1961)

Soprano statunitense d'origine armena. Dopo aver compiuto gli studi musicali all'Università dell'Illinois, ha iniziato la carriera artistica come mezzosoprano cantando in teatri e sedi concertistiche americane. Nel 1985 si presentò come soprano al Concorso "Pavarotti" di Filadelfia. L'aver riportato la vittoria in questa importante competizione canora le ha consentito di interpretare Mimí al fianco del celebre tenore nella tournée in Cina con i complessi del Teatro Comunale di Genova. Sempre come Mimí ha ottenuto importanti

A sinistra:
un'altra scena da *Attesa*,
nell'interpretazione della soprano
K. Armstrong.

In alto:
il soprano statunitense Kallen Esperian.

affermazioni alla Staatsoper di Vienna (1986), alla Deutsche Oper di Berlino (1986), al Lyric Opera di Chicago (1987) e al Metropolitan di New York (1989). Nel 1989 la Esperian ha sostituito la Ricciarelli nella *Luisa Miller*, mentre l'anno successivo ha ottenuto un personale successo, come Desdemona, nell'*Otello* di Verdi, all'Opéra Bastille di Parigi, mettendo in luce non comuni mezzi vocali e notevoli capacità espressive, doti alle quali va aggiunta una assai efficace presenza scenica.

♦ ESTES, SIMON
(Centerville, Iowa 1938)
Basso-baritono statunitense. Ha studiato canto alla Juilliard School di New York e successivamente in Europa, dove ha iniziato la carriera artistica all'Opera di Amburgo. Attivo all'Opera di Berlino e in altri teatri europei e americani (Roma, San Francisco, Chicago, ecc.), a partire dal 1978 si è esibito al Festival di Bayreuth in *Der fliegende Holländer* (*Il vascello fantasma*) e *Parsifal* di Wagner, mentre dal 1982 è regolarmente ospite del Metropolitan di New York dove ha interpretato, tra l'altro, Wotan, Boris, Oreste, Porgy, ecc. Assai attivo anche in campo concertistico, Estes sa colmare i limiti di una organizzazione vocale tutt'altro che ortodossa con straordinarie capacità sceniche che lo hanno reso celebre nei maggiori teatri internazionali. Dal 1986 insegna alla Juilliard School di New York.

★ ESULE DI ROMA, L'
Melodramma eroico in due atti di Gaetano Donizetti (1797-1848), su libretto di D. Gilardoni tratto da Androclès *di L.-Ch. Caigniez. Prima rappresentazione: Napoli, Teatro San Carlo, 1° gennaio 1828.*

Roma all'epoca di Tiberio. Il senatore Murena (basso) ha fatto condannare ed esiliare per motivi politici Settimio (tenore), promesso sposo della figlia Argelia (soprano). Il giovane, per poter rivedere l'amata, ritorna clandestinamente a Roma; viene però scoperto e condannato a morte. A questo punto l'inflessibile Murena viene preso da rimorsi: scagiona Settimio, proclamandone l'innocenza, e lo unisce in matrimonio con Argelia.

L'esule di Roma, grazie anche alla notevole compagnia di canto della prima rappresentazione napoletana, ottenne uno strepitoso successo, un'affermazione che trovò conferma negli altri numerosi teatri dove l'opera venne in seguito rappresentata. Questa partitura, di particolare valore musicale, ha avuto due importanti riprese anche in anni recenti, a Londra nel 1982 e all'Opera Giocosa di Savona nel 1986.

ETOILE, L'
(La stella)
Opera in tre atti di Emmanuel Chabrier (1841-1894), su libretto di E. Leterrier e A. Vanloo. Prima rappresentazione: Parigi, Théâtre des Bouffes-Parisiens, 28 novembre 1877.

Il re Ouf (tenore) scende travestito in mezzo al suo popolo per cercare qualche suo oppositore da portare alla forca, uno spettacolo che egli ogni anno offre ai propri sudditi. Nel frattempo, sempre in incognito, al seguito del principe Hérisson de Porc-Epic, giunge Laoula (soprano), figlia di re Matuguin e promessa in sposa a re Ouf. La giovane è però innamorata di Lazuli (soprano), un giovane venditore ambulante, di cui ha perso le tracce. Questi è stato imprigionato perché sorpreso a inveire contro re Ouf. Si è così trovato un colpevole da giustiziare, ma Siroco (basso), astrologo di corte, avverte il sovrano che se Lazuli dovesse morire, il giorno dopo il re subirà la stessa sorte. Il giovane ambulante, pur diventato oggetto di continue attenzioni, desidera riacquistare la propria libertà e tenta di fuggire, ma viene mortalmente ferito da una guardia. Disperato, Ouf costringe Laoula a sposarlo per lasciare un erede prima di morire. Quando sta per aver inizio il rito nuziale, nonostante gli orologi siano stati ritardati, scocca l'ora fatale senza che nulla accada. Ecco comparire Lazuli, miracolosamente vivo. L'opera si può così concludere felicemente: Lazuli sposa la sua amata Laoula tra la gioia di tutti.

Nonostante l'accoglienza piuttosto fredda tributata alla prima rappresentazione, *L'étoile*, primo lavoro teatrale di Chabrier, si dimostra un'opera ricca di verve e dall'ispirazione fresca e geniale, soprattutto nei momenti buffi.

ETOILE DU NORD, L'
(La stella del nord)
Opera in tre atti di Giacomo Meyerbeer (1791-1864), su libretto di E. Scribe. Prima rappresentazione: Parigi, Opéra-Comique, 16 febbraio 1854.

Ha come soggetto la storia di Caterina (soprano), una contadina russa che, travestita da uomo, sostituisce il proprio fratello nell'esercito dello zar, ed egli le offre in cambio l'opportunità di rendere un servigio allo zar Pietro (baritono), informandolo di un complotto che si trama contro di lui. Lo zar si innamora della fanciulla, la sposa e la fa zarina.

In *L'étoile du nord* Meyerbeer introdusse alcuni brani di un precedente *Singspiel*, *Ein Feldlager in Schlesien* (*Un accampamento in Slesia*), che aveva appositamente scritto per la celebre Jenny Lind. L'opera fu prescelta per inaugurare il Teatro Reale di Berlino, il 7 dicembre 1844, ed ebbe un successivo rifacimento divenendo *Wielka*.

★ ETRANGER, L'
(Lo Straniero)
Opera in due atti di Vincent d'Indy (1851-1931), su libretto proprio. Prima rappresentazione: Bruxelles, Théâtre de La Monnaie, 7 gennaio 1903.

Il basso-baritono statunitense Simon Estes in una scena del *Don Carlo*, di G. Verdi.

Lo Straniero è una persona che ha sacrificato tutti gli affetti al proprio ideale, senza comprendere che lo sforzo umano è inutile se fatto con egoistico individualismo. Egli è in perpetua navigazione sul mare che riesce sempre a dominare in virtú di uno smeraldo già appartenuto all'apostolo Paolo. Lo Straniero ama Vita, una fanciulla che, non comprendendo il suo comportamento apparentemente freddo e insensibile, cerca di ingelosirlo e lo convice a svelare il segreto dello smeraldo. In tale modo però il potere della pietra si annulla per il navigatore. Vita scaglia allora in mare l'amuleto scatenando una tempesta che travolge una barca. Nessuno osa soccorrere i naufraghi; lo Straniero seguito da Vita affronta coraggiosamente il mare, ma l'imbarcazione in cui i due sono saliti viene sommersa dalle onde.

In quest'opera si possono notare reminiscenze wagneriane sia nell'atmosfera misteriosa e simbolica che rimanda a *Der fliegende Holländer* (*Il vascello fantasma*), sia nel misticismo romantico (*Lohengrin*). Le pagine migliori si trovano nel secondo atto, dove d'Indy si abbandona alla sua vena creativa. Il giudizio su *L'étranger* espresso da Debussy fu comunque assai positivo: «Quest'opera è una lezione ammirevole per coloro che credono a quella brutale estetica d'importazione che consiste nel soffocare la musica sotto ammassi di verismo».

★ **EUGENIO ONEGHIN**
vedi *Evgenij Onegin*

★ **EURIDICE**
Favola musicale in un prologo e sei scene di Jacopo Peri (1561-1633), su testo di O. Rinuccini. Prima rappresentazione: Firenze, Palazzo Pitti, 6 ottobre 1600, in occasione delle nozze di Maria de' Medici con Enrico IV di Francia.

Dopo un prologo nel quale la "tragedia" (contralto) annuncia l'argomento dell'opera e rivolge un saluto ai regali spettatori, un coro di pastori e ninfe celebra il giorno nuziale di Orfeo (tenore) ed Euridice (soprano); vi si unisce la stessa Euridice che invita a una danza di gioia. Orfeo esprime la propria felicità e prega gli dei perché gliela conservino. Allontanatasi Euridice, sopravviene la messaggera Dafne (soprano), recante la triste notizia che la sposa è morta per la puntura di un serpente velenoso; Orfeo, disperato, vuole uccidersi, ma appare Venere (contralto) che lo incoraggia a scendere nell'Ade per chiedere a Plutone di rendergli l'amata. Giunto agli Inferi, Orfeo impietosisce, con il suo canto accorato, Plutone (basso) e Proserpina (contralto): Euridice gli viene resa, senza condizioni. Sulla terra, le ninfe e i pastori sono in ansiosa attesa. Ma ecco giungere gli sposi, e con danze e cori si celebra la raggiunta felicità.

Andate perdute le musiche della *Dafne*, composte dallo stesso Peri e rappresentata tre anni prima, *Euridice* è la prima opera giunta nella sua completezza fino a noi, e ci consente di conoscere la concezione della nuova forma di spettacolo elaborato dagli intellettuali fiorentini. Peri compose una rigorosa linea melodica che esprime i sentimenti e le emozioni dei personaggi. Su un tessuto di recitativo appaiono squarci melodici e la melodia, pur non assumendo i connotati dell'"aria", acquista un'insolita bellezza di linea.

★ **EURYANTHE**
(Euriante)
Opera romantica in tre atti di Carl Maria von Weber (1786-1826), su libretto di H. von Chézy tratto da Histoire de Gérard de Nevers et de la belle et vertueuse Euryanthe de Savoie. *Prima rappresentazione: Vienna, Kärntnertortheater, 25 ottobre 1823.*

Nei castelli di Premery e Nevers, verso il 1110. Alla corte di Luigi VI (basso), il conte Adolar (tenore) esalta i meriti della sua sposa Euriante (soprano). L'invidioso conte Lysiart (baritono) mette in dubbio la possibilità che esista una donna davvero virtuosa. Adolar lo sfida a duello, ma Lysiart evita lo scontro e lancia un altro tipo di sfida: se non riuscirà a sedurre Euriante, perderà tutti i suoi beni; lo stesso Adolar, se perderà, rinuncerà a tutto. Nel frattempo Euriante si confida con l'amica Eglantine (soprano), la quale segretamente ama Adolar e riesce a sapere da Euriante un suo doloroso segreto di famiglia: Emma, la sorella di lui, si è suicidata. Lysiart dispera di riuscire nel suo intento, ma trova un insperato aiuto in Eglantine: la donna gli rivela il segreto di Adolar e gli consegna un anello, che quest'ultimo aveva regalato a Euriante. Cosí, quando Adolar ritorna, la gioia per aver ritrovato la sposa dura ben poco; Lysiart gli mostra l'anello dicendo di averlo avuto come pegno d'amore da Euriante. Adolar, che si crede tradito, abbandona la sposa nella foresta. Disperata, la giovane si imbatte nel re che sta cacciando e gli rivela l'ignobile congiura di cui è stata vittima. Il re le crede e le promette giustizia. Lysiart, nel frattempo, sposa Eglantine. Quest'ultima si lascia sfuggire alcune parole da cui Adolar comprende l'inganno in cui è caduto. Sfida Lysiart a duello, ma giunge il re con la notizia che Euriante è morta di dolore. Eglantine, presa dai rimorsi, confessa l'inganno; Lysiart, smascherato, l'uccide ed è arrestato. La storia si conclude felicemente: in realtà Euriante non è morta, era soltanto svenuta. Ora giunge e abbraccia teneramente il marito.

Secondo H. Wolf, *Euryanthe* è «un manuale pratico per compositori d'opera». Era stata ordinata a Weber dall'intendente del Kärntnertortheater di Vienna, dopo lo strepitoso trionfo di *Der Freischütz* (*Il franco cacciatore*). E anche in questo caso il successo fu pieno. Si tratta in effetti di una grande opera eroico-romantica, che fu lodata da Beethoven, ma duramente criticata da Schubert come antimusicale. L'unica debolezza dell'*Euryanthe*, in realtà, è il libretto, molto caricato e poco scorrevole.

Jacopo Peri interpreta Orfeo per la prima rappresentazione della sua opera, *Euridice*.

♦ EVANS, SIR GERAINT
(Pontypridd, South Wales 1922-1992)
Baritono gallese. Formatosi musicalmente alla Guildhall School of Music, si è successivamente perfezionato ad Amburgo e a Ginevra. Ha debuttato al Covent Garden di Londra in *Die Meistersinger von Nürnberg* (*I maestri cantori di Norimberga*) nel 1948. Sebbene il suo nome sia legato in particolare al massimo teatro londinese, tra il 1949 e la metà degli anni Settanta Evans ha svolto un'intensa carriera internazionale nei piú importanti teatri e festival europei e americani. Il suo vasto repertorio ha spaziato dalle opere di Mozart a quelle di Donizetti (*Elisir d'amore*, *Don Pasquale*), e di Verdi (*Falstaff*) per giungere a Berg (*Wozzeck*), Britten e Tippett dei quali ha interpretato le prime rappresentazioni mondiali di *Billy Budd* (1951), *Gloriana* (1953) e *Troilus and Cressida* (1954). Sebbene dotato di una voce piuttosto limitata, Evans si è particolarmente messo in luce per le sue doti di interprete musicale e scenico, che lo hanno consacrato come uno dei maggiori cantanti inglesi della sua generazione. Nel 1984 si è ritirato dalle scene.

♦ EVGENIJ ONEGIN
(*Eugenio Oneghin*)
Scene liriche in tre atti di Pëtr Ilič Čajkovskij (1840-1893), su libretto di K.S. Šilowskij e di M.I. Čajkovskij, tratto dal poema omonimo di A. Puškin Prima rappresentazione: Mosca, Teatro del Conservatorio, 29 marzo 1879 per una recita studentesca. Prima rappresentazione ufficiale: Mosca, Teatro Bolscioi, 23 aprile 1881.

L'azione si svolge a San Pietroburgo all'inizio del XIX secolo. Nel giardino di casa della vedova Làrina (mezzosoprano). Làrina, con le due figlie Olga (contralto) e Tatiana (soprano), festeggia la fine della mietitura. Arrivano in visita Lenski (tenore), fidanzato di Olga, e un suo amico, Eugenio Oneghin (baritono), un giovane elegante, istruito, scettico ed egoista. Egli colpisce la fantasia di Tatiana, che se ne innamora. La notte stessa Tatiana scrive una lunga lettera appassionata a Oneghin, rivelandogli i propri sentimenti e chiedendo di incontrarlo. All'appuntamento l'uomo si mostra cortese, ma freddo: dichiara di non sentirsi portato per il matrimonio, prega perciò Tatiana di dimenticarlo. Qualche tempo dopo, durante i festeggiamenti per il compleanno di Tatiana, Oneghin provoca la gelosia di Lenski, che dopo averlo rimproverato e accusato lo sfida a duello. All'alba del mattino successivo. I due contendenti sembrano esitare di fronte allo scontro, a causa dell'amicizia che li ha legati fino al giorno prima, poi prevalgono le leggi dell'onore e Lenski cade ferito a morte al primo colpo di pistola. Qualche anno piú tardi, durante una festa nel palazzo del principe Gremin (basso) a San Pietroburgo, Oneghin rivede Tatiana che ora è la moglie del principe, e concepisce per lei una grande passione. In seguito alle richieste di Oneghin, Tatiana lo riceve. Di fronte alle dichiarazioni appassionate del giovane, pur vacillando, Tatiana rimane ferma nella decisione di restare fedele al marito e si oppone con fermezza alle proposte di fuga di Oneghin. Congeda quindi il giovane per sempre.

Si tratta senza dubbio del capolavoro teatrale di Čajkovskij. La musica è facile e spontanea e tipica del compositore che non accettò le idee e i programmi del "Gruppo dei Cinque" intesi a creare una musica nazionale libera dalla tradizione occidentale. Nella sua opera infatti si trovano riunite tutte le influenze musicali europee rifiutate dal gruppo, quella francese, quella italiana e quella tedesca. Ne risulta cosí una musica perfettamente aderente al sentimentalismo dell'opera. I momenti piú vivi della partitura risultano, però, quelli in cui l'autore si è riallacciato ai ritmi tipicamente russi.

♦ EVSTATIEVA, STEFKA
(Roussé 1947)
Soprano bulgaro. Ha studiato al Conservatorio di Sofia con E. Kisselova, esordendo al Teatro d'Opera della sua città, dove si è esibita in numerosi ruoli, soprattutto del repertorio italiano (*Simon Boccanegra*, *Trovatore*, *La bohème*). Dopo aver ottenuto lusinghiere affermazioni in alcuni concorsi di canto, si è esibita in importanti teatri internazionali: al Covent Garden di Londra (*Otello*, 1980; *Don Giovanni*, 1981; *Don Carlo*, 1983), a Berlino (1982), a Vienna (*Trovatore*, 1982), al Teatro alla Scala di Milano (*Andrea Chénier*, 1983), a Parigi (1983) e in numerosi altri palcoscenici. Interprete sensibilissima e intelligente, la Evstatieva si è particolarmente distinta sia nel repertorio italiano sia in quello russo.

♦ EWING, MARIA
(Detroit 1950)
Mezzosoprano e soprano statunitense. Ha studiato con E. Steber a Cleveland e con J. Tourel a New York. Proprio al Metropolitan di New York ha colto la sua prima importante affermazione interpretando il ruolo di Cherubino nelle *Nozze di Figaro*. È successivamente apparsa al Teatro alla Scala di Milano (*Pelléas et Mélisande*, 1976), al Festival di Salisburgo (*Le nozze di Figaro*), mentre dal 1978 si è prodotta al Festival di Glyndebourne, dove ha interpretato Dorabella, Rosina nel *Barbiere di Siviglia*, il Compositore in *Ariadne auf Naxos* (*Arianna a Nasso*), Poppea nell'*Incoronazione di Poppea* e Carmen. Nel 1988 ha esordito al Covent Garden di Londra come Salome in una sensazionale produzione dell'opera straussiana firmata da P. Hall, marito della Ewing. Dotata di buone capacità vocali, ma soprattutto di straordinarie capacità interpretative, queste qualità sono emerse anche in una *Tosca*, interpretata per la prima volta a Los Angeles nel 1990.

*In alto:
una scena dall'*Eugenio Oneghin*
in un allestimento al Teatro Bolscioi.*

● **FALLA, MANUEL DE**
(Cadice 1876 - Alta Gracia, Argentina 1946)
Compositore spagnolo. Di famiglia agiata, ricevette la sua prima educazione musicale dai genitori. Fu quindi all'Accademia Musicale di Madrid dove studiò pianoforte con J. Tragó e composizione con Pedrell. La sua attività di compositore fu subito assai intensa, portò a termine lavori pianistici e cinque *zarzuelas*, tra le quali *Los amores de la Inés* (Gli amori di Ines) del 1902. De Falla si impose subito come una delle piú importanti personalità della musica spagnola: nel 1905 la sua opera in un atto *La vida breve* (La vita breve) vinse il premio dell'Accademia di San Fernando di Belle Arti. Accanto ai celebri balletti *El amor brujo* (L'amore stregone) del 1915, *El sombrero de tres picos* (Il cappello a tre punte) del 1919, de Falla scrisse l'opera per marionette *El retablo de maese Pedro* (Il teatrino di maestro Pietro) nel 1923, mentre nel 1927 iniziò la composizione di *Atlantida*, che però non portò mai a termine; l'opera, o meglio la cantata scenica, venne completata dal suo allievo E. Halffter ed eseguita a Barcellona nel 1961, in forma di concerto, e alla Scala di Milano nel 1962.

● **FALSTAFF**
Commedia lirica in tre atti di Giuseppe Verdi (1813-1901), su libretto di A. Boito da Shakespeare e, in particolare, da The Merry Wives of Windsor. *Prima rappresentazione:* Milano, Teatro alla Scala, 9 febbraio 1893.

Windsor, XV secolo. Il vecchio cavaliere John Falstaff (baritono), convinto di avere ancora un irresistibile fascino, scrive ad Alice Ford (soprano) e a Meg Page (mezzosoprano) due lettere identiche nelle quali chiede un appuntamento. Le due donne ricevono le lettere e con la complicità della comare Quickly (contralto), decidono di giocare una burla al vecchio seduttore. Poco dopo Quickly si presenta a Falstaff al quale comunica che Alice Ford lo potrà ricevere tra le due e le tre del pomeriggio. Falstaff si reca quindi a casa di Alice. La donna ne accetta la corte, ma tiene il cavaliere a debita distanza. Irrompe Quickly, per annunciare l'arrivo di Meg Page, che, a sua volta, annuncia l'arrivo di Ford (baritono). Le donne nascondono Falstaff in una cesta per il bucato mentre il geloso Ford, convinto del tradimento della moglie, cerca per tutta la casa. Intanto le donne fanno scaraventare nel Tamigi la cesta in cui si trova Falstaff. Piú tardi, mentre Falstaff è arrabbiatissimo per il bagno forzato, giunge Quickly; scusandosi con il cavaliere, lo informa che Alice lo aspetta a mezzanotte nel parco reale travestita da cavaliere nero. Nel frattempo Ford, ormai convinto della fedeltà della moglie, decide di partecipare direttamente alla nuova beffa. Anzi, decide che quella stessa sera si concludano le nozze della figlia Nannetta (soprano) con il maturo dottor Cajus (tenore) con la complicità dei travestimenti notturni. Ma Quickly ha ascoltato e corre ad avvertire la ragazza per sventare il piano dei due uomini. Falstaff giunge all'appuntamento nel parco. Ecco Alice, che finge di accettare le sue dichiarazioni amorose. Improvvisamente compare Meg ad annunciare una tregenda: e una schiera di falsi spiritelli si lancia su Falstaff, tormentandolo e coprendolo di bastonate. Quando si accorge dell'inganno, il vecchio cavaliere si dichiara pentito. A questo punto Ford benedice le future coppie nuziali, ma all'ultimo momento ci si accorge che Nannetta sposa il suo innamorato Fenton (tenore) e che la sposa di Cajus è Bardolfo (tenore), servitore di Falstaff, camuffato da regina delle fate. Ma ormai quello che è fatto è fatto, e "Tutto nel mondo è burla" conclude la vicenda.

Ultima opera di Verdi, nella quale, grazie anche all'omogeneità letteraria del libretto di Boito, egli poté esprimere una straordinaria freschezza di ispirazione oltre a una eccezionale vitalità espressiva. La magistrale orchestrazione di quest'opera impegnò il compositore per quasi un anno. Un lavoro assai meticoloso che appare quanto mai evidente all'ascolto e che venne subito riconosciuto dal pubblico della prima rappresentazione, che tributò al *Falstaff* un'accoglienza entusiastica.

A sinistra:
il compositore spagnolo
Manuel de Falla.

In alto:
una scena dal *Falstaff*, di G. Verdi.

FANCIULLA DEL WEST, LA
Opera in tre atti di Giacomo Puccini (1858-1924), su libretto di C. Zangarini e G. Civinini dal dramma The Girl of the Golden West *di D. Belasco. Prima rappresentazione: New York, Metropolitan Opera House, 10 dicembre 1910.*

In California, verso il 1850, in un campo di cercatori d'oro. I minatori si radunano al Polka Saloon, il locale di cui Minnie (soprano) è proprietaria. Tra gli avventori c'è anche lo sceriffo Jack Rance (baritono), che cerca di attirare l'attenzione di Minnie della quale è innamorato. Giunge uno straniero che si fa chiamare Dick Johnson (tenore), ma altri non è che il famigerato bandito Ramerrez, venuto per rapinare l'oro che i minatori affidano a Minnie. La giovane, che già aveva incontrato Johnson, difende l'uomo dagli interrogatori, misti a gelosia, di Rance. Johnson-Ramerrez dentro di sé rinuncia alla rapina che aveva progettato. Minnie invita l'uomo a continuare la conversazione a casa sua. Piú tardi, mentre Minnie e Johnson si dichiarano il loro amore, giungono lo sceriffo e i suoi uomini, che sono ormai sulle tracce del bandito. Minnie, che ha nascosto Johnson, si dichiara sola in casa. Poco dopo, quando Rance si è allontanato, Johnson svela alla giovane la sua vera identità. Minnie, furente per l'inganno, lo scaccia dalla sua casa. Johnson esce, ma qualche minuto dopo, ferito da un colpo di pistola, si trascina di nuovo alla capanna di Minnie che, impietosita, lo porta dentro e lo nasconde nel solaio. Sopraggiunge Rance, che scopre il bandito ferito; Minnie, angosciata, tenta il tutto per tutto: propone allo sceriffo di giocarsi la vita di Johnson, bara e vince. Qualche tempo dopo però Johnson viene catturato e sta per essere impiccato. Irrompe Minnie, con una pistola in mano: con un ardente discorso supplica i minatori di risparmiare la vita del bandito. Nonostante le proteste di Rance, Johnson viene liberato. Dopo aver salutato la folla dei minatori, Johnson e Minnie si allontanano.

La fanciulla del West fu accolta trionfalmente dal pubblico americano, mentre la critica non mostrò altrettanto entusiasmo, limitandosi a sottolineare il magistero tecnico del compositore. Sicuramente quest'opera viene considerata come "anomala" all'interno della produzione pucciniana, con le sue evidenti arditezze armoniche che guardano a Strauss e a Debussy, piegate a comporre l'ambiente americano e western, e testimonia la tensione di Puccini verso un continuo aggiornamento. Per tali ragioni non è popolare al pari di una *Tosca* o di una *Bohème* e, tra le opere del compositore italiano, è una delle meno rappresentate. È probabile che il cinema abbia tratto spunti ambientali proprio dalla *Fanciulla del West*.

In alto:
scena dalla *Fanciulla del West*,
di G. Puccini.

A destra:
il soprano statunitense
Carole Farley.

★ FANCIULLO E I SORTILEGI, IL
vedi *Enfant et les sortilèges, L'*

★ FANTASMI DI VERSAILLES, I
vedi *Ghosts of Versailles, The*

♦ FARLEY, CAROLE
(Le Mars, Iowa 1946)
Soprano statunitense. Ha studiato dapprima negli Stati Uniti, quindi in Europa, a Monaco di Baviera, con M. Schech. Dopo aver debuttato a Linz, nel 1969, si è rapidamente imposta sui maggiori palcoscenici tedeschi e quindi in Belgio e in Francia. Nel 1975 ha debuttato al Metropolitan di New York come Mimí (*La bohème*), mentre l'anno successivo ha cantato *La belle Hélène* (La bella Elena) di Offenbach alla New York City Opera. Alle buone qualità vocali, la Farley unisce doti di grande musicalità e capacità interpretative, aiutate da una bella figura scenica, che l'hanno fatta brillare sia in ruoli tradizionali, come Violetta, Manon, ecc., sia in quelli piú atipici come in *Lulu* di Berg e nel ruolo della protagonista della *Voix humaine* (La voce umana) di Poulenc.

♦ FARNACE, IL
Dramma per musica in tre atti di Antonio Vivaldi (1678-1741), su libretto di A.M. Lucchini. Prima rappresentazione: Venezia, Teatro di Sant'Angelo nel carnevale del 1727.

L'azione si svolge nella città di Eraclea, capitale del Ponto. Farnace (contralto evirato), usurpatore del trono di Ponto, dopo la morte del re Ariarte ha sposato la figlia di questi, Tamiri (contralto), mentre Berenice (contralto), vedova di Ariarte e madre di Tamiri, fuggita a Roma per chiedere aiuto contro l'usurpatore, è tornata ora a Eraclea con un esercito comandato da Pompeo (contralto evirato).

La città cade in mano romana; Selinda (soprano), sorella di Farnace, è fatta prigioniera e condotta al campo nemico. Di lei si innamora il capitano romano Gilade (soprano evirato), Selinda, servendosi di Gilade, spera così di aiutare il fratello. La stessa Tamiri, condotta al cospetto di Pompeo e di Berenice, si rifiuta di consegnare il figlio ai nemici. La giovane per placare la furia vendicativa della madre le mostra il figlio, ma Berenice, per nulla impietosita, rifiuta ogni proposito di pace. Nel frattempo Selinda, grazie a Gilade, tenta di riscattare il fratello, Tamiri e il loro figlio, ma Farnace rifiuta ogni cedimento. Selinda si è anche assicurata l'appoggio di Aquilio (contralto evirato), un altro capitano romano. Pompeo, supplicato da Tamiri, libera il figlio, nello stesso momento giunge però l'annuncio che anche Farnace è stato imprigionato. Il prigioniero cerca di mascherare la sua vera identità, ma viene riconosciuto da Berenice. Condannato a morte, Farnace viene però salvato dall'intervento di Gilade e dei suoi soldati. Farnace ordina allora che Pompeo sia risparmiato, ma non Berenice. La donna, che vede così svanire ogni suo proposito di vendetta, armata di una spada, si avventa su Tamiri, minacciando di ucciderla. Giunge provvidenziale l'intervento di Pompeo, il quale riesce a calmare i contendenti: Berenice e Farnace si riappacificano, Selinda sposa Gilade e l'opera si chiude felicemente.

Come molte partiture del XVIII secolo, anche di *Farnace* esistono due differenti versioni. La prima è quella della rappresentazione veneziana del 1727, poi ripresa a Ferrara. La seconda versione fu probabilmente approntata da Vivaldi per una rappresentazione a Praga, nel 1730. In questa seconda partitura, il compositore operò dei cambiamenti che riguardarono soprattutto i ruoli vocali, adattandoli a un nuovo cast: Selinda, da soprano passò al registro di mezzosoprano, mentre Farnace, cosa piuttosto inusuale per l'epoca, dal ruolo per contratto castrato passò alla voce di tenore.

◆ FARRELL, EILEEN
(Willimantic, Connecticut 1920)
Soprano statunitense. Dopo aver studiato canto a New York con M. Alcolk e E. McLellan, ha debuttato in un concerto radiofonico di Radio Columbia (1940), dove per cinque anni si è esibita. Negli anni 1950 e 1955 ha preso parte, come protagonista, a due edizioni in forma di concerto del *Wozzeck* di Berg alla Carnegie Hall e della *Médée* (Medea) di Cherubini alla Town Hall. Il suo vero e proprio debutto teatrale risale però al 1956, anno in cui ha cantato Leonora nel *Trovatore* a San Francisco; si è successivamente esibita a Chicago (*La Gioconda*) e al Metropolitan di New York (1960-65). Dopo il ritiro dalle scene si è dedicata all'insegnamento. La sua vocalità di stampo wagneriano (autore che però non ha mai interpretato sulle scene) si è altresí fatta apprezzare soprattutto nell'opera italiana: particolarmente degna di nota la sua imperiosa Elisabetta nell'incisione discografica della *Maria Stuarda* di Donizetti al fianco di B. Sills (1971).

◆ FASSBÄNDER, BRIGITTE
(Berlino 1939)
Mezzosoprano tedesco. Dopo aver compiuto gli studi musicali con il padre, il baritono W. Domgraf-Fassbänder, e al Conservatorio di Norimberga, nel 1961 ha debuttato come Nicklausse in *Les contes d'Hoffmann* (*I racconti di Hoffmann*) alla Bayerischer Staatsoper di Monaco, entrando a far parte della compagnia stabile del teatro. Si è esibita con successo nei maggiori teatri tedeschi, europei e americani. Assai attiva anche in campo discografico, la Fassbänder, grazie a spiccate doti musicali e di raffinata stilista, si è particolarmente distinta come Cherubino nelle *Nozze di Figaro*, Octavian in *Der Rosenkavalier* (*Il cavaliere della rosa*), Hänsel in *Hänsel und Gretel*, la Contessa in *Lulu*, oltre che nei maggiori ruoli wagneriani (Fricka, Brangania, ecc.). Molto importante anche il suo apporto in campo concertistico, dove si è imposta sia nell'oratorio sia nella liederistica.

★ FATE, LE
vedi *Feen, Die*

● FAURE, GABRIEL
(Pamiers, Ariège 1845 - Parigi 1924)
Compositore francese. Le sue precoci doti musicali fecero sí che all'età di nove anni entrasse alla scuola di L. Niedermeyer (1854-66). Studiò anche con Saint-Saëns, diventando nel 1866 organista a Rennes, e successivamente a Parigi, a Notre-Dame de Clignancourt (1870). Dopo la guerra franco-prussiana fu organista a Saint-Sulpice (1871) e dal 1877 maestro di cappella e quindi organista titolare alla Madeleine (1896). Nello stesso anno, Fauré successe a Massenet alla cattedra di composizione del Conservatorio di Parigi, dove ebbe come allievi Ravel, Enescu, Koechlin, Boulanger e altri importanti musicisti della scuola francese del Novecento. Tra la sua cospicua produzione vocale sacra e profana vi è un celebre *Requiem* (1877), oltre ai cicli di arie da camera *La bonne chanson* (La buona canzone) del 1891 e *Le jardin clos* (Il giardino chiuso) 1915. Per il teatro Fauré ha scritto due opere, *Prométhée* (Prometeo) nel 1900 e *Pénélope* nel 1913, che è considerata il suo capolavoro.

★ FAUST
Dramma lirico in cinque atti di Charles Gounod (1818-1893), su libretto di J. Barbier e M. Carré, tratto dal Faust di Goethe. Prima rappresentazione: Parigi, Théâtre Lyrique, 19 marzo 1859.

Germania, XVI secolo. Il vecchio filosofo Faust (tenore) medita con profondo rimpianto sulla sua vita solitaria, privata della giovinezza e dell'amore. Sta per avvelenarsi quando, in veste di cavaliere, gli appare Mefistofele (basso), che gli offre giovinezza e piaceri in cambio della sua

Il mezzosoprano tedesco Brigitte Fassbänder.

anima. Faust esita, ma di fronte alla visione di Margherita fatta apparire da Mefistofele, si convince a firmare il patto. Qualche tempo dopo, in un giorno di festa, Valentino (baritono), fratello di Margherita, parte per la guerra e affida la sorella alla protezione di Siebel (mezzosoprano), uno studente innamorato di lei. Faust, trasformato in un giovane cavaliere, avvicina Margherita chiedendole il permesso di accompagnarla a casa. La fanciulla rifiuta e si allontana da sola, ma Mefistofele rassicura Faust, promettendogli che la ragazza sarà sua. Nel giardino della casa di Margherita, Faust è rimasto profondamente colpito dalla dolcezza della fanciulla; non vorrebbe piú sedurla, ma Mefistofele lo sprona a non esitare. Nella notte Margherita si affaccia al balcone e invoca Faust; il giovane accorre al suo richiamo. Margherita, che ora aspetta un figlio, non può nemmeno pregare perché Mefistofele glielo impedisce. Valentino, ritornato dalla guerra, viene a sapere che Faust ha sedotto la sorella, lo sfida a duello ma viene ferito a morte. Margherita, che giace in prigione in attesa di essere giustiziata per aver ucciso, ormai impazzita, il figlio avuto da Faust, viene raggiunta dal suo amante. Faust tenta di convincerla a fuggire con lui, ma Margherita delira, e dopo aver invocato il perdono divino, muore. Un coro angelico accompagna l'anima di Margherita in cielo, mentre Faust, in ginocchio, prega.
La composizione impegnò a fondo il musicista francese, ma l'opera non riuscí a ottenere un'accoglienza entusiastica e solamente dopo le esecuzioni in Germania e in Italia trovò il giusto riconoscimento. Ancora oggi è considerata, a ragione, l'opera migliore di Gounod.

★ FAUSTA
Opera in una introduzione e due atti di Gaetano Donizetti (1797-1848), su libretto di D. Gilardoni, A. L. Tottola e dello stesso Donizetti. Prima rappresentazione: Napoli, Teatro San Carlo, 12 gennaio 1832.

La vicenda si svolge a Roma nel 326 a.C. Sulla piazza del Campidoglio, l'imperatore Costantino (baritono), la sua seconda moglie Fausta (soprano) e tutta Roma celebrano il ritorno di Crispo (tenore), figlio dell'imperatore, di ritorno da una campagna vittoriosa in Gallia. Tra i prigionieri di guerra vi è la principessa Irella (mezzosoprano), che ama ed è riamata da Crispo. Il giovane chiede al padre di poter sposare Irella, Costantino acconsente, ma Fausta, che nutre una segreta passione per il figliastro, chiede che le nozze siano per il momento differite. Piú tardi, in un drammatico incontro, Fausta rivela a Crispo i suoi sentimenti, il giovane dapprima inorridisce, poi si getta ai piedi di Fausta e chiede pietà. In questo atteggiamento è sorpreso da Costantino e Fausta, per vendicarsi, accusa Crispo di aver tentato di sedurla. Con il massimo sdegno, l'imperatore manda in esilio il figlio. Al calare della notte, Crispo si incontra segretamente con Irella, e scopre un'adunata di congiurati, capeggiata da Massimiano (basso) imperatore spodestato e padre di Fausta, che tramano a danno di Costantino. Non appena questi si allontanano, sopraggiunge l'imperatore con il suo seguito. Crispo viene sorpreso armato e viene accusato di tentato parricidio. Lo stesso Massimiano, a capo dei senatori, condanna Crispo a morte. Solo quando la sentenza è stata eseguita, Costantino scopre la congiura di Massimiano; Fausta, dopo aver tentato inutilmente di salvare Crispo, presa da rimorso, si avvelena e prima di morire rivela le sue colpe al disperato Costantino.
In *Fausta* è chiara la maturità drammatica del compositore bergamasco, evidente in particolare nella magistrale caratterizzazione dei personaggi, in particolare Fausta e Costantino, che alla prima rappresentazione dell'opera furono impersonati da G. Ronzi-De Begnis e da A. Tamburini.

● FAVORITE, LA
(*La favorita*)
Opera in quattro atti di Gaetano Donizetti (1797-1848), su libretto di A. Royer, G. Vaëz e E. Scribe, dal dramma Le comte de Comminges *di Th.M. Baculard d'Arnaud. Prima rappresentazione: Parigi, Académie Royale de Musique, 2 dicembre 1840.*

L'azione si svolge in Castiglia nel 1340.
ATTO PRIMO. Monastero di San Giacomo di Compostela. Il novizio Fernando (tenore) confessa al superiore del

In alto:
una scena dal *Faust*, di Ch. Gounod, in un allestimento all'Opéra di Parigi.

A destra:
nel disegno J.-B. Faure nel ruolo di Mefistofele nel *Faust*.

convento, padre Baldassare (basso), di essersi innamorato di una donna di cui non conosce il nome. Nonostante gli avvertimenti di Baldassare, Fernando decide di partire per conoscere la donna. Sulla riva dell'isola del Leone giunge Fernando, accompagnato da Inez (soprano), confidente della sconosciuta; giunge Leonora (mezzosoprano), la donna amata da Fernando, che gli confessa il suo amore, ma gli ordina di non cercarla mai piú. L'annuncio improvviso dell'arrivo del re fa allontanare velocemente Leonora. Fernando decide allora di conquistare gloria e onori per poter cosí ottenere la mano dell'amata. ATTO SECONDO. Giardini dell'Alcazar. Il re Alfonso XI (baritono) è piú che mai deciso nel suo progetto di sposare la sua favorita, Leonora di Gusman, ora che ha ripudiato la moglie. Leonora si sente però umiliata dalla sua posizione a corte. Giunge don Gasparo (tenore), ufficiale del re, che ha intercettato un biglietto diretto a Leonora; Alfonso vuole scoprire l'autore della missiva. In una grande sala del palazzo reale si svolgono i festeggiamenti in onore di Fernando, reduce da un'importante vittoria sugli arabi; sopraggiunge intanto padre Baldassare per chiedere al re spiegazioni sulla sua condotta indegna. Alfonso, come atto di sfida, presenta la sua nuova sposa, Leonora. Baldassare allora consegna pubblicamente ad Alfonso la scomunica papale e maledice la coppia. ATTO TERZO. Alfonso, per premiare il valore di Fernando, acconsente che egli sposi la donna che ama. Quando questa si rivela essere Leonora, il re gliela concede ugualmente. Leonora, angosciata, non vuole ingannare Fernando, invia perciò Inez perché riveli al giovane la verità; la donna però viene arrestata per ordine del re. Hanno inizio i festeggiamenti per le nozze. Il re consegna a Fernando le onorificenze per i meriti conquistati. Don Gasparo e i cavalieri commentano in tono ironico le nozze di Fernando, il quale si sente offeso e sfida tutti a duello. Interviene Baldassare che rivela la verità a Fernando: egli ha sposato la favorita del re. Fernando, furente, spezza la spada, getta le decorazioni ed esce, seguito da Baldassare. ATTO QUARTO. Davanti alla chiesa di San Giacomo di Compostela. Baldassare, Fernando e i monaci pregano fra le tombe. Si avvicina un pellegrino che cade stremato davanti a Fernando: è Leonora, venuta a chiedere perdono. Fernando dapprima la respinge, poi, appresa la verità, decide di fuggire con lei. Ma è troppo tardi; Leonora muore tra le braccia dell'amato.

Quest'opera doveva essere rappresentata in tre atti al Théâtre de la Renaissance con il titolo *L'angelo di Nisida*. Con la chiusura di questo teatro, l'opera venne trasferita all'Académie Royale de Musique; per questa presentazione Donizetti aggiunse un quarto atto, al quale collaborò Scribe. Nonostante la qualità decisamente scadente del libretto, il compositore bergamasco riuscí a fare della *Favorita* l'opera che, insieme alla *Lucia di Lammermoor*, è la sua piú compiuta espressione tragica e sicuramente uno fra i suoi piú acclamati capolavori.

FEDORA

Opera in tre atti di Umberto Giordano (1867-1948), su libretto di A. Colautti, tratto dal dramma omonimo di V. Sardou. Prima rappresentazione: Milano, Teatro Lirico, 17 novembre 1898.

L'azione si svolge verso la fine del XIX secolo. A San Pietroburgo il conte Vladimiro Andreievic, fidanzato alla principessa Fedora Romazoff (soprano), viene ucciso in circostanze misteriose. I sospetti cadono su Loris Ipanoff (tenore), che ha lasciato inspiegabilmente la città. Fedora giura di ritrovarlo per vendicarsi. A un ricevimento in casa di Fedora, a Parigi, è presente anche Loris; la principessa è riuscita a farlo innamorare, allo scopo di ottenere la confessione del suo delitto. Loris ammette di aver colpito Vladimiro, ma per motivi d'onore, e le promette che porterà le prove entro due ore. Nel frattempo Fedora denuncia Loris alla polizia e accusa il fratello del conte di aver preso parte a un attentato allo zar. Quando Loris ritorna, racconta che Vladimiro era da tempo l'amante di sua moglie: come prova mostra alcune lettere scritte da Vladimiro all'amante. Fedora è allibilita e sente tramutarsi tutto l'amore per il ricordo di Vladimiro in odio e, allo stesso tempo, si sente conquistata da Loris, che salva dalla polizia. Loris e Fedora vivono felici in Svizzera. Giungono però delle tristi

Una scena da La favorita, di G. Donizetti.

notizie: il fratello di Loris è stato arrestato ed è morto in carcere, mentre la madre è morta dal dolore. Loris viene inoltre a sapere che le accuse al fratello erano state mosse da una donna rimasta sconosciuta. Il conte maledice l'ignota accusatrice e giura di scoprirne l'identità per ucciderla. Invano Fedora supplica il perdono per "quella donna". Loris è irremovibile. Allora Fedora, nel timore di essere scoperta, si avvelena. Troppo tardi Ipanoff si rende conto di essere stato la causa del suicidio: morente, la donna chiede il perdono di Loris che glielo accorda con un ultimo bacio.

L'opera riuscí a ottenere un notevole successo di pubblico e di critica, anche fuori d'Italia, in particolare a Parigi. È senza dubbio il lavoro piú riuscito di Giordano dopo *Andrea Chénier*. Pizzetti, non certamente tenero verso i compositori veristi, giudicò *Fedora* «stupenda di senso teatrale».

■ FEDOSEEV, VLADIMIR
(San Pietroburgo 1932)

Direttore d'orchestra russo. Ha compiuto gli studi musicali a San Pietroburgo e a Mosca. Quando ancora era studente sostituí un direttore in una esecuzione radiofonica della *V Sinfonia* di Šostakovič e il successo ottenuto gli ha aperto le porte delle maggiori istituzioni musicali russe. Direttore principale dell'orchestra della Radiotelevisione russa (dal 1974), svolge altresí un'intensa attività internazionale nei principali paesi europei e negli Stati Uniti, imponendosi come uno dei maggiori interpreti del repertorio sinfonico e teatrale russo. Particolarmente apprezzate le sue incisione delle opere *Maïskaia Notch* (*Notte di maggio*) di Rimskij-Korsakov (1971), *Čereviĉki* (*Gli stivaletti*) di Čajkovskij (1974) e del *Boris Godunov* di Musorgskij (1984).

★ FEDRA
Opera tragica in tre atti di Ildebrando Pizzetti (1880-1968), su libretto di G. D'Annunzio tratto dal suo dramma omonimo. Prima rappresentazione: Milano, Teatro alla Scala, 20 marzo 1915.

In Grecia, le madri degli eroi che hanno combattuto a Tebe attendono l'arrivo del re Teseo (baritono) con le ceneri dei caduti. Si diffonde però la falsa notizia della morte del re. Fedra (mezzosoprano), sua moglie, ne è segretamente contenta: è innamorata del figliastro Ippolito (tenore), e con la morte del marito spera di potere conquistare il giovane. Teseo però ritorna in città e, fra i doni per Ippolito, porta la bellissima schiava Ippanoe (soprano). Fedra, gelosa della fanciulla, dapprima la lusinga, poi la minaccia e infine la trascina all'altare di Giove, dove la uccide. Poco dopo Ippolito chiede a Fedra la ragione della morte della fanciulla, ma presto si addormenta, vinto dalla fatica di una lunga cavalcata. Fedra si accosta allora al giovane e lo bacia; Ippolito si risveglia e scaccia la matrigna. Fedra, pazza di dolore, vuole vendicarsi e poi darsi alla morte, e per questo quando giunge Teseo accusa Ippolito di averla violentata. Il re, furente, invoca il dio del mare perché uccida il figlio. Poco dopo Teseo, chiamato alla spiaggia, rimane sconvolto alla vista del cadavere del figlio: è stato sbalzato di sella dal cavallo e quindi dilaniato dallo stesso animale inferocito. Sopraggiunge Fedra: ha già bevuto il veleno e si dichiara la sola colpevole. Ora Ippolito è suo, nessuno potrà opporsi al suo amore.

D'Annunzio scrisse il libretto di *Fedra* tra il dicembre del 1908 e il febbraio del 1909. Pizzetti iniziò subito a comporre la musica che lo impegnò, con varie interruzioni, fino al 1912. La prima, prevista per il 1913 al Costanzi di Roma, non ebbe luogo, perché l'editore Sonzogno preferí mandare in scena *Parisina*.

● FEEN, DIE
(Le Fate)
Opera romantica in tre atti di Richard Wagner (1813-1883), su libretto proprio, tratto dalla commedia La donna serpente *di C. Gozzi. Prima rappresentazione: Monaco, Hof-und Nationaltheater, 29 giugno 1888.*

Durante una battuta di caccia, il principe Arindal (tenore) si tuffa in un fiume ritrovandosi in un regno misterioso. Qui si innamora della misteriosa e bellissima Ada (soprano), ne diviene lo sposo, ma non dovrà mai chiederle chi sia e donde provenga, lo potrà fare quando saranno trascorsi otto anni. Allo scadere dell'ottavo anno, Arindal pone la fatale domanda alla moglie; apprende cosí che è una fata, ma in quello stesso momento Ada scompare insieme al castello e ai figli. Per riconquistare la felicità perduta, ma soprattutto per vincere la legge delle fate immortali che egli, come umano, non può condividere, Arindal deve affrontare delle ardue imprese. L'uomo non si scoraggia e,

*In alto:
un bozzetto di N. Benois
per* Fedora, *di U. Giordano.*

*A destra:
il direttore d'orchestra russo
Vladimir Fedoseev.*

con l'aiuto del mago Groma (basso), scende negli Inferi e sconfigge mostri e spiriti maligni, raggiungendo il sacrario delle fate dove si trova Ada trasformata in pietra. Col suo canto libera la sposa, ma Ada non può diventare donna. Arindal allora, in virtú dell'amore che lo anima, acquista egli stesso l'immortalità e dividerà con la sposa le gioie del regno delle fate.

Die Feen è la prima opera del compositore tedesco. Egli tentò piú volte di farla rappresentare a Lipsia, ma invano; la partitura, che risente del suo periodo formativo, mostra evidenti paralleli con il romanticismo musicale tedesco (Beethoven e Weber), ma anche con l'operismo di Meyerbeer e con quello italiano.

♦ FERNAND CORTEZ OU LA CONQUETE DU MEXIQUE

(Fernando Cortez o la conquista del Messico) Tragedia lirica in tre atti di Gaspare Spontini (1774-1851), su libretto di E. de Jouy e J.A. Esménard, tratto dalla tragedia di A. Piron. Prima rappresentazione: Parigi, Opéra, 28 novembre 1809.

Città di Messico. In un tempio azteco il gran sacerdote (basso) sta per sacrificare due prigionieri spagnoli. Il re Montezuma (basso), su consiglio del principe Telasco (baritono), interrompe il sacrificio. Amazily (soprano), sorella di Telasco, si reca al campo degli spagnoli, perché convertita alla religione cristiana e innamorata di Cortez (tenore). La donna cerca di portare la pace e a tale scopo chiede una tregua agli spagnoli. Amazily viene accolta amorevolmente da Cortez, mentre gli altri spagnoli diffidano di lei, che credono una spia. Al campo giunge poi anche Telasco, che offre ricchi doni e propone la vita di Alvaro (tenore), fratello di Cortez, che stava per essere sacrificato al tempio, in cambio della salvezza del paese. Cortez non accetta, anzi incendia la propria flotta, cosí che nessuno abbia piú la possibilità di lasciare il Messico. Telasco è trattenuto in ostaggio ma poi, con un gesto generoso, Cortez lo lascia libero. Il principe azteco, fermo nel suo odio verso i nemici, solleva la folla e si impadronisce dei prigionieri spagnoli, che libererà in cambio di Amazily. La giovane, dopo aver lasciato Cortez, per evitare la strage del suo popolo porta un messaggio di pace al re azteco. Montezuma, convinto della nobiltà d'animo di Cortez, gli concede in sposa Amazily, e stringe alleanza con lui.

Divenuto compositore ufficiale di corte dopo il trionfale successo della sua *Vestale* (1807), Spontini ebbe l'incarico di scrivere un'opera che, secondo il volere di Napoleone, ne celebrasse i fasti militari. L'imperatore era in procinto di affrontare una nuova campagna militare in Spagna. L'opera, pur riscuotendo un enorme successo, non ebbe l'esito voluto da Napoleone: il pubblico, infatti, mostrò un'aperta simpatia piú per le "vittime" che per i "conquistatori". L'opera venne perciò tolta dalle scene. Spontini approntò in seguito molte modifiche, senza però giungere a una versione definitiva della partitura.

♦ FERNANDEZ, WILHELMENIA
(Filadelfia 1949)

Nome d'arte di Wilhelmenia Wiggins, soprano statunitense. Dopo aver iniziato gli studi musicali nella città natale, si è perfezionata alla Juilliard School di New York (1969-73). Ha debuttato a Broadway come Bess in *Porgy and Bess* (1977). La sua carriera si è quindi svolta negli Stati Uniti e in Europa interpretando *La bohème*, *Don Giovanni*, *Turandot*, *Carmen*, ecc. Le sue non comuni doti teatrali l'hanno resa celebre anche fuori dai palcoscenici lirici, grazie alla sua partecipazione al film *Diva* di J.J. Beinex (1981).

♦ FERNE KLANG, DER
(Il suono lontano)

Opera in tre atti di Franz Schreker (1878-1934), su libretto proprio. Prima rappresentazione: Francoforte sul Meno, Opernhaus, 18 agosto 1912.

Il giovane compositore Fritz (tenore) sta prendendo congedo dalla sua innamorata, Greta Graumann (soprano). La fanciulla tenta invano di farlo desistere dal partire ma Fritz, benché triste, è fermo nel suo proposito, non può piú ritardare la sua partenza, perché deve realizzare il suo sogno artistico, alla ricerca di un suono lontano il cui eco gli risuona nella mente. Poco dopo, partito Fritz, giungono la madre (mezzosoprano) e il padre (basso) di Greta, un vechio ufficiale, sempre ubriaco e ormai pieno di debiti. L'uomo è seguito da un gruppo di beoni della vicina taverna: ha nuovamente perso al gioco, e questa volta si è addirittura giocato la figlia, vinta dall'oste (basso). Greta finge di acconsentire, ma poi fugge di casa per raggiungere Fritz. Dieci anni dopo, a Venezia. Greta è ormai "la bella Greta", una prostituta d'alto bordo; durante una festa in un ricco palazzo, tenta di fuggire dalle pressanti attenzioni di un conte (baritono), che le ricorda Fritz. In quello stesso momento compare nella sala un uomo in abito da viaggio, è Fritz. Il giovane, dopo aver riconosciuto Greta, le domanda perdono per averla abbandonata. Per un momento i due giovani rivivono il loro amore, ma poi Greta apre gli occhi a Fritz, gli mostra quale è la sua vita; il giovane, inorridito, fugge. Greta, fingendosi allegra, si allontana con il conte. Sono trascorsi cinque anni. In una locanda nei pressi di un teatro, dove sta andando in scena *L'arpa* di Fritz. Un corista entra nella taverna, riferisce che l'opera sta riscuotendo un notevole successo. Poco dopo un poliziotto (basso) accompagna a un tavolo una donna; è Greta che, vinta dall'emozione della musica, si è sentita mancare. La fanciulla è riconosciuta dal dottor Vigelius (basso acuto), un frequentatore della locanda che abita vicino alla sua casa. Nel frattempo la gente esce dal teatro: il terzo atto dell'opera è stato un fiasco. Greta prega Vigelius di accompagnarla da Fritz che, invecchiato e ammalato, è immerso nell'ascolto del suono lontano che non udiva da tempo. Giunge Greta; con trasporto i due innamorati si abbracciano. Fritz è preso da una crescente esaltazione: l'amore ritrovato e il suono che ora ode sempre piú distintamente si uniscono in un'unica emozione. Ma il suo fisico indebolito non può reggere e dopo aver espresso il desiderio di riscrivere l'ultimo atto della sua opera, muore tra le braccia di Greta.

Il compositore italiano Gaspare Spontini.

È questo il primo grande successo teatrale di Schreker. L'esito felice di *Der ferne Klang*, con la bellezza e la ricchezza dei suoi colori orchestrali, consacrò Schreker tra i maggiori operisti della sua epoca, erede della scuola wagneriana, ma allo stesso tempo attento alle grandi innovazioni musicali, in particolare a quelle di Debussy.

♦ **FERRARINI, ALIDA**
(Villafranca, Verona 1947)
Soprano italiano. Ha compiuto gli studi musicali al Conservatorio di Verona. Dopo aver iniziato l'attività musicale come corista all'Arena di Verona, nel 1974 ha debuttato come Mimí (*La bohème* di Puccini) al Teatro Comunale di Treviso. L'anno dopo cantava Mercedes (*Carmen* di Bizet) all'Arena di Verona, dove poi è tornata di frequente negli anni successivi, ottenendo un notevole successo come Micaela (*Carmen*), Oscar (*Un ballo in maschera*), Gilda (*Rigoletto*), un ruolo, quest'ultimo, da lei interpretato su numerosi palcoscenici italiani ed esteri: al Regio di Parma (1987), all'Opéra di Parigi (1988), all'Opera di Bilbao (1990), ecc. Nel 1984 ha colto un'importante affermazione come Micaela (*Carmen*) al Teatro alla Scala di Milano, al fianco di interpreti del calibro di Domingo e della Verrett; sempre al Teatro alla Scala ha poi interpretato Adina (*L'elisir d'amore* di Donizetti, 1988), ruoli, sia l'uno che l'altro, particolarmente congeniali alla sua fresca voce di soprano lirico-leggero e alla sua musicalissima personalità interpretativa.

● **FERRERO, LORENZO**
(Torino 1951)
Compositore italiano. Allievo di M. Bruni ed E. Zaffiri, si è dedicato allo studio della musica elettronica presso la Scuola sperimentale di Bourges (1972-73) e con la Musik-Dia-Licht Film Galerie di Monaco (dal 1974). Particolarmente attivo in campo teatrale, ha composto le opere *Rimbaud* (1978), *Marilyn* (1980), *La figlia del mago* (1981), *Mare nostro* (1985), *Night* (1985), *Salvatore Giuliano* (1986), *Charlotte Corday* (1989) e *Le Bleu-Blanc-Rouge et le Noir* (Il blu-bianco-rosso e il nero) del 1990. Dal 1980 al 1984 è stato consulente del Festival Pucciniano di Torre del Lago, mentre dal 1991 è direttore artistico dell'Ente Lirico Arena di Verona.

♦ **FERRIER, KATHLEEN**
(Higher Walton, Lancashire 1912 - Londra 1953)
Contralto inglese. Nel 1928 si diplomò in pianoforte, al quale si dedicò per una decina d'anni. Contemporaneamente intraprese gli studi vocali, debuttando come solista nel 1943 nel *Messiah* di Händel. La sua carriera si svolse quasi essenzialmente in campo concertistico; in teatro esordí nel 1946, nella prima rappresentazione di *The Rape of Lucretia* (*Il sacrificio di Lucrezia*) di Britten a Glyndebourne, mentre l'anno seguente ottenne una grande affermazione nell'*Orfeo ed Euridice* di Gluck, sempre a Glyndebourne (che poi riprese ad Amsterdam e al Covent Garden di Londra, nel 1953). Dotata di una voce dal timbro profondo, caldo ed estremamente dolce, anche se non particolarmente estesa, compensò questo limite con uno stile e una musicalità notevolissimi.

■ **FERRO, GABRIELE**
(Pescara 1937)
Direttore d'orchestra italiano. Figlio del compositore Pietro, ha compiuto gli studi musicali all'Accademia Santa Cecilia di Roma. Dopo aver vinto il primo premio al Concorso per giovani direttori indetto dalla RAI nel 1964, ha iniziato l'attività direttoriale che si svolge nei piú importanti teatri e nei principali centri musicali italiani (direttore alle stagioni sinfoniche della Scala, dal 1974; direttore musicale dell'orchestra sinfonica di Sicilia; direttore permanente dell'orchestra sinfonica della RAI di Roma, ecc.), europei e americani (dal 1978). Particolarmente attivo in campo teatrale, Ferro ha curato numerose riprese di opere dimenticate di Gluck, di Cherubini, di Donizetti, di Mercadante, ecc.

FEUERSNOT
(I fuochi di San Giovanni)
Poema per canto in un atto di Richard Strauss (1864-1949), su libretto di E. von Wolzogen. Prima rappresentazione: Dresda, Königliches Opernhaus, 21 novembre 1901.

A Monaco, in un'epoca leggendaria, la sera di San Giovanni. Secondo un'antica usanza, si accendono dei fuochi con la legna che i bambini raccolgono di casa in casa. Kunrad (baritono) getta molta legna sulla catasta; scorgendo uscire dalla casa vicina Diemut (soprano), la figlia del borgomastro (basso), il giovane si lancia sulla fanciulla e, tra lo sconcerto generale, la bacia. Diemut si accorda quindi con le altre ragazze per vendicarsi dell'ardire del giovane. Alle richieste di Kunrad di entrare in casa della giovane, Diemut finge di acconsentire; lo invita a salire in una cesta, lo solleva da terra e poi lo lascia a mezz'aria. Tutti ridono del giovane, ma quando questi riesce a tornare a terra, accade un fatto misterioso: tutti i fuochi della città si spengono. Kunrad raggiunge con un balzo Diemut, la quale lo accompagna nella sua stanza. Dopo poco i fuochi di

In alto:
una scena del *Fidelio* in un allestimento del Teatro alla Scala.

A destra:
il soprano italiano
Alida Ferrarini.

San Giovanni si riaccendono, mentre la folla grida alla gioia dell'unione tra l'uomo e la donna.

L'argomento era decisamente scabroso per l'epoca e infatti non mancò di suscitare un certo scalpore. La musica di Strauss, pur risentendo di evidenti influenze di Wagner, Bruckner e Mahler, presenta già molti di quegli aspetti che il compositore svilupperà con maggiore autorevolezza nelle opere successive.

FIAMMA, LA

Melodramma in tre atti di Ottorino Respighi (1879-1936), su libretto di C. Guastalla, tratto dal dramma The Witch *di G. Wiers Jenssen. Prima rappresentazione: Roma, Teatro Reale dell'Opera, 23 gennaio 1934.*

L'azione si svolge a Ravenna nel VII secolo. Silvana (soprano), giovane moglie di Basilio (baritono), esarca della città, ha dato rifugio nella sua casa a una donna del popolo, Agnese di Cervia (mezzosoprano), accusata di stregoneria e inseguita dal popolo inferocito.

Mentre in casa dell'esarca si sta festeggiando il ritorno di Donello (tenore), figlio di primo letto di Basilio, un gruppo di popolani, fatto entrare dalla crudele Eudossia (mezzosoprano), madre dell'esarca, perquisisce la casa, trova Agnese e la trascina via. La donna, convinta di essere stata tradita da Silvana, le predice la stessa sorte. Piú tardi, Donello racconta al padre che Agnese, prima di morire, ha accusato di stregoneria la madre di Silvana, con arti magiche avrebbe spinto l'esarca a sposare la figlia. Anche Basilio conferma l'impressione di essere stato vittima di una stregoneria. Silvana, sconvolta da questa rivelazione, decide di provare se ha, come la madre, il potere di dominare le persone; nel cuore della notte, invoca il nome di Donello, del quale è invaghita. Il giovane appare improvvisamente e la bacia. Qualche tempo dopo, Basilio, nutrendo dei sospetti nei confronti della moglie, invia Donello a Bisanzio. Silvana, disperata, grida a Basilio di volere la sua morte: l'uomo cade a terra fulminato. Eudossia, allora, la accusa di stregoneria: si avvera la predizione di Agnese. Processata, Silvana confessa il suo amore per Donello, ma respinge le altre accuse. Quando però vede che nel giovane si è fatta strada l'idea di essere anche lui vittima di un sortilegio, disperata, rinuncia a difendersi lasciandosi condannare al rogo.

L'ambientazione bizantina e il carattere cupo e magico della vicenda stimolarono moltissimo la fantasia del compositore bolognese. In quest'opera Respighi seppe esprimere una partecipazione emotiva e drammatica che mai era riuscito a raggiungere in precedenza. La potenza orchestrale e l'efficace uso del coro sono gli aspetti di maggior spicco di questa partitura.

FIDELIO ODER DIE EHELICHE LIEBE

(*Fidelio o L'amor coniugale*)
Dramma lirico in due atti di Ludwig van Beethoven (1770-1827), su libretto di J.F. von Sonnelethner e G.F. Treitschke. Prima rappresentazione: Vienna, Theater an der Wien, 20 novembre 1805.

L'azione si svolge in una fortezza adibita a prigione di stato, nei pressi di Siviglia nel XVII secolo. Leonora (soprano), moglie di Florestano (tenore), fatto ingiustamente incarcerare dal perfido don Pizarro (basso), si è travestita da uomo e sotto il nome di Fidelio si è fatta assumere come aiuto carceriere nella prigione dove è rinchiuso il marito. Don Pizarro riceve la notizia di una prossima ispezione al carcere e senza perdere tempo decide di far sparire Florestano. Fa quindi credere a Rocco (basso), il carceriere, che il prigioniero deve subito essere giustiziato per ordine del re: si dovrà anche scavare una fossa dove seppellire il cadavere. Il carceriere non si sente di rifiutare; ma Leonora ha sentito tutto e, decisa a salvare il marito, scende con Rocco nelle segrete, col pretesto di aiutarlo a scavare la fossa. Leonora cerca di soccorrere il marito sfinito dalle sofferenze, ma ecco sopraggiungere Pizarro: armato di pugnale questi sta per uccidere Florestano, ma Leonora fa scudo al marito col proprio corpo e punta sul governatore una pistola. In quel momento, squilli di tromba annunciano l'arrivo del ministro. Pizarro è costretto a fuggire. Poco dopo il ministro don Fernando (basso) annuncia per ordine del re la libertà per i prigionieri politici e fra essi riconosce Florestano, che egli aveva creduto ormai morto. Don Fernando provvede a che Pizarro venga punito per le sue colpe, mentre Leonora, ormai felice, scioglie le catene allo sposo, e tutti insieme inneggiano agli ideali della libertà e dell'amore.

La prima rappresentazione del *Fidelio*, il 20 novembre 1805, ebbe un'accoglienza tutt'altro che calorosa. Lo stesso avvenne anche per la seconda versione, ridotta in due atti, rappresentata sempre al Theater an der Wien, il 29 marzo 1806. Beethoven, deluso, ritirò la partitura dopo poche repliche e solo diversi anni piú tardi appronto una nuova rielaborazione dell'opera, che venne rappresentata al Kärntnertortheater di Vienna il 23 maggio 1814, ed ebbe un successo clamoroso. Questa terza e definitiva versione è quella che a tutt'oggi viene rappresentata in tutto il mondo.

FIERRABRAS

Opera eroico-romantica in tre atti di Franz Schubert (1797-1828) su libretto di J. Kupelwieser. Prima rappresentazione: Karlsruhe, Hoftheater, 9 febbraio 1897.

La vicenda si svolge nella Francia meridionale e in Spagna all'epoca di Carlo Magno. L'imperatore Carlo Magno (basso)

Scena dal *Fierrabras*, di F. Schubert, rappresentata per la prima volta a Karlsruhe nel 1897.

torna al castello dopo una battaglia contro i Mori di Spagna. Tra i suoi prigionieri vi è Fierrabras (tenore), figlio del principe Moro Baland (basso). Il paladino Rolando (baritono) riceve da Emma (soprano), figlia di Carlo Magno, la corona della vittoria; Fierrabras riconosce in Emma la fanciulla incontrata qualche anno prima a Roma, e da lui segretamente amata, e confida questo suo sentimento a Rolando, con il quale ha stretto una sincera amicizia. Il paladino a sua volta confessa che anch'egli era a Roma e che in quell'occasione aveva conosciuto Florinda (soprano), sorella di Fierrabras, della quale è innamorato. Nel frattempo l'imperatore invia i paladini come ambasciatori all'accampamento di Baland. Tra di loro vi è anche il cavaliere Eginhard (tenore) che ama ed è riamato da Emma, un amore segreto, perché Eginhard non è particolarmente ben visto da Carlo Magno. Fierrabras, con dolore, ha scoperto questa relazione e decide di aiutare i due giovani. Eginhard parte e Fierrabras, sorpreso da Carlo Magno in colloquio con Emma, viene fatto arrestare.

All'accampamento dei Mori, Baland, furente perché ha saputo che suo figlio Fierrabras si è nel frattempo convertito al cristianesimo, fa arrestare i paladini. Florinda, che ha riconosciuto Rolando tra i prigionieri, li fa fuggire, ma questi, sorpresi dai Mori, sono costretti a ingaggiare una battaglia. Eginhard riesce a fuggire, raggiunge Carlo Magno e raduna un esercito per correre a salvare i paladini. Nel frattempo Emma ha confessato al padre il suo amore per Eginhard e come Fierrabras l'abbia protetta. Questi viene liberato e si unisce ai paladini di Eginhard, che salvano Rolando. L'opera giunge cosí al lieto fine: Eginhard si riunisce all'amata Emma, Rolando ritrova Florinda e il principe dei Mori Baland si converte al cristianesimo, sancendo cosí il trionfo di Carlo Magno.

Dal 1812 al 1828, Schubert compose undici opere e ne lasciò incomplete altre sette. Da ciò si capisce l'amore del compositore per il teatro, una passione autentica, perché pressoché nessuna delle sue opere gli fu commissionata e solo alcuni tra i suoi piú significativi lavori teatrali andarono in scena durante

Un bozzetto di Renato Guttuso per *La figlia di Iorio*, di I. Pizzetti.

la sua vita. È anche questo il caso di *Fierrabras*, l'ultimo lavoro teatrale di Schubert. Composta fra il maggio e l'ottobre del 1823, nacque questa volta su commissione del Teatro di Porta Carinzia di Vienna. Un momento particolarmente critico del teatro viennese fece però saltare la prima esecuzione del *Fierrabras*, che poi non venne piú rappresentata. Dopo essere comparsa nel 1897 a Karlsruhe e nel 1978 in forma di concerto per la Sagra Musicale Umbra, solo nel 1988, al Wiener Festwochen, *Fierrabras* è comparsa per la prima volta nella sua versione integrale.

★ FIGLIA DI JORIO, LA
Tragedia pastorale in tre atti di Ildebrando Pizzetti (1880-1968), su libretto proprio, dall'omonima tragedia di G. D'Annunzio. Prima rappresentazione: Napoli, Teatro San Carlo, 4 dicembre 1954.

La vicenda si svolge in Abruzzo. Inseguita da alcuni mietitori, Mila di Codro (soprano), figlia di Jorio, lo stregone, si rifugia in casa di Aligi (tenore), mentre sono in svolgimento i preparativi per le sue nozze con Vienda di Giave. Il pastore si innamora di Mila e va a vivere con lei in una grotta. Qui giunge anche Lazaro di Roio (baritono), padre di Aligi, che tenta di violentare Mila, rimasta sola. Aligi accorre, ma viene trascinato via da due contadini che avevano accompagnato Lazaro. Viene però liberato dalla sorella Ornella (soprano) e, furente, si getta sul padre e lo uccide. Per aver ucciso il padre, Aligi viene condannato al taglio della mano e a essere poi gettato nel fiume, chiuso in un sacco con un cane mastino. Sopraggiunge Mila, che si dichiara unica responsabile del delitto: con arti magiche ha convinto Aligi di essere il parricida, ma in realtà è lei l'assassina. Aligi, sconvolto, le crede e la maledice. La folla libera Aligi e prepara il rogo per Mila. Serenamente la giovane si avvia al supplizio, convinta di aver salvato il suo amore. Solo Ornella comprende il suo sacrificio e piange per lei.

Nel 1936 il compositore ricevette in dono da D'Annunzio la tragedia della *Figlia di Jorio*, ma fu solo nel 1953 che si accinse alla composizione dell'opera, che terminò nella primavera del 1954.

★ FILANDA MAGIARA, LA
vedi *Székely-Fonó*

★ FILLE DU REGIMENT, LA
(*La figlia del reggimento*)
Opera in due atti di Gaetano Donizetti (1797-1848), su libretto di J.H. Vernoy de Saint-Georges e J.F. Bayard. Prima rappresentazione: Parigi, Opéra-Comique (Salle Favart), 11 febbraio 1840.

L'azione si svolge in Svizzera. Maria (soprano) è una giovane trovatella, cresciuta e allevata da soldati francesi, in particolare dal burbero sergente Sulpizio (basso). Un giovane svizzero di nome Tonio (tenore) ha seguito le truppe e vorrebbe arruolarsi, ma viene arrestato come spia. Interviene Maria, che racconta di essere stata salvata dal giovane. I due ragazzi si amano, ma Sulpizio non vuole che Maria sposi uno straniero.

Poco dopo la marchesa di Berkenfeld (mezzosoprano), rifugiata all'accampamento, riconosce in Maria sua nipote e decide di portarla con sé al castello. Tonio nel frattempo si è arruolato per poter sposare Maria, ma la giovane parte con la marchesa tra lo sgomento generale. Al castello Maria vive tra gli agi e i lussi, ma è triste perché è costretta a imparare una quantità di cose noiose, e rimpiange la vita al reggimento; è poi disperata perché la marchesa vuole che sposi il duca di Krakentorp. La nobildonna svela poi a Sulpizio e a Tonio, giunti anch'essi al castello, di essere la madre e non la zia di Maria. La marchesa prega quindi

Sulpizio di farlo sapere alla ragazza e di convincerla a sposare il duca. Tuttavia, di fronte alla disperazione della ragazza e a quella di Tonio, la marchesa si commuove, e alla fine acconsente all'unione dei due.

Prima opera parigina di Donizetti e ancora oggi una delle piú rappresentate, a testimonianza della freschezza di questa partitura nella quale il compositore ha saputo adattarsi perfettamente allo stile "leggero" dell'*opéra-comique*. Campo di prova per i maggiori soprani di coloratura, annovera tra le sue maggiori interpreti di oggi cantanti come J. Sutherland, B. Sills, J. Anderson e L. Serra.

FINTA GIARDINIERA, LA
Opera buffa in tre atti di Wolfgang Amadeus Mozart (1756-1791), su libretto di G. Petrosellini. Prima rappresentazione: Monaco di Baviera, Residenztheater, 13 gennaio 1775.

Il podestà (tenore), un vecchio sciocco, è invaghito di Sandrina (soprano), la giardiniera. La giovane è in realtà la marchesa Violante, che si è travestita per ritrovare il suo fidanzato, il conte Belfiore (tenore), che in un eccesso di gelosia l'aveva ferita e poi abbandonata, credendola morta. Belfiore è giunto dal podestà con l'intenzione di sposarne la nipote Arminda (soprano), la quale respinge il suo innamorato Ramiro (mezzosoprano). Quando Sandrina scopre la presenza di Belfiore, presa dall'emozione sviene. Il giovane, credendo di essere in preda a una visione, bacia la giovane, provocando la gelosia di Arminda. Sandrina però nega a Belfiore di essere Violante. Solo quando giunge Ramiro, che ha saputo come il suo rivale sia accusato di omicidio, Sandrina rivela la sua vera identità, per poi nuovamente negarla a Belfiore. La vendicativa Arminda fa condurre Sandrina in una foresta, dove viene abbandonata. Tutti cominciano a vagare per la radura; nella confusione generale, Belfiore e Sandrina escono di senno, ma alla fine tutto finisce nel migliore dei modi: Arminda accetta l'amore di Ramiro, mentre Belfiore è di nuovo con la sua Violante.

Il libretto di Petrosellini venne in precedenza musicato da Anfossi. Mozart, nel comporre la sua *Finta giardiniera*, ebbe sicuramente sotto gli occhi la partitura di Anfossi, dalla quale fu influenzato. Elemento di spicco di quest'opera è la netta divisione tra i personaggi buffi e quelli seri: Mozart però non seppe compiutamente fondere questi elementi, per cui l'opera, pur contenendo pagine di ottimo valore musicale, si presenta complessivamente priva di omogeneità.

FINTA SEMPLICE, LA
Opera buffa in tre atti di Wolfgang Amadeus Mozart (1756-1791), su libretto di M. Coltellini da C. Goldoni. Prima rappresentazione: Salisburgo, Palazzo dell'arcivescovado, 1° maggio 1769.

Donna Giacinta (soprano) ama ed è riamata dal capitano Fracasso (tenore); la giovane però non osa chiedere il consenso per sposarlo a Cassandro (baritono), il suo burbero fratello. La sua cameriera Ninetta (soprano), che aspira invece a diventare la moglie del sergente Simone (basso), suggerisce alla padrona di trovare una fanciulla che faccia innamorare Cassandro in modo da ammansirlo. Rosina (soprano), sorella di Fracasso, accetta l'incarico, riesce a far innamorare di sé prima Polidoro (tenore), fratello minore di Cassandro, e poi seduce anche questo, al punto di ricevere in dono un anello. Cassandro però si pente e trattiene Rosina a pranzo col proposito di riprendere l'anello. Poco dopo Polidoro dichiara al fratello la sua intenzione di sposare Rosina e Cassandro scopre di essere anche lui innamorato della giovane. Dopo il pranzo, Cassandro si addormenta; Rosina gli infila al dito l'anello e chiama poi Fracasso: questi finge di credere che Cassandro abbia obbligato la sorella a restituirgli l'anello, quindi, mostrandosi profondamente irato, sfida a duello l'ignaro Cassandro. L'uomo, spaventato, vorrebbe fuggire, ma Fracasso completa il piano, comunicando che Giacinta e Ninetta sono fuggite con tutti i beni di casa; suggerisce quindi a Cassandro di concederle in moglie a chi le riporterà a casa. Di lí a poco Fracasso e Simone si presentano a Cassandro con le due ragazze, dichiarandole loro spose. A Cassandro non resta che accettare, consolandosi anche lui con un matrimonio: sposerà Rosina, che gli ha confessato di essere veramente innamorata di lui.

Mozart aveva dodici anni quando G. Afflisio, impresario dei teatri imperiali di Vienna, gli commissionò quest'opera. La commissione era stata però sollecitata dalla stessa imperatrice Maria Teresa, che era rimasta molto impressionata dalle straordinarie doti musicali del giovanissimo Mozart. In poche settimane egli compose l'opera, ma una serie di intrighi e le bizze di cantanti e strumentisti, che non volevano farsi dirigere da un ragazzo, ne impedirono l'andata in scena. Solo piú tardi, grazie all'interessamento dell'arcivescovo di Salisburgo, *La finta semplice* poté essere rappresentata nel suo teatro di corte.

A sinistra:
una scena da *La figlia del reggimento*,
di G. Donizetti,
in un allestimento del Teatro Comunale
di Firenze.

In alto:
una silhouette di W.A. Mozart.

FIORAVANTI, VALENTINO

● FIORAVANTI, VALENTINO
(Roma 1764 - Capua, 1837)
Compositore italiano. Studiò a Roma e a Napoli, dove fu attivo fino al 1803, quando fu chiamato a Lisbona per dirigere il teatro São Carlos (fino al 1807). Dopo un periodo trascorso a Parigi, nel 1816 ritornò in Italia. Stabilitosi a Roma, succedette a G. Jannacconi nella carica di maestro di cappella di San Pietro a Roma, dedicandosi in particolare alla composizione di musica sacra. La sua produzione operistica comprende oltre settanta titoli, composti in un arco di tempo che va dal 1784 al 1824. Tra le sue opere, per lo piú di genere buffo, le piú celebri sono *Le cantatrici villane* (1798-99) e *I virtuosi ambulanti* (1807).

■ FISCHER, ADÁM
(Budapest 1949)
Direttore d'orchestra ungherese. Compiuti gli studi di pianoforte e composizione al Conservatorio "Béla Bartók" di Budapest, si è poi specializzato in direzione d'orchestra a Vienna con H. Swarowsky e a Venezia e Siena con F. Ferrara. Dopo aver iniziato l'attività musicale in qualità di direttore assistente a Graz (1971-72) e alla Staatsoper di Vienna (1973-74), nel 1973 ha ottenuto il I° premio al Concorso internazionale "Guido Cantelli" alla Scala di Milano. Direttore all'Opera di Helsinki (1974-77), all'Opera di Karlshrue (1977-79) e direttore musicale a Friburgo (1981-84), Fischer è ospite delle maggiori istituzioni teatrali e concertistiche internazionali: Opera di Stato di Monaco e Vienna, Opéra di Parigi (dal 1984), Scala di Milano (1986), ecc. Direttore principale all'Opera di Kassel (dal 1987), Fischer è fondatore e direttore musicale del Festival Haydn di Eisenstadt.

♦ FISCHER-DIESKAU, DIETRICH
(Berlino 1925)
Baritono tedesco. Ha studiato all'Accademia di Berlino, esordendo in sede concertistica nel 1947. Nel 1948 ha debuttato in teatro come Posa (*Don Carlo*) alla Städtische Oper di Berlino, dove venne ingaggiato come primo baritono. A partire dal 1954 è apparso a Bayreuth, a Salisburgo (dal 1957), alla Staatsoper di Vienna (dal 1957), a Monaco di Baviera, Londra, New York, ecc. Dotato di una voce dal timbro chiaro e non particolarmente sonora, Fischer-Dieskau ha altresí mostrato una grandissima musicalità a cui va aggiunta la capacità di fraseggiare e cogliere il giusto accento espressivo, collocandolo sempre in una corretta dimensione stilistica. Con queste qualità musicali, non disgiunta da non comuni doti sceniche, Fischer-Dieskau, ad onta della sua vocalità, che si potrebbe definire "ibrida" (tra il baritono lirico e il basso-baritono), ha potuto affrontare stili vocali assai diversi, anche di grande spessore drammatico (Verdi, Wagner, Strauss). Non è da meno il suo apporto al teatro moderno e contemporaneo (Berg, Busoni, Henze, Reimann, ecc.) e al concertismo, nel quale è giustamente considerato uno tra i piú grandi interpreti, se non il massimo interprete, di *Lieder* del XX secolo.

♦ FLAGSTAD, KIRSTEN
(Hamar 1895 - Oslo 1962)
Soprano norvegese. Iniziò a studiare con la madre pianista e con E. Schytte-Jacobsen a Oslo, dove esordí nel 1913 in *Tiefland* (Bassopiano) di Eugen d'Albert. Proseguí poi gli studi a Stoccolma, esibendosi in vari ruoli a Oslo e a Göteborg. Nel 1933 venne scritturata a Bayreuth, dove interpretò alcune parti marginali. Si rivelò nella stagione successiva, quando cantò Sieglinde in *Die walküre* (*La walchiria*) e Gutrune in *Götterdämmerung* (*Il crepuscolo degli dei*). Ha cosí inizio la grande carriera wagneriana della Flagstad. Nel 1953 abbandonò la carriera, ancora nel pieno possesso dei mezzi vocali, apparendo ancora però in sede concertistica tra il 1955 e il 1957, anno della sua ultima esibizione. La sua voce, straordinariamente estesa e potente, con un timbro luminoso e penetrante sull'intera gamma, incarnò mirabilmente le eroine wagneriane, in particolare Brunilde e Isolde, considerate le sue maggiori interpretazioni.

★ FLAMINIO, IL
Commedia per musica in tre atti di Giovanni Battista Pergolesi (1710-1736), su libretto di G. Federico. Prima rappresentazione: Napoli, Teatro Nuovo, autunno 1735.

In una villa nei pressi di Napoli vive Giustina (mezzosoprano), una giovane vedova, con la fedele servetta Checca (soprano). Giustina vorrebbe risposarsi e il prescelto è Polidoro (tenore), un giovane napoletano con la fama di libertino. Polidoro, per mostrare la serietà delle sue intenzioni, si stabilisce in casa di Giustina con la sorella Agata (soprano). Questa,

In alto:
il baritono tedesco
Dietrich Fischer-Dieskau
nel ruolo di Falstaff.

A destra:
una scena da *Il flaminio*,
di G.B. Pergolesi.

promessa sposa a Ferdinando (tenore), si è però invaghita di Giulio (soprano), segretario del fratello. Giulio è in realtà Flaminio, innamorato respinto di Giustina, la quale mostra un certo turbamento misto a un certo interesse nei confronti di Giulio-Flaminio. Il giovane finge di non riconoscere Giustina e sfugge alle sue pressanti attenzioni. La vicenda procede tra litigi, gelosie ed equivoci che portano però a un lieto fine: Giulio, dopo aver rivelato la sua vera identità, sposa Giustina che rinuncia cosí a Polidoro, Agata torna da Ferdinando, mentre Bastiano (basso), servo di Polidoro, sposa Checca.

Il flaminio è l'ultima opera teatrale di Pergolesi ed è anche una delle sue partiture piú significative: l'elemento "buffo" abbandona il dialetto, tipico dell'ambientazione napoletana (ad es. *Lo frate 'nnammurato*), si "imborghesisce", rivestendosi anche di un'aura da opera seria, che si esprime in una poetica degli "affetti", espressi in arie intrise di "belcanto".

★ FLAUTO MAGICO, IL
vedi *Zauberflöte, Die*

● FLIEGENDE HOLLÄNDER, DER
(*L'olandese volante* o *Il vascello fantasma*)
Opera in tre atti di Richard Wagner (1813-1883), su libretto proprio, tratto da Aus den Memoiren des Heine von Schnabelewopski, *di H. Heine. Prima rappresentazione: Dresda, Hofoper, 2 gennaio 1843.*

L'azione ha luogo sulle coste norvegesi, in epoca indeterminata. L'olandese (basso) è perseguitato da una maledizione che lo condanna a vagare per tutti i mari: ogni sette anni gli è concesso però di scendere a terra per cercare una donna che gli giuri fedeltà eterna e lo liberi cosí dalla maledizione. Durante una tempesta, l'olandese giunge sulle coste della Norvegia, dove incontra un vecchio marinaio, Daland (basso), al quale rivela il suo triste destino. Daland, ingolosito dalle ricchezze dell'olandese, lo invita alla sua casa, dove l'attende sua figlia Senta (soprano). La giovane è profondamente colpita dall'ospite, nel quale riconosce il leggendario olandese, e gli giura fedeltà eterna. Mentre sono in svolgimento i preparativi per le nozze, Senta è avvicinata da Erik (tenore), un giovane cacciatore, suo promesso sposo. L'uomo tenta di riconquistare l'affetto di Senta; non visto, l'olandese assiste alla scena e, credendosi tradito, disperato, si accinge a salpare. Senta tenta invano di trattenerlo, gridando la sua innocenza; poi, con gesto estremo, sale su una rupe e si getta in mare. È questa la prova della sua fedeltà. L'olandese è salvo, e mentre la nave affonda, all'orizzonte compaiono le anime trasfigurate dei due innamorati.

Wagner scrisse il libretto a Parigi nel 1841, mentre la composizione vera e propria lo impegnò per circa sei settimane, nella primavera del 1842 a Meudon. Nel *Fliegende Holländer* compaiono per la prima volta le tematiche care al compositore tedesco: la maledizione, la redenzione e la morte come raggiungimento di una stabilità interiore. Tutti elementi che il grande compositore tedesco svilupperà nelle opere successive, come avrà un altro importante sviluppo l'uso del *Leitmotiv*, il motivo conduttore, che proprio qui trova la sua prima importante collocazione.

● FLOTOW, FRIEDRICH VON
(Teutendorf, Mecklenburg 1812 - Darmstadt 1883)
Compositore tedesco. Dal 1828 al 1830 studiò a Parigi, dove ebbe contatti con i massimi rappresentanti della vita musicale parigina, Rossini e Meyerbeer in particolare. La sua attività musicale si svolse poi tutta tra la Francia, la Germania e l'Austria, con frequenti viaggi in Italia e in altri paesi europei. Pur scrivendo anche musica per balletti e composizioni da camera, il nome di Flotow è soprattutto legato al teatro d'opera per il quale ha composto diciotto titoli, tra i quali vi sono quelli che lo hanno reso celebre: *Alessandro Stradella*, 1845 e *Martha* (Marta), 1847.

♦ FONDARY, ALAIN
(Bagnolet 1932)
Baritono francese. Ha studiato canto a Parigi, debuttando come Tonio (*I pagliacci*) a Cherbourg nel 1968. A partire dagli anni Ottanta si esibisce sui maggiori palcoscenici internazionali: Opéra di Parigi (*Jérusalem*, 1985), Covent Garden (*La fanciulla del West*), Scala di Milano (*Aida*), San Francisco (*Tosca*), Metropolitan (*Cavalleria rusticana*), ecc. Tutte le interpretazioni di Fondary si evidenziano soprattutto per le sue non comuni qualità di attore.

♦ FORD, BRUCE EDWIN
(Lubbock, Texas 1956)
Tenore statunitense. Ha studiato canto alla West State University a Canyon e alla Texas Tech University Lubbock, perfezionandosi poi con J. Gillas e E. Nicolai all'Opera di Houston, dove ha cominciato a esibirsi in piccole parti. A partire dal 1983 buona parte della sua carriera si svolge in Europa, in particolare nei teatri dell'area tedesca. Raffinato interprete mozartiano, Ford ha dato buona prova di sé anche nel repertorio rossiniano, nel quale si è esibito nei principali teatri internazionali, oltre che al Rossini Opera Festival di Pesaro (*Ricciardo e Zoraide*, *Otello*).

In alto:
nel disegno tre dei personaggi de *L'olandese volante* di R. Wagner.

A sinistra:
il tenore statunitense Bruce Edwin Ford.

♦ **FORRESTER, MAUREEN**
(Montreal 1930)
Contralto canadese. Ha compiuto gli studi musicali a Toronto e a Berlino. Nel 1953 ha debuttato in sede concertistica a Montreal, mentre nel 1961 ha esordito in teatro come Orfeo nell'opera di Gluck a Toronto. Attiva soprattutto come interprete concertistica, si è però spesso esibita in opere: *Giulio Cesare* di Händel alla New York City Opera (1966), *La Gioconda* di Ponchielli (San Francisco, 1967), *La medium* di Menotti, *Falstaff* di Verdi, ecc. Nel 1990 si è particolarmente distinta nel ruolo della contessa in *Pikovaja Dama* (*La dama di picche*) di Čajkovskij alla Scala di Milano.

● **FORZA DEL DESTINO, LA**
Melodramma in quattro atti di Giuseppe Verdi (1813-1901), su libretto di F.M. Piave tratto da Don Alvaro ò la Fuerza del Sino *di A. Saavedra duca di Rivas. Prima rappresentazione: San Pietroburgo, Teatro Imperiale, 10 novembre 1862.*

In Spagna e in Italia verso la metà del XVIII secolo. Donna Leonora (soprano), figlia del marchese di Calatrava (basso), accetta di seguire il suo innamorato don Alvaro (tenore), per sottrarsi al volere di suo padre, contrario a questa unione. I due giovani vengono però sorpresi proprio dal marchese; don Alvaro si offre inerme alla sua ira e getta a terra la pistola, ma accidentalmente parte un colpo che uccide il marchese. Qualche tempo dopo Leonora, angosciata dalla morte del padre, si rifugia in un convento, per sfuggire al fratello, don Carlo (baritono), che ha giurato di ucciderla per vendicare l'assassinio del padre. Nel frattempo don Alvaro, che non sa piú nulla di Leonora (la crede addirittura morta), si è arruolato nell'esercito spagnolo che ora sta combattendo in Italia. Don Alvaro interviene in una rissa, salva la vita a un capitano, che a sua volta salva don Alvaro ferito durante uno scontro. I due si giurano amicizia, ma il capitano, che in realtà è don Carlo, scopre l'identità di don Alvaro e lo sfida a duello: sopraggiunge una ronda che divide i due. Don Alvaro, per sfuggire a don Carlo, si rifugia in un convento, lo stesso dove un tempo aveva trovato riparo Leonora. Don Carlo riesce però a rintracciarlo e sfida don Alvaro a un duello all'ultimo sangue. Poco dopo, nei pressi della grotta dove vive Leonora, don Alvaro ferisce a morte don Carlo: alle grida di soccorso giunge Leonora, ma quando si china sul fratello per soccorrerlo, questi, prima di spirare, trafigge la sorella con la spada. Leonora muore tra le braccia di don Alvaro.

L'opera venne commissionata a Verdi dal direttore del Teatro Imperiale di San Pietroburgo. Destinata a essere rappresentata nel novembre del 1861, a causa di un'indisposizione della protagonista e di una certa qual ostilità degli ambienti musicali russi la prima fu rimandata al novembre dell'anno successivo. Il successo fu notevole, ma Verdi, che non era interamente soddisfatto, decise di apportare sostanziali modifiche alla partitura. In particolare cambiò il finale: nella prima edizione don Carlo moriva in scena e don Alvaro si suicidava gettandosi da una rupe, mentre nella seconda don Alvaro sopravvive e don Carlo uccide la sorella e muore fuori scena. La seconda edizione fu rappresentata, con esito trionfale, alla Scala di Milano, il 27 febbraio 1869.

● **FOSS, LUKAS**
(Berlino 1922)
Nome d'arte di Lukas Fucks, compositore, pianista e direttore d'orchestra tedesco, naturalizzato americano. Ha studiato a Berlino e Parigi (dal 1933). In seguito al trasferimento della sua famiglia negli Stati Uniti, ha completato gli studi musicali al Curtis Institute di Filadelfia per poi perfezionarsi con Koussevitzky al Berkshire Music Center e con Hindemith presso la Yale University. Dal 1944 ha iniziato l'attività musicale come pianista, affiancandovi piú tardi quelle di insegnante, direttore d'orchestra e compositore. In quest'ultimo campo, Foss ha saputo felicemente fondere le sue origini musicali europee, particolarmente influenzate dal tardo romanticismo tedesco, con quelle piú tipicamente americane. La sua produzione musicale comprende musica per orchestra, coro, oratori, nonché l'opera *The jumping Frog of Calaveras County* (*Il ranocchio salterino della contea di Calaveras*) del 1950.

● **FRA DIAVOLO OU L'HOTELLERIE DE TERRACINE**
(*Fra Diavolo o La locanda di Terracina*)
Opéra-comique *in tre atti di Daniel Auber (1782-1871), su libretto di E. Scribe e C. Delavigne. Prima rappresentazione: Parigi, Opéra-Comique, 28 gennaio 1830.*

In Lazio alla fine del XVIII secolo. Lorenzo (tenore), giovane capo dei carabinieri, è innamorato di Zerlina

In alto:
una scena dalla *Forza del destino*, di G. Verdi, nell'allestimento al Teatro alla Scala.

A destra:
Z. Prévost nel ruolo di Zerlina nel *Fra Diavolo*, di D. Auber.

(soprano), ma il padre di lei, Matteo (basso), proprietario di una locanda, vuole che sposi un ricco possidente. Al villaggio arrivano intanto due turisti inglesi, lord Rocburg (baritono) e sua moglie Pamela (mezzosoprano), che sono stati derubati dei gioielli dai briganti. Lorenzo, sicuro che si tratti di un colpo di Fra Diavolo, un bandito che terrorizza la regione, parte con i suoi per catturarlo. Poco dopo giunge alla locanda il marchese di San Marco, che è in realtà Fra Diavolo (tenore). L'uomo corteggia lady Pamela, dalla quale viene a sapere che una grossa somma di denaro si è salvata dalla rapina; decide allora di impadronirsi del denaro e tenta il colpo, ma è sorpreso dall'arrivo di Lorenzo, che ha sgominato la banda e recuperato i gioielli. Fra Diavolo, che continua a fingersi marchese di San Marco, si giustifica con la scusa di un'avventura galante, però non demorde: durante i preparativi per il matrimonio di Zerlina con il vecchio possidente, i suoi complici Beppo (tenore) e Giacomo (basso), gli segnaleranno quando la locanda è vuota. Ma i due banditi vengono individuati da Lorenzo, che viene così a conoscenza del piano di Fra Diavolo. Il brigadiere apposta allora i suoi uomini e ordina quindi ai due briganti di dare il segnale convenuto. Fra Diavolo viene arrestato, mentre Lorenzo può finalmente sposare Zerlina.

Fra Diavolo è sicuramente la più celebre *opéra-comique* di Auber, quella che ancora adesso gode di una buona notorietà e con una certa frequenza appare nei cartelloni dei teatri lirici. Questa partitura, che servì da modello all'*opéra-comique* francese venuta dopo, sulla strada di Boïeldieu, è la conferma dello stile facile, brillante e piacevole del compositore francese che bene interpretava i gusti della sua epoca.

● FRANCESCA DA RIMINI
Tragedia in quattro atti di Riccardo Zandonai (1883-1944), su libretto di T. Ricordi tratto dall'omonima tragedia di G. D'Annunzio. Prima rappresentazione: Torino, Teatro Regio, 9 febbraio 1914.

La vicenda si svolge a Ravenna e a Rimini nel XII secolo. Guido da Polenta (tenore), signore di Ravenna, ha dato la mano della sorella Francesca (soprano) a Gianciotto Malatesta (baritono), signore di Rimini, ma per evitare che la giovane rifiuti il marito, perché sciancato, le ha fatto credere che sposerà il fratello di lui, Paolo il bello (tenore). Quando Francesca incontra il giovane ne è subito attratta e, quasi trasognata, gli fa dono di una rosa. Qualche tempo dopo, durante una guerra tra la famiglia dei Malatesta e quella dei Parcitadi, Francesca sale su una torre per seguire la battaglia. Quando Paolo rimane leggermente ferito, Francesca, che non ha mai smesso di amarlo, nonostante sia stata costretta a sposare Gianciotto, sta per rivelare a Paolo il suo amore, quando sopraggiunge proprio Gianciotto, il quale annuncia al fratello che deve partire per Firenze, dove è stato nominato capitano della città. Dopo due mesi Paolo e Francesca si incontrano. Mentre leggono le appassionate vicende di Ginevra e Lancillotto, tra i due giovani si accende l'amore. Qualche tempo dopo, Malatestino (tenore), fratello minore di Gianciotto, affascinato da Francesca, la insidia con proposte d'amore. La giovane però lo scaccia sdegnata; allora Malatestino, per vendicarsi, rivela a Gianciotto che Paolo e Francesca sono amanti. Gianciotto finge di partire per Pesaro, poi invece piomba nella stanza, sorprende i due amanti, e con un solo colpo di spada li trafigge.

Capolavoro musicale di Zandonai: per ricchezza e bellezza della strumentazione, felice ispirazione lirica che delinea mirabilmente i personaggi, *Francesca da Rimini* è sicuramente una tra le opere più importanti del Novecento musicale italiano. Sull'argomento di Paolo e Francesca sono state composte numerose opere; ricordiamo solo quelle musicate da A. Thomas (1882) e da S. Rachmaninov (1906).

● FRANCHETTI, ALBERTO
(Torino 1860 - Viareggio, Lucca 1942)
Compositore italiano. Iniziò gli studi musicali a Torino e a Venezia, perfezionandosi poi a Monaco di Baviera e a Dresda. La sua produzione musicale fu influenzata dalla scuola tedesca, in particolare da Wagner. La sua copiosa produzione teatrale testimonia altresì la mancanza nel compositore di una vera e propria personalità stilistica, spinta a un uso eclettico di varie espressioni musicali. I suoi maggiori successi teatrali furono *Cristoforo Colombo* (1892) e *Germania* (1902). Attivo anche in campo didattico, fu direttore del Conservatorio di Firenze dal 1926 al 1928.

♦ FRANCI, FRANCESCA
(Roma 1962)
Mezzosoprano italiano. Appartenente a una famiglia di artisti (suo nonno era il celebre basso Benvenuto Franci, il padre Carlo è un

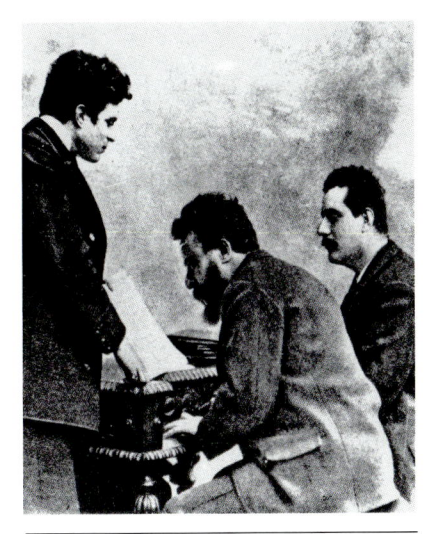

In alto:
scena della *Francesca da Rimini*,
di R. Zandonai.

Sopra:
il compositore italiano
Alberto Franchetti con Mascagni,
a sinistra, e Puccini.

noto direttore d'orchestra e la sorella Raffaella è pianista), la Franci è allieva di R. Celletti, e ha esordito in sede concertistica nel 1985 al Teatro Filarmonico di Verona. Negli anni successivi si è messa in luce come Maddalena (*Rigoletto* di Verdi) al Teatro Comunale di Genova (1987); Rosina (*Il barbiere di Siviglia* di Rossini) al Teatro Petruzzelli di Bari (1988); Suzuki (*Madama Butterfly* di Puccini) al Teatro Comunale di Bologna (1988), dove si esibisce regolarmente. Sempre dal 1988 è ospite del Festival della Valle d'Itria (esordio nella *Maria di Rohan* di Donizetti), alla Scala di Milano nel *Guillaume Tell* (*Guglielmo Tell*) di Rossini. Presente anche nei cartelloni dell'Opera di Roma (dal 1987), del San Carlo di Napoli (dal 1987), del Teatro Comunale di Firenze (dal 1992) e in numerosi altri teatri, ha inoltre cantato all'Opéra di Parigi, a Wiesbaden, ecc. Grazie alle indubbie qualità vocali e a una notevole presenza scenica, la Franci si sta imponendo come una delle piú valide interpreti delle nuove generazioni.

★ **FRATE 'NNAMMURATO, LO**
Opera in tre atti di Giovanni Battista Pergolesi (1710-1736), su libretto di G. A. Federico. Prima rappresentazione: Napoli, Teatro dei Fiorentini, 30 settembre 1732.

La vicenda si svolge a Capodimonte nel 1730. Carlo (tenore), un facoltoso possidente, per creare un maggior vincolo con la famiglia della sua futura sposa Lucrezia (contralto) ha deciso di far maritare le sue due nipoti, Nina (mezzosoprano) e Nena (soprano), una al padre di Lucrezia, Marcaniello (basso), e l'altra a don Pietro (basso), fratello della stessa. Le due ragazze non gradiscono molto gli sposi a loro destinati, perché entrambe sono invaghite di Ascanio (soprano), un giovane trovatello cresciuto in casa di Marcaniello. Ascanio corteggia non solo Nina e Nena, ma anche Lucrezia, la quale rivela il suo amore al giovane. Ascanio, avanzando il pretesto delle sue origini oscure, dichiara a Lucrezia di non poterla sposare; in realtà è attratto da Nina e Nena e non sa quale delle due scegliere. Nel frattempo le due sorelle cercano di liberarsi dei loro promessi sposi: Nena scopre Pietro che corteggia la serva Vannella (soprano), si finge gelosa e manda a monte il matrimonio. Nina fa altrettanto: vede Marcaniello che si intrattiene con Vannella, si finge offesa e mette in dubbio la possibilità di sposarlo. Tutti i progetti di matrimonio stanno così andando in fumo, ma cominciano anche le gelosie tra le donne, su chi delle tre sposerà Ascanio. Marcaniello, indignato per tanto scompiglio, vuole scacciare di casa Ascanio, ma poi si impietosisce e lo perdona. Pietro invece è deciso a togliere di mezzo il giovane rivale: lo insegue con la spada sguainata e lo ferisce a un braccio. Accorre Carlo e, nel medicare Ascanio, da un segno sul braccio riconosce in lui un nipote che gli era stato rapito da bambino: Ascanio è dunque fratello di Nina e di Nena. Il giovane così sposerà Lucrezia: Marcaniello acconsente e Carlo, felice di aver ritrovato il nipote, rinuncia volentieri alle nozze.

Lo frate 'nnammurato e *La serva padrona* sono le opere piú famose di Pergolesi. Composta all'età di ventidue anni, *Lo frate 'nnammurato*, con freschezza e brio, mescola l'italiano e il napoletano "colto".

FRAU OHNE SCHATTEN, DIE
(*La donna senz'ombra*)
Opera in tre atti di Richard Strauss (1864-1949), su libretto di H. von Hofmannsthal. Prima rappresentazione: Vienna, Staatsoper, 10 ottobre 1919.

L'imperatore (tenore) ha sposato una fata, figlia di Keikobad, signore degli spiriti. La giovane è priva di ombra, cioè non è feconda, proprio perché essendo spirito non ha bisogno di generare. Un messaggero (baritono) di Keikobad, annuncia all'imperatrice (soprano) che se entro tre giorni non avrà trovato un'ombra dovrà ritornare nel regno degli spiriti e l'imperatore sarà trasformato in pietra. L'imperatrice, angosciata, accompagnata dalla sua nutrice (mezzosoprano), parte alla ricerca di chi le venda la sua ombra. Giunge così alla casa del tintore Barak (basso-baritono); l'uomo è infelice perché in tre anni di matrimonio sua moglie (soprano) non gli ha voluto dare dei figli. La nutrice guadagna la fiducia della donna, la adula, quindi le propone di soddisfare ogni suo desiderio: in cambio le darà la sua ombra. La donna resiste, ma è continuamente in preda a un esasperato bisogno di uscire da una vita grama, mentre la nutrice la incita a tradire il marito. Dopo una visione, la donna grida a Barak d'averlo tradito. Il tintore si lancia sulla moglie e, alla luce di un fuoco, scopre che la donna è senz'ombra. Sta per ucciderla, ma interviene l'imperatrice: ha capito il male che ha fatto, rinuncia all'ombra e, immediatamente la moglie dichiara di non aver commesso nulla, di aver solamente sognato. Improvvisamente la terra si apre e Barak e la donna sprofondano. Il messaggero insiste perché l'imperatrice si impadronisca dell'ombra della donna. L'imperatore si è già pietrificato, ma l'imperatrice ripete il suo rifiuto: non può salvare il marito se ciò significa condannare a morte due esseri umani. Il suo sacrificio compie il miracolo: l'imperatore torna in vita, mentre un'ombra si stende ai piedi dell'imperatrice. Anche Barak e sua moglie si riuniscono, uscendo dagli abissi in cui erano caduti.

Una scena da *La donna senz'ombra* di R. Strauss.

Il libretto di Hofmannsthal si è ispirato ad antiche leggende orientali, oltre che ad alcune fiabe di Carlo Gozzi e dei fratelli Grimm. Il testo di Hofmannsthal appare impregnato di un simbolismo che spesso si presenta piuttosto oscuro. D'altro canto invece la musica di Strauss è ricca di colori e raffinatezze orchestrali, cosí anche per i ruoli, tutti mirabilmente delineati dal compositore, che ha saputo avvolgere e unire voci e orchestra con la medesima intensità ed espressività. Alla prima rappresentazione alla Staatsoper *Die Frau ohne Schatten* ottenne una calorosissima accoglienza di pubblico e di critica.

FREISCHÜTZ, DER
(*Il franco cacciatore*)
Opera romantica in tre atti di Carl Maria von Weber (1786-1826), su libretto di F. Kind, tratto da un racconto del Gespensterbuck *di A. Apel e F. Laun. Prima rappresentazione: Berlino, Schauspielhaus, 18 giugno 1821.*

L'azione si svolge in un villaggio tedesco, nel XVII secolo. Durante una gara di tiro a segno, Kilian (baritono) batte il giovane guardiacaccia Max (tenore). Il giovane, schernito da tutti, si sta avventando su Kilian, quando giungono il capo cacciatore Kuno (basso) e Caspar (basso), che calmano gli animi. Kuno promette a Max che, se vincerà la gara che avrà luogo al cospetto del principe Ottokar (tenore), sposerà sua figlia Agathe (soprano). Max è quindi avvicinato da Caspar, l'uomo gli promette una sicura vittoria se si affiderà al potere del "cacciatore nero", il demone Samiel (recitante). Max accetta e poco dopo si reca nella Valle del Lupo, dove sancirà il patto. Caspar, che aveva venduto l'anima a Samiel, gli propone uno scambio: lo scioglimento del patto in cambio dell'anima di Max. Samiel accetta. Quando giunge Max, vengono forgiati i proiettili: sono sette, ma uno di questi sarà diretto da Samiel a una vittima da lui prescelta. Il giorno della gara Max trionfa. Il principe vuole che il vincitore, con l'ultima pallottola, colpisca una colomba che vola tra gli alberi; in essa, per volere di Samiel, vi è lo spirito di Agathe. Mentre Max sta per sparare, sente la voce della giovane che invoca pietà. Il colpo però parte, ma colpisce Caspar. Interrogato da Ottokar, Max confessa la verità. Il giovane dovrà nel corso di un anno dimostrare la sua onestà, poi potrà sposare Agathe.

Nata nella forma di *Singspiel*, cioè con parti cantate alternate a parti recitate, l'opera non ottenne alla prima rappresentazione un esito esaltante. Quando però, nell'ottobre dello stesso anno, venne rappresentata a Vienna, ottenne un esito trionfale. *Der Freischütz* con i suoi personaggi, la natura selvaggia che diventa "protagonista", l'elemento soprannaturale, non solo segnò l'avvento, ma divenne il modello dell'opera romantica tedesca.

♦ FRENI, MIRELLA
(Modena 1935)
Nome d'arte di Mirella Fregni, soprano italiano. Dopo aver studiato al Conservatorio di Bologna e a Mantova con E. Campogalliani, ha debuttato come Micaela in *Carmen* a Modena (1955). Due anni dopo ha vinto il Concorso "Viotti" di Vercelli, mentre nel 1959 ha ottenuto un clamoroso successo, sempre come Micaela, al Massimo di Palermo. Già a partire dal 1960 la ritroviamo avviata a una brillante carriera internazionale (Glyndebourne, Covent Garden, ecc.) dove si è inizialmente imposta come interprete di opere di Mozart (*Le nozze di Figaro*, *Don Giovanni*), Donizetti (*L'elisir d'amore*), Puccini (*Bohème*, *Turandot*) e Verdi (*Falstaff*). Proprio come Nannetta nel *Falstaff* ha fatto il suo ingresso alla Scala di Milano nel 1962, dove nella stagione successiva si è imposta come Mimí nella celebre edizione di *Bohème* firmata da Karajan e Zeffirelli. La sua bellissima voce di soprano lirico, musicalissima, il suo uso espressivo del fraseggio, uniti a una non comune intelligenza interpretativa, le hanno consentito di mantenere pressoché intatta negli anni questa sua organizzazione vocale. La Freni ha cosí potuto affrontare con esiti

A sinistra:
disegno per *Il franco cacciatore*
di C.M. von Weber.

In alto:
il soprano italiano Mirella Freni.

LA VOCALITÀ NELL'OPERA ROMANTICA TEDESCA

Con la prima rappresentazione, il 18 giugno 1821, del *Freischütz* di Weber, nasce l'opera nazionale tedesca. Infatti il capolavoro si pone immediatamente come modello musicale per le successive generazioni di compositori. L'ambientazione popolare (che ispirerà poi il Wagner dei *Meistersinger*), la presenza della natura, evocata anche come richiamo al fantastico, al soprannaturale, sono sicuramente tra i principali aspetti che sottolineano il valore storico dell'opera di Weber, e accanto a ciò, nel *Freischütz*, Weber crea i prototipi vocali e psicologici, che verranno poi ampiamente ripresi da altri compositori tedeschi. Il personaggio di Agathe, che rappresenta la purezza, la soavità, è affidato da Weber alla voce di soprano lirico: il canto è estatico e rifugge da esibizioni di tipo virtuosistico, ma da Agathe si può tranquillamente affermare che derivi l'Elisabeth del *Tannhäuser* di Wagner. Il demoniaco Caspar aprí poi la strada all'uso della voce di basso per ruoli negativi (un precedente può essere considerato il Pizarro del *Fidelio* di Beethoven), e Weber usa questa vocalità sfruttando le risonanze cupe, ma anche le piú veementi. Questo registro vocale nell'opera tedesca assumerà da qui una connotazione che potremmo definire ambigua, e ciò diventerà normale nell'uso che ne farà Wagner: i suoi maggiori ruoli, infatti, scritti per il registro di basso, sono in realtà dei bassi-baritoni: tale è l'Olandese, ma anche Amfortas, Wotan, Hagen, Alberich, mentre rientrano per cosí dire nella regola ruoli come il Langravio del *Tannhäuser*, il Re del *Lohengrin* o Re Marke del *Tristan und Isolde*, che sono però ruoli che potremmo definire marginali, psicologicamente meno definiti, rispetto agli altri. Ancora nel Weber del *Freischütz* il ruolo di Max presenta una vocalità con connotazioni baritonali, non particolarmente estesa nel registro acuto e scevra da virtuosismi; ben altre caratteristiche compaiono nelle altre due opere piú note di Weber, *Euryanthe* e *Oberon*. Nella prima un particolare interesse viene dai personaggi negativi di Eglantine e Lysiart che anticipano, con una vocalità sferzante e declamatoria, i wagneriani Ortruda e Telramondo del *Lohengrin*; peraltro Eglantine e Lysiart rappresentano i due ruoli di maggior spicco affidati alle voci di mezzosoprano e baritono, almeno per ciò che riguarda le due opere weberiane maggiori (nell'*Oberon* infatti Fatima e Scherasmin sono ruoli di contorno), mentre in Wagner hanno ancora un carattere decisamente ibrido: Ortruda può essere interpretata infatti indifferentemente da un mezzosoprano (con una certa estensione) o da un soprano. La predilezione dei compositori tedeschi è quasi essenzialmente rivolta alle voci acute di soprano e tenore; solo con Wagner le voci di basso, baritono, un po' meno quella di mezzosoprano, trovano una personale, ma adeguata collocazione.

Nell'*Oberon*, il clima cavalleresco e fantastico fa sí che anche la vocalità dei personaggi si rivesta di quest'aura: cosí Huon e Rezia, pur mantenendo una sostanziale liricità, sfoggiano impennate e agilità di forza. Una chiara tendenza alla vocalità "eroica" si accentuerà in Wagner, che già con *Rienzi* troverà la massima espressione nell'*Heldentenor* nel quale si inseriscono i ruoli di Tannhäuser, Siegmund, Siegfried, Tristano e Parsifal. Il soprano wagneriano si mostra piú lirico in parti come quella di Elisabetta (*Tannhäuser*), Elsa (*Lohengrin*) e Eva (*Meistersinger*), Sieglinde (*Walküre*); mentre caratteristiche di soprano drammatico compaiono già in Senta (*Der fliegende Holländer*), per arrivare ai ruoli di Brunhilde, Isolde e Kundry.

A destra:
un'illustrazione della partitura di *Tristano e Isotta*, edizione Ricordi 1907.

In alto:
due interpreti delle prime rappresentazioni del *Parsifal* a Bayreuth, nell'estate del 1882; H. Gudehus (a sinistra) e M. Brandt (a destra).

positivi ruoli estranei alla sua vocalità: Manon Lescaut, Tosca, Aida, Elisabetta di Valois, ecc. Magistrali le sue Tatiana in *Evgenij Onegin* (*Eugenio Oneghin*) e Lisa in *Pikovaja Dama* (*La dama di picche*), ruoli che ha interpretato sui maggiori palcoscenici mondiali. Mirella Freni è ancora oggi uno dei piú quotati soprani in campo internazionale.

♦ FREY, PAUL
(Heldelberg, Toronto 1942)
Tenore canadese. Ha iniziato gli studi musicali nel 1963, diventando allievo del baritono L. Quilico a Toronto. La sua carriera si è inizialmente svolta in Canada, dove ha cantato in piccole parti in opere e oratori. Dopo aver colto il suo primo successo come protagonista nel *Werther* di Massenet a Toronto, nel 1978 si è trasferito in Europa, a Basilea, dove si è specializzato nel repertorio tedesco. Particolarmente apprezzata è la sua interpretazione del *Lohengrin* di Wagner, che ha cantato un po' ovunque, in Germania (a Bayreuth dal 1987), Francia, ecc. Accanto a Wagner, del quale ha interpretato anche *Parsifal* e *Die Meistersinger von Nürnberg* (*I maestri cantori di Norimberga*), Frey è conosciuto come interprete di Strauss, del quale ha cantato *Ariadne auf Naxos* (*Arianna a Nasso*), *Daphne* (*Dafne*), *Die Liebe der Danae* (*L'amore di Danae*) e *Capriccio*. Il repertorio di Frey comprende inoltre opere di Mozart, Weber (*Oberon*) e Beethoven (*Fidelio*).

♦ FRICK, GOTTLOB
(Ölbronn, Württemberg 1906)
Basso tedesco. Ha compiuto gli studi musicali a Stoccarda, dove ha iniziato la carriera nel 1927. Nel 1934 ha debuttato come Daland in *Der fliegende Holländer* (*Il vascello fantasma*) a Coburg. A partire dal 1940 si è prodotto nella compagnia dell'Opera di Stato di Dresda e dal 1950 in quella dell'Opera di Berlino. Attivo anche a Vienna, Monaco, Londra, Salisburgo, Bayreuth, ecc. Frick ha in particolar modo legato la sua fama ad alcuni ruoli wagneriani (Hunding, Hagen, Fasolt e Gurnemanz) oltre a Caspar in *Der Freischütz* (*Il franco cacciatore*) e a Rocco in *Fidelio*.

■ FRICSAY, FERENC
(Budapest 1914 - Basilea 1963)
Direttore d'orchestra ungherese naturalizzato austriaco. Allievo di Kodály e Bartók a Budapest, iniziò la sua attività di direttore presso l'Orchestra sinfonica e all'Opera di Szeged (1934-44). Particolarmente significativa ai fini della sua carriera fu la sua presenza al Festival di Salisburgo, dove diresse la prima mondiale di *Dantons Tod* (*La morte di Danton*) di G. von Einem (1947). Sempre a Salisburgo diresse poi in prima versione scenica *Le vin herbé* (*Il vino fatturato*) di F. Martin nel 1948 e *Antigonae* (*Antigone*) di C. Orff nel 1949. Direttore nelle principali istituzioni teatrali e concertistiche tedesche e austriache (Deutsche Oper di Berlino, Staatsoper di Vienna, Bayerische Staatsoper di Monaco, ecc.), Fricsay fu assai attivo nel campo dell'opera, mettendosi particolarmente in luce nel repertorio mozartiano.

★ FRIEDENSTAG
(*Giorno di pace*)
Opera in un atto di Richard Strauss (1864-1949), su libretto di J. Gregor. Prima rappresentazione: Monaco, Nationaltheater, 24 luglio 1938.

L'azione si svolge il 24 ottobre 1648, in una città assediata durante la guerra dei Trent'anni. L'imperatore ha ordinato di resistere a ogni costo, ma la popolazione, stremata, invoca la resa. Il comandante (baritono) decide allora di morire facendo saltare la cittadella. Maria (soprano), la sua impavida moglie, vuole seguire la stessa sorte del marito. Quando la miccia è già pronta, tre colpi di cannone segnano la fine della guerra. Il comandante, che sospetta un tranello, accoglie con le armi il comandante degli assedianti. Interviene però Maria, che evita il compiersi di una tragedia: l'opera si chiude con un inno alla pace.

Lo scarso valore del libretto di Gregor, tratto da *El sitio de Breda* di P. Calderón de la Barca e malgrado una revisione di Stefan Zweig, costituisce il principale punto debole di questa partitura. Lo stesso Strauss non trovò in questo soggetto una particolare linfa vitale; cosí la stessa musica è alquanto convenzionale, estranea allo spirito del compositore.

■ FULTON, THOMAS
(Memphis, Tennessee 1950)
Direttore d'orchestra statunitense. Ha iniziato giovanissimo lo studio del pianoforte, esibendosi come solista all'età di quattordici anni. Ha quindi studiato al Curtis Institute di Filadelfia, dove ha intrapreso l'attività direttoriale come assistente (1975-77). Sempre con la stessa carica si è prodotto ad Amburgo (1977-78) e al Metropolitan di New York (dal 1978). Dopo il debutto ufficiale nel 1981, Fulton si è prodotto in numerosi teatri americani ed europei, facendosi apprezzare in particolare nel repertorio francese: *Robert le diable* (*Roberto il diavolo*) di Meyerbeer all'Opéra di Parigi, *Manon* a Parma, ecc. Proprio in questo campo ha diretto le prime incisioni di *Le postillon de Longjumeau* (*Il postiglione di Longjumeau*) di A. Adam e *La muette de Portici* (*La muta di Portici*) di D.-F. Auber.

★ FUOCHI DI SAN GIOVANNI, I
vedi *Feuersnot*

In alto:
una scena da *Giorno di pace*,
di R. Strauss.

A sinistra:
il soprano italiano
Mirella Freni.

★ **FURIOSO ALL'ISOLA DI SAN DOMINGO, IL**
Opera in due atti di Gaetano Donizetti (1797-1848), su libretto di J. Ferretti, da un episodio del Don Quijote *di M. de Cervantes. Prima rappresentazione: Roma, Teatro Valle, 2 gennaio 1833.*

Impazzito a causa dell'infedeltà della moglie Eleonora (soprano), Cardenio (baritono) vaga lacero e scarmigliato, seminando il terrore tra gli abitanti dell'isola di San Domingo. Sull'isola approda, dopo una tempesta, una nave su cui è imbarcata Eleonora, partita alla ricerca del marito. Un altro uragano porta anche Fernando (tenore), fratello di Cardenio, anch'egli alla ricerca di tracce dello scomparso. Eleonora e Fernando scoprono così che il "Furioso" è in realtà il loro congiunto e con l'aiuto di alcuni abitanti dell'isola cercano di riportarlo alla ragione. Dopo una serie di peripezie, nelle quali sta per uccidere la moglie per poi tentare il suicidio, Cardenio alla fine riacquista la ragione e perdona la moglie pentita.

Alla prima rappresentazione l'opera ottenne un notevole successo, dovuto in buona parte all'ottima compagnia di canto, dominata dall'allora ventiduenne baritono G. Ronconi, un cantante che già presentava quelle notevoli doti artistiche che lo avrebbero poi portato a essere il primo interprete del *Nabucco* di Verdi.

♦ **FURLANETTO, FERRUCCIO**
(Sacile, Pordenone 1949)
Basso italiano. Dopo gli studi universitari, a partire dal 1972 si è dedicato allo studio del canto. Dopo aver preso parte a numerosi concorsi, nel 1974 ha debuttato a Lonigro come Sparafucile (*Rigoletto*). Sempre nel 1974, a Trieste, ha interpretato Colline (*La bohème*). Ha quindi iniziato un'importante carriera internazionale sui principali palcoscenici lirici: Scala di Milano (*Macbeth, Don Giovanni, I vespri siciliani*), San Francisco (*La Gioconda*), Covent Garden (*Don Giovanni*), Salisburgo (*Don Carlo, Don Giovanni*). Sebbene non particolarmente dotato vocalmente, Furlanetto si è distinto soprattutto nel repertorio mozartiano, dove si è messo in luce soprattutto per le buone doti di interprete.

■ **FURTWÄNGLER, WILHELM**
(Berlino 1886 - Baden-Baden 1954)
Direttore d'orchestra e compositore tedesco. Studiò a Monaco con J. Rheinberger e con M. von Schillings e successivamente a Berlino. Iniziò l'attività direttoriale a Monaco (1906) per poi dirigere a Zurigo e Lubecca (1915-20). Fu quindi nelle principali istituzioni musicali e teatrali dell'area tedesca: Gewandhaus di Lipsia, Filarmonica di Berlino (1922-28), Filarmonica di Vienna (1927-30), Festival di Bayreuth a Salisburgo. Dopo esser stato assolto dalle accuse di collaborazionismo con il nazismo, dal 1947 alla morte riprese a dirigere nei maggiori teatri europei e nei grandi festival. Come direttore d'opera, Furtwängler eccelse come interprete del *Fidelio* di Beethoven, delle opere di Mozart: *Don Giovanni* e *Die Zauberflöte* (*Il flauto magico*), Weber: *Der Freischütz* (*Il franco cacciatore*) e Wagner: *Der Ring des Nibelungen* (*L'anello del nibelungo*), ecc.

● **FUX, JOHANN JOSEPH**
(Hirtenfeld, Stiria 1660 - Vienna 1741)
Compositore austriaco. Figlio di contadini, studiò a Graz, all'Università dei Gesuiti (1680). Lasciò quindi la città austriaca recandosi con tutta probabilità in Italia, dove continuò gli studi. A partire dal 1696 lo troviamo a Vienna, dove ebbe la carica di organista alla Schottenkirche (1696-1702). Nominato *Hofkompositor* (1698), fu quindi attivo nella cattedrale di Santo Stefano (1705-15) e come maestro di cappella di Guglielmina Amalia, vedova dell'imperatore. Oltre alla vasta produzione in campo strumentale, in campo musicale troviamo oratori, musica sacra e opere, che ne hanno fatto uno dei massimi esponenti del barocco austriaco.

*In alto:
il basso italiano
Ferruccio Furlanetto.*

*A destra:
una scena da
Il furioso all'isola di San Domingo,
di G. Donizetti.*

★ GALLO D'ORO, IL
vedi *Zolotoï Petusok*

● GALUPPI, BALDASSARRE, DETTO IL BURANELLO
(Burano, Venezia 1706 - Venezia 1785)
Compositore italiano. Iniziò a studiare con il padre per esordire senza successo all'età di sedici anni con l'opera *Gli amici rivali*. Grazie all'interessamento di B. Marcello, il giovane Baldassarre proseguí gli studi musicali con A. Lotti. Nel 1726 fu attivo a Firenze. Fu nuovamente a Venezia, quindi a Torino dove, tra il 1737 e il 1740, compose le opere *Issipile e Adriano* e *Adriano in Siria*. La sua intensa attività si svolse essenzialmente a Venezia dove fu maestro di cappella a San Marco e maestro del coro all'Ospedale degli Incurabili (1762). Fu anche a Londra (1741) e a San Pietroburgo (1765-67). La copiosa produzione di Galuppi copriva i generi dell'opera, della musica strumentale e dell'oratorio, nei quali si è imposto come uno dei compositori piú vitali e originali del XVIII secolo. Tra le sue opere si ricordano *Scipione in Cartagine* (1742), *Il filosofo di campagna* (1754) e *Il re pastore* (1762), e numerose altre sia nel genere serio che in quello dell'opera buffa, molte delle quali sono nate in collaborazione con C. Goldoni.

♦ GAMBILL, ROBERT
(Indianapolis, Indiana 1955)
Tenore statunitense. Ha compiuto gli studi musicali in Europa, alla Hochschule für Musik di Amburgo (1976-81). Ha iniziato ad esibirsi sui palcoscenici di Ginevra, Francoforte e Wiesbaden, ha quindi esordito alla Scala nel 1981, nella prima rappresentazione mondiale di *Donnerstag aus Licht* (Giovedí da "Luce") di Stockhausen, che poi ha interpretato all'Holland Festival, a Stoccarda e al Maggio Musicale Fiorentino. Membro stabile dei teatri di Wiesbaden (1981-83) e di Zurigo (1984-87), Gambill si è quindi esibito nei maggiori festival europei. Il repertorio di Gambill si basa essenzialmente su opere di Mozart, Rossini e Donizetti.

♦ GANZAROLLI, VLADIMIRO
(Piacenza d'Adige, Padova 1932)
Basso-baritono italiano. Dopo gli studi di canto con I. Adami Corradetti, si è qualificato a un concorso ENAL-RAI. Ha debuttato al Teatro Nuovo di Milano nel *Faust* di Gounod. Ha iniziato quindi una brillante carriera specializzandosi nel repertorio buffo settecentesco. Apprezzato interprete mozartiano, ha preso parte a importanti incisioni discografiche di *Don Giovanni*, *Le nozze di Figaro*, *Cosí fan tutte* (1970-73) e di *La vera costanza* di Haydn (1977).

♦ GARCISANZ, ISABEL
(Madrid 1934)
Soprano spagnolo. Ha studiato al Conservatorio di Madrid. Dopo aver ottenuto una borsa di studio, si è perfezionata a Vienna, dove ha esordito in *Le comte Ory* (*Il conte Ory*) di Rossini. Ingaggiata alla Staatsoper, ha cantato in opere di Donizetti e Ravel. Dopo aver interpretato Serpetta in *La finta giardiniera* di Mozart a Strasburgo, si è internazionalmente imposta come interprete mozartiana (Susanna, Cherubino, Contessa, ecc.). Il suo repertorio, assai vasto, comprende opere come *L'Ormido* di Cavalli, *Zéphire* (Zefiro) di Rameau, *Le roi malgré lui* (*Il re suo malgrado*) di Chabrier, ecc.

■ GARDELLI, LAMBERTO
(Venezia 1915)
Direttore d'orchestra. Ha compiuto gli studi musicali a Pesaro e Roma, dove è stato assistente di T. Serafin. Ha debuttato all'Opera di Roma nel 1945 (*La traviata*). Si è quindi prodotto all'Opera di Stoccolma (1946-55), a Budapest dove, dal 1960, dirige regolarmente con i complessi dell'Opera di Stato e della Radio ungherese, a Glyndebourne (dal 1964), al Metropolitan (dal 1966), al Covent Garden (1969) e in numerosi altri centri musicali e teatrali internazionali. Divenuto celebre per le sue discusse incisioni discografiche di opere del primo Verdi (*Un giorno di regno*, *I lombardi*, *Attila*, *I masnadieri*, *I due Foscari*, *Il corsaro*, *Stiffelio* e *Alzira*), Gardelli da anni si occupa dell'esecuzione di opere di O. Respighi, del quale ha inciso *La fiamma* (1984), *Belfagor* e *Maria Egiziaca* (1989).

■ GARDINER, JOHN ELIOT
(Fontmell Magna, Dorset 1943)
Direttore d'orchestra inglese. Ha compiuto gli studi musicali con T. Dart e G. Hurst a Londra e con N. Boulanger a Parigi. Ha quindi fondato il Monteverdi Choir, con il quale ha esordito nel 1966. Specializzatosi nel repertorio musicale del XVII e XVIII secolo, ha curato ed eseguito importanti revisioni di opere, come *Orfeo* di Monteverdi; *Dardanus*, *Les fêtes d'Hébé* (*Le feste di Ebe*), ecc. di Rameau; *Scylla et Glaucus* (Scilla e Glauco) di Leclair; *Iphigénie en Tauride* (*Ifigenia in Tauride*), ecc. di Gluck, opere che ha diretto in numerosi festival e in importanti teatri europei e americani (Covent Garden di Londra, Sadler's Wells, Aix-en-Provence, ecc.). Con l'*ensemble* strumentale dell'English Baroque Soloists, da lui fondato nel 1978, ha poi dato vita a numerose esecuzioni di musiche strumentali, sacre e oratori di Monteverdi, Händel, Bach e di altri autori barocchi. Direttore del Göttingen Festival e direttore musicale all'Opéra di Lione (1982-87), Gardiner, al di fuori del repertorio antico, ha diretto anche opere di Mozart, Chabrier, Berlioz, Messager e Offenbach.

♦ GARINO, GERARD
(Lancon de Provence 1949)
Tenore francese. Parallelamente agli studi di medicina, si dedica al canto al Conservatorio di Bordeaux. Dopo essersi perfezionato con A. Pola in Italia, ha riportato la vittoria in due importanti concorsi di canto (1973 e 1977), esordendo quindi al Grand Théâtre di Bordeaux come Almaviva (*Il barbiere di Siviglia* di Rossini). In questo teatro si è poi regolarmente esibito in *La dame blanche* (*La dama bianca*) di Boïeldieu, *Lakmé* di Delibes, *Mireille* (Mirella) di Gounod, ecc. Successivamente ha cantato a Tolosa in *Cosí fan tutte* di Mozart, Aix-en-Provence in *Les pecheurs de perles* (*I pescatori di perle*) di Bizet e in altri teatri della provincia francese (Nizza, Nantes, Tolone, ecc.). Nel 1984 ha debuttato all'Opéra di Parigi (*Il matrimonio segreto* di Cimarosa), producendosi anche

Il compositore italiano Baldassarre Galuppi.

all'estero: Opéra di Liegi, Treviso, Rovigo, Madrid, ecc. Le sue buone doti vocali, unite a un'indubbia sensibilità di fraseggiatore, sono emerse nelle sue interpretazioni discografiche del *Don Sanche* di Liszt (1985) e nel *Pittor parigino* di Cimarosa (1988).

♦ GARNER, FRANÇOISE
(Nérac 1933)
Soprano francese. Ha compiuto gli studi musicali inizialmente al Conservatorio di Parigi e successivamente all'Accademia di Santa Cecilia di Roma e a Vienna. Nel 1963 ha esordito in *The Last Savage* (*L'ultimo selvaggio*) di G. Menotti, all'Opéra Comique di Parigi. Si è quindi esibita nel repertorio cosiddetto di "coloratura" (Lakmé, Rosina, Olympia, Lucia, Gilda, ecc.). Attorno alla metà degli anni Settanta ha allargato il suo repertorio a ruoli di soprano lirico e lirico d'agilità (Margherita, Juliette, ecc.).

♦ GASDIA, CECILIA
(Verona 1959)
Soprano italiano. Ha compiuto gli studi musicali al Conservatorio di Verona, dove si è diplomata in pianoforte nel 1980. Nel 1981 ha vinto la prima edizione del Concorso "Maria Callas" indetto dalla RAI. Dopo aver debuttato in *Luisa Miller* a Pavia, si è clamorosamente affermata alla Scala, sostituendo M. Caballé nell'*Anna Bolena* (1982). Inizia cosí una brillante carriera, che negli anni successivi l'ha vista protagonista di importanti avvenimenti musicali e teatrali: *The Rake's Progress* (*La carriera di un libertino*) con la regia di K. Russell (Firenze, 1982); *Mosè in Egitto* e *Moïse et Pharaon* (*Mosè e il Faraone*) a Pesaro e all'Opéra di Parigi (1983); *La traviata* con la regia di F. Zeffirelli (Firenze, 1985). La Gasdia ha orientato il suo repertorio soprattutto nell'ambito del repertorio belcantista italiano, in particolare a Rossini, del quale ha eseguito numerose partiture.

■ GATTI, DANIELE
(Milano 1961)
Direttore d'orchestra italiano. Allievo di A. Corghi, per la composizione, e di G. Bellini, per la direzione d'orchestra al Conservatorio di Milano, nel 1987, dopo aver vinto la terza edizione del Laboratorio Lirico di Alessandria, ha esordito dirigendo l'opera *Giovanna d'Arco* di Verdi. Nel 1988 ha diretto al Petruzzelli di Bari (*Il barbiere di Siviglia*) e alla Scala di Milano (*L'occasione fa il ladro*). Dal 1989 è ospite del Rossini Opera Festival di Pesaro, dove ha diretto *Bianca e Faliero* e *Tancredi* (1991), mentre particolarmente rilevante è la sua presenza al Teatro Comunale di Bologna, dove ha diretto *I Capuleti e i Montecchi* (1989), *Rigoletto*, *Un ballo in maschera* (1990) e *Mosè in Egitto* (1991). Attivo anche in campo sinfonico e dell'insegnamento (docente di direzione d'orchestra al Conservatorio di Parma), si sta affermando anche sui maggiori palcoscenici internazionali.

♦ GAVANELLI, PAOLO
(Monselice, Padova 1959)
Baritono italiano. Ha studiato canto privatamente con D. Cestari. Ha esordito come Leporello (*Don Giovanni* di Mozart), nel 1985, al Teatro Donizetti di Bergamo. Nelle stagioni 1988-89 ha colto le prime importanti affermazioni al Liceu di Barcellona (*Faust* di Gounod), al teatro La Zarzuela di Madrid come Marcello nella *Bohème*, un ruolo da lui interpretato anche alla Fenice di Venezia (1989), al Teatro Comunale di Bologna (1991), all'Opera di Monaco di Baviera (1991) e alla Staatsoper di Vienna (1991). Tra le altre tappe fondamentali della sua già brillante carriera vanno ricordati il suo esordio al Metropolitan di New York con *Il trovatore* (1990), dove ha poi interpretato *I puritani* e *La traviata* (1991) e le sue presenze nei cartelloni dell'Opera di San Francisco (*Andrea Chénier*, 1992), alla Chicago Opera (*Un ballo in maschera*), a Stoccarda (*Andrea Chénier*, 1989), oltre che nei maggiori teatri italiani: Scala di Milano (dal 1991), Opera di Roma (dal 1990), Carlo Felice di Genova (dal 1991), "Rossini Opera Festival" di Pesaro (dal 1989), Arena di Verona (1992). Il suo repertorio è essenzialmente basato sui maggiori ruoli del repertorio verdiano (*Aida*, *Rigoletto*, *Traviata*, *Otello*, ecc.), ai quali si aggiungono il Figaro del *Barbiere di Siviglia* di Rossini e il Gerard dell'*Andrea Chénier* di Giordano. Qualità vocali, interpretative e un'innata musicalità ne fanno uno dei piú quotati baritoni in campo internazionale.

■ GAVAZZENI, GIANANDREA
(Bergamo 1909)
Direttore d'orchestra, compositore, critico e musicologo italiano. Ha compiuto gli studi di pianoforte con R. Lorenzoni e composizione con I. Pizzetti al Conservatorio di Milano. Dopo essersi diplomato ha iniziato una brillante e intensa carriera direttoriale dedicandosi in particolar modo al teatro lirico italiano ottocentesco e contemporaneo. In questo settore ha diretto le prime esecuzioni di *La figlia di Jorio* (1954) e *Assassinio nella cattedrale* (1958) di I. Pizzetti. Il nome di Gavazzeni è legato al Teatro alla Scala, dove iniziò a dirigere dal 1948, e dove ha recentemente diretto *Adriana Lecouvreur* (1989), *Madama Butterfly* (1990) e *La bohème* (1991). Nel 1991 ha sposato il soprano D. Mazzola.

● GAZZA LADRA, LA
Commedia in due atti e quattro quadri di Gioachino Rossini (1792-1868), su libretto di G. Gherardini, dal dramma La pie voleuse *di D'Aubigny e L.-Ch. Caignez. Prima rappresentazione: Milano, Teatro alla Scala, 31 maggio 1817.*

• 150

Il soprano italiano
Cecilia Gasdia.

In un villaggio francese, alla fine del XVII secolo Giannetto (tenore), figlio del ricco possidente Fabrizio (basso), torna a casa dopo aver terminato il servizio militare. Tutti lo festeggiano, in particolare Ninetta (soprano), una giovane serva che ama il giovane padrone ed è da lui ricambiata. Poco dopo Fernando (basso), il padre di Ninetta, giunge di nascosto in casa di Fabrizio e confessa alla figlia di essere ricercato dalle autorità con l'accusa di diserzione. Fernando, a corto di denaro, consegna a Ninetta una posata d'argento perché la venda per dargli poi il ricavato. Più tardi una gazza sottrae un cucchiaio d'argento appartenente a Fabrizio. Sua moglie Lucia (mezzosoprano), si accorge della sparizione della posata e accusa Ninetta di furto, dopo che è venuta a sapere che la ragazza ha appena venduto una posata al venditore ambulante Isacco (tenore). Ninetta viene così arrestata dal podestà (basso), il quale si vuole vendicare di lei che ha respinto le sue profferte amorose. Durante il processo, che vede la condanna a morte di Ninetta, compare Fernando: l'uomo vorrebbe salvare la figlia, ma è a sua volta tratto in arresto. Nel frattempo Pippo (contralto), un servo di Fabrizio, scopre che l'autrice del furto è la gazza. Ninetta viene così liberata e nello stesso momento giunge anche la grazia per Fernando. L'opera si chiude così tra l'allegria generale.

L'opera alla prima rappresentazione non ottenne un particolare successo, mentre venne apprezzata a Parigi. Tranne la sinfonia, *La gazza ladra* cadde poi nell'oblio scomparendo dai palcoscenici. Solo in anni piuttosto recenti ha avuto alcune importanti riprese sceniche, che hanno segnato la riscoperta e la giusta rivalutazione di questo Rossini "semiserio".

● GAZZANIGA, GIUSEPPE
(Verona 1743 - Crema, Cremona 1818) Compositore italiano. Studiò a Napoli e tra i suoi insegnanti ebbe N. Porpora e N. Piccinni (1761-70). Esordì come compositore d'opera al Teatro Nuovo di Napoli con l'intermezzo *Il barone di Trocchia* (1768). Fu quindi a Roma, Venezia, dove conobbe A. Sacchini, per mezzo del quale ottenne l'incarico di comporre un'opera per il Teatro di Corte di Vienna, *Il finto cieco* (1770), che malgrado lo scarso apprezzamento ottenuto, gli aprí la via al successo. Al suo ritorno in Italia, nel 1771, iniziò un'intensa attività di compositore. Fu a Monaco e a Dresda, e successivamente maestro di cappella a Urbino (1775-76) e a Crema (1791), dove rimase fino alla morte. Nella sua vasta produzione teatrale, soprattutto di genere comico, troviamo un *Don Giovanni o Il convitato di pietra* (Venezia, 1787) che anticipò di pochi mesi il *Don Giovanni* di Mozart.

● GAZZETTA, LA
Opera buffa in due atti di Gioachino Rossini (1792-1868), su libretto di G. Palomba. Prima rappresentazione: Napoli, Teatro dei Fiorentini, 26 settembre 1816.

L'ingenuo don Pomponio (basso) ha fatto mettere sulla "Gazzetta" un annuncio matrimoniale per la figlia Lisetta (soprano). Questa, per niente d'accordo con il padre, è più che mai decisa a sposare il locandiere Filippo (tenore). E proprio alla locanda di Filippo si presenta Alberto (tenore), che ha letto l'annuncio sulla "Gazzetta" e riconosce in Lisetta la giovane in cerca di marito. Lisetta, con l'aiuto di Filippo, smentisce seccamente. Alberto, turbato, si rivolge allora a Doralice (mezzosoprano), una giovane che alloggia nella locanda con il padre Anselmo (basso), sperando che sia lei la ragazza dell'inserzione. Ma Doralice nega con sdegno. Alberto questa volta però non demorde e, invaghitosi di Doralice, decide di rivolgersi direttamente al padre della ragazza; ma anziché parlare con Anselmo, si dichiara a don Pomponio. Dopo aver fatto una formale richiesta di matrimonio, Alberto vanta le sue nobili origini, che risalgono addirittura a Filippo il Macedone. Pomponio, tutto soddisfatto, annuncia alla figlia che ha deciso di darla in sposa a un certo Filippo. Lisetta, credendo si tratti del suo fidanzato, acconsente ma, quando si trova davanti Alberto, vuole il vero Filippo, mentre Alberto vuole Doralice. Ne nascono una serie di equivoci e di scompigli, che però giungono al lieto fine, con i logici matrimoni: Lisetta con il suo Filippo, mentre Alberto sposa Doralice.

In alto:
una scena da *La gazza ladra*,
di G. Rossini.

A sinistra:
il direttore d'orchestra italiano
Gianandrea Gavazzeni.

Salvo alcune differenze, il soggetto de *La gazzetta*, è tratto dalla commedia di Carlo Goldoni *Il matrimonio per concorso* del 1762. Questa partitura fresca e divertente è preceduta da un'ouverture, che Rossini riutilizzò per *La Cenerentola* (1817).

♦ GEDDA, NICOLAI
(Stoccolma 1925)
Nome d'arte di Nicolai Ustinov, tenore svedese. Di padre russo e di madre svedese, ha studiato canto nella sua città natale, prima con il padre e poi con M. Oehamann. Nel 1952 ha esordito nel ruolo di Chapelou in *Le postillon de Longjumeau* (Il postiglione di Longjumeau) di Adam, iniziando subito una brillante carriera e un'intensa attività in campo internazionale: alla Scala per la prima esecuzione de *Il trionfo d'Afrodite* di Orff, all'Opéra di Parigi (1952), a Aix-en-Provence (1954), al Covent Garden, al Metropolitan, ecc. Interprete di un vastissimo repertorio di oltre 60 titoli, Gedda per sensibilità, tecnica e fraseggio, si è particolarmente distinto nel repertorio francese (Faust, Roméo, Benvenuto Cellini, Enée, Werther, Des Grieux, ecc.). Particolarmente significativo anche il suo apporto all'opera russa, dove è stato uno dei migliori interpreti di Lenski in *Evgenij Onegin* (*Eugenio Oneghin*), Dimitrij in *Boris Godunov*. Molto attivo anche in sede concertistica, Gedda ancora oggi si esibisce in recital e in incisioni discografiche.

■ GELMETTI, GIANLUIGI
(Roma 1945)
Direttore d'orchestra italiano. Dopo gli studi musicali all'Accademia di Santa Cecilia a Roma dove si è diplomato in direzione d'orchestra nel 1965, si è perfezionato con F. Ferrara (1962-67), S. Celibidache e H. Swarowsky. Dal 1976 ha iniziato a dirigere sui palcoscenici dei maggiori teatri italiani, segnalandosi in particolare in importanti riprese di opere fuori repertorio, come *Les martyrs* (I martiri) di Donizetti alla Fenice di Venezia (1978), *La buona figliola* di Piccinni all'Opera di Roma (1981), *Výlet pana Broučka do měsíce* (*Il viaggio del signor Brouček sulla luna*) di L. Janáček a Genova (1987), *Le maschere* di Mascagni al Comunale di Bologna (1988), *Les Danaïdes* (Le Danaidi) di Salieri al Ravenna Festival (1990). Attivo anche in campo internazionale, Gelmetti dal 1989 è direttore stabile dell'orchestra sinfonica della S.D.R. di Stoccarda, e dal 1990 è direttore musicale de l'Orchestre Philharmonique di Montecarlo.

GEMMA DI VERGY
Opera in due atti di Gaetano Donizetti (1797-1848), su libretto di G.E. Bidera, tratto da Charles VII chez ses grands vassaux *di A. Dumas padre. Prima rappresentazione: Milano, Teatro alla Scala, 26 dicembre 1834.*

L'azione si svolge in Francia nel 1428. Nel castello di Vergy, si attende il ritorno del conte (baritono), giunge però prima la notizia che il nobiluomo, per assicurare una successione alla sua casata, ha ripudiato la moglie Gemma (soprano), ed ora si accinge a sposare Ida di Greville (mezzosoprano). Tamas (tenore), un giovane arabo, schiavo preferito del conte, difende i diritti di Gemma, della quale è segretamente innamorato. Quando Ida giunge al castello, Gemma, sotto le vesti di damigella di corte, penetra nelle stanze con lo scopo di uccidere la giovane. Viene fermata da Tamas, che rivela a Gemma il suo amore, proponendole di fuggire con lui. Ma Gemma non l'ascolta, e disperata maledice lo sposo che l'ha tradita, poi, quando Tamas si allontana, presa dal rimorso, rivolge la sua preghiera a Dio perché il conte possa vivere felice con la sua nuova moglie. In quell'istante si odono delle grida: il conte è stato assassinato da Tamas, durante la cerimonia nuziale e subito dopo

In alto:
il tenore svedese Nicolai Gedda.

A destra:
una scena da *La gazzetta*,
di G. Rossini.

il suo omicida si toglie la vita. L'opera si chiude con una grande scena in cui Gemma invoca a sua volta la morte.

Dopo la prima rappresentazione scaligera del 1834, *Gemma di Vergy* godette di grande popolarità: venne rappresentata ovunque in Europa e anche in America (1843) e Russia (1847). In tempi recenti, dopo un periodo di oblio (l'ultima rappresentazione risale al 1901), grazie alla presenza di M. Caballé, l'opera è ritornata sulle scene del Teatro San Carlo di Napoli (1975) e poi alla Carnegie Hall di New York (1976) sempre con la Caballé. Nel 1987 è stata anche ripresa a Bergamo nell'ambito del Festival "Donizetti e il suo tempo".

♦ GENCER, LEYLA
(Istanbul 1928)

Soprano turco. Allieva di G. Arangi Lombardi al Conservatorio di Istanbul, ha esordito nel 1950 ad Ankara come Santuzza in *Cavalleria rusticana*. Sempre nell'opera di Mascagni ha debuttato all'Arena Flegrea di Napoli nel 1953, ancora a Napoli ha cantato in *Madama Butterfly* ed *Evgenij Onegin* (*Eugenio Oneghin*) nel 1954. Si è quindi affermata in altri teatri italiani (Palermo, Trieste, Venezia, ecc.). Ha cantato a San Francisco (dal 1956), Buenos Aires (dal 1961), Vienna (dal 1956) e Glyndebourne (1962). Dotata di una notevolissima tecnica, assai ferrata al canto d'agilità, la Gencer, grazie a musicalità e straordinarie capacità di fraseggio, ha potuto spaziare sia nel repertorio tradizionale (*Lucia di Lammermoor*, *Forza del destino*, *Don Carlo*) sia specializzarsi, in virtù delle sue capacità di soprano drammatico d'agilità, nel recupero di opere dimenticate del primo Ottocento. Al 1983 risale la sua ultima apparizione teatrale, ne *La prova per un'opera seria* di Gnecco alla Fenice di Venezia, mentre negli anni successivi si è esibita in recital in Italia e all'estero.

★ GENESI
Opera in tre atti di Franco Battiato (n. 1945), su testi antichi dal sanscrito, persiano, greco e turco raccolti e adattati dall'autore, testi originali di T. Tramonti e F. Battiato. Prima rappresentazione: Parma, Teatro Regio, 29 aprile 1987.

Gli Dei, angustiati dal fracasso umano, decidono di inviare sulla Terra quattro Arcangeli-messaggeri perché aiutino gli abitanti a superare il gravissimo stato di crisi che ha investito il Pianeta. Sotto forma umana, gli Arcangeli trovano delle persone che hanno saputo mantenere insegnamenti e pratiche dell'antica tradizione esoterica. Un cantore che vive nella ricerca e nella meditazione, i frati di un monastero isolato dal mondo, nel quale si celebrano antiche liturgie, e una Confraternita dedita alla Danza Sacra. Sarà attraverso queste persone che il Pianeta potrà salvarsi. Su una grande Astronave, il cantore e il suo popolo compiono un viaggio metascientifico per raggiungere una nuova Comprensione. Dopo questo viaggio si giunge alla conoscenza delle origini del Mondo. Dopo che il cantore, in *trance*, evoca in ordine alfabetico i nomi di celebri Musicisti, un inno di Gloria saluta gli Arcangeli-messaggeri che ripartono viaggiando all'indietro.

Prima partitura "seria" del celebre cantautore Franco Battiato: in primo piano emergono le tematiche care al compositore siciliano, il mondo mistico orientale, visto come mezzo di ricerca di una religiosità interiore.

★ GENOVEVA
(Genoveffa)
Opera in quattro atti di Robert Schumann (1810-1856) su libretto di R. Reinick, tratta dalle tragedie Das Leben und Tod der heiligen Genoveva *di L. Tieck e* Genoveva *di C. Hebbel. Prima rappresentazione: Lipsia, Stadttheater, 25 giugno 1850.*

Il conte Sigfrido (baritono), prima di raggiungere le armate di Carlo Martello che combattono contro i saraceni, affida la moglie Genoveffa (soprano) al suo fedele amico Golo (tenore), ma questi si innamora della giovane che però lo respinge con fermezza. L'uomo allora con la complicità di Margherita (mezzosoprano), una maga che è stata anche sua nutrice, imbastisce una congiura per accusare pubblicamente Genoveffa di infedeltà verso il marito. Sigfrido, irretito da Margherita, che lo ha raggiunto a Strasburgo, dove è stato condotto dopo esser stato ferito, convinto dell'infedeltà di Genoveffa, pieno di rabbia, si precipita al castello. Nel frattempo Genoveffa viene condotta nella foresta per essere giustiziata. Golo ancora una volta tenta di convincere la donna a fuggire con lui, in cambio avrà salva la vita, ma Genoveffa rifiuta ancora. Si odono dei corni: annunciano l'arrivo di Sigfrido. Il conte, ormai a conoscenza della verità, accorre a salvare la moglie, riportandola trionfalmente al castello.

Unica opera teatrale di R. Schumann, alla prima rappresentazione ebbe un esito non particolarmente lusinghiero che amareggiò molto il musicista. *Genoveva*, pur contenendo pagine di pregio (l'ouverture, il duetto tra Golo e Genoveffa), risente della debolezza drammatica del libretto, che appesantisce la partitura, privandola di omogeneità.

In alto:
una scena da *Genesi*, di F. Battiato, nella prima rappresentazione a Parma.

Sopra:
il compositore tedesco Robert Schumann.

GERMANIA

★ GERMANIA
Opera in un prologo, due quadri e un epilogo di Alberto Franchetti (1860-1942), su libretto di L. Illica. Prima rappresentazione: Milano, Teatro alla Scala, 11 marzo 1902.

Carlo Worms (baritono), uno degli studenti che si oppongono alla sottomissione della Germania a Napoleone, attende il ritorno dell'amico Federico Loewe (tenore). Worms è in preda all'angoscia e al rimorso: ha tradito l'amico seducendo la sua ragazza, Ricke (soprano). La giovane vorrebbe confessare tutto a Federico, ma Worms la prega di tacere per non spezzare la loro amicizia. Poco tempo dopo Ricke e Federico si sposano. Worms, appena sfuggito da una prigione nemica, quando apprende del matrimonio vuole subito allontanarsi. La stessa Ricke, non potendo piú tacere la verità a Federico, gli scrive poche righe, quindi fugge. Durante una riunione di cospiratori, Federico accusa Worms di vigliaccheria. L'accusato non si difende, ma è pronto a offrire la propria vita in battaglia. Sulla pianura di Lipsia, Ricke percorre il campo di battaglia alla ricerca di Federico. Quando lo trova, il giovane è in fin di vita; dopo aver riconosciuto Ricke, Federico le chiede di perdonare Worms e di andarlo a cercare. La donna trova Worms ormai morto, e lo copre con una bandiera, quindi torna da Federico, che muore tra le sue braccia, felice però della vittoria della Germania.

Accolta positivamente alla prima rappresentazione, *Germania* è, con il *Cristoforo Colombo*, l'opera piú famosa del compositore torinese. In *Germania*, il musicista inserisce sonorità orchestrali di derivazione tedesca, in una struttura drammatico-musicale di gusto tipicamente verista.

● GERSHWIN, GEORGE
(New York 1898 - Beverly Hills, California 1937)
Compositore statunitense. Figlio di genitori ebrei-russi (il cognome originale era Gershovitz) emigrati negli Stati Uniti nel 1893. Dotato di un notevole istinto musicale, il giovane Gershwin iniziò gli studi di pianoforte da autodidatta, per poi proseguirli con vari insegnanti. Nel 1915 venne assunto come pianista dalla Casa editrice Remick. Successivamente lavorò per la Casa editrice Harms (dal 1918), mentre le sue musiche cominciavano a raggiungere una certa notorietà, che consolidò con l'operetta *La, La, Lucille* (1919). Nel 1922 compose la sua prima opera, *Blue Monday Blues*, che presentò in una nuova versione nel 1925 dal titolo *135th Street* (135a strada). Al 1924 risale la celebre *Rhapsody in blue* (Rapsodia in blu). Al culmine della celebrità, nel 1928 si recò a Parigi, dove compose *An American in Paris* (Un americano a Parigi). Nel 1929 al Lewisohn Stadium ebbe luogo il primo festival dedicato all'esecuzione delle sue composizioni, mentre a partire dal 1931 iniziò a comporre musiche per i primi film sonori. Nel 1935 venne rappresentato il suo capolavoro teatrale, *Porgy and Bess*. Morí due anni dopo, stroncato da un tumore al cervello.

◆ GESZTY, SYLVIA
(Budapest 1934)
Soprano ungherese. Ha compiuto gli studi musicali al Conservatorio della sua città natale. Nel 1959 esordí con grande successo all'Opera Nazionale di Budapest. Nei primi anni Settanta si perfezionò a Berlino, iniziando cosí a esibirsi nei piú celebri ruoli di coloratura, tra questi la Regina della notte in *Die Zauberflöte* (Il flauto magico) nel 1968 e in particolare dell'*Ariadne auf Naxos* (Arianna a Nasso) nel 1967, dove si è imposta come una delle migliori Zerbinette della storia della discografia dell'opera straussiana.

● GHEDINI, GIORGIO FEDERICO
(Cuneo 1892 - Nervi, Genova 1965)
Compositore italiano. Studiò violoncello e composizione al Liceo Musicale di Torino. Dopo il diploma di composizione (1916), lavorò come maestro sostituto al Teatro Regio di Torino. Dal 1918 iniziò a dedicarsi all'insegnamento, dapprima a Torino, poi a Parma (1938) e Milano (1941), dove dal 1951 al 1962 fu direttore del Conservatorio. Come compositore, Ghedini raggiunse la notorietà attorno al 1940. In teatro aveva esordito con l'opera *Maria d'Alessandria* (Bergamo, 1937) alla quale fecero seguito *Re Hassan* (Venezia, 1939), che presentò in una seconda versione nel 1961; *La pulce d'oro* (Genova, 1940); *Le Baccanti* (Milano, 1948); *Billy Budd* (Venezia, 1949); *L'ipocrita felice* (rifacimento dell'opera radiofonica *Lord Inferno*, Milano, 1956).

◆ GHIAUROV, NICOLAJ
(Velingrad 1929)
Basso bulgaro. Dopo gli studi musicali all'Accademia di Musica di Sofia e al Conservatorio di Mosca, ha esordito a Sofia ne *Il barbiere di Siviglia* (1956). Seguono le apparizioni al Bolscioi di Mosca, alla Staatsoper di Vienna, mentre nel dicembre del 1957 ha debuttato nel *Faust* al Comunale di Bologna.

Sopra:
il compositore statunitense George Gershwin.

In alto:
il basso bulgaro Nicolaj Ghiaurov.

A destra:
il compositore italiano Giorgio Federico Ghedini.

Una folgorante carriera che lo ha visto affermarsi in breve tempo sui maggiori palcoscenici internazionali: all'Opéra di Parigi (1958), alla Scala di Milano (1960), al Comunale di Firenze, al Festival di Salisburgo (1962), al Covent Garden, ecc. Per doti vocali, grande musicalità, qualità stilistiche ed interpretative, Ghiaurov ha dato notevoli interpretazioni sia nel repertorio russo che in quello italiano e francese.

♦ GHIUSELEV, NICOLA
(Pavlikeni 1936)
Basso bulgaro. Dopo gli studi di pittura all'Accademia di Belle Arti di Sofia, si è dedicato allo studio del canto con C. Brambarov. Ha debuttato nel 1960 come Timur (*Turandot*) all'Opera Nazionale di Sofia. Dopo aver vinto numerosi Concorsi di canto, nel 1965 ha effettuato una lunga tournée con il Complesso dell'Opera di Sofia, nella quale ha interpretato alcuni dei maggiori ruoli del repertorio russo. L'anno 1965, con il suo esordio come Ramfis (*Aida*) al Metropolitan di New York, ha segnato l'avvio di quella che doveva diventare una brillante carriera in campo internazionale. Ospite dei massimi teatri lirici, come La Scala di Milano, l'Opéra di Parigi, la Staatsoper di Vienna, il Liceu di Barcellona, ecc. Ghiuselev, grazie a un bellissimo timbro vocale, musicalità e qualità interpretative, si è distinto in opere del repertorio russo, italiano e francese, oltre che nel repertorio concertistico, in particolare nella musica da camera: Musorgskij, Čajkovskij, Dargomyžskij, ecc.

● GHOSTS OF VERSAILLES, THE
(I fantasmi di Versailles)
Grande Opera buffa in due atti di John Corigliano (n. 1938) su libretto di W.M. Hoffmann, tratto da La mère coupable *di P.-A.C. de Beaumarchais. Prima rappresentazione: New York, Metropolitan Opera, 19 dicembre 1991.*

In un prologo, i fantasmi di Luigi XVI (basso), Maria Antonietta (soprano), con tutta la corte, si preparano ad assistere al nuovo lavoro teatrale di Beaumarchais (basso-baritono), *Un Figaro per Antonia*. Con questa sua nuova opera, Beaumarchais vuole distogliere la regina, che egli ama profondamente, dal doloroso ricordo della sua morte che ella ancora non riesce ad accettare. Beaumarchais però, con la sua commedia e una collana di diamanti della stessa regina, ha deciso di voler cambiare il corso della storia. Si apre il sipario del Petit Trianon, e la vicenda si sposta nel 1793, alla vigilia del "Terrore". Luigi XVI è già stato ghigliottinato, mentre Maria Antonietta è in carcere. A Parigi vi è anche il conte di Almaviva (tenore) con sua moglie Rosina (soprano) e i loro fedeli servitori Figaro (baritono) e Susanna (soprano). Vi sono anche Léon (tenore), il figlio nato dalla relazione tra Rosina e Cherubino (mezzosoprano), e Florestine (soprano), figlia illegittima del conte. I due giovani si amano, ma Almaviva ha promesso la giovane a Patrick Begearss (tenore), un fantomatico colonnello irlandese, spia della rivoluzione. Almaviva deve compiere una importante missione a un ricevimento all'ambasciata turca: venderà la collana di diamanti all'ambasciatore inglese (baritono), e con il denaro ricavato salverà Maria Antonietta. All'ambasciata si reca anche Figaro, che intende salvare il conte dal tradimento di Begearss che vuole impadronirsi del gioiello e far arrestare Almaviva e la sua famiglia. Il furbo servitore, con uno stratagemma si impossessa della collana. Quando però Almaviva chiede a Figaro di rendergli il gioiello, questi si rifiuta, perché egli non intende salvare una regina arrogante. Con questa azione, Figaro esce di copione e interviene così Beaumarchais. L'autore riesce a convincere Figaro, che decide di salvare la regina. Le vicende riprendono il corso previsto; entra ora in azione Begearss che, dopo essersi impadronito della collana, fa arrestare Almaviva e la sua famiglia. Figaro, però, riesce a fuggire e con Beaumarchais, ambedue travestiti da becchini, si introducono nel carcere per liberare i prigionieri. Il piano sembra funzionare, ma ecco giungere Begearss seguito dalle guardie. Prontamente interviene però Figaro, che denuncia Begearss ai rivoluzionari dicendo che si è impadronito della collana senza consegnarla ai suoi superiori. Il traditore viene arrestato e subito ghigliottinato, mentre Figaro e gli Almaviva riescono a fuggire. Resta Beaumarchais, che intende liberare Maria Antonietta che si trova nella stessa prigione; si ode la voce del fantasma della regina: ha scoperto quanto sia profondo l'amore di Beaumarchais e desidera perciò rimanere con lui, ma la storia deve seguire il suo corso. Così mentre Maria Antonietta viene ghigliottinata, il suo fantasma si riunisce con l'amato Beaumarchais, mentre Figaro, Susanna e gli Almaviva fuggono in mongolfiera verso il Nuovo Mondo.

L'opera di Corigliano doveva essere rappresentata in occasione del centenario del Metropolitan, durante la stagione 1983-84, ma la partitura non era ancora stata ultimata. *The ghosts of Versailles* è così andata in scena nel 1991, con grande successo, che ne ha fatto uno dei più importanti avvenimenti musicali d'Oltreoceano.

★ GIACOBINO, IL
vedi *Jakobin*

Il basso bulgaro Nicola Ghiuselev.

GIACOMINI, GIUSEPPE
(Veggiano di Padova 1940)
Tenore italiano. Si è dedicato allo studio del canto da autodidatta e quindi con E. Fava Ceriati, al Conservatorio di Padova. Ha esordito nel 1966 a Vercelli come Pinkerton (*Madama Butterfly*); ha quindi preso parte a vari concorsi di canto e dopo aver cantato *Traviata* all'Opera di Bratislava, negli anni '70 ha avuto inizio la sua carriera internazionale. Ospite regolare del Metropolitan, Giacomini si esibisce sui massimi palcoscenici internazionali: alla Scala di Milano (dal 1974), al Covent Garden di Londra, all'Opéra di Parigi (*La forza del destino*, 1975), a Barcellona, all'Arena di Verona (dal 1979), ecc. La sua voce di autentico tenore lirico-spinto e drammatico, dal timbro brunito, baritonaleggiante, vigoroso negli accenti e svettante nel registro acuto, lo hanno fatto l'interprete ideale di opere come *Andrea Chénier*, *La forza del destino*, *Tosca*, *Cavalleria rusticana* e *Pagliacci*. Nel 1987 a New Orleans ha interpretato per la prima volta *Otello* di Verdi, che ha poi cantato al Teatro Filarmonico di Verona (1990) e in altri importanti teatri.

GIAIOTTI, BONALDO
(Ziracco, Udine 1932)
Basso italiano. Ha compiuto gli studi musicali prima a Udine e successivamente a Milano e New York. Dopo aver vinto diversi concorsi internazionali, ha debuttato a Milano nel 1958 con *La bohème* e *Manon*. Già nel 1959 cantava negli Stati Uniti dove, nella stagione 1960-61, ha esordito al Metropolitan di New York (come Zaccaria nel *Nabucco*), teatro dove si è esibito regolarmente fino alla stagione 1986-87. La sua carriera si è svolta parallelamente sui maggiori palcoscenici europei, mentre più limitate sono le sue esibizioni in Italia (Arena di Verona, Terme di Caracalla, ecc.). Con la sua voce da autentico basso, sostenuta da una notevole musicalità e sensibilità di fraseggio, Giaiotti ha dato ottima prova di sé anche in campo discografico, come Ramfis in *Aida* (1966), Ferrando nel *Trovatore* (1966), il Conte di Wurm in *Luisa Miller* (1975) e come Padre Guardiano ne *La forza del destino* (1976).

★ GIANNI DI PARIGI
Opera in due atti di Gaetano Donizetti (1797-1848), su libretto di F. Romani. Prima rappresentazione: Milano, Teatro alla Scala, 10 ottobre 1839.

Sotto le spoglie del ricco borghese Gianni (tenore) si nasconde l'erede al trono di Francia, al quale è stata destinata in sposa la Principessa di Navarra (soprano). Il giovane principe ha assunto un'altra identità per poter avvicinare e conoscere la sua promessa sposa senza essere riconosciuto. Con il paggio Oliviero (mezzosoprano) ed un ricco seguito, Gianni si installa nella locanda di Pedrigo (basso). Sfruttando l'avidità del locandiere, Gianni, sborsando una considerevole cifra, si fa assegnare gli appartamenti e le vettovaglie prenotate dalla principessa e dal suo seguito. Quando questa giunge, Gianni si mostra galante offrendo la sua ospitalità. La principessa ha capito chi si nasconde sotto l'aspetto del servizievole gentiluomo, ma sta al gioco. La vicinanza tra i due giovani fa sí che nasca l'amore che corona felicemente il finale dell'opera: Gianni rivela la sua vera identità e si mostra più che mai felice di sposare la principessa.

Donizetti iniziò a comporre il *Gianni di Parigi* attorno al 1828, al quale però apportò varie modifiche, in particolare alla parte

In alto:
una scena dal *Gianni di Parigi*, di G. Donizetti.

A destra:
il basso italiano Bonaldo Giaiotti.

del protagonista; volle difatti offrire la partitura al celebre tenore G.B. Rubini, che però non la accettò; l'opera venne perciò rappresentata alla Scala, quasi all'oscuro del compositore, nel 1839. Nel settembre del 1988, *Gianni di Parigi* ha avuto un'importante ripresa scenica nell'ambito del Festival donizettiano di Bergamo. Un recupero, come ha sottolineato la critica, tra i piú felici tra quelli effettuati nel vasto repertorio donizettiano.

★ GIANNI SCHICCHI
vedi *Trittico, Il*

♦ GIGLI, BENIAMINO
(Recanati, Macerata 1890 - Roma 1957)
Tenore italiano. Dopo gli studi al Conservatorio di Santa Cecilia di Roma, esordí nel 1914 al Teatro Sociale di Rovigo nel ruolo di Enzo nella *Gioconda* di Ponchielli. Nel giro di breve tempo si affermò sui maggiori palcoscenici: al San Carlo di Napoli (1915-16), al Teatro Real di Madrid (1917), alla Scala di Milano (*Mefistofele*, 1918). A partire dalla stagione 1920-21, Gigli si fece conoscere al Metropolitan di New York, dove si esibí ininterrottamente fino al 1935. La sua carriera si svolse poi prevalentemente in Europa, in particolare al Covent Garden, a Berlino e sui massimi palcoscenici italiani. Il 25 maggio 1955 apparve per l'ultima volta in pubblico, in concerto a Washington. Gigli fu con Caruso il tenore piú celebre del XX secolo. Le sue eccezionali qualità vocali, la sua spiccatissima personalità di interprete (non però di attore), emersero in modo particolare nelle opere di genere lirico (*Lucia di Lammermoor, Mefistofele, La bohème*, ecc.), ma il suo completo dominio della voce e di fraseggio gli ha consentito di affrontare in modo convincente ruoli dalla vocalità piú drammatica: *Tosca, Cavalleria rusticana, Andrea Chénier*, ecc.

♦ GIMÉNEZ, RAÚL
(Carlos Pellegrini 1951)
Tenore argentino. Ha compiuto gli studi musicali alla Fondacion del Teatro Colón di Buenos Aires, teatro nel quale ha debuttato come Ernesto (*Don Pasquale* di Donizetti), durante la stagione 1980-81. Dal 1984, la sua carriera ha preso i connotati dell'internazionalità, cantando al Festival di Wexford, in Irlanda (Filandro ne *Le astuzie femminili* di Cimarosa). Specializzato nel repertorio belcantista italiano, si è esibito in alcuni tra i maggiori teatri italiani: alla Fenice di Venezia (Rodrigo nell'*Otello* di Rossini, 1986), all'Opera di Roma (Elvino ne *La sonnambula*, 1988), al Rossini Opera Festival (*L'occasione fa il ladro* di Rossini, 1988), ad Aix-en-Provence (*Armida* di Rossini, 1988), all'Opera di Zurigo (*Il barbiere di Siviglia*, 1989), ecc. La sua vocalità delicata, il suo fraseggio espressivo ed elegante ne fanno uno dei piú quotati tenori di grazia oggi in attività.

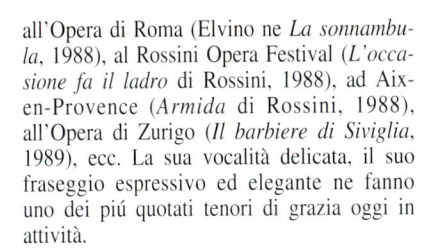

★ GIOCATORE, IL
vedi *Igrok*

GIOCONDA, LA
Opera drammatica in quattro atti di Amilcare Ponchielli (1834-1886), su libretto di Tobia Gorrio (pseudonimo di Arrigo Boito), dal romanzo Angélo, tyran de Padoue *di V. Hugo. Prima rappresentazione: Milano, Teatro alla Scala, 8 aprile 1876.*

La vicenda si svolge a Venezia nel XVII secolo. Gioconda (soprano), una cantatrice girovaga, rifiuta l'amore di Barnaba (baritono), una spia del Consiglio dei Dieci. L'uomo per vendicarsi accusa la madre cieca (contralto) di Gioconda di stregoneria. A difesa della donna interviene Enzo Grimaldo (tenore), del quale Gioconda è innamorata, credendolo un marinaio; in realtà Enzo è un nobile genovese mandato in esilio dalla Repubblica Veneta, ed ora è tornato a Venezia per rivedere la sua fidanzata Laura (mezzosoprano), che è stata costretta a sposare Alvise Badoero (basso), capo dell'Inquisizione. Barnaba, che ha riconosciuto Enzo, promette di aiutarlo a fuggire con Laura, ma poi lo denuncia con una lettera anonima. Quella sera stessa Gioconda, che ha saputo della fuga di Enzo con un'altra donna, si nasconde sulla nave per uccidere la rivale, ma riconoscendo in Laura la donna che aveva contribuito a salvare sua madre, desiste. Giungono però le guardie di Alvise: Laura e Gioconda fuggono insieme, mentre Enzo, dopo aver dato fuoco alla nave, si getta in mare. Alla Ca' d'Oro, Alvise accusa Laura di tradimento e le impone di avvelenarsi. Gioconda, penetrata nel palazzo, sostituisce il veleno con un narcotico e convince Laura a berlo per

A sinistra:
il tenore argentino
Raúl Giménez.

In alto:
il tenore italiano
Beniamino Gigli.

fingersi morta. Poco dopo, al termine di una sontuosa festa, Alvise mostra agli ospiti sbigottiti il corpo di Laura apparentemente morta. Tra i presenti si trova anche Enzo: credendo che Laura sia veramente morta, si lancia contro Alvise e viene arrestato. Gioconda supplica Barnaba di salvare il giovane, in cambio avrà il suo amore. Gioconda fa portare Laura, ancora addormentata, nella sua casa alla Giudecca. Sopraggiunge anche Enzo: il giovane si rende conto della grande generosità di Gioconda, ma ama Laura e fugge con lei. Giunge Barnaba e Gioconda, piuttosto che cedere a un amore che le ripugna, si uccide.

È sicuramente l'opera piú celebre di Ponchielli. Già alla prima rappresentazione il successo fu clamoroso, una popolarità che continua anche oggi. Ponchielli apportò molte modifiche alla partitura, per sfrondare certe complessità della vicenda e della stessa musica. Già nelle rappresentazioni di Roma (1877) e di Genova (1879), l'opera apparve mutata rispetto alla prima messa in scena, ma la versione definitiva venne rappresentata alla Scala il 12 febbraio 1880.

● GIOIELLI DELLA MADONNA, I
Opera in tre atti di Ermanno Wolf-Ferrari (1876-1948), su libretto di E. Golisciani e C. Zangarini. Prima rappresentazione in versione tedesca col titolo Der Schmuck der Madonna *di H. Liebstöckl: Berlino, Kurfürstenoper, 23 dicembre 1911.*

La vicenda si svolge a Napoli, alla fine del XIX secolo. Il fabbro Gennaro (tenore) è tormentato dall'amore per Maliella (soprano), un'orfana allevata in casa sua. La giovane però si fa sfrontatamente corteggiare da tutti, anche dal guappo Raffaele (baritono), il quale si dichiara disposto a rubare per lei i gioielli della Madonna che in quel momento viene portata in processione. Maliella, spaventata ma allo stesso tempo lusingata, tornata a casa, riceve i rimproveri di Carmela (mezzosoprano), la madre di Gennaro, mentre il giovane, alla notizia che Maliella vuole andarsene di casa, le dichiara ancora una volta il suo amore. Maliella lo respinge affermando che amerà l'uomo che per lei ruberà i gioielli della Madonna. Disperato Gennaro attua il furto, porta quindi i gioielli a Maliella: ora dovrà essere sua. Nel covo dei camorristi, Maliella, inseguita da Gennaro che non vuole lasciarla andar via, chiede l'aiuto di Raffaele, ma l'uomo, che ha saputo che Maliella è stata con un altro uomo, la respinge con disprezzo e orrore perché la ragazza indossa i gioielli della Madonna. Giunge Gennaro, trascinato da alcuni camorristi. Maliella gli getta ai piedi i gioielli e fugge. Anche i camorristi si allontanano, per non essere accusati di complicità nel furto sacrilego. Gennaro, rimasto solo, raccoglie i preziosi, quindi si reca davanti alla statua della Madonna, li depone ai suoi piedi e si uccide con un colpo di pugnale.

Nei *Gioielli della Madonna*, Wolf-Ferrari abbandonò i soggetti goldoniani, a lui cosí cari. Come per altre opere di questo compositore, anche per questa, la prima rappresentazione avvenne in lingua tedesca. Solo in una esecuzione al Metropolitan di New York, diretta da Toscanini, Wolf-Ferrari poté ascoltare la sua opera in italiano.

● GIORDANO, UMBERTO
(Foggia 1867 - Milano 1948)
Compositore italiano. Studiò pianoforte e armonia con L. Gissi e G. Signorelli a Foggia. Frequentò i corsi di composizione e pianoforte al collegio di musica di San Pietro a Maiella. Dopo aver ottenuto il diploma (1890), esordí come compositore al Teatro Argentina di Roma con l'opera *Mala vita* (1892). La successiva *Regina Diaz* (1894) fu un autentico fiasco; il successo arrise invece a Giordano con l'opera *Andrea Chénier* (1896), successo confermato poi con *Fedora* (1898). A quelli che sono considerati i capolavori teatrali di Giordano seguirono, con altrettanto successo di pubblico, mentre la critica nei suoi confronti fu sempre divisa, *Siberia* (1903), *Marcella* (1907), *Mese Mariano* (1910), *Madame Sans-Gêne* (1915), *La cena delle beffe* (1924) e *Il re* (1929). Dopo quest'ultimo titolo, Giordano non compose praticamente piú nulla, forse nella convinzione di aver raggiunto i migliori risultati musicali.

★ GIORNO DI PACE
vedi *Friedenstag*

● GIORNO DI REGNO, UN OSSIA IL FINTO STANISLAO
Melodramma giocoso in due atti di Giuseppe Verdi (1813-1901), su libretto di F. Romani tratto da Le faux Stanislas *di A.V. Pineau-Duval. Prima rappresentazione: Milano, Teatro alla Scala, 5 settembre 1840.*

Il re di Polonia Stanislao, minacciato da congiure nemiche, incarica il cavaliere di Belfiore (baritono), di sostituirsi a lui. Il cavaliere, nel suo nuovo ruolo, simula anche con la sua ex amante, la marchesa del Poggio (soprano), che stando al gioco finge di non riconoscerlo. Belfiore si trova alle prese con tutta una serie di intrecci amorosi che coinvolgono Giulietta (mezzosoprano), nipote della marchesa, che ama Edoardo (tenore), ma che per ragioni di convenienza sociale deve sposare il vecchio tesoriere La Rocca (basso). Alla fine giunge la notizia che il re è in salvo e che ha nominato suo maresciallo il cavaliere di Belfiore, come

*In alto:
una scena da* La Gioconda
in un allestimento all'Arena di Verona.

*A destra:
il compositore italiano Umberto Giordano ritratto da A. Rietti nel 1937.*

premio del servizio reso alla Patria.
L'opera si chiude felicemente: Belfiore sposa la marchesa, altrettanto avviene per Giulietta che può unirsi all'amato Edoardo. Fu il primo insuccesso della carriera musicale di Verdi. Sicuramente il musicista non era nello stato d'animo adatto per comporre un'opera comica: in due anni aveva perso due figli e la moglie. La musica perciò risulta formale e priva di reale *vis* brillante, cosí come piuttosto manierato è il libretto di F. Romani.

● GIOVANNA D'ARCO
Dramma lirico in un prologo e tre atti di Giuseppe Verdi (1813-1901), su libretto di T. Solera tratto da Die Jung Frau von Orléans *di F. Schiller. Prima rappresentazione: Milano, Teatro alla Scala, 15 febbraio 1845.*

In Francia, mentre l'esercito francese sta per soccombere sotto le preponderanti forze inglesi, re Carlo VII (tenore), in seguito a una visione, si reca a deporre la sua spada sotto un'immagine miracolosa della Madonna. In quello stesso luogo c'è Giovanna (soprano), una giovane pastorella, che ha ricevuto dalla Vergine la missione di salvare la Francia. La giovane raccoglie la spada del re e sprona lo stesso Carlo a continuare la lotta. La vittoria arride alla Francia. Tutti cantano inni di lode a Giovanna, che ha salvato il Paese. La gioia però viene turbata dall'arrivo di Giacomo (baritono), padre di Giovanna, che è convinto che la figlia sia in combutta con il Maligno e che abbia irretito il re. La giovane, che non comprende le accuse del padre, non si difende. Messa in carcere, Giovanna invoca la Vergine Maria; Giacomo, che ha ascoltato la figlia pregare, comprende la verità e, dopo averle chiesto perdono, la libera. Giovanna torna a combattere, salva nuovamente la Francia e il suo re, ma viene però mortalmente ferita; prima di morire, circondata da re Carlo, da Giacomo e dal popolo, in estasi divina, benedice la Francia.

Lo sconclusionato e assurdo libretto del Solera ha sicuramente giocato una parte non secondaria nell'esito infelice di quest'opera, che viene considerata una delle partiture piú deboli della produzione verdiana, sia dal punto di vista musicale (salvo talune pagine di Giovanna), che da quello teatrale.

★ GIOVANNA D'ARCO AL ROGO
vedi *Jeanne d'Arc au bûcher*

★ GIOVEDÍ DA "LUCE"
vedi *Donnerstag aus Licht*

★ GIRO DI VITE, IL
vedi *Turn of the Screw, The*

★ GIULIETTA E ROMEO
Tragedia in tre atti di Riccardo Zandonai (1883-1944), su libretto di A. Rossato. Prima rappresentazione: Roma, Teatro Costanzi, 14 febbraio 1922.

A Verona e Mantova, nel XIII secolo. È notte, alcuni sostenitori di Tebaldo Capuleti (baritono) si scontrano con un gruppo di armati della famiglia rivale dei Montecchi. L'arrivo della ronda disperde i contendenti. Quando la strada è finalmente deserta, Romeo Montecchi (tenore) e Giulietta Capuleti (soprano), che si è affacciata a un balcone, si scambiano appassionate parole d'amore. L'odio delle famiglie impedisce la loro unione, i due innamorati sono cosí costretti a incontrarsi di nascosto. Tebaldo, che ha scoperto gli incontri segreti tra Romeo e Giulietta, ricorda alla giovane il suo impegno matrimoniale con il conte di Lodrone. Mentre Giulietta difende il suo amore per Romeo, giunge la notizia che due Capuleti sono stati uccisi da un gruppo di Montecchi capeggiati da Romeo. Tebaldo si allontana precipitosamente. Romeo entra nel giardino dei Capuleti, Giulietta tenta di trarlo in un luogo piú sicuro ma sopraggiunge Tebaldo. L'uomo si getta su Romeo, il quale per difendersi uccide l'avversario. Per sottrarsi alla legge che impedisce gli scontri armati, Romeo trova riparo a Mantova. Qualche tempo dopo, un menestrello (tenore) intona una melodia di lutto, in morte di Giulietta; Romeo a questa notizia parte subito per Verona. Alle tombe dei Capuleti: Romeo, di fronte al corpo di Giulietta, si dà la morte con un veleno. La fanciulla, che aveva bevuto un narcotico per simulare la morte e sfuggire alle nozze con il conte Lodrone, si desta in quel momento: vedendo Romeo morente, disperata, cade a terra morta, stroncata dal dolore.

Piú che alla tragedia di Shakespeare, il libretto di A. Rossato si rifà alla novella di L. da Porto rielaborata da M. Bandello. Una differenza rilevante è la morte di Giulietta: infatti nella tragedia di Shakespeare la fanciulla si trafigge con un pugnale. Quanto alla musica, *Giulietta e Romeo* conferma la felice ispirazione e la notevole vena lirica del compositore, sottolineata da una raffinata ricerca di colori orchestrali.

■ GIULINI, CARLO MARIA
(Barletta, Bari 1914)

Direttore d'orchestra italiano. Dopo essersi diplomato in viola e composizione al Conservatorio di Roma, ha conseguito nel 1941 il diploma in direzione d'orchestra con B. Molinari. Dal 1945 al 1952 è stato direttore stabile dell'orchestra della RAI di Milano e di Roma, mentre dal 1955 ha diretto la Chicago Symphony Orchestra. Come direttore d'opera ha esordito a Bergamo nel 1950 con *La traviata*. Successivamente ha diretto alla Scala e al Maggio Musicale Fiorentino (*Italiana in Algeri, Alceste, Traviata, Wally,* ecc.), a Glyndebourne, al Festival di Edimburgo (*Falstaff*, 1955), al Covent Garden di Londra (*Don Carlo, Falstaff*). Giulini ha indirizzato la sua carriera principalmente alla conduzione del repertorio sinfonico, esibendosi con le maggiori orchestre internazionali: Wiener Philharmoniker (1973-76), Chicago Symphony Orchestra (1969-72), Los Angeles Philharmonic Orchestra (1978-84), ecc. Del Giulini "lirico" restano molte testimonianze discografiche, soprattutto *live*, che ne attestano la grande personalità e le capacità direttoriali. Tra queste sue interpretazioni meritano di essere ricordate in particolare: *Don Sebastiano* (1955), *Don Giovanni* (1959), *Le nozze di Figaro* (1960) e *Don Carlo* (1970).

Manifesto di L. Metlicovitz per *Giulietta e Romeo*, di R. Zandonai.

GIULIO CESARE IN EGITTO

Dramma in tre atti di Georg Friedrich Händel (1685-1759), su libretto di N. Haym, che modificò e tradusse in inglese l'omonimo libretto di F. Bussani. Prima rappresentazione: Londra, Haymarket Theatre, 20 febbraio 1724.

Dopo essere stato definitivamente sconfitto dalle truppe di Cesare, Pompeo vuole chiedere asilo al re d'Egitto. Sua moglie Cornelia (mezzosoprano) e il figlio Sesto (contralto) implorano clemenza al vincitore. Sopraggiunge Achillas (basso), capitano di Tolomeo (contralto), che porta a Cesare (contralto) la testa di Pompeo. Cesare, sdegnato, ordina che al nemico morto venga tributato ogni onore. Nel frattempo Cleopatra (soprano) cerca di allearsi con Cesare per assicurarsi la successione al trono d'Egitto, mentre Tolomeo, suo fratello, si accorda con Achillas per uccidere Cesare. Qualche giorno dopo Cleopatra, che ha conquistato l'amore di Cesare, sta per rivelare i suoi sentimenti al generale romano, quando irrompono alcuni sicari, e Cesare è costretto a gettarsi in mare per salvarsi. Achillas porta al re la notizia della sua morte e chiede la mano di Cornelia della quale si è invaghito, ma Tolomeo gliela rifiuta perché anch'egli si è infatuato della donna. Poco tempo dopo le truppe dei romani vengono sconfitte dagli egizi. Quando Cesare giunge, trova il suo esercito in piena disfatta. Achillas, mortalmente ferito, consegna a Sesto, riuscito a fuggire dall'harem di Tolomeo, dove era tenuto prigioniero con Cornelia, un sigillo col quale potrà ottenere l'aiuto di cento soldati ostili a Tolomeo. Cesare si fa consegnare il sigillo e, radunati gli uomini, affronta gli egiziani sconfiggendoli. Sesto uccide Tolomeo, vendicando così suo padre. Cornelia viene liberata, mentre popolo e guerrieri inneggiano all'incoronazione di Cleopatra, accompagnata al trono da Cesare.

Le complicate vicende del libretto di Haym fecero sí che durante le rappresentazioni si introducesse l'uso di tenere accese le luci del teatro o di munire il pubblico di candele, perché potesse seguire la trama sul libretto. Il *Giulio Cesare* è comunque, dal punto di vista musicale, una delle opere piú equilibrate di Händel. L'alternarsi di recitativi e arie è armonico, e queste sono tutte di pregevole fattura, in particolare quelle affidate al personaggio di Cleopatra, che sono tra le piú belle pagine dell'operismo barocco.

★ **GIULLARE DELLA MADONNA, IL**
vedi *Jongleur de Notre-Dame, Le*

GIURAMENTO, IL

Opera in tre atti di Saverio Mercadante (1795-1870), su libretto di G.G. Rossi. Prima rappresentazione: Milano, Teatro alla Scala, 11 maggio 1837.

Elaisa (soprano) e Bianca (mezzosoprano), sono innamorate di Viscardo (tenore). Il marito di Bianca, Manfredo (baritono), ha scoperto l'adulterio della moglie; decide perciò di punirla facendole bere un veleno. Elaisa, che ha un debito di riconoscenza nei confronti di Bianca, sostituisce il veleno con un narcotico. Viscardo, vedendo Bianca morta, convinto che ad ucciderla sia stata Elaisa, colpisce quest'ultima con un colpo di spada; proprio in quel momento Bianca si risveglia.

La vicenda, tratta dal romanzo *Angélo, tyran de Padoue* di V. Hugo, venne in seguito usata anche da C. Cui e da A. Ponchielli come soggetto per, rispettivamente, *Angelo* e *La Gioconda*, entrambe del 1876. *Il giuramento* è considerata la migliore opera di Mercadante; contiene pagine di notevole lirismo, anche se l'azione drammatica e gli stessi personaggi risultano piuttosto convenzionali.

★ **GIUSEPPE IN EGITTO**
vedi *Joseph en Egypte*

● **GLASS, PHILIP**
(Baltimora, Maryland 1937)
Compositore statunitense. Ha iniziato gli studi musicali al Conservatorio della sua città e successivamente alla University of Chicago e alla Juilliard School (1957-61). Ha poi perfezionato gli studi di composizione con N. Boulanger al Conservatorio di Parigi (1964-66). L'incontro, nel 1966, con il celebre compositore e virtuoso di sitar R. Shankar, ha spinto Glass verso gli stilemi della musica indiana, metodi compositivi poi abbandonati quando il musicista ha adottato lo stile "minimalista". Con questo linguaggio musicale, fatto di brevi melodie ripetitive, su uno statico ritmo armonico, Glass ha composto molta musica strumentale, colonne sonore per film, oltre alle opere teatrali *Einstein on the Beach* (Einstein sulla spiaggia) 1976, *Satyagraha* 1980, *Akhnaten* (Akenaton) 1984, *Hydrogen Jukebox* (Jukebox all'idrogeno) 1990 e *The fall of the house of Usher* (La caduta della casa Usher) 1991.

● **GLINKA, MIKHAIL IVANOVIČ**
(Novospasskoe, Smolensk 1804 - Berlino 1857)
Compositore russo. Le sue precoci attitudini verso la musica furono incoraggiate dagli zii paterni, ottimi musicisti dilettanti. Nel 1817 entrò in collegio a San Pietroburgo, dove rimase fino al 1822. L'opposizione del padre alla carriera di musicista fece sí che il giovane Mikhail intraprendesse un'attività ministeriale, che però abbandonò ben presto. Nel 1930 iniziò un viaggio in Europa occidentale; fu in Italia dove ebbe stretti contatti con il mondo operistico italiano (Bellini, Donizetti, ecc.). Al suo ritorno in Russia nel 1834, ricco della sua esperienza di viaggio, riprese i contatti con i circoli intellettuali di San Pietroburgo, in particolare con Puškin e V.A. Žukovskij; da questi ebbe l'idea per il soggetto di *Ivan Susanin* (Una vita per lo zar) 1836, il suo primo lavoro che, sebbene influenzato dall'opera italiana, costituisce

Il compositore russo Mikhail Ivanovič Glinka.

L'EPOCA D'ORO DEI CASTRATI

La ragione che diede vita all'impiego dei castrati era collegata al fatto che alle donne era proibito esibirsi nel canto sacro. Inizialmente le parti femminili erano affidate alle voci bianche di ragazzi, ma ciò comportava un continuo ricambio di cantori, perché al momento della "muta" vocale i ragazzi diventavano inutilizzabili, e d'altronde mostrava grossi limiti l'uso dei falsettisti artificiali, perché la loro emissione non sempre risultava gradevole. Si diffuse cosí la pratica della castrazione, importata dalla Spagna che a sua volta l'aveva introdotta dall'Oriente. I primi castrati giunti in Italia provenivano cosí dalla Spagna, ed erano Francisco Soto, che dal 1562 fu attivo alla Cappella Pontificia, e Hernando Bustamante, che circa vent'anni dopo era alla Corte di Ferrara. Fu comunque sul finire del XVII secolo, soprattutto con la nascita del teatro d'opera, che i castrati iniziarono ad affermarsi sulle scene, grazie anche a un'ordinanza di papa Sisto V del 1588, che vietava alle donne di esibirsi sui palcoscenici di tutto lo Stato Pontificio. Il primo grande castrato che salí su un palcoscenico fu G. Francesco Grossi, detto Siface. Le straordinarie arditezze della vocalità dei castrati, la perfezione dell'emissione e le straordinarie capacità virtuosistiche hanno costituito il fulcro dello sfarzo dell'opera barocca: oltre a ruoli femminili infatti rivestirono i panni del condottiero, dell'amoroso, del tiranno, ecc. a discapito delle voci maschili che, salvo casi isolati, avevano ruoli marginali. Tra i piú importanti castrati del Settecento va ricordato Giovanni Appiani, detto Appianino, uno dei primi allievi di Nicolò Porpora, musicista e insegnante di canto fra i maggiori della sua epoca, alla cui scuola si formarono altri celebri castrati, quali Antonio Hubert detto il Porporino, che nel 1741 fu al servizio di Federico II di Prussia; Gaetano Majorana detto il Caffarelli, che fu tra l'altro interprete del *Feramondo* e del *Serse* di Händel e infine quello che è ritenuto il maggior cantante della storia dell'opera, Carlo Broschi, detto il Farinelli. Uomo di cultura, il Farinelli fu conteso da papi, imperatori, regnanti, tutti soggiogati dalla sua mirabolante arte canora. Basti pensare che la sua voce aveva talmente giovato alla nevrastenia del re Filippo di Spagna che questi lo volle tenere nella sua corte di Madrid, con una ricompensa di 50.000 franchi all'anno. Altri celebri castrati furono Francesco Bernardi, detto il Senesino, per il quale Händel compose numerose opere, tra cui *Floridante*, *Flavio*, *Giulio Cesare*, *Tamerlano*, ecc.; Domenico Cecchi, detto il Tortona, e Gioacchino Conti, detto il Gizziello. Quest'ultimo divenne celebre per la sua particolare predisposizione all'espressione sentimentale e per la sua eccezionale estensione che toccava il do 5, come dimostrano le opere *Atlanta* e *Sigismondo* scritte per lui da Händel. La prima metà del XVIII secolo fu senza alcun dubbio l'epoca d'oro dei castrati, poiché con la riforma dell'opera attuata da Gluck, l'uso della voce di castrato andò diminuendo, fino a scomparire con l'avvento delle idee illuministe e in seguito con la Rivoluzione francese.

Il sopranista Carlo Broschi, detto Il Farinelli, in un dipinto dell'epoca.

uno dei primi esempi dell'opera nazionale russa. Altrettanto importante è l'altro lavoro teatrale di Glinka, *Ruslan e Ludmilla* (1842) definito un «lavoro molto piú russo, rispetto all'opera precedente» (R. Leonard). Dopo aver ancora lungamente viaggiato per l'Europa, si spense a Berlino, sulla via del ritorno in Russia.

GLORIANA
Opera in tre atti di Benjamin Britten (1913-1976), su libretto di W. Plomer, tratto dalla biografia romanzata Elisabeth and Essex *di L. Strachey. Prima rappresentazione: Londra, Covent Garden, 8 giugno 1953.*

La regina Elisabetta (soprano), interviene in una contesa tra il suo favorito, il conte di Essex (tenore) e Lord Mountjoy (baritono), rimproverando i due contendenti e invitandoli a riconciliarsi. Nei suoi appartamenti, la regina riceve il suo consigliere lord Cecil (basso). Il ministro insiste perché Elisabetta scelga uno sposo, ma la regina afferma di aver sposato il suo regno. Poco dopo entra Essex. L'uomo, dopo aver cantato una dolce melodia, chiede alla regina di designarlo a comandante della spedizione inglese in Irlanda. In un giardino Lord Mountjoy e lady Penelope Rich (mezzosoprano), tramano un colpo di stato. Durante un ballo di corte a Whitehall, lady Essex (soprano), spinta dal marito ad indossare degli abiti sontuosi, teme che la sua eleganza provochi l'ira della regina. Quando le dame si ritirano per cambiarsi d'abito, la regina indossa quello appena smesso da lady Essex, umiliandola cosí pubblicamente. Elisabetta nomina quindi Essex comandante della spedizione militare in Irlanda. Essex ritornato sconfitto, si precipita nella stanza da letto della regina, nonostante le dame tentino di impedirglielo, e trova la sovrana senza parrucca; Elisabetta prima si mostra solo dispiaciuta, poi ordina a lord Cecil di arrestare Essex con l'accusa di ribellione. Mentre Essex si reca al patibolo, la moglie e gli amici del conte chiedono invano la clemenza della regina. Rimasta sola Elisabetta, seduta sul trono, invoca piangendo l'aiuto divino.

L'opera venne rappresentata in occasione dell'incoronazione di Elisabetta II. La presenza di danze, ampie scene d'insieme e di un'orchestrazione sontuosa, rendono evidente l'aspetto "celebrativo" di quest'opera, che rappresenta anche la consacrazione di Britten a primo compositore d'Inghilterra.

*In alto:
una scena da* Gloriana
in un allestimento al Sadler's Wells di Londra.

*A destra:
il compositore tedesco Cristoph Wilibald Gluck.*

♦ GLOSSOP, PETER
(Sheffield 1928)
Baritono inglese, ha compiuto gli studi vocali con L. Mosley, esordendo al Teatro di Sadler's Wells di Londra, dove aveva iniziato a cantare come corista (1952). La sua carriera si è quindi svolta al Covent Garden dove, per oltre un decennio, ha interpretato i principali ruoli di baritono, soprattutto del repertorio italiano: Rigoletto, Rodrigo, Scarpia, Tonio, ecc., ruoli che lo hanno reso celebre anche in campo internazionale. Attivo anche in sede discografica, ha preso parte alle prime incisioni di *Les troyens* (*I troiani*) di Berlioz (1969), *Roberto Devereux* di Donizetti (1969) con B. Sills; mentre particolarmente apprezzata è stata la sua interpretazione di Jago nell'*Otello* di Verdi, diretto da H. von Karajan (1974).

● GLUCK, CHRISTOPH WILLIBALD
(Erasbach, Alto Palatinato 1714 - Vienna 1787)
Compositore tedesco. Le sue doti musicali furono avversate dal padre, cosí nel 1731 il giovane Gluck fuggí di casa per recarsi a Praga, dove ebbe i primi concreti contatti con l'opera. Nel 1736 giunse a Vienna, da dove, sempre nello stesso anno, partí alla volta di Milano, al seguito del principe A.M. Melzi. Qui fece rappresentare la sua prima opera *Artaserse* (1741), che ottenne un ottimo successo, avviandolo a un'intensa carriera di operista che lo portò in numerose città italiane e successivamente in Inghilterra (1745). Nel 1752 si stabilí definitivamente a Vienna, dove conobbe il conte G. Durazzo, sovrintendente teatrale di Vienna, che lo introdusse allo spirito dell'opera francese, ma che egli seppe mirabilmente fondere allo stile dell'opera seria italiana. Dal 1754 al 1764, Gluck fu maestro di cappella del Teatro Musicale Imperiale di Maria Teresa. È questo il periodo piú importante della sua carriera, segnato anche dall'incontro con il poeta R. De Calzabigi, dalla cui collaborazione nacquero *Orfeo e Euridice* (1762), *Alceste* (1767), *Paride ed Elena* (1770). La modernità di questi suoi lavori non venne subito compresa a Vienna, Gluck perciò spostò i suoi interessi verso l'opera francese, componendo *Iphigénie en Aulide* (*Ifigenia in Aulide*) 1774, *Armide* (*Armida*) 1777, *Iphigénie en Tauride* (*Ifigenia in Tauride*) 1779, *Echo et Narcisse* (*Eco e Narciso*) 1779. Colpito da un lieve attacco di apoplessia, nel 1780 rientrò a Vienna dove trascorse gli ultimi anni della sua vita.

GLÜCKLICHE HAND, DIE
(La mano felice)
Dramma con musica in quattro quadri per baritono, coro misto e orchestra di Arnold

Schönberg (1874-1951), *su testo proprio. Prima rappresentazione: Vienna, Volksoper, 14 ottobre 1924.*

Un mostro tiene i denti infitti nella nuca dell'Uomo (baritono), mentre delle voci misteriose lo esortano a rinunciare ai sogni irraggiungibili. In un tempo successivo, l'Uomo e la Donna (parte mimata) si amano, ma poi la Donna si lascia portare via dal Signore, che simboleggia la fredda realtà mondana. L'uomo si arrampica su un pendio roccioso, che rappresenta le lotte della vita. Si illumina improvvisamente una grotta, nella quale l'Uomo vede un gruppo di operai che lavora. Incurante del disprezzo e dell'ostilità degli operai, l'Uomo pone su un'incudine un pezzo d'oro e, con un colpo di maglio, crea uno splendido diadema. Si scatena una tempesta, l'officina scompare per lasciare vedere un'altra grotta nella quale l'Uomo ritrova la Donna. Vuole riconquistarla, ma questa fugge facendo precipitare una roccia su di lui: quando si inseguono felicità irraggiungibili si è sempre travolti dall'angoscia. L'Uomo, come all'inizio, è nuovamente prigioniero dei denti del mostro, mentre ancora una volta le voci, con accenti beffardi, gli ripetono che è inutile riporre i desideri in miti effimeri e astratti.

Il breve testo di *Die glückliche Hand* venne scritto nel 1910, mentre la partitura fu ultimata solo tre anni dopo. L'opera, complessa, ricca di simbolismi, è di carattere espressionista: l'Uomo, tranne due brevi interventi, agisce attraverso la mimica, e la sua stessa parte vocale si limita a poche espressioni.

♦ GOBBI, TITO
(Bassano del Grappa, Vicenza 1913 - Roma 1984)
Baritono italiano. Studiò canto con G. Crimi a Roma. Esordí a Gubbio nel 1935 come conte Rodolfo (*La sonnambula*). Dopo esser uscito vincitore dal Concorso Internazionale di Vienna (1936) e da quello della scuola della Scala di Milano (1936), nel 1937 debuttò al Teatro Adriano di Roma come Germont (*La traviata*). Sempre in questo stesso ruolo ha esordito all'Opera di Roma (1939), dove nel 1942 interpretò Wozzeck nella prima rappresentazione italiana dell'opera omonima di Berg, un ruolo nel quale emersero subito le sue peculiari doti. Sempre nel 1942 fece il suo ingresso alla Scala di Milano (Belcore nell'*Elisir d'amore*), mentre negli anni successivi intraprese un'intensa carriera internazionale: San Francisco (dal 1948), Festival di Salisburgo (1950), Covent Garden di Londra, Chicago, Metropolitan di New York (1956), ecc. Un'attività che si protrasse pressoché ininterrottamente fino al 1977, anno del suo ritiro dalle scene. Interprete di un vastissimo repertorio: da Mozart a Rossini fino a tutti i principali ruoli verdiani, di Puccini, Leoncavallo, ecc., Gobbi ha lasciato un'altrettanto vasta discografia (la sua ultima incisione risale al 1977) che testimonia la sua abilità di fraseggio e di interprete, ad onta di evidenti limiti vocali. Dopo il ritiro dalle scene si era dedicato alla regia teatrale (1982).

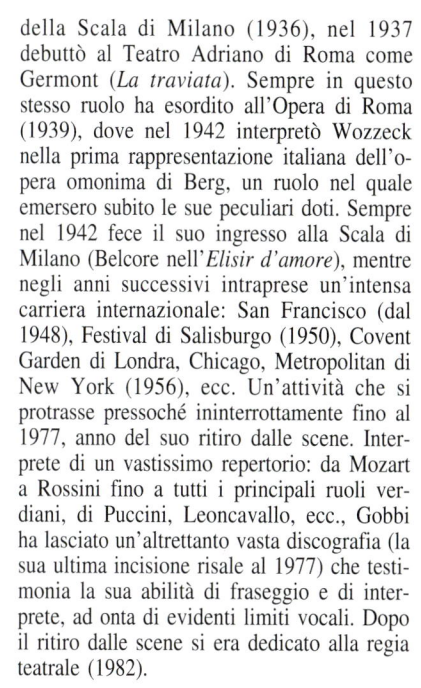

♦ GOLDBERG, REINER
(Crostau presso Bautzen, Sassonia 1939)
Tenore tedesco. Ha studiato canto con A. Schellenberg all'Accademia "C.M. von Weber" di Dresda (1962-67), iniziando ad esibirsi come corista, entrando poi a far parte della compagnia dell'Opera di Stato di Dresda (1973). Negli anni successivi, si è prodotto a Berlino (1977), Amburgo, Monaco di Baviera e via via sui maggiori palcoscenici internazionali. Il repertorio di Goldberg è soprattutto legato alle opere di Wagner e Strauss. Particolarmente degne di nota le sue interpretazioni discografiche di *Parsifal* di Wagner e di *Daphne* (Dafne) di Strauss, entrambe del 1981, dove emergono qualità vocali e interpretative da autentico *Heldentenor*.

● GOLDMARK, KARL
(Keszthely 1830 - Vienna 1915)
Compositore austriaco d'origine ungherese. Dopo aver studiato a Vienna, nel 1844 iniziò la carriera musicale come violinista e direttore d'orchestra a Budapest e quindi a Vienna e in altre città. Nel 1860 si stabilí definitiva-

A sinistra:
il tenore tedesco Reiner Goldberg.

In alto:
il baritono italiano
Tito Gobbi.

mente a Vienna, dove acquisí notevole celebrità. Tra le sue opere teatrali, di chiara influenza wagneriana, la piú celebre è *Die Königin von Saba* (La regina di Saba) 1875.

★ GOLEM
Opera in due parti: Preludio e Leggenda di John Casken (n. 1949) su libretto proprio in collaborazione con P. Audi. Prima rappresentazione: Londra, Almeida Theatre, 28 giugno 1989.

Il Preludio si apre in un luogo abbandonato. Mentre il Maharal (baritono) ricorda, nella sua vecchiaia, il tempo in cui creò il Golem, un coro misterioso, al quale poi si unisce la voce di Ometh (controtenore), provoca il Maharal nel momento in cui nella sua mente rivive quei tragici avvenimenti. Nella Leggenda, lungo le rive di un fiume, il giovane Maharal crea con l'argilla una creatura a cui dà il nome di Golem e a cui cerca di far condurre una vita come un umano. Il Golem (basso-baritono) scopre cosa sia il desiderio quando incontra la giovane Miriam (soprano), e ciò provoca l'ira del Maharal. Ometh, un uomo dalla natura ambigua, vuole che il Golem si unisca a lui, perché insieme potranno estirpare il male dalla terra. Ancora una volta interviene il Maharal ad allontanare il Golem da Ometh, che considera alla stregua di un impostore.

In un accampamento alcuni uomini meditano di ribellarsi dalla loro situazione di miseria; uno di questi, Stoikus (tenore), attende la venuta di un profeta. Mentre con gli altri è intento alla lettura dei tarocchi, Stoikus, preso da una incontrollata frenesia, vuole porre una domanda al Golem, ma questi, irritato, lo uccide. Il Maharal, dopo aver ancora una volta allontanato il Golem dall'influenza negativa di Ometh, comprende che l'averlo creato è stato solamente un danno.

Commissionata dall'Almeida International Festival of Contemporary Music di Londra, *Golem* è la consacrazione di Casken come uno dei piú rappresentativi compositori del panorama musicale contemporaneo inglese.

● GOMES, ANTÔNIO CARLOS
(Campinas, San Paolo 1836 - Belém, Pará 1896)
Compositore brasiliano. Studiò con il padre, maestro di Banda, per perfezionarsi poi al Conservatorio di Rio de Janeiro, dove nel 1860 fondò il teatro dell'Opera Nazionale portoghese. Grazie a una borsa di studio, poté recarsi a Milano, dove studiò (1864-66) e iniziò una proficua carriera di compositore, che attirò l'attenzione dello stesso Verdi. Il suo soggiorno italiano si protrasse pressoché ininterrottamente fino al 1880, anno in cui fece ritorno in patria. Nel 1895 divenne direttore del Conservatorio di Belém. Tra le sue composizioni teatrali, la piú celebre è sicuramente *Il Guarany* (1870); tra gli altri titoli si ricordano *Fosca* (1873), *Salvator Rosa* (1874) e *Maria Tudor* (1879).

♦ GOMEZ, JILL
(New Amsterdam, Guyana Britannica 1942)
Soprano inglese. Allieva di canto alla Royal Academy of Music e alla Guildhall School, dopo un primo esordio in una parte marginale dell'*Oberon* di Weber con la Cambridge University Opera, nel 1967 è entrata come corista al Festival di Glyndebourne; già a partire dall'anno successivo appariva come protagonista nell'*Elisir d'amore*, mentre nel 1969 esordiva al Festival di Glyndebourne come Mélisande, nell'opera di Debussy. Al Covent Garden ha interpretato Flora nella prima rappresentazione di *The Knot Garden* (Il giardino del labirinto) di M. Tippett (1971). Specializzata nel repertorio barocco e settecentesco in genere, si è fatta apprezzare come interprete händeliana nelle incisioni di *Acis and Galatea* (Aci e Galatea) nel 1978 e di *Admeto* nel 1979. Molta della sua attività si svolge anche in campo concertistico.

■ GÓMEZ-MARTÍNEZ, MIGUEL-ANGEL
(Granada 1949)
Direttore d'orchestra spagnolo. *Enfant-prodige* (salí sul podio all'età di 7 anni), ha compiuto gli studi musicali prima nella sua città e successivamente al Conservatorio di Madrid. Si è quindi perfezionato negli Stati Uniti e a Vienna, dove è stato allievo di H. Swarowsky. Risultato vincitore in alcuni importanti concorsi per giovani direttori d'orchestra, ha quindi colto lusinghiere affermazioni a Lucerna (1972), Berlino (*Fidelio*, 1973), Amburgo, Francoforte, Monaco di Baviera, ecc. Direttore stabile alla Staatsoper di Vienna (1977-82), dal 1984 è direttore dell'orchestra della Radiotelevisione Spagnola di Madrid.

♦ GONZALES, DALMACIO
(Olot, Catalogna 1946)
Tenore spagnolo. Allievo di G. Price a Barcellona, ha poi studiato a Salisburgo. Vincitore di concorsi internazionali di canto a Barcellona (1972) e del Mozarteum di Salisburgo (1975), dopo aver esordito al Liceu di Barcellona (1978), ha colto importanti affermazioni a Nizza (*Parisina* di Donizetti), alla

Sopra:
il tenore spagnolo
Dalmacio Gonzales.

In alto:
il compositore austriaco
Karl Goldmark.

New York City Opera (*Traviata*, 1979), al Metropolitan (*Don Pasquale*, 1980), alla Scala di Milano (*Ariodante*, 1981), ecc. Per eleganza di stile, grazia espressiva, morbidezza d'emissione, Gonzales è un apprezzato interprete rossiniano.

■ GOODALL, SIR REGINALD
(Lincoln 1901 - Londra 1990)
Direttore d'orchestra inglese. Studiò pianoforte e violino con A. Benjamin e W.H. Reed e direzione d'orchestra al Royal College of Music di Londra. Dal 1936 al 1939 lavorò come assistente al Covent Garden, successivamente alla Royal Choral Society e quindi di Furtwängler alla Filarmonica di Berlino. Ha quindi diretto al Sadler's Wells (dal 1944) e al Covent Garden (dal 1947). Direttore delle prime rappresentazioni di *Peter Grimes* nel 1945, e di *The Rape of Lucretia* (*Il sacrificio di Lucrezia*), con E. Ansermet nel 1946, Goodall ha però legato il suo nome al repertorio wagneriano, del quale è un apprezzato interprete. Tra il 1973 e il 1977 ha diretto il *Ring* (in lingua inglese) con i complessi della English National Opera, mentre con la National Opera del Galles ha diretto *Tristan und Isolde* (*Tristano e Isotta*) e *Parsifal*, tutte interpretazioni testimoniate da incisioni discografiche.

◆ GORR, RITA
(Gand 1926)
Nome d'arte di Marguerite Geimaert, mezzosoprano belga. Nel 1949 ha debuttato come Fricka in *Die Walküre* (*La walkiria*) a Anversa. Si è quindi specializzata con R. Lalande e F. Adam (1949-52), entrando poi a far parte della compagnia dell'Opera di Strasburgo dove, dalle iniziali piccole parti, si è poi via via affermata come protagonista (Carmen, Amneris, Orfeo, ecc.). La vittoria riportata al Concorso Internazionale di Losanna (1952), le ha aperto le porte dei maggiori teatri internazionali: dall'Opéra di Parigi, a Bayreuth, al Covent Garden, alla Scala di Milano, ecc. Dotata di una voce di autentico mezzosoprano e di grande temperamento drammatico, la Gorr ha dato notevoli interpretazioni di Amneris (*Aida*), Dalila (*Sansone e Dalila*), Charlotte (*Werther*), Madre Maria in *Les dialogues des Carmélites* (*I dialoghi delle Carmelitane*), Ortrud (*Lohengrin*), Kundry (*Parsifal*). Nel 1990 ha interpretato Martha in una incisione discografica del *Faust*.

★ GÖTTERDÄMMERUNG
vedi *Ring des Nibelungen, Der*

● GOUNOD, CHARLES
(Parigi 1818 - Saint-Cloud, Parigi 1893)
Compositore francese. Ebbe i primi insegnamenti musicali dalla madre. Al Conservatorio di Parigi fu allievo di F. Halévy, J. Lesueur e F. Paër. Nel 1839 ottenne il Prix de Rome che gli permise di trascorrere tre anni in Italia (1840-43). Al suo ritorno in Francia, grazie all'amicizia della celebre cantante P. Viardot, superò un difficile periodo esistenziale ed artistico. Incoraggiato dalla Viardot, Gounod compose nel 1851 l'opera *Sapho* (*Saffo*), che segnò l'avvio della sua brillante carriera. Fecero seguito numerose altre opere di successo, tra le quali ricordiamo *Faust* del 1859, *Mireille* (Mirella) del 1864, *Roméo et Juliette* (*Romeo e Giulietta*) del 1867. Si dedicò anche all'insegnamento e alla direzione di orchestre e cori. Dopo un periodo trascorso a Londra (1870-74), dove era giunto in seguito a una sua relazione con una cantante, nel 1874 ritornò definitivamente a Parigi dove si dedicò soprattutto alla composizione di musica sacra, un genere nel quale fu particolarmente fecondo.

■ GOYA
Opera in tre atti, testo e musica di Giancarlo Menotti (n. 1911). Prima rappresentazione: Washington, Kennedy Center, 15 novembre 1986.

In una taverna della periferia di Madrid, il giovane pittore Francisco Goya (tenore), da poco giunto in città, è attratto da una misteriosa donna velata che, poco lungi da lui, civetta con alcuni toreri. Goya avvicina la donna e dopo essersi presentato come il piú grande pittore di Spagna, la invita a posare per lui. Questa accetta, ma chiede all'artista di venire a Palazzo d'Alba, dove lavora come cameriera. Il giorno dopo Goya si reca all'appuntamento. Attraverso una porta di servizio, entra nel palazzo. La giovane cameriera rassicura l'intimidito pittore, poi si allontana per indossare un'abito piú adatto allo scopo. Poco dopo rientra circondata da numerosi cortigiani e dame: la cameriera è in realtà Cayetana, duchessa d'Alba (mezzosoprano). Goya dapprima si mostra confuso, ma poi, provocato dalla duchessa, si appresta ad eseguirne il ritratto. Pieno di fervore, mentre sta per dipingere le labbra della donna, Goya abbandona i pennelli e bacia appassionatamente la duchessa. La relazione tra i due suscita lo scandalo della corte. Durante uno sfarzoso ricevimento Cayetana non desiste dai suoi atteggiamenti provocatori, anzi sfida apertamente la regina (soprano), presentando a corte due nuove dame, abbigliate con lo stesso abito indossato dalla regina, la quale medita vendetta.

In alto:
il mezzosoprano belga
Rita Gorr.

A sinistra:
il compositore francese
Charles Gounod.

Goya rimprovera gli eccessi di Cayetana, ma questa lo schernisce, accusandolo di opportunismo. In quello stesso istante, il pittore è colto da un improvviso attacco: nella sua mente un suono sibilante lo sconvolge e lo fa fuggire, tra lo stupore generale. Tempo dopo la duchessa è in punto di morte, colta da un'improvvisa quanto misteriosa malattia. La donna sa però di essere stata avvelenata e, dinanzi alla regina venuta a visitarla, esprime tutto il suo disprezzo per la corte spagnola, poi muore. Goya giunge troppo tardi e si dispera perché, vigliaccamente, non ha difeso la sua amata. Anni dopo, nel suo studio, Goya, vecchio e solo, vive tormentato da incubi che hanno ormai sconvolto la sua mente. La visione dell'amata Cayetana calma però l'anima del pittore, che ora può morire serenamente.

Ultima opera in ordine di tempo di Giancarlo Menotti, *Goya* è stata composta per espresso desiderio del celebre tenore P. Domingo, che ne è stato il primo interprete. Dopo la prima rappresentazione americana, Menotti ha apportato numerose modifiche alla partitura, soprattutto alla parte vocale del protagonista e al terzo atto. Con questo nuovo assetto *Goya* è stata rappresentata al Festival dei Due Mondi di Spoleto, nel giugno del 1991.

GOYESCAS
Opera in tre atti di Enrique Granados (1867-1916), su libretto di F. Periquet y Zuaznabar. Prima rappresentazione: New York, Metropolitan Opera House, 28 gennaio 1916.

La vicenda si svolge in un sobborgo di Madrid, nella Spagna di fine Ottocento. Il torero Paquito (baritono), pur amando la bella Pepa, non disdegna di corteggiare Rosario (soprano), una ricca dama, amata a sua volta da Fernando (tenore), un giovane ufficiale. Durante una festa popolare tra i quattro personaggi si scatenano le gelosie: Fernando respinge Rosario, credendola infedele, quindi sfida a duello Paquito. Nel duello Fernando viene ferito a morte e spira tra le braccia dell'amata Rosario.

Ultimo lavoro teatrale di Granados, ma anche il piú celebre, *Goyescas* non è altro che la trasposizione scenica della raccolta di pezzi per pianoforte che porta lo stesso nome, un titolo che si ispira ai dipinti del celebre Goya.

GRANADOS, ENRIQUE
(Lérida, Catalogna 1867 - Canale della Manica 1916)
Compositore e pianista spagnolo. Studiò pianoforte e composizione a Barcellona, dove esordí come pianista nel 1883. Dal 1887 al 1889 approfondí lo studio del pianoforte a Parigi. Al suo ritorno in Spagna iniziò un'intensa attività concertistica, alla quale affiancò quella di compositore. A Parigi, nel 1914 ottennero un clamoroso successo le sue *Goyescas* per pianoforte. Nella stessa capitale francese doveva aver luogo anche la prima rappresentazione dell'opera *Goyescas*, in gran parte ispirata dagli omonimi pezzi pianistici; ma lo scoppio della prima guerra mondiale portò la rappresentazione a New York (1916). Di ritorno dagli Stati Uniti, Granados perse la vita in seguito al siluramento del piroscafo "Sussex".

GRAUN, CARL HEINRICH
(Wahrenbrück 1703 ca. - Berlino 1779)
Compositore e cantante tedesco. Studiò alla Kreuzschule di Dresda, iniziando a esibirsi come cantante all'Opera di Brunswick dove, nel 1733, venne eseguita la sua prima opera, *Lo specchio della fedeltà*. Nel 1736 entrò alla corte di Federico II di Prussia a Berlino, dove, nel 1742, inaugurò il nuovo teatro d'Opera con la sua *Cesare e Cleopatra*. Per le scene berlinesi successivamente compose circa ventisei opere, tutte nello stile dell'opera seria italiana. Tra queste una delle piú celebri è sicuramente *Montezuma* (1755).

GREINDL, JOSEF
(Monaco di Baviera 1912 - Vienna 1993)
Basso tedesco. Allievo dell'Accademia di Monaco (1932-36), esordí a Krefeld nel 1936 come Hunding in *Die Walküre* (*La walkiria*). Successivamente si produsse all'Opera di Düsseldorf (1938-42), a Bayreuth (dal 1943), Berlino (1948). Alla fine della seconda guerra mondiale, iniziò la sua carriera internazionale, quando cominciò a esibirsi sulle piú prestigiose scene teatrali: Salisburgo, Covent Garden di Londra, Scala di Milano, Metropolitan di New York (dal 1952), ecc. Interprete di un vasto repertorio, da Mozart a Verdi (notevole Sparafucile in un'incisione discografica del *Rigoletto* del 1944), il nome di Greindl rimane però legato ai personaggi di Wagner.

GRETRY, ANDRE-ERNEST-MODESTE
(Liegi 1741 - Montmorency, Parigi 1813)
Compositore francese. Avviato dal padre, violinista di chiesa, agli studi musicali, fu dapprima fanciullo cantore nella chiesa di St. Denis a Liegi, si dedicò successivamente agli studi di violino, clavicembalo e composizione. Grazie a una borsa di studio (1759), Grétry

Sopra:
il compositore spagnolo
Enrique Granados.

In alto:
il compositore francese
André-Ernest-Modeste Grétry.

poté recarsi in Italia, a Roma e a Bologna, dove entrò in contatto con Padre Martini. Nel 1766 lasciò l'Italia per recarsi a Ginevra dove strinse amicizia con il musicista Monsigny e con Voltaire, che lo incoraggiarono a comporre per il teatro. Stabilitosi quindi a Parigi (1767) esordí nel 1768 con l'opera *Le Huron* (L'Urone) rappresentata alla Comédie-Italienne. Fu il primo di una lunga serie di successi teatrali che neppure la Rivoluzione, con tutti i suoi sconvolgimenti, scalfí. Tra le sue opere, in perfetto equilibrio tra lo stile italiano e la rigida tradizione francese, si ricordano: *Zémire et Azor* del 1771, *La caravane du Caire* (La carovana del Cairo) del 1783, *Richard Coeur-de-Lion* (Riccardo Cuor di Leone) del 1784, *Guillaume Tell* (Guglielmo Tell) del 1791.

GRISELDA, LA
Opera seria in tre atti di Alessandro Scarlatti (1660-1725), su libretto di A. Zeno. Prima rappresentazione: Roma, Teatro Capranica, Carnevale 1721.

Gualtiero re di Sicilia (baritono), per obbedire al volere del popolo che vuole sul trono solo figli di sangue reale, ripudia Griselda (soprano), la pastorella da lui sposata. Dal loro matrimonio è nata una figlia, Costanza (soprano), allevata alla corte di Corrado (tenore) principe di Puglia senza aver mai conosciuto i suoi genitori. La giovane ama ed è riamata da Roberto (tenore), figlio di Corrado. Costanza però dovrà sposare Gualtiero, che non sa essere suo padre. Solo Corrado conosce la verità, ma tace per aiutare Gualtiero nella salvezza del trono. Griselda ora è tornata a vivere nel bosco. Qui incontra la giovane Costanza: tra le due si stabilisce un immediato legame affettivo, tale da indurre Costanza a prendere Griselda con sé come ancella. A corte, Griselda resiste alle profferte amorose di Ottone (baritono), Grande del regno, che piú volte aveva tentato di ottenere il suo amore. Ora, dopo questo ennesimo rifiuto, Ottone confessa di essere stato lui ad aizzare il popolo contro Griselda, perché venisse ripudiata ed egli potesse quindi sposarla. L'opera giunge cosí al lieto fine: davanti al popolo che acclama la regina-pastorella, che ha dato prova di grande virtú, Griselda si riunisce al marito e alla figlia.

Ultima fatica teatrale di Scarlatti, *Griselda*, è considerata la summa del compositore e con il *Mitridate Eupatore* e il *Tigrane*, uno dei suoi capolavori musicali. Le vicende di Griselda sono state musicate da numerosi altri musicisti del XVIII secolo.

GRISELIDIS
(Griselda)
Opera in tre atti di Jules Massenet (1842-1912), su libretto di A. Silvestre e di E. Morand tratto dall'omonima leggenda medievale. Prima rappresentazione: Parigi, Opéra-Comique, 20 novembre 1901.

Il Marchese di Saluzzo (baritono), che ha sposato la bella Griselda (soprano), figlia di poveri contadini, prima di partire per la guerra contro i saraceni si mostra pronto a scommettere sulla fedeltà e la sottomissione della moglie persino col diavolo. E questo prontamente si presenta. Il marchese accetta la scommessa e lascia al demonio (baritono) il proprio anello nuziale come pegno. Quando il marchese è partito, il diavolo e sua moglie Fiammetta (mezzosoprano) si presentano al castello, uno come venditore di schiavi e l'altra come una schiava amata dal marchese e da questo riscattata. La donna mostra l'anello del nobiluomo aggiungendo che ora, per volere del marchese, è lei la signora del castello. Griselda obbedisce al volere del marito e si allontana dal castello, trovando rifugio in un bosco. Il diavolo per far cedere la virtú della giovane, prima le invia Alain (tenore), un pastore che ambiva alla mano di Griselda, poi rapisce il figlioletto Loys. Travestito da vecchio il diavolo si presenta a Griselda, invitandola a recarsi ad un appuntamento con la persona che ha rapito il bambino. Questi le renderà il figlio in cambio di un bacio; Griselda alla fine accetta. Il diavolo mostra quindi al marchese, che nel frattempo è ritornato al castello, Griselda che si reca al convegno. L'uomo dapprima è furente ma poi scorgendo al dito del vecchio il proprio anello, riconosce in lui il diavolo. Piú tardi il marchese e Griselda riconoscono gli inganni di cui sono stati vittime, quindi pregano per la salvezza del loro figlio. Miracolosamente appare Santa Agnese che tiene avanti a sé il piccolo Loys.

Grisélidis, opera secondaria nella produzione di Massenet, conferma altresí la felice vena melodica del compositore, oltre ad un riuscito equilibrio tra libretto e musica.

♦ GRIST, RERI
(New York 1932)

Soprano statunitense. Giovanissima, apparve sulle scene di Broadway, dove poi esordí nel 1957 in *West Side Story* di L. Bernstein. Lo stesso compositore e direttore d'orchestra l'ha poi voluta come voce solista in una esecuzione della *Sinfonia n. 4* di Mahler. Scritturata dall'Opera di Santa Fe, la Grist si è poi spostata in Europa, all'Opera di Colonia dove ha debuttato come Regina della Notte in *Die Zauberflöte* (Il flauto magico). Ha quindi cantato all'Opera di Zurigo e sulle maggiori scene internazionali: alla Scala, al Covent Garden, Opera di Stato di Monaco, San Francisco, Metropolitan, ecc. Tipico soprano leggero, la Grist si è imposta anche grazie a una certa brillantezza interpretativa, adatta ai ruoli di *soubrette* in Mozart (Susanna, Zerlina, Despina, Blondchen) e Strauss (Zerbinetta). Particolarmente note le sue interpretazioni di *Le rossignol* (L'usignolo) di Stravinskij (1961) e di Oscar (*Un ballo in maschera*), ruolo quest'ultimo inciso con la direzione di R. Muti (1975).

In alto:
il compositore italiano
Alessandro Scarlatti
in un'incisione ottocentesca.

A sinistra:
il soprano statunitense
Reri Grist.

◆ **GRUBEROVA, EDITA**
(Bratislava 1946)
Soprano slovacco. Allieva di M. Medvecka e di R. Boesch al Conservatorio della sua città, ha esordito, sempre a Bratislava, come Rosina nel *Barbiere di Siviglia* (1968). Scritturata dalla Staatsoper di Vienna (1970), il teatro al quale è legata la sua fama e nel quale si esibisce piú frequentemente, ha colto la sua prima importante affermazione come Regina della Notte in *Die Zauberflöte* (*Il flauto magico*), ruolo che ha successivamente cantato a Glyndebourne (1973), al Festival di Salisburgo (dal 1974), a Monaco (1978), ecc. Il definitivo lancio della Gruberova è giunto nel 1976 con Zerbinetta in *Ariadne auf Naxos* (*Arianna a Nasso*) alla Staatsoper di Vienna, ruolo che l'ha vista successivamente trionfare al Maggio Musicale Fiorentino (1977), al Metropolitan di New York (1979), alla Scala di Milano (1984), al Covent Garden di Londra (1987), ecc. Le notevoli doti virtuosistiche ed espressive della voce naturalmente ricca di armonici, non solo hanno permesso alla Gruberova di affrontare i ruoli del repertorio lirico-leggero con un maggiore spessore vocale, ma le hanno offerto le *chances* di giungere progressivamente a opere come *Traviata*, *Maria Stuarda*, *Roberto Devereux*, *Norma*, *Manon*.

◆ **GRÜMMER, ELIZABETH**
(Diedenhofen, Alsazia-Lorena 1911 - Warendorf, Berlino 1986)
Soprano tedesco. Allieva di F. Schlender, esordí ad Aquisgrana nel 1941 (*Parsifal*). Si esibí poi a Duisburg e a Praga, quindi a partire dal 1946 entrò a far parte della Städtische Oper di Berlino come interprete di opere di Mozart e Wagner, un repertorio nel quale in breve tempo si impose in campo internazionale: al Covent Garden (dal 1951), alla Scala (dal 1952), alla Staatsoper di Vienna (1953), al Festival di Salisburgo (1954-61), a Bayreuth (1957-59), ecc. Dotata di una bellissima voce di soprano lirico, di grande raffinatezza ed espressività, la Grümmer si è particolarmente distinta in *Don Giovanni*, *Cosí fan tutte*, *Lohengrin*, *Die Meistersinger von Nürnberg* (*I maestri cantori di Norimberga*), *Tannhäuser*, *Der Freischütz* (*Il franco cacciatore*). A partire dal 1965 si era dedicata all'insegnamento, al Conservatorio di Berlino, ad Amburgo e alla scuola di canto dell'Opéra di Parigi.

◆ **GRUNDHEBER, FRANZ**
(Tréves 1939)
Baritono tedesco. Ha compiuto gli studi musicali negli Stati Uniti. Ritornato in Europa la sua carriera si è svolta inizialmente all'Opera di Amburgo, dove è stato membro della compagnia stabile e quindi ospite fisso. Nel 1984 ha interpretato *Macbeth* all'Opéra di Parigi, dove ha successivamente interpretato Mandryka (*Arabella*), una delle sue piú acclamate interpretazioni. Ancora in opere di R. Strauss ha interpretato Olivier in *Capriccio* (Festival di Salisburgo, 1985-87) e Oreste nell'*Elektra* (1989); altrettanto degne di nota le sue interpretazioni wagneriane di *Lohengrin*, *Rheingold* (*L'oro del Reno*), *Götterdämmerung* (*Il crepuscolo degli dei*), *Fliegende Holländer* (*Il vascello fantasma*) a Salisburgo, al Maggio Musicale Fiorentino, alla Deutsche Oper di Berlino, ecc. La sua interpretazione di Wozzeck nell'opera di Berg, alla Staatsoper di Vienna, sotto la direzione di C. Abbado (1987), ha ottenuto larghi consensi di pubblico e di critica, e a tutt'oggi, per qualità vocali e interpretative, Grundheber è considerato uno dei massimi interpreti di questo difficile ruolo.

■ **GUADAGNO, ANTON**
(Castellammare del Golfo, Trapani 1925)
Direttore d'orchestra italiano. Ha compiuto gli studi musicali ai Conservatori di Parma, Palermo e all'Accademia di Santa Cecilia di Roma, per poi perfezionarsi al Mozarteum di Salisburgo (1948). Come direttore d'opera ha esordito in Sudamerica e Messico, mentre nel 1958 è entrato al Metropolitan di New York. Dal 1966 al 1972 è stato direttore musicale della Philadelphia Lyric Opera, mentre negli anni successivi si è prodotto in numerosi altri teatri americani (Cincinnati, Metropolitan, Palm Beach, ecc.) ed europei, in particolare alla Volksoper di Vienna. In Italia, dal 1977 dirige regolarmente le rappresentazioni all'Arena di Verona (*Aida*, *Rigoletto*, *La forza del destino*, ecc.)

◆ **GÜDEN, HILDE**
(Vienna 1917 - Monaco 1988)
Soprano austriaco. Nome d'arte di Hilde Herrmann. Studiò con Wetzelberger a Vienna, esordendo nell'operetta (1939). Due anni dopo interpretò Cherubino (*Le nozze di Figaro*) a Zurigo, mentre a partire dal 1946 iniziò ad esibirsi alla Staatsoper di Vienna, che divenne il suo teatro d'elezione. Presente anche al Covent Garden (dal 1947), alla Scala (1948), al Metropolitan (dal 1950) e in altri importanti teatri e festival internazionali, la Güden, grazie alle sue indubbie qualità vocali e interpretative, fu una delle piú acclamate interpreti mozartiane (Zerlina, Susanna, ecc.) e straussiane (Sofia, Zerbinetta, Daphne, ecc.).

★ **GUENDALINA**
vedi *Gwendoline*

★ **GUERRA, LA**
Dramma musicale in un atto di Renzo Rossellini (1908-1982), su libretto proprio. Prima rappresentazione: Napoli, Teatro S. Carlo, 25 febbraio 1956.

Una città di un paese dominato da un governo straniero, in epoca moderna.

Sopra:
il baritono tedesco
Franz Grundheber.

In alto:
il soprano slovacco
Edita Gruberova.

Marta (mezzosoprano), una vecchia paralitica che vive in un seminterrato con la figlia Maria (soprano), attende con ansia il ritorno del figlio minore Marco (recitante), fuggito tre anni prima per sottrarsi all'invasore. Il vecchio postino (basso), vicino di casa, che porta a Marta le ultime notizie sulla ritirata delle truppe di occupazione, avverte la donna che Maria, che ha una relazione con Erik (tenore), un ufficiale nemico, non appena la città sarà liberata, potrà subire delle rappresaglie. La sera stessa, mentre Marta dorme, Erik vuole convincere Maria a seguirlo, ma la giovane, che aspetta un bambino, non sa decidersi. Marta, che ha sentito il colloquio tra i due, scongiura Maria di non abbandonarla. Un improvviso allarme interrompe il dialogo tra le due donne, mentre il seminterrato si riempie di gente terrorizzata. Nella confusione, Maria fugge per raggiungere Erik. Poco dopo ritorna Marco, diventato cieco durante un'operazione di guerra, e la madre per l'emozione dell'incontro muore. Fuori dalla casa si odono le grida del popolo esultante per la libertà riconquistata.

Renzo Rossellini, celebre soprattutto come autore di colonne sonore cinematografiche, in questa sua opera teatrale ha saputo trasmettere una straordinaria vitalità di stampo cinematografico. La stessa modernità del tema accosta *La guerra* a quel neorealismo di cui il fratello del musicista, il celebre regista Roberto, è stato uno dei massimi rappresentanti.

★ GUERRA E PACE
vedi *Vojna i mir*

GUGLIELMO RATCLIFF
Tragedia in quattro atti di Pietro Mascagni (1863-1945), su testo di H. Heine, nella traduzione di A. Maffei. Prima rappresentazione: Milano, Teatro alla Scala, 16 febbraio 1895.

In Scozia nel 1820. Il conte Douglas (baritono) giunge al castello dei Mac Gregor, dove sposerà Maria (soprano), figlia del signore del luogo. Douglas racconta di essere stato assalito dai briganti, ma grazie all'intervento di un cavaliere misterioso ha avuto salva la vita. Il padre di Maria (basso) racconta poi al conte che Guglielmo Ratcliff (tenore), un innamorato respinto da Maria, aveva ucciso in duello due suoi precedenti fidanzati. Anche Douglas riceve la sfida: al Sasso Nero, luogo del duello, Douglas riconosce in Guglielmo il cavaliere che gli ha salvato la vita. Douglas, che ha invocato l'aiuto degli spiriti dei fidanzati morti, ha la meglio su Ratcliff, ma non lo uccide. Nel frattempo la nutrice Margherita (mezzosoprano) racconta a Maria che un tempo sua madre Elisa aveva respinto Edvardo, il padre di Guglielmo, per sposare Mac Gregor, ma aveva però continuato ad amare Edvardo, che morí in circostanze misteriose quando la relazione venne scoperta da Mac Gregor. In questo punto della narrazione entra improvvisamente Guglielmo: l'uomo scongiura Maria di seguirlo; la giovane, ancora sconvolta dal racconto, sente di amare Guglielmo, ma allo stesso tempo lo supplica di andarsene. Ratcliff, impazzito per questo ennesimo rifiuto, si scaglia contro Maria uccidendola. Subito dopo colpisce a morte anche Mac Gregor accorso in aiuto della figlia, poi, abbracciando il corpo dell'amata, si toglie la vita con un colpo di pistola.

Mascagni, quando era ancora studente al Conservatorio, era rimasto affascinato dalla tragedia di Heine. La composizione della prima versione del *Guglielmo Ratcliff* lo impegnò tra il 1888 e il 1890; dopo *Cavalleria rusticana* (1890), riprese in mano il *Ratcliff*, apportandovi numerose modifiche e in questa seconda versione l'opera venne rappresentata nel 1895.

■ GUI, VITTORIO
(Roma 1885 - Firenze 1975)
Direttore d'orchestra e compositore italiano. Dopo aver iniziato gli studi musicali con la madre, li proseguí al Conservatorio di Roma. Nel 1907 esordí al Teatro Adriano di Roma, e subito dopo cominciò a dirigere in numerosi teatri italiani (Regio di Torino, San Carlo di Napoli, ecc.). Nel 1923 inaugurava, su invito di Toscanini, la stagione della Scala con *Salome* di R. Strauss. Nel 1933 contribuí alla fondazione del Maggio Musicale Fiorentino. Direttore musicale e consigliere artistico del Festival di Glyndebourne (1952-69), Gui fu uno dei primi assertori della rinascita del teatro musicale rossiniano.

■ GUILLAUME TELL
(*Guglielmo Tell*)
Melodramma tragico in quattro atti di Gioachino Rossini (1792-1868), su libretto di E. de Jouy e H. Bis, dal dramma omonimo di F. Schiller. Prima rappresentazione: Parigi, Opéra, 3 agosto 1829.

In Svizzera, nel XVI secolo. Guglielmo Tell (baritono), un abile arciere, porta in salvo il pastore Leutoldo (basso), inseguito dai soldati di Gessler (basso), il governatore austriaco che tiranneggia la regione: per rappresaglia, i soldati incendiano il villaggio e prendono in ostaggio Melchthal (basso), uno degli abitanti piú influenti. Qualche giorno dopo,

*In alto:
il direttore d'orchestra italiano
Vittorio Gui
durante una prova.*

*A sinistra:
il soprano austriaco
Hilde Güden.*

Arnoldo (tenore), figlio di Melchthal, incontra Matilde (soprano), una principessa austriaca di cui è innamorato. Dopo essersi giurati reciproco amore, la donna esorta Arnoldo a passare al seguito di Gessler, per acquistare fama e ricchezza. Poco dopo, Guglielmo porta ad Arnoldo la notizia dell'assassinio del padre: Arnoldo giura di combattere a fianco dei patrioti. Sulla piazza di Altdorf, Guglielmo e suo figlio Jemmy (soprano) vengono arrestati. Rodolfo (tenore), seguace di Gessler, accusa Tell di aver favorito la fuga di Leutoldo. Per salvare la vita del figlio, Guglielmo è costretto a dimostrare la sua abilità, colpendo con una freccia una mela posta sulla testa di Jemmy. Guglielmo centra il bersaglio, ma all'eroe cade una seconda freccia, che aveva nascosto: con fierezza spiega a Gessler che la freccia era destinata a lui, se non avesse colpito la mela. Gessler ordina l'arresto di Tell e di suo figlio, ma Jemmy è salvato da Matilde, che se lo fa affidare. Nel frattempo tutto è pronto per la rivolta degli svizzeri: Jemmy lancia il segnale convenuto per l'inizio della ribellione. Guglielmo e Gessler sono su una barca diretta al castello di Kusmac. Scoppia una tempesta e Tell riesce a far accostare la barca alla riva, quindi balza a terra e colpisce con una freccia Gessler. Giungono Arnoldo e i congiurati: la fortezza di Altdorf è caduta, la Svizzera è libera.

Rossini lavorò per cinque mesi alla composizione del *Guillaume Tell*. Lo straordinario clima romantico che pervade questa partitura, decisamente "nuovo" per l'epoca, fu sicuramente la causa dell'insuccesso dell'opera, anche se non va sottaciuto il fatto che l'opera non presentava le caratteristiche che il pubblico si aspettava e che avevano fatto la fortuna del compositore. Il "belcantismo" e gli altri stilemi tipici della musica rossiniana (crescendo, rondò, ecc.) lasciano il posto a una nuova espressività, ricca di lirismo e di pathos drammatico.

♦ GULYAS, DENES
(Budapest 1954)
Tenore ungherese. A dieci anni faceva parte del Coro di voci bianche della radio unghe-
rese. È quindi entrato all'Accademia di Musica di Budapest dove ha studiato con E. Kutrucz e J. Sipos. Dopo aver ottenuto il prestigioso premio della radio ungherese (1977), è entrato a far parte della compagnia dell'Opera di Stato di Budapest (1978). Attivo anche in sede discografica, Gulyas ha dato ottime prove vocali e interpretative nelle opere *Hunyadi László* di Erkel (1983) e nel *Falstaff* di Salieri (1984).

♦ GUNTRAM
Opera in tre atti di Richard Strauss (1864-1949), su libretto proprio. Prima rappresentazione: Weimar, Hoftheater, 10 maggio 1894.

Nella Germania del Medioevo. La gilda dei Campioni d'Amore invia il cavaliere Guntram (tenore) a liberare le popolazioni oppresse dal governo del duca Robert (baritono). Freihild (soprano), moglie di Robert, anch'essa vittima del crudele marito, è sul punto di suicidarsi, ma viene salvata da Guntram. Il cavaliere si innamora della donna e quando sopraggiunge Robert, accompagnato dal duca suo padre (basso), Guntram chiede di partecipare a una gara di canto tra i Minnesanger di corte. Durante la competizione, Guntram canta le gioie della pace e del buon governo, in contrasto con gli orrori della guerra e delle tirannie. Robert, che si sente accusato dalle parole di Guntram, sfida a duello il cavaliere. Nello scontro Robert soccombe, il vecchio duca fa arrestare Guntram, ma Freihild lo libera. Davanti al Consiglio dei Campioni d'Amore, Guntram si deve sottoporre al giudizio degli anziani, ma il cavaliere dentro di sé ha compreso che il suo agire non è stato spinto dalla sola sete di giustizia, bensì dall'aver desiderato la morte del marito della donna di cui si è
innamorato. Guntram, che ha già giudicato se stesso, rifiuta di presentarsi dinanzi al Consiglio e si condanna alla solitudine.

Prima opera teatrale di R. Strauss, *Guntram* fu un insuccesso, dovuto anche alle difficoltà del ruolo del protagonista. La partitura, di chiara influenza wagneriana, contiene però momenti che anticipano le future grandi scene straussiane, qui rappresentate nell'ampio finale, con il lungo monologo, nel quale Guntram afferma la sua autocoscienza.

♦ GWENDOLINE
(Guendalina)
Opera in tre atti di Emmanuel Chabrier (1841-1894), su libretto di C. Mendès. Prima rappresentazione: Bruxelles, Théâtre de la Monnaie, 10 aprile 1886.

La vicenda si svolge nell'VIII secolo, all'epoca della guerra fra i sassoni e i danesi. Il re dei vichinghi Harald (tenore), si è innamorato di Guendalina (soprano), la figlia di Armel (basso), capo sassone. Questi acconsente alle nozze, ma con uno scopo ben preciso: approfittare dei festeggiamenti nuziali per assalire i danesi e uccidere anche Harald. Guendalina, che ama Harald, per non rendersi complice del tradimento, tenta di persuaderlo a fuggire, ma ormai è troppo tardi. Guendalina muore con Harald quando Armel giunge ad ucciderlo.

L'eccesso di wagnerismo provocò il rifiuto, da parte dell'Opéra di Parigi, di rappresentare *Gwendoline*, che venne perciò eseguita, con notevole successo, a Bruxelles. La scelta dell'ambientazione nordica, l'introduzione del Leitmotiv, sono sicuramente il primo esempio francese di wagnerismo. Va però evidenziato il fatto che, da parte di Chabrier, l'uso di questi stilemi è solamente esteriore, perché la personalità del compositore prevale nella stesura della partitura.

Una scena dal *Guglielmo Tell*, di G. Rossini, in un allestimento al Teatro alla Scala.

♦ **HADLEY SCHEDULE, JERRY**
(Princeton, Illinois 1952)
Tenore statunitense. Dopo gli studi musicali ha esordito alla New York City Opera come Arturo nella *Lucia di Lammermoor* (1979). In breve tempo si è imposto sui maggiori teatri internazionali: al Metropolitan di New York, dove ha esordito come Des Grieux (*Manon*) e dove canta regolarmente, alla Staatsoper di Vienna (dal 1982), al Festival di Glyndebourne (1983), ecc. Molto attivo anche in campo concertistico, Hadley, grazie alle sue non comuni doti vocali, unite a indubbie qualità interpretative e musicali, è un raffinato interprete di un repertorio che va da Mozart a Donizetti a Verdi, oltre al repertorio francese, da Halévy, a Berlioz, Gounod, Offenbach, Debussy. Particolarmente degne di nota le sue interpretazioni di *The Rake's Progress* (*La carriera di un libertino*) di Stravinskij, di *Candide* di Bernstein (1991) e di musical come *My Fair lady* e *Show Boat* (1988).

♦ **HAEFLIGER, ERNST**
(Davos 1919)
Tenore svizzero. Iniziò gli studi vocali al Conservatorio di Zurigo, per poi perfezionarsi a Vienna con J. Patzak e a Praga con Carpi. Nel 1942 esordí come Evangelista in *Johannespassion* (*Passione secondo Giovanni*) di Bach. Emersero subito le sue doti di raffinatezza e musicalità che ne fecero uno dei piú quotati e dotati interpreti del repertorio concertistico. Nel 1949 ha esordito al Festival di Salisburgo in *Die Zauberflöte* (*Il flauto magico*) di Mozart e in *Antigonae* (*Antigone*) di Orff. Negli anni successivi si è esibito alla Deutsche Oper di Berlino (dal 1952), al Festival di Glyndebourne (1956), Aix-en-Provence (1951), negli Stati Uniti (dal 1959), ecc.

♦ **HAGEGARD, HÄKAN**
(Karlstad 1945)
Baritono svedese. Ha compiuto gli studi musicali all'Accademia reale di Stoccolma; si è quindi perfezionato con T. Gobbi a Roma, G. Moore a Londra e E. Werba a Vienna. Ha esordito nel 1968 all'Opera di Stoccolma come Papageno in *Die Zauberflöte* (*Il flauto magico*) di Mozart, un ruolo che ha interpretato successivamente in numerosi altri teatri (Scala di Milano, 1985, Opéra di Parigi, 1986, ecc.) e che ha immortalato anche nella celebre versione cinematografica dell'opera diretta da Bergman (1974). Presente ai festival di Drottningholm (dal 1970) e di Glyndebourne (dal 1973), Hagegard è altresí presente nelle stagioni del Metropolitan di New York (dal 1978, con il *Don Pasquale* di Donizetti), al Grand Théâtre di Ginevra (*Cosí fan tutte* di Mozart, 1985; *Don Carlo* di Verdi, 1988), al Covent Garden di Londra (*Tannhäuser* di Wagner, 1987). Dotato di una voce dal bel timbro essenzialmente lirico, morbida nell'emissione, e raffinata nel fraseggio, Hagegard è soprattutto celebre come interprete mozartiano; altrettanto importante è da considerarsi la sua attività concertistica, nel campo liederistico in particolare.

■ **HAGER, LEOPOLD**
(Salisburgo 1935)
Direttore d'orchestra austriaco. Ha studiato organo, pianoforte, clavicembalo, direzione d'orchestra e composizione al Mozarteum di Salisburgo. Dopo aver iniziato l'attività musicale come maestro di coro (1957), si è rapidamente imposto come direttore d'orchestra a Linz (1962-64), Colonia (1964-65), Friburgo (1965-69) e dal 1969 al 1981 a Salisburgo, dove ha diretto l'orchestra del Mozarteum. Con tale complesso Hager si è dedicato all'esecuzione e anche all'incisione

A sinistra:
il tenore statunitense
Jerry Hadley Schedule.

In alto:
il direttore d'orchestra
olandese Bernard Haitink.

HAITINK, BERNARD

discografica delle opere giovanili di Mozart, non sempre salutate favorevolmente dalla critica, ma che in ogni caso si sono segnalate come le prime esecuzioni critiche e musicologiche di questi, altrimenti dimenticati, lavori teatrali.

■ HAITINK, BERNARD
(Amsterdam 1929)
Direttore d'orchestra olandese. Ha studiato violino e direzione d'orchestra al Conservatorio della sua città natale. Dopo aver iniziato la carriera musicale come violinista, si è successivamente perfezionato nella direzione d'orchestra, avviandosi alla direzione, nel 1955. A partire dal 1957 ha diretto l'Orchestra Filarmonica della Radio Olandese, mentre nel 1961 è stato nominato direttore musicale e successivamente (1967-1979) direttore principale dell'Orchestra del Concertgebouw di Amsterdam. Si è quindi prodotto con la London Philharmonic Orchestra (1967-77), e dal 1977 come direttore musicale del Festival di Glyndebourne, una prestigiosa carica che, dal 1987, detiene anche al Covent Garden di Londra. Molto attivo in campo operistico, Haitink dirige un repertorio assai vasto e diversificato che spazia da Mozart a Verdi, a Wagner e Strauss.

● HALEVY, FROMENTAL
(Parigi 1799 - Nizza 1862)
Compositore e didatta francese. Studiò al Conservatorio di Parigi, dove divenne allievo prediletto di Cherubini. Nel 1819 ottenne il Grand Prix de Rome, che nel 1820 gli consentí di venire in Italia. Dopo essere ritornato in Francia (1823), nel 1827 riuscí a portare in scena la sua prima opera, *L'artisan* (L'artigiano), alla quale fecero seguito *Clari* nel 1828 e *Le dilettante d'Avignon* (Il dilettante di Avignone) nel 1829. Il successo ottenuto avviò definitivamente Halévy alla carriera di operista, alla quale affiancò quella didattica (dal 1827). In campo teatrale compose oltre una trentina di opere, tra le quali la piú celebre resta ancora oggi *La juive* (*L'ebrea*) del 1835. Eccellente insegnante, ebbe tra i suoi numerosi allievi Gounod, Bizet e Lecocq.

▲ HALEVY, LUDOVIC
(Parigi 1833-1908)
Librettista francese. Figlio di Léon (fratello del compositore Fromental), in collaborazione con H. Meilhac, H. Crémieux e altri, fu autore di numerosi libretti d'opera per Offenbach come *La belle Hélène* (La bella Elena), *La vie parisienne* (La vita parigina), *La grande duchesse de Gérolstein* (La granduchessa di Gerolstein), *Orphée aux enfers* (Orfeo all'inferno), ecc; e inoltre per Lecocq, Delibes e Bizet.

● HALKA
Opera in quattro atti di Stanislaw Moniuszko (1819-1872), su libretto di W. Wolski, tratto dalla novella Goralka *di K.W. Wójcicki. Prima rappresentazione: Vilna, Palazzo Müller, 20 dicembre 1848, in forma di concerto. Varsavia, Teatro Imperiale, 1° gennaio 1858, in forma scenica.*

In una tenuta polacca alla fine del XVIII secolo. È in corso una festa per celebrare il fidanzamento tra Sofia (mezzosoprano), figlia del Siniscalco (basso), e Janusz (baritono), un giovane nobiluomo che tempo prima aveva sedotto Halka (soprano), una giovane contadina. La fanciulla, ancora innamorata di Janusz, non sa che questi sta sposando un'altra donna. Jontek (tenore), innamorato respinto di Halka, cerca invano di riportarla alla ragione e di farla arrendere all'evidenza dei fatti. Solo quando dal palazzo del Siniscalco si odono canti che inneggiano alle prossime nozze di Sofia con Janusz, Halka con disperazione comprende la verità. Intorno alla piccola chiesa del villaggio, nella quale si stanno celebrando le nozze, Halka, che dal dolore ha perso la ragione, per vendetta vorrebbe incendiare la chiesa; poi, al pensiero che causerebbe la morte di tanti innocenti, perdona l'infedele Janusz. Quando, poco dopo, il corteo nuziale sta per uscire dalla chiesa, Halka, che ha perso ogni ragione per vivere, si getta nel fiume.

Halka è la prima opera seria di Moniuszko, una partitura che è considerata il suo capolavoro musicale, ed è anche il primo grande esempio di teatro nazionale polacco.

♦ HAMARI, JULIA
(Budapest 1942)
Mezzosoprano ungherese. Dopo gli studi al Conservatorio di Budapest (1961-66), si è perfezionata a Stoccarda (1966-67), dove ha esordito in *Matthäuspassion* (Passione secondo Matteo) di Bach. Si è subito imposta come raffinata interprete del repertorio concertistico, al quale ha ben presto affiancato quello lirico. In teatro ha esordito nel 1967, a Salisburgo come Mercedes (*Carmen*), sotto la direzione di Karajan. Nel giro di breve tempo si è affermata sui maggiori palcoscenici internazionali in un vasto repertorio, da Händel a Gluck, a Mozart, Haydn, Rossini e Wagner.

● HAMLET
(Amleto)
Opera in cinque atti di Ambroise Thomas (1811-1896), su libretto di J. Barbier e M. Carré, dalla tragedia omonima di W. Shakespeare. Prima rappresentazione: Parigi, Opéra, 9 marzo 1868.

Amleto (baritono), principe di Danimarca, apprende in sogno dallo spirito del padre (basso) che la sua morte è dovuta a suo fratello Claudio (basso) che ora è divenuto re al posto di Amleto, sposando la vedova del fratello assassinato, Gertrude (mezzosoprano). Amleto giura di vendicarsi e, per nascondere il suo desiderio di vendetta, si finge pazzo e tratta così crudelmente l'amata Ofelia (soprano) che, disperata, credendosi odiata da Amleto, si uccide. Re Claudio ha capito che Amleto è a conoscenza del suo segreto e tenta così di ucciderlo: prima con una

Sopra:
il baritono svedese
Häkan Hagegard (al centro).

In alto:
il compositore e didatta francese
Fromental Halévy.

coppa avvelenata (bevuta invece da Gertrude, che muore) poi combinando un duello tra Amleto e Laerte (tenore), fratello di Ofelia, duello nel quale la spada di Laerte sarà avvelenata. I contendenti si feriscono a morte, ma Amleto prima di morire svela i misfatti di Claudio, e dopo lo trafigge con la spada, vendicando cosí il padre.

Con *Mignon*, *Hamlet* è certamente l'opera piú celebre di Thomas anche se questa notorietà ai nostri giorni è dovuta ad alcune pagine dell'opera rimaste in repertorio: il "brindisi" di Amleto nel secondo atto e l'altrettanto celebre "pazzia" di Ofelia nel quarto, banco di prova di tutti i soprani di coloratura. In particolare il personaggio di Amleto rappresenta uno dei piú drammatici ruoli di baritono nella storia dell'opera.

♦ HAMPSON, THOMAS
(Washington 1955)
Baritono statunitense. Avviato alla musica in età giovanissima, ha studiato alla Music Academy of the West. Grazie alla vittoria ottenuta in un concorso indetto dal Metropolitan (1980), nel 1981 si è trasferito in Europa, entrando nella compagnia stabile della Deutsche Oper am Rhein. Si è quindi esibito all'Opera di Zurigo (dal 1984), imponendosi come interprete mozartiano. Proprio nel ruolo mozartiano del Conte (*Le nozze di Figaro*) ha esordito al Metropolitan di New York, teatro in cui si esibisce regolarmente, in un repertorio che, oltre alle opere di Mozart, include Rossini (*Il barbiere di Siviglia*), Gounod (*Faust*), e *Evgenij Onegin* (*Eugenio Oneghin*) di Čajkovskij, ecc. Particolarmente degna di nota anche la sua attività in ambito concertistico (Schumann, Mahler, ecc.) e nel musical. Hampson è considerato uno dei maggiori cantanti in campo internazionale.

● HÄNDEL,
GEORG FRIEDRICH
(Halle 1685 - Londra 1759)
Compositore tedesco, naturalizzato inglese. Dopo gli studi e una prima attività di organista a Halle, sua città natale, nel 1703 si trasferí ad Amburgo, dove ebbe i primi contatti con il mondo dell'opera, trovandosi a lavorare con la compagnia del Teatro dell'Opera diretta dal compositore R. Keiser. Ad Amburgo Händel diede alle scene le sue prime opere, *Almira* e *Nero* (Nerone), ambedue del 1705, andate perdute, e *Florindo e Dafne* (poi divisa in due parti, *Florindo* e *Dafne*, per l'eccessiva lunghezza), del 1706, anno in cui inizia il suo viaggio in Italia, che risulterà poi fondamentale per la sua formazione. Le opere composte durante il suo soggiorno italiano, *Rodrigo* (1707 ca.) e soprattutto *Agrippina* (1709), oltre che evidenziare la completa assimilazione dello stile italiano, sono allo stesso tempo anticipatrici del suo stile compositivo. Uno stile che apparirà già evidente nella prima opera composta dopo il suo ritorno a Londra nel 1710, il *Rinaldo*, del 1711. Tutta la successiva produzione operistica, pur rimanendo fedele nella struttura alla forma dell'opera seria italiana, con le arie con "da capo", alternate a recitativi "secchi", accompagnati cioè dal solo "basso continuo" (viola da gamba e clavicembalo), presenta una sempre maggiore attenzione verso piú efficaci esiti espressivi, grazie anche a una maggiore cura degli effetti orchestrali, realizzati attraverso una piú ricca varietà di mezzi strumentali. Opere come *Tamerlano* (1724) o *Rodelinda regina de' Longobardi* (1725), presentano poi una sempre piú evidente ricerca drammatica, che porta Händel alla costruzione di scene musicalmente molto elaborate, di grande effetto teatrale. Ne è una ulteriore prova la grande scena della follia di Orlando, dall'opera omonima del 1733. Il musicista fa un uso di movimenti legati che simboleggiano lo stato di follia del personaggio, attraverso l'adozione di un tempo di 5/8, qui usato per la prima volta nella storia. La riscoperta, in questo ultimo ventennio, della produzione operistica di Händel ha messo in risalto la forza drammatica e teatrale di questo musicista, oggi considerato il maggior operista del primo trentennio del XVIII secolo.

● HANS HEILING
Opera romantica in un prologo e tre atti di Heinrich August Marschner (1795-1861), su libretto di E. Devrient. Prima rappresentazione: Berlino, Hofoper, 24 maggio 1833.

Hans (baritono), figlio della Regina degli Spiriti (soprano) e di un mortale, per amore di una fanciulla, Anna (soprano), abbandona il suo stato di essere soprannaturale per assumere sembianze umane. La giovane però, quando scopre la vera identità di Hans, lo abbandona per seguire Konrad (tenore). Hans, deluso, prima tenta di uccidere il rivale e poi l'intero genere umano. Interviene la Regina degli Spiriti, la quale spinge il figlio al perdono. Hans, convinto e rassegnato, ritorna nel suo regno, riprommettendosi di non tornare mai piú nel mondo dei comuni mortali.

Tratta da una leggenda popolare, l'opera ebbe un grande successo in tutti i teatri dell'area tedesca. A Vienna e a Magdeburgo, *Hans Heiling* venne diretta da Wagner, che rimase particolarmente influenzato dall'atmosfera romantica del lavoro di Marschner.

● HÄNSEL UND GRETEL
Fiaba musicale in tre atti di Engelbert Humperdinck (1854-1921), su libretto di A. Wette, dalla fiaba omonima dei fratelli Grimm. Prima rappresentazione: Weimar, Hoftheater, 23 dicembre 1893.

I piccoli Hänsel (mezzosoprano) e Gretel (soprano) fanno disperare la loro mamma (mezzosoprano) che, nel rincorrerli per sgridarli, rovescia una tazza di latte, unica risorsa per la povera famiglia. La donna, disperata, manda i due fratellini nel bosco, a raccogliere le fragole. Nel bosco Hänsel e Gretel cercano le fragole e le mangiano tutte, dimenticando l'ordine della madre. Ormai è sopraggiunta la notte e i due bambini, che hanno smarrito la strada del ritorno, pieni di paura, devono passare la notte nel bosco. Appare il nano Sabbiolino (soprano), il quale getta sui loro occhi alcuni granelli di sabbia: Hänsel e Gretel si addormentano profondamente. La mattina dopo, quando i due fanciulli si risvegliano, scorgono con stupore una casetta tutta di marzapane e zucchero. Incuriositi, i due si avvicinano cadendo però nell'incantesimo della strega Marzapane (mezzosoprano) che li imprigiona per poi mangiarseli. Hänsel viene rinchiuso in un pollaio per essere ingrassato e poi cucinato. Gretel però, approfittando di una distrazione della strega, riesce a liberare il fratello, poi, insieme, spingono la vecchia nel forno, provocando la distruzione della casa e la fine dell'incantesimo. Intanto sopraggiungono i loro genitori e compaiono altri bambini, vittime della

Il compositore tedesco
Georg Friedrich Händel.

HARNONCOURT, NIKOLAUS

strega, che ringraziano i due fratelli per averli liberati.

Di chiara impostazione romantica, l'opera, sebbene considerata come una sorta di reazione alla musica wagneriana, in realtà risente del linguaggio espressivo del grande maestro tedesco. Un influsso wagneriano che viene però "filtrato" da Humperdinck in modo personale e originale. Nella partitura emergono poi elementi musicali derivati da filastrocche e canzoni popolari, che con la loro semplicità rendono accessibile l'opera a un pubblico assai vasto ed eterogeneo. Cosí già dalla prima rappresentazione, *Hänsel und Gretel* ottenne un grande successo e venne rappresentata sui vari palcoscenici del mondo. Ancora oggi fa parte del normale repertorio operistico.

■ HARNONCOURT, NIKOLAUS
(Berlino 1929)

Direttore d'orchestra e violoncellista tedesco, naturalizzato austriaco. Cresciuto in una famiglia di musicisti, ha studiato all'Accademia di Musica di Vienna, iniziando la carriera come violoncellista all'Orchestra Sinfonica di Vienna (1952-69). Nel 1953 ha fondato il Concentus Musicus Wien, formato da specialisti, con il quale ha iniziato a dedicarsi alla "Musica Antica". Già all'inizio degli anni Sessanta si è imposto nell'esecuzione della musica vocale e strumentale di Bach, mentre nel campo dell'opera hanno avuto un notevole rilievo le sue esecuzioni delle opere di Monteverdi (*Orfeo*, *Il ritorno di Ulisse in patria*, *L'incoronazione di Poppea*). Parallelamente alle sue esecuzioni con il Concentus Musicus, con il quale ha sviluppato un'intensissima attività, specie discografica, e si è fatto conoscere in tutta Europa e negli Stati Uniti, Harnoncourt si esibisce con le maggiori orchestre internazionali. In campo teatrale, si è in particolar modo dedicato alle opere di Mozart.

♦ HARPER, HEATHER
(Belfast 1930)

Soprano irlandese. Ha compiuto gli studi di canto al Trinity College of Music di Londra, iniziando ad esibirsi negli Ambrosian Singers e con il coro della BBC. Nel 1954 ha esordito sulle scene della Oxford University Opera Club. A partire dal 1957 si è prodotta al Festival di Glyndebourne, dove ha esordito come Prima Dama in *Die Zauberflöte* (*Il flauto magico*); quindi al Covent Garden di Londra (dal 1961). In questo teatro si è esibita in numerosi ruoli in opere di Bizet, Offenbach, Wagner, Strauss e Poulenc.

♦ HARWOOD, ELIZABETH
(Barton Seagrave, Northamptonshire 1938 - Londra 1990)

Soprano inglese. Studiò al Royal Manchester College of Music (1956-60). Dopo essersi aggiudicata il Kathleen Ferrier Memorial Prize (1960), esordí al Festival di Glyndebourne come Secondo Genio in *Die Zauberflöte* (*Flauto magico*). A partire dal 1961 si esibiva al Teatro di Sadler's Wells, in un repertorio che andava da Mozart a Rossini, a Massenet in *Manon*, a Strauss in *Ariadne auf Naxos* (*Arianna a Nasso*). Nel 1967 cantò per la prima volta al Covent Garden di Londra (*Arabella*), dove ottenne le sue prime importanti affermazioni, che la imposero all'attenzione internazionale. All'inizio degli anni Settanta cantò al Festival di Salisburgo, alla Scala di Milano (1972), al Metropolitan (1975), ecc. La raffinatezza vocale e la sensibilità interpretativa della Harwood sono testimoniate da alcune importanti incisioni discografiche, tra le quali brilla quella di Musetta in *La bohème* (1973), sotto la direzione di Karajan.

★ HÁRY JÁNOS
Opera in due atti di Zoltán Kodály (1882-1967), su libretto di B. Paulini e Z. Harsányi, tratto dal poema comico Az obsitos di J. Garay. Prima rappresentazione: Budapest, Opera Reale, 16 ottobre 1926.

Nell'osteria del villaggio ungherese di Grob-Abony, il vecchio Háry János (baritono) racconta ad alcuni compagni le avventurose vicende della sua giovinezza. Al confine russo con la Galizia, una guardia ottusa non voleva far passare la slitta di Maria Luisa (mezzosoprano), figlia dell'imperatore d'Austria. Il furbo Háry intervenne spostando il casotto della guardia oltre il confine. Questa brillante soluzione valse a Háry un invito a corte, dove il geloso cavaliere Ebelasztin (voce recitante) invitò Háry a cavalcare Luzifer, un cavallo dal carattere "demoniaco". Anche questa volta il nostro eroe ebbe la meglio: non solo riuscì a domare il cavallo, ma entrò addirittura nelle grazie dell'imperatore Francesco (recitante), guarendolo dalla gotta con un suo unguento portentoso. Háry partí quindi per combattere contro Napoleone (basso). Anche in questa occasione Háry mise in luce il suo valore: catturò Napoleone,

*In alto:
una scena da
Il ritorno di Ulisse in patria,
di C. Monteverdi,
nell'edizione diretta da N. Harnoncourt
a Zurigo.*

*A destra:
il direttore d'orchestra
Nikolaus Harnoncourt.*

riuscendo a conquistare anche Maria Luisa, che nel frattempo aveva sposato l'imperatore francese. Maria Luisa abbandonò Napoleone per sposare Háry, ma questi rifiutò per rimanere fedele a Ilka (mezzosoprano), la sua fidanzata. Nell'osteria tutti sono stupiti dalle mirabolanti avventure di Háry János.
Háry János è uno dei capolavori del teatro moderno. La freschezza della musica di Kodály, che si ispira al folklore nazionale, sottolinea lo humour della vicenda, che si ispira ad alcune melodie popolari ungheresi.

● HASSE, JOHANN ADOLF
(Bergedorf, Amburgo 1699 - Venezia 1783)
Compositore tedesco noto in Italia come "il caro Sassone". Discendente di una famiglia di organisti, dopo essere stato voce bianca nel coro della città natale, attorno al 1718 iniziò a esibirsi come tenore all'Opera di Amburgo. L'anno successivo si trasferí a Brunswick, dove rappresentò la sua prima opera, *Antioco*, nella quale interpretò anche il ruolo principale. Fu quindi in Italia per perfezionarsi come compositore d'opera. Studiò con N. Porpora e A. Scarlatti a Napoli, dove ottenne i primi importanti successi. Fu poi a Venezia (1727), dove divenne maestro di cappella all'Ospedale degli Incurabili, e dove conobbe e sposò (1730) la celebre cantante F. Bordoni, che lo affiancò nella sua brillante carriera di operista. Attivo a Dresda, dove trionfò con *Cleofide* (1731), per un trentennio Hasse compose per le scene italiane (in particolare per Venezia), ma anche per Londra, Vienna, Monaco, ecc. Nel 1771, a Milano, compose la sua ultima opera, *Ruggiero*; ritornò quindi a Venezia (1773) dove rimase fino alla morte. Hasse, maestro dell'opera seria italiana, nei suoi piú importanti lavori teatrali, *Cleofide* (1731), *Didone abbandonata* (1742), *Ipermestra* (1744), *Semiramide riconosciuta* (1744), pur nel rispetto pressoché totale del linguaggio formale del genere (sinfonia in tre tempi, arie tripartite, ecc.), dimostrò altresí una personalità ben definita, mettendo in luce una grande maestria nell'uso espressivo dell'orchestra.

♦ HAUGLAND, AAGE
(Copenhagen 1944)
Basso danese. Ha compiuto gli studi musicali nella città natale. Iniziata la carriera artistica all'Opera di Oslo, si è quindi prodotto nei teatri di Brema (1970-73) e Copenhagen (dal 1973). Nel 1975 ha esordito al Covent Garden di Londra nel ruolo di Hagen in *Götterdämmerung* (*Crepuscolo degli dei*) di Wagner e nel 1977 alla English National Opera in *Die Walküre* (*La walchiria*) e *Götterdämmerung*. Al 1979 risale il suo esordio al Metropolitan di New York, nel ruolo del Barone Ochs in *Der Rosenkavalier* (*Il cavaliere della rosa*) di Strauss, un personaggio che ha interpretato nei maggiori teatri internazionali. Nel celebre teatro americano ha cantato soprattutto in opere wagneriane, facendosi però apprezzare nella *Kovàncina* di Musorgskij. Presente nei cartelloni della Staatsoper di Vienna, dove ha ottenuto un successo personale nel ruolo del Dottore nel *Wozzeck* di Berg (1987); nel 1980 ha interpretato all'Opéra di Parigi Varlaam nel *Boris Godunov*, un altro personaggio a lui particolarmente congeniale.

● HAYDN, FRANZ JOSEPH
(Rohrau, Bassa Austria 1732 - Vienna 1809)
Compositore austriaco. A otto anni cantava come voce bianca alla Singschule di Santo Stefano a Vienna, dove rimase per una decina d'anni. A partire dal 1750 iniziò a dedicarsi alla composizione, e già nel 1751 ricevette l'incarico di scrivere il suo primo lavoro teatrale, *Der krumme Teufel* (Il diavolo zoppo), che fu rappresentato nel 1752. Lavorò al servizio del barone von Fürnberg (1755-59) e poi del conte Morzin (1759-60). Dopo essersi sposato (1760), entrò, nel 1761, a servizio del principe Paul Anton Esterházy, a Eisenstadt, dove fu vice maestro di cappella e quindi, nel 1766, direttore della stessa. A partire dal 1790, pur conservando il titolo di maestro di cappella, fu libero da impegni diretti con la corte di Esterházy e poté far ritorno a Vienna. Invitato a recarsi in Inghilterra, nel 1791 partí alla volta di Londra, dove poi ritornò nel 1794. Tornato definitivamente a Vienna (1795), venerato come il piú celebre musicista vivente, Haydn morí nel 1809, quando la capitale austriaca era occupata dalle truppe napoleoniche. La produzione teatrale di Haydn, già nello *Speziale* (1768), mescolava a elementi comici altri piú vicini all'opera seria. Queste caratteristiche ritornano, con un maggior sviluppo, nelle opere successive: *Il mondo della luna* (1777), *La vera costanza* (1779), e *L'isola disabitata* (1779). Molto importante, nell'evoluzione musicale dell'opera di Haydn, è il "concertato", che assume una funzione sempre piú evidente nello sviluppo drammaturgico-teatrale. Con *La fedeltà premiata* (1780) decade in parte la connotazione "mista", mentre *Armida* (1784) e *Orfeo ed Euridice, ovvero l'anima del filosofo* (1791) rientrano nel genere serio; quest'ultima poi si riallaccia all'opera seria di stampo gluckiano.

■ HEGER, ROBERT
(Strasburgo 1886 - Monaco 1978)
Direttore d'orchestra tedesco. Musicalmente si formò a Strasburgo e a Monaco con M. von Schillings. Nel 1907 debuttò a Strasburgo, dando inizio alla sua carriera direttoriale. Fu attivo all'Opera di Stato di Monaco di Baviera (1920-25), dove a partire dal 1950 fu direttore principale, alla Staatsoper di Vienna (1925-33), all'Opera di Berlino (1935-50), oltre che in altri importanti teatri soprattutto dell'area tedesca; e proprio al repertorio tedesco, tra gli anni Cinquanta e Sessanta, Heger ha dato un importante contributo interpretativo, firmando, anche in campo discografico, notevoli interpretazioni di opere di Weber, Lortzing, Nicolai, Flotow e Wagner.

In alto:
un ritratto
del compositore austriaco
Franz Joseph Haydn.

Sopra:
il direttore d'orchestra tedesco
Robert Heger.

HEISE, PETER ARNOLD
(Copenhagen 1830 - Taarback, Copenhagen 1879)
Compositore danese. Compí gli studi musicali nella città natale e a Lipsia (1852-53). Dal 1858 al 1865 si dedicò all'insegnamento a Soro. Ritornò quindi a Copenhagen, per poi partire alla volta dell'Italia, dove conobbe e intrattenne amicizia con G. Sgambati, per il quale scrisse alcune composizioni. Per il teatro compose le opere *Paschaen Datter* (La figlia del pascià) nel 1869 e *Drot og Marsk* (Re e maresciallo) nel 1878.

HENDRICKS, BARBARA
(Stephens, Arkansas 1948)
Soprano statunitense. È stata allieva di J. Tourel alla Juilliard School. Ha esordito nel 1976 con *L'incoronazione di Poppea* di Monteverdi; sempre lo stesso anno ha cantato al Festival d'Olanda come Amore in *Orfeo* di Gluck. Negli anni a seguire è apparsa al Festival di Glyndebourne (*Fidelio*), alla Deutsche Oper di Berlino (1978), al Festival di Salisburgo (1981). Con l'inizio degli anni Ottanta l'incontro con celebri direttori come Giulini (Nannetta in *Falstaff* di Verdi), Abbado, Bernstein e soprattutto Karajan (*Turandot* di Puccini, *Deutsche Requiem* di Brahms, *Messa in do minore* di Mozart, ecc.), ha fatto sí che la Hendricks diventasse uno dei soprani piú noti in ambito internazionale, sia in campo operistico che concertistico. Sebbene la sua voce di soprano lirico-leggero non presenti doti particolari per colore o estensione, la Hendricks può vantare fraseggio elegante, morbidezza d'emissione, cui va aggiunta una certa predisposizione all'espressione "patetica".

HENRY VIII
(*Enrico VIII*)
Opera in quattro atti di Camille Saint-Saëns (1835-1921), su libretto di L. Détroyat e A. Silvestre. Prima rappresentazione: Parigi, Opéra, 5 marzo 1883.

Enrico VIII (baritono), re d'Inghilterra, è innamorato di Anna Bolena (mezzosoprano), dama d'onore della regina. Anna ama Don Gomez di Feria (tenore), ambasciatore di Spagna, ma, per l'ambizione di diventare regina, acconsente a sposare Enrico VIII. Questi ripudia la legittima moglie Caterina d'Aragona (soprano) dopo che il Parlamento ha proclamato la Chiesa inglese indipendente da quella romana, colpevole di essere contraria al divorzio del sovrano. Nelle mani di Caterina resta però una lettera che prova il legame tra Anna e Gomez. Per riaverla Anna si reca a Kimball, dove si trova Caterina in fin di vita. Anna si finge pentita, ma la regina non cade in inganno. Invano Enrico e Gomez tentano di riavere la lettera, ma Caterina si oppone e alla fine getta la prova compromettente tra le fiamme. Dopo la morte di Caterina Enrico VIII, che ancora sospetta di Anna, la minaccia di morte, qualora emergesse la verità sulla sua relazione con Gomez.

L'opera ebbe una genesi piuttosto travagliata: dopo numerosi rinvii e rimaneggiamenti sul libretto da parte degli autori, venne rappresentata all'Opéra con un esito trionfale. Anche la critica guardò favorevolmente all'opera di Saint-Saëns, giudicandola "molto elaborata e compatta".

HENZE, HANS WERNER
(Gütersloh, Vestfalia 1926)
Compositore tedesco. Ha studiato al Conservatorio di Stato di Brunswick (1942) e all'Università di Heidelberg (1946). Nel secondo dopoguerra ha proseguito la sua formazione musicale a Parigi con R. Leibowitz (1947-49). È stato quindi per un anno (1948-49) al Deutsches Theater di Costanza in qualità di direttore musicale, mentre dal 1950 al 1952 è stato direttore artistico dello Staatstheater di Wiesbaden. Nel 1953 si è stabilito in Italia, dove si è dedicato soprattutto alla composizione, producendosi però anche come direttore d'orchestra, regista e nel campo della didattica. Henze ha sempre mostrato un particolare interesse per il melodramma; dopo i primi esperimenti teatrali,

In alto:
il compositore tedesco
Hans Werner Henze.

A destra:
il soprano statunitense
Barbara Hendricks.

con *Boulevard Solitude* (1952) colse la sua prima importante affermazione teatrale, seguita da *Der Prinz von Homburg* (*Il principe di Homburg*) nel 1960, *Elegy for Young Lovers* (*Elegia per giovani amanti*) nel 1961, *Der junge Lord* (*Il piccolo Lord*) nel 1965, *The Bassarids* (*Le Bassaridi*) nel 1966 fino alle recenti produzioni: *Pollicino* nel 1980, *Die englische Katze* (*La gatta inglese*) del 1983 e *Das Verratene Meer* (*Lo sdegno del mare*) nel 1990.

♦ HERMANN, ROLAND
(Bochum, Westfalia 1936)
Baritono tedesco. La sua formazione musicale è avvenuta in piú riprese in vari paesi, dalla nativa Germania, all'Italia, agli Stati Uniti. Ha esordito nel 1967 a Treviri, nel ruolo del Conte in *Le nozze di Figaro* di Mozart; l'anno dopo entrava a far parte della compagnia del teatro dell'Opera di Zurigo e successivamente si esibiva nei teatri di Francoforte (1979) e Amburgo (1982). Parallelamente la sua carriera si è estesa in campo internazionale, producendosi su numerosi palcoscenici in Europa, negli Stati Uniti e in Giappone. Artista estremamente versatile, Hermann si è mostrato a suo agio sia nei grandi ruoli del repertorio tradizionale (da Mozart a Verdi e Wagner) sia in quelli dell'opera del Novecento e contemporanea, come testimoniano alcune sue prestigiose incisioni discografiche: *Penthesilea* di O. Schoeck (1973), *Prometheus* (Prometeo) di C. Orff (1973) e *Peer Gynt* di W. Egk (1981), che fanno emergere le sue qualità di cantante e di raffinato interprete.

● HERODIADE
(*Erodiade*)
*Opera tragica in quattro atti di Jules Masse-net (1842-1912), su libretto di A. Zanardini, tratto dall'*Hérodias *di G. Flaubert. Prima rappresentazione: Bruxelles, Théâtre de La Monnaie, 19 dicembre 1881.*

Salomè (soprano), che la madre Erodiade (mezzosoprano) ha abbandonato per poter sposare Erode (baritono), è divenuta seguace del profeta Giovanni Battista (tenore), del quale è anche innamorata. Erode, d'altro canto, affascinato dalla bellezza di Salomè, la desidera apertamente e la moglie Erodiade intende sfruttare questa passione per far uccidere Giovanni che le è ostile. Sennonché Giovanni e i suoi seguaci rappresentano per Erode efficaci strumenti di opposizione ai dominatori romani. Giovanni però rifiuta di farsi strumentalizzare dal tetrarca e questi, che ha scoperto l'amore di Salomè per il profeta, lo fa rinchiudere in prigione. Salomè vuole morire con lui e si fa rinchiudere in carcere; toccato da tanto sacrificio, anche Giovanni non si oppone piú a questo amore che egli considera puro. Salomè viene però portata via: dovrà prendere parte a una festa orgiastica organizzata in onore dei Romani. La giovane, disperata, invoca pietà da Erode; la stessa Erodiade, che ora ha riconosciuto in lei la figlia abbandonata, si unisce alle preghiere per ottenere la salvezza di Giovanni. Ma ormai è troppo tardi: il profeta è già stato decapitato, e Salomè si uccide sotto gli occhi della madre disperata.
Pur presentando caratteristiche di liricità e ricchezza melodica, *Hérodiade* si presenta anche ricca di passionalità, sanguigna nel delineare i forti contrasti tra i personaggi.

● HEROLD,
LOUIS-JOSEPH FERDINAND
(Parigi 1791-1833)
Compositore francese. Dopo aver iniziato a studiare pianoforte con il padre, apprezzato insegnante, entrò successivamente al Conservatorio di Parigi (1802). Nel 1812 ottenne il Prix de Rome, con il quale poté recarsi in Italia; soggiornò a Roma e quindi a Napoli, dove conobbe G. Paisiello e N. Zingarelli. A Napoli compose la sua prima opera, *La gioventú di Enrico V* (1815), che ottenne un discreto successo. Nello stesso anno raggiunse Vienna, dove conobbe A. Salieri e J.N. Hummel; fece quindi ritorno a Parigi, dove venne assunto come maestro al Théâtre des Italiens, iniziando cosí la sua vera e propria carriera di compositore. La sua produzione teatrale, piuttosto cospicua, comprende le opere *Les rosières* (1817), *La clochette* (1817), *Lasthénie* (1823), *Marie* (1826), *Zampa* (1831), il suo maggior successo, fino a *Le pré-aux-clercs* (1832) e *Ludovic*, rimasta incompiuta.

● HEURE ESPAGNOLE, L'
(*L'ora spagnola*)
Commedia musicale in un atto di Maurice Ravel (1875-1937), dalla commedia omoni-

Una scena da *L'ora spagnola*, di M. Ravel, rappresentata per la prima volta a Parigi nel 1911.

OPERA ED ESOTISMO

L'opera seria del XVIII secolo, rappresentò gli eroi e le eroine dell'antichità, dai vari Achille, Agamennone, Alceste, Ifigenia, della Grecia antica, agli imperatori della romanità. La scelta dell'antichità classica corrispose a un vasto interesse che, nel XVIII secolo, si era diffuso verso l'archeologia, e accanto a questo fenomeno si affiancò anche la curiosità per l'Oriente: prima per la Turchia e la Persia, poi anche per l'India e l'America. Cosí accanto agli eroi classici compaiono le opere con i vari Dario, Tamerlano, Siroe, Serse, Gengis Khan e Montezuma. Cambiano i soggetti, ma non lo stile musicale, che rimane immutato, salvo un uso piú fastoso e fantasioso delle scene e dei costumi. Cosí, se nelle opere "orientali" di Vivaldi, Händel, Hasse, Graun, ecc. non cambia sostanzialmente nulla, in altre, quali *Les Indes galantes* (1735) di Jean-Philippe Rameau, o *Le cinesi* (1754) di Cristoph Willibald Gluck, ma soprattutto in *Die Entführung aus dem Serail* (*Il ratto dal serraglio*, 1782) di Mozart, viene fatto uso della cosiddetta "musica alla turca", caratterizzata dall'impiego di strumenti quali la gran cassa, i piatti, il triangolo e l'ottavino. Nella sua opera poi Mozart, dà una vitalità nuova a un tema a quel tempo già ampiamente sfruttato: quello dell'harem e del rapimento. Il mondo musicale francese fu particolarmente sensibile al richiamo dell'Oriente e dell'esotico: già prima del citato Rameau, Jean-Baptiste Lully (1632-1687) aveva composto la celebre o spassosissima *Cérémonie des Turcs* per *Le bourgeois gentilhomme* di Molière, a testimonianza di un già fervido interesse dei compositori francesi per l'esotico. Un'attenzione che si manterrà viva anche nei secoli successivi; cosí se un Grétry e un Boïeldieu si ispirano ancora al Medio Oriente per alcune delle loro opere (come ad esempio *La caravane du Caire* e *Le calife de Bagdad*), nel 1828, con la prima rappresentazione de *La muette de Portici* di Daniel Auber (che segna ufficialmente la nascita del *grand-opéra*) il concetto di esotico si allarga a un'idea di "colore locale". Cosí se nell'opera di Auber la presenza di "barcarole" evoca l'ambientazione napoletana e marinara, in Giacomo Meyerbeer, il maggior esponente del *grand-opéra*, compare anche il "colore russo", nell'opera *L'étoile du nord* (1854), e un ancora diverso esotismo è mirabilmente rappresentato nella celebre *Carmen* (1875), che dipinge una Spagna ricca di colori. L'Oriente però mantiene immutata la sua attrattiva musicale, un Oriente al quale lo stesso Bizet si era accostato con *Les pêcheurs de perles* (1863) e con *Djamileh* (1872), e accanto a lui molti altri compositori. Tra i piú noti un ruolo particolare riveste Jules Massenet che, sull'onda di una moda letteraria dell'epoca, compone opere come *Hérodiade* (1881) – una vicenda tra lo storico, il biblico, con un pizzico di erotismo, tratta da un lavoro letterario di Gustave Flaubert, *Le roi de Lahore* (1877) – *Thaïs* (1894), dal romanzo di Anatole France, e *Le Cid* (1885) dove il "colore locale" è rappresentato dalle bellissime danze che portano i titoli delle province spagnole: "Castillane", "Andalouse", "Aragonaise", ecc. Un altro titolo, ancora oggi famoso, è il *Samson et Dalila* (1877) di Camille Saint-Saëns: anche qui la forza evocatrice dell'Oriente è presente nel grande "Bacchanale" del terzo atto, una serie di danze che, aldilà del richiamo a temi musicali orientali, sprigiona la forza e tutta la violenza del rito orgiastico pagano.

A destra:
le silhouette di V. Adamberger e C. Cavalieri, primi interpreti de *Il ratto dal serraglio* di W. A Mozart.

In alto:
la scena della distruzione del Tempio in *Sansone e Dalila* di C. Saint-Saëns in un'oleografia dell'epoca.

ma di M.E. Legrand, che scrisse il libretto con lo pseudonimo di Franc-Nohain. Prima rappresentazione: Parigi, Opéra-Comique, 19 maggio 1911.

Una bottega di orologiaio a Toledo nel XVIII secolo. Il mulattiere Ramiro (baritono) porta a Torquemada (tenore) un vecchio orologio da aggiustare. La moglie dell'orologiaio, Conceptión (soprano), ricorda al marito che, come ogni giovedí, deve andare a regolare gli orologi municipali. Torquemada parte, non prima di aver invitato Ramiro ad attendere il suo ritorno. Conceptión, che attende l'arrivo del suo amante, il poeta Gonzalve (tenore), per liberarsi del mulattiere lo prega di portare al piano di sopra un pesante orologio. Quando giunge Gonzalve, la donna è finalmente sola con l'amante; ma ecco ritornare Ramiro, che ha sistemato l'orologio al piano di sopra. Conceptión abilmente lo convince a ritornare a prendere l'orologio, per portarne al suo posto un altro, che le piace di piú. Uscito di nuovo il mulattiere, Conceptión deve nascondere Gonzalve nella cassa dell'orologio che Ramiro dovrà portare al piano di sopra, perché è sopraggiunto Inigo Gomez (basso) un ricco banchiere, altro corteggiatore della donna. Mentre Ramiro sta portando di sopra l'orologio che nasconde Gonzalve, Gomez, per fare uno scherzo a Conceptión, decide di nascondersi nella cassa dell'orologio appena riportato dal mulattiere. Poco dopo, Ramiro scende seguito da Conceptión. La donna è furente: Gonzalve ama le belle parole, ma poi non le fa seguire dai fatti. Dopo aver ancora una volta convinto il povero Ramiro a scambiare la disposizione degli orologi, Conceptión, delusa anche dal banchiere, ha messo allora gli occhi sul mulattiere. Cosí mentre Gonzalve e Gomez sono chiusi negli orologi, Conceptión, delusa dai due amanti, comincia a guardare il muscoloso mulattiere sotto una luce diversa. Ma i due altri spasimanti finalmente usciti dalle pendole si trattengono nella bottega troppo a lungo, tanto da essere sorpresi dall'arrivo di Torquemada. L'orologiaio è contento di trovare due clienti nel suo negozio e, traendo vantaggio dal momento di confusione, riesce a vendere a entrambi un orologio.

Ravel terminò la composizione dell'opera nel 1907, ma solo nel 1911 L'heure espagnole venne rappresentata all'Opéra-Comique. L'esito fu abbastanza favorevole, ma nonostante ciò, dopo poche rappresentazioni, l'opera scomparve dai teatri francesi, per riapparirvi soltanto nel 1938. Fu a partire da allora che al lavoro di Ravel venne tributato il successo vero e duraturo.

★ H.H. ULYSSE
Opera in due parti di Jean Prodromidès (n. 1927), su testo di S. Ganzl. Prima rappresentazione: Strasburgo, Opéra du Rhin, 4 marzo 1984.

La vicenda è una sorta di viaggio interiore di Howard Hamilton Junior (baritono), alla ricerca del mito. H.H.J. ripercorre le vicende vissute da Ulisse. In un'accavallarsi di immagini tra realtà e fantasia, H.H.J. libera i marinai di Ulisse prigionieri del millenario incantesimo operato dalla Maga Circe (soprano). Il novello viaggiatore, accompagnato da Hélas (controtenore), una "divinità protettrice", incontra il Ciclope Polifemo (basso), che rivive però attraverso un immaginario fiabesco, come un orco, un mostro che aveva popolato le fiabe dell'infanzia di H.H.J. È poi la volta di Calipso (soprano), che nell'opera rappresenta l'immagine del sapere e della conoscenza. Calipso vuole comunicare la sua conoscenza allo straniero, rendendolo immortale. Ma per H.H.J., questo sarebbe impossibile; l'impatto con il mondo di Calipso lo porta sull'orlo della follia, ma viene tratto in salvo da Hélas. Inghiottito dalla Barriera dei Morti, H.H.J. entra negli Inferi: una sala immensa che ricorda un Casinò di Las Vegas. H H.J., accompagnato da Cerbero (tenore), incontra alcuni "clienti", Agamennone, Clitemnestra, ma anche Circe, Calipso e Nausicaa, che appaiono nelle sembianze di tre dive un tempo amate da H.H.J. Il viaggiatore deve riprendere il suo peregrinare. Spinto da una violenta tempesta scatenata da Poseidone (basso-baritono), H.H.J. rivive in un sogno il suo incontro con Nausicaa, insieme ad immagini del Paradiso perduto, della gioventú e dell'infanzia. Un gruppo di giovani uomini e di ragazze racconta le vicende dello straniero: "È H.H.J., o è Ulisse?". Mentre i giovani mimano il ritorno del viaggiatore a Itaca, e il massacro dei pretendenti alla mano di Penelope, Poseidone interrompe brutalmente il sogno di H.H.J. Il viaggiatore si ritrova solo, impotente, sconfitto, in preda ad un sentimento di futilità, per questa sua inutile ricerca interiore. Alla fine però compare una verità, un'improvvisa illuminazione. Le parole che lo avevano spinto in questo suo lungo viaggio, tornano a farsi sentire: "Va', non ti fermare, tu sei l'uomo la cui vita tu devi ancora vivere".

Il compositore Prodromidès, in questa sua opera, non ripercorre semplicemente le note vicende omeriche, ma propone un viaggio onirico in cui le frontiere del tempo e dello spazio scompaiono: un uomo di oggi che viaggia nell'immaginazione, identificandosi con il personaggio di Ulisse. Musicalmente, *H.H. Ulysse* è stata scritta per un organico di otto solisti, un gruppo vocale di dodici voci, coro, una grande orchestra e un'orchestra di palcoscenico e nastro magnetico. Particolare rilievo è dato al gruppo vocale, che assume il ruolo di "intermediario", tra i personaggi e il coro vero e proprio.

● HINDEMITH, PAUL
(Hanau, Francoforte sul Meno 1895 - Francoforte sul Meno 1963)
Compositore tedesco. Iniziò gli studi regolari di musica all'età di undici anni (dal 1907). A partire dal 1917 iniziò a dedicarsi alla composizione, raggiungendo la notorietà internazionale nel 1921 con il *Secondo quar-*

Una scena da *L'ora spagnola*, di M. Ravel.

tetto per archi. Allo stesso anno risalgono i primi lavori teatrali, con gli atti unici *Mörder, Hoffnung der Frauen* (Assassino, speranza delle donne), *Nusch-Nuschi*, seguiti da *Sancta Susanna* (Santa Susanna) del 1922. Nel 1927 Hindemith, che già era considerato il piú importante compositore della nuova generazione, venne nominato professore di composizione alla Scuola superiore statale di Berlino. Aveva preceduto questa importante nomina la composizione di *Cardillac* (1926), che il musicista rivide poi nel 1952. Il periodo berlinese vide la nascita di *Neues von Tage* (Notizie del giorno) del 1929 e la composizione di *Mathis der Maler* (Mattia il pittore). La prima rappresentazione di quest'opera venne proibita, nel 1934, dalle autorità naziste; Hindemith abbandonò l'insegnamento, dal quale poi si dimise definitivamente nel 1937. Lasciò quindi la Germania per la Svizzera. A Zurigo, nel 1938, ebbe la sua trionfale prima esecuzione *Mathis der Maler*. Nel 1940 si trasferí negli Stati Uniti, dove dal 1941 al 1953 insegnò a Yale. Dopo aver preso la cittadinanza americana (1946), nel 1953 si stabilí in Svizzera, dove insegnò a Zurigo (1951-55). Nella sua cospicua produzione teatrale, troviamo altre opere degne di nota: *Hin und Zurück* (Andata e ritorno) del 1927, *Die Harmonie der Welt* (L'armonia del mondo) del 1957 e *Der lange Weihnachtsmahl* (Il lungo pranzo di Natale) del 1961, ultima sua opera.

♦ HINES, JEROME
(Hollywood 1921)
Nome d'arte di Jerome Heinz, basso statunitense. Ha compiuto gli studi musicali con G. Curci. Dopo l'esordio all'Opera di San Francisco nel 1941, come Monterone (*Rigoletto*), colse là prima importante affermazione nel 1946, anno in cui esordí al Metropolitan (*Faust*), dopo aver vinto il concorso di canto intitolato a Caruso. La sua voce, notevole per ampiezza e risonanza, si è cosí imposta, oltre che a New York, dove si è esibito pressoché ininterrottamente, in altri importanti palcoscenici internazionali: Bayreuth (1958-63), alla Scala di Milano (1958), ecc.

● HIPPOLYTE ET ARICIE
(Ippolito e Aricia)
Tragedia lirica in un prologo e cinque atti di Jean-Philippe Rameau (1683-1764), su libretto di S.J. Pellegrin. Prima rappresentazione: Parigi, Opéra, 1° ottobre 1733.

Nel prologo, Diana (soprano) e Amore (soprano), arbitro Giove (baritono), si disputano i cuori degli abitanti della foresta. Aricia (soprano), che Fedra (soprano), gelosa, vuol consacrare al culto di Diana, riceve da Ippolito (tenore) la confessione del suo amore; i due giovani sfidano la collera di Fedra che è moglie di Teseo (basso) e innamorata del figliastro Ippolito. Teseo è sceso agli Inferi e riesce a ritornare grazie alla protezione di suo padre Nettuno; ma tutti ormai lo ritengono morto, e Fedra, credendosi vedova, dichiara il suo amore a Ippolito, che la respinge. Giunge Teseo, acclamato dal popolo. Egli crede il figlio colpevole e domanda a Nettuno di farlo morire. Celebrati i giochi in onore di Diana, un mostro orribile esce dal mare; Ippolito lo affronta e sparisce con lui tra fiamme e vapori. Fedra, disperata, si uccide. Ma Diana (soprano) trae in salvo Ippolito, che viene portato dagli Zefiri alla sua cara Aricia. I due giovani si sposano fra la generale esultanza.

Hippolyte et Aricie segnò l'esordio operistico di Rameau. L'opera, alla prima rappresentazione, suscitò le polemiche dei sostenitori del melodramma alla Lully, mentre da parte degli ambienti parigini piú progressisti venne salutata da un notevole successo.

▲ HOFFMANN, ERNST THEODOR AMADEUS
(Königsberg 1776 - Berlino 1822)
Poeta, scrittore e musicista tedesco. Dopo aver studiato diritto a Berlino, iniziò la carriera governativa, come funzionario dell'amministrazione prussiana, in Polonia. I limiti di questa attività spinsero sempre piú Hoffmann a dedicarsi agli studi musicali, nei quali si concentrò con grande fervore. Lasciata la Polonia, si recò a Bamberg, dove fu direttore musicale del teatro (1808). Dal 1810 iniziò un'intensa attività, che lo coinvolse come direttore d'orchestra (a Lipsia e a Dresda, 1813-14) e come compositore di una decina di opere, tra le quali ricordiamo: *Die Maske* (La maschera) del 1799, *Scherz, List und Rache* (Beffa, astuzia e vendetta) del 1801,

In alto:
una scena da *Cardillac*,
di P. Hindemith,
in un allestimento del Teatro alla Scala.

A destra:
frontespizio del libretto
di *Ippolito e Aricia*,
di J.-Ph. Rameau.

Die lustigen Musikanten (Gli allegri musicanti) del 1805, *Aurora* del 1811 e *Undine* del 1816. Notevole la sua produzione letteraria, alla quale si sono ispirate molte opere, le piú celebri delle quali sono *Les contes d'Hoffmann* (I racconti di Hoffmann) di Offenbach (1880), *Die Brautwahl* (La sposa venduta) di Busoni (1910), *Cardillac* di Hindemith (1926) e *I capricci di Callot* di Malipiero (1942).

♦ HOFMANN, PETER
(Mariánske Lázně 1944)
Tenore tedesco. Ha compiuto gli studi musicali alla Staatliche Hochschule für Musik di Karlsruhe e con E. Seiberlich. Ha esordito a Lubecca nel 1972, come Tamino in *Die Zauberflöte* (Il flauto magico); nel 1974 ha affrontato per la prima volta il repertorio wagneriano, come Siegmund in *Die Walküre* (La walkiria) a Wuppertal, mentre due anni dopo ha interpretato Parsifal a Stoccarda, ruolo con il quale si è affermato nel giro di pochi mesi in alcuni tra i piú importanti teatri tedeschi, compreso Bayreuth, dove ha inoltre interpretato ancora Siegmund (sempre nel 1976). Membro della Staatsoper di Vienna (dal 1977), parallelamente si è prodotto in campo internazionale: all'Opéra di Parigi (dal 1976), al Covent Garden, alla Scala, al Festival di Pasqua di Salisburgo, ecc. Sempre presente nelle stagioni di Bayreuth, dove ha anche interpretato Siegmund nell'edizione firmata da P. Chéreau e in quella firmata da H. Kupfer (1988).

▲ HOFMANNSTHAL, HUGO VON
(Vienna 1874 - Rodaun, Vienna 1929)
Poeta e drammaturgo austriaco. Personalità complessa e multiforme, i suoi interessi artistici spaziarono anche nel campo dell'opera, nel quale preminente fu il sodalizio con R. Strauss, per il quale scrisse i libretti delle seguenti opere: *Elektra* (Elettra) nel 1906-8; *Der Rosenkavalier* (Il cavaliere della rosa) nel 1909-10; *Ariadne auf Naxos* (Arianna a Nasso) la prima versione nel 1911-12, la seconda versione nel 1915-16; *Die Frau ohne Schatten* (La donna senz'ombra) nel 1914-17; *Die ägyptische Helena* (Elena egiziaca) nel 1924-27, poi riveduta nel 1933 ed *Arabella* nel 1930-32.

■ HOLLREISER, HEINRICH
(Monaco 1913)
Direttore d'orchestra tedesco. Ha studiato all'Accademia di Musica di Stato e con il direttore d'orchestra K. Elmendorff. Ha iniziato l'attività direttoriale nel 1932 a Wiesbaden e quindi a Darmstadt, Mannheim (1938), a Duisburg e a Monaco (1942-45), città in cui ha tenuto le cariche di direttore stabile. Dal 1945 al 1951 è stato direttore generale a Düsseldorf, mentre negli anni successivi ha concentrato molta della sua attività direttoriale nei teatri di Vienna (1952-61) e Berlino (1961-64), dove, oltre al consueto repertorio di Wagner, Verdi, Strauss, ha diretto molte opere del Novecento, come *Orestie* (Orestea) di Milhaud (1963), *Der Prozess* (Il processo) di von Einem, ecc. Attivo anche a Bayreuth, dal 1973 al 1975, dove ha diretto *Tannhäuser* e *Die Meistersinger von Nürnberg* (I maestri cantori di Norimberga). Sempre di Wagner ha diretto la prima incisione discografica di *Rienzi* (1975).

♦ HOLLWEG, WERNER
(Solingen 1936)
Tenore tedesco. Ha iniziato gli studi musicali all'età di vent'anni, grazie a una borsa di studio all'Accademia di Musica di Detmold. Si è poi perfezionato a Monaco e a Lugano, esordendo nel 1961 all'Opera da Camera di Vienna con *Il re pastore* di Mozart. Fecero seguito una serie di scritture che lo videro esibirsi in importanti istituzioni musicali: a Bonn, al Maggio Musicale Fiorentino, Amburgo, Monaco, Berlino, Festival di Salisburgo, New York, ecc. Notevole vocalista, raffinato fraseggiatore (anche nel repertorio liederistico), Hollweg si è soprattutto distinto come interprete mozartiano, ma anche in opere di Rossini (*Tancredi*), Wagner (*Tannhäuser*) e nell'operetta *Die lustige Witwe* (La vedova allegra).

● HONEGGER, ARTHUR
(Le Havre 1892 - Parigi 1955)
Compositore svizzero. Studiò al Conservatorio di Zurigo (1909-1911) e a quello di Parigi (1911-15). Dopo essersi stabilito definitivamente a Parigi, fra il 1917 e il 1921, con Milhaud, Satie, Auric, Durey, Poulenc e Tailleferre diede vita al cosiddetto "Gruppo dei Sei". Nel 1921 scrisse l'opera drammatica *Le roi David* (Il re Davide), che lo affermò come compositore di primo piano. Le sue opere successive: *Antigone* (1927), *Judith*

A sinistra:
il poeta e drammaturgo austriaco
Hugo von Hofmannsthal.

In alto:
costume di Roller
per *Il cavaliere della rosa*,
di R. Strauss,
su libretto di H. von Hofmannsthal.

Sopra:
il direttore d'orchestra tedesco
Heinrich Hollreiser.

(1926), su soggetto biblico, *Amphion* (1931), l'operetta *Les aventures du roi Pausole* (Le avventure di re Pausolo) del 1930, l'oratorio scenico *Cris du monde* (Grida del mondo) del 1930-31. Il suo lavoro piú celebre fu però *Jeanne d'Arc au bûcher* (Giovanna d'Arco al rogo), composta nel 1936 su un testo di P. Claudel.

♦ HOPF, HANS
(Norimberga 1916)
Tenore tedesco. Allievo di P. Bender, ha esordito nel 1936 alla Bayerische Landesbühnen. Dal 1939 al 1942 ha fatto parte della compagnia del Teatro Municipale di Augusta, quindi ha cantato a Dresda, Berlino (1946-49) e poi a Monaco di Baviera (dal 1949). Si è esibito regolarmente alla Staatsoper di Vienna, a Salisburgo (dal 1954), cantando anche nei piú importanti teatri internazionali: Covent Garden (1951-53), Metropolitan (dal 1952), Bayreuth (1951), ecc. Negli anni Sessanta si impose nei ruoli di *Heldentenor*: Sigfrido, Tristano, ecc. Altrettanto rilevanti le sue interpretazioni dell'Imperatore in *Die Frau ohne Schatten* (La donna senz'ombra) e di Max in *Der Freischütz* (Il franco cacciatore), nelle quali si è altresí evidenziata la sua autorevolissima personalità vocale ed interpretativa.

■ HORENSTEIN, JASCHA
(Kiev 1898 - Londra 1973)
Direttore d'orchestra russo, naturalizzato americano. Lasciò la Russia all'età di sei anni, con la famiglia che si era trasferita in Germania, a Königsberg, dove ha compiuto gli studi musicali. Trasferitosi a Berlino nel 1920, ha iniziato l'attività musicale con l'orchestra Filarmonica (1925-28). Sovrintendente dell'Opera di Düsseldorf (1928-30), nel 1933 si trasferí negli Stati Uniti, dove nel 1940 insegnò alla New School for Social Research di New York. Ha tenuto numerose tournée e diretto importanti istituzioni orchestrali in Australia, Nuova Zelanda (1936-37), Palestina, Scandinavia, ecc. In campo teatrale diresse le prime francesi del *Wozzeck* di Berg nel 1950, *Z mrtvého domu* (Da una casa di morti) di Janáček nel 1951 e la prima americana del *Doktor Faust* (Dottor Faust) nel 1964.

Il mezzosoprano statunitense Marilyn Horne.

♦ HORNE, MARILYN
(Bradford, Pennsylvania 1929)
Mezzosoprano statunitense. Ha studiato canto con il padre, tenore dilettante. Ha esordito a Los Angeles in *Prodaná nevěsta* (La sposa venduta) (1954). L'anno successivo ha dato la sua voce all'attrice D. Dandridge nel film *Carmen Jones*. La sua voce allora appariva decisamente sopranile, e proprio in questo registro si è esibita, tra il 1957 e il 1960, all'Opera di Gelsenkirchen in Germania: *La bohème*, *La fanciulla del West*, *Simon Boccanegra*, *Wozzeck*, ecc. Al suo ritorno negli Stati Uniti, fu determinante l'incontro con il direttore d'orchestra R. Bonynge e sua moglie, il soprano J. Sutherland. Con la celebre cantante australiana, la Horne si è esibita per la prima volta nel 1961, in una esecuzione in forma di concerto della *Beatrice di Tenda* di Bellini. È questo l'inizio di un'intensa collaborazione artistica tra le due interpreti, che in *Norma* (1963) e *Semiramide* (1964) hanno segnato i vertici della "belcanto renaissance". Attiva sui maggiori palcoscenici internazionali, al Covent Garden (dal 1964), alla Scala (dal 1969), al Metropolitan di New York (dal 1970), la Horne, pur producendosi in un repertorio assai vasto e che comprende anche opere di Verdi (*Il trovatore*, *Aida*, *Don Carlo*, *Falstaff*) e Bizet (*Carmen*), si è consacrata, grazie alle strepitose capacità tecniche ed espressive, soprattutto nel repertorio belcantista: da Vivaldi (*Orlando Furioso*), a Händel (*Rinaldo*, *Orlando*, *Semele*) e soprattutto in Rossini, sia serio (*Tancredi*, *La donna del lago*, *Semiramide*, ecc.) sia buffo (*Cenerentola*, *Il barbiere di Siviglia*, *L'Italiana in Algeri*). In tale repertorio, la Horne ha segnato una pagina fondamentale della storia della rinascita rossiniana

★ HOTELLERIE PORTUGAISE, L'
(L'osteria portoghese)
Opera in un atto di Luigi Cherubini (1760-1842), su libretto di E. Aignan. Prima rappresentazione: Parigi, Théâtre Feydeau, 25 luglio 1798.

In un'osteria al confine con la Spagna giunge donna Gabriella (soprano) con la sua cameriera Ines (soprano). La donna è in fuga: si è rifiutata di sposare il suo tutore Roselbo (basso), ed ora vuole raggiungere il suo innamorato, don Carlos (tenore), che si trova a Lisbona. L'oste Rodrigo (baritono), insospettito dall'atteggiamento guardingo delle due donne, crede di riconoscere in loro la moglie del governatore portoghese e una sua amica che stanno fuggendo, inseguite dagli spagnoli. Convinto di ciò, Rodrigo vuole aiutare le due donne, ma in realtà complica la già intricata vicenda. Quando giunge don Carlos alla ricerca di Gabriella, l'oste lo scambia per un agente spagnolo e lo manda via dicendo che le donne sono già arrivate alla frontiera. Al contrario, quando alla locanda si presenta anche il tutore Roselbo, Rodrigo, sbagliando completamente, chiede all'uomo di proteggere due dame che hanno bisogno d'aiuto. Roselbo finge di consentire e concede loro la sua protezione. Quando si presentano le due signore, dalla loro reazione nel vedere il tutore l'oste capisce di aver combinato un bel pasticcio. Giunge però don Carlos con il suo scudiero Pedrillo, recando un decreto di annullamento che scioglie Gabriella dalla tutela di Roselbo. Il tutore sconfitto se ne va, e i due giovani si abbracciano.

La prima rappresentazione dell'*Hôtellerie portugaise* si risolse con un insuccesso. La ragione di ciò fu attribuita al soggetto dell'opera, giudicato insoddisfacente.

♦ HOTTER, HANS
(Offenbach sul Meno 1909)
Basso-baritono tedesco. Studiò canto con U. Römer, il quale era stato allievo di De Reszke. Nel 1929 esordí nella parte dell'Oratore in *Die Zauberflöte* (*Il flauto magico*) al Teatro di Opava. Negli anni successivi ha cantato a Praga, Breslavia e Amburgo, nel 1934 entrò all'Opera di Monaco di Baviera e alla Staatsoper di Vienna. In questi teatri si è imposto come uno dei maggiori interpreti del repertorio tedesco, in particolare di Wagner. Attivo anche nelle principali sedi internazionali: Covent Garden di Londra (dal 1947), Metropolitan di New York (dal 1950), ecc. Hotter è stato il primo interprete di *Friedenstag* (*Il giorno di pace*), nel 1938, *Capriccio* nel 1942, *Die Liebe der Danae* (*L'amore di Danae*) nel 1944. Il suo timbro cupo e il suo carattere introspettivo sono evidenti soprattutto nelle opere di Wagner e il suo Wotan è stato giudicato tra i piú completi del ventennio che va dal 1940 al 1960.

♦ HOWELLS, ANNE
(Southport 1941)
Mezzosoprano inglese. Allieva di F. Cox e V. Rosza al Royal Northern College of Music, ha iniziato la carriera musicale come corista al Glyndebourne Chorus, nel 1964, anno in cui ha affrontato i primi ruoli solistici alla Welsh National Opera. Nel 1967 è entrata a far parte della compagnia stabile del Covent Garden di Londra, dove ha ottenuto numerose affermazioni in opere di Rossini (*Il barbiere di Siviglia*), Mozart (*Le nozze di Figaro*), ma anche di Debussy (*Pelléas et Mélisande*) e Strauss; di quest'ultimo autore ha avuto grande risonanza la sua interpretazione di Oktavian in *Der Rosenkavalier* (*Il cavaliere della rosa*) con K. Te Kanawa e sotto la direzione di sir G. Solti (1985).

Presente sulle maggiori scene mondiali (Chicago, New York, Amburgo, Berlino, Salisburgo, ecc.), la Howells, oltre che per le buone qualità vocali, si distingue per eleganza, espressività e per le non comuni doti di attrice, come è emerso anche nelle sue piú recenti apparizioni italiane: *L'heure espagnole* (*L'ora spagnola*) di Ravel (Firenze, 1987) e *Lulu* di Berg (Venezia, 1990).

● HUMPERDINCK, ENGELBERT
(Siegburg, Renania 1854 - Neustrelitz, Berlino 1921)
Compositore tedesco. Studiò al Conservatorio di Colonia (1872-1876) e a Monaco (1877-1879). Durante un suo viaggio in Italia, ebbe modo di conoscere G. Sgambati e, a Napoli, R. Wagner (1880) che seguí a Bayreuth per aiutarlo nella preparazione del *Parsifal*. Viaggiatore instancabile, Humperdinck dal 1885 al 1887 insegnò al Conservatorio di Barcellona e, tornato in Germania, al Conservatorio di Colonia e a quello di Francoforte (1890-96). Nel 1900 ebbe la nomina di membro della Akademie der Künste di Berlino e di professore alla Musikhochschule della stessa città (fino al 1920). Nella sua cospicua produzione teatrale, la sua prima opera, *Hänsel und Gretel* (Hansel e Gretel) del 1893 è l'unica rimasta celebre. Altre sue opere sono *Dornröschen* (La bella addormentata nel bosco) del 1902, *Die Heirat wieder Willen* (Il matrimonio obbligato) del 1905, *Die Marketenderin* (La vivandiera) e *Gaudeamus* del 1919.

♦ HUNTER, RITA
(Wallasey 1933)
Soprano inglese. All'età di otto anni già era sul palcoscenico, esibendosi poi anche come ballerina in alcuni locali di Liverpool. Ha studiato canto con E. Francis, iniziando la carriera artistica come corista in una compagnia d'operette e quindi, dal 1954, al Sadler's Wells di Londra. Dopo un modesto debutto come Marcellina in *Le nozze di Figaro*, solo a partire dal 1959 ha iniziato ad affermarsi al Covent Garden, dove ha cantato in *Götterdämmerung* (*Il crepuscolo degli dei*) e quindi in *Trovatore*, *Don Giovanni*, ecc. Tra il 1973 e il 1977, ha interpretato Brunilde, nelle incisioni di *Walkiria*, *Sigfrido* e di *Götterdämmerung*, dirette da sir Reginald Goodall. Interprete anche del repertorio operistico italiano, la Hunter ha cantato in *Cavalleria rusticana*, *Aida*, *Macbeth* (nella versione del 1847).

HUNYADI LÁSZLÓ
Opera in tre atti di Ferenc Erkel (1810-1893), su libretto di B. Egressy. Prima rappresentazione: Budapest, Teatro dell'Opera, 27 gennaio 1844.

Nella fortezza di Nandorférvar, il comandante László Hunyadi (tenore) attende l'arrivo del re László V (tenore) al quale in segno di devozione intende consegnare le chiavi del castello. I nobili, seguaci di Hunyadi, criticano il gesto del comandante: dubitano del re, notoriamente un uomo fragile e influenzabile, soprattutto dopo che è stato scoperto un complotto segreto in cui Ulrik Czilley (baritono), consigliere del sovrano, intende far assassinare Hunyadi e suo fratello minore Matyas (contralto). Quando giunge il re con il suo seguito, Hunyadi ha un faccia a faccia con Czilley per smascherarne il complotto. L'uomo, per risposta, tenta di uccidere Hunyadi; intervengono però i suoi seguaci che uccidono il traditore. Il re chiede perdono a Hunyadi, e giura che non vendicherà la morte di Czilley. Il carattere subdolo di László V non tarda però a

Il compositore tedesco
Engelbert Humperdinck.

manifestarsi. Invaghitosi di Maria (soprano), fidanzata di Hunyadi, il re per liberarsi del rivale ascolta l'ambizioso Palatino Gara (baritono), che accusa i fratelli Hunyadi di slealtà verso il loro sovrano. Cosí, mentre sono in svolgimento i festeggiamenti per il fidanzamento tra Hunyadi e Maria, giungono le guardie del re che traggono in arresto László. Condannato a morte, Hunyadi sta per essere decapitato sulla piazza di San Giorgio a Buda. La scure del boia cala tre volte sul capo di Hunyadi, senza però troncarglielo. Erzsébet Szilágy (soprano), madre di Hunyadi, invoca il rispetto di una tradizione sacra: se il terzo colpo di scure risparmia il condannato, il quarto colpo non deve essere inferto. Ma Gara, incurante delle preghiere di Erzsébet e del popolo, ordina al boia di sferrare l'ultimo colpo.

Hunyadi László rappresenta il punto piú alto del cammino artistico di Erkel verso la creazione di un teatro musicale autenticamente ungherese; sono altresí riscontrabili chiare influenze derivate dall'opera italiana e francese (Erkel diresse nel suo paese anche opere di Verdi e altri autori) che però si uniscono alla tradizione ungherese, che rimane comunque l'elemento primario, evidente anche nella scelta del soggetto, anch'esso autenticamente ungherese. Nell'intento del compositore, l'opera doveva aiutare il paese nel raggiungimento dell'indipendenza e avviare la creazione di una cultura nazionale.

♦ HVOROSTOVSKIJ, DIMITRIJ
(Krasnoijarsk, Siberia 1962)
Baritono russo. Ha iniziato gli studi musicali nella città natale, con E. Yofel (1982). Dopo essersi diplomato, ha incominciato a esibirsi nel teatro d'Opera della stessa Krasnoijarsk (1986) in opere del repertorio russo, ma anche italiano (*Pagliacci*) e francese (*Faust*). Si è quindi messo in luce in importanti concorsi di canto, come il "Cardiff Singer of the World Competition" della BBC (1989), grazie al quale è divenuto famoso presso il pubblico e la critica occidentali. Ha esordito in concerto, con enorme successo, alla Wigmore Hall di Londra (1989) e alla Alice Tully Hall di New York (1990) e successivamente a Washington. In teatro ha cantato all'Opera di Nizza in *Pikovaja Dama* (*La dama di picche*) di Čajkovskij nel 1989, alla Fenice di Venezia in *Evgenij Onegin* (*Eugenio Oneghin*) nel 1991 e al Covent Garden di Londra nei *Puritani* di V. Bellini nel 1992. La sua notorietà è anche legata ad alcune incisioni discografiche, tra le quali *Cavalleria rusticana* di Mascagni. Voce di baritono lirico, gradevole nel timbro, omogenea nell'emissione, Hvorostovskij, sfoggia anche ottime capacità espressive, una dizione nitida e attenzione alla linea di canto.

♦ HYNNINEN, JORMA
(Leppavirta 1941)
Baritono finlandese. Dopo essere stato allievo di M. Tuloisela e A. Koskinen all'Accademia Musicale "Sibelius" di Helsinki, si è perfezionato a Roma con L. Ricci e con C. Keiser-Breme a Essen. Nel 1969 ha esordito come Silvio (*Pagliacci*) all'Opera Nazionale di Helsinki; la sua carriera si è quindi svolta su questo palcoscenico e poi all'Opera di Stoccolma. In campo internazionale, ha cantato all'Opéra di Parigi (*Pelléas et Mélisande*, 1980), al Metropolitan di New York (*Don Carlo*, 1984; quindi *Le nozze di Figaro* e *Tannhäuser*), al Liceu di Barcellona (*Tannhäuser*, 1988), al Lyric Opera di Chicago (*Don Carlo*, 1989) e in numerosi altri teatri. Molto attivo anche in sede concertistica, Hynninen ha altresí preso parte a numerose prime rappresentazioni assolute di compositori contemporanei: *Punainen Viiva* (La linea rossa) di A. Sallinen (1978), *Juha* di A. Merikanto (1987) e *Vincent* di E. Rautavaara (1990). Tra le sue piú recenti prove discografiche: *Le nozze di Figaro* di Mozart diretto da R. Muti (1986) e *Elektra* di Strauss, per la direzione di S. Ozawa (1988).

In alto:
il baritono russo
Dimitrij Hvorostovskij.

A destra:
il baritono finlandese
Jorma Hynninen.

● **IBERT, JACQUES**
(Parigi 1890-1962)
Compositore francese. Dal 1910 al 1914 fu allievo di A. Gédalge, R. Ducasse e G. Fauré al Conservatorio di Parigi. Nel 1919 vinse il Prix de Rome che segnò l'inizio della sua carriera di compositore. Dal 1937 fu direttore dell'Accademia di Francia a Roma, mentre nella stagione 1955-56 ebbe la carica di amministratore generale dei teatri lirici di Francia. Tra le sue composizioni teatrali ricordiamo *Angélique* (Angelica) nel 1927 e *L'Aiglon* (1937), composto in collaborazione con A. Honegger.

★ **IDOMENEO, RE DI CRETA**
Opera seria in tre atti di Wolfgang Amadeus Mozart (1756-1791), su libretto di G.B. Varesco. Prima rappresentazione: Monaco di Baviera, Teatro di Corte, 29 gennaio 1781.

La vicenda si svolge a Creta, al tempo della guerra di Troia. Ilia (soprano), giovane principessa figlia di Priamo, prigioniera del re di Creta Idomeneo (tenore), è innamorata di Idamante (mezzosoprano), che governa mentre il padre Idomeneo è impegnato nella guerra di Troia. Giunge, frattanto, la notizia che il re sta per tornare a Creta: una terribile tempesta fa però naufragare la nave di Idomeneo, il quale per placare Nettuno promette di sacrificare al dio il primo essere vivente che incontrerà appena metterà piede sulla terra. Con indicibile orrore Idomeneo trova dinanzi a sé il figlio Idamante. Il re, che non ha il coraggio di compiere il voto, decide di inviare il figlio in esilio. Un mostro sorge dal mare e impedisce la partenza di Idamante. Idomeneo si vede cosí costretto a indicare nel figlio la vittima predestinata. Poco dopo, mentre Idamante sta per essere sacrificato, irrompe Ilia, la quale offre se stessa al posto del principe. A questo punto l'oracolo di Nettuno (basso) ferma il rito: permette le nozze tra Ilia e Idamante mentre Idomeneo dovrà abdicare in favore del figlio.

Idomeneo ottenne un notevole successo alla prima rappresentazione, e ciò indusse Mozart ad abbandonare la città natale, per affrontare un ambiente piú aperto e culturalmente piú ricco come quello di Vienna, che sarebbe diventata la sua città. Le vicende di Idomeneo vennero piú volte messe in musica: si ricordano in particolare le opere di A. Campra (1712), G. Gazzaniga (1790), F. Paër (1794).

★ **IFIGENIA IN AULIDE**
vedi *Iphigénie en Aulide*

★ **IFIGENIA IN TAURIDE**
vedi *Iphigénie en Tauride*

★ **IGROK**
(*Il giocatore*)
Opera in quattro atti di Sergej Prokof'ev (1891-1953), su libretto dell'autore, dall'omonimo racconto di Dostoevskij. Prima rappresentazione: Bruxelles, Théâtre La Monnaie, 29 aprile 1929 (su testo francese e con il titolo di Le Joueur).

Lontano dalla patria, Aleksej Ivanovic (tenore) diventa precettore in casa di un generale (basso) stupido e incapace, della cui cognata Paolina (soprano) s'innamora. La donna manda un giorno Aleksej a giocare alla roulette in sua vece: esperienza determinante per lui, che, dopo aver vinto una buona somma, nel ritentare la fortuna perde tutto. Il suo ritorno a casa è pieno di incubi. Frequentano il generale due avventurieri: Degrieux (tenore) e Bianca (contralto). Essi aspettano che arrivi una notevole eredità da parte di una vecchia zia detta "la nanna", per appropriarsene. Giunge invece la zia (mezzosoprano) in persona, con l'intento di risanare il corrotto ambiente dei giocatori; ma viene essa stessa travolta dalla passione del gioco e sul tavolo verde perde quasi tutte le sue sostanze. Degrieux e Bianca si dileguano, mentre Aleksej

A sinistra:
libretto dell'*Idomeneo*,
di W.A. Mozart.

In alto:
una scena dall'*Idomeneo*,
di W.A. Mozart.

Sopra:
il compositore russo
Sergej Prokof'ev.

ritorna al suo vizio. Bianca con raggiri e inganni lo fa diventare un giocatore di professione, portandolo alla rovina. Paolina, innamorata del giovane, cerca di salvarlo, ma è troppo tardi, Aleksej non riesce piú a rinunciare alla roulette.

Composta tra l'ottobre 1915 e il marzo 1916, l'opera è fedele al testo e allo spirito del racconto originale di Dostoevskij. Undici anni dopo, riprendendo la partitura, Prokof'ev la trovò alquanto prolissa e la modificò riducendola. È questa la versione che andò in scena a Bruxelles nel 1929. Un'altra opera ispirata al racconto di Dostoevskij venne scritta nel 1943 da D. Šostakovič, la partitura rimase però incompiuta e non fu mai rappresentata.

▲ ILLICA, LUIGI
(Castell'Arquato, Piacenza 1857 - Colombarone, Piacenza 1919)
Librettista italiano. Si formò negli ambienti della scapigliatura e dell'avanguardia verista milanese (1878-81). Sebbene fosse primario il suo interesse verso il mondo del teatro drammatico, le sue non comuni doti poetiche e l'abilità nel delineare ambienti e personaggi, ne fecero uno dei piú richiesti librettisti della sua epoca. Scrisse circa 40 libretti, tra i quali si ricordano quelli per *La Wally* (1892) di A. Catalani; *Andrea Chénier* (1896) e *Siberia* (1903) di U. Giordano; *Iris* (1898), *Le maschere* (1901) e *Isabeau* (1911) di P. Mascagni. Con la collaborazione di G. Giacosa scrisse anche i libretti per *La bohème* (1896), *Tosca* (1900), *Madama Butterfly* (1904) di G. Puccini.

★ IMPRESARIO TEATRALE, L'
vedi *Schauspieldirektor, Der*

■ INBAL, ELIAHU
(Gerusalemme 1936)
Direttore d'orchestra israeliano naturalizzato inglese. Iniziò gli studi musicali al Conservatorio di Gerusalemme. Si è quindi dedicato alla direzione d'orchestra, perfezionandosi a Parigi con L. Fourestier (1960-63) e a Siena con S. Celibidache (1961-62). Nel 1963 ha vinto il Premio "Cantelli" per giovani direttori d'orchestra, ha quindi diretto l'orchestra della Scala di Milano e la London Philharmonic Orchestra (1965). Nel 1969 ha esordito come direttore d'opera all'Arena di Verona, nel *Don Carlo* di Verdi. Attivo al Festival di Salisburgo, a Berlino, a Francoforte, con l'orchestra sinfonica della Radio, ha inoltre diretto numerose rappresentazioni alla Fenice di Venezia, tra le quali la prima ripresa scenica della *Maria di Rudenz* di Donizetti (1981).

■ INCORONAZIONE DI POPPEA, L'
Opera in un prologo e tre atti di Claudio Monteverdi (1567-1643), su libretto di G.F. Busenello. Prima rappresentazione: Venezia, Teatro di San Giovanni e Paolo, presumibilmente la sera di Santo Stefano del 1642.

Nel prologo Virtú (soprano), Fortuna (soprano) e Amore (soprano) discutono su chi di loro abbia il predominio nel mondo, Amore si mostra superiore: come eros e come potere, piega a sé gli uomini e le loro vicende. Ottone (contralto), giovane patrizio romano, si dispera per l'infedeltà della sua amata Poppea, avendo capito che è l'amante di Nerone (soprano o mezzosoprano). Nella reggia, Ottavia (soprano), moglie di Nerone, che ha scoperto il tradimento del marito, piange la sua sorte di moglie abbandonata. Invano il filosofo Seneca (basso) tenta di consolarla e di convincere Nerone a non ripudiare la moglie. Poppea, che vede in Seneca un ostacolo alle sue ambizioni di diventare imperatrice, insinua in Nerone il sospetto che il filosofo lo influenzi e l'imperatore, irritato, ne decreta la morte. Seneca riceve con grande dignità l'ordine di togliersi la vita. Ottone, che ormai ha perso l'amore di Poppea, non si dà pace e Ottavia ne approfitta per spingerlo ad uccidere la rivale. Ottone, vestito con gli abiti di Drusilla (soprano), una fanciulla che lo ama, entra senza essere riconosciuto negli appartamenti di Poppea; l'attentato però fallisce e Ottone viene scambiato per Drusilla. L'ancella viene cosí arrestata e condannata a morte. Interviene però Ottone che confessa la verità all'imperatore. Nerone li condanna ambedue all'esilio, insieme a Ottavia. L'imperatore può cosí portare al trono Poppea, acclamata dal popolo e dal Senato.

Dell'*Incoronazione di Poppea* esistono due versioni musicali manoscritte che presentano significative differenze: una è conservata nella Biblioteca Marciana a Venezia, l'altra nella Biblioteca di San Pietro a Majella, a Napoli. Il manoscritto napoletano sembrerebbe piú antico e piú vicino a Monteverdi; quello veneziano è invece una versione semplificata e ridotta dal musicista Francesco Cavalli. *L'incoronazione di Poppea* è l'ultima opera di Monteverdi, il quale denuncia con doloroso realismo, temperato da affet-

• 186

In alto:
una scena da *Il giocatore*,
di Sergej Prokof'ev.

A destra:
il compositore francese
Vincent d'Indy.

tuosa indulgenza, la crisi dell'uomo rinascimentale. Due sono i motivi conduttori che guidano i personaggi: la passione politica e la passione amorosa, e il trionfo spetta appunto a Nerone e a Poppea che rappresentano questi sentimenti, mentre gli altri sono quasi relegati a esaltarne la vittoria. Il libretto è il primo su soggetto storico e come tale l'opera rappresenta un archetipo.

INDES GALANTES, LES
(Le Indie galanti)
Opéra-ballet *in un prologo e tre* entrées *di Jean-Philippe Rameau (1683-1764), libretto di L. Fuzelier. Prima rappresentazione: Parigi, Opéra, 23 agosto 1735. Prima rappresentazione con quattro* entrées: *Parigi, Opéra, 10 marzo 1736.*

I giovani di quattro nazioni alleate (Francia, Spagna, Italia e Polonia) sono trascinati in guerra da Bellona (basso) e lasciano Ebe (soprano) e Amore (soprano). Gli Amori, delusi di essere stati abbandonati dall'Europa, emigrano in paesi lontani. Nella prima *entrée*, intitolata "Il turco generoso", Osman (basso), pascià di un'isola turca nel mare delle Indie, ama Emilia (soprano), sua schiava provenzale, strappata al fidanzato Valère (tenore), ufficiale di marina. Valère fa naufragio sull'isola ed è fatto prigioniero dal pascià. Osman riconosce in Valère l'uomo che un tempo gli aveva salvato la vita e generosamente libera i due giovani, rinunciando così ad Emilia. Seconda *entrée*: "Gli Incas del Perù". Don Carlos (tenore), ufficiale spagnolo, ama Phani (soprano), giovane principessa peruviana, che lo corrisponde. L'inca Huascar (basso), geloso, durante una festa provoca l'eruzione artificiale di un vulcano, rimanendone però vittima, mentre Carlos fugge con l'amata Phani. Terza *entrée*: "I fiori. Festa persiana". Nel giorno della festa dei fiori, Tacmas (tenore), principe persiano, re delle Indie, arriva travestito da mercante nei giardini del suo favorito Alí. Tacmas ama la schiava di Alí, Zaire (soprano), Fatima (soprano), schiava di Tacmas, ama invece il suo favorito. La giovane si presenta travestita da schiavo polacco e Tacmas, scambiatala per un nemico, la aggredisce. Alla fine l'intreccio si scioglie: Tacmas e Alí si scambiano le schiave e, tutti insieme, assistono alla festa. Nuova *entrée*: "I selvaggi". In America, tra le colonie francesi e spagnole. Adario (tenore), con i suoi guerrieri, sta trattando la pace con gli europei. Due ufficiali, il francese Damon (tenore) e lo spagnolo Don Alvar (basso), si contendono l'amore di Zima (soprano), la giovane però sposa Adario. La rabbia di Don Alvar per lo smacco subito viene filosoficamente calmata da Damon. L'opera si chiude con la celebrazione della festa della pace.

Les Indes galantes è sicuramente uno dei capolavori di Rameau. La musica segue con grande scioltezza la varietà delle situazioni, riuscendo anche a delineare i singoli caratteri dei personaggi, sottolineandone differenze e contrasti. Il successo dell'opera fu inizialmente dubbio. L'anno dopo la prima, il musicista francese rappresentò nuovamente *Les Indes galantes* con varie modifiche e con l'aggiunta della quarta *entrée*: "I selvaggi". Questa seconda esecuzione consacrò definitivamente l'opera.

★ INDOVINO DEL VILLAGGIO, L'
vedi *Devin du village, Le*

● INDY, VINCENT D'
(Parigi 1851-1931)
Compositore, direttore d'orchestra e didatta francese. Dal 1862 al 1865 studiò pianoforte e solfeggio con A.F. Marmontel e con L. Diémer e armonia con A. Lavignac. Durante la guerra franco-prussiana (1870) conobbe H. Duparc che lo indirizzò a C. Franck con il quale studiò composizione (1872-80). La sua attività di compositore (iniziata nel 1869) fu particolarmente influenzata dal mondo musicale wagneriano, al quale si accostò nel 1876, durante un suo viaggio in Germania. Echi del linguaggio wagneriano sono evidenti nella sua opera più celebre, *Fervaal* (1897).

INFEDELTÀ DELUSA, L'
Burletta in due atti di Franz Joseph Haydn (1732-1809), su libretto di M. Coltellini. Prima rappresentazione: Castello di Esterháza, 26 luglio 1773.

Ambiente di contadini, in Toscana. Nel quintetto iniziale si presentano tutti i personaggi dell'opera: il vecchio Filippo (tenore), padre di Sandrina (soprano), che vuole far sposare alla figlia il ricco contadino Nencio (tenore); la giovane che ama invece Nanni (basso), il quale la ricambia di ugual sentimento; la sorella di questi, Vespina (soprano), che è innamorata di Nencio. Nanni, che sospetta la presenza di un rivale, teme di perdere l'amata: piuttosto preferisce morire e che l'uomo che gli porterà via Sandrina soffra mille tormenti. La giovane non sa come opporsi alla volontà del padre. È Vespina che regge l'intrigo con grande abilità: infatti, se Nanni e Sandrina riusciranno a sposarsi, il cuore di Nencio sarà libero e certo acconsentirà ai suoi desideri. L'astuta ragazza riesce a raggiungere i suoi scopi con una girandola di finzioni e di travestimenti: compare sulla scena ora in veste di madre abbandonata dal marito, ora travestita da uomo. È di volta in volta un ricco marchese e finalmente un notaio. Nel lieto fine le nozze saranno celebrate secondo i suoi piani.

La musica di Haydn, grazie anche al brillante libretto del celebre Coltellini, è a tratti intenzionalmente parodistica. Il compositore contribuisce così ad aprire la strada che doveva mostrarsi assai feconda nelle opere buffe dei musicisti che lo seguirono.

Una scena da
L'incoronazione di Poppea,
di C. Monteverdi.

★ INGANNO FELICE, L'

Farsa per musica in un atto di Gioachino Rossini (1792-1868), su libretto di G.M. Foppa. Prima rappresentazione: Venezia, Teatro San Moisè, 8 gennaio 1812.

Valle con ingresso in una miniera e casa di Tarabotto (basso), capo dei minatori. Costui dieci anni prima ha preso con sé, facendola passare per sua nipote, una povera giovane, Nisa (soprano), che in realtà è Isabella, moglie del duca signore della miniera, creduta morta in seguito a una macchinazione ordita da Ormondo (tenore) e da Batone (basso). Il duca (tenore) s'è risposato, ma la seconda moglie è ora morta. Giungono il duca, Ormondo e Batone, il quale crede di riconoscere in Nisa la sua antica padrona. Tarabotto fa in modo che il duca veda la giovane Nisa, e tanto l'uomo quanto la donna rimangono turbati. Il capo dei minatori sorprende poi una conversazione fra Ormondo e Batone: i due tramano per rapire Nisa, troppo somigliante alla duchessa creduta morta. Batone quasi si pente, ma non vuole scoprirsi troppo davanti a Tarabotto, che abilmente lo interroga. Infine questi rivela al duca che qualcuno trama ai danni di sua nipote. Ormondo vorrebbe uccidersi per espiare i suoi misfatti. Ma Isabella, finalmente riconosciuta e nuovamente sposa felice, lo ferma, e l'opera si chiude fra il gaudio generale.

Sebbene sia presentata come farsa, *L'inganno felice* in realtà è un'opera semiseria, nella quale è evidente l'abilità di Rossini nel tratteggiare i personaggi, alternando momenti comici ad altri drammatici. L'opera ebbe un notevole successo e, prima del *Tancredi*, fu quella che ebbe il maggior numero di repliche.

★ INTERMEZZO

Commedia borghese e con interludi sinfonici in due atti di Richard Strauss (1864-1949), su libretto dell'autore. Prima rappresentazione: Dresda, Staatsoper, 4 novembre 1924.

Il direttore d'orchestra Robert Storch (baritono) è in partenza per Vienna. Christine (soprano) si lamenta della sua condizione di moglie di una celebrità e, rimasta sola, non disdegna le attenzioni del giovane barone Lummer (tenore) ed esce a ballare con lui. Presto però si accorge che il barone mira al suo danaro. Arriva una lettera indirizzata a Storch, Christine la apre e legge con orrore un messaggio alquanto intimo di una certa Mieze Meier. Furiosa invia al marito un telegramma in cui minaccia il divorzio. Il telegramma raggiunge Storch mentre gioca a "skat" con i suoi amici, tra i quali il direttore d'orchestra Stroh (tenore), il vero destinatario del primo messaggio. Preceduto da Stroh, che si è assunto il compito di spiegare l'equivoco a Christine, Storch torna a casa; ma la moglie, pur convinta della sua innocenza, lo accoglie freddamente, convinta che una volta o l'altra finirà così. Robert perde la calma e allora Christine si rende conto di come sarebbe terribile la sua vita senza di lui. I due coniugi si riconciliano. "Non è questo un matrimonio veramente felice?" conclude Christine.

Intermezzo è ispirato fedelmente, sin nei particolari, a un episodio realmente accaduto nella vita coniugale di Strauss e di sua moglie Pauline. L'opera è perfetta per ricchezza psicologica e strumentale; la "conversazione in musica", resa con lo straordinario virtuosismo del "parlando", gli sviluppi tragicomici degli avvenimenti, gli stessi interludi contribuiscono ad approfondire la psicologia dei personaggi e i vari sentimenti che li muovono.

★ INTOLLERANZA 1960

Azione scenica in due atti di Luigi Nono (1924-1990). Il soggetto è derivato dallo stesso compositore da un'idea di A.M. Ripellino e utilizza testi dello stesso Ripellino e di J. Fucik, J. P. Sartre, P. Eluard, V. Majakovskij, B. Brecht. Prima rappresentazione: Venezia, Festival Internazionale di Musica Contemporanea, 1961.

Un minatore emigrato, straziato dalla nostalgia del proprio paese, fugge, e ciò lo separa dalla donna amata, che non comprende il suo sentimento e gli diventa nemica. Solo e sconosciuto a tutti, capita casualmente nel mezzo di una manifestazione politica, viene arrestato e sottoposto a tortura, subisce il lavaggio del cervello e infine è inviato in un campo di lavoro forzato. Dopo tanta brutalità istituzionalizzata e tante assurde sofferenze, il minatore riscopre tra i compagni di prigionia l'umanità, la solidarietà e l'amore, tutti quei sentimenti che il "sistema" aveva cercato di sradicare dal cuore degli uomini. Alla fine la terra è

*In alto: figurino per l'*Ifigenia in Aulide*, disegno di Boquet o della sua bottega.*

*A destra: una scena dall'*Ifigenia in Aulide*, di Ch.W. Gluck.*

invasa dalle acque di un'alluvione purificatrice che travolge tutto e tutti; l'"azione" termina col coro brechtiano "An die Nachgeborenen"; si diffonde un sentimento di fede in qualcosa di nuovo che rinnovi i rapporti tra gli uomini e dia nuovo senso alla vita.

L'opera, dedicata ad A. Schönberg, è stata piú volte rimaneggiata dal compositore. Al suo apparire, il suo contenuto decisamente politico non ha mancato di scatenare polemiche. Il complesso linguaggio di questa partitura si avvale di un'orchestra di ottanta elementi, grande coro misto, cinquanta cantanti solisti, diversi narratori, oltre a un nastro magnetico. Nono con questo lavoro ha voluto realizzare uno spettacolo globale che si riallaccia idealmente al teatro espressionista degli anni Venti e a quello contemporaneo americano. Per l'autore, nell'opera si esprime il «destarsi della coscienza di un uomo che, ribellandosi, ricerca una ragione, un fondamento umano di vita. Subite alcune prove di intolleranza e di incubi, sta ritrovando il rapporto umano tra sé e gli altri e viene travolto da un'alluvione».

★ IPHIGENIE EN AULIDE
(*Ifigenia in Aulide*)
Tragedia lirica in tre atti di Christoph Willibald Gluck (1714-1787), su libretto di F. Leblanc du Roullet dall'opera omonima di J. Racine. Prima rappresentazione: Parigi, Académie Royale de Musique, 19 aprile 1774.

Nell'Isola di Aulide, all'accampamento dei Greci, Calcante (basso) rivela ad Agamennone (basso) che Artemide irata richiede il sacrificio di sua figlia Ifigenia (soprano), perché i Greci possano partire per Troia. Il re angosciato cerca di evitare il sacrificio rimandando a Micene la figlia che è diretta al campo per celebrare le nozze con Achille (tenore), e invia l'araldo Arcante (basso), con la falsa notizia che Achille è accusato di infedeltà verso Ifigenia, e che dunque non la può sposare. Ma Ifigenia e sua madre Clitennestra (mezzosoprano) sono già giunte al campo; Achille si difende dalle accuse e convince la fidanzata della sua fedeltà. Poco dopo Achille viene a sapere che Agamennone dovrà sacrificare la figlia. L'eroe insorge contro un padre cosí crudele e, dopo un drammatico incontro con Agamennone, ottiene da quest'ultimo l'ordine che la moglie e la figlia vengano ricondotte a Micene. I soldati frattanto, timorosi dell'ira degli dei, impediscono la partenza di Ifigenia. La giovane ormai si mostra pronta al sacrificio, quando Achille si precipita sull'altare, deciso ad impedire che si compia il delitto, e disarma Calcante. Anche Clitennestra supplica Giove di rinunciare alla vittima richiesta. A questo punto interviene Artemide (soprano), placata dall'eroismo di Ifigenia. La dea prende con sé la giovane e Agamennone può partire per Troia.

Opera essenziale nella produzione gluckiana, l'*Iphigénie en Aulide* fu per il compositore tedesco un momento centrale nella riaffermazione di quella linea di "riforma" già enunciata nel 1762 con *Orfeo ed Euridice*. Nell'*Iphigénie* si verifica uno di quei rari casi in cui dramma e musica costituiscono una unità indissolubile.

★ IPHIGENIE EN TAURIDE
(*Ifigenia in Tauride*)
Tragedia lirica in quattro atti e cinque quadri di Christoph Willibald Gluck (1714-1787), su libretto di N.-F. Guillard, dall'omonima tragedia di Euripide. Prima rappresentazione: Parigi, Académie Royale de Musique, 18 maggio 1779.

Ifigenia (soprano), divenuta sacerdotessa di Artemide in Tauride, è costretta da re Toante (basso) a sacrificare alla dea tutti gli stranieri che prendono terra in quel paese. Sono fatti prigionieri due greci, Oreste (baritono) e Pilade (tenore), sfuggiti a un naufragio. Toante ordina che vengano immolati. Oreste lamenta la sua triste sorte, anche le Erinni lo perseguitano e gli appare anche la madre Clitennestra che egli ha ucciso per vendicare il padre da lei assassinato. Ifigenia incontra Oreste, lo interroga, viene a conoscenza delle tristi sorti dei suoi genitori, e decide di salvare lo straniero che vagamente le ricorda il fratello: espone un piano di fuga, ma Oreste rifiuta la salvezza e vuole che sia Pilade a mettersi in salvo; questi giura che salverà l'amico o morirà con lui. Poco dopo, sull'altare del sacrificio avviene il riconoscimento tra i due fratelli. Nel frattempo Toante ha scoperto che uno dei prigionieri, Pilade, è fuggito; la sua ira aumenta quando scopre che l'altro, Oreste, è fratello di Ifigenia, e ordina che anche Ifigenia venga uccisa; in quel momento però irrompe Pilade alla testa dei guerrieri greci. Nello scontro Toante rimane ucciso. La voce di Artemide (mezzosoprano) intima agli Sciti di abbandonare i loro riti barbari e dichiara a Oreste che ha espiato l'uccisione della madre ed ora può tornare a Micene con la sorella.

Penultima opera di Gluck, *Iphigénie en Tauride* ottenne un vivo successo, che sanzionò il trionfo dell'opera riformata e confermò l'autore come musicista classico nella piú completa accezione del termine: pensiero e forma compongono realmente un'unità. In quest'opera, in cui l'azione è umanizzata a tal punto da sovrastare quanto di mitologico ancora vi era in essa, si realizza pienamente l'ideale formale a cui Gluck aveva mirato per lunghi anni.

★ IPPOLITO E ARICIA
vedi *Hippolyte et Aricie*

★ IRIS
Melodramma in tre atti di Pietro Mascagni (1863-1945), su libretto di L. Illica. Prima rappresentazione: Roma, Teatro Costanzi, 22 novembre 1898.

L'azione si svolge in un villaggio del Giappone. Osaka (tenore), giovane ricco e vizioso, si è invaghito di Iris (soprano), un'ingenua musmé. Osaka incarica Kyoto (baritono), proprietario di una casa da tè, di rapirla. A tale scopo i due mettono in scena uno spettacolo in cui si rappresentano gli amori contrastati di Dhia e Jor, figlio del

*Scena dell'*Ifigenia in Tauride*, di Ch.W. Gluck, in una rappresentazione al Teatro alla Scala.*

Sole. Iris, avvicinatasi tra la folla per assistere allo spettacolo, è afferrata e trascinata via. Kyoto si allontana, lasciando una missiva in cui si dice che la fanciulla è volontariamente fuggita nel quartiere del piacere. Il padre di Iris (basso), che è cieco, chiede di essere condotto dalla figlia per maledirla. Nella casa di Osaka, Iris respinge le lusinghe e gli approcci dell'uomo che, annoiato, cede allora la fanciulla a Kyoto che la obbliga ad esporsi agli sguardi della folla. Tra di essa è il cieco che, guidato, in presenza della figlia la maledice gettandole contro del fango. Disperata, la fanciulla cerca la morte buttandosi in un precipizio. In fondo all'abisso il corpo di Iris è rinvenuto da alcuni cenciaioli che tentano di derubarla degli abiti, ma fuggono quando scoprono che la fanciulla è ancora viva. La luce del sole che sorge illumina Iris morente e sembra confortarla negli angosciosi interrogativi ch'ella si pone circa il proprio doloroso destino. Mentre intorno a lei spuntano numerosissimi fiori, Iris muore in uno sfolgorio di luce.

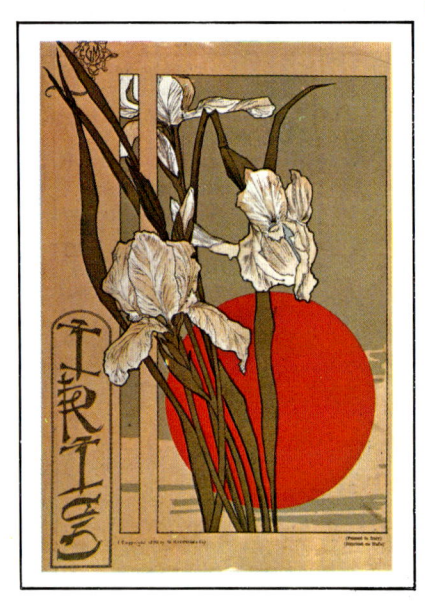

Opera di gusto liberty, *Iris* ottiene un clamoroso successo di pubblico, mentre la critica avanzò delle riserve. La musica è in sintonia con il gusto melodico del compositore e si adatta perfettamente al simbolismo del libretto di Illica. Traspaiono dall'insieme la ricerca di nuovi mezzi espressivi e lo sforzo di raggiungere una propria coerenza.

ISABEAU
Leggenda drammatica in tre parti di Pietro Mascagni (1863-1945), su libretto di L. Illica. Prima rappresentazione: Buenos Aires, Teatro Coliseo, 2 giugno 1911.

L'azione si svolge in una città immaginaria in un periodo fiabesco. Nel castello di re Raimondo (basso) viene bandita una gara: il cavaliere che saprà ispirare sentimenti d'amore alla principessa Isabeau (soprano) avrà la sua mano. In quel momento giungono al castello Giglietta (mezzosoprano) e suo nipote Folco (tenore), che recano doni alla principessa. Isabeau mostra di gradire i loro omaggi, e assume Folco come falconiere. Poco dopo si svolge la gara: Isabeau non manifesta nessun sentimento verso i contendenti, solo un cavaliere misterioso le ispira pietà; questi è il nipote del re, che è stato messo al bando. Il popolo lo acclama come sposo della principessa, ma Isabeau rifiuta la scelta, contravvenendo ai patti. Il ministro Cornelius (basso) consiglia il re di punire la principessa: Isabeau viene condannata a cavalcare nuda per le vie della città in espiazione della sua superba castità. Il popolo però chiede al re un editto secondo il quale sarà accecato chiunque si trovi ad osservare il passaggio della principessa. Isabeau, coperta solo dai suoi lunghissimi capelli, esce dalla reggia. Folco, ignorando l'editto, dall'alto di un giardino lancia mazzi di fiori sulla fanciulla, e per questo viene assalito dalla folla e arrestato. Il giorno dopo Isabeau, turbata dal rimorso di essere la causa involontaria della condanna di Folco, chiede di poter parlare con il prigioniero. Il giovane appare sereno e lieto di subire il supplizio, perché porterà con sé la visione della principessa. La principessa, per salvare Folco di cui si è innamorata, si offre a lui come sposa. Cornelius, che ha ascoltato il dialogo, aperta la porta della prigione, getta allora Folco in mezzo al popolo minaccioso; quando Isabeau, che si era recata a dare la notizia al re, ritorna, non trova l'amato; corre allora ad affrontare la morte con lui.

L'opera fu composta quasi interamente fra il giugno e il settembre del 1910, in stretta collaborazione con il librettista L. Illica. Destinata inizialmente al pubblico di New York

In alto:
frontespizio dello spartito di *Iris*,
di P. Mascagni.

A destra:
manifesto di G. Palanti
per *Isabeau*,
di P. Mascagni.

passò, dopo varie vicissitudini, all'America del sud. In Italia fu eseguita, per le polemiche sorte tra i due teatri, contemporaneamente alla Fenice di Venezia e Teatro alla Scala di Milano.

ISOLA DISABITATA, L'
Opera in un atto di Franz Joseph Haydn (1732-1809), su libretto di P. Metastasio. Prima rappresentazione: Castello di Eszterháza, 6 dicembre 1779.

In seguito a un naufragio, due sorelle, Silvia (soprano) e Costanza (mezzosoprano), vivono da dieci anni su un'isola disabitata. Silvia, la minore, ignara del mondo, vive totalmente appagata dalla natura dell'isola, Costanza rimpiange invece la vita sulla terraferma, e in particolare l'amore del suo fidanzato Gernando. Su una spiaggia dell'isola arriva una barca, sulla quale si trovano Gernando (tenore) e il suo amico Enrico (baritono). Gernando riconosce l'isola: lí aveva lasciato le due sorelle quando, partito in cerca d'aiuto, era stato catturato da alcuni pirati. Inoltrandosi sull'isola, Gernando trova, incisa su una roccia, una frase disperata scritta da Costanza, e preso dallo sconforto, vuole morire. Interviene Enrico, che ordina ai marinai di portare l'infelice Gernando sulla nave. Rimasto sull'isola, Enrico si imbatte in Silvia; la giovane, che non ha mai visto un uomo, si spaventa e fugge. Poco dopo Gernando finalmente incontra la sua Costanza, la giovane però non regge all'emozione e, dopo aver accusato l'uomo di averla tradita e abbandonata, cade svenuta. Gernando si allontana per chiedere aiuto a bordo, ma si imbatte nei marinai i quali, eseguendo l'ordine avuto da Enrico, trascinano il giovane a bordo dell'imbarcazione. Nel frattempo Costanza viene ritrovata da Enrico il quale, dopo che la fanciulla ha ripreso i sensi, le racconta gli avvenimenti accaduti a Gernando dieci anni prima.

Trafelata giunge anche Silvia: racconta di aver visto Gernando trascinato via da alcuni uomini. Enrico calma le due donne e alla fine tutti e quattro i giovani si riuniscono e colmi di felicità si imbarcano per ritornare in patria.
Con questa partitura Haydn si accostò all'opera seria "riformata", derivata da Gluck. Lo stile punta decisamente a un evolversi psicologico dei fatti e si ricollega alla sobrietà interiore delle opere di Gluck.

★ ISPIRAZIONE, L'
Melodramma in tre atti di Sylvano Bussotti (n. 1931), dall'aforisma Die gutmachende Muse *di E. Bloch, su testo dell'autore. Prima rappresentazione: Firenze, Teatro Comunale, 26 maggio 1988.*

Nell'anno 2031 un'astronave decolla tra suoni violenti che invadono la scena. Harno Lupo (basso), signore del Tempo, e Futura (cantante e attrice), signora dello Spazio, viaggiano verso il Regno del Teatro in Musica. L'astronave raggiunge l'anno 2750. Qui un coro di computer e un'orchestra di robot, sotto la guida di un Maestro di Cappella (basso buffo), stanno provando una nuova opera. In una pausa delle prove si sente un uomo russare, è Maestro Wolfango (baritono), un vecchio violinista che non sopporta la musica della nuova opera, e la critica aspramente. Per questo suo comportamento, Wolfango viene cacciato dall'orchestra. Sua moglie Argià (soprano drammatico) è furente, la figlia Serena (soprano lirico) e Futura tentano di calmarla. Serena, che crede nell'arte musicale del padre, trascrive in segreto le parti di un'opera composta da lui. Wolfango, rientrato all'improvviso, sorprende la figlia e, credendo che questa stia rubando del denaro, la maltratta, quindi si rimette a comporre. In un'epoca futura, si vede il mondo ridotto in un arido deserto. In un ghetto vive Wolfango. Harno Lupo gli riferisce che

sua figlia Serena è diventata una celebre cantante d'opera; il vecchio violinista, amareggiato dalla notizia, ribadisce la sua avversione per la musica di consumo. Poco dopo, alcune persone invitano Wolfango a recarsi a teatro, l'uomo rifiuta e allora vi viene trascinato a forza. Quando Wolfango giunge in teatro, si sente echeggiare la sua musica: è l'opera *Syrena* che decreta il successo del vecchio compositore e di sua figlia.
La trama offre a Bussotti lo spunto per rappresentare un ulteriore frutto delle sue molteplici attività di librettista e di scenografo e di costumista. Anche nella musica, il compositore non manca di citare se stesso e melodie della sua fanciullezza.

ITALIANA IN ALGERI, L'
Dramma giocoso in due atti di Gioachino Rossini (1792-1868), su libretto di A. Anelli. Prima rappresentazione: Venezia, Teatro San Benedetto, 22 maggio 1813.

Mustafà, bey d'Algeri (basso), non ama piú sua moglie Elvira (soprano) e la destina a Lindoro (tenore), giovane schiavo italiano. Da un vascello italiano i corsari del bey hanno catturato ciurma e passeggeri; fra questi vi è Isabella (contralto), partita dall'Italia per ritrovare il suo fidanzato rapito dai corsari, e un suo spasimante, Taddeo (basso buffo). Isabella ammalia il bey e ne sovverte i piani: egli resterà con la moglie, mentre Lindoro, che ella ha riconosciuto essere il suo fidanzato, diverrà suo schiavo personale. Piú tardi, Lindoro e Isabella preparano un piano di fuga. Giunge Mustafà, smanioso di sedurre Isabella, ma l'abile ragazza riesce ad evitare che il bey rimanga solo con lei. Mustafà è furioso, ma viene calmato da Lindoro il quale afferma che Isabella lo ama a tal punto da nominarlo suo "pappataci". Gli schiavi italiani, vestiti da pappataci, abbigliano Mustafà in modo eguale a loro. Appare un vascello predisposto per la fuga dei due giovani; Taddeo capisce che Isabella sta fuggendo con Lindoro e svela l'inganno a Mustafà. Questi però, che ha fatto il giuramento dei pappataci: mangiare,

Una scena da *L'ispirazione*, di S. Bussotti

bere, dormire e tacere, non se ne cura. Solo quando il vascello è partito, il bey si rende conto di essere stato beffato. Imprecando contro l'astuzia delle donne italiane, ritorna fra le braccia della moglie, che perdona lo sposo credulone.

È uno dei capolavori di Rossini. Già alla prima rappresentazione *L'italiana in Algeri* ebbe un successo clamoroso che stupí lo stesso compositore. Musicata nell'estate del 1813, in una ventina di giorni soltanto, la vitalità di questa partitura è senza precedenti: i personaggi sono caratterizzati soprattutto attraverso il ritmo imposto dalla musica all'azione.

IVAN IV

Opera in cinque atti di Georges Bizet (1838-1875), su libretto di F.-H. Leroy e H. Trianon. Prima rappresentazione: Bordeaux, Grand Théâtre, 12 ottobre 1951.

L'azione si svolge nel XVI secolo. Maria (soprano), figlia di Temrouk (basso), re del Caucaso, aiuta due stranieri a ritrovare la strada che hanno smarrito; i due viaggiatori sono in realtà lo zar Ivan IV (baritono) e un suo giovane servitore bulgaro (mezzosoprano). Poco dopo giunge un gruppo di soldati russi, minacciando una strage se Temrouk non consegnerà sua figlia. Maria, onde evitare la morte di innocenti, si consegna spontaneamente. Al Cremlino, durante i festeggiamenti della vittoria dello zar sui tartari, il sovrano, desideroso di sposarsi, riceve un gruppo di prigioniere. Tra queste vi è anche Maria: i due si riconoscono, ma alla richiesta di nozze dello zar, la giovane oppone un deciso rifiuto, chiedendo protezione alla principessa Olga (mezzosoprano), sorella dello zar. Maria però alla fine accetta di diventare la sposa di Ivan, anche perché ha scoperto di amarlo; nel frattempo, il Boiaro Yorloff (baritono), che desiderava che fosse una delle sue figlie a sposare lo zar, si allea con Temrouk e suo figlio Igor (tenore) per uccidere lo zar. Quando però Igor scopre che la sorella è la sposa di Ivan, e che si mostra pronta a sacrificare la sua vita per quella del suo regale sposo, si ritira dalla congiura. Yorloff tenta allora il tutto per tutto: accusa Maria e Igor di cospirare ai danni dello zar, e ciò è avvalorato dal fatto che le truppe di Temrouk stanno minacciando il Cremlino. Lo zar condanna a morte i due traditori, ma poi, non reggendo al dolore, sembra perdere l'uso della ragione. Ne approfitta Yorloff, che si proclama reggente. Temrouk, che ha scoperto il tradimento del Boiaro, che sta mandando a morte i suoi figli, riesce a scuotere dal torpore, in cui era caduto lo zar, che cosí riprende in mano la situazione condannando a morte Yorloff e ritornando sul trono con l'amata Maria.

Il libretto era stato scritto per Gounod, che lo musicò solo parzialmente. Bizet lo rifece portandolo quasi a termine, infatti il quinto atto è incompiuto. L'opera però non andò mai in scena; perduta, venne ritrovata solamente attorno agli anni Venti e fu cosí eseguita postuma, con varie revisioni. La piú recente ripresa dell'*Ivan IV* risale al Festival di Montpellier del 1991.

IVAN SUSANIN

(nota anche come *Una vita per lo Zar*)
Opera in quattro atti e un epilogo di Michail Glinka (1804-1857), su libretto di G. Rosen. Prima rappresentazione: San Pietroburgo, Teatro Imperiale, 27 novembre 1836.

Nel villaggio di Domnino, gli abitanti festeggiano la vittoria dei russi sui polacchi invasori. Antonida (soprano), figlia di Ivan Susanin (basso), accoglie il fidanzato Bogdan Sobinin (tenore), di ritorno con le truppe vittoriose. Susanin è però turbato perché ancora teme per le sorti della Russia, ed esorta pertanto la figlia a rinunciare per il momento alle nozze. Ma Sobinin annuncia che, a garanzia di pace, è stato eletto il nuovo zar: Michail Romanov. Susanin, allora, rasserenato, acconsente alle nozze. Nel frattempo i polacchi, per reagire alla sconfitta subita, decidono di organizzare una spedizione per rapire il nuovo zar. Cosí, mentre Susanin, Vania (mezzosoprano), un giovane orfano da lui allevato, Antonida e Sobinin stanno pregando Dio perché protegga le prossime nozze, irrompono dei soldati polacchi che obbligano Susanin a portarli al rifugio dello zar. L'uomo finge di ubbidire ma di nascosto incarica Vania di avvertire lo zar della congiura, mentre lui cercherà di guadagnare tempo portando i nemici fuori strada. Salutando la figlia la esorta a non aspettare il suo ritorno per celebrare le nozze. Al palazzo dello zar, Vania avvisa i soldati della congiura ai danni del sovrano; nel frattempo, Susanin e i polacchi sono accampati in una foresta per trascorrere la notte. Susanin capisce che la sua fine è ormai prossima: cosí, al sorgere dell'alba, ritenendo che ormai lo zar sia in salvo, rivela ai nemici che li ha condotti fuori strada. I polacchi, vistisi perduti, si scagliano allora su di lui e lo uccidono. Sulla piazza del Cremlino il popolo esultante acclama lo zar e la liberazione della Russia dagli invasori.

La vicenda, cui è ispirato il libretto di G. Rosen, si basa sulla figura storica dell'eroe popolare Ivan Susanin, che nel 1612 aveva sacrificato la sua vita per la salvezza della Russia. Questa stessa vicenda era già stata messa in musica; il soggetto, però, riesce a trovare solo nelle mani del grande compositore russo una sua collocazione, venendo a rappresentare una mediazione tra la cultura musicale internazionale e quella russa. La prima rappresentazione fu accolta con grande entusiasmo, anche se non mancarono i dissensi da parte dei nostalgici dell'opera italiana. Di grande importanza nella partitura è l'uso del coro, che rappresenta un momento importante nella nascita del melodramma nazionale russo.

Una scena da *L'italiana in Algeri*, di G. Rossini, rappresentata per la prima volta a Venezia nel 1813.

L'OPERA LIRICA IN RUSSIA

L'opera lirica fa la sua comparsa in Russia tra il 1729 e il 1731 quando arrivano a Pietroburgo le prime compagnie provenienti dall'Italia, dalla Francia e dalla Germania. Nel 1731 T. Ristori porta in scena l'opera buffa *Calandro*, del figlio Giovanni Alberto, mentre nel 1735 il compositore napoletano Francesco Araja si stabilisce a Pietroburgo dove un anno dopo rappresenta la sua opera seria *La forza dell'amore e dell'odio*. Allo stesso Araja si deve la prima opera composta in russo, il *Tsefal i Prokris*, su libretto di I. Sumarokov. Dopo Araja, la presenza in Russia di compositori italiani divenne massiccia – in particolare sotto il regno della zarina Elisabetta Petrovna, una fervente ammiratrice della cultura italiana –, con autori come V. Manfredini, B. Galuppi, T. Traetta, G. Paisiello, D. Cimarosa, V. Martín y Soler, solo per citare i piú celebri. Salita al trono Caterina II invece, accanto all'opera italiana, tornò ad esercitare una certa influenza anche l'*opéra-comique* francese, e grande risonanza ebbe la rappresentazione in lingua russa di *Le devin du village* (1777) di J.J. Rousseau, che ispirò numerose altre partiture su questo genere, fra le quali va ricordato *Melnik koldun* (*Il mugnaio mago*) del compositore russo E.I. Fomin (1786). La seconda metà del XVIII secolo vede l'affermazione di importanti musicisti russi, tra i quali si ricordano i nomi di M. Matinskij, V. A. Paškevič – uno dei primi anticipatori dell'opera nazionale russa –, D.S. Bortnjanskij e il già citato Fomin, quasi certamente il compositore piú rappresentativo della sua generazione (celebre il suo melologo *Orfeo ed Euridice*, del 1792). Un importante impulso allo sviluppo di una identità musicale nazionale si ebbe quando nel 1824 venne per la prima volta rappresentato in Russia *Der Freischütz* (*Il franco cacciatore*) di Weber, che influenzò i compositori russi nel cercare la linfa vitale nelle tradizioni popolari. A tale proposito riveste un particolare rilievo la figura di A.N. Verstovskij, che nella sua opera piú importante, *La tomba di Askold* del 1835, raccoglie elementi ispirati alle leggende popolari russe. Quest'opera, ora completamente dimenticata, ha rappresentato il preludio alla produzione artistica di M. Glinka, il compositore considerato il padre della musica nazionale russa. A un anno dalla prima rappresentazione dell'opera di Verstovskij, andava infatti in scena l'*Ivan Susanin* (1836) di Glinka, nella quale la collocazione storica della vicenda e le scene popolari rappresenteranno un punto di riferimento fondamentale per le successive generazioni di operisti, cosí come le componenti fiabesche del *Ruslan e Ludmilla* (1842) l'altra fondamentale partitura di Glinka. Tutti questi elementi troveranno piena compiutezza nelle opere di A. Dargomyžskij e soprattutto in quelle di M. Musorgskij (*Boris Godunov*, *Kovànčina*), N. Rimskij-Korsakov (*Sadko*, *Il gallo d'oro*, *Lo zar Saltan*, ecc.), A. Borodin (*Il principe Igor*), C. Cui (*William Ratcliff*, *Angelo*, *La figlia del capitano*, ecc.) e P.I. Čajkovskij (*Eugenio Oneghin*, *La pulzella d'Orléans*, *La dama di picche*, ecc.). In musicisti come Cui e Čajkovskij, sono però evidenti i legami musicali con l'Occidente, aspetto che ritroviamo anche nelle successive generazioni di compositori, in particolare nelle opere di S. Rachmaninov, S.I. Taneev e I. Stravinskij. Negli ultimi grandi nomi della tradizione teatrale russa, S. Prokof'ev e D. Šostakovič, accanto ai temi storici e leggendari, che rappresentano i soggetti piú usati, si allineano gli ideali del "realismo sovietico". Su questa linea troviamo opere quali *La storia di un vero uomo* (1948) e *Lady Macbeth del distretto di Mzensk* (1934 e 1959).

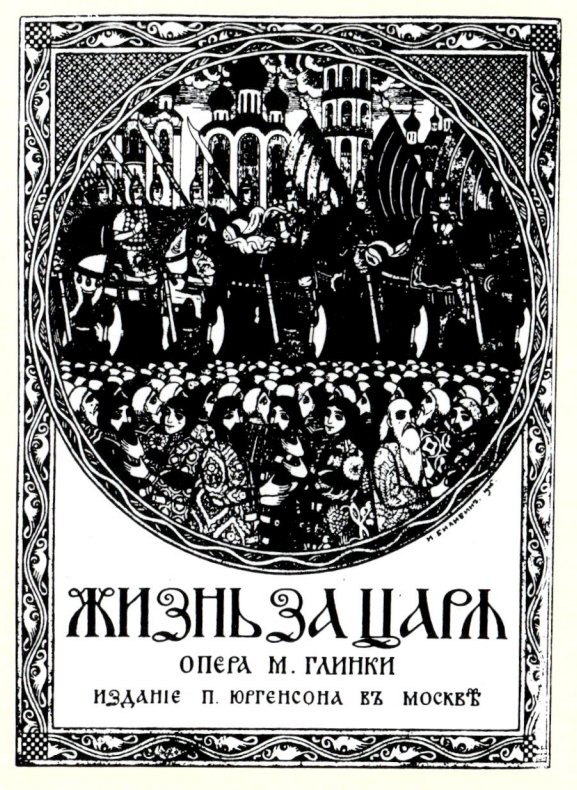

A destra:
il compositore russo N. Rimskij-Korsakov.

In alto:
copertina del libretto di *Una vita per lo Zar*, di M. Glinka.

♦ JACOBS, RENE
(Gand 1946)
Controtenore e direttore d'orchestra belga. Parallelamente agli studi di filologia all'Università di Gand, si è dedicato allo studio del canto, specializzandosi nel repertorio antico. Si è presto affermato in esecuzioni di opere e oratori barocchi sotto la guida di noti specialisti come G. Leonhardt, N. Harnoncourt, A. Curtis, ecc. Dal 1977 dirige il "Concerto Vocale" con il quale ha firmato importanti recuperi di opere di A. Cesti (*L'Orontea*) e di F. Cavalli (*Xerse*). Ancora nelle vesti di direttore ha curato esecuzioni di opere di Monteverdi (*L'incoronazione di Poppea*, *Il ritorno di Ulisse in patria*, ecc.), di Händel (*Flavio*) e di Gluck (*Le cinesi*, ecc.).

★ JAKOB LENZ
Opera da camera in un atto di Wolfgang Rihm (n. 1952), su libretto di M. Fröhling, dalla novella Lenz *di G. Büchner. Prima rappresentazione: Amburgo, Staatsoper, 8 marzo 1979.*

La vicenda narra un episodio della vita del poeta tedesco Jakob Lenz (baritono), quando nel 1778, ormai sull'orlo della follia, soggiornò per un breve periodo a Waldach, nella casa del pastore Fiedrich Oberlin (basso) dove incontrò anche Christoph Kaufmann (tenore), acceso sostenitore di idee filantropiche. Tutto si svolge attorno ai vani tentativi d'incontro di personalità che non hanno nessun punto di contatto. L'alienazione e la negatività poetica di Lenz che rifiuta ogni tipo di illusione, in nome di un credo realistico, fatalmente si scontrano con la retorica da predicatore di Oberlin e con l'esaltazione pragmatica di Kaufmann, con il suo credo "armonia e realtà". Assillato anche dall'ossessione della donna, qui rappresentata da Fiederike (soprano), Jakob Lenz, alla fine dell'opera, non domina piú la sua follia che esplode violenta: chiuso in una camicia di forza,
Lenz, ormai completamente solo, pronuncia frasi sconnesse.

La definizione di opera da camera si adatta perfettamente all'opera di Rihm: tre sono i ruoli principali, accanto ai quali agisce un coro, che però ha una composizione massima di sei voci. Queste sei voci si esprimono in un linguaggio che riprende le forme classiche della polifonia: il Mottetto, il Madrigale e il Corale. Questo insieme vocale è usato da Rihm come "doppio" della personalità del protagonista. Anche l'orchestra è ridotta, solo undici strumenti scelti su una tavolozza timbrica volutamente cupa, quindi i violoncelli, ma non i violini, il clarinetto (anche clarinetto basso), ma non il flauto.

★ JAKOBIN
(Il giacobino)
Opera in tre atti di Antonin Dvořák (1841-1904), su libretto di M. Červinková-Riegrová. Prima rappresentazione: Praga, Teatro Nazionale Ceco, 12 febbraio 1889.

Si svolge attorno alle vicende di Bohus di Harasov (baritono), il giacobino che, tornato dall'esilio al quale era stato condannato per ragioni politiche, tenta di reinserirsi nell'ambiente che aveva lasciato, aiutato nel suo tentativo dal musicista e amico Benda (tenore).

Jakobin, composizione in cui Dvořák subí l'influenza del *grand-opéra*, ebbe un buon successo in Cecoslovacchia, dove è frequentemente ripresa ancora oggi.

● JANÁČEK, LEÓS
(Hukvaldy, Moravia settentrionale 1854 - Ostrava 1928)
Compositore ceco. Figlio di un maestro di scuola e organista, ebbe una prima formazione musicale nella scuola del convento di Staré Brno (dal 1865) e quindi nella scuola di organo a Praga (1874-75). Quando già era attivo come direttore di coro e d'orchestra, e aveva iniziato a dedicarsi alla composizione, si iscrisse al Conservatorio di Lipsia (1879) e quindi a quello di Vienna (1880). Al suo ritorno in patria diresse la scuola d'organo di Brno (1881-1919), che poi divenne Conservatorio di Stato (1919). La maestria negli studi etnologici gli valse la nomina di presidente del Comitato per il canto popolare in Moravia e Slesia (1905) e dell'Istituto di Stato per il canto popolare di Brno (1919). Già a partire dal 1887 Janáček iniziò a dedicarsi alla composizione teatrale con *Šárka*, alla quale fece seguito una produzione cospicua da cui emergono *Jenůfa* del 1894-1903, nella quale sono ancora presenti elementi realistico-popolari; *Káťa Kabanová* del 1919-21; *Příhody Lišky Bystroušky* (*La volpe astuta*) del 1921-23; *Věc Makropulos* (*L'affare Makropulos*) del 1923-25 e soprattutto *Z mrtvého domu* (*Da una casa di morti*) del 1927-28, ultima opera teatrale che rappresenta anche il vertice della sua drammaturgia musicale.

♦ JANOWITZ, GUNDULA
(Berlino 1937)
Soprano tedesco. Compiuti gli studi musicali al Conservatorio di Graz, grazie a H. von Karajan nel 1959 è entrata a far parte della

A destra:
il compositore ceco Leóš Janáček.

In alto:
il soprano tedesco
Gundula Janowitz.

compagnia dell'Opera di Stato di Vienna, dove ha esordito come Marcellina nel *Fidelio* (1960). Questo stesso anno l'ha vista esordire a Bayreuth (Fanciulla-fiore nel *Parsifal*), iniziando cosí una brillante carriera che l'ha condotta al Festival di Salisburgo (dal 1963), a Glyndebourne (1964), ecc. Raffinata interprete del repertorio liederistico e concertistico in genere (oratori, ecc.), per nobiltà di timbro ed espressività di canto la Janowitz si è messa in luce in particolare nel repertorio mozartiano, facendosi altresí apprezzare in opere di Weber, Wagner, Strauss. Negli ultimi anni le sue esibizioni si sono limitate al repertorio liederistico, mentre dal 1988 ha assunto la carica di *Operdirektorin* a Graz.

■ JANOWSKI, MAREK
(Varsavia 1939)
Direttore d'orchestra tedesco d'origine polacca. I suoi studi musicali si sono svolti alla Hochschule di Colonia e a Siena, dove si è perfezionato. Ha iniziato l'attività direttoriale come assistente a Aix-la-Chapelle, Colonia e Düsseldorf. Nel 1969 ha ottenuto la carica di primo direttore all'Opera di Colonia (fino al 1974) e quindi quella di direttore musicale a Friburgo (1973-75) e a Dortmund (1975-80). Si è successivamente prodotto con la Staatskapelle di Dresda (con la quale, dal 1980 al 1983, ha inciso la *Tetralogia* di Wagner); con la Royal Liverpool Philharmonic Orchestra (1983-87) e con la Nouvel Orchestre Philharmonique di Radio France, della quale dal 1988 è direttore musicale. In campo teatrale, Janowski ha legato il suo nome soprattutto al repertorio tedesco, anche in opere non di repertorio, come dimostrano le incisioni di *Tiefland* (Bassopiano) di D'Albert (1983) e di *Violanta* di Korngold (1979).

■ JEANNE D'ARC AU BUCHER
(*Giovanna d'Arco al rogo*)
Oratorio drammatico in un prologo e undici scene di Arthur Honegger (1892-1955, su libretto di P. Claudel. Prima rappresentazione: Basilea, Basel Kammeroper, 12 maggio 1938.

La scena ha luogo in Francia all'epoca della guerra dei Cent'anni. Un coro lamenta le tristi condizioni della Francia in mano allo straniero e una voce (basso) annuncia la venuta di una fanciulla per liberarla. Sulla scena appare Giovanna (recitante), sotto i suoi piedi arde il rogo. San Domenico (recitante), disceso dal cielo, mostra alla fanciulla il libro su cui sono annotate le accuse lanciate dagli uomini contro di lei, e la conforta. Giovanna rivive la scena del processo e la condanna al rogo per eresia e stregoneria. Domenico le racconta come i sovrani di Francia, Borgogna, Inghilterra, assistiti dalle loro spose, la Stoltezza, la Boria e l'Avarizia, abbiano giocato una partita a carte con la morte: si sono divisi il denaro guadagnato e hanno consegnato Giovanna al duca di Bedford. La giovane ascolta di nuovo le voci di santa Margherita (soprano) e santa Caterina (contralto), mentre il popolo inneggia al re che si sta recando a Reims per essere incoronato. Giovanna intanto ricorda il tempo in cui le "voci" la esortavano a salvare la Francia e la corona. La fanciulla teme il rogo, ma la Vergine (soprano) la conforta. Sosterrà con gioia i tormenti delle fiamme, essa stessa fiamma della Francia. Salirà finalmente al cielo, acclamata dalla folla come innocente, mentre le sue catene si spezzano.

Il testo di Claudel tende a tracciare una visione poetica del mondo medievale, soffermandosi sugli aspetti misteriosi e magici tipici del tempo in cui Giovanna viveva: viene dato grande spazio all'allegoria, mentre un elemento magico deriva proprio dal fatto che Giovanna appare sul rogo fin dall'inizio e dal rogo rivive le sue vicende. Da parte sua, Honegger rende mirabilmente in musica gli aspetti mistici, lirici e drammatici del testo poetico. Il lavoro teatrale esce dai tradizionali canoni operistici: infatti vi sono parti cantate e parti solo recitate (tra cui quella della protagonista) e in genere sostengono un ruolo cantato solo i personaggi celesti, misteriosi e allegorici, quasi mai figure umane vere e proprie.

■ JENŮFA
(Titolo originale: *Jeji pastorkyňa*. La sua figliastra)
Opera in tre atti di Leóš Janáček (1854-1928), su libretto di G. Preiss. Prima rappresentazione: Brno, Teatro di Stato, 21 gennaio 1904.

In Boemia alla fine del XIX secolo. In casa della vecchia Buryja (contralto), Jenůfa (soprano) attende con ansietà che Steva (tenore), il giovane da lei amato e da cui aspetta un figlio, ritorni dal posto di reclutamento militare. Giunge Laca (tenore), fratello di Steva. Laca, che ama segretamente Jenůfa, accusa sua nonna Buryja di preferirgli il fratello nonostante la sua vita dissoluta. Ecco arrivare lo stesso Steva, ubriaco. Tratta superficialmente Jenůfa la quale gli rimprovera i suoi doveri ma Steva non si vuole impegnare pur lodando la giovane per la sua bellezza. Rimasto solo con Jenůfa, Laca confessa il suo amore alla giovane, ma quando questa lo respinge, fuori di sé la ferisce al volto con un

Una scena da *Jenůfa*, di L. Janáček, rappresentata per la prima volta a Brno nel 1904.

JERUSALEM

coltello. Tempo dopo Jenůfa, che ha dato alla luce il bambino, vive rinchiusa in casa, dopo che Steva l'ha definitivamente abbandonata per fidanzarsi con Karolka (mezzosoprano), la figlia del borgomastro. Kostelnicka (soprano), matrigna di Jenůfa, decide di sopprimere il bambino gettandolo nel vicino fiume, quindi convincerà Laca, che ancora ama Jenůfa, a sposarla. Sebbene afflitta per la perdita del figlio, Jenůfa accetta di sposare Laca. Il giorno delle nozze, nel bel mezzo della cerimonia, un giovane pastore annuncia che il fiume, uscendo dal disgelo, ha rivelato il corpo di un bambino. Jenůfa riconosce il cadavere del figlio e subito tutti l'accusano dell'infanticidio: Kostelnicka si proclama allora colpevole e viene tratta in arresto. Sola con Laca, Jenůfa prega il giovane di abbandonarla, ma egli rifiuta e la donna intenerita dal suo affetto sente solo allora di conoscere il vero amore.

Jenůfa rappresenta un momento fondamentale nella carriera compositiva di Janáček: per la prima volta il compositore ceco elabora un linguaggio originale, una scrittura che egli domina sia nella parte melodica che in quella del canto.

♦ JERUSALEM
Opera in quattro atti di Giuseppe Verdi (1813-1901), su libretto di A. Royer e G. Vaëz. Prima rappresentazione: Parigi, Opéra, 26 novembre 1847.

Il Conte di Tolosa (basso) prima di partire per la Crociata, dimenticando antichi odi di famiglia, concede la figlia Hélène (soprano) a Gaston (tenore) conte di Béarn. Roger (baritono), fratello del conte, contrario a questa unione, assolda un sicario per assassinare Gaston; il caso vuole però che a morire sotto il pugnale omicida sia suo fratello. Roger allora, evocando gli antichi rancori tra le famiglie, fa ricadere la colpa dell'omicidio su Gaston, il quale viene mandato in esilio. Tempo dopo, in Palestina, Roger preso dal rimorso vive in solitudine e povertà, per espiare la sua colpa. Hélène, giunta anch'essa in Palestina alla ricerca di Gaston, è prigioniera dell'emiro di Ramla. Qui però può riabbracciare Gaston, anche lui prigioniero. Le truppe dei Crociati, capeggiate dal conte di Tolosa, miracolosamente scampato alla morte, liberano Hélène ma imprigionano Gaston. Il giovane cavaliere, che si proclama innocente, viene degradato pubblicamente e condannato a morte. Mentre sta per essere condotto al patibolo, Roger, che nessuno sa chi veramente sia, libera Gaston e gli dona una spada per andare a combattere. I Crociati ottengono la vittoria e Gaston, che è stato il primo a conquistare le mura di Gerusalemme, si riconsegna al conte di Tolosa, pronto a subire la sua condanna. Interviene però Roger: in fin di vita, svela la sua vera identità e scagiona quindi Gaston dalle ingiuste accuse. Il conte, commosso, perdona il fratello morente e riunisce Hélène a Gaston.

Nell'agosto del 1847 Verdi venne scritturato dall'Opéra di Parigi per rappresentare una nuova versione dei *Lombardi alla prima Crociata*, mai rappresentata in Francia. Il libretto francese venne affidato a Royer e Vaëz, collaboratori di Scribe. L'opera, pur assumendo una nuova veste, mantenne numerose analogie con la precedente versione; *Jérusalem* però, rispetto ai *Lombardi*, risulta essere migliore per omogeneità e spessore musicale.

♦ JERUSALEM, SIEGFRIED
(Oberhausen 1940)
Nome d'arte di Siegfried Salem, tenore tedesco. A otto anni ha iniziato lo studio del pianoforte, per poi dedicarsi allo studio di fagotto, violino e pianoforte alla Folkwangschule di Essen (1955-60). Come primo fagotto suonò alla Hofer Symphoniker e quindi alla Schwäbische Symphoniker di Reutlingen (dal 1961) e alla Süddeutschen Rudfunks di Stoccarda. Nel 1971 ha iniziato a dedicarsi allo studio del canto alla Hochschule di Stoccarda. Nel teatro d'opera della stessa città ha esordito nel 1975. A partire dal 1976 si è esibito a Darmstadt (*Madama Butterfly*), Amburgo, ecc., dove ha affrontato i primi ruoli wagneriani. Nel 1978 è entrato nella compagnia della Deutsche Oper di Berlino, mentre già dall'anno prima aveva esordito a Bayreuth come Walter in *Die Meistersinger von Nürnberg* (*I maestri cantori di Norimberga*). Tenore eroico wagneriano (Parsifal dal 1979), Jerusalem si è imposto internazionalmente anche come interprete di *Fidelio*, *Die Zauberflöte* (*Il flauto magico*), *Martha*, ecc. Ha anche preso parte alla prima esecuzione di *We come to the river* di Henze (1977).

♦ JESSONDA
Opera in tre atti di Ludwig Spohr (1784-1859), su libretto di E.H. Gehe, ispirato alla tragedia La veuve de Malabar *di A. Lemierre. Prima rappresentazione: Kassel, 28 luglio 1823.*

La città di Goa, in India. Il vecchio Raja, che Jessonda (soprano) ha sposato contro la sua volontà, è appena morto: la vedova, secondo la legge del paese, verrà bruciata viva sul rogo del marito defunto. Nadori (tenore), il giovane bramino che

In alto:
una scena da *Jenůfa*,
di L. Janáček.

A destra:
il compositore tedesco
Ludwig Sphor.

viene ad annunziarle il suo tragico destino, incontra la sorella di Jessonda, Amazili (soprano), se ne innamora, e le promette di salvare la sventurata. Jessonda intanto spera di essere liberata dal generale portoghese Tristano d'Acunha (baritono), suo fidanzato d'un tempo, ignorando che fra gli assedianti portoghesi e la città di Goa è stata firmata una tregua, e quindi non è piú in potere di Tristano liberarla. Ma, quando il patto viene rotto perché due spie danno fuoco alle navi portoghesi, il generale attacca Goa e interviene appena in tempo per salvare Jessonda dal rogo. Nadori, il bramino, in segreto porta la donna al tempio, ove ella può finalmente unirsi con Tristano, mentre lo stesso Nadori riceve la mano di Amazili.

Jessonda fu il piú grande successo di Spohr e in Germania ha avuto diverse riprese, anche ai nostri giorni.

♦ JOBIN, RAOUL
(Quebec 1906-1974)

Tenore canadese. Iniziò gli studi di canto a Quebec per proseguirli poi a Parigi, dove ha esordito nel 1930. A partire dal 1935 ha colto i primi successi all'Opéra e all'Opéra-Comique in *Faust*, *Carmen*, *Tosca*, ecc. Durante la seconda guerra mondiale si trasferí negli Stati Uniti, dove esordí al Metropolitan di New York nel 1940 (*Manon*) producendosi anche a San Francisco, Chicago, Montreal, ecc. Nel 1946 fece ritorno in Francia, all'Opéra di Parigi; la sua carriera si svolse quindi quasi essenzialmente in Francia dove cantò in *Aida*, *Lohengrin*, ecc. In campo discografico si mise in luce come Hoffmann in *Les contes d'Hoffmann* (*I racconti di Hoffmann*) di Offenbach (1947) e come Admeto nell'*Alceste* di Gluck al fianco di K. Flagstad (1956).

■ JOCHUM, EUGEN
(Babenhausen 1902 - Monaco 1987)

Direttore d'orchestra tedesco. Studiò (1922-25) a Monaco con S. von Hausegger. Iniziò giovanissimo l'attività direttoriale, cogliendo importanti riconoscimenti artistici all'Opera e con l'orchestra della Radio di Berlino (1932) e all'Opera di Amburgo (dal 1934). Fondò l'orchestra della Radio di Monaco di Baviera (1949) della quale fu anche direttore fino al 1960, anno in cui, con B. Haitink, divise la carica di direttore principale dell'Orchestra del Concertgebouw di Amsterdam (fino al 1969). Diresse anche l'Orchestra Sinfonica di Bamberg (1969-73), imponendosi anche a Bayreuth dal 1953 al 1973, e come direttore ospite delle principali orchestre d'Europa e d'America. Acclamato interprete del repertorio tardo romantico (Bruckner, Brahms, ecc.), in campo operistico ha dato notevoli interpretazioni di *Cosí fan tutte* di Mozart; *Lohengrin*, *Die Meistersinger* (*I maestri cantori*) e *Tristan und Isolde* (*Tristano e Isotta*) di Wagner.

♦ JOHANNSSON, KRISTJAN
(Akureyri Du 1950)

Tenore islandese. Ha iniziato gli studi musicali nel suo paese d'origine. Nel 1978 si è trasferito in Italia dove ha proseguito gli studi di canto presso il Conservatorio Nicolini di Piacenza. Si è quindi perfezionato con E. Campogalliani e con G. Poggi e F. Tagliavini. Nel 1981 ha esordito al Teatro Nazionale d'Islanda come Rodolfo nella *Bohème* di Puccini. La sua carriera è quindi proseguita in Italia, dove tra l'altro ha cantato nel ruolo di Pinkerton (*Madama Butterfly*) al Festival dei Due Mondi di Spoleto (1983) con la regia di K. Russell. Ha successivamente cantato in numerosi teatri inglesi e americani, per giungere, sul finire degli anni Ottanta, sui principali palcoscenici internazionali: Lyric Opera di Chicago (1989), Scala di Milano (*I due Foscari*, 1887-88), Comunale di Firenze (1991-92), Staatsoper di Vienna (1992), Metropolitan di New York (1992), ecc. La sua vocalità di tenore lirico spinto di notevole risonanza e squillo, lo ha fatto emergere in *Aida*, *La forza del destino*, *Cavalleria rusticana*, *Tosca*, *Turandot*, *La fanciulla del West*, ecc.

♦ JOLIE FILLE DE PERTH, LA
(La bella figlia di Perth)

Opera in quattro atti e cinque quadri di Georges Bizet (1838-1875), su libretto di H.V. de Saint-Georges e J. Adenis tratto dal racconto The Fair Maid of Perth *di W. Scott. Prima rappresentazione: Parigi, Théâtre Lyrique, 26 dicembre 1867.*

La vicenda si svolge a Perth, in Scozia, alla fine del Trecento. Il duca di Rothsay (baritono), profittando dei festeggiamenti del Carnevale, organizza il rapimento di Caterina (soprano), una ragazza di Perth, della quale si è invaghito. Enrico Smith (tenore) e Ralf (basso) attendono nel frattempo l'arrivo della festa di San Valentino, giorno in cui Caterina deciderà, secondo la tradizione, chi dei due vorrà sposare. Mab (mezzosoprano), una giovane zingara innamorata di Enrico, sventa il rapimento di Caterina, ma quando Caterina sceglie come suo sposo il giovane Smith, questi la rifiuta credendo che sia stata del duca. Il duca beffato, presente alla scena, per vendicarsi tace l'innocenza di Caterina. Ralf, che difende la giovane, viene sfidato a duello da Enrico per lasciare che sia la sentenza divina, secondo la credenza, a decidere se essa sia colpevole. Appena in tempo giunge il duca, il quale salva Enrico che aveva deciso di lasciarsi uccidere e proclama l'innocenza di Caterina. La giovane, che nel frattempo era impazzita dal dolore, grazie all'aiuto di Mab, ritrova la ragione; l'opera cosí finisce nel migliore dei modi.

In quest'opera Bizet si sforza di accontentare in tutto la moda del momento, al punto d'apparire *rétro* di suscitare le reazioni di coloro che si aspettavano da lui qualche cosa di diverso. Tuttavia questa è la sua unica opera che sia stata accolta favorevolmente in

In alto:
il direttore d'orchestra tedesco
Eugen Jochum.

Sopra:
il tenore irlandese
Kristjan Johannsson.

teatro, ed è anche l'unica che offrí a Bizet la possibilità di assistere a un suo successo.

● **JOMMELLI, NICCOLÒ**
(Aversa, Caserta 1714 - Napoli 1774)
Compositore italiano. A Napoli studiò ai Conservatori di Sant'Onofrio (1725-28) e della Pietà dei Turchini (1728-36). Nel 1737 venne rappresentata la sua prima opera, *L'errore amoroso*, che lo avviò a una fortunata carriera di compositore d'opera: iniziò a scrivere per i teatri di Roma (1740), Bologna (1741) e Venezia (1741), dove divenne direttore del Conservatorio degli Incurabili (1743-47). Già famoso operò a Vienna (1749) e a Stoccarda (1753-69), dove divenne maestro di cappella a corte e raggiunse il culmine della celebrità, oltre che della maturità artistica. Della sua vasta produzione teatrale si ricordano in particolare le opere *Didone abbandonata* (1746 e 1749), *Fetonte* (1753), *La clemenza di Tito* (1753) e *Armida abbandonata* (1770).

♦ **JONES, GWYNETH**
(Pontnewynydd 1936)
Soprano gallese. Ha studiato al Royal College of Music di Londra, per poi perfezionarsi all'Accademia Chigiana di Siena e con M. Carpi a Ginevra. Dopo aver esordito come mezzosoprano all'Opera di Zurigo (1962-63), nel 1964 ha debuttato al Covent Garden di Londra dove, l'anno seguente, ha colto un personale successo come Sieglinde in *Die Walküre* (*La walkiria*). Inizia cosí una brillante carriera che a partire dal 1966 l'ha vista imporsi sui piú importanti palcoscenici internazionali: Vienna, Monaco, Berlino, Bayreuth (dove trionfò ancora come Sieglinde). Dal 1972 fa parte della compagnia del Metropolitan di New York. Cantante di grande impatto vocale e scenico, la Jones è interprete di un repertorio assai vasto che comprende numerose opere italiane, anche se è soprattutto in quelle di Wagner e Strauss che ha dato il meglio di sé.

● **JONGLEUR DE NOTRE-DAME, LE**
(*Il giullare della Madonna*)
Miracolo in tre atti di Jules Massenet (1842-1912), su libretto di M. Léna. Prima rappresentazione: Montecarlo, Théâtre du Casino, 18 febbraio 1902.

L'azione si svolge nel XIV secolo. A Cluny, sulla piazza del mercato, Jean il giullare (tenore) presenta il suo spettacolo e canta l'"Alleluia del vino". Dall'abbazia esce il priore (basso), ordina che la folla si disperda e poi rimprovera Jean per aver cantato una canzone blasfema. Jean si mostra addolorato e il priore, commosso, gli concede il suo perdono e lo invita a pranzare. Nell'abbazia, Jean si rende conto che, con il vitto assicurato e l'attività dei monaci che spesso è di tipo artistico, la vita del monastero non è poi tanto male; decide cosí di rimanere. Qualche tempo dopo, nella cappella dell'abbazia, i monaci cantano un inno alla Vergine. Jean, vestito da monaco, chiede alla Madonna di accettare che egli la onori come può, cioè con uno spettacolo giullaresco. Detto ciò si toglie la tonaca e dà inizio alla rappresentazione. Avvertiti dal monaco pittore (baritono), arrivano non visti tutti i monaci. Il priore sta per scagliarsi contro il sacrilego, ma viene fermato dal monaco cuoco Boniface (basso). Ed ecco accadere un miracolo: la statua della Madonna si anima, e voci di angeli cantano in favore di Jean il giullare. I monaci sono attoniti, intanto Jean, non essendosi accorto di nessun miracolo, chiede perdono al priore per l'improvvisato spettacolo. Ma ecco che un'aureola gli si posa sul capo e Jean, come colpito al cuore, si accascia; mentre la Vergine ascende al Cielo, egli spira benedetto tra le sua braccia.

Pur essendo un'opera minore *Le jongleur de Notre-Dame* resta un valido lavoro del musicista francese. Vi si trova l'aggraziato melodismo lirico che ha caratterizzato tanta parte della produzione massenetiana, anche se questa volta inserito in una tematica religiosa, non usata però in senso drammatico passionale, ma su tonalità lirico-elegiache.

● **JONNY SPIELT AUF**
(*Jonny suona per voi*)

*In alto:
il compositore italiano Niccolò Jommelli.*

*A destra:
il soprano gallese
Gwyneth Jones.*

Opera jazz in due atti di Ernst Křenek (n. 1900), su libretto dell'autore. Prima rappresentazione: Lipsia, Opernhaus, 11 febbraio 1927.

La vicenda si svolge in epoca attuale. Max (tenore), un musicista dal carattere difficile e introverso, si innamora di Anita (soprano), una giovane cantante. In un albergo Anita, con dispiacere, si sta preparando a partire per Parigi, dove dovrà cantare un'opera di Max. Nello stesso albergo alloggia anche Daniello (baritono), un violinista, proprietario di un preziosissimo violino. Jonny (baritono), un giovane suonatore negro dell'orchestrina dell'albergo, ruba il violino di Daniello e lo nasconde nella custodia del banjo di Anita, che nel frattempo aveva tentato di sedurre. Daniello, anche lui vittima del fascino di Anita, scopre di essere stato derubato e fa mettere a soqquadro l'albergo perché venga ritrovato il violino. Le ricerche però non portano a nessun risultato. Daniello, per vendicarsi di Anita che ha voluto rompere la loro breve relazione, fa inviare a Max, per mezzo di Yvonne (soprano), cameriera di Anita, un anello avuto da questa. Quando Max riceve il prezioso, comprende tutto e fugge via. Yvonne, fidanzata di Jonny, apprende da questi la verità sul furto del violino; turbata dalla rivelazione e confusa, svela la storia dell'anello ad Anita, che si spiega la ragione della fuga di Max. L'uomo intanto, su un altopiano di ghiaccio, ha deciso di suicidarsi, ma quando sta per compiere il gesto disperato, delle voci misteriose provenienti dal ghiacciaio gli infondono una nuova fiducia nella vita. In albergo intanto Daniello sente Jonny che suona il suo violino, chiama la polizia ma Jonny ha già raggiunto la stazione con l'intento di scappare ad Amsterdam. In stazione c'è anche Anita, che deve partire per l'America; la donna è seguita da Max, nel bagaglio del quale Jonny nasconde il violino rubato. Max viene arrestato e Yvonne, che potrebbe rivelare la verità, è fermata da Daniello, il quale però cade sotto un treno e muore. Jonny, infine, confessa di aver rubato il violino e Max, liberato, raggiunge Anita e la segue in America. Il simbolico viaggio verso un nuovo mondo rappresenta la ritrovata fiducia di Max nella vita, mentre tutti invitano Jonny a suonare.

Jonny spielt auf ottenne un successo di portata internazionale che diede a Křenek l'agiatezza economica. «Elementi jazz si fondono con reminiscenze pucciniane in un insieme gradevole e piccante a un tempo» (Porena). L'opera fu rappresentata, sempre con grandissimo successo, in quindici città europee e americane, comprese Mosca e New York.

● **JOPLIN, SCOTT**
(Texarkana, Texas 1868 - New York 1917)
Compositore e pianista statunitense di colore. Raggiunse la notorietà come pianista a Saint Louis e a Chicago (1890). Fu anche uno dei primi e piú importanti compositori di ragtime, dallo stile vivace e ricco di ritmo, grande anticipatore della musica jazz. Ha composto le opere ragtime *A Guest of Honor* (Un invitato di riguardo) del 1903, che però è andata perduta, e *Treemonisha* del 1911.

■ **JORDAN, ARMIN**
(Lucerna 1932)
Direttore d'orchestra svizzero. Ha studiato ai Conservatori di Friburgo e di Losanna, e quindi a Ginevra con M. Lemarc-Hadour. Nel 1949 aveva fondato una piccola orchestra a Friburgo, iniziando parallelamente la carriera artistica nei teatri e in istituzioni musicali di Bienne-Soleure, Zurigo e San Gallo. Si è quindi prodotto all'Opera di Basilea (1973-89) con l'Orchestra da Camera di Losanna (1973-85), con l'Orchestra della Svizzera Romanda (dal 1985) e con l'Ensemble Orchestrale di Parigi (dal 1986).

● **JOSEPH EN EGYPTE**
(Giuseppe in Egitto)
Opera in tre atti di Etienne-Nicholas Méhul (1763-1817), su libretto di A. Duval. Prima rappresentazione: Parigi, Opéra Comique, 17 febbraio 1807.

L'azione è ambientata a Menfi negli anni della carestia biblica. Giuseppe (tenore), governatore d'Egitto, ha salvato il paese dalla fame mediante le riserve di grano ammassato negli anni delle "vacche grasse". Egli vorrebbe avere presso di sé il padre Giacobbe (basso) e i fratelli, per salvarli dalla carestia. Essi giungono a lui casualmente e, ignorando la sua identità, gli chiedono ospitalità. Giuseppe la concede, senza però rivelarsi. Simone (tenore), il fratello che lo vendette come schiavo, all'insaputa del padre e dei fratelli, e poi lo diede per morto, è divorato dai rimorsi. Non sopportando piú il peso della sua colpa egli si confessa a Giacobbe e l'ira del vecchio esplode in una terribile maledizione. Giuseppe, però, implora il perdono paterno; poi si rivela. Il perdono viene accordato in un'atmosfera di trepida emozione, e l'opera si chiude tra canti di pace e onori alla divinità.

È l'opera piú celebre di Méhul. La musica, di stile lirico e melodioso, non sempre sembra adatta alle situazioni drammatiche, anche se mantiene una notevole ricchezza armonica e contrappuntistica e contiene pagine di semplice ma felice ispirazione.

▲ **JOUY, ETIENNE DE**
(Jouy-en-Josas, Seine-et-Oise 1764 - Saint-Germain-en-Laye 1846)
Librettista francese. Intraprese inizialmente la carriera militare, che però abbandonò nel

In alto:
figurino per il personaggio di Giuseppe nel *Giuseppe in Egitto*, di E.N. Méhul.

Sopra:
una scena del *Guglielmo Tell* di cui fu librettista Etienne de Jouy.

1797 per dedicarsi alla politica e soprattutto all'attività letteraria, grazie alla quale riuscí a entrare all'Académie Française (1815). Ottenne successivamente l'incarico di librettista ufficiale dell'Opéra di Parigi, per la quale scrisse circa venti libretti; tra questi si ricordano *La vestale* nel 1807 e *Fernando Cortez* nel 1809 per G. Spontini; *Les Abencérages* (Gli Abencerragi) nel 1813 per L. Cherubini; la versione parigina del *Moïse et Pharaon* (Mosè e il faraone) nel 1827 e *Guillaume Tell* (Guglielmo Tell) nel 1829 di Rossini, quest'ultimo scritto in collaborazione con H.L.F. Bis.

● JUIVE, LA
(*L'ebrea*)
Opera in cinque atti di Jacques Fromental Halévy (1799-1862), su libretto di E. Scribe. Prima rappresentazione: Parigi, Opéra, 23 febbraio 1835.

Costanza, XV secolo. Il gran prevosto della città, Ruggero (tenore), annuncia pubblici festeggiamenti per la vittoria del principe Leopoldo (tenore) contro i partigiani dell'antico Huss. Ruggero ordina poi l'arresto dell'orafo ebreo Eleazaro (tenore) sorpreso a lavorare in un giorno tanto solenne. Eleazaro e sua figlia Rachele (soprano) sarebbero tratti a morte se non intervenisse il cardinale Brogni (basso), capo supremo del Concilio. Brogni, ricordandosi di aver conosciuto l'ebreo quando, non ancora sacerdote, gli erano tragicamente morte la moglie e la figlia, ordina che siano liberati. Intanto Rachele accoglie, nell'oreficeria del padre, Leopoldo che crede essere un pittore correligionario, e lo invita a celebrare con lei la Pasqua. Poco dopo Eleazaro e Rachele vengono aggrediti dalla folla e Leopoldo difende lei e il padre dalle guardie che, intervenute per sedare la rissa, stanno per arrestarli. La sera della Pasqua, Leopoldo svela a Rachele di essere cristiano; dichiara di aver mentito solo per amore, ma vuole che Rachele fugga con lui. Eleazaro però li sorprende mentre stanno fuggendo e Leopoldo, disperato, dichiara di non poter sposare la giovane. Nel giardino dell'imperatore sono in svolgimento i festeggiamenti in onore di Leopoldo. Arriva Eleazaro con una catena d'oro che gli è stata commissionata dalla principessa Eudossia (soprano). La donna la offre a Leopoldo chiamandolo suo sposo; Rachele corre a strappare la catena dal collo del principe e dichiara che Leopoldo ha avuto una relazione con lei. Leopoldo non si difende e con Rachele e Eleazaro dovrà essere condannato al rogo perché ha avuto una relazione con un'infedele. Mentre si attende l'inizio del giudizio a carico dei tre accusati, Eudossia scongiura Rachele di dichiarare l'innocenza di Leopoldo in modo da salvarlo, e Rachele accetta. Il cardinale Brogni da parte sua vuole convincere Eleazaro a rinnegare la sua fede, cosí potrà salvare sua figlia. L'uomo rifiuta e gli rivela che la figlia che Brogni crede sia morta con la madre in realtà era stata salvata da un ebreo, rifiutandosi però di aggiungere altro. Poco dopo Eleazaro e sua figlia vengono condannati a morte; Leopoldo invece, grazie all'intervento di Rachele, viene liberato. Mentre l'ebreo e sua figlia si avviano al patibolo, Brogni scongiura Eleazaro di svelargli dove si trovi sua figlia, l'uomo allora indica Rachele.

La juive è sicuramente il capolavoro musicale di Halévy, ed è l'opera che inaugura un filone che ha per tema i conflitti storico-religiosi. Di notevole impegno vocale, questa partitura venne scritta per interpreti del calibro di A. Nourrit, di M.C. Falcon e della Dorus-Gras. Di grande livello fu anche la messa in scena dell'Opéra che approntò un allestimento grandioso, in linea per altro con i gusti dell'epoca.

★ JUMPING FROG OF CALAVERAS COUNTY, THE
(Il ranocchio salterino della Contea di Calaveras)
Opera in un atto di Lukas Foss (n. 1922), su libretto di J. Karsavina, ispirato alla novella omonima di M. Twain. Prima rappresentazione: Bloomington, Università dell'Indiana, 18 maggio 1950.

Uno straniero con grandi baffi (basso) sfida il ranocchio salterino di Smiley (tenore), chiamato Daniel Webster. Mentre i ragazzi cominciano a fare scommesse, lo straniero riempie il gargarozzo di Daniel con granaglia di piombo. Sulla piazza lo straniero corteggia Lulu (mezzosoprano), suscitando la gelosia dei ragazzi del posto. Com'era ovvio Daniel perde la corsa e, dopo la partenza dello straniero con tutti i soldi, si scopre la truffa. Il ranocchio viene liberato dalla granaglia, mentre i presenti rincorrono lo straniero e lo riportano indietro, gli fanno restituire i quattrini e lo denunciano. Allora Lulu ricomincia a sorridere a Smiley.

Con quest'opera Foss rivelò il suo brillante talento musicale e teatrale.

◆ JURINAC, SENA
(Travnik 1921)
Nome d'arte di Srebrenka Jurinac, soprano bosniaco. Ha studiato al Conservatorio di Zagabria e con M. Kostrenčić. Nel 1942 ha esordito all'Opera di Zagabria come Mimí (*La bohème*). Scritturata dall'Opera di Stato di Vienna, vi ha debuttato nel 1945 come Cherubino (*Le nozze di Figaro*), ottenendo un clamoroso successo. Nel giro di pochi anni si è imposta sui maggiori palcoscenici internazionali come interprete mozartiana: al Festival di Salisburgo (Dorabella 1947), alla Scala di Milano (Cherubino 1948), al Covent Garden di Londra (1948), a Glyndebourne, ecc. Grazie alle indubbie qualità vocali, alla sicura tecnica e alla eccezionale sensibilità stilistica, la Jurinac ha saputo affrontare gradualmente un repertorio assai vasto, che spazia dall'Octavian di *Rosenkavalier* (*Il cavaliere della rosa*), a Leonora (*Fidelio*), Elisabetta (*Don Carlo*), Cio-Cio-San (*Madama Butterfly*), ecc. Notevole interprete di musica da camera, ha cantato alla Staatsoper di Vienna fino al 1982.

Costume per Rachele, il personaggio principale de L'ebrea di J.F. Halévy.

K

♦ **KABAIVANSKA, RAINA**
(Burgas 1934)
Soprano bulgaro naturalizzato italiano. Dopo gli studi musicali in Bulgaria e in Italia, ha esordito nel 1959 nel *Tabarro* di Puccini a Vercelli. Nel 1961 ha debuttato alla Scala come Agnese nella *Beatrice di Tenda* di Bellini, al fianco di J. Sutherland, e l'anno dopo era Desdemona nell'*Otello* verdiano con protagonista M. Del Monaco. In questi anni della carriera ha affrontato un repertorio quanto mai vasto, tutto essenzialmente basato sull'opera italiana, da Bellini a Verdi e Puccini; con gli anni Settanta, il suo rigore, la sua espressività e la sua eleganza hanno trovato il campo d'elezione nelle opere di Puccini (*Madama Butterfly*, *Manon Lescaut*, *Tosca*), Cilea (*Adriana Lecouvreur*) e Zandonai (*Francesca da Rimini*), da lei eseguite sui maggiori palcoscenici internazionali e con i più celebri direttori, unendo mirabilmente un canto sempre attentissimo ai dettami del compositore ad altrettanto indiscusse e carismatiche capacità d'interprete, che l'hanno consacrata come la più completa interprete di tale repertorio.

♦ **KALUDI, KALUDOV**
(Varna 1953)
Tenore bulgaro. Ha iniziato lo studio del canto con la Zafirova e quindi al Conservatorio di Sofia con Jablenska, con il quale si è diplomato nel 1976. Nel 1978 è entrato a far parte dell'Opera di Sofia (dove si era esibito quando ancora era studente). Parallelamente ha iniziato la carriera internazionale in numerosi teatri europei e americani (a Houston e Chicago ha cantato *Boris Godunov* con la direzione di C. Abbado). In campo discografico ha interpretato il ruolo di Golizijn nella *Kovánčina* nel 1986 e di Vladimir in *Knjaz Igor* (*Il principe Igor*) nel 1987, dirette da E. Čakarov.

● **KAMENNYJ GOST'**
(*Il convitato di pietra*)
Opera in tre atti di Alexandr Dargomyžskij (1813-1869), su libretto ricavato dal dramma omonimo di A. Puškin. Prima rappresentazione postuma: San Pietroburgo, Teatro Marinskij, 28 febbraio 1872.

L'azione si svolge in Spagna. Don Giovanni (tenore) è segretamente ritornato a Madrid con il suo servo Leporello (basso). Condannato all'esilio per aver ucciso il Commendatore, don Giovanni si reca a casa dell'attrice donna Laura (mezzosoprano), che egli ha sedotto. Dopo una cena a casa della donna, il seduttore uccide in duello don Carlos (baritono), il fidanzato di Laura. Il giorno dopo, nei pressi della tomba del Commendatore, don Giovanni, sotto il nome di don Diego de Calvido, si presenta a donna Anna (soprano), vedova dell'assassinato. Dopo essere riuscito a strappare un appuntamento alla donna, il libertino, contento dell'impresa, invita per scherzo la statua del Commendatore ad assistere, l'indomani, al suo incontro con donna Anna. Nella camera di donna Anna, don Giovanni ha vinto le resistenze della donna, riuscendo anche a farsi perdonare di averle nascosto la sua vera identità. Battono alla porta. Entra la statua (basso) che, mentre Anna sviene, con la sua stretta uccide don Giovanni.

Kamennyj gost' rimase incompiuta alla morte del compositore. Venne completata da Rimskij-Korsakov e da Cui. Il successo non fu particolarmente esaltante, tuttavia l'opera è entrata nel repertorio dei teatri russi. In quest'opera il compositore perfezionò il suo particolare linguaggio teatrale che si esprime sotto forma di un recitativo melodico. Questo stile ha avuto una notevole influenza sui musicisti russi.

■ **KARAJAN, HERBERT VON**
(Salisburgo 1908 - Anif, Salisburgo 1989)
Nome d'arte di Heribert Ritter von Karajan, direttore d'orchestra austriaco. Nel 1912 iniziò gli studi di pianoforte al Mozarteum di Salisburgo e quindi a Vienna seguí i corsi di direzione d'orchestra di F. Schalk. Tra il 1926 e il 1928 proseguí gli studi alla Musikhochschule di Vienna, iniziando contemporaneamente a prodursi al Teatro dell'Opera di Ulma (1927-34). Ebbe poi la direzione dell'Opera di Aquisgrana (1935-42), mentre nel frattempo la sua fama direttoriale si consolidò dopo il grande successo ottenuto al suo esordio alla Staatsoper di Vienna, nel 1936, con *Tristan und Isolde* (*Tristano e Isotta*), e dopo le numerose esecuzioni concertistiche a capo della Filarmonica di Berlino. Nel 1939 assunse la carica di primo direttore dell'Opera di Berlino. Già presente in importanti istituzioni musicali e teatrali europee (alla Scala di Milano, a Firenze, Parigi, ecc.), le tappe fondamentali della sua carriera artistica si legano al secondo dopoguerra quando, nel giro di pochi anni, esordí al Festival di Salisburgo (1948), riaprí il Festival di Bayreuth (1951) e fu nominato direttore a vita dei Berliner Philharmoniker (1955-89). Fu direttore artistico a Salisburgo

A sinistra:
il soprano bulgaro
Raina Kabaivanska.

In alto:
il direttore d'orchestra austriaco
Herbert von Karajan.

KÁŤA KABANOVÁ

(dove fondò il Festival di Pasqua, nel 1963), alla Staatsoper di Vienna, della Philharmonia Orchestra, ecc. Sono, queste, solo alcune delle numerose vicende artistiche di von Karajan, una delle massime figure della vita musicale del XX secolo. Il suo rigore artistico e la sua personalità interpretativa, segnata da una profonda originalità e da una rara capacità di porsi di fronte alle partiture in modo non tradizionale hanno lasciato anche nel campo dell'opera lirica un'impronta che fa ormai parte della storia dell'interpretazione. Nel suo vastissimo repertorio, da Mozart a Debussy, hanno un particolare rilievo le sue interpretazioni delle opere di Wagner, di *Salome* e *Der Rosenkavalier* (*Il cavaliere della rosa*) di R. Strauss, di *Bohème* e *Madama Butterfly* di Puccini e di *Pelléas et Mélisande* di Debussy.

● KÁŤA KABANOVÁ
Opera in tre atti e sei quadri di Leós Janáček (1854-1928), su libretto proprio, tratto da Roždenie burej di N.A. Ostrovskij. Prima rappresentazione: Brno, Teatro Nazionale, 23 novembre 1921.

L'azione si svolge verso la seconda metà dell'Ottocento, nella piccola città russa di Kalinov sulle rive del Volga. Boris Grigorjevic (tenore) confessa le proprie pene all'amico Vanja Kudrjas (tenore): egli ama Katerina Kabanová (soprano), moglie di Tichon Ivanyc Kabanov (tenore), e la sua vita familiare è rattristata dai rapporti con lo zio Dikoj (basso), un ricco mercante. Sopraggiunge Káťa (Katerina) accompagnata dal marito e da Marfa (contralto), la suocera, che rimprovera al figlio di preferirle la moglie. Nella casa di Kabanov anche Káťa è infelice, si sente oppressa dalla suocera ed è sentimentalmente delusa dal marito che la tratta con freddezza. Mentre Tichon è in viaggio, Káťa, dopo aver esitato a lungo, accetta di incontrarsi con Boris. Tempo dopo, Káťa è tormentata dai rimorsi e, interpretando come un ammonimento celeste l'approssimarsi di una violenta tempesta che minaccia la cittadina, confessa la propria colpa a Tichon.
Congedandosi da Boris, dopo averne contemplato le acque, si getta nel Volga.

L'opera, che fu composta tra il 1919 ed il 1921, rappresenta uno dei vertici della produzione teatrale di Janáček. È ricca di momenti di alta drammaticità, accanto ad altri evocativi percorsi da un lirismo tipicamente slavo.

♦ KAVRAKOS, DIMITRI
(Atene 1946)
Basso greco. Ha studiato canto ad Atene dove ha esordito nel 1970 come Zaccaria (*Nabucco*). Ha quindi cantato a Spoleto (*Requiem* di Verdi), e nel 1976 si è esibito per la prima volta negli Stati Uniti (*Cecilia* di Refice), dove è stato ospite dei maggiori teatri, in particolare del Metropolitan (debutto nel *Don Carlo*) e del Lyric Opera di Chicago (dal 1980). La sua carriera è continuata sui maggiori palcoscenici internazionali (Covent Garden, Opéra di Parigi, Teatro alla Scala, ecc.). In campo discografico, di particolare rilievo la sua interpretazione di Danaos nella prima incisione integrale di *Les Danaïdes* (*Le Danaidi*) di Salieri (1990).

■ KEILBERTH, JOSEPH
(Karlsruhe 1908 - Monaco di Baviera 1968)
Direttore d'orchestra tedesco. Studiò musica nella sua città, dove iniziò l'attività direttoriale come maestro sostituto al locale Teatro dell'Opera (1935-40); fu successivamente a capo della Filarmonica Tedesca di Praga (1940-45), all'Opera di Dresda (1945-51), direttore artistico della Filarmonica di Amburgo, dell'Opera di Stato di Monaco (1959-68) e fondatore dell'Orchestra Sinfonica di Bamberg. Diresse al Festival di Bayreuth (1952-56), dove consolidò la sua fama come uno tra i più importanti direttori d'orchestra della sua epoca, come testimoniano le sue registrazioni discografiche. Keilberth morí durante una rappresentazione di *Tristan und Isolde* (*Tristano e Isotta*).

● KÉKSZAKÁLLÚ HERCEG VÁRA, A
(*Il castello del principe Barbablù*)
Opera in un atto di Béla Bartók (1881-1945), su libretto di B. Balàzs. Prima rappresentazione: Budapest, Királyi Operház, 24 maggio 1918.

La vicenda si svolge in un'epoca leggendaria in un castello fantastico. Il principe Barbablú (basso) entra nel castello con Judith (soprano), la sua nuova sposa. Il grande ambiente ha sette porte e nessuna finestra. La scena è immersa nell'oscurità. Judith, per curiosità e per non rimanere nell'ombra, chiede al marito di potere aprire le sette porte e, Barbablú, dopo molte esitazioni, le consegna le chiavi. La

In alto:
una scena da *Káťa Kabanová,*
di L. Janáček.

A destra:
il direttore d'orchestra tedesco
Joseph Keilberth.

fanciulla apre le porte e scopre nella prima stanza orribili strumenti di tortura, ricoperti di sangue; nella seconda armi aguzze; nella terza appare un tesoro fulgente di gemme, anch'esse però sporche di sangue. La quarta porta si apre su un ridente giardino ornato di rose. Judith ne coglie una, ma dallo stelo grondano gocce di sangue. La curiosità di Judith non è ancora sazia: apre la quinta porta che presenta una distesa di terra, velata all'orizzonte da una purpurea nube sanguigna. Barbablú scongiura la donna di non aprire le altre porte, ma Judith non lo ascolta e apre la sesta porta. Qui appare un lago buio fatto di lacrime e quindi dietro la settima porta appaiono tre donne vive e luminose, che sono i fantasmi delle mogli precedenti di Barbablú, cosí trasformate perché hanno violato i segreti del marito. Dopo che Barbablú ha raccontato la storia delle sue precedenti mogli, Judith varca la soglia della settima stanza, contemporaneamente tutte le altre porte si richiudono. Barbablú rimane solo al buio nell'atrio del suo tetro castello.

L'opera di Bartók è oggi considerata il capolavoro del teatro ungherese, ma il successo non fu immediato; infatti, quando nel 1911 fu compiuta, la commissione delle Belle Arti ungherese ne vietò la rappresentazione. L'opera, riesumata nel 1918 dal direttore d'orchestra italiano E. Tango, rappresenta la sintesi di tutte le esperienze musicali di Bartók fino al 1911.

♦ KENNY, YVONNE
(Sydney 1950)
Soprano australiano. Ha esordito alla Queen Elizabeth Hall di Londra (1975), come protagonista nella *Rosmonda d'Inghilterra* di Donizetti. Sempre nel 1975 ha vinto il concorso di canto "Kathleen Ferrier", che le ha offerto la possibilità di debuttare al Covent Garden, dove ha interpretato fra l'altro, Ilia (*Idomeneo*); Marcellina (*Fidelio*); Susanna (*Le nozze di Figaro*); Liú (*Turandot*); *Semele* di Händel. Invitata in numerosi teatri internazionali, ha cantato ad Aix-en-Provence, Glyndebourne, Vienna, Monaco, ecc. Dotata di una voce di timbro gradevole, corretta nell'emissione, di buone capacità tecniche, la Kenny ha un repertorio che si incentra soprattutto su opere di Händel e Mozart. Nell'opera italiana ha interpretato importanti riprese di opere di Donizetti quali, oltre alla già citata *Rosmonda*, *Elisabetta al castello di Kenilworth*, *Ugo, conte di Parigi* ed *Emilia di Liverpool*.

■ KERTÉSZ, ISTVÁN
(Budapest 1929 - Kfar Saba, Tel Aviv 1973)
Direttore d'orchestra ungherese. Studiò composizione e direzione d'orchestra all'Accademia di Musica di Budapest. La sua attività direttoriale si svolse inizialmente a Györ (1955-57) e a Budapest (1955-57). Si trasferí poi in Germania, dove operò ad Augusta (1958-63) e Colonia (1964-73). In campo internazionale diresse la London Symphony Orchestra (1965-68), i Wiener Philharmoniker e l'Orchestra Filarmonica d'Israele. Direttore raffinato nell'espressione coloristica, ma anche vigoroso nella resa teatrale, Kertész ha dato pregevoli interpretazioni di *A Kékszakállú herceg vára* (*Il castello del principe Barbablú*) di Bartók; *Háry János* di Kodály; *La clemenza di Tito*, *Die Entführung aus dem Serail* (*Il ratto dal serraglio*) e *Die Zauberflöte* (*Il flauto magico*) di Mozart.

● KIENZL, WILHELM
(Waizenkirchen, Stiria 1857 - Vienna 1941). Compositore austriaco. Studiò a Graz, Praga e a Monaco di Baviera. Dopo essersi laureato a Vienna (1879), entrò quindi in contatto con i piú importanti musicisti della sua epoca, in particolare con R. Wagner, che conobbe nel 1879 e che segnò profondamente la sua attività di compositore. Fu attivo come direttore d'orchestra ad Amsterdam (1833), Amburgo, Krefeld, Monaco e Graz (1984). Le sue composizioni risentono dell'influenza wagneriana. Tra le sue opere, la piú celebre è sicuramente *Der Evangelimann* (*L'evangelista*) del 1895.

◆ KING ARTHUR OR THE BRITISH WORTHY
(Re Artú, o La nobiltà inglese)
Opera con dialogo di Henry Purcell (1659-1695), su libretto di J. Dryden. Prima rappresentazione: Londra, Dorset Gardens Theatre, maggio o giugno 1691.
Artú (tenore), re dei bretoni, e Oswald (tenore), re sassone del Kent, aspirano entrambi alla mano di Emmeline (soprano), figlia del duca di Cornovaglia. Oswald decide di rapire Emmeline; nel frattempo Artú, che ha resistito alle lusinghe di due sirene (soprani), spezza gli incantesimi che lo ostacolano. Nel giorno della festa di San Giorgio, avviene lo scontro decisivo tra i due rivali: il mago Osmond (basso) e uno spirito della terra (basso) sostengono Oswald, Merlino (basso) e uno spirito dell'aria (soprano) i bretoni di Artú. Il re bretone si scontra con Oswald in un combattimento corpo a corpo e, dopo averlo disarmato, gli fa dono della vita. Emmeline sposa Artú, mentre Merlino proclama il re "il primo tra gli eroi cristiani". Quindi con una magia fa emergere dal mare le isole britanniche. L'opera si chiude con un inno a San Giorgio.

È l'unica opera di Purcell (esclusa *Dido and Aeneas*) di cui è pervenuto il libretto originale. In realtà *King Arthur* è un dramma con delle musiche di scena, secondo un uso assai in voga nell'Inghilterra dell'epoca.

♦ KING, JAMES
(Dodge City, Kansas 1925)
Tenore statunitense. Ha compiuto gli studi di violino e pianoforte all'Università di Kansas City, dedicandosi in un secondo tempo allo

In alto:
il direttore d'orchestra ungherese
István Kertész.

Sopra:
il tenore statunitense
James King.

studio del canto sotto la guida di M. Singher e M. Lorenz. Dopo aver ottenuto l'American Opera Auditions a Cincinnati, ha avuto inizio la sua carriera che dagli Stati Uniti si è quindi spostata in Europa. Ha esordito al Teatro La Pergola di Firenze in *Tosca* (1961), e l'anno dopo ha cantato alla Deutsche Oper di Berlino; sempre nello stesso anno ha esordito a Salisburgo in *Iphigénie en Aulide* (*Ifigenia in Aulide*) di Gluck. Negli anni successivi si è esibito alla Staatsoper di Vienna, al Festival di Bayreuth (1965-75), alla Scala di Milano (dal 1968), all'Opéra di Parigi, al Metropolitan di New York, dove ha esordito nel 1966 (*Fidelio*) e dove, ancora nel 1988, ha interpretato Bacco in *Ariadne auf Naxos* (*Arianna a Nasso*). Le sue migliori interpretazioni sono soprattutto legate alle opere tedesche, di Strauss e Wagner in particolare.

■ KING PRIAM
(Re Priamo)
*Opera in tre atti di sir Michael Tippett (n. 1905), su libretto del compositore tratto dall'*Iliade *di Omero. Prima rappresentazione: Londra, Coventry Theatre, 29 maggio 1962.*

Ecuba (soprano), regina e moglie di Priamo (baritono), re di Troia, è profondamente turbata da un sogno secondo il quale il re sarebbe morto per mano del figlio Paride (tenore). Con grande dolore, Priamo decide di far uccidere il figlio, ma il giovinetto viene salvato da alcuni pastori e, dopo molti anni, incontra durante una caccia il padre che, felice che egli sia stato risparmiato, lo conduce a Troia. Tempo dopo Paride, allontanatosi dal regno in occasione del matrimonio del fratello Ettore (baritono) con Andromaca (soprano), ritorna a Troia con Elena (mezzosoprano), sottratta al re greco Menelao. Per riportare in Grecia Elena, i greci pongono l'assedio a Troia. Iniziano le sventure per Priamo e la sua famiglia. Dopo l'uccisione di Patroclo (baritono) da parte di Ettore, questo a sua volta è trafitto da Achille (tenore). La morte di Ettore sconvolge Priamo, che si avvia a supplicare Achille perché gli renda il corpo del figlio. La sua richiesta viene accolta, e mentre i due bevono insieme del vino, si predicono a vicenda la morte: Achille sarà ucciso dal figlio di Priamo, questi da Neottolemo, figlio di Achille. Nella reggia Priamo si congeda da Ecuba, Andromaca e Elena, verso la quale mostra una particolare tenerezza; poi si inginocchia all'altare. In quel momento irrompono i greci e il vecchio re viene ucciso da Neottolemo.

Con quest'opera, Tippett si è distaccato dai suoi precedenti lavori, ambientati in situazioni contemporanee. In una atmosfera volutamente rarefatta, il compositore utilizza tecniche moderne che allo stesso tempo sono vicine al mondo della tragedia classica, come ad esempio l'uso del coro, trasformato però in interludi drammatizzati, in cui i personaggi assumono un ruolo astratto, presentando le emozioni alle quali faranno poi seguito, nella vicenda, le azioni.

■ KLEIBER, CARLOS
(Berlino 1930)
Direttore d'orchestra tedesco. Figlio di Erich, anch'egli direttore, iniziò gli studi musicali a Buenos Aires, dove la sua famiglia era emigrata. Al suo ritorno in Europa, studiò inizialmente chimica a Zurigo, ma poi si dedicò completamente alla musica. Nel 1954 iniziò a dirigere a Potsdam, e quindi a Düsseldorf, Zurigo, Stoccarda e Monaco (dal 1968). Nel 1974 ha esordito a Bayreuth in *Tristan und Isolde* (*Tristano e Isotta*), producendosi poi in altri importanti teatri internazionali: al Covent Garden (1974), alla Scala di Milano (dal 1976), ecc. Il suo repertorio operistico comprende le opere *Wozzeck*, *Der Rosenkavalier* (*Il cavaliere della rosa*), *La bohème*, ecc. Notevole successo di critica hanno ottenuto le sue registrazioni di *Der Freischütz* (*Il franco cacciatore*) nel 1973, *Traviata* nel 1977 e *Tristan und Isolde* (*Tristano e Isotta*) nel 1981. Quest'ultima, per l'affascinante nitore orchestrale e per l'alta sensibilità interpretativa, è ancora oggi considerata la migliore incisione discografica dell'opera.

■ KLEIBER, ERICH
(Vienna 1890 - Zurigo 1956)
Direttore d'orchestra austriaco. Fu allievo del Conservatorio di Praga, iniziando l'attività a Darmstadt (1912) che proseguí poi a Wuppertal (1919), Düsseldorf (1921) e Mannheim (1922). Nel 1923 ebbe un grande successo la sua esecuzione del *Fidelio* alla Staatsoper di Berlino. Immediatamente confermato in quel teatro, all'età di 33 anni assunse la carica di *Generalmusikdirektor*, che tenne per dodici anni. In questo periodo diresse le prime esecuzioni di *Wozzeck* di Berg (1925) e di *Christophe Colomb* (1930). Nel 1935, per motivi politici abbandonò la Germania e si stabilì in Argentina, dove, dal 1936 diresse al Colón di Buenos Aires. Dopo la guerra fece ritorno in Europa, dove fu regolarmente ospite al Covent Garden (1950-53) e alla Staatsoper di Berlino (1954-55). Il suo

In alto:
le *Danze polovesiane* da *Il principe Igor*, di A. Borodin.

A destra:
il direttore d'orchestra tedesco
Carlos Kleiber.

straordinario magistero direttoriale è testimoniato dalle sue incisioni del *Rosenkavalier* (*Il cavaliere della rosa*) (1953) e delle *Nozze di Figaro* (1955), notevoli per la lettura approfondita delle partiture e per l'ardente partecipazione interpretativa.

■ KLEMPERER, OTTO
(Breslavia 1885 - Zurigo 1973)
Direttore d'orchestra tedesco. Iniziò gli studi musicali a Francoforte (1901), per proseguirli poi a Berlino, dove ebbe tra i suoi insegnanti il compositore H. Pfitzner. Esordí a Praga nel 1907, quindi la sua carriera si sviluppò nei teatri e nelle sale da concerto di Amburgo (1910), Barmen (1913), Strasburgo (1914), Colonia (1917), Wiesbaden (1924) e dal 1927 alla Krolloper di Berlino, dove diresse opere di Janáček, *Z mrtvého domu* (*Da una casa di morti*), Hindemith (*Cardillac*), Schönberg *Erwartung* (*Attesa*) e altri. L'avvento del nazismo, costrinse Klemperer a lasciare la Germania per gli Stati Uniti, dove dal 1933 al 1939 diresse la Los Angeles Philharmonic Orchestra. Nel secondo dopoguerra fece ritorno in Europa, dove riprese la sua carriera internazionale, nonostante che una grave malattia lo avesse lasciato parzialmente paralizzato. Diresse all'Opera di Budapest (1947-50) e la Philharmonia Orchestra (direttore a vita dal 1955), mentre dal 1961 diresse al Covent Garden. Nel campo dell'opera, restano a testimonianza della sua arte, rigorosa ma allo stesso tempo fortemente ricca di emotività e di tensione teatrale, le incisioni discografiche di *Der fliegende Holländer* (*Il vascello fantasma*) nel 1968 e *Cosí fan tutte* nel 1971.

■ KLUGE, DIE
(La donna saggia)
Opera in un atto di Carl Orff (1895-1982), su libretto dello stesso autore tratto da una fiaba dei fratelli Grimm. Prima rappresentazione: Francoforte, Städtische Bühnen am Main, 18 febbraio 1943.

In un carcere, un contadino (baritono) lamenta la sua sorte. Mentre lavorava nei campi aveva trovato un mortaio d'oro e, credendolo un proprio dovere, l'aveva portato al re. Sua figlia (soprano), dotata di grande saggezza, gli aveva però predetto che il re lo avrebbe accusato di furto e fatto incarcerare. Il re (baritono), impietosito dai lamenti del contadino, lo fa portare davanti al trono, e quando viene a sapere della grande saggezza della figlia ordina che la giovane sia condotta a palazzo. Per mettere alla prova la saggezza della fanciulla, il re le pone tre enigmi, che lei risolve, e perciò decide di sposarla, dopo aver ridato la libertà al contadino. Qualche tempo dopo un mulattiere (baritono) si presenta dal re con una questione da risolvere: un uomo (tenore) con un asino lo accusa di furto. Entrambi avevano dormito in una stalla e all'alba avevano trovato un puledro d'asino nato durante la notte, di cui il mulattiere si era appropriato dicendo che si trovava piú vicino al suo animale. Con l'aiuto di tre malviventi (tenore, baritono e basso), assoldati per testimoniare il falso, il mulattiere convince il re delle sue ragioni. La donna saggia, per consolare l'asinaio, decide di aiutarlo. Poco dopo l'uomo si mette lungo la strada con una rete da pesca e finge di pescare all'asciutto. Il re, credendo che l'asinaio sia impazzito, lo interroga; l'uomo risponde con un chiaro riferimento alla sentenza sbagliata del re, il quale capisce che la risposta è stata suggerita dalla ragazza saggia, e, offeso, la caccia dal castello, permettendole però di portare con sé una cassa con dentro tutte le cose care. La donna, con un sonnifero, addormenta il re e lo rinchiude nella cassa, e quando questi si risveglia, perdona la moglie, ne loda la saggezza e fa rendere il puledro all'asinaio.

Die Kluge con la sua vicenda fiabesca aderisce perfettamente al linguaggio espressivo e teatrale di Orff, linguaggio che, come ha scritto K.H. Ruppel è «immediatezza, stilizzazione, elementare e allo stesso tempo simbolico. Un teatro della realtà e della commedia e dell'elevazione dello spirito. Un teatro vitale e spirituale, mimico e magico».

♦ KMENTT, WALDEMAR
(Vienna 1929)
Tenore austriaco. Allievo di A. Vogel, E. Rado e H. Duhan all'Accademia di Musica di Vienna, ha esordito nel 1950 in una esecuzione della *Sinfonia n. 9* di Beethoven. Un anno dopo appariva alla Staatsoper di Vienna, mentre nel 1955 iniziava a esibirsi al Festival di Salisburgo. In questi due centri musicali si è svolta buona parte della sua carriera, nonostante si segnalino alcune presenze a Bayreuth (1968-70) e a Milano (1968). Il suo nome è soprattutto legato alle opere mozartiane e le incisioni di *Cosí fan tutte* nel 1955, *Idomeneo* nel 1961 e di *Die Zauberflöte* (*Il flauto magico*) nel 1964 mettono in risalto un interprete raffinato, sensibile, ma allo stesso tempo vigoroso e virile nella caratterizzazione dei personaggi.

■ KNAPPERTSBUSCH, HANS
(Elberfeld 1888 - Monaco di Baviera 1965)
Direttore d'orchestra tedesco. Fu allievo di F. Steinbach, di O. Lohse e di L. Uzielli alla Hochschule di Colonia (dal 1908). Iniziò come assistente al Festival di Bayreuth (1910-12) e poi diresse a Mühlheim an der Ruhr (1912), Elberfeld (1913-18), Lipsia (1918) e Dessau (1919). Nel 1922 successe a B. Walter nella direzione dell'Opera di Stato di Monaco di Baviera. Di grande prestigio le sue presenze ai festival di Salisburgo e a Bayreuth (dal 1951). E proprio a Bayreuth Knappertsbusch diede le sue piú ragguardevoli interpretazioni: la sua perfetta adesione alla scrittura wagneriana, la ricercatezza dei colori orchestrali, la nobiltà e la severità di lettura fanno ormai parte della storia dell'interpretazione del compositore tedesco.

■ KNJAZ IGOR
(*Il principe Igor*)
Opera in un prologo e quattro atti di Aleksandr Borodin (1833-1887), su libretto proprio, tratto dal poema anonimo russo del XII secolo Canto della schiera di Igor. Prima rappresentazione postuma: San Pietroburgo, Teatro Marinskij, 4 novembre 1890.

Nella città di Putivl, in Russia, nel 1185. La città è minacciata dai polovziani, e il principe Igor (baritono) ha deciso di andare ad incontrarli in campo aperto. Mentre sta per partire, il sole si oscura; il fenomeno viene interpretato come un cattivo auspicio, ma Igor decide ugualmente di partire e porta con sé il figlio Vladimir (tenore), avuto dalla prima moglie. Solo

Il direttore d'orchestra tedesco
Hans Knappertsbusch.

due suonatori, arruolati contro la loro volontà, Skulà (basso) ed Eroska (tenore), riescono a disertare per passare al servizio del principe Galitskij (basso-baritono), cognato di Igor. Qualche tempo dopo, il dissoluto Galitskij vorrebbe deporre Igor dal trono, e per raggiungere tale scopo Skulà ed Eroska cercano l'appoggio del popolo. Nelle sue stanze Jaroslavna (soprano), moglie di Igor e sorella di Galitskij, è angosciata per la sorte del marito e di Vladimir, dei quali non ha più nessuna notizia. Quindi rimprovera il fratello per la sua vita dissoluta, ma questi le risponde con arroganza. Poco dopo i boiardi portano la notizia che Igor è stato sconfitto: l'esercito è stato distrutto, Igor e Vladimir sono prigionieri. Ora il nemico sta per gettarsi su Putivl. Nel frattempo nel campo polovziano il giovane Vladimir si è innamorato di Kontchackovna (mezzosoprano), figlia del Khan Kontchack (basso). Mentre sono in svolgimento i preparativi per la vittoria, tra i prigionieri si sparge la voce che Putivl sia caduta in mano nemica. Cosí, mentre le sentinelle danzano e si ubriacano, Igor riesce a fuggire. Vladimir però è fermato dalle guardie e verrebbe ucciso se Kontchack non lo impedisse. Egli gli dà anzi in sposa la propria figlia. Qualche tempo dopo Igor raggiunge Putivl, accolto con gioia da Jaroslavna. Skulà e Eroska, che hanno visto arrivare il principe, temendo di essere puniti, radunano il popolo per festeggiare il ritorno di Igor. I due disertori vengono perdonati, mentre tutti ormai sono certi della prossima vittoria sui polovziani.

Borodin lavorò a *Knjaz Igor* fino alla morte, lasciandolo però incompiuto. Gli altri musicisti del "Gruppo dei Cinque", al quale Borodin apparteneva, si occuparono del completamento della partitura: Glazunov ultimò il terzo atto e stese l'ouverture; Rimskij-Korsakov affrontò invece l'orchestrazione rimanendo fedele alle istruzioni ricevute dall'autore. L'accoglienza riservata alla prima rappresentazione fu assai calorosa e l'opera divenne subito popolare in patria, nonostante qualche polemica sul lavoro dei trascrittori. Come tutta la musica di Borodin quella di *Knjaz Igor* è semplice e limpida, ma piena di ispirazione e straordinariamente ricca di immagini e di colori.

● KODÁLY, ZOLTÁN
(Kecskemet 1882 - Budapest 1967)
Compositore ungherese. Si formò all'Università di Budapest e all'Accademia Musicale "F. Liszt", dove studiò composizione con H. Koessler. A partire dal 1903 si dedicò allo studio della musica folkloristica magiara. In tale contesto fu determinante l'incontro con B. Bartók, con il quale fondò nel 1911 un'associazione per la musica moderna ungherese. Dal 1907 insegnò all'Accademia musicale di Budapest, dove si mise in luce come insigne didatta. Compí numerosi viaggi (1928, in Inghilterra e Paesi Bassi, e successivamente anche in Italia) ottenendo numerosi riconoscimenti, come studioso e come compositore. In campo teatrale il suo nome è legato all'opera *Háry János* (1926, revisionata nel 1960), uno dei capolavori dell'opera nazionale ungherese. Altri suoi lavori teatrali sono *Székely fonó* (La filanda magiara, 1932) e *Czinka Panna* (1948).

♦ KOLLO, RENÉ
(Berlino 1937)
Nome d'arte di René Kollodzievski, tenore tedesco. Figlio del compositore d'operette Walter, si esibí in questo genere musicale prima di iniziare regolari studi musicali con E. Varena a Berlino (1958-65). Nel 1965 ha esordito a Brunswick, quindi dal 1967 al 1971 ha cantato all'Opera di Colonia. Nel 1969 ha fatto la sua prima esibizione al Festival di Bayreuth come Steuermann in *Der fliegende Holländer* (*Il vascello fantasma*). Sempre a Bayreuth, negli anni successivi, ha interpretato Erik, Lohengrin, Walther, Parsifal, Siegfried, Tristan, ecc. Parallelamente ha svolto un'intensa carriera internazionale: alla Scala di Milano, alla Staatsoper di Vienna (dal 1971), al Metropolitan (1976), al Covent Garden di Londra, ecc. Nel 1986 ha debuttato come regista (*Parsifal* a Darmstadt). Dotato di voce limpida e di bel timbro, grazie a un fraseggio elegante e nobile, Kollo ha saputo affrontare in modo convincente (soprattutto in sede discografica) quel repertorio di *Heldentenor*, che in virtú dei soli mezzi vocali sarebbe stato oltremodo gravoso.

● KÖNIGIN VON SABA, DIE
(La regina di Saba)
Opera in quattro atti di Karl Goldmark (1830-1915), su libretto di S.H. Mosenthal. Prima rappresentazione: Vienna, Hoftheater, 10 marzo 1875.

L'azione, che si richiama alla vicenda biblica, racconta della visita della regina di

In alto:
una scena da *Il principe Igor*, di A. Borodin, in un allestimento al Teatro alla Scala.

A destra:
il compositore ungherese
Zoltán Kodály.

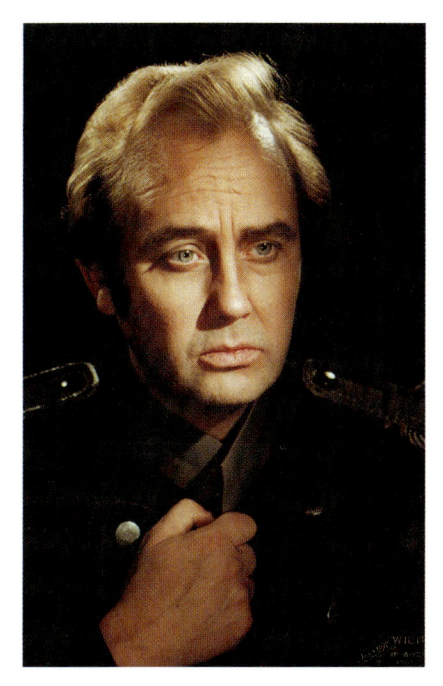

Saba (soprano) al re Salomone (baritono). Alla vista della regina, Assad (tenore), favorito dal re e promesso sposo a Sulamit (soprano), figlia del grande sacerdote (basso), se ne innamora subito. Malgrado Assad dichiari il suo amore per la regina, Salomone esige che le nozze con Sulamit avvengano ugualmente, e la regina, gelosa, dopo aver avuto un colloquio notturno con Assad, compare nel tempio mentre si sta celebrando la cerimonia. Il giovane, preso da improvvisa follia, maledice la religione e il luogo di culto e si dà alla fuga; solo le suppliche di Sulamit ottengono che la sua condanna a morte sia tramutata in esilio. Assad nel frattempo si aggira per il deserto; la regina, che lo ha inseguito e raggiunto, tenta di sedurlo, ma egli la scaccia. Ritrovato infine da Sulamit, muore abbracciando la giovane.

Prima opera di Goldmark, *La regina di Saba* ottenne al suo apparire un notevole successo, che rese immediatamente famoso il nome del compositore. La musica appare ricca di colori e di riferimenti di gusto orientale, a cui non risultano estranee influenze armoniche wagneriane.

♦ **KÓNYA, SÁNDOR**
(Sarkad 1923)
Tenore ungherese. Dopo gli studi musicali a Budapest e ad Hannover, debuttò a Bielefeld in *Cavalleria rusticana* (1951). Scritturato nel 1955 dalla Städtische Oper di Berlino, nel 1958 esordiva come Lohengrin a Bayreuth, imponendosi all'attenzione del pubblico internazionale. Dal 1960 cantò alla Scala, mentre un anno dopo iniziava ad esibirsi regolarmente al Metropolitan. Grazie alla sua bella voce di tenore lirico e alla sua perfetta adesione allo stile romantico e poetico, Kónya è stato uno dei piú celebri interpreti di Lohengrin della sua epoca.

● **KORNGOLD, ERICH WOLFGANG**
(Brno 1897 - Hollywood 1957)
Compositore e direttore d'orchestra austriaco naturalizzato americano. Studiò a Vienna, dove ebbe tra i suoi insegnanti A. Von Zemlinsky, rivelando una particolare predisposizione alla composizione. Iniziò l'attività musicale come pianista (1911) e successivamente come direttore d'orchestra (dal 1920), dirigendo in molti paesi europei. Nel 1934 Korngold emigrò negli Stati Uniti, stabilendosi a Hollywood dove intraprese l'attività di compositore di colonne sonore per film. La sua musica tardo-romantica ha trovato la sua piú felice espressione nell'opera lirica; i suoi titoli piú celebri sono *Violanta* del 1916 e soprattutto *Die tote Stadt* (La città morta) del 1920.

♦ **KÖTH, ERIKA**
(Darmstadt 1927 - Speyer, Vienna 1989)
Soprano tedesco. Studiò alla Hochschule della sua città. Nel 1947 vinse, ex-aequo con Ch. Ludwig, il Concorso della Radio di Francoforte; l'anno dopo esordí a Kaiserslautern in *Die Fledermaus* (Il pipistrello), e successivamente a Karlsruhe (1950-53), a Monaco di Baviera, alla Staatsoper di Vienna, ecc. Fece parte della compagnia della Deutsche Oper di Berlino (dal 1961), cantò regolarmente al Festival di Salisburgo (1955-64) e a Bayreuth (1965-68). Soprano di coloratura, si mise in luce come Zerbinetta, Sofia, Costanza, Annchen, ecc.

KOVÁNČINA

Dramma musicale popolare in cinque atti di Modest Musorgskij (1839-1881), su libretto proprio, ispirato ad antiche cronache degli scismatici "vecchi credenti". Prima rappresentazione: San Pietroburgo, Kononov Teatr, 21 febbraio 1886.

A Mosca nel 1682. Sulla piazza rossa. Il principe Ivan Kovanskij (basso), comandante degli strelzi, sta organizzando una congiura per far salire al trono gli zar fanciulli Ivan e Pietro, e passa tra la folla incitandola alla rivolta. Poco dopo una giovane luterana, Emma (soprano), entra nella piazza inseguita da Andrea (tenore), figlio di Ivan, che pretende l'amore della donna. A salvare la donna interviene Marfa (mezzosoprano), mistica e "vecchia credente", che fu amante di Andrea. Sopraggiunge Kovanskij che, colpito dalla bellezza di Emma, ordina ai soldati di condurla nel suo palazzo. Dositeo (basso), capo dei "vecchi credenti" (che rappresentano la Russia mistica e la sua cultura preuropea), giunge a tempo per porre in salvo Emma. Qualche giorno dopo il principe Golizyn (tenore), alleato di Kovanskij e sostenitore di riforme che avvicinino la Russia all'Occidente, riceve una lettera dalla zarevna Sofia, di cui è

In alto:
il tenore tedesco René Kollo.

Sopra:
scena della *Kovánčina*,
di M. Musorgskij.

l'amante, ma della quale diffida conoscendone l'ambizione. Giunge frattanto Ivan Kovanskij e tra i due nasce un alterco a proposito degli interventi innovatori di Golizyn; arriva anche Dositeo che esorta i due principi a rappacificarsi in nome della vecchia Russia. In quel momento però sopraggiunge il boiardo Saklovitij (baritono), il quale annuncia che lo zar ha scoperto la congiura e, pur avendola definita una "kovànčina", ossia una bravata alla Kovanskij, ha dato il via a un'inchiesta. Qualche tempo dopo, nonostante sia stato messo in guardia da Golizyn, il principe Kovanskij viene assassinato nel suo palazzo. Intanto a Mosca Golizyn prende la via dell'esilio, mentre Dositeo riceve la notizia che il Gran Consiglio ha ordinato lo sterminio dei "vecchi credenti". Andrea Kovanskij, saputo della morte del padre, e temendo per la sua vita, si rifugia in un eremo della foresta, dove Dositeo e i suoi seguaci si preparano a immolarsi sul rogo per testimoniare la loro fede. Marfa conforta Andrea, lo bacia per l'ultima volta, e lo trascina sul rogo al quale lei stessa dà fuoco. Giungono i soldati dello zar, i quali indietreggiano inorriditi di fronte alle fiamme.

Anche quest'opera, lasciata incompiuta dall'autore, fu orchestrata e completata da Rimskij-Korsakov, che aveva avuto l'incarico di curarne la pubblicazione. Come già per il *Boris*, la revisione di Rimskij-Korsakov si presta ad alcune critiche, soprattutto legate al fatto che la musica di Musorgskij è stata spesso travisata e costretta entro i limiti della propria estetica.

♦ **KRAUS, ALFREDO**
(Las Palmas 1927)
Nome di Alfredo Kraus Trujillo, tenore spagnolo. Ha studiato canto a Madrid, per poi perfezionarsi in Italia, a Milano, con M. Llopart. Nel gennaio del 1956 esordiva come Duca di Mantova (*Rigoletto*) all'Opera del Cairo. Sempre nello stesso anno è apparso alla Fenice di Venezia (*Passione* di Malipiero e *Traviata* di Verdi), e quindi in altri numerosi teatri italiani (Torino, Trieste, Palermo, Roma, ecc.). Nel 1959 è apparso al fianco di J. Sutherland nella *Lucia di Lammermoor* al Covent Garden di Londra, iniziando cosí una brillantissima carriera internazionale che lo ha portato alla Scala di Milano (*Falstaff*, 1961), al Lyric Opera di Chicago (*L'elisir d'amore*, 1963), al Metropolitan di New York (*Rigoletto* e *Don Giovanni*, 1966), al Festival di Salisburgo (*Don Giovanni*, 1968), ecc. Una carriera che per tecnica eccellente, eleganza e stile prosegue ancora oggi in alcuni dei suoi ruoli carismatici, Werther e Des Grieux, nelle opere di Massenet, in particolare. Il suo timbro luminoso e la sua notevolissima facilità nel registro acuto, molto esteso, sono emerse in opere come *Les pêcheurs de perles* (*I pescatori di perle*), *Les contes d'Hoffmann* (*I racconti di Hoffmann*), *I puritani*, *La favorita*, ecc.

♦ **KRAUSE, TOM**
(Helsinki 1934)
Basso-baritono finlandese. Studiò all'Accademia Musicale di Vienna (1956-59), facendo un primo debutto in concerto a Helsinki (1957). La sua attività teatrale ha avuto inizio nel 1958, all'Opera di Berlino e successivamente ad Amburgo. Nel 1962 ha esordito a Bayreuth (*Lohengrin*), mentre l'anno dopo cantava il ruolo del Conte in *Capriccio* di R. Strauss a Glyndebourne. Nel 1967 si è esibito per la prima volta negli Stati Uniti al Metropolitan (*Le nozze di Figaro*) e ha successivamente cantato a Chicago e a San Francisco. Regolarmente ospite al Festival di Salisburgo (dal 1968), Krause si è imposto, grazie a una voce gradevole, ben modulata e morbida nell'emissione, oltre che per un eccellente stile nei recitativi, come raffinato interprete mozartiano. Ha ottenuto inoltre notevoli riconoscimenti nei ruoli di Pizarro in *Fidelio*, Escamillo in *Carmen*, Lysiart in *Euryanthe*, Kurvenal in *Tristan und Isolde* (*Tristano e Isotta*), Oreste in *Elektra*, tutti ruoli che sono stati da lui interpretati anche in sede discografica.

■ **KRAUSS, CLEMENS**
(Vienna 1893 - Città di Messico 1954)
Direttore d'orchestra austriaco. Studiò musica al Conservatorio viennese, dove si diplomò nel 1912. Esordí a Riga e poi a Norimberga (1915-16), Stettino (1916-21) e Graz (1921-22). Dal 1922 diresse alla Staatsoper di Vienna, diventando poi direttore musicale

In alto:
manifesto per *Kovànčina* del 1897.

A destra:
il tenore spagnolo Alfredo Kraus.

a Francoforte (1924-29), Berlino (1935-36) e a Monaco di Baviera (1937-44). Emerse soprattutto come interprete delle opere di Mozart, Wagner e R. Strauss, del quale diresse le prime esecuzioni di *Arabella* nel 1933, *Friedenstag* (*Giorno di pace*) nel 1938, *Capriccio* nel 1942, di cui scrisse anche il libretto, *Die Liebe der Danae* (*L'amore di Danae*) nel 1952. Diresse anche la prima viennese del *Wozzeck* di Berg (1930).

● KŘENEK, ERNST
(Vienna 1900 - Palm Springs 1991)
Compositore austriaco. Fu allievo di F. Schreker all'Accademia Musicale di Vienna (1916-20) e alla Hochschule für Musik di Berlino. Nel 1927 il suo nome divenne celebre grazie all'opera *Jonny spielt auf* (*Jonny suona per voi*). Stabilitosi a Vienna (1928), iniziò a dedicarsi attivamente alla composizione. Emigrò poi negli Stati Uniti (1937), ottenendo nel 1945 la cittadinanza americana, e lí svolse un'intensa attività nel campo dell'insegnamento. La sua produzione teatrale comprende le opere *Leben des Orest* (*Vita di Oreste*) del 1930, *Karl V* del 1938, *Der Zauberspiegel* (*Lo specchio magico*) del 1966.

♦ KRENN, WERNER
(Vienna 1943)
Tenore austriaco. Ha studiato fagotto, iniziando la carriera artistica con i Wiener Symphoniker, e parallelamente si è dedicato allo studio del canto con E. Rado. Ha esordito nel 1966 alla Deutschen Opernhaus di Berlino in *The Fairy Queen* (*La regina delle Fate*) di Purcell. Nel 1967 ha esordito a Salisburgo e poi a Aix-en-Provence (*Don Giovanni*, 1969), Staatsoper di Vienna, ecc. È apprezzato interprete mozartiano, oltre che del repertorio concertistico e d'oratorio. In campo discografico ha dato pregevoli interpretazioni della *Clemenza di Tito* (1967) e di *Don Giovanni* (1969) di Mozart.

■ KRIPS, JOSEF
(Vienna 1902 - Ginevra 1974)
Direttore d'orchestra austriaco. Studiò a Vienna, iniziando l'attività musicale come violinista alla Volksoper (1918-21). Cominciò a dirigere all'Opera di Aussig (1924-25), per poi passare al Teatro di Dortmund (1925-26) e come direttore di musica a Karlsruhe (1926-33). A partire dal 1933 diresse regolarmente alla Staatsoper di Vienna, mentre dal 1947 fu piú volte ospite del Festival di Salisburgo. Diresse la London Symphony Orchestra (1950-54), la Buffalo Symphony Orchestra (1954-63), la San Francisco Symphony Orchestra (1963-70) e la Wiener Symphoniker Orchestra (1970-73), oltre che numerose altre prestigiose orchestre e in sedi teatrali internazionali. Famoso interprete mozartiano, diresse soprattutto opere del repertorio tedesco, tra cui una importante ripresa di *Rienzi* di Wagner al Festival di Bayreuth (1960).

KRÓL ROGER
(Re Ruggero)
Opera in tre atti di Karol Szymanowski (1882-1937), su libretto proprio in collaborazione con J. Iwaszkiewicz. Prima rappresentazione: Varsavia, Teatro Grande, 19 giugno 1926.

Nella cattedrale di Palermo ha luogo un solenne servizio liturgico, arricchito dai canti che uniscono all'austera melodia gregoriana suggestioni e ritmi orientali. Voci e strumenti raggiungono momenti di religiosa intensità, ma ecco apparire il Pastore (tenore), sorta di reincarnazione di Dioniso, che, con il suo canto sublime, provoca turbamento in re Ruggero II (baritono). Questi è affascinato dalla ieratica apparizione e si appresta a seguire il misterioso Pastore, lasciando la chiesa. Nel palazzo reale, il sovrano si converte, attratto dalle parole e dalla musica che ascolta, estatica e al tempo stesso ricca di motivi sfrenati. Sua compagna nel viaggio mistico che sta per iniziare è Rossana (soprano), che canta canzoni piene di intensità e di grazia. Rifiutando le lusinghe terrene, i due si avviano al seguito del Pastore, lasciando il palazzo. L'opera si conclude con uno scenario astratto, nel quale l'unico elemento realistico sono le rovine di un antico tempio. La scena è illuminata dalla luna, alla cui luce Ruggero e Rossana vengono iniziati ai misteri dionisiaci.
Composta tra il 1920 e il 1924, quest'opera si ispira a un poema anonimo tedesco della metà del XII secolo. Il compositore immerge la partitura in una atmosfera nella quale si

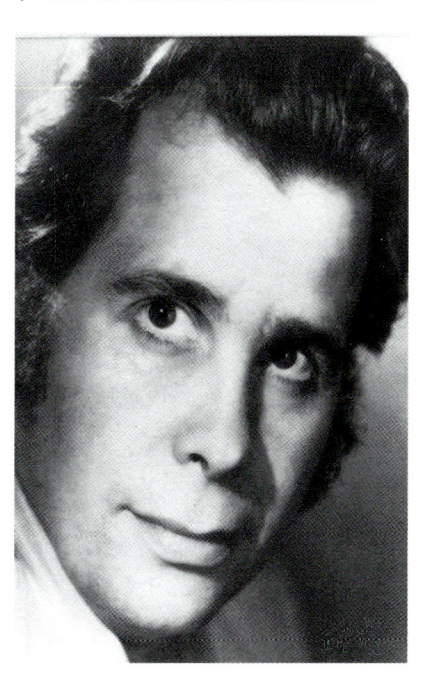

In alto:
il tenore spagnolo Alfredo Kraus in una scena del *Werther*, di J. Massenet.

A sinistra:
il basso-baritono finlandese Tom Krause.

KUBELIK, RAFAEL

mescolano elementi irreali e motivi di sapore pagano, purificati dalla religiosità. A tale proposito, il primo atto ambientato nella cattedrale è il piú riuscito.

■ KUBELIK, RAFAEL
(Býchory 1914)
Direttore d'orchestra cecoslovacco, naturalizzato svizzero. Figlio del violinista Jan, ha studiato composizione e direzione d'orchestra al Conservatorio di Praga, esordendo nel 1934 con la Filarmonica Ceca, da lui diretta fino al 1948. Direttore musicale all'Opera di Brno (1939-41), si è successivamente prodotto con la Chicago Symphony Orchestra (1950-53), come direttore artistico al Covent Garden di Londra (1955-58) e con l'Orchestra della Radio Bavarese (1961-79). Nel 1985 ha interrotto l'attività direttoriale per motivi di salute. In campo teatrale Kubelik ha dato notevolissime interpretazioni (testimoniate anche da incisioni) di *Mathis der Maler* (Mattia il pittore) di Hindemith (1979); *Palestrina* di Pfitzner (1973); *Rigoletto* di Verdi (1963); *Oberon* (1971) e *Der Freischütz* (Il franco cacciatore) di Weber (1980).

♦ KUBIAK, TERESA
(Lódz 1937)
Soprano polacco. Dopo gli studi musicali al Conservatorio di Lódz ha esordito al teatro della stessa città, nel 1967, come Micaela nella *Carmen* di Bizet. Dopo aver fatto parte della compagnia stabile dell'Opera di Varsavia, ha iniziato una brillante carriera internazionale, prima sui principali palcoscenici europei, poi negli Stati Uniti: Chicago, Houston, San Francisco e soprattutto al Metropolitan di New York, dove è stata presente per quindici stagioni consecutive a partire dal 1973 esordendo come Lisa in *Pikovaja Dama* (La dama di picche) di Čajkovskij. Nel celebre teatro americano ha cantato un repertorio assai vasto, comprendente opere di Wagner (*Tannhäuser*), Puccini (*Tosca*, *Il tabarro*, ecc.), Janáček (*Jenůfa*) e numerosi altri.

♦ KUHLMANN, KATHLEEN
(San Francisco 1950)
Mezzosoprano statunitense. Dopo gli studi musicali ha esordito come Maddalena (*Rigoletto*) al Lyric Opera di Chicago (1979). Già a partire dall'anno successivo interpretava il ruolo di Meg (*Falstaff*) alla Scala di Milano. Sempre in Italia ha cantato al Regio di Parma, in *Il barbiere di Siviglia* (1983), *Orfeo ed Euridice* (1987) e *La donna del lago* (1989) e al Teatro San Carlo di Napoli nella *Semiramide* di Rossini con M. Caballé (1987). Le sue ottime qualità belcantiste, unite a una voce di bel timbro ed omogenea nell'emissione, sono emerse in altre opere rossiniane, quali *Tancredi* e *La Cenerentola*, oltre che nell'*Orlando Furioso* di Vivaldi, dove ha impersonato il ruolo di Alcina al fianco di M. Horne (San Francisco, 1990).

■ KUHN, GUSTAV
(Turrach 1947)
Direttore d'orchestra austriaco. Ha iniziato gli studi musicali al Mozarteum di Salisburgo (dal 1964), perfezionandosi in direzione d'orchestra con B. Maderna, H. von Karajan, e con H. Swarowsky alla Musikhochschule di Vienna. Nel 1970 ha cominciato l'attività direttoriale a Istanbul, Enschede (Paesi Bassi), Dortmund (1975-77). Dall'inizio degli anni Ottanta la sua attività si svolge sui principali palcoscenici internazionali dove all'attività direttoriale ha affiancato quella di regista. In questa duplice veste si è recentemente prodotto a Macerata (*Cosí fan tutte*, *Don Giovanni*) e al Regio di Torino (versione francese e italiana del *Don Carlo*).

♦ KUNDLAK, JOZEF
(Pressburg 1956)
Tenore polacco. Ha studiato al Conservatorio della sua città e si è quindi perfezionato presso il Centro Europeo dell'Opera del Belgio. Nel 1983 è entrato a far parte della compagnia stabile dell'Opera di Stato di Pressburg con la quale ha preso parte a varie tournée. Dopo aver riportato la vittoria in numerosi concorsi di canto, tra i quali quello intitolato a Luciano Pavarotti (1985) a Filadelfia, ha iniziato la carriera internazionale, esibendosi al Teatro Comunale di Bologna in *L'elisir d'amore* nel 1987; alla Scala di Milano in *Cosí fan tutte* nel 1989; *Die Meistersinger* (I maestri cantori) nel 1990; al Festival "Donizetti" di Bergamo in *Elisabetta al castello di Kenilworth* nel 1991; al San Carlo di Napoli, alla Bayerischen Staatsoper di Monaco, ecc.

♦ KUNZ, ERIC
(Vienna 1909)
Basso-baritono austriaco. Compí gli studi musicali a Vienna, all'Accademia di Musica. Fece l'esordio teatrale a Opava nel 1933 in *Der Entführung aus dem Serail* (Il ratto dal serraglio), esibendosi in seguito in teatri della provincia tedesca, prima di entrare a far parte, nel 1941, della compagnia stabile della Staatsoper di Vienna. Presente ai Festival di Glyndebourne (1935), Salisburgo e Bayreuth, ecc. Kunz, nonostante mezzi vocali piuttosto limitati, mise in luce grande intelligenza interpretativa e un sapiente gioco scenico, che emersero in modo particolare in ruoli brillanti, in Mozart, Strauss in *Ariadne auf Naxos* (Arianna a Nasso), Wagner in *Die Meistersinger* (I maestri cantori). Fu particolarmente attivo anche nell'operetta e nel repertorio concertistico.

In alto:
il tenore polacco Jozef Kundlak.

A destra:
il direttore d'orchestra cecoslovacco Rafael Kubelik.

★ LABORINTUS II
Opera scenica di Luciano Berio (n. 1925), per orchestra da camera, musica elettronica, voce di contralto, due voci di soprano; testo parlato ricavato da passi della Vita Nova, *del* Convivio *e della* Divina Commedia *di Dante Alighieri e da scritti di Th.S. Eliot, di E. Pound, E. Sanguineti, da testi biblici, ecc. Composta tra il 1963 e il 1965 su richiesta dell'ORTF in occasione del settimo centenario della nascita di Dante.*

In quest'opera (intesa nell'accezione piú vasta del termine) l'autore rifiuta non solo i "linguaggi" tradizionali che compongono la consueta opera musicale (linguaggio cantato, musica, azione scenica, ecc.) ma anche la strutturazione tradizionale del testo e la sua destinazione. Scrive, a questo proposito, Berio: «*Laborintus II* è un'opera scenica e può essere trattata come una "rappresentazione", come una storia, un'allegoria, un documento, una danza, ecc. Si può dunque eseguire a scuola, a teatro, alla televisione, all'aperto, ecc». Si tratta dunque di "un'opera aperta", la cui fruizione non è oggettiva e predeterminata dall'autore, bensí estremamente soggettiva e dovuta allo spettatore come al direttore e al regista. Strutturalmente *Laborintus II*, che deve il titolo a una precedente raccolta poetica di Edoaro Sanguineti intitolata appunto *Laborintus*, è un montaggio di diversi "materiali" sonori che, giustapposti non per continuità, ma per scarti, per rotture drastiche della codificazione propria del genere musicale teatrale, generano una contestazione globale delle strutture formali. La scelta dei testi letterari non è affatto casuale e rivela, mettendola sapientemente in risalto, la raffinata preziosità della musica.

★ LADY MACBETH DEL DISTRETTO DI MZENSK O KATERINA IZMAJLOVA
vedi *Ledi Makbet Mcsenskovo Uezda*

◆ LAFONT, JEAN-PHILIPPE
(Tolosa 1951)
Baritono francese. Iniziati gli studi musicali nella città natale, li ha quindi proseguiti all'Opéra-Studio di Parigi, dove ha esordito nel 1974 come Papageno in *Die Zauberflöte* (*Il flauto magico*). Sempre nel nome di Mozart ha cantato a Tolosa (*Cosí fan tutte*) e a Strasburgo (*Le nozze di Figaro*); presente nei principali teatri e festival dell'area francese e tedesca, Lafont è interprete di un repertorio assai vasto ed eclettico, che comprende numerosi ruoli in opere francesi ai quali si sono aggiunti quelli in opere di Rossini, *Le comte Ory* (*Il conte Ory*), *Guillaume Tell* (*Guglielmo Tell*), Verdi (*Falstaff*) e Puccini (*Tosca*). Ha inciso le opere *Les Boréades* di Rameau nel 1981, *Le postillon de Longjumeau* (Il postiglione di Longjumeau) di Adam nel 1986 e *La muette de Portici* (*La muta di Portici*) di Auber nel 1986

◆ LAKES, GARY
(Woodward 1950)
Tenore statunitense. Si è diplomato alla Southern Methodist University di Dallas e ha successivamente studiato con W. Eddy all'Università della California del Sud. Dopo essersi affermato in alcuni importanti concorsi internazionali di canto, ha esordito a Seattle (1981) in *Das Rheingold* (*L'oro del Reno*) di Wagner. In rapida successione sono venute le scritture a Mexico City (1983), Covent Garden di Londra (1985), Stoccarda, Metropolitan di New York, dove ha esordito nel 1986 e dove si esibisce regolarmente, in ruoli soprattutto wagneriani (Siegmund, Erik, ecc.). È inoltre interprete dei ruoli di Dimitrji nel *Boris Godunov*, Bacco in *Ariadne auf Naxos* (*Arianna a Nasso*), Florestano nel *Fidelio*, Sansone in *Samson et Dalila* (*Sansone e Dalila*), ecc. Ha preso parte all'incisione del *Ring* come Siegmund in *Die Walküre* (*La walkiria*) di Wagner diretto da J. Levine.

◆ LAKI, KRISZTINA
(Erd 1944)
Soprano ungherese. È stata allieva del Conservatorio Bartók di Budapest e ha debuttato nel *Rigoletto* (Gilda) a Berna, dove ha fatto parte della compagnia stabile (1971-74). Si è successivamente prodotta con la troupe del Deutsche Oper am Rhein di Düsseldorf (1974-79), prima di iniziare la carriera internazionale che l'ha condotta a Glyndebourne (1979), a Salisburgo (1980), al Covent Garden, a Monaco di Baviera, ecc. Attualmente fa parte delle compagnie stabili di Colonia e Stoccarda. Rinomata interprete mozartiana e delle opere di Strauss la Laki si esibisce anche in un vasto repertorio concertistico. Ha inciso le opere *Dantons Tod* (*La morte di Danton*) di von Einem nel 1983; *Il barbiere di Siviglia* di Paisiello nel 1984; *Der Schauspieldirektor* (*L'impresario teatrale*) di Mozart nel 1986 e *Il Bellerofonte* di Mysliveček nel 1987.

◆ LAKME
Opera in tre atti di Léo Delibes (1836-1891), su libretto di E. Gondinet e Ph. Gille, tratto dal racconto Le mariage de Loti *di P. Loti. Prima rappresentazione: Parigi, Opéra-Comique, 14 aprile 1883.*

L'azione si svolge in un possedimento inglese in India attorno alla metà del secolo scorso. Un ufficiale inglese, Gerald (tenore), penetra nella casa del bramino Nilakanta (basso) incuriosito dall'atmosfera misteriosa e dalla fama della bellezza di Lakmé (soprano), la figlia del bramino. Giunge la stessa Lakmé: Gerald si mostra turbato dal fascino della fanciulla e anch'essa è scossa da questo incontro. Sopraggiunge Nilakanta e Gerald fugge: il bramino scopre che la sua casa è stata violata da uno straniero e giura di vendicarsi. Il giorno dopo, in una piazza, Nilakanta spinge Lakmé a cantare, convinto che la voce e la presenza della ragazza costringeranno lo straniero a tradirsi. Cosí accade infatti. Lakmé, rimasta sola con Gerald, lo prega di fuggire con lei in un luogo sicuro, ma il giovane rifiuta poiché non vuole passare per disertore. Poco dopo, durante una processione, Nilakanta raggiunge Gerald e lo colpisce con una pugnalata; ma la ferita non è grave e Lakmé trasporta Gerald in una capanna nella foresta per poterlo curare. Mentre Lakmé va ad attingere dell'acqua a una fonte miracolosa, giunge Frederick (baritono), un amico di Gerald che è riuscito a rintracciarlo e lo sollecita a tornare alla guarnigione. Quando Lakmé ritorna,

Manifesto per *Lakmé*, di L. Delibes.

intuisce che Gerald è tormentato dal dubbio se scegliere tra la patria, il dovere e il suo amore per lei. Disperata, la giovane coglie una foglia da una pianta velenosa e la inghiottisce. Gerald però ha superato la sua incertezza e beve con lei alla coppa dell'acqua dell'amore eterno. Irrompe Nilakanta, ma Lakmé ferma la mano omicida del padre, rivelando che Gerald ora è sacro poiché ha bevuto con lei alla coppa, e quindi muore tra le braccia dell'amato, uccisa dal veleno che si è volontariamente somministrata.

Lakmé è l'opera piú famosa di Delibes. Il successo fu grandissimo: duecento repliche all'Opéra-Comique nel 1895 e si arrivó alle mille nel 1931, e ancora oggi è eseguita sui maggiori palcoscenici internazionali. La sua celebre "aria dei campanelli" è da sempre nel repertorio dei soprani di coloratura.

▲ LALLI, DOMENICO
(Napoli 1679 - Venezia 1741)
Pseudonimo di Niccolò Sebastiano Biancardi, poeta e librettista italiano. Lasciò Napoli nel 1706 perché accusato di furto, dopo aver cambiato nome, iniziando a vagare per l'Italia, prima di stabilirsi a Venezia, dove iniziò un'intensa attività letteraria. Lí godette della protezione di Zeno e dell'amicizia di Metastasio e di Goldoni, e fu alla direzione dei teatri di San Samuele (1753) e San Giovanni Crisostomo (1737). Fu anche poeta di corte dell'elettore di Baviera (1727-40). Scrisse molti libretti per Vivaldi (*Ottone in villa*), Albinoni, A. Scarlatti (*Il Tigrane*), B. Galuppi, J.A. Hasse e altri.

● LALO, EDOUARD-VICTOR-ANTOINE
(Lilla 1823 - Parigi 1892)
Compositore francese. Dopo aver iniziato gli studi al Conservatorio di Lilla, li proseguí in quello di Parigi e privatamente con J. Schulhoff e Crèvecoeur. Iniziò l'attività musicale come violinista, mentre la sua produzione di compositore incominciò ad imporsi solamente dopo il 1870, ottenendo il primo successo con la *Symphonie espagnole* del 1875. Nel campo dell'opera, compose solamente tre lavori, di cui uno mai rappresentato (*Fiesque*, 1886) ed uno rimasto incompiuto (*La Jacquerie*, 1895). Resta *Le roy d'Ys* (Il re d'Ys) del 1888 che ha avuto successo ed è ancora oggi rappresentato.

♦ LANGRIDGE, PHILIP
(Hawkhurst 1939)
Tenore inglese. Allievo di violino alla Royal Academy of Music, a partire dal 1962 ha iniziato lo studio del canto prima con B. Boyce e quindi con C. Bizoni. Ha debuttato nel 1964 a Glyndebourne dove è piú volte ritornato soprattutto come interprete mozartiano. Presente anche nei cartelloni della English National Opera e del Covent Garden, Langridge è ospite di numerosi teatri e istituzioni musicali internazionali: Aix-en-Provence (1976), Metropolitan di New York, Scala di Milano, Staatsoper di Vienna, ecc. Interprete di un repertorio assai vasto e diversificato, che spazia dal Barocco agli autori contemporanei, prendendo parte a numerose prime esecuzioni assolute, Langridge ha al suo attivo un'altrettanto nutrita discografia: ha inciso opere di Händel cantando in *Acis and Galatea* (Aci e Galatea), di Rameau in *Zéphyre* (Zefiro), *Les Boréades*, fino al Novecento di Holst in *Sāvitri*, Ravel in *L'enfant et les sortilèges* (Il fanciullo e i sortilegi), Berg in *Wozzeck*, Stravinskij in *The Rake's Progress* (La carriera di un libertino) e Schönberg in *Moses und Aron* (Mosè e Aronne). Ha sposato il mezzosoprano A. Murray.

♦ LA SCOLA, VINCENZO
(Palermo 1958)
Tenore italiano. Fra i suoi insegnanti ha avuto il tenore C. Bergonzi. Dopo aver partecipato e vinto alcuni concorsi di canto, ha debuttato a Parma come Ernesto nel *Don Pasquale* di Donizetti nel 1983. Nel 1985 ha avuto grande successo la sua interpretazione di Nemorino (*L'elisir d'amore*) a Bruxelles, cui hanno fatto seguito altre importanti affermazioni a Parigi in *Gianni Schicchi* e in *La fille du régiment* (La figlia del reggimento) nel 1987-88. Presente nei piú importanti teatri italiani, nel 1988 ha esordito alla Scala di Milano (*L'elisir d'amore*), dove ha poi cantato in *Traviata* (1991) e *Lucia di Lammermoor* (1992). Ha al suo attivo le incisioni di *Beatrice di Tenda* di Bellini, *Le maschere* di Mascagni e *Rigoletto* di Verdi, quest'ultimo sotto la direzione di R. Muti. È considerato uno dei migliori tenori lirici della nuova generazione.

■ LATHAM-KOENIG, JAN
(Londra 1953)
Direttore d'orchestra inglese. Dopo aver iniziato la carriera musicale come pianista, a partire dal 1981 si è dedicato alla direzione d'orchestra, per la quale ha sempre nutrito un forte interesse. Si è inizialmente prodotto in Scandinavia, Danimarca e Svezia, ed è direttore ospite delle principali orchestre internazionali, tra cui la Los Angeles Philharmonic Orchestra, la Royal Philharmonic Orchestra, la Orchestre Philharmonique di Radio France, ecc. Molta dell'attività di Latham-Koenig si svolge anche nel campo dell'opera, soprattutto nel repertorio italiano. Ha diretto importanti riprese di opere di Donizetti: *Il diluvio universale* (Genova, 1985), *Poliuto* (Roma, 1989) e *Elisabetta al castello di Kenilworth* (Bergamo, 1989), oltre alle prime rappresentazioni di *Fedra* (Roma, 1988) e *L'ispirazione* (Firenze, 1988) di Bussotti. Direttore ospite al Teatro dell'Opera di Roma e alla Staatsoper di Vienna (dal 1989), Latham-Koenig ha curato l'incisione delle opere di K. Weill.

● LATTUADA, FELICE
(Caselle di Morimondo, Milano 1882 - Milano 1962)
Compositore italiano. Iniziò da autodidatta lo studio della musica, fu quindi al Conservatorio di Milano dove si diplomò nel 1912. Dal 1935 alla morte diresse la Civica Scuola

Sopra:
il compositore francese
Edouard Lalo.

A destra:
il tenore italiano
Vincenzo La Scola.

di Musica di Milano. Tra le sue opere, di gusto schiettamente romantico-verista, si ricordano *La tempesta* (1922), *Le preziose ridicole* (1929) e *Don Giovanni* (1929).

♦ LAUBENTHAL, HORST
(Eisfeld 1939)
Nome d'arte di Horst Neumann, tenore tedesco. Dopo aver iniziato gli studi musicali a Monaco di Baviera, è diventato l'unico allievo del tenore R. Laubenthal (1886-1972), del quale ha assunto anche il nome. Ha esordito a Würzburg, come Don Ottavio (*Don Giovanni*) nel 1967. L'anno dopo è entrato a far parte della compagnia dell'Opera di Stoccarda dove ha iniziato una brillante carriera che parallelamente è andata sempre più sviluppandosi in campo internazionale. Apprezzato interprete mozartiano, Laubenthal ha successivamente incluso nel proprio repertorio anche opere di Wagner: *Die Meistersinger von Nürnberg* (*I maestri cantori di Norimberga*), *Lohengrin*, *Der fliegende Holländer* (*Il vascello fantasma*). Nel 1988 ha preso parte alla prima incisione mondiale di *Notre-Dame* di F. Schmidt.

♦ LAURI VOLPI, GIACOMO
(Lanuvio, Roma 1892 - Valencia 1979)
Nome d'arte di Giacomo Volpi, tenore italiano. Studiò al Conservatorio di Santa Cecilia di Roma, con A. Cotogni. Esordí nel primo dopoguerra, nel 1919, nei *Puritani* e nel *Rigoletto* a Viterbo; l'anno successivo ottenne un clamoroso successo nella *Manon* di Massenet al Teatro Costanzi di Roma. Iniziò subito a esibirsi a Buenos Aires e a Madrid e successivamente alla Scala (1922), al Metropolitan (1923) e in altri importanti teatri internazionali, fino al 1959. Tenore dal fraseggio e dal temperamento di stampo romantico, Lauri Volpi, grazie all'arditezza della sua estensione, allo squillo e alla morbidezza d'emissione, trionfò con *Il trovatore*, *Gli Ugonotti*, *Aida*, *Turandot*, ecc. Le uniche incisioni di opere complete di Lauri Volpi, *Luisa Miller*, *Gli Ugonotti*, *Il trovatore*, *La bohème*, risalgono tutte agli inizi degli anni Cinquanta, quando il cantante era vicino ai sessant'anni, e non corrispondono certamente al suo migliore periodo artistico.

♦ LEAR
Opera in due parti di Aribert Reimann (n. 1936), su libretto di C.H. Henneberg, dalla tragedia King Lear *di W. Shakespeare. Prima rappresentazione: Monaco, Bayerischen Staatsoper, 9 luglio 1978.*

Preoccupato dai doveri del governo, il vecchio re Lear (baritono) ha deciso di dividere il regno tra le sue tre figlie: Goneril (soprano drammatico), Regan (soprano) e Cordelia (soprano). Quella che tra le tre darà la più alta dimostrazione d'amore nei suoi confronti, riceverà la parte più grande del regno. Goneril e Regan fanno a gara a descrivere la loro devozione di figlie, mentre Cordelia, che trova naturale amare suo padre, resta in silenzio. Lear, furente, divide il regno tra Goneril e Regan e i rispettivi mariti, il duca d'Albany (baritono) e il duca di Cornovaglia (tenore), mentre Cordelia lascia il regno come sposa del re di Francia (basso-baritono), che ama la giovane per la sua onestà e non per quella che le avrebbe potuto essere la sua eredità. Goneril e Regan iniziano subito a ordire trame per liberarsi al più presto del padre, infierendo crudelmente su di lui che, nel frattempo, sta perdendo la ragione. A soccorso del vecchio re giungono le truppe del re di Francia; Cordelia conforta il padre e gli promette una vecchiaia tranquilla, rassicurandolo anche sulle sorti del Paese, funestato dalla feroce guerra tra Edmund (tenore) e Edgar (controtenore), figli del conte di Gloucester (basso-baritono). Lear e Cordelia sono però fatti prigionieri da Edmund, alleato di Regan; appare però Edgar che sfida il fratellastro ad un regolare duello, nel quale Edmund viene ucciso. Accanto a lui muore anche Regan, uccisa da un veleno che la sorella le ha somministrato. La stessa Goneril si suicida, mentre appare Lear: tra le sue braccia porta il cadavere di Cordelia, fatta uccidere da Edmund. Per il vecchio re un tale dolore è impossibile da sopportare e, ormai completamente pazzo, cade a terra morto.

Il libretto di Henneberg è una fedele trasposizione della tragedia shakesperiana, che Reimann ha saputo pienamente tradurre in una musica che riesce a sottolineare ogni momento delle tragiche vicende; gli stessi caratteri dei personaggi sono stati creati direttamente sulle non comuni capacità di cantanti del calibro del baritono D. Fischer-Dieskau che ha interpretato il ruolo di Lear. L'opera, andata in scena in occasione del Festival di Monaco, nella splendida messa in scena di J.-P. Ponnelle, riscosse uno straordinario successo ed è una delle maggiori opere tedesche contemporanee.

♦ LEAR, EVELYN
(Brooklyn 1928)
Soprano statunitense. Si è dedicata allo studio del canto alla Julliard School di New York e quindi a Berlino, dove ha esordito nel 1959 in *Ariadne auf Naxos* (*Arianna a Nasso*). Sempre nello stesso anno ha esordito in concerto a Londra e ha interpretato il ruolo del Compositore (*Ariadne auf Naxos*) alla Deutsche Oper di Berlino. Ospite regolare dei teatri di Monaco, Vienna (*Lulu*, 1962),

A sinistra:
il tenore italiano Giacomo Lauri Volpi.

In alto:
il tenore inglese Philip Langridge
(a destra).

Salisburgo, Covent Garden, ecc, la Lear è stata particolarmente ricordata per le sue interpretazioni di Maria e Lulu in *Wozzek* e *Lulu* di Berg, da lei incise nel 1964 e nel 1967, dove ha messo in luce grandi qualità di cantante e di attrice. Ha sposato il baritono Th. Stewart.

★ **LEDI MAKBET MCSENSKOVO UEZDA**
(*Lady Macbeth del distretto di Mzensk* o *Katerina Izmajlova*)
Opera in quattro atti di Dmitrij Šostakovič (1906-1975), su libretto proprio in collaborazione con A. Prejs, tratto dalla novella omonima di N. S. Leskov. Prima rappresentazione: San Pietroburgo, Piccolo Teatro, 22 gennaio 1934.

Zinovy Borissovic Izmailov (tenore), facoltoso mercante, sposa Katerina (soprano), giovane e bella, ma senza dote. Katerina non ama il marito e dopo il matrimonio sprofonda nella noia di casa Izmailov, dovendo sopportare anche il suocero Boris (basso), una specie di dittatore domestico. La donna cerca così evasione nella passione per Sergio (tenore), un nuovo commesso del marito. Boris scopre però la tresca: ordina che Sergio venga flagellato dai suoi compagni di lavoro. Katerina, per vendicarsi, avvelena il suocero e, non paga, uccide anche il marito e ne nasconde il cadavere aiutata dal suo amante. I due decidono di sposarsi, ma durante la cerimonia nuziale irrompono i poliziotti: è stato scoperto il cadavere di Zinovy. Durante il viaggio che conduce Sergio e Katerina ai lavori forzati in Siberia, l'uomo, stanco dell'amore di Katerina, che gli ha rovinato l'esistenza, volge le sue attenzioni a una giovane condannata, Sonetka (mezzosoprano). Katerina, disperata, getta la sua rivale in un lago, seguendola a sua volta nel medesimo destino.

Seconda e ultima opera di Šostakovič, fu composta tra il 1930 e il 1932. Il successo che la partitura ottenne alla prima e alle successive rappresentazioni subí una brusca battuta d'arresto nel 1936 a Mosca, quando un duro intervento censorio ne sospese le repliche. L'opera venne nuovamente rappresentata a Mosca, l'8 gennaio 1963, in una nuova versione, dal titolo *Katerina Izmajlova*, nella quale il compositore in parte cercò di ammorbidire le crudezze della versione originale.

♦ **LEECH, RICHARD**
(Hollywood 1956)
Tenore statunitense. Ha compiuto gli studi musicali a Binghamton, una cittadina dello Stato di New York, dove la sua famiglia si era trasferita e dove ancora oggi vive. Iniziò a cantare come baritono, poi passò alla vocalità tenorile, per esordire a ventun'anni in una rappresentazione studentesca di *Le contes d'Hoffmann* (*I racconti di Hoffmann*) di Offenbach. Dopo essere stato tra i vincitori del Premio "E. Caruso" di Milano nel 1980, ha iniziato la carriera artistica negli Stati Uniti, esibendosi nei teatri di numerose città: Cincinnati, Baltimora, Pittsburgh, ecc. Nel 1984 ha esordito alla New York City Opera e alla Carnegie Hall come Rodolfo nella *Bohème*, indubbiamente uno dei suoi ruoli di maggiore successo. Nel 1987 si è definitivamente affermato alla Deutsche Oper di Berlino come Raoul in *Les Huguenots* (*Gli Ugonotti*) di Meyerbeer. Negli anni a seguire ha cantato ancora a Berlino (*Elisir d'amore* e *Lucia di Lammermoor*, 1988-89), alla Staatsoper di Vienna (*Rigoletto*), alla Scala di Milano (*Madama Butterfly*, 1990, *Bohème*, 1991) e dal 1989 al Metropolitan di New York, dove ha esordito in *Bohème* cantando poi, tra l'altro, nel *Faust* (1990) e nel *Ballo in maschera* (1992). Presente in numerosi altri teatri e sedi concertistiche internazionali, Leech, grazie a una bellissima voce di tenore lirico e a un'altrettanto notevole presenza scenica, è oggi uno dei più acclamati tenori americani.

★ **LEGGENDA DELL'INVISIBILE CITTÀ DI KITEŽ**
vedi *Skasanie o Nevidimom, grade kiteže i deve Fevroni*

★ **LEGGENDA DI SAKUNTALA, LA**
Opera in tre atti di Franco Alfano (1876-1954), su libretto proprio. Prima rappresentazione: Bologna, Teatro Comunale, 10 dicembre 1921.

La vicenda ha luogo in India in epoca imprecisata. Durante una partita di caccia, il re (tenore) incontra una bellissima fanciulla, Sakuntala (soprano), figlia di una ninfa dei boschi, allevata dall'eremita

Una scena da
Lady Macbeth del distretto di Mzensk,
di D. Šostakovič,
in un allestimento al
Teatro Verdi di Trieste.

Kanva (basso). Sakuntala dapprima resiste ma poi cede alla passione del giovane re. Poco tempo dopo un pellegrino, Durvasas (basso), bussa alla porta dell'eremo, ma nessuno gli apre per non violare la legge che vuole che sia Sakuntala ad aprirla. Ma la giovane tutta presa dal suo amore non sente il pellegrino che bussa; furibondo, l'uomo maledice la fanciulla profetizzando che quando il re la incontrerà di nuovo non si ricorderà piú di lei, a meno che la ragazza non gli faccia vedere l'anello che egli le ha donato. Sakuntala attende un figlio, cosí due eremiti la accompagnano alla corte del re, che però, secondo la profezia, non ricorda piú nulla. Sakuntala invano ricorda al re il loro amore, poi gli vuole mostrare l'anello ma non lo trova piú. Disperata, Sakuntala si allontana. Poco dopo le guardie conducono un pescatore (tenore) che ha trovato una gemma sul greto di un fiume. È l'anello di Sakuntala. Alla vista del gioiello il re riacquista la memoria e invoca il ritorno della fanciulla. Ma questa ormai si è gettata nello stagno delle ninfe ed è scomparsa in una nube di fuoco; si ode però la sua voce che consola l'amato e gli annuncia che il bambino generato dal loro amore diventerà un grande sovrano.

La leggenda di Sakuntala è considerata una delle opere meglio riuscite di Alfano. Il musicista incontrò parecchie difficoltà nella riduzione del testo originale della leggenda indiana da cui è tratto il libretto. Durante la seconda guerra mondiale, l'unica partitura completa dell'opera andò distrutta e, per il rifacimento, Alfano si avvalse di una partitura incompleta da lui fatta per voce e pianoforte. La nuova versione fu rappresentata all'Opera di Roma nel 1952, con il titolo di Sakuntala. L'opera è ricca di cromatismo, mentre l'orchestrazione e in genere gli aspetti tecnici rivelano il desiderio di trovare nuovi mezzi espressivi e uno stile sinfonico piú moderno.

■ LEINSDORF, ERICH
(Vienna 1912)
Nome d'arte di Erich Landauer, direttore d'orchestra austriaco naturalizzato americano. Allievo dell'Accademia Musicale di Vienna (1931-33), ha esordito nel 1933 con l'orchestra dell'Accademia viennese. Dal 1934 al 1937 è stato maestro sostituto di B. Walter e di A. Toscanini a Salisburgo e a New York. Scritturato al Metropolitan, è stato prima assistente, quindi secondo direttore e, dal 1939, direttore del repertorio tedesco. Ha diretto le orchestre di Cleveland (1943-46), Rochester (1947-56) e Boston (1962-69). Dal 1969 ha svolto l'attività direttoriale in molti teatri e istituzioni musicali europee, tra cui il Festival di Bayreuth (1972). Piuttosto nutrita la sua discografia nel campo dell'opera, dove emergono in particolar modo le interpretazioni di *Der Barbier von Bagdad* (*Il barbiere di Bagdad*) di Cornelius nel 1956; *Madama Butterfly* (1958), *Macbeth* (1958), *Ariadne auf Naxos* (*Arianna a Nasso*) nel 1960, *Salome* (1968), *Aida* (1970), *Il tabarro* (1970) e *Die tote Stadt* (*La città morta*) di Korngold nel 1975.

■ LEITNER, FERDINAND
(Berlino 1912)
Direttore d'orchestra tedesco. Fu allievo di A. Schnabel e di F. Schreker, per poi perfezionarsi in direzione d'orchestra con K. Muck. Iniziò l'attività nel 1943 a Berlino, dirigendo successivamente ad Hannover (1945-46), Monaco di Baviera (1946-47), Stoccarda (1947), ecc. Nel 1951 coadiuvò I. Stravinskij nella direzione di *The Rake's Progress* (*La carriera di un libertino*). A partire dal 1956 ha diretto al Colón di Buenos Aires; direttore musicale all'Opera di Zurigo (1969-84) e alla Residentie-Orkest dell'Aia (1976-80), dal 1988 è primo direttore ospite dell'Orchestra sinfonica della RAI di Torino. Rinomato direttore lirico, ha diretto le prime incisioni discografiche dell'*Antigonae* di Orff (1961) e del *Doktor Faust* di Busoni (1969).

● LEONCAVALLO, RUGGERO
(Napoli 1857 - Montecatini, Pistoia 1919)
Compositore italiano. Studiò musica, prima privatamente, poi al Conservatorio di Napoli (dal 1866). Studiò giurisprudenza a Bologna, seguendo però le lezioni di letteratura di Carducci, laureandosi in lettere nel 1878. Dopo aver trascorso un periodo alquanto avventuroso, viaggiando tra l'Egitto, Marsiglia e Parigi, grazie al baritono V. Maurel poté incontrare gli editori G. Ricordi e E. Sonzogno. Il successo di *Cavalleria rusticana* di Mascagni stimolò Leoncavallo: in cinque mesi scrisse *Pagliacci* che, rappresentata nel 1892, ottenne uno strepitoso successo. Le successive opere, *I Medici* (1893), *Chatterton* (1896), *La bohème* (1897) – quest'ultima offuscata dall'omonima pucciniana – *Zazà* (1900), e l'*Edipo re* (1920), passati i primi entusiasmi uscivano ben presto dai cartelloni teatrali, non essendo nessuna riuscita a raggiungere l'immediatezza drammatica e melodica dei suoi famosi *Pagliacci*.

● LEONI, FRANCO
(Milano 1864 - Londra 1949)
Compositore italiano. Fu allievo di C. Dominiceti e di A. Ponchielli al Conservatorio di Milano. Nel 1892 si trasferí in Inghilterra, dove insegnò canto e svolse l'attività di direttore d'orchestra (fino al 1917). Visse quindi tra la Francia e l'Italia, prima di stabilirsi definitivamente in Inghilterra, dove nel 1905 ottenne un particolare successo la sua opera *L'oracolo*. La sua produzione, quasi tutta teatrale, comprende le opere *Raggio di luna* (1890), *Rip van Winkle* (1897), *Ib and little*

A sinistra:
il direttore d'orchestra austriaco
Erich Leinsdorf.

In alto:
il compositore italiano
Ruggero Leoncavallo.

Christina (1901), *Tzigana* (1910), *Francesca da Rimini* (1914), *Le baruffe chiozzotte* (1920).

★ LEONORA, OSSIA L'AMOR CONIUGALE
Opera in due atti di Ferdinando Paër (1771-1839), su libretto di G. Schmidt, dall'originale francese di J.N. Boully. Prima rappresentazione: Dresda, Teatro di Corte, 3 ottobre 1804.

In un carcere nei pressi di Siviglia, Giachino (basso), il guardiano del carcere, cerca di convincere Marcellina (soprano), la figlia del carceriere Rocco (basso), ad accettare il suo amore. Ma la fanciulla lo respinge perché si è invaghita di Fedele, l'aiutante del padre, non sapendo che sotto i panni del ragazzo si nasconde in realtà Leonora (soprano), moglie di Florestano (tenore), fatto incarcerare segretamente dal governatore Pizzarro (baritono). L'annuncio di una prossima visita di don Ferdinando (baritono), ministro e Grande di Spagna, fa sí che il governatore decida di far assassinare Florestano. Leonora riesce a salvare la vita del suo sposo, mentre Pizzarro, smascherato, viene incarcerato al posto di Florestano. L'opera si chiude nell'allegria generale. Marcellina, delusa di aver perduto il suo Fedele, si consola accettando di sposare Giachino.

Rappresentata un anno prima dell'opera di Beethoven, sul medesimo soggetto, la *Leonora* di Paër, ottenne un successo grandissimo. Naturalmente il paragone con il grande compositore tedesco è schiacciante per l'opera di Paër; d'altro canto la partitura si presenta teatralmente ben equilibrata, mentre la musica aderisce perfettamente alle vicende. I personaggi piú felicemente caratterizzati sono quelli di Leonora e Marcellina, la cui importanza è molto superiore rispetto a quella che gli stessi personaggi hanno nell'opera beethoveniana.

★ LEONORE 40/45
Opera semiseria in un prologo e due atti di Rolf Liebermann (n. 1910), su libretto di H. Strobel. Prima rappresentazione: Basilea, Stadttheater, 25 marzo 1952.

La vicenda si svolge tra il 1939 e il 1947 in Francia e Germania. Nel prologo, il signor Emile (baritono), un angelo custode che vive sulla Terra, informa che verrà rappresentata una storia d'amore durante la quale egli interverrà soltanto quando i protagonisti ne avranno bisogno. Nel 1939 Alfred (tenore), un tedesco che vive ai confini con la Francia, sente annunciare alla radio la mobilitazione per la guerra: anch'egli deve partire. Nella casa di fronte una signora francese, Germaine (soprano), chiede alla figlia Huguette (soprano) notizie sulla situazione politica affermando che solo la pace e la buona volontà degli uomini possono risolvere la situazione. Due anni dopo a Parigi, occupata dai tedeschi, Huguette e Alfred si incontrano durante un concerto e si innamorano l'una dell'altro. Nell'agosto del 1944 Alfred è costretto a lasciare Parigi con le truppe tedesche in ritirata. Huguette vorrebbe nasconderlo in casa sua, ma Alfred non vuole che la giovane corra questo pericolo: i due si lasciano mentre il popolo francese inneggia alla liberazione. A questo punto entra in scena il signor Emile per portare la vicenda a un lieto fine. La guerra è finita e Huguette è alla disperata ricerca di Alfred. Emile si incontra con lei e, per mettere alla prova il suo amore, afferma che Alfred deve essere punito per aver preso parte alle violenze commesse dai tedeschi. Huguette difende il giovane e l'angelo alla fine la conduce da Alfred, facendola assumere nella fabbrica dove lavora il giovane. Trascorso qualche tempo, Huguette e Alfred decidono di sposarsi; si presentano davanti a un tribunale che simboleggia le strutture della burocrazia. I giudici affermano che è assolutamente proibito celebrare le nozze fra due persone appartenenti a popoli nemici. Riappare Emile: mentre si odono le note del *Fidelio* di Beethoven, l'angelo afferma che, come Leonora, Huguette si è conquistata l'amore con la sua fedeltà, e poi unisce egli stesso i due giovani in matrimonio.

La prima rappresentazione dell'opera ebbe un esito contrastato. Essa è la realizzazione del gusto di Liebermann per una stuttura drammatica-realistica e simbolica-surreale: la vicenda esprime da un lato la condanna per la guerra e la tirannia, dall'altro l'esaltazione per la musica nuova, simbolo di una rinnovata e libera umanità.

■ LEPPARD, RAYMOND
(Londra 1927)
Direttore d'orchestra e clavicembalista inglese. Allievo di H. Middleton e B. Ord all'Università di Cambridge (1948-52), ha esordito a Londra alla Wigmore Hall nel 1952. Lettore per circa dieci anni al Trinity College di Cambridge, Leppard si è parallelamente esibito nelle principali istituzioni musicali inglesi: Covent Garden (dal 1959), Glyndebourne (dal 1962) e con la English Chamber Orchestra e la BBC Northern Symphony Orchestra (1973-80). Particolarmente apprezzato come interprete del repertorio del XVII e XVIII secolo, Leppard in questo campo ha firmato importanti riprese (testimoniate da incisioni) dell'*Ormindo* e della *Calisto* di Francesco Cavalli (1968-71), oltre che di opere di Monteverdi (*Orfeo*, *Il ritorno di Ulisse in patria*, ecc.) Händel (*Ariodante*) e Rameau (*Dardanus*) ecc. Dal 1984 al 1986 è stato direttore principale della St. Louis Symphony Orchestra.

● LESUEUR, JEAN-FRANÇOIS
(Drucat-Plessiel, Abbeville 1760 - Parigi 1837)
Compositore francese. Fu fanciullo cantore nella città di Abbeville (1767) e ad Amiens (1774), quindi maestro di cappella a Séez e a Saints-Innocents a Parigi, dove terminò gli studi musicali. Maestro di cappella a Digione, Le Mans, Tours e a Notre-Dame di Parigi (1786). Dal 1795 fu ispettore al Conservatorio, dove insegnò composizione dal 1818 al 1825, in cui si formarono celebri compositori, tra cui Gounod, Berlioz, Thomas. Fu anche maestro della cappella di corte (dal 1804). Nella sua produzione operistica si ricordano le opere *La caverne* (*La caverna*) del 1793, *Paul et Virginie* (*Paolo e Virginia*) del 1794, *Télémaque* (*Telemaco*) del 1796.

■ LEVINE, JAMES
(Cincinnati 1943)
Direttore d'orchestra e pianista statunitense. Ha studiato con W. Levin e alla Julliard School di New York, con R. Lhévinne e J. Morel. Dopo essersi perfezionato con R. Serkin, A. Wallenstein, M. Rudolf e F. Cleva,

Il direttore d'orchestra e pianista statunitense James Levine.

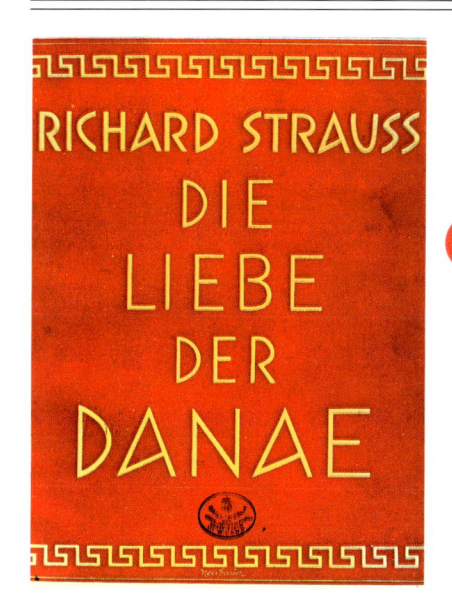

all'età di ventuno anni è diventato assistente alla Cleveland Orchestra. Contemporaneamente ha diretto e insegnato alla Aspen Music School and Festival e al Meadow Brook. Nel 1970 ha diretto *Tosca* a San Francisco, opera con cui ha esordito, l'anno successivo, al Metropolitan di New York; al massimo teatro americano, dove è direttore principale (dal 1973) e direttore musicale (dal 1975) e dove dirige buona parte del repertorio operistico italiano e tedesco, è legata buona parte dell'attività artistica di Levine. La sua attività direttoriale lo vede anche in importanti istituzioni concertistiche e teatrali europee: al Festival di Salisburgo, all'Opera di Stato di Vienna, a Bayreuth, dove nel 1982 ha diretto il *Parsifal* nel centenario della prima esecuzione dell'opera. Direttore di indubbie qualità artistiche, Levine ha a suo attivo una vastissima produzione discografica che comprende un numero assai cospicuo di opere liriche: da Mozart a Verdi, Puccini, Strauss e Wagner, autori ai quali Levine conferisce la sua inequivocabile carica teatrale e interpretativa che però a volte rimane in superficie e sacrifica un piú approfondito rapporto con la partitura.

■ **LEWIS, HENRY**
(Los Angeles 1932)
Direttore d'orchestra statunitense. Ha iniziato la carriera artistica nel 1948 come strumentista (contrabbasso) nella Los Angeles Philharmonic Orchestra. Ha quindi fondato l'Orchestra da Camera di Los Angeles, diventando parallelamente assistente della Philharmonia Orchestra della stessa città (1961-65). Come direttore ha esordito nel 1963, assumendo successivamente le cariche di direttore musicale all'Opera di Los Angeles (1965-68) e dell'Orchestra Sinfonica del New Jersey (1968-75). Direttore ospite in numerosi teatri americani ed europei, Lewis è stato sposato con il mezzosoprano M. Horne, che ha spesso diretto in concerti e opere, e nelle edizioni discografiche di *La navarraise* (*La navarrese*) di Massenet (1974) e di *Le prophète* (*Il profeta*) di Meyerbeer (1976).

● **LIBUŠE**
Opera "festiva" in tre atti di Bedrich Smetana (1824-1884), su libretto di J. Wenzig. Prima rappresentazione: Praga, Teatro Nazionale, 11 giugno 1881.

La Boemia è governata dalla principessa Libuše (soprano), molto amata e rispettata per la sua saggezza. Un grave dissidio fra due giovani e potenti fratelli sulla divisione dell'eredità paterna minaccia la pace del paese, che rischia di essere diviso. La discordia è resa piú aspra da Krasava (soprano), una giovane innamorata di Chrudós (basso), uno dei due fratelli, che pensandosi non ricambiata, finge di amare l'altro, Šťáhlav (tenore). Libuše pensa di porre fine alla contesa secondo le antiche leggi: il patrimonio verrà diviso in parti uguali. Ma Chrudós, insoddisfatto per la sentenza, oltraggia pubblicamente la principessa, rinfacciandole come una donna non possa degnamente reggere le sorti di un regno. Libuše, offesa, sceglie come sposo un uomo semplice e saggio, Přemysl (baritono). Nel frattempo Krasava confessa a Chrudós i suoi veri sentimenti e ottiene da questo la promessa di riconciliarsi con il fratello. Davanti a Libuše e al suo promesso sposo ha luogo la riconciliazione tra i due fratelli, mentre il popolo inneggia alla saggia Libuše. La principessa, in una visione profetica, afferma che la "nazione ceca non perirà mai".

La prima rappresentazione di *Libuše* coincide con l'inaugurazione del Teatro Nazionale di Praga e con le nozze dell'arciduca Rodolfo con l'arciduchessa Stefania. Queste circostanze furono molto sentite da Smetana, e ancora oggi quest'opera è considerata sacra dalla nazione ceca e viene rappresentata in tutte le grandi occasioni della vita di questo popolo.

● **LIEBE DER DANAE, DIE**
(*L'amore di Danae*)
Mitologia gioviale in tre atti di Richard Strauss (1864-1949), su libretto di J. Gregor. Prima rappresentazione: Festival di Salisburgo, 14 agosto 1952.

Polluce (tenore), re di Eos, carico di debiti, vuole maritare la figlia Danae (soprano) al re di Lidia, Mida (tenore). Danae nel frattempo riceve in sogno la visita di Giove (basso) tramutato in una pioggia d'oro, e giura di appartenere a colui che le sappia dare, insieme con l'oro, i godimenti dell'amore. Mida, sotto le vesti del messaggero Crisoforo, annuncia a Danae l'arrivo del pretendente e la accompagna a riceverlo al porto. Dalla nave scende Giove. Danae, abbagliata, sviene. Giove scopre che Mida ama Danae e lo maledice. Mida, nel suo ardore amoroso, abbraccia Danae, tramutandola in una statua d'oro.

In alto:
locandina per *L'amore di Danae*, di R. Strauss.

Sopra:
il direttore d'orchestra inglese Raymond Leppard.

Ricompare Giove e Mida gli propone di lasciare la scelta alla statua. Danae sceglie Mida, e la vita torna a pulsare nelle sue vene. L'uomo, privato da Giove di ogni potere, rivela a Danae la sua povertà. Ma la donna è felice di essere unita all'uomo che ama. Giove vorrebbe riconquistare Danae e va a trovarla nelle vesti di un vagabondo. La donna però è irremovibile e si precipita tra le braccia dell'amato Mida.

Il virtuosismo della partitura e lo splendore orchestrale profuso in *Die Liebe der Danae* non riescono a nascondere le lungaggini e le incongruenze di un'opera che non si è mai affermata nei repertori. Essa ha tuttavia una pagina di autentica bellezza nel preludio del terzo atto, in cui Giove tenta per l'ultima volta di riconquistare Danae.

● **LIEBERMANN, ROLF**
(Zurigo 1910)
Compositore svizzero. Iniziò gli studi musicali a Zurigo e quindi a Budapest con H. Scherchen. Si perfezionò quindi con W. Vogel, con il quale sviluppò il linguaggio dodecafonico. In campo teatrale ottenne un grande successo la sua prima opera *Leonore 40/45* del 1952, seguita da *Penelope* (1954) e da *Die Schule der Frauen* (La scuola delle mogli) del 1957 che si ispira alla commedia di Molière *L'école des femmes*. Direttore artistico all'Opera di Stato di Amburgo (1959-73) e all'Opéra di Parigi (1973-80), nel 1987 ha avuto grande risonanza la prima esecuzione della sua ultima opera lirica, *La forêt* (La foresta), presentata al Grand Théâtre di Ginevra.

● **LIEBESVERBOT, ODER DIE NOVIZE VON PALERMO, DAS**
(Il divieto d'amare)
Opera in due atti di Richard Wagner (1813-1883), su libretto proprio, tratto da Measure for Measure *di W. Shakespeare. Prima rappresentazione: Magdeburgo, Stadttheater, 29 marzo 1836.*

Friedrich (baritono), governatore della Sicilia, approfittando dell'assenza del Duca impone al paese un rigido comportamento di vita: aboliti i divertimenti e istituita la condanna a morte per gli adulteri. I siciliani ridono dei decreti del governatore fino a quando un giovane gentiluomo, Claudio (tenore), viene ingiustamente condannato a morte per aver violato la legge. Implorato da Isabella (soprano), una novizia, sorella del condannato, Friedrich promette la grazia se ella gli si concederà. La giovane acconsente, ma escogita un espediente, mediante il quale al suo posto si presenterà Marianna (soprano), l'amante ripudiata dal governatore, anch'essa novizia. L'inganno riesce e Friedrich viene smascherato di fronte a tutti e, secondo la sua stessa legge, dovrebbe essere giustiziato. I siciliani aboliscono la legge e condannano il governatore a porsi a capo del corteo di carnevale, quindi dovrà sposare Marianna. Isabella sposerà Luzio (tenore), un amico fraterno di Claudio, che da sempre amava la giovane.

La prima rappresentazione fu un clamoroso fiasco. In seguito a questo avvenimento, Wagner insieme a molti cantanti, tra cui M. Planer, il soprano che sposò il compositore, si trasferirono da Magdeburgo a Königsberg.

Stilisticamente l'opera risente di molteplici influenze derivate soprattutto dall'opera italiana e francese.

● **LIGETI, GYÖRGY**
(Dicsöszentmárton, Transilvania 1923)
Compositore ungherese, naturalizzato austriaco. Allievo di F. Farkas e S. Veress a Budapest, nel 1957 si è trasferito a Vienna dove è entrato in contatto con i maggiori esponenti delle nuove correnti musicali, tra i quali Stockhausen e Eimert che lo hanno invitato a far parte dello Studio di Musica Elettronica della WDR di Colonia. Nelle sue prime composizioni, *Aventures* (Avventure) del 1962 e *Nouvelles Aventures* (Nuove avventure) del 1962-65, che non sono vere e proprie opere, Ligeti mostrò subito un vivo interesse per il mondo del teatro musicale. Poco piú di dieci anni dopo Ligeti ha iniziato la composizione (1974-77) della sua opera vera e propria, *Le grand macabre*, rappresentata a Stoccolma nel 1978.

♦ **LIMA, LUIS**
(Cordoba 1950)
Tenore argentino. Ha iniziato gli studi musicali nel 1970, alla Scuola del Teatro Colón di Buenos Aires, per poi, grazie a una borsa di studio, perfezionarsi al Conservatorio di Madrid. Dopo aver ottenuto numerosi riconoscimenti in importanti concorsi di canto internazionali, ha esordito nel 1974 a Lisbona come Turiddu (*La cavalleria rusticana*). La sua carriera si è quindi svolta inizialmente nell'ambito dei teatri di Stoccarda, Amburgo, Monaco e Berlino. Nel 1975 ha esordito alla Scala, nel 1978 al Metropolitan di New York (*La traviata*) e via via sui piú importanti palcoscenici internazionali. Artista di grande presenza scenica e vocale, Lima è celebre per le sue interpretazioni di *Don Carlo* e *Carmen*.

● **LINDA DI CHAMOUNIX**
Opera in tre atti di Gaetano Donizetti (1797-1848), su libretto di G. Rossi tratto da La

In alto:
una scena da *Linda di Chamounix*, di G. Donizetti.

A destra:
Il tenore argentino Luis Lima.

grâce de Dieu di Dennery. *Prima rappresentazione: Vienna, Kärntnertheater, 19 maggio 1842.*

L'azione si svolge in Francia, verso il 1670. Il marchese di Boisfleury (buffo), invaghito di Linda (soprano) figlia di Antonio (baritono) e Maddalena (soprano), due contadini di Chamounix, promette di aiutare la povera famiglia che rischia di essere sfrattata e di far educare la ragazza al suo castello. Poco dopo Carlo (tenore), un giovane pittore, giunge a trovare Linda, della quale si è innamorato. Egli è in realtà il visconte di Sirval, nipote del marchese, che non osa confessare a Linda il suo nome perché teme che la sua famiglia si opponga al matrimonio con una contadina. Il prefetto (basso) del villaggio, che conosce le ambigue intenzioni del marchese, consiglia i genitori di Linda di far allontanare la giovane per un po' di tempo: può andare a Parigi, presso un suo fratello. A Parigi, a causa della morte del fratello del prefetto, Linda è ospitata da Carlo, che attende dalla madre il permesso per poter sposare la fanciulla. Nella città giunge anche Antonio, in cerca di notizie della figlia: quando la vede, vestita elegantemente, la scaccia credendola una mantenuta e le dimostra tutto il suo disprezzo. In quello stesso momento, Pierotto (contralto), un giovane amico di Linda, porta la notizia che il visconte sta per sposare una nobildonna.

È troppo per la povera ragazza, e la sua mente ne esce sconvolta. Qualche tempo dopo a Chamounix giunge il visconte in cerca di Linda: ha rifiutato il matrimonio imposto dalla madre, ed ora vuole sposare Linda. Poco dopo arriva anche la fanciulla accompagnata da Pierotto. Linda non riconosce più nessuno, ma lentamente il visconte riesce, grazie a una canzone che era solito cantare, a farla tornare in sé. La giovane ritorna a nuova vita, e, tra la commozione e gli abbracci, tutto finisce nel migliore dei modi.

È la prima delle opere composte da Donizetti per la corte di Vienna. Il successo ottenuto fu tale che l'imperatore lo nominò compositore di corte e maestro di cappella imperiale, cariche che erano state di Mozart.

♦ **LINDENSTRAND, SYLVIA**
(Stoccolma 1941)
Mezzosoprano svedese. Ha compiuto gli studi musicali all'Accademia Reale di Musica della sua città e ha esordito all'Opera Reale di Stoccolma, dove ha cantato in *Don Giovanni*, *Le nozze di Figaro*, *Boris Godunov*, *Carmen*, ecc. Presente anche all'Opera di Drottningholm, la Lindenstrand è ospite di numerosi teatri europei (Aix-en-Provence, Grand-Théâtre di Ginevra, ecc.) ed è anche interprete di opere contemporanee; in tale repertorio è stata la protagonista delle *Baccanti* di D. Börtz, rappresentata nel novembre del 1991 a Stoccolma con la regia di I. Bergman.

♦ **LIPOVŠEK, MARJANA**
(Lubiana 1957)
Mezzosoprano jugoslavo. Dopo aver compiuto gli studi musicali nella città natale, si è perfezionata all'Accademia Musicale di Graz e all'Opera-Studio di Vienna (1978). Entrata nella compagnia dell'Opera di Stato di Vienna (1979), ha esordito al Festival di Salisburgo nella prima esecuzione mondiale di *Baal* di Cerha nel 1981. Sempre nello stesso anno è entrata nella compagnia dell'Opera di Stato di Amburgo. Gli anni seguenti l'hanno vista comparire sui maggiori palcoscenici internazionali: Scala di Milano, Monaco di Baviera, Deutsche Oper di Berlino, Covent Garden di Londra, ecc. Fra le maggiori cantanti oggi in attività, la Lipovšek, oltre che nei più importanti ruoli del repertorio tedesco, italiano e francese, ha dato notevole prova di sé anche come Marfa nella *Kovàncìna* (Vienna 1989) e Marina nel *Boris Godunov* (Vienna, 1991), interpretati sotto la direzione di C. Abbado.

● **LISZT, FRANZ**
(Raiding 1811 - Bayreuth 1886)
Compositore e pianista ungherese. Precocemente avviato dal padre allo studio della musica, grazie a una borsa di studio poté studiare a Weimar e a Vienna. Nel 1823 fu a Parigi, dove studiò composizione con Paër. A questo periodo risale l'unico tentativo operistico con il *Don Sanche* (Don Sancio). Rappresentata a Parigi nel 1825, l'opera ebbe scarso successo, tanto che dopo sole tre rappresentazioni venne tolta dal cartellone e finì per essere completamente dimenticata. L'idea di scrivere per il teatro in musica non abbandonò mai Liszt. Nella sua produzione si trovano le numerose trascrizioni pianistiche di opere di Rossini, Donizetti, Bellini, Verdi, Beethoven, ecc. Fondamentale poi la sua attività direttoriale, alla quale si legano alcune prime rappresentazioni o importanti riprese, come quella che segnò il successo del *Tannhäuser*, nel 1849 e quindi le prime di *Lohengrin* nel 1850, di *Der Fliegende Holländer* (Il vascello fantasma) nel 1853, *Alfonso und Estrella* (Alfonso ed Estrella) nel 1854 e *Der Barbier von Bagdad* (Il barbiere di Bagdad) nel 1858.

★ **LITUANI, I**
Opera in un prologo e tre atti di Amilcare Ponchielli (1834-1886), su libretto di A. Ghislanzoni dal Konrad Wallenrod di A. Mickiewicz. Prima rappresentazione: Milano, Teatro alla Scala, 7 marzo 1874.

Il cavaliere lituano Walter (tenore), cresciuto nell'Ordine Teutonico, senza però aver dimenticato le sue origini, è fuggito per ritornare in patria a riabbracciare la sua sposa Aldona (soprano), sorella del principe lituano Arnoldo (baritono). Lo stato di prostrazione del suo paese, messo in ginocchio da lunghi conflitti, fa sí che Walter ritorni tra i cavalieri teutonici per poter aiutare la causa lituana. Passano dieci anni e Walter, sotto il nome di Corrado di Wallenrod, è diventato Gran Maestro dell'Ordine Teutonico. allo scopo di riportare la pace in Lituania, Walter rende la libertà ad alcuni prigionieri del suo paese. Tra questi si trova anche Arnoldo, che riconosce in Corrado il cognato. Di

In alto:
il mezzosoprano jugoslavo
Marjana Lipovšek.

Sopra:
il compositore e pianista ungherese
Franz Listz.

questa sua scoperta Arnoldo rende partecipe sua sorella Aldona, la quale, dopo aver abbandonato il convento in cui si era rifugiata, era partita alla ricerca del marito, del quale non aveva piú notizie. Nel frattempo Vitoldo (basso), un rinnegato lituano, avanza ai Teutoni dei sospetti riguardo a Wallenrod. Anche Walter ha dei fondati timori, specie per la moglie, che ha potuto finalmente riabbracciare, e per il cognato, ma anche per se stesso, specie ora che i Teutoni hanno subíto una dura sconfitta. Dopo aver implorato la moglie di mettersi al sicuro, Walter si rinchiude nella torre della città per non cadere nelle mani dei Germanici. Arnoldo, a capo dell'esercito lituano, vittorioso sui Teutoni, accorre per salvare Walter, ma giunge troppo tardi: Walter è ormai in fin di vita, ha preferito avvelenarsi piuttosto che cadere in mano nemica. Sorretto da Aldona e da Arnoldo, Walter muore felice di poter vedere la libertà per la Lituania. Un coro di Willi saluta l'eroe immortale.

Dopo il grande successo ottenuto con *I promessi sposi*, rappresentati in una seconda versione al Teatro Dal Verme di Milano (1872), Ponchielli ricevette da Ricordi la commissione per una nuova opera per il Teatro alla Scala. Il compositore, intimidito dall'importanza di questo incarico, cercò quasi di eluderlo, avanzando a Ricordi continui dubbi sulle sue capacità compositive. Solo dopo essersi trasferito a Genova, Ponchielli riuscí a ritrovare se stesso e portare a termine la composizione dei *Lituani*. L'opera ottenne un grandissimo successo e diede notorietà al compositore, senza però entrare in repertorio, ed è raramente rappresentata.

LIVIETTA E TRACOLLO
Intermezzo in due parti di Giovanni Battista Pergolesi (1710-1736), su libretto di T. Mariani. Prima rappresentazione: Napoli, Teatro San Bartolomeo, 25 ottobre 1734.

Livietta (soprano) e l'amica Fulvia (mimo), entrambe travestite da uomo, intendono catturare Tracollo (basso), un ladro vagabondo, e il suo compare Faccenda (mimo), che hanno derubato il fratello di Livietta. Travestito da donna incinta, e con il nome di Baldracca, Tracollo si presenta a Livietta e a Fulvia, che fingono di dormire. Il bandito, che ha adocchiato una catenina al collo di Fulvia, tenta di rubargliela, ma Livietta smaschera il furfante. Per sfuggire all'arresto Tracollo tenta anche di sedurre Livietta, dichiarandosi perdutamente innamorato; la ragazza però non si lascia commuovere dalle dichiarazioni del furfante. Nella seconda parte, Tracollo, travestito da astrologo, si finge pazzo, tentando di commuovere Livietta. Ella a sua volta si finge morta. Alla fine, commossa dal dolore del bandito, si alza e gli concede la sua mano, dopo essersi fatta però promettere che da lí in avanti il vagabondo cambierà vita.

Rappresentato tra gli atti dell'*Adriano in Siria*, dello stesso Pergolesi, *Livietta e Tracollo*, con *La serva padrona*, è un Intermezzo di notevole importanza, perché segna l'avvio alla tradizione sette-ottocentesca dell'opera comica italiana. La musica è lieta e festosa e ricca di gustosi effetti comici.

LJUBOV K TREM APEL'SINAM
(*L'amore delle tre melarance*)
Opera in un prologo, quattro atti e dieci quadri di Sergej Prokof'ev (1891-1953), su libretto proprio, tratto dalla fiaba omonima di C. Gozzi. Prima rappresentazione: Chicago, Opera House, 30 dicembre 1921.

Nel prologo i tragici, i comici, i lirici e gli scervellati stanno discutendo su quale sia il miglior genere di spettacolo. Dieci "originali" li cacciano dal palco annunciando la rappresentazione dell'*Amore delle tre melarance*. Il re di coppe (basso), con l'aiuto del comico Truffaldino (tenore), del primo ministro Leandro (baritono) e del confidente Pantalone (baritono), organizza giochi e spettacoli per divertire il principe (tenore) ammalato di malinconia. Su uno sfondo di segni cabalistici, il mago Celio (basso) protettore del re e la fata Morgana (soprano) protettrice di Leandro. La fata vince il mago a carte. Nel palazzo, Leandro confida alla sua complice Clarice (contralto) un mezzo efficace per eliminare il principe: propinare allo sventurato letture noiosissime. Alla festa per far divertire il principe giunge anche la fata Morgana. La sua presenza rende gelida l'atmosfera. Truffaldino litiga con la fata e la manda a gambe all'aria. Il principe scoppia a ridere, la fata però si vendica: il principe dovrà partire in cerca di tre melarance, di cui s'innamorerà. Il giovane parte accompagnato da Truffaldino. I due giungono al castello della maga Creonta dove si trovano le melarance; qui il principe, regalando un nastro alla cuoca (basso), riesce a impadronirsi delle tre melarance. In un deserto Truffaldino, mentre il principe dorme, assetato, taglia due melarance, facendo morire le principesse che si trovano all'interno. Il principe, svegliatosi, apre il terzo frutto: ne esce la principessa Ninetta (soprano) che grazie all'aiuto degli "originali" non muore. Il principe corre ad avvertire il padre del suo desiderio di sposare Ninetta. Giunto a corte trova Smeraldina (mezzosoprano) messa da Morgana al posto del re. Ritorna la scena cabalistica: Celio e Morgana stanno litigando. Gli "originali" riescono a rinchiudere Morgana. Sala del trono. Fra il ribrezzo di tutti, si scopre che la principessa è stata trasformata da Morgana in un topo.

Una scena da Livietta e Tracollo, di G.B. Pergolesi, rappresentata per la prima volta al Teatro San Bartolomeo di Napoli nel 1734.

Interviene Celio che la muta nuovamente nella bella Ninetta. I traditori Smeraldina, Leandro e Clarice fuggono dalla fata Morgana, mentre il resto della corte festeggia gli sposi.

Accolta in maniera controversa, quest'opera, un miscuglio di satira, fiaba e commedia, è la risposta di Prokof'ev «contro il naturalismo e la routine dei grandi epigoni del teatro prerivoluzionario». La musica, ricca, varia, fantasiosa ben si adatta a mettere in luce il sapore fiabesco dell'opera di Gozzi. L'uso di solisti e coro, quest'ultimo suddiviso in gruppi (tragici, comici, cinici, ecc.) che intervengono a sottolineare i vari momenti dell'azione, rendono ancor piú evidente la novità e l'arditezza di questa partitura.

♦ LLOYD, ROBERT
(Southend-on-sea, Essex 1940)
Basso inglese. Dopo gli studi musicali a Oxford e al London Opera Centre, ha esordito con la Sadler's Wells Opera nel 1969. Nel 1972 è entrato a far parte della compagnia del Covent Garden di Londra, dove ancora oggi si esibisce regolarmente. Nel 1975 ha esordito negli Stati Uniti, a San Francisco, come Sarastro in *Die Zauberflöte* (*Flauto magico*) e quindi sui palcoscenici dell'Opéra di Parigi, Aix-en-Provence, Glyndebourne, Monaco di Baviera, ecc. Il suo repertorio comprende anche i ruoli di Gurnemanz (*Parsifal*) e di Boris (*Boris Godunov*) di Musorgskij, ruoli nei quali ha recentemente ottenuto notevoli consensi al Metropolitan di New York (1991) e alla Staatsoper di Vienna (1991).

LODOÏSKA
Commedia eroica in tre atti di Luigi Cherubini (1760-1842), su libretto di C.-F. Fillette-Loraux tratto da Les amours du Chevalier de Faublas *di J.-B. Louvet de Couvrai. Prima rappresentazione: Parigi, Théâtre Feydeau, 18 luglio 1791.*

L'azione si svolge in Polonia nel 1600. Il giovane conte Floreski (tenore), con il suo scudiero Varbel (baritono), è alla ricerca della sua fidanzata, la principessa di Altanno, Lodoïska (soprano), negatagli dal padre. I due giungono nei pressi del tetro castello del conte Dourlinski (baritono), qui vengono assaliti da una banda di tartari, comandati da Titzikan (tenore). Floreski e Varbel battono gli avversari e Titzikan offre la sua amicizia al giovane conte. Proprio in quel momento qualcuno getta delle pietre dalla torre; Floreski le raccoglie e vi trova un messaggio di Lodoïska, prigioniera del castello. Varbel suggerisce a Floreski di entrare nel castello, fingendosi fratelli di Lodoïska venuti per riportarla a casa. Poco dopo, mentre Dourlinski tenta di convincere Lodoïska a diventare sua sposa, giungono i due falsi fratelli. Dopo un'inutile richiesta di rilascio della ragazza, i due chiedono di passare la notte al castello. Dourlinski acconsente; tenta quindi di avvelenare Floreski e Varbel, ma quest'ultimo si accorge dell'inganno, riuscendo a sostituire i bicchieri. I due tentano di uscire e di salvare Lodoïska, ma sopraggiunge il conte che li fa imprigionare. Quando la situazione sembra ormai precipitare, si odono dei colpi di cannone: sono i tartari che prendono d'assalto il castello. Mentre infuria la battaglia, scoppia un incendio e Floreski salva Lodoïska prima che la torre crolli e viene salvato a sua volta da Titzikan che strappa un pugnale dalla mano di Dourlinski. Lieto fine: i due amanti possono finalmente riunirsi tra la gioia generale.

È la seconda opera scritta da Cherubini, e ottenne un clamoroso successo, facendo registrare duecento repliche consecutive. Si tratta del piú grande successo teatrale francese in piena rivoluzione, e il consenso ricevuto veniva a compensare il musicista del fallimento della sua prima opera parigina, *Démophoon*. *Lodoïska* è un'anticipazione dell'opera romantica, anche nella scelta del soggetto avventuroso.

LODOLETTA
Dramma lirico in tre atti di Pietro Mascagni (1863-1945), su libretto di G. Forzano. Prima rappresentazione: Roma, Teatro Costanzi, 30 aprile 1917.

Verso il 1850, in un villaggio olandese. Il pittore francese Flammen (tenore), costretto a sottrarsi alla polizia da cui è ricercato per motivi politici, si rifugia in un villaggio olandese dove incontra una fanciulla, Lodoletta (soprano), da poco rimasta orfana del padre. Fra i due nasce una viva simpatia che si tramuta ben presto in amore. Flammen assicura Lodoletta che non l'abbandonerà, ma, ottenuto il permesso di rientrare in Francia, non sa resistere alle lusinghe della capitale e lascia il villaggio. Lodoletta lo raggiunge però a Parigi, dove Flammen, tormentato dal rimorso e dal ricordo della fanciulla, non riesce a partecipare all'atmosfera

---

In alto:
bozzetto per *L'amore delle tre melarance* di S. Prokof'ev.

A sinistra:
il basso inglese Robert Lloyd.

LOHENGRIN

spensierata della festa di fine anno. Lodoletta, nascosta, scorge da una finestra Flammen danzare; non sa reggere alla disperazione e alla fatica e cade sfinita nella neve senza piú alzarsi. Flammen, uscito in giardino, comprende troppo tardi l'accaduto e, piangendo, stringe il corpo della fanciulla.

Il soggetto dell'opera – tratto dalla novella *Two Little Woodden Shoes* di Ouida, pseudonimo di Marie Louise Ramé – aveva già sollecitato l'ispirazione di Puccini che, dopo avere incaricato prima R. Bracco poi G. Adami di ricavarne una riduzione teatrale, abbandonò il progetto. La partitura presenta una certa disorganicità nel passaggio tra i primi due atti, la cui atmosfera fresca e idilliaca sembra richiamare quella dell'*Amico Fritz*, e il terzo in cui le tinte si fanno piú drammatiche.

★ **LOHENGRIN**
Azione invisibile per solista, strumenti e voci di Salvatore Sciarrino (n. 1947), su testo dell'autore, tratto da J. Laforgue. Prima rappresentazione (col sottotitolo Melodramma*), Milano, Piccola Scala "A. Toscanini", 15 gennaio 1983. Prima rappresentazione nella versione definitiva: Catanzaro, 9 settembre 1984.*

Moralités légendaires di Laforgue, da cui è tratto il testo, si accosta con grande rilievo drammatico alla figura di Elsa. In un ospedale psichiatrico, la donna è preda di continui deliri dati dall'eroina.
L'abbandono di Lohengrin viene rivissuto da Elsa, che abbraccia un cuscino che si trasforma in un cigno, rievocando la mancata notte di nozze e un quanto mai improbabile ritorno del cavaliere. Sciarrino ha voluto scavare «un mostruoso paesaggio dell'anima» ed esplorare nella «notte infinita» della mente di Elsa.
La vicenda, fortemente interiorizzata, si snoda in un'atmosfera onirica che si confà al linguaggio musicale del compositore siciliano, essenzialmente fatto di immobili ricercatezze, che evocano suoni prossimi al rumore.

★ **LOHENGRIN**
Opera romantica in tre atti di Richard Wagner (1813-1883), su libretto proprio. Prima rappresentazione: Weimar, Hoftheater, 28 agosto 1850.

222

In alto:
oleografia dell'epoca per il *Lohengrin* di R. Wagner.

A destra:
un figurino per Elsa, la protagonista del *Lohengrin*.

Ad Anversa nella prima metà del secolo X. Davanti al re Enrico l'Uccellatore (basso), Federico di Telramondo (baritono) conte brabantino, sobillato dalla moglie Ortruda (mezzosoprano), accusa Elsa (soprano), figlia del duca di Brabante, di fratricidio. Federico invoca la punizione della colpevole e rivendica a sé la successione nel ducato di Brabante. Elsa, sollecitata dal re, non si difende. Enrico rimette allora la sentenza al giudizio di Dio: ed ecco, tra l'attonito stupore dei presenti, avvicinarsi una navicella trainata da un candido cigno, e discenderne un cavaliere dall'armatura d'argento. È Lohengrin (tenore), che si dichiara pronto a difendere l'onore della fanciulla, che però non dovrà mai chiedergli il nome, né donde provenga. Telramondo viene sconfitto e bandito dal regno. Ortruda, smaniosa di vendetta, avvicina Elsa con falsa premura e l'ammonisce di non credere ciecamente nell'ignoto cavaliere, insinuando il sospetto nell'animo della giovane. Il giorno dopo si stanno per celebrare le nozze di Lohengrin con Elsa. Mentre il corteo nuziale si accinge a salire i gradini della chiesa, Ortruda accusa il misterioso cavaliere di aver vinto Telramondo con arti magiche e questi a sua volta reclama che Lohengrin riveli il suo nome e la sua origine. Ma ne ottiene un rifiuto: solo a Elsa, dice il cavaliere, egli dovrà rispondere se questa glielo chiederà. Poco dopo, nella camera nuziale, Elsa, ormai preda del dubbio, non può trattenersi dal porre domande e invano il cavaliere tenta di placarne i sospetti. Improvvisamente Telramondo con i suoi sgherri irrompe nella stanza per uccidere Lohengrin, ma questi lo abbatte fulmineamente. Tuttavia il destino è segnato: poiché Elsa lo vuole, Lohengrin in presenza del re e dei nobili svelerà il suo mistero e darà l'addio alla sposa. Nello stesso luogo ove giunse il giorno prima, Lohengrin parla: egli viene da Monsalvat, una rocca dove una schiera di eroi puri custodisce il sacro Graal, il calice usato da Gesú nell'ultima cena. A questi cavalieri sono concessi poteri sovrumani quando scendono nel mondo a difendere gli innocenti in pericolo, ma se il loro mistero è svelato essi devono ritornare a Monsalvat. Egli è Lohengrin, figlio di Parsifal, re del Graal. Elsa, disperata, cerca di trattenere il cavaliere. Sulle acque della Schelda si profila il cigno che lo riporterà alla rocca. Si avanza Ortruda: con empia gioia la donna rivela che quel cigno non è altri che il fratello di Elsa, da lei cosí mutato per sortilegio. Lohengrin si raccoglie in preghiera e a un tratto esce dal fiume Goffredo, mentre il cigno scompare. Lohengrin si allontana, mentre Elsa cade esanime tra le braccia del fratello.

La stesura dell'opera impegnò Wagner dal 1845 al 1848. *Lohengrin* rappresenta una tappa importante nella realizzazione della riforma che il compositore tedesco andava da tempo perseguendo. Sono evidenti gli sforzi di spezzare le forme chiuse delle arie, in favore di un declamato che qui, nel personaggio di Ortruda, giunge ad altissimi risultati espressivi.

■ **LOMBARD, ALAIN**
(Parigi 1940)
Direttore d'orchestra francese. Iniziò lo studio del violino con L. Talluel. Ha quindi studiato pianoforte e direzione d'orchestra al Conservatorio della città natale. Sebbene avesse diretto già all'età di undici anni, fu solamente a diciotto anni che ebbe inizio la sua carriera vera e propria. Ha diretto all'Opera di Lione (1961-65), mentre nel 1963 ha esordito negli Stati Uniti, all'American Opera Society (*Hérodiade*), e nel 1967 ha debuttato al Metropolitan (*Faust*). Direttore artistico dell'Opéra du Rhin (1974-80), direttore musicale all'Opéra di Parigi (1981-83), e dal 1988 direttore dell'Orchestra Nazionale di Bordeaux-Aquitania. Tra le sue migliori interpretazioni liriche si ricordano le incisioni di *Lakmé* (1971) di Delibes e *Turandot* (1977) di Puccini.

LOMBARDI ALLA PRIMA CROCIATA, I
Dramma lirico in quattro atti di Giuseppe Verdi (1813-1901), su libretto di T. Solera, tratto dall'omonimo poema di T. Grossi. Prima rappresentazione: Milano, Teatro alla Scala, 11 febbraio 1843.

Fine dell'XI secolo. Pagano (basso) torna a Milano dall'esilio, al quale era stato condannato per aver ferito il fratello Arvino (tenore) perché Viclinda (soprano) aveva preferito sposare Arvino anziché lui. I due fratelli si perdonano, ma Pagano nutre ancora propositi di vendetta e dopo aver assoldato alcuni sicari intende rapire Viclinda. La notte dell'attentato, al buio, Pagano inavvertitamente uccide suo padre. Disperato, cerca di suicidarsi, ma lo arrestano. Molti anni dopo Arvino prende parte alla prima crociata, ma sua figlia Giselda (soprano), prigioniera di Acciano (basso), è amata dal figlio di questo, Oronte (tenore). Intanto Arvino è giunto nei pressi di Antiochia. Un eremita, che in realtà è Pagano, ritiratosi in una caverna per espiare il parricidio, si dichiara disponibile ad accompagnare i crociati nella conquista della città. Giselda viene liberata; la giovane però, credendo che Oronte sia stato ucciso, impreca contro l'ingiusto dio che permette queste stragi. Oronte invece non è morto; ferito e travestito da crociato raggiunge Giselda nel campo dei lombardi. I due giovani fuggono e trovano rifugio nella grotta dell'eremita. Oronte riceve il battesimo, e spira tra le braccia della fanciulla amata. Pagano riunisce Giselda al padre, proprio mentre i crociati stanno per conquistare Gerusalemme. Nell'ultima e decisiva battaglia l'eremita è ferito a morte. Portato nella tenda di Arvino, rivela di essere Pagano. Il fratello lo perdona e Pagano muore sereno guardando le bandiere cristiane che sventolano su Gerusalemme conquistata.

Il gusto romantico del "medievale", con le sue ballate, consentí a Verdi questo primo riuscito esperimento di opera largamente popolare.

♦ **LONDON, GEORGE**
(Montreal 1919 - Armonk, New York 1985)
Nome d'arte di George Burnstein, basso-baritono canadese d'origine russa. Studiò a Los Angeles esordendo, con il nome di George Burnson, come Dottore (*La traviata*) all'Hollywood Bowl di Los Angeles nel 1942. Si perfezionò quindi a New York dove cantò in musical e operette, finché nel 1949 venne scritturato da K. Böhm per la Staatsoper di Vienna dove esordí come Amonasro (*Aida*). Già a partire dal 1950 cantava a Glyndebourne (*Le nozze di Figaro*), mentre nel 1951 esordí a Bayreuth, dove si affermò come uno dei migliori interpreti wagneriani (Amfortas, l'Olandese, Wotan). Acquisita in breve tempo una vasta notorietà internazionale, London si esibí sui maggiori palcoscenici: alla Scala di Milano, al Covent Garden di Londra, al Bolscioi di Mosca, ecc. Le non comuni doti vocali, la ricchezza timbrica e la notevole estensione, a cui si aggiunge una straordinaria presenza interpretativa, lo fecero brillare non solo in Mozart e Wagner, ma anche nelle opere di Musorgskij (*Boris Godunov*), Strauss (*Arabella*), Puccini (*Tosca*), ecc. Ritiratosi dalle scene nel 1967, si dedicò alla regia, quindi dal 1975 al 1980 diresse l'Opera Society di Washington. Una notevole discografia è rimasta a testimonianza della sua grande personalità artistica.

★ **LONG CHRISTMAS DINNER, THE**
(Il lungo pranzo di Natale)
Opera in un atto di Paul Hindemith (1895-1963), su libretto proprio, tratto dall'omonimo atto unico di Th. Wilder. Prima rappresentazione: Mannheim, 17 dicembre 1961 (nella versione tedesca, col titolo Das Lange Weihnachtsmahl).

Nella stanza da pranzo della famiglia Bayard, tutto è pronto per il pranzo di Natale. La vicenda copre novant'anni: novanta pranzi di Natale. Si inizia con

Una scena da *I lombardi alla prima crociata*, di G. Verdi.

l'inferma mamma Bayard, suo figlio Roderick e sua moglie Lucia. La vecchia ricorda i tempi passati. Entra il cugino Brandon e sono passati cinque anni. Mentre la conversazione continua, la sedia a rotelle di mamma Bayard scivola verso una porta nera che raffigura la morte. I discorsi proseguono pressoché identici. Entra una balia con il figli di Roderick e Lucia: poi la sorellina Geneviève. Passano gli anni: a capo della famiglia è ora Charles, perché suo padre Roderick è seriamente ammalato e dopo poco muore. Charles si sposa con Leonora Banning. Dalla loro unione nasce un bimbo, che però ha vita breve. Quindi spariscono anche Brandon e Lucia. Geneviève ne è sconvolta. Nascono due gemelli, poi un altro bimbo. Nella famiglia giunge anche la cugina Ermengarda. Sarà lei, dopo altri avvenimenti tristi e lieti, ad annunciare, rimasta sola, che si sta costruendo una nuova casa per la nuova generazione.

The long Christmas Dinner fu l'ultimo lavoro teatrale di Hindemith. Il maestro, che già in *Die Harmonie der Welt* (Armonia del mondo) aveva mostrato minore freschezza, dà qui prova di un crescente accademismo e di un'ispirazione ormai stanca.

♦ **LOPARDO, FRANK**
(New York 1958)
Tenore statunitense d'origine italiana. Ha studiato a New York cogliendo la prima importante affermazione nel 1984 a St. Louis, nel ruolo di Tamino in *Die Zauberflöte* (Il flauto magico). Si è subito messo in luce nel repertorio mozartiano esibendosi alla Scala di Milano (*Don Giovanni*, 1986), Festival di Glyndebourne (*Cosí fan tutte*, 1987), Aix-en-Provence (*Don Giovanni*), ecc. Affermato anche come interprete di Rossini (*Il barbiere di Siviglia*, *Il viaggio a Reims*, ecc.), oltre che di Donizetti (*L'elisir d'amore*), si esibisce regolarmente sui palcoscenici del Covent Garden di Londra, del Lyric Opera di Chicago, del Metropolitan di New York e della Staatsoper di Vienna.

★ **LORELEY**
Azione romantica in tre atti di Alfredo Catalani (1854-1893), su libretto di C. D'Ormeville e A. Zanardini. Prima rappresentazione: Torino, Teatro Regio, 16 febbraio 1890.

In Germania attorno all'anno 1300. Walter (tenore), signore di Oberwesel, che sta per sposare Anna di Rehberg (soprano), nipote del margravio di Biberich (basso), si è invaghito di Loreley (soprano), una giovane orfana. Quando la fanciulla apprende che Walter è ormai deciso a sposare Anna, invoca l'aiuto del re del Reno. Loreley si getta nel fiume e ne esce poco dopo trasformata in una stupenda creatura capace di conquistare per sempre l'infedele Walter. L'indomani, mentre si stanno svolgendo le nozze di Walter e Anna, compare Loreley che canta affascinando Walter, il quale si allontana per seguirla, invano trattenuto da Anna. Walter apprende poi che Anna è morta di dolore e disperato vorrebbe gettarsi nel fiume, ma le ondine e la stessa Loreley glielo impediscono. Walter e Loreley rivivono i momenti piú belli del loro amore. Loreley sta per stringere il giovane tra le sue braccia, ma quando gli spiriti dell'aria le ricordano che ha giurato fedeltà al re del Reno, dice addio per sempre a Walter e scompare nel fiume. Il giovane disperato si getta anch'esso nei flutti.

Loreley è il rifacimento di una precedente opera, *Elda*, composta dieci anni prima. Questa rielaborazione (*Elda* era la prima opera di Catalani) ottenne un buon successo, e da allora è stata abbastanza frequentemente rappresentata nei maggiori teatri del mondo.

♦ **LORENGAR, PILAR**
(Saragozza 1929)
Soprano spagnolo. Compiuti gli studi musicali al Conservatorio di Barcellona, ha fatto il suo esordio nel 1949 come mezzosoprano, a cui è seguito il debutto come soprano nel 1952. Attiva inizialmente nel campo della zarzuela e nel repertorio concertistico, la Lorengar ha avuto il primo riconoscimento internazionale al Festival di Aix-en-Provence, dove ha interpretato Cherubino (*Le nozze di Figaro*) nel 1955. L'anno dopo, la sua Pamina in *Die Zauberflöte* (Il flauto magico), a Glyndebourne, la consacrava definitivamente al successo. È successivamente apparsa al Covent Garden (*La traviata*), al Metropolitan di New York (*Don Giovanni*, 1963); alla Deutsche Oper di Berlino (dal 1959), ecc. Il suo vasto repertorio si è inizialmente basato sulle opere mozartiane, alle quali ha ben presto affiancato opere di Verdi, Puccini e Wagner.

★ **LORENZACCIO**
Melodramma romantico in cinque atti, ventitré scene e due fuori programma di Sylvano Bussotti (n. 1931) in omaggio all'omonimo dramma di A. de Musset. Testo dell'autore. Prima rappresentazione: Venezia, Teatro La Fenice, 7 settembre 1972.

Sopra:
il tenore statunitense
Frank Lopardo.

In alto:
una scena da *Loreley*, di A. Catalani.

A Firenze. È notte; alcuni giovinastri preparano il rapimento di Uliva, per conto del duca Alessandro de' Medici. Maffio, fratello di Uliva, offeso dal rapimento, organizza una rivolta popolare contro i Medici. Mentre i personaggi di Alfred de Musset e George Sand discutono d'arte, iniziano le vicende di Lorenzo, un susseguirsi di congiure e di duelli. Le allegorie dello Stato e della Chiesa, con a fianco de Musset e la Sand, fungono da spettatori-giudici delle varie situazioni della vicenda, fino al finale in cui tutti i personaggi sfilano accompagnati da Eros, Maestà e Morte, con tristi nenie e danze verso la tomba.

Composta da Bussotti tra il 1968 e il 1972, e rappresentata nel quadro del XXXV Festival di musica contemporanea di Venezia, rappresenta uno dei suoi risultati piú interessanti. In essa confluiscono tutti i mezzi del teatro musicale, che, filtrati dalla poetica fantastica dell'autore, generano un'opera grandiosa e di impianto stilistico estremamente originale.

▲ LORENZI, GIOVANNI BATTISTA
(Napoli 1721-1807)

Librettista italiano, abate, accademico erudito, conoscitore della letteratura francese contemporanea. Nel 1763 entrò a far parte della compagnia del Teatro di Corte di Napoli, del quale divenne direttore e revisore regio nel 1769. Già dal 1768 aveva iniziato a fornire i soggetti per numerosi compositori della sua epoca tra cui D. Cimarosa (*L'apparenza inganna*, *Il marito disperato*), G. Paisiello (*L'idolo cinese*, *Don Chisciotte*, *Il Socrate immaginario*, *Nina ossia la pazza per amore*, ecc.) e N. Piccinni (*Gelosia per gelosia*, *La corsara*, ecc.), dando un importante contributo allo sviluppo dell'opera buffa napoletana.

● LORTZING, GUSTAV ALBERT
(Berlino 1801-1851)

Compositore, attore, cantante e direttore d'orchestra tedesco. Figlio di attori, studiò la musica da autodidatta esibendosi contemporaneamente come attore e cantante. Suonò anche in diverse orchestre come violoncellista. Nel 1833 ricevette una scrittura al Teatro Comunale di Lipsia, dove si esibí come cantante e attore, mentre nel 1844 vi esordí come direttore d'orchestra. Ancora come direttore d'orchestra operò al Theater an der Wien di Vienna (1846-48) e a Berlino (1850-51). La sua produzione, che fu assai popolare, comprende le opere *Zar und Zimmermann* (Zar e carpentiere) del 1837, *Der Wildschütz* (Il bracconiere) del 1845 e *Undine* del 1845, che sono considerate le sue maggiori partiture.

♦ LOTT, FELICITY
(Cheltenham 1947)

Soprano inglese. Ha studiato alla Royal Academy of Music, esordendo come Pamina in *Die Zauberflöte* (*Il flauto magico*) alla English National Opera (1975). Nel 1976 ha preso parte alla prima mondiale di *We Come to the River* di Henze al Covent Garden, dove ha poi interpretato la Marescialla in *Der Rosenkavalier* (*Il cavaliere della rosa*), oltre ad opere di Britten e Wagner. Ospite regolare del Festival di Glyndebourne, dove è apprezzata interprete mozartiana e straussiana, la Lott si esibisce a New York, Chicago, e in numerosi altri teatri americani ed europei anche come rinomata esecutrice del repertorio concertistico.

● LOUISE
(Luisa)

Romanzo musicale in quattro atti e cinque quadri di Gustave Charpentier (1860-1956), su libretto proprio. Prima rappresentazione: Parigi, Opéra-Comique, 2 febbraio 1900.

L'azione si svolge a Parigi, alla fine del XIX secolo. Luisa (soprano), una bella sartina figlia di operai, amoreggia con Giuliano (tenore), un giovane poeta squattrinato. La madre (mezzosoprano) di Luisa sorprende i due in colloquio e li interrompe bruscamente, rimproverando aspramente la figlia. Interviene anche il padre (baritono) che, pur mostrandosi dello stesso parere della moglie, si mostra piú comprensivo. Luisa promette di non vedere piú Giuliano, ma poi, leggendo in un giornale la bella vita di Parigi, scoppia in un pianto disperato. Qualche giorno dopo Giuliano raggiunge Luisa mentre si sta recando in sartoria e cerca di convincerla a lasciare la famiglia per vivere con lui. Poco dopo, in sartoria, tra le chiacchere delle sartine, dalla strada giunge la voce di Giuliano che intona una serenata. Luisa finge un malore, esce e si allontana al fianco del giovane. I due vivono a Montmartre e invocano Parigi affinché protegga il loro amore, la loro vita libera e felice. Durante una festa di bohémiens, Luisa viene incoronata musa di Montmartre; la festa è però interrotta dall'arrivo della madre di Luisa che supplica la figlia di tornare a casa: il padre è seriamente ammalato e invoca la sua presenza. Luisa si commuove e segue la madre che le ha promesso di lasciarla tornare da Giuliano quando vorrà. Il padre guarisce, ma egli e la madre continuano a tenersi vicina la figlia. Luisa sente il richiamo di Parigi, vuole tornare alla vita felice e spensierata che ha lasciato. Dopo un violento scontro con i genitori, la ragazza fugge per andare verso quel mondo che predilige, mentre il padre maledice la città che gli ha sottratto ciò che aveva di piú caro.

Louise è l'opera musicale piú riuscita fra quelle legate al naturalismo francese; ebbe uno strepitoso successo e divenne popolarissima. Il suo esito è da ricollegarsi a diversi elementi, tra cui la semplicità musicale, il suo concreto realismo, la sua apertura sociale e l'esaltazione della libertà e del piacere, nella visione gradita agli anarchici. L'opera è poi piena di spunti autobiografici legati alla vita del compositore a Montmartre e alle sue idee socialisteggianti.

● LUALDI, ADRIANO
(Larino, Campobasso 1885 - Milano 1971)

Compositore, direttore d'orchestra e critico musicale italiano. Studiò al Conservatorio di Roma e poi a Venezia con E. Wolf-Ferrari,

Il soprano spagnolo Pilar Lorengar.

diplomandosi nel 1907. Iniziò un'intensa attività di direttore d'orchestra, organizzando manifestazioni e festival musicali, tra cui quello di Venezia dedicato alla musica contemporanea (1930, 1932 e 1934). Diresse in America Latina, Germania e Russia; contemporaneamente fu molto attivo anche come compositore. Tra le sue opere teatrali si ricordano: *Le furie di Arlecchino* (1915), *Guerin meschino* (1920), *La figlia del re* (1922) e *Il diavolo nel campanile* (1925).

♦ LUCHETTI, VERIANO
(Tuscania, Viterbo 1939)
Tenore italiano. Dopo aver studiato canto privatamente, ha debuttato al Teatro Nuovo di Spoleto (*Fedora* di Giordano), cogliendo una prima importante affermazione, sempre a Spoleto al Festival dei Due Mondi, nel 1967, con *Il furioso all'isola di San Domingo* di Donizetti. Ottenne grande successo la sua interpretazione di *L'africaine* (*L'africana*) di Meyerbeer al Maggio Musicale Fiorentino (1971) al fianco di J. Norman. Inizia così una brillante carriera che ha visto Luchetti esibirsi sui maggiori palcoscenici internazionali, in un repertorio che comprende opere di Verdi, Puccini, Bizet, ecc. Particolarmente degne di nota le sue incisioni di *Nabucco* (1977) e *Macbeth* (1986) dirette rispettivamente da R. Muti e R. Chailly.

In alto:
stampa caricaturale
della *Lucia di Lammermoor*,
di G. Donizetti.

A destra:
il tenore italiano Veriano Luchetti.

Al centro:
il librettista italiano Salvatore Cammarano.

● LUCIA DI LAMMERMOOR
Dramma tragico in tre atti di Gaetano Donizetti (1797-1848), su libretto di S. Cammarano, tratto dal romanzo The Bride of Lammermoor *di W. Scott. Prima rappresentazione: Napoli, Teatro San Carlo, 26 settembre 1835.*

Scozia, fine del XVI secolo. Nel giardino del castello di Ravenswood, lord Enrico Ashton (baritono), preoccupato perché le lotte politiche hanno indebolito il suo casato, progetta di far sposare sua sorella Lucia (soprano) a lord Arturo Bucklaw (tenore). Ma Normanno (tenore), capo degli armigeri di Enrico, ha però il sospetto che Lucia abbia un amore segreto, un uomo che un giorno l'ha salvata, uccidendo un toro infuriato. Il sospetto poi si va precisando: quell'uomo è il nemico di Enrico, Edgardo di Ravenswood (tenore). Poco dopo Lucia incontra in segreto Edgardo, che le annuncia che deve partire per la Francia. Il giovane vorrebbe chiedere la mano di Lucia a Enrico, ma lei, che conosce il profondo odio del fratello, lo dissuade, giurando però la sua fede eterna. Per costringere Lucia a piegarsi alla sua volontà, Enrico le mostra una falsa lettera che Edgardo avrebbe spedito a un'altra donna. Lucia non dubita del fratello e presta fede all'inganno e, con dolore, accetta di sposare lord Bucklaw. In una sala del castello, piena di invitati, mentre Lucia firma il contratto, entra a forza Edgardo che la accusa con disperazione per la sua infedeltà e maledice tutti gli Ashton. Piú tardi, alla torre di Wolferag, Enrico sfida a duello Edgardo: si batteranno presso le tombe dei Ravenswood. Al castello intanto, mentre continuano i festeggiamenti per le nozze, Raimondo (basso), confidente di Lucia, annuncia che la donna, completamente impazzita, ha ucciso Arturo. Sopraggiunge Lucia: nella sua follia, rievoca fatti e fantasmi, crede di essere di fronte all'altare e di sposare Edgardo. Ravenswood intanto, ignaro di quanto è accaduto, attende l'arrivo di Enrico, deciso a lasciarsi uccidere, poiché la vita per lui non ha piú nessun significato. Giunge Raimondo che gli annuncia la morte di Lucia. Il giovane, disperato, dopo aver rivolto un'invocazione all'anima dell'amata, si uccide pugnalandosi.

Il libretto segue fedelmente il romanzo di W. Scott. La partitura fu scritta dal compositore in trentasei giorni. Questo lavoro situa Donizetti in primo piano anche nel campo delle opere serie e apre il periodo della sua maturità. La prima rappresentazione ebbe un successo eccezionale di pubblico e di critica, e l'opera ancora oggi continua ad essere rappresentata con grandissimo successo.

● LUCIO SILLA
Melodramma in tre atti di Wolfgang Amadeus Mozart (1756-1791), su libretto di G. de Gamerra. Prima rappresentazione: Milano, Teatro Ducale, 26 dicembre 1772.

LA FOLLIA NEL MELODRAMMA

La grande scena della pazzia della *Lucia di Lammermoor* di Donizetti è senza alcun dubbio il momento piú celebre dell'opera, e allo stesso tempo rappresenta il punto piú alto dell'espressività operistica del primo romanticismo italiano, che aveva trovato nelle scene di delirio o di follia uno dei poli, se non il fulcro principale, di buona parte dei melodrammi di questo periodo. L'importanza che il compositore dava a questo genere di scene drammatiche lo si deduce dall'ampiezza (anche in termini di durata) e dalla cura con le quali venivano concepite: nella citata scena della pazzia della *Lucia di Lammermoor*, per esempio, troviamo un momento corale, con la presenza di un solista (in questo caso un basso) che descrive l'oscuramento della ragione dell'eroina e ne prepara l'ingresso, e quando questa entra, tutta l'attenzione si concentra su di lei: in un ampio recitativo ("Il dolce suono") Lucia ricostruisce la propria vicenda sentimentale, rivivendola; si giunge cosí all'aria – che in questo caso ha piú il carattere di un arioso ("Ardon gli incensi"), una sorta di prolungamento del recitativo. In questo momento, lirico, la protagonista, ormai completamente proiettata in una dimensione ultraterrena, crede di realizzare il suo sogno d'amore; quindi, dopo una scena di collegamento, la "follia" si conclude con una cabaletta ("Spargi d'amaro pianto"), nella quale Lucia, ritrovando per un momento una dolorosa lucidità, dà il suo addio alla vita terrena. Generalmente affidate a personaggi femminili, le scene di follia esprimono l'unica condizione in cui l'eroina-vittima trova una propria impossibile attuazione sentimentale, ma anche una sorta di rivalsa nei confronti dei propri aguzzini. Prima di *Lucia di Lammermoor*, Donizetti aveva dimostrato in altre opere la sua sapienza teatrale e musicale in questo genere di scene, come nel finale dell'*Anna Bolena*, con la bellissima aria "Al dolce guidami castel natio", una delle piú alte creazioni donizettiane e una delle massime esaltazioni dell'eroina romantica. Prima di Donizetti un altro grande compositore, Vincenzo Bellini, aveva inserito nelle opere vaneggiamenti, deliri, smarrimenti e sonnambulismi. Ricordiamo il doloroso delirio di Imogene che chiude *Il pirata*, quel sottile velo di pazzia che pervade l'Amina della *Sonnambula* e soprattutto l'Elvira dei *Puritani*, in cui, grazie alla straordinaria vena lirica del compositore, la protagonista vaga con la mente in uno struggente ricordo dell'amore perduto. Alla base di tutto questo fiorire di pazzie sta la poetica dell'operismo del primo romanticismo, rinchiusa nel suo retaggio belcantista che rifugge dalla tragedia: Imogene, Elvira, Anna Bolena, Lucia, ecc., sono prigioniere delle loro espressioni sognanti e patetiche, per loro non vi può essere una catarsi. L'unica via di fuga per le eroine è la pazzia, che diventa la ricerca, nel proprio essere vittime, delle ragioni del proprio dramma irresolubile. Il canto che esprime gli smarrimenti, i deliri di queste eroine, è fatto di melodie struggenti, di coloriture; solo quando sui palcoscenici italiani si farà avanti la figura di Giuseppe Verdi il canto assumerà i contorni del dramma; avremo cosí il sonnambulismo di Lady Macbeth, espressione di una tragedia vissuta, e non solamente subita.

In alto:
il soprano italiano Mariella Devia nella *Lucia di Lammermoor*, di G. Donizetti.

A destra:
costume per il personaggio di Elvira de *I puritani* di V. Bellini.

L'azione si svolge nell'antica Roma. Il dittatore Silla (tenore) ama, non corrisposto, Giunia (soprano), figlia di Mario, promessa sposa di Cecilio (soprano), esiliato ma fermamente deciso a farla sua sposa. Cecilio, tornato segretamente a Roma, si incontra con Giunia. Lo scopo principale del suo ritorno è una congiura contro Silla, a cui prende parte anche Cinna (tenore), sentimentalmente legato a Celia (soprano), sorella di Silla. La congiura viene scoperta e Cecilio è condannato a morte. Giunia non esita a condividerne la sorte e, ormai decisa a tutto, davanti al senato e al popolo rinfaccia a Silla i suoi soprusi e le sue prepotenze. Silla non può che ammettere i propri torti: Cecilio e i congiurati vengono liberati e si celebrano i due matrimoni, quello di Giunia con Cecilio e quello di Cinna con Celia.

È questa l'ultima opera che Mozart compose per l'Italia. Per la prima rappresentazione il ruolo di Silla venne interpretato dal tenore B. Morgnone. Sprovvisto di grande esperienza, Morgnone non offriva molto affidamento, e Mozart quindi gli affidò solo due arie, molto convenzionali, concentrando la sua attenzione e la sua cura sui personaggi di Giunia e di Cecilio, interpretati da cantanti di grande valore. L'opera però non ebbe il successo sperato, tanto che Mozart affermò che era nata sotto una cattiva stella.

● LUCREZIA
Dramma in un atto e tre quadri di Ottorino Respighi (1879-1936), su libretto di C. Guastalla. Prima rappresentazione: Milano, Teatro alla Scala, 24 febbraio 1937.

Anno 509 a. C. Un accampamento romano nei pressi di Ardea. Alcuni patrizi scommettono sulle virtù delle proprie spose: ognuno andrà a casa propria ad accertare la verità. Sesto Tarquinio (baritono), che nutre una folle passione per Lucrezia (soprano), la virtuosa moglie di Collatino (tenore), si presenta alla moglie dell'amico come se fosse di passaggio e le chiede ospitalità. Durante la notte entra con un sotterfugio nella camera della donna, ne vince la resistenza e abusa di lei. Il mattino dopo, Lucrezia narra l'accaduto al marito, e si pugnala per non sopravvivere all'onta sofferta, chiedendo vendetta. Collatino e l'amico Bruto (tenore) si dirigono verso Roma per sollevare il popolo contro la stirpe dei Tarquini e annientarla.

L'opera è incompiuta e non revisionata dall'autore, che ne iniziò la composizione un anno prima della morte. La moglie Elisa raccolse le partiture rimaste abbandonate e completò le parti mancanti. Resta comunque, per tali motivi, opera di difficile valutazione.

● LUCREZIA BORGIA
Opera in un prologo e due atti di Gaetano Donizetti (1797-1848), su libretto di F. Romani, tratto dalla tragedia omonima di V. Hugo. Prima rappresentazione: Milano, Teatro alla Scala, 26 dicembre 1833.

L'azione si svolge all'inizio del XVI secolo. A Venezia, durante una festa mascherata, Maffio Orsini (contralto) racconta che un vecchio gli ha profetizzato la morte sua e di un amico per mano di Lucrezia Borgia. Tutti si allontanano, in quel momento entra una dama mascherata: è Lucrezia Borgia (soprano), che mostra un particolare interesse per un giovane, Gennaro (tenore), che dorme in un angolo. Lucrezia si china e lo bacia. Quando Gennaro si desta, narra alla donna la sua vita, dicendole di non aver mai conosciuto la madre. Il dialogo è però interrotto dall'arrivo degli altri giovani che riconoscono la Borgia e le ricordano i suoi delitti. Qualche tempo dopo, a Ferrara, il duca Alfonso (basso), marito di Lucrezia, è ingelosito dalle attenzioni che la moglie riserva a Gennaro, giunto con un'ambasceria veneziana. Alfonso fa arrestare Gennaro con l'accusa di aver cancellato dall'ingresso del palazzo la B di Borgia, in modo che resti solo "orgia". Lucrezia supplica il marito di risparmiare il giovane, ma Alfonso si mostra inflessibile, e gli fa bere del veleno, ma Lucrezia lo salva offrendogli un antidoto, poi lo fa fuggire da una porta segreta. Prima di lasciare Ferrara, Gennaro si lascia convincere da Orsini a recarsi con lui ad una festa nel palazzo della principessa Negroni. Durante il banchetto, Gubetta (basso), una spia del duca, provoca Orsini che risponde vivacemente. Le dame si allontanano mentre Gennaro ristabilisce la calma. Tutti brindano; si ode però un canto funebre e le luci si spengono. Le porte sono tutte sprangate, ed ecco comparire Lucrezia Borgia che annuncia che il vino era avvelenato, per vendicare le ingiurie ricevute a Venezia. Poi si accorge della presenza di Gennaro e lo supplica di bere l'antidoto, ma questi rifiuta: morirà con gli altri. Lucrezia, disperata, gli rivela che anche lui è un Borgia, essendo suo figlio, ma è troppo tardi: Gennaro muore tra le braccia della madre che lo invoca sopraffatta dal dolore.

L'opera fu in un primo tempo accolta con freddezza, nonostante gli interpreti di primo piano. Per la prima rappresentazione, al fine di accontentare H. Lalande, Donizetti dovette scrivere una cabaletta finale che cercò di eliminare nelle edizioni successive. Le modifiche alla prima stesura furono in seguito ancora molte a causa della censura, che fece anche più volte cambiare il titolo, e questo perché la casata dei Borgia aveva dato dei papi alla chiesa.

♦ LUDWIG, CHRISTA
(Berlino 1928)
Mezzosoprano tedesco. Figlia d'arte (i genitori cantarono all'Opera di Vienna), ha compiuto gli studi musicali con la madre e con F. Hüni-Mihaček, esordendo nel 1946 a Francoforte sul Meno con *Die Fledermaus* (*Il pipistrello*). Si è quindi esibita in varie città tedesche fino al 1954, anno in cui è per la prima volta al Festival di Salisburgo (Cherubino in *Le nozze di Figaro*), mentre l'anno

Il mezzosoprano tedesco Christa Ludwig.

dopo appariva all'Opera di Vienna (ancora con *Le nozze di Figaro*). In seguito si è prodotta al Metropolitan (dal 1959), al Lyric Opera di Chicago, alla Scala (dal 1960), a Bayreuth (1966), al Covent Garden (1968) e in numerosi altri teatri. Emersa come interprete mozartiana in *Cosí fan tutte* e straussiana in *Der Rosenkavalier* (*Il cavaliere della rosa*), in virtú delle sue indubbie qualità vocali, stilistiche e tecniche, la Ludwig ha potuto affrontare un repertorio assai vasto, che comprende anche opere di Verdi, Wagner, Beethoven ecc. Grande interprete del repertorio liederistico, la Ludwig ha alle spalle anche una lunga attività discografica. In anni recenti ha preso parte ad alcune registrazioni di *Elektra* (*Elettra*) di R. Strauss nel 1988 e di *Candide* di Bernstein 1989.

★ **LUISA**
vedi *Louise*

★ **LUISA MILLER**
Melodramma tragico in tre atti di Giuseppe Verdi (1813-1901), su libretto di S. Cammarano, tratto dalla tragedia Kabale und Liebe *di F. Schiller. Prima rappresentazione: Napoli, Teatro San Carlo, 8 dicembre 1849.*

Nel Tirolo, prima metà del secolo XVII. Luisa Miller (soprano) ama Rodolfo (tenore) ed è da lui riamata. Il giovane è figlio del conte di Walter (basso), che vuole che sposi la duchessa Federica (mezzosoprano). Rodolfo però non intende abbandonare Luisa e minaccia il padre: se non potrà sposare Luisa, lo denuncerà d'aver assassinato il legittimo signore per strappargli il titolo e le terre. Miller (baritono), il padre di Luisa, è stato arrestato per essersi ribellato ai continui soprusi di Walter. Il castellano Wurm (basso), invaghitosi di Luisa, costringe la giovane a scrivere una lettera in cui afferma di non amare Rodolfo, ma di accettarne i favori soltanto per ambizione. Miller cosí viene rimesso in libertà. Wurm quindi fa recapitare la lettera a Rodolfo che, sconvolto, decide di accettare le nozze volute dal padre. Il giovane però nella notte raggiunge Luisa; non visto versa del veleno in due bicchieri e beve con Luisa. La fanciulla, di fronte alla morte, rivela il ricatto subito. Rodolfo maledice il padre, uccide il perfido Wurm e muore insieme alla sua fedele Luisa.

Quest'opera viene considerata la prima della maturità verdiana. All'epoca si disse che essa segnava l'inizio di una vera e propria maniera del musicista, e il giudizio era fondato in quanto Luisa Miller è un'eroina borghese, e ciò è sicuramente un fatto nuovo. Dalla finezza psicologica di questo carattere femminile Verdi partirà per mettere a fuoco, successivamente, la figura di Violetta.

● **LULLY, JEAN-BAPTISTE**
(Firenze 1632 - Parigi 1687)
Nome di Giovanni Battista Lulli, compositore italiano naturalizzato francese. Poco o nulla si sa della sua formazione musicale fino all'epoca del suo arrivo a Parigi nel 1646, quando a 14 anni entrò a servizio della principessa d'Orleans. Iniziò a comporre delle arie e a perfezionarsi nello studio del violino e nel 1652 entrò alla corte di Luigi XIV. Inizia cosí una carriera artistica che culminerà con le nomine di *Maître de la Chambre du Roi* (1657), *Surintendant de la musique* (1661) e *Maître de la musique de la famille royale* (1662). Collaborò con Molière, per il quale scrisse numerose musiche di scena, tra cui quelle per *Le bourgeois gentilhomme* (*Il borghese gentiluomo*) del 1670. Al 1673 risale il suo esordio vero e proprio nell'opera *Cadmus e Hermione*. Seguono *Alceste* (1674), *Thésée* (1675), *Atys* (1676), *Roland* (1685) e *Armide* (1686), capolavoro della *tragédie-lyrique*.

★ **LULU**
Opera in un prologo e tre atti di Alban Berg (1885-1935), su libretto dell'autore tratto dai drammi Der Erdgeist *e* Die Büchse der Pandora *di F. Wedekind. Prima rappresentazione: Zurigo, Stadttheater, 2 giugno 1937.*

L'azione si svolge intorno al 1930. Nel prologo, un domatore (basso buffo) presenta i personaggi dell'opera, come se fossero degli animali. Il piú pericoloso è Lulu, un serpente dall'aspetto di donna. Ludwig Schön (baritono), direttore di un grande giornale, fa sposare la sua amante Lulu (soprano), che egli aveva tolto dalla

In alto:
una scena dalla *Lucrezia Borgia*, di G. Donizetti, in un allestimento al Teatro San Carlo di Napoli.

A sinistra:
busto in marmo di Jean-Baptiste Lully.

strada, a un suo amico, il dottor Goll (baritono). Lulu però si fa corteggiare da un pittore (tenore lirico); quando l'anziano medico scopre la relazione, sconvolto, muore per una sincope. Lulu sposa cosí il pittore ma, irritata dalla notizia che Schön ha deciso di sposarsi con una donna virtuosa, affronta l'uomo; giunge però il pittore che accusa Schön di voler turbare sua moglie. Il giornalista allora gli racconta la vita dissoluta di Lulu e il pittore, disperato, si uccide. Qualche tempo dopo, Lulu, diventata una celebre ballerina, durante uno spettacolo, scorge in platea Schön e la sua fidanzata. Fingendo un malore, ritorna in camerino, dove viene raggiunta da Schön, che alla vista della ragazza riscopre l'antico amore e decide di abbandonare la fidanzata. Lulu diventa cosí la signora Schön, ma non rinuncia a frequentare i suoi equivoci amici, tra i quali la contessa Geschwitz (mezzosoprano), innamorata di lei. Anche Alwa (tenore drammatico), un figlio di Schön di precedente matrimonio, è follemente innamorato della matrigna. Schön li sorprende e affronta la moglie con una pistola, ma nel litigio che segue ella si impossessa dell'arma e uccide Schön; viene dunque arrestata, e poi, colpita da colera, finisce in un lazzaretto da dove fugge aiutata dalla contessa Geschwitz. Anni dopo, Lulu è diventata una prostituta al servizio del marchese Casti-Piani che vorrebbe venderla a un egiziano. Per sottrarsi a questa sorte fugge a Londra con Alwa e la contessa. In una povera soffitta, Lulu, ridotta in miseria, è costretta a prostituirsi, ma incontra Jack lo squartatore che, dopo averla assassinata, uccide anche la contessa che gli si era opposta invocando il nome dell'amata.

Lulu tenne occupato il compositore dal 1928 fino alla morte, avvenuta nel 1935. L'opera, considerata il capolavoro di Berg, rimase parzialmente incompleta: la morte impedí a Berg di strumentare e rivedere il terzo atto; venne perciò rappresentata in due atti e con l'inserimento di due brani tratti dal terzo atto che Berg aveva inserito nei *Symphonische Stücke*. Solo il 24 febbraio 1979 *Lulu* venne rappresentata integralmente all'Opéra di Parigi,

Una scena da *Lulu*, di A. Berg.

grazie al lavoro di completamento operato dal compositore F. Cerha.

★ LUNA, LA
vedi *Mond, Der*

★ LUNEDÌ DA "LUCE"
vedi *Montag aus Licht*

★ LUNGO PRANZO DI NATALE, IL
vedi *Long Christmas Dinner, The*

★ LUSTIGEN WEIBER VON WINDSOR, DIE
(*Le allegre comari di Windsor*)
Opera comico-fantastica in tre atti di Otto Nicolai (1810-1849), dalla commedia The Merry Wives of Windsor *di W. Shakespeare adattata da S.H. Mosenthal. Prima rappresentazione: Berlino, Hofoper, 9 marzo 1849.*

ATTO I. L'anziano Sir John Falstaff (basso) corteggia contemporaneamente la signora Fluth (soprano) e la signora Page (mezzosoprano). Le due donne, che vogliono burlarsi dello spasimante, lo invitano a un convegno galante a casa della signora Fluth, durante l'assenza del marito (baritono), che però avvertono con una lettera anonima. Questi, infuriato, manda a monte il convegno costringendo il seduttore a mettersi in salvo nella cesta della biancheria sporca. ATTO II. Non sapendo di parlare con lo stesso Fluth, Falstaff racconta la sua avventura-disavventura, rendendo ancora piú furente e geloso l'uomo, che ancora una volta piomba a vanificare i tentativi di seduzione di Falstaff che riesce a fuggire travestito con gli abiti di una vecchia domestica. ATTO III. La signora Fluth, dopo aver liberato il marito dalle sue inutili gelosie, dà a Falstaff un'altra e piú severa lezione: invitato a un convegno nel bosco di Windsor, anziché una tenera amante trova una banda di elfi e folletti che lo picchia di santa ragione.

Fu l'ultima e piú importante opera di Nicolai, morto in giovane età, e raccoglie la migliore esperienza del romanticismo musicale tedesco e della tradizione operistica italiana. Ancora oggi, per ironia, arguzia e freschezza delle melodie, è regolarmente rappresentata nei teatri dell'area tedesca, superando per popolarità persino il *Falstaff* di Verdi.

♦ LUXON, BENJAMIN
(Redruth, Cornovaglia 1937)
Baritono inglese. Ha compiuto gli studi musicali alla Guildhall School of Music di Londra, iniziando l'attività artistica con la English Opera Group e cogliendo la sua prima importante affermazione come protagonista nell'*Owen Wingrave* di Britten, nel 1970. A partire dal 1972 ha cantato a Glyndebourne dove ha debuttato nel *Ritorno di Ulisse in patria* di Monteverdi e successivamente nelle *Nozze di Figaro*, e in *Don Giovanni* di Mozart, ecc. Sempre nel 1972 ha esordito al Covent Garden di Londra nell'opera *Taverner* di P. Maxwell Davies; sempre nello stesso teatro ha preso parte a numerose altre produzioni, cogliendo un particolare successo in *Evgenij Onegin* (*Eugenio Oneghin*).

■ MAAG, PETER
(San Gallo 1919)
Direttore d'orchestra svizzero. Dopo aver compiuto gli studi musicali a Zurigo, si è perfezionato a Ginevra per esordire poi al Teatro di Biel-Solothurn (1943-51), del quale è stato direttore. La sua attività si è quindi svolta all'Opera di Düsseldorf (1952-54) e, fino al 1959, come direttore generale del Teatro di Bonn. Dal 1964 al 1967 è stato primo direttore alla Volksoper di Vienna e quindi direttore musicale nei teatri di Parma (1971-77), Torino (1977) e dell'Orchestra Sinfonica e del Teatro di Berna (dal 1984). La sua intensa attività artistica si svolge anche nel campo dell'insegnamento, come testimonia la sua presenza alla Bottega del Teatro Comunale di Treviso (dal 1988), un laboratorio per giovani cantanti lirici, per il quale ha diretto nuove produzioni di opere di Mozart (*Don Giovanni*, *Le nozze di Figaro*), del quale è un apprezzato interprete, e di Verdi (*Il trovatore*, *Falstaff*). In Italia ha inoltre diretto al Teatro Comunale di Bologna (*La clemenza di Tito* di Mozart, 1988), al Teatro Comunale di Genova (*Il turco in Italia* di Rossini, 1987), alla Fenice di Venezia (*Oberon* di Weber, 1987) e al Teatro San Carlo di Napoli (*Orfeo ed Euridice* di Gluck, 1988).

■ MAAZEL, LORIN
(Neuilly-sur-Seine, Parigi 1930)
Direttore d'orchestra e violinista statunitense. Ha studiato a Pittsburgh con V. Bakaleinikov, distinguendosi come *enfant prodige* dirigendo alla New York World's Fair e la NBC Orchestra (1941), su invito dello stesso Toscanini. Ha ulteriormente perfezionato i suoi studi musicali negli Stati Uniti e in Europa, dove ha iniziato a esibirsi nelle principali sedi musicali e teatrali (Vienna, 1955; Berlino, 1956; ecc.). Nel 1960 è stato il primo americano a dirigere a Bayreuth (*Lohengrin*); ha quindi diretto al Metropolitan di New York (*Don Giovanni*, 1962), al Festival di Salisburgo (*Le nozze di Figaro*, 1963), mentre dal 1965 al 1975 è stato direttore stabile alla Deutsche Oper di Berlino, dove nel 1968 ha diretto la prima rappresentazione assoluta dell'*Ulisse* di Dallapiccola. Direttore musicale alla Staatsoper di Vienna dal 1982 al 1984, sempre nel 1984 ha diretto al Festival di Salisburgo la prima rappresentazione di *Un re in ascolto* di Berio. Importanti poi le sue presenze nelle stagioni della Scala di Milano, dove ha diretto *Falstaff* (1981), *Turandot* (1983), *Aida* (1985), *Fidelio* (1990), *La fanciulla del West* (1991) e *Manon Lescaut* (1992). In particolare le opere di Puccini hanno trovato in Maazel un interprete quanto mai attento ai colori orchestrali e teatrali. Ha inoltre diretto le colonne sonore dei film *Don Giovanni* di J. Losey (1979), *Carmen* di F. Rosi (1983) e *Otello* di F. Zeffirelli (1985).

● MACBETH
Melodramma in quattro atti di Giuseppe Verdi (1813-1901), su libretto di F.M. Piave, tratto dall'omonima tragedia di W. Shakespeare. Prima rappresentazione: Firenze, Teatro alla Pergola, 14 marzo 1847.
I generali scozzesi Macbeth (baritono) e Banco (basso), di ritorno da una vittoriosa battaglia, si imbattono in alcune streghe che fanno loro una profezia: Macbeth sarà sire di Glamis di Caudore e futuro re di Scozia, mentre i figli di Banco regneranno. Poco dopo, alcuni messaggeri annunciano a Macbeth la nomina a re di Caudore. Al castello si attende la venuta del sovrano. Lady Macbeth (soprano) incita il marito ad uccidere il re, e durante la notte Macbeth compie il delitto, del quale viene incolpato il figlio stesso del re, Malcom (tenore), che è costretto a fuggire in Inghilterra. Ora che Macbeth è re di Scozia, la moglie vuole eliminare anche Banco e suo figlio Fleanzio. Il primo è infatti assassinato mentre il secondo riesce a fuggire. Durante un banchetto, l'ombra di Banco viene a terrorizzare Macbeth. Inquieto, il re omicida torna dalle streghe per interrogarle, ma il verdetto è oscuro: egli resterà signore di Scozia fino a quando la foresta di Birnam non gli si muoverà contro. Lady Macbeth, intanto, lo incita a uccidere la moglie e i figli di Macduff (tenore) che, con Malcom, sta preparando in Inghilterra un esercito con cui muovere contro la Scozia. Giunti nei pressi della foresta di Birnam, i soldati colgono molti rami dagli alberi e con questi si mimetizzano, e poi marciano verso il castello per lo scontro decisivo. Lady Macbeth, nel sonno, è presa da incubi. Macbeth, mentre si prepara a fronteggiare l'invasore, riceve la notizia che sua moglie è morta, e cade trafitto da Macduff. Tutti esultano e inneggiano al nuovo re, Malcom.

Dopo le rappresentazioni fiorentine, l'opera venne presentata a Parigi nel 1865 con notevoli rimaneggiamenti: l'aria per lady Macbeth nel secondo atto ("La luce langue"), il duetto Macbeth-lady nel terzo atto ("Vi trovo alfin") e il finale dell'opera. Considerata una delle più espressive e forti opere di Verdi, *Macbeth* oggi è valutata come un momento di grande progresso nella concezione musicale del compositore; di spicco l'orchestrazione, che rappresenta un notevole perfezionamento e un'acquisizione preziosa per le opere successive.

♦ McCRACKEN, JAMES
(Gary, Indiana 1926 - New York 1988)
Tenore statunitense. Allievo di W. Ezekiel e M. Pagano, ha fatto il suo esordio a Central City, in Colorado. Si è quindi esibito al Metropolitan di New York e dal 1957 ha fatto parte della compagnia stabile dell'Opera di Bonn. Buona parte della sua carriera si è svolta però al Metropolitan di New York, dove, dal 1963 si è regolarmente prodotto in

In alto:
il direttore d'orchestra statunitense
Lorin Maazel.

Sopra:
il tenore statunitense James McCracken.

Fidelio, *Carmen*, *Pagliacci*, *Aida*, *Samson et Dalila* (*Sansone e Dalila*), *Otello*, ecc. Tra le sue migliori interpretazioni discografiche si ricordano Florestano nel *Fidelio*, l'Otello verdiano e Jean in *Le prophète* (*Il profeta*) di Meyerbeer.

♦ McINTYRE, DONALD
(Auckland 1934)
Basso-baritono neozelandese. Ha compiuto gli studi musicali alla Guildhall School of Music di Londra, esordendo alla Welsh National Opera di Cardiff nel 1959 (Zaccaria nel *Nabucco*). Dal 1960 al 1967 ha fatto parte della compagnia del Sadler's Wells di Londra, e nel 1967 ha esordito al Covent Garden (Pizarro nel *Fidelio*). Sempre nello stesso anno è comparso per la prima volta al Festival di Bayreuth (Telramund in *Lohengrin*) dove ha poi in seguito interpretato *Die fliegende Holländer* (*Il vascello fantasma*), *Parsifal*, *Tristan und Isolde* (*Tristano e Isotta*), nonché il ruolo di Wotan nella celebre e discussa edizione del *Ring* con le firme di P. Chéreau e P. Boulez (1976-80). Ha cantato anche all'Opera di Amburgo (dal 1971), alla Scala di Milano, all'Opéra di Parigi (1973-74), al Metropolitan di New York (dal 1975) e in molti altri centri musicali internazionali. Considerato uno dei piú affermati interpreti wagneriani, McIntyre si è anche messo in luce in opere di Strauss, Berg (*Wozzeck*) e Weber.

■ MACKERRAS, SIR CHARLES
(Schenectady, New York 1925)
Direttore d'orchestra australiano. Ha studiato al Conservatorio di Sydney e all'Accademia musicale di Praga (1947-48), dove ebbe inizio il suo interesse per le opere di Janáček. Ha debuttato al Sadler's Wells di Londra, dove ha diretto dal 1948 al 1954 e di cui è stato direttore musicale dal 1970 al 1977. Direttore all'Opera di Amburgo (1966-70) e dell'orchestra della BBC di Londra (1977-79), Mackerras dirige in numerose altre istituzioni musicali internazionali. Considerato uno dei maggiori interpreti di Janáček, *Jenůfa*, *Lišky Bystroušky* (*La volpe astuta*), *Věc Makropulos* (*L'affare Makropulos*), *Káťa Kabanová*, *Z mrtvého domu* (*Da una casa di morti*), da lui dirette anche

• 232

In alto:
il basso-baritono neozelandese
Donald McIntyre.

A destra:
il soprano Rosetta Pampanini nel ruolo di
Butterfly.

Pagina a fronte, in alto:
Giacomo Puccini con Elsa Szamosi,
interprete di Butterfly.

in prestigiose edizioni discografiche, Mackerras è altresí interprete di *The Indian Queen* (*La regina indiana*) e *Dido and Aeneas* (*Didone ed Enea*) di Purcell, *Griechische Passion* (*Passione greca*) di Martinů e *A Village Romeo and Juliet* (*Romeo e Giulietta del villaggio*) di Delius.

♦ McLAUGHLIN, MARIE
(Lanarkshire 1954)
Soprano scozzese. Ha studiato a Glasgow e all'Opera Studio di Londra. Dopo l'esordio, nel 1978, si è prodotta regolarmente al Covent Garden, dove ha cantato per la prima volta nel 1981 come Zerlina nel *Don Giovanni*. Proprio come interprete mozartiana la McLaughlin ha colto i suoi maggiori successi, mostrando un bel timbro vocale e sensibilità d'interprete. Non vanno sottaciute le sue qualità di attrice, come risultano da alcune trasposizioni in video dell'edizione "scandalo" del *Rigoletto* di Verdi con la regia di J. Miller (1982) alla ENO e nella *Traviata* a Glyndebourne del 1987, con la regia di P. Hall. Qui sono altresí emersi i limiti tecnici della cantante, soprattutto nel registro acuto, che le rendono impossibile l'accostarsi al melodramma ottocentesco italiano.

♦ MAC NEIL, CORNELL
(Minneapolis 1922)
Baritono statunitense. Dopo aver studiato alla Julius Hartt School ed essersi perfezionato con F. Schorr, ha esordito nel ruolo di John Sorel nella prima rappresentazione di *The Consul* (*Il console*) di G. Menotti a Filadelfia (1950). Si è quindi prodotto alla New York City Opera (1953-55), a San Francisco (1955), a Chicago (1957). Nel 1959 ha raggiunto la notorietà internazionale con le interpretazioni di Carlo V (*Ernani*) e di Rigoletto nelle opere verdiane, rispettivamente alla Scala di Milano e al Metropolitan di New York. Al celebre teatro americano ha poi legato buona parte della sua carriera artistica, incentrata soprattutto sui ruoli verdiani, dei quali è stato un eccellente interprete. Nel 1982 ha interpretato Germont nel film *La traviata* con la regia di F. Zeffirelli.

MADAMA BUTTERFLY
Opera in tre atti di Giacomo Puccini (1858-1924), su libretto di G. Giacosa e L. Illica, dal dramma Madame Butterfly *di D. Belasco tratto da un racconto di J.L. Long. Prima rappresentazione: Milano, Teatro alla Scala, 17 febbraio 1904.*

Nagasaki, epoca contemporanea. Si celebrano le nozze tra Pinkerton (tenore), tenente della marina degli Stati Uniti, e la geisha Cio-Cio-San, chiamata anche Butterfly (soprano). Per Pinkerton questo matrimonio altro non è che un gioco da interrompere quando venga a noia e il console americano Sharpless (baritono) lo rimprovera paternamente per il suo atteggiamento. Sono ormai passati tre anni da quando Pinkerton è partito, ma Butterfly non ha mai smesso di attenderlo. E un giorno infatti un colpo di cannone annuncia l'arrivo della nave di Pinkerton. L'uomo, accompagnato dalla moglie americana Kate (soprano) e da Sharpless, si presenta a casa di Butterfly: dal console ha saputo di aver avuto da lei un figlio di cui ignorava l'esistenza, e ora, preso dal rimorso, non osa incontrare Butterfly e si allontana. Poco dopo, l'infelice geisha vede Kate con il console e indovina la terribile verità: Kate è venuta a portarle via il figlio. Butterfly ubbidisce con umiltà e, dopo aver dato un disperato addio al figlio, decide di dare addio alla vita, conficcandosi un pugnale nel cuore. Sulla soglia compare Pinkerton, ma non può far altro che raccogliere tra le sue braccia il corpo inanimato della sventurata Butterfly.

Butterfly, l'opera prediletta da Puccini, segna, con *Bohème*, un ritorno al dramma psicologico, all'intimismo, all'osservazione attenta dei movimenti interiori, alla poesia delle piccole cose. L'opera è tutta centrata sul personaggio di Butterfly e sul suo progredire verso la tragedia. La prima esecuzione cadde tra gli schiamazzi, un fiasco che si può dire preordinato da ambienti ostili al compositore. Puccini, comunque, operò dei cambiamenti sulla partitura, rendendola piú agile e proporzionata (la versione originale era in due atti e l'autore divise il secondo in due). Questa nuova versione andò in scena al Teatro Grande di Brescia il 28 maggio 1904, riscuotendo un successo trionfale.

★ MADAME SANS-GENE
Opera in tre atti di Umberto Giordano (1867-1948), su libretto di R. Simoni, tratto dall'omonima commedia di V. Sardou ed E. Moreau. Prima rappresentazione: New York, Metropolitan Opera House, 25 gennaio 1915.

Parigi, 10 agosto 1792, giorno della presa delle Tuileries. Caterina Hubscher (soprano), una giovane e bella alsaziana, detta Madame Sans-Gêne, nasconde nella sua lavanderia un ufficiale austriaco ferito, il conte di Neipperg (tenore). Il sergente Lefebvre (tenore), fidanzato di Caterina, aiuta la donna a far fuggire il conte. Molti anni dopo, Lefebvre, che si è particolarmente distinto nella battaglia di Danzica, è stato fatto maresciallo e duca di Danzica e Madame Sans-Gêne, che lo ha sposato, è divenuta duchessa. Il comportamento alquanto disinvolto di Caterina irrita la corte e lo stesso Napoleone (baritono) ordina a Lefebvre di divorziare e di prendere una moglie piú adatta al suo rango. I due coniugi però non intendono dividersi e Caterina, dopo aver dato scandalo a un ricevimento, si presenta al cospetto di Napoleone. L'imperatore le ordina di divorziare, ma la donna gli ricorda i tempi della lavanderia, quando aiutava un giovane ufficiale squattrinato di nome Napoleone Bonaparte. L'imperatore si commuove e Caterina ne approfitta per chiedere la grazia per l'amico Neipperg, che era stato sorpreso mentre entrava negli appartamenti dell'imperatrice.

Napoleone intercede e mostra la sua ammirazione per l'intelligenza e la generosità di Caterina. La duchessa di Danzica esce al braccio dell'imperatore per l'inizio della caccia, tra lo stupore generale.

Madame Sans-Gêne ebbe molto successo, ma col tempo venne sempre meno rappresentata (l'ultima esecuzione risale al 1967, alla Scala di Milano). Essa ribadisce tuttavia il vivo senso del teatro, nell'opera a soggetto storico, già dimostrato dal musicista nell'*Andrea Chénier*.

● MADERNA, BRUNO
(Venezia 1920 - Darmstadt 1973)
Compositore e direttore d'orchestra italiano naturalizzato tedesco. Studiò al Conservatorio di Santa Cecilia di Roma, dove nel 1940 si diplomò in composizione. Proseguí poi gli studi musicali a Venezia con G.F. Malipiero e a Vienna con H. Scherchen. Il suo primo lavoro teatrale fu l'opera radiofonica *Don Perlimplin* (1962) alla quale fecero seguito *Hyperion* (1964), *Von A bis Z* (*Dall'A alla Z*, 1970) e *Satyricon* (1973). Come direttore si dedicò in modo particolare alla musica contemporanea, dirigendo tra l'altro le prime rappresentazioni di *Intolleranza* (1960) di L. Nono e *Passaggio* di L. Berio (1963), ma anche alle opere di R. Strauss, S. Mercadante, W.A. Mozart e C. Monteverdi del quale rielaborò l'*Orfeo* (1967).

★ MAESTRI CANTORI DI NORIMBERGA, I
vedi *Meistersinger von Nürnberg, Die*

♦ **MALFITANO, CATHERINE**
(New York 1948)
Soprano statunitense. Dopo aver studiato alla Manhattan School of Music, ha esordito nel 1972 come Nannetta (*Falstaff* di Verdi) al Central City Festival. Scritturata dalla New York City Opera (1974-79), ha iniziato contemporaneamente un'intensa attività nei maggiori teatri americani e in Europa (dal 1974), al Festival d'Olanda (Susanna in *Le nozze di Figaro*). Ha cantato al Festival di Salisburgo in *La clemenza di Tito*, nel 1976; al Convent Garden di Londra in *Le nozze di Figaro* e *Don Giovanni* nel 1976; al Comunale di Firenze, in *Les contes d'Hoffmann* (*I racconti di Hoffmann*), nel 1980, dove è piú volte ritornata (nel 1992, protagonista dell'*Incoronazione di Poppea* di C. Monteverdi), ecc. Cantante dal repertorio quanto mai vasto ed eclettico, dalle notevoli doti interpretative, in anni recenti si è messa in luce come interprete di *Madama Butterfly* di G. Puccini e di *Salome* di R. Strauss (in particolare in un'edizione alla Deutsche Oper di Berlino diretta da G. Sinopoli nel 1990). Nel 1992 ha interpretato Tosca nell'evento multimediale trasmesso dalla Radiotelevisione italiana in mondovisione.

■ **MALGOIRE, JEAN-CLAUDE**
(Avignone 1940)
Direttore d'orchestra e oboista francese. Ha compiuto gli studi musicali al Conservatorio della sua città e, dal 1956, al Conservatorio di Parigi. Iniziata la carriera da oboista, sia come solista sia in orchestre, nel 1967 ha fondato con un gruppo di amici La Grand Ecurie et la Chambre du Roy e ha intanto approfondito da autodidatta gli studi musicologici e di direzione d'orchestra. A capo di questo complesso orchestrale, con strumenti d'epoca, ha dato vita a numerose esecuzioni di opere del repertorio barocco da Monteverdi a Händel (*Rinaldo*, *Serse*, *Tamerlano*) e soprattutto ai maggiori operisti francesi, Lully, Charpentier, Rameau, da lui interpretati nei maggiori Festival di Musica Antica, oltre che in numerosi teatri, soprattutto in Francia. Tra le sue piú recenti interpretazioni si ricordano l'*Alceste* di Gluck e quello di Lully all'Opéra di Parigi (1991) e il "pasticcio" da lui creato sul *Montezuma* di Vivaldi a Monte Carlo (1992).

• 234

Pagina precedente, in basso:
una scena da *Madame Sans-Gêne*,
di U. Giordano.

In alto:
il contralto italiano
Bernadette Manca di Nissa.

A destra:
il compositore Gian Francesco Malipiero.

● **MALIPIERO, GIAN FRANCESCO**
(Venezia 1882 - Treviso 1973)
Compositore italiano. Studiò al Conservatorio di Vienna e successivamente a Venezia e a Bologna dove si diplomò in composizione (1904). Iniziò quindi la carriera compositiva che lo vide in piena attività per circa settant'anni e nella quale ha composto oltre una trentina di lavori teatrali, tra i quali si ricordano le "Tre commedie Goldoniane" (*La bottega da caffè*, *Sior Todaro brontolon*, composte nel 1922, e *Le baruffe chiozzotte*, del 1926) eseguite a Darmstadt nel 1926, *Orfeo* (1925), *Torneo notturno* (1931), *La favola del figlio cambiato* (1934), la sua opera piú celebre, *Giulio Cesare* (1936), *Capricci di Callot* (1942) e *L'allegra brigata* (1950). Un linguaggio teatrale, quello di Malipiero, dichiaratamente antiromantico che mette in primo piano l'aspetto vocale che guarda al canto gregoriano, alla musica del Cinquecento, ma anche al mondo della musica del Novecento. In questa visione musicale trovano perciò una particolare importanza gli studi e i volumi scritti da Malipiero e dedicati a grandi figure di teorici e riformatori della musica: *Monteverdi* (1930), *Stravinskij* (1945) e *Vivaldi* (1958).

♦ **MANCA DI NISSA, BERNADETTE**
(Cagliari 1954)
Contralto italiano. Ha studiato canto privatamente per poi perfezionarsi al Mozarteum di Salisburgo. Nel 1981 ha vinto il Concorso Internazionale di Belcanto di Pesaro; ha cosí esordito come Isaura nel *Tancredi* al Festival Rossini di Pesaro nel 1982, dove ha poi cantato nel *Viaggio a Reims* (1984) e nella *Gazza ladra* (1989). Dal 1983 (ancora come Isaura in *Tancredi*) si esibisce regolarmente al Teatro La Fenice di Venezia, dove ha cantato in *Il nascimento dell'Aurora* di Albinoni; *Mitridate re di Ponto* di Mozart (1984 e 1991); *Semele* di Händel (1991) e *L'italiana in Algeri* di Rossini (1992). Presente anche nelle stagioni scaligere (dal 1985), dove ha cantato tra l'altro nel *Fetonte* di Jommelli (1988), in *Lo frate 'nnammurato* di Pergolesi (1989) e soprattutto come protagonista di *Orfeo ed Euridice* di Gluck (1989) con la direzione di R. Muti. Molto attiva anche in campo concertistico, in un vasto repertorio che va dal barocco di Händel e Pergolesi, alla musica contemporanea, a Nono (*Prometeo*, 1984), la Manca Di Nissa, con la sua voce di autentico contralto, omogenea nell'emissione, bene impostata tecnicamente e con una buona predisposizione al belcanto, si sta affermando in campo rossiniano. Lo dimostra il notevole successo ottenuto nel ruolo di protagonista del *Tancredi*, da lei interpretato per la prima volta al Teatro Comunale di Bologna nel 1992.

★ **MANO FELICE, LA**
vedi *Glückliche Hand, Die*

● **MANON**
Opera tragica in cinque atti e sei quadri di Jules Massenet (1842-1912), su libretto di H. Meilhac e Ph. Gille ricavato dal romanzo Historie du chevalier des Grieux et de Manon Lescaut *di A.-F. Prévost. Prima rappresentazione: Parigi, Opéra-Comique, 19 gennaio 1884.*

L'azione ha luogo in Francia nel 1721. Nel cortile di un'osteria di Amiens giunge la diligenza di Arras e ne scende Manon (soprano). Subito le si fa incontro il sergente Lescaut (baritono), suo cugino, incaricato di portarla in convento. Rimasta momentaneamente sola, Manon viene avvicinata dal giovane cavaliere Des Grieux (tenore): fra i due giovani nasce un improvviso amore, ed insieme fuggono a Parigi. Qualche tempo dopo Lescaut si reca a far visita alla cugina. Con lui è il signore De Brétigny (baritono), il quale, mentre Des Grieux discorre con Lescaut, offre a Manon le proprie ricchezze e l'avverte che Des Grieux verrà rapito per ordine del padre, irritato dalla condotta del figlio. Così avviene e, mentre Manon è diventata l'amante di Brétigny, Des Grieux, deluso della vita, ha deciso di farsi prete. Quando Manon si presenta al seminario di San Sulpizio, Des Grieux si lascia sedurre di nuovo dal fascino della fanciulla e fugge con lei. All'Hôtel di Transilvania, Des Grieux è costretto a giocare d'azzardo per procurarsi il denaro necessario a soddisfare i capricci di Manon, ma durante una partita a carte i due sono accusati di barare e vengono arrestati. Il conte di Des Grieux (basso) fa liberare il figlio, mentre la fanciulla dovrà essere deportata in America come prostituta. Con l'aiuto di Lescaut, Des Grieux tenta di far evadere Manon, ma il piano fallisce. Il giovane riesce solamente ad abbracciare Manon che, stanca, lacera e indebolita dai disagi, spira tra le braccia dell'amato.

Manon è forse l'opera più famosa e musicalmente più completa di Massenet: il compositore ha saputo mescolare sapientemente più generi musicali, dal melodramma al comico, dal lirico all'intimista fino al tragico, riuscendo a dare il meglio della sua arte e segnando l'apice del romanticismo musicale francese.

MANON LESCAUT

Opera in quattro atti di Giacomo Puccini (1858-1924), su libretto, rielaborato dallo stesso Puccini, di G. Giacosa, L. Illica, R. Leoncavallo, M. Praga e D. Oliva dal romanzo Histoire du chevalier des Grieux et de Manon Lescaut *di A.-F. Prévost. Prima rappresentazione: Torino, Teatro Regio, 1° febbraio 1893.*

In Francia, nella seconda metà del XVIII secolo. Nella piazza della posta ad Amiens. Dalla diligenza di Arras scende Manon (soprano), destinata contro la sua volontà al convento, e accompagnata dal fratello Lescaut (baritono). Lo studente Des Grieux (tenore) ha visto la fanciulla e, colpito dalla sua bellezza, le rivolge la parola. Tra i due scocca l'amore a prima vista. Lo studente Edmondo (tenore) avverte Des Grieux che Geronte de Ravoir (basso), anziano e ricco tesoriere, compagno di viaggio di Manon, sta complottando per rapire la giovane e condurla con sé a Parigi. Des Grieux sventa il rapimento e convince Manon a partire con lui verso la città. Qualche tempo dopo. Manon, abbandonato Des Grieux, è divenuta l'amante di Geronte e vive nel suo lussuoso palazzo. Il lusso però non l'appaga e chiede al fratello notizie di Des Grieux. Ma ecco sopraggiungere il giovane cavaliere e tra i due si svolge un'appassionata scena d'amore. Geronte sorprende gli amanti abbracciati e infuriato esce a chiamare la polizia. I due giovani decidono di fuggire, ma Manon si attarda per raccogliere denaro e gioielli e così sopraggiungono le guardie che la arrestano con l'accusa di furto e prostituzione. Manon viene condannata alla deportazione. Des Grieux e Lescaut cercano di far evadere la fanciulla e, fallito il tentativo, il cavaliere ottiene dal capitano della nave il permesso di seguire Manon. In una landa desolata. I due amanti, fuggiti da New Orleans, laceri e affranti, si inoltrano nel deserto. Manon è sfinita e infatti spira poco dopo fra le braccia dell'amato. Pazzo di dolore Des Grieux si abbandona sul corpo della donna.

Terza opera di Puccini, ma la prima in cui il compositore riesce a trovare la sua piena identità. Dominano la vena romantica e l'urgenza delle passioni, che Puccini esprime con un'abbondanza di idee melodiche quale non sarà dato trovare in nessuna delle sue opere successive. Composta tra il marzo del 1890 e l'ottobre del 1892, *Manon Lescaut* ebbe questa lunga gestazione soprattutto a causa del libretto, che passò tra le mani di cinque coautori (oltre all'editore Ricordi). Un lungo lavoro che però venne ripagato dal pieno successo ottenuto alla prima rappresentazione.

♦ MANUGUERRA, MATTEO
(Tunisi 1924)
Baritono francese. Non più giovanissimo si è dedicato allo studio del canto a Buenos Aires, dove ha debuttato come tenore nel *Requiem* di Mozart. A partire dal 1962 ha iniziato a esibirsi come baritono in Francia, all'Opéra di Lione e all'Opéra di Parigi (dal 1966). Presente sui maggiori palcoscenici internazionali, in particolare negli Stati Uniti,

Una scena dalla *Manon Lescaut*, di G. Puccini, rappresentata per la prima volta a Torino nel 1893.

MANZONI, GIACOMO

Manuguerra ha interpretato soprattutto opere del repertorio italiano; ha raggiunto una certa notorietà grazie anche alle incisioni discografiche di *Nabucco* (1977), *Stiffelio* (1979) e *I masnadieri* (1982) di Verdi, *I puritani* (1979), *Cavalleria rusticana* (1979), *La battaglia di Legnano* (1978).

● **MANZONI, GIACOMO**
(Milano 1932)
Compositore italiano. Ha compiuto gli studi musicali a Milano; in teatro ha esordito con l'opera *La sentenza* (1960), che presenta chiari elementi di riferimento al linguaggio di Webern e Schönberg. Il suo impegno nel mondo dell'avanguardia musicale italiana, in particolare la sua vicinanza a L. Nono, è chiaramente avvertibile nei successivi lavori teatrali, *Atomtod* (1965) e *Per Massimiliano Robespierre* (1975). Grande risonanza ha avuto il suo *Doktor Faustus*, presentato alla Scala di Milano nel 1989.

● **MAOMETTO II**
Dramma per musica in due atti di Gioachino Rossini (1792-1868), su libretto di C. Della Valle. Prima rappresentazione: Napoli, Teatro San Carlo, 3 dicembre 1820.

Negroponte, colonia veneziana in Grecia, è assediata dai turchi di Maometto II. Il comandante Paolo Erisso (tenore), dopo aver deciso con i propri capitani di combattere fino alla morte, affida la figlia Anna (soprano) a un giovane guerriero, Calbo (contralto). Questi ama Anna, ma la giovane confessa al padre e a Calbo di essere innamorata di un altro uomo, Uberto di Mitilene. Il colloquio è interrotto dall'annuncio che le truppe musulmane sono riuscite a penetrare in città. Maometto (basso) imprigiona Erisso e Calbo. Anna, disperata, invoca clemenza ma nello stesso istante riconosce nel condottiero l'uomo di cui è innamorata. Maometto libera i due prigionieri, ma chiede in cambio la mano di Anna. Condotta nella tenda di Maometto, la giovane è combattuta tra il suo dovere verso il padre e la patria e il suo amore per l'uomo che è anche suo nemico ma alla fine, come ispirata dal cielo, decide di seguire la sorte dei suoi; raggiunge il padre al quale chiede di unirsi in matrimonio con Calbo. Erisso e Calbo si avviano a combattere. Anna è immersa nella preghiera, mentre da lontano si odono giungere gli echi della vittoria veneziana sui musulmani. Giunge Maometto furioso e Anna gli rivela di aver sposato Calbo. Maometto, che credeva che egli fosse suo fratello, si scaglia sulla donna, ma Anna, abbracciando il sepolcro della madre, si trafigge con un pugnale.

Il *Maometto II* rappresenta un momento molto importante nell'evoluzione della drammaturgia rossiniana. In questa partitura il compositore cerca di realizzare il superamento del numero chiuso per rendere più snello l'incedere del dramma. Sempre a tale scopo mostra una particolare cura al recitativo, così come ai momenti belcantistici che trovano una quanto mai precisa collocazione teatrale, non solamente legata alle esigenze dei cantanti, ma strettamente collegata a una situazione drammatica. Di rilievo poi l'utilizzazione del coro, che mai come adesso ha un ruolo vivo di protagonista della narrazione.

● **MARAIS, MARIN**
(Parigi 1656-1728)
Compositore e violista francese. Fanciullo cantore a Saint-Germain l'Auxerrois a Parigi, dal 1672 si dedicò allo studio della viola da gamba con Sainte-Colombe, diventando in breve tempo un virtuoso di questo strumento. Nel 1676 entrava a corte dove fu al servizio prima di Luigi XIV e poi di Luigi XV. Studiò composizione con J.B. Lully, che gli affidò la direzione di molte delle sue opere. La sua produzione teatrale comprende *Ariane et Bacchus* (Arianna e Bacco) del 1696; *Alcyone* (Alcione) del 1706 e *Sémélé* del 1709.

● **MARCHETTI, FILIPPO**
(Bolognola, Macerata 1831 - Roma 1902)
Compositore italiano. Dopo aver studiato al Conservatorio di Napoli, ha esordito con l'opera *Gentile da Varano* (1856), seguita da *La demente* (1856). Il successo giunse solamente nel 1869, con il *Ruy Blas*, la sua opera più celebre. Fu presidente (1881-86) e direttore (1886-1902) dell'Accademia Nazionale di Santa Cecilia. Le altre sue opere, *Gustavo Vasa* (1875) e *Don Giovanni d'Austria* (1880), ebbero scarso successo.

● **MARIA DI ROHAN O IL CONTE DI CHALAIS**
Opera in tre parti di Gaetano Donizetti (1797-1848), su libretto di S. Cammarano, tratto dalla commedia Un duel sous le cardinal Richelieu *di Lockroy e Badon. Prima rappresentazione: Vienna, Kärntnertortheater, 5 giugno 1843.*

Parigi, intorno al 1630. Enrico di Chevreuse (baritono) ha ucciso in duello un nipote del cardinale Richelieu. Maria di Rohan (soprano), dama della regina, grazie all'intercessione del conte Riccardo di Chalais (tenore) riesce ad ottenere la grazia per Chevreuse, che ha segretamente

*In alto:
una scena da Maometto II,
di G. Rossini,
rappresentata per la prima volta
a Napoli nel 1820.*

*A destra:
un ritratto di Gaetano Donizetti.*

sposato. Poco dopo, Armando di Gonde (contralto) avanza delle maligne insinuazioni su Maria e Riccardo lo sfida a duello. Corre intanto la voce che Richelieu sia stato destituito e allora Chevreuse, uscito di prigione, si sente autorizzato a rivelare le sue nozze con Maria. Il giorno del duello Riccardo, temendo di venire ucciso, scrive una lettera a Maria in cui rivela di amarla. Arriva però Maria ad avvertirlo che Richelieu è tornato al potere e potrebbe vendicarsi su di lui per la grazia ottenuta per Chevreuse. Giunge lo stesso Chevreuse, padrino di Chalais, per sollecitare l'amico: s'avvicina l'ora del duello. Maria, che si era nascosta in un'altra stanza al giungere inatteso del marito, ora si intrattiene ancora con Riccardo e il tempo trascorre. Poco dopo il Visconte di Suze (basso), amico di Riccardo, gli comunica che Chevreuse ha preso il suo posto nel duello ed è rimasto ferito. Riccardo accorre dall'amico e qui apprende che le guardie di Richelieu hanno perquisito il suo palazzo. Preoccupato, ritorna a casa e non trova più la lettera scritta a Maria, che aveva lasciato in un cassetto. La lettera viene consegnata poco dopo a Chevreuse da parte del cardinale. Enrico furente non crede né alle affermazioni di Maria e neppure al giuramento di Riccardo, che gli proclama l'innocenza di Maria. Chevreuse vuole lo scontro armato, i due uomini escono per battersi, ma poco dopo Enrico torna dicendo che Riccardo si è ucciso per sfuggire alle guardie di Richelieu.

Il melodramma, appartenente all'ultimo periodo creativo del compositore, ottenne un discreto successo, ma scomparve ben presto dai repertori. Una prima ripresa venne effettuata a Bergamo nel 1957, e quindi l'opera è nuovamente tornata sui palcoscenici del San Carlo di Napoli (1962), a Lisbona (1968), alla Fenice di Venezia (1974) e al Festival della Valle d'Itria (1988).

★ MARIA, REGINA DI SCOZIA
vedi *Mary, Queen of Scots*

★ MARIA STUARDA
Opera in tre atti di Gaetano Donizetti (1797-1848), su libretto di G. Bardari tratto dalla tragedia Maria Stuart *di F. Schiller. Prima rappresentazione, con il titolo modificato in* Buondelmonte: *Napoli, Teatro San Carlo, 18 ottobre 1834. Con il titolo originale, ma con notevoli rimaneggiamenti, l'opera venne rappresentata a Milano, Teatro alla Scala, il 30 dicembre 1835.*

Nel palazzo di Westminster, nel 1587. Roberto, conte di Leicester (tenore), consegna alla regina Elisabetta (mezzosoprano) una lettera di Maria Stuarda (soprano), la regina di Scozia prigioniera a Fortheringay. Maria chiede di incontrarsi con la cugina Elisabetta, che, commossa ma anche gelosa dell'interessamento di Leicester per la rivale, alla fine acconsente. L'incontro diventa però uno scontro: Maria non resiste alle umilianti insinuazioni di Elisabetta, si erge in tutta la sua fierezza e le esprime il suo disprezzo. Elisabetta, irata e istigata dal suo consigliere lord Cecil (basso), firma la condanna a morte. Maria si prepara a morire e, dopo essersi confessata a Talbot (basso) e aver salutato i familiari, si avvia al patibolo sorretta da Leicester.

La censura non ammetteva che due regine si scambiassero pesanti epiteti (ancor più se una era la cattolicissima Maria Stuarda) e impose di cambiare luoghi e personaggi. Il libretto venne rimaneggiato da P. Salatino e così andò in scena il *Buondelmonte*. *Maria Stuarda* venne invece rappresentata alla Scala, nuovamente rimaneggiata e opportunatamente adattata nella parte della protagonista per il celebre soprano M. Malibran, che all'epoca cominciava a mostrare i primi segni di un certo declino vocale.

★ MAROUF, SAVETIER DU CAIRE
(Marúf, ciabattino del Cairo)
Opera comica in cinque atti di Henri Rabaud (1873-1949), su libretto di L. Népoty tratto da una novella delle Mille e una notte. *Prima rappresentazione: Parigi, Opéra-Comique, 15 maggio 1914.*

Marúf (tenore), oltre ad essere un ciabattino senza lavoro, ha anche la disgrazia di avere una moglie, Fattúmah (soprano), che è un'autentica calamità. Un giorno le urla e gli strepiti della donna richiamano l'attenzione dello stesso cadí (basso) il quale, credendo Marúf colpevole di aver picchiato la moglie, lo fa bastonare. Marúf, disperato e tutto dolorante, decide di andarsene di casa. Nella città di Khaitan, Marúf viene accolto con tutti gli onori da Alí (basso), un vecchio compagno di scuola. I festeggiamenti in onore di Marúf, destano la curiosità del sultano (basso) il quale, credendo che questo Marúf sia un nobile e ricco straniero, non solo lo invita a palazzo, ma gli offre in moglie sua figlia, la principessa Saamsceddina (soprano). Il ciabattino, pur rimanendo affascinato dalla principessa, le rivela la sua vera identità. Quando però anche il sultano scopre che Marúf non è affatto ricco, la principessa, che ama il ciabattino, fugge da Khaitan con lui. I due trovano rifugio nella capanna di un fellah (tenore). Un giorno Marúf scopre una pietra che nasconde una scala che porta in un sotterraneo. La principessa vorrebbe inoltrarsi, ma è dissuasa da Marúf, che non vuole che il fellah venga a conoscenza della stanza sotterranea. Nel tentativo di richiudere il passaggio, l'anello della pietra si spezza. La principessa lo strofina sul suo abito: ed ecco che il fellah

Il soprano spagnolo Monserrat Caballé nel ruolo di Maria Stuarda, nell'opera omonima di G. Donizetti.

si trasforma in un guardiano del tesoro e schiavo dell'anello. I due possono ora soddisfare qualsiasi desiderio; accumulate notevoli ricchezze, Marúf si salva dalla decapitazione e può vivere felice con la sua principessa.

Mârouf è l'opera piú celebre di Rabaud. Alla prima ottenne un enorme successo, che si replicò per duecento sere. La musica, raffinata e garbatamente umoristica, è altresí ricca di pittoreschi colori d'ambiente.

■ MARRINER, SIR NEVILLE
(Lincoln 1924)
Direttore d'orchestra e violinista inglese. Ha studiato al Royal College of Music di Londra, iniziando la carriera artistica come violinista con la Philharmonia Orchestra (dal 1952) e alla London Symphony Orchestra (1956-68). Nel 1959 ha fondato l'orchestra The Academy of St Martin-in-the-Fields, della quale è ancora direttore stabile. Ha inoltre diretto la Los Angeles Chamber Orchestra (1969-79), la Minnesota Orchestra (1979-86) e l'orchestra sinfonica della SDR di Stoccarda (1983-89). Il nome di Marriner è però legato alla Academy Orchestra con la quale ha firmato importanti interpretazioni anche nell'opera lirica, in particolare *Cosí fan tutte*,

• 238

Sopra:
il direttore d'orchestra e violinista inglese
Sir Neville Marriner.

In alto:
il compositore
e direttore d'orchestra tedesco
Heinrich Marschner.

Don Giovanni, *Le nozze di Figaro* e *Die Zauberflöte* (*Il flauto magico*) di Mozart, *Il barbiere di Siviglia* e *La Cenerentola* di Rossini.

● MARSCHNER, HEINRICH
(Zittau, Sassonia 1795 - Hannover 1861)
Compositore e direttore d'orchestra tedesco. Mostrò precoci doti musicali, e alla musica si dedicò completamente, dopo aver abbandonato gli studi di legge all'Università di Lipsia. La parte principale della sua carriera artistica si svolse a Dresda (dal 1821), Lipsia (dal 1827) e Hannover (1831-59). Ebbe una notevole fama sia come compositore sia come direttore d'orchestra sui principali palcoscenici tedeschi. Tra le sue opere si ricordano *Der Vampyr* (Il vampiro) del 1828 e *Hans Heiling* (1833).

♦ MARSHALL, MARGARET
(Stirling 1949)
Soprano scozzese. Ha studiato alla Royal Scottish Academy di Glasgow e a Monaco di Baviera con H. Hotter. Nel 1974 è vincitrice del Concorso Internazionale di canto di Monaco; la sua carriera si è quindi sviluppata in ambito concertistico fino al 1976. L'anno seguente ha esordito con la Scottish Opera di Glasgow e, sempre lo stesso anno, ha interpretato Euridice nell'*Orfeo ed Euridice* di Gluck al Maggio Musicale Fiorentino, con la direzione di R. Muti. Sempre a Firenze ha interpretato la Contessa nelle *Nozze di Figaro* di Mozart nel 1979 e, soprattutto come squisita interprete mozartiana, si è esibita al Convent Garden di Londra (*Le nozze di Figaro*), al Festival di Salisburgo (*Cosí fan tutte*, 1982-86), alla Scala di Milano, ecc. Sempre molto intensa la sua attività in campo concertistico, in particolare in Bach, Händel, Vivaldi, Pergolesi e altri.

● MARTHA ODER DER MARKT ZU RICHMOND
(*Marta o Il mercato di Richmond*)
Opera in quattro atti di Friedrich von Flotow (1812-1883), su libretto di F.W. Riese, tratto dal balletto-pantomima *Lady Henriette ou La servante de Greenwich* di S.H. Vernoy de Saint-Georges, musicato dallo stesso Flotow con Burgmüller e Deldevez (1844).

Prima rappresentazione: Vienna, Hofopertheater, 25 novembre, 1847.

In Inghilterra, attorno al 1710. Lady Enrichetta (soprano), dama d'onore della regina Anna, per sfuggire alla noia, decide di travestirsi da contadina e con l'amica Nancy (mezzosoprano) si unisce a un gruppo di servette che si recano a Richmond in cerca di lavoro. Le due donne vengono assunte da Plumkett (baritono) e dall'amico di lui Lionello (tenore) ma, quando sono invitate a preparare la cena o a filare, Marta, come ora si fa chiamare Enrichetta, e Nancy, che ora è diventata Betsy, si mostrano ben poco esperte. Giunta la notte, arriva sir Tristano (basso), cugino di Enrichetta, con una carrozza e le due fuggono. Qualche giorno dopo, nel corteo che accompagna la regina a caccia, si trovano anche Enrichetta e Nancy. Le due vengono riconosciute da Plumkett e da Lionello. Quest'ultimo si avvicina a Enrichetta, della quale è innamorato, ma la ragazza, vergognandosi del sentimento che anch'essa prova per il contadino, lo respinge con ostentazione. Lionello viene arrestato, ma poi, grazie a un anello di cui è in possesso e che la stessa Enrichetta, tramite Plumkett, ha consegnato alla regina, non solo viene liberato, ma viene riconosciuto come erede del conte di Derby, ingiustamente esiliato. Si giunge cosí al lieto fine: mentre Plumkett chiede Nancy in moglie, Enrichetta offre il suo cuore e la sua mano a Lionello.

È l'opera piú riuscita di Flotow ed è ancora oggi frequentemente rappresentata. Essa si ricollega all'*opéra-comique* con uno stile eclettico e con influenze chiaramente franco-italiane.

♦ MARTIN, ANDREA
(Klagenfurt 1949)
Baritono austriaco. Ha studiato presso la Musikhochschule di Vienna e alla Wiener Staatsopernstudio con H. Swarowsky. Si è quindi perfezionato con G. Pederzini all'Accademia di Santa Cecilia di Roma. Nel 1980 è giunto finalista nella prima edizione del Concorso RAI "Maria Callas", che gli ha dato la possibilità di affermarsi al Teatro La Fenice di Venezia (1981) nel ruolo di Corrado nella *Maria di Rudenz* di Donizetti. Successivamente ha cantato in alcuni dei maggiori teatri ed enti concertistici in Italia e all'estero. Raffinato interprete del repertorio ottocentesco italiano, in particolare di Donizetti, del quale ha interpretato le prime esecuzioni in tempo moderno di *Alina regina di Golconda* (1987) e di *Imelda de' Lambertazzi* (1989). Ha inoltre cantato nel *Croesus* di Keiser (1990) e in *Axur, re d'Ormus* nel 1989 e *Les Danaïdes* (Le Danaidi) nel 1990 di Salieri.

♦ MARTIN, JANIS
(Sacramento, California 1939)
Soprano statunitense. Allieva di J. Monroe a Sacramento, si è quindi perfezionata a New York con L. Wexberg e O. Guth. Ha esordito a San Francisco come Annina (*La traviata*) nel 1960. Due anni dopo, grazie a un concorso, è entrata a far parte della compagnia del Metropolitan di New York, dove è rimasta per tre stagioni. Dal 1965 al 1969 ha quindi fatto parte dei complessi artistici del Teatro di Norimberga dove ha cantato in ruoli di mezzosoprano. A partire dal 1970 ha affrontato il repertorio di soprano, imponendosi soprattutto nel repertorio wagneriano e straussiano. Presente nelle maggiori stagioni liriche internazionali (Scala di Milano, Staatsoper di Vienna, Deutsche Oper di Berlino, Lyric Opera di Chicago, ecc.), la Martin si è messa in luce come cantante di notevole incisività interpretativa e di grande impatto vocale, dato da uno svettante registro acuto, doti che ancora emergono anche nelle sue recenti interpretazioni di *Elektra* (Elettra) di Strauss (Tolosa, 1992) e di *Der Fliegende Holländer* (Il vascello fantasma) di Wagner (San Carlo di Napoli, 1992).

● MARTÍN Y SOLER, VICENTE
(Valenzia 1754 - San Pietroburgo 1806)
Compositore spagnolo. Fanciullo cantore alla Cattedrale della città natale, fu quindi a Madrid dove, con tutta probabilità, esordì come compositore. Maestro di cappella dell'infante Carlos, il futuro Carlo IV, si recò in Italia, dove tra il 1779 e il 1785 fece rappresentare numerose opere e balletti, soprattutto a Napoli. Dal 1785 fu a Vienna, dove collaborò con L. Da Ponte, con il quale scrisse la sua opera piú celebre, *Una cosa rara* (1786). Entrò quindi alla corte di Caterina di Russia (dal 1788). Qui scrisse anche un'opera, *Gore Bogatyr' Kosometovič* (Il malvagio cavaliere, 1789), su libretto della stessa imperatrice. Dopo una parentesi londinese (1794-96), ritornò definitivamente a San Pietroburgo, dove ebbe importanti cariche a corte.

● MARTINŮ, BOHUSLAV
(Polička 1890 - Liestal, Basilea 1959)
Compositore boemo, naturalizzato americano. Dopo gli studi musicali da autodidatta, studiò violino al Conservatorio di Praga (1906-13), iniziando la carriera musicale nell'Orchestra Filarmonica Ceca (1913-23). Dedicatosi quindi agli studi di composizione a Praga (1922), si perfezionò a Parigi (dal 1923) con A. Roussel, entrando in stretto contatto con I. Stravinskij, A. Honegger e altri compositori. A causa della guerra, nel 1940 lasciò la Francia per stabilirsi negli Stati Uniti (1941), ottenendo nel 1952 la cittadinanza. Nel 1957 si stabilí però in Svizzera, dove rimase fino alla morte. Considerato uno dei maggiori musicisti cecoslovacchi del XX secolo, Martinů ha composto numerose opere liriche (circa una quindicina), tra le quali si ricordano *Veselohra na mostě* (Commedia sul ponte, 1937), *Julietta* (1938), *Griechische Passion* (Passione greca, postuma, 1961).

♦ MARTINUCCI, NICOLA
(Taranto 1941)
Tenore italiano. Non piú giovanissimo si dedicò allo studio del canto, grazie all'incoraggiamento di M. Del Monaco. Studiò a Milano con Marcello, fratello del celebre tenore, esordendo al Teatro Nuovo di Milano (1966) come Manrico (*Il trovatore*). Con la sua interpretazione di Calaf (*Turandot*) nel 1966 ha vinto il Premio "Viotti" di Vercelli che lo ha avviato ad altri importanti debutti in Italia e all'estero. Ha però raggiunto la grande notorietà all'Arena di Verona (1980) come Radames (*Aida*), che lo ha rivelato come uno dei piú interessanti tenori della sua generazione. Negli anni successivi è stato ospite dei maggiori teatri europei e americani: dalla Scala di Milano (dal 1983) al Covent Garden di Londra (dal 1985), al Metropolitan di New York (*Turandot*, 1988) e molti altri. Tenore "lirico spinto", Martinucci è celebre per le sue interpretazioni di *Aida* e *Turandot*, ma il suo repertorio comprende anche *Tosca*, *Norma*, *La Gioconda*, *Pagliacci*, *Il trovatore*.

★ MARTIRIO DI SAN MAGNUS
vedi *Martyrdom of St Magnus, The*

♦ MARTON, EVA
(Budapest 1943)
Soprano ungherese. Ha studiato con E. Rösler e J. Sipos all'Accademia Musicale "Franz Liszt" di Budapest. Dopo essersi diplomata (1968) è stata scritturata dal Teatro dell'Opera della stessa città (1968-72), dove ha cantato in *Zolotoï Petusok* (Il gallo d'oro) di Rimskij-Korsakov, *Rodelinda* di Händel, *Tosca* e nelle *Nozze di Figaro* (la Contessa). Dal 1972 al 1977 ha fatto parte della compagnia dell'Opera di Francoforte, affermandosi ben presto nei principali teatri tedeschi in *Don Giovanni* a Monaco nel 1974; *Die frau ohne Schatten* (La donna senz'ombra) ad Amburgo nel 1976; *Tannhäuser*, a Bayreuth nel 1977; *Tosca* alla Staatsoper di Vienna nel 1977, ecc. In cam-

In alto:
il tenore italiano Nicola Martinucci.

Sopra:
il compositore boemo Bohuslav Martinů.

po internazionale, dal 1976 la Marton canta regolarmente al Metropolitan di New York, dove ha interpretato *Die Meistersinger von Nürnberg* (*I maestri cantori di Norinberga*), *Elektra*, (*Elettra*), *Die frau ohne Schatten*, *Lohengrin*, *La Gioconda*, *Fidelio* e *Turandot*, opera nella quale si è esibita in tutto il mondo. Presente nei cartelloni dei teatri di Chicago (dal 1980), San Francisco (dal 1984), del Festival di Salisburgo (dal 1982), la Marton, grazie alla sua potente voce di soprano drammatico, di grande impatto scenico è particolarmente apprezzata come interprete delle opere di R. Wagner e di R. Strauss.

■ MARTY, JEAN-PIERRE
(Parigi 1932)
Direttore d'orchestra e pianista francese. Dopo aver iniziato una brillante carriera come pianista, dovette poi abbandonare il pianoforte a causa di problemi muscolari; si accostò quindi alla direzione d'orchestra a New York, dove divenne direttore principale all'American Ballet Theatre (1963). Ritornato in Francia, dal 1965 iniziò a dedicarsi all'opera lirica, esibendosi come direttore ospite in varie istituzioni teatrali (1965-73); dal 1973 al 1980 è stato responsabile del repertorio lirico a Radio France, mentre dal 1979 ha ripreso l'attività di pianista. Dal 1987 dirige il Conservatorio Americano di Fontainebleau. Ha diretto la prima incisione discografica (1975) della *Manon Lescaut* di D.F. Auber.

★ MARTYRDOM OF
ST MAGNUS, THE
(Il martirio di San Magnus)
Opera da camera in nove scene di Peter Maxwell Davies (n. 1934) su libretto del compositore, tratto dal romanzo Magnus *di G. Mackay Brown. Prima rappresentazione: Orkney, cattedrale di St Magnus a Kirkwall, 18 giugno 1977.*

L'azione si svolge nel XII secolo. Si sta per svolgere la battaglia di Menait Strait, fra il re di Norvegia (primo baritono), sostenuto dalle Orkney e dalle Shetland, e il conte di Shrewsbury, appoggiato dal Galles. Il conte Magnus (tenore), pacifista, si rifiuta di combattere, depone le armi ed inizia a pregare mentre infuria la battaglia. Nessuna freccia colpisce Magnus, mentre la vittoria arride ai suoi uomini, i norvegesi. L'azione si sposta a Orkney. Il re di Norvegia affida il governo delle Orkney a Magnus e al conte Hakon (basso). Tra i due nascono ben presto delle rivalità; Mary la Cieca (mezzosoprano), che nell'opera ha un ruolo di narratrice, descrive le dolorose vicende della guerra civile. La volontà di pace di Magnus porta finalmente alla convocazione di una conferenza di pace. Magnus parte alla volta dell'isola di Egilsay per incontrare Hakon, non curandosi di un senso di dolorosa premonizione che sente dentro di sé. Hakon, difatti, non solo rifiuta ogni proposta di pace, ma imprigiona Magnus condannandolo a morte. A questo punto la narrazione si sposta ai giorni nostri. Hakon diventa un ufficiale, Magnus un prigioniero politico; Hakon ordina a Lifolf (primo baritono), il sicario, di giustiziare il prigioniero e l'esecuzione è quella che spetta a chiunque si opponga all'oppressione e per questi suoi ideali affronti anche la morte. L'azione torna nel XII secolo. Mary la Cieca prega sulla tomba di St Magnus, invocando che in suo nome si "porti la pace di Cristo nel mondo".

L'opera venne commissionata dalla BBC in occasione del cinquantesimo genetliaco della regina Elisabetta II. La partitura evidenzia la predilezione del compositore per lo stile cameristico, uno stile quanto mai essenziale che in *The Martyrdom of St Magnus* crea un'atmosfera sacrale, vicina allo spirito di una sacra rappresentazione.

★ MARÚF, CIABATTINO DEL CAIRO
vedi *Mârouf, savetier du Caire*

■ MARY, QUEEN OF SCOTS
(Maria, regina di Scozia)
Opera in tre atti di Thea Musgrave (n. 1928), su libretto dell'autrice, tratto dal dramma Moray *di A. Elguera. Prima rappresentazione: Festival di Edimburgo, settembre 1977.*

La vicenda si svolge a Edimburgo tra il 1561 e il 1668. Mary Stuart (soprano), vedova del re di Francia, ritorna trionfalmente in Scozia per assumerne la corona. James, conte di Moray (baritono), fratellastro di Mary, e il conte di Bothwell

In alto:
il soprano ungherese
Eva Marton.

A destra:
Mascagni tra gli interpreti di *Cavalleria rusticana* alla prima al Teatro Costanzi di Roma.

MASCHERE, LE

quella direttoriale (fino al 1943), oltre a coprire importanti incarichi in varie istituzioni musicali: direttore al Conservatorio di Pesaro (1895-1902), direttore artistico del Teatro Costanzi (1909-10), Accademico di Santa Cecilia (1922). Fu tra i fondatori dell'Accademia d'Italia (1929).

● MASCHERE, LE
Commedia lirica e giocosa in tre atti di Pietro Mascagni (1863-1945), su libretto di L. Illica. Prima rappresentazione: fu data contemporaneamente a Milano, Venezia, Verona, Torino, Genova, Roma, il 17 gennaio 1901 e a Napoli il 19 gennaio dello stesso anno.

Il giovane Florindo (tenore) è invaghito di Rosaura (soprano), figlia di Pantalone (basso), la quale ricambia l'amore del giovane; il padre ha però deciso di maritarla al capitan Spaventa (baritono). Colombina (soprano leggero), servetta del dottor Graziano (baritono), e Graziano (tenore) proteggono e cercano di favorire l'idillio dei giovani. A tale scopo Brighella (tenore) procura loro una polverina che versata nel vino causa un'enorme confusione tra gli invitati durante la festa di nozze. La stesura del

(tenore) iniziano subito a disputarsi i favori della nuova sovrana. I due nobili mostrano un'aperta ostilità nei confronti di lord Darnley (tenore), favorito di Mary. La regina però non vuole intrusioni sulle sue scelte affettive e, dopo aver cacciato dalla corte Bothwell, sposa Darnley. Il matrimonio è però un completo fallimento: Darnley conduce una vita dissoluta e non è in grado di assumere la corona. Mary, che attende un figlio, sente su di sé l'intero peso del potere e chiede l'appoggio di Moray. Nel frattempo Darnley, al quale è stato fatto credere che il figlio che sta per nascere non è suo bensí frutto di una relazione tra la regina e il musico David Riccio (basso-baritono), ubriaco e furente di gelosia, uccide Riccio. Mary accusa Moray di aver istigato Darnley all'omicidio allo scopo di conquistare la corona. Moray viene cosí bandito dalla Scozia. Moray marcia su Edimburgo alla testa di un esercito. Lord Gordon (basso), conte di Huntly, consiglia Mary di fuggire dalla Scozia e di non riporre troppa fiducia in lord Bothwell da lei richiamato a corte. Mary, debole e spaurita, per proteggere suo figlio appena nato, accetta le attenzioni di Bothwell. Moray, furente per quello che sta accadendo, aggredisce, ferendolo, Bothwell e accusa Mary di essersi lasciata adescare. Il popolo chiede l'abdicazione della regina, la quale fugge in Inghilterra. Lord Gordon mette al sicuro il bambino e, non appena Moray prende il potere,

Gordon lo uccide. Lord Morton (baritono), amico di Moray, presentandosi come tutore del figlio di Mary, si assume la reggenza di Scozia.

È quasi certamente il piú importante lavoro teatrale della compositrice inglese. L'opera mette in risalto il notevole senso del teatro della Musgrave.

● MASCAGNI, PIETRO
(Livorno 1863 - Roma 1945)
Compositore e direttore d'orchestra italiano. Iniziati gli studi musicali al Conservatorio della sua città (1876) dopo aver superato le opposizioni del padre, che lo voleva avvocato, si dedicò completamente alla musica, iscrivendosi al Conservatorio di Milano (1882). Allontanato dall'istituto per motivi disciplinari, si aggregò a una compagnia d'operette, iniziando l'attività direttoriale. Nel 1890 vinse un concorso bandito dalla casa editrice Sonzogno con l'opera *Cavalleria rusticana*: la partitura ottenne uno strepitoso successo, che impose il nome di Mascagni, ma che non si ripeté per le opere successive. I vari generi affrontati dal compositore, da quello idilliaco (*Amico Fritz*, 1891; *Lodoletta*, 1917) a quello romantico (*Guglielmo Ratcliff*, 1895), dall'esotismo floreale (*Iris*, 1898) alla commedia dell'arte (*Le maschere*, 1901) e al mondo medievale (*Isabeau*, 1911; *Parisina*, 1913) non raggiunsero piú la completezza drammatica e musicale della sua prima partitura. Parallelamente all'attività di compositore, Mascagni continuò a svolgere

In alto:
manifesto per *Le maschere*,
di P. Mascagni.

Sopra:
il compositore italiano Pietro Mascagni.

Una scena da *I masnadieri*, di G. Verdi.

contratto è cosí rinviata. Con l'aiuto di Arlecchino (tenore), servo di Spaventa, gli innamorati, sempre appoggiati da Colombina, cercano di annullare definitivamente le nozze: egli promette che consegnerà loro una valigia contenente documenti comprometenti per il capitano; ma la stessa è caduta nelle mani del dottor Graziano che insieme a Brighella, travestito da gendarme, denunzia Spaventa come truffatore e bigamo; Pantalone allora si rassegna e concede a Florindo la mano di Rosaura.
L'opera fu accolta molto favorevolmente a Roma, dove fu diretta dallo stesso Mascagni, ma non ebbe successo nelle altre città d'Italia dove fu contemporaneamente rappresentata, un insuccesso forse dovuto all'eccessiva aspettativa e all'esagerato lancio pubblicitario. Sono stati comunque rivalutati la sua freschezza e vitalità e il carattere popolaresco della musica.

■ MASINI, GIANFRANCO
(Reggio Emilia 1937-1993)
Direttore d'orchestra italiano. Ha compiuto gli studi musicali ai Conservatori di Parma e Bologna, perfezionandosi poi a Vienna con H. Scherchen. Dopo l'esordio, avvenuto nel 1963, svolge un'intensa attività soprattutto nel campo dell'opera lirica, in Italia e all'estero. Direttore musicale al Teatro G. Verdi di Trieste, dove ha recentemente diretto *Linda di Chamounix* (1989), *L'esilir d'amore* (1990), *La straniera* di Bellini (1991) e *Pittori fiamminghi* di Smareglia (1991), dal 1987 è stato primo direttore ospite dell'orchestra sinfonica di Berlino.

MASNADIERI, I
Melodramma in quattro parti di Giuseppe Verdi (1813-1901), su libretto di A. Maffei, tratto dalla tragedia Die Raüber *di F. Schiller. Prima rappresentazione: Londra, Queen's Theatre, 12 luglio 1847.*
In Germania all'inizio del XVIII secolo. Carlo (tenore) riceve una lettera inviatagli dal fratello Francesco (baritono), dalla quale apprende che il padre Massimiliano conte di Moor (basso) gli ha negato il perdono per aver abbandonato la famiglia. Amareggiato e deluso, Carlo si pone a capo di una banda di masnadieri per condurre con loro la vita del fuorilegge. La lettera in realtà fa parte del piano di Francesco che, sbarazzandosi del fratello, vuole ora eliminare anche il vecchio genitore, al quale fa dare la falsa notizia della morte di Carlo. Massimiliano non regge a tanto dolore e muore. Francesco ha ora via libera e propone ad Amalia (soprano), sua cugina e promessa sposa di Carlo, di unirsi in matrimonio con lui. Amalia però rifiuta, fugge dal castello, e in un bosco incontra Carlo al quale narra del tradimento di Francesco e della morte del padre. Massimiliano però non era morto, ma solamente svenuto, e su ordine di Francesco era stato rinchiuso in una vecchia torre. Carlo lo libera e con i suoi banditi muove contro Francesco, che, ormai senza scampo, si impicca. Carlo cosí si riunisce al padre e ad Amalia, ma la sua felicità è di breve durata. I masnadieri gli ricordano il giuramento che lo lega a loro. Carlo non può sottrarsi e Amalia, non sopportando di vivere senza lui, lo prega di ucciderla. Carlo la trafigge con un pugnale, quindi va incontro al suo destino.
Nel 1847, l'anno dei *Masnadieri*, Verdi aveva già consolidato la sua fama di compositore. Giunse cosí l'invito di Mister Lumley, il direttore dell'Her Majesty's Theatre di Londra. La riduzione del dramma schilleriano approntata dal Maffei lasciò insoddisfatto il compositore. L'opera, di fatto, non ottenne che un successo di stima.

♦ MASSARD, ROBERT
(Pau 1925)
Baritono francese. Sicuramente uno dei maggiori baritoni francesi della sua generazione; si affermò all'Opéra di Parigi nel 1951 come Gran Sacerdote in *Samson et Dalila* (Sansone e Dalila). Si è quindi esibito ad Aix-en-Provence nell'*Iphigénie en Tauride* (Ifigenia in Tauride) di Gluck, 1952; alla Scala di Milano; al Festival di Glyndebourne in *L'heure espagnole* (L'ora spagnola) di Ravel, 1955; a Chicago, ecc. Nel 1957 ha interpretato il ruolo del Conte nella prima rappresentazione francese di *Capriccio* di R. Strauss all'Opéra-Comique. In campo discografico ha dato pregevoli interpretazioni di *Thaïs* (Taide) di Massenet, *Le roi d'Ys* (Il re d'Ys) di Lalo, *Pénélope* di Fauré e *Carmen* di Bizet.

● MASSENET, JULES
(Montaud, Saint-Etienne 1842 - Parigi 1912)
Compositore francese. Undicenne entrò al Conservatorio di Parigi, dove dal 1861 studiò composizione con A. Thomas. Nel 1863 vinse il Grand Prix de Rome e durante questo periodo conobbe ed ebbe grandi incoraggiamenti da F. Liszt. Ritornato a Parigi, nel 1867 esordí in teatro con *La grand'tante* (La

prozia), prima di una lunga serie di opere, tra le quali si ricordano *Le roi de Lahore* (*Il re di Lahore*, 1877); *Hérodiade* (*Erodiade*, 1881); *Manon* (1884); *Le Cid* (1885); *Esclarmonde* (1889); *Werther* (1892); *Thaïs* (1894); *La navarraise* (*La navarrese*, 1894); *Sapho* (*Saffo*, 1897); *Cendrillon* (*Cenerentola*, 1899); *Le jongleur de Notre-Dame* (*Il giullare della Madonna*, 1902); *Don Quichotte* (*Don Chisciotte*, 1910). Dal 1878 al 1896 ebbe la cattedra di composizione al Conservatorio di Parigi e fra i suoi allievi ebbe G. Charpentier. Sempre nel 1878 entrò a far parte dell'Accademia di Francia, della quale, nel 1910, divenne presidente.

♦ MASSIS, RENE
(Lyon 1947)
Baritono francese. Ha studiato al Conservatorio della città natale, per poi perfezionarsi a Milano dal 1970 al 1976. Ha esordito come Silvio nei *Pagliacci* a Marsiglia nel 1976. È successivamente comparso sui maggiori palcoscenici francesi, iniziando contemporaneamente l'attività internazionale sulle scene del Teatro Petruzzelli di Bari, nella prima ripresa mondiale dell'*Iphigénie en Aulide* (*Ifigenia in Aulide*) di Piccinni del 1986, e poi al Teatro Comunale di Firenze nel *Benvenuto Cellini* (1987), al Teatro Massimo di Palermo nella *Semirama* di Respighi (1987), all'Opera di Roma in *Les dialogues des Carmélites* (*I dialoghi delle Carmelitane*) di Poulenc (1991) e in numerosi altri teatri d'Italia, Spagna (Liceu di Barcellona, ecc.), Olanda (Amsterdam), ecc. Interprete di un repertorio assai vasto, che comprende opere francesi ed italiane, Massis è uno dei piú celebri baritoni francesi.

♦ MASTERSON, VALERIE
(Birkenhead 1937)
Soprano inglese. Ha studiato a Liverpool e a Londra, al Royal College of Music con E. Asquez. Ha debuttato al Landestheater di Salisburgo nel 1963 (Frasquita nella *Carmen*), entrando quindi a far parte della D'Oyly Carte Opera Company, dove ha cantato in *Falstaff* (Nannetta) e nel *Turco in Italia* (Fiorilla). All'inizio degli anni Settanta la sua carriera si è svolta nei teatri di Sadler's Wells e alla English National Opera, dove ha cantato in *Die Entführung aus dem Serail* (*Il ratto dal serraglio*) di Mozart, *Le comte Ory* (*Il conte Ory*) di Rossini, *Giulio Cesare* di Händel, ecc. Nel 1974 ha debuttato al Covent Garden dove tra l'altro ha cantato nella prima esecuzione di *We come to the river* (*Andiamo al fiume*) di H.W. Henze. Nel 1975 ha ricoperto con successo il ruolo di Matilde nell'*Elisabetta regina d'Inghilterra* di Rossini al fianco di M. Caballé; scritturata dall'Opéra di Parigi (*Faust*) ha poi cantato in molti altri teatri francesi, oltre a Ginevra, a Milano (alla Piccola Scala nell'*Ariodante* di Händel, 1978) e in numerosi altri teatri europei e americani. Particolarmente apprezzata nel repertorio francese (*Mireille*, *Roméo et Juliette*, *Manon*), la Masterson si è fatta conoscere anche in opere verdiane, in particolare nella *Traviata*, da lei frequentemente interpretata.

■ MASUR, KURT
(Brieg, Slesia 1927)
Direttore d'orchestra tedesco. Ha compiuto gli studi musicali a Breslavia (1942-44) e a Lipsia (1946-48). Ha esordito al Landestheater di Halle (1948), dirigendo successivamente a Erfurt (1951-53), a Lipsia (1953-55) e a Dresda (1955-58). Si è quindi prodotto come direttore musicale a Schwerin (1958-60) e alla Komische Oper di Berlino (1960-64). Negli anni successivi ha diretto l'orchestra Filarmonica di Dresda (1967-72), del Gewandhaus di Lipsia (dal 1970), mentre nel 1990 è succeduto a Z. Mehta alla guida della New York Philharmonic Orchestra (a partire dal 1992). Molto attivo in campo internazionale, Masur è conosciuto soprattutto come interprete del repertorio teatrale tedesco, da Mozart, a Beethoven, a Wagner, Strauss e Berg.

■ MATAČIĆ, LOVRO VON
(Sušak, Rijeka 1899 - Zagabria 1985)
Direttore d'orchestra croato. Musicalmente si formò in Austria e Germania, studiando a Vienna e a Colonia. Iniziò l'attività musicale in Jugoslavia, dove dal 1926 al 1931 diresse l'Opera di Belgrado e dal 1932 al 1938 fu direttore dell'Opera di Zagabria. Dopo aver diretto anche la Staatsoper di Vienna (1942-45), si occupò poi dell'organizzazione dei festival di Spalato e Dubrovnik. A partire dal 1954 diresse in Italia e in Germania, all'Opera di Berlino Est e come *Generalmusikdirektor* a Dresda (1956-58) e a Francoforte (1961-66); in Italia si affermò come interprete di R. Wagner e R. Strauss, grazie a numerose esecuzioni a Firenze, Roma e Bologna.

■ MATHIS DER MALER
(*Mathis il pittore*)
Opera in sette quadri di Paul Hindemith (1895-1963), su libretto proprio. Prima rappresentazione: Zurigo, Stadttheater, 28 maggio 1938.

Durante la guerra contadina del 1542, seguita allo scisma luterano, Hans Schwalb (tenore), capo dei contadini insorti, e sua figlia Regina (soprano) si rifugiano in un convento dove il pittore Mathis (baritono) sta dipingendo nel chiostro. Mathis, deciso ad aiutare Schwalb e la figlia, offre loro il proprio cavallo e li fa fuggire. Poco dopo giungono le guardie alla ricerca del ribelle. Mathis confessa di averlo fatto fuggire, ma di ciò renderà conto al suo protettore, il cardinale di Magonza. Il giorno dopo, a Magonza, Mathis, dopo aver assistito a un tumultuoso incontro in cui il cardinale Alberto (tenore) è oggetto di opposte pressioni da parte di cattolici e protestanti, riabbraccia Ursula (soprano). Ursula e Mathis si amano, ma la donna lo rimprovera di trascurarla. Sopraggiunge Schaumberg (tenore), capitano delle guardie, che accusa pubblicamente Mathis di aver aiutato Schwalb a fuggire. Mathis dichiara di sentirsi dalla parte degli oppressi e si licenzia dal servizio del cardinale che lo lascia libero. Qualche tempo dopo Mathis dichiara a Ursula che, pur amandola, in tempi cosí travagliati deve rinunciare all'amore e all'arte per aiutare gli oppressi. Unitisi ai contadini in rivolta, Mathis, Schwalb e Regina cercano di farli desistere da inutili saccheggi e violenze. Mathis salva la contessa di Helfenstein (contralto) dalla furia dei rivoltosi. L'arrivo dell'esercito provoca la disfatta dei contadini: Schwalb rimane ucciso, Mathis si salva grazie all'intervento della contessa, e fugge con Regina. I due trovano rifugio in un bosco e, mentre

Il compositore francese Jules Massenet nel suo studio.

MATHIS, EDITH
(Lucerna 1938)

Soprano svizzero. Dopo gli studi musicali ai Conservatori di Lucerna e di Zurigo ha debuttato al Teatro Municipale della sua città nel 1956, come Secondo Genio in *Die Zauberflöte* (*Il flauto magico*). Ingaggiata all'Opera di Colonia (1959-63) e all'Opera di Berlino (1963), parallelamente è comparsa al Festival di Salisburgo (1960), a Glyndebourne (1962) e, nel giro di breve tempo, nelle maggiori capitali musicali come squisita interprete mozartiana. Attiva all'Opera di Amburgo (1961-72), ha inoltre cantato al Metropolitan in *Die Zauberflöte* nel 1970, al Covent Garden in *Le nozze di Figaro* nel 1970, all'Opera di Vienna nel *Don Giovanni* nel 1972 e a Monaco di Baviera (dal 1977). Oltre che in ruoli mozartiani, la Mathis ha interpretato con ottimi esiti Marzelline nel *Fidelio* di Beethoven, *Pelléas et Mélisande* di Debussy e Sophie in *Der Rosenkavalier* (*Il cavaliere della rosa*) di Strauss e in anni recenti anche il ruolo della Marescialla.

MATHIS IL PITTORE
vedi *Mathis der Maler*

Regina dorme, Mathis ha una visione: si vede nelle sembianze di Sant'Antonio tentato dalla ricchezza, dalla potenza, dalla lussuria, dalla scienza e dalla forza. Poi la visione scompare e appare invece San Paolo nelle sembianze del cardinale che lo esorta a tornare alla pittura. Nel suo studio a Magonza, Mathis è esausto dopo aver lungamente dipinto, mentre Regina, assistita da Ursula, è in fin di vita. Giunge il cardinale che offre a Mathis la sua casa, ma il pittore rifiuta. Sente che la sua opera è ormai compiuta; è ora definitivamente solo con l'unico ricordo della sua arte e delle sue realizzazioni.

Forse la maggiore opera di Hindemith, *Mathis der Maler* vuole ricostruire la vita del misterioso e geniale pittore medioevale Mathis Grünewald e insieme rendere un omaggio al suo massimo capolavoro: la pala dell'altare di Isenheim che si trova nella città di Colmar. L'opera andò in scena a Zurigo dove ottenne successo trionfale e fu interpretata come una presa di posizione culturale e politica nei confronti del nazionalsocialismo, che aveva costretto Hindemith a riparare all'estero.

MATRIMONIO DI MEZZA ESTATE
vedi *Midsummer Marriage, The*

MATRIMONIO SEGRETO, Il
Opera in due atti di Domenico Cimarosa (1749-1801), su libretto di G. Bertati, tratto dalla commedia *The Clandestine Marriage* di G. Colman e D. Garrick e dalla commedia *Sophie ou Le marriage caché* di M.-J. Ricconi. Prima rappresentazione: Vienna, Burgtheater, 7 febbraio 1792.

Carolina (soprano), figlia minore del ricco mercante bolognese Geronimo (basso buffo), ha segretamente sposato Paolino (tenore), un giovane commesso del padre, il quale per le sue figlie vorrebbe invece soltanto pretendenti titolati. Infatti, mentre per l'altra sua figlia Elisetta (soprano) ha predisposto le nozze con il conte Robinson (baritono), rivela a Carolina di aver pronto anche per lei un buon partito. Le cose si complicano ancora piú quando il conte Robinson dice di preferire a Elisetta la sorella Carolina. Ma questa sfugge alle continue profferte d'amore del conte, mentre Geronimo non riesce a raccapezzarsi in tanta confusione. Paolino, per salvare il suo matrimonio, chiede aiuto a Fidalma (mezzosoprano), sorella di Geronimo, la quale però gli confessa di amarlo e di essere certa che Geronimo non si opporrà alle loro nozze. Paolino sviene tra le braccia di Fidalma, ed è sorpreso da Carolina che si crede tradita. Il malinteso è presto chiarito, ma nel frattempo Fidalma e Elisetta, gelose di Carolina, convincono Geronimo a farla rinchiudere in un convento. A questo punto, Carolina e Paolino non possono fare altro che confessare a tutti il loro avvenuto matrimonio, dopo di che anche il conte Robinson si dice finalmente disposto a sposare Elisetta. Geronimo li perdona e tutto finisce nel migliore dei modi.

Il matrimonio segreto è senza dubbio l'opera piú riuscita e piú rappresentativa di Cimarosa, modello perfetto dell'opera comica settecentesca italiana. Il successo che la partitura ottenne alla prima rappresentazione fu strepitoso. L'imperatore, che assisteva allo spettacolo, terminata la rappresentazione invitò a cena il maestro e tutti gli esecutori. Una volta conclusa la cena il sovrano volle

*In alto:
il soprano svizzero
Edith Mathis.*

*A destra:
scena da Il matrimonio segreto,
di D. Cimarosa.*

ritornare in teatro con la *troupe* al completo per far ripetere tutta intera la rappresentazione, un fatto che non trova precedenti nelle cronache teatrali. *Il matrimonio segreto* diventò rapidamente famosa in tutta l'Europa e il suo successo è ancora vivo oggi.

♦ MATTEUZZI, WILLIAM
(Bologna 1957)
Tenore italiano. Ha iniziato lo studio del canto a diciassette anni con il tenore P. Venturi; si è quindi perfezionato con R. Celletti che lo ha avviato al repertorio belcantista, Rossini in particolare. Vincitore dei Concorsi ENAL e ASLICO (1979), ha esordito come Des Grieux nella *Manon* di Massenet. Nel 1980 ha vinto la prima edizione del Concorso biennale "Enrico Caruso" per soli tenori che gli ha consentito di essere ammesso al Centro di perfezionamento del Teatro alla Scala. Da allora ha affrontato un vastissimo repertorio che va da Vivaldi (*Orlando Furioso*) a Mozart (*Cosí fan tutte, Don Giovanni, Idomeneo*, ecc.) a Bellini (*La sonnambula, I puritani*), a Donizetti, *La fille du régiment* (*La figlia del reggimento*), a Offenbach, a Stravinskij (*Mavra*), ecc. La sua voce di tenore lirico leggero, estesissima (fino al fa e al sol sopracuto), agguerrita nel canto di agilità, di grande espressività, musicalissima e sempre attenta al fraseggio, lo ha fatto entrare a pieno titolo in quella ristretta cerchia di interpreti della "Rossini Renaissance", sia nel repertorio buffo (*La Cenerentola, La scala di seta, L'occasione fa il ladro*, ecc.) sia in quello serio (*Ermione, Zelmira, Armida, Otello, Ricciardo e Zoraide*, ecc.). In tale repertorio si esibisce sui maggiori palcoscenici internazionali.

♦ MATTILA, KARITA
(Somero 1960)
Soprano finlandese. Ha studiato canto con L. Linko-Malmio e K. Borg all'Accademia Sibelius di Helsinki. In questa città, al Teatro dell'Opera, ha debuttato nel 1982 con *Le nozze di Figaro* (la Contessa). Grazie alla vittoria ottenuta al Concorso internazionale di canto "Voices of the World" di Cardiff nel 1983, è salita alla ribalta dei più importanti teatri europei e americani (La Monnaie di Bruxelles, Opéra di Parigi, Covent Garden di Londra, Lyric Opera di Chicago, Metropolitan di New York, ecc.). La Mattila si è specializzata nel repertorio mozartiano (Pamina, Fiordiligi, Donna Elvira), del quale è una eccellente interprete (ha inciso *Don Giovanni* e *Cosí fan tutte* con la direzione di N. Marriner), ha inoltre cantato nel *Fierrabras* di Schubert diretto da C. Abbado e nel *Freischütz* (*Il franco cacciatore*) di Weber diretto da C. Davis, opere nelle quali ha messo in luce la sua bella vocalità di soprano lirico.

■ MAUCERI, JOHN
(New York 1945)
Direttore d'orchestra statunitense. Dopo gli studi musicali alla Yale University, ha iniziato l'attività direttoriale a capo della Yale Symphony Orchestra (1968-74). Due anni dopo ha esordito al Metropolitan di New York (*Fidelio* di Beethoven), quindi alla New York City Opera (1977-82) e in altri importanti teatri americani. Ha diretto l'American Symphony Orchestra (1984-87) e dal 1987 è direttore musicale della Scottish Opera di Glasgow. Mauceri è noto per le sue pregevoli interpretazioni (anche discografiche) del teatro musicale di K. Weill.

MAVRA
Opera buffa in un atto di Igor Stravinskij (1882-1971), su libretto di B. Kochno, dal racconto in versi Domik v Kolomne *di A. Puškin. Prima rappresentazione: Parigi, Opéra, 3 giugno 1922.*

Dalla finestra di casa sua, la giovane Parasha (soprano) è in dolci colloqui con l'ussaro Vassili (tenore): i due cercano un modo di potersi incontrare. Il giovane si allontana ed entra la madre (contralto) della fanciulla. La vecchia serva è appena morta e la donna manda Parasha a cercarne un'altra. Rimasta sola, la madre si lamenta della serva scomparsa con una vicina (contralto). Ritorna poi Parasha con la nuova cameriera, Mavra, una ragazza sana e robusta. Mavra è in realtà l'intraprendente ussaro, travestito da donna. La serva si mette al lavoro, mentre la madre si allontana. La donna però torna di nascosto per osservare il comportamento della nuova serva. Quale è il suo stupore, nel vedere la piacente serva nell'atto di farsi la barba. Ne nasce un grande trambusto: l'ussaro a gambe levate fugge dalla finestra, mentre Parasha, disperata, lo chiama dal davanzale di casa.

Quest'operina rende omaggio e si ispira alla musica di Glinka e di Čajkovskij. Allo stesso tempo però rappresenta l'eterogeneità dello stile del compositore, uno stile che amalgama elementi musicali quantomai disparati, che distanziano *Mavra* dal semplice omaggio al melodramma ottocentesco.

● MAXWELL DAVIES, SIR PETER
(Manchester 1934)
Compositore inglese. Ha studiato al Royal Manchester College of Music e poi, a Roma, con G. Petrassi e a Princeton con R. Sessions. Molto attivo in campo teatrale, che il compositore ha però affrontato con grande libertà di espressione, al di fuori dei tradizionali canoni del melodramma. Si ricordano cosí *Eight Songs for a Mad King* (Otto canzoni per un re folle, 1969); *Taverner* (1972), il lavoro che presenta le caratteristiche piú vicine all'opera tradizionale; *Miss Donnithorne's Maggot* (1974); *Le jongleur de Notre-Dame* (*Il giullare della Madonna*, 1978) e *The Martyrdom of St Magnus*, (Il martirio di San Magnus, 1977). Artista quanto mai eclettico e fuori dagli schemi tradizionali, come testimonia la sua vasta produzione musicale che spazia nei generi piú disparati, comprese le colonne sonore per film (*I diavoli* e *Il boyfriend* di K. Russell).

In alto:
il tenore italiano
William Matteuzzi.

Sopra:
il soprano finlandese
Karita Mattila.

● **MAYR, GIOVANNI SIMONE**
(Mendorf über Kelheim, Baviera 1763 - Bergamo 1845)
Compositore, didatta e musicologo italiano di origine tedesca. Fanciullo cantore al monastero di Weltenberg, divenne, ancora in giovane età, un ammirato clavicembalista. Nella città di Ingolstadt compí gli studi di teologia e diritto canonico, entrando anche in stretto contatto con gli ambienti culturali. Nel 1787 si trasferí in Italia, a Bergamo e a Venezia, dove proseguí gli studi musicali e dove fece il suo esordio teatrale con l'opera *Saffo* (1794). Nel 1802 divenne maestro di cappella nella chiesa di Santa Maria Maggiore di Bergamo, dove nel 1805 istituí le "Lezioni Caritatevoli di Musica", alle quali, dal 1806 al 1815, partecipò anche G. Donizetti. Come operista acquisí fama internazionale con *Lodoïska* (1796), *Ginevra di Scozia* (1801), *Medea in Corinto* (1813). Con *Demetrio* del 1824 terminò la sua attività di compositore d'opera: già nel 1826 si manifestarono i sintomi della malattia che lo porterà alla cecità.

● **MAZEPA**
Opera in tre atti di Pëtr Il'ič Čajkovskij (1840-1893), su libretto del compositore e di V.P. Burenin, tratto dal poema epico Poltava *di A. Puškin. Prima rappresentazione: Mosca, Bolscioi, 15 febbraio 1884.*

L'azione si svolge in Ucrania all'inizio del XVIII secolo. Nel giardino della villa del ministro della giustizia ucraino Kociubey (basso) si festeggia il comandante militare dell'Ucrania, l'eroico Mazepa (baritono). La figlia di Kociubey, Maria (soprano), pur essendo molto piú giovane di Mazepa, sente di amarlo. Ella confida questo suo sentimento ad Andreij (tenore), un giovane che è stato suo compagno d'infanzia e che la ama segretamente. Andreij si allontana tristemente. Mazepa chiede a Kociubey la mano di Maria. Kociubey, sorpreso, rifiuta energicamente. Maria però vuole seguire Mazepa e parte con lui, mentre i suoi genitori maledicono l'uomo che ha sottratto loro la figlia. Tempo dopo, Kociubey è venuto a sapere che Mazepa si è alleato con il re di Svezia e che sta congiurando contro lo zar. Il ministro invia Andreij a Mosca per avvertire il sovrano. Lo zar non crede alla denuncia contro Mazepa, nel quale nutre piena fiducia, e fa arrestare e torturare Kociubey, il quale rivela di aver dichiarato il falso. L'uomo viene condannato a morte e Mazepa non sa come informare Maria dell'imminente esecuzione del padre. È da sua madre, Liubova (mezzosoprano), che Maria apprende i tragici avvenimenti; la segue per riuscire a vedere il padre, ma le due donne giungono proprio al momento della decapitazione. Maria, folle di dolore, sviene. Dopo la battaglia della Poltava vinta dallo zar Pietro il Grande contro gli svedesi, Mazepa, tradito dal re Carlo XII, si rifugia, con il suo fido servo Orlik (basso) nella villa di Kociubey. Andreij si getta su Mazepa con la spada sguainata, ma viene ferito a morte da un colpo di pistola sparato dall'avversario. Maria, completamente impazzita, raccoglie tra le sue braccia Andreij e lo culla intonando una nenia infantile. Mazepa riprende la sua fuga, mentre Andreij muore e Maria continua a cullarlo nel delirio.

Ispirata al personaggio storico di Ivan Mazepa, l'atamano cosacco che tentò di creare uno stato ucraino autonomo dalla Russia alleandosi con Carlo XII re di Svezia, l'opera segna il ritorno di Čajkovskij ai soggetti russi che aveva abbandonato con la composizione di *Orleanskaja Deva* (*La pulzella d'Orléans*).

♦ **MAZZARIA, LUCIA**
(Gorizia 1966)
Soprano italiano. Dopo aver iniziato gli studi musicali al Conservatorio di Trieste, li ha proseguiti privatamente nella stessa città e quindi a Roma. Ha esordito in sede concertistica (*Requiem* di Fauré) a Trieste nel 1986; si è rivelata al Teatro La Fenice di Venezia, sostituendo R. Scotto nella *Bohème* nel 1987. Sempre nel teatro veneziano ha interpretato Liú (*Turandot*, 1987-88, 1992), Mimí (*Bohème* di Leoncavallo, 1989), Tatiana in *Evgenij Onegin* (*Eugenio Oneghin*) di Čajkovskij nel 1991 e Maria (*Simon Boccanegra*, 1991). Come Liú e Mimí, è comparsa ancora su numerosi palcoscenici internazionali: alla Scala di Milano (1988), a Monte Carlo (1990), al Covent Garden di Londra (1990), alla Staatsoper di Vienna (1991), al Lyric Opera di Chicago (1991), all'Opera di San Francisco (1992) e altri ancora. Il suo repertorio comprende anche la *Carmen* di Bizet, *Faust* di Gounod, *Traviata*, *Don Carlo* e *Otello* di Verdi. La voce autenticamente lirica, di grande scuola e tecnica, e la sensibi-

In alto:
scena da *Mazepa*,
di P.I. Čajkovskij.

Sopra:
il compositore italiano Giovanni Simone Mayr.

lità di fraseggio fanno della Mazzaria la piú qualificata erede di quella tradizione che ha avuto in R. Tebaldi, R. Scotto e M. Freni i nomi piú acclamati.

♦ **MAZZUCATO, DANIELA**
(Venezia 1946)
Soprano italiano. Ha studiato al Conservatorio "B. Marcello" di Venezia; nella stessa città, al Teatro La Fenice, ha esordito come Gilda (*Rigoletto*). In questo teatro si è esibita molto frequentemente: *Il campiello*, *I quatro rusteghi* di Wolf-Ferrari, *Crispino e la Comare* dei fratelli Ricci, *Die Lustige Witwe* (*La vedova allegra*) di Léhar, *Hänsel und Gretel* di Humperdinck (1991) e *Le nozze di Figaro* (1991). Sempre in quest'opera mozartiana aveva esordito nel 1973 alla Scala di Milano dove ha poi cantato in *Cosí fan tutte*, *Werther* di Massenet e *Un ballo in maschera*. Presente in numerosi altri teatri italiani (al Verdi di Trieste, al San Carlo di Napoli, al Massimo di Palermo, ecc.) si è inoltre esibita all'Opéra di Parigi, al Covent Garden di Londra (*L'elisir d'amore*) e nei teatri europei (Marsiglia, Amburgo, Francoforte, ecc.). La sua gradevole voce di soprano lirico leggero, unita a una notevole presenza scenica, l'hanno fatta emergere nei ruoli di *soubrette*, oltre che nel campo dell'operetta.

● **MEDEA IN CORINTO**
Opera in due atti di Giovanni Simone Mayr (1763-1845), su libretto di F. Romani. Prima rappresentazione: Napoli, Teatro San Carlo, 28 novembre 1813.

A Corinto. Si stanno per celebrare le nozze tra Creusa (soprano), figlia del re Creonte (baritono), e l'Argonauta Giasone. Medea (soprano), figlia del re di Colchide, che ha aiutato Giasone nella conquista del vello d'oro, è ora ripudiata dal condottiero, dal quale ha avuto due figli. Medea, con la complicità di Egeo (tenore), re di Atene, già promesso sposo a Creusa, interrompe le nozze, accusando Giasone di essere spergiuro. Con le sue arti magiche, Medea cosparge di veleno un peplo che donerà a Creusa, quindi libera Egeo, prigioniero di Creonte, per proseguire la vendetta. Nel frattempo si sono celebrate le nozze tra Creusa e Giasone; ma la gioia è di breve durata: Creusa ha indossato il peplo avuto in dono da Medea e ora sta morendo. Giasone, sconvolto, cerca Medea per vendicarsi. La maga gli si para davanti brandendo un pugnale imbrattato di sangue e annuncia a Giasone che ha appena ucciso i suoi figli; quindi, mentre alte fiamme si levano dalla reggia, scompare nel fuoco su un carro trainato da due draghi.

Questa prima opera che Mayr scrisse per il San Carlo di Napoli ottenne un clamoroso successo, venne piú volte replicata a Napoli e rappresentata in altri numerosi teatri, tra cui La Scala. Dopo la prima esecuzione il musicista approntò numerose modifiche, si conoscono cosí almeno tre versioni della stessa partitura.

● **MEDEE**
(Medea)
Opera in tre atti di Luigi Cherubini (1760-1824), su libretto di F.B. Hoffmann, tratto dall'omonima tragedia di Corneille. Prima rappresentazione: Parigi, Théâtre Feydeau, 13 marzo 1797.

L'azione si svolge a Corinto. L'ingresso della reggia: siamo alla vigilia delle nozze di Glauce (soprano), figlia del re Creonte (basso), con Giasone (tenore), l'eroe che nella Colchide aveva conquistato il vello d'oro. Glauce teme però la vendetta di Medea (soprano) che per Giasone aveva tradito il padre, il suo popolo e aveva ucciso il fratello Absirto. Medea si presenta alle porte della reggia e pronuncia oscure minacce. Scacciata da Creonte, respinta da Giasone, la maga, inutilmente consolata dall'ancella Neris (mezzosoprano), concepisce la sua vendetta. Dopo aver ottenuto da Creonte il permesso di rimanere a Corinto, presso i suoi figli, ancora per un giorno, ordina a Neris di portare a Glauce come dono di nozze un peplo e un diadema magici, a lei donati da Apollo. Mentre la maga trascina fuori dalla reggia i suoi figli, si odono grida che annunciano la morte di Glauce. Inseguita dal popolo inferocito, Medea si rifugia con Neris e con i bambini nel tempio, ma poco dopo ne esce brandendo il pugnale insanguinato con il quale ha ucciso i figli. Giasone è distrutto dal dolore e Medea gli promette che la sua ombra lo aspetterà ancora all'Averno. Appiccato il fuoco al tempio, Medea scompare tra le fiamme.

Scena dalla *Medea*, di L. Cherubini.

MEDIUM, THE

Considerata l'opera piú celebre di Cherubini, alla prima rappresentazione non ottenne molto successo e scomparve subito dalle scene parigine. *Médée* apre la strada al melodramma dell'Ottocento, allontanandosi dagli schemi settecenteschi, con la sua atmosfera tragica resa magistralmente dall'autore. Secondo la tradizione del Teatro Feydeau, i recitativi erano parlati, e vennero musicati da F. Lachner per una rappresentazione a Francoforte nel 1855, diventando da allora parte integrante dell'opera. Assai popolare nei paesi dell'area tedesca, in Italia giunse solamente nel 1909; fu solo nel 1952, al Maggio Musicale Fiorentino, con l'interpretazione della Callas, che *Médée* ha ritrovato una nuova vitalità. Il mito di Medea è servito da spunto a numerosi musicisti. Si ricordano opere di Cavalli (1649), Giannettini (1675), Kusser (1692), Charpentier (1693), Benda (1775), Pacini (1843), Milhaud (1939), fino al recente Theodorakis (1991).

■ MEDIUM, THE
(*La medium*)
Opera in due atti, testo e musica di Giancarlo Menotti (n. 1911). Prima rappresentazione: New York, Teatro Barrymore, 8 maggio 1946 (esecuzione privata). Dal 18 febbraio 1947 fu rappresentata insieme a Il telefono.

La signora Flora (contralto), aiutata dalla figlia Monica (soprano) e da Toby, un giovane muto, vive ingannando la povera gente con le sue presunte qualità di medium. Durante una seduta medianica, Flora si finge in *trance*, mentre Monica, vestita di fluttuanti veli bianchi, appare alla signora Nolan (mezzosoprano), che ha perduto una figlia. Poi, al riparo di una tenda, imita il dolce riso di una bimba, che al signor Gobineau (baritono) e a sua moglie (soprano) sembra quello della loro bambina morta. La seduta è al termine quando Flora si alza urlando: una mano gelida l'ha afferrata alla gola. Allontanati i clienti, Flora accusa Toby di averle fatto uno scherzo crudele. Piú tardi però le sembra ancora di udire grida e risa infantili. Monica la calma cantandole una ninnananna. Qualche giorno dopo, mentre Monica e Toby giocano serenamente, irrompe Flora, ubriaca: accusa ancora Toby e lo frusta crudelmente. Giungono i clienti, ma Flora non vuole insistere nella finzione, svela l'inganno e li scaccia. Vorrebbe scacciare anche Toby, ma Monica lo difende. Flora piomba in una sorta di delirio, vede una tenda fluttuare, afferra una pistola e spara: una chiazza di sangue si allarga sulla tenda e il corpo di Toby cade senza vita. Monica fugge terrorizzata; Flora, impazzita, crede di aver ucciso lo spettro.

Composta su invito dell'Alice M. Ditson Found della Columbia University, l'opera ebbe un enorme successo e lo stesso Menotti ne diresse un'edizione cinematografica.

■ MEFISTOFELE
Opera in un prologo, quattro atti e un epilogo di Arrigo Boito (1842-1918), su libretto proprio, tratto dal Faust di W. Goethe. Prima rappresentazione: Milano, Teatro alla Scala, 5 marzo 1868.

In cielo, Mefistofele (basso) lancia la sua sfida a Dio: la conquista dell'anima di Faust. Il diavolo scende cosí sulla terra, si presenta a Faust (tenore) e, qualificandosi come figlio delle tenebre, gli propone il baratto: tutti i piaceri e tutte le gioie della vita subito, contro la sua anima dopo la morte. Faust accetta e, ringiovanito e con il falso nome di Enrico, corteggia e seduce Margherita (soprano). Qualche tempo dopo, Faust è spinto da Mefistofele ad assistere ad un sabba di streghe, stregoni e folletti. Faust è però turbato dalla visione di Margherita in catene, intuisce il tragico destino della giovane e chiede a Mefistofele di poterla raggiungere. In carcere, Margherita è in preda a un cupo delirio: ha avvelenato la madre e annegato il bimbo avuto da Faust. L'uomo entra nella prigione seguito da Mefistofele, e invita la fanciulla a fuggire con lui ma scorgendo il demonio, Margherita, inorridita, dopo aver chiesto perdono a Dio, cade morta. Una voce dall'alto la dichiara salva. In Grecia, Faust ha desiderato incontrare la leggendaria Elena (soprano), della quale si innamora perdutamente. Anche lei non è insensibile all'ammirazione di Faust ed essi si allontanano insieme alla ricerca della serena valle dell'Arcadia. Nel suo studio, ormai vecchio e stanco, Faust ripensa deluso a tutto quello che ha vissuto e ora capisce che solo l'amore di Dio avrebbe colmato questo suo vuoto interiore. Egli allora invoca il Signore e, brandendo il Vangelo, muore redento come Margherita, mentre Mefistofele sprofonda sotto terra, sconfitto.

La prima rappresentazione di *Mefistofele* terminò in un mare di fischi. Dopo il fiasco, Boito rivide la partitura, la rinnovò e la tagliò (durava oltre le cinque ore). Dopo le modifiche l'opera venne rappresentata al Teatro Comunale di Bologna, il 4 ottobre 1875, questa volta con successo, entrando a far parte dei capolavori della lirica.

■ MEHTA, ZUBIN
(Bombay 1936)
Direttore d'orchestra indiano. Ha iniziato gli studi musicali con il padre Mehli, violinista e direttore d'orchestra, fondatore dell'Orchestra Sinfonica di Bombay. Ha quindi frequentato l'Accademia Musicale di Vienna (1954-60), dove ha seguito i corsi di direzio-

In alto:
una scena dal *Mefistofele*, di A. Boito.

A destra:
il direttore d'orchestra indiano
Zubin Mehta.

ne d'orchestra di H. Swarowsky. Si è perfezionato all'Accademia Chigiana di Siena e a Tanglewood. Dopo aver riportato il primo premio al Concorso internazionale di direzione d'orchestra a Liverpool, la sua eccezionale bravura tecnica, la raffinatezza e la sensibilità interpretative sono emerse in breve tempo. Direttore musicale delle orchestre di Montreal (1961-67), Los Angeles (1962-78), New York (1978-91) e d'Israele (a vita dal 1981). Molto importante anche la sua presenza sui maggiori palcoscenici internazionali: Festival di Salisburgo (dal 1962), Metropolitan di New York (dal 1965), Scala di Milano (dal 1966), Covent Garden di Londra, ecc. Dal 1969 compare regolarmente al Maggio Musicale Fiorentino della cui orchestra è direttore principale dal 1985.

● MEHUL, ETIENNE-NICOLAS
(Givet, Ardenne 1763 - Parigi 1817)
Compositore francese. Studiò a Parigi, dove era giunto nel 1778; con la protezione e l'aiuto di Gluck iniziò la carriera di compositore d'opera. Dopo i primi insuccessi, divenne in seguito uno dei piú affermati compositori della sua epoca. Convinto assertore delle idee della Rivoluzione, nel 1795 ottenne la nomina di ispettore del Conservatorio istituito in quell'epoca. Tra i suoi lavori teatrali si ricordano *Une folie* (Una follia) del 1802, *Uthal* del 1807 e soprattutto *Joseph* (Giuseppe) del 1807, considerato il suo capolavoro.

♦ MEIER, JOHANNA
(Chicago 1938)
Soprano statunitense. Ha compiuto gli studi di canto con J. Brownlee alla Miami University e poi alla Manhattan School of Music di New York. Ha esordito alla New York City Opera nel 1969 nel ruolo della Contessa in *Capriccio* di Strauss. Dopo essersi prodotta regolarmente alla New York City Opera, nel 1976 ha debuttato al Metropolitan, dove è stata interprete soprattutto del repertorio tedesco (Senta, Leonora, Brunnhilde, ecc.). Dal 1981 si è esibita al Festival di Bayreuth.

♦ MEIER, WALTRAUD
(Würzburg 1956)
Mezzosoprano tedesco. Dopo gli studi musicali a Colonia ha debuttato allo Staatdttheater di Würzburg nel 1976 come Cherubino (*Le nozze di Figaro*). Ha quindi fatto parte della compagnia dell'Opera di Mannheim (1978-80), dove ha affrontato numerosi ruoli wagneriani. Dal 1980 al 1983 ha cantato all'Opera di Dortmund e parallelamente ha iniziato la carriera internazionale, comparendo al Colón di Buenos Aires come Fricka in *Die Walküre* (La walkiria). Nel 1984 ha esordito al Festival di Bayreuth come Kundry (*Parsifal*), un ruolo che ha poi interpretato anche al Covent Garden di Londra, all'Opera di San Francisco (1988) e in apertura della stagione 1991-92 al Teatro alla Scala di Milano dove si è rivelata al pubblico italiano. La Meier, grazie al suo bel timbro, a un'organizzazione vocale solida, a un fraseggio imperioso e vibrante, non disgiunto da uno spiccato temperamento teatrale, si è imposta come una delle maggiori interpreti wagneriane oggi in attività.

▲ MEILHAC, HENRY
(Parigi 1831-1897)
Librettista e autore drammatico. Dopo gli studi liceali iniziò a lavorare in una libreria, collaborando contemporaneamente al "Journal pour rire" e alla "Vie parisienne" (1852-55). Dal 1856 iniziò un'intensa attività teatrale, con *vaudeville*, commedie e libretti d'opera. In quest'ultimo campo collaborò frequentemente con L. Halévy. Scrisse i libretti di *Carmen* (1875) e *Manon* (1884) per Massenet; *La belle Hélène* (La bella Elena), nel 1864, *La vie parisienne* (La vita parigina), nel 1866, e altre per Offenbach, e per Planquette, Delibes, ecc.

♦ MEISTERSINGER VON NÜRNBERG, DIE
(*I maestri cantori di Norimberga*)
Opera in tre atti di Richard Wagner (1813-1883), su libretto proprio. Prima rappresentazione: Monaco, Hoftheater, 21 giugno 1868.
Norimberga, verso il 1550. Walther von Stolzing (tenore), un giovane cavaliere, ama ed è riamato da Eva (soprano), la figlia dell'orafo Veit Pogner (basso). La giovane non è fidanzata, ma il padre ha in animo di darla in sposa al vincitore di una gara di canto indetta dai maestri cantori per il giorno seguente. Walther, per poter prendere parte al concorso, si sottopone alla prova per diventare maestro cantore, durante la quale scioglie un inno appassionato alla primavera, ma Beckmesser (baritono), un pedante scrivano, che aspira anch'egli alla mano di Eva, ha segnato gli errori commessi da Walther e afferma malignamente che il canto del rivale è fuori dalle regole. Il calzolaio Hans Sachs (basso-baritono) ha ammirato l'audacia e la bellezza dell'ode di Walther, ma a nulla vale il suo intervento: il novizio è bocciato senza remissione. Poco dopo Eva, che ha saputo dell'esito disastroso della prova di Walther, si reca da Hans Sachs, al quale rivela i suoi sentimenti per il giovane. Il calzolaio promette di aiutare i due innamorati. Piú tardi, Walther convince Eva a fuggire con lui, ma improvvisamente arriva Beckmesser, che intona una serenata sotto le finestre di Eva. Maddalena (mezzosoprano), la nutrice di Eva, per distrarre Beckmesser ha indossato gli abiti della giovane; David (tenore), suo

Bozzetto per *I maestri cantori di Norimberga*, di R. Wagner.

fidanzato, la riconosce nonostante il travestimento, crede che la serenata sia destinata a lei e si azzuffa con Beckmesser. Ne nasce una indescrivibile baraonda; nascosti dietro un tiglio Eva e Walther cercano nuovamente di fuggire, ma vengono saggiamente fermati da Sachs. Il giorno dopo nella bottega di quest'ultimo Walther narra al calzolaio un suo bel sogno. Sachs ne trascrive le parole, gli dà saggi consigli e ne nasce un magnifico canto d'amore. Poco dopo Beckmesser, penetrato nella bottega, scopre la canzone di Walther e se ne impadronisce. Sachs lo sorprende e scaltramente lo autorizza ad usare la canzone come se fosse sua. Il giorno della gara. Il concorso si apre e tocca a Beckmesser. Tutti ridono della grottesca interpretazione che lo scrivano dà della poesia di Walther. Beckmesser inveisce contro Sachs, il quale, dopo aver raccontato la storia di quella composizione, chiama Walther e lo invita a pronunziare l'ode. La folla ne è subito conquistata e i maestri, commossi, lo proclamano il vincitore.

Die Meistersinger è l'unico esempio di commedia nella vasta produzione wagneriana. La figura storica di Hans Sachs rappresenta la tradizione e allo stesso tempo la necessità del rinnovamento dell'arte.

Sopra:
il compositore italo-americano
Giancarlo Menotti.

In alto:
il mezzosoprano statunitense
Susanne Mentzer.

▲ MENASCI, GUIDO
(Livorno 1867-1925)
Letterato e librettista italiano. Iniziò a dedicarsi al teatro su invito dell'amico G. Targioni-Tozzetti che lo volle come collaboratore nella stesura del libretto di *Cavalleria rusticana* di Mascagni. Sempre con Targioni-Torzetti nacquero, ancora per Mascagni, i libretti di *I Rantzau* (1892) e di *Zanetto* (1896). Ha inoltre tradotto in italiano il libretto del *Werther* di Massenet.

▲ MENDES, CATULLE
(Bordeaux 1841 - Saint-Germain-en-Laye 1909)
Poeta, critico drammatico e librettista francese. Per seguire la carriera letteraria, si trasferì a Parigi dove fondò "La revue fantaisiste", foglio dei parnassiani, collaborando anche all'uscita del "Parnasse contemporain" (1866). Molto attivo anche nel campo del teatro e della musica, scrisse i libretti di *Gwendoline* (Guendalina) per E. Chabrier nel 1886, *Ariane* (Arianna) nel 1906 e *Bacchus* nel 1909 per J. Massenet, e altri per A. Messager, V. d'Indy, ecc.

● MENOTTI, GIANCARLO
(Cadegliano, Varese 1911)
Compositore italiano, naturalizzato americano. Dopo aver iniziato gli studi al Conservatorio di Milano, a sedici anni emigrò negli Stati Uniti dove studiò al Curtis Institute di Filadelfia con R. Scalero. La sua prima opera, *Amelia Goes to the Ball* (*Amelia al ballo*) del 1937, ottenne un notevole successo. Le altre opere che consacrarono il successo di Menotti sono *The Medium* (*La medium*) del 1946, *The Telephone* (*Il telefono*) del 1947 e *The Consul* (*Il console*) del 1950. Seguirono l'opera televisiva *Amahl and the Night Visitors* (*Amahl e gli ospiti notturni*) nel 1951 e *The Saint of Bleecker Street* (*La Santa di Bleecker Street*) nel 1954. La sua attività di compositore è proseguita infaticabile con numerose altre opere tra le quali le più rappresentative rimangono *Maria Golovin* del 1958 e *The Last Savage* (*L'ultimo selvaggio*) del 1963, fino a *Goya*, l'opera scritta per P. Domingo e rappresentata a Washington nel 1986 e, dopo un'ampia revisione, al Festival di Spoleto nel 1991. Con quest'opera Menotti ha dichiarato di voler concludere la sua attività di compositore.

♦ MENTZER, SUSANNE
(Filadelfia 1957)
Mezzosoprano statunitense. Allieva di N. Newton alla Juilliard School di New York, ha debuttato nel 1981 all'Opera di Houston come Albina nella *Donna del lago* di Rossini. Si è quindi esibita in numerosi teatri americani (Dallas, Chicago, San Francisco, Filadelfia ecc.). Nel 1983 ha esordito in Europa all'Opera di Colonia, come Cherubino nelle *Nozze di Figaro* di Mozart, dove ha in seguito ottenuto un significativo successo personale come protagonista in *Cendrillon* (*Cenerentola*) di Massenet (1985). Si è quindi prodotta al Rossini Opera Festival di Pesaro (1986) come Isolier in *Le comte Ory* (*Il conte Ory*); all'inaugurazione della stagione 1987-88 della Scala di Milano come Zerlina nel *Don Giovanni* di Mozart; al Covent Garden di Londra (dal 1985); al Metropolitan di New York, nel 1988, come Cherubino, ruolo che ha interpretato anche alla Staatsoper di Vienna, ad Amburgo, all'Opéra di Parigi (1984) e in molti altri teatri.

● MERCADANTE, GIUSEPPE SAVERIO RAFFAELE
(Altamura, Bari 1795 - Napoli 1870)
Compositore italiano. Studiò al Reale Collegio di San Sebastiano a Napoli per esordire poi con un ballo comico, *Il servo balordo* (1818), seguito dall'opera *L'apoteosi di Ercole* (1819), rappresentate al San Carlo di Napoli. Nel 1821 ottenne a Milano il primo grande successo con l'opera *Elisa e Claudio*. Dopo aver soggiornato in Spagna e Portogallo (1827-29), dove fece rappresentare alcune sue opere, ritornò in Italia, a Novara, dove fu maestro di cappella della cattedrale (1833-40). Nel 1840 succedette a N. Zingarelli, che era stato uno dei suoi maestri, nella direzione del Conservatorio di San Pietro a Maiella di Napoli, la città dove trascorse il resto della sua vita. Nella sua cospicua produzione teatrale si ricordano *I briganti* (1836), *Il giuramento* (1837), *Le due illustri rivali* (1838), *Elena da Feltre* (1838), *Il bra-*

vo (1839), *Il reggente* (1843), *Gli Orazi e i Curiazi* (1846), *Virginia* (1866).

♦ MERRILL, ROBERT
(Brooklyn 1917)
Baritono statunitense. Dopo aver iniziato lo studio del canto con la madre, un'apprezzata interprete del repertorio concertistico, si è successivamente perfezionato con S. Margolis a New York. Nel 1944 ha debuttato come Amonasro nell'*Aida* a Trenton; dopo essersi esibito a Dayton e poi a Detroit, nel 1945 ha vinto un concorso bandito dal Metropolitan di New York, esordendo come Germont in *Traviata* e poi come Enrico in *Lucia di Lammermoor* e Escamillo in *Carmen*. Entrato stabilmente nella compagnia del Metropolitan, come erede di L. Warren, Merrill è stato il protagonista di oltre novecento rappresentazioni nel massimo teatro americano. Interprete principalmente del repertorio italiano, Merrill ha sempre dato prova di solida professionalità.

♦ MERRITT, CHRIS
(Oklahoma City 1952)
Tenore statunitense. Si è formato alla Oklahoma City University, dove esordí a ventun'anni come protagonista di *Les contes d'Hoffmann* (*I racconti di Hoffmann*) di Offenbach. Fu scritturato poi dalla Santa Fe Opera, dove ha avuto luogo il suo debutto ufficiale (1975) come Fenton nel *Falstaff* di Verdi. In Europa si è esibito al Landestheater di Salisburgo come Lindoro nell'*Italiana in Algeri* nel 1978, e quindi in *Gianni Schicchi*, *Faust*, *L'elisir d'amore*, *Idomeneo*, ecc. Dopo aver preso parte alle audizioni del Metropolitan di New York ha fatto un trionfale ingresso (1981) in questo teatro quale Arturo nei *Puritani*, rivelandosi cosí all'attenzione internazionale. Decisamente orientato al repertorio belcantista, in particolare a Rossini, ha cantato alla Carnegie Hall in *Tancredi* nel 1983, all'Opéra di Parigi nel *Moïse et Pharaon* (*Mosè e il faraone*) nel 1983, all'Opera of New York nel *Guillaume Tell* (*Guglielmo Tell*) nel 1984, e soprattutto al Rossini Opera Festival di Pesaro, dove dal 1985 ha cantato in *Maometto II*, *Bianca e Faliero*, *Otello*, *Ermione*. Il suo nome è anche comparso nei cartelloni di numerosi altri teatri italiani e stranieri: allo Châtelet di Parigi nella *Donna del lago*; al Lyric Opera di Chicago in *Anna Bolena* di Donizetti; al Maggio Musicale Fiorentino in *Benvenuto Cellini* nel 1987; alla Scala di Milano in *Il viaggio a Reims* nel 1985, *Guillaume Tell* (*Guglielmo Tell*) nel 1988, *I vespri siciliani* nel 1989; all'Opera di Roma in *Ermione* nel 1991; al Grand Théâtre di Ginevra in *Benvenuto Cellini* nel 1992, e altri ancora. Con R. Blake e W. Matteuzzi, Merritt è considerato l'elemento di maggior spicco della "Rossini Renaissance".

♦ MESPLE, MADY
(Tolosa 1931)
Soprano francese. Si è diplomata al Conservatorio della sua città per poi debuttare come Lakmé nell'opera omonima di Delibes all'Opéra di Liegi (1953). Nello stesso teatro ha interpretato *Il barbiere di Siviglia*, *Mignon* di A. Thomas, *Les contes d'Hoffmann* (*I racconti di Hoffmann*) di Offenbach, ecc. Negli anni seguenti ha cantato al Teatro La Monnaie di Bruxelles (1954), all'Opéra-Comique di Parigi (*Lakmé*, 1956) e ad Aix-en-Provence (*Zémire et Azor* di Grétry). La Mesplé si è definitivamente affermata come Lucia (*Lucia di Lammermoor*) all'Opéra di Parigi, sostituendo J. Sutherland e iniziando cosí una brillante carriera internazionale nei maggiori ruoli di soprano di coloratura. Ha inoltre preso parte alla prima francese di *The Last Savage* (*L'ultimo selvaggio*) di Menotti (1963) e di *Elegy for Young Lovers* (*Elegia per giovani amanti*) di Henze (1965).

▲ METASTASIO, PIETRO
(Roma 1698 - Vienna 1782)
Propriamente Pietro Trapassi, poeta e librettista italiano. Le sue precoci attitudini al canto e alla poesia attirarono l'attenzione del poeta arcadico G.B. Gravina, che ne curò la formazione culturale. Nel 1717 pubblicò la sua prima tragedia, *Giustino*, che aveva composto all'età di quattordici anni, quindi si trasferí a Napoli (1719) dove ebbe la protezione della celebre cantante M. Benti Bulgarelli detta "la Romanina", che lo mise in contatto con i maggiori musicisti che operavano a Napoli: D. Sarro, A. Scarlatti, L. Vinci e N. Porpora, e questi ultimi due completarono anche la sua formazione musicale. Nel 1724 con il libretto di *Didone abbandonata*, per il Sarro, ottenne il primo grande successo. Trasferitosi a Vienna nel 1730, succedette a A. Zeno nelle funzioni di poeta cesareo della corte imperiale, carica che conservò fino alla morte. In questa città compose la maggior parte dei suoi drammi e libretti, molti dei quali vennero musicati da piú compositori, come l'*Artaserse* (1730), che ebbe piú di quaranta versioni. La ragione di questo enorme successo sta nei versi scorrevoli, eleganti, legati alla moda dell'epoca e nell'intreccio macchinoso legato a soggetti mitologici e della romanità. Un teatro statico, in cui i personaggi esprimono solamente emozioni e

A sinistra:
il compositore italiano
Giuseppe Mercadante.

In alto:
il tenore statunitense
Chris Merritt.

sentimenti superficiali. Contro questi limiti teatrali si sviluppò la riforma di Gluck e de' Calzabigi. Tra i suoi libretti piú importanti, ricordiamo: *Catone in Utica* (1728), *L'Olimpiade* (1733), *Demofoonte* (1733), *Achille in Sciro* (1736), *Attilio Regolo* (1740), *Il re pastore* (1751).

● **MEYERBEER, GIACOMO**
(Tasdorf, Berlino 1791 - Berlino 1864)
Propriamente Jakob Liebmann Beer, compositore tedesco. Nato in una ricca famiglia ebraica (al nome prepose il cognome Meyer in omaggio a un parente che lo aveva designato suo erede universale), trovò un ambiente favorevole per sviluppare le sue doti artistiche. Dal 1807 iniziò gli studi di composizione, esordendo in teatro con l'opera *Jephtas Gelübde* (1812). Importante fu poi il suo soggiorno italiano (1816-24), dove colse un notevole successo con *Il crociato in Egitto* (1824), l'opera con la quale ottenne fama europea. Dopo essere ritornato a Berlino, vi rimase fino alla morte del padre (1829); si stabilí quindi a Parigi, dove nel 1831 trionfò con l'opera *Robert le diable* (*Roberto il diavolo*), che fece di Meyerbeer l'operista piú popolare del suo tempo. Un altro grande successo furono *Les Huguenots* (*Gli Ugonotti*) del 1836, mentre dal 1842 al 1843 fu *Generalmusikdirektor* a Berlino. Il suo nome fu però sempre legato alle scene dell'Opéra di Parigi, dove si consacrò a massimo esponente del *grand-opéra* con *Le prophète* (*Il profeta*) del 1849. Altre celebri opere di Meyerbeer sono *L'étoile du nord* (*La stella del nord*) del 1854, *Dinorah* del 1859 e *L'africaine* (*L'africana*), rappresentata postuma, nel 1865.

♦ **MICHEAU, JEANINE**
(Tolosa 1914 - Parigi 1976)
Soprano francese. Dopo aver compiuto gli studi al Conservatorio di Tolosa e a Parigi, ha debuttato all'Opéra-Comique di Parigi, nel 1933, come Cherubino in *Le nozze di Figaro*. La sua carriera si è quindi principalmente svolta nei due maggiori teatri parigini, l'Opéra-Comique e l'Opéra, dove nel 1940 è stata la protagonista nella prima assoluta della *Médée* (*Medea*) di Milhaud. Dello stesso autore ha in seguito impersonato il ruolo di Manuela nella prima mondiale di *Bolivar* (Opéra, 1950). Nella sua carriera si è esibita soprattutto in ruoli del repertorio lirico e di coloratura (*Manon*, *Lakmé*, *La bohème*, ecc.). Particolarmente degne di nota le sue interpretazioni di *Pélleas et Mélisande* di Debussy e di *L'enfant et les sortilèges* (*Il fanciullo e i sortilegi*) di Ravel.

● **MIDSUMMER MARRIAGE, THE**
(*Il matrimonio di mezza estate*)
Opera in tre atti di sir Michael Tippett (n. 1905), su libretto proprio. Prima rappresentazione: Londra, Royal Opera House, Covent Garden, 27 gennaio 1955.

Mark (tenore) e Jennifer (soprano) si amano e desiderano sposarsi, ma per compiere questo passo dovranno assolutamente essere maturi. Un'altra coppia, formata da Bella (soprano), una segretaria, e da Jack (tenore), un meccanico, non sente questa problematica, per loro è importante raggiungere la felicità. La vicenda oscilla tra il quotidiano, rappresentato da King Fisher (baritono), un ricco finanziere, padre di Jennifer, e un mondo magico dell'antica Inghilterra, rappresentato dalla veggente Sosostris (contralto) e da sapienti sacerdoti (basso e mezzosoprano). Alla fine del loro viaggio interiore, Mark e Jennifer troveranno la verità e potranno cosí sposarsi.
È la prima opera di Tippet. Ispirata a *Die Zauberflöte* (*Il flauto magico*) di Mozart, riproposto in chiave psicoanalitica, la partitura tratta con un largo uso di simboli il tema della ricerca interiore.

● **MIDSUMMER NIGHT'S DREAM, A**
(*Sogno di una notte di mezza estate*)
Opera in tre atti di Benjamin Britten (1913-1976), su libretto proprio e di P. Pears, tratto dalla commedia omonima di W. Shakespeare. Prima rappresentazione: Aldeburgh, 11 giugno 1960.

La vicenda si svolge in un bosco nei pressi di Atene. Puck (recitante), il messaggero di Oberon (controtenore) e di Titania (soprano), signori delle fate, osserva i suoi padroni che stanno litigando. Titania si rifiuta di separarsi dal suo paggio e Oberon minaccia vendetta. Decide quindi di spremere negli occhi di Titania addormentata il succo di un fiore magico. Al suo risveglio la regina delle fate si innamorerà della prima creatura che vedrà. Nel bosco giungono Hermia (mezzosoprano) e Lysander (tenore). I due giovani si amano, ma il destino è loro avverso, perché Hermia è stata destinata a Demetrius (baritono). Anche quest'ultimo giunge nel bosco, inseguito da Helena (soprano) che lo adora, ma che egli invece non sopporta. Oberon decide di aiutare la sfortunata fanciulla e ordina a Puck di versare negli occhi di Demetrius un po' del succo magico. Il bosco si fa sempre piú animato; sei artigiani sono alla ricerca di un posto tranquillo dove provare lo spettacolo teatrale che intendono rappresentare in occasione delle nozze di Theseus (basso), il Duca di Atene. Nel frattempo, mentre Hermia e Lysander stanno dormendo, Puck, sbagliando, versa il succo magico negli occhi del giovane. Giunge Helena; la giovane sveglia Lysander, ma è sopraffatta dalle improvvise dichiarazioni d'amore del giovane. Sconvolta, Helena fugge inseguita da Lysander. Qualche momento dopo, mentre Titania scivola nel sonno, Oberon stesso compie la magia sulla moglie. Gli artigiani cominciano a provare e, mentre Bottom (basso-baritono), uno di questi, si è ritirato dietro un cespuglio, Puck ne approfitta: gli trasforma la testa in quella di un asino. Gli altri artigiani fuggono spaventati, mentre Titania, risvegliata dal

Sopra:
il compositore tedesco Giacomo Meyerbeer.

In alto:
il poeta e librettista Pietro Trapassi, detto Metastasio.

fracasso, si innamora follemente di Bottom. Nel frattempo, sebbene Oberon abbia posto rimedio ai guai provocati da Puck, tra le due coppie di innamorati continuano le incomprensioni. Oberon, dopo aver riavuto il suo paggio, scioglie Titania dall'incantesimo e si riconcilia con lei, mentre il povero Bottom ancora non si rende conto di ciò che gli è capitato. Le due coppie di innamorati finalmente si riconciliano e l'opera si conclude con la celebrazione dei matrimoni, dopo la recita degli artigiani in onore del Duca e della sua sposa Hippolita (contralto).

Una delle piú raffinate partiture di Britten, che ha saputo pienamente cogliere l'atmosfera in bilico tra realtà e fantasia dell'originale shakesperiano.

♦ MIGENES, JULIA
(Manhattan 1945)

Soprano statunitense. Nata in una famiglia d'origine greca e portoricana, iniziò a tre anni ad esibirsi come bimba prodigio. Ha quindi compiuto gli studi musicali alla High School of Music and Arts di New York e alla Juilliard School di Filadelfia. Nel 1965 ha esordito nell'opera con *The Saint of Bleecker Street* (*La Santa di Bleecker Street*) di Menotti, alla New York City Opera, ma nella sua carriera si sono sempre alternati opera e musical. Ha cantato a San Francisco, Houston e al Metropolitan di New York, dove si è clamorosamente imposta come Lulu nell'opera omonima di Berg, personaggio che, al fianco di Nedda (*Pagliacci*), Jenny (*Mahagonny* di Weill), Salome, Esmeralda (*Notre Dame* di Schmidt), mette pienamente in luce le sue non comuni qualità di interprete. Doti che sono pienamente emerse nel film *Carmen* (1985) con la regia F. Rosi da lei interpretato e che l'ha fatta conoscere in tutto il mondo.

♦ MIGNON
Dramma lirico in tre atti di Ambroise Thomas (1811-1896), su libretto di M. Carré e J. Barbier, tratto dal Wilhelm Meister *di Goethe. Prima rappresentazione: Parigi, Opéra-Comique, 17 novembre 1866.*

La vicenda si svolge in Germania e in Italia. Lotario (basso), un vecchio suonatore ambulante, gira per il mondo alla ricerca della figlia, scomparsa da molti anni. Dinanzi a una locanda tenta di aiutare una fanciulla che fa parte di una compagnia di zingari, ma è preceduto da un giovane avventore, Guglielmo Meister (tenore), che riscatta la libertà della ragazza. Questa rivela di chiamarsi Mignon (mezzosoprano) e di essere orfana, ma di non sapere altro della sua vita. Commosso, Guglielmo decide di portarla con sé per aiutarla a trovare la sua famiglia. Egli, che ha ceduto al fascino di Filina (soprano), un'attrice, decide di seguirla al castello dove gli attori si recano per dare un spettacolo. Mignon li seguirà, travestita da paggio. Al castello la giovane cede alla tentazione e indossa uno dei costumi di Filina, ma nemmeno cosí trasformata riesce ad attirare l'attenzione di Guglielmo, del quale è innamorata; disperata, vorrebbe suicidarsi, ma è consolata da Lotario, che crede di vedere in lei sua figlia. Mignon maledice Filina e prega che cada su di lei il fuoco divino; Lotario, nella sua mente sconvolta, cerca di adempire il suo desiderio e dà fuoco alla serra dove si era

A sinistra:
manifesto per *Mignon* di A. Thomas.

In alto:
il soprano statunitense Julia Migenes.

svolto lo spettacolo, ignorando che Mignon è appena entrata nella serra. Guglielmo vi si precipita e la salva. Qualche tempo dopo, in Italia, dove Lotario e Guglielmo hanno condotto Mignon perché riacquisti la salute. I tre alloggiano in Palazzo Cipriani, una vecchia costruzione abbandonata. Il luogo, sulle rive di un lago, e quel palazzo, risvegliano in Lotario ricordi lontani: egli scopre cosí di essere il conte Cipriani, il padrone del palazzo, e alcuni oggetti che erano stati della figlia gli rivelano che la figlia perduta è Mignon. Vinta dall'emozione, la fanciulla sviene tra le braccia di Lotario e Guglielmo, i quali la rianimano e la confortano con affettuose parole. Mignon si riunisce al genitore e a Guglielmo che le ha rivelato di amarla.

Mignon è senza dubbio l'opera migliore di Ambroise Thomas ed è l'unica che sia rimasta in repertorio in molti teatri del mondo.

♦ MILANOVA, ZINKA
(Zagabria 1906 - New York 1989)
Nome d'arte di Zinka Kunc, soprano croato naturalizzato americano. Allieva di M. Ternina, si è perfezionata con F. Carpi a Praga, esordendo come Leonora (*Il trovatore*) a Lubiana, nel 1927. Primo soprano all'Opera di Zagabria (1928-35), si impose in campo internazionale grazie alle sue interpretazioni di *Aida* alla Staatsoper e del *Requiem* di Verdi, diretto da Toscanini, al Festival di Salisburgo nel 1937. Sempre in questo anno ha esordito al Metropolitan di New York (*Il trovatore*), dove ha cantato fino al 1966, anno del suo addio alle scene. Si è esibita anche in numerosi altri teatri europei e americani (Covent Garden di Londra, Scala di Milano, Colón di Buenos Aires, ecc.).

♦ MILAŠKINA, TAMARA
(Astrakhan 1934)
Soprano russo. Ha studiato canto con E. Katul'skaja entrando quindi a far parte della compagnia del Bolscioi di Mosca (1958), dove ha interpretato i maggiori ruoli dell'opera russa, in particolare Lisa in *Pikovaja Dama* (*La dama di picche*) e Tatiana in *Evgenij Oneghin* (*Eugenio Oneghin*) di Čajkovskij. Con il celebre teatro russo ha effettuato tournée in Europa e negli Stati Uniti (1975). Nel 1962 è stata il primo soprano russo scritturato dalla Scala di Milano (Lidia nella *Battaglia di Legnano* di Verdi); ha quindi cantato alla Staatsoper di Vienna (*Pikovaja Dama*) e alla Deutsche Oper di Berlino (*Tosca*, 1974).

♦ MILČEVA-NONOVA, ALEKSANDRINA
(Šumen 1934)
Mezzosoprano bulgaro. Allieva di G. Čerkin al Conservatorio di Sofia, ha debuttato all'Opera di Varna come Dorabella (*Cosí fan tutte*) nel 1961. Vincitrice del Concorso Internazionale di canto di Tolosa nel 1966, è quindi entrata nella compagnia stabile del Teatro di Sofia. Parallelamente ha iniziato un'intensa carriera internazionale, producendosi alla Staatsoper di Vienna, all'Opéra di Parigi, al Covent Garden, al Festival di Salisburgo, ecc. Interprete dei maggiori ruoli di mezzosoprano del repertorio tradizionale (Carmen, Amneris, Azucena, Eboli, Dalila, Santuzza, ecc.), la Milčeva si è però particolarmente messa in luce nei grandi ruoli dell'opera russa, come Marina (*Boris Godunov*) e Marfa (*Kovànčina*).

• MILHAUD, DARIUS
(Marsiglia 1892 - Ginevra 1974)
Compositore francese. L'agiatezza della sua famiglia contribuí allo sviluppo delle sue inclinazioni musicali; si iscrisse cosí al Conservatorio di Parigi (1909) e partecipò attivamente alla vita culturale e musicale della città, entrando a far parte del Gruppo dei Sei. Compositore infaticabile, Milhaud ha affrontato i piú disparati generi musicali: dalla sinfonia al balletto, dalla musica di scena alla musica per film e, naturalmente, all'opera lirica. Tra le sue prime esperienze teatrali si trovano *Les malheurs d'Orphée* (Le disgrazie d'Orfeo) del 1926, *Cristophe Colomb* (*Cristoforo Colombo*) del 1930, *Maximilien* (Massimiliano) del 1932 e *Médée* (Medea) del 1939. Trasferitosi negli Stati Uniti, dove fu insegnante al Mills College di Oakland, compose quella che forse si può considerare la sua opera piú impegnativa, il *Bolivar* (composta nel 1943, ma rappresentata nel 1950). Dopo il suo ritorno in Francia (1947) ha insegnato, dallo stesso anno, al Conservatorio di Parigi; di questo suo ultimo periodo compositivo si segnala in particolare l'opera *David*, scritta per il King David Festival di Gerusalemme (1954).

Il compositore francese Darius Milhaud (primo a sinistra nel quadro).

♦ MILLER, LAJOS
(Szombathely 1940)
Baritono ungherese. Ha compiuto gli studi musicali all'Accademia di Musica di Budapest e qui ha esordito al Teatro dell'Opera in *Hamlet* (Amleto) dell'ungherese S. Szokolay. La sua carriera ha avuto una svolta in campo internazionale dopo le affermazioni ottenute ai concorsi di canto "G. Fauré" di Parigi (1974), "T. dal Monte" di Treviso (1975) e il Premio "Liszt" di Budapest (1975). Ha iniziato quindi a esibirsi in teatri tedeschi e francesi, in numerosi teatri italiani oltre che alla Staatsoper di Vienna. Il suo bel timbro vocale, le buone capacità di fraseggio e di interprete gli hanno permesso di affrontare in maniera convincente molte opere del repertorio italiano da Donizetti a Verdi e Puccini.

♦ MILLO, APRILE
(New York 1958)
Soprano statunitense d'origine italiana. I suoi genitori, apprezzati cantanti lirici (tenore e soprano), sono stati i suoi insegnanti. Nel 1978 ha vinto il Concorso per voci verdiane di Busseto e ha ricevuto il Premio "G. Verdi" al Concorso "F. Vinas" di Barcellona. Nel 1980 ha esordito come Aida alla Utah Opera di Salt Lake City, dove successivamente ha interpretato Santuzza (*Cavalleria rusticana* di Mascagni, 1981). In Europa, ha cantato per la prima volta a Karlsruhe, nel 1982, ancora come protagonista dell'*Aida*. Scritturata dalla Scala di Milano, vi ha esordito come Elvira (*Ernani* di Verdi) nella stagione 1982-83; sempre in questo ruolo ha cantato alla Welsh National Opera di Cardiff (1984). A New York è comparsa per la prima volta in due esecuzioni in forma di concerto di *Ernani* e *Guillaume Tell* (*Guglielmo Tell*) di Rossini (Opera Orchestra di New York), sempre nel 1984, anno in cui ha esordito al Metropolitan nel ruolo di Amelia nel *Simon Boccanegra* di Verdi. A partire da questo momento il suo nome è legato a buona parte delle rappresentazioni del Met, dove ha cantato in *Ernani* (1985), *Don Carlo* (1986), *Otello*, *Aida* (nell'inaugurazione della stagione 1989-90), *Andrea Chénier* (1990), *Un ballo in maschera* (1990). Presente anche nelle stagioni della Carnegie Hall dal 1984 (*I lombardi*, *La battaglia di Legnano*, *Il pirata*, *La Wally*), la Millo ha cantato alla Staatsoper di Vienna (*Aida*, 1986), all'Arena di Verona (*Aida* e *Don Carlo*, 1988, 1989 e 1992), a Caracalla, all'Opera di Roma (*Luisa Miller*, 1990), al Regio di Parma (1991), al Lyric Opera di Chicago (*Mefistofele*, 1991), a Monaco di Baviera (*La forza del destino*, 1992) all'Opéra Bastille di Parigi (*Un ballo in maschera*, 1992). Vincitrice di numerosi premi internazionali ("R. Tucker Award", 1985 e "M. Callas" a Francoforte, 1986), ha dato la voce alla Taylor nel film *Il giovane Toscanini* di F. Zeffirelli. La voce di soprano lirico spinto, dal bellissimo timbro, omogenea ed estesa, l'accento e la notevole personalità interpretativa l'hanno consacrata come la piú qualificata interprete del repertorio verdiano oggi in attività.

♦ MILNES, SHERRILL
(Downers Grove, Illinois 1935)
Baritono statunitense. Ha studiato canto alla Drake University di Des Moines iniziando la carriera artistica nel coro della Chicago Symphony Orchestra. Come solista si è inizialmente esibito con una compagnia itinerante, con la quale ha ricoperto oltre quindici ruoli. Scritturato dalla New York City Opera ha interpretato Germont nella *Traviata*, Valentin nel *Faust* e Rupprecht nella prima americana di *Ognennyj Angel* (*L'angelo di fuoco*) di Prokof'ev nel 1964. Nel 1965 ha esordito al Metropolitan di New York (*Faust*), il teatro dove ancora oggi si esibisce. In Europa ha debuttato nel 1970, come protagonista del *Macbeth* di Verdi alla Staatsoper di Vienna, apparendo in seguito in altri importanti teatri. Voce essenzialmente di baritono lirico, di bel timbro, molto estesa e squillante nel registro acuto, Milnes, tra gli anni Settanta e l'inizio degli anni Ottanta, è stato uno dei piú acclamati interpreti di un vasto repertorio, in particolare dell'opera italiana (Rossini, Donizetti, Verdi, Giordano, Leoncavallo, ecc.) e francese (Massenet, Thomas, ecc.), tutto testimoniato da una nutritissima discografia.

♦ MINTON, YVONNE
(Sydney 1938)
Mezzosoprano australiano. Ha compiuto gli studi musicali nella città natale. Nel 1961 ha vinto il Premio "Kathleen Ferrier" in Olanda; ha esordito a Londra, al City Literary Institute nel 1964, nel ruolo della protagonista di *The Rape of Lucretia* (*Il sacrificio di Lucrezia*) di Britten. Dopo essersi prodotta con la Händel Opera Company e con la New Opera Company, ha debuttato (1965) al Covent Garden di Londra (Lola in *Cavalleria rusticana*). Nel celebre teatro inglese s'è fatta apprezzare come Marina (*Boris Godunov*), Ascanio (*Benvenuto Cellini*) di Berlioz, Orfeo (*Orfeo ed Euridice*) e in molti altri ruoli. Iniziata la carriera internazionale, nei primi anni Settanta ha cantato a Chicago, al Metropolitan in *Der Rosenkavalier* (*Il cavaliere della rosa*) nel 1973 e al Festival di Bayreuth (1974-77). Nel 1976 è stata la Contessa nella prima rappresentazione della versione integrale della *Lulu* di Berg all'Opéra di Parigi, ruolo che ha interpretato anche alla Scala di Milano (1977-78). In Italia ha interpretato Waltraute in *Götterdämmerung* (*Il crepuscolo degli dei*) di Wagner al Teatro Regio di Torino (1988) e di Leokadia in *Aufstieg und Fall der Stadt Mahagonny* (*Ascesa e rovina della città di Mahagonny*) di Weill al Maggio Musicale Fiorentino (1990). Il bel timbro vocale e l'intensa personalità ne hanno fatto un'apprez-

A sinistra:
Il baritono statunitense
Sherrill Milnes.

In alto:
Il soprano statunitense
Aprile Millo.

zata interprete wagneriana; altrettanto degna di nota la sua attività concertistica in un vasto repertorio, da Monteverdi a Schönberg.

MIREILLE
(*Mirella*)
Opera in tre atti e quattro quadri di Charles Gounod (1818-1893), su libretto di M. Carré, dal romanzo provenzale *Mirèio* di F. Mistral. Prima rappresentazione: Parigi, Théâtre Lyrique, 19 marzo 1864 (nella versione in cinque atti); 16 dicembre 1864 (nella versione in tre atti).

In una Provenza primaverile, Mirella (soprano), la bella figlia del ricco fattore Raimondo (basso), ama, riamata, il povero Vincenzo (tenore). La giovane confida questi suoi sentimenti a Taverna (mezzosoprano), la sua migliore amica. La donna avverte Mirella che suo padre ha intenzione di darla in sposa al ricco Uriasse (baritono); non deve però disperarsi, ma riporre la sua fiducia nella Madonna. Mirella confessa al padre di essere innamorata di Vincenzo; questi risponde che non le permetterà mai di sposarlo. Uriasse è geloso di Vincenzo e, dopo averlo minacciato, lo ferisce gravemente. Taverna trova il giovane e lo porta nella sua casa per curarlo; Uriasse, in preda ai rimorsi, muore mentre sta attraversando il fiume su un traghetto che si rovescia. Taverna informa Mirella del ferimento di Vincenzo. La fanciulla si reca al santuario delle Tre Sante Marie nel deserto della Crò, per offrire quanto possiede in cambio della guarigione di Vincenzo. Nel deserto rimane vittima di un'insolazione, ma riesce ugualmente a raggiungere la chiesa, dove spira tra le braccia di Vincenzo.

Dopo la versione definitiva del dicembre 1864, *Mireille* venne sempre eseguita in una versione con lieto fine. Fu solamente a partire dal 1939 che si ritornò alla versione originale con il finale tragico. La musica di Gounod ha mirabilmente ricreato il fascino leggendario della Provenza recuperando canzoni antiche e medievali.

MIRICIOIU, NELLY
(Adjud 1952)
Soprano rumeno. All'età di cinque anni si esibiva alla radio, iniziando a quattordici anni lo studio del canto al Conservatorio di Bucarest (la sua insegnante le diede il nome di Nelly, in onore di Nelly Melba). Dopo l'esordio a Bucarest come Regina della Notte in *Die Zauberflöte* (*Il flauto magico*) di Mozart, si è trasferita in Inghilterra dove ha avuto inizio la sua carriera. Dal repertorio lirico e di coloratura (*Lucia di Lammermoor* di Donizetti e Margherita nel *Faust* di Gounod) è quindi passata a ruoli piú drammatici, da *Lucrezia Borgia* di Donizetti, a Elena (*I vespri siciliani* di Verdi), a *Manon Lescaut* e *Tosca* di Puccini e, soprattutto, a Violetta nella *Traviata*, un ruolo che ha interpretato sui maggiori palcoscenici internazionali.

MITCHELL, LEONA
(Enid, Oklahoma 1949)
Soprano statunitense. Ha studiato alla Oklahoma University, Santa Fe e a San Francisco. Nel 1972 ha debuttato come Micaela (*Carmen*) a San Francisco; con lo stesso ruolo, nel 1975, è entrata a far parte della compagnia del Metropolitan di New York, dove ha cantato nel repertorio di soprano lirico (*Bohème*, *Gianni Schicchi*, ecc.). Attiva anche in numerosi teatri europei, a partire dagli anni Ottanta ha affrontato ruoli di soprano lirico spinto e drammatico: *Aida*, *La forza del destino*, *Un ballo in maschera*, *Ernani*, *Tosca*, ecc. Un repertorio nel quale ha messo in risalto il suo bel timbro vocale e una efficace presenza drammatica.

MITRIDATE RE DI PONTO
Melodramma in tre atti di Wolfgang Amadeus Mozart (1756-1791), su libretto di V.A. Cigna-Santi, dalla tragedia Mitridate *di J. Racine. Prima rappresentazione: Milano, Teatro Ducale, 26 dicembre 1770.*

Mitridate (soprano) ritorna in patria dopo essere stato sconfitto dai romani. Nonostante sia ormai vecchio e amareggiato di aver perduto la guerra, Mitridate arde di amore giovanile per la principessa Aspasia (soprano). Gli sono però rivali i due figli, Sifare (soprano), onesto e leale, e Farnace (contralto), malvagio e spietato. Il re non esita a lottare e da questo antagonismo scaturiscono situazioni psicologicamente complesse. L'azione si conclude con la morte di Mitridate in battaglia, rappacificato coi figli e consolato nel vedere la felicità di Sifare e Aspasia, sposi col suo consenso, mentre Farnace torna al suo primitivo amore per Ismene (soprano).

È questo il miglior testo d'opera seria che Mozart ebbe modo di musicare nella sua vita, grazie alla validità della tragedia di Racine a cui si rifà il libretto. Purtroppo Mozart aveva appena quattordici anni, e, ancora

*In alto:
il mezzosoprano australiano Yvonne Minton.*

*A destra:
il soprano statunitense Leona Mitchell.*

inesperto, non seppe pienamente sfruttare questa occasione. L'opera è cosí costruita interamente sull'alternarsi di recitativi e arie perlopiú di maniera, atte a mettere in luce le doti canore degli interpreti. Non mancano comunque pagine dove emerge una sincera e appassionata partecipazione drammatica del compositore. L'opera ebbe un buon successo e valse a Mozart la commissione per un nuovo lavoro, l'*Ascanio in Alba*.

■ MITROPOULOS, DIMITRI
(Atene 1896 - Milano 1960)
Direttore d'orchestra greco, naturalizzato americano. Iniziati gli studi musicali ad Atene, li completò a Bruxelles (1920-21) e a Berlino (1921-24). Scritturato dalla Deutsche Oper di Berlino, come maestro sostituto (1921-24), fu quindi ad Atene, in qualità di direttore dell'orchestra del Conservatorio (1927-30) e di insegnante di composizione (1930). Lo straordinario temperamento, unito a un altrettanto eccezionale magistero tecnico e interpretativo, non ha tardato a metterlo rapidamente in luce in campo internazionale, cosí da diventare uno dei maggiori direttori d'orchestra contemporanei. Direttore stabile delle orchestre di Minneapolis (1937-49) e di New York, prima con L. Stokowski (1949) e poi come unico titolare (1951-57), dal 1954 al 1960 ha diretto al Metropolitan di New York, comparendo inoltre alla Scala di Milano, al Comunale di Firenze e alla Staatsoper di Vienna, dove ha dato interpretazioni memorabili di opere di Verdi, Puccini e Strauss, esecuzioni testimoniate da numerose registrazioni *live*. Morí a causa di un attacco cardiaco durante una prova d'orchestra alla Scala di Milano.

♦ MÖDL, MARTHA
(Norimberga 1912)
Soprano e mezzosoprano tedesco. Iniziò a ventun'anni lo studio del canto al Conservatorio della sua città e con O. Müller a Milano. Nel 1942 ha esordito a Remscheid (Cherubino in *Le nozze di Figaro*), si è quindi prodotta come mezzosoprano all'Opera di Düsseldorf (1945-49). Passata all'Opera di Amburgo (1949), iniziò a cantare in ruoli di soprano, in particolare nelle opere di Wagner. In tale repertorio ha colto importanti affermazioni a Vienna, Berlino, Londra, Bayreuth (Kundry nel *Parsifal*, 1951, e successivamente come Brünnhilde, Isolde, ecc. fino al 1957), al Metropolitan di New York (1956), ecc. A partire dagli anni Settanta è comparsa come caratterista (celebre la sua interpretazione della madre di Albert, nell'*Albert Herring* di Britten) mettendo ancora in luce le sue peculiarità artistiche: eccezionale intensità drammatica e altrettanto notevole presenza scenica.

♦ MOFFO, ANNA
(Wayne, Pennsylvania 1932)
Soprano statunitense d'origine italiana. Ha studiato con E. Giannini-Gregory al Curtis Institute di Filadelfia e quindi all'Accademia di Santa Cecilia, dove si è perfezionata con L. Ricci. Dopo l'esordio avvenuto al Teatro Nuovo di Spoleto (1955-56) come Norina (*Don Pasquale* di Donizetti), ha raggiunto la notorietà come protagonista di una produzione televisiva della *Madame Butterfly* di Puccini. È quindi comparsa al Festival di Aix-en-Provence (Zerlina nel *Don Giovanni*, 1956), alla Scala di Milano, al Festival di Salisburgo, al Lyric Opera di Chicago (1957) e, dal 1959, al Metropolitan di New York, dove ha debuttato come Violetta (*La traviata*) e dove si è esibita per numerose stagioni in un repertorio assai vasto (*Manon* di Massenet, *Rigoletto*, *Pagliacci*, *Faust*, ecc.). La sua vocalità, essenzialmente di soprano lirico, con una buona predisposizione al canto di coloratura, non sempre ha corrisposto alle sia pur notevoli intenzioni interpretative con le quali ha affrontato un repertorio alquanto oneroso, e già a partire dagli anni Settanta sono cosí emersi evidenti segni di declino vocale.

■ MOISE ET PHARAON OU LE PASSAGE DE LA MER ROUGE
(*Mosè e il Faraone o Il passaggio del Mar Rosso*)
Melodramma sacro in quattro atti di Gioachino Rossini (1792-1868), su libretto di E. de Jouy e L. Balocchi. Prima rappresentazione: Parigi, Opéra, 26 marzo 1827.
Arrendendosi al volere divino il Faraone (baritono) lascia che il popolo ebraico, guidato da Mosè (basso), vada verso la Terra Promessa. Di ciò si dispiace il figlio del Faraone, Amenofi (tenore), che segretamente ama Anaide (soprano), una giovane ebrea, figlia di Maria (mezzosoprano), la sorella di Mosè. Per impedire la partenza di Anaide, Amenofi insinua nella mente del padre che gli ebrei vogliono unirsi ai madianiti per muovere guerra all'Egitto. La partenza viene cosí sospesa. Dopo un momento di sconforto Mosè si erge contro il Faraone e mostra la potenza del suo Dio: il sole si oscura fra il terrore dei presenti.

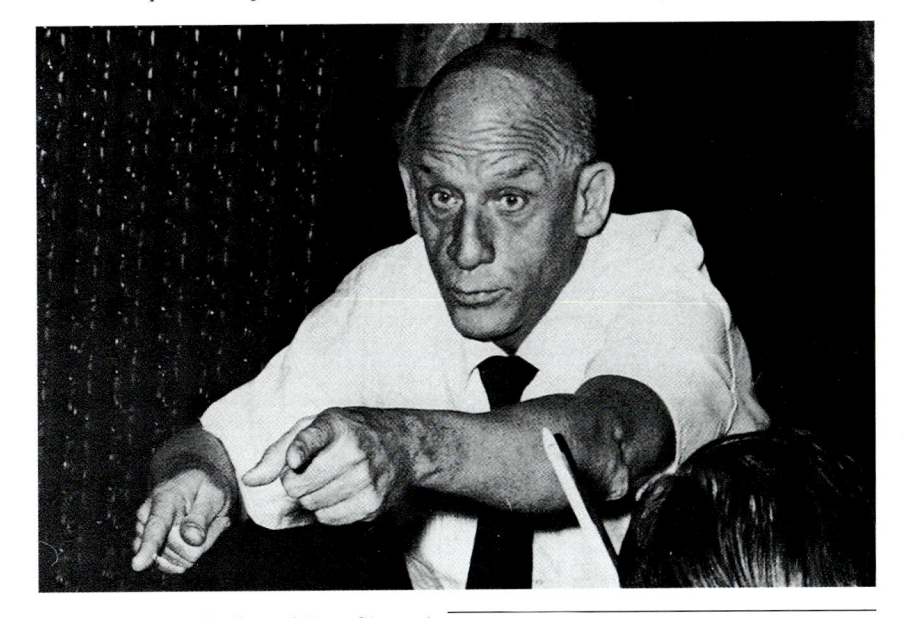

In alto:
ritratto di Wolfgang Amadeus Mozart.

Sopra:
il direttore d'orchestra greco
Dimitri Mitropoulos.

Disperato per la terribile oscurità il Faraone convoca Mosè e rinnova la sua promessa. Il sole torna cosí a splendere. Prima della partenza, Osiride (basso), gran sacerdote, impone che il popolo ebraico renda omaggio alla dea Iside. Mosè rifiuta. Giunge il capo delle guardie Aufide (tenore), che ricorda le terribili piaghe divine, causate da Mosè, che avevano colpito l'Egitto. Il Faraone ordina che gli ebrei incatenati siano allontanati da Menfi. Nel deserto gli ebrei in fuga sono giunti nei pressi del Mar Rosso. Amenofi, che ha rapito Anaide, la riporta ai suoi, per dare una prova estrema del suo amore. La fanciulla però, dopo un momento di indecisione, decide di rimanere con il suo popolo. Amenofi, furibondo, minaccia vendetta. Mosè esorta il popolo a non temere e, dopo aver innalzato una preghiera a Dio, le acque del Mar Rosso si dividono per miracolo e gli ebrei attraversano il mare. Giunge Amenofi con le schiere egizie, inseguono gli ebrei, ma con spaventoso fragore le onde si richiudono su di loro, sommergendoli. Sul mare placato torna a risplendere il sole.

Il *Moïse* è il rifacimento francese del *Mosè in Egitto* del 1818. I rimaneggiamenti operati sulla musica e sul libretto, dovuti forse al parziale insuccesso della prima versione, portarono lo stile rossiniano a una grande maestosità e ad accenti sublimi, e la grazia e la grande levatura della musica danno risalto alla varietà dei personaggi e delle situazioni.

■ MOLINARI PRADELLI, FRANCESCO
(Bologna 1911)
Direttore d'orchestra italiano. Allievo al Conservatorio di Bologna e all'Accademia di Santa Cecilia di Roma, esordí nei teatri di Brescia e Bergamo (1939) e si esibí poi sui maggiori palcoscenici italiani. Diresse quindi anche al Covent Garden di Londra (1951), a San Francisco e Chicago (1957 e 1959), al Metropolitan di New York (dal 1966), ecc. Direttore di rigorosa professionalità, svolse la sua carriera artistica quasi esclusivamente come direttore d'orchestra, in particolare del grande repertorio italiano.

In alto:
il direttore d'orchestra italiano
Francesco Molinari Pradelli.

A destra:
il basso tedesco Kurt Moll.

♦ MOLL, KURT
(Buir, Colonia 1938)
Basso tedesco. Allievo di violoncello e quindi canto al Conservatorio di Colonia, ha esordito al Teatro dell'Opera di Sarrebrück. Dopo essersi esibito in vari teatri dell'area tedesca, nel 1968 ha debuttato a Bayreuth, dove ha iniziato la carriera di cantante wagneriano in *Tristan und Isolde* (*Tristano e Isotta*), *Parsifal*, *Lohengrin*, *Der fliegende Holländer* (*Il vascello fantasma*), ecc., un repertorio che lo ha reso celebre in tutto il mondo. Presente nei cartelloni dei teatri di Amburgo (dal 1969), della Scala di Milano (1972), dell'Opéra di Parigi, di San Francisco (dal 1974), del Covent Garden di Londra e di molti altri, Moll, oltre a Wagner, ha avuto grandi consensi anche nei ruoli mozartiani (Osmin, il Commendatore, Sarastro, ecc.) e nel repertorio concertistico.

♦ MOND, DER
(*La luna*)
Opera in due atti di Carl Orff (1895-1982), su libretto proprio, ricavato da una favola dei fratelli Grimm. Prima rappresentazione: Monaco, Nationaltheater, 5 febbraio 1939. Una nuova versione dell'opera fu rappresentata nello stesso teatro nel 1950.

Il narratore (tenore) racconta che una volta la Terra non era tutta rischiarata durante la notte: un emisfero rimaneva completamente al buio, mentre nell'altro la notte era illuminata da una palla rotonda che brillava appesa a una quercia. Quattro giovani (tenore, due baritoni, basso), in viaggio per il mondo, scoprono questa lampada appesa all'albero. Un contadino (baritono) racconta loro che quella è la luna e che lui è pagato per tenere sempre pieno il serbatoio della luna affinché mantenga inalterata la sua luce. I quattro giovani rubano la luna e la portano nel loro buio paese. Passano molti anni. I quattro uomini per tutta la loro vita hanno mantenuta viva la luce della luna ed ora, in punto di morte, ognuno di loro ne vuole con sé nella tomba una parte. Il paese cosí torna ad avere nuovamente le notti buie. Svegliatisi nell'Aldilà i quattro amici decidono di ricomporre la luna e di appenderla, ma la luce sveglia anche gli altri morti che nel giro di poco tempo si mettono a far baldoria e a gozzovigliare. Il trambusto provoca l'intervento di San Pietro (basso), il quale, quando i morti, ubriachi, stanchi e sonnolenti tornano nei loro feretri, prende la luna, la porta con sé in cielo e la appende ad una stella, illuminando cosí tutta la Terra.

In *Der Mond* Orff presenta ancora una volta, con il linguaggio espressivo e musicale che lo caratterizza, la perfetta fusione tra musica arcaica, che lo aveva reso celebre con i *Carmina Burana*, e l'espressività della musica moderna, con un particolare riferimento a Stravinskij.

♦ MONDO DELLA LUNA, Il
Dramma giocoso in tre atti di Franz Joseph Haydn (1732-1809), su libretto di P.F. Pastor, adattamento dell'omonima commedia di C. Goldoni. Prima rappresentazione: Castello di Esterhazy, 3 agosto 1777.

Il vecchio Bonafede (basso) ha due figlie, Flaminia (soprano) e Clarice (soprano). La prima ama Ernesto (contralto) e la seconda Eclittico (tenore). Bonafede però ostacola le due coppie di innamorati; Eclittico allora, con la complicità di Ernesto e del suo servitore Cecco (tenore), che ama Lisetta (mezzosoprano), cameriera di Bonafede corteggiata pure dal padrone, decide di sfruttare la credulità di costui e si finge astrologo. Attraverso un cannocchiale truccato Bonafede vede le meraviglie della luna, e, quando un fantomatico imperatore della luna invita Eclittico sul suo pianeta, il credulone prega il giovane di portarvelo. Addormentato da un potente sonnifero, al suo risveglio Bonafede crede di trovarsi sulla luna, in realtà si trova nel giardino della casa di Eclittico, opportunamente trasformato. Travestito da imperatore della luna, giunge Cecco, quindi, ben istruite dai loro amanti, giungono anche le due sorelle; e quando Cecco chiede in sposa Lisetta, Eclittico Clarice ed Ernesto Flaminia, l'ingenuo finisce per acconsentire: è immaginabile la sua rabbia, quando la burla gli è svelata. Ma davanti al fatto compiuto, Bonafede deve arrendersi e concedere un perdono generale. Così le tre coppie di giovani sono felici e soddisfatte e l'opera termina fra la gioia e l'allegria di tutti.

Il mondo della luna è un vero e proprio *divertissement*. Haydn sviluppa l'argomento, desunto da Goldoni, caratterizzando in maniera decisa i vari personaggi. L'opera è un lungo lavoro di cesello e ogni particolare è stato studiato e definito con grande cura. Vi è particolarmente accentuata la *verve* parodistica di Haydn, che riesce così a superare la comicità stereotipa in voga nell'opera buffa dell'epoca. *Il mondo della luna* è stato musicato anche da G. Paisiello, una prima volta con il titolo *Il credulo deluso* (1774) e in una successiva ripresa con il titolo originale (1783).

● MONIUSZKO, STANISLAW
(Ubiel, Mińsk 1819 - Varsavia 1872)
Compositore polacco. La sua formazione musicale si svolse a Varsavia, Mińsk e Berlino (1837-40) dove studiò composizione con K.F. Rugenhagen. Dopo il suo ritorno in patria iniziò l'attività compositiva a fianco di quella di direttore d'orchestra. Dopo varie operette, affrontò il genere operistico vero e proprio con *Halka* (versione definitiva, 1858) che costituisce il primo importante esempio di opera nazionale polacca. La successiva produzione teatrale, pur sviluppandosi nel genere comico, lo vide oltremodo impegnato nello sviluppo di un'opera nazionale. Dopo *Halka* la partitura più celebre di Moniuszko è *Straszny dwór* (*Il castello incantato*) del 1865; entrambe sono ancora nei repertori dei teatri polacchi.

● MONNA LISA
Opera in due atti di Max von Schillings (1868-1933), su libretto di B. Dovsky. Prima rappresentazione: Stoccarda, Hoftheater, 26 settembre 1915.

In un prologo, ambientato a Firenze ai nostri giorni, un converso (tenore) fa visitare a due viaggiatori, marito (baritono) e moglie (soprano), un monastero di certosini, che un tempo era il palazzo del ricco mercante Francesco del Giocondo e della sua terza moglie, Fiordalisa Gherardini, che Leonardo immortalò nella sua Monna Lisa. La vicenda quindi si sposta nel 1492, e rievoca la tragica vita della giovane Monna Lisa. Nell'ultimo giorno di Carnevale di quell'anno, in casa di Francesco (baritono) giunge un giovane emissario del papa, Giovanni de' Salviati (tenore), con l'incarico di acquistare una perla di grande valore per il pontefice. Giovanni rivede così Fiordalisa (soprano), la donna che egli ha amato; la giovane è stata costretta a sposare il vecchio Francesco, ed ora vive in uno stato di prostrazione. Francesco coglie i due giovani mentre si baciano, però finge di non aver visto nulla e ritorna sui suoi passi, quindi dà segno del suo arrivo, costringendo Giovanni a nascondersi in un armadio a muro, mentre Fiordalisa si ritira nelle sue stanze. Francesco entra nella stanza e, immaginando che Giovanni si è rifugiato nell'armadio, lo chiude a chiave; sopraggiunge Fiordalisa che chiede le chiavi dell'armadio, ma Francesco, esclamando che nessuna delle perle contenute nell'armadio è più preziosa di sua moglie, getta dalla finestra la chiave che finisce così nell'Arno. Fiordalisa getta un grido e sviene. Il giorno dopo, mercoledì delle Ceneri, Fiordalisa si risveglia e si ritrova nello stesso punto in cui era svenuta: dopo un momento di smarrimento, si rende conto di quanto accaduto e, come una pazza, si getta sull'armadio, invocando il nome di Giovanni, ma questi è già morto soffocato. In quel momento entra Dianora (mezzosoprano), figlia di Francesco: nella sua barca ha trovato la chiave dell'armadio. Rimasta sola, Fiordalisa, disperata, non ha il coraggio di aprire l'armadio; in quel momento giunge Francesco, che afferma di essersi recato da Giovanni Salviati per consegnargli la perla, ma di non averlo trovato. Fiordalisa guarda il marito con un sorriso diabolico e gli mostra la chiave, facendogli credere che Giovanni è sano e salvo, e gli chiede quindi di aprire l'armadio per prendere dei gioielli.

Una scena da *Il mondo della luna*, di F.J. Haydn.

L'uomo, perplesso dall'enigmatico sorriso di Fiordalisa, apre l'armadio, al che la donna, con uno scatto fulmineo richiude la porta, imprigionando il marito.
Nell'epilogo, che ci riporta ai nostri giorni, il novizio ha terminato il racconto; la donna è rimasta profondamente commossa, mentre il marito, stupito dalla reazione della moglie, si allontana. Il giovane novizio guarda turbato la donna: i tre non sono altro che la reincarnazione dei tre protagonisti della vicenda.
Alla prima rappresentazione, *Monna Lisa* venne accolta da un discreto successo che crebbe negli anni successivi, grazie alle numerose esecuzioni in Europa e anche negli Stati Uniti e in Russia. L'opera è stata ripresa poi nel 1983 a Karlsruhe, in occasione del cinquantesimo anniversario della morte del compositore.

★ MONTAG AUS LICHT
(Lunedí da "Luce")
Opera in tre atti, un Saluto e un Congedo di Karlheinz Stockhausen (n. 1928), libretto, azioni e gesti dell'autore. Prima rappresentazione: Milano, Teatro alla Scala, 7 maggio 1988.

È questa un'altra "giornata" del ciclo operistico in sette giorni, avviato dal musicista nel 1981 con *Donnerstag aus Licht* (Giovedí da "Luce"). A questo ciclo Stockausen ha collegato tre protagonisti: Micahel, legato al Giovedí (giorno di Thor-Donner-Giove), Lucifer, connesso al Sabato (giorno di Dràkon-Saturno) ed Eva al Lunedí, Montag (giorno di Selene). In questo giorno, il compositore celebra il femminile, la nascita e la rinascita dell'uomo. La partitura è un mosaico visivo e sonoro alquanto complesso sia riguardo alla chiarezza drammaturgica, sia per ciò che concerne l'esecuzione musicale che coinvolge un numero considerevole di esecutori, con l'apporto di musica registrata, soprattutto elettronica.

♦ MONTARSOLO, PAOLO
(Napoli 1925)
Basso italiano. Dopo aver iniziato lo studio del canto a Napoli, con E. Conti, si perfezionò alla Scuola del Teatro alla Scala di Milano, entrando a far parte dei cosiddetti "Cadetti della Scala". Già con l'opera d'esordio, *L'hôtellerie portugaise* (*L'osteria portoghese*) di Cherubini, nel 1951, alla Scala, apparve chiaro il suo indirizzo interpretativo, quello di basso buffo: dalle opere del Settecento napoletano a quelle di Rossini e Donizetti, in particolare *La Cenerentola* e *Don Pasquale*. In tale repertorio si è affermato sui maggiori palcoscenici internazionali.

● MONTEMEZZI, ITALO
(Vigasio, Verona 1875-1952)
Compositore italiano. Studiò al Conservatorio di Milano, dove si diplomò nel 1900. Esordí nell'opera con *Giovanni Gallurese* (1905), che gli valse la commissione, da parte della casa Ricordi, di altre due opere: *L'amore dei tre re* (1913), la sua opera piú famosa, e *La nave* (1918). Nel 1939 si trasferí negli Stati Uniti dove compose la sua ultima opera, *L'incantesimo* (1942). Nel 1949 ritornò definitivamente in Italia.

● MONTEVERDI, CLAUDIO
(Cremona 1567 - Venezia 1643)
Compositore italiano. Studiò musica con il maestro di cappella del duomo di Cremona, M.A. Ingegneri. Tra il 1590 e il 1592 entrò al servizio del duca Vincenzo I Gonzaga a Mantova diventando maestro di cappella nel 1601. L'anno 1607 segna un momento molto importante nella carriera del compositore, con la rappresentazione dell'*Orfeo*, al quale fecero seguito l'*Arianna* (1608), la cui partitura è andata perduta, e *Il ballo delle ingrate*, sempre nel 1608. I dissidi con il duca fecero sí che Monteverdi venisse dimesso dalla corte di Mantova nel 1612. L'anno dopo divenne maestro di cappella della basilica di San Marco a Venezia; in questo periodo veneziano l'apertura dei teatri pubblici offrí a Monteverdi lo stimolo per comporre molte opere, delle quali solo due sono giunte fino a noi, *Il ritorno di Ulisse in patria* (1641) e *L'incoronazione di Poppea* (1643).

● MOORE, DOUGLAS
(Cutchogue, New York 1893 - Green Point 1969)
Compositore statunitense. Iniziò gli studi musicali in patria per poi proseguirli a Parigi (1919) con V. d'Indy e N. Boulanger. Insegnò al Barnard College e alla Columbia University (1926-62) e svolse un'intensa attività di compositore di musica per orchestra, da camera, per coro e per il teatro. In questo campo le sue opere piú note sono *The Devil and Daniel Webster* (Il diavolo e Daniel Webster) del 1939 e *The Ballad of Baby Doe* (La ballata di Baby Doe) del 1956.

♦ MORINO, GIUSEPPE
(Assisi 1950)
Tenore italiano. Dopo l'esordio come Faust a Spoleto (1981) all'avvio della sua carriera è stato determinante l'incontro con R. Celletti, con il quale si è specializzato e avviato al repertorio belcantistico. Dal 1984 canta al Festival di Martina Franca, dove si è messo

In alto:
il basso italiano Paolo Montarsolo.

A destra:
il compositore italiano Claudio Monteverdi, in un disegno di Grevenbroeck.

particolarmente in luce ne *Il pirata* di Bellini (1987) e in *Maria di Rohan* (1988) e *La favorita* (1990) di Donizetti. Parallelamente la sua carriera lo ha portato alla Staatsoper di Vienna (*Rigoletto*, 1986); alla Scala di Milano (dal 1987); al Rossini Opera Festival di Pesaro (dal 1987); al Festival "Donizetti" di Bergamo (*Gianni di Parigi*, 1988). La sua voce, sebbene non particolarmente bella nel timbro, è molto estesa e ben sorretta tecnicamente. Una vocalità che, dagli iniziali Bellini e Donizetti, guarda adesso al repertorio proto-romantico e dell'*opéra-lyrique*.

◆ MORRIS, JAMES
(Baltimora 1947)
Basso-baritono statunitense. Iniziati gli studi di canto al Conservatorio di Peabody, li ha poi proseguiti all'Università del Maryland, dove è stato allievo di R. Ponselle. Entrato all'Opera di Baltimora come corista, si è ben presto messo in luce, interpretando ruoli solistici. Nel 1971 è stato scritturato dal Metropolitan di New York, dove nel 1975 ha colto il primo importante successo come protagonista del *Don Giovanni* di Mozart. Buona parte della sua carriera si svolge sul palcoscenico del teatro newyorchese, in un repertorio che comprende ruoli di basso e di baritono, da Mozart a Verdi a Wagner. Proprio come cantante wagneriano ha colto significativi successi come Wotan nel *Ring* al Metropolitan diretto da J. Levine (poi portato anche in disco) e nel ruolo dell'Olandese in *Der fliegende Holländer* (*Il vascello fantasma*), da lui interpretato anche alla Scala di Milano (1988) con la direzione di R. Muti.

★ MORTE A VENEZIA
vedi *Death in Venice*

★ MORTE DI DANTON, LA
vedi *Dantons Tod*

★ MOSÈ E ARONNE
vedi *Moses und Aron*

★ MOSÈ E IL FARAONE O IL PASSAGGIO DEL MAR ROSSO
vedi *Moïse et Pharaon ou Le passage de la Mer Rouge*

★ MOSÈ IN EGITTO
Azione tragico-sacra in tre atti di Gioachino Rossini (1792-1868), su libretto di A.L. Tottola. Prima rappresentazione: Napoli, Teatro San Carlo, 5 marzo 1818.
L'Egitto è immerso in una fitta tenebra: è la punizione divina perché il Faraone (basso) non ha rispettato la parola data di liberare gli ebrei dalla schiavitú. Il re convoca Mosè (basso), promettendogli la libertà per il suo popolo. Mosè invoca Dio e le tenebre si dileguano. La notizia della partenza degli ebrei getta nella disperazione Osiride (tenore), il figlio del Faraone, che ama segretamente Elcia (soprano), una giovane ebrea. Con l'aiuto del Gran Sacerdote Mambre (tenore), Osiride fa insorgere il popolo contro il decreto di liberazione degli ebrei, quindi convince il padre che Mosè ordisce contro di lui. La partenza degli ebrei viene nuovamente sospesa. Sugli egiziani, che ancora una volta non hanno rispettato la parola, la punizione divina non tarda a manifestarsi sotto forma di una grandine di fuoco. Il Faraone ordina l'espulsione degli ebrei dalla terra d'Egitto. Osiride, disperato, rapisce Elcia e la trascina in un sotterraneo. I due giovani sono però sorpresi dalla regina Amaltea (soprano) e da Aronne (tenore) e vengono riportati a forza ciascuno tra la sua gente. Nel frattempo il Faraone, ancora in preda a dubbi, fa arrestare Mosè perché teme un'alleanza degli ebrei con nemici degli egizi. Mosè, furente, profetizza la punizione piú terribile, la morte dei primogeniti, ma non credendo alle sue parole il Faraone ordina che Osiride venga consacrato Faraone al pari di lui. Giunge Elcia ad invocare la liberazione di Mosè, ma Osiride, irremovibile, ordina la condanna a morte di Mosè; dal Cielo giunge la risposta a questo ultimo oltraggio al potere divino: un fulmine colpisce a morte Osiride. Lasciato l'Egitto, gli ebrei giungono sulle rive del Mar Rosso. L'esercito del Faraone li sta inseguendo, Mosè infonde il coraggio al suo popolo e, dopo aver invocato Dio, alza il suo bastone e le acque del mare si aprono: gli ebrei giungono salvi sull'altra riva, mentre l'esercito egizio viene travolto dalle onde.

L'opera si sviluppa su due piani distinti: da un lato il dramma del popolo ebraico, rappresentato da uno straordinario uso del coro, dall'altro la vicenda amorosa di Elcia e Osiride. L'aspetto piú evidente e importante di quest'opera è certamente la descrizione del dramma di un popolo, un elemento che influenzerà il Verdi di *Nabucco* e dei *Lombardi*.

◆ MOSER, EDDA
(Berlino 1941)
Soprano tedesco. Figlia del musicologo H. Joachim, ha studiato canto con H. Weissenborn e G. König a Berlino. Dopo l'esordio (Kate Pinkerton in *Madama Butterfly*) si è esibita nei teatri dell'area tedesca: Amburgo, Festival di Salisburgo come Wellgunde in *Rheingold* (*L'oro del Reno*), Francoforte, ecc. Affermata interprete del repertorio contemporaneo (Henze, Zimmermann, Nono, ecc.), la Moser, grazie alla notevole estensione vocale e a una buona capacità nel canto di coloratura, ha convinto sia come Regina della Notte in *Die Zauberflöte* (*Il flauto*

Una scena dal *Mosè in Egitto*, di G. Rossini, rappresentata per la prima volta a Napoli nel 1818.

magico), sia come Costanza in *Die Entführung aus dem Serail* (*Il ratto dal serraglio*), ecc. La sua carriera si è estesa ai maggiori palcoscenici del mondo: dal Metropolitan di New York (dal 1968), alla Staatsoper di Vienna (1971), a Aix-en-Provence (1972), all'Opéra di Parigi (dal 1977), al Maggio Musicale Fiorentino (1981). In anni recenti hanno ottenuto un notevole successo le sue interpretazioni di Rezia nell'*Oberon* di Weber (Catania, 1987), di Salomè nell'opera omonima di Strauss (Opera di Roma, 1988) e di Marie nel *Wozzeck* di Berg (Modena, Parma e Reggio Emilia, 1989), un ruolo, quest'ultimo, nel quale la Moser ha messo in evidenza qualità di penetrazione musicale unita a una grande incisività scenica, caratteristiche emerse anche nella Donna Anna del *Don Giovanni* cinematografico firmato da J. Losey (1979).

♦ **MOSER, THOMAS**
(Richmond, Virginia 1945)
Tenore statunitense. Ha compiuto gli studi di canto negli Stati Uniti con L. Lehmann, G. Souzay e M. Singher. Ha esordito all'Opernhaus di Graz (1975); ha cantato quindi a Monaco di Baviera e alla Staatsoper di Vienna, entrando a far parte dei complessi artistici del teatro austriaco (dal 1976), producendosi in un vasto repertorio, da Mozart (*Idomeneo*, *Cosí fan tutte*, *Don Giovanni*, ecc.) a Strauss (*Capriccio*, *Salome*, ecc.). Nel 1979 si è esibito per la prima volta al Festival di Salisburgo (Messaggero in *Aida*) e alla New York City Opera (*La clemenza di Tito*). A partire dagli anni Ottanta il suo nome è comparso nei cartelloni dei maggiori teatri europei, dove è apprezzato soprattutto come interprete delle opere di Mozart e Strauss e anche del repertorio concertistico.

★ **MOSES UND ARON**
(*Mosè e Aronne*)
Opera in tre atti di Arnold Schönberg (1874-1951), su libretto proprio. Prima rappresentazione postuma: Zurigo, Stadttheater, 6 giugno 1957.

Mosè (voce recitante di basso) dovrà liberare il popolo d'Israele dalla schiavitú e condurlo fuori d'Egitto, fino alla Terra Promessa; in questa missione al suo fianco vi sarà Aronne (tenore), che sarà la sua parola, come Mosè sarà il pensiero del Signore. Aronne dovrà convincere il popolo incredulo. Gli ebrei, infatti, oscillano tra diffidenza, speranza, scetticismo. Mosè è esausto e scoraggiato, ma quando Aronne strappa dalle mani del fratello il bastone del comando e compie prodigi, il popolo, conquistato, si inginocchia e si affida al nuovo Dio; poi Mosè si ritira sul Sinai. Dopo quaranta giorni gli ebrei attendono ancora ai piedi del Sinai che Mosè scenda con le tavole della legge. L'incertezza alimenta il disordine e la violenza. Aronne cerca di calmare la folla inferocita ma poi, preso anche lui dai dubbi, finisce per cedere. Dopo aver costruito un Vitello d'oro, il popolo si abbandona a un'orgia sfrenata che culmina con un sacrificio di quattro vergini, con un seguito di suicidi e di devastazioni. Ma ecco giungere Mosè, la cui collera è terribile: con furente anatema fa scomparire il Vitello d'oro. Mosè e Aronne restano soli, l'uno di fronte all'altro. Tra i due si accende una disputa teologica, e Aronne sembra quasi prevalere su Mosè, il quale, in preda ai dubbi, spezza le tavole della legge. Ma poi, il Profeta riesce a imporre la sua autorità morale e la sua fede. Aronne è tratto in arresto. Mosè lo accusa di aver impedito l'elevazione del popolo all'Eterno e di aver conquistato il popolo a se stesso, poi ordina di lasciarlo libero, ma nello stesso momento Aronne cade al suolo fulminato.

La partitura dei primi due atti fu scritta tra il 1930 e il 1932 mentre il terzo atto non fu mai musicato. La ragione di ciò trova forse una risposta nelle angosciose parole che Mosè pronuncia alla fine del secondo atto: "Tutto quello che ho pensato non m'è possibile né lecito dire. O parola, tu parola che mi manchi". È uno dei risultati piú alti della musica del Novecento, punto d'arrivo dell'evoluzione artistica di Schönberg. Particolarmente significativa è la caratterizzazione dei due protagonisti: Mosè, che può pensare, ma non parlare, si esprime nei modi dello *Sprechgesang*, Aronne, invece, si esprime in modo "convenzionale".

● **MOZART, WOLFGANG AMADEUS**
(Salisburgo 1756 - Vienna 1791)
Compositore austriaco. Suo padre Leopoldo, un ottimo musicista, si occupò interamente della sua formazione musicale. Ebbe comunque l'occasione di frequentare J.Ch. Bach e di prendere lezioni da Padre Martini a Bologna ma soprattutto di conoscere e approfondire lo studio dell'opera italiana. Dopo i due primi approcci teatrali, con il dramma

Una scena da *Mosè e Aronne*, di A. Schönberg.

sacro *Die Schuldigkeit des ersten Gebotes* (*L'obbligo del primo comandamento*, 1767) e la commedia in latino *Apollo et Hyacinthus* (1767), la sua prima opera fu *La finta semplice* (1768, rappresentata nel 1769) seguita dal *Singspiel Bastien und Bastienne* (*Bastiano e Bastiana*) del 1768. Durante i suoi frequenti viaggi in Italia, videro la luce il *Mitridate, re di Ponto* (1770), *Ascanio in Alba* (1771) e *Lucio Silla* (1771), nate nello stile dell'opera seria dell'epoca. A Salisburgo nacquero poi *La finta giardiniera* (rappresentata a Monaco di Baviera nel 1775), *Il re pastore* (1775), le musiche di scena per il *Thamos* di Gebler (1779) e l'incompiuta *Zaide* (1779). Punto culminante di queste esperienze teatrali è l'*Idomeneo, re di Creta*, commissionata e rappresentata con successo al Burgtheater di Monaco (1781). A Vienna, dove si era stabilito nel 1782, Mozart proseguí la sua ricerca compositiva nel campo dell'opera; dopo *Die Entführung aus dem Serail* (*Il ratto dal serraglio*, 1782), primo importante esempio di teatro nazionale, e alcuni lavori minori (le incompiute *L'oca del Cairo*, 1783, e *Lo sposo deluso*, 1784) e *Der Schauspieldirektor* (*L'impresario teatrale*) del 1786, inizia la fruttuosa collaborazione con il librettista L. Da Ponte. Nascono cosí i capolavori della "trilogia italiana", *Le nozze di Figaro* (1786), *Don Giovanni* (1787) e *Cosí fan tutte* (1790), dopo i quali Mozart torna al *Singspiel* con *Die Zauberflöte* (*Il flauto magico*, 1791), sublimazione di questo genere musicale. Parallelamente intraprese la composizione della *Clemenza di Tito*, che gli venne commissionata dagli Stati di Boemia per celebrare l'incoronazione di Leopoldo II. In questa partitura, costruita su un vecchio libretto di Metastasio rimaneggiato da C. Mazzolà, Mozart raggiunse la perfetta stilizzazione dell'opera seria italiana.

★ MRTVÉHO DOMU, Z
(*Da una casa di morti*)
Opera in tre atti di Leóš Janáček (1854-1928), su libretto proprio, tratto dal romanzo Zapiski iz mertogo doma *di F. Dostoevskij. Prima rappresentazione: Brno, Teatro Nazionale, 12 aprile 1930.*

In una prigione siberiana sul fiume Irtitsk. In una gelida mattina invernale i reclusi escono dalle camerate. Giunge un prigioniero politico, Aleksandr Petrovic Gorjanscikov (baritono), che con il suo aspetto e le sue maniere irrita il comandante del campo (basso) il quale ordina che gli venga inflitta una punizione. Le guardie intanto spingono al lavoro i forzati. Ritorna Gorjanscikov che, deciso ad evadere, tende un agguato alle guardie ma l'evasione fallisce e l'uomo viene catturato. Mentre i prigionieri sono al lavoro sulle rive dell'Irtitsk, Gorjanscikov insegna a leggere ad Aljeja (soprano), un giovane tartaro che gli ha narrato le sue vicende familiari. Al termine del lavoro, i forzati fanno teatro recitando una commedia. Calato il sipario riprende la triste vita del campo. Aljeja, ferito da un prigioniero che ha attaccato briga con lui, viene soccorso. Nell'infermeria, mentre Gorjanscikov gli fa visita, gli altri forzati raccontano le ragioni che li hanno portati in carcere. Il comandante riceve quindi Gorjanscikov e gli annuncia che è finalmente libero; egli saluta affettuosamente Aljeja mentre i forzati liberano un'aquila ospite del campo, simbolo dell'inviolabile libertà dello spirito umano.

Ultima opera di Janáček, composta tra il 1927 e il 1928, fu rappresentata postuma. *Z mrtvého domu*, in cui la folla è la vera protagonista, rappresenta il culmine della drammaticità al quale l'autore è pervenuto con il suo veemente linguaggio espressionistico.

★ MUETTE DE PORTICI, LA
(*La muta di Portici*)
Opera in cinque atti di Daniel Auber (1782-1871), su libretto di E. Scribe e C. Delavigne. Prima rappresentazione: Parigi, Opéra, 29 febbraio 1828.

L'azione si svolge a Napoli e a Portici nel 1647. Alfonso (tenore), figlio del duca d'Arcos, poco prima di sposare la principessa spagnola Elvira (soprano) confessa all'amico Lorenzo (tenore) di aver sedotto e abbandonato Fenella (ruolo mimato e danzato), una giovane popolana muta. Poco dopo giunge Fenella, fuggita dalla prigione in cui l'aveva rinchiusa il duca d'Arcos per allontanarla dal figlio, e, a gesti, chiede grazia a Elvira, che le promette protezione. Finita la cerimonia nuziale, Fenella si presenta ai due sposi e, riconosciuto il suo antico amante, provoca la gelosia della principessa, che ripudia lo sposo. Tornata a casa, Fenella spiega a suo fratello, il pescatore Masaniello (tenore), ciò che le è capitato. Masaniello giura, unito agli altri pescatori, di vendicare la sorella. Nel frattempo Elvira, dopo aver perdonato Alfonso, invia il cavaliere Selva (basso) a cercare Fenella. Quando questi la trova, la costringe a seguirlo, respingendo Masaniello che la vuole difendere. Il pescatore allora incita il popolo alla rivolta. Portici è sconvolta dalla sommossa; Elvira

In alto:
ritratto di Wolfgang Amadeus Mozart.

Sopra:
una scena dalla *Muta di Portici*,
di D. Auber.

e Alfonso sono costretti a fuggire. Masaniello, pentito del molto sangue sparso, offre il proprio aiuto ai due fuggiaschi. Qualche giorno dopo le truppe stanno riconquistando la città. Masaniello guida la popolazione contro i soldati, ma viene trucidato dai suoi compagni nel momento in cui salva nuovamente la vita di Elvira. Fenella, straziata dal dolore per la morte del fratello, si getta dal terrazzo del palazzo nei torrenti di lava del Vesuvio che ha iniziato una terribile eruzione.

Quasi sicuramente l'opera piú famosa di Auber, e uno dei piú grandi successi dell'Opéra di Parigi, ebbe, dal 1828 al 1880, nella sola Parigi, ben cinquecento rappresentazioni. È poi uno dei rarissimi casi di opera in cui la protagonista, essendo muta, viene impersonata da un mimo o da una ballerina. *La muette*, nella produzione di Auber, è l'unica opera in cui il compositore seppe infondere un particolare senso del dramma. Importante è l'uso delle masse corali che qui, per la prima volta, giocano un ruolo significativo nell'incedere dell'azione. Sono queste tematiche che, tra l'altro, fanno di quest'opera il primo importante modello per i susseguenti *grands-opéras*.

◆ MURRAY, ANN
(Dublino 1949)

Mezzosoprano irlandese. Allieva di F. Cox al Royal College of Music di Manchester e successivamente al London Opera Center, ha esordito in teatro come Zerlina in *Don Giovanni* di Mozart con la Scottish Opera, cantando successivamente alla English National Opera in *Le comte Ory* (*Il conte Ory*) e nella *Cenerentola* di Rossini, e in *Dido and Aeneas* (*Didone e Enea*) di Purcell. Nel 1976 è stata scritturata dal Covent Garden di Londra, dove ha esordito come Cherubino (*Le nozze di Figaro*), mentre negli anni successivi ha iniziato la carriera internazionale, esibendosi al Festival di Aix-en-Provence (*Alcina* di Händel, 1978), all'Opera di Colonia (*La Cenerentola* di Rossini), alla New York City Opera (*La clemenza di Tito* di Mozart), al Festival di Salisburgo, alla Scala di Milano (*Lucio Silla*, 1984 e Donna Elvira nel *Don Giovanni* di Mozart, 1987). Molto attiva anche in campo concertistico, la Murray è soprattutto nota come raffinata interprete mozartiana. Ha sposato il tenore Ph. Langridge.

● MUSORGSKIJ, MODEST
(Karevo, Pskov 1839 - San Pietroburgo 1881)

Compositore russo. Avviato dal padre alla carriera militare, abbandonò successivamente l'esercito (1859) per dedicarsi interamente alla musica. Dopo aver ottenuto un modesto impiego statale a San Pietroburgo, entrò in stretto contatto con gli amici musicisti Balakirev, Cui, Borodin, e Rimskij-Korsakov, con i quali diede vita al Gruppo dei Cinque. Già a partire dal 1856 aveva intrapreso la composizione di musiche per il teatro, tra le quali i frammenti per la *Salammbó* di Flaubert (1863-64) e il primo atto di *Jenitha* (*Il matrimonio*) di Gogol (1868). Nello stesso anno iniziò la composizione del *Boris Godunov* che, dopo vari travagli, andò in scena solamente nel 1874. Fallito nel frattempo il tentativo di un'opera a piú mani, *Mlada* (1872), Musorgskij si avviò a comporre *Kovànčina* (1872-80), rimasta incompleta nell'orchestrazione. A questo secondo capolavoro lavoreranno dapprima Rimskij-Korsakov, poi, per una rappresentazione parigina nel 1913, Ravel e Stravinskij. Fu solamente con Šostakovič che, nel 1960, *Kovànčina*, apparirà in una veste piú fedele alla partitura originale. Dell'ultimo progetto teatrale di Musorgskij, *Pugačevščina* (1877), rimasero solamente degli abbozzi. Bastano però *Boris Godunov* e *Kovànčina* per fare di Musorgskij un punto fermo nell'evoluzione del linguaggio musicale.

★ MUTA DI PORTICI, LA
vedi *Muette de Portici, La*

■ MUTI, RICCARDO
(Napoli 1941)

Direttore d'orchestra italiano. Ha compiuto gli studi musicali dapprima a Napoli (pianoforte) e successivamente a Milano (composizione e direzione d'orchestra). Ha iniziato la carriera nel 1967, dopo aver vinto il Concorso "Guido Cantelli", e nel 1969 ha debuttato nell'opera con *I masnadieri* di Verdi a Firenze. Qui è divenuto direttore stabile dell'Orchestra del Maggio Musicale Fiorentino (1971-81), dove ha diretto numerosi importanti spettacoli: da *L'africaine* (*L'africana*) di Meyerbeer nel 1971, al *Guillaume Tell* (*Guglielmo Tell*) nel 1972, all'*Agnes von Hohenstaufen* (*Agnese di Hohenstaufen*) nel 1974, *Orfeo* di Gluck (1976), *I vespri siciliani* (1978), *Otello* (1980) e altri. Nel 1971 ha esordito al Festival di Salisburgo (*Don Pasquale*), dove dirige regolarmente dal 1982 (*Cosí fan tutte*); cosí alla Staatsoper di Vienna (dal 1973); a Monaco di Baviera (dal 1976) e al Covent Garden (dal 1977). Dal 1986 è direttore musicale al Teatro alla Scala di Milano, dove si è confermato un rigoroso ma anche energico e appassionato interprete del repertorio mozartiano e verdiano, nonché di Rossini in *Guillaume Tell* e *La donna del lago*, Wagner in *Der fliegende Holländer* (*Il vascello fantasma*), *Parsifal*, nonché di opere fuori repertorio come *Lo frate 'nnammurato* di Pergolesi (1989) e *Lodoïska* di Cherubini (1991). Grande rilievo ha poi avuto la sua interpretazione di *Pagliacci* di Leoncavallo nel 1992, a capo della Philadelphia Orchestra (della quale Muti è stato principale direttore ospite dal 1981 al 1992), con la partecipazione, nei panni del protagonista, di L. Pavarotti, in occasione del centenario della prima rappresentazione dell'opera avvenuta a Milano il 21 maggio 1892.

In alto:
il mezzosoprano irlandese Ann Murray.

A destra:
il direttore d'orchestra italiano Riccardo Muti.

NABUCCO

Dramma lirico in quattro parti di Giuseppe Verdi (1813-1901), su libretto di T. Solera. Prima rappresentazione: Milano, Teatro alla Scala, 9 marzo 1842.

L'azione si svolge a Babilonia e a Gerusalemme. Gli ebrei sono stati sconfitti dalle armate babilonesi di Nabucco (baritono), e il pontefice Zaccaria (basso) cerca di risollevarne lo spirito, rivelando loro di avere una carta segreta: è riuscito a fare sua prigioniera la figlia del re nemico, Fenena (soprano). Della giovane però s'innamora Ismaele (tenore), nipote del re di Gerusalemme. Mentre cerca di liberarla, arrivano la schiava Abigaille (soprano) e lo stesso Nabucco. Zaccaria vorrebbe uccidere Fenena, ma l'intervento di Ismaele lo impedisce e gli ebrei lo maledicono come traditore del popolo. Qualche tempo dopo, in assenza di Nabucco, Fenena regna in vece del padre. Abigaille trama per ucciderla e conquistare il potere; mentre Fenena viene convertita da Zaccaria, Abigaille, approfittando di una falsa notizia che annuncia la morte di Nabucco, sta per raggiungere il suo scopo. Ma improvvisamente compare lo stesso sovrano e, tra lo scandalo degli ebrei, si proclama dio. Un fulmine dal cielo lo colpisce, facendogli perdere la ragione. Abigaille cosí spodesta Nabucco e decide di giustiziare Fenena con tutti gli ebrei. Nabucco invoca il Dio degli ebrei e, dopo aver riacquistata la ragione, si pone a capo di un esercito che gli è rimasto fedele, giungendo giusto in tempo per salvare la figlia. Abigaille si uccide ma, prima di morire, chiede perdono a Fenena e intercede presso Nabucco perché le consenta di sposare l'amato Ismaele.

Terza opera di Verdi e primo autentico successo per il compositore. Intrisa di spirito patriottico, in quattro mesi ebbe ben cinquantasette rappresentazioni che fecero entrare l'opera nell'abituale repertorio dei teatri, dove ancora oggi è una delle piú popolari. Per Verdi fu anche l'occasione del primo incontro con la Strepponi, che doveva, di lí a qualche anno, abbandonare le scene.

NAFÉ, ALICIA
(Buenos Aires 1947)

Mezzosoprano argentino. Ha compiuto gli studi musicali al Conservatorio "M. de Falla" e al teatro Colón di Buenos Aires. Grazie a una borsa di studio si è quindi perfezionata in Spagna, a Madrid. Nel 1975 ha debuttato a Toledo nel *Requiem* di Verdi. La sua carriera si è poi sviluppata nei maggiori teatri dell'area spagnola, a Siviglia, Madrid, Barcellona, ecc., oltre che nell'America del Sud. Si è quindi prodotta nei teatri francesi e in Germania dove, dal 1977 al 1981, ha fatto parte della compagnia dell'Opera di Amburgo. Presente anche al Festival di Bayreuth (1976-77), all'Opéra di Parigi e in molti altri teatri, la Nafé è famosa come Carmen nell'omonima opera di Bizet, ottenendo però notevole successo in *Cosí fan tutte* e *La clemenza di Tito* di Mozart e come Charlotte nel *Werther* di Massenet.

NASO, IL
vedi *Nos*

NAVARRAISE, LA
(*La navarrese*)

Opera in due atti di Jules Massenet (1842-1912), su libretto di J. Claretie ed H. Cain. Prima rappresentazione: Londra, Covent Garden, 20 giugno 1894.

La vicenda si svolge in un villaggio basco nel 1874, durante la guerra carlista. Anita (soprano), un'orfana navarrese, ama ed è riamata da Araquil (tenore), un giovane sergente, figlio del ricco Remigio (baritono), che però è assolutamente contrario a questa relazione. Per permettere al figlio di sposare la fanciulla, Remigio esige una grossa dote che la povera Anita non è in grado di procurarsi. La giovane, pur di salvare il suo amore, si presenta al generale Garrido (basso), affermando di essere pronta ad uccidere il capo carlista Zuccaraga, dietro un compenso di "2000 douros". Questo disperato gesto di Anita è però inutile: Araquil, ingelosito dall'atteggiamento di Anita, l'ha seguita fino al campo carlista. Durante la sparatoria che fa seguito all'uccisione di Zuccaraga per mano di Anita, Araquil viene ferito mortalmente. Il giovane muore poco dopo tra le braccia di Anita che impazzisce di dolore.

La navarraise, opera di inusitata intensità drammatica, si colloca stranamente nella produzione essenzialmente "lirico-sentimentale" di Massenet, un omaggio del compositore al nascente gusto verista.

In alto:
il mezzosoprano argentino
Alicia Nafé.

Sopra:
una scena dal *Nabucco*,
di G. Verdi.

♦ **NEBLETT, CAROL**
(Modesto, California 1946)
Soprano statunitense. Dopo aver studiato violino e pianoforte si è dedicata al canto, studiando con W. Vennard e successivamente con P. Bernarc e L. Lehmann. Nel 1969 ha debuttato come Musetta (*La bohème* di Puccini) alla New York City Opera, dove si è poi esibita per numerose stagioni. Ha quindi cantato al Lyric Opera di Chicago nel ruolo di Chrysothemis nell'*Elektra* (Elettra) di Strauss nel 1975; alla Dallas Civis Opera come Antonia in *Les contes di Hoffmann* (*I racconti di Hoffmann*) di Offenbach e al Regio di Torino, nell'inaugurazione della stagione 1974-75, come Minnie in *La fanciulla del West*, una delle sue maggiori interpretazioni. Notevole la sua interpretazione di Senta in *Der fliegende Holländer* (*Il vascello fantasma*) di Wagner al Metropolitan durante la stagione 1978-79; si è quindi affermata al Covent Garden in *La fanciulla del West*; alla Staatsoper di Vienna in *Die tote Stadt* (*La città morta*) di Korngold, altra sua celebre interpretazione; al Festival di Salisburgo in *La clemenza di Tito* di Mozart e su altri importanti palcoscenici, dove, insieme alle indubbie qualità vocali, ha messo in luce un forte temperamento interpretativo, aiutato anche da una notevole avvenenza. Tra le sue più recenti apparizioni si ricorda come protagonista della *Semirama* di Respighi (Palermo, 1987), nel ruolo della Dama nel *Cardillac* di Hindemith (Firenze, 1991) e come Regina Isabella nel *Cristoforo Colombo* di Franchetti (Miami, 1992).

♦ **NELSON, JUDITH**
(Chicago 1939)
Soprano statunitense. Il suo interesse per la musica antica l'ha portata a Monaco di Baviera, dove ha studiato canto con A. von Ramm. Si è quindi perfezionata con M. Singher in California. In breve tempo si è consacrata come una delle più celebri cantanti del repertorio del XVII e XVIII secolo, esibendosi con i maggiori interpreti in questo campo: C. Hogwood, A. Curtis, R. Jacobs e W. Christie. Ha interpretato *L'incoronazione di Poppea* di Monteverdi, *Dido and Aeneas* (*Didone ed Enea*) e *The Fairy Queen* (*La regina delle Fate*) di Purcell.

♦ **NERONE**
Opera tragica in quattro atti di Arrigo Boito (1842-1918), su libretto proprio. Prima rappresentazione postuma: Milano, Teatro alla Scala, 1° maggio 1924.

In un cimitero sulla via Appia, Simon Mago (baritono) e Tigellino (basso) scavano una fossa affinché Nerone (tenore) possa deporvi l'urna funeraria con le ceneri di Agrippina, la madre da lui uccisa. Come uno spettro, appare Asteria (soprano); è innamorata di Nerone e, con l'aiuto di Simon Mago, spera di conquistarne l'amore. Nello stesso sepolcreto Simon Mago scopre il luogo dove si incontrano i cristiani. Fanuèl (baritono), uno dei capi cristiani, affronta Simon Mago, mentre Rubria (mezzosoprano), una giovane vestale, ora convertita al cristianesimo, fugge per avvertire i correligionari che sono stati scoperti. Simon Mago offre a Fanuèl un'alleanza con la quale uccidere Nerone e impadronirsi dell'impero, e, al rifiuto di Fanuèl, promette di vendicarsi. Qualche tempo dopo Simon Mago, per ingraziarsi sempre più Nerone, ne sfrutta la credulità, facendogli comparire Asteria nelle vesti di una divinità protettrice dei morti. Nerone però scopre l'inganno e, furente, ordina ai suoi pretoriani di distruggere l'ara del tempio, mentre Simon Mago dovrà buttarsi nella prossima festa dalla torre del circo e volare per il divertimento del popolo. Asteria, scampata dalla distruzione del tempio, avverte Fanuèl e i cristiani che Simon Mago ha rivelato a Nerone il luogo dove si radunano. Ma è troppo tardi; sopraggiunge Simon Mago seguito dai pretoriani e Fanuèl viene così arrestato. Nel circo Tigellino rivela a Nerone che i seguaci di Simon Mago per salvarlo dall'esecuzione hanno deciso di appiccare un incendio nel circo. L'imperatore non se ne preoccupa, esclamando che se Roma andrà in fiamme a lui spetterà la gloria della sua ricostruzione. Nuvole di fumo e urla di terrore annunziano che l'incendio è già iniziato. Nel sotterraneo del circo, Asteria e Fanuèl vedono il cadavere di Simon Mago e trovano Rubria ferita. La giovane confessa di essere una vestale e di aver abbracciato la fede cristiana senza abbandonare il culto di Vesta. Fanuèl la perdona. Intanto le fiamme dilagano e la volta del circo crolla travolgendo Rubria e gli altri cristiani.

L'elaborazione dell'opera fu lunghissima, con interruzioni di decenni, e alla morte del compositore non era ancora terminata; venne completata da V. Tommasini e da A. Smareglio su incarico di A. Toscanini. Rispetto a *Mefistofele*, nel *Nerone* Boito raggiunge una maggiore intensità drammatica, puntando ancora sull'antitesi male-bene, che qui diventa il contrasto tra il mondo pagano e l'avvento del mondo cristiano.

♦ **NESTERENKO, EVGENIJ**
(Mosca 1938)
Basso russo. Ha compiuto gli studi musicali al Conservatorio di San Pietroburgo dove ha debuttato, nella stagione 1962-63 al Teatro Maly, come Gremin in *Evgenij Onegin* (*Eugenio Oneghin*) di Čajkovskij. Ha quindi cantato al Kirov (dal 1967) e al Bolscioi di Mosca (dal 1971), dove si è messo in luce come interprete del grande repertorio lirico russo: *Boris Godunov*, *Knjaz Igor* (*Il principe Igor*), *Mazepa*, ecc. oltre che in *Faust* di Gounod, nel *Barbiere di Siviglia* di Rossini e in altre opere. La sua carriera si è parallelamente sviluppata in campo internazionale, esordendo con successo alla Staatsoper di Vienna, al Metropolitan di New York (*Boris Godunov*, 1975), alla Scala di Milano (da

Il basso russo Evgenij Nesterenko.

ricordare il suo Filippo II nel *Don Carlo* diretto da C. Abbado, 1978), al Covent Garden di Londra, ecc. Nesterenko tra la fine degli anni Settanta e buona parte degli anni Ottanta si è affermato come uno dei maggiori bassi in attività, per estensione, qualità timbriche e di fraseggio, non disgiunte da non comuni doti di attore.

■ NEUMANN, VÁCLAV
(Praga 1920)
Direttore d'orchestra boemo. Allievo del Conservatorio di Praga (1940-45), nel 1948 ha esordito in concerto con l'Orchestra Filarmonica Ceca. Dopo aver diretto a Karlový Váry (1951-54), Brno (1954-56) e i principali complessi sinfonici di Praga (1954-63), si è prodotto alla Komische Oper di Berlino (1956-64), mettendosi in luce come interprete delle opere teatrali di L. Janáček (da lui dirette anche in disco). Dal 1964 al 1968 è stato *Generalmusikdirektor* dell'Orchestra del Gewandhaus di Lipsia e quindi ha diretto all'Opera di Stoccarda (1970-72), mentre nel 1968 è ritornato a dirigere a Praga l'Orchestra Filarmonica Ceca.

● NICOLAI, CARL OTTO EHRENFRIED
(Königsberg 1810 - Berlino 1849)
Compositore e direttore d'orchestra tedesco. Studiò a Berlino (1827-33) e a Roma, dove si era trasferito nel 1833. Fu quindi a Vienna, dove dal 1837 fu maestro di cappella e insegnante di canto alla corte di Vienna. Nel 1838 esordì come compositore teatrale con l'opera *Rosmonda d'Inghilterra*, rappresentata a Trieste nel 1839 con il titolo *Enrico II*. La sua attività da Vienna si spostò quindi a Berlino (1848), dove assunse la carica di maestro di cappella all'Opera di Berlino, teatro in cui, nel 1849, venne rappresentato il suo capolavoro teatrale, *Die lustigen Weiber von Windsor* (*Le allegre comari di Windsor*), opera ancora oggi popolare nei paesi dell'area tedesca.

♦ NICOLESCO, MARIANA
(Gaujani 1948)
Soprano romeno. Dopo essersi inizialmente dedicata allo studio del violino, si indirizzò al canto. Allieva di J. Magnoni all'Accademia di Santa Cecilia di Roma, nel 1972 ha vinto il Concorso internazionale "Rossini", grazie al quale ha esordito come Mimí (*La bohème*) a Cincinnati, con la direzione di Th. Schippers. Lo stesso direttore l'ha poi voluta come Violetta (*La traviata*), sempre a Cincinnati, un ruolo, questo, con il quale ha esordito alla New York City Opera (1977) e al Metropolitan (1978). La sua carriera si è quindi svolta in campo internazionale: alla Fenice di Venezia (*Beatrice di Tenda* di Bellini, 1975), alla Scala di Milano (prima esecuzione di *La vera storia* di Berio, 1982), all'Opéra di Parigi in *Kamènnyi gost'* (*Il convitato di pietra*) di Dargomyžskij nel 1985 e su altri importanti palcoscenici. Il suo repertorio comprende opere di Donizetti (*Anna Bolena, Maria di Rohan, Roberto Devereux*), Verdi (*Luisa Miller, Otello*), Gounod (*Faust*), Massenet (*Manon*), Čajkovskij *Evgenij Onegin* (*Eugenio Oneghin*) e altri.

♦ NIELSEN, INGA
(Holboeke 1946)
Soprano danese. Ha compiuto gli studi musicali a Vienna e a Stoccarda, ottenendo le prime scritture nei teatri di Münster e Berna. Successivamente la sua carriera si è spostata in Germania (dal 1975), dove ha cantato in numerosi teatri, compreso il Festspielhaus e Bayreuth (1977). Nel 1978 ha debuttato alla Staatsoper di Vienna, come Adele in *Die Fledermaus* (*Il pipistrello*) di J. Strauss, un ruolo che ha interpretato in seguito anche a Parigi (1983). In campo internazionale si è esibita alla New York City Opera, al Festival di Salisburgo, al Colón di Buenos Aires in *Idomeneo* di Mozart, al Festival di Schwetzingen nella prima esecuzione di *Die englische katze* (*La gatta inglese*) nel 1983, al Teatro Comunale di Bologna (*Intermezzo* di Strauss, 1991) e in numerose altre sedi teatrali.

♦ NILSSON, MÄRTA BIRGIT
(Karup, Kristianstad 1918)
Soprano svedese. Ha iniziato gli studi di canto per poi perfezionarsi all'Accademia Reale di Musica di Stoccolma, con J. Hislop e A. Sunnegårdh. Nel 1946 ha esordito come Agathe in *Der Freischütz* (*Il franco cacciatore*) di Weber a Stoccolma. Già nel 1948 affrontava il suo primo ruolo wagneriano, Senta in *Der fliegende Holländer* (*Il vascello fantasma*), sempre nel teatro svedese; di lí a qualche anno ebbe inizio la sua carriera internazionale. Dopo le prime apparizioni al festival di Glyndebourne nel 1951 in *Idomeneo* di Mozart, alla Staatsoper di Vienna in

In alto:
il soprano romeno
Mariana NIcolesco.

Sopra:
il soprano svedese Märta Birgit Nilsson
in *Turandot*, di G. Puccini.

Die Walküre (*La walchiria*) e *Lohengrin*, tra il 1954 e il 1955 il suo nome si affermò definitivamente a Bayreuth, Monaco di Baviera, alla Scala di Milano, al Covent Garden e su tutte le più prestigiose scene internazionali. Acclamata interprete wagneriana, la Nilsson si è frequentemente esibita come Turandot nell'opera omonima di Puccini, Leonora nel *Fidelio* di Beethoven oltre che in opere come *Don Giovanni* di Mozart, *Macbeth*, *Un ballo in maschera* e *Aida* di Verdi, *Elektra*, *Die Frau ohne Schatten* (*La donna senz'ombra*) e *Salome* di Strauss. Personalità artistica e vocale di eccezionale levatura, la Nilsson è stata una delle maggiori cantanti del secolo. Ritiratasi ufficialmente dalle scene nel 1982, è però comparsa ancora in sede di concerto.

♦ NIMSGERN, SIEGMUND
(St. Wendel, Saar 1940)
Baritono tedesco. Ha compiuto gli studi musicali a Saarbrücken e a Wiesbaden. Nel 1967 ha esordito a Saarbrücken come Lionel in *Orleanskaja deva* (*La pulzella d'Orléans*) di Čajkovskij. Nello stesso teatro ha cantato fino al 1971, anno in cui è passato alla Deutsche Oper am Rhein di Düsseldorf (fino al 1975). Già dal 1973 aveva iniziato la carriera internazionale, esibendosi alla Scala di Milano, al Covent Garden di Londra, a San Francisco, all'Opéra di Parigi (Amfortas in *Parsifal*), ecc. Affermato interprete wagneriano di opere come *Tristan und Isolde* (*Tristano e Isotta*), *Ring*, *Lohengrin* e straussiano in *Salome* e *Arabella*, Nimsgern è tuttavia interprete di un repertorio assai vasto, che comprende opere come *Macbeth* e *Simon Boccanegra* di Verdi, *Carmen* di Bizet, *La damnation de Faust* (*La dannazione di Faust*) di Berlioz, *Le nozze di Figaro* e *Don Giovanni* di Mozart, *Cardillac* di Hindemith. Importante è anche la sua attività in campo concertistico.

♦ NINA, OSSIA LA PAZZA PER AMORE
Commedia per musica in due atti di Giovanni Paisiello (1740-1816), su libretto di B.-J. Marsollier, tradotto da G. Carpani con aggiunte di G.B. Lorenzi. Prima rappresentazione: Caserta, Giardini del Palazzo reale, 25 giugno 1789.

In alto:
il baritono tedesco Siegmund Nimsgern.

A destra:
fregio in apertura del primo atto della *Nina, ossia La pazza per amore*, di G. Paisiello.

Nina (soprano), figlia del conte (basso), era stata promessa a Lindoro (tenore), ma in seguito il conte aveva scelto come genero un uomo più ricco e più nobile. Lindoro, che era stato sorpreso dal nuovo fidanzato accanto a Nina, era stato da questi ucciso in duello. Nina, alla notizia della morte dell'amato Lindoro, è impazzita e attende il ritorno del suo innamorato. Un giorno, mentre il conte sta ringraziando Susanna (soprano), la governante di Nina, per le premure che ha verso la figlia, sopraggiunge il vecchio servo Giorgio (basso buffo) annunciando che Lindoro è vivo; è stato sorpreso mentre tentava di entrare nel giardino scavalcando il muro di cinta. Il conte chiede perdono a Lindoro e lo abbraccia come un figlio, poi gli narra del triste stato di Nina. Poco dopo Lindoro si reca dall'amata, la ragazza non lo riconosce, ma si mostra molto turbata. A poco a poco, Nina riacquista la lucidità e riconosce Lindoro, e quando scopre che il padre non è più contrario alle nozze, la sua felicità è completa. Tutti si uniscono alla gioia dei due innamorati.

L'opera segna il passaggio dalla *comédie larmoyante* francese, dalla quale ha tratto lo spunto, allo stile romantico e patetico dell'opera italiana della prima metà dell'Ottocento, in particolare al Bellini della *Sonnambula*. Ciò è testimoniato dalla celebre nenia di Nina "Il mio ben quando verrà" che mostra un chiaro legame con le soavi melodie della belliniana Amina.

♦ NIXON IN CHINA
(Nixon in Cina)
Opera in tre atti e sei scene di John Adams (n. 1947), su libretto di A. Goodman. Prima rappresentazione: Houston Grand Opera, 22 ottobre 1987.

La vicenda si svolge a Pechino nel febbraio del 1972. All'aeroporto della capitale cinese, accolto dal premier Chou Enlai (baritono), giunge il presidente degli Stati Uniti, Richard Nixon (baritono) accompagnato dalla moglie Pat (soprano) e dal ministro degli esteri Henry Kissinger (basso). Un'ora dopo il suo arrivo, Nixon incontra Mao Tse-Tung (tenore); tra i due inizia una conversazione nella quale si mescolano filosofia e politica. Un banchetto sancisce poi l'amicizia tra Cina e Stati Uniti. Il giorno dopo la "First Lady" si intrattiene con i giornalisti e visita i luoghi imperiali. Alla sera i coniugi Nixon assistono a un balletto ideato da Chiang Ch'ing (soprano), moglie di Mao, eseguito dal "distaccamento delle donne rosse". Il finale dell'opera mostra tutti i protagonisti nelle proprie stanze da letto. Nixon, la moglie e il loro seguito si mostrano stanchi dopo le intense giornate trascorse tra colloqui e visite ufficiali; solo Mao appare in piena forma convinto nei suoi ideali rivoluzionari, come nel grande ritratto che sta alle sue spalle.

Con *Nixon in China* il compositore mostra la sua predilezione per i soggetti di stretta attualità, una scelta che trova un'ulteriore conferma nell'altro lavoro teatrale *The Death of Glinghoffer* (*La morte di Glinghoffer*) sul dirottamento della nave "Achille Lauro" del 1991. La libertà espressiva con cui Adams tratta il soggetto è pari alla libertà stilistica del suo linguaggio musicale essenzialmente tonale, nel quale si mescolano le più disparate influenze: jazz, rock, melodramma tradizionale, ecc. Il risultato è comunque accattivante e, soprattutto, di facile ascolto. Adams, pur appartenendo, per taluni aspetti, alla scuola minimalista, persegue un proprio itinerario espressivo, che si distacca nettamente dall'esasperante rigidità formale di un Ph. Glass, il più celebre esponente di questa corrente.

● NONO, LUIGI
(Venezia 1924 - 1990)
Compositore italiano. Studiò al Conservatorio di Venezia con G.F. Malipiero e successivamente con B. Maderna (1946-48) e H. Scherchen. Già a partire dagli anni Cinquanta aderí con Maderna, P. Boulez e K. Stockhausen alla "Scuola Viennese", in particolare a Webern, sviluppando il suo linguaggio attraverso esperienze nella musica seriale, elettronica e concreta. Nono non disgiunse mai la sua espressione artistica dal suo impegno di tipo sociale e rivoluzionario. Questo aspetto è fortemente presente nel primo lavoro da lui scritto per il teatro, *Intolleranza*, seguito da *Intolleranza 1960* (1961) e *Intolleranza 1970* (1974). Già in queste partiture sono presenti quegli aspetti che creano una perfetta fusione tra musica, immagine e azione scenica. Tutto ciò si è realizzato in *Al gran sole carico d'amore* (1975), dove Nono evidenzia quella forte interiorizzazione del testo letterario rappresentato in tutta la sua forza evocativa. L'ultima realizzazione teatrale di Nono è stato il *Prometeo*, rappresentato in una prima versione a Venezia nel 1984 e, nella realizzazione definitiva, all'Ansaldo di Milano, nel 1985. Denominata "Tragedia dell'ascolto", attraverso un complesso uso del live electronic, del computer, accanto a strumenti tradizionali e solisti vocali, il compositore rovescia ogni logica compositiva e formale, alla ricerca del "suono" e dello "spazio".

● NORMA
Tragedia lirica in due atti di Vincenzo Bellini (1801-1835), su libretto di F. Romani tratto dal dramma Norma, ou l'Infanticide *di A. Soumet. Prima rappresentazione: Milano, Teatro alla Scala, 26 dicembre 1831.*

La vicenda si svolge in Gallia al tempo della dominazione romana. Pollione (tenore), proconsole romano, si inoltra nella foresta sacra dei druidi per incontrare Adalgisa (soprano), una giovane sacerdotessa di cui si è invaghito, e confessa all'amico Flavio (tenore) di non amare più la druidessa Norma, dalla quale ha avuto due figli. Usciti di scena i due romani, ecco giungere guerrieri e druidi, capeggiati da Norma e da suo padre Oroveso (basso). Norma, ispirata dal dio, annuncia che Irminsul non è ancora disposto alla guerra contro Roma. Quando tutti si sono allontanati, Pollione incontra Adalgisa e la convince a fuggire con lui a Roma. La giovane si reca da Norma perché la sciolga dai suoi voti, e le rivela i suoi sentimenti. Norma si mostra inizialmente comprensiva, ma poi, quando appare Pollione e capisce che proprio lui è l'oggetto dell'amore di Adalgisa, esplode il suo furore: nella notte, al colmo della disperazione, invoca la morte e, temendo che Pollione voglia condurre a Roma i figli, decide di ucciderli; tuttavia le manca il coraggio di compiere un tale atto. Chiama quindi Adalgisa e, immaginando che ella sarà la nuova sposa di Pollione, le raccomanda i suoi figli. La sacerdotessa però rifiuta: lei stessa andrà da Pollione a supplicarlo di ritornare da Norma. Il giorno dopo Oroveso annuncia ai guerrieri che Pollione sta per essere sostituito con un nuovo proconsole più spietato. Norma, nonostante tutto, pronuncia ancora parole di pace, ma poco dopo viene a sapere dalla sua ancella Clotilde (mezzosoprano) che Adalgisa ha fallito il suo tentativo, mentre Pollione è più che mai deciso nel suo proposito di fuggire con la giovane sacerdotessa. Furibonda, chiama a raccolta il popolo e i guerrieri, annunciando la guerra, la strage, lo sterminio del popolo romano. Lo stesso Pollione viene trascinato nel tempio e Norma lo scongiura per l'ultima volta di rinunciare al suo amore per Adalgisa. Pollione rifiuta e la donna, disperata, alla presenza del padre e del popolo, denuncia che una sacerdotessa ha infranto i sacri voti: di fronte allo stupore generale, Norma pronuncia il proprio nome, rivelando poi il suo legame con Pollione: solo allora questi comprende la forza dell'amore di Norma, le chiede perdono e la segue sul rogo.

L'opera più celebre di Bellini ottenne alla prima un successo straordinario, che si ripeté ovunque fu rappresentata e che continua ancora oggi. *Norma* è una delle tappe fonda-

Incisione di A. Sanquirico per le scene della prima della *Norma*, di V. Bellini.

mentali nella storia della lirica e si può considerare l'apoteosi del canto puro, nella sua espressione sia lirica ("Casta Diva") sia tragica (finale del primo atto).

♦ **NORMAN, JESSYE**
(Augusta, Georgia 1945)
Soprano statunitense. Cresciuta in una famiglia dove si amava e si praticava la musica, la Norman ha iniziato regolari studi musicali all'Università del Michigan (1967-68) con P. Bernac, e poi con A. Duschack al Peabody Conservatory di Baltimora. Nel 1968 ha vinto il 1° premio al Concorso internazionale indetto dalla Radio tedesca, grazie al quale ha ottenuto una scrittura per tre stagioni alla Deutsche Oper di Berlino. Qui ha esordito nel 1969 come Venere nel *Tannhäuser* di Wagner, seguita dalla Contessa nelle *Nozze di Figaro* di Mozart. Nel 1971 ha interpretato Selika in *L'africaine* (*L'africana*) di Meyerbeer al Maggio Musicale Fiorentino, mentre l'anno successivo cantava *Aida* di Verdi alla Scala di Milano e esordiva al Covent Garden di Londra come Cassandra in *Les troyens* (*I troiani*) di Berlioz. Molto attiva in sede concertistica, è quindi comparsa nelle maggiori sedi concertistiche in Europa, Stati Uniti, Australia e Canada. Frequenti le sue apparizioni in Francia, dove è particolarmente amata e dove si è affermata nel 1983 al Festival di Aix-en-Provence, dove ha cantato Phèdre in *Hippolyte et Aricie* di Rameau, e Arianna in *Ariadne auf Naxos* (*Arianna a Nasso*) di Strauss (1985); si è esibita all'Opéra-Comique nel 1984 in *Dido and Aeneas* (*Didone ed Enea*) di Purcell e a Lione in *Médée* (*Medea*) di Charpentier. Sono questi gli anni che seguono il ritorno della cantante alle scene liriche dopo che in precedenza si era quasi esclusivamente dedicata a concerti e recital. Compare quindi nelle stagioni del Metropolitan di New York in *Les troyens* (*I troiani*), *Ariadne auf Naxos* (*Arianna a Nasso*), *Parsifal*, al Lyric Opera di Chicago (*Alceste* di Gluck, 1990) e su altri palcoscenici.

♦ **NOS**
(*Il naso*)
Opera in tre atti di Dimitrij Šostakovič (1906-1975), su libretto proprio in collaborazione con E. Zamjatin, G. Jun'in, A. Prejs, dall'omonima novella di Gogol. Prima rappresentazione: San Pietroburgo, Teatro Maly, 12 gennaio 1930.

Il funzionario Platon Kuzmič Kovalev (baritono), risvegliandosi una mattina, si accorge con sorpresa che il suo naso non c'è più. Mentre il poveretto si dispera, Ivan Iakovlévič (basso), il suo barbiere, nel far colazione trova con altrettanta sorpresa il naso fuggiasco nel pane. Impaurito, va a gettarlo nel fiume Neva, per liberarsi di quella che crede una prova contro di sé. Kovalev intanto s'è messo alla ricerca del suo naso: lo incontra per strada acconciato da alto funzionario (tenore), ma subito lo perde di vista. Anche la polizia viene coinvolta nella ricerca del naso dispettoso. Accorati annunci appaiono sui giornali, ma tutto è vano. Un giorno finalmente viene riportato al legittimo proprietario. Si convoca con urgenza un chirurgo (basso), perché lo riattacchi al suo posto, ma sorgono difficoltà e l'operazione non riesce. Kovalev è sempre più disperato: ormai non spera proprio più di riavere il naso al suo posto. Ma un bel giorno, imprevedibile come se n'era partito, il naso ribelle fa ritorno e si rimette tranquillamente al suo posto.

Composta tra il 1927 e il 1928, quando Šostakovič aveva circa ventun'anni, *Nos* fu composta con slancio e immediatezza giovanile con il desiderio di rendere gli aspetti caricaturali della vicenda. L'elevato numero dei personaggi (circa settanta!) ha reso praticamente impossibile una sufficiente caratterizzazione musicale, che non va al di là di un aspetto caricaturale esteriore.

♦ **NOTRE DAME**
Opera romantica in due atti di Franz Schmidt (1874-1939), su libretto proprio e di L. Wilk, tratto dal romanzo di V. Hugo. Prima rappresentazione: Vienna, Teatro di Corte, 1° aprile 1914.

La vicenda si svolge a Parigi nel Medioevo. Il capitano Phoebus (tenore) si è invaghito di Esmeralda (soprano), un'affascinante zingara, e non ascolta i consigli di un suo ufficiale (baritono) che lo mette in guardia: la zingara è sposata, perciò questo sentimento può essere molto pericoloso. Nella piazza di Notre Dame, Esmeralda interviene in aiuto di Quasimodo (basso), il campanaro gobbo della cattedrale, dalla folla che lo voleva linciare. Approfittando della confusione, Phoebus convince Esmeralda ad incontrarsi con lui quella notte stessa. Gringoire (tenore), il marito di Esmeralda, che si è accorto dell'interesse di Phoebus verso sua moglie, segue l'uomo all'appuntamento, lo pugnala e fugge via. Del ferimento di Phoebus è accusata Esmeralda. Imprigionata e condannata a morte, la giovane riceve la visita dell'Arcidiacono di Notre Dame (baritono). Anch'egli ama la zingara ma, per mantenere pura la sua integrità sacerdotale, abbandona la giovane al suo destino. Sulla piazza di Notre Dame, Esmeralda sta per salire al patibolo, interviene però Quasimodo, il quale, tra lo stupore generale, rapisce Esmeralda e la porta nella cattedrale. Poco dopo, però, l'intervento dell'Arcidiacono costringe Quasimodo a riconsegnare la zingara alle guardie. Sulla piattaforma tra le due torri campanarie, dove il gobbo si è rifugiato, egli assiste all'esecuzione di Esmeralda. Preso dal furore, Quasimodo, che ha scoperto l'ipocrisia e la crudeltà dell'Arcidiacono, lo uccide gettandolo dalla piattaforma.

L'opera è una delle numerose partiture (circa trenta) ispirate al romanzo di Hugo. Schmidt iniziò la composizione il 30 agosto del 1904, per terminarla il 10 agosto del 1906. Come era sua abitudine, creava prima una struttura sinfonica nella quale poi inseriva le voci; in questo modo, pagine come l'"Interludio e le musiche per il Carnevale" vennero eseguite in concerto nell'ottobre del 1903, prima ancora dell'inizio della composizione dell'opera. La splendida musica di *Notre Dame* (in particolare il bellissimo tema di Esmeralda), fece dimenticare i limiti di un libretto alquanto debole, scritto da L. Wilk (un chimico con l'hobby della poesia) in collaborazione con Schmidt.

♦ **NOZZE DI FIGARO, LE**
Commedia per musica in quattro atti di Wolfgang Amadeus Mozart (1756-1791), su libretto di L. Da Ponte da La folle journée ou Le mariage de Figaro *di P.-A.C. de Beaumarchais. Prima rappresentazione: Vienna, Burgtheater, 1° maggio 1786.*

Il soprano statunitense Jessye Norman.

♦ NUCCI, LEO
(Castiglione dei Pepoli, Bologna 1942)
Baritono italiano. Ha compiuto gli studi di canto a Bologna e a Milano con G. Marchesi. Grazie alla vittoria ottenuta al Concorso "A. Belli" di Spoleto ha esordito al Teatro Lirico della stessa città come Figaro nel *Barbiere di Siviglia* (1967), una delle sue maggiori interpretazioni, da lui affrontata in oltre cento rappresentazioni in tutto il mondo. Per motivi familiari sospese la carriera per entrare a far parte del coro del Teatro alla Scala di Milano (1969-75), ma nel 1975 riprese gli studi vocali con O. Bizzarri; torna cosí a debuttare, sempre come Figaro, a Padova nel 1975. Sempre nello stesso ruolo ha cantato alla Scala (1976), iniziando una brillante e intensa carriera internazionale: ospite di tutte le stagioni del Metropolitan di New York (dal 1980), il suo nome compare anche nelle stagioni della Staatsoper di Vienna, del Covent Garden di Londra (*Luisa Miller* di Verdi, 1978), all'Opéra di Parigi (*Un ballo in maschera*, 1981), a Barcellona, Tokyo, ecc. Alla sua bella vocalità baritonale, con un registro acuto estesissimo e brillante e alle ottime capacità di fraseggio, Nucci unisce non comuni doti di interprete (lo dimostra il suo *Macbeth* nel film-opera di C. d'Anna, 1987). Il suo vasto repertorio (circa cinquanta ruoli) poggia ora soprattutto sui personaggi verdiani.

L'azione ha luogo in Spagna, nel XVIII secolo, nel palazzo del conte d'Almaviva (basso baritono). Susanna (soprano), cameriera della contessa (soprano), si sta preparando per le sue imminenti nozze con Figaro (basso-baritono), cameriere del conte. La fanciulla rivela al fidanzato che il conte le ha messo gli occhi addosso. Figaro si mostra sicuro di sé nell'impedire i piani del suo padrone, ma anche a lui non mancano i problemi: Marcellina (mezzosoprano), anziana governante del medico don Bartolo (basso buffo), si fa avanti per far valere un impegno nuziale sottoscritto da Figaro in un momento di bisogno finanziario. Poco dopo giunge il paggio Cherubino (soprano), che confida a Susanna di essere innamorato della contessa. Ma anche il conte giunge nella stanza per ottenere da Susanna un appuntamento e, sollevando casualmente un abito della contessa posto su una poltrona, scopre Cherubino. Grande confusione in scena, finché sopraggiunge Figaro a chiedere se può affrettare le nozze. Cherubino, per punizione, andrà soldato a Siviglia. Poco dopo, Figaro e Susanna rivelano alla contessa le mire del marito e decidono di prendersi gioco di lui: tramite un biglietto Susanna fingerà di accettare un appuntamento, ma nel luogo stabilito al conte si presenterà Cherubino travestito da donna. Ha inizio il travestimento del paggio; sul piú bello però giunge il conte, insospettito per il biglietto che ha ricevuto e dal turbamento della contessa che ha appena nascosto Cherubino in una stanza attigua. Preso da gelosia, il conte vuole entrare nella stanza, dalla quale Cherubino è fuggito buttandosi dalla finestra, e nella quale ora si trova Susanna. Il conte, che era andato a prendere degli attrezzi per scassinare la porta che la contessa non voleva aprire, si trova davanti una sorridente Susanna. Giunge anche Figaro e poco dopo, a confondere la situazione, sopraggiungono Marcellina e Bartolo che vogliono far valere i loro diritti. Il piano procede, e Susanna finge di accettare un appuntamento con il conte, al quale però si presenterà la contessa con gli abiti della cameriera. Nel frattempo, con un colpo di scena, Marcellina riconosce in Figaro il figlio illegittimo avuto da una relazione con Bartolo. La sera, nel giardino del palazzo, Susanna attende il conte; Figaro, che ha saputo casualmente dell'appuntamento, si reca al luogo del convegno per smascherare l'infedele. Da questo momento si intreccia una fitta rete di equivoci, a causa degli scambi di persona tra la contessa e Susanna, di cui fanno soprattutto le spese Figaro e il conte. Alla fine tutto si chiarisce e la vicenda si conclude festosamente.

Con *Le nozze di Figaro* ebbe inizio la fortunata collaborazione di Mozart con Da Ponte. Nei personaggi principali l'approfondimento psicologico suggerito dal Da Ponte è completamente realizzato da Mozart; in particolare le figure del conte e di Figaro, che assumono un significato che si può definire politico-sociale: uno l'aristocratico legato al passato e l'altro lo scaltro esponente del terzo stato in ascesa.

In alto:
scena da *Le nozze di Figaro*,
di W.A. Mozart.

Sopra:
il baritono italiano Leo Nucci.

OBERON, OR THE ELF KING'S OATH

(*Oberon o Il giuramento del re degli elfi*)
Opera romantica in un prologo e tre atti di Carl Maria von Weber (1786-1826), su libretto di J.R. Planché tratto dall'omonimo poema epico di C.M. Wieland. Prima rappresentazione: Londra, Covent Garden, 12 aprile 1826.

Oberon (tenore), il re degli elfi, ha avuto un contrasto con Titania (soprano) a proposito di chi, l'uomo o la donna, sia piú incline all'infedeltà, e giura che solo quando avrà trovato una coppia veramente fedele si riappacificherà con la sposa. Dopo aver molto cercato, senza riuscire nel suo intento, il genio Puck (contralto) racconta al suo signore la vicenda di Huon di Bordeaux (tenore): questi ha ucciso il figlio di Carlo Magno, ma l'imperatore ha saputo che ciò è avvenuto in un regolare duello e gli ha concesso la grazia, ordinandogli però di recarsi alla corte del sultano Harun el Rascid, di uccidere il principe turco Babekan (recitante), promesso sposo a Rezia (soprano), la figlia del califfo, e di rapire la stessa fanciulla. Oberon pensa che Huon, leale e coraggioso, sia anche capace di vivere un grande amore, pertanto fa sognare al cavaliere Rezia, e anche questa, in un magico sogno, vede Huon e se ne innamora. Alla corte del califfo, Huon, accompagnato dal suo fedele servo Scherasmin (baritono), al quale Puck ha donato un corno magico, suonando il quale farà accorrere Oberon che li salverà da ogni pericolo, uccide Babekan e fugge con Rezia; le guardie inseguono i fuggiaschi, ma Scherasmin suona il corno fatato, facendo cosí comparire Oberon che trasporta Huon, Scherasmin, Rezia e la sua ancella Fatima (mezzosoprano) su una nave che prende il largo. Il re degli elfi che vuole mettere alla prova l'amore dei due giovani, fa scatenare da Puck una violenta tempesta e la nave fa naufragio su un'isola: Rezia è fatta prigioniera dai pirati che la conducono a Tunisi, dove viene rinchiusa nell'harem dell'emiro. Huon, benché ferito, è riuscito a fuggire e, dopo essere stato curato da Puck, viene da lui portato a Tunisi. Huon tenta di entrare nell'harem, ma è sorpreso da Roxane (contralto), la moglie dell'emiro; colpita dall'audacia dello straniero, la donna se ne innamora. Huon la respinge, ma proprio in quel momento sopraggiunge Almansor (basso), l'emiro, che condanna Huon a morire sul rogo come profanatore dell'harem: Rezia interviene per salvarlo, ma viene anch'essa condannata a morte. Interviene però la magia di Oberon: i due giovani sono tratti in salvo e il loro amore riunisce il re degli elfi alla moglie Titania. Il premio per Huon e Rezia sarà il riconoscimento tributato loro da Carlo Magno.

Commissionata direttamente dal Covent Garden, *Oberon* è un *Singspiel*, cioè una composizione in cui si alternano parti cantate e recitativi (il libretto originale è in lingua inglese). Weber cominciò la composizione nel gennaio del 1825, ma la salute malferma lo ostacolò nel lavoro e solo nei primi mesi del 1826 completò la partitura (anche se durante le prove apportò continue modifiche). Il pubblico accolse l'opera con grande entusiasmo, mentre la critica la giudicò, con un inutile confronto, inferiore a *Der Freischütz* (*Il franco cacciatore*).

Libretto dell'Oberto, conte di San Bonifacio, di G. Verdi.

OBERTO, CONTE DI SAN BONIFACIO

Dramma in due atti di Giuseppe Verdi (1813-1901), su libretto di T. Solera. Prima rappresentazione: Milano, Teatro alla Scala, 17 novembre 1839.

A Bassano del Grappa nel 1228. Il conte Riccardo di Salinguerra (tenore) sta per sposare Cuniza (mezzosoprano). Egli ha però sedotto Leonora (soprano), figlia del conte Oberto di San Bonifacio (basso), ed ora la giovane, accompagnata dal padre, si fa ricevere da Cuniza alla quale rivela quanto accaduto tra lei e Riccardo. Sconvolta dal racconto di Leonora, Cuniza decide di sacrificare il suo amore per costringere Salinguerra a riparare alla colpa commessa con le nozze. Oberto però vuole vendicare il suo onore con un duello. Riccardo tenta di evitare lo scontro, ma poi si batte con lui e lo uccide. Salinguerra, in preda ai rimorsi, fugge disperato, mentre Leonora, che si sente responsabile di quanto accaduto, decide di ritirarsi in un convento.

È questa l'opera d'esordio di Verdi; commissionata da B. Merelli, alla prima rappresentazione ottenne un buon successo che fruttò al compositore un contratto per altre tre opere. Nell'*Oberto* compaiono già quegli aspetti drammaturgici che Verdi svilupperà nell'arco delle sue successive composizioni.

♦ OBRAZTSOVA, ELENA
(San Pietroburgo 1939)

Mezzosoprano russo. Ha iniziato gli studi musicali presso il Conservatorio della città natale con A. Gregorija. Nel 1964 ha esordito come Marina (*Boris Godunov*) al Bolscioi di Mosca, teatro del quale è diventata membro stabile. Dopo aver preso parte a numerose tournée in Canada e negli Stati Uniti e aver partecipato con successo a importanti concorsi di canto, a partire dagli anni Settanta si è affermata in campo internazionale. Ha cantato a San Francisco (*Il trovatore*, 1975), alla Scala di Milano (*Werther*, 1975), dove negli anni a seguire ha interpretato *Don Carlo*, *Kovàncĭna*, *Cavalleria rusticana*, *Boris Godunov*. Celebre anche al Metropolitan, dove ha cantato per numerose stagioni, oltre che alla Staatsoper di Vienna e in altri numerosi teatri, la Obraztsova è emersa soprattutto per il grande impatto della sua vocalità di autentico mezzosoprano, non disgiunta da una presenza scenica altrettanto importante; qualità che hanno compensato certi limiti di fraseggio che la cantante ha spesso sacrificato al suono.

OCCASIONE FA IL LADRO, L', OVVERO IL CAMBIO DELLA VALIGIA

Farsa in un atto di Gioachino Rossini (1792-

1868), su libretto di L. Prividali. Prima rappresentazione: Venezia, Teatro San Moisè, 24 novembre 1812.

L'azione si svolge nei dintorni di Napoli. Don Parmenione (baritono), con il servitore Martino (buffo), e il conte Alberto (tenore) si trovano nella stessa locanda a causa di un furioso temporale. Il conte si sta recando a conoscere la marchesina Berenice (soprano), rimasta orfana e ora affidata alle cure dello zio Eusebio (tenore). Il padre della fanciulla, prima di morire, l'aveva destinata in sposa al conte Alberto. Quando il temporale si è placato, i viaggiatori riprendono il viaggio; inavvertitamente però Parmenione prende la valigia di Alberto e, quando si accorge dell'errore, non resiste alla curiosità e la apre, trovandovi, tra le altre cose, il bel ritratto di Berenice. Subito invaghito della fanciulla, decide di sostituirsi ad Alberto. Nel frattempo Berenice, d'accordo con lo zio, per mettere alla prova la sincerità del suo promesso sposo, chiede all'amica Ernestina (mezzosoprano) di assumere le parti della padrona, mentre lei si travestirà da cameriera. Quando Alberto arriva, si innamora della cameriera; poi giunge anche Parmenione che si dichiara il promesso sposo, nonostante le proteste di Alberto. Inizia così una serie di equivoci, ma alla fine tutto si risolve nel migliore dei modi: Berenice sposerà Alberto, mentre Parmenione chiederà la mano di Ernestina.

L'occasione fa il ladro venne accolta dal pubblico veneziano con scarso entusiasmo. L'opera invece presenta grande brillantezza, ed è scorrevole nel suo incedere con brio e ricchezza di colori. La validità della partitura ha trovato conferma nel grande successo ottenuto dalle recenti riprese al Rossini Opera Festival di Pesaro (1987) e al Teatro alla Scala di Milano (1988).

♦ OCHMAN, WIESLAW
(Varsavia 1937)
Tenore polacco. Ha studiato canto prima a Cracovia, poi a Bytorm e a Varsavia. Nel 1959 ha esordito all'Opera di Bytorm come Edgardo (*Lucia di Lammermoor*). Ha quindi cantato all'Opera di Cracovia e poi a Varsavia. Qui si è affermato in *Evgenij Onegin* (*Eugenio Oneghin*), *Boris Godunov*, *Tosca*, ecc. A partire dal 1967 la sua attività si è sviluppata in campo internazionale. Si è prodotto alla Deutsche Oper di Berlino, all'Opera di Amburgo, al Festival di Glyndebourne, all'Opéra di Parigi (*I vespri siciliani*, 1974), ecc. La sua voce, squisitamente lirica, morbida nell'emissione e raffinata nel fraseggio, lo ha fatto emergere in particolare nel repertorio mozartiano.

● OEDIPUS REX
(*Edipo re*)
Opera-oratorio in due parti di Igor Stravinskij (1882-1971), su testo di J. Cocteau, tratto da Sofocle, tradotto in latino da J. Daniélou. Prima rappresentazione: Parigi, Teatro Sarah Bernhardt, 30 maggio 1927.

OFFENBACH, JACQUES

La popolazione di Tebe è decimata dalla peste. L'oracolo di Apollo, interrogato da Creonte (baritono), cognato del re Edipo (tenore), rivela che Tebe verrà risparmiata dalla peste se sarà vendicata la morte del suo vecchio re, Laio, assassinato molti anni prima. Edipo allora convoca l'indovino Tiresia (basso) che gli rivela che l'autore del delitto fa parte della famiglia reale. Edipo è turbato da queste parole, ma Giocasta (mezzosoprano), già sposa di Laio, ora moglie di Edipo, lo tranquillizza: in passato gli oracoli spesso hanno sbagliato le loro profezie; re Laio, secondo i responsi, avrebbe dovuto essere ucciso dal suo stesso figlio, mentre in realtà cadde per mano di un viandante forestiero. Le parole però non tranquillizzano affatto Edipo, che non ha dimenticato di aver ucciso un vecchio. Giungono quindi un pastore (tenore) e un messaggero (baritono). Questi annuncia che il padre di Edipo, Polibo, è morto. Il pastore a questo punto rivela che Edipo è figlio di Laio e che, abbandonato, fu raccolto da Polibo. Lo sventurato re ora comprende l'orribile verità: egli ha assassinato il proprio padre e ne ha sposato la moglie. Giocasta si suicida, impiccandosi, mentre Edipo si acceca con una fibbia, per non veder più la luce del giorno.

L'opera unisce, a una struttura formale a "numeri chiusi", un'impostazione allo stesso tempo moderna. Così uno speaker commenta gli avvenimenti mentre i personaggi del mito acquistano la loro dimensione in una sorta di tragica immobilità di fronte al destino. Composta nel 1926, la prima rappresentazione scenica dell'*Oedipus rex* ebbe luogo alla Kroll-Oper di Berlino il 25 febbraio 1928. Tra le opere ispirate alla tragedia di Edipo, si ricordano in particolare quelle composte da Leoncavallo (1920), Enesco (1936) e Orff (1959).

● OFFENBACH, JACQUES
(Colonia 1819 - Parigi 1880)
Compositore e direttore d'orchestra tedesco naturalizzato francese. Studiò il violino e il violoncello, dedicandosi poi a questo strumento. Nel 1833, trasferitosi a Parigi, si perfezionò ulteriormente nello studio del violon-

273 ●

In alto:
una scena dall'*Occasione fa il ladro,
ovvero Il cambio della valigia*,
di G. Rossini.

A sinistra:
Edipo re, di I. Stravinskij,
rappresentata per la prima volta
a Parigi nel 1927.

cello. Terminati gli studi, entrò come violoncellista nell'orchestra dell'Opéra-Comique (1849) e qualche tempo dopo assunse la carica di direttore d'orchestra al Théâtre Français (1850-55) dove fece rappresentare i primi lavori teatrali. La sua fama crebbe e si consolidò e nel 1855 rilevò la sala Marigny, agli Champs-Elysées, che egli battezzò dei "Bouffes-Parisiens", dove per oltre un decennio fece rappresentare i suoi lavori. Dal 1872 al 1876 fu direttore del Théâtre de la Gaîté, compiendo numerose tournée in vari paesi europei e soprattutto in America (1875). Gli ultimi anni della sua vita li trascorse a Parigi, dove morí lasciando incompiuta *Les contes di Hoffmann* (*I racconti di Hoffmann*). La sua produzione teatrale comprende oltre un centinaio di operette, tra le quali si ricordano *La belle Hélène* (La bella Elena) del 1864, *La vie parisienne* (*La vita parigina*) del 1866, *La Grande Duchesse de Gerolstein* (La Granduchessa di Gerolstein) del 1867, *La Périchole* del 1868. Offenbach fu uno dei piú geniali compositori nel genere leggero e brillante, e anche l'espressione della frivola ma allo stesso tempo decadente borghesia francese del Secondo Impero.

OGNENNYJ ANGEL
(*L'angelo di fuoco*)
Opera in cinque atti e sette quadri di Sergej Prokof'ev (1891-1953), su libretto dell'autore, tratto dal romanzo omonimo di V. Brjusov. Prima rappresentazione postuma: Venezia, Teatro La Fenice, 14 settembre 1955.

Germania XVI secolo. Ronald (baritono), dopo un lungo viaggio nelle Americhe, si riposa in una povera locanda. Da una stanza vicina si odono delle grida femminili, Ronald accorre e trova Renata (soprano), una giovane donna, sconvolta da un pericolo invisibile. Calmatasi, Renata racconta a Ronald la sua storia: dall'infanzia riceve la visita dell'angelo Madiel, che le promise che l'avrebbe amata anche sotto spoglie mortali. Renata in seguito credette di riconoscerlo in Enrico, del quale divenne l'amante, e adesso è tormentata da orribili visioni. Ronald decide di aiutarla a ritrovare il conte Enrico. Dopo aver consultato un'indovina (mezzosoprano) e il mago Agrippa (tenore), Renata trova finalmente Enrico, il quale però la respinge. La donna allora, per vendicarsi, vuole che Ronald sfidi Enrico a duello; poi, vedendo l'uomo che ama nelle sembianze di un angelo, muta di proposito. Il duello però ha già avuto luogo e Ronald è rimasto ferito. Renata allora promette il suo amore a Ronald, poi, però, credendo peccaminoso questo sentimento, fugge abbandonando l'uomo. Ronald, guarito dalla ferita, vaga per la città di Colonia, incontrando strani personaggi, tra i quali anche Mefisto (tenore) e Faust (basso) ai quali fa da guida per la città. Renata, che nel frattempo si è rifugiata in un convento, è ancora in preda alle sue deliranti visioni, e anche tutte le altre monache soffrono di una diabolica angoscia. Dopo selvagge scene d'isterismo, Renata viene condannata al rogo.

L'opera fu composta in un arco di tempo che va dal 1922 al 1925, in un momento particolarmente critico per il compositore, dopo l'insuccesso di *Ljubov k trem apel'sinam* (*L'amore delle tre melarance*). Prokof'ev si dedicò con passione alla composizione della partitura, che però per una strana sorte del destino cadde nel piú totale oblio. Scoperta casualmente a Parigi nel 1952, solo nel 1955 verrà rappresentata ed è ora universalmente considerata l'opera capolavoro del compositore russo.

★ OLANDESE VOLANTE, L'
vedi *Fliegende Holländer, Der*

◆ OLIVERO, MAGDA
(Saluzzo, Cuneo 1912)
Soprano italiano. Dopo essersi diplomata in pianoforte e composizione e, successivamente, in canto con L. Gerussi al Conservatorio di Torino, esordí nel 1933 come Lauretta nel *Gianni Schicchi* di Puccini, al Teatro Vittorio Emanuele di Torino. Ha quindi fatto parte del "Carro dei Tespi" (Gilda nel *Rigoletto*), mentre negli anni immediatamente successivi si esibí alla Scala, all'Opera di Roma, al Massimo di Palermo, al Regio di Torino, ecc. Dall'iniziale repertorio di soprano lirico-leggero, la Olivero passò a ruoli di

In alto:
il compositore e direttore d'orchestra
Jacques Offenbach.

A destra:
bozzetto per *L'angelo di fuoco*,
di S. Prokof'ev.

maggiore spessore drammatico: Violetta (*La traviata*), Margherita (*Mefistofele*), Francesca (*Francesca da Rimini*) e soprattutto Adriana nell'opera di Cilea (Roma, 1939), uno dei suoi cavalli di battaglia. Nel 1941 abbandonò il teatro in seguito al matrimonio; fu solo nel 1951, con *Adriana Lecouvreur* al Grande di Brescia, che riprese l'attività. La sua carriera si è quindi svolta in tutti i maggiori teatri italiani, d'Europa e d'America, protraendosi fino all'inizio degli anni Ottanta (ancora nel 1991 si è però esibita in sede di concerto). Fraseggiatrice ricca di invenzione e sensibilità, attrice consumata e intensa, la Olivero ha saputo supplire a uno strumento vocale non particolarmente bello nel timbro, sostenuto però da una tecnica notevolissima, con un abilissimo uso delle note in pianissimo. Per le sue qualità di cantante-attrice è stata una delle maggiori interpreti delle opere di Puccini (*Bohème*, *Tosca*, *Manon Lescaut*), Cilea (*Adriana Lecouvreur*), Giordano (*Fedora*) e di molti altri.

★ OLYMPIE
(*Olimpia*)
Tragedia lirica in tre atti di Gaspare Spontini (1774-1851), su libretto di J. Dieulafoy e C. Brifaut, tratto dall'omonima tragedia di Voltaire. Prima rappresentazione: Parigi, Opéra, 22 dicembre 1819.

Nel tempio di Diana a Efeso, Antigono (basso), re dell'Asia Minore, e Cassandro (tenore), re di Macedonia, successori di Alessandro Magno, dopo tante lotte celebrano la pace. Cassandro causò, senza saperlo, la morte di Alessandro, e ora ama sua figlia Olimpia (soprano), schiava di Antigono, sotto il nome di Ameneide. Cassandro è deciso a sposare la giovane, ma la sacerdotessa Arzana, in realtà Statira (mezzosoprano), vedova di Alessandro, inorridisce perché crede di riconoscere in Cassandro l'assassino del marito. Piú tardi la donna rivela la sua vera identità e quella della figlia. Acclamata regina dal popolo, Statira non accetta le giustificazioni di Cassandro, che narra come le salvò il giorno della morte di Alessandro. La regina ingiunge quindi a Olimpia di rinunciare all'amore per Cassandro, mentre Antigono si propone come sposo della fanciulla, che però rifiuta sia di sposare Antigono, sia le proposte di fuga di Cassandro. Infine, Antigono, ferito a morte durante una battaglia con le truppe di Cassandro, rivela di essere lui stesso l'uccisore di Alessandro. Libero da sospetti, Cassandro può cosí sposare Olimpia.

La vicenda originale terminava con la morte della protagonista, il suicidio di Statira e l'apparizione di Alessandro, che le accoglieva tra gli dei. Le convenienze operistiche dell'epoca hanno fatto sí che gli aspetti troppo scopertamente tragici della vicenda scomparissero dall'opera spontiniana. La partitura resta comunque una delle piú riuscite ed ispirate del compositore.

♦ O'NEILL, DENNIS
(Heath, Glasnorgan 1948)
Tenore inglese. Ha compiuto gli studi vocali a Londra con F. Cox e in Italia con E. Campogalliani. Dopo aver preso parte a vari concorsi di canto, ha esordito a Perth (Australia) nel 1977. È quindi entrato nella compagnia stabile della Scottish Opera, dove ha cantato pressoché ininterrottamente fino al 1989. La sua carriera si è svolta parallelamente sui maggiori palcoscenici inglesi, compreso il Covent Garden, dove ha cantato in *Bohème*, *Rigoletto*, *Madama Butterfly*, *Lucia di Lammermoor*, ecc. In campo internazionale si è esibito al Metropolitan di New York (*La traviata* e *Bohème*), a Chicago, a San Francisco (*Mefistofele*, 1989-90) e in numerosi altri teatri.

★ ONDINA
vedi *Undine*

★ OPERA DA TRE SOLDI, L'
vedi *Dreigroschenoper, Die*

★ OPERA DEL MENDICANTE, L'
vedi *Beggar's Opera, The*

★ ORA SPAGNOLA, L'
vedi *Heure espagnole, L'*

★ ORACOLO, L'
Dramma musicale in un atto di Franco Leoni (1864-1949), su libretto di C. Zanoni da The cat and the cherub *di C.B. Fernald. Prima rappresentazione: Londra, Royal Opera House, Covent Garden, 28 giugno 1905.*

La vicenda si svolge nel quartiere cinese di San Francisco nei primi anni del secolo. È il giorno del Capodanno cinese. Ah-Joe (soprano), figlia del ricco mercante Hu-Tsin (basso), ama ed è riamata da Uin-San-Lui (tenore), figlio del medico e sapiente Uin-Sci (basso). La giovane è desiderata da Cim-Fen (baritono), il proprietario di una bisca e fumeria d'oppio; Hu-Tsin gli ha però rifiutato la mano della figlia e perciò Cim-Fen intende vendicarsi. Approfitta perciò del trambusto della processione del drago e di un momento di distrazione della serva Hua-Qui (contralto) per rapire Hu-Ci, figlio minore di Hu-Tsin. Quando è scoperta la scomparsa del bambino, Cim-Fen si presenta al disperato Hu-Tsin e, in cambio della mano di Ah-Joe, promette di riportargli il figlio. Poco dopo Hua-Qui confessa a San-Lui che Cim-Fen l'aveva sedotta e resa succube della sua volontà e che ora vuole Ah-Joe. Cim-Fen ha assistito al colloquio tra i due e, quando San-Lui vuole entrare nella sua casa, gli si para davanti. Tra i due nasce una colluttazione nella quale San-Lui viene ferito a morte. Ah-Joe impazzisce dal dolore, mentre Uin-Sci, facendo leva sui suoi poteri di

Bozzetto per il primo atto dell'*Olimpia*, di G. Spontini.

sensitivo, scopre che il piccolo Hu-Ci è tenuto prigioniero nella cantina della casa di Cim-Fen. Uin-Sci libera il bambino poi, quando Cim-Fen ritorna dalla bisca, lo affronta e lo uccide con una scure.

L'oracolo è il capolavoro del compositore, italiano ma inglese di adozione, Franco Leoni. Alla cupa vicenda, di chiaro gusto verista, si uniscono una musica e una strumentazione ricca di colori, perfettamente aderente con l'ambientazione in parte esotica, ma anche perfettamente collegata alla cupa vicenda. Tra i personaggi domina la figura del sinistro Cim-Fen, il quale il compositore scrisse sulle non comuni qualità drammatiche e vocali del baritono A. Scotti. *L'oracolo* alla prima rappresentazione ebbe un grande successo e venne in seguito rappresentata in numerosi altri teatri, soprattutto negli Stati Uniti.

ORAZI E I CURIAZI, GLI

Tragedia in tre atti di Domenico Cimarosa (1749-1801), su libretto di A.S. Sografi. Prima rappresentazione: Venezia, Teatro La Fenice, 26 dicembre 1796.

L'azione si svolge a Roma. Alba Longa è in guerra con Roma. Sabina (soprano), sorella dei Curiazi, ha sposato a Roma Marco Orazio (tenore), e si trova nella situazione di dover reprimere i propri sentimenti verso la sua prima patria Alba Longa e i suoi parenti. Il suocero Publio Orazio (tenore) la informa di una tregua raggiunta tra le due città. Si possono cosí celebrare le nozze tra Orazia (mezzosoprano) e Curiazio (soprano). Durante la cerimonia nuziale i due giovani esprimono il desiderio di non essere mai piú separati da ragioni politiche. Publio Orazio porta la notizia che il re di Roma e quello di Alba hanno deciso di affidare le sorti della guerra a una sfida fra tre guerrieri per parte. I prescelti dalla sorte saranno tre Orazi e tre Curiazi, con grande strazio di Sabina e di Orazia. La scena si sposta al campo Marzio dove sta per avere inizio la sfida. Il sommo augure (basso) sospende il combattimento: forse gli dei non sono favorevoli a uno scontro tra parenti, occorre consultare l'oracolo. Nel tempio di Apollo, la voce dell'oracolo (basso) proclama che la sfida fra Orazi e Curiazi deve continuare. In una piazza di Roma, Marco Orazio su un carro trionfale è accolto dal popolo esultante; ai suoi piedi sono i corpi dei tre Curiazi uccisi. Orazia è sconvolta nel vedere il corpo del marito. Impreca contro il fratello e invoca la maledizione degli dei su Roma. Orazio, furente, sfodera il gladio e colpisce a morte la sorella.

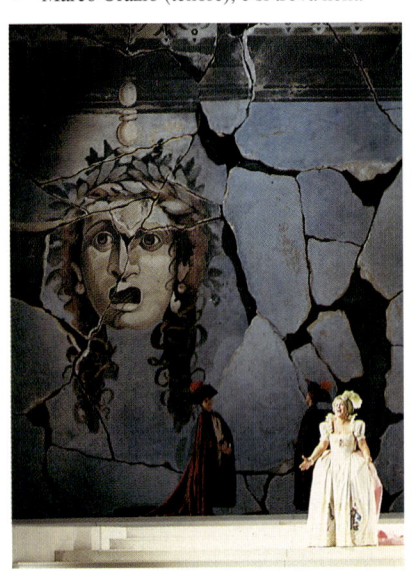

Alla sua prima rappresentazione, l'opera fu un vero successo, che si tramutò poi in un trionfo nelle quarantotto sere consecutive. Tra le arie, tutte di altissimo livello espressivo, brilla in particolare quella di Curiazio, "Quelle pupille tenere" nel primo atto che Stendhal asseriva essere «la piú bella di tutto il Settecento».

■ OREN, DANIEL
(Tel Aviv 1955)

Direttore d'orchestra israeliano. Iniziati giovanissimo gli studi musicali (flauto, violoncello, pianoforte ma anche canto e composizione), dal 1967 si è interessato alla direzione d'orchestra, seguendo poi corsi di perfezionamento a Berlino con H. Ahlendorf e in Italia con F. Ferrara. Nel 1975 ha vinto il primo premio al Concorso internazionale per direttori d'orchestra intitolato a H. von Karajan, iniziando cosí una rapida carriera e mettendosi ben presto in luce come uno dei piú completi direttori d'opera oggi in attività. In questo campo si è esibito sui maggiori palcoscenici italiani. Il suo notevole temperamento teatrale è particolarmente emerso nelle opere di Puccini (*Tosca*, *Manon Lescaut*) e in un certo Verdi (*Nabucco*), e in altri autori, soprattutto del Novecento.

ORFEO, L'

Favola in musica in un prologo e cinque atti di Claudio Monteverdi (1567-1643), su libretto di A. Striggio. Prima rappresentazione: Mantova, Accademia degli Invaghiti, 24 febbraio 1607.

Nel prologo la Musica (mezzosoprano) annuncia l'argomento del dramma e vanta i meravigliosi effetti che l'arte dei suoni produce negli animi. In una verde campagna Orfeo (tenore), circondato da ninfe e pastori, canta l'amore per la bella Euridice (soprano), poi tutti si recano al tempio per rendere grazie agli dei. Poco dopo, mentre Orfeo rievoca commosso la storia del suo amore, appare Silvia (contralto), la messaggera. Gli porta una terribile notizia: Euridice è morta morsa da una serpe mentre coglieva fiori per la corona nuziale. Orfeo, benché disperato, annuncia il suo proposito di scendere nel regno dei morti per prendere la sua Euridice e, accompagnato dalla Speranza (mezzosoprano), giunge alle rive dello Stige. Di qui egli dovrà da solo varcare il fiume. Giunge Caronte (basso), che lo vuole ricacciare indietro, ma Orfeo, con il suo canto e l'aiuto degli dei, addormenta il custode degli Inferi. Può cosí giungere al cospetto di Proserpina (mezzosoprano), sposa del re dell'Ade, che intercede presso Plutone (basso) perché renda Euridice allo

Sopra:
scena da *Gli Orazi e i Curiazi*,
di D. Cimarosa.

In alto:
scena dall'*Orfeo*, di C. Monteverdi,
in un allestimento dell'Opera di Zurigo.

L'OPERA AGLI INFERI

Nell'anno 1600 con l'*Euridice* di Jacopo Peri nasceva l'opera e iniziava anche la fortuna del personaggio di Orfeo, che sarà il protagonista di un numero incredibile di melodrammi, fino ai primi del Novecento, e contemporaneamente iniziano a comparire le "scene infernali", che diverranno delle situazioni tipiche dell'opera, soprattutto in epoca barocca. Il viaggio di Orfeo nell'Ade per rivedere l'amata Euridice rappresenta, anche da un punto di vista musicale, il momento in cui il compositore si esprime con un linguaggio che si potrebbe definire piú ardito. Una modernità che già appariva negli Intermedi della *Pellegrina*, rappresentati a Firenze nel 1589, in occasione delle nozze di Ferdinando de' Medici con Cristina di Lorena: qui, nel IV Intermedio, compare una scena infernale che, per potenza descrittiva (con il fondamentale apporto dell'elemento scenografico) è degna dell'*Inferno* dantesco. Dunque, già prima della nascita ufficiale dell'opera, questo genere di scene, nato dalle antiche sacre rappresentazioni, aveva un posto di rilievo. Gli aspetti spettacolari che offrivano le scene infernali, diventeranno un momento primario dell'opera francese. In quasi tutte le *tragédie-lyrique* dal XVII secolo, abbonda il gusto per l'inferno come nel IV atto dell'*Alceste* (1674) di Lully, ambientata nel regno di Plutone dove si svolge una "fête infernale"; o ancora nell'*Armide* (1686), sempre di Lully: nel terzo atto, la maga evoca l'Odio, la Vendetta, la Crudeltà e le altre divinità infernali. Dopo Lully, troviamo scene infernali nelle opere di M.A. Charpentier, ad esempio, nel terzo atto della *Médée* (1693); o nel primo atto del *Giasone* (1649) di P. Cavalli, e in numerosi altri autori del '600: in entrambe le opere citate, il principale personaggio femminile è Medea, una maga che si affianca all'altra celebre ammaliatrice, dotata di poteri soprannaturali, Armida. Questi ruoli sono tra i piú frequenti anche nell'"opera seria" del XVIII secolo, ma anche oltre: nella *Medea in Corinto* (1813), la protagonista è impegnata in una scena di evocazione, con relativo coro di spiriti infernali (che invece non esiste nella celebre *Medea* di Cherubini). Le scene infernali abbondano nelle opere di J.Ph. Rameau: nel terzo atto del *Castor et Pollux* (1737), corredata, come in buona parte delle opere francesi, da *danse des démons*; e troviamo Plutone, con un seguito di *divinités infernales* e Parche, nel secondo atto di *Hippolyte et Aricie* (1733). L'Invidia e le Furie sono le protagoniste del Prologo di *Le temple de la gloire* (1745) e demoni e Furie compaiono in varie scene dello *Zoroastre* (1756).
È un aspetto che non verrà trascurato nemmeno da un compositore come G. Verdi, che mostrò una certa propensione, se non per demoni o Furie, per il mondo dell'occulto: dalle streghe del *Macbeth*, alla maga Ulrica del *Ballo in maschera*, un personaggio disegnato dal compositore con grande efficacia teatrale. Nell'opera romantica tedesca, troviamo altri esempi di scene infernali: dalla celeberrima "gola del lupo" del *Freischütz* (1821) di C.M. von Weber, all'opera *Der Vampyr* (1820) di M. Marschner, opere che risentono di un'influenza letteraria tipica dell'epoca, che mostrava una forte attrazione per il fantastico.

In alto:
frontespizio del *Giasone* di Pier Francesco Cavalli, su testo di G. A. Cicognini, 1649.

A destra:
la maga Ulrica in *Un ballo in maschera*, di G. Verdi.

ORFEO ED EURIDICE

sfortunato cantore. Plutone acconsente, ma pone una condizione: che Orfeo, conducendo la sposa, non si volti mai a guardarla, finché non giungerà sulla terra. Orfeo non riesce però a frenare l'impazienza e si volge, contravvenendo al patto. Tra i boschi della Tracia, Orfeo piange la sposa perduta; Apollo (tenore), scende dal cielo e gli offre l'immortalità. Insieme ascendono alle sfere celesti, dove Orfeo potrà vagheggiare l'imperitura immagine di Euridice.

L'Orfeo di Monteverdi rappresenta un caposaldo della storia del melodramma. La partitura comporta parti vocali compiutamente ed esattamente realizzate; la parte strumentale, invece, secondo l'uso dell'epoca, è di norma sintetizzata con l'uso del basso numerato che lascia ampio spazio all'improvvisazione. È poi molto interessante per i suoi brani strumentali, nei quali il compositore indica nella partitura (pubblicata nel 1609) l'esatto organico orchestrale, piuttosto cospicuo. La tensione drammatica, l'aderenza all'espressione delle passioni umane, in perfetta sintonia con il testo dello Striggio, fanno di *Orfeo* un punto di riferimento per tutto ciò che nel campo del teatro musicale vedrà la luce nei secoli seguenti.

● ORFEO ED EURIDICE
Opera in tre atti di Christoph Willibald Gluck (1714-1787), su libretto di R. de' Calzabigi. Prima rappresentazione: Vienna,

Sopra:
Il compositore tedesco
Carl Orff.

In alto:
frontespizio dell'edizione del 1615 de
L'Orfeo di C. Monteverdi.

Burgtheater, 5 ottobre 1762.

Accanto alla tomba di Euridice, Orfeo (contralto), attorniato da ninfe e pastori, piange la morte della fanciulla sua sposa. Appare Amore (soprano), messaggero di Giove. Impietosito dal suo dolore, il signore degli dèi concede al cantore di scendere al regno dei morti per riprendersi Euridice, ponendo una condizione: Orfeo, nel riportare alla luce la sposa, non potrà volgersi a guardarla e neppure le dovrà rivelare questo segreto. Orfeo, cosciente della difficoltà dell'impresa, si reca prima nei tenebrosi recessi dell'Averno dove, con il suo dolce canto, pieno di disperata passione, placa gli spiriti infernali. Giunge quindi nei Campi Elisi dove ritrova Euridice (soprano). Senza guardarla egli la prende per mano e la guida sulla via del ritorno. La fanciulla però, turbata dal comportamento dell'amato, afferma di preferire morire piuttosto che vivere senza il suo amore. Orfeo, a queste parole, non riesce a contenersi e si volge a lei, e in quello stesso momento Euridice cade morta. Alla disperazione di Orfeo risponde ancora una volta Amore: gli dei commossi rendono la sposa allo sposo, ed Euridice vivrà accanto ad Orfeo.

Punto d'avvio della "riforma" gluckiana, fondamentale nella storia del melodramma. «Per la prima volta l'opera seria del Settecento mostra una così intima partecipazione del musicista ai sentimenti espressi dalla musica e ai sentimenti espressi dal dramma, una così robusta figurazione musicale di caratteri, un senso così sobrio e solenne di grecità nell'interpretazione dei miti antichi» (M. Mila). Dopo le rappresentazioni viennesi, accolte con un successo non privo di contrasti, in parte dovuti anche alla novità della concezione dell'opera, Gluck rielaborò la partitura per le scene parigine. In questa versione, oltre alla traduzione del testo in francese, la parte di Orfeo, scritta originariamente per il castrato Guadagnini, che era un contralto, venne portata nella tessitura tenorile.

● ORFF, CARL
(Monaco di Baviera 1895-1982)
Compositore tedesco. Studiò nella città natale con Beer-Walbrunn e Zilcher. Maestro collaboratore e direttore d'orchestra a Monaco, a Mannheim e Darmstadt, si dedicò quindi all'insegnamento, iniziando ad elaborare il suo *Schulwerk* (il metodo per l'educazione musicale dei giovani) che poi divenne uno dei testi fondamentali della didattica musicale. Nel 1937 il suo nome salì alla ribalta internazionale grazie al successo della sua cantata scenica, *Carmina Burana*. Seguirono i *Catulli Carmina* (1943) e *Il trionfo di Afrodite* (1953) che, con i *Carmina Burana*, formano un trittico intitolato dall'autore *I trionfi*. Degna poi di nota la trilogia sulla tragedia greca: *Antigonae* (1949), *Oedipus der Tyrann* (*Edipo il tiranno*, 1959) e *Prometheus* (1966). Citiamo inoltre le opere *Der Mond* (*La luna*, 1939), *Die Kluge* (La donna saggia, 1943), *Die Bernaverin* (La fanciulla di Berna, 1947) e *De temporum fine comoedia* (1973, revisionata nel 1979).

● ORLANDO FURIOSO
Dramma per musica in tre atti di Antonio Vivaldi (1678-1741), su libretto di G. Braccioli, tratto dal poema omonimo di L. Ariosto. Prima rappresentazione: Venezia, Teatro Sant'Angelo, autunno 1727.

Il paladino Orlando (contralto) canta il suo coraggio che lo porterà a trionfare sulla sorte avversa e a raggiungere la sua amata Angelica (soprano). Questa piange invece la morte dell'amato Medoro (tenore), che però ricompare, essendo scampato al naufragio della sua nave. Medoro è ferito, ma l'intervento della maga Alcina (contralto) non solo lo guarisce ma salva entrambi gli innamorati da Orlando che, preso da gelosia, vuole uccidere Medoro, facendo credere al paladino che Medoro è il fratello di Angelica. Lasciata sola, Alcina vede apparire un cavallo alato montato da Ruggiero (contralto); la maga si invaghisce di lui e lo fa bere alla sua fontana incantata, così quando poco dopo entra in scena Bradamante (contralto), la fidanzata di Ruggiero, questi non la riconosce, preso ormai dall'amore per la maga. Astolfo (basso), altro innamorato della maga, ma da lei disprezzato, promette di vendicarsi. Angelica, nel frattempo, per liberarsi di Orlando, che ostacola il suo amore per Medoro, chiede al paladino di procurarle una pozione magica per l'eterna giovinezza custodita da un terribile mostro. Quando però Orlando scende nella caverna per sfidare il mostro, una voce gli rivela che è prigioniero di Alcina. Capisce di essere stato giocato, riesce però a liberarsi e raggiunge così una foresta dove sono appena state celebrate le nozze tra

Angelica e Medoro. I due hanno inciso i loro nomi sul tronco di un albero. Quando Orlando legge l'iscrizione, la rabbia e la disperazione lo portano alla pazzia. Astolfo, Ruggiero ormai libero dagli incantesimi della maga e Bradamante vogliono vendicare Orlando sconfiggendo Alcina. Orlando intanto, in preda alla follia, compie gesti insensati e scambia la statua di Merlino per l'amata Angelica; ciò irrita Aronte, il guardiano del tempio di Ecate, regno di Alcina; Orlando disarma il guardiano e strappa la statua dal piedestallo. Cosí facendo egli ha rotto l'incantesimo e svanisce il dominio di Alcina. Con la sconfitta della maga, Orlando riacquista la ragione e, tra la gioia di tutti, accetta l'unione di Angelica e Medoro, concedendo loro la sua benedizione.

Vivaldi precedentemente aveva composto un *Orlando finto pazzo* (1714), su libretto dello stesso Braccioli, ma l'insuccesso della partitura lo spinse a musicare una nuova versione dell'opera, con varie modifiche sul libretto. La nuova partitura ebbe un successo trionfale, successo ripetutosi nel 1978, anno in cui, in occasione del trecentesimo anniversario della nascita di Vivaldi, l'opera è tornata sulle scene al Teatro Filarmonico di Verona, con protagonista M. Horne. Sono numerose le opere ispirate ai personaggi dell'Ariosto; tra queste si ricordano *L'Orlando* di Händel (1733), *L'Orlando paladino* di Haydn (1782), oltre a numerose altre composte da Steffani (1691), Scarlatti (1711), Anfossi (1778) e altri.

ORLEANSKAJA DEVA
(*La pulzella d'Orléans*)
Opera in quattro atti di Pëtr Il'ič Čajkovskij (1840-1893), su libretto dello stesso compositore tratto dalla traduzione russa di Žukovskij della tragedia Die Jung Frau von Orleans *di Schiller. Prima rappresentazione: San Pietroburgo, Teatro Mariinskij, 13 febbraio 1881.*

Thibaut (basso), padre di Giovanna D'Arco (soprano o mezzosoprano) esorta la figlia a sposare il giovane Raymond (tenore). La giovane però non accetta perché una voce divina la vuole a compiere l'impresa di liberare la Francia dall'invasione inglese. Il re francese Carlo VII (tenore) è incapace di reagire e di condurre le sue truppe in battaglia, perché non vuole lasciare la sua favorita Agnès Sorel (soprano). Entrano Dunois (baritono), consigliere reale, e il cardinale (basso) che annunciano che una ragazza, alla testa delle truppe francesi, ha messo in fuga il nemico. Sul campo di battaglia Giovanna risparmia la vita a Lionel (baritono), un cavaliere borgognone; a poco a poco tra i due l'odio si trasforma in reciproco amore. Davanti alla cattedrale di Reims, nel giorno dell'incoronazione di Carlo VII, Thibaut accusa Giovanna di stregoneria; la giovane, che si sente colpevole dell'amore per Lionel, non si difende. In una foresta, conscia di aver disubbidito al volere divino, la giovane si incontra per un'ultima volta con Lionel, che dopo cade ferito a morte dagli inglesi, mentre Giovanna, per espiare le colpe commesse, finisce sul rogo a Rouen. Un coro di angeli invita Giovanna alla gloria dei cieli di Dio.

Con quest'opera il compositore abbandona i soggetti russi per volgersi a una storia cara ai musicisti occidentali. Dopo l'insuccesso della prima rappresentazione, Čajkovskij nel 1882 apportò varie modifiche alla partitura, in particolare trasportò la parte di Giovanna al ruolo di mezzosoprano.

★ ORO DEL RENO, L'
vedi *Ring des Nibelungen, Der*

ORONTEA, L'
Dramma musicale in tre atti di Antonio Cesti (1623-1669), su libretto di G.A. Cicognini. Prima rappresentazione: incerta, a Venezia venne rappresentata al Teatro SS. Giovanni e Paolo nel Carnevale del 1666.

Creonte (basso), tutore di Orontea (mezzosoprano), regina d'Egitto, esorta la sovrana a scegliersi un consorte. Orontea però si invaghisce di Alidoro (contralto), un giovane di umili origini, sfuggito a un tentativo di omicidio e che ora ha trovato riparo, con la madre Aristea (mezzosoprano), alla corte di Orontea. Iniziano cosí una serie di intricate vicende, nelle quali troviamo Silandra (soprano), una dama di corte, che si innamora di Alidoro, mentre Aristea a sua volta si invaghisce del cavaliere Ismero, sotto le cui vesti si cela Giacinta (soprano), anch'essa segretamente innamorata di Alidoro. Giacinta è l'autrice del tentato omicidio nei confronti di Alidoro, su ordine della regina di Fenicia. Alla fine dell'opera si scopre che Alidoro è in realtà Floridano, legittimo erede al trono di Fenicia, rapito dai corsari e allevato da Aristea come un figlio: Alidoro può cosí ambire alla mano di Orontea.

L'Orontea di Cesti rappresenta uno dei successi piú vivi e durevoli della storia dell'opera italiana del XVII secolo: dal 1660 al 1683, l'opera venne rappresentata in numerose città

Una scena dall'*Orlando furioso*, di A. Vivaldi.

italiane ed europee. La notizia della rappresentazione veneziana dell'*Orontea* nel 1649, grazie a studi recenti, si è dimostrata errata; l'opera rappresentata in quell'anno non era di Cesti, bensí del musicista F. Lucio. La partitura di Cesti risale dunque agli anni tra il 1657 e 1662, quando il compositore viaggiava tra l'Austria e l'Italia. E a Innsbruck si trova una partitura scritta in quegli anni, alla base di tutte le successive edizioni dell'opera, della quale sono conservati i manoscritti a Bologna, Parma e Cambridge.

★ OSTERIA PORTOGHESE, L'
vedi *Hôtellerie portugaise, L'*

■ ÖSTMAN, ARNOLD
(Malmö 1939)
Direttore d'orchestra, pianista e organista svedese. Ha studiato organo e pianoforte a Stoccolma e poi a Parigi. Iniziò quindi l'attività musicale come organista alla Klara Church di Stoccolma e come insegnante alla Scuola Musicale e Drammatica della stessa città. Nominato direttore dell'Accademia Vadstena (1969), iniziò a dedicarsi a un attento lavoro di ricerca nel campo della musica barocca. Dopo essersi prodotto anche come pianista accompagnatore, nel 1974 ha fondato la Norreland Opera di Umeå, mentre fondamentale per la sua carriera è stata, nel 1980, la nomina a direttore musicale del Festival di Drottningholm (carica che, fino al 1984, ha condiviso con il direttore inglese C. Farncombe). In tale sede si è dedicato all'esecuzione delle opere teatrali di Mozart, da lui dirette su strumenti antichi. In campo internazionale si è esibito all'Opéra di Parigi, al Covent Garden di Londra, all'Opera di Colonia, ecc. In Italia hanno ottenuto notevoli consensi le sue esecuzioni di *Orfeo ed Euridice* (Parma, 1987) e della *Donna del lago* di Rossini (Parma, Modena e Ferrara, 1989-90).

★ OTELLO
Dramma lirico in quattro atti di Giuseppe Verdi (1813-1901), su libretto di A. Boito tratto dalla tragedia Othello *di W. Shakespeare. Prima rappresentazione: Milano, Teatro alla Scala, 5 febbraio 1887.*

La vicenda si svolge a Cipro, dominio veneziano nel XVI secolo. Otello (tenore), governatore dell'isola, ritorna a Cipro dopo una trionfale campagna contro i turchi. Jago (baritono), alfiere di Otello, odia il moro perché questi ha promosso capitano, al suo posto, Cassio (tenore), e medita vendetta. Jago insinua perfidamente a Roderigo (tenore), il quale ama Desdemona (soprano), moglie di Otello, che anche Cassio nutre gli stessi sentimenti per la donna. Poi riesce ad aizzarli l'uno contro l'altro, ma il duello che nasce tra Roderigo e Cassio si trasforma in un tumulto. Interviene Otello che, istigato con false informazioni da Jago, punisce Cassio e lo degrada. Continua la trama di Jago; egli getta il seme della gelosia nell'anima di Otello, lasciandogli nascere il sospetto che fra Cassio e Desdemona esista un amore segreto. Per consolidare le sue affermazioni, Jago afferma di aver visto un fazzoletto, che Otello aveva donato alla moglie, nelle mani di Cassio. Folle di gelosia, il moro giura di uccidere la moglie. Ma intanto giungono a Cipro degli ambasciatori della Repubblica Veneta annunciando che Otello è richiamato a Venezia e che sarà sostituito da Cassio. Mentre Jago dà il via all'ultima parte del piano diabolico, spronando Roderigo a uccidere Cassio, Otello getta a terra la moglie e la maledice, tra l'orrore di tutti. Poco dopo, nella stanza di Desdemona, Otello desta la moglie e, mentre ella tenta di difendersi, l'afferra per la gola, soffocandola. Giunge Emilia (mezzosoprano), moglie di Jago, che porta la notizia dell'uccisione di Roderigo da parte di Cassio. Quando poi scopre Desdemona morta, la donna accusa Jago, lí sopraggiunto, di essere l'autore della macchinazione. Otello, sconvolto e conscio dell'inganno nel quale è caduto, dopo un ultimo bacio alla sposa si trafigge con un pugnale.

Non fu facile la collaborazione tra Verdi e Boito, ma proprio dal continuo contrasto tra i due prese forma il dramma che segna l'avvio del superamento da parte del compositore dello schema a numeri chiusi: la vicenda si sviluppa cosí in un unico nodo drammatico con una potenza espressiva mai raggiunta precedentemente.

★ OTELLO, OSSIA IL MORO DI VENEZIA
Dramma in tre atti di Gioachino Rossini (1792-1868) su libretto di F. Berio di Salsa, tratto dalla tragedia Othello *di W. Shakespeare. Prima rappresentazione: Napoli, Teatro del Fondo, 4 dicembre 1816.*

Il doge di Venezia (tenore), attorniato dai senatori e dal popolo, accoglie il trionfale ritorno di Otello (tenore), comandante della flotta della Repubblica Veneta, reduce da una vittoriosa campagna contro i turchi. Rodrigo (tenore) e Jago (tenore), ufficiali del moro, odiano il loro comandante, in particolare Rodrigo, perché Jago gli ha insinuato il sospetto che Desdemona (soprano), di cui è innamorato, ami in realtà Otello. A conferma di ciò, Jago mostra a Rodrigo una lettera d'amore della fanciulla indirizzata a Otello. Poco dopo, durante una festa, Elmiro (basso), padre di Desdemona, annuncia le prossime nozze della figlia con Rodrigo. Giunge anche Otello che, tra lo stupore generale, intima a Desdemona di rispettare il suo giuramento d'amore. La giovane proclama quindi pubblicamente di aver da tempo giurato fede a Otello. Elmiro maledice la figlia e la trascina via. Il moro in questi avvenimenti vede un triste presagio per il

*Litografia francese per l'*Otello *di G. Verdi.*

suo amore; lo raggiunge Jago, il quale, vedendo il turbamento dell'uomo, gli fa intendere che i suoi dubbi sono fondati, quindi mostra la lettera d'amore di Desdemona, dichiarandone Rodrigo il destinatario. È questa la prova dell'infedeltà di Desdemona: Otello sfida a duello Rodrigo, poi raggiunge Desdemona nella sua stanza; invano la giovane proclama la sua innocenza, Otello si lancia su di lei e la pugnala. Poco dopo entra Elmiro, il doge, con il seguito. Essi portano la notizia che Jago è stato smascherato, ma ormai è troppo tardi: Otello, disperato, si uccide con il pugnale. Rossini compose l'*Otello* per il Teatro del Fondo, poiché il Teatro San Carlo era bruciato pochi mesi prima. Nonostante il libretto di Berio di Salsa abbia snaturato la vicenda, il musicista è riuscito a scrivere uno spartito di altissimo livello, in particolare nel terzo atto, dove la musica si eleva a creare la tragedia. *Otello* è la consacrazione del Rossini serio, già anticipatore dell'opera romantica.

♦ OTTER, ANNE SOPHIE VON
(Stoccolma 1955)
Mezzosoprano svedese. Iniziati gli studi musicali al Conservatorio della città natale, si è successivamente perfezionata a Vienna con E. Werba e a Londra con G. Parsons e V. Rosza (dal 1981). Ha iniziato la carriera come liederista ai festival di Drottningholm e Vaadstena (1981-82); risale al 1982 il debutto teatrale all'Opera di Basilea (*Hänsel und Gretel* di Humperdinck), dove ha cantato regolarmente in opere di Händel (*Orlando*), Mozart (*La clemenza di Tito, Le nozze di Figaro*, ecc.) e Strauss, *Ariadne auf Naxos* (*Arianna a Nasso*). Soprattutto come interprete del repertorio mozartiano, si è esibita ad Aix-en-Provence (1984), Berlino (1985), Covent Garden di Londra (dal 1985) e in molti altri teatri. Ospite regolare (dal 1988) delle stagioni del Metropolitan di New York, dove ha esordito come Cherubino (*Le nozze di Figaro*) uno dei suoi personaggi preferiti, la von Otter si è anche prodotta nell'opera rossiniana: un particolare successo ha avuto la sua interpretazione di *Tancredi* al Grande Théâtre di Ginevra (1990), dove accanto a indubbie qualità di raffinatezza e pertinenza stilistica, ha messo in risalto non comuni doti interpretative accompagnate da una bellissima figura scenica.

■ OZAWA, SEIJI
(Hoten, Manciuria 1935)
Direttore d'orchestra giapponese. Allievo di H. Saito alla Scuola Musicale Toho di Tokyo, ha successivamente seguito i corsi di perfezionamento in direzione d'orchestra a Tanglewood negli Stati Uniti e a Berlino con H. von Karajan nel 1959. Sempre lo stesso anno ha vinto il Concorso internazionale di Besançon e nel 1960 quello di New York intitolato a Mitropoulos, grazie al quale ha assunto la carica di direttore assistente di L. Bernstein (1961-62 e 1964-65) e in breve tempo si è affermato sui podi delle maggiori orchestre sinfoniche internazionali. Direttore eminentemente sinfonico, in campo teatrale Ozawa ha esordito con *Cosí fan tutte* a Salisburgo, nel 1969. Si è quindi prodotto al Covent Garden di Londra in *Evgenij Onegin* (*Eugenio Oneghin*) nel 1974, all'Opéra di Parigi in *Oedipus Rex, L'enfant et les sortilèges* (Il fanciullo e i sortilegi) nel 1981, *Turandot*, nel 1981, ecc. e alla Scala di Milano, dove ha recentemente diretto *Pikovaja Dama* (*La dama di picche*) di Čajkovskij nel 1990. Molto attivo in campo discografico (soprattutto nella musica sinfonica), ha diretto *La damnation de Faust* (*La dannazione di Faust*) di Berlioz nel 1974 e, recentemente, una discussa edizione della *Carmen* di Bizet nel 1989.

A sinistra:
bozzetto per l'*Otello*,
ossia *Il moro di Venezia*,
di G. Rossini.

In alto:
il direttore d'orchestra giapponese
Seiji Ozawa.

P

● **PACINI, GIOVANNI**
(Catania 1796 - Pescia, Pistoia 1867)
Compositore italiano. Il padre Luigi era stato il primo interprete di Geronio in *Il turco in Italia* di Rossini. Giovanni studiò, tra gli altri, con Mattei a Bologna, avviandosi subito al melodramma. Dopo l'esordio, a Milano, con la farsa *Annetta e Lucindo* (1813), si impose nel giro di brevissimo tempo come uno dei più acclamati compositori del periodo tra Bellini, Donizetti e Verdi, con una produzione che conta almeno novanta melodrammi. Oltre alla sua opera più celebre, *Saffo* (1840), si ricordano anche *Furio Camillo* (1839), *Medea* (1843) e *Maria Tudor* (1843).

● **PADMÂVATÎ**
Opéra-ballet in due atti di Albert Roussel (1869-1937), su libretto di L. Laloy, ispirato a poemi orientali. Prima rappresentazione: Parigi, Opéra, 1° giugno 1923.

Ratan Sen (tenore), re di Tchitor, ha come moglie la bellissima e virtuosa Padmâvatî (soprano o mezzosoprano). Un brahmino (tenore) si innamora della regina che però lo respinge; cacciato dal regno, il brahmino per vendicarsi chiede aiuto ad Alaouddin (baritono), re di Delhi, che a sua volta si innamora della donna e chiede che gli venga ceduta in cambio dell'alleanza chiesta da Ratan Sen. Il rifiuto di questo scatena una guerra tra i due regni e durante un combattimento Ratan Sen è mortalmente ferito. Mentre il brahmino viene condannato a morte dal popolo furente, Padmâvatî fa uccidere il re agonizzante, quindi fa erigere la pira funebre sulla quale si getta anch'essa con disperato coraggio.

L'opera di Roussel, pur riallacciandosi alla tradizione dell'*opéra-ballet* francese, dove il balletto ha un posto di rilievo nella struttura dell'opera, non cade in un esotismo di maniera, presentando invece un linguaggio attento alle evoluzioni della musica del Novecento.

● **PAËR, FERDINANDO**
(Parma 1771 - Parigi 1839)
Compositore italiano. Studiò nella città natale, dove esordí nel 1791 con l'opera *Orphée et Euridice* (Orfeo ed Euridice). Dopo i primi importanti successi, fu nominato maestro di cappella alla corte di Vienna (1798), all'Hoftheater di Dresda (1807) e direttore del Théâtre des Italiens (1812-27). Tra le sue opere più celebri si ricordano: *Griselda* (1798), *Camilla* (1799), *Ginevra degli Almieri* (1802), *Leonora* (1804), sul soggetto che Beethoven metterà in musica un anno dopo, e *Le maître de chapelle* (1821).

● **PAGLIACCI, I**
Dramma in un prologo e due atti di Ruggero Leoncavallo (1857-1919), su libretto proprio. Prima rappresentazione: Milano, Teatro Dal Verme, 1° maggio 1892.

Nel prologo, Tonio (baritono), attore di una compagnia di comici girovaghi, annuncia al pubblico che lo spettacolo sta per cominciare. L'azione si svolge in un paese della Calabria dove l'arrivo di una compagnia di comici è salutato festosamente da tutti gli abitanti. Mentre Canio (tenore) e gli altri comici si allontanano per andare all'osteria, Nedda (soprano), moglie di Canio, è avvicinata da Tonio che le confessa il suo amore, ma la donna lo respinge con violenza. Tonio vuole vendicarsi e quando poco dopo sorprende Nedda a colloquio con Silvio (baritono), un abitante del villaggio suo amante, corre ad avvertire Canio. Questi sopraggiunge, ma Silvio riesce a fuggire senza essere riconosciuto da Canio e Nedda si rifiuta di rivelarne il nome. Ha quindi inizio la rappresentazione. Peppe (tenore), nelle vesti di Arlecchino, ha un convegno d'amore con Nedda che sostiene la parte di Colombina. Irrompe Canio nella parte di Pagliaccio, marito di Colombina, e Arlecchino fugge. Canio si trova ora a rivivere la stessa situazione della realtà e, come impazzito, si getta su Nedda e le chiede il nome dell'amante, e poiché la donna si rifiuta di parlare la colpisce a morte con una coltellata. Silvio si precipita sul palcoscenico per soccorrere Nedda e Canio uccide anche lui; poi si rivolge al pubblico e annuncia che la commedia è finita.

L'opera, che trae spunto da un fatto di cronaca accaduto a Montalto in Calabria, ebbe subito un grande successo e, nel giro di breve tempo, cominciò il suo fortunato cammino sulle scene di tutto il mondo. Giudicata, con *Cavalleria rusticana* di Mascagni (con la quale è quasi sempre abbinata nelle rappresentazioni teatrali), l'opera verista per eccellenza, *Pagliacci* è da sempre ambita dai grandi divi dell'ugola: nei panni di Canio si sono cimentati da Caruso, Pertile, Gigli, Del Monaco, di Stefano, Corelli, a Pavarotti, Domingo e Carreras.

● **PAISIELLO, GIOVANNI**
(Roccaforzata, Taranto 1740 - Napoli 1816)
Compositore italiano. Studiò inizialmente nella città natale e successivamente al Conservatorio di Sant'Onofrio di Napoli, dove fu allievo di Durante e Abos. Diventato direttore musicale della compagnia del teatro Marsigli-Rossi di Bologna, esordí come compositore d'opera attorno al 1764, mettendosi subito in luce, soprattutto nel genere dell'opera buffa. In questo periodo compose numerose opere, tra le quali *L'idolo cinese* (1767), *Don Chisciotte* (1769), *Socrate immaginario* (1775). Invitato alla corte di Caterina II di Russia a San Pietroburgo, compose il suo celebre *Barbiere di Siviglia* (1782). Dopo otto anni fece nuovamente ritorno a Napoli, dove fu nominato maestro di cappella e compositore di corte di Ferdinando IV. È l'inizio di un periodo quanto mai fertile, durante il quale videro la

*In alto:
il compositore italiano
Ferdinando Paër in un'incisione da un disegno di G. Bossi.*

*A destra:
una caricatura tedesca del 1911 di Ruggero Leoncavallo.*

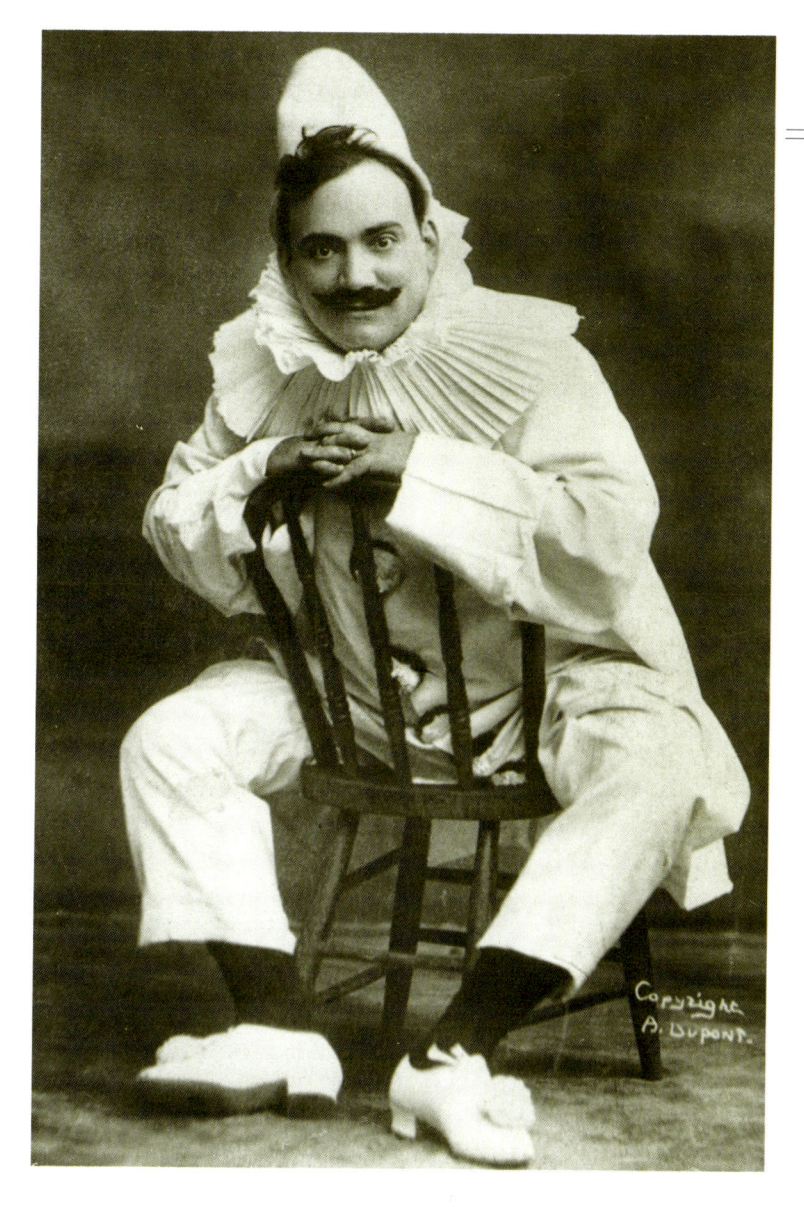

luce opere come *La grotta di Trofonio* (1785), *La Molinara* (1788) e *Nina ossia la pazza per amore* (1789), da molti considerata il suo capolavoro. Napoleone, suo grande ammiratore, lo invitò nel 1802 a Parigi, dove riorganizzò la cappella musicale dell'imperatore. Ritornato definitivamente a Napoli (1803), sebbene ricercato e onorato, morí quasi in miseria nel 1816. Tra opere, cantate e oratori si attribuiscono a Paisiello 126 lavori.

■ PÁL, TAMÁS
(Gyula 1937)

Direttore d'orchestra ungherese. Ha studiato pianoforte, composizione e direzione d'orchestra all'Accademia Musicale "F. Liszt" di Budapest. La sua attività direttoriale è iniziata nel teatro d'opera della stessa città (dal 1960), dove ancora oggi dirige regolarmente. Dal 1987, dirige inoltre le manifestazioni delle "Settimane musicali di Budapest". All'estero dirige regolarmente nei teatri di Marsiglia, Trieste e in numerosi altri centri musicali e teatrali europei. Molto attento al recupero di partiture dimenticate, ha ottenuto consensi pressoché unanimi con le sue interpretazioni di *Falstaff* di Salieri (1984), *Don Sanche* di Liszt (1985) e del *Pittor parigino* di Cimarosa (1988).

♦ PALACIO, ERNESTO
(Lima 1946)

Tenore peruviano. Dopo aver iniziato gli studi musicali nella città natale, si è recato in Italia, dove si è perfezionato a Milano. Ha esordito a San Remo nel *Barbiere di Siviglia* di Rossini e il nome del compositore pesarese ha segnato i momenti piú significativi della sua carriera artistica internazionale. Non da meno la sua presenza nell'ambito del repertorio settecentesco, da Vivaldi a Cimarosa, Paisiello, ecc. Nutrita anche la sua discografia; di particolare interesse le incisioni di *Tancredi*, *Maometto II*, *Ermione*, *Mosè in Egitto* di Rossini, dove si è messo in luce per le indubbie doti di musicalità e aderenza stilistica.

● PALESTRINA
Opera in tre atti di Hans Pfitzner (1869-1949), su libretto proprio. Prima rappresentazione: Monaco di Baviera, Residenztheater, 12 giugno 1917.

Silla (mezzosoprano), allievo di Palestrina (tenore), accenna con il violino una melodia diversa per gusto da quelle del maestro e confida le sue aspirazioni a Igino (soprano), figlio del musicista; entra il cardinale Borromeo (baritono), seguito da Palestrina. Il Borromeo commissiona al compositore una Messa per la chiusura del Concilio di Trento, ma Palestrina, che si sente ormai vecchio e stanco, rifiuta l'incarico. Rimasto solo, a Palestrina, come in una visione, si presentano le immagini dei musicisti del passato che lo esortano a continuare la sua opera; a questi succedono schiere di angeli che intonano un "Kyrie" e infine compare la defunta moglie Lucrezia. Palestrina si sente invadere da un senso di pace e si pone febbrilmente al lavoro. A Trento dove tutto è pronto per l'inizio del Concilio, si diffonde la voce che Palestrina, per essersi rifiutato di comporre la Messa, è stato imprigionato. Quando ha inizio la riunione sorgono subito le prime controversie; tutti i partecipanti sono preoccupati per il rituale della messa e il cardinale Borromeo cerca di placare gli animi. Quando a mezzogiorno la seduta viene sospesa, scoppia una furibonda lite tra servitori italiani, tedeschi e spagnoli. Interviene un gruppo di soldati che spara sui litiganti. Nella casa di Palestrina, Igino annuncia al padre, ormai visibilmente indebolito, che sta per essere eseguita la sua Messa, che era stata raccolta e conservata da Silla quand'egli era stato arrestato. Giungono i cantori della cappella papale che riferiscono che la Messa è stata un trionfo; lo stesso Pio IV (basso) in persona si congratula con Palestrina e il cardinale Borromeo gli porge le sue scuse. Il vecchio maestro, pur felice per il trionfo, comprende di aver già dato tutto quello che la sua arte aveva potuto esprimere e, con animo sereno, si siede all'organo e ringrazia Dio.

Opera di chiara derivazione wagneriana, ebbe una larga schiera di ammiratori negli

Il tenore italiano Enrico Caruso nelle vesti di Canio, in *Pagliacci* di R. Leoncavallo.

ambienti tedeschi conservatori che avversavano le nuove correnti musicali di Schönberg e di Busoni. *Palestrina* è omaggio al compositore che con la *Missa papae Marcelli* si dice salvasse l'arte del contrappunto nella musica da chiesa nel XVI secolo.

♦ **PALMER, FELICITY**
(Cheltenham 1944)
Soprano inglese. Ha compiuto gli studi musicali alla Guildhall School of Music di Londra. Dopo aver esordito in sede concertistica e aver ottenuto il prestigioso premio "Kathleen Ferrier Memorial" (1970), ha cantato per la prima volta in teatro nelle *Nozze di Figaro* (Susanna) alla Houston Opera (1973). Buona parte della sua carriera si svolge nell'ambito dell'oratorio, della musica da camera e da concerto. In campo operistico ha interpretato *Armide* (Armida) di Gluck, *Sāvitri* di Holst, *King Priam* (Re Priamo) di Tippett, *Alceste* di Lully, *Idomeneo* e *Le nozze di Figaro* di Mozart, ecc.

♦ **PANERAI, ROLANDO**
(Campi Bisenzio, Firenze 1924)
Baritono italiano. Ha studiato a Firenze con V. Fazzi e a Milano con Armani e G. Tess. Laureatosi al Concorso di Spoleto nel 1948, dopo aver esordito l'anno precedente al San Carlo di Napoli come Faraone nel *Mosè* di Rossini. Nel 1951 ha debuttato alla Scala (Sharpless in *Madama Butterfly* di Puccini), mentre nel 1955 è stato Ronald nella prima rappresentazione di *Ognennyj angel* (*L'angelo di fuoco* di Prokof'ev) alla Fenice di Venezia (1955). Interprete di un vastissimo repertorio, Panerai si è particolarmente messo in luce nel genere comico settecentesco (Mozart, Cimarosa, Paisiello, ecc.) e ottocentesco (Rossini, Donizetti, Verdi e Puccini), opere con le quali si è esibito sui maggiori palcoscenici internazionali (Salisburgo, Aix-en-Provence, Londra, ecc.).

● **PANNI, MARCELLO**
(Roma 1940)
Compositore e direttore d'orchestra italiano. Ha studiato nella città natale, al Conservatorio e all'Accademia Nazionale di Santa Cecilia. Si è quindi perfezionato a Parigi, iniziando a prodursi come compositore e direttore

• 284

Il soprano italiano Mariella Devia è Parisina nell'opera omonima di G. Donizetti.

d'orchestra. Particolarmente attento alla musica del Novecento e contemporanea, Panni si è altresí prodotto nel recupero di opere rare: *Giasone* (Genova, 1972) di Cavalli; *Il Flaminio* (Napoli, 1982), *Adriano in Siria* (Firenze, 1985) di Pergolesi; *Giulio Cesare* (Martina Franca, 1989) di Händel; *Nina ossia la pazza per amore* (Savona, 1987) di Paisiello; *Iphigénie en Tauride* (*Ifigenia in Tauride*) (Roma, 1991) di Piccinni. Dalla stagione 1990-91 si è frequentemente esibito con L. Pavarotti in varie rappresentazioni di *Rigoletto* e dell'*Elisir d'amore*, al Metropolitan di New York e in Europa (Vienna, Londra, ecc.)

PARIDE ED ELENA
Opera in cinque atti di Christoph Willibald Gluck (1714-1787), su libretto di R. de' Calzabigi. Prima rappresentazione: Vienna, Burgtheater, 3 novembre 1770.

Paride (soprano o tenore), figlio del re di Troia, sbarca a Sparta con il suo seguito; lo accoglie Amore (soprano), che sotto le vesti di Erasto offre al principe troiano il suo aiuto per conquistare Elena (soprano), la bellissima regina di Sparta. Quando Paride si presenta con ricchi doni alla regina, questa si mostra fredda e distaccata verso il giovane giudicandolo troppo facile all'amore. Paride però fida nell'aiuto di Venere e Amore e a poco a poco riesce a far breccia nel cuore di Elena, che tenta ancora di opporre resistenza e non osa confessare i propri sentimenti al giovane, anzi lo supplica di dimenticarla. Poco dopo, Amore dà a Elena la falsa notizia che Paride è partito; la regina è presa da sconforto rivelando cosí il suo amore per il principe troiano. Questi le compare improvvisamente dinanzi: Elena cosí cede definitivamente all'amore e salpa con Paride alla volta di Troia, mentre la dea Atena (soprano) predice che questo amore porterà sventura alla Grecia.

La vicenda, priva di situazioni drammatiche, fu sicuramente una delle ragioni dello scarso successo ottenuto da quest'opera alla prima rappresentazione. In assenza di dramma (fulcro delle precedenti *Orfeo ed Euridice* e *Alceste*), *Paride ed Elena* emerge soprattutto per il soave lirismo delle arie, per la raffinatezza strumentale delle danze e per la bellezza delle pagine corali.

PARISINA
Opera seria in tre atti di Gaetano Donizetti (1797-1848), su libretto di F. Romani, tratto dal poema omonimo di G. Byron. Prima rappresentazione: Firenze, Teatro della Pergola, 17 marzo 1833.

Il duca Azzo d'Este (baritono) ha forti sospetti sulla fedeltà della moglie Parisina (soprano), che invece, pur nutrendo per Ugo (tenore), suo compagno d'infanzia, teneri sentimenti, cerca di reprimerli. Ugo si è messo in luce sul campo di battaglia, sotto gli occhi di Ernesto (basso), generale del duca, e in un torneo dove riceve la corona di vincitore dalla stessa Parisina, visibilmente turbata. Azzo, furente di gelosia, penetra nella notte nella camera di Parisina e quando alla donna sfugge nel sonno il nome dell'amato, giura di vendicarsi. Ernesto rivela allora al duca che Ugo è suo figlio e che gli è stato affidato dalla prima moglie di Azzo, Matilde, prima di morire. Malgrado questa rivelazione, Azzo non desiste dal suo proposito di vendetta; revoca la sentenza di morte e ordina a Ernesto di condurre Ugo lontano da Ferrara. Quando però Azzo sorprende Ugo e Parisina in un tenero colloquio d'addio, piú furente che mai, fa arrestare e condannare il giovane, quindi ne mostra il cadavere a Parisina, che muore di dolore.

Parisina alla prima rappresentazione venne accolta da sfavorevoli reazioni, nonostante che l'opera contenga pagine di indubbio valore. Caduta nel piú totale oblio, ha avuto una prima ripresa nel 1964 alle Settimane Musicali Senesi, protagonista M. Pobbe; si passa poi al 1974, quando, grazie all'interpretazione della Caballé, l'opera godette un certo momento di popolarità. Nel 1990 l'opera è ritornata a Firenze, al Maggio Musicale, con M. Devia nel ruolo dell'infelice Parisina.

PARSIFAL

Dramma mistico in tre atti di Richard Wagner (1813-1883), su libretto proprio, tratto principalmente dal poema Parzival *di W. von Eschenbach. Prima rappresentazione: Bayreuth, Festpielhaus, 26 luglio 1882.*

Nei Pirenei sorge il castello di Monsalvat, nel quale è custodito il Graal, la sacra coppa nella quale bevette Gesú nell'Ultima Cena. Un corteo conduce, adagiato su una barella, il sofferente re Amfortas (baritono) al vicino lago nelle cui acque cerca sollievo a una inguaribile ferita. Irrompe Kundry (soprano o mezzosoprano), una giovane donna, bella e selvaggia: ha con sé un balsamo per lenire le sofferenze del re; questi lo accetta, sebbene sappia che la sua guarigione verrà da un eroe reso puro dalla pietà, un "puro folle". Poco dopo, il cavaliere Gurnemanz (basso) racconta agli scudieri le sventure del re: Amfortas, armato della sacra lancia con la quale era stato ferito il costato di Cristo, era partito per abbattere il castello del mago Klingsor (basso), che con le sue arti diaboliche insidiava i cavalieri del Graal; ma, irretito dalla sensualità di una donna al servizio del mago, era caduto nel peccato. Klingsor, impadronitosi della lancia, ferí Amfortas e da allora la piaga non aveva cessato di sanguinare. Il racconto viene interrotto dall'arrivo di Parsifal (tenore) che, pentito per aver ucciso uno dei sacri cigni del Monsalvat, distrugge le sue armi; quindi, quando Gurnemanz gli chiede chi sia, il giovane non sa rispondere: sa solo di essere fuggito dalla madre ancora giovinetto per seguire dei cavalieri. Gurnemanz, intuendo che in Parsifal forse si cela il "puro folle" che guarirà Amfortas, lo conduce al castello, perché assista alla solenne cerimonia dell'ostensione del Graal. Parsifal partecipa senza comprendere nulla; Gurnemanz irritato lo rimprovera per la sua insensibilità e bruscamente lo congeda. Nel suo castello incantato, Klingsor evoca Kundry e le impone, suo malgrado, di sedurre Parsifal, che nel frattempo ha respinto le seduzioni delle fanciulle-fiore. La donna gli ricorda l'amore materno, quell'amore che può ritrovare in lei, quindi lo bacia; a questo punto Parsifal si riscuote, comprende il peccato che ha causato la sofferenza ad Amfortas, e pieno d'orrore scaccia la donna. Questa, sconvolta dal rifiuto, invoca Klingsor che dall'alto della torre scaglia contro Parsifal la lancia che fu di Amfortas, ma l'arma si arresta miracolosamente, sospesa a mezz'aria. Il castello e il giardino svaniscono, mentre Kundry giace a terra esanime. Nei pressi della montagna del Graal, Gurnemanz rianima Kundry; giunge anche Parsifal, coperto da un'armatura. Gurnemanz lo invita a deporre le armi perché è Venerdí Santo; Parsifal viene riconosciuto da Gurnemanz che gli narra che i cavalieri, da quando Amfortas si rifiuta di celebrare il sacro rito, sono sconfortati, mentre Titurel (basso), padre del re, è morto di dolore. Parsifal è preso dall'angoscia, ma il vecchio lo consacra re del Graal e lo invita a recarsi al castello. Qui si stanno svolgendo le esequie di Titurel; giunge Parsifal: con la sacra lancia tocca la ferita di Amfortas, risanandolo, poi scopre il Graal, rinnovando il rito. Dall'alto del cielo una colomba bianca si posa sul capo del re e dei cavalieri, mentre Kundry muore redenta.

A *Parsifal*, l'ultima sua opera, Wagner dedicò gli ultimi anni della vita, dal 1877 al 1882, ma già molti anni prima si era dedicato alle leggende e ai miti del Santo Graal, componendo i primi abbozzi dell'opera. In un complesso e affascinante susseguirsi di *Leitmotiv*, l'opera è pervasa di una profonda mistica cristiana, accanto alla quale si inserisce un motivo caro al compositore, quello della redenzione, presente in tutta la sua produzione musicale e che nel *Parsifal* giunge alla sublimazione.

PASTOR FIDO, IL

Opera in tre atti di Georg Friedrich Händel (1685-1759), su libretto di G. Rossi, tratto dall'omonimo poema del Guarini. Prima rappresentazione: Londra, Queen's Theatre, 22 novembre 1712.

Il pastore Mirtillo (contralto) ama ed è riamato dalla ninfa Amarilli (soprano); questa però, in presenza dell'amato, si mostra fredda e sdegnosa. Disperato per questo atteggiamento, Mirtillo si confida con Eurilla (mezzosoprano) che segretamente lo ama, e che gli promette, fingendo, d'intercedere presso Amarilli. È ora in scena Silvio (tenore), che Diana ha promesso come sposo di Amarilli; il giovane però vuole godere della sua libertà e sfugge alle richieste d'amore di Dorinda (mezzosoprano), che gli proclama i suoi sentimenti. Seguono una serie di scene nelle quali Eurilla scatena la gelosia di Amarilli, mentre Mirtillo crede di riuscire finalmente a far breccia nel cuore della ninfa; alla fine tutto finisce nel migliore dei modi: Mirtillo ed Amarilli coroneranno il loro amore e anche Silvio cambia atteggiamento nei confronti di Dorinda.

Dell'opera, piú volte rimaneggiata, sono giunte a noi tre versioni. Al libretto non particolarmente felice, e decisamente inferiore all'originale del Guarini, cui s'ispira, Händel ha saputo conferire una musica che ben si adatta allo spirito arcadico del soggetto.

■ PATANÈ, GIUSEPPE

(Napoli 1932 - Monaco di Baviera 1989) Direttore d'orchestra italiano. Compí gli studi musicali (pianoforte e composizione) al Conservatorio San Pietro a Majella di Napoli. Nella stessa città ebbe luogo il suo esordio come direttore in *Traviata* (1953). Tappe fondamentali della sua carriera: direttore al

Una scena dal *Parsifal*, di R. Wagner

Landestheater di Linz (1961-62), alla Deutsche Oper di Berlino (1963-68), all'Opera di Budapest (1980-89). È stato uno dei maggiori e acclamati direttori d'opera italiani, e si è esibito regolarmente sui massimi palcoscenici internazionali: alla Scala di Milano (dal 1969), alla Staatsoper di Vienna, all'Opéra di Parigi, al Metropolitan di New York, ecc. Si spense per una crisi cardiaca mentre dirigeva *Il barbiere di Siviglia* di Rossini a Monaco di Baviera.

♦ PAVAROTTI, LUCIANO
(Modena 1935)
Tenore italiano. Allievo di A. Poli e di E. Campogalliani, ha esordito nel 1961 come Rodolfo nella *Bohème* di Puccini a Reggio Emilia. Subito dopo è già presente su numerosi palcoscenici italiani, comparendo anche al Covent Garden di Londra (*La bohème*, 1963), al Festival di Glyndebourne (*Idomeneo* di Mozart, 1964), ecc. Nel 1965 ha esordito alla Scala (*La bohème*); nella stessa opera ha cantato al Metropolitan di New York (1967). Compare inoltre a Tokyo, Amburgo, Berlino, Barcellona, ecc. Nel 1973, a Liberty, negli Stati Uniti, tiene il primo dei suoi recital, ai quali il tenore a tutt'oggi dedica molta dell'attività artistica. Cantante di enorme popolarità (grazie anche alla grande quantità di incisioni discografiche, video, pubblicazioni, ecc.), vanta grandi qualità vocali: bellezza e luminosità del timbro, omogeneità sull'intera gamma con uno svettante e lucente registro acuto. Il suo repertorio, che inizialmente poggiava quasi essenzialmente sulle opere del primo romanticismo come *I puritani*, *La favorita*, *La fille du régiment* (*La figlia del reggimento*), ecc., si è gradualmente arricchito di ruoli piú drammatici (*Tosca*, *Luisa Miller*, *Un ballo in maschera*, ecc.). Nel 1991 ha interpretato per la prima volta in forma di concerto *Otello*, alla Chicago Simphony Hall, con la direzione di Solti.

♦ PEARS, SIR PETER
(Farnham, Surrey 1910 - Aldeburgh, 1986)
Tenore inglese. Studiò al Royal College of Music di Londra (1933-34) e con E. Gerhardt e D. Freer. Nel 1936 conobbe B. Britten con il quale ha successivamente intrapreso, in duo, una serie di tournée in Europa e negli Stati Uniti. Al nome di Britten si legarono i momenti piú importanti della sua carriera. Fu il primo interprete di *Peter Grimes*, nel 1945, di *The Rape of Lucretia* (*Il sacrificio di Lucrezia*), nel 1946, di *Albert Herring*, nel 1951 e di numerose altre prime esecuzioni, compresa *Death in Venice* (Morte a Venezia), nel 1973, ultima composizione teatrale di Britten. Interprete di rara intelligenza musicale e grande raffinatezza, si distinse anche nel repertorio cameristico.

♦ PÊCHEURS DE PERLES, LES
(*I pescatori di perle*)
Opera in tre atti di Georges Bizet (1838-1875), su libretto di E. Cormon e M. Carré.

Il tenore italiano Luciano Pavarotti.

Prima rappresentazione: Parigi, Théâtre Lyrique, 30 settembre 1863.

Sull'isola di Ceylon, Zurga (baritono), capo di una tribú di pescatori e Nadir (tenore), un pescatore di perle, ricordano il passato e il loro comune amore per una danzatrice sacra, cui avevano rinunciato per non compromettere la reciproca amicizia. Sull'isola approda una barca che porta una donna velata: con il suo canto dovrà placare il mare in tempesta. La fanciulla altri non è che Leila (soprano), la danzatrice di cui Nadir e Zurga erano stati innamorati. In un vecchio tempio abbandonato, Leila racconta al gran sacerdote Nourabad (basso) di quando aveva rischiato la morte per salvare un fuggiasco e questi per ricompensa le aveva donato una collana. Piú tardi Nadir raggiunge Leila, e i due giovani decidono di rivedersi ogni sera; ma Nourabad li sorprende e li denuncia. Quando Zurga riconosce Leila, accecato dalla gelosia, condanna a morte i due traditori. Leila tenta di difendere Nadir, ma invano; prima di essere condotta al supplizio, la fanciulla consegna a un pescatore una collana, pregandolo di recapitarla alla madre. Zurga riconosce il monile e ritrova cosí in Leila colei che gli aveva salvato la vita e decide di aiutarla, dà quindi fuoco al villaggio e libera Leila e Nadir; ma mentre i due fuggono, Zurga è sorpreso da Nourabad e viene condannato a morte sul rogo.

Les pêcheurs de perles ebbe grande successo solo molti anni dopo la morte del compositore, poi scomparve dalle scene per essere riproposta alla Scala di Milano nel 1938. Da allora è tornata nei cartelloni dei teatri d'opera e, con *Carmen*, è l'unica opera di Bizet ad essere entrata in repertorio. La partitura è ricca di affascinanti melodie e mette in luce la felice vena lirica, ma anche lo spiccato temperamento drammatico del compositore. Di grande rilievo, poi, l'uso dell'orchestra capace di evocare nei colori i paesaggi, oltre che le situazioni e i personaggi.

♦ PELLEAS ET MELISANDE
Dramma lirico in cinque atti e dodici quadri di Claude Debussy (1862-1918), dal dramma omonimo di M. Maeterlinck. Prima rappresentazione: Parigi, Opéra-Comique, 30 aprile 1902.

In una foresta, Golaud (baritono), nipote di re Arkel (basso), si imbatte in una bellissima fanciulla piangente: si chiama Mélisande (soprano) e non sa da dove viene e chi le ha fatto del male. Golaud la porta con sé ed ella acconsente a seguirlo e a sposarlo. Al castello, Genèvieve (contralto), madre dei fratellastri Golaud e Pelléas (tenore), legge al re una lettera di Golaud, nella quale il giovane chiede di poter tornare con la sua sposa Mélisande. Arriverà fra tre giorni e varcherà la soglia del castello se una lampada accesa in cima alla torre gli dirà che la sposa è accolta affettuosamente. Pelléas accoglie il fratello e la cognata, poi annuncia che l'indomani partirà. Nel parco, Mélisande, mentre è seduta presso una fontana miracolosa, si china e le sfugge l'anello che Golaud le ha donato. Golaud, a letto a causa di una caduta da cavallo, e curato affettuosamente da Mélisande, si accorge che manca l'anello e se ne inquieta. La giovane racconta di averlo perduto in una grotta in riva al mare. Egli la manda subito a cercarlo e, poiché è notte, la fa accompagnare da Pelléas. I due giovani sono davanti alla grotta, quando un raggio di luna illumina tre mendicanti addormentati, e sono spaventati dalla visione. Sul davanzale di una torre, Mélisande pettina i suoi lunghissimi capelli, quando Pelléas, in procinto di partire, si avvicina per salutarla. La fanciulla si china per dargli la mano e i suoi capelli avvolgono Pelléas come i rami di un salice. Golaud li sorprende ed è preso da gelosia, e avverte quindi il fratellastro che sarà bene che egli eviti Mélisande ora che sta per avere un bambino. Davanti al castello, Golaud, sempre piú sospettoso, interroga il piccolo Yniold (soprano), il figlio che egli ha avuto dal primo matrimonio, su cosa facciano Pelléas e Mélisande quando si incontrano. Solleva quindi il bambino all'altezza della finestra per spiarli e Yniold dice che stanno seduti in silenzio; poi, spaventato dall'insistenza del padre, si mette a piangere. In un corridoio del castello, Pelléas chiede a Mélisande di poterla incontrare un'ultima volta presso la fontana. Poco dopo entra Golaud: afferra Mélisande per i capelli e la getta a terra, senza fornire spiegazioni. L'intervento di Arkel placa il furente Golaud. Presso la fontana, Pelléas e Mélisande si incontrano: riconoscono di amarsi e si abbracciano per la prima e ultima volta. Sono però sorpresi da Golaud che trafigge il fratello e ferisce la moglie. Nella sua camera, Mélisande giace nel suo letto in fin di vita, dopo aver dato alla luce una bimba. Golaud, preso dal rimorso, ma ancora in preda alla gelosia, chiede alla moglie se il suo amore per Pelléas sia stato colpevole. Ma la donna non capisce, guarda tristemente la sua bambina e spira senza dare una risposta.

Pelléas et Mélisande, unica opera teatrale di Debussy, non solo è considerata il suo capolavoro musicale, ma anche una delle massime creazioni della storia dell'opera. La fusione tra il simbolismo del testo di Maeterlinck e il colorismo musicale di Debussy ebbe una lunga gestazione, dal 1893 al 1901, ma risultò poi essere perfetta. La prima rappresentazione fu un fiasco clamoroso e altre polemiche sorsero ovunque quando l'opera cominciò a fare il giro del mondo, fino alla sua definitiva affermazione e all'inserimento nell'olimpo dei capolavori.

● PEPUSCH, JOHANN CHRISTOPH
(Berlino 1667 - Londra 1752)
Compositore tedesco, naturalizzato inglese. Si stabilí in Inghilterra attorno al 1700; divenne in seguito clavicembalista al Teatro Drury Lane e legò la sua fama a *The Beggar's Opera* (*L'opera dei mendicanti*, 1728), su testo di J. Gay, primo esempio di *ballad-opera*, per la quale Pepusch compose, ma soprattutto adattò, musiche popolari e parodie di arie di Purcell e Händel. Sempre con Gay scrisse *Polly* (1729), continuazione di *The Beggar's Opera*.

● PERGOLESI, GIOVAN BATTISTA
(Jesi, Ancona 1710 - Pozzuoli, Napoli 1736)
Compositore italiano. Studiò a Napoli (dal 1723), dove fu allievo di G. Greco e F. Durante. Nel 1732 colse il primo successo teatrale con l'opera buffa *Lo frate 'nnammurato*. Della successiva opera, *Il prigionier superbo* (1733), ottenne uno strepitoso successo l'intermezzo *La serva padrona*, che ebbe subito una vita autonoma e venne eseguita in tutta Europa. Anche dell'opera *Adriano in Siria* (1734), ebbero un particolare successo l'intermezzo *Livietta e Tracollo*; nel 1735 furono rappresentate le ultime ope-

Una scena dal *Pelléas et Mélisande*, di C. Debussy, rappresentata per la prima volta a Parigi nel 1902.

re di Pergolesi: *L'Olimpiade* e *Il Flaminio*; l'anno dopo moriva, a soli 26 anni, dopo aver composto lo *Stabat Mater*.

● **PERI, JACOPO**
(Roma 1561 - Firenze 1633)
Compositore e cantante italiano (detto "il Zazzerino" per la sua lunga capigliatura bionda). Studiò con C. Malvezzi a Firenze, dove divenne uno dei maggiori musicisti alla corte dei Medici. Nel 1589, in occasione delle nozze tra Ferdinando I e Cristina di Lorena, prese parte alla composizione degli "intermedi" della *Pellegrina*. Membro della Camerata Fiorentina, nel 1598 diede vita, con il poeta O. Rinuccini, alla *Dafne*, il primo tentativo di melodramma del quale sono rimasti solo pochi brani. Le nozze di Maria de' Medici con Enrico IV di Francia, nel 1600, offrirono l'occasione per la rappresentazione della tragedia *Euridice*, che segna la nascita del melodramma moderno.

♦ **PERRY, JANET**
(Minneapolis 1947)
Soprano statunitense. Allieva di E. Gregory al Curtis Institute di Filadelfia, si è perfezionata in Europa, esordendo a Linz nel 1969 come Zerlina nel *Don Giovanni* di Mozart. Attiva sulle principali scene tedesche e austriache, Monaco di Baviera e Colonia in particolare, la Perry è altresí comparsa all'Opéra di Parigi in *Don Giovanni*, nel 1981, e in *Die Fledermaus* (*Il pipistrello*) di J. Strauss, nel 1983, alla Fenice di Venezia, in *Die Zauberflöte* (*Il flauto magico*) di Mozart, nel 1987, e su altri numerosi palcoscenici. Ha interpretato Nannetta nel *Falstaff* di Verdi e Sophie in *Der Rosenkavalier* (*Il cavaliere della rosa*) di R. Strauss con la direzione di H. von Karajan (1980 e 1983).

♦ **PERTILE, AURELIANO**
(Montagnana, Padova 1885 - Milano 1952)
Tenore italiano, studiò con V. Orefice a Padova. Esordí a Vicenza, nel 1911, nella *Martha* di Flotow. Si perfezionò quindi a Milano con M. Bavagnoli e alla scuola di Fugazzola. La sua carriera raggiunse il culmine negli anni 1921-29, nei quali fu uno dei cantanti preferiti di A. Toscanini. Si ritirò dalle scene nel 1946, con il *Nerone* di Boito.

• 288

Il basso italiano Michele Pertusi (al centro).

La tecnica eccezionale e un fraseggio quanto mai raffinato ed espressivo compensarono i limiti di una voce di per sé non eccezionale. Pertile emerse in un repertorio quanto mai vasto che spaziava da Rossini, a Donizetti e Wagner.

♦ **PERTUSI, MICHELE**
(Parma 1965)
Basso italiano. Ha iniziato gli studi musicali con M. Uberti al Conservatorio A. Boito di Parma, per poi proseguirli con A. Pola a Modena. Ha esordito nel 1984, a Pistoia, come Monterone (*Rigoletto* di Verdi). Le sue non comuni qualità vocali e interpretative si sono subito messe in luce, cosí che nel giro di pochi anni è diventato uno dei piú apprezzati e richiesti cantanti dell'ultima generazione. Degne di nota in particolare le sue interpretazioni di Alfonso (*Lucrezia Borgia* di Donizetti) al Liceu di Barcellona, con J. Sutherland e A. Kraus (1989), Edoardo III (*L'assedio di Calais* di Donizetti) al Festival "Donizetti" di Bergamo (1990), Don Alfonso (*Cosí fan tutte* di Mozart) al Comunale di Firenze, con la direzione di Mehta e come Assur (*Semiramide* di Rossini) al "Rossini Opera Festival" di Pesaro (1992). In quest'ultimo ruolo sono completamente emerse le notevoli capacità "belcantiste" di Pertusi, che sfoggia altresí una grande musicalità, un fraseggio incisivo e un grande dominio del palcoscenico.

★ **PESCATORI DI PERLE, I**
vedi *Pêcheurs de perles, Les*

■ **PESKÓ, ZOLTÁN**
(Budapest 1937)
Direttore d'orchestra ungherese. Ha studiato all'Accademia Liszt di Budapest, dove si è diplomato in composizione (1962). Si è quindi perfezionato in direzione d'orchestra a Siena con Celibidache e a Roma, all'Accademia di Santa Cecilia, con Petrassi per la composizione e con Ferrara per la direzione d'orchestra. Ha inoltre seguito i corsi musicali di Boulez a Basilea (1965), iniziando l'attività direttoriale come assitente di L. Maazel alla Deutsche Oper di Berlino (1966), dove è stato direttore stabile dal 1969 al 1973. Molta della sua attività si è quindi svolta in Italia, con le maggiori orchestre e nei principali teatri, mentre dal 1983 dirige regolarmente in tutta Europa e negli Stati Uniti. Particolarmente attento alla musica contemporanea (nel 1990 ha diretto la prima esecuzione assoluta di *Blimunda* di A. Corghi), Peskó si è altresí impegnato nel recupero di partiture dimenticate, come ad esempio *Salammbó* di Musorgskij (Milano, RAI, 1980) e del *Bellerofonte* di Mysliveček (Budapest, 1987).

● **PETER GRIMES**
Opera in un prologo e tre atti di Benjamin Britten (1913-1976), su libretto di M. Slater, tratto dal poema The Borough *di G. Crabbe. Prima rappresentazione: Londra, Sadler's Wells Theatre, 7 giugno 1945.*

L'azione si svolge in un villaggio di pescatori della costa orientale inglese verso il 1830. In una sala del municipio il magistrato Swallow (basso), alla fine dell'inchiesta condotta sulla morte del mozzo che lavorava con Peter Grimes (tenore), afferma che la morte è avvenuta in circostanze accidentali, consigliando però Peter di non assumere altri apprendisti. Qualche tempo dopo, Peter confessa al capitano Balstrode (baritono) che, per riconquistare la fiducia degli abitanti del villaggio, che non lo vedono piú di buon occhio dopo la morte del mozzo, ha intenzione di sposare Ellen Orford (soprano), la maestra del villaggio. Nella locanda, alcuni pescatori portano la notizia che la tempesta che sta imperversando sulla zona ha fatto franare la strada sotto la casa di Peter Grimes; questi entra pallido e stravolto: viene preso per ubriaco e il pescatore Bob Boles (tenore) lo chiama assassino. Peter fugge nella tempesta trascinando con sé il nuovo mozzo, che Ellen nel frattempo aveva portato alla locanda. Alcune settimane dopo, Peter vuole prendere il largo per andare a pescare in alto mare. Ellen lo prega di lasciare riposare il ragazzo. Alla discussione che nasce tra Ellen e Peter assistono parecchie persone che decidono di compiere un sopralluogo in casa di Grimes. Quando gli uomini del villaggio giungono alla casupola del pescatore, questi costringe il ragazzo ad uscire dalla porta posteriore che si trova a picco sulla scogliera. Il giovane, spaventato e impacciato, scivola e precipita morendo. Il gruppo di paesani, giunto nella capanna, trova tutto in ordine. Peter da vari giorni non si vede al villaggio e la signora Sadley (mezzosoprano), una delle piú informate pettegole, si dice sicura che Peter ha ucciso un altro ragazzo. Mentre si dà avvio alle ricerche per scoprire quanto è accaduto, Ellen e Balstrode trovano Peter che, come un pazzo, vaga nella nebbia. Balstrode consiglia a Peter di prendere la barca, di portarla al largo, di affondarla e di sprofondare con essa. All'alba del giorno seguente, qualcuno dice che c'è una barca che sta affondando al largo, ma la notizia non viene presa in considerazione.

Peter Grimes fu l'opera che consacrò Britten al successo e ancora oggi è considerata una delle sue partiture piú importanti, oltre ad essere il lavoro che ha rilanciato la musica inglese nel mondo.

♦ PETERS, ROBERTA
(New York 1930)
Nome d'arte del soprano statunitense Roberta Petermann. Ha studiato canto con W. Hermann a New York. Ha esordito al Metropolitan di New York, nel 1950, come Zerlina (*Don Giovanni* di Mozart); il grande successo ottenuto ha fatto sí che entrasse stabilmente nella compagnia del celebre teatro americano, dove è stata un'acclamata interprete del repertorio di coloratura. È inoltre comparsa al Covent Garden di Londra (dal 1951), al Festival di Salisburgo (1963-64), ecc. La sua svettante vocalità di soprano leggero l'ha resa celebre interprete di *Lucia di Lammermoor* di Donizetti, *Die Zauberflöte* (*Il flauto magico*) di Mozart, *Il barbiere di Siviglia* di Rossini, *Ariadne auf Naxos* (*Arianna a Nasso*) di R. Strauss e *Rigoletto* di Verdi, opere da lei anche incise.

● PETRASSI, GOFFREDO
(Zagarolo, Roma 1904)
Compositore italiano. Studiò al Conservatorio Santa Cecilia di Roma, dove insegnò dal 1939. Fu sovrintendente del Teatro La Fenice (1937-40). Nel campo dell'opera compose solamente due lavori, *Il cordovano* (1949) e *Morte dell'aria* (1950), che rappresentano però due momenti importanti del teatro italiano contemporaneo.

▲ PETROSELLINI, GIUSEPPE
(Corneto ora Tarquinia, Viterbo 1727 - Roma? 1799)
Librettista italiano. Abate, visse a Roma presso la corte pontificia; fu membro di numerose Accademie. Prolifico librettista, scrisse i soggetti per opere di Piccinni (*L'incognita perseguitata*, 1764, ecc.), Cimarosa (*L'italiana in Londra*, 1779; *Il pittor parigino*, 1781, ecc.), di Paisiello (*Il barbiere di Siviglia*, 1782) e di altri.

● PFITZNER, HANS ERICH
(Mosca 1869 - Salisburgo 1949)
Compositore tedesco. Dopo gli studi musicali compiuti a Francoforte e a Wiesbaden, inizia un'intensa attività di direttore d'orchestra a Magonza (1894-96), Berlino (1903-6), Strasburgo (1908-19) e nel campo dell'insegnamento. Il suo rifiuto delle avanguardie musicali e il suo attestarsi su posizioni marcatamente nazionalistiche, strettamente legate allo stile wagneriano, subirono forti strumentalizzazioni da parte del regime nazista. In campo teatrale la sua opera piú celebre è *Palestrina* (1917), che ancora oggi gode di una certa notorietà soprattutto in Austria e in Germania.

▲ PIAVE, FRANCESCO MARIA
(Murano, Venezia 1810 - Milano 1876)
Librettista italiano. Fu poeta ufficiale alla Fenice di Venezia (1848-59) e alla Scala di Milano (1859-67). Scrisse una sessantina di libretti, tra i quali si ricordano quelli per Verdi: *Ernani* (1844), *I due Foscari* (1844), *Macbeth* (1847 e 1865), *Il corsaro* (1848), *Stiffelio* (1850, poi diventato *Aroldo*, nel 1857), *Rigoletto* (1851), *La traviata* (1853), *Simon Boccanegra* (1857), *La forza del destino* (1862, riveduto nel 1865). Scrisse inoltre il libretto per *Crispino e la comare* dei fratelli Ricci (1850).

● PICCINNI, NICCOLÒ
(Bari 1728 - Passy, Parigi 1800)
Compositore italiano. Studiò inizialmente con il padre e, trasferitosi a Napoli, fu allievo di L. Leo e F. Durante. Sempre a Napoli esordí come compositore d'opera (*Le donne dispettose*, 1754), acquisendo ben presto una grande notorietà. Si recò quindi a Roma, dove, nel 1760, fu rappresentata *Cecchina, ossia la buona figliola*, che ottenne un clamoroso successo e venne rappresentata pressoché in tutta Europa. Ormai celebre, Piccinni si avviò a una piú che mai intensa carriera compositiva; fu nuovamente a Napoli

A sinistra:
il compositore italiano Goffredo Petrassi.

In alto:
il compositore italiano Niccolò Piccinni.

(dal 1774) e, dal 1776, a Parigi, dove si scontrò con i sostenitori dell'opera francese di Gluck. Gli eventi della rivoluzione francese spinsero il compositore a ritornare a Napoli (1791), ma nel 1798 ritornò nuovamente nella capitale francese, dove, nonostante i vari riconoscimenti, morí in miseria. Nella sua vastissima produzione teatrale, si ricordano, oltre alla *Cecchina*, il suo capolavoro, *L'Olimpiade* (1768), *Alessandro nelle Indie* (1758 e 1774), *I viaggiatori* (1775), *Roland* (1778), *Iphigénie en Tauride* (*Ifigenia in Tauride*) (1781) e *Didon* (1783).

♦ PICK-HIERONIMI, MONICA
(Colonia 1948)
Soprano tedesco. Allieva di canto di D. Jacob, ha esordito nel 1975 al Theater Oberhausen di Colonia in *Die lustigen Weiber von Windsor* (*Le allegre comari di Windsor*) di Nicolai. Ha quindi fatto parte delle compagnie stabili dei teatri Gärtnerplatz di Monaco (1977-78) e del Nationaltheater di Mannheim (1978-88), dove ha affrontato un repertorio assai vasto: da Mozart a Verdi, Wagner e R. Strauss. In campo internazionale ha cantato a Barcellona, Vienna, Parigi; in Italia ha esordito nel 1990 (*Norma* a Brescia) e recentemente ha interpretato Abigaille nel *Nabucco* (Roma, Caracalla, 1991) e *Aida* (Arena di Verona, 1992). Nel 1992 ha esordito a New York, Carnegie Hall, nel ruolo di Irene nel *Rienzi* di Wagner.

■ PIDÒ, EVELINO
(Torino, 1953)
Direttore d'orchestra italiano. Ha studiato fagotto, pianoforte e composizione presso il Conservatorio della sua città. Avviato alla direzione d'orchestra, si è perfezionato a Vienna, con K. Osterreicher. Nel 1986 si è affermato al Festival dei Due Mondi di Spoleto, dirigendo *Madama Butterfly* di Puccini, nella discussa edizione firmata da Russell. Si è imposto subito come uno dei piú validi direttori d'opera della nuova generazione. Particolarmente apprezzate le sue interpretazioni rossiniane: *Zelmira* (Opera di Roma, 1989), *Ermione* (Opera di Roma, 1991), *Guillaume Tell* (*Guglielmo Tell*, Teatro Filarmonico di Verona, 1992) e *Adina* (Opera di Roma, 1992).

♦ PIEROTTI, RAQUEL
(Montevideo 1950)
Mezzosoprano uruguayano d'origine italiana. Ha studiato pianoforte (dal 1968) e canto (dal 1971) al Conservatorio di Montevideo, esordendo nel 1973 nel teatro d'opera della stessa città nelle *Nozze di Figaro* di Mozart. Trasferitasi in Spagna, ha debuttato come soprano nell'*Elisabetta regina d'Inghilterra* di Rossini (1980). Passata al registro di mezzosoprano, si è quindi affermata alla Scala di Milano (*Le nozze di Figaro*, 1980), al San Carlo di Napoli (*Falstaff* di Verdi, 1985) e in numerosi altri teatri italiani e internazionali. Raffinata stilista, la Pierotti si è particolarmente messa in luce in opere di Händel (*Giulio Cesare*), Mozart (*Cosí fan tutte*), Donizetti (*Maria Stuarda*) e soprattutto Rossini (*Il barbiere di Siviglia*, *Cenerentola*, ecc.).

● PIETRA DEL PARAGONE, LA
Melodramma giocoso in due atti di Gioachino Rossini (1792-1868), su libretto di L. Romanelli. Prima rappresentazione: Milano, Teatro alla Scala, 26 settembre 1812.

Nella ricca villa del conte Asdrubale (basso) si ritrovano un gruppo di amici del nobiluomo: la marchesa Clarice (contralto), segretamente innamorata di Asdrubale, il poeta Pacuvio (buffo), il giornalista Macrobio (buffo), Aspasia (soprano) e Fulvia (mezzosoprano), che aspirano a loro volta alla mano e al patrimonio del conte e di Giocondo (tenore), amico di Asdrubale. Questi, per mettere alla prova la sincerità di sentimenti dei suoi ospiti, con la complicità del suo servo Fabrizio (basso), che si traveste da turco, annuncia disperato che un creditore straniero esige da lui un "controvaglia" per una grossa somma che egli non possiede. Gli ospiti dichiarano di non volersi intromettere negli affari del conte e cosí si defilano; solo Clarice e Giocondo si mostrano pronti ad aiutare l'amico in disgrazia. Ma ecco arrivare Fabrizio a portare la felice risoluzione del caso. Poco dopo è Clarice a organizzare una commedia: finge di ricevere una lettera dal suo fratello gemello Lucindo che annuncia il suo prossimo arrivo. Ed ecco arrivare Lucindo (in realtà la stessa Clarice) in abiti da ufficiale, che finge di essere venuto a portare via la sorella. A questo punto Asdrubale rivela i suoi sentimenti e domanda al militare il permesso di poter

In alto:
il direttore d'orchestra italiano Evelino Pidò.

A destra:
una scena dalla *Dama di picche*,
di P.I. Čajkovskij.

sposare Clarice. La donna si rivela, tutto si chiarisce e l'opera si conclude con il matrimonio tra Clarice e Asdrubale, mentre Fulvia e Aspasia si consolano sposando Macrobio e Pacuvio.

Con *La pietra del paragone*, il non ancora ventunenne Rossini esordiva alla Scala. Il successo fu trionfale, uno dei piú convincenti di tutta la carriera musicale del pesarese. Un esito (dopo la prima l'opera fu replicata per cinquanta sere consecutive) al quale contribuí sicuramente il cast degli interpreti che annoverava i nomi di M. Marcolini (Clarice) e F. Galli (Asdrubale). Nonostante sia una delle piú felici creazioni "buffe" di Rossini, viene rappresentata molto raramente.

◆ PIKOVAJA DAMA
(*La dama di picche*)
Opera in tre atti e sette quadri di Pëtr Il'ič Čajkovskij (1840-1893), su libretto del fratello Modest Il'ič, tratto dal racconto omonimo di Puškin. Prima rappresentazione: San Pietroburgo, Teatro Mariinskij, 19 dicembre 1890.

L'azione si svolge a Pietroburgo intorno al 1800. In un giardino pubblico, l'ufficiale Hermann (tenore) rivela all'amico Tomskij (baritono) di essere innamorato di una ragazza di cui non conosce neppure il nome. Successivamente, con l'arrivo di altri personaggi, scopre trattarsi di Lisa (soprano), nipote di una vecchia contessa, fidanzata al principe Elekij (baritono). Tomskij racconta al giovane che la Contessa (contralto), soprannominata la "Dama di picche", è stata un'accanita giocatrice di carte e si dice che possieda il segreto di tre carte sempre vincenti: chi riuscirà a scoprirlo sarà anche la causa della sua morte. La notte stessa, Hermann riesce a penetrare nella camera di Lisa e le dichiara il suo amore; il loro colloquio è interrotto dalla Contessa e Lisa è costretta a celare la presenza del giovane. Uscita la zia, Lisa, triste perché costretta a sposare un uomo che non ama, cade tra le braccia di Hermann. Durante un ricco ballo mascherato, il principe Eleckij non riesce a conquistare l'amore di Lisa, la quale di nascosto passa ad Hermann la chiave di casa e gli dà appuntamento per la notte. Il giovane entra nella casa e, ormai ossessionato dal segreto delle tre carte, non resiste alla tentazione di attendere l'arrivo della Contessa la quale, tornata stanca dal ballo, si prepara per la notte, poi si addormenta su una poltrona. Hermann le si avvicina e con insistenza vuole sapere il segreto delle tre carte. Alla vista dell'intruso la contessa è colta da malore e muore. Sopraggiunge Lisa che scaccia Hermann accusandolo di aver cercato non il suo amore, ma solo il segreto del gioco. La stanza di Hermann in caserma. Al giovane compare il fantasma della Contessa che gli rivela il segreto delle carte: il tre, il sette e l'asso. Sulle rive della Neva, Hermann si incontra con Lisa; egli è però in uno stato di esaltazione visionaria, non vede altro che il gioco: respinge Lisa bruscamente e questa, disperata, si getta nella Neva, annegando. La sala di una casa da gioco: Hermann sta vincendo, dopo aver puntato sul tre e sul sette, ma quando invece dell'asso esce la dama di picche, che poi si trasforma nel fantasma della Contessa, ormai pazzo, si uccide.

In quest'opera Čajkovskij si è calato nell'atmosfera e nel carattere dei personaggi, in particolare di Hermann, delineato in tutta la sua evoluzione psicologica. Dagli aspetti fortemente drammatici, questa partitura, che si può definire unica nella sua produzione, ottenne grande successo già alla prima apparizione e da allora, con *Evgenij Onegin*, è l'opera piú rappresentata di Čajkovskij.

◆ PILOU, JEANNETTE
(Fayoum, Alessandria d'Egitto 1931)
Nome d'arte di Joanna Pilós, soprano greco naturalizzato italiano. Ha compiuto gli studi musicali in Italia, con Cappelli Borg e C. Castellani. Ha esordito nel 1958 nella *Traviata* al Teatro Smeraldo di Milano; dopo aver cantato a Bologna, Torino, Roma, ecc., ha colto importanti affermazioni alla Staatsoper di Vienna, al Metropolitan di New York (1967-72), alla Scala di Milano, al Covent Garden di Londra (*Le nozze di Figaro* di Mozart), ecc. La sua gradevole voce di soprano lirico e un'indubbia presenza scenica di cantante-attrice l'hanno resa particolarmente celebre come Violetta nella *Traviata* di Verdi, Mimí nella *Bohème* di Puccini, Juliette in *Roméo et Juliette* (*Romeo e Giulietta*) di Gounod e Mélisande in *Pelléas et Mélisande* di Debussy.

◆ PIRATA, IL
Melodramma in due atti di Vincenzo Bellini (1801-1835), su libretto di F. Romani. Prima rappresentazione: Milano, Teatro alla Scala, 27 ottobre 1827.

L'azione si svolge in Sicilia nel XIII secolo. Una violenta tempesta fa naufragare la nave dei pirati capeggiati da Gualtiero (tenore) presso il castello di Caldora. I naufraghi vengono pietosamente accolti da Imogene (soprano), moglie di Ernesto, duca di Caldora (baritono), acerrimo nemico di Gualtiero. Nel castello, Gualtiero si fa riconoscere da Imogene, che un tempo gli era stata promessa in sposa; egli rinfaccia alla donna di avere tradito il suo amore, sposando addirittura Ernesto, colui che l'aveva costretto all'esilio. Imogene, disperata, gli spiega di aver dovuto cedere alle violenze e ai ricatti di Ernesto e di esser stata costretta a sposarlo. La presenza di Gualtiero al castello crea un profondo turbamento in Imogene, e ciò mette in sospetto il duca, che scopre il rivale nelle stanze della moglie e lo sfida. Nel duello Ernesto viene ucciso e Gualtiero, condannato a morte, sale al patibolo mentre Imogene impazzisce di dolore.

La prima rappresentazione dell'opera fu un grande trionfo, grazie anche alla presenza del soprano H. Méric-Lalande e del tenore G.B. Rubini, per il quale Bellini creò il ruolo di Gualtiero. Sebbene in quest'opera l'aspetto drammatico prevalga su quello lirico, momenti come la scena della pazzia di Imogene già preludono alla liricità di *Norma*.

Incisione dal bozzetto di Sanquirico per *Il pirata*, di V. Bellini.

PIZZETTI, ILDEBRANDO

● **PIZZETTI, ILDEBRANDO**
(Parma 1880 - Roma 1968)
Compositore italiano. Studiò a Parma con G. Tebaldini, mostrando già un fervido interesse per il teatro musicale. L'incontro con D'Annunzio, nel 1905, portò alla nascita del suo primo importante lavoro teatrale: le musiche di scena per *La nave* (1908). Dello stesso D'Annunzio fu il soggetto della sua prima opera, *Fedra* (1915). Successivamente Pizzetti scriverà egli stesso i libretti delle sue opere, tra le quali si ricordano: *Debora e Jaéle* (1922), *Fra Gherardo* (1928), *Lo straniero* (1930), *Orsèolo* (1935), *La figlia di Jorio* (da D'Annunzio, 1954), *Assassinio nella cattedrale* (da Eliot, 1958) e *Clitennestra* (1965); lavori che segnano un fondamentale capitolo nella storia dell'opera in Italia, anche se oggi sono raramente rappresentati.

■ **PLASSON, MICHEL**
(Parigi 1933)
Direttore d'orchestra francese. Ha studiato pianoforte, percussione e direzione d'orchestra al Conservatorio di Parigi. Vincitore, nel 1962, del 1° premio al Concorso Internazionale di Besançon, si è quindi perfezionato negli Stati Uniti con E. Leinsdorf, P. Monteaux e L. Stokowski. È stato direttore principale del Teatro di Metz (1965-68), e quindi nominato direttore permanente del Teatro Capitole di Tolosa (dal 1968), dove ha ricoperto anche la carica di direttore generale e musicale (1973-82). Attivo sui principali palcoscenici francesi e internazionali, Plasson ha legato il suo nome anche a numerose produzioni discografiche, principalmente del repertorio francese: *Werther* di Massenet, *Faust* di Gounod e numerose operette di Offenbach.

★ **PLATEE**
(Platea)
Opéra-ballet in un prologo e tre atti di Jean-Philippe Rameau (1683-1764), su libretto di J. Autreau e A.-J. Le Valois d'Orville. Prima rappresentazione: Versailles, 31 marzo 1745.

Nel prologo si rappresenta la nascita della commedia. In Grecia: in una vigna, Tespi (tenore), ispirato da satiri e menadi, aiutato da Talia (soprano), Momus (baritono) e Amore (soprano), si propone di creare uno spettacolo per correggere i difetti degli uomini, mostrando le ridicolaggini degli stessi dei. Come soggetto viene scelto lo stratagemma con il quale Giove (basso) una volta guarì la gelosia di Giunone (soprano). Ha quindi inizio la commedia. Per confondere Giunone, Giove finge, con l'aiuto del re Citerone e di Mercurio, di essere innamorato di Platea (tenore), naiade ridicola e vanitosa. Quindi le appare e le si dichiara teneramente. Giunone è furiosa e assiste di nascosto al corteggiamento di Giove a Platea. Ha quindi luogo la cerimonia nuziale: satiri, menadi e paesani capeggiati dalla Follia (soprano) si uniscono al corteo, aperto da un carro trainato da due rane, su cui Platea appare coperta da un velo. Nel momento in cui Giove sta per pronunciare il giuramento, arriva Giunone furiosa, si getta su Platea, le strappa il velo, e... si mette a ridere. Giove e Giunone rappacificati tornano in cielo, mentre Platea, derisa, torna nel suo stagno.

Platée, tra le opere del XVIII secolo, rimane unica nel suo genere, sia per il testo, che per la musica. Il libretto del geniale Autreau fu poi rimaneggiato, tanto da trasformare l'opera in un vero "balletto buffo".

♦ **PLISHKA, PAUL**
(Old Forge, Pennsylvania 1941)
Basso statunitense. Ha studiato canto con A. Boyajan nel New Jersey, e la sua carriera ha avuto inizio all'Opera di Paterson (1961-66). È quindi passato al Metropolitan di New York (1967), dove si esibisce regolarmente in un vasto repertorio comprendente i maggiori ruoli per basso dell'opera italiana (Filippo II, Oroveso, ecc.), e russa (Boris, Varlaam, ecc.). Presente in numerosi teatri internazionali, ha al suo attivo una cospicua attività discografica, dove si è messo in luce come Oroveso (*Norma* di Bellini), Giorgio Valton (*I puritani* di Bellini), Enrico VIII (*Anna Bolena* di Donizetti), Mefistofele (*Faust* di Gounod), Padre Guardiano (*La forza del destino* di Verdi).

♦ **PLOWRIGHT, ROSALIND**
(Worksop, Sheffield 1949)
Soprano inglese. Ha studiato al Royal College of Music di Manchester e all'Opera Center di Londra, e ha esordito con la English National Opera nel 1975. Dopo aver vinto il 1° premio al Concorso Internazionale di Sofia (1979), ha iniziato la carriera internazionale nella compagnia dell'Opera di Berna (1980-81), comparendo in seguito in numerosi altri teatri: al Festival di Torre del Lago (*Manon Lescaut* di Puccini), alla Scala di Milano (dal 1983, con *Suor Angelica* di Puccini), al Covent Garden di Londra (*Andrea Chénier* e *Otello*, 1984), all'Arena di Verona (*Il trovatore*, 1985), ecc. Dotata di non comuni mezzi vocali, ma inizialmente

*In alto:
il soprano inglese
Rosalind Plowright.*

*A destra:
una scena dal Poliuto, di G. Donizetti.*

piuttosto limitata tecnicamente, soprattutto nell'emissione di forza, con successivo lavoro di perfezionamento ha superato questi limiti, come hanno dimostrato le sue piú recenti interpretazioni, in particolare quelle verdiane (notevole la sua Elisabetta nel *Don Carlo* al London Coliseum, 1992).

POLIUTO
Opera seria in tre atti di Gaetano Donizetti (1797-1848), su libretto di S. Cammarano, tratto dalla tragedia Polyeucte *di Corneille. Prima rappresentazione postuma: Napoli, Teatro San Carlo, 30 novembre 1848.*

A Mitilene d'Armenia, nel III secolo d.C. Il magistrato romano Poliuto (tenore) si è convertito al cristianesimo e sua moglie Paolina (soprano), che ha scoperto il segreto, teme per la sua vita. Infatti l'ultimo editto stabilisce la pena di morte per tutti i cristiani. A Mitilene giunge il nuovo proconsole Severo (baritono); Paolina è profondamente turbata: ella era stata promessa in sposa a Severo, ma poi, credutolo morto in battaglia, aveva sposato Poliuto. Lo stato d'animo della moglie mette in sospetto Poliuto, che ora dubita della sua fedeltà. Paolina riceve segretamente Severo, ma gli proclama che tra loro ormai non vi potrà piú essere nulla. A questo colloquio, ha assistito, non visto, Poliuto che ora crede che la moglie lo tradisca. Poco dopo, Nearco (tenore), capo dei cristiani d'Armenia, fatto arrestare da Severo, si rifiuta di rivelare il nome dell'ultimo neofita battezzato; questi è Poliuto, che proclama pubblicamente di aver abbracciato la fede cristiana e quindi furente si volge a Paolina e la rinnega di fronte a tutti come moglie. Nella prigione dove è stato rinchiuso Poliuto, entra Paolina che giura al marito di non averlo mai tradito. Riconciliato con la moglie, Poliuto può ora morire rasserenato. Paolina lo scongiura di salvarsi abiurando, ma di fronte alla fermezza di Poliuto, toccata dalla grazia, si dichiara pronta ad affrontare il martirio con lui. Invano Severo tenta di salvare Paolina che, abbracciata al marito, si avvia serenamente verso il martirio.

Motivi di censura, che giudicavano il soggetto "troppo sacro", fecero saltare la prima rappresentazione del *Poliuto* prevista a Napoli nel 1838. A Parigi, Donizetti, con la collaborazione di Scribe, ne preparò una versione francese, che venne intitolata *Les martyrs* e come tale venne rappresentata all'Opéra il 10 aprile del 1840. Fu solo dopo la morte del compositore che il *Poliuto* venne rappresentato, e proprio al San Carlo di Napoli per il quale era destinato dieci anni prima. Risorto con grande successo alla Scala di Milano, nel 1960, con la Callas, Corelli e Bastianini, *Poliuto* ha avuto altre riprese: tra le piú recenti, quella dell'Opera di Roma (1988) e nel Festival di Ravenna nel 1992, in quest'ultima edizione con la mirabile direzione di G. Gavazzeni. Un altro *Poliuto*, questa volta in francese, su libretto di J. Barbier e M. Carré, venne musicato da Gounod e rappresentato postumo nel 1878.

● PONCHIELLI, AMILCARE
(Paderno, Cremona 1834 - Milano 1886)
Compositore italiano. Avviato alla musica dal padre, studiò al Conservatorio di Milano (1843-54). Dopo il diploma, iniziò la carriera musicale come organista a Cremona, dove nel 1856 fece rappresentare la sua prima opera, *I promessi sposi* (riproposta in una nuova versione nel 1872). Sempre a Cremona, nel 1861, si rappresentò *La savoiarda* (anch'essa oggetto di una revisione, nel 1877, a Milano) e *Roderico, re dei goti* (1863). La rappresentazione a Milano della nuova versione dei *Promessi sposi*, con protagonista il soprano T. Brambilla, (in seguito divenuta moglie del compositore) rivelò il talento teatrale di Ponchielli. Su commissione dell'editore Ricordi nacque *I lituani* (1874), seguita da *La Gioconda* (1876), l'opera che gli diede la celebrità. Insegnante di composizione al Conservatorio di Milano, dal 1883 al 1886 (tra i suoi allievi vi furono Puccini e Mascagni), le sue opere successive furono *Il figliuol prodigo* (1880) e *Marion Delorme* (1885); quest'ultima venne accolta con sfavore dal pubblico, gettando Ponchielli in uno stato di prostrazione dal quale non seppe piú risollevarsi: colpito da una polmonite, moriva un anno dopo.

♦ PONS, JUAN
(Ciutadella, Minorca 1946)
Baritono spagnolo. Ha studiato a Barcellona, dove ha esordito come tenore. Su consiglio del tenore R. Tucker ha ripreso gli studi vocali, scoprendo cosí la sua vera vocalità di baritono. Si è rivelato al pubblico e alla critica internazionale nel 1980 come protagonista del *Falstaff* di Verdi alla Scala di Milano, un ruolo che ha in seguito interpretato numerose volte, sui maggiori palcoscenici internazionali. Inizia cosí un'intensa carriera che lo vede cantare al Metropolitan di New York (*Il trovatore* di Verdi, 1983), all'Opéra di Parigi (*Falstaff* di Verdi, *Pagliacci* di Leoncavallo, 1982), ecc. Dotato di una voce di bel timbro, morbida, duttile ed estesa, Pons è un ottimo interprete del repertorio verdiano e pucciniano, come confermano i suoi recenti successi alla Scala di Milano (dove canta regolarmente) nella *Fanciulla del West* di Puccini e in *Traviata* (1991).

♦ POPP, LUCIA
(Uhorská Ves 1939)
Soprano austriaco d'origine slovacca. Nel 1963 ha esordito all'Opera di Bratislava nel ruolo della Regina della Notte in *Die Zauberflöte* (*Il flauto magico*) di Mozart. Sempre lo stesso anno si è trasferita a Vienna, dove si è ulteriormente perfezionata debuttando al Theater an der Wien (Barbarina in *Le nozze di Figaro* di Mozart), alla Staatsoper di Vienna (Regina della Notte) e al Festival di Salisburgo (uno dei tre Geni in *Die Zauberflöte*). In campo internazionale si è affermata al Covent Garden di Londra (Oscar nel *Ballo in maschera* di Verdi, 1966), al Metropolitan di New York (Regina della Notte, 1967) e in numerosi altri teatri. Molto attiva anche in sede concertistica, la Popp, per

Il compositore italiano Amilcare Ponchielli.

lucentezza timbrica, espressività e presenza scenica si è inizialmente contraddistinta come squisita interprete mozartiana, ma anche come Sophie nel *Rosenkavalier* (*Il cavaliere della rosa*) di R. Strauss e Marzelline nel *Fidelio* di Beethoven. In anni recenti ha affrontato ruoli piú marcatamente lirici, come Elsa e Elisabetta (*Lohengrin* e *Tannhäuser* di Wagner) e come Marescialla (*Der Rosenkavalier*), Arabella e Contessa (*Capriccio*) nelle opere di R. Strauss.

PORGY AND BESS
Opera in tre atti di George Gershwin (1898-1937), su libretto di D.B. Heyward e I. Gershwin, tratto dal romanzo Porgy *di D.B. e D. Heyward. Prima rappresentazione: Boston, Colonial Theater, 30 settembre 1935.*

L'azione si svolge a Catfish Row, il quartiere nero di Charleston, nel South Carolina. Durante una partita a scacchi scoppia una lite e Crown (basso), un forte e violento facchino del porto, uccide l'amico Robbins ed è costretto a fuggire. Bess (soprano), che era la sua donna, rimane sola e trova rifugio presso il mendicante zoppo Porgy (baritono), che ne era sempre stato innamorato. Tempo dopo, Bess convive felicemente con Porgy, ma un giorno ricompare Crown che costringe Bess a seguirlo. Dopo qualche tempo, però, Bess torna da Porgy, malata e terrorizzata: egli l'accoglie ancora, la cura e promette di proteggerla. Cosí quando compare nuovamente Crown, Porgy lo uccide con una coltellata al cuore. Porgy viene arrestato e rimane in prigione molti giorni, venendo poi rilasciato per mancanza di prove. Durante la sua assenza Bess è sola, e Sporting Life (tenore), un piccolo spacciatore di droga, ne approfitta per convincerla a seguirlo a New York. Quando Porgy torna a casa e non trova piú la sua donna, parte alla sua ricerca.

L'opera, alla sua prima apparizione, non mancò di generare un certo sconcerto, poi però venne accolta con grande favore negli Stati Uniti e in altri paesi, tra cui la Russia, dove venne rappresentata nel 1955. *Porgy and Bess* è scritta per cantanti di colore e utilizza drammaticamente ritmi e melodie popolari, in particolare "negro spirituals": è quindi svincolata da modelli europei, e a buon titolo è considerata l'opera lirica americana per eccellenza.

POSTILLON DE LONGJUMEAU, LE
(Il postiglione di Longjumeau)
Opéra-comique in tre atti di Adolphe-Charles Adam (1803-1856), su libretto di A. de Leuven e L. Lévy Brunswick. Prima rappresentazione: Parigi, Opéra-Comique, 13 ottobre 1836.

Il marchese di Corcy (baritono), intendente del Teatro reale, durante una sosta forzata nel villaggio di Longjumeau resta profondamente colpito dalla voce di Chapelou (tenore), un giovane postiglione, e lo convince a seguirlo a Parigi. Madeleine (soprano), giovane sposa di Chapelou, abbandonata dal marito lo stesso giorno delle nozze, vuole vendicarsi di ciò e grazie a una eredità si trasforma nella ricca Madame Latour. Dopo qualche tempo, Chapelou, ora divenuto celebre come Saint-Phar, giunge con la compagnia dell'Opera al castello di Madame Latour. Il tenore non riconosce la moglie e corteggia la dama, questa sta al gioco e strappa a Saint-Phar una promessa di matrimonio. Hanno cosí luogo le nozze; il marchese, che intendeva sposare Madame Latour, scopre che Saint-Phar non è vedovo come aveva fatto credere, e ora lo denuncia per bigamia. Alla fine però tutto si chiarisce; Madame Latour rivela la sua vera identità e si riconcilia con il marito.

Le postillon de Longjumeau è considerato il capolavoro teatrale di Adam, e lo portò alla celebrità internazionale. Il decadere del gusto dell'*opéra-comique* fece sí che questa e le altre opere di Adam uscissero di repertorio e anche ai nostri giorni sono rappresentate piuttosto raramente.

★ POSTO TRANQUILLO, UN
vedi *Quiet Place, A*

♦ POULENARD, ISABEL
(Parigi 1961)
Soprano francese. Ha compiuto gli studi musicali alla Maitrise de Radio France e all'Ecole d'art lyrique dell'Opéra di Parigi (1979-81). Scritturata dal direttore di musica antica J.-C. Malgoire, ha esordito in alcune produzioni dell'Atelier lyrique di Tourcoing (1981-86). Sempre con lo stesso direttore ha preso parte alle incisioni di *Le temple de la gloire* (*Il tempio della gloria*) di Rameau (1982), *Tamerlano* di Händel (1984). Specialista del repertorio antico e barocco, la Poulenard si è quindi esibita con alcuni dei maggiori specialisti del settore: con l'orchestra barocca di Amsterdam diretta da T. Koop-

In alto:
figurino per *Il postiglione di Longjumeau*, di A.-Ch. Adam.

A destra:
una scena da *Porgy and Bess*, di G. Gershwin.

L'OPERA AMERICANA

L'opera giunse negli Stati Uniti, nel XVIII secolo, nella forma della *Ballad-Opera*, e il lavoro piú celebre di questo genere musicale, *The Beggar's Opera*, fu messo in scena a New York nel 1750. Compagnie "di giro" rappresentavano anche opere italiane, ma uno dei primi esempi di opere nate negli Stati Uniti fu *The Disappointment or the Force of Credulity* (Il disinganno o la forza della credulità) su un libretto di Andrew Barton, (edito nel 1797), mentre la musica, di autore anonimo, era composta di arie popolari. Ancora nel XVIII secolo troviamo le opere *The Temple of Minerva* (Il tempio di Minerva, 1781) composta (la musica è però andata perduta) da F. Hopkinson e *Tammany* (1794) di J. Hewitt, e anche per questa non rimane piú traccia della musica. La prima opera americana di cui ci è rimasto qualche numero musicale (due per la precisione) è *The Archers* (Gli arceri, 1796) del compositore inglese B. Carr. Infatti per buona parte del XVIII secolo e oltre negli Stati Uniti erano attivi compositori inglesi, francesi come V. Pelissier, autore dell'opera *Edwin and Angelina* (1796) e italiani, come P.A. Corri, che assunse lo pseudonimo di Arthur Clifton, autore dell'opera *Enterprise* (Avventura, 1822). La prima scritta da un compositore americano si presume essere *The Saw Mill, or a Yankee Trick* (La segheria, o un trucco americano, 1824) di M. Hawkins. Ma anche nel XIX secolo l'opera americana risentí delle influenze del melodramma europeo e in particolare di quello italiano, messo in scena da celebri nomi, come M. Gacia jr. che, nel 1825, portò a New York le opere di Rossini, e ancora L. Da Ponte che, dopo essersi stabilito negli Stati Uniti, nel 1806, fece rappresentare *L'ape musicale*, un pasticcio su musiche di vari autori (New York, 1830). Tra i musicisti che presentano chiare influenze dall'opera italiana va ricordato W.H. Fry con la sua *Leonora* (1845). Vi furono però compositori che cercarono di sfuggire alle influenze europee (anche se il gusto musicale del pubblico americano, specie sul finire del XIX secolo, era rivolto alle opere straniere), dando vita a un teatro musicale che presenta i caratteri originali della cultura americana. E la forma musicale tipicamente americana fu quella della *Musical Comedy*, che ebbe in autori come R. Rodgers, l'autore di *Oklahoma, South Pacific, The King and I*; F. Loewo, con le sue *My Fair Lady* e J. Kern, con il celebre *Show Boat*. L'opera americana per antonomasia è *Porgy and Bess*, del 1935, di G. Gershwin, e negli annti Trenta si affermano nuove generazioni di compositori che danno un nuovo importante sviluppo al teatro musicale: da M. Blitsztein (*The Cradle will Rock*, 1937; *Regina*, 1948), V. Thomson (*Four Saints in Three Acts*, 1934); A. Copland (*The Tender Land*, 1954); D. Taylor (*The King's Henchmann*, 1927); L. Gruenberg (*The Emperor Jones*, 1934). Un particolare rilievo hanno poi le figure di G. Menotti, autore tra i piú fecondi e apprezzati; D. Moore (*The Devil and Daniel Webster*, 1939; *The Ballad of Baby Doe*, 1956; L. Foss (*The Jumping Frog of Calaveras County*, 1950); S. Barber (*Vanessa*, 1958; *Antony and Cleopatra*, 1966); C. Floyd (*Susannah*, 1955; *The Passion of Jonathan Wade*, 1962) e L. Bernstein (*Trouble in Tahiti*, 1952; *Candide*, 1956; *A Quiet Place*, 1983). Tra gli autori contemporanei, spicca il nome di Ph. Glass, l'autore di *Einstein on the Beach* (1976), *Akhnaten* (1984) e di *The Voyage* (1992), rappresentato al Metropolitan di New York in occasione delle Colombiadi.

A sinistra:
una scena da *Porgy and Bess*,
di G. Gershwin, in un allestimento del
Teatro alla Scala.

In alto:
una scena da *A Quiet Place*,
di L. Bernstein.

man, come Regina della Notte in *Die Zauberflöte* (*Il flauto magico*) di Mozart (1982); con S. Kuijken in *Alessandro* di Händel (1984), ecc. Ha cantato a Nizza nell'*Incoronazione di Dario* di Vivaldi (1985); a Parigi, Opéra-Comique, in *Hippolyte et Aricie* di Rameau (1986); al Festival di Innsbruck in *Orontea* di Cesti, diretta da R. Jacobs (1985-86), ecc. Svolge una intensa attività concertistica, producendosi in esecuzioni di oratori, cantate, ecc.

● POULENC, FRANCIS
(Parigi 1899-1963)
Nome d'arte di Jean Marcel Poulenc, compositore francese. Studiò composizione con Ch. Koechlin e pianoforte con R. Viñes. Entrato a far parte del Gruppo dei Sei con Auric, Durey, Honegger, Milhaud e Tailleferre, nel 1921 si accostò per la prima volta al teatro musicale con le musiche di scena per *Le gendarme incompris* (*Il gendarme incompreso*) di Cocteau e Radiguet; fu solo però nel secondo dopoguerra che le sue opere *Les mamelles de Tirésias* (*Le mammelle di Tiresia*) del 1947, *Les dialogues des Carmélites* (*I dialoghi delle Carmelitane*) del 1957 e *La voix humaine* (*La voce umana*) del 1959, ebbero grande risonanza e sono da annoverarsi tra i capolavori della storia dell'opera.

♦ PRATICÒ, BRUNO
(Aosta 1958)
Basso-baritono italiano. Ha studiato con il baritono G. Valdengo, per poi perfezionarsi al Teatro alla Scala e con R. Celletti. Vincitore del concorso di canto intitolato a "R. Stracciari", ha esordito nel 1982 come Don Bartolo nel *Barbiere di Siviglia* di Rossini a Bologna. Un anno dopo si affermava alla Scala di Milano come Mustafà in *L'italiana in Algeri* di Rossini, sotto la direzione di C. Abbado. Le sue indubbie qualità vocali, unite a un notevole gioco scenico, lo hanno fatto emergere come uno dei piú validi interpreti del repertorio "buffo": da Cimarosa e Paisiello a Rossini e Donizetti, autori da lui eseguiti in numerosi teatri e festival prestigiosi.

■ PRETRE, GEORGES
(Waziers, Douai, Nord 1924)

Direttore d'orchestra francese. Dopo aver inizialmente studiato al Conservatorio di Douai, si trasferí a Parigi, dove fu allievo, per la direzione d'orchestra, di A. Cluytens, P. Dervaux e Richard. Nel 1946 ha esordito come maestro sostituto dirigendo *Le roi d'Ys* (*Il re d'Ys*) di Lalo a Marsiglia; nel corso dei successivi anni ha diretto in vari teatri della provincia francese, giungendo a Parigi, all'Opéra-Comique, con *Capriccio* di Strauss, nel 1956. Sempre nello stesso teatro, nel 1959, ha diretto la prima rappresentazione assoluta di *La voix humaine* (*La voce umana*) di Poulenc. In quello stesso anno faceva il suo ingresso all'Opéra (*Faust* di Gounod), dove diresse regolarmente, assumendone anche, per una stagione (1970-71), la carica di direttore musicale. Contemporaneamente ha svolto un'intensa carriera internazionale, dirigendo al Lyric Opera di Chicago *Thaïs* di Massenet (1959), al Covent Garden di Londra *Tosca* di Puccini con la Callas (1961), al Metropolitan di New York *Samson et Dalila* (*Sansone e Dalila*) di Saint-Saëns, alla Scala di Milano (1964), ecc. Prêtre è certamente uno dei piú celebri direttori d'orchestra, apprezzato interprete del repertorio francese (*Pelléas et Mélisande*, *Faust*, ecc.), ma anche italiano (*Lucia di Lammermoor*, *Don Carlo*, *La bohème*, ecc.); negli ultimi anni le sue apparizioni nel campo del teatro musicale si sono fatte assai scarse, preferendo il repertorio sinfonico.

■ PREVITALI, FERNANDO
(Adria, Rovigo 1907 - Roma 1985)
Direttore d'orchestra italiano. Studiò violoncello e composizione al Conservatorio di Torino. Violoncellista al Teatro Regio di Torino, dal 1928 al 1935 fu assistente di V. Gui al Teatro Comunale di Firenze. Fu quindi a Genova (1935-36) e alla RAI dove diresse pressoché ininterrottamente fino al 1972. Presente sui maggiori teatri italiani e negli Stati Uniti (*Anna Bolena* a Dallas, con la Scotto), Previtali fu uno dei maggiori direttori d'opera, soprattutto del repertorio di Verdi. Di questo autore, nel 1951 organizzò e diresse alla RAI il ciclo delle opere in occasione del cinquantesimo anniversario della morte.

♦ PREY, HERMANN
(Berlino 1929)
Baritono tedesco. Ha studiato alla Musikhochschule della sua città con G. Baum e H. Gottschalk. Dopo aver debuttato in sede concertistica (1951), in teatro ha esordito nel ruolo di un prigioniero nel *Fidelio* di Beethoven. Entrato nella compagnia stabile dell'Opera di Amburgo (1953-60), contemporaneamente ha iniziato la carriera internazionale, comparendo regolarmente alla Staatsoper di Vienna (dal 1956), alla Städtische Oper di Berlino (dal 1956), al Festival di Salisburgo in *Die schweigsame Frau* (*La donna silenziosa*) di R. Strauss (1959), al Metropolitan di New York in *Tannhäuser* di Wagner (1960), al Festival di Bayreuth (dal 1965), al Covent Garden di Londra e alla Scala di Milano, dal 1973 (*Il barbiere di Siviglia* di Rossini), e in numerosi altri teatri e sedi concertistiche, dove è considerato uno

A destra:
Il soprano gallese Margaret Berenice Price.

In alto:
il direttore d'orchestra francese
Georges Prêtre.

dei maggiori liederisti. Impeccabile stilista, dotato di una voce di bel timbro, morbida e luminosa nel registro acuto (sebbene non particolarmente estesa), Prey può vantare anche ottime qualità di attore, che lo hanno fatto emergere in ruoli drammatici, ma soprattutto in parti comiche, come il Papageno dello *Zauberflöte* (*Il flauto magico*), o Eisenstein del *Fledermaus* (*Il pipistrello*) di J. Strauss.

♦ PRICE, JANET
(Abersychan-Pontipool, South Wales 1938)
Soprano inglese. Ha studiato con O. Groves, I. Bailie e H. Alan. Ha perfezionato il repertorio francese con N. Boulanger a Parigi, per poi esordire nel 1971 in *Le comte Ory* (*Il conte Ory*) di Rossini alla Welsh Opera. Negli anni successivi, grazie alle buone qualità vocali e a un'ottima capacità nel canto di coloratura, si è distinta in numerose opere dimenticate di Donizetti: *Maria Padilla*, *Elisabetta al castello di Kenilworth*, *Torquato Tasso*, ecc.; di Meyerbeer: *Il crociato in Egitto*, *L'étoile du nord* (*La stella del nord*) e di Offenbach (*Robinson Crusoe*), interpretate in numerosi festival, soprattutto a quello di Camdem.

♦ PRICE, LEONTYNE
(Laurel, Mississippi 1927)
Soprano statunitense. Ha studiato alla Juilliard School of Music di New York, dove si è diplomata nel 1952. Dopo aver esordito in sede concertistica nel 1950, ha debuttato sulle scene nel 1951, nell'opera *Four Saints in Three Acts* (*Quattro santi in tre atti*) di V. Thomson. In quest'opera, e soprattutto in *Porgy and Bess* di Gershwin, si è esibita in numerose città europee dal 1952 al 1954. Dopo aver ottenuto un notevole successo nella prima americana di *Les dialogues des Carmélites* (*I dialoghi delle Carmelitane*) a San Francisco, nel 1957, otteneva la definitiva affermazione come Aida nell'opera verdiana sempre nello stesso teatro. Con questo ruolo si è esibita nei maggiori teatri internazionali: alla Staatsoper di Vienna (1958), al Covent Garden di Londra (1958-59), alla Scala di Milano (1960), ecc. Presente al Festival di Salisburgo (*Don Giovanni* di Mozart, 1960) e al Metropolitan di New York, dove ha debuttato nel 1961 nel *Trovatore* di Verdi, esibendosi successivamente in numerose opere di Verdi e Puccini. È stata la prima interprete del ruolo di Cleopatra in *Antony and Cleopatra* (*Antonio e Cleopatra*) di Barber, opera che inaugurava nel 1966 il Lincoln Center del Metropolitan. E in questo teatro, nel 1985, interpretando *Aida*, ha dato l'addio alle scene, comparendo ancora in sede di concerto. Grazie alla bellezza e ricchezza del suo timbro vocale, luminosa nel registro acuto, la Price si è imposta come la maggiore interprete verdiana della sua generazione. Degne di nota anche le sue interpretazioni di *Tosca*, *Madama Butterfly* e *Tabarro* di Puccini.

♦ PRICE, MARGARET BERENICE
(Blackwood, 1941)
Soprano gallese. Dopo gli studi musicali al Trinity College of Music di Londra, ha esordito alla Welsh National Opera come Cherubino nelle *Nozze di Figaro* di Mozart (1962); nello stesso ruolo si è esibita nel 1964 al Covent Garden di Londra, sostituendo T. Berganza, confermandosi come una delle maggiori interpreti mozartiane. In tale repertorio ha colto grandi successi al Festival di Glyndebourne (1966), a San Francisco (1969), a Colonia (1971), all'Opéra di Parigi (1973), alla Scala di Milano (dal 1976), ecc. La sua voce di soprano lirico, grazie al timbro rotondo, all'ottima tecnica d'emissione e all'espressività, ha via via affrontato un repertorio più drammatico, che comprende opere di Verdi, Cilea, Strauss, ecc.

♦ PRIGIONIERO, IL
Opera in un prologo e un atto di Luigi Dallapiccola (1904-1975), su libretto proprio, ispirato ad uno dei Contes cruels *di Ph. A. Villiers de l'Isle-Adam e da* La légende d'Ulenspiegel et de Lamme Goedzac *di Ch. de Coster. Prima esecuzione in forma di concerto alla RAI, 1° dicembre 1949. Prima rappresentazione: Firenze, Teatro Comunale, 20 maggio 1950.*

L'azione si svolge attorno al 1570 a Saragozza. Nel prologo, la Madre (soprano) narra un sogno che ogni notte l'ossessiona: è lo spettro di Filippo II che avanza terribile, trasformandosi nel simbolo della morte. La scena si sposta in una cupa cella dell'Official. Il Prigioniero (baritono) racconta alla Madre le torture subite e come abbia riconquistato la speranza e la fede quando il Carceriere (tenore) lo ha chiamato "fratello". Quando la Madre si allontana, giunge il Carceriere che, continuando a chiamare "fratello" il Prigioniero, gli racconta che nelle Fiandre divampa la rivolta e, infervorandosi, lo invita a sperare. Il Prigioniero, profondamente commosso, poco dopo si accorge che il Carceriere, uscendo dalla cella, ha lasciato la porta aperta. L'uomo, barcollando, varca la soglia e si incammina per un lungo corridoio, con il terrore di essere scoperto; un frate e due sacerdoti (tenore e baritono) discutono di teologia e sembrano non accorgersi di lui. Il Prigioniero raggiunge un giardino, qui si trova di fronte il Grande Inquisitore, nel quale riconosce il Carceriere, che lo rimprovera dolcemente di aver desiderato di sottrarsi alla giusta punizione. Il Prigioniero comprende di aver subito l'ultima tortura: l'illusione della libertà. Si lascia condurre al rogo ridendo come un pazzo e ripetendo la parola "Libertà". Dallapiccola iniziò la composizione del *Prigioniero* nel 1944, anno della liberazione di Firenze, terminando l'opera all'inizio del 1948. L'opera, pur collocandosi nel quadro storico della liberazione della Fiandra, è un omaggio alla resistenza contro il nazismo e una denuncia di tutte le dittature. Alla prima fiorentina, *Il prigioniero* ebbe un buon successo di pubblico, ma la critica italiana fu piuttosto negativa e diede adito a clamorose polemiche, legate soprattutto ai risvolti ideologici del libretto. L'opera fu invece riconosciuta come un capolavoro all'estero, dove ebbe ampia e rapida diffusione.

♦ PŘÍHODY LIŠKY BYSTROUŠKY
(*Le avventure della volpe astuta*)
Opera in tre atti di Leoš Janáček (1854-1928), su libretto proprio, tratto dal racconto Liška Bistruška *di R. Těsnohlídek. Prima rappresentazione: Brno, Teatro Nazionale, 6 novembre 1924.*

Il soprano statunitense Leontyne Price.

Un Guardiacaccia (baritono) cattura una piccola volpe (soprano) e la porta a casa per la gioia dei suoi figli. Inutilmente il Guardiacaccia cerca di "educare" la volpe la quale una notte fugge e ritorna nel bosco. Invano il Guardiacaccia tenta di riafferrarla col rancore di un amante abbandonato; l'animale infatti è per lui l'immagine di Térynka, "creatura bella e selvaggia" amata in gioventú e in seguito corteggiata invano da un maestro di scuola (tenore). Quando Térynka sposerà Haraseta (baritono), un vagabondo libero come lei, la volpe morirà per mano dello stesso uomo, desideroso di donarne la pelliccia alla moglie. Ma la morte della volpe è parallela al destino di Térynka. Il ciclo sembra cosí concludersi, ma all'inizio della primavera il Guardiacaccia, trovandosi nella medesima radura dove aveva catturato la volpe, scorgerà gli occhi di un'altra piccola volpe identici a quelli della madre che lo fissano con lo stesso desiderio di vita.

L'opera è una tra le piú significative di Janáček e di tutto il teatro musicale cecoslovacco del Novecento.

★ **PRIMA LA MUSICA POI LE PAROLE**
"Divertimento teatrale" in un atto di

• 298

Una scena da
Le avventure della volpe astuta,
di L. Janáček,
rappresentata per la prima volta
a Brno nel 1924.

Antonio Salieri (1750-1825), su libretto di G.B. Casti. Prima rappresentazione: Vienna, Castello di Schönbrunn, 7 febbraio 1786.

L'opera si apre con il contrasto fra il poeta di corte (baritono) e il maestro di cappella (basso), riguardo a un dramma loro commissionato dal conte Opizio. Tra i vecchi manoscritti il maestro di cappella ritrova una musica già bella e pronta; ora tocca al poeta di creare il testo che vi si adatti. Altro problema è la scelta degli interpreti: un principe protettore del poeta pretende di utilizzare Tonina (soprano), una ragazza "brava per il genere buffo"; il conte insiste presso il maestro per Donna Eleonora (soprano), "famosa e insigne virtuosa". Il dramma infine si scioglie: il poeta trova l'ispirazione adatta e un astuto rimaneggiamento dell'opera accontenta tutte e due le cantanti; si divideranno l'una le parti comiche e l'altra le parti tragiche del dramma.

Salieri scrisse quest'opera su commissione dell'imperatore d'Austria Giuseppe II, che contemporaneamente ne commissionò un'altra, *Der Schauspieldirektor* (*L'impresario teatrale*), a Mozart, che venne presentata, nella stessa serata, prima del lavoro di Salieri. Nel confronto tra Mozart e Salieri, l'italiano ebbe la meglio, grazie all'ottimo libretto di Casti, efficacemente tradotto in musica. Per contro Mozart aveva soltanto messo in musica due arie, un terzetto e un *vaudeville* finale, su un modesto libretto di G. Stephanie.

★ **PRINCIPE IGOR, IL**
vedi *Knjaz Igor*

■ **PRITCHARD, SIR JOHN**
(Londra 1921 - Daly City, California 1989)
Direttore d'orchestra inglese. Figlio d'arte, ha iniziato gli studi musicali con il padre violinista. Ha poi studiato pianoforte, viola e direzione d'orchestra in Italia. Ha esordito come direttore d'orchestra nel 1943, con la Derby String Orchestra, che ha diretto fino al 1947, anno in cui è passato come maestro sostituto e successivamente direttore sostituto e maestro del coro di Glyndebourne. Nel 1949 l'improvvisa indisposizione di F. Busch fece sí che Pritchard assumesse la direzione dell'edizione del festival, dove, dal 1951, diresse regolarmente, e tra l'altro la prima inglese di *Elegy for Young Lovers* (*Elegia per giovani amanti*) di Henze. Ha quindi diretto al Covent Garden di Londra (dal 1952) le prime esecuzioni di *Gloriana* di Britten (1953), *The Midsummer Marriage* (Il matrimonio di mezza estate, 1955) e *King Priam* (Re Priamo, 1962) di Tippett. Presente in numerose celebri istituzioni teatrali internazionali: Festival di Edimburgo (dal 1951), Staatsoper di Vienna (dal 1952), Aix-en-Provence, ecc. Dal 1985 ricopriva la carica di direttore musicale all'Opera di San Francisco: qui, nel 1989, moriva nel corso di un'esecuzione del *Rinaldo* di Händel.

● **PRODANÁ NEVĚSTA**
(*La sposa venduta*)
Opera comica in tre atti (prima versione in due atti) di Bedřich Smetana (1824-1884), su libretto di K. Sabina. Prima rappresentazione: Praga, Teatro Provvisorio, 30 maggio 1866.

In un villaggio ceco. Kecal (basso), sensale di matrimoni, propone ai genitori della bella Marenka (soprano) un ottimo partito, Vasek (tenore), figlio minore del ricco Tobias Micha (basso). Ma Marenka lo rifiuta e confessa di essere legata a Jenik (tenore), un giovane povero e dalle origini oscure, a cui non rinuncerà mai. Kecal però non intende rinunziare al suo progetto di

matrimonio e, avvicinato Jenik, gli propone di rinunciare all'amata, in cambio di una consistente somma di denaro. Jenik accetta non appena viene a sapere che il promesso sposo è figlio di Micha. Quando Marenka viene a conoscenza di esser stata venduta dal suo innamorato, piena di furore, decide di comportarsi secondo la volontà dei suoi genitori e di sposare Vasek. Questi però, convinto dalla mala fede della ragazza, si rifiuta di firmare il contratto di matrimonio, anche perché si è invaghito di Esmeralda (soprano), una ballerina di una compagnia di saltimbanchi. Alla fine tutto si risolve per il meglio: Jenik si presenta a Tobias Micha e a sua moglie Hata (mezzosoprano), i quali, stupefatti, lo riconoscono come il figlio avuto da Micha dal precedente matrimonio.
Contemporaneamente Jenik presenta il contratto firmato a Kecal, che testimonia la vendita di Marenka al figlio di Micha e prende sotto braccio la giovane amata.

La composizione dell'opera impegnò il musicista dal 1863 al 1866, anno della prima rappresentazione. Smetana continuò però ad apportare modifiche alla partitura che solamente nel 1870 giunse alla versione definitiva in tre atti, che venne rappresentata il 25 settembre dello stesso anno. Nonostante questo lungo periodo di modifiche e rimaneggiamenti, l'opera ha mantenuto inalterata la sua unità stilistica, che ne fa una delle opere cecoslovacche piú celebri.

● PROKOF'EV, SERGEJ SERGEEVIČ

(Sontsovka, Ucraina 1891 - Nikolina Gora, Mosca 1953)
Compositore russo. Le sue precoci attitudini musicali, incoraggiate dalla madre, fecero sí che già intorno ai nove anni iniziasse a comporre due opere. A Mosca frequentò Taneev e Glière, iniziando quindi gli studi regolari al Conservatorio di San Pietroburgo. Si affermò in breve tempo come pianista e compositore, cogliendo il primo successo teatrale con l'opera *Igrok* (*Il giocatore*), 1915-17, revisionata nel 1927-29. Nel 1918 espatriò negli Stati Uniti, dove venne rappresentata in francese l'opera *Ljubov k trem apel'sinam* (*L'amore delle tre melarance*), a Chicago nel 1921. Stabilitosi a Parigi, proseguí la composizione di *Ognennyj Angel* (*L'angelo di fuoco*), 1919-27, rappresentata postuma a Venezia nel 1955. Rientrò in patria nel 1933; la prima opera dopo il ritorno in Russia fu *Semën Kotko* (1939-40), seguita da *Obrucenie v monastyre* (*Il matrimonio al convento*) composta nel 1940-41 e rappresentata nel 1946. Il grande affresco di *Vojna i mir* (*Guerra e pace*), 1941-52, è l'opera di piú grande impegno per il compositore che culmina la carriera operistica con *Povest'o nastojaščem čeloveke* (*La storia d'un vero uomo*), composta nel 1948, e rappresentata postuma nel 1960, una partitura non particolarmente degna di nota, impostata sulle ideologie del "realismo sovietico".

● PROMETEO

Opera di Luigi Nono (1924-1990), su testi a cura di M. Cacciari. Prima rappresentazione (prima versione): Venezia, Chiesa di San Lorenzo, 25 settembre 1984. Nella versione definitiva: Milano, Stabilimento Ansaldo, 25 settembre 1985.

Verso Prometeo, Tragedia dell'ascolto, è il titolo completo di questo lavoro di Nono. Il compositore e il filosofo Cacciari hanno sviluppato un testo «[...] musicale-filosofico, sul tema dell'ascolto, dell'attenzione all'ascolto, capace di spezzare le idolatriche catene dell'immagine, della narrazione, della successione dei momenti del mero discorrere delle parole». Un lavoro di "sfida" che abolisce ogni aspetto scenografico che colleghi il suono a un supporto visivo, sostituito da un'autentica struttura acustica: la struttura "a chiglia" creata da R. Piano, un grande contenitore di suoni che, nella versione milanese del lavoro, mette ancor piú in risalto l'ulteriore lavoro di Nono sull'orchestra e l'imponente apparato elettronico. I testi che vanno da Eschilo a Hölderlin e Rilke, mantengono un valore a sé stante, sui quali i suoni stessi si inseriscono e si sovrappongono in un elaborato intreccio polifonico.

● PROPHETE, LE

(*Il profeta*)
Opera in cinque atti di Giacomo Meyerbeer (1791-1864), su libretto di E. Scribe. Prima rappresentazione: Parigi, Théâtre de l'Opéra, 16 aprile 1849.

In Olanda, durante la rivolta degli anabattisti. Giovanni di Leyda (tenore) e Bertha (soprano) si amano e chiedono al conte di Oberthal (basso) il consenso per le nozze. Questi, invaghitosi di Bertha, non lo concede. Gli anabattisti, a conoscenza del sopruso, invitano Giovanni a unirsi a loro e gli profetizzano che sarà incoronato. Bertha tenta di raggiungere il fidanzato ma

A sinistra:
una scena dal *Prometeo*,
di L. Nono,
rappresentata per la prima volta
nella versione definitiva a Milano nel 1985.

In alto:
il compositore russo Sergej Prokof'ev in
un disegno di Henri Matisse del 1921.

Oberthal la obbliga a venire al suo castello, altrimenti Fidés (mezzosoprano), la madre di Giovanni, diventato il profeta degli anabattisti, verrà condannata a morte. Gli anabattisti, capeggiati da Giovanni, conquistano il castello di Oberthal; Bertha e Fidés riescono a fuggire. Fidés, che crede morto il figlio, maledice gli anabattisti, mentre Bertha giura di uccidere il profeta. Questi, assediato nel castello di Münster, è stato tradito dai suoi stessi seguaci; Bertha, giunta per compiere la sua missione, quando apprende che Giovanni è il profeta, si uccide. Giovanni, piuttosto che arrendersi, fa esplodere le polveri e fa saltare il castello nel quale trova la morte insieme a Fidés, che gli ha perdonato, e ai nemici venuti per catturarlo.

Le prophète, che trae spunto da un episodio storico nell'ambito della rivolta degli anabattisti nel XVI secolo, è uno dei maggiori successi teatrali di Meyerbeer, per l'imponenza delle scene corali e delle pagine orchestrali (i balletti del III atto e la marcia dell'incoronazione nel IV atto). Giovanni e Fidés sono poi tra i piú bei ruoli creati dal compositore tedesco. Fidés ha avuto in M. Horne l'ultima grande interprete.

• 300

In alto:
frontespizio de *Il profeta* di G. Meyerbeer.

A destra:
il compositore italiano Giacomo Puccini.

♦ PROTTI, ALDO
(Cremona 1920)
Baritono italiano. Dopo l'esordio a Pesaro, nel 1948, nel *Barbiere di Siviglia* di Rossini, esordiva, dopo due soli anni, alla Scala di Milano, come protagonista del *Rigoletto* verdiano, uno dei suoi ruoli piú acclamati, interpretato sui maggiori palcoscenici internazionali. La sua voce ampia e risonante, unita a un ottimo gioco scenico, lo hanno fatto brillare nel repertorio verdiano (Carlo, Renato, Jago, Amonasro, ecc.), oltre che nell'*Andrea Chénier*, in *Cavalleria rusticana* e nei *Pagliacci*.

♦ PRUETT, JEROME
(Poplar Bluff, Missouri 1941)
Tenore statunitense. Ha studiato tromba iniziando a esibirsi in un'orchestra jazz. Grazie all'incoraggiamento di Nicolai ha intrapreso lo studio del canto. Nel 1974 ha esordito alla Carnegie Hall, nel ruolo di Ugo in una edizione in forma di concerto della *Parisina d'Este* di Donizetti, con la Caballé. Membro della compagnia della Volksoper di Vienna (1974-82), si è quindi prodotto su numerosi palcoscenici europei: a La Monnaie di Bruxelles (dal 1984), al Grand Théâtre di Ginevra, a Marsiglia, all'Opéra di Parigi (*Faust*, 1988), al Festival di Aix-en-Provence (1988), al Festival di Glyndebourne, ecc. Il suo repertorio comprende opere di Mozart, Donizetti, Thomas (*Mignon*), Strauss, Debussy (*Pelléas et Mélisande*) e numerosi altri, tra cui il contemporaneo Henze (*Boulevard Solitude*). In campo discografico vanno segnalate le sue ottime interpretazioni di Julien nella *Louise* (Luisa) di Charpentier (1983) e di Des Grieux in *Boulevard Solitude* di Henze (1987).

● PUCCINI, GIACOMO
(Lucca 1858 - Bruxelles 1924)
Compositore italiano. Proveniente da una famiglia di musicisti che favorí il suo inserimento nel mondo della musica sin dagli anni piú giovanili, iniziò come fanciullo cantore e in seguito come organista. Gli studi musicali li compí a Lucca e al Conservatorio di Milano (1880-83); dopo il diploma in composizione (1883), partecipò al Concorso del "Teatro Illustrato" di Sonzogno per un'opera in un atto; compose cosí *Le Villi* (1884), che rappresenta il primo momento di notorietà per il giovane compositore, e che risvegliò l'interesse dell'editore Ricordi. Nonostante l'insuccesso della seconda opera, *Edgar* (1889), l'incoraggiamento di Ricordi fece sí che Puccini non desistesse dal comporre per il teatro, giungendo cosí a *Manon Lescaut* (1893), il suo primo capolavoro. La pienezza dello stile compositivo di Puccini si realizza in *Bohème* (1896). A circa quattro anni dalla *Bohème* è la volta di *Tosca* (1900), nella quale emerge la potenza drammatica con cui il compositore ha tradotto la vicenda e la forte caratterizzazione dei tre protagonisti Tosca, Mario Cavaradossi e Scarpia. Un grande lavoro compositivo, alla ricerca di un colore esotico, caratterizza la nascita di *Madama Butterfly* (1904), che sarà poi piú che mai evidente nella *Fanciulla del West* (1910), con il suo linguaggio quanto mai moderno, addirittura schönberghiano, e nell'incompiuta *Turandot* (1926). Dopo la fragile *Rondine* del 1917, oggetto di numerose controversie (che ha trovato una rivalutazione negli ultimi anni), tra il 1914 e il 1918, Puccini intraprese la composizione del

"Trittico", composto da tre atti unici: *Il tabarro*, *Suor Angelica* e *Gianni Schicchi*, tre momenti che rivelano appieno l'alto grado di approfondimento drammatico e psicologico dei personaggi al quale è giunto il compositore.

★ PULZELLA D'ORLEANS, LA
vedi *Orleanskaja Deva*

● PURCELL, HENRY
(? Londra 1659 - Westminster, Londra 1695)
Compositore inglese. Il padre e lo zio erano due noti musicisti, entrambi membri della Cappella Reale Inglese, nel cui ambiente Henry si formò. La sua fu una carriera in ascesa che nel 1685 culminò con la nomina a clavicembalista di corte accanto a J. Blow che ricopriva il posto di compositore della Cappella Reale. Il prestigio di Purcell culminò sotto il regno di Guglielmo III, in particolare nel campo della musica teatrale. In questo periodo nacque il suo capolavoro, *Dido and Aeneas* (Didone ed Enea) del 1689, che raggiunse un altissimo grado di tragica espressività. Degni di nota i suoi "ambigues", le sue "quasi-opere", *King Arthur* (Re Artú) del 1691, *The Fairy Queen* (La regina delle Fate) del 1692 e *The Indian Queen* (La regina degli Indiani) del 1695. Compose numerose musiche di scena per alcuni drammi shakesperiani, dove risalta il suo eccezionale senso del teatro.

● PURITANI, I
Melodramma serio in tre parti di Vincenzo Bellini (1801-1835), su libretto di C. Pepoli, ispirato al dramma Les têtes rondes et les cavaliers *di J. d'Ancelot. Prima rappresentazione: Parigi, Théâtre des Italiens, 24 gennaio 1835.*

L'azione si svolge in Inghilterra nel XVII secolo. Il colonnello sir Riccardo Forth (baritono) rivela a sir Bruno Roberton (tenore) il suo dolore perché Elvira (soprano), la figlia del governatore Lord Walton (basso), da lui amata, gli viene rifiutata per essere data in sposa a Lord Arturo Talbot (tenore), un cavaliere seguace degli Stuart. Poco dopo, nella grande sala d'armi, giunge Arturo che dichiara a Elvira il suo amore. Lord Walton consegna ad Arturo un lasciapassare per uscire dalla fortezza occupata e gli affida la figlia. Egli non potrà essere presente alle nozze, perché dovrà partecipare a un processo contro una prigioniera ritenuta una spia degli Stuart. Arturo, rimasto solo con la sconosciuta, scopre che ella è Enrichetta (mezzosoprano), la regina vedova di Carlo I e non esita ad accompagnarla fuori pericolo, approfittando del lasciapassare e ponendole sul capo il velo nuziale di Elvira. Nel fuggire essi incontrano Riccardo che non esita a lasciarli passare (pur conscio di tradire la propria causa facendo fuggire una prigioniera). Elvira, quando viene a sapere che il suo sposo è fuggito con un'altra donna, impazzisce, mentre i puritani si lanciano all'inseguimento dei fuggiaschi. Nel castello dei Walton Giorgio Valton (basso), zio di Elvira, narra ai castellani della pazzia della fanciulla e ne lamenta la sorte infelice. Arturo è stato condannato a morte e sir Giorgio, che intuisce la parte avuta da Riccardo nella fuga dei due, tenta di convincerlo a non condannare a morte Arturo, per il bene di Elvira, e decidono entrambi di combattere e morire lealmente per la causa puritana. Nei pressi della casa di Elvira, Arturo, braccato dai puritani, si avvicina con circospezione. Quando appare la fanciulla, Arturo le si getta ai piedi, le spiega le ragioni della sua lunga assenza e dichiara ancora il suo amore. Un rullo di tamburi interrompe il colloquio, che getta Elvira nel delirio. Accorrono i puritani che catturano Arturo. Il giovane sta per essere giustiziato quando un messo dà l'annuncio della vittoria di Cromwell e concede la grazia a tutti gli Stuart. Arturo può quindi riottenere la mano di Elvira e il delirio della giovane si tramuta in gioia.

I puritani è l'ultima opera di Bellini e certamente quella cui dedicò maggior tempo e maggior attenzione, per il suo esordio sulle scene parigine. L'intenso lavoro fu premiato da un clamoroso successo che salutò la prima esecuzione; il compositore però non poté vedere consolidarsi il successo della sua partitura perché morì a Puteaux il 24 settembre 1835. *I puritani* sono tuttora rappresentati in ogni parte del mondo, in particolare in questi ultimi anni, per il fiorire di alcuni tenori come A. Bertolo, S. Fisichella, W. Matteuzzi, R. Blake e Ch. Merritt, in grado di superare le impervie difficoltà del ruolo di Arturo, composto da Bellini per il mitico Rubini. Considerata una delle maggiori opere del compositore siciliano, contiene numerose pagine d'insuperabile effusione lirica.

♦ PUTNAM, ASHLEY
(New York 1952)
Soprano statunitense. Allieva di E. Mosher e W. Patterson all'Università del Michigan, ha esordito nel 1976 a Norfolk, all'Opera della Virginia, come protagonista della *Lucia di Lammermoor* di Donizetti. Nel 1978 ha debuttato a Glyndebourne come Musetta nella *Bohème*, un ruolo da lei inciso in disco nel 1979 con la direzione di C. Davis. Presente nei cartelloni della New York City Opera (*La traviata*, 1978) e con i complessi del Metropolitan, con i quali ha cantato *Lucia di Lammermoor* in una tournée per gli Stati Uniti, la Putnam si esibisce parallelamente in numerosi teatri e festival europei: a Aix-en-Provence, dove ha interpretato Sifare nel *Mitridate re di Ponto* di Mozart, che ha poi interpretato all'Opéra di Lyon, nel 1986, (una produzione registrata in video) e in molti altri teatri. Dagli iniziali ruoli di coloratura, è passata a ruoli piú marcatamente lirici e drammatici, come Vitellia nella *Clemenza di Tito* (Catania, 1989); Káťa nella *Káťa Kabanová* di Janáček (Firenze, 1989) e in *Cardillac* di Hindemith (Firenze, 1991).

In alto:
il compositore inglese
Henry Purcell.

A sinistra:
frontespizio de *I puritani*, di V. Bellini rappresentato a Roma nel 1836 con il titolo Elvira Walton.

■ QUELER, EVE
(New York 1936)
Direttore d'orchestra statunitense. Dopo aver iniziato giovanissima lo studio del pianoforte, è stata allieva della High School of Music and Art e della Mannes School of Music di New York. Dedicatasi alla direzione d'orchestra sotto la guida di J. Rosenstock, dopo aver operato come ripetitrice e assistente alla New York City Opera e al Metropolitan, nel 1967 ha fondato la Concert Opera Orchestra di New York, con la quale ha iniziato una lunga serie di esecuzioni di opere, soprattutto in forma di concerto, alcune delle quali da lei incise: *Le Cid* (*Il Cid*) di Massenet, *Gemma di Vergy* di Donizetti e *Aroldo* di Verdi. In campo discografico ha inoltre diretto le prime incisioni di *Nerone* di Boito e del *Guntram* di R. Strauss.

■ QUIET PLACE, A
(Un posto tranquillo)
Domestic tragedy *in tre atti di Leonard Bernstein (1918-1990), su libretto dello stesso compositore e di S. Wadsworth, rielaborazione di una precedente opera teatrale,* Trouble in Tahiti *dello stesso Bernstein. Prima rappresentazione: Houston, Grand Opera, 17 giugno 1983.*

La vicenda prende il via negli anni '80. Parenti e amici si ritrovano per il funerale di Dinah: sono Bill (baritono), suo fratello; Susie (mezzosoprano), la migliore amica di Dinah; l'analista (tenore); Doc (basso), il medico di famiglia e sua moglie, Mrs Doc (mezzosoprano); Sam (baritono), marito di Dinah e i suoi due figli, Dede (soprano) e Junior (baritono). L'improvvisa morte di Dinah, a causa di un incidente stradale, porta la famiglia a riunirsi, mostrando però come tra loro manchi ogni punto di contatto. Dopo il rito funebre, Sam, guardando tra le cose di Dinah, rivive la sua complessa relazione con la moglie. La vicenda si sposta negli anni '50, aprendo cosí uno squarcio sui difficili rapporti tra ciascuno dei membri della famiglia. Rileggendo il diario scritto da Dinah, Sam, Didie e Junior si rendono conto che devono imparare a comunicare.

Alla prima rappresentazione, l'opera ricevette critiche piuttosto negative. Il compositore, con la collaborazione di Wadsworth e del direttore d'orchestra J. Mauceri, ha operato un lungo lavoro di revisione. Dall'originale atto unico, l'opera divenne di tre, includendo l'opera *Trouble in Tahiti*, con la quale era stata rappresentata a Houston e della quale *A Quiet Place* costituiva il seguito. La versione riveduta venne rappresentata per la prima volta alla Scala di Milano nel giugno del 1984 e successivamente alla Staatsoper di Vienna (1986) e a Bielefield e Maastricht (1987), ottenendo ovunque unanimi consensi di pubblico e di critica.

◆ QUILICO, GINO
(New York 1955)
Baritono canadese. Figlio del baritono Louis, ha iniziato lo studio del canto con il padre, completando poi la sua educazione musicale alla facoltà di musica dell'Università di Toronto. Nel 1978 ha esordito come Gobineau in *The Medium* (*La medium*) di Menotti con la Canadian Opera Company di Toronto. Si è quindi perfezionato presso la scuola di arte lirica dell'Opéra di Parigi (1979), dove ha iniziato a esibirsi regolarmente. La sua voce, essenzialmente lirica, di buona qualità e tecnica, e l'ottima presenza scenica lo hanno ben presto messo in luce sui maggiori palcoscenici internazionali: Aix-en-Provence (*Orfeo* di Monteverdi, 1985), Festival di Salisburgo (*La Cenerentola* di Rossini, 1989), al Metropolitan di New York (*Manon Lescaut* di Puccini, 1987), al Covent Garden di Londra (*Faust* di Gounod, *Carmen* di Bizet), ecc.

◆ QUILICO, LOUIS
(Montreal 1929)
Baritono canadese. I suoi studi di canto sono iniziati a Quebec e sono proseguiti quindi a New York con M. Singher e a Roma con L. Pizzolongo. Ha esordito interpretando il ruolo di Germont (*La traviata*, 1955), e negli anni successivi ha colto importanti successi al Festival dei Due Mondi di Spoleto (*Il duca d'Alba* di Donizetti, 1959), al Covent Garden di Londra (*Rigoletto*, 1961), all'Opéra di Parigi (*Lucia di Lammermoor*, 1962) e al Metropolitan di New York, dove esordiva nella prima americana di *Pelléas et Mélisande* di Debussy (1962), e dove si esibisce regolarmente ancora oggi (Bartolo nel *Barbiere di Siviglia*, 1992). Presente nei maggiori teatri lirici internazionali, Quilico ha al suo attivo un repertorio assai vasto, oltre a un'altrettanto vasta discografia che comprende opere italiane (*I puritani*, *Maria Stuarda*, *Gemma di Vergy*) e francesi (*Esclarmonde*, *Thérèse* di Massenet).

▲ QUINAULT, PHILIPPE
(Parigi 1635-1688)
Drammaturgo e librettista francese. Uno dei massimi esponenti del teatro francese, contemporaneo di Racine, fu stretto collaboratore di J.-B. Lully, per il quale scrisse i libretti per *Alceste* (1674), *Thésée* (1675), *Atys* (1676), *Proserpine* (1680), *Armide* (1686) e altri ancora. Molti dei suoi libretti sono stati successivamente ripresi e musicati da altri musicisti, tra cui Paisiello e Gluck.

◆ QUIVAR, FLORENCE
(Filadelfia 1944)
Mezzosoprano statunitense. Allieva dell'Accademia musicale di Filadelfia e della Juilliard School di New York, nel 1977 ha debuttato al Metropolitan di New York (Marina nel *Boris Godunov* di Musorgskij), dove si esibisce regolarmente in un repertorio assai vasto, che comprende opere di Rossini, Puccini, Verdi. In Europa si è esibita all'Opera di Berlino (*Orfeo ed Euridice*, 1982), al Comunale di Firenze (*Don Carlo*, 1984), al Festival di Salisburgo come Ulrica in *Un ballo in maschera* di Verdi, da lei incisa con la direzione di H. von Karajan.

Bozzetto di P. Zuffi per l'*Alceste*, di J.-B. Lully, su libretto di Philippe Quinault.

R

● **RABAUD, HENRY-BENJAMIN**
(Parigi 1873-1949)
Compositore francese. Studiò composizione con J. Massenet al Conservatorio di Parigi. Vinse nel 1894 il Prix de Rome, grazie al quale fu in Italia, dove conobbe le opere di Verdi, Mascagni, Puccini, e a Bayreuth di Wagner. Nel 1904 esordí con *La fille de Roland* (La figlia di Rolando), e si affermò con l'opera *Mârouf* (1914) che rimane la sua piú nota. Ha inoltre scritto *L'appel de la mer* (Il richiamo del mare) 1924, *Rolande et le mauvais garçon* (Rolando e il ragazzo cattivo) 1934, *Martine* 1947 e l'incompiuta *Le jeu de l'amour et du hasard* (Il gioco dell'amore e del caso) 1954.

★ **RACCONTI DI HOFFMANN, I**
vedi *Contes d'Hoffmann, Les*

◆ **RAFFANTI, DANO**
(Lucca, 1948)
Tenore italiano. Allievo di R. Celletti a Milano, ha esordito alla Scala nel 1976 come Rodrigo nell'*Otello* verdiano. Dal 1977 si esibisce al Festival della Valle d'Itria, dove interpreta con successo il *Fra Diavolo* di Auber, *I Capuleti e i Montecchi* di Bellini, *Il barbiere di Siviglia* di Rossini, mettendosi in luce per qualità timbriche, tecniche e stilistiche, confermate dalle interpretazioni di Medoro (*Orlando Furioso* di Vivaldi, al Filarmonico di Verona nel 1978 e in altri teatri) e di Rodrigo in *La donna del lago* di Rossini. Tra le sue piú recenti apparizioni: *Parisina* di Donizetti al Comunale di Firenze (1990), *Don Carlo* nella versione francese al Regio di Torino (1991).

★ **RAGAZZA DI BOEMIA, LA**
vedi *Bohemian Girl, The*

◆ **RAIMONDI, GIANNI**
(Bologna 1923)
Tenore italiano. Ha studiato canto a Napoli, con i tenori Melandri e Barra Caracciolo, e ha esordito nel 1947 a Budrio in *Rigoletto*. All'inizio degli anni '50 ha cantato in vari teatri italiani e stranieri, giungendo nel 1956 alla Scala (*La traviata*), alla Staatsoper di Vienna (*Rigoletto*, 1958), al Metropolitan di New York (*La bohème*, 1965), ecc. Il repertorio di Raimondi è stato essenzialmente quello di tenore cosiddetto lirico (*Bohème*, *Rigoletto*, *Traviata*, *Tosca*, ecc.), ma grazie alle non comuni estensione, bellezza timbrica e raffinatezza d'emissione, ha potuto affrontare opere del repertorio protottocentesco, quali *Armida* e *Guillaume Tell* (*Guglielmo Tell*) di Rossini, *I puritani* di Bellini, *La favorita*, *Linda di Chamounix* e *Anna Bolena* di Donizetti. Si è ritirato dalle scene nel 1979.

◆ **RAIMONDI, RUGGERO**
(Bologna 1941)
Basso-baritono italiano. Ha studiato a Roma con E. Ghibaudo, T. Pediconi e Piervenanzi, e ha esordito allo Sperimentale di Spoleto nel 1964, come Colline (*La bohème*). Sempre lo stesso anno ha interpretato Procida (*I vespri siciliani*) all'Opera di Roma. Rapida l'affermazione sui maggiori palcoscenici italiani e internazionali: Scala di Milano (dal 1968), Glyndebourne (*Don Giovanni*, 1969), Metropolitan di New York (*Ernani*, 1970), ecc. Artista di grande temperamento scenico, Raimondi con la sua vocalità di eccezionale estensione ha affrontato i ruoli piú disparati: da Mozart al *Boris Godunov* e *Don Carlo*, fino ai ruoli baritonali di Scarpia, Escamillo e Falstaff. È molto conosciuto grazie anche ad alcune interpretazioni cinematografiche (in particolare come protagonista nel *Don Giovanni* di Losey, 1978). Tra le sue piú celebri interpretazioni si ricordano il *Don Chisciotte* e, tra le piú recenti, il Don Profondo del *Viaggio a Reims*.

★ **RAKE'S PROGRESS, THE**
(*La carriera di un libertino*)
Opera in tre atti di Igor Stravinskij (1882-1971), su libretto di W.H. Auden, in collaborazione con Ch. Kallmann. Prima rappresentazione: Venezia, Teatro La Fenice, 11 settembre 1951.

Inghilterra, XVIII secolo. Nel giardino di una casa di campagna, un ambiguo personaggio, di nome Nick Shadow (baritono) annuncia al giovane Tom Rakwell (tenore) che ha ereditato una grossa fortuna. Salutata Anna (soprano), sua fidanzata, Tom parte per Londra in compagnia di Nick, che si pone al suo servizio senza voler ricompensa; i due convengono che i loro conti verranno regolati dopo un anno e un giorno. Nel bordello di Madame Geose (mezzosoprano), Tom precipita in una vita sregolata e viziosa. Nel frattempo Anna, che ha perso ogni notizia del fidanzato, parte per Londra alla ricerca di Tom. Questi, annoiato di passare da un'avventura galante all'altra, si lascia convincere da Nick a sposare Baba la Turca (mezzosoprano), una donna mostruosa, ma ricchissima. Giunge Anna, angosciata nel vedere a quale punto di depravazione sia giunto Tom e, dopo averne deplorato il comportamento, fugge. Il libertino, disgustato dalla donna orrenda che ha sposato, decide di darsi agli affari e accetta da Nick una strana macchina, che dovrebbe trasformare le pietre in pane. Come è ovvio Tom fallisce e Baba, nell'ultimo tentativo di salvare il giovane, confida ad Anna, che è tornata, che Tom continua ad amarla e che lei soltanto potrà salvarlo. Di notte, presso la fonte di un cimitero, Tom scopre che Nick è in realtà il demonio, che ora vuole la sua anima. Il giovane chiede di giocarsi la ragione e lo precipita in un fosso, dove Tom si risveglia credendosi Adone. Completamente pazzo, Tom riceve la visita della fedelissima Anna. Essa, secondando la follia dell'amato, si finge Venere e lo fa dolcemente addormentare, cantandogli una tenera ninna-nanna, poi si allontana.

Il basso-baritono italiano Ruggero Raimondi.

> Quando Tom si risveglia, invoca la dolce Venere, invoca Orfeo, poi si abbandona sul suo giaciglio e muore.

L'idea dell'opera venne a Stravinskij nel vedere un ciclo di otto quadri di W. Hogarth, intitolato per l'appunto *The Rake's Progress*, in cui l'artista settecentesco raffigura le vicende di un libertino. Auden e Kalmann seppero perfettamente trasformare le immagini in un testo raffinato e ricco di atmosfere. Al testo corrisponde anche la musica di Stravinskij, che volle recuperare tonalità, suggestioni e forme (recitativo secco, arie con strumento solista) di chiara derivazione settecentesca.

● **RAMEAU, JEAN-PHILIPPE**
(Digione 1683 - Parigi 1764)
Compositore francese. Figlio di un organista, intraprese la stessa attività assieme a quella di maestro di cappella. Nel 1706 si trasferí a Parigi. I suoi inizi teatrali furono alquanto difficili; il primo importante lavoro, *Hippolyte et Aricie* (1733), ebbe accoglienze contrastate. Cosí fu anche per *Les Indes galantes* (*Le Indie galanti*) del 1735. Ma il suo arricchimento dello stile della *tragédie-lyrique* e dell'*opéra-ballet* non tardò ad imporsi, sebbene a fatica. Tra i suoi maggiori lavori si ricordano *Castor et Pollux* (*Castore e Polluce*) del 1737; *Dardanus* (1739); *La Princesse de Navarre* (La principessa di Navarra) del 1745; *Platée* (Platea) del 1745; *Zoroastre* (1749); *Les paladins* (I paladini) del 1760 e *Les Boréades* (1764).

♦ **RAMEY, SAMUEL**
(Colby, Kansas 1942)
Basso statunitense. Allievo di A. Newman alla Wichita State University, si è quindi perfezionato con A. Boyajian. Ha esordito come Zuniga (*Carmen*) alla New York City Opera nel 1973. Entrato a far parte della compagnia stabile di questo teatro, parallelamente è apparso sui principali palcoscenici americani (Filadelfia, Santa Fe, Houston, ecc.) in un repertorio alquanto eterogeneo, da Mozart a Donizetti, Verdi, Boito, ecc. In Europa si è esibito al Festival di Glyndebourne in *Le nozze di Figaro*, *The Rake's Progress* (*La carriera di un libertino*) (1976-77), a Bordeaux in *Don Giovanni* (1976), ecc. Nel 1980 ottenne una clamorosa affermazione come Assur (*Semiramide*) ad Aix-en-Provence, imponendosi come il miglior basso belcantista della sua epoca. L'Argante del *Rinaldo* di Händel, e i maggiori ruoli rossiniani dell'*Italiana in Algeri*, *Il turco in Italia*, *Maometto II*, *Il viaggio a Reims*, *La donna del lago*, ecc. (da lui interpretati al Rossini Opera Festival di Pesaro, dove ha esordito nel 1981), grazie alla sua impeccabile vocalità, non disgiunta da un'altrettanto notevole presenza scenica, hanno ritrovato una giusta collocazione stilistica. Altrettanto degne di nota le sue incursioni nel repertorio francese, come lo storico *Robert le diable* (*Roberto il diavolo*) all'Opéra nel 1985.

♦ **RANDOVÁ, EVA**
(Kolin 1936)
Mezzosoprano ceco. Ha studiato canto al Conservatorio di Praga, esordendo all'Opera di Ostrava, dove ha interpretato i maggiori ruoli per mezzosoprano. Ha cantato a Praga (dal 1969) e quindi nei teatri di Norimberga e Stoccarda (membro della compagnia stabile di questo teatro dal 1971). Dal 1971 ha iniziato la carriera internazionale sui maggiori palcoscenici: da Bayreuth (dove ha cantato regolarmente dal 1973), al Festival di Pasqua di Salisburgo (dal 1973), all'Opéra di Parigi (dal 1975), ecc. È considerata una delle massime interpreti wagneriane, come dimostra la sua incisione di Ortrud nel *Lohengrin* con Solti (1985-86). Altrettanto degna di nota la sua interpretazione di Kostelnička nella *Jenůfa* di Janáček (1982).

★ **RANOCCHIO SALTERINO DELLA CONTEA DI CALAVERAS, IL**
vedi *Jumping Frog of Calaveras County, The*

■ **RAPE OF LUCRETIA, THE**
(*Il sacrificio di Lucrezia*)
Opera in due atti di Benjamin Britten (1913-1976), su libretto di R. Duncan, tratto da Le viol de Lucrèce *di A. Obey. Prima rappresentazione: Glyndebourne, Opera House, 12 luglio 1946.*

> Durante l'assedio di Ardea, in una tenda i generali etruschi e romani fanno baldoria e raccontano come, nel corso di una visita fatta di sorpresa alle mogli la notte precedente a Roma, fosse stata verificata la virtù e la castità della sola Lucrezia (mezzosoprano), la moglie di Collatino (basso). Eccitato da questo racconto, Tarquinio (baritono) esce furtivamente dalla tenda e parte per Roma sul suo cavallo. L'uomo si presenta improvvisamente a casa di Lucrezia, chiedendo ospitalità, ma nella stessa notte Tarquinio entra nella stanza di Lucrezia e la violenta. La mattina dopo Lucrezia manda a chiamare il marito al quale racconta l'accaduto, quindi si uccide con un pugnale. La morte della donna provoca lo sdegno dei romani che giurano di vendicarsi contro gli etruschi.

Il successo di *The Rape of Lucretia* fu gran-

In alto:
bozzetto per la prima rappresentazione a Venezia de *La carriera di un libertino*, di I. Stravinskij.

A destra:
il basso statunitense Samuel Ramey.

dissimo; nell'ottobre dello stesso 1946 raggiunse le ottanta rappresentazioni. In quest'opera Britten per la prima volta crea una struttura di tipo cameristico: solo otto interpreti e un organico strumentale ridotto a soli quindici elementi.

★ RATTO DAL SERRAGLIO, IL
vedi *Entführung aus dem Serail, Die*

● RAVEL, MAURICE
(Ciboure, Bassi Pirenei 1875 - Parigi 1937) Compositore francese. Per il teatro ha composto solamente due opere, *L'heure espagnole* (L'ora spagnola), andata in scena nel 1911 e *L'enfant et les sortilèges* (Il fanciullo e i sortilegi) nel 1925, che sono però rappresentative dello stile e della poetica musicale del compositore. Rimasero invece irrealizzati i progetti per una *Cloche engloutie* e per una *Jeanne d'Arc*.

★ RE ARTÚ O LA NOBILTÀ INGLESE
vedi *King Arthur or The British Worthy*

★ RE DI LAHORE, IL
vedi *Roi de Lahore, Le*

★ RE D'YS, IL
vedi *Roi d'Ys, Le*

★ RE E MARESCIALLO
vedi *Drot og Marsk*

★ RE PASTORE, IL
Dramma per musica in due atti di Wolfgang Amadeus Mozart (1756-1791), su libretto di P. Metastasio. Prima rappresentazione: Salisburgo, Corte arcivescovile, 23 aprile 1775.

Alessandro Magno (tenore), dopo aver liberato il regno di Sidone dal tiranno che lo dominava, desidera restituire il trono al legittimo erede, Aminta (soprano), che vive come un umile pastore ed ama la ninfa Elisa (soprano). Accanto a questa, un'altra coppia di innamorati: Tamiri (soprano), figlia del tiranno spodestato, e Agenore (tenore), un nobile del regno. Alessandro vorrebbe dare Tamiri in sposa ad Aminta per porre fine a questioni interne, ma la cosa sconvolge i sentimenti dei personaggi. Tutto però alla fine si risolve: Aminta sarà re pastore, con la sua amata Elisa, mentre Tamiri e Agenore regneranno su altre terre avute in dono da Alessandro.

Il re pastore è uno degli ultimi libretti di Metastasio, e non uno dei migliori. La statica vicenda venne trattata da Mozart in maniera che si potrebbe definire strumentale. Si ha cosí una consistente presenza di arie "concertanti" nelle quali compaiono strumenti solisti (piú precisamente il flauto e il violino) che gareggiano con il cantante. Rispetto alle prime opere, nel *Re pastore* Mozart mostra una piú spiccata personalità artistica. Il libretto di Metastasio è stato musicato anche da Hasse, Gluck, Jommelli e Piccinni.

★ RE PRIAMO
vedi *King Priam*

★ RE RUGGERO
vedi *Król Roger*

● REFICE, LICINIO
(Patrica, Frosinone 1885 - Rio de Janeiro 1954) Compositore italiano. Ordinato sacerdote nel 1910, insegnò alla Scuola Pontificia di Musica Sacra (1910-50) e fu maestro di cappella a S. Maria Maggiore (1911-47). Ha composto le opere *Cecilia* (1934) e *Margherita da Cortona* (1938).

★ REGINA DI SABA, LA
vedi *Königin von Saba, Die*

♦ RENDALL, DAVID
(Londra 1948)
Tenore inglese. Ha studiato alla Royal Academy of Music di Londra per poi perfezionarsi a Salisburgo. Nel 1974 ha esordito al Covent Garden di Londra nel *Rosenkavalier* (Il cavaliere della rosa) di R. Strauss e nel *Don Giovanni* di Mozart. Ha cantato alla New York City Opera (*La bohème* di Puccini, 1978), al Metropolitan di New York, (*Don Pasquale* di Donizetti, 1980) e in numerosi altri teatri. In campo discografico ha inciso *Cosí fan tutte* di Mozart, *Ariodante* di Händel e *La rondine* di Puccini.

■ RENZETTI, DONATO
(Torino di Sangro, Chieti 1950)
Direttore d'orchestra italiano. Ha studiato al Conservatorio di Milano e all'Accademia Chigiana di Siena, con F. Ferrara. Dopo essersi qualificato in prestigiosi concorsi per giovani direttori d'orchestra, ha debuttato al Comunale di Bologna nel 1977, dirigendo *Il Signor Bruschino* di Rossini. Proprio come interprete rossiniano, Renzetti si è fatto particolarmente apprezzare in importanti festival e teatri internazionali: Rossini Opera Festival di Pesaro (*L'Italiana in Algeri*, 1981; *La cambiale di matrimonio*, 1991), Glyndebourne (*La Cenerentola*, 1983), al Petruzzelli di Bari (*Il turco in Italia*, 1985), ecc. Ha

A sinistra:
una scena dal *Sacrificio di Lucrezia*, di B. Britten.

Sopra:
il compositore francese Maurice Ravel.

diretto inoltre all'Opéra di Parigi (*Jerusalem* di Verdi, 1984), al Metropolitan di New York (*La bohème*, 1990).

♦ RESNIK, REGINA
(New York 1922)
Mezzosoprano statunitense. Ha studiato a New York, iniziando la carriera con la New York Opera Company, nel 1942, come Lady nel *Macbeth*. Ancora come soprano ha esordito al Metropolitan di New York, cantando nel ruolo di Leonora (*Il trovatore*), dove ha poi interpretato Ellen Orford nella prima americana del *Peter Grimes* di Britten (1945). Dopo essere stata Sieglinde in *Die Walküre* (*La walkiria*) a Bayreuth nel 1953, ha deciso di passare al repertorio di mezzosoprano. Ha iniziato quindi un periodo di studi con G. Danise, dopo di che, nel 1956, è ritornata sul palcoscenico del Metropolitan interpretando Marina nel *Boris Godunov*. Cantante di grande temperamento teatrale, si è quindi imposta come Eboli, Amneris, Carmen, Clitennestra, Erodiade. Nel 1958 è stata l'interprete del ruolo della Baronessa nella prima rappresentazione di *Vanessa* di Barber.

● RESPIGHI, OTTORINO
(Bologna 1879 - Roma 1936)
Compositore italiano. Allievo di L. Torchi e G. Martucci al Liceo Musicale della sua città, iniziò la carriera musicale come violinista, operando in Russia e in Germania. Dopo le prime opere, composte tra il 1905 e il 1910, fu solo con il *Belfagor*, del 1923, che Respighi ritornò al melodramma. Seguirono *La campana sommersa* (1927), *Maria Egiziaca* (1932), *La fiamma* (1934) e *Lucrezia*, rimasta incompiuta e completata dalla moglie del compositore (fu rappresentata alla Scala nel 1937).

★ RHEINGOLD, DAS
vedi *Ring des Nibelungen, Der*

★ RICCARDO CUOR DI LEONE
vedi *Richard Coeur de Lion*

● RICCI, LUIGI
(Napoli 1805 - Praga 1859)
Compositore italiano. Studiò al Conservatorio di Napoli dove fu allievo di Zingarelli e Generali. Colse il suo primo successo nel 1822, con l'opera *L'impresario in angustie*; seguirono *Chiara di Rosemberg* (1831), *Un'avventura di Scaramuccia* (1834) e *La festa di Piedigrotta* (1852). Iniziò poi la collaborazione con il fratello Federico (1809-1877), musicista anch'esso, con il quale scrisse quella che è la loro opera più famosa, *Crispino e la Comare* (1850).

★ RICCIARDO E ZORAIDE
Dramma in due atti di Gioachino Rossini (1792-1868), su libretto di F. Berio di Salsa. Prima rappresentazione: Napoli, Teatro San Carlo, 3 dicembre 1818.

Nella città di Duncala, in Nubia. Il re Agorante (tenore) ha sconfitto l'esercito di Ircano (basso) e ha fatto prigioniera Zoraide (soprano), figlia del re sconfitto. Agorante vuole sposare la prigioniera ed è pronto ad affrontare il suo rivale, il paladino Ricciardo (tenore), l'uomo amato da Zoraide. In incognito, giunge il paladino, accompagnato dall'ambasciatore cristiano Ernesto (tenore). Con uno stratagemma, Ricciardo riesce ad incontrare Zoraide e a rassicurarla. Giunge anche Ircano, anch'esso sotto mentite spoglie: ad Agorante chiede un duello, dall'esito del quale dipenderà la liberazione di Zoraide. Ricciardo, anche lui ignaro dell'identità di Ircano, combatte contro di lui sconfiggendolo. Quando però Ricciardo sta per fuggire con Zoraide, con la complicità di Zomira (mezzosoprano), promessa sposa di Agorante, i due vengono sorpresi e condannati a morte insieme a Ircano che nel frattempo è stato riconosciuto. Un drappello di franchi, comandati da Ernesto, irrompe sul luogo dove si sta per compiere l'esecuzione e libera i prigionieri. Agorante viene risparmiato e l'opera si conclude felicemente.

Alla prima napoletana, *Ricciardo e Zoraide* ottenne un grande successo, che però non si ripeté nelle altre città dove venne rappresentata. Ciò si deve sicuramente al fatto che quest'opera presenta delle caratteristiche alquanto singolari, rispetto al resto della produzione del pesarese. In *Ricciardo e Zoraide* Rossini fa uso di un più deciso linguaggio preromantico, che riduce l'usuale linguaggio belcantista, in favore di un lirismo dai toni più sentimentali, che già prelude a Bellini e Donizetti.

♦ RICCIARELLI, KATIA
(Rovigo 1946)
Soprano italiano. Allieva di I. Adami Corradetti, si è diplomata al Conservatorio di Venezia. Vincitrice del Concorso "Aslico", ha esordito a Mantova nel 1969 come Mimì (*La bohème*). Le affermazioni definitive giungono l'anno dopo, grazie alla sua interpretazione di *Anacréon* di Cherubini a Siena e soprattutto grazie al Concorso Nuove Voci Verdiane indetto dalla RAI. Grazie a questa

In alto:
il compositore italiano Ottorino Respighi.

A destra:
una scena da Ricciardo e Zoraide,
di G. Rossini.

affermazione, nel 1972-73 ha cantato a Trieste (*Il corsaro*), all'Opera di Roma (*Giovanna d'Arco*), a Chicago (*I due Foscari*). Presente alla Scala di Milano (*Suor Angelica*, 1973), al Covent Garden di Londra (*La bohème*, 1974), al Metropolitan di New York (*La bohème*), ecc. Interprete di un repertorio assai vasto: da Gluck, Mozart, Cherubini, a Rossini, Donizetti, a quasi tutte le opere verdiane, a Bellini e Puccini. Ciò però non ha sicuramente giovato alla sua vocalità di soprano "angelicato", dal timbro eccezionalmente bello e particolarmente predisposta al canto elegiaco, tanto che già dall'inizio degli anni '80 la sua voce ha incominciato a mostrare i segni di un precoce logoramento, che ha colpito soprattutto il registro acuto.

RICHARD COEUR DE LION
(*Riccardo Cuor di Leone*)
Opéra-comique in tre atti di André Grétry (1741-1813), su libretto di M.-J. Sedaine. Prima rappresentazione: Parigi, Théâtre de la Comédie-Italienne, 21 ottobre 1784.

Riccardo (tenore) è prigioniero nel castello di Linz. Blondel (tenore), un suo fedele servitore, giunge in un villaggio fingendosi un trovatore cieco con l'intento di scoprire se il prigioniero che si trova nel castello sia il suo signore. Al paese giunge anche Margherita (soprano), contessa di Fiandra e innamorata di Riccardo. Nei pressi del castello, Blondel con il violino suona un'aria composta da Riccardo per Margherita; dalla torre il prigioniero riprende l'aria con il canto. Blondel, scoperto che il prigioniero è Riccardo, d'accordo con Margherita elabora un piano per liberare il re. Dopo aver imprigionato il governatore della prigione, i cavalieri e i soldati di Margherita circondano il castello e liberano Riccardo che può così riunirsi all'amata.

Richard Coeur de Lion è certamente l'opera di maggior interesse nella produzione del compositore francese. La musica è di grande espressività e nelle arie assume toni e accenti preromantici; la stessa orchestra svolge un ruolo importante, per ricchezza e originalità di accenti melodici.

♦ RIDDERBUSCH, KARL
(Recklinghausen 1932)
Basso tedesco. Dopo aver compiuto gli studi vocali e musicali al Conservatorio di Duisburg, ha debuttato a Münster nel 1961 come Filippo II (*Don Carlo*). Dopo aver cantato nei teatri di Essen (1962-65) e Düsseldorf, nel 1967, l'esordio al Festival di Bayreuth, nel ruolo di Re Enrico nel *Lohengrin*, ha dato inizio alla sua importante carriera internazionale. È regolarmente ospite a Bayreuth, fino al 1977, al Festival di Pasqua a Salisburgo (dal 1967), al Metropolitan di New York, al Covent Garden di Londra, ecc. Celebre soprattutto come interprete wagneriano, Ridderbusch è famoso anche per i suoi ruoli di Ochs in *Der Rosenkavalier* (*Il cavaliere della rosa*) di R. Strauss, di Boris nel *Godunov* di Musorgskij e di Rocco nel *Fidelio* di Beethoven.

RIENZI DER LETZE DER TRIBUNEN
(*Rienzi, l'ultimo dei tribuni*)
Opera tragica in cinque atti di Richard Wagner (1813-1883), su libretto proprio, ricavato dal romanzo omonimo di E.G. Bulwer-Lytton. Prima rappresentazione: Dresda, Hoftheater, 20 ottobre 1842.

A Roma nel XIV secolo. La città, abbandonata dai papi in cattività ad Avignone, è in preda a lotte tra famiglie rivali. Durante l'assenza di Rienzi (tenore), Paolo Orsini (basso), con i suoi seguaci, tenta di rapirne la sorella Irene (soprano). Adriano Colonna (soprano), che ama la fanciulla, riesce a sventare il tentativo, appoggiato dai suoi e dalla folla. Lo scontro tra i Colonna e gli Orsini viene sedato dall'improvviso sopraggiungere di Rienzi, che placa i contendenti. L'aperto appoggio del popolo a Rienzi viene mal visto dai Colonna e dagli Orsini che si alleano e congiurano di uccidere il tribuno. Fallito un primo tentativo di eliminare Rienzi, i nobili seminano il malcontento tra il popolo, affermando che Rienzi, con la sua smodata ambizione, porterà Roma alla rovina. A ciò si aggiunge la scomunica papale e Rienzi si trova ben presto abbandonato da tutti. La folla inferocita marcia sul Campidoglio, invano Adriano cerca di salvarlo. Rienzi scongiura Irene di porsi in salvo, quindi trova la morte tra le rovine del palazzo in fiamme.

Concepita per le scene parigine, quest'opera giovanile di Wagner ha tutte le caratteristiche del *grand-opéra*: marce, grandi scene d'assieme, balletti e uno spettacolare finale d'opera, con il Campidoglio in fiamme. Accolta con successo a Dresda, *Rienzi* ebbe in seguito scarsa fortuna e poche riprese nel nostro secolo. Tra le pagine più note della partitura, oltre all'ouverture, si ricorda la preghiera del protagonista nel quinto atto.

RIGOLETTO
Melodramma in tre atti di Giuseppe Verdi (1813-1901), su libretto di F.M. Piave, tratto dal dramma Le roi s'amuse *di V. Hugo. Prima rappresentazione: Venezia, Teatro La Fenice, 11 marzo 1851.*

Nel ducato di Mantova, nel XVI secolo. Il duca (tenore), un libertino senza scrupoli, ha al suo servizio Rigoletto (baritono), un buffone dall'aspetto deforme che si prende gioco dei nobiluomini di corte. Questi, per vendicarsi, decidono di rapire Gilda (soprano), che essi credono essere l'amante del buffone, ma che in realtà è la figlia di Rigoletto, da lui avuta in gioventù. La fanciulla, nel frattempo, ha già ceduto alle lusinghe del duca, che si è presentato a lei fingendosi uno studente. Rapita dai nobili e condotta a corte, Gilda confessa tra le lacrime l'oltraggio di cui è stata vittima. Rigoletto giura di vendicarsi; si rivolge a Sparafucile (basso), un sicario che già gli aveva offerto i suoi servigi, per fargli uccidere il duca. Maddalena (mezzosoprano) circuisce il duca e lo attira in una sordida locanda nei pressi della città. Il pugnale di Sparafucile però non colpisce il duca, bensì Gilda che ha deciso di sacrificarsi per l'uomo che ancora ama. Quando Rigoletto riceve dal sicario il sacco con il corpo, scopre l'agghiacciante verità: Gilda, ancora viva, non può più essere salvata e muore tra le braccia del padre.

Opera prima della "trilogia popolare", cui seguiranno *La traviata* e *Il trovatore*, il *Rigoletto* segna in un certo senso una rivoluzione nel campo del melodramma: nel protagonista, prima di tutto, un uomo deforme e grottesco, ben lontano dalle usuali tipologie dei personaggi del melodramma. Accanto alla straordinaria penetrazione psicologica attuata da Verdi su Rigoletto (che contrasta

Il soprano italiano Katia Ricciarelli.

con la totale superficialità del duca), il compositore in questa partitura compie un ulteriore e decisivo passo avanti per andare oltre la scomposizione classica dell'opera in numeri chiusi, quella unitarietà drammatica alla quale giungerà totalmente con *Otello* e *Falstaff*.

● **RIMSKIJ-KORSAKOV, NIKOLAJ**
(Tihvin, Novgorod 1844 - Ljubensk, San Pietroburgo 1908)
Compositore russo. Avviato allo studio della musica fin dalla piú tenera età, intraprese però la carriera di ufficiale di marina, come era tradizione della sua famiglia. Fu determinante l'incontro con Balakirev (1861) che segnò il suo ingresso nel Gruppo dei Cinque. Si accostò al teatro musicale con l'opera *Pskovitjanca* (*La fanciulla di Pskov* che revisionò per ben tre volte), seguita da *Maïskaia Noč* (*La notte di maggio*) del 1877-79 e *Sneguročka* (*La fanciulla di neve*) del 1880-81, nelle quali il compositore mostra evidente la sua predilezione per le leggende della tradizione popolare russa, oltre che per i grandi poeti e drammaturghi russi, da Gogol a Puškin. Nella produzione di Rimskij-Korsakov sono ancora degne di nota le opere: *Mozart i Salieri* del 1897, *Zarskaia nevěsta* (*La sposa dello Zar*) del 1898-99, *Zar Saltan* del 1899-1900, *Zolotoï Petušok* (*Il gallo d'oro*) del 1906-7, *Skasanie o Nevidimom Grade Kiteže i Deve Fevronii* (*La leggenda dell'invisibile città di Kitež*) del 1907.

♦ **RINALDI, ALBERTO**
(Roma 1939)
Baritono italiano. Ha esordito come protagonista del *Simon Boccanegra* di Verdi a Spoleto nel 1963, e l'anno dopo interpretava Figaro (*Il barbiere di Siviglia*) alla Fenice di Venezia. Nel 1966 ha debuttato nell'*Incoronazione di Poppea* alla Scala di Milano, dove si esibisce regolarmente. Ospite di numerosi teatri internazionali (Staatsoper di Vienna, Monaco di Baviera, Covent Garden di Londra, Opéra di Parigi, Metropolitan di New York, Lyric Opera di Chicago, ecc.), Rinaldi è interprete di un repertorio assai vasto che va da Mozart, al Rossini buffo, a Donizetti e Verdi.

● 308

*In alto:
frontespizio della prima edizione
dello spartito del* Rigoletto,
di G. Verdi.

*A destra:
il compositore russo
Nikolaj Rimskij-Korsakov.*

♦ **RINALDI, MARGHERITA**
(Torino 1935)
Soprano italiano. Dopo gli studi musicali a Rovigo, ha vinto un premio allo Sperimentale di Spoleto, dove ha esordito nel 1958, nella *Lucia di Lammermoor*. Nel 1965 ha debuttato alla Scala (*Rigoletto*) e poi ha cantato a Chicago, San Francisco e in altri importanti teatri. Raffinata interprete mozartiana, è stata apprezzata interprete di Rossini, Donizetti, Bellini, Meyerbeer e Strauss.

● **RING DES NIBELUNGEN, DER**
(*L'anello del Nibelungo*)
Ciclo drammatico in un prologo e tre giornate di Richard Wagner (1813-1883), su testo dell'autore, ispirato alla saga nibelungica. Prima rappresentazione del ciclo completo: Bayreuth, Festspielhaus, 13, 14, 16 e 17 agosto 1876.

RHEINGOLD, DAS
(*L'oro del Reno*). Prologo.
Atto Unico. Prima rappresentazione: Monaco, Hoftheater, 22 settembre 1869.
Nel fiume Reno, su un letto roccioso, si trova racchiuso l'oro, custodito da Woglinde (soprano), Wellgunde (soprano) e Flosshilde (mezzosoprano), le tre figlie del Reno. Il nano Alberico (baritono), salito dalle oscure caverne del Nibelheim, tenta di conquistare l'amore delle tre ma, quando un raggio di sole illumina l'oro e le donne imprudentemente rivelano al nano il potere magico del tesoro, Alberico, bramoso di potere, maledice l'amore, s'impadronisce dell'oro e fugge. Nel frattempo i giganti Fasolt (basso) e Fafner (basso) hanno appena finito di costruire il Walhalla, il superbo castello che accoglierà Wotan (basso-baritono), re degli dei, sua moglie Fricka (mezzosoprano) e gli altri dei. Wotan ha promesso ai costruttori, come ricompensa, Freia (soprano), dea della bellezza e della giovinezza, ma ora si rifiuta di cederla. La disputa che nasce viene interrotta dall'arrivo del dio del fuoco Loge (tenore); egli narra di Alberico, della sua immensa ricchezza e del potere acquisito, e il racconto produce l'effetto voluto: i giganti rinunciano a Freia in cambio dell'oro del Nibelungo. Wotan e Loge scendono cosí nel Nibelheim dove Alberico ha reso schiavi i Nibelunghi e li costringe a scavare i tesori della terra. Con un inganno, Wotan riesce a riconquistare l'oro e un anello magico forgiato con lo stesso metallo. Sconvolto per l'annullamento del suo sogno di potere, il nano lancia una terribile maledizione: l'anello porterà sventura a chi ne entrerà in possesso. E la maledizione si manifesta ben presto. Non appena Wotan consegna l'anello ai giganti, questi litigano fra loro e Fafner uccide Fasolt. A questo punto, dopo

"UNA TEMPESTA IN CIELO! IN TERRA UN OMICIDIO"

Con questa frase, nel terzo atto del *Rigoletto*, il protagonista, preso dell'orrore, racconta la sua tragica vicenda personale allo scatenarsi della natura. Questa citazione verdiana ci fa scoprire come i vari aspetti della natura, assai descritti nella pittura o nella letteratura romantica, siano ampiamente presenti anche in campo musicale, dove la natura diventa espressione di una situazione psicologica. Non è comunque un aspetto legato solo al romanticismo, perché già nell'opera seria del XVIII secolo l'elemento naturale aveva un ruolo di primo piano nelle arie cosiddette didascaliche, venendo ad assumere un ruolo sempre più rilevante all'epoca della riforma di Gluck (vedi ad esempio il «Che puro ciel» dell'*Orfeo ed Euridice*). Ma è con Mozart che troviamo i primi significativi esempi di tempesta in un'opera, nell'*Idomeneo*: nel primo atto, ad esempio, egli descrive mirabilmente una tempesta di mare: un vero tumulto della natura che coinvolge i personaggi, creando un messo strettissimo tra il terrore psicologico e quello ispirato dalla natura. Nell'opera italiana dell'Ottocento troviamo i "temporali" rossiniani: da quello celebre del *Barbiere di Siviglia* (già usato dal compositore in un'altra opera, *La pietra del paragone*) dove il temporale svolge una funzione di "intermezzo" teatralmente assai efficace, fino al *Guglielmo Tell* dove, nel finale dell'opera, Rossini descrive una tempesta sul lago dei Quattro Cantoni durante la quale Guglielmo uccide il tiranno Gessler. La natura qui sembra quasi partecipare all'impresa dell'eroe che con il suo gesto sta per liberare la Svizzera dell'oppressione. È un altro fenomeno naturale, un arcobaleno, saluta il termine del dramma. Una lunga distanza separa l'"intermezzo" del *Barbiere di Siviglia* dal temporale del *Guglielmo Tell*, mentre invece solo sei anni separano la prima rappresentazione del *Guglielmo Tell* da quella dei *Puritani* di Bellini e dalla *Lucia di Lammermoor* di Donizetti. Nel terzo atto dell'opera belliniana un uragano accoglie Arturo che, braccato dai puritani perché accusato di tradimento, cerca un nascondiglio. La descrizione dell'uragano si presenta come una sorta di accentuazione dell'atomsfera di ostilità che circonda il protagonista. Nella *Lucia di Lammermoor* una tempesta apre anche qui il terzo atto (una scena che viene spesso e ingiustamente tagliata nelle esecuzioni teatrali): «Orrida è questa notte, come il destino mio» pronuncia Edgardo mentre l'orchestra sottolinea il carattere romantico del personaggio, in tutta la sua disperazione e nell'anelito di morte. Questa visione romantica della tempesta, come accentuazione di un momento di impeto e di ribellione compare nel *Pirata* di Bellini: l'uragano che fa naufragare Gualtiero ne sottolinea la psicologia e la sua tormentata vita di pirata. Un'analoga visione la troviamo nel *Corsaro* di Verdi. Nel terzo atto dell'opera il corsaro è prigioniero in una torre: mentre in cielo si stanno per scatenare le furie degli elementi, Corrado invoca la "folgore orrenda", che ponga fine alla sua "misera vita". Questo esempio di "scena di tempesta" verdiana è però ben lontano dalla potenza tragica raggiunta dal compositore nel terzo atto del *Rigoletto*. Più vicino allo spirito del *Pirata* e del *Corsaro*, con un ben diverso impatto, è l'uragano che apre l'*Otello* verdiano. Come Gualtiero e Corrado, Otello è il condottiero che sfida la natura e la vince, come ha vinto i nemici, ma la tempesta dalla quale è uscito è una sorta di presagio di un ben diverso uragano, quello delle passioni, dal quale uscirà vinto.

Una scena dall'*Idomeneo re di Creta*, di W.A. Mozart, in un allestimento del Teatro alla Scala.

un uragano scatenato da Donner (basso), dio del tuono e della folgore, appare la maestosa mole del Walhalla. Gli dei, su un ponte di arcobaleno, si avviano alla loro dimora, mentre si ode il canto delle figlie del Reno piangere l'oro perduto.

WALKÜRE, DIE
(*La walkiria*). Prima giornata.
Opera in tre atti. Prima rappresentazione: Monaco, Hoftheater, 26 giugno 1870.

In una notte di tempesta, Siegmund (tenore), inseguito da nemici e ferito, cercando rifugio nella foresta giunge alla capanna di Hunding (basso), marito di Sieglinde (soprano). Il padrone di casa, al suo ritorno, interroga lo sconosciuto. Siegmund narra di essere di origine divina, ma che una stirpe nemica ha ucciso sua madre e rapito la sua sorella gemella. Da questo racconto Hunding capisce che lo sconosciuto è il suo acerrimo nemico: per dovere di ospitalità egli si potrà riposare quella notte, ma l'indomani si dovrà battere in un duello mortale. Sieglinde, fortemente attratta dal giovane, ha versato un sonnifero nella bevanda serale di Hunding, ed ora, sola con Siegmund, gli indica una spada che un misterioso viandante (in realtà Wotan) aveva affondato nel tronco di un frassino, predicendo che solo un fortissimo guerriero sarebbe riuscito a svellerla. Siegmund con uno sforzo poderoso estrae l'arma e le dà il nome di Nothung (figlia della necessità). Ormai travolti dalla passione, i due giovani, che si sono riconosciuti come fratelli, fuggono nella notte primaverile. Wotan ordina a Brunhilde (soprano), la prediletta tra le walkirie sue figlie, di proteggere Siegmund da Hunding che l'insegue. Ma vi si oppone Fricka (mezzosoprano). La dea, protettrice delle nozze, reclama al dio la condanna dell'amore incestuoso mediante la morte di Siegmund. Wotan tenta di opporsi, ma poi non può far altro che mutare il primo ordine dato a Brunhilde; la walkiria allora si presenta a Siegmund e gli annuncia che dovrà morire, ma l'eroe, piuttosto che abbandonare Sieglinde, si mostra pronto a uccidere se stesso e la sposa sorella. Brunhilde, profondamente commossa, decide di difendere i due giovani. Sopraggiunge Hunding e inizia il duello; Wotan manda in pezzi la spada di Siegmund, e così l'eroe viene ferito a morte; poi, pieno di disprezzo, con un solo gesto il dio uccide Hunding e quindi si lancia all'inseguimento di Brunhilde, fuggita con Sieglinde. La donna dovrà salvarsi per mettere al mondo Sigfrido, il figlio di Siegmund, il puro eroe il quale dovrà rifondere la divina Nothung. In una grotta nella foresta dove Fafner custodisce il tesoro, Sieglinde partorirà il figlio. La donna fugge ed ecco arrivare Wotan. Il dio, furente, annuncia la punizione per Brunhilde: perderà l'immortalità, sarà immersa in un sonno profondo, una cortina di fuoco la circonderà e soltanto un valorosissimo eroe potrà giungere fino a lei e farla sua. Profondamente commosso Wotan bacia lungamente Brunhilde sugli occhi, addormentandola. Poi la ricopre con lo scudo, mentre il dio Loge innalza un'alta barriera di fiamme.

SIEGFRIED
(*Sigfrido*). Seconda giornata.
Opera in tre atti. Prima rappresentazione: Bayreuth, Festspielhaus, 16 agosto 1876.

In una caverna nella foresta, il Nibelungo Mime (tenore) cerca invano di forgiare i frammenti di Nothung, la spada fatata, infranta da Wotan. Il nano Mime ha allevato Sigfrido (tenore), sin da quando Sieglinde morì nel darlo alla luce. Adesso il Nibelungo spera con l'aiuto della forza di Sigfrido di conquistare l'anello che gli permetterà di dominare il mondo. Nessuna delle spade forgiate da Mime regge alla forza di Sigfrido, il quale gli impone di rifondere nuovamente Nothung e poi di lasciarlo per sempre. Incapace di portare a termine l'incarico, Mime siede disperato, quando un Viandante (basso) entra nella caverna: è Wotan. Il dio predice a Mime che "solo chi non conosce paura potrà temperare la spada" e allontanandosi ammonisce Mime di guardarsi da quel temerario. Rientra Sigfrido e Mime, per evitare l'avverarsi della profezia di Wotan, gli descrive in termini terribili il drago Fafner, custode del tesoro. Ma Sigfrido,

In alto:
una scena da *La walkiria*, di R. Wagner.

A destra:
il tenore G. Ungar nella parte di Sigfrido ne *Il crepuscolo degli dei*, di R. Wagner, in un allestimento a Bayreuth.

incurante delle parole del nano, riforgia lui stesso la spada, mentre Mime prepara una pozione velenosa che farà morire l'eroe dopo che questi avrà ucciso il drago. Nel fondo della foresta, il Nibelungo Alberico (baritono) spia ansiosamente la caverna del drago Fafner (basso). Viene raggiunto dal Viandante che gli predice che "Mime si avvarrà della forza del giovane per uccidere il drago e impadronirsi del tesoro". Alle prime luci dell'alba, seguito da Mime, Sigfrido giunge all'antro di Fafner. Soffiando nel suo corno da caccia, l'eroe sveglia il drago e lo uccide. Nel ritrarre la spada, Sigfrido si bagna del sangue del drago; come per incanto egli è in grado di intendere il linguaggio dell'uccellino protettore (soprano). E questo lo avverte che nella caverna sono custoditi l'elmo e l'anello che danno il dominio del mondo e ancora che Mime intende avvelenarlo. Sigfrido uccide il nano che gli aveva offerto la pozione, poi, ancora guidato dall'uccellino, si incammina verso la montagna dove, in un cerchio di fuoco, dorme la piú bella delle donne, promessa all'eroe dal cuore puro che saprà sfidare le fiamme per conquistarla. Ai piedi della montagna, Wotan evoca Erda (contralto) la veggente, che predice al dio con parole oscure la fine degli dei: in quel giorno l'anello sarà restituito alle figlie del Reno e il mondo sarà liberato dalla maledizione di Alberico. Appare Sigfrido, Wotan cerca con la lancia di impedirgli il cammino alla vetta. Sigfrido spezza in due la lancia del Viandante, infrangendo cosí il potere del dio, quindi prosegue verso la vetta. All'arrivo dell'eroe, le fiamme che circondano Brunhilde (soprano) si abbassano, Sigfrido si avvicina alla donna e la risveglia con un bacio. Dopo un intenso duetto d'amore i due giovani si abbracciano appassionatamente.

GÖTTERDÄMMERUNG

(*Il crepuscolo degli dei*). Terza giornata. *Opera in tre atti. Prima rappresentazione: Bayreuth, Festspielhaus, 17 agosto 1876.*

Sulla montagna dove Sigfrido ha risvegliato Brunhilde, le tre Norne (soprano, mezzosoprano e contralto) tessono il destino degli uomini e degli dei, ma all'improvviso il filo d'oro si spezza. È questo il presagio che la fine degli dei è vicina. Poco dopo Sigfrido (tenore), desideroso di compiere nuove imprese, abbraccia appassionatamente Brunhilde (soprano), quindi si mette in viaggio verso il regno dei Ghibicunghi. Alla reggia di Gunther (basso), Hagen (basso), fratellastro di Gunther e figlio di Alberico, bramoso di impadronirsi dell'anello fatato, intende servirsi di Gunther per tale scopo. Per questo, quando Sigfrido giunge alla reggia, Gutrune (soprano), sorella di Gunther, su istigazione di Hagen gli offre una bevanda magica che gli farà dimenticare Brunhilde, facendolo invece avvampare d'amore per Gutrune. Ignaro, Sigfrido beve il filtro e, caduto sotto l'incanto, il ricordo di Brunhilde si dilegua nella sua mente e ora, per poter sposare Gutrune, accetta di conquistare Brunhilde per Gunther, sfidando ancora una volta le fiamme. E cosí avviene: Sigfrido, assunte le sembianze di Gunther, trascina via la terrorizzata Brunhilde. Ritornato nella reggia dei Ghibicunghi, Sigfrido annuncia il prossimo arrivo di Brunhilde e di Gunther. Si devono quindi compiere i preparativi per le doppie nozze. Quando giunge, Brunhilde furente accusa Sigfrido di tradimento, ma l'eroe, annebbiato dal filtro, nega le accuse della donna. Desiderosa di vendetta, Brunhilde vuole la morte di Sigfrido e rivela a Hagen che la schiena è l'unico punto vulnerabile dell'eroe. Lungo le rive del Reno, Sigfrido, Hagen e Gunther si riposano dopo una lunga caccia. L'eroe a poco a poco riacquista la memoria e racconta la sua vita. Con crescente emozione egli rievoca la conquista di Brunhilde, in quello stesso momento i due corvi di Wotan volano sopra l'eroe, il quale si volge a guardarli, ne approfitta Hagen che a tradimento immerge la lancia nelle spalle dell'eroe. La tragedia volge al suo epilogo: Gunther accusa Hagen, e questi l'uccide, quindi si appresta a togliere l'anello magico dalla mano di Sigfrido ma, con terrore di tutti, la mano si alza con un gesto minaccioso. Si avanza Brunhilde, angosciata per non aver compreso che Sigfrido era vittima di un incantesimo, toglie l'anello dalla mano dell'eroe, se lo mette al dito, quindi con una torcia dà fuoco alla pira dove è stato posto il corpo di Sigfrido. Brunhilde sale sul suo cavallo e si getta tra le fiamme che

A sinistra:
una scena da *Il crepuscolo degli dei*.

In alto:
una pagina autografa della partitura del *Sigfrido*, di R. Wagner.

si levano alte, raggiungendo il cielo, incendiando il Walhalla, dove gli dei attendono la loro fine.

I poemi dell'*Edda*, del XII secolo, e il *Nibelungenlied*, poema epico medievale tedesco, sono le fonti a cui Wagner si è ispirato per la monumentale *Tetralogia*, alla quale lavorò per oltre ventotto anni, dal 1848 al 1876; la stesura della partitura seguí l'ordine cronologico degli avvenimenti, dopo che nel 1853 era terminata la parte letteraria dell'intero *Ring*. Il *Rheingold* fu terminato nel 1854; nel 1856 fu terminata *Die Walküre* e fu iniziato il *Siegfried*, terminato nel 1869, e nel 1874 il *Götterdämmerung*. L'intero ciclo fu rappresentato nella versione integrale a Bayreuth dal 13 al 17 agosto 1876 in occasione dell'inaugurazione del Festspielhaus, il nuovo teatro creato da Wagner. La rivoluzione musicale che segnò il *Ring* sta in quel suo fluire libero da "forme chiuse", da quel sovrapporsi e combinarsi di *Leitmotiv* (temi conduttori) che si legano ai personaggi, alle vicende e ai sentimenti.

▲ **RINUCCINI, OTTAVIO**
(Firenze 1563-1621)

Librettista e poeta italiano. Attivo alla corte dei Medici, dove con il Chiabrera fu poeta ufficiale, fece parte della Camerata dei Bardi, contribuendo con i suoi testi alla nascita del melodramma. Sono suoi i testi per *Dafne* (1594) di Peri, *Euridice* (1600) di Peri e Caccini, *Arianna* musicata da Monteverdi (1608) e del *Ballo delle ingrate* (1608) sempre di Monteverdi.

● **RITORNO DI ULISSE IN PATRIA, IL**
Melodramma in tre atti di Claudio Monteverdi (1567-1643), su libretto di G. Badoaro, tratto dagli ultimi canti dell'Odissea. Prima rappresentazione: Venezia, Teatro San Cassiano, primavera 1640.

Nella reggia di Itaca, Penelope (mezzosoprano) piange la propria solitudine, l'amara attesa dello sposo Ulisse, l'insidia dei Proci sempre piú incalzante. Aiutato da Minerva (soprano), Ulisse (tenore) è nel frattempo sbarcato segretamente sull'isola. Sotto le spoglie di un mendicante si fa riconoscere solo dal fido servo Eumete (baritono) e dal figlio Telemaco (mezzosoprano), quindi si reca alla reggia dove i Proci si accingono ad affrontare la prova dell'arco, grazie alla riuscita della quale uno di loro otterrà la mano di Penelope. Solo Ulisse supera la prova; riconosciuto dalla sposa, Ulisse uccide tutti i Proci, quindi si abbandona tra le braccia della moglie amata.

Considerata perduta, la partitura fu rinvenuta alla Biblioteca Nazionale di Vienna nel 1881. Nonostante il libretto sia alquanto mediocre, Monteverdi ha saputo superare tali limiti con grande maestria e inventiva musicale, che si esprimono soprattutto nella mirabile caratterizzazione dei personaggi. Oggetto di numerose esecuzioni filologiche, con strumenti originali, *Il ritorno di Ulisse* nel 1984 ha avuto anche una discussa trascrizione moderna curata da H.W. Henze, presentata al Festival di Salisburgo e ripresa al Maggio Musicale Fiorentino del 1987.

♦ **ROARK-STRUMMER, LINDA**
(Tulsa, Oklahoma 1949)

Soprano statunitense. Ha iniziato gli studi musicali nella città natale, per poi perfezionarsi alla Southern Methodist University di Dallas. Ha esordito con una compagnia itinerante dell'Opera di San Francisco con *Le nozze di Figaro* e *Les contes d'Hoffmann* (*I racconti di Hoffmann*) (1974-76). Trasferitasi in Europa, ha fatto parte delle compagnie stabili dell'Opera di Heilderburg (1978-80) e di Linz (1980-87), specializzandosi nel repertorio italiano. Nel 1985 ha colto un'importante affermazione come Odabella nell'*Attila* di Verdi, alla New York City Opera, ruolo con cui ha esordito in Italia lo stesso anno, alla Fenice di Venezia, dove ha poi interpretato Lina nello *Stiffelio* di Verdi (1987). Ha cantato alla Scala di Milano (*Nabucco*, *I due Foscari*) e come Abigaille nel *Nabucco* si è esibita all'Arena di Verona (dal 1988), dove ha ottenuto il "Premio Zenatello", al San Carlo di Napoli, alla Staatsoper di Vienna, al Colón di Buenos Aires, ecc. Il suo repertorio comprende inoltre: *Norma*, *Macbeth*, *Medea*, *Jenůfa*, *Tosca*, opere nelle quali ha messo in luce musicalità e grande temperamento teatrale.

● **ROBERT LE DIABLE**
(*Roberto il diavolo*)
Opera in cinque atti di Giacomo Meyerbeer (1791-1864), su libretto di E. Scribe e G. Delavigne. Prima rappresentazione: Parigi, Opéra, 21 novembre 1831.

L'azione si svolge a Palermo nel XIII secolo. Roberto (tenore), duca di Normandia, apprende dal menestrello Rambaldo (tenore) la storia della sua nascita, attribuita all'amore di una donna per il diavolo. Indignato, Roberto sta per uccidere Rambaldo, ma si arresta riconoscendo in lui il marito di Alice (soprano), sua sorella di latte. Su invito di Isabella (soprano), la donna di cui Roberto è innamorato, egli accetta di combattere un torneo in suo onore. Interviene però un cavaliere che sfida a duello Roberto e fissa il luogo dell'incontro in un bosco, nel quale Roberto si smarrisce. Il cavaliere, invece, resta a corte e combatte in onore di Isabella. Costernato, Roberto invoca l'aiuto dell'amico Bertramo (basso), che in realtà è il diavolo suo padre. Questi lo consiglia di recarsi in un cimitero dove raccoglierà

Una scena da Il ritorno di Ulisse in patria, di C. Monteverdi.

un ramoscello magico che gli darà il potere di conquistare Isabella. Dopo aver seguito il consiglio di Bertramo, Roberto si reca al palazzo di Isabella e con il ramo magico fa cadere tutti in un sonno profondo; ma Isabella, prima che la magia agisca anche su di lei, ha la forza di rimproverargli la sua slealtà. Preso dal rimorso Roberto spezza il ramo: tutti si risvegliano e il duca viene arrestato. Messo in salvo da Bertramo, il cui scopo è conquistare l'anima del figlio, Roberto sta per giurargli fedeltà, quando giunge Alice che gli annuncia il perdono di Isabella. In quello stesso momento scade il tempo fissato dalle potenze infernali per conquistare la sua anima. Roberto, espiata la sua colpa, può correre dalla sua Isabella mentre Bertramo ritorna negli abissi infernali.

Robert le diable è la prima opera del periodo francese di Meyerbeer e segna l'inizio della sua collaborazione con Scribe. Questo *grand-opéra* ebbe un enorme successo e consolidò il nome di Meyerbeer come uno dei maggiori operisti della sua epoca. L'opera è ricca di pagine ispirate e di una intuizione drammatica eccezionale, ma la sua complessità e ampiezza fanno sí che sia rappresentata molto di rado. Dopo una ripresa nel 1968 al Maggio Musicale Fiorentino, solo nel 1985 è ritornata, integralmente, sul palcoscenico dell'Opéra di Parigi, protagonisti, S. Ramey, A. Vanzo e J. Anderson.

ROBERTO DEVEREUX
Opera in tre atti di Gaetano Donizetti (1797-1848), su libretto di S. Cammarano, tratto dalla tragedia Elisabeth d'Angleterre *di J. Ancelot. Prima rappresentazione: Napoli, Teatro San Carlo, 29 ottobre 1837.*

L'azione si svolge a Londra alla fine del XVI secolo. Roberto Devereux (tenore), conte di Essex, viene accusato di tradimento dai suoi nemici. Ma la regina Elisabetta (soprano), che lo ama, non intende sottoscrivere la condanna. Roberto però si dimostra piuttosto freddo nei suoi confronti e il ritrovamento di una sciarpa, chiaro pegno d'amore, fa capire alla regina che Roberto non l'ama piú. Oggetto dell'amore di Essex è Sara (mezzosoprano), duchessa di Nottingham. I due si erano amati, ma durante l'assenza di Roberto era morto il padre di Sara, e la regina l'aveva costretta a sposare Nottingham (baritono). Elisabetta, ormai convinta della colpevolezza di Roberto, firma la condanna a morte, sicura però che Essex le farà avere l'anello che porta al dito, dono che lei stessa gli aveva fatto, con il quale egli otterrà la grazia. Infatti Roberto fa avere l'anello a Sara perché lo porti alla regina. Ma il furente Nottingham ritarda di proposito la missione della moglie. Solo nel momento in cui la condanna è già stata eseguita, Sara consegna l'anello alla regina. Elisabetta, disperata e sdegnata per il ritardo, accusa i duchi della morte dell'amato Roberto.

L'opera registrò un grande successo e venne rappresentata regolarmente fino al 1882. Ripresa al San Carlo nel 1964, con protagonista il soprano L. Gencer, da allora ha ricominciato a circolare con una certa regolarità, legandosi soprattutto ai nomi di alcune delle piú celebri cantanti del nostro secolo che hanno affrontato il difficile ruolo di Elisabetta: da M. Caballé, a B. Sills, a R. Kabaivanska e K. Ricciarelli.

ROI DE LAHORE, LE
(*Il re di Lahore*)
Opera in cinque atti di Jules Massenet (1842-1912), su libretto di L. Gallet. Prima rappresentazione: Parigi, Opéra, 27 aprile 1877.

La vicenda si svolge in India, nell'XI secolo, all'epoca dell'invasione del Sultano Mahmud. Scindia (baritono), primo ministro del re di Lahore, ama la sacerdotessa Nair (soprano) e chiede al gran sacerdote Timur (basso) di sciogliere la giovane dai voti, ma ne ottiene un rifiuto. Scindia ha però scoperto che Nair ha degli incontri notturni con uno sconosciuto, cosí denuncia pubblicamente la sacerdotessa. Con un colpo di scena si scopre che l'amante segreto di Nair è Alim (tenore), re di Lahore. Il sovrano, per espiare il peccato commesso, parte in guerra contro i musulmani. Sul campo di battaglia l'esercito di Alim è sconfitto e Scindia annuncia che il re è stato mortalmente ferito e che ora sarà lui a prendere il comando dell'esercito. Il re, vilmente tradito, è stato imprigionato e muore tra le braccia di Nair. Nel giardino del Paradiso di Indra. Giunge Alim; su invito del dio (basso) egli racconta le sue tristi vicende terrene e Indra, commosso, gli concede di ritornare vivo tra i vivi: egli morirà esattamente nel momento in cui morirà la donna da lui amata. Alim ricompare a Lahore, in abiti di mendicante, proprio nel momento in cui Scindia sta per essere incoronato re, ma Alim gli si fa incontro accusandolo di averlo tradito e ucciso. Il traditore, dopo un momento di smarrimento, denuncia Alim di essere un impostore e il redivivo riesce a mettersi in salvo rifugiandosi nel Tempio. Qui ritrova Nair, ma Scindia li incalza minacciandoli, e allora la fanciulla previene la condanna pugnalandosi. Alim muore insieme a lei secondo il patto divino.

Le roi de Lahore è tra le opere piú rappresentative di Massenet e, sebbene preceda *Manon* e *Werther*, questa partitura rivela già le doti musicali che faranno del compositore francese uno dei piú importanti musicisti del melodramma del secondo '800.

ROI D'YS, LE
(*Il re d'Ys*)
Opera in tre atti di Edouard Lalo (1823-1892), su libretto di E. Blau, ispirato a una leggenda bretone. Prima rappresentazione: Parigi, Opéra-Comique, 7 maggio 1888.

Il re d'Ys (basso), per porre fine a una cruenta guerra, ha deciso di dare la figlia Margared (mezzosoprano) in moglie al principe Karnak (baritono). La ragazza però, come del resto anche la sorella Rozenn (soprano), è segretamente innamorata del giovane Mylio (tenore), scomparso misteriosamente molti anni

Bozzetto per *Roberto il diavolo*, di G. Meyerbeer.

addietro. Mentre sono in svolgimento i festeggiamenti per le nozze di Margared, ricompare improvvisamente Mylio: egli confessa il suo amore per Rozenn; Margared per reazione si rifiuta di sposare Karnak. Questi, furente, getta il guanto di sfida al re; esso però viene raccolto da Mylio, che in cambio chiede la mano di Rozenn. Mylio esce vincitore della sfida e potrà cosí sposare la donna amata. Margared, folle di gelosia, si allea con lo sconfitto Karnak e gli rivela l'esistenza di una diga che protegge la città dal mare e il cui sfondamento significherebbe la morte di tutta la popolazione. Appare loro l'immagine di San Carentino (basso) protettore della città, che cerca di persuaderli a desistere dal terribile progetto. Margared, fortemente impressionata, vorrebbe desistere ma Karnak si mostra irremovibile nel suo proposito e si appresta a sfondare lo sbarramento. Le acque invadono la città; la popolazione terrorizzata trova rifugio su una altura. Mylio uccide Karnak e Margared, pentita, quando l'acqua sta per raggiungere il colle, si getta tra i flutti, implorando il perdono di San Carentino. Il santo compare: le onde si placano e il mare si ritira velocemente. La popolazione prega per l'anima di Margared.

L'opera di Lalo ottenne già alla sua prima rappresentazione un enorme successo di pubblico e di critica e ancora oggi è assai popolare in Francia.

♦ ROLANDI, GIANNA
(New York 1952)
Soprano statunitense. Ha compiuto gli studi musicali al Curtis Institute di Filadelfia. Nel 1975 è entrata a far parte della compagnia della New York City Opera, dove si è affermata come soprano di coloratura in *I puritani*, *Lucia di Lammermoor*, *Rigoletto*. Presente nelle stagioni del Metropolitan di New York, dove ha debuttato nel 1979 in *Der Rosenkavalier* (*Il cavaliere della rosa*), la Rolandi si è altresí prodotta in numerosi teatri e festival europei: Glyndebourne, Grand Théâtre di Ginevra, Opéra di Parigi, Regio di Torino, Opera di Roma.

Il soprano Adelina Patti in *Romeo e Giulietta*, di Ch. Gounod.

♦ ROLFE-JOHNSON, ANTHONY
(Tackley, Oxfordshire 1940)
Tenore inglese. Allievo della Guildhall School of Music di Londra, ha esordito nel 1973 con l'English Opera Group, iniziando poi a prodursi regolarmente alla English National Opera di Londra e alla Welsh National Opera. Molto attivo nel campo del concerto e dell'oratorio (un'attività concertistica per la quale è conosciuto e apprezzato in tutto il mondo), Rolfe-Johnson in campo teatrale è famoso soprattutto come raffinato interprete mozartiano, un repertorio che ha interpretato ad Aix-en-Provence, alla Scala di Milano, a Salisburgo e su numerosi altri importanti palcoscenici, nonché in sede discografica.

▲ ROMANI, FELICE
(Genova 1788 - Moneglia, Genova 1865)
Librettista, poeta e critico italiano. Fu uno dei massimi librettisti dei primi decenni dell'Ottocento. Esordí con le opere *La rosa rossa e la rosa bianca* e *Medea in Corinto* di Mayr (1813), mettendosi subito in luce e divenendo il piú richiesto "poeta" di teatro. Tra i suoi numerosi libretti si ricordano: *Il turco in Italia* e *Bianca e Faliero* di Rossini; *Il pirata*, *La straniera*, *I Capuleti e i Montecchi*, *La sonnambula* e *Norma* di Bellini; *Anna Bolena*, *L'elisir d'amore*, *Parisina* e *Lucrezia Borgia* di Donizetti e *Un giorno di regno* di Verdi.

★ ROMEO E GIULIETTA DEL VILLAGGIO
vedi *Village Romeo and Juliet, A*

● ROMEO ET JULIETTE
(*Romeo e Giulietta*)
Opera in cinque atti di Charles Gounod (1818-1893), su libretto di J. Barbier e M. Carré dalla tragedia omonima di W. Shakespeare. Prima rappresentazione: Parigi, Théâtre Lyrique, 27 aprile 1867.

Durante una grande festa in casa Capuleti, Romeo (tenore), della famiglia dei Montecchi acerrimi nemici dei Capuleti, si introduce mascherato nel palazzo. Qui conosce Giulietta (soprano). Subito i due si amano e quando, al termine della festa, riescono ad incontrarsi in segreto, decidono di sposarsi segretamente, malgrado l'odio che divide le due famiglie. Il giorno dopo, nella cella di padre Lorenzo (basso), confessore di Giulietta, si celebrano le nozze. Poco dopo, presso il palazzo dei Capuleti scoppia una rissa tra i partigiani dei Capuleti e quelli dei Montecchi. Romeo, sopraggiunto per separare i contendenti, è provocato da Tebaldo (tenore), cugino di Giulietta. Romeo non raccoglie la sfida, quando però vede il suo amico Mercuzio (baritono) ferito a morte da Tebaldo, Romeo, furente, vendica l'amico e uccide Tebaldo. Romeo è messo al bando da Verona e, dopo aver dato un disperato addio a Giulietta, parte alla volta di Mantova. Partito Romeo, il padre (basso) di Giulietta, comunica alla fanciulla di averla promessa in sposa al conte Paride (baritono). Rimasta sola con frate Lorenzo, Giulietta accetta di bere un filtro che le causerà un sonno profondo e apparentemente mortale; tutti la crederanno morta e solo Romeo sarà avvisato dell'inganno. Ma il giovane non ha ricevuto il messaggio di padre Lorenzo; egli crede che Giulietta sia veramente morta e si reca alle Tombe dei Capuleti per rivedere l'amata sposa. Dinanzi al corpo di Giulietta, beve un veleno; la fanciulla si sveglia e, scoprendo Romeo ormai in fin di vita, si trafigge col pugnale dell'amato e gli muore accanto.

Una delle tante opere ispirate alla tragica storia dei due amanti veronesi, *Roméo et Juliette* ottenne alla prima rappresentazione un vivo successo e continue repliche. Nella partitura emerge soprattutto la felice vena lirica del compositore, che si esprime nelle arie e nei duetti affidati ai due protagonisti.

● RONDINE, LA
Opera in tre atti di Giacomo Puccini (1858-1924), su libretto di G. Adami. Prima rappresentazione: Montecarlo, Théâtre du Casino, 27 marzo 1917.

SHAKESPEARE NEL MELODRAMMA

Le tragedie e le commedie di William Shakespeare (1564-1616), il grande poeta e drammaturgo inglese, hanno ispirato moltissimi compositori: si può anzi affermare che i suoi lavori, piú di altri, sono stati una fonte inesauribile per il melodramma. Già nel XVII secolo, il compositore inglese H. Purcell aveva scritto *The Fairy Queen* (1692) e *The Tempest* (1692), tratte rispettivamente da *A Midsummer Night's Dream* (1595-96) e da *The Tempest* (1611-12), mentre già un secolo dopo troviamo molte opere ispirate a *Romeo and Juliet* come quella di N. Zingarelli: il suo *Romeo e Giulietta* (1796) fu lungamente rappresentato sui maggiori palcoscenici europei. La tragedia degli amanti veronesi fu particolarmente cara ai compositori romantici, tra cui N. Vaccai (1825), V. Bellini (1830) e Ch. Gounod (1867). Ma anche nel nostro secolo troviamo melodrammi ispirati alla vicenda, come quelli di R. Zandonai (1922) e del compositore tedesco B. Blacher, autore dell'oratorio drammatico *Romeo und Julia* (1947). Nell'Ottocento G. Pacini e S. Mercadante rappresentano nel 1824 e nel 1834 opere ispirate all'*Enrico IV* (1597-8); ancora Mercadante è uno dei primi compositori che si cimenta con l'*Amleto* (1822), anche se l'opera piú celebre su questo argomento è quella del francese A. Thomas (1868). Le tragedie di *Othello* (1604-5), *King Lear* (1605-6), *Macbeth* (1605-6), *Antony and Cleopatra* (1806-7) hanno ispirato autentici capolavori musicali: dall'*Otello* di Rossini (1816) a quello vigoroso di G. Verdi (1887), al *Lear* (1978) del compositore tedesco A. Reimann. Il *Macbeth* trova un'altra intensa traduzione musicale nel Verdi giovanile (1847), un impeto drammatico presente anche nel *Macbeth* (1910) di E. Bloch, che in piú ha la caratteristica di essere strettamente fedele al testo originale tanto da utilizzare le parole stesse di Shakespeare. Le tragiche vicende della regina d'Egitto, della tragedia del 1606-7, sono state messe in musica, tra gli altri, dal compositore americano S. Barber nell'*Antony and Cleopatra*, che nel 1966 ha inaugurato il nuovo Metropolitan di New York, da G.F. Malipiero (1938); nell'*Antoine et Cléopâtre* (1972) dal francese P. Bondeville, che si basa sulla traduzione francese fatta da V. Hugo. Non solo le tragedie, ma anche le commedie hanno acceso l'interesse di molti operisti: *Much Ado About Nothing* (*Molto rumore per nulla*), diventa *Béatrice et Bénédict* nell'*opéra-comique* composta da H. Berlioz nel 1862. Grande considerazione ha avuto anche *The Merry Wives of Windsor* (*Le allegre comari di Windsor*, 1600-1), che ha ispirato tra gli altri K. Ditters von Dittersdorf (1796) e A. Salieri, che nel 1799 porta sulle scene un brillante *Falstaff*. Troviamo poi i nomi di M. Balfe (*Falstaff*, 1838), O. Nicolai con *Die lustigen Weiber von Windsor* (1849), capolavoro dell'opera comica tedesca; *Falstaff* compare poi tra le composizioni teatrali di A. Adam (1856), ma il piú celebre melodramma con questo titolo è senza alcun dubbio quello che porta la firma di G. Verdi che, all'età di 79 anni, a compimento di una carriera artistica iniziata ben 55 anni prima, mostra nel suo *Falstaff* una genialità e una modernità di stile veramente straordinarie. Non si possono infine dimenticare il nome di R. Wagner che si accostò a Shakespeare con *Das Liebesverbot* (1836) tratto da *Measure for Measure* (*Misura per misura*, 1604-5), e di B. Britten che nel 1960 compone *Midsummer Night's Dream*, una delle partiture piú fantasiose e poetiche del maggior compositore inglese contemporaneo.

A destra:
un ritratto del grande drammaturgo
inglese William Shakespeare.

In alto:
una scena dall'*Otello*,
di G. Rossini,
in una stampa dell'epoca.

A Parigi, durante il Secondo Impero. Nella lussuosa casa di Magda de Civry (soprano), amante del banchiere Rambaldo (baritono). La padrona di casa racconta agli ospiti l'incontro avuto "Chez Bullier" con un giovane studente che per primo le fece conoscere l'amore. Mentre il poeta Prunier (tenore) ironizza sulle romantricherie di Magda, giunge un nuovo ospite, il giovane Ruggero Lastouc (tenore), venuto dalla provincia per incontrare Rambaldo; Ruggero è a Parigi per la prima volta e Lisette (soprano), la cameriera di Magda, gli consiglia di passare una serata "Chez Bullier". Magda decide di andarci anche lei, di nascosto. Poco piú tardi, da "Bullier", Magda, che ha indossato gli abiti della sua cameriera, si ritrova seduta al tavolo di Ruggero, che non la riconosce. Travolta dal ricordo del suo primo amore, Magda si abbandona alla passione che sente nascere per il giovane. Qualche tempo dopo. Magda e Ruggero vivono insieme in una piccola villa sulla Costa Azzurra. Ruggero annuncia a Magda che ora la vuole sposare e che sua madre benedice la loro unione. Ma la giovane è convinta che il suo passato la renda indegna di diventare sua moglie. Confessa a Ruggero la sua vera identità e lo abbandona per tornare a Parigi, nella sua gabbia dorata.

L'idea di musicare un'operetta comico-sentimentale di stile viennese non entusiasmò Puccini. Il lavoro di composizione fu perciò alquanto travagliato; dopo la firma del contratto, nel 1914, il musicista arrivò a terminare la stesura della partitura solamente nel 1916. La prima rappresentazione ottenne un grandissimo successo, che però fu alterno nelle successive riprese, anche se ai nostri giorni *La rondine* continua a godere di una certa popolarità ed è abbastanza frequentemente rappresentata.

ROSENKAVALIER, DER
(*Il cavaliere della rosa*)
Commedia in tre atti di Richard Strauss (1864-1949), su libretto di H. von Hofmannsthal. Prima rappresentazione: Dresda, Königliches Opernhaus, 26 gennaio 1911.

Nella sua camera da letto la Marescialla (soprano) si intrattiene in dolce intimità con il suo giovane spasimante, il conte Ottaviano (mezzosoprano). Rumori provenienti dall'anticamera fanno temere un anticipato ritorno del marito della Marescialla. Ottaviano fa appena in tempo a travestirsi da donna, quando irrompe nella stanza il barone Ochs (basso), un uomo rozzo e tronfio, venuto ad annunciare alla Marescialla, sua cugina, il suo fidanzamento con Sofia (soprano), figlia del ricco borghese Faninal (baritono). Ochs chiede consiglio alla cugina su chi dovrà portare, secondo la tradizione, la simbolica rosa d'argento alla fidanzata. La Marescialla indica Ottaviano come possibile messaggero e gliene mostra un ritratto. Ochs, convinto, si allontana; quando poco dopo la Marescialla rimane nuovamente sola con Ottaviano, in preda a malinconia afferma che presto lui l'abbandonerà per una donna piú giovane e piú bella. In casa del signore di Faninal. Giunge Ottaviano che si dirige verso Sofia e le consegna la rosa. Tra i due giovani si crea un'immediata intesa che si trasforma poi in una ardente dichiarazione d'amore. Dopo esser stati sorpresi in tenero atteggiamento, Ottaviano affronta il barone e lo ferisce con la spada. Ne nasce una gran confusione, e a rendere ancora piú ingarbugliata la situazione giunge un messaggio per il barone nel quale si dice che la cameriera che al mattino aveva visto nella camera della Marescialla (in realtà Ottaviano travestito), lo attende per un convegno amoroso. Il luogo dell'incontro è una locanda; qui il barone si accinge a godere l'avventura con la falsa cameriera, quando improvvisamente appare una donna che afferma essere la moglie abbandonata che con sé ha portato i figli che chiamano Ochs papà. Ne nasce una nuova confusione, con l'intervento anche di un commissario che avvia un'inchiesta. Tutto si risolve quando compare Ottaviano in abiti maschili che chiarisce l'intrigo. Sopraggiunge anche la Marescialla che conferma le parole del giovane, quindi comprendendo che Sofia e Ottaviano si amano, si arrende con malinconia, ma anche con dignità, alla crudele legge della vita.

Der Rosenkavalier rappresenta l'apice dell'attività creativa di Strauss. Rispetto alle precedenti *Salome* e *Elektra*, il compositore si allontana da quelle cupe atmosfere per entrare nell'atmosfera della "commedia per musica". Scrisse Strauss: «[...] il libretto è circonfuso da una graziosa atmosfera rococò che mi sono sforzato di tradurre in musica [...]». Cosí, agli affascinanti monologhi, al carattere di raffinata conversazione, si accosta e talvolta predomina un'orchestra quanto mai piena di colori e di inusitata ricchezza timbrica, che nelle scene d'insieme arriva a cancellare le parole di Hofmannsthal. È proprio nell'aspetto "sinfonico" che sta forse la grandezza di quest'opera, una tecnica attraverso la quale il compositore tedesco filtra e raffigura la psicologia dei suoi personaggi.

In alto:
una scena da *Il cavaliere della rosa*, di R. Strauss, al Teatro Comunale di Firenze.

A destra:
un figurino di Roller per la prima rappresentazione del *Cavaliere della rosa* al Königliches Opernhaus di Dresda nel 1911.

• **ROSSELLINI, RENZO**
(Roma 1908 - Monte Carlo 1982)
Compositore e critico musicale italiano. Fratello del regista Roberto, fu autore di numerose colonne sonore, ed esordí nel teatro d'opera nel 1956 con *La guerra*. Seguirono: *Il vortice* (1958), *Uno guardo dal ponte* (1961), *Il linguaggio dei fiori* (1963), *La leggenda del ritorno* (1966), *L'avventuriero* (1968), *L'annonce faite à Marie* (L'annuncio fatto a Maria) del 1970 e *La reine morte* (La regina morta) del 1973.

▲ **ROSSI, GAETANO**
(Verona 1774-1855)
Librettista italiano. Fu attivo al Teatro La Fenice di Venezia e come direttore di scena al Teatro Filarmonico di Verona. Valido autore di libretti (ne scrisse circa 120), scrisse i testi per *La cambiale di matrimonio*, *La scala di seta*, *Tancredi* e *Semiramide* di Rossini, *Linda di Chamounix* di Donizetti, *Il crociato in Egitto* di Meyerbeer e *Il bravo* di Mercadante.

♦ **ROSSI-LEMENI, NICOLA**
(Istanbul 1920 - Bloomington, Indiana 1991)
Basso italiano. Studiò canto con la madre, X. Lemeni Makedon, cantante russa, e a Verona con F. Cusinati. Dopo l'esordio nel 1946 alla Fenice di Venezia (Varlaam nel *Boris Godunov*), nel giro di pochi anni si impose sui maggiori palcoscenici italiani e internazionali come uno dei piú validi cantanti del dopoguerra. Celebre interprete di *Boris Godunov*, *Don Carlo*, *Anna Bolena*, *Forza del destino*, ecc., Rossi-Lemeni si distinse anche per il suo impegno nell'ambito dell'opera del Novecento, prendendo parte a numerose esecuzioni di opere di Berg, de Falla, Bloch, ecc., nonché a prime esecuzioni mondiali, come *Assassinio nella cattedrale* di Pizzetti (1958).

• **ROSSINI, GIOACHINO**
(Pesaro 1792 - Passy, Parigi 1868)
Compositore italiano. Figlio di un suonatore di corno e di una cantante, Gioachino fu quindi figlio d'arte e autodidatta prima di completare la sua istruzione musicale al Liceo musicale di Bologna (1806). In questo periodo compose la sua prima opera, *Demetrio e Polibio*, per la compagnia del tenore Mombelli (1812). Il suo esordio ufficiale fu però a Venezia con *La cambiale di matrimonio* (1810). Seguirono *L'equivoco stravagante* (1811), *L'inganno felice*, *Ciro in Babilonia*, *La scala di seta*, *La pietra del paragone* e *L'occasione fa il ladro*, tutte del 1812. Particolarmente importante *La pietra del paragone*, che rappresenta il primo grande successo alla Scala. Nel 1813 Rossini prosegue la sua attività per i teatri veneziani (per i quali aveva scritto *L'inganno felice*, *La scala di seta* e *L'occasione fa il ladro*) con *Il signor Bruschino* e *Tancredi*, che segna la sua definitiva affermazione, seguita dall'irresistibile e travolgente *Italiana in Algeri*. Il 1814 si aprí invece con un insuccesso, quello dell'*Aureliano in Palmira* (Scala di Milano), al quale fece però seguito il successo de *Il turco in Italia*, sempre alla Scala. Un nuovo fiasco giunse dal *Sigismondo*, composto per Venezia, dove però il musicista, per le sue aperte simpatie repubblicane, era diventato uno dei maggiori sospettati della polizia austriaca. Cosí, a 23 anni, già al culmine della celebrità, lasciò Venezia per Napoli, dove nel 1815 si impose con *Elisabetta regina d'Inghilterra*. Una parentesi romana, del 1816, segnò la nascita di *Torvaldo e Dorliska* e, soprattutto del *Barbiere di Siviglia*, al quale seguirà, nel 1817, il "dramma giocoso" *La Cenerentola* e, sempre lo stesso anno, *La gazza ladra*, scritta però per la Scala di Milano. A Napoli, Rossini siglò invece le pagine piú importanti nel repertorio "serio": da *Otello* (1816), a *Armida* (1817), *Mosè in Egitto* (1818), *Ricciardo e Zoraide* (1818), *Ermione* (1819), *La donna del lago* (1819), *Maometto II* (1820) e *Zelmira* (1822). A cavallo di questi anni, compose tra l'altro l'*Adelaide di Borgogna* (Roma, 1817), *Adina* (composta nel 1818, rappresentata però a Lisbona nel 1826), *Bianca e Faliero* (Milano, 1819) e *Matilde di Shabran* (Roma, 1821). Si giunge cosí alla *Semiramide* che, rappresentata a Venezia nel 1823, chiuse l'attività compositiva di Rossini in Italia. Stabilitosi a Parigi nel 1824, esordí sulle scene parigine con *Il viaggio a Reims* (1825), scritto in occasione dell'incoronazione di Carlo X. Adattandosi al gusto francese, Rossini attuò profonde revisioni del *Maometto II* e del *Mosè in Egitto*, che divennero rispettivamente *Le siège de Corinthe* (1826) e *Moïse et Pharaon* (1827). Dopo lo squisito *Comte Ory* (Il conte Ory) del 1828, un'opera che influenzerà notevolmente il successivo operismo francese, Rossini diede l'addio alle scene nel 1829 con il *Guillaume Tell* (Guglielmo Tell), che oltre ad essere considerato "il capolavoro di Rossini" (Berlioz), segna il raggiungimento di un traguardo che rappresenta la sintesi di tutto l'operismo rossiniano.

• **ROTA, NINO**
(Milano 1911 - Roma 1979)
Compositore italiano. Studiò a Milano con G. Orefice, a Roma con I. Pizzetti e A. Casella e a Filadelfia con R. Scalero e R. Reiner. Divenuto celebre come autore di colonne sonore di film di Fellini (*Lo sceicco bianco*, *La strada*, *Le notti di Cabiria*, *La dolce vita*, ecc.) e di altri, ha altresí composto numerosi lavori teatrali, tra i quali si ricordano in particolare *Ariodante* (1942), *Il cappello di paglia di Firenze* (1955), *La notte di un nevrastenico* (1959) *Aladino e la lampada magica* (1968) e *La visita meravigliosa* (1970).

♦ **ROTHENBERGER, ANNELIESE**
(Mannheim 1924)
Soprano tedesco. Ha studiato al Conservatorio della sua città e con E. Müller, e ha esordito nel 1943 a Coblenza. Ha fatto parte della compagnia dell'Opera di Amburgo (1946-56), esibendosi anche regolarmente alla Staatsoper di Vienna (dal 1953) e al Festival di Salisburgo (dal 1954) e nei principali teatri del mondo. Squisita interprete mozartiana (in particolare Pamina e Co-

In alto:
il compositore italiano Gioachino Rossini.

A sinistra:
il soprano tedesco
Anneliese Rothenberger.

stanza) e straussiana (Sofia, Zdenka), la Rothenberger, grazie alla sua luminosa vocalità di soprano lirico d'agilità, alla quale unisce non comuni doti interpretative, si è affermata come somma interprete di operette.

● ROUSSEL, ALBERT
(Tourcoing 1869 - Royan 1937)
Compositore francese. Ufficiale di marina, dal 1894 si dedicò alla musica, studiando con E. Gigout e d'Indy, e fu poi professore alla Schola Cantorum di Parigi (1902-13). La sua produzione teatrale comprende: *Le naissance de la lyre* (La nascita della lira) del 1925, *Le testament de tante Caroline* (Il testamento di zia Carolina) del 1936 e il suo capolavoro, *Padmâvatî*, del 1923.

● RUBINŠTEIN, ANTON GRIGOR'EVIČ
(Podolsk 1829 - San Pietroburgo 1894)
Compositore e pianista russo. Si affermò come uno dei più grandi pianisti della sua epoca. Nel 1848 si stabilì a San Pietroburgo, dove svolse diverse attività, dal concertismo alla composizione, e dove fondò il Conservatorio, che diresse dal 1862 al 1867 e dal 1887 al 1890. Molto vasta la sua produzione di compositore, della quale si ricorda soprattutto l'opera *Demon* (Il demone) del 1875.

■ RUDEL, JULIUS
(Vienna 1921)
Direttore d'orchestra austriaco naturalizzato americano. Ha iniziato gli studi all'Accademia Musicale di Vienna e li ha proseguiti negli Stati Uniti, dove è emigrato nel 1938, alla Mannes School of Music di New York. Come direttore d'orchestra ha esordito nel 1944 al City Center con *Der Zigeunerbaron* (Lo zingaro barone) di J. Strauss. Direttore artistico e musicale alla New York City Opera (1957-79), attivo anche in campo internazionale, Rudel ha firmato anche numerose incisioni discografiche di opere italiane (*I puritani, Mefistofele, Anna Bolena, Rigoletto*) e francesi: *Louise* (Luisa), *Les contes d'Hoffmann* (I racconti di Hoffmann), *Thaïs, Manon, Cendrillon* (Cenerentola), molte delle quali con protagonista il soprano B. Sills.

Il soprano italiano Alessandra Ruffini.

♦ RUFFINI, ALESSANDRA
(Milano 1958)
Soprano italiano. Allieva al Conservatorio G. Verdi di Milano, si è quindi perfezionata al Centro di perfezionamento artisti lirici del Teatro alla Scala (1983-85) e successivamente con R. Celletti, dal 1989. Vincitrice nel 1985 del Concorso AS.LI.CO. di Milano, ha esordito nell'opera *Giustino* di Vivaldi sempre nell'85. Specializzata nel repertorio del Settecento, ha preso parte a numerose esecuzioni di opere, anche dimenticate, di Sacrati (*La finta pazza*), Gluck (*Paride ed Elena*), Salieri (*La locandiera*), Morlacchi (*Il barbiere di Siviglia*), ecc. Le ottime qualità vocali e tecniche, unite alla bella presenza scenica, l'hanno fatta emergere anche in opere di Rossini (*Il barbiere di Siviglia, Adina*), Bizet (*Les pêcheurs de perles*), Delibes (*Lakmé*), Gounod (*Romeo et Juliette*), Verdi (*Rigoletto*), Puccini (*La bohème*), ecc.

★ RUSALKA
Fiaba lirica in tre atti di Antonín Dvořák (1841-1904), su libretto di J. Kvapil. Prima rappresentazione: Praga, Teatro Nazionale, 31 marzo 1901.

Sulle sponde di un lago l'ondina Rusalka (soprano) confida al vecchio Ondino (basso) di essere innamorata di un Principe (tenore) e di volersi trasformare in un essere umano. L'Ondino tenta invano di far desistere Rusalka dal suo proposito, poi, rassegnato, le consiglia di rivolgersi alla strega Jezibaba (contralto). Questa accetta di trasformarla in creatura umana; pone però delle precise condizioni: Rusalka perderà l'uso della parola e, se perderà l'amore del Principe, sarà nuovamente un'ondina e lui si perderà con lei. Non appena la trasformazione è avvenuta, il Principe appare e conduce Rusalka al suo castello. Ben presto però il Principe si stanca della fanciulla che non parla, e cede all'amore di una Principessa straniera (soprano). Si compie così la maledizione: Rusalka precipita nel lago, trasformandosi poi in un fuoco fatuo, e si potrà salvare soltanto con la morte del Principe; ma lei lo ama ancora e si oppone a quesa idea. Il giovane non ha dimenticato Rusalka e, preso dal rimorso, la cerca disperatamente. Quando la ritrova, la stringe in un appassionato abbraccio, nonostante l'avvertimento che proprio quell'abbraccio sarà mortale per lui. Rusalka torna tristemente fra le onde del lago.

L'opera è il lavoro teatrale più noto di Dvořák in cui un prezioso uso del *Leitmotiv* e un ispirato lirismo caratterizzano le situazioni e i personaggi.

♦ RYDL, KURT
(Vienna 1947)
Basso austriaco. Ha studiato all'Accademia di Musica di Vienna e al Conservatorio di Mosca e, dopo essersi qualificato in importanti concorsi di canto, ha esordito nel 1973 a Stoccarda come Daland in *Der fliegende Holländer* (Il vascello fantasma). Dal 1977 è membro stabile della Staatsoper di Vienna. Interprete di un vastissimo repertorio che comprende opere italiane, francesi, tedesche e russe, Rydl si esibisce sui principali palcoscenici internazionali (Festival di Bayreuth, Scala di Milano, San Francisco, ecc.); si è prodotto nel ruolo del Grande Inquisitore (*Don Carlo*) al Regio di Torino nel 1991 e all'Arena di Verona nel 1992.

♦ RYSANEK, LEONIE
(Vienna 1926)
Soprano austriaco. Allieva di A. Jerger e R. Grossmann al Conservatorio di Vienna, ha esordito nel 1949 come Agathe nel *Freischütz* (Il franco cacciatore) di Weber. Nel 1951 colse la prima importante affermazione come Sieglinde in *Die Walküre* (La walkiria) al Festival di Bayreuth, dove ha cantato regolarmente fino agli anni '80. Si è quindi esibita a Monaco di Baviera (dal 1952), al Covent Garden di Londra (dal 1953), alla Staatsoper di Vienna (dal 1954), al Metropolitan di New York (dal 1959), ecc. Celebre interprete wagneriana e straussiana, la Rysanek è stata altrettanto convincente nel repertorio verdiano (*Macbeth, Un ballo in maschera, Otello*, ecc.). La sua solida vocalità e l'ottima tecnica le hanno consentito una carriera particolarmente longeva, così ancora nel 1992 si è esibita nel ruolo della Contessa in *Pikovaja Dama* (La dama di picche) a Barcellona e come Clitennestra in *Elektra* a Parigi.

♦ SABATINI, GIUSEPPE
(Roma 1958)
Tenore italiano. Si è diplomato in contrabbasso al Conservatorio di Roma e si è quindi dedicato al canto con S. Ferraro. Nel 1987 ha debuttato come Edgardo (*Lucia di Lammermoor*) allo Sperimentale di Verona. Canta in vari teatri italiani, tra i quali il Regio di Parma (*La bohème*, 1989), il Comunale di Bologna, dove interpreta *Le maschere* di Mascagni (1988), *Manon* di Massenet, *La bohème* (1990), *Evgenij Onegin* (1991) e *Werther* (1991). Nella stagione 1990-91 ha interpretato *Idomeneo* alla Scala di Milano, e nel 1992 *Fra Diavolo* di Auber, dove ha messo in luce le sue non comuni qualità di tenore lirico: morbidezza nell'emissione, luminosità di registro acuto e raffinatezza nel fraseggio.

★ SACRIFICIO DI LUCREZIA, IL
vedi *Rape of Lucretia, The*

● SAFFO
Melodramma tragico in tre atti di Giovanni Pacini (1796-1867), su libretto di S. Cammarano, tratto dalla tragedia Sappho *di F. Grillparzer. Prima rappresentazione: Napoli, Teatro San Carlo, 29 novembre 1840.*
La vicenda si svolge in Grecia, all'epoca della quarantaduesima Olimpiade. Faone (tenore) credendosi tradito da Saffo (soprano), per vendetta decide di sposare Climene (mezzosoprano), figlia di Alcandro (baritono), sacerdote di Apollo. Il giorno delle nozze Saffo entra nel tempio e, in preda alla disperazione, distrugge l'ara del dio Apollo. Per quest'atto sacrilego, la donna è condannata a gettarsi in mare dalla sacra rupe. A questo punto si scopre che Saffo è la figlia di Alcandro, creduta morta in mare. Il sacerdote tenta inutilmente di salvare la figlia appena ritrovata. Anche Faone è disperato per non aver compreso l'amore di Saffo e vorrebbe morire con lei. La giovane, scortata dagli aruspici, sale alla rupe e si getta nel vuoto.
È l'opera più celebre di Pacini. Eseguita piuttosto di rado, nel nostro secolo è stata rappresentata al San Carlo di Napoli nel 1969 e a Catania nel 1983. Le vicende di Saffo sono state messe in musica varie volte; tra le opere più celebri su questo argomento si ricorda la *Sapho* di Gounod (1851).

★ SAFFO
vedi *Sapho*

● SAINT OF BLEECKER STREET, THE
(*La santa di Bleecker Street*)
Dramma musicale in tre atti e cinque quadri di Giancarlo Menotti (n. 1911), su libretto del compositore. Prima rappresentazione: New York, Broadway Theatre, 27 dicembre 1954.
In una povera strada del quartiere italiano di New York vive Annina (soprano), una giovane guaritrice considerata una santa, con suo fratello Michele (tenore), che considera la sorella un'esaltata. Durante una festa di nozze, Annina e don Marco (basso), un sacerdote che appoggia la giovane, rimproverano Desideria (soprano), amante di Michele, per la sua condotta immorale. Desideria, esasperata, accusa l'amante di essere torbidamente innamorato di sua sorella Annina. Michele l'uccide e fugge. In una stazione della metropolitana, Annina incontra il fratello e lo scongiura di costituirsi, ma questi non accetta e implora la sorella di lasciare la città con lui. Dopo qualche giorno, Annina è in fin di vita ed esprime il desiderio a lungo agognato di prendere i voti. Mentre si svolge il rito religioso Annina è ormai senza coscienza e, quando don Marco le infila l'anello consacrato, muore.
The Saint of Bleecker Street evidenzia la preferenza del compositore per i soggetti "quotidiani"; in questo caso Menotti ha voluto evidenziare la realtà degli immigrati italiani, intrisa di passioni umane e di una religiosità fanatica e superstiziosa, sentimenti esasperati dal contatto con il mondo nuovo. L'opera è stata recentemente ripresa (1992) al Teatro Massimo "Bellini" di Catania.

● SAINT-SAENS, CAMILLE
(Parigi 1835 - Algeri 1921)
Compositore, organista e pianista francese. Bambino prodigio, a dieci anni già si esibiva in pubblico. Studiò quindi organo e composizione con Benoist e Halévy. Nell'opera esordisce nel 1864 con *Le timbre d'argent*. Il lavoro più celebre di Saint-Saëns è senza dubbio *Samson et Dalila*, rappresentato per la prima volta in tedesco a Weimar nel 1877 (all'Opéra di Parigi, nel 1892). Ha composto inoltre *Etienne Marcel* (1879), *Henry VIII* (1884), *Prosérpine* (1887), *Ascanio* (1890), *Phryné* (1893), *Les barbares* (1901), *Hélène* (1904), *L'ancêtre* (1906) e *Déjanire* (1911).

● SALIERI, ANTONIO
(Legnago, Verona 1750 - Vienna 1825)
Compositore italiano. Iniziato alla musica dal fratello, studiò quindi a Venezia con G.B. Pescetti, F. Pacini e soprattutto L. Gassmann, maestro nella Cappella Imperiale di Vienna, che lo indusse a trasferirsi nella capitale. Qui esordisce con l'opera *Le donne letterate* (1770) alla quale fanno seguito altri lavori che gli danno una grande notorietà, tanto che la sua *Europa riconosciuta* inaugura nel 1778 il Teatro alla Scala. Per le scene di

In alto:
bozzetto per *La santa di Bleecker Street*, di G. Menotti.

A sinistra:
Camille Saint-Saëns, compositore, organista e pianista francese.

Parigi scrisse poi *Les Danaïdes* (1784), *Tarare* (1787) su libretto di Beaumarchais, trasformato poi da Da Ponte nell'*Axur re d'Ormus*, rappresentato a Vienna nel 1788. Tra le altre opere scritte per le scene viennesi vanno senz'altro ricordate: *La grotta di Trofonio* (1785), *Prima la musica, poi le parole* (1786) e *Falstaff* (1799).

♦ SALMINEN, MATTI
(Turku 1945)
Basso finlandese. Ha studiato all'Accademia "Sibelius" di Helsinki, quindi a Roma con L. Ricci e in Germania. Entrato nella compagnia dell'Opera Finlandese, vi ha esordito in ruoli di comprimario (1966), fino al 1969, quando ha interpretato Filippo II nel *Don Carlo*. Ha quindi fatto parte della compagnia dell'Opera di Colonia (dal 1972) e parallelamente ha intrapreso la carriera internazionale: alla Scala di Milano (1973), al Covent Garden di Londra (1974), al Grand Théâtre di Ginevra (dal 1975), al Festival di Bayreuth (dal 1976) ecc. Con *Tristan und Isolde* (Re Marke) nel 1981 ha esordito al Metropolitan di New York, dove si esibisce regolarmente, principalmente nel repertorio wagneriano: *Der fliegende Holländer* (*Il vascello fantasma*, 1990), *Die Walküre* (*La walkiria*, 1992).

♦ SALOMAA, PETTERI
(Helsinki 1961)
Basso-baritono finlandese. Figlio d'arte, ha studiato con vari insegnanti, tra cui il celebre basso H. Hotter. Ha esordito in concerto, all'età di diciassette anni, come Raffaele nell'oratorio *Die Schöpfung* di Haydn a Helsinki. In teatro ha esordito nel 1983, sempre a Helsinki, come Figaro in *Le nozze di Figaro* di Mozart. Ha quindi intrapreso un'intensa carriera teatrale e concertistica, comparendo in importanti sedi musicali, come il Festival di Drottningholm (*Don Giovanni, Le nozze di Figaro, La finta giardiniera*), Festival di Salisburgo (*Don Carlo* con H. von Karajan), Grand Théâtre di Ginevra, ecc.

★ SALOME
(Salomè)
Dramma musicale in un atto di Richard Strauss (1864-1949), dal dramma omonimo di O. Wilde, tradotto in tedesco da H. Lachmann. Prima rappresentazione: Dresda, Königliches Opernhaus, 9 dicembre 1905.

La vicenda si svolge sulla terrazza del palazzo di Erode (tenore) a Tiberiade. È notte. Narraboth (tenore), il capitano della guardia, guarda incantato Salomè (soprano), la figlia di Erode, uscita sulla terrazza, affascinata dalla voce di Jokanaan (baritono) che, dalla cisterna dove è stato rinchiuso da Erode, annuncia la venuta del Messia. La fanciulla, nonostante Narraboth tenti di dissuaderla, ordina che il prigioniero le sia condotto dinanzi. Uscito dalla cisterna, il profeta pronuncia una tremenda invettiva contro Erode e sua moglie Erodiade (mezzosoprano). Salomè è soggiogata dall'aspetto di Jokanaan ed esercita su di lui tutta la sua capacità di seduzione. Narraboth, disperato, si uccide; Jokanaan respinge Salomè e scende nella cella. Appare Erode che rimane turbato dalla vista del corpo di Narraboth, mentre dalla cisterna salgono le oscure parole del profeta. Poi, infiammato dal desiderio, Erode chiede a Salomè di danzare per lui, promettendole come ricompensa qualunque cosa ella desideri. E Salomè danza. Alla fine del ballo si abbandona tra le braccia di Erode e gli chiede la testa di Jokanaan. Inorridito, Erode tenta di distogliere Salomè dal suo proposito, ma alla fine deve cedere. Dalla cisterna il carnefice porge, su un piatto d'argento, la testa di Jokanaan che Salomè afferra in estasi. Stravolta dalla passione, Salomè contempla e alla fine bacia sulla bocca la testa sanguinante. Sopraffatto dall'orrore, Erode grida alle guardie di ucciderla.
Nonostante la scabrosità del soggetto e l'atrocità della situazione finale, per *Salome* fu subito trionfo: interpreti, direttore e compositore ebbero trentotto chiamate da parte del pubblico. Un successo che divenne internazionale, facendo entrare l'opera immediatamente negli abituali repertori teatrali. La partitura, di grande tensione drammatica, è sostenuta da un'orchestrazione ricchissima che si ricollega ai poemi sinfonici e si può considerare come punto di partenza del futuro operismo straussiano.

★ SAMSON ET DALILA
(Sansone e Dalila)
Opera in tre atti e quattro quadri di Camille Saint-Saëns (1835-1921), su libretto di F. Lemaire, ispirato all'episodio biblico e all'opera omonima di Voltaire. Prima rappresentazione: Weimar, Hoftheater, 2 dicembre 1877.

A Gaza, in Palestina, intorno al 115 a.C. Il popolo d'Israele piange la dominazione dei filistei. Sansone (tenore), il guerriero segnato da Dio, richiama il popolo a un totale abbandono in Dio, poi, come ispirato dal Cielo, uccide il satrapo Abimelech (basso) che aveva oltraggiato i sentimenti degli ebrei. Sansone si mette a capo dei rivoltosi e riconquista la città ma mentre è raccolto in preghiera insieme al popolo è avvicinato da Dalila (mezzosoprano), sacerdotessa di Dagon. Ella invita Sansone nella sua casa. Vinto dal fascino della donna, egli accetta. Dalila viene convinta

In alto:
il compositore italiano Antonio Salieri.

A destra:
frontespizio del libretto di *Salomè*,
di R. Strauss,
in un' edizione italiana.

Una scena da *Sansone e Dalila*, di C. Saint-Saëns.

dal sommo sacerdote (baritono) a scoprire il segreto della forza di Sansone. L'eroe, vinto dalle lusinghe della donna, le confessa il suo segreto. Poco dopo, reso innocuo da Dalila che gli ha tagliato i capelli, privandolo cosí della sua forza soprannaturale, Sansone è fatto prigioniero e accecato. Nella prigione, Sansone, incatenato, chiede perdono a Dio del suo tradimento, poi, fra il tripudio dei filistei, viene condotto in mezzo al tempio, perché si umili davanti al dio Dagon. L'eroe si fa condurre da un fanciullo fra le colonne che sostengono l'edificio, quindi invoca Dio che gli restituisca, per un istante l'antica forza. Con uno sforzo immane scuote le colonne. Il tempio crolla fra le grida dei filistei e seppellisce tutti sotto le sue macerie.

È la partitura piú celebre di Saint-Saëns e a tutt'oggi occupa un posto di rilievo nel teatro lirico mondiale, grazie alla sua aperta cantabilità e a una sensualità sostenuta dall'infuocata ricchezza di un'orchestrazione wagneriana.

★ SANTA DI BLEECKER STREET, LA
vedi *Saint of Bleecker Street, The*

■ SANTI, NELLO
(Adria, Rovigo 1931)
Direttore d'orchestra italiano. Allievo di composizione e di canto al Conservatorio "Pedrollo" di Padova. Ha esordito al Verdi di Padova dirigendo *Rigoletto* (1951). Dal 1958 al 1959 è stato direttore all'Opera di Zurigo. È salito sul podio del Covent Garden di Londra (*La traviata,* 1960), della Staatsoper di Vienna (1960) e di numerosi altri teatri. Significativa la sua presenza al Metropolitan di New York, dove dirige regolarmente (vi ha debuttato nel 1962) il repertorio italiano: in anni recenti *Manon Lescaut* (1990), *Luisa Miller* (1991), *Cavalleria rusticana* e *Pagliacci* (1993). In Italia dirige regolarmente all'Arena di Verona, dove aveva debuttato nel 1970. Solido professionista, è uno dei piú qualificati direttori d'opera, per la sicurezza con cui sostiene e segue i cantanti. Si è specializzato soprattutto nel repertorio verdiano.

★ SAPHO
(*Saffo*)
Pièce lyrique *in cinque atti di Jules Massenet (1842-1912), su libretto di H. Cain e A. Bernède dal romanzo omonimo di A. Daudet. Prima rappresentazione: Parigi, Opéra-Comique, 27 novembre 1897.*

A Parigi, lo scultore Caoudal (baritono) raduna nella sua casa una folla di artisti, tra cui il giovane pittore Jean Gaussin (tenore), appena giunto dalla provincia. Disorientato dal bel mondo parigino, Jean è altresí affascinato dalla bella Fanny Legrand (soprano), una celebre modella, nota come "Sapho". Tra i due nasce un'improvvisa passione. Qualche tempo dopo, nella sua camera, Jean riceve la visita di Césaire (basso), suo padre, di Divonne (mezzosoprano), sua madre, e di Irène (soprano), una giovane orfana che nutre per Jean un tenero sentimento; ma il giovane pittore è ormai tutto preso dall'amore per Fanny, che ricambia il suo sentimento. Nella campagna di Ville-d'Avray, Fanny e Jean vivono felici, ma a turbare questa atmosfera giunge Caoudal con un gruppo di altri scapestrati. Dalla bocca di Caoudal, Jean apprende il passato, tutt'altro che immacolato, di "Sapho". Dopo una furibonda lite con la donna, Jean fugge e ritorna in Provenza. Il giovane tenta inutilmente di dimenticare Fanny con l'amore di Irène; l'improvviso arrivo di Fanny, provata per la perdita di Jean, potrebbe riunire i due giovani, ma i genitori di Jean invitano Fanny ad andarsene. È inverno. Nella casa di Ville-d'Avray, Fanny rilegge le lettere d'amore che le scriveva Jean. Ed ecco che il giovane le compare davanti: egli non può vivere lontano da lei; ma allo stesso tempo è ancora tormentato dal passato di Fanny. Questa capisce che tra loro, nonostante vi sia ancora amore, qualcosa si è spezzato per sempre. Cosí, non appena Jean, vinto dalla fatica del viaggio e dall'emozione, si addormenta, Fanny si allontana.

Nonostante ai giorni nostri sia rappresentata non molto di frequente, *Sapho*, la cui vicenda ricorda per taluni aspetti *La traviata*, è una delle partiture piú felici del compositore francese, che tratteggia i due personaggi principali con pregevoli intuizioni drammatiche e liriche, in particolare Fanny, una tra le piú belle e intense figure dell'opera francese.

♦ SARDINERO, VICENTE
(Barcellona 1937)
Baritono spagnolo. Ha studiato al Conservatorio della sua città, iniziando la carriera musicale come interprete di *zarzuelas*. Dopo essersi perfezionato a Milano con V. Badiali, si è affermato nei concorsi "Vinas" di Barcellona (1965) e "Verdi" di Busseto (1966). Ha esordito al Liceu di Barcellona nel 1967, come Germont (*La traviata*); nello stesso anno iniziava la carriera internazionale cantando *Lucia di Lammermoor* al Teatro alla Scala di Milano, alla New York City Opera (*Pagliacci*, 1970) e poi via via sui piú importanti palcoscenici di tutto il mondo. In anni recenti ha cantato all'Opéra di Parigi (*Puritani*, 1987) e all'Opera di Roma (*Roberto Devereux*, 1987).

♦ SASS, SYLVIA
(Budapest 1951-1991).
Soprano ungherese. Allieva di O. Revhegyi all'Accademia "Liszt" di Budapest. Ha esordito all'Opera di Stato della stessa città nel 1971 come Frasquita (*Carmen*). Impostasi in importanti concorsi internazionali di canto, si afferma in breve tempo in campo internazionale: Covent Garden di Londra (*I lombardi*, 1976), Metropolitan di New York (*Tosca*, 1977), Scala di Milano (*Manon Lescaut*, 1978), ecc. La sua indubbia presenza drammatica l'ha spinta ad affrontare prematuramente un repertorio troppo drammatico per la sua voce che nell'emissione in pianissimo aveva i suoi momenti piú felici ed espressivi. Tra le sue migliori interpretazioni (da lei anche incise) si ricordano: *A Kékszakállú herceg vára* (*Il castello del principe Barbablú*) di Bartók, *Hunyadi László* di Erkel, *Don Giovanni* di Mozart, *Ernani* e *Stiffelio* di Verdi.

■ SĀVITRI
Opera in un atto di Gustav Holst (1874-1934), su libretto proprio. Prima rappresentazione: Londra, Wellington Hall, 5 dicembre 1916.

In una foresta indiana, Sāvitri (soprano) è turbata perché i suoi sogni le hanno preannunciato una terribile sciagura. Ed ecco giungere la Morte (basso) che vuole portare con sé Satyavan (tenore), il marito di Sāvitri. E cosí avviene: Satyavan cade senza vita tra le braccia di Sāvitri che, disperata, dichiara eterno amore a uno sposo che tanto l'ha amata e che ora è scomparso per sempre. La Morte, commossa da tanta abnegazione, offre alla giovane di esaudire qualsiasi desiderio, tranne quello di ridare la vita a Satyavan. La fanciulla chiede allora la vita, quella vita che le viene dall'amore, e per lei la vita ha un solo nome, quello del marito. La Morte, vinta dall'accorata preghiera di Sāvitri, le riconsegna Satyavan, affermando di esser stata vinta dall'amore.

Composta nel 1908, ma rappresentata con un buon successo nel 1916, *Sāvitri* si ispira a un episodio del *Mahābhārata*, il famoso poema epico indiano.

■ SAWALLISCH, WOLFGANG
(Monaco 1923)
Direttore d'orchestra tedesco. Ha studiato all'Accademia Musicale della sua città per poi esordire ad Augusta nel 1947 (*Hänsel und Gretel* di Humperdinck), dove ha diretto fino al 1953. Si è rapidamente affermato nel suo paese, assumendo successivamente le cariche di *Generalmusikdirektor* ad Aquisgrana (1953-57), Wiesbaden (1957-59), Colonia (1959-63) e al Festival di Bayreuth (1957-62). *Generalmusikdirektor* (1971) e *Intendant* (1982) all'Opera di Monaco di Baviera, Sawallisch dirige in campo internazionale, comparendo anche in veste di pianista accompagnatore di cantanti in esecuzioni liederistiche. Frequenti le sue apparizioni alla Scala di Milano, dove ha debuttato nel 1965 (*Lohengrin* di Wagner) e dove, in anni recenti, ha diretto *Arabella* di Strauss (1992). Uno dei maggiori direttori d'orchestra della sua generazione, è particolarmente noto per le sue interpretazioni del repertorio wagneriano e straussiano.

■ SCALA DI SETA, LA
Farsa comica in un atto di Gioachino Rossini (1792-1868), su libretto di G.M. Foppa, tratto da L'échelle de soie di F.-A.-E. Planard. Prima rappresentazione: Venezia, Teatro San Moisè, 9 maggio 1812.

Giulia (soprano) è segretamente sposata con Dorville (tenore), ed ora il suo tutore,

In alto:
una scena da *La scala di seta*,
di G. Rossini.

A destra:
il compositore italiano Domenico Scarlatti.

Dormont (tenore), la vuole maritare con Blansac (baritono), di cui è innamorata la cugina di Giulia, Lucilla (mezzosoprano). Dorville tutte le notti raggiunge la sposa, salendo alle sue stanze con una scala di seta. Il servo Germano (baritono), per un equivoco, avverte Blansac che Giulia lo aspetta quella notte. Lucilla, conosciuto l'intrigo, si nasconde per sorprendere i due; si nascondono anche Germano e poi, da ultimo, il tutore che sorprende Lucilla, Germano e Blansac. È lo scandalo! Ma ecco comparire Dorville e Giulia che svelano il loro matrimonio segreto. I due giovani vengono perdonati da Dormont, che acconsente pure alle nozze fra Lucilla e Blansac.

Il libretto, tratto da una farsa francese, presenta evidenti analogie con *Il matrimonio segreto* di Cimarosa. Alla prima veneziana l'opera ebbe un successo non privo di contrasti. *La scala di seta* è un piccolo capolavoro, brillante nel suo incedere, specie nell'ampia scena finale, che rivela la grande abilità teatrale di Rossini.

♦ SCALCHI, GLORIA
(Trieste 1956)
Mezzosoprano italiano. Nata in una famiglia di musicisti, che nel secolo scorso aveva dato un famoso contralto rossiniano, Sofia Scalchi (1850-1922), ha iniziato lo studio del canto con il padre e quindi con I. Adami Corradetti e J. Metternich. Su consiglio del musicologo e direttore d'orchestra A. Zedda, si è indirizzata al repertorio belcantista, rossiniano in particolare. Proprio del compositore pesarese ha interpretato tra l'altro: Emma (*Zelmira*, Opera di Roma, 1989), Zomira (*Ricciardo e Zoraide*, Pesaro, 1990), Sinaide (*Mosè*, Comunale di Bologna, 1991), Andromaca (*Ermione*, Opera di Roma, 1991), Arsace (*Semiramide*, Pesaro, 1992), ruolo questo con il quale ha debuttato al Metropolitan di New York (1992). Ha inoltre interpretato *La favorita* di Donizetti (Bergamo, 1991), *Werther* di Massenet e *Roberto Devereux* di Donizetti (Comunale di Bologna, 1991-92).

♦ SCANDIUZZI, ROBERTO
(Maserada sul Piave, Treviso 1958)
Basso italiano. Dopo essersi diplomato in canto al Conservatorio di Treviso (1981), ha esordito nel 1982 al Teatro Comunale di Bologna come Brander in *La damnation de Faust* (*La dannazione di Faust*) di Berlioz e alla Scala di Milano (Bartolo nelle *Nozze di Figaro* di Mozart) con la direzione di R. Muti. In breve tempo è riuscito ad affermarsi sui maggiori palcoscenici italiani. Nel 1985 ha debuttato al Covent Garden di Londra (*Lucia di Lammermoor*), dove ha in seguito colto un personale successo come Fiesco (*Simon Boccanegra*) con la direzione di G. Solti (1991); ha quindi esordito alla Staatsoper di Vienna nella *Forza del destino* (1992), opera che ha interpretato al San Carlo di Napoli e al Comunale di Firenze, qui con la direzione di Z. Mehta. Dotato di una voce dal timbro bellissimo, estesa e morbida nell'emissione, Scandiuzzi, grazie anche all'eleganza e al vigore del suo fraseggio e all'imponente presenza scenica, è il maggiore basso nobile italiano oggi in attività. Acclamato interprete verdiano (*Don Carlo, Nabucco, Simon Boccanegra*, ecc.), si è altresí messo in luce nel repertorio concertistico (*Stabat Mater* di Rossini e *Requiem* di Verdi), comparendo con alcuni tra i maggiori direttori d'orchestra: Giulini, Haitink, Ozawa, Sinopoli.

• SCARLATTI, ALESSANDRO
(Palermo 1660 - Napoli 1725)
Compositore italiano. Uno dei massimi e fecondi (circa centoquindici opere) operisti del suo tempo, fondatore della Scuola Napoletana. Ha esordito con l'opera *Gli equivoci nel sembiante* (1679). Ha posto le basi del melodramma barocco: ouverture tripartita, aria con "da capo". Tra le sue composizioni piú celebri: *Mitridate Eupatore* (1707), *Il Tigrane* (1715), *Il trionfo dell'onore* (1718), *La Griselda* (1721).

• SCARLATTI, DOMENICO
(Napoli 1685 - Madrid 1757)
Compositore italiano, figlio di Alessandro. Ricordato soprattutto per le sue composizioni di musica clavicembalistica, D. Scarlatti ha scritto circa cinquanta opere, tra le quali si ricordano in particolare *Tetide in Sciro* (1712), la farsetta musicale *La Dirindina* (1715) e *Il Narciso* (1720).

SCHAUSPIELDIREKTOR, DER
(*L'impresario teatrale*)
Commedia in un atto con musica di Wolfgang Amadeus Mozart (1756-1791), su libretto di G. Stephanie jr. Prima rappresentazione: Vienna, Castello di Schönbrunn, 7 febbraio 1786.

Un impresario (recitante) deve mettere insieme una compagnia di canto; convoca quindi cantanti e attori. Due soprani si esibiscono davanti a lui, Madame Herz e Madame Silberklang. Tra le due donne scoppia un litigio su chi delle due è la "primadonna". Interviene il tenore Monsieur Vogelsang che cerca di calmarle. Nel *vaudeville* finale tutto si acqueta.

Per questa commedia Mozart scrisse una bella ouverture, due piacevolissime arie e un *vaudeville*. Nella stessa serata della prima rappresentazione, Salieri rappresentò, con maggior successo, la sua opera *Prima la musica poi le parole*.

▲ SCHIKANEDER, EMANUEL
(Straubing, Ratisbona 1751 - Vienna 1812)
Librettista, compositore, attore, agente teatrale e cantante tedesco. Ha scritto un centinaio di libretti, tra i quali il piú celebre è quello per *Die Zauberflöte* (*Il flauto magico*) di Mozart, con il quale aveva stretto amicizia.

♦ SCHMIDT, ANDREAS
(Düsseldorf 1960)
Baritono tedesco. Ha studiato organo, pianoforte, direzione d'orchestra e quindi canto con I. Reichelt. Si è quindi perfezionato con D. Fischer-Dieskau a Berlino. In questa città, alla Deutsche Oper, ha esordito nel 1984 (Malatesta nel *Don Pasquale* di Donizetti). La sua bellissima voce, l'ottima tecnica, il fraseggio raffinato (Schmidt è anche un acclamatissimo interprete del repertorio concertistico), lo hanno ben presto imposto in campo internazionale: Covent Garden di Londra (*Faust*, 1986; *Cosí fan tutte*, 1989), Monaco

Emanuel Schikaneder, librettista, compositore, attore, agente teatrale e cantante tedesco.

di Baviera (*Cosí fan tutte*, 1986), Staatsoper di Vienna (*Tannhäuser*, 1988-89), Metropolitan di New York (*Le nozze di Figaro*, 1991) ecc.

● SCHÖNBERG, ARNOLD
(Vienna 1874 - Los Angeles 1951)
Compositore austriaco. Si formò da autodidatta e studiò quindi con Zemlinski, che divenne in seguito suo cognato. Il suo linguaggio totalmente nuovo si esprime pienamente anche nelle sue quattro opere: *Erwartung* (Attesa, 1924), *Die glückliche Hand* (La mano felice, 1924), nella quale usò per la prima volta lo *Sprechgesang*. Con la tecnica dodecafonica, Schönberg compose *Von Heute auf Morgen* (Dall'oggi al domani, 1930) e *Moses und Aron* (Mosè e Aronne, 1954) che, benché incompiuta, rappresenta il punto piú alto e la sintesi del suo teatro.

● SCHUBERT, FRANZ
(Lichtenthal, 1797 - Vienna 1828)
Compositore austriaco. Già in tenera età mise in luce un eccezionale talento artistico; iniziò gli studi musicali con M. Holzer, maestro del coro di Lichtenthal. Nel 1812 divenne allievo di Salieri, con il quale studiò per circa cinque anni. La sua produzione teatrale non ebbe assolutamente fortuna e quasi tutte le sue opere vennero rappresentate postume. L'interesse del compositore per il melodramma è testimoniato dalle numerose partiture rimaste incomplete o rimaste allo stadio di pochi appunti. Dopo il suo primo tentativo teatrale, *Der Spiegelritter* (Il cavaliere dello specchio) composto tra il 1811 e il 1812, ma rimasto incompleto, le opere piú significative sono senza dubbio *Claudine von Villa Bella* del 1815 (della quale rimangono l'ouverture e il primo atto), *Die Freunde von Salamanka* (Gli amici di Salamanca) del 1815, *Alfonso und Estrella* (1821-22) e *Fierrabras* (1823).

♦ SCHWARZ, HANNA
(Amburgo 1943)
Mezzosoprano tedesco. Ha studiato alla Musikhochschule di Hannover, dove ha esordito come Siegrune in *Die Walküre* (La walkiria) nel 1970. Tre anni dopo è entrata nella compagnia stabile dell'Opera di Amburgo (1973), mentre nel 1975 è comparsa per la prima volta al Festival di Bayreuth (Erda nel *Ring*), esibendosi quindi regolarmente come interprete di Fricka (nel *Ring* firmato da Boulez-Chéreau), Brangania *Tristan und Isolde* (Tristano e Isotta). È ottima interprete straussiana, oltre che wagneriana, di opere come *Der Rosenkavalier* (Il cavaliere della rosa), *Die Frau ohne Schatten* (La donna senz'ombra), ruoli in cui sono emersi i suoi doviziosi mezzi vocali.

♦ SCHWARZKOPF, ELISABETH
(Jarocin, Poznań 1915)
Soprano tedesco naturalizzato inglese. Ha studiato a Berlino con L. Mysz-Gmeiner e con M. Ivogün. Ha debuttato nel 1938 all'Opera di Berlino-Charlottenburg come Fanciulla-fiore nel *Parsifal* di Wagner. Inizialmente si è indirizzata al repertorio di coloratura e, già squisita interprete liederistica, nel secondo dopoguerra si mette in luce, oltre che come grande interprete mozartiana, in *Der Rosenkavalier* (Il cavaliere della rosa), *Capriccio*, *Arabella* di Strauss. Abbandonate le scene nel 1971, negli anni seguenti si è esibita solamente in sede concertistica (le sue interpretazioni dei *Lieder* di Schubert, Wolf, Strauss, Mahler, sono da considerarsi storiche); nel 1979 si è definitivamente ritirata dall'attività artistica, dedicandosi all'insegnamento e affrontando anche la regia d'opera (*Der Rosenkavalier* a Bruxelles nel 1981).

SCHWEIGSAME FRAU, DIE
(La donna silenziosa)
Opera comica in tre atti di Richard Strauss (1864-1949), su libretto di S. Zweig dalla commedia Epicoene, or the Silent Woman *di B. Jonson. Prima rappresentazione: Dresda, Staatsoper, 24 giugno 1935.*
Nel XVIII secolo. Il vecchio lupo di mare Sir Morosus (basso), dopo l'esplosione della sua nave, cui è miracolosamente scampato, non sopporta i rumori. Henry (tenore), suo nipote ed erede universale, si stabilisce in casa sua con un gruppo di amici, membri di una compagnia operistica, creando un grande scompiglio. Morosus, furente, scaccia gli ospiti indesiderati, diseredа il nipote e incarica il suo barbiere (baritono) di cercargli una moglie. Il barbiere, alleatosi con Henry, fa conoscere a Morosus Timida, una donna saggia e silenziosa, che in realtà è la cantante Aminta (soprano), moglie di Henry. Dopo un finto matrimonio, Timida si trasforma in una chiacchierona infernale. Morosus piomba nella piú totale disperazione; a questo punto Henry e Aminta confessano l'inganno a Morosus che, dopo una crisi di collera, ritrova nella riconciliazione con i due giovani la sua pace interiore.
La partitura è tra le piú ricche ed elaborate del repertorio straussiano. Dialoghi veloci e brillanti e un'orchestrazione che rasenta il virtuosismo assicurarono all'opera un esordio trionfale.

■ SCIMONE, CLAUDIO
(Padova 1934)
Direttore d'orchestra italiano. Allievo di G. Zecchi, D. Mitropoulos e F. Ferrara, nel

Il compositore austriaco Arnold Schönberg in un ritratto di Egon Schiele.

1959 ha fondato l'orchestra da camera "I Solisti Veneti", con la quale ha ben presto acquisito grande celebrità nell'esecuzione di musica strumentale del XVIII secolo, in particolare di Vivaldi. E proprio con questo autore nel 1979 ha esordito nell'opera, riscoprendo l'*Orlando Furioso* al Filarmonico di Verona, poi ripreso al Festival di Aix-en-Provence (1981). Sempre di Vivaldi ha poi diretto il *Catone in Utica* (1984). Degne di nota le sue esecuzioni (spesso affiancate da incisioni discografiche) di opere di Rossini (*Italiana in Algeri*, *La donna del lago*, *Mosè in Egitto*, *Maometto II*, *Ermione*, *Zelmira* e *Armida*).

♦ SCOTTO, RENATA
(Savona 1934)
Soprano italiano. Allieva di E. Ghirardini, Merlini e M. Llopart a Milano. Esordisce a Savona nel 1952 come protagonista in *Traviata* di Verdi; ruolo che ripete al Teatro Nuovo di Milano, un anno dopo. Sempre nel 1953 canta per la prima volta alla Scala di Milano (Walter in *Wally* di Catalani). Inizia una brillante carriera sui principali teatri italiani e si afferma definitivamente nel 1957, a Edimburgo, sostituendo la Callas in *Sonnambula*. Si esibisce in tutti i più grandi palcoscenici del mondo, legando in particolare il suo nome al Metropolitan di New York (1965-87), dove ha firmato anche la sua prima regia d'opera, *Madama Butterfly*, che ha poi ripreso all'Arena di Verona, nel 1987. La sua vocalità di soprano lirico di coloratura l'ha resa celebre come Mimí, Amina, Lucia, Gilda, Butterfly, poi, alla fine degli anni '60, ha iniziato ad allargare il repertorio che ha via via incluso oltre a molti ruoli verdiani (*Lombardi*, *Vespri siciliani*, *Trovatore*, *Macbeth*, ecc.), Puccini, Giordano, Mascagni, ecc. facendo sempre risaltare le sue straordinarie qualità di fraseggio. Nel 1992 ha cantato per la prima volta il ruolo della Marescialla in *Der Rosenkavalier* (*Il cavaliere della rosa*) di Strauss al Massimo "Bellini" di Catania.

♦ SCOVOTTI, JEANETTE
(New York 1933)
Soprano statunitense. Ha studiato canto con M. Schey-Kux alla Third Street Music School e alla Juilliard School. Ha esordito nel 1959 alla New York City Opera in *The Medium* (*La medium*) di Menotti. Nella stagione 1962-63 ha debuttato come Adele in *Die Fledermaus* (*Il pipistrello*) di J. Strauss, al Metropolitan di New York, dove è rimasta per quattro stagioni cantando i maggiori ruoli di soprano di coloratura. Nel 1966, scritturata da R. Liebermann, è entrata nella compagnia stabile dell'Opera di Amburgo. Si è quindi prodotta sui principali palcoscenici internazionali oltre che in campo discografico. Dotata di una voce di bel timbro, tecnicamente impeccabile, ha dato pregevoli interpretazioni (anche in disco) di *Les contes d'Hoffmann* (*I racconti di Hoffmann*) di Offenbach, *Castor et Pollux* (*Castore e Polluce*) di Rameau, *Rinaldo* di Händel e in *Die schweigsame Frau* (*La donna silenziosa*) di R. Strauss.

♦ SECUNDE, NADINE
(Cleveland, Ohio 1951)
Soprano statunitense. Una delle maggiori interpreti del repertorio wagneriano e straussiano. Ha cantato all'Opera di Monaco di Baviera *Rheinghold* (*L'oro del Reno*) 1987; al Festival di Bayreuth *Lohengrin*, 1987-88, *Die Walküre* (*La walkiria*), 1989; Covent Garden di Londra *Lohengrin*, 1988; Boston Symphony Hall *Elektra*, 1988; Lyric Opera di Chicago *Tannhaüser*, 1988; Teatro La Fenice di Venezia *Lohengrin*, 1990.

♦ SEGRETO DI SUSANNA, IL
Intermezzo in un atto di Ermanno Wolf-Ferrari (1876-1948), su libretto di E. Golisciani. Prima rappresentazione, con il titolo tedesco di Susannens Geheimnis, *Monaco,* Hoftheater, *4 dicembre 1909.*

Il barone Gil (baritono) è geloso della moglie Susanna (soprano); uscite in ore insolite e un odore di tabacco nella casa hanno messo in sospetto l'uomo, che ora crede che Susanna abbia un amante. Gil interroga la donna e, di fronte alle risposte negative, la accusa di nascondere qualcosa. La moglie lo ammette, ma non dice di che si tratta. Gil fa una scenata, spacca tutto e lei fugge in camera, e invita poi il marito ad andarsene al circolo, dagli amici. Gil esce e Susanna, rimasta sola, fuma una sigaretta. Sicuro che un amante sia in casa, Gil rientra dalla finestra... e scopre l'innocente segreto della moglie. Si scusa e promette, anzi, che fumerà anche lui, per farle compagnia.

A sinistra:
una scena da *La donna silenziosa*,
di R. Strauss.

In alto:
un ritratto del compositore austriaco
Franz Schubert.

SEMIRAMIDE

Condotta sulla falsariga degli intermezzi settecenteschi, dopo la prima rappresentazione di Monaco nel 1909 l'opera di Wolf-Ferrari ha raccolto larghi consensi su tutti i palcoscenici dove è stata rappresentata: dal Costanzi di Roma (1911), con la direzione di Toscanini, al Metropolitan di New York, al Covent Garden di Londra, ecc. La partitura brilla per la pressoché perfetta fusione tra parola, gesto e musica.

SEMIRAMIDE

Melodramma tragico in due atti di Gioachino Rossini (1792-1868), su libretto di G. Rossi, dalla Sémiramis *di Voltaire. Prima rappresentazione: Venezia, Teatro La Fenice, 3 febbraio 1823.*

Nel tempio di Belo la regina Semiramide (soprano) deve scegliere il successore al trono, dopo l'assassinio del consorte, il re Nino. Ma una folgore dal cielo getta nel terrore i presenti: la divinità vuole che sia punito il regicidio. Richiamato da Oroe (basso), capo dei magi, Arsace (contralto), comandante dell'esercito, ritorna a Babilonia. Semiramide ama Arsace ed intende farlo suo sposo. La regina destina Azema (soprano), la principessa assira amata da Arsace, al re indiano Idreno (tenore) e annuncia, davanti al mausoleo di Nino, il nome del suo sposo: Arsace. In quello stesso momento, fra tuoni e fulmini, l'ombra di Nino (basso) pronuncia un'oscura profezia: Arsace diverrà re, ma solo dopo averlo vendicato. Piú tardi, nel palazzo reale, il principe Assur (basso), complice di Semiramide nell'assassinio di Nino, rievoca con lei il momento del delitto. Intanto, Oroe rivela ad Arsace il nome degli uccisori del re; al giovane inorridito svela poi la sua vera identità: egli è il figlio, creduto morto, di Nino. Scoperta ormai tutta la verità, Arsace affronta Semiramide e le rivela di essere suo figlio; il giovane però è angosciato dal fatto di dover vendicare l'assassinio del padre. All'interno del sepolcro di Nino convengono, l'uno all'insaputa dell'altro, Assur, Arsace e Semiramide; il figlio, nell'oscurità, uccide la madre credendola Assur. Resosene conto, vorrebbe togliersi la vita, ma i sacerdoti e il popolo lo fermano, acclamandolo re di Babilonia.

Ultima opera scritta da Rossini per le scene italiane, fu accolta alla prima veneziana da grande entusiasmo. Un entusiasmo che si ripeté a Napoli e a Vienna. La partitura è maestosa (da un lato prelude al *grand-opérà* francese, per le grandi scene d'assieme), ma anche originale per intensità drammatica e bellezza del canto, ricco di un virtuosismo che qui raggiunge una sua perfetta astrazione espressiva. Grazie alla grande rinascita del belcanto dei nostri giorni, *Semiramide* è rappresentata piuttosto frequentemente. Recentemente è stata rappresentata al Rossini Opera Festival (1992) per la prima volta in versione integrale e nella revisione critica di A. Zedda.

♦ **SENN, MARTHA**
(San Gallo 1949)
Mezzosoprano colombiano. Nata in Svizzera è però cresciuta in Colombia. Ha compiuto gli studi musicali negli Stati Uniti; nel 1982 si è affermata in concorsi internazionali di canto, grazie ai quali ha iniziato una brillante carriera internazionale. Grazie alla sua perfetta aderenza stilistica, alla intelligenza interpretativa e all'affascinante presenza scenica, nel 1986 si è rivelata sostituendo L. Valentini-Terrani nella *Carmen* inaugurale della stagione del San Carlo di Napoli. Le si sono cosí aperte le porte dei maggiori teatri italiani: Opera di Roma (*Italiana in Algeri*, 1987); Comunale di Bologna (*Falstaff*, 1987); Massimo di Palermo (*La belle Hélène*, 1988); La Fenice di Venezia (*La bohème* di Leoncavallo, 1990); "Rossini" Opera Festival di Pesaro (*Atelier Nadar* di Rossini, 1990); Scala di Milano (*Fra Diavolo*, 1992), oltre che le maggiori scene internazionali.

♦ **SERRA, LUCIANA**
(Savona 1943)
Soprano italiano. Nel 1966 è comparsa per la prima volta sulle scene del Teatro Erkel di Budapest. Ha quindi cantato all'Opera di Teheran (1969-76). Nel 1979 si è rivelata al Teatro Comunale di Bologna (Amina nella *Sonnambula*); ha cosí inizio la sua carriera internazionale, oltre che sui maggiori palcoscenici italiani. Ha cantato al Covent Garden di Londra *Les contes d'Hoffmann* (*I racconti di Hoffmann*), nel 1980; al Lyric Opera di Chicago *Lakmé*, nel 1983; alla Staatsoper di Vienna, nel 1988 e al Metropolitan di New

In alto:
una scena dalla *Semiramide*,
di G. Rossini.

A destra:
il mezzosoprano colombiano
Martha Senn.

York, nel 1990, *Die Zauberflöte* (*Il flauto magico*), ecc. Una delle massime interpreti del repertorio di coloratura, grazie alle sue strepitose capacità virtuosistiche e al suo altrettanto ragguardevole registro acuto (che tocca il fa sopracuto). In anni recenti si è accostata a ruoli piú spinti come Eleonora (*Torquato Tasso* di Donizetti, 1985) e Violetta (*La traviata*, 1991).

SERSE
Opera in due atti di Georg Friedrich Händel (1685-1759), su libretto adattato da quello di Minato per Cavalli, rielaborato da S. Stampiglia. Prima rappresentazione: Londra, King's Theatre, 15 aprile 1738.

Il re di Persia Serse (contralto) s'innamora perdutamente della principessa Romilda (soprano), tanto da scordare Amastre (contralto), sua legittima fidanzata. Ma Romilda è legata ad Arsamene (contralto), fratello di Serse. Questi, vedendosi rifiutato da Romilda, manda in esilio il fratello, del quale si è invaghita anche Atalanta (soprano), sorella di Romilda. Per avere Arsamene, Atalanta fa di tutto per favorire le nozze della sorella con il re. Intercetta una lettera di Arsamene indirizzata a Romilda, e fa credere al re di esserne la destinataria, pregandolo di accelerare i tempi delle sue nozze con Arsamene. Serse a sua volta si serve della missiva per tentare di convincere Romilda del tradimento di Arsamene. L'inganno viene smascherato, ma non distoglie dai suoi propositi Serse, che affronta Ariodate (basso), il padre di Romilda. Il re però presenta la situazione in un modo cosí ambiguo, che Ariodate capisce di dover dare in sposa Romilda ad Arsamene. Quando il re si accorge dell'equivoco, i due amanti sono già sposi. Serse è cosí costretto a rassegnarsi e a tornare all'amore di Amastre.

Serse è una delle piú importanti e significative partiture händeliane. La prima rappresentazione fu preceduta da una esecuzione in forma di oratorio il 28 marzo 1738. Particolarmente celebre e artisticamente felice l'inizio del primo atto: il "largo" di Serse "Ombra mai fu". Oltre a questa si apprezzano numerose altre pagine e soprattutto l'impronta originale che il compositore è riuscito a dare all'intera partitura.

SERVA PADRONA, LA
Intermezzo in due parti di Giovan Battista Pergolesi (1710-1736), su libretto di G. Federico. Prima rappresentazione, come Intermezzo dell'opera Il prigionier superbo, *dello stesso Pergolesi: Napoli, Teatro San Bartolomeo, 28 agosto 1733.*

Uberto (basso) è un vecchio scapolo nella cui casa spadroneggia la serva Serpina (soprano). Stanco di subirne le prepotenze, Uberto annuncia di voler prender moglie e incarica il servo Vespone (mimo) di cercargli una donna, anche brutta, ma sottomessa. Serpina, comprendendo benissimo che il vecchio ha un debole per lei, traveste Vespone da capitan Tempesta, suo fidanzato. Questo lancia terribili occhiate a Uberto e Serpina dichiara che il fidanzato la sposerà solo se il vecchio verserà in dote un'ingente somma di denaro. La servetta fa poi presente che il capitano rinuncerà a sposarla solo se Uberto diventerà suo marito. Uberto, sollevato, accetta la seconda soluzione, e Serpina, che non desiderava altro, da serva diventa finalmente padrona.

Alla *Serva padrona* si suole far risalire la nascita dell'opera comica, che avrà il suo grande sviluppo per tutto il XVIII secolo e culminerà in Rossini. In effetti in quest'opera Pergolesi ha creato forme musicali e caratterizzazioni psicologiche nuove, che risulteranno poi fondamentali per lo sviluppo del genere buffo. *La serva padrona* fu anche un vero manifesto polemico quando, nel 1752, fu rappresentata a Parigi, dando vita alla celebre *querelles des bouffons*, che coinvolse i sostenitori dell'opera francese e quelli del melodramma italiano.

★ SETTE PECCATI CAPITALI DEI PICCOLI BORGHESI
vedi *Sieben Todsünden der Kleinbürger, Die*

♦ SHICOFF, NEIL
(New York 1949)
Tenore statunitense. Ha studiato canto con L. Richie a Delaware e con J. Tourel alla Juilliard School di New York, esordendo come Narraboth (*Salome* di Strauss) al Kennedy Center di Washington. Nel ruolo di Rinuccio (*Gianni Schicchi*) nel 1976 ha esordito al Metropolitan di New York, dove si esibisce regolarmente (*La traviata, Faust*, 1989-90; *Tosca*, 1991). Ha cantato al Covent Garden di Londra (*Madama Butterfly, La bohème, Macbeth*), alla Staatsoper di Vienna (*Rigoletto*), alla Scala di Milano (*Evgenij Onegin*), ecc. Dotato di una voce dal timbro argenteo un po' limitata nel registro acuto, Shicoff può altresí vantare doti di grande musicalità, eleganza di fraseggio e capacità recitativa, tutte qualità che ha messo particolarmente in luce nelle sue interpretazioni piú celebri: Hoffmann nell'opera di Offenbach e Lenski nell'*Onegin* di Čajkovskij.

♦ SHIMELL, WILLIAM
(Ilford, Essex 1952)
Baritono inglese. Voce bianca alla Westminster Abbey, ha studiato alla St Edward's School di Oxford, quindi alla Guildhall School of Music di Londra con E. Keele. Dopo essersi perfezionato alla National Opera Studio di Londra e aver ottenuto i primi riconoscimenti in diversi concorsi, ha esor-

Il baritono inglese William Shimell.

dito alla English National Opera, nel 1980 (Masetto nel *Don Giovanni*). Si è quindi esibito al Festival di Glyndebourne (*Le nozze di Figaro*, 1984 e 1989), alla Welsh Opera di Cardiff, ecc. Nel 1987 si è messo in luce come Conte d'Almaviva in *Le nozze di Figaro* al suo debutto alla Scala di Milano, con la direzione di R. Muti (con il quale ha inciso appunto quest'opera e il *Don Giovanni*). Ancora con Muti e sempre alla Scala, ha ripreso *Le nozze di Figaro* (1989) e *Lodoïska* di Cherubini (1991). In Italia ha inoltre cantato al Ravenna Festival in *La muette de Portici* (*La muta di Portici*) di Auber (1991).

♦ SHIRLEY, GEORGE
(Indianapolis 1934)
Tenore statunitense. Ha studiato alla Wayne University di Detroit. Ha esordito nel 1959 a Woodstock, New York, nel ruolo di Eisenstein in *Die Fledermaus* (*Il pipistrello*) di J. Strauss. Nel 1961 ha fatto il suo ingresso al Metropolitan di New York cantando in *Così fan tutte* di Mozart. Si è inoltre esibito al Festival dei Due Mondi di Spoleto e a Glyndebourne (1966), al Covent Garden di Londra (*Don Giovanni*, 1967), ecc. Ottimo interprete del repertorio mozartiano, si è inoltre distinto in *Pélleas et Mélisande* di Debussy e in *Oedipus rex* di Stravinskij.

♦ SHIRLEY-QUIRK, JOHN
(Liverpool 1931)
Baritono inglese. Allievo di R. Henderson, ha debuttato sulle scene nel 1961 al Festival di Glyndebourne in *Pelléas et Mélisande* di Debussy. Ha cantato con l'English Opera Group (1964-73) e dal 1973 si è esibito regolarmente al Covent Garden di Londra. Cantante di grande intelligenza e stilista raffinato, Shirley-Quirk è interprete di un repertorio assai vasto e diversificato e ha preso parte alle prime esecuzioni di *Owen Wingrave*, nel 1971, e *Death in Venice* (*Morte a Venezia*), nel 1973, di Britten.

● SIEBEN TODSÜNDEN DER KLEINBÜRGER, DIE
(I sette peccati capitali dei piccoli borghesi)
Balletto con canto in un prologo e sette quadri di Kurt Weill (1900-1950), su testo di B.

Brecht. Prima esecuzione: Parigi, Teatro dei Champs Elysées, 7 giugno 1933.

Nel prologo, in Louisiana, Anna I (soprano), una donna semplice e pratica, e Anna II (ballerina), al contrario sognatrice e idealista, abbandonano la famiglia per andare in cerca di fortuna. Nei successivi sette quadri sono rappresentati i sette peccati capitali, che però assumono un significato opposto a quello che avevano in origine. Ancora in Louisiana, Anna II incontra la Pigrizia e vorrebbe dormire, ma Anna I le pone come esempio un ricattatore che non può permettersi di essere pigro. A Memphis, Anna II deve fare la spogliarellista e comprende che è meglio bandire la Superbia, se la gente è disposta a pagare per uno *strip-tease*. A Los Angeles, Anna I ammonisce la sorella che deve contenere la sua collera (Accidia) per le ingiustizie della società, perché la rende sgradita ai produttori. A Filadelfia, Anna II ha qualche problema con la Gola; la sua ingordigia le fa perdere la linea e così anche i clienti. Giunte a Boston, le due sorelle si imbattono nella Lussuria, che Anna II accosta all'amore altruista, perché non fa guadagnare. Si giunge quindi a Baltimora: Anna II, diventata famosa, mostra però segni di Avarizia, che le nuoce con i clienti. L'ultima tappa è San Francisco e le due sorelle, stanche per il viaggio, provano Invidia per quelli che possono vivere le proprie passioni liberamente. Alla fine, vinti tutti gli scrupoli morali, e accettate le regole del gioco imposte dalla società borghese, le due ragazze riescono ad avere il denaro necessario per coronare il loro progetto e se ne tornano in Luisiana a costruire la casa per la loro famiglia.

I sette peccati capitali rappresenta l'ultimo, e forse il più riuscito, lavoro nato dalla collaborazione tra Weill e Brecht, un sodalizio iniziato nel 1927 ma che nel 1933, l'anno di composizione dell'opera, era già sul punto di rottura. Con una serie di richiami a lavori precedenti, la musica, attraverso *songs* violenti e allo stesso tempo melanconici, pone in risalto l'evoluzione psicologica delle protagoniste.

★ SIEGFRIED
vedi *Ring des Nibelungen, Der*

● SIGNOR BRUSCHINO, IL
Farsa giocosa in un atto di Gioachino Rossini (1792-1868), su libretto di G.M. Foppa, tratto da Le fils par hazard, ou Ruse et folie *di A. de Chazet e E.T.M. Ourry. Prima rappresentazione: Venezia, Teatro San Moisè, gennaio o febbraio 1813.*

Florville (tenore), alla morte del padre, annuncia a Sofia (soprano) di poterla finalmente sposare. Ma Gaudenzio (buffo),

In alto:
il soprano tedesco Anja Silja.

A destra:
una scena da *Il signor Bruschino*,
di G. Rossini.

tutore della giovane, l'ha promessa in sposa a un tal Bruschino (tenore), sconosciuto a tutti. Florville, scoperto che Filiberto (baritono), il padrone di una locanda, sta trattenendo per debiti il promesso sposo, si presenta a Gaudenzio facendosi passare per Bruschino. Giunge però Bruschino padre (basso o baritono) che, come è ovvio, non riconosce in Florville il proprio figlio, ma tutti credono che lo faccia deliberatamente a causa della condotta sconveniente del figlio. Bruschino scopre quindi tutta la commedia ordita da Florville ma, appreso che questi è il figlio del senatore Florville, acerrimo nemico di Gaudenzio, si inserisce anche lui nella burla al tutore, riconosce il giovane come proprio figlio e acconsente al matrimonio con Sofia. Quando Gaudenzio scopre la beffa in cui è caduto, si deve rassegnare e accettare il fatto compiuto.

Il signor Bruschino precede di poco il *Tancredi* e di qualche mese *L'italiana in Algeri*. Già nel *Signor Bruschino* sono presenti quelle arditezze armoniche e di realismo comico del Rossini maturo; celebre la sinfonia in cui si odono i colpi degli archetti dei violini sui leggii.

♦ SILJA, ANJA
(Berlino 1940)
Nome d'arte di Anja Silja Regina Langwagen, soprano tedesco. Cresciuta in una famiglia di artisti, ha studiato con il nonno E. von Rijn. Dopo aver cantato in concerto a Berlino, all'età di dieci anni, ha esordito nel 1956 come Rosina (*Il barbiere di Siviglia*) all'Opera di Berlino. Attiva nei teatri di Stoccarda (dal 1958) e Francoforte (dal 1959) si rivelò al Festival di Bayreuth (1960), dove fece sensazione la sua interpretazione di Senta in *Der fliegende Holländer* (*Il vascello fantasma*). Divenuta la cantante preferita di W. Wagner, ha così legato il suo nome al celebre festival wagneriano, dove ha interpretato Elsa, Elisabetta, Eva, Freia, Venere, Isotta, Brunhilde. Affermatasi anche in campo internazionale, grazie alle strepitose capacità di cantante-attrice, è emersa come una delle maggiori interpreti di *Salome* e *Elektra* di Strauss, di *Wozzeck* e *Lulu* di Berg e di *Mahagonny* di Weill.

♦ SILLS, BEVERLY
(Brooklyn, New York 1929)
Nome d'arte di Belle Silverman, soprano statunitense. Allieva di E. Liebling a New York, ha esordito a Filadelfia nel 1947, come Frasquita in *Carmen*. Dopo aver cantato in varie città degli Stati Uniti, nel 1955 approda alla New York City Opera, il teatro al quale ha legato il suo nome fino al ritiro dalle scene, nel 1980. In Europa ha cantato per la prima volta nel 1965, a Losanna, in *Die Zauberflöte* (*Il flauto magico*), e quindi nel 1969 in *Le siège de Corinthe* (*L'assedio di Corinto*) di Rossini, alla Scala, dove nella stagione successiva ha interpretato *Lucia di Lammermoor*. Nel 1975 ha cantato per la prima volta al Metropolitan di New York (*Le siège de Corinthe*), dove si esibirà fino alla stagione 1978-79. Uno dei massimi soprani del nostro secolo per tecnica e capacità interpretative, della Sills vanno in particolar modo ricordate le sue interpretazioni di *Giulio Cesare* di Händel, di *Roberto Devereux*, *Maria Stuarda*, *Anna Bolena*, *Lucia di Lammermoor* di Donizetti, *Puritani* di Bellini e *Manon* di Massenet.

SIMON BOCCANEGRA
Melodramma in un prologo e tre atti di Giuseppe Verdi (1813-1901), su libretto di F.M. Piave, dal dramma Simón Bocanegra *di A. García Gutiérrez. Prima rappresentazione: Venezia, Teatro La Fenice, 12 marzo 1857.*

A Genova nel XIV secolo. L'ex corsaro Simon Boccanegra (baritono), un plebeo, sta per essere eletto doge grazie alle manovre dei popolani Paolo Albiani (baritono) e Pietro (basso). Boccanegra spera così di sposare Maria, figlia del patrizio Jacopo Fiesco (basso). Maria però muore e la figlia, nata dalla relazione con Simone, è scomparsa in circostanze misteriose. Venticinque anni dopo, Fiesco ha allevato una trovatella; nessuno sa ma si tratta della figlia di Simone. Ora si chiama Amelia Grimaldi (soprano); di lei è innamorato il patrizio Gabriele Adorno (tenore). Vedendo un ritratto di Maria, che Amelia ha conservato, Boccanegra capisce chi sia la fanciulla. Poco dopo l'Adorno viene arrestato, con l'accusa di aver ucciso un uomo che aveva tentato di rapire Maria. La ragazza incolpa del tentativo di rapimento l'Albiani, al quale il doge aveva in un primo tempo destinato la giovane, ma poi, una volta riconosciuta in Amelia la figlia Maria, ha annullato le nozze. Fallito il tentativo di rapimento, Paolo convince Gabriele che tra Amelia-Maria e il doge vi è un legame impuro. Gabriele, furente, cerca di uccidere Simone, il quale però gli rivela la verità. Paolo, intanto, ha

Il soprano statunitense Beverly Sills.

segretamente avvelenato il doge. Gabriele, al quale Simone ha concesso la mano di Maria, placa una ribellione popolare fomentata dall'Albiani, che viene incarcerato. Boccanegra prima di morire rivede Fiesco, al quale indica in Maria sua figlia, poi proclama Gabriele suo successore.

Dopo l'insuccesso della prima rappresentazione veneziana, su suggerimento dell'editore Ricordi, Verdi riprese in mano la partitura. Era il 1880 e Verdi chiamò Boito al quale affidò importanti modifiche da apportare al libretto del Piave. La nuova versione andò in scena alla Scala il 24 marzo 1881, dove ottenne un ottimo successo. Nella partitura trova grande risalto la figura del protagonista, nel quale il compositore ha saputo infondere una carica di profonda e dolente umanità, che ne fa uno dei più straordinari personaggi verdiani.

● **SINOPOLI, GIUSEPPE**
(Venezia 1946)
Compositore e direttore d'orchestra italiano. Ha studiato al Conservatorio di Venezia e con B. Maderna e K. Stockhausen. Trasferitosi a Vienna (1972), si è perfezionato in direzione d'orchestra con H. Swarowsky. Nel 1978 ha esordito come direttore d'opera alla Fenice di Venezia con *Aida* di Verdi. Ha quindi diretto al Covent Garden di Londra (*Manon Lescaut* di Puccini), al Metropolitan di New York (*Tosca*, 1985) e al Festival di Bayreuth (*Tannhäuser*, 1985), dove dirige regolarmente. Molto attivo anche in campo discografico: tra le sue migliori incisioni il *Nabucco* di Verdi (1982), *Manon Lescaut* e *Madama Butterfly* di Puccini (1983 e 1987) e *Tannhäuser* di Wagner (1988). Ha composto l'opera *Lou Salomè* (1981).

● **SKASANIE O NEVIDIMOM GRADE KITEŽE I DEVE FEVRONI**
(La leggenda dell'invisibile città di Kitež e della fanciulla Fevronia)
Opera seria in quattro atti di Nikolaj Rimskij-Korsakov (1844-1908), su libretto di V. Bel'skij. Prima rappresentazione: San Pietroburgo, Teatro Mariinskij, 20 febbraio 1907.

Vsevolod (tenore), principe della città di Kitež, resta ferito durante una partita a caccia nella foresta. Fevronia (soprano), giovane sorella di un boscaiolo, che vive presso Kitež minore, un sobborgo della città, gli presta soccorso e il giovane si innamora di lei e le chiede di diventare sua sposa. Quando un sontuoso corteo nuziale guida la fanciulla a Kitež minore, un ubriacone, Kutierma (tenore), lancia pesanti parole a Fevronia, ricordandole le sue umili origini. La giovane risponde con semplicità, commuovendo il popolo. Ma tutto è interrotto dall'improvviso arrivo dei Tartari, che mettono a ferro e fuoco la città. I superstiti trovano rifugio a Kitež maggiore, mentre Fevronia, fatta prigioniera, prega per la salvezza della città. Ed ecco che una fitta nebbia rende invisibile la città. I Tartari sono sulla riva del lago Jar, di fronte alla città scomparsa. Kutierma, che ha guidato gli invasori, lancia un grido: nel lago si scorge il riflesso della città invisibile; i Tartari, terrorizzati dal prodigio, si danno alla fuga. Kutierma fugge con Fevronia, ma poi la fanciulla, stremata, rimane sola nella foresta. Nel delirio della morte, Fevronia si vede circondata di fiori, mentre Vsevolod, il suo promesso sposo, morto nella difesa della città, la conduce alla città invisibile. Ed ecco che Kitež rivive luminosa nell'eternità: il corteo nuziale riprende e i due giovani si uniranno al di là della morte.

Composta da Rimskij-Korsakov tra il 1903 e il 1904, l'opera, con la sua vicenda imperniata sull'evento miracoloso, ben si adatta all'ispirazione favolosa del compositore. La musica è una perfetta fusione di elementi melodici, che riprendono il canto popolare russo, con l'invenzione del musicista.

● **SMETANA, BEDŘICH**
(Litomyšl 1824 - Praga 1884)
Compositore ceco. A quattro anni suonava il violino, a sei il pianoforte e ben presto iniziò a comporre. La sensibilità di Smetana per le radici e le tradizioni storiche e culturali del suo paese, in un momento storico particolarmente sensibile allo spirito nazionalistico, trova espressione nella sua prima opera, *Braniboři v Čechác* (*I brandeburghesi in Boemia*, composta nel 1862-63 e rappresentata nel 1866). Quella che però è diventata l'opera simbolo del nazionalismo ceco è *Prodaná Nevěsta* (*La sposa venduta*, 1866), considerata il capolavoro musicale del compositore. Su soggetto romantico sono invece le opere *Dalibor* (1868) e *Libuše* (1881), in particolare quest'ultima è ancora oggi eseguita in occasioni di ricorrenze nazionali. Le

In alto:
una scena dal *Simon Boccanegra*, di G. Verdi, in un allestimento del Teatro Comunale di Firenze.

A destra:
il compositore ceco Bedřich Smetana.

sue successive opere: *Dvé vdovy* (*Le due vedove*, 1874), *Hubička* (*Il bacio*, 1876), *Tajemství* (*Il segreto*, 1878), *Čertova Stěna* (*Il muro del diavolo*, 1882), sono di carattere comico-sentimentale ed evocano atmosfere e tradizioni popolari ceche.

♦ SMITH, JENNIFER
(Lisbona 1945)
Soprano inglese. Ha studiato al Conservatorio di Lisbona. Si è affermata come una delle maggiori interpreti del repertorio antico e barocco; ha cantato al Festival di Aix-en-Provence (*Les Boréades*, *Hippolyte et Aricie* di Rameau), all'Opéra di Parigi (*Atys* di Lully, 1987) e in altre importanti sedi musicali. Il suo repertorio comprende opere di Händel (*Amadigi di Gaula*, *Hercules*), Purcell (*The Fairy Queen*, *The Indian Queen*, *King Arthur*), Rameau (*Castor et Pollux*, *Les Indes galantes*).

♦ SÖDERSTRÖM, ELISABETH
(Stoccolma 1927)
Soprano svedese. Allieva dell'Accademia Reale di Musica di Stoccolma e della scuola dell'Opera di Stoccolma, ha esordito a Drottningholm in *Bastien und Bastienne* (*Bastiano e Bastiana*) di Mozart (1947). Entrata all'Opera di Stoccolma, parallelamente ha iniziato una brillante carriera internazionale, legando il suo nome in particolar modo al Festival di Glyndebourne (dal 1957); ha cantato al Metropolitan di New York (dal 1959), al Covent Garden di Londra (dal 1960), ecc. Cantante raffinata e con notevoli capacità d'interprete, la Söderström ha un repertorio assai vasto: da Monteverdi a Mozart a Debussy, Strauss e Janáček.

★ SOGNO DI UNA NOTTE DI MEZZA ESTATE
vedi *Midsummer Night's Dream, A*

▲ SOLERA, TEMISTOCLE
(Ferrara 1815 - Milano 1878)
Librettista e compositore italiano. Studiò musica e lettere a Vienna. Come librettista ha scritto fra gli altri i testi per *Oberto*, *Nabucco*, *I lombardi*, *Giovanna D'Arco*, *Attila* per Verdi. Operò anche come impresario teatrale in varie città della Spagna e compose, su libretti propri, cinque opere.

■ SOLTI, SIR GEORG
(Budapest 1912)
Direttore d'orchestra ungherese, naturalizzato inglese. Ha studiato all'Accademia Liszt di Budapest con Dohnányi e Bartók per il pianoforte, con Kodály e L. Weiner per la composizione. Maestro sostituto all'Opera di Budapest dal 1933 al 1939, ha esordito nel 1938 a Budapest con *Le nozze di Figaro*. Dopo aver lasciato l'Ungheria a causa delle leggi razziali, emanate dai nazisti anche nel suo paese, si è trasferito in Svizzera. Ha diretto all'Opera di Monaco di Baviera (1946-52), all'Opera di Francoforte (1952-61), al Festival di Salisburgo (dal 1951), al Covent Garden di Londra (dal 1959), ecc. Nel 1952 ha esordito negli Stati Uniti; consulente musicale all'Opéra di Parigi (1973-74), nel 1982 ha firmato un nuovo allestimento del *Ring* a Bayreuth. Direttore delle più prestigiose orchestre internazionali, Solti è una delle massime personalità artistiche della nostra epoca; nel campo dell'opera emergono in modo particolare le sue interpretazioni di Mozart, Wagner e Strauss, e in genere di tutto il repertorio romantico.

● SONNAMBULA, LA
Melodramma in due atti di Vincenzo Bellini (1801-1835), su libretto di F. Romani, tratto da un vaudeville di Scribe e Delavigne. Prima rappresentazione: Milano, Teatro Carcano, 6 marzo 1831.

In un villaggio svizzero. Si festeggiano le nozze del ricco possidente Elvino (tenore) con Amina (soprano), orfana adottata da Teresa (mezzosoprano). Soltanto Lisa (soprano), l'ostessa, è sopraffatta dalla gelosia, perché delusa nel suo amore per Elvino. I festeggiamenti sono interrotti dall'arrivo di una carrozza: è il conte Rodolfo (basso), il figlio del defunto signore del villaggio, da tempo assente dal paese. Per rimanere in incognito, Rodolfo decide di alloggiare nella locanda di Lisa. Mentre il conte si trova nella sua stanza, ecco apparire Amina, addormentata, vestita di bianco, che chiama lungamente il suo sposo e descrive le sue nozze; poi, stanca, si corica sul divano. Lisa, che di nascosto ha assistito alla scena, corre ad avvertire Elvino. Quando questi giunge nella stanza, Amina cerca disperatamente di protestare la sua innocenza ma Elvino, sconvolto dalla gelosia, la ripudia. Lisa, approfittando della disgrazia di Amina, sta per sposare Elvino, che ha accettato questo matrimonio nonostante le ripetute assicurazioni del conte sull'assoluta innocenza di Amina. Si fa avanti Teresa, che accusa Lisa di aver commesso lo stesso peccato di Amina, dichiarando di aver trovato un fazzoletto di Lisa nella camera del conte, dove l'ostessa si era lasciata corteggiare da Rodolfo. Dallo stupore di Elvino, che rompe il fidanzamento con Lisa, si passa alla meraviglia di tutti nel vedere apparire Amina, evidentemente addormentata. La fanciulla canta il suo disperato amore per Elvino che, ricreduto e pentito, l'abbraccia e la sveglia, tra la gioia di tutti.

Il successo della prima rappresentazione fu enorme e ad esso seguirono numerosissime edizioni in vari teatri italiani e all'estero, entrando nei normali repertori teatrali. Nell'opera Bellini infonde tutto il suo ardore melodico e lirico; a questo proposito, pagine come la cavatina di Elvino "Prendi l'anel ti dono" e la romanza di Amina "Ah, non credea mirarti" sono degli autentici capolavori. Ma tutta la partitura è mirabilmente condotta in un tono pastorale e dolcissimo, in cui l'orchestrazione, che può sembrare disadorna, è perfetta-

Una scena da *La leggenda dell'invisibile città di Kitež*, di N. Rimskij-Korsakov, in un allestimento del Teatro Comunale di Firenze.

mente adatta all'atmosfera dell'opera. Il personaggio di Amina da sempre è legato ai nomi delle piú grandi interpreti; negli anni piú vicini a noi ricordiamo la Callas, R. Scotto, J. Sutherland, fino a J. Anderson e M. Devia.

● ŠOSTAKOVIČ, DMITRIJ DMITREVIČ
(San Pietroburgo 1906 - Mosca 1975)
Compositore russo. Allievo del Conservatorio di San Pietroburgo, si diplomò in pianoforte e composizione sotto la guida di L. Nikolaev e M. Štejnberg. Militò subito nei piú attivi movimenti delle avanguardie rivoluzionarie, accanto a Prokof'ev, volgendo i suoi interessi a tutta la musica contemporanea europea. Direttore del Teatro della Gioventú Operaia, esordisce con l'opera satirica *Nos* (Il naso, 1930), seguita dalla tragica *Lady Macbeth del distretto di Mzensk* (1934), che revisionerà nel 1959, presentandola con il titolo di *Katerina Izmajlova*. Incompiuta l'opera tratta da Gogol, *Igrok* (Il giocatore), mentre importante è la sua trascrizione della *Kovàncina* di Musorgskij.

♦ SOVIERO, DIANA
(Jersey City, New Jersey 1942)
Soprano statunitense. Dopo aver compiuto gli studi musicali, ha esordito al Chautauqua Festival interpretando il ruolo di Mimí (*La bohème*). La sua attività si è quindi svolta sui piú importanti palcoscenici americani: San Francisco, Filadelfia, Chicago e Metropolitan di New York, dove si esibisce regolarmente e dove ha cantato in *Suor Angelica* (1989), *La traviata*, *Faust* (1990), *Madama Butterfly* (1992), *La bohème*, *Pagliacci* (1992-93). In Europa ha cantato a Zurigo (*La bohème*, 1982), all'Opéra di Parigi (*La traviata*, 1984), all'Opera di Roma (*Manon* di Massenet, 1984), alla Scala di Milano (*Pagliacci*, 1987), al Comunale di Firenze (*Suor Angelica*, 1988), ecc. A una bella voce di soprano lirico, la Soviero unisce un non comune temperamento teatrale.

♦ SOYER, ROGER
(Thiais 1939)
Basso-baritono francese. Ha studiato al Conservatorio di Parigi, esordendo all'Opéra nel 1963. Nel 1965 la prima importante affermazione come Plutone (*Orfeo* di Monteverdi) al Festival di Aix-en-Provence, dove ritornò per varie stagioni. Ha quindi cantato in tutti i principali teatri internazionali, mettendosi in luce, oltre che nel repertorio francese, come raffinato interprete mozartiano, in particolare nel ruolo di Don Giovanni.

♦ SPACAGNA, MARIA
(Providence-Rhode 1946)
Soprano statunitense d'origine italiana. Dopo gli studi al New England Conservatory, dalla metà degli anni Settanta ha iniziato la carriera cantando in vari teatri americani (Opera di Dallas, 1977; New York City Opera, 1978; St Louis Opera, 1982, ecc.). Nella stagione 1989-90 ha debuttato al Metropolitan di New York (*Rigoletto*), dove ha poi cantato in *Le nozze di Figaro*, *Otello*, *Luisa Miller* (1990-91); *La bohème* (1992-93). In Europa ha cantato al Teatro "G. Verdi" di Trieste in *Lord Byron's Love Letter* (*Una lettera d'amore di Lord Byron*) di Banfield, 1987; nel *Faust*, 1988; al Festival di Spoleto (*Antigone* di Traetta, 1988); alla Scala di Milano (*Madama Butterfly*, 1988); alla Fenice di Venezia, 1989; all'Opera di Colonia (*La traviata*, 1989-90). Raffinatezza di fraseggio, unita a una vocalità omogenea in tutte le gamme, non disgiunta da grande sensibilità interpretativa, fanno di questa cantante una delle maggiori della sua generazione.

● SPONTINI, GASPARE
(Maiolati, Ancona 1774-1851)
Compositore italiano. Allievo di N. Sala e G. Tritto al Conservatorio della Pietà dei Turchini a Napoli, esordí come operista a Roma, con *Li puntigli delle donne* (1796), che ebbe un notevole successo. Dal 1799 al 1801 fu a Palermo; si trasferí quindi a Parigi (1803) dove, nel 1807, trionfò con l'opera *La vestale*. Divenuto compositore ufficiale della corte di Napoleone, compose quindi il *Fernando Cortez* (1809). Diresse il Théâtre Italien, prima dal 1810 al 1812 poi dal 1814 al 1820. Naturalizzato francese (1817), nel 1819 compose e rappresentò *Olympie*, che ebbe scarso successo. Deluso, abbandonò la Francia e su invito dell'imperatore Federico Guglielmo IV si trasferí a Berlino (1820). Qui compose le opere *Lalla Rookh* (1821), *Alcidor* (1823) e soprattutto *Agnes von Hohenstaufen* (1829, revisionata nel 1837), dall'atmosfera già apertamente romantica.

★ SPOSA DELLO ZAR, LA
Vedi *Zarskaia Nevěsta*

*In alto:
una scena da La sonnambula,
di V. Bellini,
rappresentata per la prima volta
a Milano nel 1831.*

*A destra:
il compositore russo
Dmitrij Dmitrevič Šostakovič.*

★ SPOSA VENDUTA, LA
vedi *Prodaná Nevěsta*

♦ STADE, FREDERICA VON
(Somerville, New Jersey 1945)
Mezzosoprano statunitense. Ha iniziato lo studio del canto a vent'anni; allieva di S. Engelberg, P. Berl e O. Guth a New York, ha esordito nel 1970, come Terzo Genio in *Die Zauberflöte* (*Il flauto magico*) di Mozart al Metropolitan, dove è rimasta per tre stagioni, e nel quale si esibisce regolarmente: *Le nozze di Figaro* (1991), *Il barbiere di Siviglia* (1992) e *Der Rosenkavalier* (*Il cavaliere della rosa*, 1992-93). Dopo aver cantato in vari teatri americani (San Francisco, Santa Fe), nel 1973 si è affermata come Cherubino (*Le nozze di Figaro*) all'Opéra di Parigi, interpretazione che ha segnato l'avvio della sua carriera internazionale. Dotata di una voce di bel timbro, piuttosto chiaro, estesa (ha affrontato anche ruoli sopranili), ben adusa al canto d'agilità, sul piano dell'interpretazione va sottolineata la sua naturale predisposizione all'espressione lirica ed elegiaca. Tra le sue maggiori interpretazioni si ricordano, oltre al già citato Cherubino delle *Nozze di Figaro* mozartiane, i ruoli di protagonista in *Cendrillon* (*Cenerentola*) e *Chérubin* (Cherubino) di Massenet e *Pelléas et Mélisande* di Debussy.

■ STEINBERG, PINCHAS
(Tel-Aviv 1945)
Direttore d'orchestra israeliano naturalizzato americano. Ha iniziato lo studio del violino nel suo paese d'origine; dopo il trasferimento negli Stati Uniti, nel 1963, ha proseguito gli studi musicali all'Indiana University e alla Roosevelt University. Primo violino al Lyric Opera di Chicago, ha esordito come direttore, sostituendo F. Leitner, durante una rappresentazione del *Don Giovanni*. Trasferitosi a Berlino (1971), ha studiato composizione con B. Blacher, iniziando anche una brillante carriera di direttore d'orchestra a capo di prestigiosi complessi orchestrali. Dal 1979 è ritornato a dedicarsi all'opera, al teatro di Francoforte, dirigendo quindi in numerosi altri teatri, tra cui all'Opéra di Parigi *Medea*, 1986; al Liceu di Barcellona *Götterdämmerung* (*Il crepuscolo degli dei*), 1987; alla Staatsoper di Vienna *Il trovatore*, 1988; all'Arena di Verona *Aida*, 1989, ecc.

★ STELLA, LA
vedi *Etoile, L'*

★ STELLA DEL NORD, LA
vedi *Etoile du nord, L'*

♦ STEWART, THOMAS
(San Saba, Texas 1928)
Basso-baritono statunitense. Ha studiato alla Baylor University e con M. Harrell alla Juilliard School dove, ancora studente, ha esordito come Laroche (*Capriccio* di Strauss). Entrato alla New York City Opera, grazie a una borsa di studio si è potuto perfezionare in Europa, esordendo a Berlino come Escamillo (*Carmen*, 1958); in questo stesso ruolo ha debuttato al Covent Garden di Londra, nel 1960, anno in cui ha fatto il suo ingresso al Festival di Bayreuth (Amfortas in *Parsifal*), dove si è prodotto ininterrottamente fino al 1975. Come interprete wagneriano si è imposto in campo internazionale: Opéra di Parigi (1967), Festival di Pasqua di Salisburgo (1967-73), Metropolitan di New York, ecc. Ha sposato il soprano E. Lear.

● STIFFELIO
Opera in tre atti di Giuseppe Verdi (1813-1901), su libretto di F.M. Piave, tratto dal dramma Le pasteur ou L'évangile et le foyer *di E. Bourgeois e E. Souvestre. Prima rappresentazione: Trieste, Teatro Grande, 16 novembre 1850.*

In Germania, all'inizio del XIX secolo. Il pastore protestante Stiffelio (tenore), perseguitato per le proprie idee, si rifugia nel castello del conte Stankar (baritono), suo adepto, di cui sposa la figlia Lina (soprano). La donna durante un'assenza del marito lo tradisce con un gentiluomo, Raffaele di Leuthold (tenore). Quest'ultimo sarà ucciso da Stankar, che in tal modo vendicherà l'onore della famiglia. Ma Stiffelio ritiene che sia proprio del buon cristiano perdonare e accetta il pentimento della giovane moglie.

L'opera ebbe non pochi guai con la censura, sia a causa dell'argomento ritenuto piuttosto scabroso, sia perché il libretto presentava una scena in cui il protagonista citava il *Vangelo*. Nonostante i cambiamenti di luoghi, l'opera non trovò particolari accoglienze, cosí nel 1857 Verdi modificò quasi totalmente la partitura, che divenne *Aroldo*.

♦ STILWELL, RICHARD
(St. Louis, Missouri 1942)
Baritono statunitense. Ha iniziato gli studi musicali all'Indiana University e quindi a Bloomington e New York. Ha esordito alla New York City Opera nel 1970 come Pelléas nell'opera di Debussy. La sua ragguardevole estensione, di baritenore, gli ha consentito di affrontare con successo questo ruolo che ha in seguito interpretato alla Scala di Milano, alla Fenice di Venezia, al Covent Garden di Londra, all'Opéra di Parigi e inciso sotto la direzione di von Karajan (1978). Ha inoltre cantato al Metropolitan di New York (dal 1975), al Festival di Glyndebourne, alla Staatsoper di Vienna, ecc. Il suo repertorio spazia da Monteverdi, a Mozart, Donizetti, Verdi, Strauss e Britten.

● STOCKHAUSEN, KARLHEINZ
(Mödrath, Colonia 1928)
Compositore tedesco. Allievo di F. Martin alla Musikhochschule di Colonia (1947-51), si è quindi perfezionato a Parigi con D. Milhaud e O. Messiaen (1952-53). Nel 1953 è entrato nello Studio di musica elettronica di Radio Colonia, che ha successivamente diretto (1963-73). Uno dei massimi esponenti della musica contemporanea, in campo teatrale nel 1977 ha iniziato il ciclo in sette "giornate" denominato *Licht* (Luce) che egli prevede di terminare nel 2002. *Donnerstag aus Licht* (Giovedí da "Luce"), prima gior-

Il basso-baritono statunitense
Thomas Stewart.

STRANIERA, LA

nata di questo ciclo, è andata in scena alla Scala di Milano nel 1981. In questo stesso teatro sono state rappresentate, nel 1984 e nel 1988, *Samstag aus Licht* (Sabato da "Luce") e *Montag aus Licht* (Lunedí da "Luce").

STRANIERA, LA
Melodramma in due atti di Vincenzo Bellini (1801-1835), su libretto di F. Romani tratto da L'etrangère *di Ch.-V. d'Arlincourt. Prima rappresentazione: Milano, Teatro alla Scala, 14 febbraio 1829.*

L'azione si svolge in Bretagna, nel castello di Montolino e dintorni, nel XIV secolo. Arturo, conte di Ravenstal (tenore), promesso sposo di Isoletta (mezzosoprano), figlia del signore di Montolino (basso), si è invaghito di una misteriosa donna velata, Alaide (soprano), "la straniera". La donna però cerca di sfuggire all'ardore del giovane, il quale confessa all'amico barone di Valdeburgo (baritono) di voler rompere il fidanzamento con Isoletta. Valdeburgo prega l'amico di non cercare di rivedere piú Alaide; Arturo crede però che vi sia qualche segreto legame tra il barone e Alaide. Preso da gelosia, sfida a duello Valdeburgo che ferito cade nel lago. Alaide accorre e rivela ad Arturo che il barone era suo fratello ma, trovata da alcuni abitanti del luogo con la spada insanguinata, viene accusata di omicidio. Dinanzi al tribunale, Alaide e Arturo, riconosciuti colpevoli, vengono condannati a morte. Appare però Valdeburgo che, misteriosamente salvo, scagiona i due accusati; Valdeburgo poi ordina ad Arturo di rinunciare definitivamente ad ogni pretesa sul cuore di Alaide. Per la pace di questa Arturo acconsente allora a sposare Isoletta. Durante il rito di nozze però, Arturo, in preda all'angoscia, fugge dalla chiesa e si avvicina ad Alaide, che nascosta da un velo, assisteva alla cerimonia. Il giovane implora la donna di seguirlo; ma ora si scopre la verità: Alaide è in realtà la regina Agnese che, allontanata dalla corte, è ora chiamata nuovamente a regnare. A questa rivelazione, Arturo capisce che il suo amore è impossibile, cosí si uccide.

La vicenda, immersa in un clima romantico e misterioso, cosí caro alle platee dell'epoca, trova nella musica di Bellini un'adeguata traduzione. La partitura (nonostante che il libretto del Romani sia piuttosto limitato) presenta pagine di grande ispirazione lirica, degne della piú grande produzione belliniana. A tale proposito si ricorda il duetto del primo atto tra Arturo e Alaide e la grande scena finale affidata alla protagonista.

★ STRANIERO, LO
vedi *Etranger, L'*

♦ STRATAS, TERESA
(Toronto 1938)
Nome d'arte di Anastasia Strataki, soprano canadese d'origine greca. Ha studiato al Conservatorio di Toronto e nella stessa città ha esordito nel 1958 come Mimí (*Bohème*). Un anno dopo ha fatto il suo ingresso al Metropolitan di New York (Poussette in *Manon* di Massenet), dove in breve tempo si è imposta in ruoli di protagonista in un vasto repertorio, da Mozart a Verdi, Puccini, Debussy, ecc. Recentemente ha interpretato *Suor Angelica* e *Gianni Schicchi* (1989), *Tosca* (1991) e Maria Antonietta nella prima rappresentazione di *The Ghost of Versailles* (Il fantasma di Versailles) di J. Corigliano (1991-92). In campo internazionale si è esibita alla Scala di Milano (*Atlantida* di de Falla, 1962), alla Deutsche Oper di Berlino (*La traviata*, 1966), al Covent Garden di Londra (*La bohème*, 1961), ecc. Tra i suoi ruoli, spicca quello di Lulu nell'opera di Berg, da lei interpretato nella prima rappresentazione assoluta della versione in tre atti all'Opéra di Parigi (1979). Cantante dotata di una discreta vocalità, ma soprattutto di notevoli capacità interpretative, qualità che ha messo in risalto nei film d'opera da lei interpretati: *Traviata* e *Pagliacci*, diretti da F. Zeffirelli (1982).

● STRAUSS, RICHARD
(Monaco 1864 - Garmisch-Partenkirchen 1949)
Compositore e direttore d'orchestra tedesco. Figlio di un eccellente cornista dell'Opera di Monaco, iniziò a quattro anni lo studio del pianoforte e a sei quello del violino. Il giovane Strauss mostrò subito il suo talento: incominciò presto a comporre musica sinfonica e divenne direttore d'orchestra (uno dei piú acclamati della sua generazione). Già celebre per i suoi poemi sinfonici, affrontò per la prima volta il melodramma con *Guntram* (1894, revisionata nel 1940), seguita da *Feuersnot* (I fuochi di San Giovanni, 1901), accolte da uno scarso successo. L'affermazione dello Strauss operista giunse nel 1905, con *Salome* (1905), seguita da *Elektra* (1909), che segna l'inizio del sodali-

In alto:
una scena da *La straniera*,
di V. Bellini.

A destra:
il compositore tedesco
Richard Strauss.

zio artistico con il poeta e drammaturgo H. von Hofmannsthal. Dopo le tragiche atmosfere di questi due lavori, Strauss si immerse nella «graziosa atmosfera rococò» del *Rosenkavalier* (*Il cavaliere della rosa*, 1911). Al 1912 risale la prima versione di *Ariadne auf Naxos* (versione definitiva del 1916), che già preannuncia quella fusione di aspetti artistici quanto mai eterogenei che caratterizzano *Die Frau ohne Schatten* (*La donna senz'ombra*, 1919). Con quest'opera la produzione teatrale di Strauss raggiunge il suo apice musicale e drammatico. Seguono *Die äegyptische Helena* (*Elena egiziaca*, 1928) e *Arabella* (1933) che concludono la collaborazione del compositore con von Hoffmannsthal (morto nel 1929). La fusione tra atmosfere di vario stile, come in *Ariadne*, ritorna con *Die schweigsame Frau* (*La donna silenziosa*, 1935). Dopo la non felice *Friedenstag* (*Giorno di pace*, 1938), Strauss ritorna al mondo classico con le evanescenti atmosfere di *Daphne* (1938) e con *Die liebe der Danae* (*L'amore di Danae*, rappresentata postuma nel 1952). Con *Capriccio* (1942), la sua ultima fatica teatrale, il compositore tedesco ritorna a penetrare i misteri della creazione artistica, in particolare il rapporto tra musica e poesia.

● STRAVINSKIJ, IGOR
(Oranienbaum oggi Lomonosov 1882 - New York 1971)
Compositore russo. Sebbene la sua famiglia non fosse particolarmente favorevole alla carriera musicale, nel 1903, divenne allievo di Rimskij-Korsakov. Nel 1907 iniziò la composizione del suo primo lavoro teatrale, *Le rossignol* (*L'usignolo*), completato nel 1914. Al melodramma ritornò soltanto due volte: con *Mavra*, nel 1922, e con *The Rake's Progress* (*La carriera di un libertino*), nel 1951. Vi sono però altre composizioni che presentano forti attinenze con l'opera; tra queste le più importanti sono senza dubbio: *Renard* (1916-22), *Oedipus rex* (1927) e *Perséphone* (1934).

♦ STREIT, KURT
(Itazuke 1959)
Tenore statunitense. Nato in Giappone da genitori americani, ha studiato negli Stati Uniti ad Albuquerque e a Cincinnati con M. Tyler. Nel 1985 ha esordito al Festival di Santa Fe in *Die Liebe der Danae* (*L'amore di Danae*) di Strauss. Trasferitosi in Europa, nel 1986 è entrato nella compagnia dell'Opera di Amburgo (1986). Rivelatosi al Festival di Scwetzingen nel 1987 con *Echo et Narcisse* di Gluck, è quindi apparso al Festival di Glyndebourne in *Die Entführung aus dem Serail* (*Il ratto dal serraglio*), 1988, e in *Die Zauberflöte* (*Il flauto magico*), 1990; ad Aix-en-Provence (1989), Covent Garden di Londra (1990), San Francisco, ecc. Membro stabile alla Staatsoper di Vienna (dal 1988), Streit è considerato uno dei maggiori cantanti mozartiani della nuova generazione. Il suo repertorio comprende inoltre opere di Rossini (*Il barbiere di Siviglia*), Donizetti (*L'elisir d'amore, Don Pasquale*), Beethoven (*Fidelio*) e Puccini (*Gianni Schicchi*).

♦ STUDER, CHERYL
(Midland, Michigan 1955)
Soprano statunitense. Ha iniziato gli studi musicali nella sua città e poi presso la Interlochen Arts Academy e al Tanglewood Berkshire Music Center (1975-77). Si è quindi perfezionata alla Hochschule für Musik a Vienna, e con H. Hotter (1978). Ha esordito come Prima Dama in *Die Zauberflöte* (*Il flauto magico*) all'Opera di Monaco, entrando a far parte della compagnia stabile del teatro per due stagioni. Attiva in vari teatri tedeschi (Darmstadt, Berlino, Hannover, ecc.), nel 1984 ha debuttato negli Stati Uniti (Micaela in *Carmen*) a Chicago, quindi a San Francisco (*Lohengrin*) e infine al Metropolitan di New York (*Carmen*, 1988), dove si esibisce regolarmente (*Don Giovanni*, 1990; *La traviata*, 1992-93). Presente nei cartelloni dei Festival di Bayreuth (dal 1985, con *Tannhäuser*) e Salisburgo (*Elektra* di Strauss, 1989); nel 1987 ha esordito alla Scala di Milano nel *Don Giovanni*, con la direzione di R. Muti, con il quale ha poi interpretato *Guglielmo Tell* (1988-89), *I vespri siciliani* (1989-90), *Attila* (1991). Una delle più quotate cantanti in campo internazionale, la Studer può vantare una bella voce di soprano lirico, molto estesa e con una certa predisposizione al canto di agilità, doti grazie alle quali ha affrontato un repertorio quanto mai eclettico: da Mozart in *Die Zauberflöte, Die Entführung aus dem Serail* (*Il ratto dal serraglio*), *Idomeneo*, ecc.; Rossini (*Semiramide*); a Donizetti in *Lucia di Lammermoor*; a Verdi, fino a Wagner e Strauss in *Salome, Die Frau ohne Schatten* (*La donna senz'ombra*), *Elektra*, ecc., e proprio nel repertorio tedesco ha dato le prove più convincenti.

♦ SUMI JO
(Seul 1963)
Soprano coreano. Ha raggiunto la celebrità quando, su invito di Karajan, ha cantato al Festival di Salisburgo *Le nozze di Figaro* (1988) e *Un ballo in maschera* (1989-90). Si è esibita alla Scala di Milano (*Fetonte* di Jommelli, 1988), all'Opera di Roma (*Ariadne auf Naxos* di R. Strauss, 1991), al San Carlo di Napoli (Matilde in *Elisabetta regina d'Inghilterra* di Rossini, 1991-92), al Metropolitan di New York (*Rigoletto*, 1990; *Lucia di Lammermoor*, 1992-93). Tipica voce di soprano di coloratura, di non grande volume, soave nell'emissione e con buone capacità nel canto acrobatico, grazie alla facilità del registro sovracuto.

♦ SUMMERS, JONATHAN
(Melbourne 1946)
Baritono australiano. Ha compiuto gli studi musicali a Londra, esordendo nel 1975 nel *Rigoletto* alla Kent Opera. Nel 1976 ha interpretato Tonio (*Pagliacci*) alla English National Opera di Londra. Ha quindi fatto parte della compagnia del Covent Garden, svolgendo contemporaneamente la carriera inter-

In alto:
il compositore russo Igor Stravinskij
in un disegno di Picasso.

A sinistra:
il soprano statunitense Cheryl Studer.

nazionale nei teatri di Parigi con *Lohengrin*, 1982, *Die Fledermaus* (*Il pipistrello*) 1983, *La traviata*, 1986; all'Australian Opera di Sydney (*Traviata* e *Trovatore* con la Sutherland, 1981 e 1983), al Grand Théâtre di Ginevra (1984), alla Fenice di Venezia (*Bohème* di Leoncavallo, 1990).

★ SUONO LONTANO, IL
vedi *Ferne Klang, Der*

★ SUOR ANGELICA
vedi *Trittico, Il*

♦ SURJAN, GIORGIO
(Rijeka 1954)
Basso italiano, d'origine slava. Dopo aver compiuto gli studi musicali, si è perfezionato presso il Teatro alla Scala di Milano (1979-81), dove ha debuttato, nell'*Ernani* di Verdi, e dove canta regolarmente. Tra le sue più recenti apparizioni scaligere: *Guglielmo Tell* (1988), *La clemenza di Tito* (1989), *Iphigènie en Tauride* (1992), tutte con la direzione di R. Muti. In campo internazionale ha cantato all'Opéra di Parigi (*Macbeth*, 1984-87; *I puritani* 1987), al Covent Garden di Londra, ad Aix-en-Provence (*I vespri siciliani*), al Liceu di Barcellona (*Norma* con la Sutherland) e in altri importanti teatri e sedi concertistiche. Il suo vasto repertorio comprende opere del Settecento, oltre che i maggiori autori del melodramma italiano ottocentesco.

♦ SUTHERLAND, DAME JOAN
(Point Piper, Sydney 1926)
Soprano australiano. Dopo aver iniziato con la madre lo studio del canto, lo ha proseguito presso il Conservatorio di Sydney, cominciando ad esibirsi in sede di concerto. Nel 1951 avviene il suo esordio scenico nella *Judith* di Goossens sempre a Sydney; in questo stesso anno si trasferisce a Londra, dove si perfeziona al Royal College of Music e, privatamente, con R. Bonynge, che diventerà suo marito nel 1954. Nel 1952 esordisce al Covent Garden, come Prima Dama in *Die Zauberflöte* (*Il flauto magico*), teatro nel quale si è esibita con maggior frequenza e dove, nel 1959, ha ottenuto un trionfale successo come protagonista della *Lucia di Lammermoor* di Donizetti. Nel 1960 ha debuttato in Italia (*Alcina* di Händel alla Fenice di Venezia); mentre un anno dopo cantava *Lucia di Lammermoor* alla Scala di Milano, a San Francisco e al Metropolitan di New York e via via in tutti i maggiori teatri del mondo. Con la Sutherland, per le sue eccezionali doti vocali sostenute da una tecnica altrettanto strepitosa, la "belcanto renaissance" tocca il suo apice. Così, le opere di Händel (*Alcina, Acis and Galathea, Rodelinda*), Bellini (*La sonnanbula, Norma, I puritani*, ecc.) e Donizetti (*Lucia di Lammermoor, La fille du régiment, Maria Stuarda*, ecc.), hanno trovato nella sua arte una delle più grandi interpreti di tutti i tempi. Nel suo repertorio vi sono inoltre opere di Verdi (*La traviata, Rigoletto, Il trovatore*, ecc.), Puccini (*Suor Angelica, Turandot*, quest'ultima solo in disco) e di molti compositori francesi (Delibes, Meyerbeer, Massenet, Thomas, ecc.). Nell'ottobre del 1990, con *Les Huguenots* di Meyerbeer all'Opera di Sydney, ha dato l'addio alle scene.

♦ SWEET, SHARON
(New York 1951)
Soprano statunitense. Ha studiato al Curtis Institute di Filadelfia, per poi perfezionarsi con M. Harshaw e M. Gurewich. Dopo aver esordito in concerto, con una tournée in Europa (1985-86), ha debuttato a Dortmund come Elisabetta nel *Tannhäuser* di Wagner (1986), comparendo poi all'Opéra di Parigi (*Don Carlo*, 1987), alla Deutsche Oper di Berlino (dove ha fatto parte della compagnia stabile), all'Opera di Stato di Vienna, ecc. Nel 1990 ha esordito al Metropolitan di New York (*Il trovatore*), comparendo poi in varie opere soprattutto del repertorio verdiano (*Un ballo in maschera*, 1992-93). In Italia, la Sweet si è esibita all'Arena di Verona, come protagonista dell'*Aida* verdiana (1990 e 1992).

♦ SYLVESTER, MICHAEL
(Noblesville, Indiana 1951)
Tenore statunitense. Dopo gli studi musicali, ha esordito a Hamilton come Riccardo (*Un ballo in maschera*). Ha quindi cantato a Memphis, Syracuse, Indianapolis (Bacchus in *Ariadne auf Naxos*), Cincinnati (*Madama Butterfly*), Los Angeles (*Bohème*), ecc. Presente nelle stagioni del Metropolitan, dove ha esordito nel 1991 in *Luisa Miller*, tornando poi con *Madama Butterfly* (1992). In Europa ha cantato, tra l'altro, all'Opéra di Parigi (*Norma*, 1987), alla Fenice di Venezia (*Don Carlo*, 1991), al Covent Garden di Londra (*Simon Boccanegra*, 1991).

♦ SZÉKELY-FONÓ
(La filanda magiara)
Opera in un atto di Zoltán Kodály (1882-1967), su libretto di B. Szabolcsi. Prima rappresentazione: Budapest, Teatro dell'Opera Ungherese, 24 aprile 1932.

È una sera d'inverno in una filanda. La padrona di casa (contralto), una giovane vedova, si congeda con dolore dal suo pretendente (baritono), costretto ad espatriare in seguito a un imprecisato guaio con le autorità. Entra in scena un gruppo di ragazze che cerca di consolare la padrona, intonando un canto popolare, cui la donna risponde con una canzone malinconica. Solo l'arrivo rumoroso di un gruppo di giovani rompe l'atmosfera triste con il gioco di "Ilona Görög", una sorta di rappresentazione in chiave popolare di una vicenda d'amore nella quale un giovane, Ladislao, finge di voler morire d'amore per la bella Ilona. Al termine della rappresentazione fa il suo ingresso "La nasuta pulce" (baritono), una sgradevole figura mascherata accolta da tutti con antipatia, che inizia a motteggiare fastidiosamente gli astanti, ma poi una vecchia riesce a farla portare via. Rimasta sola, la padrona ricade nel suo stato di prostrazione, ma ecco ritornare inaspettatamente il suo amato: l'equivoco è stato finalmente chiarito, ed ora è libero.

L'opera è costituita da canzoni, cori, danze nazionali; in essa i motivi drammatici non hanno un particolare risalto. La vicenda è una sorta di canovaccio suggerito dai motivi popolari delle stesse canzoni.

Il basso italiano Giorgio Surjan.

★ TABARRO, IL
vedi *Trittico, Il*

♦ TADDEI, GIUSEPPE
(Genova 1916)
Baritono italiano. Frequenta la Scuola di Avviamento al Teatro Lirico presso il Teatro dell'Opera di Roma dove esordisce nel 1936 nel ruolo dell'Araldo (*Lohengrin*). Negli anni successivi canta in vari teatri, ma la carriera vera e propria prende il via al termine del secondo conflitto mondiale. Nel 1946 è scritturato alla Staatsoper di Vienna dove rimane stabilmente fino al 1990 (*Simon Boccanegra* di Verdi con la direzione di Abbado e *Elisir d'amore* con Pavarotti). Dal 1948 canta al Festival di Salisburgo (*Le nozze di Figaro*) e alla Scala di Milano (*Andrea Chénier*); nel 1957 debutta negli Stati Uniti, San Francisco (*Macbeth* e *Tosca*); nel 1960 al Covent Garden di Londra (*Otello*); mentre nel 1985 debutta al Metropolitan di New York (*Falstaff*). Dotato di una voce estremamente duttile e ricca di colori ha affrontato un repertorio assai vasto: da quello buffo settecentesco a Wagner e al verismo. La sua straordinaria longevità artistica lo vede esibirsi ancora in opere (Don Bartolo nel *Barbiere di Siviglia* a Bonn, 1991) e concerti.

♦ TAILLON, JOCELYNE
(Doudeville 1941)
Contralto francese. Allieva di S. Balguerie al Conservatorio di Grenoble, si rivelò al Concorso "Voix d'or" a Luchon. Iniziata la carriera in campo concertistico, dal 1965 riprese lo studio del canto con G. Lubin. Nel 1968 ha debuttato sul palcoscenico di Bordeaux (*Ariane et Barbe-bleue* di Dukas). Un anno dopo cantava Geneviève (*Pelléas et Mélisande* di Debussy) al Festival di Glyndebourne, un ruolo che ha interpretato nei maggiori teatri internazionali accanto a numerosi altri titoli: *Incoronazione di Poppea* di Monteverdi, *Falstaff* di Verdi, *Peter Grimes* di Britten, ecc. La sua autentica voce di contralto e il suo talento teatrale ne hanno fatto una delle più quotate cantanti francesi della sua generazione, anche in campo concertistico.

♦ TAKÀCS, KLARA
(Budapest 1945)
Mezzosoprano ungherese. Inizia a cantare nel Coro Madrigalistico di Budapest, approfondisce quindi gli studi musicali all'Accademia Musicale "F. Liszt" di Budapest. Nel 1973 è entrata all'Opera di Budapest, dove ancora oggi è primo mezzosoprano. Si esibisce anche nei principali teatri internazionali in un repertorio che comprende i ruoli di Orfeo (Gluck), Cherubino (*Le nozze di Figaro* di Mozart), Rubria (*Nerone* di Boito), Suzuki (*Madama Butterfly* di Puccini), Eudossia (*La fiamma* di Respighi), Aristea (*L'Olimpiade* di Vivaldi).

♦ TALVELA, MARTTI
(Hiitola, Carelia 1935 - Juva, Mikkelin 1989)
Basso finlandese. Studiò con C.M. Öhmann a Stoccolma dove esordí all'Opera Reale nel 1961 come Sparafucile (*Rigoletto* di Verdi). Scritturato da W. Wagner, nel 1962 fece il suo ingresso al Festival di Bayreuth, dove cantò i maggiori ruoli wagneriani fino al 1970. Contemporaneamente si impose al Festival di Pasqua a Salisburgo (1967), al Metropolitan di New York (dal 1968), al Covent Garden (dal 1970), all'Opéra di Parigi (1974), ecc. Direttore del Festival di Savonlinna (1973-79), negli anni '70 fu uno dei più celebri interpreti di *Boris Godunov*, Sarastro in *Die Zauberflöte* (*Il flauto magico*), Grande Inquisitore in *Don Carlo*, Hagen in *Götterdamerung* (*Il crepuscolo degli dei*).

♦ TAMERLANO
Opera in tre atti di Georg Friedrich Händel (1685-1759), su libretto di N. Haym. Prima rappresentazione: Londra, King's Theatre, 31 ottobre 1724.

Tamerlano (contralto), imperatore dei tartari, ha sconfitto e imprigionato Bajazete (tenore), imperatore dei turchi, ed ora si è invaghito di sua figlia Asteria. La giovane però ama ed è riamata da Andronico (contralto), principe greco, confederato con Tamerlano. Questi per poter sposare Asteria vuole liberarsi della sua promessa sposa, la principessa Irene (soprano), dandola in sposa ad Andronico. Segue un complesso intrecciarsi di confronti tempestosi fra i personaggi del dramma: infine Asteria, che aveva acconsentito alle nozze con Tamerlano, rivela di averlo fatto per poterlo uccidere. Asteria viene imprigionata, ma poi Tamerlano la libera e rinnova il desiderio di farla sua sposa. Il tartaro scopre però l'amore tra Asteria ed Andronico e giura di vendicarsi. Durante un banchetto Asteria tenta di avvelenare Tamerlano, ma Irene lo salva. Bajazete si suicida e Tamerlano, che ha scoperto quanto lo ami Irene, acconsente all'unione tra Asteria e Andronico.

Tamerlano fino dalla prima rappresentazione ottenne un grandissimo successo. L'opera rivela una notevole dimensione drammatica, precorritrice del rinnovamento gluckiano, come testimonia la grande scena della morte di Bajazete nel terzo atto. Altre opere su questo stesso soggetto sono state composte anche da Porpora (1730) e da Vivaldi (1735).

In alto:
il baritono italiano Giuseppe Taddei.

Sopra:
il basso finlandese Martti Talvela.

TANCREDE

★ TANCREDE
Tragédie-lyrique *in un prologo e cinque atti di André Campra (1660-1744), su libretto di Danchet tratto dalla* Gerusalemme liberata *di T. Tasso. Prima rappresentazione: Parigi, Académie Royale de Musique, 7 novembre 1702.*

Il cavaliere cristiano Tancredi (baritono) ama Clorinda (contralto), principessa saracena e indomabile guerriera. Anch'essa ama segretamente Tancredi, ma l'odio che separa cristiani e musulmani innalza una barriera tra i loro sentimenti. La vicenda è però complicata da un intrecciarsi di sentimenti: il re saraceno Argante (basso) è innamorato di Clorinda, mentre Erminia (soprano), principessa saracena, ama Tancredi; a sua volta Erminia è oggetto della passione del mago Ismenor (basso). Alla fine Clorinda, dopo aver rinunciato all'amore, decide di morire e, indossata l'armatura di Argante, si presenta a Tancredi il quale, credendo di imbattersi nel rivale, lo uccide. Quando il cavaliere scopre la verità, disperato invoca la morte.

Tancrède segue la struttura della *tragédie-lyrique* lulliana: un prologo allegorico e un considerevole numero di balletti e scene fantastiche. Ma rispetto a Lully, Campra mostra una maggiore varietà espressiva che si manifesta in particolare nei momenti piú lirici dell'opera. Assai interessante è poi l'aspetto armonico della partitura, che mostra evidenti attinenze con lo stile italiano.

★ TANCREDI
Melodramma eroico in due atti di Gioachino Rossini (1792-1868), su libretto di G. Rossi, tratto dalla tragedia Tancrède *di Voltaire. Prima rappresentazione: Venezia, Teatro La Fenice, 6 febbraio 1813.*

A Siracusa, nel X secolo. Argirio (tenore), signore della città, ha promesso la figlia Amenaide (soprano) ad Orbazzano (basso), capo di una fazione a lui avversaria, per unire tutti i partiti contro i saraceni che assediano la città. Amenaide è disperata: essa ama Tancredi (contralto), figlio del deposto re di Siracusa. Amenaide invia una lettera all'amato, nella quale ne invoca l'aiuto; Tancredi, esiliato dalla città perché accusato di tradimento, ritorna segretamente a Siracusa; quando incontra Amenaide, questa lo prega di fuggire, senza però rivelargli le nozze imminenti. Amenaide, di fronte al padre, rifiuta fermamente Orbazzano. Ma questi è in possesso della missiva che Amenaide aveva inviato all'amato, sulla quale però non vi è il nome dell'eroe. La lettera è stata intercettata nei pressi del campo saraceno, e in tutti nasce il sospetto che fosse diretta al sultano Solamir. Amenaide viene ingiustamente arrestata con l'accusa di tradimento. Tancredi, resosi irriconoscibile con un travestimento, sfida a duello Orbazzano e lo uccide, poi, fuggendo da Amenaide da cui pensa di essere stato tradito, si lancia contro i saraceni, sconfiggendoli e salvando cosí Siracusa. Si scopre infine che il biglietto di Amenaide non era diretto a Solamir, ma a Tancredi. Questi è rimasto mortalmente ferito ma, felice dell'innocenza di Amenaide, chiede ad Argirio di unirli in matrimonio, quindi spira tra le braccia dell'amata.

Alle rappresentazioni veneziane, *Tancredi* venne presentata con un finale lieto. In occasione della ripresa dell'opera a Ferrara, nel marzo dello stesso 1813, Rossini approntò il finale tragico, com'era nella tragedia di Voltaire. Il pubblico però non gradí questa soluzione e si tornò quindi alla prima versione. La straordinaria modernità di questa pagina ci fa capire perché non venne gradita dal pubblico del tempo, ma fa anche intendere l'importanza che il compositore dava a questo finale. Cosí, in occasione di una ripresa del *Tancredi* all'Opera di Roma, nel 1977, si è ripristinato il finale tragico, con il quale viene ora rappresentata l'opera, il primo capolavoro drammatico del pesarese che segnò l'inizio della sua imperitura fama.

★ TANNHÄUSER UND DER SÄNGERKRIEG AUF WARTBURG
(*Tannhäuser e la gara dei cantori sulla Wartburg*)
Opera romantica in tre atti di Richard Wagner (1813-1883), su libretto proprio. Prima rappresentazione: Dresda, Hoftheater, 19 ottobre 1845.

L'azione si svolge in Turingia all'inizio del XIII secolo. Nella grotta del Venusberg, il poeta Tannhäuser (tenore), sazio dell'amore di Venus (soprano o mezzosoprano), intende tornare sulla terra, invano trattenuto dalla dea. In una valletta della Turingia, presso la fortezza di Wartburg, Tannhäuser ritrova il langravio Hermann (basso) e l'amico Wolfram von Eschenbach (baritono) con gli altri nobili Minnesinger. Il poeta riprende il suo posto tra i compagni, soprattutto spinto dal desiderio di rivedere Elisabetta (soprano), la figlia del langravio, verso la quale nutre un tenero sentimento. Anche Elisabetta, ancora innamorata del poeta, lo accoglie turbata e felice, ma durante una grande gara di canto (nella quale la fanciulla è sicura che Tannhäuser sarà il vincitore e la avrà in sposa come premio per la vittoria) Tannhäuser impetuosamente tesse un elogio all'amore sensuale e a Venus alla cui corte rivela di aver vissuto. A quelle parole risponde lo sdegno dei cavalieri, pronti a mettere a morte il pagano. Solo l'intervento di Elisabetta che, pur ferita nel suo amore, invoca il perdono cristiano, li fa

• 338

Una scena dal *Tancredi*, di G. Rossini.

desistere. Commosso, Tannhäuser accoglie il comando del langravio d'intraprendere un viaggio di espiazione a Roma; dopo molti mesi, lacero e sfinito, egli ritorna al castello. A Wolfram confida disperato che il papa gli ha negato il perdono. Sfiduciato e rassegnato a dannarsi in eterno Tannhäuser invoca Venus, e la dea appare, ma Wolfram gli rivela che Elisabetta è morta dopo aver lungamente pregato per il suo perdono. A quel nome Venus scompare, mentre dal castello un corteo funebre reca la salma di Elisabetta. Pentito e ormai redento, il cantore abbraccia il corpo della fanciulla e muore dolcemente.

Wagner iniziò a scrivere il libretto sul finire della primavera del 1842, e lo terminò nel maggio del 1843, mentre la composizione lo impegnò fino all'aprile del 1845. Nell'ottobre dello stesso anno apparve sulle scene di Dresda e fu accolto con scarso entusiasmo. Lo stesso trattamento venne riservato alla rappresentazione parigina nel 1861, nonostante l'aggiunta del "baccanale" per accontentare il gusto francese che reclamava la presenza di un balletto. La ricchezza musicale di *Tannhäuser* non tardò però ad affermarsi e oggi è considerata una delle piú importanti opere giovanili di Wagner.

♦ TAPPY, ERIC
(Losanna 1931)

Tenore svizzero. È stato allievo di F. Carpi al Conservatorio di Ginevra, successivamente di E. Reichert al Mozarteum di Salisburgo e di E. Liebenberg a Hilversum; ha debuttato in concerto a Strasburgo nel 1959 (*Passione secondo Giovanni* di Bach); sempre lo stesso anno è avvenuto il suo esordio nell'opera con *Les malheurs d'Orphée* (*Le disgrazie di Orfeo*) di Milhaud a Zurigo. Ha cantato quindi all'Opéra Comique di Parigi come protagonista dello *Zoroastre* di Rameau (1964), avviando cosí la sua carriera di raffinato stilista, distinguendosi in particolare quale interprete del repertorio antico (Monteverdi, Cavalli, Landi) e delle opere di Mozart. Si è però cimentato in un repertorio ben piú vasto comprendente anche opere di autori contemporanei.

■ TCHAKAROV, EMIL
(Burgas 1948 - Parigi 1991)

Direttore d'orchestra bulgaro. *Enfant prodige*, salí sul podio quando aveva solamente undici anni. Studiò al Conservatorio di Sofia. Nel 1972 vinse a Berlino il premio "H. von Karajan" per direttori. Assistente di Karajan a Berlino e a Salisburgo, si è quindi perfezionato con F. Ferrara (1972) e con E. Jochum (1974). In breve tempo si è imposto come uno dei maggiori direttori d'orchestra internazionali. Nel campo dell'opera, ha diretto su importanti palcoscenici di tutto il mondo: al Metropolitan di New York (*Kovàncina* di Musorgskij, 1979); al Maggio Musicale Fiorentino (*Tannhäuser* di Wagner, 1984); al San Carlo di Napoli (*Carmen*, 1986); alla Fenice di Venezia (*Bohème* di Puccini, 1987; *Dido and Aeneas* di Purcelle e *Oedipus rex* di Stravinskij, 1989); all'Opera di Houston (*Aida*, 1987).

♦ TEAR, ROBERT
(Barry Glamorgan, Galles 1939)

Tenore gallese. Corista al King's College di Cambridge (1957-60) e nella cattedrale di St. Paul a Londra. Qui inizia l'attività solistica nell'ambito concertistico. In teatro ha esordito con la English Opera Group nel 1963, in *The Rape of Lucretia* (*Il sacrificio di Lucrezia*) di Britten. Dello stesso autore ha interpretato le prime esecuzioni di *The Burning Fiery Furnace* (*La fornace ardente*) nel 1966, *The Prodigal Son* (*Il figliuol prodigo*) nel 1968; sempre nell'ambito dell'opera contemporanea, ha cantato in *The Grace of Todd* (*La grazia di Todd*) di Crosse (1969), *The Knot Garden* (Il giardino del labirinto) di Tippett (1970) e *Thérèse* di Taverner (1979).

♦ TEBALDI, RENATA
(Pesaro 1922)

Soprano italiano. Ha studiato a Parma con I. Brancucci, E. Campogalliani e a Pesaro con C. Melis. Esordisce come Elena (*Mefistofele* di Boito) a Rovigo nel 1944; un anno dopo interpreta Desdemona (*Otello* di Verdi) a Trieste, mentre a Parma canta *Bohème* di Puccini, *Amico Fritz* di Mascagni e *Andrea Chénier* di Giordano. Nel 1946 è scelta da Toscanini per cantare nel concerto di riaper-

In alto:
bozzetto per la prima rappresentazione del *Tannhäuser*, di R. Wagner.

A sinistra:
il soprano italiano Renata Tebaldi.

tura della Scala dove, lo stesso anno, interpreta Elsa nel *Lohengrin*. Alla Scala ritornerà regolarmente per nove stagioni, tra il 1947 e il 1960, e in due concerti nel 1974 e nel 1976. Canta poi sui maggiori palcoscenici italiani, quindi dal 1950 è su quelli del Covent Garden di Londra, dell'Opera di San Francisco, del Metropolitan di New York (*Otello* nel 1955), dove tornerà pressoché ininterrottamente fino al 1973, di Chicago (*Manon Lescaut*, 1957), ecc. Voce dal bellissimo timbro di soprano lirico, musicalissima e particolarmente a suo agio nel canto elegiaco e negli abbandoni lirici, la Tebaldi ha dato il meglio come Aida, Leonora (*La forza del destino*), Desdemona, Margherita (*Mefistofele*), Wally (Catalani), Mimí, Butterfly, Liú, Maddalena di Coigny.

♦ TE KANAWA, DAME KIRI
(Gisborne, Auckland 1944)
Soprano neozelandese. Ha iniziato lo studio del canto con M. Leo a Auckland, quindi a Londra con V. Rosza. Esordisce al Festival di Camden come Elena nella *Donna del lago* di Rossini; nel 1970 canta per la prima volta al Covent Garden di Londra (Fanciulla fiore nel *Parsifal* di Wagner); qui, un anno dopo si rivela nel ruolo della Contessa nelle *Nozze di Figaro* di Mozart. E proprio come cantante mozartiana inizia una rapida carriera internazionale: Lyon (1972), San Francisco (1972), Glyndebourne (1973). Nel 1974 esordisce al Metropolitan di New York (*Otello* di Verdi), dove ritorna poi con *Don Giovanni* e *Le nozze di Figaro*. Con *Don Giovanni* trionfa all'Opéra di Parigi (1975). Accanto a Mozart, la Te Kanawa è applaudita anche nel repertorio straussiano: *Der Rosenkavalier* (*Il cavaliere della rosa*), *Arabella*, *Capriccio*, mentre di esito alterno sono stati i suo approcci all'opera italiana (*La bohème, Tosca, Traviata, Simon Boccanegra*, ecc.). Cantante raffinatissima e di grande fascino (ha interpretato Elvira nell'edizione cinematografica del *Don Giovanni* di J. Losey), la Te Kanawa è uno dei soprani piú noti in campo internazionale.

♦ TELEPHONE, THE
(*Il telefono*)
Opera buffa in un atto di Giancarlo Menotti (n. 1911), su libretto proprio. Prima rappresentazione: New York, Hecksher Theater, 18 febbraio 1947.

Ben (baritono) sta per partire, ma prima si reca da Lucy (soprano) per portarle un dono che la ragazza mostra di gradire molto. Ben si prepara a dirle qualcosa di molto importante, ma squilla il telefono: è un'amica con la quale Lucy si dilunga in un interminabile pettegolezzo. Ben finalmente crede di poter avviare il discorso ma un altro squillo lo interrompe: si tratta di un errore. Ben comincia ad agitarsi, perché si avvicina l'ora della partenza, ma Lucy non trova di meglio, per tranquillizzarlo, che telefonare per sapere l'ora esatta. Ben fa ancora un tentativo per riprendere il discorso ma il telefono, inesorabile, ricomincia a suonare. Infervorata dalla nuova conversazione, Lucy non si accorge che Ben è uscito, se non alla fine della telefonata. Ma il telefono suona ancora: questa volta è Ben, che, se non vuole rinunciare a fare la sua domanda di matrimonio, deve servirsi del telefono. Lucy è felice e invita Ben a chiamarla tutti i giorni.

Presentata insieme a *The Medium*, rispettando la tradizione di accostare un'opera buffa a un dramma, i due lavori ottennero un grandissimo successo che si confermò anche nelle successive riprese.

♦ TENDER LAND, THE
(*La tenera terra* o *Terra madre*)
Opera in tre atti di Aaron Copland (1900-1990), su libretto di H. Everett. Prima rappresentazione: New York City Opera, 1° aprile 1954.

In una piccola fattoria del Middle-West negli anni Trenta. Laurie Moss (soprano), che ha vissuto fino a ora sotto l'ala protettrice della madre (contralto) e del nonno (basso), sta per diplomarsi alla scuola superiore, quando arrivano alla fattoria Martin (tenore) e Top (baritono), due braccianti giroveghi di dubbia moralità. Laurie si innamora immediatamente di Martin e vuole fuggire con lui durante la festa che seguirà il diploma. Top però convince l'amico a desistere, dicendogli che la loro vita nomade non è adatta a Laurie. Così i due ragazzi se ne vanno prima dell'alba. Nonostante la delusione, Laurie decide di lasciare ugualmente la casa per sottrarsi alla tutela dei parenti e per costruirsi una vita indipendente.

In alto:
il soprano neozelandese
Dame Kiri Te Kanawa.

A destra:
frontespizio dello spartito de *Il telefono*, di
G. Menotti,
disegnato da Steinberg.

Commissionata da Rodgers e Hammerstein in occasione del trentesimo anniversario della "League of Composers", *Tender Land* rappresenta uno dei lavori piú significativi del teatro musicale americano.

THAÏS
Dramma lirico in tre atti e sette quadri di Jules Massenet (1842-1912), su libretto di L. Gallet dall'omonimo romanzo di A. France. Prima rappresentazione: Parigi, Opéra, 16 marzo 1894.

In Egitto nel IV secolo d.C. Il cenobita Athanaël (baritono) decide di redimere Thaïs (soprano), la cortigiana che con il culto di Venere sta corrompendo la città. Ad Alessandria, nella casa di Nicias (tenore), giovane filosofo, Athanaël incontra Thaïs e la convince a riflettere sulla sua vita dissipata e sui veri valori in cui credere. La cortigiana non rimane insensibile alle parole dell'asceta, che la convince a bruciare tutto quello che le appartiene e a ritirarsi in un monastero dove la romana Albina (mezzosoprano) ha radunato intorno a sé giovani donne che vivono in umiltà. E così avviene: nel monastero, Thaïs si redime. Athanaël, triste e depresso, non riesce a dimenticare la bellezza della donna e dopo aver sognato Thaïs morente, sconvolto, parte per rivederla, giungendo appena in tempo per raccogliere le sue ultime parole. Thaïs lo riconosce e lo ringrazia per averla salvata; l'uomo disperato la invoca con calde parole d'amore, ma ormai Thaïs, felice e distaccata dalle passioni terrene, muore.

Alla prima rappresentazione l'opera ebbe un notevole successo e ancora oggi è rappresentata con una certa frequenza. La partitura contiene pagine di grande bellezza: l'invocazione di Athanaël "*Voilà donc la terrible cité...*"; l'aria di Thaïs "*Dis moi que je suis belle...*"; il successivo duetto con Athanaël e, soprattutto, la celeberrima "*Meditation*" per orchestra.

■ THIELEMANN, CHRISTIAN
(Berlino 1959)
Direttore d'orchestra tedesco. Dopo gli studi musicali nella città natale, inizia l'attività musicale come maestro collaboratore ai Festival di Salisburgo e Bayreuth. Esordisce all'Opera di Zurigo nel 1986 in *Jenůfa* di Janáček. Si è quindi prodotto alla Staatsoper di Vienna (*Cosí fan tutte* di Mozart, 1987); all'Opera di Genova nel 1988 (*Elektra* di R. Strauss, *Die Walküre* di Wagner); al Covent Garden di Londra (*Jenůfa*, 1988); al Grand Théâtre di Ginevra (*Káťa Kabanová*, 1988). Nel 1989 ha diretto la stessa opera al Teatro Comunale di Firenze e nel 1990 il *Wozzeck* di Berg a Torino e il *Lohengrin* di Wagner alla Fenice di Venezia. È uno dei piú promettenti direttori della nuova generazione.

● THOMAS, AMBROISE
(Metz, 1811 - Parigi 1896)
Compositore francese. Figlio di un musicista, ancora ragazzo suonava violino e pianoforte. Studiò quindi al Conservatorio di Parigi, dove fu allievo di Kalkbrenner e Lesueur. Esordí all'Opéra-Comique nel 1837 con *La double échelle* (*La doppia scala*). I primi successi furono *Le Caïd* del 1849 e *Le songe d'une nuit d'été* (Il sogno di una notte d'estate) del 1850; l'affermazione definitiva giunse però con l'opera *Mignon* (1866), un successo che si consolidò con l'*Hamlet* (1868) che, con *Mignon*, rappresenta la sua migliore produzione. Autore assai fecondo, nel 1882 rappresentò la sua ultima opera *Françoise de Rimini* (Francesca da Rimini), mentre nel 1894 celebrò la millesima rappresentazione di *Mignon*.

♦ THOMAS, JESS FLOYD
(Hot Springs, South Dakota 1927)
Tenore statunitense. Ha studiato con O. Schulmann, per poi esordire nel 1957 all'Opera di San Francisco come Fenton nel *Falstaff* e quindi in *Macbeth* e in *Der Rosenkavalier* (Il cavaliere della rosa). A partire dal 1958 la sua carriera si svolse in Germania dove ha acquisito fama come interprete wagneriano. Presente nei cartelloni del Festival di Bayreuth (1961-1976), della Staatsoper di Vienna, Deutsche Oper di Berlino, Opera di Monaco, Metropolitan di New York, dove ha cantato nel 1962 i *Meistersinger* (I maestri cantori) e sui principali palcoscenici internazionali. Nel 1966 ha interpretato il ruolo di Cesare in *Antony and Cleopatra* di Barber in occasione dell'inaugurazione del nuovo Metropolitan. Si è ritirato dalle scene nel 1982.

TIEFLAND
(Bassopiano)
Dramma musicale in un prologo e due atti di Eugene d'Albert (1864-1932), su libretto di R. Lothar, tratto dalla commedia catalana Terra baixa di A. Guimerá. Prima rappresentazione: Praga, Teatro Tedesco, 15 novembre 1903.

Sui monti Pirenei vive Pedro (tenore), un pastore rude e semplice. Pur felice di questa sua vita il giovane in cuor suo spera di trovare moglie. Sebastiano (baritono), un ricco possidente terriero, egoista e prepotente, convince Pedro ad abbandonare i monti: verrà in pianura, diventerà mugnaio e sposerà Marta (soprano), una povera fanciulla che Sebastiano aveva raccolto affamata su una strada e che in seguito ha trasformato nella

Manifesto per la prima di *Thaïs*, di J. Massenet.

sua amante. Sebastiano pensa che, diventando moglie di quel pastore ignaro, Marta resterebbe pur sempre a sua disposizione, mettendo a tacere i pettegolezzi che gli impediscono di sposare una ricca ereditiera. Dopo il suo matrimonio con Pedro, Marta, che ha tentato di sfuggire a questa unione forzata, scopre i sinceri sentimenti del pastore, e il suo iniziale disprezzo si tramuta in amore. Marta, che ha capito anche che Pedro ignora la verità, non osa parlare ma un giorno, dopo che Sebastiano ha crudelmente umiliato Pedro, grida finalmente la verità e scongiura Pedro di vendicarla. Il pastore uccide Sebastiano, poi torna sui monti, portando con sé Marta, desiderosa di cancellare il ricordo del suo triste e squallido passato.
Si tratta dell'opera più celebre di d'Albert, l'unica che sia uscita dall'ambiente tedesco.

● TIPPETT, SIR MICHAEL KEMP
(Londra 1905)
Compositore inglese. Allievo del Royal College of Music di Londra, ha studiato con C. Wood e con C.H. Kitson per la composizione, e con A. Boult e M. Sargent per la direzione d'orchestra. Il suo primo lavoro teatrale è la *ballad-opera Robin Hood* (1934), ma solo nel 1955, quando il compositore aveva ormai raggiunto la piena maturità stilistica, troviamo l'opera *The Midsummer Marriage* (Il matrimonio del solstizio d'estate) le successive *King Priam* (Re Priamo) del 1962, *The Knot Garden* (Il giardino del labirinto) del 1970 e *The Ice Break* (Rompere il ghiaccio) del 1977, che rappresentano momenti importanti nella storia del teatro musicale, non solamente inglese, ma internazionale.

♦ TITUS, ALAN
(New York 1945)
Baritono statunitense. Ha studiato alla Colorado School of Music con A. Schiötz e con H. Heinz alla Juilliard School di New York. Nel 1969 ha debuttato a Washington (*La bohème* di Puccini). Sempre a Washington nel settembre del 1971 ha interpretato il ruolo del Celebrante nella prima esecuzione assoluta di *Mass* di Bernstein. Dal 1972 canta alla New York City Opera e dal 1976 al Metropolitan di New York (*Ariadne auf Naxos* di Strauss). In Europa ha esordito nel 1973, ad Amsterdam (*Pelléas et Mélisande* di Debussy), producendosi poi al Festival di Aix-en-Provence, all'Opéra di Parigi, Francoforte, ecc. Nel 1992 ha interpretato il *Duca d'Alba* di Donizetti al Festival di Spoleto.

♦ TOCZYSKA, STEFANIA
(Grudziadz 1943)
Mezzosoprano polacco. Allieva di R. Toczyski al Conservatorio di Danzica, dopo essersi affermata in alcuni concorsi internazionali di canto (Tolosa, 1972; Parigi, 1973, ecc.), esordisce in *Carmen* a Danzica nel 1974, producendosi quindi all'Opera di Varsavia. Dopo la metà degli anni Settanta canta nei principali teatri europei: Staatsoper di Vienna (*Un ballo in maschera*, 1978), Monaco di Baviera (*Don Carlo*, 1979), ecc. Dal 1979 si esibisce negli Stati Uniti: San Francisco (*La Gioconda, Roberto Devereux*, 1979), Carnegie Hall di New York (*Kovànčina*, 1981), Lyric Opera di Chicago (*Anna Bolena*, 1985). Canta regolarmente al Metropolitan di New York: *Kovànčina* (1988), *Aida* (1989), *Boris Godunov* (1990). Ottima cantante e interprete dei principali ruoli dell'opera italiana e russa.

♦ TOKODY, ILONA
(Szeged 1953)
Soprano ungherese. Inizia lo studio del canto al Conservatorio della città natale e successivamente all'Accademia Musicale "Liszt" di Budapest (1971). Esordisce all'Opera di Budapest nel 1973 e si afferma in concorsi di canto internazionali. A partire dal 1978 si produce all'Opera di Bratislava, poi via via sui principali palcoscenici internazionali: Covent Garden di Londra (1984), Staatsoper di Vienna, Opera di San Francisco, ecc. Nel 1988 ha interpretato *Aida* alle Terme di Caracalla, e sempre a Roma ha inaugurato la stagione 1989-90 con *Falstaff* di Verdi. Ancora come Aida ha cantato al Massimo "Bellini" di Catania (1991). Nonostante qualche limite tecnico (registro acuto piuttosto aspro), la Tokody è una cantante di grande temperamento e molto espressiva nel fraseggio.

♦ TOMLINSON, JOHN
(Accrington, Lancashire 1943)
Basso inglese. Ha studiato al Royal Manchester College of Music (dal 1967). Ha esordito al Festival di Glyndebourne, quindi si è prodotto con la Kent Opera. Dal 1974 al 1981 ha cantato alla English National Opera, mentre dal 1976 si esibisce al Covent Garden di Londra. In campo internazionale ha cantato all'Opera di San Francisco (*Macbeth*, 1986); Opéra di Parigi (*Boris Godunov*, 1988); Festival di Bayreuth in *Rheingold* (*L'oro del Reno*) nel 1988 e su altri prestigiosi palcoscenici.

♦ TOMOWA-SINTOW, ANNA
(Stara Zagora 1941)
Soprano bulgaro. Ha studiato al Conservatorio di Sofia esordendo poi a Zagora nel 1965 come Tatiana in *Evgenij Onegin* (*Eugenio Oneghin*). Dal 1967 al 1972 ha cantato all'Opera di Lipsia, producendosi in un repertorio assai vasto (*Nabucco, Otello, Manon Lescaut*, ecc.). Canta quindi al Festival di Salisburgo (1973, prima rappresentazione di *De temporum fine comoedia* di Orff, poi regolarmente dal 1976), al Covent Garden di Londra (*Così fan tutte*, 1975; *Lohengrin*, 1977, ecc.); alla Staatsoper di Vienna (*Le nozze di Figaro*, 1977); al Metropolitan di New York (*Don Giovanni* di Mozart); alla Scala di Milano (*Lohengrin*, 1981); al Maggio Musicale Fiorentino in *Der Rosenkavalier* (*Il cavaliere della rosa*) nel 1989, ecc. Cantante di grande raffinatezza e musicalità si è affermata soprattutto nelle opere di Mozart e di R. Strauss.

★ TORQUATO TASSO
Opera in tre atti di Gaetano Donizetti (1797-1848), su libretto di J. Ferretti tratto dal dramma omonimo di G. Rosini. Prima rap-

Il soprano bulgaro Anna Tomowa-Sintow.

presentazione: Roma, Teatro Valle, 9 settembre 1833.

Il poeta Torquato Tasso (baritono) ama Eleonora (soprano), sorella di Alfonso d'Este (basso), duca di Ferrara. I nobili sentimenti dei due sono però traditi dalle trame di corte, ordite dal perfido Roberto Geraldini (tenore), segretario del duca, e dal cortigiano Gherardo (basso). Torquato per questi intrighi sarà incarcerato; quando potrà riacquistare la libertà, Eleonora sarà ormai morta da tempo.

L'opera è legata al genere semiserio, perché mescola ruoli drammatici e leggeri. Di grande rilievo, musicale e teatrale, la figura del protagonista, uno dei primi grandi ruoli baritonali, composto sulle doti di uno dei maggiori cantanti dell'epoca, Giorgio Ronconi (1810-1890): la compagnia non aveva infatti a disposizione grandi tenori.

TORVALDO E DORLISKA
Dramma semiserio in due atti di Gioachino Rossini (1792-1868), su libretto di C. Sterbini. Prima rappresentazione: Roma, Teatro Valle, 26 dicembre 1815.

Nel castello di Ordow. Il duca (basso), dopo aver ferito il nobile Torvaldo (tenore), ne imprigiona la moglie Dorliska (soprano), della quale si è invaghito. Il duca fa credere alla donna che suo marito è morto, ma questi, aiutato da Giorgio (buffo), custode del castello, riesce grazie a un travestimento ad incontrare Dorliska. La donna però, riconoscendo il marito, non regge all'emozione e si tradisce, rivelandone l'identità. Il duca così imprigiona anche Torvaldo, condannandolo a morte. Gli abitanti del villaggio, stanchi però delle angherie del duca d'Ordow marciano sul castello, imprigionano il prepotente e liberano Torvaldo e la sua sposa.

Gli aspetti semiseri dell'opera non furono graditi dal pubblico romano che ne decretò l'insuccesso, nonostante la presenza di cantanti del calibro del tenore D. Donzelli (Torvaldo) e del basso F. Galli (Duca d'Ordow). Scomparsa dai palcoscenici, *Torvaldo e Dorliska* è stata recentemente ripresa a Savona (1989) e alla Radio della Svizzera italiana, in forma di concerto (1992).

TOSCA
Opera in tre atti di Giacomo Puccini (1858-1924), su libretto di G. Giacosa e L. Illica, dal dramma omonimo di V. Sardou. Prima rappresentazione: Roma, Teatro Costanzi, 14 gennaio 1900.

Roma, giugno 1800. Cesare Angelotti (basso), console della caduta Repubblica romana, è evaso dalla fortezza di Castel Sant'Angelo. Le tracce del fuggitivo portano il barone Scarpia (baritono), capo della polizia di Roma, nella chiesa di Sant'Andrea della Valle, dove lavora il pittore Mario Cavaradossi (tenore), il quale aiuta il fuggitivo. Scarpia rinviene un cestino per cibi vuoto e un ventaglio della Marchesa Attavanti, sorella dell'Angelotti. Il barone si persuade che il pittore è in qualche modo implicato nella fuga del rivoluzionario. A Floria Tosca (soprano), una cantante amante di Cavaradossi, giunta nel frattempo nella chiesa, Scarpia mostra il ventaglio, suscitando così la gelosia della donna che si precipita verso la villa dell'amante, pensando di sorprenderlo con la presunta rivale, senza sapere di essere pedinata da Spoletta (tenore), agente di Scarpia. Cavaradossi è stato arrestato per favoreggiamento e ora viene portato da Scarpia a Palazzo Farnese. Interrogato, Cavaradossi nega ogni accusa, Scarpia allora lo fa condurre in una stanza vicina per sottoporlo a tortura. Tosca, che è giunta allarmata alla notizia dell'arresto dell'amante, sente le urla di dolore di Mario. Non resistendo oltre, la donna cede e rivela il nascondiglio di Angelotti. Cavaradossi è condannato a morte, Tosca chiede pietà a Scarpia: è disposta a pagare qualunque prezzo per la vita dell'amato. Scarpia promette di salvarlo purché ella gli si conceda. Straziata, la donna accetta il ricatto. Scarpia ordina allora che la fucilazione di Cavaradossi sia solo simulata, ma segretamente annulla questo ordine. Quindi, mentre il barone firma un salvacondotto per Cavaradossi e Tosca, questa lo pugnala a morte. A Castel Sant'Angelo. Manca poco all'esecuzione di Cavaradossi, quando arriva Tosca e avverte l'amato che la fucilazione non sarà che una finzione. Giunge il plotone e l'esecuzione ha luogo: Tosca, inorridita, si accorge che il pittore è stato ucciso realmente. Si odono delle voci avvicinarsi, sono gli sgherri che hanno scoperto

343 •

In alto:
una scena da *Torvaldo e Dorliska*,
di G. Rossini.

A sinistra:
Luigi Illica all'epoca di *Tosca*.
Illica fu uno dei due librettisti dell'opera di
G. Puccini.

OPERA E CINEMATOGRAFIA

L'opera lirica attrasse il cinema, già da quando questo muoveva i primi passi: in Francia nel 1903 venne prodotto un film ispirato al *Faust* di Gounod e in Italia nel 1900 appariva un film sulla *Manon Lescaut* di Puccini. Negli Stati Uniti, nomi celebri del belcanto compaiono in produzioni cinematografiche: nel 1911, Lina Cavalieri e Lucien Muratore interpretano *Manon Lescaut*; nel 1915 Geraldine Farrar è la protagonista di *Carmen*, mentre Mary Garden, nel 1917, è *Thaïs* in un film ispirato all'opera omonima di J. Massenet. Questi film, prodotti nell'epoca del cinema muto, venivano realizzati a mezzo del disco sincronizzato all'immagine e interpretati con il procedimento del *playback*, cosí che in alcuni ruoli poterono comparire anche celebri attori non certo dotati di voci adatte: ad esempio Mary Pickford veste i panni di Madama Butterfly, e Lillian Gish e John Gilbert sono i protagonisti della *Bohème* diretta da King Vidor nel 1926. Con l'avvento del cinema sonoro, aumentano le produzioni, ma resta in uso il *playback*, e solo recentemente, nel 1992, con la *Tosca* diretta da G. Patroni Griffi e ripresa in diretta a Roma nei luoghi dove l'opera è ambientata, gli interpreti hanno cantato in diretta. Tra gli anni Trenta e Quaranta, il film d'opera ebbe una serie di importanti realizzazioni, come la *Louise* di Charpentier, diretta da A. Gance, con Grace Moore e G. Thill, come protagonisti; o il *Don Chisciotte* (1934) con F. Saljapin, con musiche di J. Ibert e diretto da W. Pabst. Ebbero poi una larga diffusione i film ispirati a temi di opere rielaborati, come *Il sogno di Butterfly* (1939) con M. Cebotari e T. Gobbi, e altri celebri nomi della lirica, come B. Gigli e G. Bechi, L. Melchior, T. Schipa, furono protagonisti di film che nulla avevano a che fare con l'opera. Nel secondo dopoguerra troviamo numerosi registi che si dedicano a questo genere, ma le opere assai raramente sono filmate integralmente e ancora una volta, accanto a cantanti lirici, troviamo nomi del cinema: Gina Lollobrigida nei *Pagliacci* (1948) accanto a G. Masini e T. Gobbi; Sophia Loren nella *Favorita* (1952) e in *Aida* (1953), quest'ultima con la voce di R. Tebaldi. Oltreoceano, rilevante fu il fenomeno del tenore e attore cinematografico Mario Lanza, interprete di numerosi film di successo, come *The Lousiana Fisherman*, *Old Heidelberg*, *Serenade* e, soprattutto, *The Great Caruso* (1951), una delle piú celebri biografie romanzate del celebre tenore; un genere, quello del film biografico, che ebbe una grandissima diffusione. Con gli anni Cinquanta iniziano a comparire trasposizioni cinematografiche di spettacoli teatrali, come il *Don Giovanni* di Mozart, in una edizione del Festival di Salisburgo del 1954 diretta da P. Czinner e la celebre produzione di *Bohème*, firmata da Zeffirelli e von Karajan (1967). A questo filone appartengono numerose altre produzioni, molte delle quali dirette dallo stesso regista teatrale, come ad esempio J.P. Ponnelle, che traduce in cinema molti suoi spettacoli (*Il barbiere di Siviglia*, *La Cenerentola*. ecc.), e F. Zeffirelli (*Pagliacci* e in parte *Cavalleria rusticana*), che però punta ancora al cinema, come dimostrano la sua *Traviata* e *Otello*. Nell'ultimo ventennio, si è però affermata la pratica della registrazione diretta delle produzioni teatrali, piú consona al linguaggio del melodramma.

A destra:
il soprano statunitense Julia Migenes, protagonista della trasposizione cinematografica della *Carmen* di F. Rosi.

In alto:
una scena dal *Don Giovanni*, nella trasposizione cinematografica di J. Losey.

l'uccisione di Scarpia. Tosca si stacca dal corpo esanime di Mario e si getta nel vuoto da uno dei bastioni del castello.

Dopo il lirismo di *Bohème*, con *Tosca* il compositore propone un'atmosfera a forti tinte, con una certa esasperazione degli aspetti crudeli e morbosi (si pensi al tema di Scarpia). In *Tosca* l'invenzione musicale è ricchissima e viene costretta ad adattarsi all'incalzante incedere degli avvenimenti e a un dialogo rotto e concitato, a vantaggio della potenza drammatica dell'opera che, non a caso, è tra le piú popolari di Puccini.

■ TOSCANINI, ARTURO
(Parma 1867 - Riverdale, New York 1957)
Direttore d'orchestra italiano. Violoncellista al Teatro Regio di Parma (1880), nel corso di una tournée a Rio de Janeiro (1866) rimpiazza un direttore d'orchestra dirigendo *Aida*. Inizia cosí una carriera destinata a diventare mitica. Ha diretto le prime assolute di *Edmea* di Catalani; *Pagliacci* di Leoncavallo; *Bohème, Fanciulla del West, Turandot* di Puccini; *Le maschere* di Mascagni; *Zazà* di Leoncavallo; *Gloria* di Cilea; *Madame Sans-Gêne* di Giordano; *Nerone* di Boito e altre ancora. Inoltre le prime italiane del *Crepuscolo degli dei*, di *Sigfrido*; le prime americane di opere di Dukas, Wolf-Ferrari, Musorgskij, Montemezzi. Legò il suo nome al Teatro alla Scala, dove esordí nel 1898 (*I maestri cantori*) e che lasciò nel 1929, in opposizione al governo fascista. Ritornò al teatro milanese nel 1946, proveniente dagli Stati Uniti dove dirigeva dal 1908 al Metropolitan di New York (1908-15).

● TOTE STADT, DIE
(*La città morta*)
Opera in tre atti di Erich Wolfgang Korngold (1897-1957), su libretto di Paul Schott, pseudonimo dello stesso compositore, tratto dal romanzo *Bruges-la-morte* di G. Rodenbach. Prima rappresentazione: contemporaneamente allo Stadttheater di Amburgo e allo Stadttheater di Colonia, 4 dicembre 1920.

Nella cupa atmosfera di Bruges, Paul (tenore) piange la perdita della sua giovane sposa, Marie. Il giovane ha conservato tutto ciò che gli ricorda la sua amata scomparsa. Frank (baritono), amico di Paul, che è appena ritornato a Bruges, lo trova in questo stato di prostrazione. Ma a poco a poco Paul si anima: ha conosciuto una donna che ha una straordinaria somiglianza con Maria, e ora l'attende in casa sua. La donna arriva, è Marietta (soprano), una ballerina di Lille, che canta una canzone, quindi danza eccitando i sensi di Paul, in preda a sentimenti contrastanti: la fedeltà al ricordo della sua amata e il risveglio del desiderio provocato da Marietta. In preda a questo travaglio interiore, Paul si immerge in una sorta di visione onirica. Egli vive fino in fondo la passione per Marietta, volendo scacciare per sempre dalla sua mente il fantasma del ricordo di Maria. E questo sembra stia per accadere, ma, dalla stanza dove ha passato una travolgente notte d'amore con Marietta, Paul ode l'eco di una processione. In preda al rimorso, si inginocchia, mentre Marietta lo deride e lo accusa brutalmente di ipocrisia e debolezza. In preda all'ira, Paul strangola la ballerina. In questo stesso momento, il giovane si risveglia: è stato tutto un sogno. Ora però si sente libero: se ne andrà da Bruges, la città morta.

La partitura, che presenta un linguaggio musicale alquanto composto con influssi pucciniani e straussiani, è ricca di fascino e suggestioni sottolineate dall'orchestrazione che evidenzia l'atmosfera decadente dell'opera.

▲ TOTTOLA, ANDREA LEONE
(?Napoli, 1760 ca. - 1831)
Librettista italiano. Celebre soprattutto per i libretti scritti per Rossini (*La gazzetta, Mosè, Ermione, La donna del lago, Zelmira*) e Donizetti (*La zingara, Il fortunato inganno, Alfredo il Grande, Gabriella di Vergy, Il giovedí grasso, Elisabetta al castello di Kenilworth*). Scrisse inoltre i testi per opere di Mercadante, Pacini, Bellini (*Adelson e Salvini*), Generali, Ricci, ecc.

♦ TOURANGEAU, HUGUETTE
(Montreal, 1938)
Mezzosoprano canadese. Allieva di B. Herlingerová al Conservatorio di Quebec, si è quindi perfezionata a New York con il direttore d'orchestra R. Bonynge, con il quale si è poi frequentemente esibita. Vincitrice

Cartolina postale dei primi del '900 ispirata alla *Tosca* di G. Puccini.

TRAVIATA, LA

nel 1964 del Concorso "Auditions of the Air" del Metropolitan di New York, debutta all'Opera di Montreal (Mercedes in *Carmen* di Bizet). Dopo alcune tournée con la Metropolitan Opera Company (1965), esordisce quindi alla New York City Opera (*Carmen* di Bizet). Si esibisce a Vancouver, Boston, Seattle, ecc. Nonostante una voce gutturale nel registro grave, la Tourangeau sfoggia varietà di accenti e notevoli qualità espressive, in particolare nel repertorio francese.

TRAVIATA, LA
Melodramma in tre atti di Giuseppe Verdi (1813-1901), su libretto di F.M. Piave, tratto dal romanzo La dame aux camélias *di A. Dumas figlio (1852). Prima rappresentazione: Venezia, Teatro La Fenice, 6 marzo 1853.*

A Parigi, attorno al 1850. Durante una festa nella sua ricca casa, Violetta Valery (soprano), una famosa cortigiana, conosce Alfredo Germont (tenore), suo fervente ammiratore. Il giovane in realtà ama Violetta e le rivela il suo sentimento. La donna, turbata, scopre di provare anche lei, per la prima volta, cosa vuol dire amare. Alfredo e Violetta abbandonano la città e vivono felici in una casa di campagna. Ma è una felicità di breve durata, perché Giorgio Germont (baritono), padre di Alfredo, per far tacere lo scandalo di questo legame che sta rovinando la reputazione della famiglia, spinge Violetta ad abbandonare il figlio. Il giovane, furente di gelosia, si precipita a casa di Flora Bervoix (mezzosoprano), amica di Violetta. Qui il giovane ritrova la sua amante accompagnata dal barone Duphol (baritono), il suo antico protettore. Alfredo prega Violetta di riunirsi a lui, ma la ragazza, memore del giuramento fatto a Germont, si rifiuta e confessa che ora ama Duphol. Alfredo, preso dall'ira, offende pubblicamente Violetta, provocando lo sdegno dei presenti. Nella sua casa, Violetta è in fin di vita: la tisi, che da sempre minava il suo corpo, si è molto aggravata; prima di morire però riabbraccia Alfredo, che dal padre ha saputo la verità sulla nobiltà dei suoi sentimenti.

Terza e ultima opera della "trilogia popolare" e, come nel *Rigoletto* e nel *Trovatore*, la figura del protagonista domina su tutte le altre. In particolare il personaggio di Violetta, per la sua complessa psicologia, spicca non solo all'interno della produzione verdiana, ma di tutto il teatro romantico. *La traviata*, anche per la modernità del soggetto, offre a Verdi l'opportunità di tratteggiare in musica il dramma, i sentimenti, il dolore, che la sua straordinaria vena lirica traduce mirabilmente già dalle prime note del preludio.

TREEMONISHA
Opera in tre atti di Scott Joplin (1868-1917), su libretto proprio. Composta nel 1908. Prima rappresentazione: Atlanta, Morehouse College, gennaio 1972. Successivi arrangiamenti e orchestrazione di Gunther Schuller per la Houston Grand Opera, maggio 1975.

Una piantagione circondata da un bosco, nell'Arkansas, nel 1884. Treemonisha (soprano) scaccia Zodzetrick (tenore), un mago ciarlatano che sta tentando di vendere una zampa di coniglio a sua madre Monisha (contralto). Zodzetrick cerca di accattivarsi la ragazza, ma Remus (tenore) gli spiega che non riuscirà a spuntarla: lei è l'unica fra tutti loro che ha già combattuto altre battaglie vincenti contro la superstizione. Il mago se ne va minacciando vendetta. Poco dopo, durante una festa campestre, Monisha racconta di quando, una mattina di settembre del 1866, sotto l'albero che sta davanti alla sua capanna, trovarono una bambina nata da circa due giorni, che lei e suo marito Ned (basso) adottarono e battezzarono Tree-Monisha (Monisha dell'albero). La ragazza e i presenti sono molto sorpresi, avendo sempre creduto che fosse figlia di Monisha e Ned. Treemonisha ringrazia la donna che tanto amorevolmente le ha fatto da madre poi, con l'amica Lucy (soprano), si avvia verso il bosco. Qui Treemonisha viene rapita da Zodzetrick e da altri maghi-ciarlatani che intendono gettarla in un grosso nido di vespe. Ma ecco che appare una figura terribile che spaventa e mette in fuga i ciarlatani. È Remus, travestito da diavolo col mascherone da spaventapasseri. Remus e Treemonisha ritornano al villaggio, mentre i maghi vengono catturati. Tutti vorrebbero impartire loro una solenne punizione, ma Treemonisha chiede che ci si contenti di una buona predica e li si lasci andare. A questo punto, tutti proclamano a gran voce Treemonisha capo del villaggio. La ragazza, dopo qualche dubbio, accetta e ordina che tutti si mettano a danzare.

Scott Joplin aveva fatto pubblicare *Treemonisha* nel 1911 poi, ammalatosi grave-

Una scena da *La traviata*, di G. Verdi, al Convent Garden di Londra, con la regia di L. Visconti.

mente di sifilide, non poté più occuparsi della rappresentazione della sua opera. Cosí essa rimase solo un ricordo, fino agli anni Settanta, quando venne recuperata e finalmente rappresentata. *Treemonisha* è una miscela di brani in perfetto stile *ragtime*, con altri piú legati alla tradizione operistica, che ne fanno un capolavoro del teatro e della musica afroamericana.

♦ TREIGLE, NORMAN
(New Orleans 1927-1975)
Basso statunitense. Ha studiato nella città natale dove ha debuttato nel 1947 (Lodovico nell'*Otello* di Verdi). Nel 1953 canta alla New York City Opera, dove resterà fino al 1972. In questo teatro ha affrontato un repertorio assai vasto, comprendente i maggiori ruoli per basso (Mefistofele, Boris, Padre Guardiano, ecc.), e in opere contemporanee (protagonista nella prima americana di *Il prigioniero* di Dallapiccola, 1951). Voce di grande volume, Treigle, grazie alla sua straordinaria presenza scenica, è stato un celebre interprete del ruolo di Mefistofele (Gounod e Boito).

♦ TRISTAN UND ISOLDE
(*Tristano e Isotta*)
Dramma musicale in tre atti di Richard Wagner (1813-1883), su libretto proprio. Prima rappresentazione: Monaco, Hoftheater, 10 giugno 1865.
Sulla nave, Tristano (tenore), scudiero e nipote di re Marco (basso), sta accompagnando la principessa Isotta (soprano) dallo zio, di cui dovrà diventare sposa. Isotta avrebbe voluto vendicarsi di Tristano, che aveva ucciso in combattimento il suo fidanzato, ma se ne è invece innamorata. Anche Tristano ama Isotta, ma i due non possono confessarsi il reciproco amore. Isotta ordina all'ancella Brangania (mezzosoprano) di preparare i filtri magici avuti dalla madre; insieme a Tristano berrà il filtro di morte. Quando ormai le coste della Cornovaglia si avvicinano, Tristano si presenta alla principessa; questa lo accusa di viltà, ma poi lo invita a bere la coppa della riconciliazione. Tristano non ignora che nella coppa c'è il veleno e tuttavia non vi si sottrae. Brangania ha però sostituito il filtro di morte con quello d'amore. In preda a intensa emozione i due si guardano estatici; immobili per un attimo, cadono poi l'una nelle braccia dell'altro. Nel giardino davanti al castello di re Marco, in una chiara notte estiva, Tristano e Isotta, ora sposa del re, travolti dalla passione, si abbandonano all'estasi dei loro sentimenti e non si rendono nemmeno conto del sorgere dell'alba. I due amanti vengono cosí sorpresi dal re e dal suo vassallo Melot (tenore o baritono). Il re, profondamente addolorato condanna Tristano all'esilio; il giovane provoca Melot a duello e si lascia colpire dalla sua spada. Gravemente ferito, Tristano, nei pressi del suo castello in Bretagna, è vegliato dal suo fedele scudiero Kurvenal (baritono). In preda al delirio, Tristano invoca il nome di Isotta e, quando la vede arrivare, si strappa le bende e le va incontro. Isotta, stringendolo tra le braccia, ne raccoglie l'ultimo respiro. Un'altra nave porta il re, che è venuto per portare il suo perdono; Brangania gli ha rivelato l'inganno del filtro, ed egli vuole ricongiungere gli amanti. Ma è giunto troppo tardi. Ormai anche Isotta non l'ascolta piú ed eleva il suo lamento supremo e, come trasfigurata, cade sul corpo di Tristano.

Il libretto, tratto dal poema germanico di G. von Strassburg (XIII secolo), a sua volta ispirato ad antiche leggende celtiche, venne elaborato da Wagner a Zurigo nel 1857, mentre la partitura musicale venne realizzata tra il 1857 e il 1859, prima in Svizzera poi a Venezia, dove il compositore si era ritirato dopo la rottura con Mathilde Wesendonk. I riflessi di questa passione irrealizzata e l'incontro del compositore con la filosofia negativa di Schopenhauer appaiono piú che mai presenti in *Tristan und Isolde*, e sono per cosí dire le radici sulle quali il compositore sviluppa il dramma, e l'anelito di amore e di morte, che si esprime nel grande duetto del secondo atto, ne rappresenta il vertice ideale. La musica, con il suo flusso continuo, ha ormai rotto tutti i legami con ogni tipo di struttura teatrale e fa di quest'opera il punto di partenza di tutta la musica moderna.

♦ TRITTICO, IL
(*Il tabarro, Suor angelica, Gianni Schicchi*)
Spettacolo in tre parti di Giacomo Puccini (1858-1924), su libretti di G. Adami e G. Forzano. I tre episodi sono autonomi e privi di espliciti legami l'uno con l'altro. Prima rappresentazione: New York, Metropolitan Opera House, 14 dicembre 1918.

IL TABARRO
Libretto di G. Adami, dal dramma in un atto La Houppelande *di D. Gold.*
Parigi, inizio del secolo. Su una vecchia chiatta da carico ancorata sulla Senna vive Michele (baritono) con la giovane moglie Giorgetta (soprano). L'uomo sente che il suo matrimonio è in crisi e in lui è sorto il sospetto che Giorgetta abbia un amante. Questi è Luigi, un giovane scaricatore che annuncia a Michele la sua intenzione di lasciare la chiatta appena arrivati a Rouen; egli non sopporta piú il tormento di vivere un amore clandestino, ma Giorgetta lo prega di restare e gli dà appuntamento per

---

In alto:
figurino per il personaggio di Germont
(*La traviata*), da un'illustrazione
dell'epoca.

A sinistra:
locandina per la prima rappresentazione
del *Tristano e Isotta*, di R. Wagner,
al Hoftheater di Monaco,
il 10 giugno 1865.

Una scena da Suor Angelica, uno dei tre atti unici del Trittico, di G. Puccini, su libretti di G. Adami e G. Forzano.

quella notte: un fiammifero acceso sarà il segnale per il convegno. Quando Luigi si allontana, riappare Michele che tenta di ridestare nella moglie il ricordo del loro passato, quando era solito avvolgerla teneramente nel suo ampio tabarro. Giorgetta, a disagio, risponde evasivamente, quindi si allontana. Rimasto solo, Michele reprime la sua ira, ma sogna di scoprire e uccidere l'amante della moglie. Immerso in questi cupi pensieri, Michele accende la pipa e Luigi, che osserva a distanza, credendo che questo sia il segnale di Giorgetta, corre a bordo. Michele intuisce la verità, costringe il giovane a confessare e lo strangola, nascondendo poi il cadavere nel suo tabarro. Colta da uno strano presentimento, Giorgetta risale dalla cabina, Michele allora solleva il tabarro e mostra alla donna inorridita il volto dell'amante morto.

SUOR ANGELICA
Libretto di G. Forzano.

L'azione si svolge in un monastero verso la fine del XVII secolo. Da sette anni suor Angelica (soprano) è rinchiusa in un convento per volontà della nobile famiglia cui appartiene, per espiare la colpa di una relazione illecita da cui ha avuto un figlio. La zia principessa (contralto) le chiede di firmare un atto di formale rinuncia alla sua parte del patrimonio familiare, e nel corso del colloquio le comunica, con tono freddo e inespressivo, la notizia della morte del figlioletto. Caduta in uno stato di atroce disperazione, Angelica si avvelena, ma quando è ormai in agonia è colta dal rimorso e invoca la Madonna.
Le risponde un coro celestiale. In una luce radiosa appare la Vergine che spinge dolcemente un bambino verso Angelica morente.

GIANNI SCHICCHI
*Libretto di G. Forzano tratto da un episodio dell'*Inferno *di Dante.*

L'azione si svolge a Firenze nel 1299. I parenti di Buoso Donati, spirato da poche ore, scoprono che il defunto ha lasciato tutta la sua cospicua fortuna ai frati di Signa. Costernati i parenti chiamano in aiuto Gianni Schicchi (baritono), persona nota per la sua astuzia. E Schicchi elabora un piano: fingendosi Buoso Donati in punto di morte detterà al notaio un nuovo testamento. I parenti accolgono con entusiasmo il piano, ma quando Schicchi detta un testamento che lascia a se stesso la maggiore parte dei beni, i parenti rimangono allibiti. Non appena il notaio si allontana, tutti si scagliano contro Schicchi, ma questo li scaccia dalla casa che ormai è sua, mentre Rinuccio (tenore), giovane nipote di Buoso Donati, e Lauretta (soprano), la figlia di Schicchi, da tempo innamorati, si abbracciano teneramente.
Nella concezione originaria del *Trittico*, i soggetti, contrastanti tra loro, avrebbero dovuto essere tratti rispettivamente dall'*Inferno*, dal *Purgatorio* e dal *Paradiso* di Dante, ma nella realizzazione solo un episodio è ispirato alla *Divina Commedia*, il *Gianni Schicchi*. Resta invece l'idea del contrasto: *Il tabarro* è una storia sordida e disperata, espressa pienamente dall'atmosfera musicale creata dal compositore, qui particolarmente attento alle nuove tendenze della musica contemporanea. *Suor Angelica* è invece una tragedia che però lascia aperta la speranza. La tenue vicenda, priva di situazioni drammatiche e conflittuali, limitò la fantasia musicale del compositore. Solo nella scena del colloquio tra suor Angelica e la zia, Puccini si eleva al culmine della sua arte drammatica. *Gianni Schicchi* è invece un'opera comica e fu quella che a differenza delle altre alla prima rappresentazione ottenne un immediato successo e numerose esecuzioni. *Gianni Schicchi* mostra la grande capacità di Puccini di adattare il suo stile anche allo spirito della commedia, ampliando così ancora la sua gamma creativa.

★ TROIANI, I
vedi *Troyens, Les*

TROILUS AND CRESSIDA
(Troilo e Cressida)
Opera in tre atti di William Walton (1902-1983), su libretto di Ch. Hassal, tratto da Troilus and Criseyde *di G. Chaucer. Prima rappresentazione: Londra, Covent Garden, 3 dicembre 1954.*

A Troia nel XII secolo a.C. Infuria la guerra tra greci e troiani. Il giovane troiano Troilo (tenore) si innamora della vedova Cressida (soprano; nella seconda versione, mezzosoprano), figlia dell'indovino Calcante (basso). Il greco Diomede (baritono) fa una proposta ai troiani: in cambio di Cressida, della quale si è invaghito, restituirà un prigioniero, il guerriero Antenore (baritono). Troilo sente che perderà il suo amore, ma la realtà della guerra e il bisogno di difendere la patria sono più forti: accetta lo scambio. Cressida però non ama il greco, che tenta quindi di possederla con la forza. Ma interviene Troilo, che lo sfida e lo attacca. Calcante subdolamente pugnala il giovane alle spalle e lo uccide. Cressida, disperata, si toglie la vita.

Troilus and Cressida appare come un *music-drama* assai piú vicino alla sensibilità schubertiana che a quella wagneriana. Il suo lirismo dolceamaro è stato indicato come «un romanticismo piú residuo, che affermato», il che può caratterizzare complessivamente l'opera di Walton. Il compositore curò una seconda versione della partitura in cui il ruolo della protagonista venne adattato alla voce del mezzosoprano J. Baker, che il 12 novembre 1976 ne fu l'interprete al Covent Garden di Londra.

TROVATORE, IL
Dramma in quattro atti e otto quadri di Giuseppe Verdi (1813-1901), su libretto di S. Cammarano, tratto dalla tragedia spagnola El trovador *di A. García Gutierréz. Prima rappresentazione: Roma, Teatro Apollo, 19 gennaio 1853.*

In Spagna nel XV secolo. Ferrando (basso), il capitano della guardia del conte di Luna (baritono), racconta come il fratello del loro signore fu rapito e gettato nel fuoco da una zingara che voleva vendicare la madre condannata al rogo, perché accusata di essere una strega. Poco dopo, Leonora (soprano), dama della regina, narra alla sua ancella Inez (soprano) di essersi innamorata di un trovatore che una notte udí sotto la sua finestra. Lo risente ora in lontananza ed esce dal castello per incontrare il cantore. Ma si imbatte invece nel conte di Luna: anche lui ama Leonora e, geloso del trovatore, il cui nome è Manrico (tenore), lo sfida a duello. Manrico vince la sfida ma rimane ferito e viene amorevolmente curato dalla zingara Azucena (mezzosoprano), che egli crede essere sua madre (in realtà egli è il fratello del conte di Luna creduto morto nel rogo, mentre la zingara, la stessa Azucena, sconvolta dagli avvenimenti, aveva gettato sul rogo il proprio figlio). Intanto giunge la notizia che Leonora, credendo Manrico morto, ha deciso di prendere il velo. Il trovatore parte per raggiungere l'amata prima che essa pronunci i voti. Contemporaneamente il conte di Luna si prepara a rapirla dal convento. Manrico arriva in tempo per salvarla e condurla con sé. Mentre stringe d'assedio il castello dove Manrico e Leonora si sono rifugiati, il conte cattura Azucena e Ferrando la riconosce come la donna che rapí suo fratello. Azucena viene condannata al rogo e Manrico, nel tentativo di liberarla, viene catturato e imprigionato. Leonora si offre al conte in cambio della vita di Manrico. Il conte accetta ma Leonora, per rimanere fedele a Manrico, si avvelena e, quando porta al giovane la notizia della sua prossima liberazione, il veleno compie la sua tragica azione e la donna muore tra le braccia del trovatore. Il conte di Luna, furente, ordina che Manrico sia subito decapitato; e quando la sentenza è stata già eseguita Azucena rivela la terribile verità: Manrico era il fratello del conte di Luna. La vendetta di Azucena è finalmente compiuta.

Seconda opera della "trilogia popolare" (con *Rigoletto* e *Traviata*), è senza dubbio la piú convenzionale dal punto di vista della trama, la musica è però di altissimo livello nel sottolineare i caratteri dei personaggi. Manrico e Leonora però, pur avendo alcune tra le piú belle pagine dell'opera, non rifuggono appunto da una certa convenzionaltià. Di grande spessore drammatico è invece Azucena, che il contrasto tra desiderio di vendetta e sentimenti di accorato amore materno rende un personaggio di prima grandezza nel melodramma romantico.

♦ TROYANOS, TATIANA
(New York 1938)
Mezzosoprano statunitense. Ha studiato canto con H.J. Heinz e alla Juilliard School di New York. Nel 1963 ha debuttato alla New York City Opera, alla prima americana del *Midsummer Nigth's Dream* (*Sogno di una notte di mezza estate*) di Britten. Nel 1965 è entrata a far parte della compagnia dell'Opera di Stato di Amburgo, dove nel 1969 interpreta il ruolo di Janne nella prima rappresentazione assoluta di *Teufel von Loudun* (*I diavoli di Loudun*) di Penderecki. Ottiene un personale successo ad Aix-en-Provence (Compositore in *Ariadne auf Naxos* di Strauss, 1966) e al Covent Garden di Londra come Octavian in *Der Rosenkavalier* (*Il cavaliere della rosa*) di Strauss, 1967. Nel 1971 ha inaugurato il Kennedy Center di Washington con l'opera *Ariodante* di Händel. Nome di spicco del Metropolitan di New York, dove in anni recenti ha interpretato *Cosí fan tutte* di Mozart (1990), *Der Rosenkavalier* (1991) e la prima rappresentazione assoluta di *The Voyage* di Ph. Glass (1992). Presente nei cartelloni dei massimi teatri americani, la Troyanos, grazie alla sua voce potente, duttile ed estesa e a una non comune presenza scenica, è una delle piú celebri cantanti della sua generazione. Particolarmente apprezzate le sue interpretazioni straussiane.

TROYENS, LES
(I troiani)
Opera in due parti e cinque atti: La prise de Troie (*La presa di Troia, atto I e II*) *e* Les troyens à Carthage (*I troiani a Cartagine, atto III, IV e V*) *di Hector Berlioz (1803-1869), su libretto proprio tratto dall'*Eneide *di Virgilio. Prima rappresentazione: Parigi, Théâtre Lyrique, 4 novembre 1863 (in cui fu però eseguita solo la seconda parte). Esecuzione in tedesco dell'opera per intero, in due serate, il 6 e 7*

Bozzetto per *Il trovatore*, di G. Verdi.

dicembre 1890 all'Hoftheater di Karlsruhe.
L'azione si svolge a Troia nella prima parte e a Cartagine nella seconda. Dopo aver stretto d'assedio per dieci anni la città di Troia, i greci partono lasciando sulla spiaggia un cavallo di legno. I troiani, credendolo un omaggio a Pallade lasciato dai fuggiaschi, decidono di trasportarlo all'interno delle mura. Solo Cassandra (mezzosoprano) non partecipa alla gioia generale e predice nuove sventure, ma rimane inascoltata. Nella notte, Enea (tenore) viene svegliato dal fragore dei combattimenti ed ecco gli appare lo spettro di Ettore (basso) che lo esorta a fuggire. Troia è messa a ferro e fuoco dai greci; Enea fugge con pochi superstiti, mentre Cassandra, dopo aver incitato le altre donne al suicidio piuttosto che cadere in mano al nemico, dà l'esempio trafiggendosi con un pugnale. A Cartagine. Durante i festeggiamenti per la costruzione della città viene annunciato l'arrivo dei troiani. E poiché i confini sono minacciati dai numidi, Enea si offre di combattere i nemici. Il troiano ritorna vincitore, ottenendo così la gratitudine della regina Didone (soprano), un sentimento che ben presto si trasforma in amore. Anche Enea ricambia questo sentimento, ma gli dei premono sull'eroe perché abbandoni Cartagine alla volta dell'Italia. Enea cerca di convincere Didone dell'inevitabilità del distacco; la regina tenta inutilmente di trattenerlo, poi, quando le viene annunciato che i troiani sono partiti, decide di morire. Invocando la vendetta della propria stirpe su quella di Enea, Didone si trafigge, ma prima di morire ha il presagio del sicuro trionfo di Roma.

Berlioz scrisse il libretto tra la primavera e i successivi mesi del 1858, mentre la composizione vera e propria e la revisione impegnarono il compositore fino al 1860. Data la vastità della partitura l'Opéra si rifiutò di metterla in scena. Berlioz fu costretto a condensare la prima parte in un prologo riassuntivo e a presentare solamente *Les troyens à Carthage*. Il successo non fu particolarmente convincente e solamente dopo il 1890, anno della prima rappresentazione integrale, *Les troyens* ha avuto i primi riconoscimenti e a tutt'oggi viene rappresentata con una certa frequenza. Celebratissimo è l'ultimo atto di *Les troyens a Carthage*, influenzato, si sostiene, da *Dido and Aeneas* di Purcell.

♦ TUCKER, RICHARD
(New York 1913 - Kalamazoo, Michigan 1975)
Nome d'arte di Reuben Ticker, tenore statunitense. Studiò con il tenore P. Althouse e con A. Canarutto. Esordí con successo al Metropolitan di New York nel 1945, come Enzo nella *Gioconda* di Ponchielli. Con questo ruolo debutta in Italia, all'Arena di Verona, nel 1947, al fianco della debuttante M. Callas. In Italia ritornerà nel 1969 (*Trovatore* a Firenze e *Luisa Miller* a Milano) e nel 1972 (*Un ballo in maschera* e *Aida* all'Arena di Verona). Il suo nome si legò al Metropolitan di New York dove cantò in piú di seicento rappresentazioni, in un repertorio che aveva nelle opere italiane, Verdi in particolare, il suo punto di forza. Il timbro luminoso, l'omogeneità d'emissione sull'intera gamma e un registro acuto svettante furono le principali caratteristiche di questo cantante; da non sottovalutare poi la grande tecnica che gli consentí di esibirsi (*La juive* di Halévy nel 1973; *Carmen* nel 1975) con una vocalità pressoché intatta fino a poco prima della sua morte.

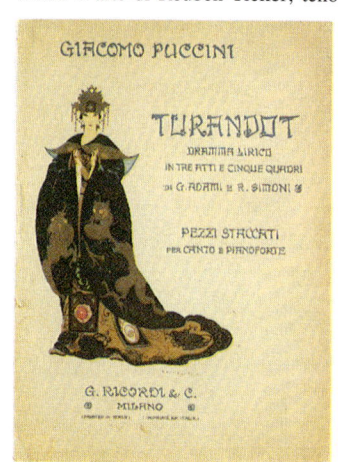

♦ TURANDOT
Opera fiabesca in due atti di Ferruccio Busoni (1866-1924), su libretto proprio, tratto dall'omonima fiaba teatrale di C. Gozzi. Prima rappresentazione: Zurigo, Stadttheater, 11 maggio 1917.

Le mura di Pechino in Cina. Il principe Calaf (tenore), di ritorno da una sfortunata guerra nella quale ha perduto il padre, incontra il fedele Barach (basso). Questi racconta al principe che la principessa Turandot (soprano) ha deciso che concederà la propria mano a colui che riuscirà a sciogliere i tre enigmi da lei posti; chi non indovinerà sarà condannato alla decapitazione. Molti hanno già tentato inutilmente, e anche Calaf decide di affrontare la prova. Nella sala del trono, l'imperatore Altoum (basso), i suoi ministri Pantalone (basso) e Tartaglia (baritono), il capo degli eunuchi Truffaldino (tenore) e tutta la corte accolgono il nuovo pretendente, Calaf, che non vuole rivelare il proprio nome. Lo sconosciuto risolve i tre enigmi di Turandot, ma la principessa non vuole accettare la sconfitta e sta per suicidarsi. Calaf la ferma e generosamente propone anch'egli un enigma: se Turandot saprà dirgli il suo nome, sarà liberata dalla sua promessa. Turandot cerca ogni mezzo per scoprire il nome dello straniero e, a tale scopo, interroga anche la sua confidente Adelma (mezzosoprano). Questa, prima di essere condannata era stata una principessa e si era invaghita di Calaf, che però l'aveva respinta. Adelma, in cambio della libertà, rivela l'identità del principe. Turandot può così sciogliere l'enigma e Calaf, sconfitto, si congeda. Ma la principessa, vinto l'orgoglio, si dichiara innamorata di Calaf. A differenza del clima tragico e passionale

In alto:
una scena da *I troiani*, di H. Berlioz, in un allestimento del Teatro alla Scala.

A destra:
frontespizio di una selezione di pezzi dalla *Turandot*, di G. Puccini.
Il disegno originale è di U. Brunelleschi.

della *Turandot* di Puccini, la partitura di Busoni è carica di ironia. Un tono che è accentuato dalla presenza delle tre maschere: Truffaldino, Pantalone e Tartaglia. La musica presenta marcate influenze orientali, cinesi e arabe.

TURANDOT
Opera in tre atti di Giacomo Puccini (1858-1924), su libretto di G. Adami e R. Simoni, dalla omonima fiaba teatrale di C. Gozzi. Prima rappresentazione: Milano, Teatro alla Scala, 25 aprile 1926.

A Pechino, al tempo delle favole. La principessa Turandot (soprano) ha fatto voto di sposare il pretendente di sangue nobile che sappia risolvere tre enigmi, ma ha anche decretato che chi fallisce sarà decapitato. Calaf (tenore), figlio di Timur (basso), deposto re di Tartaria, vede Turandot affacciarsi al balcone del palazzo e se ne innamora perdutamente e non pensa ad altro che a conquistarla. Tre cortigiani, Ping (baritono), Pong (tenore) e Pang (tenore), Timur e la schiava Liú (soprano), sua fedele compagna, tentano di dissuaderlo, ma senza esito. Calaf si presenta al palazzo; l'imperatore Altoum (tenore) lo prega di ritirarsi ma egli rifiuta recisamente e la prova ha luogo. Calaf scioglie uno dopo l'altro i tre enigmi e vince. Turandot, umiliata, prega il padre di impedire che ella divenga schiava di uno straniero; Calaf, generosamente, le offre di scioglierla dal giuramento se scoprirà il suo nome e la sua origine. Timur e Liú, che erano stati visti insieme a Calaf, vengono traditi dalle guardie davanti a Turandot. Liú dichiara di essere la sola a conoscere il nome del principe, poi, temendo di cedere alla tortura, si uccide con un pugnale. Rimasto solo con Turandot, Calaf, dopo averla rimproverata per la sua crudeltà, la bacia lungamente. La principessa rimane turbata e capisce improvvisamente di aver amato Calaf fin dal primo istante. Solo allora Calaf le rivela il proprio nome. Davanti alla corte riunita Turandot annuncia di aver svelato il nome del principe ignoto: è Amore.

Turandot, per la morte del compositore, avvenuta il 29 novembre 1924, rimase incompiuta. Il completamento della partitura, interrotta alla morte di Liú, venne affidato per suggerimento di Toscanini a Franco Alfano. Ma alla "prima" alla Scala, l'esecuzione terminò dopo l'aria di Liú "Tu che di gel sei cinta". *Turandot* rappresenta il lavoro piú maturo e compiuto di tutta la produzione pucciniana e nello stesso tempo un riepilogo del suo itinerario creativo. Straordinariamente ricca la scrittura orchestrale: accanto a temi cinesi autentici incorporati nella partitura sono presenti umori estratti dalla musica moderna del tempo, dissonanze, politonalità, inquietanti effetti vocali e orchestrali.

TURCO IN ITALIA, IL
Dramma buffo in due atti di Gioachino Rossini (1792-1868), su libretto di F. Romani. Prima rappresentazione: Milano, Teatro alla Scala, 14 agosto 1814.

In un accampamento di zingari il poeta Prosdocimo (baritono) cerca l'ispirazione per un nuovo dramma. Qui incontra Geronio (buffo), ricco possidente, e la giovane zingara Zaida (mezzosoprano), già legata a un principe turco e ancora di lui innamorata. E proprio un principe turco, Selim (basso), arriva per visitare l'Italia; appena sbarcato, si imbatte in Fiorilla (soprano), la civetta moglie di Geronio. La donna invita Selim a prendere un tè, provocando la gelosia di Geronio. Nel frattempo si scopre che Selim è il principe turco amato da Zaida. Prosdocimo è quindi assai contento, perché ha trovato il giusto argomento per il suo dramma, ed intende complicarlo ancora un po' per renderlo ancora piú vivace. Cosí, prima fa scatenare una baruffa tra Zaida e Fiorilla, poi, quando, approfittando di una festa in maschera, Fiorilla e Selim intendono fuggire, l'onnipresente poeta avverte Geronio e Zaida, che intervengono alla festa travestiti rispettivamente da Selim e da Fiorilla. Dopo una girandola di scambi di persona, tutto si rimette a posto. L'antico amore tra Zaida e Selim rinasce e Fiorilla torna con Geronio. Prosdocimo è soddisfatto, per aver completato il suo dramma.

Il turco in Italia, grazie anche al felice libretto del Romani, è sicuramente una delle opere piú originali del pesarese. Assolutamente geniale, quasi pirandelliana, l'idea dei due livelli sui quali si svolge la vicenda: da una parte l'azione, fatta da equivoci e intrighi, dall'altra la figura del poeta, che allo stesso tempo partecipa alla vicenda e se ne estranea, reggendo i fili dell'azione. La musica di Rossini non fa che aumentare il fascino dell'opera.

TURN OF THE SCREW, THE
(*Il giro di vite*)
Opera in un prologo e due atti di Benjamin Britten (1913-1976), su libretto di M. Piper, tratto dal racconto omonimo di H. James. Prima rappresentazione: Venezia, Teatro La Fenice, 14 settembre 1954.

Nel prologo, il narratore (tenore) racconta l'antefatto della storia, scritto su un foglio di carta ormai ingiallito. Un uomo, molto impegnato dagli affari e dalla vita di società, affida due bambini orfani, di cui è tutore, a una istitutrice (soprano). L'istitutrice giunge nella villa di campagna a Bly, accolta dalla signora Grose (soprano), la governante, e dai ragazzi, Miles e Flora (voci bianche, soprano). Alcune sere dopo, la nuova arrivata vede uno sconosciuto nel parco, e dalla descrizione che ne fa la governante riconosce Peter Quint (tenore), un servo della casa che in passato aveva avuto una diabolica influenza sui bambini e sulla istitutrice precedente, miss Jessel (soprano). Entrambi sono morti, ma l'istitutrice e la governante si rendono ben presto conto che i due fanciulli ne sono tuttora dominati. Segue una serie di episodi nei quali l'istitutrice e la Grose tentano inutilmente di sottrarre Flora e Miles dalla

Una scena da *Il turco in Italia*, di G. Rossini.

malefica influenza dei due fantasmi. L'istitutrice disperata decide di scrivere al tutore per metterlo al corrente di quanto sta accadendo. Spinto da Quint, Miles sottrae la lettera dalla scrivania. Dopo che Flora ha passato una notte di orribili incubi, la signora Grose parte con la bambina per condurla dal tutore. L'istitutrice resta a Bly con Miles e, dopo una lotta disperata, riesce a vincere la battaglia: Miles in un ultimo grido svela il nome del suo persecutore, ma non regge allo sforzo e muore tra le braccia della donna.

La trama si articola in sedici scene essenziali, brevi ma efficaci. Tutta l'azione è contenuta nella struttura di un tema con quindici variazioni: ogni variazione sfocia nella scena corrispondente alla quale fa da prologo. Questa struttura spiega in parte anche il titolo dell'opera: il "tema" che gira attraverso le quindici variazioni dei vari interludi introducenti le scene. Anche in quest'opera, come in molte altre sue, Britten ha ridotto l'orchestra a soli tredici strumenti, che tuttavia ottengono effetti di rara ricchezza espressiva.

Disegno di Waller per *Il giro di vite* di H. James, da cui è tratta l'omonima opera di B. Britten.

UGO, CONTE DI PARIGI
Tragedia lirica in due atti di Gaetano Donizetti (1797-1848), su libretto di F. Romani. Prima rappresentazione: Milano, Teatro alla Scala, 13 marzo 1832.

Nel palazzo di Laon, si celebra l'ascesa al trono di Francia di Luigi V (mezzosoprano), figlio del defunto re Lotario. Tra le grida di gioia si leva però anche la maledizione del principe Folco d'Angiò (baritono), egli augura al giovane re di subire la stessa sorte di Lotario, che regnò odiato dalla moglie Emma (soprano) e morí per la perfidia di questa. Mentre Luigi si avvia alla cattedrale, Bianca d'Aquitania (soprano), promessa sposa di Luigi, confessa alla sorella Adelia il suo odio verso il promesso sposo e il suo amore per il conte Ugo (tenore), reggente prima dell'incoronazione di Luigi. La confessione di Bianca sconvolge Adelia, perché ella ama ed è riamata da Ugo. Bianca con una scusa vuole allontanarsi da corte, ma Luigi l'accusa di tradirlo con Ugo. Il conte nega, affermando che ama un'altra donna. Bianca, che ha ammesso di amare Ugo, vuole sapere il nome della rivale, ma egli si rifiuta. Messo in carcere da Luigi, Ugo riceve la visita di Bianca che lo prega di fuggire con lei; l'uomo rifiuta ma l'impovvisa apparizione di Adelia rivela l'identità dell'amore segreto a Bianca, che giura vendetta. Cosí, mentre Ugo e Adelia confessano al re i loro sentimenti, Bianca, che ha saputo che Ugo ha avuto il permesso da Luigi di sposare Adelia, decide di avvelenare Luigi. Mentre sta preparando la pozione velenosa, ode la voce della regina Emma che, in preda al rimorso, invoca il perdono per le colpe commesse. Bianca, colpita dalle parole di Emma, chiede aiuto alla regina, la quale afferma che nessuna vendetta vale l'agonia e il tormento del rimorso. Si odono però le voci che provengono dalla cappella dove si stanno celebrando le nozze di Ugo e Adelia; l'ira di Bianca, che sembrava placata, si riaccende. Emma chiama le guardie ma Bianca, che si vede sconfitta, si avvelena.

Ugo, conte di Parigi vide la luce nella stagione scaligera che il 26 dicembre 1831 aveva visto rappresentare anche la *Norma* di Bellini. L'opera di Donizetti si trovò ad avere gli stessi interpreti della "prima" belliniana: Giuditta Pasta (Norma) nel ruolo di Bianca, Giulia Grisi (Adalgisa) come Adelia, Domenico Donzelli (Pollione) nelle vesti di Ugo e Vincenzo Negrini (Oroveso) quale Folco. Il cast di *Ugo* era completato da Clorinda Corradi-Pantanelli, nel ruolo *en travesti* di Luigi e da Felicita Baillou-Hillaret, che interpretò Emma. Come per *Norma*, anche per la partitura donizettiana la prima rappresentazione ottenne un buon successo che non fu però privo di qualche dissenso. Ma se per *Norma* il successo si trasformò in trionfo, per *Ugo*, dopo la seconda rappresentazione si trasformò in fiasco e alla quinta replica l'opera venne tolta dal cartellone. Donizetti ne fu assai addolorato perché convinto del valore del suo lavoro. E in effetti *Ugo* contiene pagine di altissimo livello musicale e teatrale, una su tutte la grande scena finale che può stare al fianco di altre, ben piú note, anche dello stesso Donizetti.

♦ UHL, FRITZ
(Wien-Matzleinsdorf 1928)
Tenore austriaco. Allievo di E. Rado a Vienna, ha esordito ufficialmente a Graz nel 1952 (Hüon nell'*Oberon* di Weber). Nel giro di pochi anni si è messo in luce come uno dei piú dotati tenori della sua generazione. Grazie al timbro argenteo della voce e allo svettante registro acuto, è riuscito ad affermarsi nel repertorio wagneriano e straussiano. Primo tenore all'Opera di Monaco di Baviera (*Fidelio* di Beethoven, 1956), è successivamente stato ospite della Staatsoper di Vienna (*Parsifal* di Wagner, 1961), dell'Opera di San Francisco (*Fidelio*, 1961), dell'Opéra di Parigi (*Wozzeck* di Berg, 1967), del Festival di Bayreuth (dal 1957), ecc. Tra le sue interpretazioni si ricordano in particolare Loge nel *Rheingold* (*L'oro del Reno*), Siegmund in *Die Walküre* (*La walkiria*), Tristano di Wagner e l'Imperatore in *Die Frau ohne Schatten* (*La donna senz'ombra*), Bacco in *Ariadne auf Naxos* (*Arianna a Nasso*) di Strauss.

♦ ULFUNG, RAGNAR
(Olso 1927)
Tenore norvegese. Ha compiuto gli studi musicali a Oslo e a Milano, dove è stato allievo di Minghetti. Ha debuttato in concerto a Oslo nel 1950; due anni dopo esordiva sulle scene, sempre a Oslo, come Magadoff in *The Consul* (*Il console*) di Menotti. Nel 1958 entrava nella compagnia stabile dell'Opera Reale di Stoccolma dove si è esibito per un ventennio, cantando in un repertorio assai eterogeneo: *Pagliacci* di Leoncavallo, *La traviata*, *Un ballo in maschera*, *Rigoletto* di Verdi, ecc. In campo internazionale a San Francisco (1967), al Metropolitan di New York (*Siegfried* di Wagner, 1972; *Salome* di Strauss, 1986), alla Scala di Milano (*Elektra* di Strauss, 1973) all'Opéra di Parigi (*Salome*, 1972 e 1986; *Wozzeck* di Berg, 1985-86), ecc.

★ ULISSE
*Opera in un prologo e due atti di Luigi Dallapiccola (1904-1975), su libretto proprio, ispirato all'*Odissea *di Omero. Prima rappresentazione: Berlino, Deutsche Oper, 29 settembre 1968.*

Ulisse (baritono) riprende il mare dopo aver rifiutato l'eterna giovinezza che Calypso (soprano) gli offriva. L'ira di Poseidone fa naufragare Ulisse sull'isola dei Feaci; qui viene raccolto da Nausicaa (soprano) e da lei condotto alla reggia del padre Alcinoo (basso). L'eroe rivela il proprio nome e inizia a raccontare le sue avventure dopo la caduta di Troia: lo sbarco all'isola dei Lotofagi, dove alcuni marinai mangiano il fiore dell'oblio e non tornano piú alle navi. Per un anno, poi, Ulisse è trattenuto da Circe (mezzosoprano), e nel rimettersi in viaggio la maga gli predice che non potrà mai ritrovare la pace. Ulisse narra poi il suo viaggio all'Ade, dove incontra la madre Anticlea (soprano) e l'indovino Tiresia (tenore), dal quale apprende che il suo ritorno a Itaca sarà un ritorno sanguinoso. Finita la narrazione, Alcinoo offre a Ulisse una scorta che lo condurrà a Itaca. L'eroe sbarca cosí a Itaca; sotto le spoglie di mendicante, incontra il figlio Telemaco (mezzosoprano) dal quale apprende le angherie dei Proci. Accompagnato dal giovane, Ulisse si reca alla reggia dove si libera del mantello e, tra lo stupore e il terrore generali, prende l'arco e ad uno ad uno uccide i Proci. Poi, come la profezia aveva stabilito, Ulisse è di nuovo in mare e constata con dolore di non aver mai trovato in tanto vagare ciò che cercava.
Improvvisamente, folgorato da una rivelazione, Ulisse esclama: "Signore! Non sono piú soli il mio cuore e la mia anima!".

Dai testi letterari antichi e moderni, da Omero, ma anche dalla *Divina Commedia* di Dante, dall'*Agamennone* di Eschilo, *Ulysses* di Tennyson, *Der Bogen des Odysseus* di Hauptmann, *Joseph und seine Brüder* di T. Mann, *Ithaka* di Kavafis, *Ulysses* di Joyce, oltre a versi di Hölderlin e Machado, Dallapiccola ha ricavato una personalissima interpretazione dell'eroe greco e della sua perenne ricerca che trova pace e conclusione soltanto nel senso del divino.

★ ULTIME TENTAZIONI, LE
vedi *Viimeiset Kiusaukset*

★ UNDINE
(*Ondina*)
Opera romantica in quattro atti di Gustav Albert Lortzing (1801-1851), su libretto dell'autore ispirato a un racconto di F. de La Motte-Fouqué. Prima rappresentazione: Magdeburgo, Stadttheater, 21 aprile 1845.

La vicenda ha luogo nel 1452 in un villaggio di pescatori e nel palazzo del duca Enrico. Il cavaliere Hugo von Ringstet (tenore) è in procinto di sposare Ondina (soprano). Questa è creduta figlia di Marta (contralto) e Tobia (basso), due vecchi pescatori, ma in realtà è una ninfa, sostituita da Kühleborn (baritono), principe delle acque, alla loro vera figlia. Kühleborn intanto si mischia tra gli invitati e partecipa alle feste di nozze. Egli esprime i suoi dubbi sul felice esito dell'amore tra i due giovani e si ripromette di ricondurre Ondina nel regno delle acque quando Hugo non amerà piú Ondina. La fanciulla confessa la sua vera natura a Hugo e gli dice che ella potrà conservare il suo amore: se questo cesserà ella diventerà nuovamente una ninfa e dovrà tornare nel suo regno. La duchessa Berthalda (soprano) che amava Hugo è furente nell'apprendere che l'amato ha sposato un'altra, e intende riconquistare il cuore di Hugo, ma Kühleborn racconta pubblicamente, mostrando delle prove sicure, che Berthalda è la figlia dei pescatori Marta e Tobia. La donna è quindi costretta a lasciare la corte; piena di propositi di vendetta, Berthalda riesce a convincere Hugo di essere stato stregato da Ondina. Invano la ninfa ricorda a Hugo le sue promesse, ma compare Kühleborn che ordina a Ondina di ritornare nel regno delle acque. Trascorso qualche tempo, compare in sogno a Hugo promettendo che ritornerà a mezzanotte. Hugo ordina che tutte le fontane e le sorgenti siano coperte con sassi per impedire che Ondina compaia dalle acque. Ma Veit (tenore), scudiero di Hugo, disperato per la perdita della sua giovane padrona, toglie tutti i massi. Quando suona la mezzanotte Ondina emerge da una fontana. Hugo è irresistibilmente attratto dalla sua figura, anche se per lui seguirla significa morire. Ondina gli apre le braccia. Cosí uniti i due spariscono tra le acque.

Undine rappresenta una delle piú importanti opere del melodramma romantico tedesco: la vena melodica è fluente e l'orchestrazione è quanto mai brillante e, grazie all'ottimo libretto, i personaggi sono felicemente caratterizzati. Il libretto di La Motte-Fouqué era già stato musicato con successo da E.T.A. Hoffmann (1816).

♦ UPSHAW, DAWN
(New York 1960)
Soprano statunitense. Ha studiato alla Manhattan School of Music, dove ha esordito nel 1983 come protagonista della prima rappresentazione americana della *Sancta Susanna* di Hindemith. Si è quindi perfezionata presso la scuola del Teatro Metropolitan di New York. Qui si esibisce dal 1985, dapprima in ruoli comprimari, poi in ruoli di maggior rilievo: Sophie (*Werther* di Massenet, 1988), Zerlina (*Don Giovanni* di Mozart, 1990-91), Pamina in *Die Zauberflöte* (*Il flauto magico*) di Mozart, 1933. Si è inoltre esibita al Festival di Salisburgo (*Le nozze di Figaro* di Mozart, 1987), al Festival di Aix-en-Provence (*Don Giovanni*, 1988; *Die Zauberflöte*, 1989), al Konzerthaus di Vienna (*Lucio Silla* di Mozart, 1989), ecc.

Una scena dall'*Ulisse*,
di L. Dallapiccola,
in un allestimento del Teatro alla Scala.

V

■ **VALDES, MAXIMIANO**
(Santiago 1949)
Direttore d'orchestra cileno. Dopo aver compiuto gli studi musicali al Conservatorio della città natale, dal 1971 si è perfezionato in direzione d'orchestra all'Accademia di Santa Cecilia di Roma. Allievo di F. Ferrara a Bologna, Siena e Venezia, si è successivamente prodotto come direttore assistente al Teatro La Fenice di Venezia (1976-80) e con L. Bernstein e S. Ozawa a Tanglewood (1977). Laureatosi nei concorsi internazionali della Fondazione Rupert di Londra (1978), "Malko" di Copenhagen (1980) e "V. Gui" di Firenze (1980), è quindi ospite dei principali teatri e delle maggiori istituzioni concertistiche in Inghilterra, Francia, Spagna, ecc. Numerose le sue presenze sui palcoscenici italiani, dove ha diretto all'Opera di Roma (*Agnes von Hohenstaufen* di Spontini e *Il barbiere di Siviglia* di Rossini, 1986-87), al Teatro Massimo "Bellini" di Catania (*L'elisir d'amore,* 1988).

♦ **VALENTE, BENITA**
(Delano, California 1939)
Soprano statunitense. Ha studiato a Santa Barbara con L. Lehmann e M. Singher, quindi al Curtis Institute di Filadelfia. Ha iniziato l'attività artistica in sede concertistica al Festival di Marlboro, nel 1959, mentre già dal 1962 si esibiva in Europa (Germania). Nel 1963 ha debuttato al Metropolitan di New York interpretando il ruolo di Pamina in *Die Zauberflöte* (*Il flauto magico*) di Mozart, dove, dal 1974 ha cantato regolarmente *Rigoletto, La traviata, Rinaldo* di Händel, *Idomeneo* di Mozart, ecc. La sua carriera si è inoltre svolta in numerosi teatri europei (Zurigo, Dortmund, Amsterdam, ecc.).

♦ **VALENTINI-TERRANI, LUCIA**
(Padova 1946)
Mezzosoprano e contralto italiano. Allieva di A. Rognoni al Conservatorio di Padova, esordisce nel 1969 al Teatro Grande di Brescia come protagonista nella *Cenerentola* di Rossini. Nel 1972 si afferma al Concorso per voci rossiniane bandito dalla RAI, grazie al quale canta *Cenerentola* al Teatro Nuovo di Torino e alla Scala di Milano (1973). Con la stessa opera si è prodotta sui maggiori palcoscenici internazionali. Le qualità timbriche (un registro centrale sontuoso e aristocratico, del quale però la cantante ha abusato, intubando il suono) e tecniche (un perfetto dominio del canto d'agilità) si sono perfettamente sposate al melodramma rossiniano. Particolarmente acclamata nella *Cenerentola* e nell'*Italiana in Algeri* (interpretata per la prima volta nel 1971), ha quindi affrontato anche il Rossini serio: *Semiramide* (Regio di Torino, 1981), *Tancredi* (Festival di Pesaro, 1982), *La donna del lago* (Pesaro, 1983), *Maometto II* (Pesaro, 1985). Ha inoltre preso parte alla prima ripresa del *Viaggio a Reims* (Pesaro, 1984), mentre dalla fine degli anni Settanta ha interpretato *Werther* (Comunale di Firenze, 1978), *Boris Godunov* (Scala di Milano, 1979), *Falstaff* (Los Angeles e Londra, 1982), *Mignon* (Comunale di Firenze, 1983) e *Carmen* (Bonn, 1986).

■ **VAMPYR, DER**
(Il vampiro)
Opera romantica in due atti di Heinrich August Marschner (1795-1861), su libretto di W.A. Wohlbrück, tratto dalla novella omonima di J. Polidori. Prima rappresentazione: Lipsia, Stadttheater, 29 marzo 1828.

Lord Ruthven (baritono), il vampiro, richiamato alla vita dal giovane Edgar Aubry (tenore), chiede al signore dei vampiri (recitante), che gli conceda ancora un breve spazio di vita. Egli è accontentato, a patto di procurare al diavolo tre giovani spose o fidanzate. Due di esse, Janthe (soprano), figlia di sir Berkley (basso), e Emmy (soprano), fidanzata di George Dibdin (tenore), un giovane al servizio di sir Humphrey Davenaut (basso), cadono in mano del vampiro. Al contrario Malwina (soprano), figlia di Davenaut, che vuole serbarsi fedele all'amato Edgar, non cede alle lusinghe di Ruthven al quale il padre vorrebbe darla in moglie. Edgar, legato a Ruthven da un misterioso patto, supplica invano sir Davenaut di rinviare il matrimonio; per salvare Malwina egli è costretto a rivelare la vera natura del vampiro, anche a costo della propria vita. Proprio al momento della cerimonia nuziale, scade però il periodo di vita che dal capo dei vampiri era stato concesso a Ruthven, il quale, fulminato, precipita all'inferno.

Der Vampyr alla prima rappresentazione ottenne un grande successo che si ripeté anche all'estero: solo a Londra ebbe sessanta repli-

Il mezzosoprano e contralto italiano Lucia Valentini-Terrani.

che consecutive. Fu apprezzata anche da Wagner che nel 1833 vi aggiunse un'aria di propria composizione.

♦ **VAN ALLAN, RICHARD**
(Nottingham 1935)
Basso inglese. Ha studiato a Birmingham esordendo al Festival di Glyndebourne nel 1966 come Sacerdote e Uomo Armato in *Die Zauberflöte* (*Il flauto magico*) di Mozart. Dal 1971 canta regolarmente al Covent Garden di Londra (esordio in *Turandot* di Puccini). Il suo nome è in particolar modo legato alla English National Opera di Londra (dal 1969) dove ha cantato in *Don Giovanni* (Leporello) *Boris Godunov*, *Don Carlo*, *Faust*, ecc. Attivo in campo internazionale e discografico, Van Allan è inoltre direttore della National Opera Studio.

♦ **VANAUD, MARCEL**
(Bruxelles 1953)
Baritono belga. Ha compiuto gli studi musicali al Conservatorio Reale di Bruxelles. Laureatosi in numerosi concorsi internazionali, ha iniziato la carriera artistica all'Opéra Royal de Wallonie dove ha interpretato Orfeo (Gluck), Papageno in *Die Zauberflöte* (*Il flauto magico*) di Mozart, Ourias (*Mireille* di Gounod) e Lescaut (*Manon Lescaut* di Puccini). Nel 1984 ha esordito negli Stati Uniti, a Pittsburg in *L'enfant et les sortilèges* (*Il fanciullo e i sortilegi*) di Ravel e quindi alla New York City Opera, in *Les pêcheurs de perles* (*I pescatori di perle*) di Bizet e *Madama Butterfly* di Puccini; a Tulsa, Oklahoma (*Don Carlo*, 1987); Santa Fe, Nuovo Messico (*Le nozze di Figaro*, 1987); ecc. Dal 1984 canta al Teatro La Monnaie di Bruxelles, *Le nozze di Figaro* e *Le comte Ory*, che ha interpretato anche all'Opéra di Parigi. Nel 1991 si è messo in luce come protagonista di *Cardillac* di Hindemith al Maggio Musicale Fiorentino.

♦ **VAN DAM, JOSÉ**
(Bruxelles 1940)
Nome d'arte di Joseph Van Damme. Basso e baritono belga. Ha studiato al Conservatorio della città natale con F. Anspach. Affermatosi nei Concorsi di canto a Liegi e Tolosa (1961), ha esordito all'Opéra di Parigi (la voce di Mercurio in *Les troyens* di Berlioz), dove in seguito ha interpretato *La bohème* di Puccini (Schaunard), *Carmen* di Bizet (Escamillo), *Don Carlo* di Verdi (Carlo V), ecc. Ha quindi fatto parte delle compagnie stabili del Grand Théâtre di Ginevra (1965-67) e della Deutsche Oper di Berlino (1967-73). Nel 1968 debutta al Festival di Salisburgo (*La rappresentazione di Anima et di Corpo* di E. de' Cavalieri), dove si è affermato come interprete di *Le nozze di Figaro* e *Der Zauberflöte* (*Il flauto magico*) di Mozart, *Salome* di Strauss e *Der fliegende Holländer* (*Il vascello fantasma*) e *Parsifal* di Wagner. In campo internazionale si è esibito sui principali palcoscenici (Covent Garden di Londra, Scala di Milano, Metropolitan di New York, ecc.). Artista di grande personalità e dal repertorio quanto mai vasto ed eterogeneo, grazie a una vocalità particolarmente estesa e a un raro senso dello stile, Van Dam ha affrontato anche ruoli baritonali del repertorio francese, tedesco e italiano dal XVIII secolo (*Dardanus* di Rameau, *Iphigénie en Tauride* di Gluck, ecc.) ai nostri giorni (protagonista della prima rappresentazione assoluta di *Saint François d'Assise* di Messiaen, 1983).

♦ **VANESS, CAROL**
(San Diego, California 1952)
Soprano statunitense. Compie gli studi all'Università di California, esordendo come Vitellia (*La clemenza di Tito* di Mozart) all'Opera di San Francisco (1977), interpretando poi Cleopatra nel *Giulio Cesare* di Händel, Mimí nella *Boheme* di Puccini e Donna Anna nel *Don Giovanni* di Mozart. Nel 1979 ha debuttato alla New York City Opera come Donna Anna, mentre nel 1981 con Vitellia ha debuttato in Europa, a Bordeaux, comparendo quindi sui maggiori palcoscenici internazionali: dal Covent Garden di Londra (*La bohème*, 1982), al Metropolitan di New York (*Rinaldo* di Händel, 1982), al Festival di Glyndebourne (*Don Giovanni*, 1982), al Festival di Salisburgo (*La clemenza di Tito*, 1988), alla Scala di Milano (*Idomeneo* di Mozart, 1990; *Iphigénie en Tauride* di Gluck, 1992), ecc. Dotata di una vocalità sontuosa, flessibile ed estesa, oltre che nel repertorio mozartiano la Vaness, grazie a un'indubbia musicalità e qualità interpretative, ha affrontato opere di Verdi, Donizetti, Puccini, ecc.

♦ **VANESSA**
Opera in quattro atti di Samuel Barber (1910-1981), su libretto di G. Menotti. Prima rappresentazione: New York, Metropolitan, 15 gennaio 1958.

L'azione si svolge nella casa di campagna di Vanessa (soprano) in un paese nordico, attorno al 1905. Vanessa, sua madre la Baronessa (contralto) e sua nipote Erika (mezzosoprano) attendono l'arrivo di un ospite. Vanessa è in preda a grande agitazione perché dopo vent'anni potrà rivedere l'uomo che ha sempre amato, e rimane quindi sconvolta quando l'ospite che si presenta non è il suo amato Anatole. L'uomo appena giunto rivela di chiamarsi egli pure Anatole (tenore) e di essere il figlio dell'innamorato di Vanessa, che è morto. La donna dapprima reagisce violentemente, e vorrebbe scacciare l'uomo, ma poi acconsente che Anatole, che è giunto da molto lontano, si trattenga per una notte. Trascorre però un mese e Anatole non è più ripartito. Vanessa confida a Erika che, nonostante la grande differenza d'età, sente di essersi innamorata di lui. Erika rimane molto turbata e quando la sera di capodanno viene annunciato il fidanzamento di Vanessa e Anatole, si

A sinistra:
il basso e baritono belga
José Van Dam.

Sopra:
il soprano statunitense
Carol Vaness.

precipita fuori nella notte, mentre imperversa una forte nevicata. Erika viene ritrovata e confessa alla nonna di attendere un figlio, nato da una sua relazione con Anatole. Erika però non vuole che Vanessa venga a conoscenza della cosa e, alle pressanti richieste da parte di questa per sapere cosa è accaduto, nega che il figlio che porta in grembo sia frutto di una relazione con Anatole: non vuole infatti distruggere le illusioni di Vanessa e, mentre osserva la coppia che si allontana per sempre dalla casa, sa che ora sarà lei ad attendere.

Vanessa rappresenta un momento estremamente importante nella storia dell'opera americana. Fu infatti il primo lavoro di un autore americano a essere rappresentato al Metropolitan dopo ben ventiquattro anni. Il successo di pubblico e di critica fu clamoroso: «La miglior opera americana che sia mai stata presentata nel teatro alla 39ª strada di Broadway» scriveva il "New York Times", e il "New York Herald Tribune" aggiungeva «[...] la scrittura vocale di Barber è impeccabile e il modo di padroneggiare l'orchestra raggiunge un virtuosismo degno di Strauss». Una buona parte del successo fu sicuramente dovuto anche al cast prestigioso degli interpreti, che annoverava i nomi di E. Steber, R. Elias, R. Resnik, N. Gedda, G. Tozzi e la direzione di D. Mitropoulos.

Il soprano romeno Julia Varady.

♦ **VANZO, ALAIN**
(Monaco, Monte Carlo 1928)
Tenore e compositore francese. Iniziò giovanissimo a cantare, perfezionando il controllo della sua emissione naturale con la Audouard e con R. Darcoeur. Rivelatosi in un concorso per tenori a Cannes nel 1954, inizia la carriera cantando in ruoli secondari, cogliendo il primo importante successo come Duca di Mantova nel *Rigoletto* di Verdi all'Opéra di Parigi. Diviene ben presto il maggior tenore francese della sua generazione; impareggiabile come Nadir in *Les pêcheurs de perles* (*I pescatori di perle*) di Bizet, Rodolfo nella *Bohème* di Puccini, Don Ottavio nel *Don Giovanni* di Mozart, Gérald nella *Lakmé* di Delibes, ma anche come Werther, Des Grieux in *Manon* di Massenet e in numerosi altri ruoli, fino al Robert nel *Robert le diable* (*Roberto il diavolo*) di Meyerbeer, una delle sue più recenti importanti affermazioni (Parigi, 1985). Attivo principalmente in Francia, è comparso al Covent Garden di Londra (*Lucia di Lammermoor* di Donizetti, 1961), alla Carnegie Hall di New York (*Lucrezia Borgia* di Donizetti, 1968), a San Francisco (*Faust* di Gounod, 1971), all'Opera di Roma (*Carmen* di Bizet, 1986), ecc. Di Vanzo va sottolineata non solo la bellezza del timbro, ma il perfetto dominio dell'emissione, omogenea in ogni registro, dalle mezze voci più impalpabili a uno svettante registro acuto. Non si possono poi sottacere l'eleganza del fraseggio e una notevole sensibilità interpretativa. È autore di un'operetta (*Le pêcheur d'étoiles*, Lilla, 1972) e di un'opera teatrale (*Les Chouans*, Avignone, 1982).

♦ **VARADY, JULIA**
(Oradea 1941)
Soprano romeno naturalizzato tedesco. Dopo aver iniziato lo studio del violino, si è dedicata al canto al Conservatorio di Cluj e successivamente al Conservatorio di Bucarest. Ha esordito all'Opera di Cluj nel 1960, dove è rimasta per circa dieci anni, esibendosi inizialmente anche in ruoli di mezzosoprano (Orfeo nell'opera di Gluck, Fenena nel *Nabucco* di Verdi, ecc.). Nel 1970 è scritturata dall'Opera di Francoforte, dove ha debuttato come Antonia in *Les contes d'Hoffmann* (*I racconti di Hoffmann*) di Offenbach. Nel 1971, interpretando con successo Vitellia nella *Clemenza di Tito* di Mozart alla Bayerische Staatsoper di Monaco, ha inizio la sua carriera internazionale sui principali palcoscenici, anche se il suo nome è legato al teatro bavarese e ai maggiori teatri dell'area tedesca. Una solida vocalità e un notevole talento d'interprete le hanno permesso di affrontare con esiti convincenti un repertorio quanto mai vasto ed eterogeneo: da Mozart a Verdi (*Macbeth*, *Nabucco*, *Il trovatore*, ecc.), a Puccini (*Madama Butterfly*, *Turandot*, ecc.) e Strauss (*Arabella*, ecc.). Nel 1977 ha sposato il baritono Fischer-Dieskau.

■ **VARVISO, SILVIO**
(Zurigo 1924)
Direttore d'orchestra svizzero. Ha compiuto gli studi musicali al Conservatorio della città natale e poi a Vienna dove si è perfezionato in direzione d'orchestra con C. Krauss. Nel 1944 ha debuttato in teatro dirigendo *Die Zauberflöte* (*Il flauto magico*) di Mozart a San Gallo. È poi a Basilea, dal 1950 al 1958, dove assume anche la carica di direttore musicale (dal 1956). La carriera internazionale lo ha condotto a San Francisco (1959-61), alla prima americana di *Midsummer Night's Dream* (*Sogno di una notte di mezza estate*) di Britten; al Metropolitan di New York (*Lucia di Lammermoor*, 1961); al Covent Garden di Londra (dal 1961); al Festival di Glyndebourne (1962 e 1963); al Festival di Bayreuth (1969-74). *Generalmusikdirektor* a Stoccarda (1972-80) e direttore musicale all'Opéra di Parigi (1980-81), dirige regolarmente all'Opera di Anversa: *Tosca* di Puccini, *Parsifal* di Wagner, *Der Rosenkavalier* (*Il cavaliere della rosa*) di Strauss, nel 1992.

★ **VASCELLO FANTASMA, IL**
vedi *Fliegende Holländer, Der*

♦ **VEASEY, JOSEPHINE**
(Londra 1930)
Mezzosoprano inglese. Allieva di A. Langford, ha iniziato la carriera artistica come corista al Covent Garden di Londra (1948-50). Nel 1954 esordisce come solista nel ruolo del Pastore (*Tannhäuser* di Wagner). Da ruoli minori è in seguito passata a parti di maggiore rilievo: Carmen, Principessa d'Eboli

in *Don Carlo* di Verdi, Octavian in *Der Rosenkavalier* (*Il cavaliere della rosa*) di R. Strauss; dal 1960, su consiglio di sir G. Solti, ha interpretato i maggiori ruoli del repertorio wagneriano. Si esibisce al Festival di Glyndebourne (*Werther* di Massenet, 1969), all'Opéra di Parigi, 1969, al Festival di Pasqua di Salisburgo (1967-69), al Metropolitan di New York, ecc. Dotata di una voce di bel timbro, estesa e corretta nell'emissione, e di ottime capacità interpretative, ha figurato come una delle maggiori cantanti della sua generazione. Nel 1982 ha abbandonato le scene.

VĚC MAKROPULOS
(*L'affare Makropulos*)
Opera in tre atti di Leós Janáček (1854-1928), su libretto proprio, tratto dal dramma omonimo di K. Čapek. Prima rappresentazione: Brno, Teatro Nazionale, 18 dicembre 1926.

La famosa cantante dell'Opera di Vienna Emilia Marty (soprano) interviene in un processo riguardante l'eredità del barone Prus (baritono). A contendersi la nomina di eredi universali sono Albert Gregor (tenore) e Jaroslav (baritono), rispettivamente figlio e nipote del barone. Emilia stupisce tutti dimostrandosi a conoscenza di fatti avvenuti centinaia di anni prima. Il mistero si chiarisce quando Emilia rivela di essere la figlia del medico greco Makropulos, che trecentocinquantasei anni prima aveva sperimentato su di lei un'elisir di lunga vita. Sotto diverse identità Emilia ha vissuto per quasi quattrocento anni, affidando allo scomparso barone Prus, del quale Emilia è stata l'amante, la formula del prodigioso elisir. Ora ha potuto riavere il terribile manoscritto e potrebbe così conoscere il segreto, ma per lei la vita non è altro che un peso insopportabile, senza interesse e senza speranza. Emilia fa bruciare la formula e può così finalmente morire.

Composta da Janáček tra il 1923 e il 1925, *Věc Makropulos* presenta da parte del compositore un abbandono pressoché totale di caratteri musicali che si rifanno al mondo della tradizione musicale popolare ceca. Le lunghe discussioni legali che caratterizzano la prima parte dell'opera sono espresse da Janáček con un linguaggio scarno, in uno stile "parlato". Il dramma finale, con la morte di Emilia, si staglia quindi prepotentemente come fulcro dell'intera partitura. Il compositore, liberatosi dagli aspetti "quotidiani" che lo avevano fino a quel momento impegnato e forse anche limitato, nell'esito "surreale" del finale riesce finalmente ad esprimere tutta la sua carica lirica.

♦ VEJZOVIČ DUNJA
(Zagabria 1943)
Soprano croato. Ha studiato all'Accademia di Musica di Zagabria, al Conservatorio di Stoccarda, al Mozarteum di Salisburgo e a Weimar. Inizia la carriera all'Opera di Zagabria passando successivamente ai teatri di Norimberga e di Francoforte (1978-79). Nel 1979 si esibisce per la prima volta al Festival di Bayreuth come Kundry nel *Parsifal* di Wagner, opera che interpreterà anche in seguito al Festival di Pasqua di Salisburgo, con la direzione di H. von Karajan. Ha cantato alla Staatsoper di Vienna, all'Opéra di Parigi (*Médée* di Cherubini, 1986), al Teatro alla Scala di Milano in *Der fliegende Holländer* (*Il vascello fantasma*) di Wagner, nel 1988, e in altri importanti teatri internazionali.

■ VELTRI, MICHELANGELO
(Buenos Aires 1940)
Direttore d'orchestra argentino d'origine italiana. Dopo gli studi di pianoforte ha iniziato la carriera musicale come maestro ripetitore in vari teatri argentini, accostandosi anche alla direzione d'orchestra. Trasferitosi in Europa, si perfeziona in direzione d'orchestra con E. Panizza a Milano (1965). Avviatosi definitivamente alla carriera direttoriale, nel giro di pochi anni si produce nei maggiori teatri internazionali: alla Scala di Milano (*Don Carlo*, 1970), alla Staatsoper di Vienna (1970) e soprattutto al Metropolitan di New York, dove ha debuttato nel 1971, dirigendovi stabilmente, in particolare il repertorio italiano, dal 1983.

VEPRES SICILIENNES, LES
(*I vespri siciliani*)
Dramma in cinque atti di Giuseppe Verdi (1813-1901), su libretto di E. Scribe e Ch.

A sinistra:
una scena da *L'affare Makropulos*,
di L. Janáček.

In alto:
il soprano croato Dunja Vejzovič.

Duveyrier. Prima rappresentazione: Parigi, Opéra, 13 giugno 1855.

Palermo 1282. Guido da Monforte (baritono), lo spietato governatore di Sicilia, ha fatto giustiziare, con l'accusa di tradimento, il duca Federico d'Austria. Elena (soprano), sorella del duca, decisa a vendicarne la morte, si unisce ai patrioti siciliani. La donna è legata d'amore al giovane patriota Arrigo (tenore), e con lui accoglie Giovanni da Procida (basso), esule rientrato clandestinamente in Sicilia. L'uomo annuncia che Pietro d'Aragona intende intervenire in Sicilia se vi sarà un inizio d'insurrezione. Nel frattempo Monforte, scoperto che Arrigo è suo figlio, lo chiama e glielo rivela: il giovane è sconvolto, perché sente che perderà Elena. La sera ha luogo un ballo. Giovanni da Procida comunica ad Arrigo che è pronto un piano per uccidere Monforte; il giovane lo difende. I cospiratori sono arrestati, e Procida e Elena sono rinchiusi nella fortezza; Arrigo li raggiunge e si discolpa: doveva ripagare un debito filiale, ma ora vuole tornare a lottare. Elena gli conferma il suo amore. Monforte, intanto, pone in atto un ricatto: o Arrigo lo riconoscerà pubblicamente come padre, o farà giustiziare i prigionieri. Arrigo cede, tutti sono liberati e il governatore annuncia le nozze del figlio con Elena. Nei giardini del palazzo fervono i preparativi per le nozze. Giovanni da Procida annuncia a Elena che al suono delle campane scoppierà la rivolta. La donna si ritrae, impaurita, e vuole rinunciare alle nozze, gettando Arrigo nella disperazione. Guido da Monforte non capisce cosa stia accadendo, vede solo che il matrimonio è in pericolo, e per accelerare il cerimoniale fa suonare le campane. L'opera finisce con l'inizio dell'insurrezione.

Tradotta in italiano da A. Fusinato e da E. Caimi, l'opera venne rappresentata al Teatro Ducale di Parma il 26 dicembre 1855 e alla Scala di Milano il 4 febbraio 1856 con il titolo *Giovanna de Guzman*. Nonostante le forti perplessità di Verdi sul libretto che a suo parere slegava la vicenda amorosa dal contesto storico dell'azione, quasi fosse una storia parallela, l'opera ebbe un grandissimo successo, che valse al compositore l'invito a stabilirsi a Parigi.

● **VERDI, GIUSEPPE**
(Le Roncole, Busseto, Parma 1813 - Milano 1901)
Compositore italiano. Di famiglia assai modesta, iniziò gli studi musicali con P. Baistrocchi, organista a Roncole, e in seguito con F. Provesi, organista a Busseto. Rifiutato dal Conservatorio di Milano, studiò privatamente con V. Lavigna, operista e maestro al cembalo alla Scala. Grazie all'interessamento della cantante Giuseppina Strepponi e di altri sostenitori, l'impresario B. Merelli si convinse a mettere in scena il primo lavoro teatrale del giovane compositore, l'*Oberto, conte di San Bonifacio* (1839). Il successo di questa prima opera procurò a Verdi un contratto per altri tre lavori; il primo fu *Un giorno di regno* che, andato in scena alla Scala nel 1840, fu un fiasco clamoroso che gettò Verdi in una tale depressione da fargli pensare di abbandonare l'attività compositiva, proposito dal quale desistette grazie alla forza di persuasione di Merelli. Videro così le scene il *Nabucco* (1842) e *I lombardi alla prima crociata* (1843), che ottennero un grandissimo successo e consacrarono definitivamente la carriera del compositore. Dopo questi lavori per la Scala, Verdi compose *Ernani* per il Teatro La Fenice di Venezia (1844), dopo il quale hanno inizio i cosiddetti "anni di galera", un lungo e intenso periodo nel quale il compositore cerca di definire un proprio linguaggio drammatico. Tra il 1844 e il 1850 gli vengono commissionate, per diversi teatri italiani, le opere *I due Foscari, Giovanna d'Arco, Alzira, Attila, Macbeth, I masnadieri, Jérusalem* (rifacimento in francese dei *Lombardi*), *Il corsaro, La battaglia di Legnano* e *Luisa Miller*. Quest'ultima opera evidenzia già l'enorme cammino compiuto sulla via dell'approfondimento drammatico e psicologico dei personaggi e delle situazioni. Dopo *Stiffelio* del 1850 (che divenne poi *Aroldo* nel rifacimento dell'opera nel 1857), si giunge alla grande trilogia composta da *Rigoletto* (1851), *Il trovatore* (1853) e *La traviata* (1853). Dopo queste tre opere Verdi affronta un periodo sempre ricco di rinnovamento, ma contrassegnato da scelte più accurate e meditate. Troviamo così *Les Vêpres siciliennes* composta per l'Opéra di Parigi (1855), il *Simon Boccanegra* del 1857 (rielaborato poi in una nuova versione nel 1881) e poi *Un ballo in Maschera* (1859) e *La forza del destino* (1862), altri due momenti di rilievo nella carriera artistica di Verdi. Con *Don Carlo* (1867) e *Aida* (1871), la carriera ope-

In alto:
una scena da *I vespri siciliani*,
di G. Verdi,
al Metropolitan di New York.

A destra:
Giuseppe Verdi
in un ritratto giovanile.

ristica di Verdi sembra ormai conclusa, ma il suo grande genio musicale è tutt'altro che assopito e con la grande e straordinaria capacità di rinnovare il proprio stile il maestro compone quei grandi capolavori che sono *Otello* (1877) e infine *Falstaff* (1893), il suo disincantato e malinconico addio a quel perenne gioco che è la vita.

♦ VERRETT, SHIRLEY
(New Orleans 1931)
Mezzosoprano e soprano statunitense. Allieva di A. Fitziu a Chicago, grazie a una borsa di studio ha quindi studiato alla Juilliard School di New York. Esordisce nel 1957 a Yellow Springs (Ohio) in *The Rape of Lucretia* (*Il sacrificio di Lucrezia*) di Britten. Nel 1962 interpreta Carmen al Festival di Spoleto, Ulrica al Covent Garden di Londra in *Un ballo in maschera* di Verdi (1966), ed Elisabetta in *Maria Stuarda* di Donizetti al Maggio Musicale Fiorentino (1967). Debutta nel 1968 al Metropolitan di New York, e da allora si è esibita su tutti i maggiori palcoscenici internazionali. Già dagli anni Settanta, ai suoi maggiori ruoli – Eboli (*Don Carlo*), Carmen e Dalila (*Samson e Dalila*) – ha affiancato ruoli sopranili, come Didone (*Les troyens* di Berlioz), Lady Macbeth, Norma, Medea, ecc. Accanto alle sue indiscutibili doti vocali, la Verrett ha sempre sfoggiato un canto nobile sempre perfettamente aderente con lo stile musicale dei ruoli affrontati, ai quali ha anche apportato una straordinaria presenza scenica.

♦ VERSCHAEVE, MICHEL
(Malo-les-Bains 1955)
Baritono francese. Ha compiuto gli studi musicali al Conservatorio di Parigi perfezionandosi poi all'Ecole d'art lyrique de l'Opéra. Specializzatosi nel repertorio del XVII e XVIII secolo, ha interpretato opere di Monteverdi (*Il ritorno d'Ulisse in patria*), Vivaldi (*L'incoronazione di Dario*), Rameau (*Dardanus, Zoroastre, Platée*) e Gluck (*Armide*).

★ VESPRI SICILIANI, I
vedi *Vêpres siciliennes, Les*

★ VESTALE, LA
Tragedia lirica in tre atti di Gaspare Spontini (1774-1851), su libretto di E. de Jouy. Prima rappresentazione: Parigi, Opéra, 15 dicembre 1807.

Il giovane generale romano Licinio (tenore), tornato a Roma carico di gloria per le sue vittorie in Gallia, confida all'amico Cinna (tenore) il suo turbamento: egli ama Giulia (soprano) che, per obbedire al padre morente, è entrata nel collegio delle vestali. Anche la fanciulla è sconvolta dal ritorno dell'eroe: l'inflessibile gran vestale (mezzosoprano) l'obbliga però, durante la festa di trionfo, a porgere ella stessa la corona d'alloro al vincitore. Durante la cerimonia Licinio mormora a Giulia parole d'amore. Nel tempio di Vesta, Giulia costudisce il sacro fuoco, che non deve spegnersi mai. Sopraggiunge Licinio ma, durante l'appassionato colloquio che ne segue, la fiamma sacra, incustodita, si spegne. Entra Cinna: annuncia l'arrivo di sacerdoti e vestali, e Licinio spinto anche da Giulia, fugge. Irrompono i sacerdoti e il pontefice massimo (basso), scoperto il tempio profanato e la fiamma sacra spenta, condanna Giulia ad essere sepolta viva. Al campo di sepoltura delle vestali, Licinio disperato proclama la sua colpevolezza dinnanzi al pontefice massimo, ma Giulia tenta di scagionarlo, negando di conoscerlo. All'improvviso il cielo si oscura e una folgore colpisce l'altare su cui era stato posto il velo di Giulia. La volontà di Vesta appare ora chiaramente: il sacro fuoco ora ha ripreso ad ardere e la dea ha perdonato la sacerdotessa. Licinio può infine sposare Giulia, libera dai voti e senza alcuna macchia.

La vestale è l'opera di maggior respiro di Spontini e la più significativa del neoclassicismo del primo impero. Benché i personaggi appaiano un po' rigidi, rassegnati, incapaci di ribellione, e si lascino trascinare dagli eventi, l'opera ha grandi pregi. La partitura è ardita, il linguaggio musicale è ben equilibrato e la combinazione dei mezzi sonori guarda già al romanticismo.

★ VIAGGIO A REIMS, IL OSSIA L'ALBERGO DEL GIGLIO D'ORO
Dramma giocoso in un atto di Gioachino Rossini (1792-1868), su libretto di L. Balocchi. Prima rappresentazione: Parigi, Théâtre Italien, 19 giugno 1825.

Alla vigilia dell'incoronazione di Carlo X a re di Francia, un gruppo di villeggianti alloggiati al "Giglio d'oro", un albergo termale di Plombiéres, ha deciso di partire per Reims per assistere alla cerimonia di insediamento del nuovo sovrano. Madama Cortese (soprano), la padrona dell'albergo, è tutta impegnata a dare istruzioni alla servitù per predisporre al meglio la partenza degli ospiti i quali, nel frattempo, si scatenano in una serie di situazioni tragicomiche. Troviamo così la parigina contessa di Folleville (soprano), capricciosa e amante della moda, cadere in deliquio nell'apprendere che i suoi abiti hanno subito dei danni nel ribaltamento della diligenza che trasportava il guardaroba. Vi sono poi le schermaglie amorose della bella marchesa polacca Melibea (mezzosoprano), corteggiata dal generale spagnolo don Alvaro (baritono) e

Maria Callas nella *Vestale*, di G. Spontini, al Teatro alla Scala di Milano.

dal generale russo, il conte Libenskof (tenore). Anche la poetessa Corinna (soprano) è oggetto delle attenzioni di lord Sydney (basso) e del cavalier Belfiore (tenore). Troviamo poi don Profondo (basso), un maniaco della collezione, e il maggiore tedesco Trombonok (basso), appassionato di musica. Ad interrompere le varie vicende dei personaggi, giunge la notizia che il viaggio a Reims deve essere annullato perché in tutta Plombières non è stato possibile recuperare neppure un cavallo. Madama Cortese consola però i suoi ospiti con la notizia che a Parigi fervono i preparativi per accogliere Carlo X. La contessa di Folleville si offre di ospitare l'intera compagnia nella sua casa. Riportata l'allegria l'opera termina con un ricco banchetto con il quale i villeggianti celebrano l'incoronazione.

Con *Il viaggio a Reims* Rossini si presentò per la prima volta al pubblico parigino. La partitura, nella quale il compositore esponeva, come in una sorta di vetrina musicale, la sua maestria compositiva ed espressiva, cadde nel più totale oblio e il materiale musicale (parte del quale fu riutilizzato da Rossini per *Le comte Ory*) si disperse in vari archivi. Si giunge cosí ai nostri giorni e al lavoro di ricostruzione operato dal musicologo Ph. Gosset, culminato nelle rappresentazioni pesaresi del 1984, che hanno costituito uno dei maggiori avvenimenti musicali in campo internazionale.

♦ VICKERS, JON
(Prince Albert, Saskatchewan 1926)
Nome d'arte di Jonathan Stewart, tenore canadese. Ha studiato al Conservatorio di Toronto e con G. Lambert. Esordisce nel 1954 a Toronto con la Canadian Opera Company (*Rigoletto* di Verdi), e la sua carriera si svolge quindi in Canada fino al 1957, anno in cui debutta al Covent Garden di Londra (*Un ballo in maschera* di Verdi); nel lo stesso teatro rimane per molte stagioni in un vasto repertorio che comprende tra l'altro: *Les troyens* di Berlioz, *Médée* di Cherubini, *Carmen* di Bizet, *Fidelio* di Beethoven, *Samson et Dalila* di Saint-Saëns. Nel 1958 esordisce al Festival di Bayreuth (*Die Walküre* di Wagner), al Metropolitan di New York (*Pagliacci* di Leoncavallo), alla Scala di Milano (*Fidelio* di Beethoven, 1960) al Festival di Salisburgo (*Otello* di Verdi, 1970-72), ecc. Dotato di una voce non particolarmente bella e limitata per smalto e lucentezza, Vickers ha però compensato questi limiti con una buona tecnica, varietà di fraseggio, attenzione ai segni d'espressione e grandi capacità recitative che ne hanno fatto uno dei maggiori interpreti di Florestan, Parsifal, Siegmund, Tristan, Sansone, Peter Grimes, ecc.

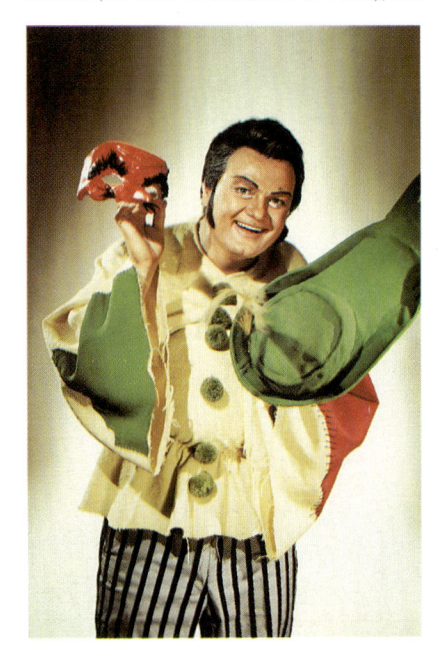

● VIDA BREVE, LA
(La vita breve)
Opera in due atti e quattro quadri di Manuel de Falla (1876-1946), su libretto di C.F. Shaw. Prima rappresentazione, in francese: Nizza, Théâtre du Casino, 1° aprile 1913.

In una casa di Granada la nonna (mezzosoprano) offre del cibo agli uccellini. La nipote Salud (soprano) aspetta l'innamorato, Paco (tenore), che è in ritardo, ma che arriva poco dopo ed è affettuoso come sempre. Giunge anche lo zio di Salud, Salvador (baritono o basso cantante), che rivela alla nonna che Paco sta per sposare una ricca ragazza. Nella casa della fidanzata fervono i festeggiamenti per le prossime nozze. Salud, in strada, di fronte alla casa, ascolta con disperazione i canti e le danze di gioia. La fanciulla, mentre la nonna e lo zio maledicono Paco, intona una canzone ben nota a Paco e decide di rivederlo. Nel patio della casa, Salud racconta a Manuel (baritono), fratello della sposa, la sua storia d'amore con Paco, che però nega ogni cosa. Salud, a queste parole, si accascia a terra morta di dolore.

La vida breve è il primo lavoro lirico di de Falla, grazie al quale nel 1905 vinse il Concorso indetto dall'Accademia di Belle Arti di Madrid, ma la cui rappresentazione avvenne solo nel 1913 a Nizza, e quindi a Parigi. In Spagna fu messa in scena solo nel 1914, con un buon successo, nonostante la debolezza del libretto.

★ VIIMEISET KIUSAUKSET
(Le ultime tentazioni)
Opera in due atti di Joonas Kokkonen (n. 1921), su libretto di Lauri Kokkonen. Prima rappresentazione: Helsinki, Teatro dell'Opera Nazionale Finlandese, 1975.

L'azione si svolge in Finlandia nel XIX secolo. Sul suo letto di morte Paavo Ruotsalainen (basso) si agita in preda alla

In alto:
una scena da *Il viaggio a Reims*, di G. Rossini.

A destra:
il tenore canadese Jon Vickers.

L'OPERA SPAGNOLA

L'atto di nascita dell'opera lirica in Spagna è segnato nell'anno 1629 con *La selva sin amor*, di compositore anonimo, da un testo di Lope de Vega, e nella seconda metà dello stesso secolo si delineò quella che sarebbe stata la forma di teatro musicale piú tipicamente spagnola: la *zarzuela*. Denominato inizialmente *fiestas de zarzuela*, questo genere musicale si collega stilisticamente al *ballet de cour* francese e al *masque* inglese. Con il XVIII secolo, come nella maggior parte dei paesi europei, l'opera italiana si impose sulle altre forme di spettacoli nazionali anche in Spagna, favorita dall'imperatore Filippo V, che aveva fatto venire alla sua corte il celebre castrato Farinelli. Cosí, se maggior parte dei compositori spagnoli, come V. Martín y Soler (1754-1806), D.M. Terradellas (1713-1751), J. Durán (?-1791 ca.), si legarono allo stile italiano, una minoranza, tra cui i musicisti A.R. de Hita (1704-1787), P. Esteve y Grimau (?-1794) e soprattutto L. Misón (1727-1776), danno vita a un nuovo genere teatrale: la *tonadilla*, una forma che si affianca all'opera comica e all'intermezzo. Il primo importante esempio di *tonadilla* è *La mesonera y el arriero* di L. Misón (1758); ma anche questa sorta di spettacolo (derivato dalla *zarzuela*) a partire dagli anni '70 del XVIII secolo subí numerose influenze esterne, e sul finire del secolo assunse tutte le caratteristiche dell'opera buffa italiana. In questo periodo, tra i piú noti compositori di *tonadilla* si ricorda in particolare il nome di M. García (1775-1832), il capostipite di una delle piú insigni famiglie di musicisti spagnoli. Una svolta si ebbe nel 1799, quando un decreto reale interdí la lingua italiana dai teatri d'opera spagnoli, ad eccezione di Barcellona: il fatto giovò a un piú concreto sviluppo di un teatro d'opera nazionale, anche se l'opera spagnola manterrà sempre una chiara impronta italiana, sia nella costruzione dei libretti che nell'aspetto formale. Questo è assai evidente nelle opere di J.C. Arriaga y Balzola (1806-1926); T. Genovés y Lapetra (1806-1861); R. Carnicer y Batlle (1789-1855), uno dei piú celebri operisti spagnoli che compose opere semiserie esclusivamente in italiano; M.H. Eslava y Elizondo (1807-1878), che ebbe l'ammirazione di G. Rossini; L.J. Espín y Guillén (1812-1882), che però fu uno dei primi operisti che inserí in modo piú evidente elementi derivati dalla tradizione musicale popolare. L'influenza della musica folkloristica è alla base della *zarzuela* ottocentesca, che nel XIX secolo si differenziò in *genere grande*, che guardava ancora allo stile melodrammatico dell'opera italiana e francese, e quello piú tipicamente iberico denominato *genere chico* che ebbe in J. Gaztambide y Garbayo (1822-1870), R. Chapí y Lorente (1851-1909) e A. Vives (1871-1932) alcuni tra i nomi piú rappresentativi. Autori anche di opere vere e proprie, i loro nomi non uscirono aldifuori dei confini spagnoli. Solo le opere di I. Albéniz (*Pepita Jménez*, 1896) e M. de Falla (*La vida breve*, *El retablo de maese Pedro*, *Atlantida*) hanno avuto una notorietà internazionale. Altri importanti nomi del panorama musicale spagnolo sono: Conrado del Campo (1878-1953), Ernesto Halffter (1905-1992) che ha completato l'*Atlantida* di de Falla e i contemporanei Cristóbal Halffter (1930) e Luis de Pablo 1930).

In alto:
il tenore Placido Domingo,
interprete di *zarzuelas*.

A destra:
una scena da *La vita breve*,
di M. de Falla.

febbre, invoca il nome di Riitta, da lungo tempo defunta. La sua attuale moglie, Anna Loviisa (ruolo recitante) e la cameriera Albertina (ruolo recitante) tentano di confortare l'uomo delirante, ma questi le allontana bruscamente, gridando che egli sarà solo al cospetto di Dio. Rimasto solo, Paavo ricade in preda al delirio nel quale a poco a poco riaffiorano le immagini del suo passato, della sua giovinezza. Paavo rivive cosí il suo incontro con Riitta (soprano), durante un ballo. Attraverso Riitta, Paavo conosce il fabbro Jaakko Högman (baritono) che lo converte a false idee religiose. Paavo diventa predicatore, riducendosi ben presto in miseria e ad andare a vivere con Riitta, che nel frattempo ha sposato, nei boschi. I due iniziano una vita disumana, lottando contro la natura inclemente. Paavo però preso dal suo credo religioso abbandona spesso la famiglia per andare a predicare. Riitta, esasperata, minaccia di ucciderlo se abbandonerà ancora una volta lei e il loro figlio Juhana (tenore) senza sostentamento, e cosí dicendo gli lancia contro una scure, mancandolo. Qualche giorno dopo alcune donne portano a Riitta la notizia che Juhana è stato trovato morto. La donna non riesce a trovare nemmeno la forza per piangere il figlio, solo Paavo, sconvolto, urla a Dio che anche questa è una punizione per la sua inettitudine. Passano tre anni e Riitta sta morendo: è serena e ringrazia Dio per le gioie che le ha dato. Paavo, che in realtà non ha mai avuto una fede autentica, è profondamente turbato dalla serenità con la quale sua moglie affronta la morte. Paavo riprende, non senza contrasti e umiliazioni, a diffondere il suo credo. L'opera si conclude con Paavo sul letto di morte che si risveglia dal delirio. Ora si sente sereno e, mentre attorno a lui i suoi familiari alzano un inno a Dio, ode la voce di Riitta che lo invita a raggiungerlo.

Viimeiset Kiusaukset rappresenta una tra le maggiori opere del repertorio operistico finlandese. Dopo il grande successo ottenuto alla prima rappresentazione, avvenuta a Helsinki nel 1975, ha avuto oltre duecento rappresentazioni, comparendo anche sui cartelloni di teatri al di fuori dei confini finlandesi. La vicenda è imperniata sulla figura storica di Paavo Ruotsalainen (1777-1852), leader dei *Revivalisti*, che come afferma lo stesso Kokkonen «con la sua concezione di una religione contemplativa, non dogmatica, di un'intima concezione del Divino, diede vita a un movimento di protesta contro certi stereotipi della religione».

VILLAGE ROMEO AND JULIET, A
(Romeo e Giulietta del villaggio)
Opera in un prologo e tre atti di Frederick Delius (1862-1934), su libretto proprio, tratto da un racconto della raccolta Die Leute von Seedwyla *di G. Keller. Prima rappresentazione, in tedesco, con il titolo* Romeo und Julia auf dem Dorfe, *Berlino, Komische Oper, 21 febbraio 1907.*

Nel villaggio svizzero di Seldwyl, due agricoltori, Manz (baritono) e Marti (basso), un tempo buoni amici, hanno cominciato a litigare per il possesso di un terreno che sta proprio in mezzo ai loro poderi. Una lunga serie di querele porta alla rovina i due contadini. I loro rispettivi figli, Sali (tenore) e Vreli (soprano), legati da una tenera amicizia fin dall'infanzia nonostante la divisione delle loro famiglie, hanno continuato a vedersi di nascosto e, divenuti adulti, hanno scoperto di amarsi. Per un momento i due giovani sono affascinati dall'idea di seguire alcuni vagabondi che vivono alla giornata, ma poi si rendono conto che il loro amore è ben diverso dai rapporti che vivono i vari personaggi. Randagi, indesiderati, senza amici, troppo poveri per potersi sposare, Sali e Vreli decidono che, se non possono vivere, potranno almeno morire insieme. I due innamorati raggiungono il centro del fiume con una barca e si lasciano scivolare abbracciati nelle acque profonde.

Composta nel 1901 è l'opera piú importante e piú celebre di Delius. Venne rappresentata nella versione inglese al Covent Garden di Londra il 22 febbraio 1910, con notevole successo. La partitura, che risente della matrice sinfonica del compositore, presenta un'orchestrazione quanto mai ricca nella quale, piú che nella vocalità, si sviluppa la vicenda e si tratteggiano i sentimenti e i caratteri dei due protagonisti. Tra le pagine piú note si ricorda in particolar modo l'intermezzo sinfonico "The Walk to the Paradise Garden" (il cammino verso il giardino del Paradiso), che precede il finale dell'opera.

VILLI, LE
Opera in due atti di Giacomo Puccini (1858-1924), su libretto di F. Fontana. Prima rappresentazione: Milano, Teatro Dal Verme, 31 maggio 1884.

Celebrato il suo fidanzamento con Anna (soprano), Roberto (tenore) parte per Magonza per ricevere l'eredità di una zia. Il giovane conforta Anna, turbata da tristi presentimenti. Infatti, Roberto si invaghisce di una sirena dimenticandosi cosí di Anna che, dopo averlo atteso per mesi, è morta di dolore. Il suo spirito si è tramutato in una delle Villi, gli spettri delle fanciulle morte di dolore dopo essere state abbandonate. Quando Roberto, abbandonato dall'amante, ritorna al villaggio, Anna compare insieme alle Villi e Roberto, credendola viva, la bacia. Trascinato in una danza selvaggia, cade morto ai piedi della fanciulla.

Le Villi alla prima rappresentazione riscosse un grandissimo successo, tale da meritarsi gli apprezzamenti dello stesso Verdi. L'opera, al di là di certi aspetti decisamente convenzionali, dovuti anche alla vicenda stessa, evidenzia già l'istintiva sicurezza del compositore nel trattare le situazioni drammatiche.

VIOLANTA
Opera in un atto di Erich Wolfgang Korngold (1897-1957), su libretto di H. Müller. Prima rappresentazione: Monaco, Königlichen Hof und National Theater, 28 marzo 1916.

L'azione ha luogo a Venezia nel XV

Il compositore inglese Frederick Delius, autore di Romeo e Giulietta del villaggio.

secolo, durante il Carnevale. Nella casa di Simone Trovai (baritono), uno dei capi militari della Repubblica veneta, sua moglie Violanta (soprano), nonostante nella città impazzi il divertimento, è immersa in cupi pensieri: da quando sua sorella Nerina, sedotta e abbandonata da Alfonso (tenore) principe di Napoli, si è suicidata, la donna vive solo con il desiderio di vendicarla. Il seduttore è ora a Venezia e Violanta rivela al marito di essere riuscita ad incontrarlo e, tenendo nascosta la sua vera identità, di averlo invitato nella sua casa quella sera stessa; ora la donna chiede a Simone di uccidere Alfonso. Questi dapprima si rifiuta, ma poi, soggiogato dal fascino della moglie, accetta. Quando, calata la notte, giunge Alfonso, Violanta continua il suo gioco di seduzione, fino al momento in cui, improvvisamente, rivela la sua identità e il suo proposito di vendetta. Alfonso reagisce proclamando che la sua vita è sempre stata segnata da un anelito di morte e ora chiede che ella dia subito il segnale perché lui venga ucciso. A queste parole Violanta rimane sconvolta e intima all'uomo di andarsene, ma Alfonso sente che lei lo ama e la prega di dimenticare il passato e di vivere questo momento d'amore. Mentre la donna si stringe tra le braccia di Alfonso, entra Simone, che si getta sull'uomo, ma Violanta si frappone ricevendo il colpo mortale.

Alla prima rappresentazione *Violanta* ebbe un'accoglienza trionfale che si ripeté, il 10 aprile dello stesso anno, alla Staatsoper di Vienna, con protagonista la grande Maria Jeritza, per la quale Korngold scriverà il ruolo di Marietta in *Die tote Stadt* (*La città morta*). La partitura è straordinaria per intensità drammatica e rivela la grande maestria del compositore, appena diciassettenne, nel trattare l'orchestra ricchissima di colori.

★ **VISITA DELLA VECCHIA SIGNORA**
vedi *Besuch der Alten Dame, Der*

♦ **VIŠNEVSKAJA, GAL'INA**
(San Pietroburgo 1926)
Soprano russo. Allieva di V. Garina a San Pietroburgo, dove esordisce nel 1944 con una compagnia d'operetta. Nel 1952 entra a far parte della compagnia del Bolscioi, dove interpreta un vasto numero di personaggi dell'opera russa, italiana e francese. Nel 1955 inizia la carriera internazionale, prima nei paesi dell'Est, poi dal 1960 in Occidente: Metropolitan di New York (*Aida* di Verdi e *Madama Butterfly* di Puccini, 1961); Covent Garden di Londra (*Aida*, 1962); Opéra di Parigi (*Aida*, 1962); Scala di Milano in *Pikovaja Dama* (*La dama di picche*) di Čajkovskij, 1964, ecc. Lasciata la Russia nel 1974, si dedica soprattutto all'attività concertistica comparendo ancora al Metropolitan (1977), al Maggio Musicale Fiorentino (1980) e all'Opéra di Parigi dove, nel 1982, dà l'addio alle scene (*Evgenij Onegin*), comparendo ancora nel 1986 in *Vojna i mir* (*Guerra e pace*) di Prokof'ev, sempre a Parigi. La piú grande cantante russa del dopoguerra, la Višnevskaja ha sfoggiato una bella voce dal colore essenzialmente lirico e, grazie a un forte talento e al naturale irrobustimento della voce, ha affrontato anche un repertorio piú marcatamente drammatico. Si è dedicata anche alla regia, mettendo in scena *Zarskaia nevěsta* (*La sposa dello zar*) di Rimskij-Korsakov a Monte Carlo (1986) e all'Opera di Roma (1987). È sposata con il celebre violoncellista e direttore d'orchestra Rostropovič.

★ **VITA PER LO ZAR, UNA**
vedi *Ivan Susanin*

● **VIVALDI, ANTONIO**
(Venezia 1678 - Vienna 1741)
Compositore italiano. Il padre, Giovanni Battista, era violinista in San Marco. I suoi probabili maestri furono G. Legrenzi e G.B. Somis; ordinato sacerdote nel 1703, dopo un anno fu però esonerato dal celebrare la Messa per una malattia alla vie respiratorie (probabilmente asma o tisi). Compose circa cinquanta opere, la prima delle quali fu *Ottone in villa* (Vicenza, 1713), rappresentate perlopiú a Venezia, ma anche in molte altre città italiane. Tra i vari melodrammi, tutti di genere "serio", da lui composti, si ricordano: *L'Orlando furioso* (Venezia, 1727), *La fida ninfa* (Verona, 1732), *L'Olimpiade* (Venezia, 1734), *La Griselda* (Venezia, 1735), *Catone in Utica* (Verona, 1737).

A sinistra:
una scena dal *Farnace*,
di A. Vivaldi.

In alto:
Vivaldi in una caricatura
di P.L. Ghezzi del 1723.

ANTONIO VIVALDI, L'OPERISTA E L'IMPRESARIO

Un ambasciatore veneziano, dopo essere stato in un teatro parigino, raccontò con stupore: «Qui i teatri sono ben diversi dai nostri; ci si va per ascoltare e non per conversare come avviene da noi». Queste parole rappresentano la prova di un'abitudine molto diffusa nei teatri d'opera italiani del XVIII secolo, il Vivaldi impresario teatrale opera in queste condizioni. Venezia, che poteva vantarsi di aver aperto nel 1637 il primo teatro pubblico d'Europa, nel XVIII secolo poteva contare su ben sette teatri, tra i quali il Sant'Angelo e il San Moisé, dove Vivaldi mise in scena buona parte delle sue opere. Bisogna premettere che nell'organizzazione teatrale di quel periodo il compositore di sicuro non era al primo posto per importanza, anzi, talvolta non lo si nominava affatto, e prima di lui vi erano non solo i cantanti, ma addirittura il decoratore delle scene. Con questa premessa si può capire perché Vivaldi si dedicò all'attività di impresario, per la quale possedeva qualità organizzative, una professione che in tempo di Carnevale (il periodo in cui funzionavano i teatri a Venezia) impegnava in un modo frenetico: le rappresentazioni erano quotidiane, raggiungendo dei veri e propri record (negli anni in cui visse Vivaldi, a Venezia andarono in scena piú di seicento nuove opere. Un'attività irta di difficoltà e di imprevisti, che causò a Vivaldi non poche noie: nel 1737, ad esempio, rimaneggiò due sue opere per le scene di Ferrara (il compositore rivedeva le proprie opere per ogni nuovo allestimento, per riadattare le arie, che egli scriveva in modo quanto mai particolareggiato sulle capacità vocali dei singoli interpreti).

Dopo aver inviato la prima opera al Bollani, impresario ferrarese, questi chiese subito l'altra partitura pagando però solo una parte dell'onorario pattuito; dopo vari solleciti Vivaldi accusò il Bollani di "poca pratica", cioè di non sapere fare l'impresario, e di non aver capito quando si può grandeggiare e quando risparmiare (il Bollani scritturò infatti i cantanti non per le loro qualità ma per le protezioni altolocate).

Vivaldi era invece assai piú abile, come dimostra una lettera che egli scrisse da Verona dove aveva messo in scena il suo *Catone in Utica*: in sei rappresentazioni aveva coperto le spese, promettendo, per le repliche successive, un buon guadagno. Egli sconsiglia di rappresentare l'opera a Ferrara durante il Carnevale: in quel periodo le spese sarebbero eccessive, mentre in estate, durante la stagione morta, il prezzo poteva essere stabilito da lui. L'abilità e il successo del Vivaldi impresario non lo risparmiarono dalle critiche come quella sferrategli da Benedetto Marcello nel suo *Il teatro alla moda*. Marcello, citando l'abitudine di dedicare la composizione a un sovrano o a un mecenate, scrive «Baciare con profondo ossequio le pulci delle zampe del cane di Sua Eccellenza» ironizzando sul pomposo stile dedicatorio di Vivaldi. Al di là delle frecciate, piú o meno dirette, rivolte al "prete rosso", Marcello voleva mettere in evidenza la situazione in cui si trovava il teatro d'opera veneziano nella prima metà del XVIII secolo, quella in cui operò il Vivaldi musicista e impresario. Il compositore veneziano – attivo in un periodo in cui il pubblico fischiava un'opera non per la musica, ma per la cattiva esecuzione dei cantanti – specie negli anni che vanno dal 1732 al 1739 tenta di superare la staticità dell'opera seria, con il suo susseguirsi di arie e recitativi con una maggiore ricchezza timbrica e con una evidente fusione della voce con l'orchestra.

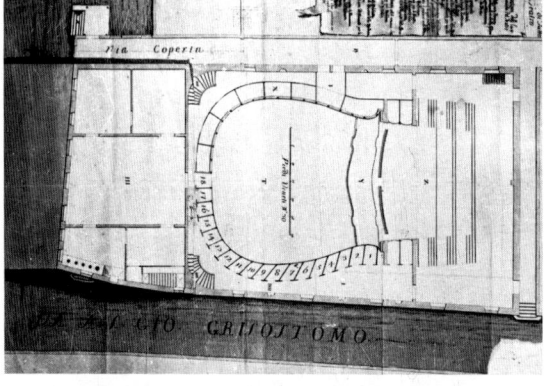

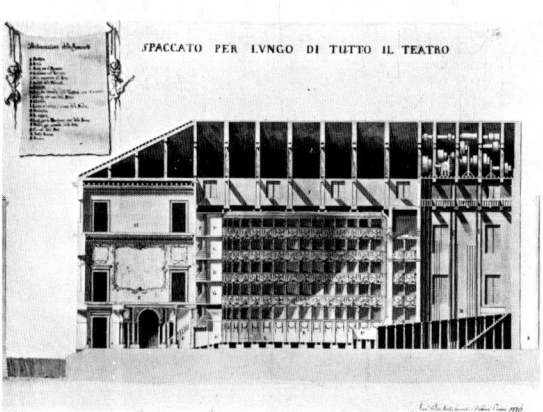

A destra:
pianta (sopra) e spaccato (sotto) del Teatro San Giovanni Crisostomo a Venezia; disegni di F. Pedro.

In alto:
il monogramma di Antonio Vivaldi.

♦ **VOGEL, SIEGFRIED**
(Chemnitz, Karl-Marx-Stadt 1937)
Basso tedesco. Ha compiuto gli studi musicali privatamente e alla Hochschuhle di Dresda (1955-56). Si è successivamente perfezionato all'Opera Studio dell'Opera di Dresda, dove ha esordito nel 1961. Scritturato dalla Staatsoper di Berlino (allora Berlino-est) nel 1965, si afferma principalmente come interprete mozartiano (Figaro, Leporello, Don Alfonso, ecc.), ma anche in ruoli wagneriani. Con la compagnia del teatro berlinese ha compiuto tournée in varie città europee: all'Opéra di Parigi (*Fidelio* di Beethoven, 1982; *Tannhäuser*, 1984; *Tristan und Isolde*, 1985), al Teatro La Monnaie di Bruxelles (*Don Giovanni*, 1980), ecc.

♦ **VOIGT, DEBORAH**
(Chicago 1960)
Soprano statunitense. Vincitrice del primo premio al Concorso Internazionale di Canto "Čajkovskij" di Mosca (1990), al "Verdi" di Busseto e alla "Rosa Ponselle Competition", grazie ai quali inizia una brillante carriera. Nel 1991 ottiene grande successo come protagonista dell'*Ariadne auf Naxos* di Strauss a Boston, come Amelia in *Un ballo in maschera* di Verdi a San Francisco (1990-91), ruolo con il quale esordisce sulle scene del Metropolitan di New York (1991), dove interpreta anche *Il trovatore* di Verdi e *Ariadne auf Naxos* (1992-93). Ha cantato alla Carnegie Hall nel *Requiem* di Verdi che ha ripreso poi al Palazzo Ducale di Venezia (1991). In Europa si è esibita alla Radio Olandese in *La Wally* di Catalani, *Il piccolo Marat* di Mascagni e *Die tote Stadt* (La città morta) di Korngold, e in recital al Teatro Châtelet di Parigi, al La Monnaie di Bruxelles, ecc. Nel 1992 ha esordito sulle scene italiane come Matilde nel *Guglielmo Tell* di Rossini al Teatro Filarmonico di Verona. Voce di soprano lirico, con tendenza al lirico-spinto, è particolarmente adatta al repertorio wagneriano (*Lohengrin*, *Tannhäuser*, ecc.) e straussiano.

♦ **VOIX HUMAINE, LA**
(La voce umana)
Tragedia lirica in un atto di Francis Poulenc (1899-1963), su testo di J. Cocteau. Prima rappresentazione: Parigi, Opéra-Comique, 6 febbraio 1959.

Un uomo e una donna che si amano decidono di lasciarsi per sempre. Per l'ultimo colloquio, quello dell'addio, si parlano al telefono. Dei due amanti è in scena solo la donna (soprano) che passa da momenti di intensa tenerezza ad altri ricchi di passione e, talvolta, di violenza; l'uomo all'altro capo del telefono rimane invisibile per tutto il tempo, e la sua presenza viene evocata solamente dalle pause di silenzio della donna. Talvolta il concitato colloquio si interrompe, ma nessuno dei due ha il coraggio di troncare questa ultima e disperata conversazione. Alla fine la donna, esausta, aggrappata al telefono, scongiura l'amante di riattaccare, e il dramma finisce tra grida e parole soffocate, mentre il ricevitore abbandonato cade a terra.

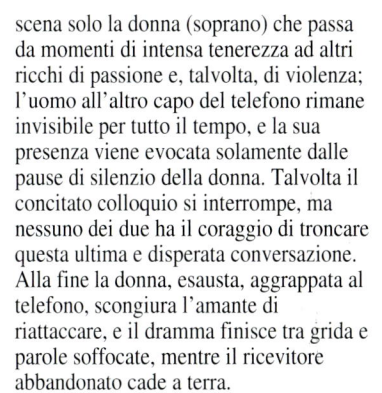

Fedele trasposizione musicale del testo di Cocteau (che accolse con entusiasmo questa traduzione in musica del suo dramma), *La voix humaine* prosegue e approfondisce l'analisi della psicologia femminile avviata da Poulenc con l'opera *Les dialogues des Carmélites*. La presenza di un unico personaggio permette all'autore di condurre la sua analisi con estremo rigore.

♦ **VOJNA I MIR**
(Guerra e pace)
Opera in cinque atti e tredici quadri di Sergej Prokof'ev (1891-1953), su libretto proprio, in collaborazione con M. Mendel'son, dall'omonimo romanzo di L. Tolstoj. Prima rappresentazione: San Pietroburgo, Malyj Opernyj Teatr, 12 maggio 1946.

Inizio del XIX secolo, in Russia. La bella Nataša (soprano), figlia del conte Ilja Andreevič Rostov (basso), affascina il principe Andrej Bolkonskij (baritono), il quale, dopo aver ammirato la fanciulla affacciata alla finestra della sua stanza, si rende conto di essersene innamorato durante una festa da ballo. Ma il vecchio principe Bolkonskij (basso) tratta con freddezza Nataša, a causa del suo ceto sociale inferiore. Innamorato segretamente di Nataša è anche il conte Pierre Bezukov (tenore), il quale vive un'infelice unione matrimoniale con la spregiudicata contessa Hélène Bezukova (mezzosoprano). Il fratello di questa, l'avventuriero Anatolij Kuragin (tenore), turba Nataša con una proposta di matrimonio e la convince a fuggire con lui. Pierre rivela però come il

A sinistra:
il soprano D. Duval in una scena
de *La voce umana*,
di F. Poulenc.

In alto:
il soprano statunitense
Deborah Voigt.

VON HEUTE AUF MORGEN

pretendente sia già sposato e, mentre Anatolij fugge da Mosca, Nataša piomba nella più cupa disperazione, certa di aver definitivamente perduto l'amore di Andrej. Intanto giunge nella capitale la notizia dello scoppio della guerra con i francesi. Andrej e Pierre, arruolatisi per dimenticare il loro amore, a Borodino vorrebbero combattere in prima linea. Andrej, ferito gravemente, dopo aver dichiarato a Nataša di amarla ancora e aver saputo di essere ricambiato, muore. Intanto il maresciallo Kutužov (basso), comandante dell'esercito russo, dà ordine alle sue truppe di ripiegare e decide di incendiare Mosca. Finalmente i francesi si ritirano e molti prigionieri russi, fra cui Pierre, sono liberati. Egli apprende la morte del principe e della propria moglie: pieno di speranza va allora a Mosca, dove sa che Nataša è tornata. Il popolo esulta per la vittoria.

Rappresentata dapprima in forma di concerto, al Club degli Autori di Mosca, il 16 ottobre 1944. La prima rappresentazione scenica di *Vojna i mir* avvenne nel 1946, ma non fu integrale, limitandosi ai primi sette quadri. La versione integrale dell'opera fu lunga ed elaborata e fu rappresentata postuma, sempre a San Pietroburgo, il 31 marzo 1955. La vasta partitura riesce pienamente a sintetizzare il romanzo di Tolstoj, evidenziandone gli aspetti salienti: la lotta del popolo russo contro l'invasore e contemporaneamente la vita e le passioni dei personaggi principali.

★ VON HEUTE AUF MORGEN
(Dall'oggi al domani)
Opera in un atto di Arnold Schönberg (1874-1951), su libretto di M. Blonda (pseudonimo di G. Kolisch Schönberg). Prima rappresentazione: Francoforte, Städtische Buhnen, 1° febbraio 1930.

Marito (baritono) e la moglie (soprano) rientrano a casa dopo una festa. Lui è rimasto profondamente affascinato da un'amica della moglie e ne decanta l'arguzia, il fascino e la modernità. La moglie, stizzita, rimprovera al marito che è facile conservare il proprio fascino, se non si ha da pensare a un marito, ai figli e alla casa. Il marito, da parte sua, trova ridicolo il confronto tra una donna di mondo e una brava donna di casa. La moglie allora attua un rapido cambiamento: assume l'aria da esperta seduttrice, trascura il figlio, la casa, e accetta la corte di un cantante (tenore). Il marito, disperato, ha capito ed ora teme di perdere la donna che ama. Tutto avviene nello spazio di una notte: il mattino dopo, la moglie cambia abito e torna com'era prima, una tranquilla ed efficiente donna di casa. Giungono il cantante e l'amica, che rimangono delusi di non trovare più nei due sposi una coppia libera e "moderna". La regia che li muove, commenta il marito, è la moda, quella che muove noi è l'amore. L'opera si chiude con la battuta del bambino: "Mamma, che vuol dire uomini moderni?".

La composizione di *Von Heute auf Morgen* impegnò Schönberg tra il 1928 e il 1929. Al di là della sottile ironia che anima la partitura, in realtà la tematica principale di questo lavoro è il rapporto tra esteriorità ed interiorità, tra apparenza e sostanza, elementi che ritroviamo in altre opere del compositore austriaco, come ad esempio nel *Mosè e Aronne*. L'opera, che contiene chiari riferimenti strumentali a musica di consumo come il valzer e il jazz, ha una sua morale: il così detto moderno, ciò che è di moda, vive solo dall'oggi al domani.

*In alto:
una scena da* Guerra e pace, *di S. Prokof'ev,
in un allestimento del Bolscioi.*

*A destra:
il compositore austriaco
Arnold Schönberg.*

◆ **WÄCHTER, EBERHARD**
(Vienna 1929-1992)
Baritono austriaco. Si è formato musicalmente nella città natale, dove è stato allievo di E. Rado. Nel 1953 ha debuttato alla Volksoper di Vienna (Silvio in *Pagliacci* di Leoncavallo). L'anno dopo entrava a far parte della compagnia della Staatsoper, e contemporaneamente iniziava la carriera internazionale, comparendo al Covent Garden di Londra (*Le nozze di Figaro* di Mozart, 1956), al Festival di Bayreuth (*Parsifal* di Wagner, 1958), all'Opera di Roma (*Tannhäuser* di Wagner, 1960), al Festival di Salisburgo (*Don Giovanni* di Mozart, 1960), al Teatro alla Scala di Milano (*Le nozze di Figaro*, 1960), al Metropolitan di New York (*Tannhäuser*, 1961), ecc. Ha interpretato un repertorio assai vasto, da Mozart all'opera romantica, fino a Strauss (*Arabella, Capriccio*), a Berg (*Wozzeck*) e all'operetta viennese. Cantante tra i piú rinomati della sua generazione, si distinse per il rigore musicale, la morbidezza dell'emissione e l'espressività del fraseggio. Fu il primo interprete del *Prigioniero* di Dallapiccola (Scala, 1962) e di *Dantons Tod* (*La morte di Danton*) di von Einem (Staatsoper, 1963).

● **WAGNER, RICHARD**
(Lipsia 1813 - Venezia 1883)
Compositore tedesco. I suoi interessi furono rivolti inizialmente alla letteratura e alla filosofia e si accostò relativamente tardi alla musica. Gli unici studi musicali ufficiali da lui compiuti furono alla Thomasschule di Lipsia, nel 1828, quando seguí per sei mesi teoria musicale e contrappunto con Th. Weinlig. Si dedicò subito alla composizione e nel 1833 terminava di comporre la sua prima opera, *Die Feen* (Le Fate, rappresentata nel 1888), cui seguí un anno dopo *Das liebesverbot* (*Il divieto d'amare*, 1836). Nel 1837, durante la sua permanenza come direttore a Riga, compose il suo primo lavoro importante, il *Rienzi* (Dresda, 1842). Nello stesso periodo si recò a Parigi e a Londra, e nella capitale francese iniziò la stesura di *Der fliegende Holländer* (*Il vascello fantasma*), rappresentata a Dresda nel 1843, vero e proprio punto di partenza della drammaturgia wagneriana. Nello stesso anno di *Der fliegende Holländer* assume la carica di maestro di cappella a Dresda, carica che detenne per sette anni, fino al 1849. Fu questo un periodo di intensa attività, durante il quale compose *Tannhäuser* (1845) e iniziò *Lohengrin*. Fuggito a Zurigo perché accusato di essere un rivoluzionario, durante l'esilio svizzero organizzò la prima rappresentazione del *Lohengrin*, che ebbe luogo a Weimar nel 1850 con la direzione dell'amico Liszt. Iniziò quindi la stesura del testo della tetralogia *Der Ring des Nibelungen*, portata a termine nel 1852, a cui fece seguito la composizione musicale: dal 1853 al 1854 per il *Rheingold* (*L'oro del Reno*), dal 1854 al 1856 per *Die Walküre* (*La walchiria*), mentre dal 1856 al 1857 compose le prime scene del *Siegfried*. Vi fu quindi un'interruzione di quasi dodici anni, durante i quali ebbe una relazione con Mathilde Wesendonck (che portò alla fine del suo matrimonio con Minna Planer) e compose dal 1857 al 1859 *Tristan und Isolde* (*Tristano e Isotta*). Vi è poi una lunga serie di viaggi: a Venezia (1858-59), Lucerna (1859), Parigi (dove venne rappresentata la seconda versione di *Tannhäuser*, nel 1861), iniziando, sempre nel 1861, la composizione di *Die Meistersinger von Nürnberg* (*I maestri cantori di Norimberga*), che terminò nel 1867. Una svolta decisiva venne dal suo incontro, nel 1864, con Ludwig II di Baviera, che gli offrí aiuto finanziario per poter proseguire la sua attività compositiva. Raggiunto anche un equilibrio sentimentale, con l'incontro e il successivo matrimonio con Cosima Liszt, figlia di Franz, Wagner fece rappresentare *Die Meistersinger von Nürnberg* (Monaco, 1868), portò a termine la composizione del *Siegfried* (1869-71) e proseguí la composizione del *Götterdämerung* (*Il crepuscolo degli dei*), che concluderà nel 1874 a Bayreuth, dove si era trasferito nel 1872 e dove, grazie a Ludwig II, venne costruito il teatro appositamente concepito per le sue opere, inaugurato nel 1876 con la prima esecuzione completa del *Ring*. Ormai al culmine della celebrità, nel 1877 iniziò la composizione di *Parsifal*, che terminerà nel 1882 (anno in cui venne rappresentata a Bayreuth). Nell'autunno dello stesso anno si stabilí con la famiglia a Venezia, dove morí il 13 febbraio 1883.

◆ **WALKER, SARAH**
(Cheltenham, Gloucester 1943)
Mezzosoprano inglese. Esordisce nel 1971 al Festival di Glyndebourne come Ottavia (*L'incoronazione di Poppea* di Monteverdi) e come Giunone (*La Calisto* di Cavalli). Canta regolarmente alla English National Opera di Londra (dal 1972) e al Covent Garden di Londra (esordio come Charlotte nel *Werther* di Massenet, 1979). Ha cantato inoltre all'Opera di San Francisco (dal 1986), al Metropolitan di New York (*Samson* e *Giulio Cesare* di Händel, 1986 e 1988), ecc. Dotata di una voce di bel timbro e morbida nell'emissione, grazie all'ottima tecnica ha saputo affrontare opere assai diverse tra loro

A sinistra:
il compositore tedesco Richard Wagner.

In alto:
il baritono austriaco
Eberhard Wächter.

WALKÜRE, DIE

sia per epoca, sia per stile e vocalità, da Monteverdi a Britten. Di questo autore, particolarmente apprezzata da pubblico e critica la sua interpretazione di Elisabetta I nella *Gloriana* (English National Opera, 1984).

★ **WALKÜRE, DIE**
vedi *Ring des Nibelungen, Der*

■ **WALLBERG, HEINZ**
(Herringen 1923)
Direttore d'orchestra tedesco. Ha studiato a Dortmund e a Colonia iniziando la carriera come strumentista nelle orchestre di Colonia e di Darmstadt. Inizia quindi l'attività direttoriale a Münster, Treviri, Hagen, Amburgo; è direttore musicale ad Augusta (1954), Brema (1955-61), Wiesbaden (1961-74) e a Essen (1975-91). Ha diretto alla Radio di Monaco (1975-82), comparendo inoltre in importanti sedi teatrali e concertistiche (Covent Garden di Londra, Festival di Bayreuth, Colón di Buenos Aires, ecc.) e in importanti incisioni discografiche: *Peer Gynt* di Egk; *Bohème* di Leoncavallo; *Švanda dudák* (Svanda il pifferaio) di Weinberger.

■ **WALLY, LA**
Opera in quattro atti di Alfredo Catalani (1854-1893), su libretto di L. Illica, tratto dal romanzo *Die Geyer-Wally di W. von Hillern*. Prima rappresentazione: Milano, Teatro alla Scala, 20 gennaio 1892.

L'azione si svolge nell'Alto Tirolo attorno al 1800. Nella piazza di un villaggio si festeggia il compleanno del vecchio Stromminger (basso), padre di Wally (soprano). Alcuni cacciatori si esibiscono in suo onore e tra gli altri Walter (soprano), un amico fedele di Wally, che canta una canzone piena di tristi presagi composta dalla stessa Wally. Arriva anche il cacciatore Hagenbach (tenore) che narra con spavalderia le sue imprese di caccia: l'atteggiamento provoca lo scoppio di un diverbio, che si placa solo con l'intervento di Wally. Stromminger promette Wally in sposa a Gellner (baritono), ma la giovane, innamorata di Hagenbach, non ne vuole sapere e piuttosto di ubbidire al padre si allontana da casa. Nel villaggio in cui Wally è andata a vivere, è in svolgimento una festa, a cui partecipano anche Gellner e Hagenbach, che ora si è fidanzato con Afra (mezzosoprano). Questa è stata offesa dalla gelosa Wally e Hagenbach, per vendicarla e per sfatare la diceria che vuole Wally fiera e inavvicinabile, scommette che riuscirà a baciarla durante il ballo. Wally, ignara, balla con Hagenbach, ne accetta la corte e lo bacia; ma quando si rende conto di essere stata beffata, chiede a Gellner di uccidere Hagenbach, e in cambio sarà sua. Gellner mette in atto il suo piano: attende Hagenbach nella notte, si nasconde e quando egli passa lo aggredisce e lo fa precipitare in un dirupo. Wally, pentita, scende nel burrone e, con l'aiuto degli abitanti accorsi al suo richiamo, mette in salvo Hagenbach consegnandolo ad Afra. Poi fugge sui monti. Walter, che ha seguito Wally, la prega di ritornare a valle perché vi è il pericolo di valanghe, ma Wally lo lascia ripartire da solo. Sopraggiunge Hagenbach, che confessa a Wally di amarla e i due giovani sognano di rimanere uniti per tutta la vita, ma il pericolo incombe. Li coglie la tormenta, e una valanga seppellisce Hagenbach. Wally si getta nel baratro.

La Wally è la sesta e purtroppo ultima opera di Alfredo Catalani, scritta un anno prima della morte. Sicuramente la migliore, e la più famosa, conferma lo stile particolare del compositore, un misto di tradizione melodrammatica italiana, romanticismo e influenze wagneriane e francesi.

■ **WALTER, BRUNO**
(Berlino 1876 - Los Angeles 1962)
Nome d'arte di Bruno Schlesinger, direttore d'orchestra tedesco. Studiò al Conservatorio Stern di Berlino. A nove anni si esibiva come pianista, e dal 1889 si dedicò alla direzione d'orchestra. Maestro collaboratore a Colonia (1893-94), dove esordí nell'opera con *Der Waffenschmied* (L'armaiolo) di Lortzing. Scritturato dall'Opera di Amburgo (1894-96), dirige quindi a Breslavia (1896-97), Riga (1898-1900), Berlino (1900-01). Nel 1901 entra alla Hofoper di Vienna come assistente di Mahler, con il quale era legato da una profonda amicizia. Lasciò Vienna per Monaco, dove assunse la carica di *Generalmusikdirektor* (1913-22), e ivi diresse nel 1916 le prime rappresentazioni di *Violanta* e *Der Ring des Polykrates* (L'anello di Policrate) di Korngold, *Palestrina* di Pfitzner (1917) e *Das Spielwerk und die Prinzessin* (Il giocattolo e la principessa) di

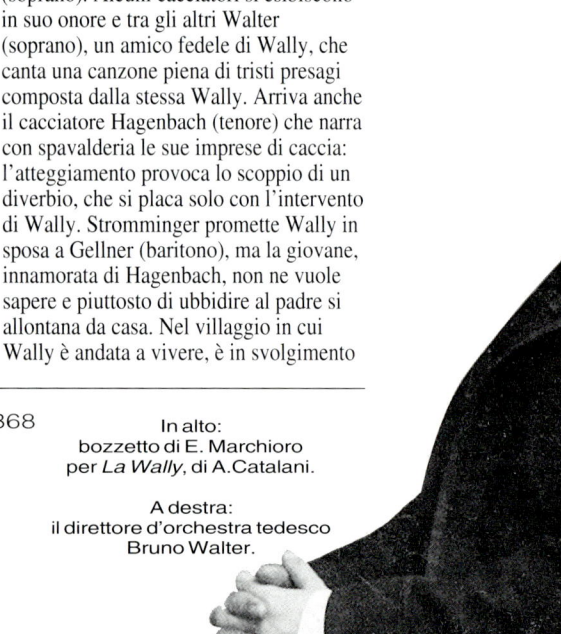

In alto:
bozzetto di E. Marchioro
per *La Wally*, di A. Catalani.

A destra:
il direttore d'orchestra tedesco
Bruno Walter.

Schreker (1913). Fu quindi direttore alla Städtische Oper di Berlino (1925-29) e al Gewandhaus di Lipsia (1929-33). Costretto a lasciare la Germania nel 1933 a causa delle leggi antisemite, si trasferí in Austria, dove fu uno dei maggiori artefici del Festival di Salisburgo e, dal 1936 al 1938 fu *Generalmusikdirektor* alla Staatsoper di Vienna. L'annessione dell'Austria alla Germania nel 1938 lo costrinse ad emigrare in Francia, che lasciò allo scoppio del secondo conflitto mondiale per emigrare negli Stati Uniti. Qui diresse regolarmente al Metropolitan di New York (1941-57), oltre che negli altri principali teatri e con le maggiori istituzioni musicali statunitensi. Dopo il 1947 riprese anche la carriera internazionale, esibendosi nelle maggiori città europee. È giustamente considerato come uno dei piú grandi direttori d'orchestra del nostro secolo, e in campo operistico sono rimaste memorabili le sue esecuzioni di Mozart, Wagner e Strauss.

• WALTON, SIR WILLIAM TURNER
(Oldham 1902 - Ischia 1983)
Compositore inglese. Studiò al College of Music di Oxford, ma fu soprattutto autodidatta. Si è affermato come una delle personalità di maggior spicco del panorama inglese contemporaneo. Autore assai eclettico, affrontò vari generi musicali, fra i quali le colonne sonore dei film shakesperiani di Laurence Oliver (1944-54). Si accostò all'opera nel 1954, con *Troilus and Cressida*, un lavoro permeato di spirito romantico, anche nella struttura musicale. Di tutt'altro genere il suo secondo lavoro teatrale, *The Bear* (L'orso), rappresentato al Festival di Aldeburgh nel 1967, una "stravaganza in un atto" dallo stile brillante, ricco di parodie musicali.

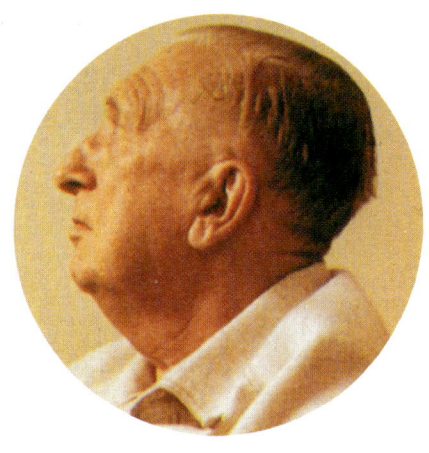

♦ WARREN, LEONARD
(New York 1911-1960)
Nome d'arte di Leonard Varenov, baritono statunitense. Nato da genitori russi immigrati negli Stati Uniti, ha studiato con S. Dietsch, per poi perfezionarsi a Roma con G. Pais e a Milano con R. Picozzi (1938). Scritturato dal Metropolitan di New York, vi esordisce nel 1939 come Paolo Albiani (*Simon Boccanegra* di Verdi) e vi si esibisce fino alla morte, apparendo in ventisei ruoli diversi per seicentotrentasei rappresentazioni complessive. Celebre come interprete verdiano (*Macbeth*, *Simon Boccanegra*, *Rigoletto*, ecc.) ma anche dei ruoli di Scarpia (*Tosca*), Tonio (*Pagliacci*), Barnaba (*La Gioconda*), ecc., oltre che al Metropolitan, si esibí in Sudamerica (Colón di Buenos Aires e a Rio de Janeiro), e nei teatri di San Francisco (1943, *Samson et Dalila*, *Forza del destino*, *Lucia di Lammermoor*), Chicago e Città di Messico. In Italia compare una sola volta, nel 1953, alla Scala di Milano con *Otello* e *Rigoletto*. Uno dei massimi baritoni della sua generazione, grazie a una voce bellissima, estesa e omogenea su tutti i registri; morí sul palcoscenico del Metropolitan di New York durante una recita di *La forza del destino*.

♦ WATKINSON, CAROLYN
(Preston 1949)
Mezzosoprano inglese. Ha studiato al Royal College of Music di Manchester. Specializzatasi nel repertorio barocco, si è esibita in esecuzioni concertistiche con alcuni dei maggiori *ensembles* di musica antica diretti da H. Rilling, J.-C. Malgoire, Ch. Hogwood, ecc. In teatro è comparsa come Phèdre (*Hippolyte et Aricie* di Rameau) al Covent Garden di Londra e al Festival di Versailles nel 1978; come Nerone (*L'incoronazione di Poppea* di Monteverdi) al Netherlans Opera, al Teatro La Monnaie di Bruxelles, al Festival di Spoleto (1979) e alla Fenice di Venezia (1980). Dotata di ottimi mezzi vocali, oltre che di buona tecnica, con un preciso uso del canto di coloratura, ha interpretato anche *Ariodante* di Händel (Scala di Milano, 1981), Idamante nell'*Idomeneo* di Mozart (Festival di Salisburgo), Didone (*Dido and Aeneas* di Purcell), *Orfeo ed Euridice* di Gluck, *Il barbiere di Siviglia* e *La Cenerentola* di Rossini.

♦ WATSON, LILLIAN
(Londra 1947)
Soprano inglese. Ha studiato alla Guildhall School of Music e al London Opera Center. Dal 1981 canta regolarmente al Covent Garden di Londra. Contemporaneamente si è prodotta alla Welsh National Opera, alla English National Opera, alla Scottish Opera e in particolare al Festival di Glyndebourne, dove si è messa in luce come interprete mozartiana (Susanna nelle *Nozze di Figaro*, Despina in *Cosí fan tutte*, ecc.). Si è esibita inoltre al Festival di Salisburgo nel *Fidelio* di Beethoven (1982-83), alla Staatsoper di Vienna, alla Bayerische Staatsoper di Monaco, all'Opéra di Parigi come Blondchen in *Die Entführung aus dem Serail* (*Il ratto dal serraglio*) di Mozart, ecc.

A sinistra:
il mezzosoprano inglese
Carolyn Watkinson
(a sinistra nell'immagine).

In alto:
il compositore inglese
Sir William Walton.

♦ WATTS, HELEN
(Haverfordwest, Pembrokeshire, Galles 1927)
Contralto inglese. Ha studiato con C. Hatchard e con F. Jacobson e alla Royal Academy of Music. Esordisce alla BBC come protagonista dell'*Orfeo ed Euridice* di Gluck, in forma di concerto (1953). Buona parte della sua attività artistica è legata al repertorio concertistico: in particolare alle esecuzioni della musica di Johann Sebastian Bach e degli oratori di Georg Friedrich Händel. Nel campo dell'opera ha interpretato *The Rape of Lucretia* (*Il sacrificio di Lucrezia*) di Britten, Ursula (*Béatrice et Bénédict* di Berlioz), Ino e Juno (*Semele* di Händel), Melo (*Sosarme* di Händel), la Maga (*Dido and Aeneas* di Purcell), Aunt Jane in *Hugh the Drover* (*Hug il mandriano di buoi*) di Vaughan Williams, ecc. Ha inoltre affrontato il repertorio wagneriano al Covent Garden di Londra: Prima Norna (1965-66) e Erda (1967-71) nel *Ring*.

● WEBER, CARL MARIA VON
(Eutin, Lubecca 1786 - Londra 1826)
Compositore e direttore d'orchestra tedesco. Cresciuto nell'ambiente del teatro (il padre era direttore d'orchestra e impresario e aveva fondato una compagnia teatrale di cui facevano parte i numerosi componenti della sua famiglia), studiò pianoforte, canto e composizione a Monaco con il tenore Wallishauser e a Salisburgo con M. Haydn. Dopo le prime esperienze compositive nell'opera, iniziò l'attività direttoriale, a Breslavia (1804-06), a Karlsruhe (1806) e a Stoccarda (1807) dove compose la sua prima opera di successo, *Silvana* (rappresentata a Francoforte nel 1810). Determinanti al fine della sua maturazione artistica, furono i suoi incarichi di direttore della Deutsche Oper di Praga (1813-16) e di quella di Dresda (dal 1817). Nel corso della permanenza a Praga, e soprattutto a Dresda, si attua la decisiva svolta del teatro musicale weberiano, culminata nella composizione del suo *Der Freischütz* (*Il franco cacciatore*, 1821), che non solo rappresenta l'inizio del suo momento artisticamente piú ricco, ma anche l'avvio della piú autentica opera romantica tedesca. Al *Freischütz* seguirono *Die drei Pintos* (*I tre Pinto*), composizione iniziata nel 1821 che, rimasta incompiuta, venne completata da Mahler e rappresentata nel 1888, e *Euryanthe*, composta per il Kärntnertortheater di Vienna (prima rappresentazione, 1823). L'aggravarsi della tubercolosi, dalla quale era afflitto da tempo, gli permise di comporre ancora solo l'*Oberon* (con le grandi difficoltà dovute al libretto, ricco di numerose parti recitate, secondo il gusto inglese dell'epoca). Morí due mesi dopo la prima rappresentazione dell'opera.

♦ WEBER, PETER
(Vienna 1950)
Baritono austriaco. Allievo della Musikhochschule di Vienna, tra il 1976 e il 1978 si è affermato in importanti concorsi di canto, grazie ai quali ha potuto perfezionarsi alla Staatsoper di Vienna (1976-78), entrando quindi a far parte della compagnia stabile dello stesso teatro (1978-80). Membro dell'Opera di Norimberga (1980-82), ha intrapreso la carriera internazionale comparendo, oltre che sui maggiori teatri dell'area tedesca, all'Opera di Roma (*Salome* di Strauss, 1988), al Festival di Glyndebourne (*Arabella* di Strauss, 1989), al Grand Théâtre di Ginevra, all'Opéra di Parigi, al Teatro Colón di Buenos Aires, ecc. È uno dei piú rinomati interpreti wagneriani (in particolare Amfortas in *Parsifal* e Telramund nel *Lohengrin*) e straussiani (Jokanaan in *Salome*).

♦ WEIDINGER, CHRISTINE
(Springville, New York 1946)
Soprano statunitense. Dopo aver iniziato l'attività artistica in Germania (Amburgo, Berlino, Francoforte, Colonia, ecc.), si è successivamente perfezionata in Italia con P. Ferraris e R. Celletti. Nel 1989 ha cantato Armida (*Rinaldo* di Händel) al Teatro La Fenice di Venezia, mentre nel marzo dell'anno successivo esordiva al Teatro alla Scala di Milano (Vitellia nella *Clemenza di Tito* di Mozart), dove è ritornata nel dicembre dello stesso anno, per interpretare Elettra nell'*Idomeneo* di Mozart, entrambe le volte con la direzione di Riccardo Muti. Ha cantato in altri teatri italiani (Comunale di Bologna, Bellini di Catania, ecc.) e internazionali, tra i quali la Staatsoper di Vienna, l'Opera di Nizza (*La clemenza di Tito*, 1991), l'Opera di Marsiglia (*Lucrezia Borgia* di Donizetti, 1992), il Liceu di Barcellona (*Anna Bolena* di Donizetti, 1992-93), ecc.

In alto:
Carl Maria von Weber,
compositore e direttore d'orchestra
tedesco.

A destra:
il soprano statunitense
Christine Weidinger.

■ WEIKERT, RALPH
(Sankt-Florian 1940)
Direttore d'orchestra austriaco. Dopo gli studi di piano e direzione d'orchestra al Conservatorio di Linz, si è perfezionato all'Accademia Musicale di Vienna (1960). Grazie all'affermazione nel Concorso Internazionale "Nikolaï Malko" di Copenhagen (1965), ha iniziato l'attività direzionale nel 1966 come primo direttore a Bonn, dove è diventato direttore stabile dal 1968; dal 1977 al 1981 è stato direttore musicale aggiunto all'Opera di Francoforte, dal 1983 all'Opera di Zurigo, ecc. Dirige stabilmente al Metropolitan di New York, dove si è recentemente prodotto nella *Bohème* di Puccini (1990) e nel *Barbiere di Siviglia* (1992).

♦ WEIKL, BERND
(Vienna 1942)
Baritono tedesco di origine austriaca. Ha studiato al Conservatorio di Magonza (1962-65) e alla Musikhochschule di Hannover (dal 1965). Inizia la carriera in sede concertista a Berlino (1968), ed esordisce poi sulle scene del Niedersächsisches Staatstheater di Hannover nel 1968, come Ottokar nel *Freischütz* (*Franco cacciatore*) di Weber, dove si è esibito fino al 1970. Membro stabile della Deutsche Oper am Rhein di Düsseldorf (1970), parallelamente ha iniziato la carriera internazionale che lo ha visto prodursi al Festival di Bayreuth (*Tannhäuser* 1972), al Festival di Pasqua di Salisburgo (*Tristan und Isolde* di Wagner, 1972), al Metropolitan di New York (*Tannhäuser*, 1977), alla Scala di Milano (*Falstaff* di Verdi, 1980), ecc. È uno dei maggiori cantanti della sua generazione, grazie a una solida vocalità unita a un ottimo supporto tecnico che gli permette di dominare pienamente lo strumento. Ottimo attore e interprete musicalissimo, Weikl ha recentemente interpretato *Die Frau ohne Schatten* (*La donna senz'ombra*) di Strauss (Metropolitan di New York, 1989), *Die Meistersinger von Nürnberg* (*I maestri cantori di Norimberga*) di Wagner (Scala di Milano, 1990; Metropolitan di New York, 1992-93) e *Arabella* di Strauss (Scala di Milano, 1992), opere che rimangono tra le piú rappresentative del suo repertorio.

● WEILL, KURT
(Dessau 1900 - New York 1950)
Compositore tedesco, naturalizzato americano. Studiò privatamente con A. Bing, quindi alla Hochschule für Musik di Berlino, dove fu allievo di E. Humperdinck. Nel periodo che va dal 1920 al 1923 compí ulteriori studi all'Accademia Prussiana delle Arti, sempre a Berlino, dove fu allievo di F. Busoni. Tra i primi lavori teatrali si ricordano *Der Protagonist* (Dresda, 1926), in particolare *Royal Palace* (Berlino, 1927) e il piú noto *Der Zar lässt sich phothographieren* (Lo Zar si fa fotografare) rappresentato a Lipsia nel 1928. Fondamentale è l'incontro del compositore con il drammaturgo Bertolt Brecht, che porterà alla creazione nel 1928 della *Dreigroschenoper* (*L'opera da tre soldi*), rappresentata con grande successo a Berlino, protagonista Lotte Lenya, la cantante sposata da Weill nel 1926. Molto piú complessa, dal punto di vista teatrale e musicale, l'opera *Aufstieg und Fall der Stadt Mahagonny* (*Ascesa e caduta della città di Mahagonny*, Lipsia 1930), senz'altro il risultato piú alto scaturito dalla collaborazione tra Weill e Brecht. Un sodalizio che durò per soli altri due lavori, il dramma didattico *Der Jasager* (Colui che dice di sí, Berlino, 1930) e il balletto con canto *Die sieben Todsünden* (I sette peccati capitali, Parigi, 1933), che chiude la collaborazione con Brecht. Parallelamente Weill aveva composto *Die Bürgschaft* (La cauzione, Berlino, 1932), duramente attaccata dalla stampa nazista, e *Der Silbersee* (Il lago d'argento, Lipsia, 1933). Il minaccioso avvento del nazismo spinge il compositore a lasciare la Germania; dopo una tappa a Parigi (dove rappresenta *Die sieben Todsünden*), nel 1935 emigra negli Stati Uniti. Qui compone *Street Scene* (New York, 1947), *Lost in the Stars* (New York, 1949) e anche operette e commedie musicali per le scene di Broadway.

♦ WELKER, HARTMUT
(Welbert, Renania 1941)
Baritono tedesco. Dopo gli studi musicali a Essen (interrotti e poi ripresi nel 1970), ha debuttato nel 1975 a Aix-La-Chapelle (Renato in *Un ballo in maschera* di Verdi). Ha quindi fatto parte delle compagnie stabili dei teatri di Karlsruhe e Berlino (Deutsche Oper). In campo internazionale si è esibito all'Opéra di Parigi in *Tristan und Isolde* di Wagner, 1985; alla Staatsoper di Vienna in *Der Fliegende Holländer* (*Il vascello fantasma*) di Wagner, 1985; alla Scala di Milano

In alto:
il cantante italiano D. Modugno in
L'opera da tre soldi, di K. Weill.

A sinistra:
il baritono tedesco Bernd Weikl.

in *Die Frau ohne Schatten* (*La donna senz'ombra*) di Strauss, 1986; al Teatro Regio di Torino in *Das Rheingold* (*L'oro del Reno*) di Wagner, 1986 e in *Wozzeck* di Berg, 1989; al Teatro Comunale di Bologna e al Teatro San Carlo di Napoli nel *Fidelio*, 1987; alla Lyric Opera di Chicago nella *Gioconda* di Ponchielli, 1987; ecc. Musicista e cantante di rango si è inoltre messo in luce per le non comuni qualità interpretative.

♦ WELTING, RUTH
(Memphis, Tennessee 1949)
Soprano statunitense. Dopo gli studi musicali a New York e a Roma con L. Ricci, ha debuttato a ventidue anni, nel 1971, alla New York City Opera, interpretando il ruolo di Blondchen in *Die Entführung aus dem Serail* (*Il ratto dal serraglio*) di Mozart. In questo stesso teatro canta regolarmente come Oscar in *Un ballo in maschera* di Verdi, Olympia in *Les contes d'Hoffmann* (*I racconti di Hoffmann*) di Offenbach, ecc. Inizia la carriera internazionale esibendosi, dal 1975, al Covent Garden di Londra (*Un ballo in maschera*; *Il barbiere di Siviglia*, *Ariadne auf Naxos* di Strauss), all'Opera di San Francisco, all'Opéra di Parigi (*Ariadne auf Naxos*, 1983), al Comunale di Firenze (*La fille du régiment* di Donizetti), ecc. Presente anche nelle stagioni del Metropolitan di New York, dove ha interpretato (1989 e 1992) *Les contes d'Hoffmann*, la Welting, grazie alla sua svettante voce di soprano di coloratura e alle sue brillanti doti interpretative, è particolarmente apprezzata come interprete dei ruoli di Marie (*La fille du régiment*), di Olympia (*Les contes d'Hoffmann*), di Philine (*Mignon* di Thomas) e di Lakmé nell'opera omonima di Delibes.

♦ WENKEL, ORTRUN
(Buttstädt 1942)
Contralto tedesco. Ha compiuto gli studi musicali alla Franz Liszt Hochschule di Weimar e alla Staatliche Hochschule di Francoforte. Nel 1964 inizia la carriera artistica in ambito concertistico, in particolare come interprete del repertorio barocco, esibendosi in numerosi festival internazionali di musica antica. Nel 1971, dopo un periodo di perfezionamento con E. Cavelti, affronta il teatro d'opera, esordendo come Orfeo (*Orfeo ed Euridice* di Gluck) a Heidelberg. Ospite della Bayerische Staatsoper di Monaco, si è frequentemente esibita anche al Festival di Bayreuth, dove ha interpretato Erda e Prima Norna nella celebre edizione del *Ring* firmata da Boulez-Chéreau. Ancora come Erda, in *Das Rheingold* (*L'oro del Reno*) e *Siegfried*, ha cantato al Teatro Regio di Torino (1986 e 1987), ed è quindi comparsa al Festival di Spoleto nella *Jenůfa* di Janáček (1988) e nella *Salome* di Strauss (1989).

♦ WERTHER
Dramma lirico in tre atti e cinque quadri di Jules Massenet (1842-1912), su libretto di E. Blau, P. Milliet, G. Hartmann, da Die Leiden des jungen Werther *di W. Goethe. Prima rappresentazione: Vienna, Hofoper, 16 febbraio 1892.*

L'azione si svolge nei dintorni di Francoforte dal luglio al dicembre del 1772. Charlotte (mezzosoprano), figlia del Borgomastro (basso o baritono), si sta preparando ad andare a una festa al villaggio. Fra gli invitati, che si sono dati appuntamento nella casa di Charlotte per poi proseguire verso il ballo, vi è anche Werther (tenore), un giovane sensibile e malinconico. Quando appare Charlotte, egli resta visibilmente colpito dalla sua bellezza. Insieme i due escono per raggiungere il resto della compagnia che li ha preceduti. Piú tardi, quando Charlotte e Werther ritornano, il Borgomastro comunica alla figlia che, reduce da un lungo viaggio, è ritornato il fidanzato Albert (baritono). Charlotte confessa a

In alto:
una scena dal *Werther*,
J. Massenet.

A destra:
il mezzosoprano
Maria Rennard,
che interpretò il ruolo di Charlotte
nella prima rappresentazione
del *Werther* nel 1892.

Werther di aver giurato alla madre morente di sposare Albert. Il giovane ne è disperato. La piazza di Wetzlar; si festeggiano le nozze d'oro del Pastore. Fra i convitati vi sono, sposi da tre mesi, Charlotte e Albert. Werther, che rimane in disparte, viene avvicinato da Albert che gli confida di stimarlo proprio per la sua rinuncia da gentiluomo. Ma Werther non riesce a darsi pace e, dopo un ultimo disperato colloquio con Charlotte, decide di partire. Qualche tempo dopo, Charlotte rilegge tristemente le lettere di Werther e, non riuscendo piú a contenersi, scoppia in lacrime disperata. In quel momento entra Werther: è pallido, provato dalla malattia. Il giovane recita alcuni versi di Ossian e Charlotte, affascinata dalla bellezza della poesia, in un momento di debolezza si lascia strappare un bacio. Ma poco dopo si riprende; si libera dell'abbraccio di Werther e fugge salutandolo per sempre. Quando anche il giovane ha lasciato la casa, ecco rientrare Albert che legge un biglietto di Werther in cui si chiede, in prestito, per un lungo viaggio, la pistola di Albert. Un servo porta l'arma a Werther, ma Charlotte, con un tragico presagio, accorre dall'amato. È però troppo tardi, Werther giace a terra mortalmente ferito; Charlotte, disperata, gli confessa di averlo amato fin dal primo incontro. Werther muore, consolato dalle sue parole.

L'opera ebbe ai suoi tempi molto successo e ancora oggi è il lavoro teatrale piú eseguito di Massenet. L'iper-romanticismo della vicenda si adattava perfettamente alla sensibilità di Massenet che amava, oltre alla nota appassionata, anche il sottile lirismo della melodia amorosa.

♦ WINBERGH, GÖSTA
(Stoccolma 1943)

Tenore svedese. Ha studiato canto a Stoccolma con M. Oehman, H. Schymberg e E. Saèden. Dopo essersi perfezionato alla Scuola dell'Opera di Stoccolma, ha esordito come Rodolfo (*La bohème* di Puccini) a Göteborg. Ha quindi fatto parte della compagnia stabile dell'Opera di Stoccolma (1973-80), producendosi anche al Festival di Drottningholm (*Cosí fan tutte*, *Don Giovanni*, ecc.). Dal 1980 inizia la carriera internazionale, comparendo al Festival di Glyndebourne in *Die Entführung aus dem Serail* (*Il ratto dal serraglio*) di Mozart, 1980, come ospite stabile all'Opernhaus di Zurigo (dal 1981), al Grand Théâtre di Ginevra (*Salome* di Strauss, 1983), al Festival di Salisburgo in *Die Zauberflöte* di Mozart, 1984, al Teatro alla Scala di Milano (*Die Zauberflöte*, 1985 e 1987; *L'elisir d'amore* di Donizetti, 1988; *La clemenza di Tito*, *Idomeneo* di Mozart, 1990; *Iphigenie en Tauride* di Gluck, 1992), ecc. Cantante di buoni mezzi vocali e dotato di buona musicalità, Winbergh è particolarmente apprezzato come interprete del repertorio mozartiano.

♦ WINDGASSEN, WOLFGANG
(Annemasse, Alta Savoia 1914 - Stoccarda 1974)

Tenore tedesco. Ha studiato con il padre, il tenore Fritz, e successivamente con M. Ranzow e A. Fischer. Esordisce a Pforzheim nel 1941 (Alvaro nella *Forza del destino* di Verdi). Dopo l'interruzione causata dalla seconda guerra mondiale, riprende la carriera all'Opera di Stoccarda (1945) che dirigerà dal 1972 alla morte. Nel 1951 fa il suo debutto al Festival di Bayreuth (*Parsifal*) dove canterà ininterrottamente fino al 1970, interpretando i maggiori ruoli tenorili delle opere di Wagner (tranne Rienzi). Come uno dei piú acclamati interpreti wagneriani si è affermato sui piú importanti palcoscenici internazionali: Covent Garden di Londra (1955), Scala di Milano (1952), Metropolitan di New York (1957), Opéra di Parigi (1966-68), ecc.

♦ WINKLER, HERMANN
(Duisburg 1936)

Tenore tedesco. Ha studiato al Conservatorio di Hannover. Attivo nei teatri di Bielefeld (dove ha esordito nel *Palestrina* di Pfitzner) e di Zurigo. Si è quindi affermato nei maggiori teatri dell'area tedesca: dalla Staatsoper di Vienna, ai Festival di Monaco, Bayreuth (*Parsifal* di Wagner), Salisburgo (*Idomeneo* di Mozart; *Fidelio* di Beethoven), ecc. In campo internazionale, ha cantato all'Opéra di Parigi (*Salome* di Strauss, 1944); al Lyric Opera di Chicago (*Don Giovanni* di Mozart, 1980); al Covent Garden di Londra (*Wozzeck* di Berg, 1984); al Teatro Comunale di Firenze (*Elektra* di Strauss, 1986); al Teatro Comunale di Bologna (*Das Rheingold* di Wagner, 1987); ecc. Nel 1981 ha preso parte alla prima rappresentazione dell'opera *Baal* di Cerha al Festival di Salisburgo.

♦ WINZING, UTE
(Wuppertal 1936)

Soprano tedesco. Ha studiato al Conservatorio della città natale iniziando l'attività artistica all'Opera di Lubecca (1986-71), a quella di Wuppertal (1971-76) e nel teatro di Hannover, dove si è imposta nel repertorio wagneriano e straussiano. Ha quindi svolto una brillante carriera internazionale esibendosi alla Staatsoper di Vienna, al Colón di Buenos Aires, all'Opéra di Parigi (*Die Walküre*, 1977; *Tristan und Isolde*, 1985), al Metropolitan di New York (*Elektra* di Strauss, 1984), ecc. Il suo repertorio comprende inoltre *Fidelio* di Beethoven, *Parsifal* di Wagner, *Die Frau ohne Schatten* (*La donna senz'ombra*) di Strauss e *Turandot* di Puccini.

♦ WIXELL, INGVAR
(Luleå 1931)

Baritono svedese. Allievo di D. Gustafson all'Accademia Musicale di Stoccolma, ha esordito a Gåvle nel 1952. Nel 1955 interpreta Papageno in *Die Zauberflöte* (*Il flauto magico*) di Mozart al Rikstheater di Stoccolma, entrando quindi a far parte della compagnia stabile del Teatro dell'Opera Reale (dal 1956). Dal 1967 canta regolarmente alla Deutsche Oper di Berlino (dove si esibiva ancora nel 1989), e si è quindi prodotto sulle maggiori scene internazionali: al Festival

Il tenore svedese Gösta Winbergh.

di Bayreuth (*Lohengrin* di Wagner, 1971), al Metropolitan di New York (*Rigoletto* di Verdi, 1973), al Covent Garden di Londra (*Simon Boccanegra*, 1971), al Festival di Salisburgo (*Le nozze di Figaro* di Mozart, 1966-68), alla Scala di Milano (*Tosca* di Puccini, 1980), ecc. Sebbene la sua voce presenti limiti di spessore e volume, grazie a intelligenza interpretativa, varietà di fraseggio e musicalità, ha potuto affrontare un repertorio assai vasto, da Mozart a Puccini (ha interpretato Scarpia in *Tosca* sui maggiori palcoscenici internazionali), a Strauss (*Salome*).

● WOLF, HUGO
(Windischgraz, Stiria [oggi Slovenjgradec, Slovenia] 1860 - Vienna 1903)
Compositore austriaco. Iniziò gli studi musicali con il padre per poi proseguirli al Conservatorio di Vienna (1875). Dopo aver abbandonato il Conservatorio per divergenze con il direttore, approfondí lo studio della musica da autodidatta. Avviatosi alla critica musicale (1884), la abbandonò poi per dedicarsi totalmente alla composizione, soprattutto di *Lieder*, di cui fu uno dei massimi compositori. Scrisse un'unica opera, *Der Corregidor* (1986), mentre un anno dopo affrontava la composizione del *Manuel Venegas*, ma l'aggravarsi della sua malattia mentale, che si era manifestata dopo un tentativo di suicidio, ne interruppe la stesura. Internato nel manicomio di Vienna, vi morí dopo cinque anni.

● 374

In alto:
Il baritono svedese
Ingvar Wixell.

A destra:
Il compositore italiano
Ermanno Wolf-Ferrari.

Sopra a destra:
figurini di O. Strnad
per *Wozzeck*, di A. Berg.

● WOLF-FERRARI, ERMANNO
(Venezia 1876-1948)
Compositore italiano. Studiò pittura e musica a Roma, quindi a Monaco, alla Akademie der Tonkunst, dove fu allievo di J. Rheinberger. Dopo aver soggiornato a Milano (dove frequentò G. Ricordi e A. Boito) e negli Stati Uniti (1911-12) si stabilí a Venezia dove si dedicò alla composizione. Nel 1939 ricevette la nomina a docente di composizione al Mozarteum di Salisburgo; fu quindi in Germania fino al 1946. Dopo un breve periodo a Zurigo, rientrò a Venezia dove morí nel 1948. La sua produzione teatrale è legata al nome di Goldoni, del quale mise in musica varie commedie. Particolarmente felici le versioni musicali di *Le donne curiose* (1903), *I quatro rusteghi* (1906), *La vedova scaltra* (1931) e *Il campiello* (1936), quest'ultima considerata il suo capolavoro musicale. Sebbene fondamentalmente estraneo all'imperante poetica "verista", Wolf-Ferrari si accostò ad argomenti decisamente drammatici con le opere *I gioielli della Madonna* (1911) e *Sly* (1927); vanno ancora ricordate *Il segreto di Susanna* (1909), *L'amore medico* (1913) e *La dama boba* (1937). Oltre che di opere, Wolf-Ferrari è autore di musica sinfonica e cameristica.

● WOLF, BEVERLY
(Georgia 1928)
Mezzosoprano statunitense. Dopo essere diventata un'ottima trombettista (prima tromba della Atalanta Symphony Orchestra) ha scoperto la sua vocazione per il canto. Ha frequentato cosí l'Academy of Vocal Arts di Filadelfia, vincendo nel 1952 le "Youth Auditions of the Philadelphia Orchestra". Lo stesso anno interpretava *Trouble in Tahiti* di Bernstein alla CBS Television mentre nel 1961 ha debuttato alla New York City Opera (Cherubino nelle *Nozze di Figaro* di Mozart). Sempre alla New York City Opera ha interpretato Sesto (*Giulio Cesare* di Händel, 1966); Sara (*Roberto Devereux* di Donizetti) e numerosi altri ruoli, tra cui Adalgisa (*Norma* di Bellini), Amneris (*Aida* di Verdi), ecc.

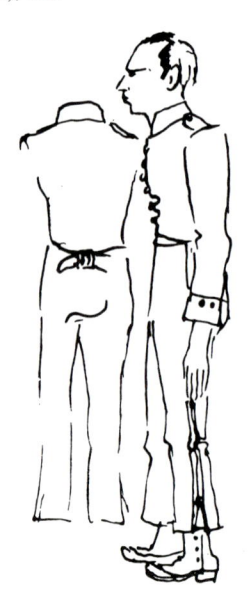

● WOZZECK
Opera in tre atti e quindici scene di Alban Berg (1885-1935), su libretto dell'autore, tratto dal dramma Woyzeck *di G. Büchner. Prima rappresentazione: Berlino, Staatsoper, 14 dicembre 1925.*

La vicenda si svolge in Germania attorno al 1836. Wozzeck (baritono) presta servizio come attendente presso il Capitano (tenore) che non perde occasione per fare la morale all'uomo e accusarlo perché convive con Maria (soprano), una ex-prostituta dalla quale ha avuto anche un figlio. Mentre raccoglie legna con l'amico Andres (tenore), Wozzeck si allarma per strani rumori e visioni. Ancora in preda a presentimenti e incubi, l'uomo torna a casa da Maria. Wozzeck sospetta anche che la donna, affascinata dal Tamburmaggiore (tenore), ne sia divenuta l'amante. Dopo aver urlato frasi inconsulte, Wozzeck fugge via per recarsi da un Dottore (basso) mezzo pazzo, che lo adopera come cavia per i suoi esperimenti. Messo in sospetto da un paio di orecchini, di cui Maria non sa spiegare la provenienza, che in realtà le sono stati regalati dal Tamburmaggiore, e da alcune allusioni del Capitano e del Dottore, in Wozzeck si fa sempre piú strada la convinzione di essere tradito e minaccia perciò Maria, che però reagisce violentemente. In un'osteria, tra un gruppo di soldati e di ragazzi e ragazze che stanno ballando, Wozzeck scorge anche Maria con il Tamburmaggiore; mentre i due ballano, un Pazzo (tenore) si avvicina a Wozzeck e gli sussurra: "Sento odore di sangue". Quella notte stessa, nella camerata del Corpo di Guardia della caserma, Wozzeck affronta il Tamburmaggiore, ma ha la peggio. Ormai sconvolto dalla gelosia, Wozzeck trascina Maria nei pressi di uno stagno dove, in un crescendo di follia, uccide la donna. Compiuto il delitto, Wozzeck torna all'osteria e, mentre giovani e ragazze ballano una polka, fa proposte d'amore a Margreth (contralto), ma quando ella scopre macchie di sangue sul suo vestito scappa spaventata. Wozzeck si allontana velocemente dall'osteria, torna sulla riva dello stagno per ricercare il coltello con il quale ha ucciso Maria. Trovatolo, lo getta in acqua, ma pensando di averlo gettato troppo vicino, si immerge per recuperarlo e lavarsi. L'acqua, nella sua follia, gli pare sangue ed egli stravolto si lascia affogare. Davanti alla casa di Maria, il bambino (voce bianca), figlio della donna, gioca con un cavallo di legno, gli altri bambini gli gridano: "Tua madre è morta". Egli non capisce e continua a incitare il suo cavallo di legno.

Berg aveva poco meno di trent'anni quando assistette in un teatro viennese alle rappresentazioni del *Woyzeck* di Büchner, e ne fu talmente impressionato che decise di farlo proprio musicandolo. La gestazione fu alquanto lunga e laboriosa: dal 1914 al 1917 elaborò il libretto, mentre dal 1917 al 1921 compose la musica, anche se si dovrà attendere il 1925 per vedere rappresentata l'opera. Nonostante questo lungo iter compositivo, la partitura si presenta con un linguaggio quanto mai omogeneo e conciso. Ogni pagina del *Wozzeck* è il frutto di una profonda assimilazione di quel linguaggio musicale nato con Schönberg e che la fantasia e la sensibilità poetica di Berg sono riuscite a elaborare e a fare proprio. Il compositore austriaco, pur abbandonando gli stilemi dell'opera tradizionali, non usa ancora un linguaggio dodecafonico, ma piuttosto una atonalità dove non mancano ritorni al linguaggio tonale.

♦ WUNDERLICH, FRITZ
(Kusel, Palatinato renano 1930 - Heidelberg 1966)
Tenore tedesco. Iniziò lo studio della musica con il padre, direttore d'orchestra, e con la madre violinista. Fu poi allievo di M. von Winterfeld alla Musikhochschule di Friburgo. Nel teatro della stessa Musikhochschule esordì nel 1954 come Tamino in *Die Zauberflöte* (*Il flauto magico*) di Mozart; scritturato dall'Opera di Stoccarda, vi debuttò ancora nello *Zauberflöte* nel 1955. Stabile nei teatri di Francoforte (1958-60) e Monaco (1960-66), si è esibito, dal 1958, al Festival di Salisburgo in *Die schweigsame Frau* (*La donna silenziosa*) di Strauss; alla Staatsoper di Vienna (dal 1962); al Covent Garden di Londra (*Don Giovanni* di Mozart, 1965); al Festival di Edimburgo (*Die Zauberflöte*, 1966); al Maggio Musicale Fiorentino in *Die Entführung aus dem Serail* (*Il ratto dal serraglio*) di Mozart (1958), ecc. Partecipò alle prime rappresentazioni di *Oedipus der Tyrann* di Orff (Stoccarda, 1959) e di *Die Verlobung in San Domingo* (Nozze a San Domingo) di Egk (Monaco, 1963). Considerato uno dei più dotati tenori tedeschi della sua generazione, di ottima tecnica e musicalità, morì prematuramente cadendo da una scala.

Una scena da *Wozzeck*, di A. Berg, rappresentata per la prima volta a Berlino nel 1925.

★ XERXES
vedi *Serse*

♦ YAKAR, RACHEL
(Lione 1938)
Soprano francese. Allieva di G. Lubin al Conservatorio di Parigi, ha esordito nel 1963 all'Opera di Strasburgo. Nel 1964 è stata scritturata dall'Opera di Düsseldorf, dove si è specializzata nel repertorio del XVII e XVIII secolo. Ha affrontato però un repertorio ben piú vasto: Gilda (*Rigoletto* di Verdi) e Micaela (*Carmen* di Bizet) all'Opéra di Parigi (1970); Donna Elvira (*Don Giovanni* di Mozart) a Monaco di Baviera (1974) e a Glyndebourne (1977); Freia in *Das Rheingold* (*L'oro del Reno*) di Wagner a Bayreuth (1976), ecc. Piú volte interprete del ruolo di Mélisande, nell'opera di Debussy, la Yakar, grazie all'ottima padronanza dell'ornamentazione barocca e al fraseggio raffinato ed espressivo, ha dato il meglio di sé quale interprete delle opere di Monteverdi (*Orfeo, L'incoronazione di Poppea*), Lully (*Armide*), Leclair (*Scylla et Glaucus*), Rameau (*Les Indes galantes, Hippolyte et Aricie*), Händel (*Admeto*).

♦ YOUNG, BASIL ALEXANDER
(Londra 1920)
Tenore inglese. Ha studiato al Royal College of Music di Londra e ha esordito al Festival di Edimburgo, nel 1950, interpretando il ruolo di Scaramuccio (*Ariadne auf Naxos* di Strauss). Ha cantato al Festival di Glyndebourne (*Cosí fan tutte* di Mozart, 1953, ecc.) e al Covent Garden di Londra in *Prodaná nevěsta* (*La sposa venduta*) di Smetana, 1955. In quest'ultimo teatro si è esibito regolarmente e in un repertorio quanto mai vasto, che spazia da Monteverdi (*Orfeo*), a Händel, (*Hercules, Tamerlano*), Rossini (*Il barbiere di Siviglia, La Cenerentola*, ecc.), R. Strauss (*Arabella*) e Stravinskij, *The Rake's Progress* (*La carriera di un libertino*). Young si è particolarmente messo in luce per le ottime capacità stilistiche e di caratterizzazione dei personaggi che hanno contraddistinto ogni sua interpretazione.

★ ZAIDE
Commedia in due atti di Wolfgang Amadeus Mozart (1756-1791), su libretto di J.A. Schachtner tratto dal Singspiel Das Serail *musicato da J. von Friebert. La partitura, composta nel 1779, è incompiuta e l'opera non fu mai rappresentata.*

L'azione ha luogo in Turchia. Un giovane nobile, Gomatz (tenore), viene fatto prigioniero dal sultano Soliman (tenore), ma la bellezza e la nobiltà del suo aspetto attraggono la favorita Zaide (soprano), che decide di aiutarlo a fuggire. Allazim (basso), un servo traditore, aiuta i due a fuggire; il piano però fallisce e i tre vengono ripresi e condannati a morte. Per salvare se stesso e i compagni di sventura, Allazim fa un lungo racconto di come tempo prima aveva salvato la vita di Soliman, e cosí si scopre che Zaide e Gomatz sono figli dello stesso sultano che, commosso, ordina la loro liberazione.

Mozart aveva iniziato a comporre quest'opera per la compagnia girovaga di Böhm, con la speranza di poterla presentare a Vienna. Ciò avrebbe costituito una possibilità di fuga da Salisburgo, ma sfortunatamente morí l'imperatrice e le speranze sfumarono. L'opera rimase cosí incompleta (in realtà mancavano solo l'*ouverture* e il coro finale). Il soggetto era piaciuto a Mozart perché mescolava all'ambientazione esotica, che si prestava a una coloritura musicale particolare, situazioni di sapore sentimentale, che offrivano ampie gamme di espressione al compositore. Si può quindi considerare *Zaide* il momento di preparazione per il celebre *Die Entführung aus dem Serail* (*Il ratto dal serraglio*).

★ ZAIRA
Tragedia lirica in due atti di Vincenzo Bellini (1801-1835), su libretto di F. Romani dalla tragedia Zaïre *di Voltaire. Prima rappresentazione: Parma, Teatro Ducale, 16 maggio 1829.*

La vicenda si svolge a Gerusalemme, tra il XIV e il XVI secolo. Nell'harem si stanno per celebrare le nozze del sultano Orosmane (basso) con la favorita Zaira (soprano), un'orfana figlia di cristiani. Il visir Corasmino (tenore) però non vede di buon occhio l'unione di Orosmane, da sempre difensore della fede islamica, con un'infedele. Al palazzo giunge un cavaliere francese, Nerestano (mezzosoprano). Già prigioniero del sultano, Nerestano era stato poi liberato e inviato in Francia per riscattare Zaira (prima che Orosmane si innamorasse di lei) e altri cavalieri francesi tenuti prigionieri dal sultano. Nerestano riferisce a Orosmane che la Francia è pronta a trattare per la liberazione dei prigionieri. Orosmane replica che libererà tutti i prigionieri, tranne due: il vecchio principe Lusignano (baritono), che il sultano ha condannato a morte, e Zaira. La donna però intercede per la vita di Lusignano, che viene cosí liberato. Al momento della liberazione, il vecchio principe, con grande commozione, riconosce in Nerestano e Zaira i propri due figli di cui da lungo tempo aveva perso le tracce. Lusignano rimprovera a Zaira le sue nozze con il sultano. La fanciulla, turbata dalle severe parole del padre, con tristezza saluta Nerestano che s'appresta a ritornare in Francia. Corasmino, non visto, spia il loro incontro, e, vedendoli teneramente abbracciati, sospetta che i due siano amanti. I sospetti di Corasmino trovano una giustificazione quando, poco dopo, Zaira supplica Orosmane di rimandare le nozze. Il sultano, pur ignorando gli avvenimenti accaduti, intuisce che la donna gli nasconde un segreto, e rimane sconvolto quando Corasmino gli presenta un messaggio in cui Nerestano invita Zaira ad un colloquio segreto. Il visir consiglia all'angosciato Orosmane di far pervenire il messaggio a Zaira, per spiarne le mosse. Nerestano e Zaira si incontrano, ignari che Orosmane e Corasmino sono in agguato, quando all'improvviso il sultano sbuca dall'ombra e pugnala la donna. Zaira prima di spirare rivela che Nerestano è suo fratello. Disperato, Orosmane si uccide.

Rappresentata per l'inaugurazione del Teatro Ducale di Parma, *Zaira* nonostante la presenza del soprano H. Méric-Lalande (Zaira), già protagonista della *Straniera*, e del basso L. Lablache (Orosmane), cadde clamorosamente. Bellini però non si stupí dell'esito, perché lui stesso alla vigilia della prima aveva avanzato dubbi sul successo. Di fatto, l'opera era stata composta piuttosto frettolosamente, senza che il compositore potesse approfondire i personaggi e le vicende, per le quali tra l'altro, non si sentiva particolarmente portato. Bellini ebbe però la sua rivincita inserendo una buona parte del materiale musicale di *Zaira* nei *Capuleti e Montecchi*, rappresentata con grande successo l'anno dopo. Anche *Zaira* ha mostrato una sua valida tenuta teatrale, come hanno dimostrato le riprese al Massimo "Bellini" di Catania, nel 1976 con la Scotto e nel 1990 con la Ricciarelli.

♦ ZAJICK, DOLORA
(Reno, Nevada 1952)
Mezzosoprano statunitense d'origine polacca. Ha studiato alla University of Nevada e con T. Puffer, direttore artistico della Nevada Opera. Ha completato gli studi musicali con H. Vanni e L. Galtiero alla Manhattan School of Music di New York. Vincitrice al Concorso Internazionale "Čajkovskij" di Mosca (1982), si è rivelata nel 1986 all'Opera di San Francisco, come Azucena nel *Trovatore* di Verdi, un ruolo che ha interpretato su alcuni dei massimi palcoscenici internazionali e con il quale ha esordito al Metropolitan di New York (1988), al Lyric Opera di Chicago (1988), alla Staatsoper di Vienna (1989), al Maggio Musicale Fiorentino (1990) ecc. Membro stabile della compagnia del Metropolitan (*Aida*, 1989, *Don Carlo*, 1992 e *Il trovatore*, 1992-93), si è inoltre esibita a Roma, Terme di Caracalla (*Aida*, 1988), all'Arena di Verona (*Aida*, 1989, 1990 e 1992), al San Carlo di Napoli (*Adriana Lecouvreur* di Cilea, 1992), alla Scala di Milano (*Don Carlo*, 1992) e in altri importanti teatri internazionali. Tra le maggiori interpreti in campo internazionale, la Zajick può vantare, oltre a una voce estesa nell'intera gamma e omogenea nell'emissione, anche notevoli capacità interpretative.

♦ ZAMPIERI, MARA
(Padova 1949)
Soprano italiano. Studia al Conservatorio di Padova, e nel 1972 vince un concorso di canto a Pavia, dove debutta in quello stesso anno. Prima classificata al Concorso per "Voci Verdiane" a Parma (1975), l'anno dopo canta *Evgenij Onegin* di Čajkovskij all'Opera di Roma. Nella stagione 1977-78 canta alla Scala di Milano (*Masnadieri, Un ballo in maschera, Trovatore* e *Don Carlo* di Verdi); nel 1978 nei teatri di Amburgo e Monaco (*Don Carlo*); nel 1979 alla Staatsoper di Vienna (*Il giuramento* di Mercadante); nel 1980, San

A sinistra:
il mezzosoprano statunitense
Dolora Zajick.

In alto:
il soprano italiano
Mara Zampieri.

Carlo di Napoli (*Manon Lescaut* di Puccini), ecc. Attiva principalmente nei teatri dell'area tedesca, la Zampieri compensa i limiti di una voce alquanto disuguale nell'emissione e nella tecnica con un notevole temperamento interpretativo nel repertorio di soprano lirico spinto e drammatico. Tra le sue piú recenti esibizioni vanno ricordate *La Wally* di Catalani (Bregenz, 1990); *La fanciulla del West* di Puccini (Scala di Milano, 1991); *Macbeth* di Verdi (Reggio Emilia, 1992); *Don Carlo* di Verdi, *Salome* di Strauss e *Maria Stuarda* di Donizetti (Staatsoper di Vienna, 1992).

♦ ZANCANARO, GIORGIO
(Verona 1939)
Baritono italiano. Ha studiato a Verona con M. Palanda. Nel 1969 ha vinto il primo premio per "Voci Verdiane" di Busseto, grazie al quale, nel 1970, ha esordito come Riccardo (*Puritani* di Bellini) al Teatro Nuovo di Milano. Si esibisce quindi sulle principali scene italiane fino al 1977, anno in cui interpreta *Il trovatore* di Verdi ad Amburgo, segnando cosí l'inizio della carriera internazionale: dal 1978 al Covent Garden di Londra (*Don Carlo* di Verdi; *Andrea Chénier* di Giordano; *Lucia di Lammermoor* di Donizetti, ecc.); all'Opera di San Francisco (*Faust* di Gounod, 1977). Alla Scala di Milano, dove esordisce nel 1981 come Ford (*Falstaff* di Verdi), si esibisce regolarmente in *Lucia di Lammermoor*, *Madama Butterfly* di Puccini (1986), *Nabucco* di Verdi (1987 e 1988), *Cavalleria rusticana* di Mascagni (1988), *Guglielmo Tell* di Rossini (1988), *Luisa Miller* di Verdi (1989); *I vespri siciliani* di Verdi (1989); *Attila* di Verdi (1991). Ha inoltre cantato all'Opéra di Parigi (*Madama Butterfly*, 1983), alla Staatsoper di Vienna (dal 1985), al Maggio Musicale Fiorentino e su numerosi altri palcoscenici internazionali. Zancanaro è celebre soprattutto come interprete verdiano, grazie al bel timbro vocale, all'omogeneità dell'emissione sull'intera gamma, alla lucentezza del registro acuto e all'impeccabile adesione stilistica. Gi si può invece rimproverare una presenza scenica piuttosto sbiadita e una certa mancanza di personalità interpretativa.

● ZANDONAI, RICCARDO
(Sacco di Rovereto, Trento 1883 - Pesaro 1944)
Compositore italiano. Studiò a Rovereto con V. Gianferrari e a Pesaro, dove fu allievo di P. Mascagni, con il quale peraltro non ebbe buoni rapporti. Viene notato dall'editore Ricordi, che vede in lui il successore di Puccini, e l'opera *Il grillo del focolare* (1908) sancisce l'inizio della collaborazione tra i due. Seguono *Conchita* (1911), *Melenis* (1912) e *Francesca da Rimini* (1914), che ancora oggi è la sua opera piú celebre e piú rappresentata, e inoltre *La via della finestra* (1919), *Giulietta e Romeo* (1922), *I cavalieri di Ekebú* (1925), *Giuliano* (1928), *Una partita* (1933), *La farsa amorosa* (1933) e *Il bacio*, rimasta incompiuta e ultimata da E. Meucci. La sua vasta produzione musicale comprende musica sinfonica, da camera, sacra e anche musica per film.

ZAR LÄSST SICH PHOTHOGRAPHIEREN, DER
(Lo zar si fa fotografare)
Opera buffa in un atto di Kurt Weill (1900-1950), su libretto di G. Kaiser. Prima rappresentazione: Lipsia, Neues Theater, 18 febbraio 1928.

La vicenda si svolge a Parigi nel 1914. Lo zar (baritono) è in visita alla città e un gruppo di anarchici ha deciso di assassinarlo. Quando apprendono che il sovrano è diretto verso lo studio di Angèle (soprano), una nota fotografa, per farsi ritrarre, i sovversivi trascinano via la donna sostituendola con un'anarchica, la falsa Angèle (soprano). Ma lo zar è un formidabile corteggiatore: non solo riempie la ragazza di gentilezze, ma vuole addirittura farle un ritratto. Informata che sta per giungere la polizia, la falsa Angèle e i congiurati, per non essere sorpresi e arrestati, devono abbandonare il loro piano e fuggire precipitosamente.

Opera dal forte contenuto satirico, che vuole colpire sia il potere sia i modi e i contenuti delle congiure anarchiche, *Lo zar si fa fotografare* si svolge sul filo dell'operetta, con evidenti richiami al cinema muto, alle sue situazioni incredibili, all'umorismo immediato delle comiche.

In alto:
il baritono italiano Giorgio Zancanaro.

A destra:
il compositore italiano Riccardo Zandonai.

ZAR UND ZIMMERMANN
(Zar e carpentiere)

Opera in tre atti di Gustav Albert Lortzing (1801-1851), su libretto proprio, tratto dal lavoro teatrale Le Bourgmestre de Saardam, ou Les deux Pierres *di A.H.J. Mélesville, J.T. Merle e E.C. Boirie. Prima rappresentazione: Lipsia, Stadttheater, 22 dicembre 1837.*

La vicenda si svolge nella città di mare di Saardam, in Olanda, nel 1698. Con il nome di Peter Michaelov, lo zar Pietro I (baritono) si è fatto assumere in un cantiere navale, per imparare le moderne tecniche di costruzione. Un altro russo, il disertore Peter Ivanov (tenore), lavora nello stesso cantiere; egli è innamorato di Maria (soprano), la nipote di Van Bett (basso), il Borgomastro della città, e confida le sue pene di cuore a Michaelov. Ma lo zar ha ben altri problemi: il suo inviato Lefort (basso) gli ha appena comunicato che in Russia sono scoppiati dei tumulti che minano la stabilità del regno, e deve perciò ritornare immediatamente in Russia. Ma Van Bett, che ha saputo che tra i carpentieri vi è uno straniero, impedisce che chiunque lasci il cantiere. Van Bett è poi confuso, perché dall'ambasciatore inglese Lord Syndham (basso), ha saputo che lo zar è in incognito a Saardam. Il Borgomastro sospetta che Ivanov sia lo zar, ma il marchese di Chateauneuf (tenore), l'inviato francese, ha invece scoperto che Pietro I è nascosto sotto le vesti del carpentiere Michaelov. Le cose si complicano quando giunge un emissario (basso) da Amsterdam recante un decreto, secondo il quale qualsiasi straniero che non possa dare chiare prove della propria identità deve essere arrestato. Van Bett è soddisfatto perché così può indagare sui due Peter. Nel frattempo Michaelov prega Maria di comportarsi come se Ivanov fosse lo zar, almeno per un'ora; in cambio egli favorirà la loro felicità. Cominciano i festeggiamenti in onore dell'illustre ospite, quando dal porto si sentono rombare i cannoni e su una nave si vede il vero zar pronto a partire. Ivanov allora apre una missiva che gli era stata lasciata da Michaelov prima di imbarcarsi: in questa vi è una nomina a sovrintendente imperiale e il permesso di sposare Maria. Dalla nave Pietro ringrazia per la calorosa ospitalità, mentre tutti lo salutano festosamente.

È quasi sicuramente l'opera più celebre di Lortzing, esempio del genere comico in cui eccelse. Già dalla prima rappresentazione ottenne un grandissimo successo, entrando stabilmente nei repertori dei teatri tedeschi. Nella partitura emerge la felice caratterizzazione del personaggio di Van Bett, oltre a una felicissima vena melodica. Wagner stesso si è sicuramente ispirato a quest'opera e al successivo *Hans Sachs*, composto da Lortzing nel 1840, per i suoi *Meistersinger*: Van Bett diventerà Beckmesser, il saggio zar Pietro assumerà l'aspetto di Hans Sachs e i due innamorati Peter e Maria diventeranno Walter e Eva.

ZARSKAIA NEVĚSTA
(*La sposa dello zar*)

Dramma in quattro atti di Nikolaj Rimskij-Korsakov (1844-1908), su libretto proprio, e di I.F. Tumenev per una scena, tratto da un dramma di L.A. Mey. Prima rappresentazione: Mosca, Teatro Solodovnikov, 3 novembre 1899.

L'opričnik Grigorij Grigorevič Graznoj (baritono), dopo aver sedotto e strappato ai suoi genitori la giovane Liubača (mezzosoprano), vive con lei; ma si innamora un giorno della bella Marfa (soprano), figlia di Vasili Stepanovič Sobakin (basso), un ricco mercante di Novgorod. La giovane è già promessa in sposa al boiardo Ivan Sergeevič Lykov (tenore), ma Graznoj vuole ad ogni costo avere Marfa e si rivolge così al medico e mago Bomelius (tenore) per ottenere un filtro d'amore. Liubača, che ha sentito il loro colloquio, si concede a Bomelius e in cambio ha la promessa che il filtro sarà

Disegno di L. Damiano per *Lo zar si fa fotografare*, di K. Weill.

ZAUBERFLÖTE, DIE

sostituito da un veleno lento e mortale. Graznoj, ignaro della sostituzione, dà a Marfa il veleno. Un colpo di scena: arriva il messaggero di Ivan il Terribile ad annunciare che lo zar vuole Marfa in sposa. Gli ordini di Ivan sono eseguiti senza rimostranze. Marfa, ormai diventata zarina, colpita da un male lento e misterioso, muore. Dapprima Graznoj accusa Lykov di aver ucciso Marfa per gelosia, ma questi impazzisce dal dolore. Infine Liubaša confessa e Graznoj la uccide. Le guardie dello zar lo conducono via.

Sebbene non sia tra le partiture piú felici di Rimskij-Korsakov, è fortemente legata allo spirito della musica popolare, molto sentito dal compositore.

ZAUBERFLÖTE, DIE
(Il flauto magico)
Opera in due atti di Wolfgang Amadeus Mozart (1756-1791), su libretto di J.E. Schikaneder. Prima rappresentazione: Vienna, Theater auf der Wieden, 30 settembre 1791.

L'azione si svolge in un antico Egitto immaginario. Paesaggio montuoso, sullo sfondo un tempio. Tamino (tenore) entra in scena inseguito da un serpente. Sopraffatto dall'emozione, cade svenuto. Dal tempio escono tre Damigelle (due soprani e un contralto), uccidono il serpente e si allontanano. Tamino, ripresi i sensi e visto il serpente morto, si stupisce e crede di dovere la sua salvezza a uno strano personaggio vestito di piume, Papageno (baritono); questi non smentisce, ma è subito punito per la menzogna dalle tre dame ricomparse, che gli chiudono la bocca con un lucchetto. Intanto le fanciulle mostrano a Tamino il ritratto di Pamina (soprano), figlia di Astrifiammante (soprano), la Regina della Notte. Pamina è prigioniera di Sarastro (basso), gran sacerdote d'Iside, e Tamino, conquistato dalla bellezza della fanciulla, si offre di salvarla. Le Damigelle allora gli donano un flauto dai poteri magici, liberano quindi Papageno dal lucchetto e gli ordinano di seguire Tamino fino al palazzo di Sarastro. Lí Pamina ha tentato di fuggire per sottrarsi alle insistenze del moro Monostato (tenore), il capo delle guardie, ma è già stata ripresa da costui. Papageno mette in fuga il moro e rivela a Pamina di essere stato mandato da Astrifiammante, con un giovane principe, per liberarla. In un bosco, nel frattempo, Tamino, guidato da tre Geni (due soprani e un contralto), giunge al tempio di Iside e un sacerdote (basso) gli spiega che Sarastro non è uno stregone crudele e che è stato indotto da giusti motivi a sottrarre Pamina all'influenza della madre. Tutti infine si trovano alla presenza di Sarastro. Pamina chiede perdono della fuga; Sarastro si dichiara pronto a concederla in sposa a un cavaliere degno di lei, ma non la lascerà mai tornare da sua madre. Condotto da Monostato giunge anche Tamino; i due giovani si gettano l'uno nelle braccia dell'altra, mentre Monostato viene punito. Tamino dovrà affrontare tre prove, superate le quali potrà far parte della schiera degli iniziati e sposerà Pamina. La prima prova è quella del silenzio. Cosí, quando Pamina entra in scena, l'amato non può parlarle ed ella, sconvolta, tenta di uccidersi. La salvano i tre Geni che rassicurano la fanciulla sui sentimenti di Tamino. Ora il principe deve superare altre prove, quella del fuoco e quella dell'acqua. Pamina ha seguito l'amato e gli consiglia di suonare

In alto:
la "prova del fuoco"
nel Flauto magico *in un allestimento*
del Teatro alla Scala.

A destra:
Papageno e Papagena
nel Flauto magico,
di W.A. Mozart.

il flauto magico. Le prove sono così superate. Anche Papageno, che ha affrontato le stesse prove di Tamino, incontra la donna che gli è stata destinata, Papagena (soprano). Nel frattempo la Regina della Notte, con Monostato e le tre damigelle, cerca di introdursi nel tempio per uccidere Sarastro, ma viene respinta. L'opera si conclude nel Tempio del Sole. Sarastro, circondato dai sacerdoti, con Tamino e Pamina celebra la vittoria del Sole sulle tenebre.

La vicenda fonde elementi fiabeschi con elementi che si ispirano agli ideali e ai riti massonici (a cui Mozart si era accostato), che arricchiscono l'intimo significato dell'opera. Alla prima rappresentazione l'opera non fu compresa ma in seguito il pubblico le tributò un sempre crescente favore. Entro il primo anno l'opera vide più di cento repliche, ma Mozart era morto poco più di un mese dopo la prima rappresentazione.

ZAZÀ
Commedia lirica in quattro atti di Ruggero Leoncavallo (1857-1919), su libretto proprio, ispirato all'omonima commedia di C. Somon e P. Berton. Prima rappresentazione Milano, Teatro Lirico, 10 novembre 1900.

La vicenda si svolge in Francia, verso la fine dell'Ottocento. Lanciata dall'impresario Cascart (baritono), Zazà (soprano) trionfa come canzonettista in un teatro di Saint-Etienne. Qui una sera conosce Milio Dufresne (tenore) e se ne innamora subito, ma l'uomo la tratta con freddezza. Una sera la donna, facendo leva sul suo fascino, riesce a far rivelare però a Milio i suoi sentimenti, fino allora tenuti sotto controllo. Zazà e Milio diventano amanti, ma un giorno questi è costretto a partire per l'America, dove rimarrà per un lungo periodo. Un giorno Cascart confida a Zazà di aver visto Dufresne insieme a un'altra donna, e le consiglia di rassegnarsi e riprendere la sua carriera, abbandonata per amore. Ma Zazà, pazza di gelosia, vuole scoprire la verità; si reca alla casa dell'altra donna, dove ha la conferma di quanto è avvenuto, e la scoperta si fa ancora più dolorosa vedendo la piccola Totò (voce bianca), figlia di Milio. Zazà sa che non potrà mai distruggere la felicità di una famiglia e si allontana disperata. Invano consolata da Cascart, Zazà desidera solamente avere un ultimo colloquio con Milio. L'incontro avviene ed è quanto mai burrascoso. Zazà s'inventa di aver rivelato alla moglie la loro relazione, e l'ira dell'uomo esplode; egli insulta atrocemente Zazà, proclamando il suo amore per la moglie. Di fronte alla rivelazione della meschinità di Milio, Zazà gli dice di aver mentito: sua moglie non sa nulla e quindi può tornare tranquillamente da lei. Dufresne, confuso, vorrebbe abbracciarla, ma Zazà lo scaccia. Dopo *I pagliacci* è il maggior successo di Leoncavallo. Grande interprete di quest'opera fu Mafalda Favero, le cui notevoli capacità di cantante-attrice si adattarono perfettamente a un ruolo di grande impegno scenico come quello di Zazà.

♦ ZEANI, VIRGINIA
(Solovastru, Transilvania 1928)

Nome d'arte di Virgina Zehan, soprano romeno naturalizzato italiano. Allieva a Bucarest di L. Anghel e L. Lipkovkaja, si è quindi perfezionata con A. Pertile a Milano (1947). Nel 1948 esordisce al Teatro Duse di Bologna come Violetta (*La traviata* di Verdi) che diverrà uno dei suoi ruoli più acclamati. Canta al Teatro Comunale di Firenze (*I puritani* di Bellini, 1952), alla Scala di Milano (*Giulio Cesare* di Händel, 1956; nella prima assoluta di *Les dialogues des Carmélites* di Poulenc, 1957); al Teatro San Carlo di Napoli (*Thaïs* di Massenet, 1959); al Covent Garden di Londra (*La traviata*, 1960); all'Opera di Roma (*Otello* di Verdi, 1962; *Otello* di Rossini, 1964, ecc.) e su altri importanti palcoscenici internazionali. Interprete di un repertorio vastissimo, dai ruoli di soprano lirico di coloratura, fino a giungere a Puccini (*Manon Lescaut, Tosca, Madama Butterfly*) e ai musicisti della cosiddetta "Giovane Scuola": Mascagni (*Il piccolo Marat*), Giordano (*Fedora*) e Cilea (*Adriana Lecouvreur*). Ha inoltre interpretato opere di Busoni (*Turandot*), Menotti (*Il console*) e altri autori contemporanei. Sposata con il basso N. Rossi-Lemeni, si è ritirata dalle scene nel 1978.

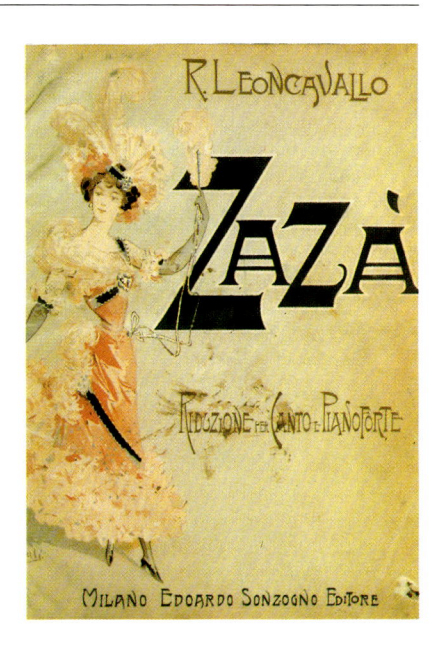

■ ZEDDA, ALBERTO
(Milano 1928)

Direttore d'orchestra e musicologo italiano. Ha compiuto gli studi musicali sotto la guida di A. Galliera, A. Votto e C.M. Giulini. Ha esordito a Milano nel 1956 dirigendo *Il barbiere di Siviglia* di Rossini per l'As. Li.Co. È attivo nei più importanti teatri italiani e internazionali (Covent Garden di Londra, Staatsoper di Vienna, ecc.). Specialista del repertorio italiano del primo Ottocento, il suo nome è in particolar modo legato alle opere di Rossini, del quale ha curato le edizioni critiche del *Barbiere di Siviglia, La Cenerentola, La gazza ladra* e di *Semiramide*, da lui revisionata e presentata per la prima volta integralmente al "Rossini Opera Festival" di Pesaro (1992) del quale è stato consulente artistico. Dalla stagione 1992-93 è direttore artistico del Teatro alla Scala di Milano.

A sinistra:
un disegno per il costume di Papageno per il *Flauto magico*.

In alto:
frontespizio del libretto di *Zazà*, di R. Leoncavallo.

♦ **ZEDNIK, HEINZ**
(Vienna 1940)
Tenore austriaco. Allievo di M. Wissmann e al Conservatorio di Vienna, ha esordito a Graz nel 1964 come Trabucco nella *Forza del destino* di Verdi. Membro stabile della Staatsoper di Vienna, dove ha preso parte alle prime rappresentazioni di *Der Besuch der alten Dame* (La visita della vecchia signora) e di *Kabale und Liebe* (Intrigo e amore) di von Einem, nel 1971 e nel 1976, e di *Die schwarze Maske* (La maschera nera) di Penderecki nel 1986. Canta regolarmente al Festival di Salisburgo (prima di *Un re in ascolto* di Berio, 1984); al Festival di Bayreuth (dal 1970); al Metropolitan di New York (dal 1981), dove ha recentemente interpretato Pedrillo in *Die Entführung aus dem Serail* (Il ratto dal serraglio) di Mozart (1988) e Mime (*Ring* di Wagner, 1989-90 e 1992-93), e su altre scene internazionali. Si è messo particolarmente in luce per le sue non comuni qualità interpretative, emerse nei ruoli di caratterista (il Capitano del *Wozzeck* di Berg; Mime, Loge nel *Ring*, ecc.).

ZELMIRA
Dramma in due atti di Gioachino Rossini (1792-1868), su libretto di A.L. Tottola, tratto dalla tragedia Zelmire *di D. de Belloy. Prima rappresentazione: Napoli, Teatro San Carlo, 16 febbraio 1822.*

Azor, usurpatore del regno di Mitilene, è stato ucciso nel sonno da mano ignota. L'omicida è in realtà il principe Antenore (tenore) con la complicità del suo fido Leucippo (basso). Antenore accusa la principessa Zelmira (soprano) di essere l'autrice dell'omicidio, quindi si proclama successore di Azor. Zelmira, figlia del legittimo re Polidoro (basso), è già stata accusata della scomparsa del padre e ora è incolpata della morte di Azor, che aveva invaso il regno perché la principessa si era rifiutata di sposarlo, preferendogli il principe Ilo (tenore). Zelmira però è del tutto innocente, non ha ucciso il padre, ma lo ha nascosto nei sotterranei delle tombe degli antichi re di Lesbo. Ignaro dei gravi fatti accaduti, Ilo, da tempo lontano da Lesbo, ritorna a Mitilene, e rimane sconvolto dalle accuse che pesano sulla moglie. Antenore e Leucippo nel frattempo hanno deciso di uccidere anche Ilo e il figlio. Zelmira però ha già messo in salvo il figlioletto. Ilo, ancora turbato dalle rivelazioni avute e non trovando il figlio, è preso dai cupi pensieri e non reggendo alle emozioni, si accascia come svenuto su una sedia. Ne vorrebbe approfittare Leucippo, che tenta di pugnalare il principe, ma interviene Zelmira, che strappa l'arma dalle mani di Leucippo. Questi però desta Ilo e rovescia l'accusa di tentato omicidio su Zelmira che ancora brandisce il pugnale. Incarcerata, la donna invia al marito un messaggio nel quale professa la propria innocenza rivelando che anche Polidoro è vivo, ma il messaggio viene intercettato da Leucippo. Zelmira viene liberata e fatta seguire, mentre il messaggio viene consegnato a Ilo. Questi scende nelle tombe e si incontra con Polidoro, che gli spiega l'innocenza e il valore di Zelmira. Ilo parte in cerca d'aiuto. Poco dopo giunge Zelmira che, ignara di essere seguita da Antenore e da Leucippo, abbraccia il vecchio padre ma a questo punto i due si rivelano catturandoli. Per Zelmira e Polidoro sembra ormai persa ogni speranza, ma Ilo, giunto con le sue truppe, disarma e imprigiona Antenore e Leucippo, riabbraccia Zelmira e il figlio e restituisce il trono a Polidoro.

Zelmira è l'ultima opera napoletana di Rossini. Il successo fu notevole, grazie anche al prestigioso cast che comprendeva Isabella Colbran (Zelmira), Giovanni David (Ilo) e Andrea Nozzari (Antenore). Il libretto, alquanto prolisso, è parzialmente salvato dalla musica che presenta pagine di grande ispirazione lirica, come il duetto Zelmira-Emma nel primo atto, o ancora la scena nei sotterranei nel secondo, di notevole incisività e tensione drammatica. Da rilevare poi la grande difficoltà delle parti vocali, in particolare i ruoli tenorili, ragione per la quale *Zelmira* è rappresentata piuttosto raramente. Le riprese più recenti sono avvenute a Venezia nel 1988, in forma di concerto, e all'Opera di Roma nel 1989.

▲ **ZENO, APOSTOLO**
(Venezia 1668-1750)
Librettista italiano. Fu anche storico, critico e fondatore del "Giornale degli scrittori d'Italia" (1710-19), si dedicò quindi al teatro, scrivendo numerosi drammi che furono messi in musica da diversi compositori, primo tra tutti, Caldara e poi da Händel, Porpora, Hasse, Pergolesi, Vivaldi, Galuppi e altri. Tra i suoi titoli più celebri: *Griselda, Merope, Ifigenia in Aulide, Lucio Vero* e *Mitridate*.

Sopra:
il tenore austriaco
Heinz Zednik.

In alto:
illustrazione del 1800
per *Il gallo d'oro*,
di N. Rimskij-Korsakov.

♦ ZIEGLER, DELORES
(Decatur, Georgia 1951)
Mezzosoprano statunitense. Ha studiato alla University of Tennessee e allo Schubert Institut di Baden bei Wien. Esordisce come Emilia (*Otello* di Verdi) nel 1981. Dopo aver cantato per due stagioni nel teatro di Bonn, nel 1983 esordisce alla Scala di Milano (Dorabella in *Cosí fan tutte* di Mozart, anche nel 1989), dove si esibisce regolarmente in *Idomeneo* di Mozart (1984 e 1990), *I Capuleti e i Montecchi* di Bellini (1987). Compare alla New York City Opera (*Ariadne auf Naxos* di Strauss, 1983); all'Opera di Colonia (1983-86); al Festival di Glyndebourne (*Cosí fan tutte*, 1984); alla Staatsoper di Vienna (*Idomeneo*, 1987); al Maggio Musicale Fiorentino in *Der Rosenkavalier* (*Il cavaliere della rosa*) di Strauss, 1989, ecc. Nel 1990 esordisce al Metropolitan di New York (*Faust* di Gounod), dove successivamente interpreta *La clemenza di Tito* (1991). Mezzosoprano chiaro, con una buona tecnica d'emissione, la Ziegler si è messa in luce come interprete mozartiana e nei ruoli di Octavian (*Der Rosenkavalier*), Romeo (*I Capuleti e i Montecchi*) e del Compositore (*Ariadne auf Naxos*).

♦ ZIMMERMANN, MARGARITA
(Buenos Aires 1942)
Mezzosoprano argentino d'origine tedesca. Dopo aver compiuto gli studi musicali al Conservatorio della città natale, ha esordito in concerto al Teatro Colón di Buenos Aires e sullo stesso palcoscenico ha interpretato *Carmen* di Bizet (1974), *L'enfant et les sortileges* di Ravel (1975). Nel 1976 ha seguito i corsi di perfezionamento tenuti dal baritono G. Souzay ad Aix-en-Provence e a Ginevra. L'anno seguente riprende l'attività al Colón di Buenos Aires (*Orfeo ed Euridice* di Gluck; *Dido and Aeneas* di Purcell, ecc.), iniziando anche ad esibirsi sui palcoscenici internazionali. La troviamo al Teatro La Monnaie di Bruxelles (*Le nozze di Figaro* di Mozart, 1978); al Festival di Salisburgo (*La Betulia liberata* di Mozart nel 1978, quindi *Idomeneo* di Mozart; *Carmen*; *Samson et Dalila* di Saint-Saëns, ecc.); al Covent Garden di Londra (*Le nozze di Figaro*, 1980); alla Fenice di Venezia (dal 1981, compare in *Agrippina* di Händel; *Idomeneo*; *Orfeo ed Euridice*; *Don Quichotte* di Massenet, ecc.) e via via all'Opera di San Francisco (*Il barbiere di Siviglia* di Rossini), all'Opéra di Parigi (*Carmen*), a Filadelfia (*Werther* di Massenet), ecc. Alle non comuni doti d'attrice vanno aggiunte le ottime qualità vocali e stilistiche, grazie alle quali ha potuto affrontare con ottimi risultati opere che vanno da Vivaldi (*Catone in Utica*) a Rossini (*Maometto II*, *Ermione*), a Berlioz (*Les Troyens*) a Britten (*The Rape of Lucretia*).

♦ ZOLOTOÏ PETUSOK
(*Il gallo d'oro*)
Opera in tre atti di Nikolaj Rimskij-Korsakov (1844-1908), su libretto di Vladimir Belskij, dal racconto Skazka o zolotom petuške *di Puškin. Prima rappresentazione: Mosca, Teatro Solodovnikov, 7 ottobre 1909.*

Nel brevissimo prologo l'astrologo (tenore) annunzia la rappresentazione di una favola che può costituire lezione di vita. Lo zar Dodon (basso) riceve in dono dall'astrologo un gallo d'oro (soprano). L'animale può vegliare sulla sicurezza del paese, cantando o gridando, a seconda che tutto vada bene o ci sia pericolo. Passa il tempo e il gallo, rivolto verso Oriente, lancia il suo grido d'allarme, e cosí lo zar invia i figli Gvidon (tenore) e Afron (baritono) a capo di due eserciti, e quindi parte egli stesso. I due principi, ammaliati dalla regina Chemakhaa (soprano), si sono uccisi tra loro, ed ora anche lo zar rimane incantato dalla voce e dalla prestanza della regina e per lei canta e balla, fino a quando lei acconsente a diventare sua sposa. Ma si fa avanti l'astrologo, al quale Dodon aveva promesso una ricompensa per il dono del gallo. L'astrologo chiede Chemakhaa, lo zar si rifiuta e colpisce l'astrologo con lo scettro, uccidendolo. Per vendicare il padrone il gallo si lancia su Dodon, ferendolo a morte. Durante l'epilogo, l'astrologo ricompare e spiega agli spettatori che tutti i personaggi non sono reali, tranne Chemakhaa e lui stesso.

Zolotoï petusok è una satira politica, nella quale la figura dello zar viene progressivamente messa in ridicolo. L'opera subí perciò i veti della censura, che ne impedirono la messa in scena. Solo nel 1909, quando il compositore era già morto, e con alcuni accomodamenti, l'opera poté essere rappresentata, riscuotendo un notevole successo.

♦ ZYLIS-GARA, TERESA
(Landwarów, Vilnius 1935)
Soprano polacco. Allieva di O. Ogina al Conservatorio di Lódz ha esordito a Cracovia nel 1956 nell'*Halka* di Moniuszko e in *Madama Butterfly* di Puccini. Vincitrice nel 1960 di un concorso di canto della Radio Bavarese, compare quindi nei teatri di Dortmund (1962) e Düsseldorf (1965). In campo internazionale si afferma al Festival di Glyndebourne in *Der Rosenkavalier* (*Il cavaliere della rosa*) di Strauss, 1965; all'Opera di Roma *Die Zauberflöte* (*Il flauto magico*) di Mozart, 1967; al Covent Garden di Londra (*La traviata* di Verdi, 1968); al Metropolitan di New York (*Don Giovanni* di Mozart, 1968); al Festival di Salisburgo (*Don Giovanni*, 1969 e 1977), ecc. La sua voce di soprano lirico puro è stata particolarmente apprezzata nel repertorio mozartiano e straussiano.

Il mezzosoprano statunitense Delores Ziegler.

DISCOGRAFIA

Adam Adolphe-Charles
(1803-1856)
Le postillon de Longjumeau (1836)
J. Anderson, J. Aler, F. Le Roux, J.-Ph. Lafont/Ensemble Choral Jean Laforge, Orchestre Philharmonique de Monte Carlo/T. Fulton.
2 CD–EMI
Edizione abbastanza apprezzabile nel suo complesso. Particolarmente appropriata la prova della Anderson, evidenti limiti tecnici rendono discontinua la prova del protagonista, Aler.

Adams John (n. 1947)
Nixon in China (1987)
S. Sylvan, J. Maddalena, T. Hammons, M. Opatz, S. Friedmann, M. Dry/St. Luke Choir, St. Luke Orchestra/E. De Waart.
3 CD–NONESUCH
Ottimo cast di cantanti-attori. Apprezzabile la concertazione di De Waart.

Albert Eugene d' (1864-1932)
Tiefland (1903)
– I. Strauss, R. Schock, G. Feldhoff, I. Sardi/Coro Rias, Orchestra sinfonica di Berlino/H. Zanotelli.
2 CD–EURODISC
Esecuzione nel complesso buona.
– E. Marton, R. Kollo, B. Weikl, K. Moll/Coro e Orchestra della Radio Bavarese/M. Janowski.
2 CD–ACANTA
Ottima prova per Marton e Weikl, in evidente declino vocale Kollo. Convincente la direzione di Janowski.

Alfano Franco (1876-1954)
Risurrezione (1904)
M. Olivero, G. Gismondo, A. Boyer, A. Di Stasio, F. Cadoni/Coro e Orchestra sinfonica della Rai di Torino/E. Boncompagni.
2 CD–LEGATO CLASSIC
Esecuzione in forma di concerto, alla Rai di Torino, nel 1972, nella quale emerge l'arte vocale e interpretativa della Olivero.

Auber Daniel-François-Esprit (1782-1871)
La muette de Portici (1828)
J. Anderson, J. Aler, A. Kraus, J.-Ph. Lafont/ Ensemble Choral Jean Laforge, Orchestre Philharmonique de Monte Carlo/T. Fulton.
2 CD–EMI
Prova positiva per la Anderson e Kraus. Di buona tenuta teatrale la direzione di T. Fulton.

Balfe Michael William
(1808-1870)
The Bohemian Girl (1843)
N. Thomas, P. Power, J. Summers, B. Cullen, J. Del Carlo, T. German/Radio Telefis Eireann Philharmonic Choir, National Symphony Orchestra of Ireland/R. Bonynge.
2 CD–ARGO
Esecuzione di buon livello; validi la compagnia di canto e il direttore.

Barber Samuel (1910-1981)
Antony and Cleopatra (1966)
E. Hinds, J. Wells, R. Grayson, K. Cowdrick, J. Brunnell, E. Halfvarson/Westminster Choir, Spoleto Festival Orchestra/C. Badea.
2 CD–NEW WORLD RECORDS
Registrata durante il Festival dei Due Mondi di Spoleto del 1983, è a tutt'oggi l'unica registrazione sul mercato. Buona esecuzione complessiva.
Vanessa (1958)
R. Elias, G. Tozzi, E. Steber, N. Gedda, R. Resnik/Coro e Orchestra del Teatro Metropolitan di New York/D. Mitropoulos.
2 CD–RCA
Il prestigioso cast di questa registrazione è lo stesso della prima rappresentazione newyorchese, nel 1958, dell'opera, che ottenne un notevole successo, anche grazie agli eccellenti interpreti, sotto la prestigiosa direzione di Mitropoulos.

Bartók Béla (1881-1945)
A Kékszakállú herceg vára (1918)
– S. Sass, K. Kovats/Philharmonia Orchestra/G. Solti.
1 CD–DECCA
– E. Marton, S. Ramey/Orchestra di Stato Ungherese/A. Fischer.
1 CD–CBS
In entrambe le esecuzioni emerge il vigore vocale e interpretativo della Sass e della Marton. Splendido il Barbablú di Ramey dell'edizione CBS; eccellente anche la prova di Kovats. Ottime le interpretazioni di Solti e di Fischer.

Beethoven Ludwig Van
(1770-1827)
Fidelio (1814)
– R. Bampton, J. Peerce, H. Janssen, S. Belarsky, E. Steber, J. Laderoute, N. Moscona/Coro e Orchestra NBC Symphony/A. Toscanini.
2 CD–RCA
– G. Janowitz, R. Kollo, H. Sotin, M. Jungwirth, L. Popp, A. Dallapozza, D. Fischer-Dieskau/Coro della Staatsoper di Vienna, Wiener Philharmoniker/L. Bernstein.
2 CD–DG
– H. Dernesch, J. Vickers, Z. Déléman, K. Ridderbusch, H. Donath, H. Laubenthal, J. Van Dam, W. Hollweg/Coro della Deutsche Oper di Berlino, Berlin Philharmoniker/H.von Karajan.
2 CD–EMI
Al 1944 risale l'edizione diretta da Toscanini. Sebbene priva dei recitativi è questa una delle maggiori interpretazioni dell'opera beethoveniana. Omogeneo il cast vocale, in particolare la Bampton e la Peerce. L'edizione DG poggia tutta sulla straordinaria direzione di Bernstein, mentre i due protagonisti, la Janowitz e Kollo, mostrano evidenti difficoltà. Suggestiva, per ricchezza di colori, la lettura di von Karajan, assecondato da un'ottima compagnia di canto.

Bellini Vincenzo (1801-1835)
Beatrice di Tenda (1833)
J. Sutherland, C. Opthof, J. Veasey, L. Pavarotti/Ambrosian Opera Singers, London Symphony Orchestra/R. Bonynge.
3 CD–DECCA
Una delle piú belle interpretazioni del soprano J. Sutherland. Prova positiva anche per gli altri interpreti, compresa la direzione di R. Bonynge.
Bianca e Fernando (1826)
Y. Ok Shin, G. Kunde, A. Tomicich, H. Fu/Coro e Orchestra del Teatro Massimo Bellini di Catania/A. Licata.
2 CD–NUOVA ERA
Registrazione "dal vivo" del 1991, presenta una efficiente compagnia di canto, felicemente sostenuta dalla direzione di Licata.
I Capuleti e i Montecchi (1830)
R. Scotto, G. Aragall, L. Pavarotti/Coro e Orchestra del Teatro alla Scala di Milano/C. Abbado.
2 CD–CGD
Ripresa dal vivo nel 1968, presenta il ruolo di Romeo trasferito al registro di tenore, qui un luminoso Aragall. Di rilievo anche le prove offerte dalla Scotto, quale Giulietta, e da Pavarotti, uno svettante Tebaldo.
Norma (1831)
– M. Callas, C. Ludwig, F. Corelli, N. Zaccaria/Coro e Orchestra del Teatro alla Scala di Milano/T. Serafin.
3 CD–EMI
– J. Sutherland, M. Horne, J. Alexander, R.Cross/London Symphony Orchestra e Coro/R. Bonynge.
3 CD–DECCA
– M. Caballé, F. Cossotto, P. Domingo, R. Raimondi/Ambrosian Opera Chorus, London Philharmonic Orchestra/C.F. Cillario.
3 CD-RCA
Nell'edizione Emi del 1959 la Callas, sebbene vocalmente in declino, mostra ancora uno straordinario fraseggio e una altrettanto grande penetrazione psicologica del personaggio. Al suo fianco un grande Corelli; espressiva la Ludwig quale Adalgisa. La Sutherland e la Horne sono le "storiche" interpreti della prima incisione integrale del capolavoro belliniano. Un'altra grande Norma, quella intensamente lirica della Caballé, è ottimamente rappresentata nell'incisione RCA 1973; le fanno da contorno un'eccellente Cossotto e un convincente Domingo.
Il pirata (1827)
M. Caballé, B. Marti, P. Cappuccilli, R. Raimondi/Coro e Orchestra della Rai di Roma/G. Gavazzeni.
2 CD–EMI
Unica attrazione di questa registrazione, la magnifica Imogene della Caballé. Del tutto inadeguato il Gualtiero di Marti, mentre appare fuori stile l'Ernesto di Cappuccilli. Gavazzeni appare qui come un direttore per nulla attento ai valori vocali ed espressivi della partitura belliniana.
I puritani (1835)
– J. Sutherland, L. Pavarotti, P. Cappuccilli, N. Ghiaurov/Coro del Covent Garden di Londra, London Symphony Orchestra/R. Bonynge.
3 CD–DECCA
– M. Devia, W. Matteuzzi, C. Robertson, P. Washington/Coro e Orchestra del Teatro Massimo "G. Bellini" di Catania/R. Bonynge.
3 CD–NUOVA ERA
I puritani della registrazione Decca sono ancora oggi i piú degni d'interesse. Vi campeggiano la Sutherland e Pavarotti, mentre accanto a loro Cappuccilli e Ghiaurov offrono un'ottima prova vocale e interpretativa. L'edizione della Nuova Era, registrata "dal vivo"

nel 1989, ci offre l'ascolto dei due maggiori belcantisti italiani: la Devia e Matteuzzi.
La sonnambula (1831)
– M. Callas, N. Monti, N. Zaccaria/Coro e Orchestra del Teatro alla Scala di Milano/A. Votto.
2 CD–EMI
– J. Sutherland, L. Pavarotti, N. Ghiaurov/ London Opera Chorus, National Philharmonic Orchestra/R. Bonynge.
2 CD–DECCA
La registrazione Emi del 1957 ci offre la straordinaria espressività della Callas, grande restauratrice dello stile "belcantista". L'edizione Decca del 1980, rispetto a quella Emi, è integrale, cioè senza i tagli che venivano operati nelle esecuzioni degli anni '50, in più, accanto alla grandissima Amina della Sutherland, è possibile ammirare l'ottimo Elvino di Pavarotti.
La straniera (1829)
– R. Scotto, R. Cioni, E. Zilio, D. Trimarchi/Coro e Orchestra del Teatro Massimo di Palermo/N. Sanzogno.
2 CD–MELODRAM
– L. Aliberti, V. Bello, S. Mingardo, R. Frontali/Coro e Orchestra del Teatro Comunale "G. Verdi" di Trieste/G. Masini.
2 CD–RICORDI-FONIT CETRA
Entrambe sono registrazioni dal vivo. La prima, del 1968, penalizzata da numerosi tagli, poggia tutta sulla mirabile vocalità della Scotto. È invece del 1990 l'edizione della Fonit Cetra: è integrale e presenta un cast più omogeneo dal quale emergono in particolar modo le ottime prestazioni della Aliberti e di Frontali.
Zaira (1829)
K. Ricciarelli, S. Alaimo, R. Vargas, A. Papadjakou/Coro e Orchestra del Teatro Massimo "G. Bellini" di Catania/P. Olmi.
2 CD–NUOVA ERA
Registrata durante una ripresa dell'opera a Catania, nel settembre del 1990, a tutt'oggi è l'unica edizione disponibile sul mercato discografico, anche se l'esecuzione non è particolarmente esaltante, in particolare per ciò che riguarda l'evidente declino vocale della Ricciarelli.

Berg Alban (1885-1935)
Lulu (1937)
– A. Silja, W. Berry, J. Hopfweiser, H. Hotter, B. Fassbänder/Wiener Philharmoniker/C. von Dohnányi.
2 CD–DECCA
– T. Stratas, F. Mazura, K. Riegel, T. Blankenheim/Orchestra dell'Opéra di Parigi/P. Boulez.
3 CD–DG
Esecuzione di rilievo, la Decca del 1978: grande interpretazione della Silja, ma altrettanto convincenti gli altri interpreti, nonché la direzione di von Dohnányi. La registrazione DG, del 1979, si presenta con il completamento della partitura operato da Cerha, una valida compagnia di canto e una vibrante e analitica direzione di Boulez.
Wozzeck (1925)
– D. Fischer-Dieskau, E. Lear, K.C. Köhn, H. Melchert, G. Stolze, F. Wunderlich/Coro e Orchestra della Deutsche Oper di Berlino/K. Böhm.
3 CD–DG (più *Lulu*)
– F. Grundheber, H. Behrens, P. Langridge, H. Zednik, A. Haugland/ Coro della Staatsoper di Vienna, Wiener Philharmoniker/C. Abbado.
2 CD–DG
Nell'edizione DG del 1964 brillano le interpretazioni di Fischer-Dieskau, della Lear, di Stolze e di Wunderlich, sostenute da una precisa e attenta direzione di Böhm. Una lettura rigorosa e di cupa tragedia anima la registrazione DG del 1987: ne è autore Abbado, con una compagnia di straordinari cantanti-attori: da Grundheber alla Behrens, a Langridge, Zednik e Haugland.

Berlioz Hector (1803-1869)
Béatrice et Bénédict (1862)
S. Graham, J. L. Viala, S. McNair, C. Robbin, G. Cachemaille, G. Bacquier/Coro e Orchestra dell'Opéra di Lyon/J. Nelson.
2 CD–ERATO
È la prima registrazione veramente integrale di quest'opera poco conosciuta di Berlioz; ne è fautore un grandissimo Nelson, che entra di diritto tra i massimi interpreti di questo autore. Ottimo il cast, dal quale emergono la freschezza vocale della McNair e il vigore interpretativo della Graham.
Benvenuto Cellini (1838)
N. Gedda, Ch. Eda-Pierre, J. Berbié, J. Bastin, R. Massard, R. Soyer/Coro del Covent Garden di Londra, BBC Symphony Orchestra/C. Davis.
3 CD–PHILIPS
Ottima la direzione di Davis, uno dei più celebrati interpreti di Berlioz. Dal cast emergono Gedda, un convincente Benvenuto, e la Eda-Pierre, una gradevole Teresa.
La damnation de Faust (1893)
– S. Danco, D. Poleri, M. Singher, D. Gramm/Cori dell'Harvard Glee Club e della Radcliffe Choral Society, Boston Symphony Orchestra/C. Münch.
2 CD–RCA
– J.Veasey, N. Gedda, J. Bastin, R. Van Allan/Ambrosian Singers, London Symphony Orchestra/C. Davis.
2 CD–PHILIPS
Ottimi il cast vocale e la direzione di Münch; di pregio anche l'interpretazione di Davis e la prova vocale di Gedda e della Veasey. Piuttosto limitati gli altri interpreti.
Les Troyens (1890)
J. Veasey, J. Vickers, B. Lindholm, P. Glossop, H. Begg, A. Howells, R. Soyer/Coro e Orchestra del Covent Garden di Londra/C. Davis.
4 CD–PHILIPS
Magistrale la direzione di Davis, ottime le prestazioni vocali della Veasey, di Lindholm e di Vickers.

Bernstein Leonard (1918-1990)
Candide (1956)
J. Hadley, J. Anderson, C. Ludwig, A. Green, N. Gedda, D. Jones, K. Ollmann/ London Symphony Orchestra e Coro/L. Bernstein.
2 CD–DG
Hadley e la Anderson interpretano brillantemente i ruoli di Candide e Cunegonde. Nel cast emergono poi le brillanti caratterizzazioni della Vecchia Dama e del Governatore affidate a due "vecchie glorie": la Ludwig e Gedda.
A Quiet Place (1983)
C. Ludgin, B. Morgan, J. Brandstetter, P. Kazaras, J. Kraft, T. Uppman/ Orchestra Sinfonica della Radio Austriaca/L. Bernstein.
2 CD–DG
Intensa interpretazione di tutto il cast, formato da validi cantanti–attori, sostenuti da un vibrante Bernstein.

Bizet Georges (1838-1875)
Carmen (1875)
– (vers. Guiraud) L. Price, F. Corelli, M. Freni, R. Merrill/Coro della Staatsoper di Vienna, Wiener Philharmoniker/H. von Karajan.
3 CD–RCA
– (recit. parlati) T. Troyanos, P. Domingo, K. Te Kanawa, J. Van Dam/ J. Alldis Chor, London Philharmonic Orchestra/G. Solti.
3 CD–DECCA
Splendida, per ricchezza di colori e scrupolo interpretativo, la lettura di von Karajan. Sensuale e ricca di passionalità la Carmen della Price, in ciò corrisposta da Corelli. La Freni è semplicemente la più grande Micaela di tutta la discografia di *Carmen*. La direzione di Solti regge il confronto con quella di Karajan. La Troyanos, Domingo e la Te Kanawa, benché lodevoli, non superano il cast dell'edizione Rca.
Djamileh (1872)
L. Popp, F. Bonisolli, J.-Ph. Lafont/Coro e Orchestra della Bayerischen Rundfunks/ L.Gardelli.
1 CD–ORFEO
Buona esecuzione, in particolare l'interpretazione della Popp.
La jolie fille de Perth (1867)
J. Anderson, A. Kraus, G. Quilico, J. Van Dam, M. Zimmermann, G. Bacquier/Coro e Nouvel Orchestre Philharmonique de Radio France/M. Plasson.
2 CD–EMI
Eccellente esecuzione, anche se la Anderson nel ruolo della protagonista appare alquanto impersonale.
Les pêcheurs de perles (1863)
A. Maliponte, A. Kraus, S. Bruscantini/Corale da Camera e Orchestra sinfonica del Teatro Liceu di Barcellona/C.F. Cillario.
2 CD–BONGIOVANNI
Registrazione "dal vivo" del 1970 circa, con uno straordinario Kraus. Eccellenti Bruscantini e la Maliponte.

Boïeldieu Adrien (1775-1834)
La dame blanche (1825)
F. Louvay, M. Sénéchal, A. Doniat, J. Berbié, A. Legros/Orchestra Sinfonica e Coro di Raymond Saint Paul/P. Stol.
2 CD–ACCORD
Esecuzione complessivamente buona.

Boito Arrigo (1842-1918)
Mefistofele (1868)
– N. Ghiaurov, M. Freni, M. Caballé, L. Pavarotti/London Opera Chorus, National Philharmonic Orchestra/ O. De Fabritiis.
2 CD–DECCA
– S. Ramey, E. Marton, P. Domingo/Coro dell'Opera di Stato Ungherese, Orchestra di Stato Ungherese/G. Patanè.
2 CD–SONY
Nell'edizione Decca le prove migliori sono quelle offerte da Pavarotti, dalla Freni e dalla

Caballé, nonché dalla direzione di De Fabritiis. In declino vocale Ghiaurov. Nella registrazione Sony domina su tutti Ramey. Buona prova per Domingo, fuori ruolo la Marton, ottima la direzione di Patanè.
Nerone (1924)
J.B. Nagy, J. Dene, L. Miller, I. Tokody, K. Takas/Coro della Radiotelevisione Ungherese, Orchestra dell'Opera di Stato Ungherese/ E. Queler.
2 CD–HUNGAROTON
Esecuzione nell'insieme apprezzabile.

Borodin Aleksandr
(1833-1887)
Kniaz Igor (1890)
– I. Petrov, T. Tugarinova, V. Atlantov, A. Ejzen, A. Vedernikov, E. Obraztsova/Coro e Orchestra del Teatro Bolscioi di Mosca/M. Ermler.
3 CD–CHANT DU MONDE
– B. Martinovich, S. Evstatieva, K. Kaludov, N. Ghiuselev, N. Ghiaurov, A. Milčeva-Nonova/Coro e Orchestra del Festival di Sofia/ E. Tchakarov.
3 CD–SONY
Entrambe le edizioni sono integrali. La registrazione della Chant du Monde presenta una compagnia di canto piú convincente sia sul piano vocale che interpretativo.

Britten Benjamin (1913-1976)
Albert Herring (1947)
P. Pears, A. Cantelo, S. Fisher, O. Brannigan/English Chamber Orchestra/ B. Britten.
2 CD–DECCA
Billy Budd (1951)
P. Glossop, P. Pears, M. Langdon, J.Shirley-Quirk, B. Drake, D. Kelly/ Ambrosian Opera Chorus, London Symphony Orchestra/ B. Britten.
3 CD–DECCA
Death in Venice (1973)
P. Pears, J. Shirley-Quirk, J. Bowman, K. Bower, N. Williams, P. McKay/ English Chamber Orchestra/S. Bedford.
2 CD–DECCA
A Midsummer Night's Dream (1960)
E. Harwood, A. Deller, P. Pears, T. Hemnsely, J. Veasey, H. Harper, O. Brannigan, J. Shirley-Quirk, H. Watts/The Choirs of Downside and Emanuel School, London Symphony Orchestra/B. Britten.
2 CD–DECCA
Peter Grimes (1945)
J. Vickers, H. Harper, J. Summers, E. Bainbridge, T. Cahill, J. Dobson, F. Robinson/Coro e Orchestra del Covent Garden di Londra/C. Davis.
2 CD–PHILIPS
The Rape of Lucretia (1946)
P. Pears, H. Harper, J. Baker, B. Luxon, J. Shirley-Quirk, B. Drake/English Chamber Orchestra/B. Britten.
2 CD–DECCA
The Turn of the Screw (1954)
P. Pears, J. Vyvyan, D. Hemmings, J. Cross, A. Mandikian/English Opera Group/B. Britten.
2 CD–DECCA
Tutte le esecuzioni, buona parte delle quali dirette dallo stesso compositore, sono eccellenti. Gli interpreti, tutti specialisti del repertorio brittteniano, sono da considerarsi ottimi.

Busoni Ferruccio (1866-1924)
Arlecchino oder die Fenster (1917)
K. Gester, G. Evans, E. Malbin, I. Wallace, M. Dickie, F. Ollendorf/Coro e Orchestra del Festival di Glyndebourne/J. Pritchard.
1 CD–THE OPERA SOCIETY
Eccellente esecuzione tratta da un allestimento dell'opera di Busoni al Festival di Glyndebourne nel 1954.
Doktor Faust (1925)
D. Fischer-Dieskau, K.C. Kohn, W. Cochran, A. de Ridder, H. Hillebrecht/Coro e Orchestra della Bayerischen Rundfunk/F. Leitner.
3 CD–DG
Notevole l'interpretazione di Fischer-Dieskau, di buon livello gli altri interpreti. Accurata la direzione di Leitner.
Turandot (1917)
M. Muszley, F. Uhl, C. Gillig, M. Geissler, G. Fehr, C. Owen, P. Kuen/Coro da Camera di Berna, Orchestra di Stato di Berna/O. Ackermann.
1 CD–FOYER
Registrazione "dal vivo" del 1959. Ottima interpretazione della Muszley e di Uhl. Pregevole la direzione di Ackermann.

Čajkovskij Pëtr Il'ič
(1840-1893)
Evgenij Onegin (1879)
T. Allen, M. Freni, N. Shicoff, A. S. von Otter, P. Burchuladze/Coro della Radio di Lipsia, Orchestra Staatskapelle di Dresda/J. Levine.
2 CD–DG
Cast di prim'ordine. Splendide sonorità della Staatskapelle di Dresda e una complessivamente efficace direzione di Levine.
Mazepa (1884)
V. Valajtis, E. Nesterenko, T. Milaskina, I. Arkhipova, V. Piavko/Coro e Orchestra del Teatro Bolscioi di Mosca/F. Mansurov.
2 CD–CHANT DU MONDE
Eccellente esecuzione complessiva, nella quale spicca la Milaskina.
Pikovaja Dama (1890)
V. Atlantov, M. Freni, S. Leiferkus, M. Forrester, D. Hvorostovsky/Festival Chorus, Boston Symphony Orchestra/S. Ozawa.
3 CD–RCA
Notevole interpretazione della Freni, mentre in evidente declino vocale appare la vocalità di Atlantov. Ottime interpretazioni di Leiferkus e Hvorostovsky e di grande rilievo la direzione di Ozawa.

Campra André (1660-1744)
Tancrède (1702)
F. Le Roux, D. Evangelatos, C. Dubosc, P. Y. Le Maigat, G. Reinhart, D. Visse, C. Alliot-Lugaz/La Grande Ecurie et la Chambre du Roy/J.C. Malgoire.
2 CD–ERATO
Tratta da una esecuzione dell'opera al Festival di Aix-en-Provence del 1989, la registrazione è animata da un notevole senso drammatico e da un fervore che investe l'ottimo cast vocale, grazie soprattutto all'ottima direzione di Malgoire.

Casken John (n. 1949)
Golem (1989)
A. Clarke, J. Hall, P. Harrhy, R. Morris, C. Robson, P. Rozario, M. Thomas, P. Wilson/Music Projects London/ R. Bernas.
2 CD–VIRGIN
Eccellente esecuzione.

Catalani Alfredo (1854-1893)
Loreley (1890)
E. Suliotis, G. Cecchele, R. Talarico, P. Cappuccilli, A. Ferrin/ Coro e Orchestra del Teatro alla Scala di Milano/G. Gavazzeni.
2 CD–Nuova Era
Ripresa "dal vivo" nel 1986, l'esecuzione è affidata a un vigoroso Gavazzeni che punta a evidenziare gli aspetti drammatici della partitura. A questa visione rispondono anche gli interpreti, che però vengono esposti a forzare un canto già di per sé teso.
La Wally (1892)
– R. Tebaldi, M. Del Monaco, J. Diaz, P. Cappuccilli, S. Malagú/Coro Lirico di Torino, Orchestra dell'Opera di Monte Carlo/F. Cleva.
2 CD–DECCA
– E. Marton, F. Araiza, F. Ellero d'Artegna, A. Titus, J. Kaufmann/Coro e Orchestra della Bayerischen Rundfunks/P. Steinberg.
2 CD–EURODISC
La Tebaldi e Del Monaco non sono certamente al meglio, ma sono decisamente piú convincenti della coppia formata da una Marton troppo caricata e da un Araiza fuori posto, nella versione dell'Eurodisc.

Cavalli Francesco
(1602-1676)
Il Giasone (1649)
M. Chance, G. Banditelli, C. Dubosc, A. Mellon, D. Visse/Concerto Vocale/ R. Jacobs.
3 CD–HARMONIA MUNDI
L'importante partitura di Cavalli è affrontata in modo convincente da Jacobs. Valido il cast vocale, in particolare la Banditelli e Chance.

Chabrier Emmanuel
(1841-1894)
L'étoile (1877)
C. Alliot-Lugaz, G. Gautier, G. Bacquier, F. Le Roux, G. Raphanel, A. David, M. Damonte/Coro e Orchestra dell'Opéra de Lyon/J.E. Gardiner.
2 CD–EMI
Brillante esecuzione, animata dalla direzione di Gardiner, ricca di slancio e di leggerezza.

Charpentier Gustave
(1860-1956)
Louise (1900)
I. Cotrubas, P. Domingo, G. Bacquier, J. Berbié/Ambrosian Opera Chorus, New Philharmonia Orchestra/G. Prêtre.
3 CD–CBS
Ricca di slancio la direzione di Prêtre; convincente la Cotrubas; Domingo invece appare piuttosto fuori ruolo.

Charpentier Marc-Antoine
(1636-1704)
David et Jonathas (1688)
– P. Esswood, C. Alliot-Lugaz, P. Huttenlocher, R. Soyer, R. Jacobs/English Bach Orchestra/M. Corboz.
2 CD–ERATO
– G. Lesne, M. Zanetti, J-F. Gardeil, B. Delétré, J.-P. Fouchécourt/Ensemble vocale e strumentale "Les Arts Florissants"/W. Christie.

2 CD–HARMONIA MUNDI
Pregevoli entrambe le esecuzioni per accuratezza e omogeneità, e altrettanto valide le prestazioni dei due cast vocali.

Cherubini Luigi (1760-1842)
Alí Babà (1833)
W. Ganzarolli, T. Stich-Randall, O. Santunione, A. Kraus, P. Montarsolo/Coro e Orchestra del Teatro alla Scala di Milano/N. Sanzogno.
2 CD–NUOVA ERA
Documento di una esecuzione scaligera del 1963, dalla quale emergono le impeccabili vocalità di Kraus e della Stich-Randall.
Lodoïska (1791)
M. Devia, A. Corbelli, W. Shimell, T. Moser, F. Garbi/Coro e Orchestra del Teatro alla Scala di Milano/R. Muti.
2 CD–SONY
Registrata al Teatro alla Scala nel febbraio del 1991. Grande interpretazione di R. Muti, assecondato da una convincente compagnia di canto.
Médée (1797)
M. Callas, M. Picchi, R. Scotto, M. Pirazzini, G. Modesti/Coro e Orchestra del Teatro alla Scala di Milano/T. Serafin.
2 CD–EMI
Registrazione tutta incentrata sulla grande interpretazione della Callas; tra gli altri interpreti emerge la fresca vocalità della giovane Scotto.

Cilea Francesco (1866-1950)
Adriana Lecouvreur (1902)
R. Scotto, E. Obraztsova, P. Domingo, S. Milnes/Ambrosian Opera Chorus, Philharmonia Orchestra/J. Levine.
2 CD–CBS
Notevole esecuzione, con una straordinaria Scotto nel ruolo della protagonista.
L'arlesiana (1897)
E. Zilio, M. Spacagna, P. Kelen/Coro e Orchestra di Stato Ungherese/C. Rosekrans.
2 CD–QUINTANA
Questa unica incisione discografica dell'opera è caratterizzata da un'esecuzione orchestrale alquanto sbiadita e da una interpretazione appena decorosa del cast.

Cimarosa Domenico (1749-1801)
Le astuzie femminili (1794)
G. Sciutti, L. Alva, S. Bruscantini, R. Mattioli/Orchestra "A. Scarlatti" di Napoli della Rai/M. Rossi.
2 CD–MEMORIES
Esecuzione radiofonica del 1959: frizzante la Bellina della Sciutti, di grande spicco il Giampaolo di Bruscantini.
Il matrimonio segreto (1792)
E. Dara, D. Mazzucato, B. De Simone, A. Cicogna, M. R. Cosotti, V. Baiano/Orchestra Filarmonica Marchigiana/A. Cavallaro.
2 CD–NUOVA ERA
Esecuzione godibile, dalla quale emerge la "vis" interpretativa di Dara.
Gli Orazi e i Curiazi (1796)
S. Alaimo, D. Dessí, K. Angeloni, M. Bolognesi/Coro dell'Opera Giocosa, Orchestra Sinfonica di Sanremo/M. De Bernart.
2 CD–BONGIOVANNI
Accurata la direzione di De Bernart. Dal cast emergono il bellissimo timbro vocale e le qualità espressive dalla Dessí nel ruolo del Curiazio.

Copland Aaron (1900-1990)
The Tender Land (1954)
E. Comeaux, J. Hardy, M. Jette, L. Lehr, D. Dressen, J. Bohn/The Plymouth Orchestra and Chorus/P. Brunelle.
2 CD–VIRGIN CLASSICS
La compagnia di canto emerge per l'omogeneità della linea interpretativa, grazie anche alla direzione di Brunelle.

Cornelius Peter (1824-1874)
Der Barbier von Bagdad (1858)
S. Jurinac, G. Frick, R. Schock/Coro e Orchestra della Radio di Vienna/H. Hollreiser.
2 CD–MELODRAM
Eccellente prova per gli interpreti vocali. Buona la direzione di Hollreiser.

Dargomyžskij Aleksandr Sergeevič (1813-1869)
Kamennyi gost' (1872)
T. Milaskina, T. Sinjavskaja, V. Atlantov, V. Valajtis, A. Vedernikov/Orchestra del Teatro Bolscioi di Mosca/M. Ermler.
2 CD–CHANT DU MONDE
Prova convincente soprattutto per la Milaskina e Atlantov. Di buon livello la direzione di Ermler.

Debussy Claude (1862-1918)
Pelléas et Mélisande (1902)
– R. Stilwell, F. von Stade, J. Van Dam, R. Raimondi, N. Denize/Coro della Deutsche Oper di Berlino, Berliner Philharmoniker/H. von Karajan.
3 CD–EMI
– F. Le Roux, M. Ewing, J. Van Dam, J.P. Courtis, C. Ludwig/Coro della Staatsoper di Vienna e Wiener Philharmoniker Orchestra/C. Abbado.
2 CD–DG
Karajan stende una tavolozza ricca di colori mirabilmente sfumati, assecondato da una straordinaria von Stade, e dalle valide interpretazioni di Stilwell, Van Dam, Raimondi e la Denize. Abbado punta invece a una lettura altrettanto accurata, ma allo stesso tempo attenta alle ragioni drammatiche. Convincenti soprattutto Le Roux, Ewing e Van Dam.

Delibes Clement-Philibert-Leo (1836-1891)
Lakmé (1883)
J. Sutherland, A. Vanzo, G. Bacquier, J. Berbié, E. Belcourt/Coro e Orchestra dell'Opéra di Monte Carlo/R. Bonynge.
2 CD–DECCA
Strepitosa per virtuosismo e lirismo l'interpretazione della Sutherland. Ottimi Vanzo e Bacquier. Perfettamente in clima la direzione di Bonynge.

Delius Frederick (1862-1934)
A Village Romeo and Juliet (1907)
H. Field, A. Davies, B. Mora, S. Dean, T. Hampson/Coro "A. Schönberg", Orchestra Sinfonica dell'ORF/C. Mackerras.
2CD–ARGO
Accurata, ma poco convinta, la direzione di Mackerras. Piuttosto sbiadito il cast vocale, dal quale emerge solamente Hampson.

Donizetti Gaetano (1797-1848)
Alina, regina di Golconda (1828)
D. Dessí, R. Blake, P. Coni, A. Martin, A. Tabiadon/Coro e Orchestra "A. Toscanini"/A. Allemandi.
2 CD–NUOVA ERA
Eccellente esecuzione complessiva.
Anna Bolena (1830)
J. Sutherland, S. Mentzer, S. Ramey, J. Hadley/Coro e Orchestra della Welsh National Opera/R. Bonynge.
3 CD–DECCA
La Sutherland, pur in evidente declino, regge però ancora sul piano del virtuosismo vocale. Notevole l'Enrico VIII di Ramey. Buona prova per la Mentzer, mentre la Hadley non regge l'ardua vocalità di Percy. Discontinua la direzione di Bonynge.
L'assedio di Calais (1836)
D. Jones, C. Du Plessis, N. Focile, R. Smythe, E. Harrhy/Coro G. Mitchell, Orchestra Philarmonia/D. Parry.
2 CD–OPERA RARA
Buona prova per la Jones, per Du Plessis e per la Focile, anche se la sua vocalità appare piuttosto "leggera" per il ruolo. Di ottima tenuta drammatica la direzione di Parry.
Belisario (1836)
L. Gencer, G. Taddei, U. Grilli, M. Pecile, N. Zaccaria/ Coro e Orchestra del Teatro La Fenice di Venezia/G. Gavazzeni.
2 CD–MELODRAM
Domina la potenza drammatica della Gencer. Convincenti Taddei e Grilli.
Il campanello dello speziale (1836)
A. Baltsa, E. Dara, A. Romero, B.M. Casoni, C. Gaifa/Coro della Staatsoper di Vienna, Orchestra Wiener Symphoniker/G. Bertini.
1 CD–CBS
Cast convincente dominato da un vivacissimo Dara. Brillante la direzione di Bertini.
Caterina Cornaro (1844)
M. Caballé, G. Aragall, R. Edwards, G. Howell/Coro e Orchestra della Radiotelevisione francese/G. Masini.
2 CD–RODOLPHE
Domina la Caballé, attorniata però da validi partner a cominciare da Aragall. Attenta ed espressiva la direzione di Masini.
Le convenienze ed inconvenienze teatrali (1827)
M.A. Peters, R. Scaltriti, S. Rigacci, D. Trimarchi, A. Cicogna/ Coro del Teatro Rossini di Lugo, Orchestra Sinfonica "A. Toscanini"/B. Rigacci.
2 CD–BONGIOVANNI
Esecuzione complessivamente decorosa.
Don Pasquale (1843)
– M. Freni, S. Bruscantini, G. Winbergh, L. Nucci/Coro Ambrosian Singers, Philarmonia Orchestra/R. Muti.
2 CD–EMI
– L. Serra, E. Dara, A. Bertolo, A. Corbelli/Coro e Orchestra del Teatro Regio di Torino/B. Campanella.
2 CD–NUOVA ERA
Entrambe le edizioni presentano notevole interesse per eleganza e vivacità, e cast vocali omogenei e convincenti. La direzione di Campanella mostra, rispetto a quella di Muti, una maggiore attenzione all'inserimento di "variazioni" nelle cabalette.

Elisabetta al castello di Kenilworth (1829)
M. Devia, D. Mazzola, J. Kundlak, B. Anderson, C. Striuli/Coro e Orchestra Sinfonica della Rai di Milano/J. Latham-König.
2 CD–FONIT CETRA
Emergono la purezza della linea di canto e il virtuosismo della Devia. Convince anche l'Amelia della Mazzola. Decisamente inferiori gli interpreti maschili. Non esaltante la direzione di Latham-König.

L'elisir d'amore (1832)
J. Sutherland, L. Pavarotti, D. Cossa, S. Malas/Ambrosian Singers, English Chamber Orchestra/R. Bonynge.
2 CD–DECCA
Nonostante la presenza di un mediocre Malas nelle vesti di Dulcamara, questa edizione resta a tutt'oggi la piú convincente, soprattutto per la presenza di Pavarotti e della Sutherland, quest'ultima forse un po' "matronale", ma con un canto autenticamente donizettiano.

La favorite (1840)
– A. Tabiadon, G. Morino, P. Coni, A. Verducci/Coro Filarmonico di Bratislava, Orchestra Internazionale d'Italia Opera/F. Luisi.
2 CD–NUOVA ERA
Perfettamente in stile il Fernando interpretato da Morino. Vibrante e nobile il canto della Tabiadon.
– G. Scalchi, R. Massis, L. Canonici, G. Surjan/Coro e Orchestra Sinfonica di Milano della Rai/D. Renzetti.
3 CD–RICORDI FONIT CETRA
Registrazione "dal vivo" del settembre 1991 al Festival Donizettiano di Bergamo. È la prima esecuzione integrale dell'edizione francese dell'opera. Valida e accurata la direzione di Renzetti. Tra gli interpreti emerge soprattutto la Scalchi; discontinui gli altri.

La fille du régiment (1840)
– J. Sutherland, L. Pavarotti, M. Sinclair, S. Malas/Coro e Orchestra del Royal Opera House Covent Garden/R. Bonynge.
2 CD–DECCA
– L. Serra, W. Matteuzzi, E. Dara, M. Tagliasacchi/Coro e Orchestra del Teatro Comunale di Bologna/B. Campanella.
2 CD–NUOVA ERA
Dall'ormai "storica" edizione Decca, dominata dalla strepitosa coppia Sutherland-Pavarotti, alla registrazione "dal vivo" del 1989, in lingua italiana, con la brillantissima Serra e lo svettante Matteuzzi.

Il furioso all'Isola di San Domingo (1833)
L. Serra, L. Canonici, S. Antonucci, M. Picconi, E. Tandura, R. Coviello/Coro e Orchestra del Teatro Comunale di Genova/M. De Bernart.
3 CD–BONGIOVANNI
Di rilievo la prova della Serra, ma di livello anche gli altri interpreti. Di buona tenuta teatrale e interpretativa la direzione di De Bernart.

Gemma di Vergy (1834)
M. Caballé, L. Lina, V. Sardinero/Coro e Nouvel Orchestre Philarmonique de Radio France/A. Gatto.
2 CD–RODOLPHE
Si tratta di una registrazione tratta da un'esecuzione dell'opera in forma di concerto alla Salle Pleyel di Parigi il 20 aprile del 1976. Dal cast, non particolarmente esaltante, emerge come è ovvio, la Caballé. Di "routine" la direzione di Gatto.

Gianni di Parigi (1839)
G. Morino, L. Serra, A. Romero, E. Zilio/Coro e Orchestra Sinfonica della Rai di Milano/C.F. Cillario.
2 CD–NUOVA ERA
Grande prova di virtuosismo e stile per Morino e la Serra. Raffinata e sensibile l'interpretazione di Cillario.

Lucia di Lammermoor (1835)
– M. Callas, G. Di Stefano, R. Panerai, N. Zaccaria/Coro del Teatro alla Scala di Milano, Orchestra RSO di Berlino/H. von Karajan.
2 CD–EMI
– J. Sutherland, L. Pavarotti, S. Milnes, N. Ghiaurov/Coro e Orchestra del Royal Opera House Covent Garden/R. Bonynge.
3 CD–DECCA
La straordinaria potenza drammatica della Callas, che riportò il ruolo di Lucia nella giusta dimensione stilistica e interpretativa, domina solitaria nell'edizione Emi. Diretta erede della Callas è la Sutherland della registrazione Decca, con un piú adeguato partner, uno splendido Pavarotti nel ruolo di Edgardo.

Lucrezia Borgia (1833)
– M. Caballé, A. Kraus, E. Flagello, S. Verret/Coro e Orchestra della Rca italiana/J. Perlea.
2 CD–RCA
– J. Sutherland, G. Aragall, I. Wixell, M. Horne/London Opera Chorus, National Philharmonic Orchestra/R. Bonynge.
2 CD–DECCA
La Caballé per vari aspetti appare superiore alla Sutherland che mette in mostra evidenti limiti di fraseggio. Ottimo il Gennaro di Kraus, convincente quello di Aragall. Di ottimo livello le prove della Verrett e della Horne, con qualche punto in piú per quest'ultima; corretti Flagello e Wixell. La direzione di Bonynge supera di gran lunga quella di Perlea.

Maria di Rohan (1843)
M. Nicolesco, G. Morino, P. Coni, F. Franci/Coro Filarmonico di Bratislava, Orchestra Internazionale d'Italia Opera/M. De Bernart.
2 CD–NUOVA ERA
Nonostante certe disuguaglianze timbriche e d'emissione, la Nicolesco è una Maria non priva di nobiltà e drammaticità; in perfetta sintonia con il canto donizettiano Morino e Coni. Perfettamente calata nel clima quasi pre-verdiano della partitura la direzione di De Bernart.

Maria Stuarda (1834)
J. Sutherland, L. Pavarotti, H. Tourangeau, J. Morris, R. Soyer/Coro e Orchestra del Teatro Comunale di Bologna/R. Bonynge.
2 CD–DECCA
Sensibile ed efficace la direzione di Bonynge. La Sutherland e Pavarotti, sebbene non al massimo delle loro possibilità vocali ed espressive, nel complesso convincono.

Poliuto (1848)
– F. Corelli, M. Callas, E. Bastianini, N. Zaccaria/Coro e Orchestra del Teatro alla Scala di Milano/A. Votto.
2 CD–MELOGRAM
– N. Martinucci, E. Connell, R. Bruson, F. Federici/Coro e Orchestra dell'Opera di Roma/J. Latham-König.
2 CD–NUOVA ERA
Entrambe sono registrazioni "dal vivo": la prima del 1960, la seconda del 1986. L'esecuzione scaligera, falcidiata dai tagli, vive sulle grandi interpretazioni della Callas, Corelli e Bastianini. Nella seconda dominano il vigore di Martinucci e la nobiltà di Bruson.

Roberto Devereux (1837)
L. Gencer, A. M. Rota, R. Bondino, P. Cappuccilli/Coro e Orchestra del Teatro San Carlo di Napoli/M. Rossi.
2 CD–HUNT
Domina la grande personalità vocale e interpretativa della Gencer. Di buon livello gli altri interpreti e la direzione di Rossi.

Torquato Tasso (1833)
S. Alaimo, L. Serra, R. Coviello, E. Placido/Coro e Orchestra del Teatro Comunale di Genova/M. De Bernart.
3 CD–BONGIOVANNI
Eccellente Alaimo, non particolarmente in forma la Serra; buoni gli altri. Un po' generica la direzione di De Bernart.

Ugo, conte di Parigi (1831)
D. Jones, J. Price, Y. Kenny, M. Arthur, C. Du Plessis, E. Harrhy/Geoffrey Mitchell Choir, New Philharmonia Orchestra/A. Francis.
3 CD–OPERA RARA
Ottime le voci femminili: J. Price, Y. Kenny e D. Jones; mediocre il tenore M. Arthur; buono il baritono Du Plessis. Perfettamente in stile la direzione di Francis.

Dukas Paul (1865-1935)

Ariane et Barbe-Bleue (1907)
K. Ciesinski, G. Bacquier, M. Paunova, H. Schaer/Cori e Nouvel Orchestre Philarmonique de Radio France/A. Jordan.
2 CD–ERATO
La direzione di Jordan è ricca di colori e vibrante, e la Ciesinski sfoggia un canto intenso e nobile.

Dvořák Antonín (1841-1904)

Rusalka (1901)
G. Benačková, R. Novak, V. Soukopova, W. Ochman/Coro Filarmonico di Praga, Orchestra Filarmonica Ceca/V. Neumann.
3 CD–SUPRAPHON
Eccellente la Benačková. Validi anche gli altri interpreti e la direzione di Neumann.

Einem Gottfried von (1918)

Dantons Tod (1947)
W. Hollweg, K. Laki, T. Adam, H. Hierstermann, K. Rydl, H. Berger-Tuna/Coro e Orchestra della Radio Austriaca/L. Zagrosek.
2 CD–ORFEO
Adam, la Laki e Hollweg, malgrado qualche limite vocale, sono eccellenti interpreti. Intensa la direzione di Zagrosek.

Erkel Ferenc (1810-1893)

Hunyadi László (1844)
S. Sass, D. Gulyas, I. Gati, J. Gregor/Coro dell'Armata Ungherese, Coro e orchestra dell'Opera di Stato Ungherese/J. Kovacs.
3 CD–HUNGAROTON
Esecuzione complessivamente buona.

Falla Manuel de (1876-1946)

Atlantida (1962)

G. Simionato, R. Browne, G. Halley, T. Stratas/Coro e Orchestra del Teatro alla Scala di Milano/T. Schippers.
2 CD–MEMORIES (piú *El amor brujo*).
Si tratta della registrazione della prima esecuzione assoluta dell'opera alla Scala nel 1962. Ottima la direzione di Schippers e piú che validi gli interpreti.
La vida breve (1913)
V. De Los Angeles, C. Cossutta, I. Rivadeneyra, A.M. Higueras/Coro e Orchestra Nazionale Spagnola/R. Frühbeck de Burgos.
1 CD–EMI
Significativa la direzione di Frühbeck de Burgos. Eccellente, nonostante un certo declino vocale, la De Los Angeles.

Fioravanti Valentino
(1764-1837)
Le cantatrici villane (1798-1799)
M. A. Peters, F. Sovilla, E. Placio, G. Gatti/Orchestra del Conservatorio di Frosinone/R. Tigani.
2 CD–BONGIOVANNI
Prima incisione integrale del capolavoro di Fioravanti: ottimi gli interpreti, valida la direzione d'orchestra.

Flotow Friedrich von
(1812-1883)
Martha oder der Markt zu Richmond (1847)
A. Rothenberger, B. Fassbänder, N. Gedda, H. Prey/Coro e Orchestra dell'Opera Bavarese/R. Heger.
2 CD–EMI
Direzione precisa, ma non esaltante, di Heger. Complessivamente valida la prova di tutti gli interpreti.

Franchetti Alberto (1860-1942)
Cristoforo Colombo (1892)
R. Bruson, R. Scandiuzzi, R. Ragatzu, M. Berti, G. Pasino/Coro della Radio di Budapest, Orchestra Sinfonica della Radio di Francoforte/M. Viotti.
3 CD–KOCH SCHWANN
Tra gli interpreti, tutti di ottimo livello, spiccano, oltre al protagonista, un nobilissimo Bruson, Scandiuzzi, un basso di straordinarie qualità vocali e interpretative ed il luminoso timbro di "lirico spinto" del soprano Ragatzu. La direzione di Viotti risalta, senza enfatizzarla, la ricchezza timbrica della partitura.

Gay John (1685-1732)
The Beggar's Opera (1728)
A. Thompson, C. Daniels, S. Walker, B. Mills, R. Jackson, A. Dawson, R. Bryson/The Broadside Band/J. Barlow.
2 CD–HYPERION
Questa registrazione si basa sulla versione pubblicata dalla Oxford University Press del 1990 e curata da Jeremy Barlow. Gli interpreti sono eccellenti, accurata e vivace la direzione di Barlow.

Gazzaniga Giuseppe
(1743-1818)
Don Giovanni ossia il convitato di pietra (1787)
J. Aler, E. Steinsky, P. Coburn, M. Kinzel, G. von Kannen, R. Swenson, J. Kaufmann, J.L. Chaignaud, A. Scharinger/Coro della Radio Bavarese, Orchestra della Radio di Monaco/S. Soltesz.
2 CD–ORFEO
Interpretazione corretta.

Gershwin George (1898-1937)
Porgy and Bess (1935)
W. White, L. Mitchell, H. Boatwright, F. Clemmens, F. Quivar, B. Hendricks/Coro e Orchestra di Cleveland/L. Maazel.
3 CD–DECCA
Ammirevoli White e la Mitchell, di ottimo livello gli altri cantanti. Notevole, anche se un po' compassata, la direzione di Maazel.

Giordano Umberto (1867-1948)
Andrea Chénier (1896)
– F. Corelli, A. Stella, M. Sereni/Coro e Orchestra del Teatro dell'Opera di Roma/G. Santini.
2 CD–EMI
– P. Domingo, R. Scotto, S. Milnes/John Alldis Choir, National Philarmonic Orchestra/J. Levine.
2 CD–RCA
La registrazione EMI del 1964 è dominata da un'ottima compagnia di canto, nella quale spicca Corelli, un autentico fuoriclasse. La RCA del 1976 trova un ottimo Domingo, una grande sensibilità interpretativa nella Scotto e una vibrante direzione di Levine.
Fedora (1898)
– M. Olivero, M. Del Monaco, L. Cappellino, T. Gobbi/Coro e Orchestra dell'Opera di Monte Carlo/L. Gardelli.
2 CD–DECCA
– E. Marton, J. Carreras, V. Kincses, J. Martin/Coro e Orchestra della Radiotelevisione Ungherese/G. Patanè.
2 CD–CBS
L'edizione Decca del 1969 ha nella Olivero una strepitosa Fedora, mentre Del Monaco e Gobbi non sono certo al meglio. Nella Cbs del 1985 la Marton è complessivamente un'ottima interprete. Carreras è alquanto forzato e poco vario nell'espressione.
Madame Sans-Gêne (1915)
O. Santunione, F. Tagliavini, R. Capecchi, A. Misciano, M. Zanasi/Coro e Orchestra del Teatro alla Scala di Milano/G. Gavazzeni.
2 CD–NUOVA ERA
Edizione di buon livello esecutivo.

Glass Philip (n. 1937)
Akhnaten (1984)
P. Esswood, M. Vargas, M. Liebermann, T. Hannula, H. Holzapfel, C. Hauptmann, D. Warrilow/Coro e Orchestra dell'Opera di Stoccarda/D. Russel Davies.
2 CD–CBS
Ottimo il cast, in particolare Esswood. Valida e partecipe la direzione di Russell Davies.
Einstein on the Beach (1976)
L. Childs, S.M. Johnson, P. Mann, S. Sutton, P. Zukovsky/Philip Glass Ensemble/M. Riesman.
4 CD–CBS
Edizione nel suo genere importante, ma dall'ascolto decisamente soporifero.

Glinka Mikhail Ivanovič
(1804-1857)
Ivan Susanin (1836)
B. Christoff, T. Stich-Randall, M. Bugarinovic, N. Gedda/Coro dell'Opera di Belgrado, Orchestra dei Concerti Lamoureux/I. Markevitch.
2 CD–EMI
Christoff, la Stich-Randall e Gedda sono ottimi. Prestigiosa e intensa la direzione di Markevitch.

Gluck Christoph Willibald
(1714-1787)
Alceste (1767)
J. Norman, N. Gedda, B. Weikl, R. Gambill, T. Krause, S. Nimsgern/Coro e Orchestra della Radio Bavarese/S. Baudo.
3 CD–ORFEO
Eseguita nell'edizione francese, è ottima soprattutto sul piano degli interpreti vocali; non convince pienamente la direzione di Baudo.
Echo et Narcisse (1779)
K. Streit, S. Boulin, D. Massell, P. Galliard/Coro dell'Opera di Stato di Amburgo, Concerto Köln/R. Jacobs.
2 CD–HARMONIA MUNDI
Emergono le voci e le qualità espressive di Streit e Boulin. Precisa ma tendenzialmente monocorde la direzione di Jacobs.
Iphigénie en Aulide (1774)
L. Dawson, A.S. von Otter, J. Van Dam, J. Aler, B. Deletré, G. Cachemaille/Coro Monteverdi, Orchestra dell'Opéra di Lyon/J.E. Gardiner.
2 CD–ERATO
Non del tutto convincente l'interpretazione di Dawson. Piú pertinenti la von Otter e Van Dam. Buono Aler, illuminante la direzione di Gardiner.
Iphigénie en Tauride (1779)
D. Montague, J. Aler, T. Allen, R. Massis/Coro Monteverdi, Orchestra dell'Opéra di Lyon/J.E. Gardiner.
2 CD–PHILIPS
Notevole sul piano analitico ed espressivo la direzione di Gardiner. Decorosi la Montague e Aler. Morbido ed espressivo Allen.
Orfeo ed Euridice (1762)
– M. Horne, P. Lorengar, H. Donath/Coro e Orchestra del Royal Opera House Convent Garden/G. Solti.
2 CD–DECCA
– A.S. von Otter, B. Hendricks, B. Fournier/Coro Monteverdi, Orchestra dell'Opéra di Lyon/J.E. Gardiner.
2 CD–EMI (vers. in francese nella revis. di H. Berlioz)
L'edizione Decca del 1969 è da considerarsi insuperata per le straordinarie interpretazioni della Horne e di Solti. Degna di interesse l'incisione Emi del 1989: la von Otter, almeno in disco, si mostra interprete raffinata e ben adusa al canto d'agilità. Ottime la Hendricks e la Fournier. Gardiner dirige con eleganza, e allo stesso tempo con vigore.
Paride e Elena (1770)
F. Bonisolli, I. Cotrubas, G. Fontana, S. Greenberg/Coro e Orchestra Sinfonica dell'Ortf/L. Zagrosek.
2 CD–ORFEO
Esecuzione nel complesso corretta, anche se poco vivificata dalla direzione di Zagrosek.

Goldmark Karl (1830-1915)
Die Königin von Saba (1875)
K. Takacs, S. Jerusalem, V. Kincses, S.

Solyom-Nagy, L. Miller/Coro e Orchestra dell'Opera di Stato di Budapest/A. Fischer.
3 CD–HUNGAROTON
Nell'insieme il cast vocale offre una prova positiva. Buona, anche se discontinua, la direzione di Fischer.

Gounod Charles (1818-1893)
Faust (1859)
– F. Araiza, K. Te Kanawa, E. Nesterenko, A. Schmidt/Coro e Orchestra Sinfonica della Radio Bavarese/C. Davis.
3 CD–PHILIPS
– R. Leech, C. Studer, J. Van Dam, T. Hampson/Coro e Orchestra del Teatro Capitole di Toulouse/M. Plasson.
3 CD–EMI
Incantevole la direzione di Davis, affascinante la Te Kanawa, morbido e raffinato Araiza, buono Nesterenko nell'edizione Philips del 1986. Nella Emi del 1992 brilla la direzione vibrante di Plasson; notevolissima la Studer; ottimi Leech e Van Dam.
Mireille (1864)
M. Freni, A. Vanzo, J. Van Dam, G. Bacquier/Coro e Orchestra del Teatro Capitole di Toulouse/M. Plasson.
3 CD–EMI
Sensibile la direzione di Plasson; splendidi la Freni e Van Dam, eccellenti Vanzo e Bacquier.
Romeo et Juliette (1867)
A. Kraus, C. Malfitano, G. Quilico, J. Van Dam, G. Bacquier/Coro e Orchestra del Teatro Capitole di Toulouse/M. Plasson.
3 CD–EMI
È dominata dal Romeo di Kraus; vocalmente fuori ruolo la Giulietta della Malfitano; tra gli altri interpreti emerge Van Dam. Elegante, ma non entusiasmante, la direzione di Plasson.

Grétry André-Ernest-Modeste (1741-1813)
La caravane du Caire (1784)
G. Ragon, P. Huttenlocher, G. De Mey, I. Poulenard, J. Bastin, V. Le Texier/Coro da Camera di Namur, Orchestra Ricercar Academy/M. Minkowski.
2 CD–RICERCAR
Registrata "dal vivo" nel 1991, l'opera è abilmente diretta da Minkowski. La compagnia di canto è piuttosto disomogenea, ma nel complesso funzionale.

Halévy Fromental (1799-1862)
La juive (1835)
J. Carreras, J. Varady, J. Anderson, D. Gonzales, F. Furlanetto/Ambrosian Singers, Philarmonia Orchestra/A. de Almeida.
3 CD–PHILIPS
J. Carreras interpreta con convinzione, ma la voce appare alquanto stanca; ottime la Varady e la Anderson; discontinuo Gonzales, decoroso Furlanetto. Elegante ed omogenea la direzione di de Almeida.

Händel Georg Friedrich (1685-1759)
Acis and Galatea (1718)
N. Burrowes, A. Rolfe-Johnson, M. Hill, W. White/English Baroque Soloists/J.E. Gardiner.
2 CD–ARCHIV
Pregevole la direzione di Gardiner. Ottimi i cantanti, in particolare la Burrowes.
Agrippina (1709)
S. Bradshaw, W. Hill, L. Saffer, D. Minter, N. Isherwood/Cappella Savaria/N. McGegan.
3 CD–HARMONIA MUNDI
Buona, ma non esaltante, la direzione di McGegan. Decorosa la compagnia di canto.
Giulio Cesare in Egitto (1724)
J. Larmore, B. Schlick, M. Rorholm, D. Lee Ragin/Concerto Köln/R. Jacobs.
4 CD–HARMONIA MUNDI
Registrata integralmente e diretta con cura e scrupolo da Jacobs, questa registrazione si avvale complessivamente di un'ottima compagnia di canto, anche se mancano delle autentiche personalità interpretative.
Il pastor fido (1712)
P. Esswood, K. Farkas, M. Lukin, G. Kallay/Savaria Vocal Ensemble, Cappella Savaria/N. McGegan.
2 CD–HUNGAROTON
Accurata la direzione di McGegan. Buoni gli interpreti, in particolare Esswood e la Farkas.
Serse (1738)
A. Terzian, D. Cole, S. Schumann-Halley, P. Atkinson, A. Teal, N. Anderson, R. Allen/Orchestra da Camera della Radio Polacca/A. Duczmal
3 CD–STUDIOS CLASSIQUE
Registrazione piuttosto modesta.
Tamerlano (1724)
D.L. Ragin, N. Robson, N. Argenta, M. Chance, J. Findlay, R. Schirrer/English Baroque Soloists/J.E. Gardiner.
3 CD–ERATO
Degna di interesse la direzione di Gardiner, gli interpreti non vanno al di là di un'esecuzione decorosa.

Haydn Franz Joseph (1732-1809)
L'infedeltà delusa (1773)
N. Argenta, L. Lootens, C. Prégardien, C. McFadden, G. Schwarz, S. Varcoe/ La Petite Bande/S. Kuijken.
2 CD–DEUTSCHE HARMONIA MUNDI
Ottima l'interpretazione di Kuijken. Corretti, ma scarsamente partecipi, gli interpreti.

Henze Hans Werner (n. 1926)
The Bassarids (1966)
K. Riegel, A. Schmidt, R. Tear, K. Armstrong/RIAS Kammerchor, Südfunkchor, Orchestra RSO di Berlino/G. Albrecht.
2 CD–SCHWANN
Cast di altissimo livello. Direzione di grande efficacia drammatica.
Boulevard Solitude (1952)
E.Vassilieva, J. Pruett, C. J. Falkmann, J.-M. Salzmann, B. Brewer, D. Ottevaere/Coro dell'Opera di Losanna, Orchestre des Rencontres Musicales/I. Anguelov.
2 CD–CASCAVELLE
Ottima la direzione. Convincenti gli interpreti, a partire dai due protagonisti, la Vassilieva e Pruett.

Hindemith Paul (1895-1963)
Cardillac (1926)
D. Fischer-Dieskau, L. Kirschstein, D. Grobe, K. C. Kohn, E. Söderström/Coro della Radio Tedesca, Orchestra della Radio di Colonia/J. Keilberth.
2 CD–DG
Pregevole la direzione di Keilberth. Eccellenti gli interpreti, con un ineffabile Fischer-Dieskau.

Holst Gustav (1874-1934)
Sāvitri (1916)
F. Palmer, P. Langridge, S. Varcoe/Orchestra Sinfonica City of London/R. Hickox.
1 CD–HYPERION
Nonostante qualche limite vocale, la Palmer è una ottima interprete; corretti Langridge e Varcoe. Omogenea la direzione di Hickox.

Honegger Arthur (1892-1955)
Jeanne d'Arc au bûcher (1938)
M. Keller, G. Wilson, P. Marie, F. Pollet, M. Command, N. Stutzmann, J. Aler/Choeur e Maîtrise de Radio France, Orchestre National de France/S. Ozawa.
2 CD–DG
Eccellenti gli esecutori, vivificati da una superlativa direzione di Ozawa.

Humperdinck Engelbert (1854-1921)
Hänsel und Gretel (1893)
– E. Grümmer, E. Schwarzkopf, J. Metternich, M.von Ilosvay, E. Schüroff, A. Felebermeyer/Coro della Loughton High School di Londra, Philharmonia Orchestra/ H. von Karajan.
2 CD–EMI
– A.S. von Otter, B. Bonney, H. Schwarz, A. Schmidt, M. Lipovsek, B. Hendricks/Tölzer Knabenchor, Orchestra Sinfonica della Radio Bavarese/J. Tate.
2 CD–EMI
Nella registrazione Emi del 1953 dominano la Grümmer e la Schwarzkopf, nonché la magistrale interpretazione di von Karajan. La Emi del 1990 si contrappone con la von Otter e la Bonney, semplicemente squisite. Poetica e raffinata la direzione di Tate.

Janáček Leóš (1854-1928)
Jenůfa (1904)
E. Söderström, E. Randova, W. Ochman, P. Dvorsky, L. Popp/Coro della Staatsoper di Vienna, Wiener Philharmoniker/ C. Mackerras.
2 CD–DECCA
Káťa Kabanová (1921)
E. Söderström, N. Kniplova, P. Dvorsky, V. Krejcik/Coro della Staatsoper di Vienna, Wiener Philharmoniker/C. Mackerras.
2 CD–DECCA
Příody lišky bystroušky (1924)
D. Jedlicka, E. Zikmundova, R. Novak, V. Krejcik, L. Popp, E. Randova/Coro della Staatsoper di Vienna, Wiener Philharmoniker/C. Mackerras.
2 CD–DECCA
Z mrtvého domu (1930)
D. Jedlicka, J. Janska, J. Zahradnicek, J. Soucek, I. Zidek./Coro della Staatsoper di Vienna, Wiener Philharmoniker/C. Mackerras.
2 CD–DECCA
Věc Makropulos (1926)
E. Söderström, P. Dvorsky, V. Krejcik, A. Czakova/Coro della Staatsoper di Vienna, Wiener Philharmoniker/C. Mackerras.
2 CD–DECCA
Grazie ai prestigiosi complessi viennesi, Mackerras riesce a evidenziare il ricco tessu-

to coloristico, nonché gli aspetti piú prettamente drammatici delle partiture di Janáček. Nei vari cast vocali, tutti di ottimo livello, emergono la Söderström, la Randova e la Popp.

Joplin Scott (1868-1917)
Treemonisha (1908)
C. Balthrop, C. Johnson, B. Allen, C. Rayam, B. Harney, D. Ranson, W. White/Coro e Orchestra dell'Opera di Houston/G. Schuller.
2 CD–DG
Ottimi gli interpreti vocali, ma l'esecuzione in generale appare troppo "seriosa", forse a causa della direzione rigidamente lirica di Schuller.

Kodály Zoltán (1882-1967)
Háry János (1926)
S. Solyom-Nagy, K.Takacs, J. Gregor, B. Poka, K. Meszöly/Coro e Orchestra dell'Opera di Stato Ungherese/J. Ferencsik.
2 CD–HUNGAROTON
Esecuzione nel complesso buona.
Székely fonó (1932)
E. Andor, E. Komlossy, G. Melis, J. Simandy, S. Palcso/Coro della Radiotelevisione Ungherese, Orchestra Filarmonica di Budapest/J. Ferencsik.
2 CD–HUNGAROTON
Eccellente la direzione d'orchestra. Su un buon livello gli interpreti vocali.

Kokkonen Joonas (n. 1921)
Viimeiset kiusaukset (1975)
M. Talvela, R. Auvinen, S. Ruohonen, M. Lehtinen, M. Nordberg, L.M. Laaksonen/Coro e Orchestra del Festival di Savonlinna/U. Söderblom.
2 CD–FINLANDIA
Particolarmente degna di nota l'interpretazione di Talvela.

Korngold Erich Wolfgang (1897-1957)
Die tote Stadt (1920)
R. Kollo, C. Neblett, B. Luxon, H. Prey, R. Wagemann/Coro e Orchestra della Radio Bavarese/E. Leinsdorf.
2 CD–RCA
Kollo e la Neblett convincono di piú sul piano interpretativo che non su quello prettamente vocale, che per entrambi presenta non pochi limiti. Efficace la direzione di Leinsdorf.
Violanta (1916)
E. Marton, S. Jerusalem, W. Berry, H. Laubenthal, R. Hesse/Coro e Orchestra della Radio Bavarese/M. Janowski.
1 CD–CBS
Vi domina una prorompente Marton; corretto Jerusalem, buono Berry. Superficiale la direzione di Janowsky.

Lalo Edouard-Victor-Antoine (1823-1892)
Le roi d'Ys (1888)
B. Hendricks, D. Ziegler, E. Villa, J-P. Courtis, M. Piquemal/Coro e Orchestra di Radio France/A. Jordan.
2 CD–ERATO
Travolgente la direzione di Jordan. Validi i cantanti, in particolare la Hendricks e la Ziegler.

Leoncavallo Ruggero (1857-1919)
La bohème (1897)
F. Bonisolli, B. Weikl, A. Titus, A. Miltcheva, L.Popp/Coro della Radio Bavarese, Orchestra Sinfonica della Radio di Monaco/H. Wallberg.
2 CD-ORFEO
Eccellente la direzione di Wallberg. Buoni i cantanti.
I pagliacci (1892)
– J. Carlyle, C. Bergonzi, G. Taddei, R. Panerai, U. Benelli/Coro e Orchestra del Teatro dalla Scala di Milano/H. von Karajan.
3 CD–DG (piú *Cavalleria rusticana*)
– M. Caballé, P. Domingo, S. Milnes, B. McDaniel, L. Goeke/John Alldis Choir, London Symphony Orchestra/N. Santi.
2 CD-RCA (piú *Il tabarro*)
Straordinaria l'interpretazione di von Karajan, anche se a volte può apparire troppo raffinata; in questa chiave di lettura si inseriscono i cantanti, complessivamente all'altezza del loro difficile compito. La Rca del 1972 è apprezzabile per la notevolissima prova data dalla Caballé, da Domingo e da Milnes. Tradizionale la direzione di Santi.
Zazà (1900)
C. Petrella, E. Parker, G. Campora, T. Turtura/Orchestra Sinfonica e Coro della Rai di Torino/A. Silipigni.
2 CD-NUOVA ERA
Edizione falcidiata da tagli e di modesto valore interpretativo.

Liszt Franz (1811-1886)
Don Sanche ou Le château d'amour (1825)
G. Garino, J. Hamari, I. Gati, K. Farkas, I. Komlosi/Coro della Radiotelevisione Ungherese, Orchestra dell'Opera di Stato Ungherese/T. Pal.
2 CD–HUNGAROTON
Efficace la direzione di Pal. Gli interpreti offrono nel complesso una prova positiva.

Lortzing Gustav Albert (1801-1851)
Undine (1845)
R.M. Pütz, N. Gedda, A. Rothenberger, H. Prey, P. Schreier/Coro da Camera Rias, Orchestra Sinfonica della Radio di Berlino/R. Heger.
2 CD–EMI
Eccellente, specie per le prestazioni di Gedda, della Rothenberger e di Prey.

Lully Jean-Baptiste (1632-1687)
Atys (1676)
G. de Mey, G. Laurens, A. Mellon, J-F. Gardeil/Les Arts Florissants/W. Christie.
3 CD–HARMONIA MUNDI
Christie dirige con gusto e soprattutto con un ottimo senso del teatro. Su un buon livello la compagnia di canto.

Marais Marin (1656-1728)
Alcyone (1706)
J. Smith, G. Ragon, P. Huttenlocher, V. Le Texier, S. Boulin, B. Deletré, J-P. Fouchécourt/Les Musiciens du Louvre/M. Minkowski.
3 CD-ERATO
Eccellenti gli interpreti vocali. Elegante, ma allo stesso tempo vigorosa, la direzione di Minkowski.

Marschner Heinrich (1795-1861)
Hans Heiling (1833)
T. Mohr, M. Hajossyova, E. Seniglova, M. Eklöf, K. Markus, L. Neshyba/Coro e Orchestra Filarmonica Slovacca/E. Körner.
2 CD-MARCO POLO
La direzione d'orchestra è alquanto anonima. Discreto il baritono Mohr; piuttosto scarsi gli altri protagonisti.

Martín y Soler Vicente (1754-1806)
Una cosa rara (1786)
M.A. Peters, E. Palacio, M. Figueras, G. Fabuel, I. Fresan, F. Belaza-Leoz, S. Palatachi, F. Garrigosa/Catalan Capella Reial, Concert des Nations/J.Savall.
3 CD-ASTREE
Interpreti funzionali senza essere eccelsi. Accurata la concertazione di Savall.

Mascagni Pietro (1863-1945)
L'amico Fritz (1891)
L. Pavarotti, M. Freni, V. Sardinero, L. Didier/Coro e Orchestra del Royal Opera House Covent Garden/G. Gavazzeni.
2 CD–EMI
Splendidi Pavarotti e la Freni. Non eccelsa la direzione di G. Gavazzeni.
Cavalleria rusticana (1890)
– G.Di Stefano, M. Callas, R. Panerai/Coro e Orchestra del Teatro alla Scala di Milano/T. Serafin.
3 CD–EMI (piú *I pagliacci*)
– C. Bergonzi, F. Cossotto, G. G. Guelfi/Coro e Orchestra del Teatro alla Scala di Milano/ H. von Karajan.
3 CD–DG (piú *I pagliacci*)
La Emi del 1953 si avvale di un ottimo Di Stefano e di una splendida Callas; ben caratterizzato l'Alfio di Panerai. Notevole la direzione di Serafin. Altrettanto prestigiosa la DG del 1965: vibrante ma rigorosa la direzione di Karajan; eccellenti la Cossotto e Bergonzi; positivo l'Alfio di Guelfi.
Guglielmo Ratcliff (1895)
P.M. Ferraro, R. Mattioli, F. Mazzoli, G. Cominelli, M. Truccato Pace/Coro e Orchestra Sinfonica della Rai di Roma/A. La Rosa Parodi.
2 CD-NUOVA ERA
Esecuzione di buon livello.
Iris (1898)
I. Tokody, P. Domingo, J. Pons, B. Giaiotti/Coro e Orchestra Sinfonica della Radio Bavarese/G. Patanè.
2 CD–CBS
Magistrale la direzione di Patanè. Ottimo Domingo; efficace, ma alterna, la Tokody.
Lodoletta (1917)
M. Spacagna, P. Kelen, K.Szilagyi, L. Polgar, Z. Bazsinka/Orchestra e Coro della Radiotelevisione Ungherese/C. Rosenkrans.
2 CD-HUNGAROTON
Convincente la direzione di Rosenkrans. La Spacagna suona vocalmente troppo drammatica per il ruolo di Lodoletta; discreti gli altri interpreti.
Le maschere (1901)
A. Felle, V. La Scola, G. Sabbatini, M.

Gallego, E. Dara, A. Romero, O. Di Credico, N. Portella/Coro e Orchestra del Teatro Comunale di Bologna/G. Gelmetti.
2 CD-FONIT CETRA
Dalla brillante compagnia di canto emergono Dara, Sabbatini, La Scola e Felle. Brillante la direzione di Gelmetti.

Massenet Jules (1842-1912)
Cendrillon (1899)
F. von Stade, N. Gedda, J. Berbié, J. Bastin, R. Welting, T. Cahill, E. Bainbridge/Ambrosian Opera Chorus, Philharmonia Orchestra/J. Rudel.
2 CD–CBS
Raffinata la direzione di Rudel. Splendida la von Stade; in evidente declino vocale Gedda; ottima la Welting.
Le Cid (1885)
G. Bumbry, P. Domingo, P. Plishka, E. Bergquist, A. Voketatis/Byrne Camp Chorale, New York Opera Orchestra/ E. Queler.
2 CD–CBS
Convincente la direzione della Queler. La Bumbry interpreta con grande partecipazione; vigoroso Domingo; buono Plishka.
Don Quichotte (1910)
N. Ghiaurov, R. Crespin, G. Bacquier/Coro e Orchestra della Suisse Romande/K. Kord.
2 CD–DECCA
La direzione di Kord non è particolarmente esaltante. Su un ottimo piano interpretativo Ghiaurov, la Crespin e Bacquier.
Esclarmonde (1889)
J. Sutherland, G. Aragall, C. Grant, H. Tourangeau, L. Quilico, R. Lloyd, R. Davies/John Alldis Choir, National Philharmonic Orchestra/R. Bonynge.
3 CD–DECCA
Superlativa la Sutherland, qui in una delle sue interpretazioni piú esaltanti; buono Aragall; convincenti gli altri. Di grande rilievo la direzione di Bonynge.
Hérodiade (1881)
N. Denize, M. Channes, E. Blanc, J. Brazzi/Coro e Orchestra Lirica di Radio France/D. Lloyd-Jones.
2 CD–RODOLPHE
Buona prova per la Denize e Blanc; alquanto limitati la Channes e Brazzi. Banale la direzione di Lloyd-Jones.
Le jongleur de Notre-Dame (1902)
A. Vanzo, J. Bastin, M. Vento/Coro e Orchestra dell'Opéra di Monte Carlo/R. Boutry.
2 CD–EMI (piú selez. di *Thaïs*)
Convincente Vanzo; ottimo interprete Bastin; decorosi gli altri interpreti. Valida la direzione di Boutry.
Manon (1884)
B. Sills, N. Gedda, G. Souzay, G. Bacquier/Ambrosian Opera Chorus, New Philharmonic Orchestra/J. Rudel.
2 CD–EMI
La Sills offre qui una delle sue migliori prestazioni vocali e interpretative; abbastanza convincente Gedda. Rudel dirige con diligenza e sensibilità.
Le roi de Lahore (1877)
L. Lima, J. Sutherland, S. Milnes, N. Ghiaurov, H. Tourangeau/London Opera Chorus, National Philharmonic Orchestra/R. Bonynge.
3 CD–DECCA

Notevolissima la Sutherland; fuori luogo Lima; non molto convincenti Milnes e Ghiaurov. Ottima la direzione di Bonynge, particolarmente a proprio agio nel repertorio francese.
Sapho (1897)
R. Doria, G. Sirera, G. Ory, A. Legros, E. Waisman/Coro Stéphane Caillat, Orchestra de la Garde Républicaine/R. Boutry.
2 CD–BOURG
La Doria si mette in luce per un'intensa partecipazione emotiva, compensando cosí un certo decadimento vocale; ottimo il tenore Sirera, Valida la direzione di Boutry.
Thaïs (1894)
A. Esposito, R. Massard, J. Mollien, S. Michel, L. Lovano/Orchestra e Coro Lyrique di Radio France/A. Wolff.
2 CD–CHANT DU MONDE
Esecuzione nel complesso buona.
Werther (1892)
A. Kraus, T. Troyanos, C. Barbaux, M. Manuguerra/Coro di ragazzi del Covent Garden di Londra, Philharmonia Orchestra/M. Plasson.
2 CD–EMI
Alquanto modesta la direzione di Plasson. Kraus si conferma qui uno dei massimi interpreti del ruolo di Werther; ottima la Troyanos; convincenti la Barbaux e Manuguerra.

Maxwell Davies Peter
(n. 1934)
The Martyrdom of St Magnus (1977)
T. Dives, C. Gillet, P. Thomson, R. Morris, K. Thomas/Scottish Chamber Opera Ensemble/M. Rafferty.
1 CD–UNICORN
Ottima esecuzione.

Méhul Etienne-Nicholas
(1763-1817)
Joseph en Egypte (1807)
L. Dale, F. Vassar, R. Massis/Intermezzo Choral Ensemble, Orchestre Régional Picardy/C. Bardon.
2 CD–CHANT DU MONDE
Esecuzione e interpreti di buon livello.

Menotti Giancarlo (n. 1911)
Amahl and the Night Visitors (1951)
K. Yaghijan, M. King, J. Mc Collum, R. Cross, W. Patterson/Orchestra e Coro della Nbc/H. Grossman.
1 CD–RCA
Esecuzione di buon livello.
Goya (1986)
C. Hernandez, S. Guzman, D. Tonini, P. Daner, H. Bender, C. Tancredi/The Westminster Choir, Spoleto Festival Orchestra/S. Mercurio.
2 CD–NUOVA ERA
Prova positiva per il tenore Hernandez, che supera abbastanza agevolmente le difficoltà vocali di un ruolo nato per Domingo; ottima la Guzman; buoni gli altri cantanti. Appassionata la direzione di Mercurio.
The Thelephone (1947)
A.V. Banks, G.L. Ricci/Orchestra da Camera di Milano/P. Vaglieri.
1 CD–NUOVA ERA
Esecuzione corretta.

Mercadante Giuseppe Saverio Raffaele (1795-1870)
Il bravo (1839)

D. di Domenico, A. Tabiadon, J. Perry, S. Bertocchi, S. Antonucci/Coro Filarmonico Slovacco di Bratislava, Orchestra Internazionale d'Italia/B. Aprea.
3 CD–NUOVA ERA
Funzionale il cast, dal quale emergono i soprani Tabiadon e Perry. Convincente la direzione di Aprea.
Il giuramento (1837)
G. Colmagro, B. Wolff, P. Wells, M. Molese, S. Porzano, G. Novielli/Coro e Orchestra della Juilliard American Opera Center/T. Schippers.
2 CD–MYTO
Corrette la Wolff e la Wells; non esaltanti gli altri cantanti. Ottima, ma piuttosto superficiale, la direzione di Schippers.

Meyerbeer Giacomo
(1791-1864)
L'africaine (1865)
S. Verrett, P. Domingo, E. Mandac, N. Mittlemann/Coro e Orchestra dell'Opera di San Francisco/J. Perisson.
3 CD–LEGATO CLASSICS
Registrata "dal vivo" nel 1972, si avvale di una splendida Verrett e un notevolissimo Domingo.
Il crociato in Egitto (1824)
I. Platt, Y. Kenny, D. Montague, D. Jones, B. Ford, L. Kitchen, U. Benelli/Geoffrey Mitchell Choir, Royal Philharmonic Orchestra/D. Parry.
4 CD–OPERA RARA
L'opera è diretta con scrupolo e pertinenza da Parry. Eccellenti gli interpreti.
Le prophète (1849)
M. Horne, R. Scotto, J. McCracken, J. Bastin, J. Hines, C. Du Plessis/Ambrosian Opera Chorus, Royal Philharmonic Orchestra/H. Lewis.
4 CD–CBS
D'altissimo livello l'interpretazione della Horne; ottima la Scotto, anche se gli estremi acuti suonano alquanto striduli; McCracken convince poco. Valida la direzione di Lewis.
Robert le diable (1831)
R. Scotto, G. Merighi, B. Christoff, S. Malagu, G. Manganotti, G. Antonini/Coro e Orchestra del Maggio Musicale Fiorentino/N. Sanzogno.
3 CD–MELODRAM
Registrata "dal vivo" nel 1968, l'opera è eseguita in italiano e con numerosi tagli; si può comunque ammirare la splendida vocalità della Scotto e di Christoff.

Milhaud Darius (1892-1974)
Christophe Colomb (1930)
R. Massard, J. Micheau, X. Depraz, J. Marchat, J. Davy, L. Lovano/Coro e Orchestra di Radio France/M. Rosenthal.
2 CD–MONTAIGNE
Registrazione "dal vivo" del 1956. Prestigiosa la direzione di Rosenthal; ottimi i solisti di canto.

Moniuszko Stanislaw
(1819-1872)
Halka (1848)
S. Woytowicz, W. Ochman, A. Hiolski, B. Ladysz, A. Saciuk/Coro della Radio di Cracovia, Orchestra della Radio Polacca/J. Semkov.
2 CD–CHANT DU MONDE
Esecuzione di alto livello artistico, sia sul piano vocale che su quello direttoriale.

Monteverdi Claudio
(1567-1643)

L'incoronazione di Poppea (1642)
E. Söderström, H. Donath, P. Esswood, C. Berberian, G. Luccardi, R. Hansmann, C. Gaifa, P. Langridge/Concentus Musicus Wien/N. Harnoncourt.
4 CD–TELDEC
È ancora una delle migliori, se non addirittura la migliore realizzazione discografica dell'opera, grazie alla notevolissima direzione di Harnoncourt, attenta al canto e soprattutto alla parola scenica. Splendida la Poppea della Donath; ottimo il Nerone della Söderström; su un ottimo livello gli altri interpreti.

L'Orfeo (1607)
– L. Kozma, R. Hansmann, C. Berberian, M. Van Egmond, E. Katanosaka/Cappella Antiqua di Monaco, Concentus Musicus Wien/N. Harnoncourt.
2 CD–TELDEC
– A. Rolfe-Johnson, J. Baird, L. Dawson, A.S. von Otter, D. Montague/Coro Monterverdi, English Baroque Soloists/J.E. Gardiner.
2 CD–ARCHIV
Tutte e due le edizioni sono di ottimo livello, anche se presentano limiti nell'esecuzione vocale.

Il ritorno d'Ulisse in patria (1640)
C. Prégardien, B. Fink, C. Högman, M. Hill, J. Taillon, D. Visse, M. Tucker, D. Thomas, G. de Mey/Concerto Vocale/R. Jacobs.
3 CD–HARMONIA MUNDI
Questa registrazione è stata realizzata dopo le rappresentazioni dell'opera a Montpellier nel 1992, con gli stessi interpreti. L'esecuzione risulta così accurata e ricca di un ottimo ritmo teatrale, dato dalla direzione di Jacobs. Pregevoli anche gli interpreti vocali.

Mozart Wolfgang Amadeus (1756-1791)

Apollo et Hyacinthus (1767)
C. Günther, S. Pratschske, M. Schäfer, C. Fliegner, P. Cieslewicz/Nice Baroque Ensemble/G. Schmidt-Gaden.
2 CD–PAVANE
È una pregevole realizzazione che si avvale, come per la prima esecuzione del 1767, di voci bianche.

Ascanio in Alba (1771)
A. Baltsa, L. Sukis, E. Mathis, A. Auger, P. Schreier/Coro da Camera di Salisburgo, Orchestra del Mozarteum di Salisburgo/L. Hager.
3 CD–PHILIPS
Buona la direzione di Hager. La compagnia di canto è complessivamente soddisfacente.

Bastien und Bastienne (1768)
D. Oriesching, G. Nigl, D. Busch/Orchestra Sinfonica di Vienna/U.C. Harrer.
1 CD–PHILIPS
Affidata a voci bianche, questa registrazione brilla per la bravura dei tre esecutori.

La clemenza di Tito (1791)
– W. Krenn, T. Berganza, M. Casula, L. Popp, B. Fassbänder, T. Franc/Coro e Orchestra della Staatsoper di Vienna/I. Kertész.
2 CD–DECCA
– A. Rolfe Johnson, J. Varady, A.S. von Otter, C. Robbin, S. McNair, C. Hauptmann/Coro Monteverdi, English Baroque Soloists/J.E. Gardiner.
2 CD–ARCHIV
Ottima la direzione di Kertész; omogenea la compagnia di canto, dalla quale emergono le proprietà stilistiche ed espressive della Berganza e il vigore drammatico della Vitellia della Casula. Altrettanto prestigiosa l'interpretazione di Gardiner che con gli strumenti originali degli English Baroque Soloists sottolinea il neoclassicismo della partitura, allo stesso tempo animato da molta tensione drammatica. In perfetta sintonia con Gardiner il cast vocale: dalla Varady, in una delle sue migliori interpretazioni discografiche, alla von Otter, l'unico Sesto che rivaleggia con quello della Berganza; più che mai validi anche gli altri interpreti.

Così fan tutte (1790)
– E. Schwarzkopf, C. Ludwig, H. Staffek, G. Taddei, A. Kraus, W. Berry/Coro e Orchestra Philarmonia di Londra/K. Böhm.
3 CD–EMI
– M. Caballé, J. Baker, I. Cotrubas, W. Ganzarolli, N. Gedda, R. van Allan/Coro e Orchestra del Convent Garden/C. Davis
3 CD–PHILIPS
Lodevole la direzione di Böhm. Ottimi, nel complesso, gli interpreti, in particolare il Ferrando di Kraus. Nonostante talune lentezze, la direzione di Davis è valida soprattutto per levità e raffinatezza. Dal cast emergono soprattutto le voci femminili, in particolare la Fiordiligi della Caballé; del settore maschile si salva solamente Gedda.

Don Giovanni (1787)
– E. Wächter, J. Sutherland, L. Alva, G. Frick, E. Schwarzkopf, G. Taddei, G. Sciutti, P. Cappuccilli/Coro e Orchestra London Philarmonic/C.M. Giulini.
3 CD–EMI
– W. Shimell, C. Studer, F. Lopardo, J.-H. Rootering, C. Vaness, S. Ramey, S. Mentzer, N. de Carolis/Coro della Staatsoper di Vienna, Wiener Philharmoniker/R. Muti.
3 CD–EMI
Valida, anche se a volte manca di tensione, la direzione di Giulini. Ottimi gli interpreti. La Emi del 1991 è dominata da Muti, l'unico direttore che ha saputo fondere perfettamente il "giocoso" e il "serio" del "dramma" mozartiano, validamente assecondato dagli interpreti.

Die Entführung aus dem Serail (1782)
– E. Gruberova, K. Battle, G. Winbergh, H. Zednik, M. Talvela/Coro della Staatsoper di Vienna, Wiener Philharmoniker/G. Solti.
2 CD–DECCA
– L. Orgonasova, C. Sieden, S. Olsen, U. Peper, C. Hauptmann/Coro Monteverdi, English Baroque Soloists/J.E. Gardiner.
2 CD–ARCHIV
Magistrale, per ricchezza coloristica, leggerezza e sensibilità, la direzione di Solti. La Gruberova è la più completa Costanza della storia discografica di quest'opera; non esaltanti gli altri. Vigorosa, più che mai attenta al colore "esotico" della partitura, la direzione di Gardiner. Notevolissima la Costanza della Orgonasova; gli altri cantanti, senza essere eccezionali, si pongono su un ottimo livello.

La finta giardiniera (1775)
T. Moser, E. Gruberova, U. Heilmann, C. Margiono, M. Bacelli, D. Upshaw, A. Scharinger/Concentus Musicus Wien/N. Harnoncourt.
3 CD–TELDEC
La Gruberova è una sontuosa Sandrina; bene gli altri. Di grande vitalità e tenuta teatrale la direzione di Harnoncourt.

La finta semplice (1769)
B. Hendricks, S. Lorenz, D. Johnson, A. Murray, E. Lind, H.-P. Blochwitz, A. Schmidt/Orchestra da Camera "C.P.E. Bach"/P. Schreier.
2 CD–PHILIPS
Eccellente la direzione di Schreier. Dal cast vocale emergono in particolare la Hendricks, la Murray, Blochwitz e Schmidt.

Idomeneo re di Creta (1781)
– L. Pavarotti, A. Baltsa, E. Gruberova, L. Popp, L. Nucci/Coro della Staatsoper di Vienna, Wiener Philharmoniker/J. Pritchard.
3 CD–DECCA
– A. Rolfe Johnson, A.S. von Otter, H. Martinpelto, S. McNair, N. Robson/Coro Monteverdi, English Baroque Soloists/J.E. Gardiner.
3 CD–ARCHIV
Di buon livello l'interpretazione direttoriale di Pritchard; di rilievo i cantanti, in particolare Pavarotti e la Gruberova. Gardiner dirige con brillantezza e mordente, ma anche con abbandono e lirismo; attorno a lui un cast vocale omogeneo.

Lucio Silla (1772)
– A. Rolfe Johnson, L. Cuberli, A. Murray, C. Barbaux, B-M. Aruhn, A. Van Baasbank/Coro e Orchestra del Teatro La Monnaie di Bruxelles/S. Cambreling.
3 CD–RICERCAR
– P. Schreier, E. Gruberova, C. Bartoli, Y. Kenny, D. Upshaw/Coro "A. Schönberg" di Vienna, Concentus Musicus Wien/N. Harnoncourt.
2 CD–TELDEC
Cambreling dirige con calore e intensa partecipazione drammatica. Tra gli interpreti, su un buon livello complessivo, domina la Giunia della Cuberli. L'edizione Teldec è afflitta da numerosissimi tagli: manca più di un'ora di musica! Ciononostante l'interpretazione di Harnoncourt è vibrante, quasi aggressiva. Splendide la Gruberova e la Bartoli. Bene la Kenny e la Upshaw, pessimo Schreier.

Mitridate re di Ponto (1770)
W. Hollweg, A. Auger, E. Gruberova, A. Baltsa, I. Cotrubas, D. Kübler, C. Weidinger/Orchestra del Mozarteum di Salisburgo/L. Hanger.
3 CD–PHILIPS
Buona, ma decisamente anonima, la direzione di Hager. Nell'arduo ruolo di Mitridate il tenore Hollweg si disimpegna con onore; notevolissima la Gruberova; bene la Auger e la Cotrubas; discontinua la Baltsa.

Le nozze di Figaro (1786)
– D. Fischer-Dieskau, G. Janowitz, E. Mathis, H. Prey, T. Troyanos, P. Johnson, E. Wohlfahrt, P. Lagger/Coro e Orchestra della Deutsche Oper di Berlino/K. Böhm.
3 CD–DG
– A. Poell, L. Della Casa, H. Güden, C. Siepi, S. Danco, H. Rössel-Majden, F. Corena, M. Dickie/Coro della Staatsoper di Vienna, Wiener Philharmoniker/E. Kleiber.
3 CD–DECCA
La versione di Kleiber è quasi integrale: la direzione è notevolissima, gli interpreti notevoli. La DG è diretta da Böhm con perfetta aderenza stilistica ed eleganza. Il cast è di altissimo livello; convincenti anche i

cantanti che sostengono le parti di fianco.
Il re pastore (1775)
S. McNair, A.M. Blasi, I. Vermillion, J. Hadley, C. Ahnsjö/Academy of St. Martin in the Fields/N. Marriner.
2 CD–PHILIPS
Marriner dirige con eleganza e vivacità. Dal cast emergono in particolare le prestazioni dalla McNair, della Vermillion e di Hadley.
Der Schauspieldirektor (1786)
J. Hamari, K. Laki, T. Hampson, H. Van der Kamp/Orchestra del Concertgebouw di Amsterdam/N. Harnoncourt.
1 CD–TELDEC (piú *Prima la musica, poi le parole* di Salieri)
Esecuzione di buon livello.
Zaide (1779)
E. Mathis, P. Schreier, I. Wixell, W. Hollweg, D. Süss/Staatskapelle di Berlino/B. Klee.
2 CD–PHILIPS
L'esecuzione è complessivamente omogenea; i cantanti sono gradevoli ma piuttosto anonimi.
Die Zauberflöte (1791)
– M. Talvela, S. Burrows, D. Fischer-Dieskau, C. Deutekom, P. Lorengar, H. Prey, G. Stolze/Coro della Staatsoper di Vienna, Wiener Philharmoniker/G. Solti.
3 CD–DECCA
– S. Ramey, F. Araiza, C. Studer, K. Te Kanawa, O. Bär, J. Van Dam/Ambrosian Opera Chorus, Academy of St. Martin in the Fields/N. Marriner.
3 CD–PHILIPS
Fortemente caratterizzata la direzione di Solti; interpreti di ottimo livello. Marriner dirige con eleganza ma in maniera piuttosto impersonale; anche i cantanti, prestigiosi, sono piuttosto distaccati nell'interpretazione.

Musorgskij Modest
(1839-1881)
Boris Godunov (1874)
– N. Ghiaurov, A. Maslennikov, M. Talvela, L. Spiess, G. Visnevskaja/Cori della Radio di Sofia e della Staatsoper di Vienna, Wiener Philharmoniker/H. von Karajan.
3 CD–DECCA (vers. Rimskij-Korsakov, 1904)
– A. Vedernikov, A. Sokolov, V. Matorin, V. Piavko, I. Arkhipova, A. Ejzen/Coro e Orchestra della Radiotelevisione russa/V. Fedoseev.
3 CD–PHILIPS (vers. orig. 1872)
La Decca 1970-71 si avvale della splendida concertazione di von Karajan; cast di alto livello, anche se alterno nella resa. L'edizione Philips del 1984 trova in Fedoseev un direttore abile nel rapportarsi con le voci e capace di imprimere una notevole tensione drammatica. Tutti validi gli interpreti.
Kovànčina (1886)
– A. Haugland, V. Atlantov, V. Popov, A. Kotscherga, P. Burchuladze, M. Lipovsek/Coro Filarmonico Slovacco, Coro e Orchestra della Staatsoper di Vienna/C. Abbado.
3 CD–DG (vers. 1883 piú aggiunte)
– N. Ghiaurov, Z. Gadjev, N. Ghiuselev, K. Kaludov, A. Miltcheva/Coro e Orchestra dell'Opera Nazionale di Sofia/E. Tchakarov.
3 CD–SONY (vers. Šostakovič, 1963)
Nella sua esecuzione Abbado utilizza quanto esiste della partitura originale (quella orchestrata da Šostakovič) e, nel finale dell'opera, adotta la versione composta da Stravinskij nel 1913. L'interpretazione del maestro milanese è di una straordinaria potenza drammatica. L'edizione Sony si basa sulla versione Šostakovič: Tchakarov è drammaticamente meno estroverso di Abbado, ma la sua lettura non appare meno degna di nota, per il clima austero che la pervade. Quanto agli interpreti il cast della Sony appare superiore alla pur valida compagine artistica dell'edizione DG.

Nicolai Carl Otto (1810-1849)
Die lustigen Weiber von Windsor (1849)
G. Frick, E. Gutstein, R.-M. Pütz, G. Liz, E. Mathis, F. Wunderlich/Coro e Orchestra dell'Opera di Stato Bavarese/R. Heger.
2 CD–EMI
Brillante la direzione di Heger. Nel cast, di ottimo livello, si mettono particolarmente in luce Frick e la Mathis.

Offenbach Jacques
(1819-1880)
Les contes d'Hoffmann (postuma, 1881)
– P. Domingo, J. Sutherland, G. Bacquier/Coro e Orchestra della Suisse Romande/R. Bonynge.
2 CD–DECCA
– F. Araiza, E. Lind, J. Norman, C. Studer, S. Ramey, A.S. von Otter/Coro della Radio di Lipsia, Orchestra della Staatskapelle di Dresda/J. Tate.
3 CD–PHILIPS
La Decca del 1972 si avvale di un notevolissimo Domingo, nel ruolo del protagonista, e di una splendida Sutherland, qui interprete di tutti i ruoli femminili. Bonynge dirige con eleganza e fantasia. La registrazione Philips del 1992 si avvale dei piú recenti lavori di revisione operati sulla partitura originale, lasciata incompiuta dal compositore. Tate dirige con convinzione, dando omogeneità al prestigioso cast che offre una prova complessivamente convincente.

Orff Carl (1895-1982)
Die Kluge (1943)
T. Stewart, G. Frick, L. Popp, R. Kogel, M. Schmidt, C. Nicolai/Orchestra della Radio di Monaco/K. Eichhorn.
2 CD–EURODISC (piú *Der Mond*)
Esecuzione pregevole.
Der Mond (1939)
J. van Kesteren, H. Friedrich, R. Kogel, F. Gruber, B. Kusche, R. Grumbach, F. Crass/Coro della Radio Bavarese, Orchestra della Radio di Monaco/K. Eichhorn.
2 CD–EURODISC (piú *Die Kluge*)
Interpreti e direzione ottimi. Delle due opere esistono due notevolissime esecuzioni dirette da Sawallisch, racchiuse in un unico cofanetto di 2 CD pubblicati dalla Emi.

Pacini Giovanni (1796-1867)
Saffo (1840)
L. Gencer, L. Quilico, T. Del Bianco, F. Mattiucci/Coro e Orchestra del Teatro San Carlo di Napoli/F. Capuana.
2 CD–CGD HUNT
Si tratta di una registrazione tratta da una rappresentazione del 1967 al Teatro San Carlo. Esecuzione di buon livello, soprattutto grazie alla presenza della Gencer, che campeggia sugli altri per capacità vocali e interpretative.

Paisiello Giovanni (1740-1816)
Il barbiere di Siviglia, ovvero La precauzione inutile (1782)
L. Cuberli, P. Visconti, E. Dara, A. Corbelli, D. Menicucci/Orchestra Filarmonica Romana/B. Campanella.
2 CD–EUROPA MUSICA
Registrata al Festival della Valle d'Itria del 1984, quest'esecuzione del *Barbiere* è di primissimo ordine, sia dal punto di vista degli interpreti vocali che da quello della direzione d'orchestra, affidata a un brillantissimo Campanella.
Nina, ossia la pazza per amore (1789)
M. Bolgan, D. Bernardini, F. Musinu, F. Pediconi, G. Surjan/Coro e Orchestra del Teatro Massimo "G. Bellini" di Catania/R. Bonynge.
2 CD–NUOVA ERA
Anche in questo caso l'incisione è tratta da un'esecuzione teatrale del 1989. Buoni gli interpreti; scrupolosa la direzione di Bonynge.

Pepusch Johann Christoph (1667-1752)
The Beggar's Opera (1728)
– N. Rogers, A. Jenkins, S. Minti, E. Fleet, M. Cable, J. Noble, V. Midgley/Coro e Orchestra dell'Accademia Monteverdiana/D. Stevens.
2 CD–KOCH SCHWANN
– J. Morris, K. Te Kanawa, J. Sutherland, A. Marks, A. Lansbury, S. Dean, A. Rolfe Johnson/National Philharmonic Orchestra/R. Bonynge.
2 CD–DECCA
La Koch Schwann del 1978 si presenta priva delle parti recitate, qui affidate a un narratore. L'esecuzione è comunque di buon livello. La Decca del 1981, rifuggendo da qualsiasi prassi filologica, come avviene nella registrazione della Koch, è eseguita in una sontuosa orchestrazione da un brillantissimo Bonynge, con un cast nel quale spiccano la Te Kanawa e la Sutherland.

Pergolesi Giovan Battista
(1710-1736)
Adriano in Siria (1734)
D. Dessí, J. Omilian, E. Di Cesare, G. Banditelli, S. Anselmi, L. Mazzaria/Orchestra dell'Opera da Camera di Roma/M. Panni.
3 CD–BONGIOVANNI
Tratta da un'esecuzione al Teatro Pergolesi di Jesi del 1986. Panni dimostra qui di essere uno specialista del repertorio barocco; l'esecuzione è di buon livello grazie alle ottime voci.
Il Flaminio (1735)
G. Sica, D. Dessí, E. Zilio, F. Pediconi, M. Farruggia, V. Baiano, S. Pagliuca/Orchestra del Teatro San Carlo di Napoli/M. Panni.
3 CD–RICORDI-FONIT CETRA
È anche questa una ripresa "dal vivo" di una recita al Teatro Pergolesi di Jesi del 1983. La direzione di Panni è corretta ma poco brillante. Dal cast emergono soprattutto le voci femminili: dalla Pediconi alla Dessí, alla Zilio, alla Baiano.
Lo frate 'nnammurato (1732)
A. Felle, N. Focile, A. Corbelli, B. De Simone, B. Manca di Nissa, N. Curiel, E. Norberg-Schulz, L. D'Intino, E. Di Cesare/Orchestra del

Teatro alla Scala di Milano/R. Muti.
3 CD–EMI
Registrata alla Scala nel dicembre del 1989, questa edizione si avvale della prestigiosa direzione di Muti, che esegue con grande accuratezza ma anche in modo piuttosto compassato. Ottima la compagnia di canto.
Livietta e Tracollo (1734)
S. Rigacci, R. Franceschetto/Orchestra Giovanile In Canto di Terni/F. Maestri.
1 CD–BONGIOVANNI
Esecuzione di buon livello.
La serva padrona (1733)
– R. Scotto, S. Bruscantini/I Virtuosi di Roma/R. Fasano.
1 CD–RICORDI-FONIT CETRA
– K. Farkas, J. Gregor/Cappella Savaria/P. Nemeth.
1 CD–HUNGAROTON
Tra le numerose registrazioni di questo celebre "Intermezzo", l'edizione Ricordi del 1960 emerge grazie alle notevolissime interpretazioni della Scotto, di Bruscantini e alla direzione di Fasano. L'Hungaroton del 1986 si avvale di strumenti d'epoca, diretti senza particolare estro da Nemeth. La Farkas e Gregor sono piacevoli ma senza particolare spigliatezza.

Pfitzner Hans Erich
(1869-1949)
Palestrina (1917)
N. Gedda, H. Donath, B. Fassbänder, D. Fischer-Dieskau, K. Ridderbusch, H. Prey, B. Weikl/Tölzerknabenchor e Coro e Orchestra della Radio Bavarese/R. Kubelik.
3 CD–DG
L'esecuzione è di altissimo livello. Il cast è di rilievo; Kubelik è inappuntabile.

Piccinni Niccolò (1728-1800)
La Cecchina, ossia La buona figliola (1760)
M.A. Peters, G. Morino, A. Ruffini, G. Morigi, P. Spagnoli, S. Mingardo, M.C. Zanni/Orchestra Serenissima Pro Arte/B. Campanella.
2 CD–MEMORIES-NUOVA ERA
Impeccabile la direzione di Campanella. Compagnia di canto omogenea; particolarmente degna di nota l'interpretazione della Ruffini nei panni del cavaliere Armidoro.

Pizzetti Ildebrando (1880-1968)
Assassinio nella cattedrale (1958)
N. Rossi-Lemeni, V. Zeani, A.M. Rota, P. Montarsolo/Coro e Orchestra Sinfonica di Torino della Rai/I. Pizzetti.
2 CD–STRADIVARIUS
Si tratta di una registrazione radiofonica del 1958. Ottima esecuzione vocale e orchestrale.

Ponchielli Amilcare
(1834-1886)
La Gioconda (1876)
– M. Callas, F. Cossotto, P.M. Ferraro, P. Cappuccilli, I. Vinco/Coro e Orchestra del Teatro alla Scala di Milano/A. Votto.
3 CD–EMI
– R. Tebaldi, M. Horne, C. Bergonzi, R. Merrill, N. Ghiuselev/Coro e Orchestra dell'Accademia di Santa Cecilia di Roma/L. Gardelli.
3 CD–DECCA
La Emi del 1959 poggia tutta sul perentorio talento drammatico della Callas, anche se qui la cantante appare in evidente declino vocale. Difficoltà vocali compromettono in parte anche la Gioconda della Tebaldi, che però si mostra interprete di notevole temperamento. Particolarmente degni di nota poi Bergonzi e la Horne.

Poulenc Francis (1899-1963)
Les dialogues des Carmélites (1957)
C. Dubosc, R. Gorr, R. Yakar, M. Dupuy, B. Fournier, J. Van Dam, J.-L. Viala/Orchestra dell'Opéra di Lyon/K. Nagano.
2 CD–VIRGIN CLASSICS
Registrata "dal vivo" all'Opéra di Lione nella primavera del 1990, è affidata alla ragguardevole direzione di Nagano, il quale ne evidenzia la modernità, valorizzando i contrasti, gli impeti drammatici, nonché il misticismo che pervadono la partitura. Lo asseconda un cast di prim'ordine: dalla Dubosc, una tragica Blanche de la Force, alla veterana Gorr, alla Dupuy, alla Yakar e a Van Dam.
La voix humaine (1959)
J. Migenes/Orchestre National de France/G. Prêtre.
1 CD–ERATO
La Migenes nel ruolo della "Femme" sfodera tutte le sue notevolissime risorse di cantante-attrice, compensando anche i limiti di uno strumento vocale non eccezionale. Eccellente la direzione di Prêtre.

Prokof'ev Sergej Sergeevič (1891-1953)
Igrok (1929)
A. Ognivtsiev, M. Kasrashvili, A. Maslennikov, D. Korolev, L. Vernigora, G. Borisova, V. Vlasov/Coro e Orchestra del Teatro Bolsciori di Mosca/A. Lazarev.
2 CD–OLYMPIA
Ottima esecuzione vocale e orchestrale.
Ljubov k trem apel'sinam (1921)
G. Bacquier, J.-L. Viala, H. Perraguin, V. Le Texier, G. Gautier, D. Henry, M. Legrange, B. Fournier, C. Dubosc/Coro e Orchestra dell'Opéra di Lyon/K. Nagano.
2 CD–VIRGIN CLASSICS
L'opera è eseguita nella versione in lingua francese come nella prima rappresentazione a Chicago nel 1921. L'edizione si avvale di un'ottima compagnia vocale e di un'eccellente direzione d'orchestra.
Ognennyi Angel (1955)
N. Secunde, S. Lorenz, H. Zednik, P. Salomaa, K. Moll, G. Zachrisson, B. Terfel, R. Lang/Ohlin Vocal Ensemble, Gothenburg Symphony Orchestra/N. Järvi.
2 CD–DG
Järvi domina la complessa partitura evidenziandone ogni più recondito aspetto. Grandissima la Secunde, ottimo Lorenz e validissimi gli altri interpreti.

Puccini Giacomo (1858-1924)
La bohème (1896)
– R. Tebaldi, C. Bergonzi, E. Bastianini, G. D'Angelo/Orchestra e Coro dell'Accademia Nazionale di Santa Cecilia di Roma/T. Serafin.
2 CD–DECCA
– M. Freni, L. Pavarotti, R. Panerai, E. Harwood/Coro della Deutsche Oper di Berlino, Berliner Philharmoniker/H. von Karajan.
2 CD–DECCA
La Decca del 1958 spicca per il cast di altissimo livello anche se la Tebaldi mostra qualche segno di declino. Ben più avvincente, anche grazie alla magnifica lettura di von Karajan, l'altra edizione. Pavarotti e la Freni sono un Rodolfo e una Mimì memorabili.
Edgar (1889)
R. Scotto, C. Bergonzi, G. Killebrew, V. Sardinero/Coro di ragazzi della City Opera di New York, Schola Cantorum di New York, Opera Orchestra di New York/E. Queler.
2 CD–CBS
Vi dominano la Scotto e Bergonzi; decoroso Sardinero, pessimi gli altri. La direzione della Queler è complessivamente valida.
La fanciulla del West (1910)
– C. Neblett, P. Domingo, S. Milnes, G. Howell/Coro e Orchestra del Covent Garden di Londra/Z. Mehta.
2 CD–DG
– M. Zampieri, P. Domingo, J. Pons, M. Chingari/Coro e Orchestra del Teatro alla Scala di Milano/L. Maazel.
2 CD–SONY
La direzione di Mehta è straordinaria per ricchezza coloristica e partecipazione emotiva. La Neblett, nonostante una certa durezza nell'emissione, è una Minnie convincente; ottimi Domingo e Milnes. La Sony del 1992 è stata registrata nel 1991 durante le rappresentazioni scaligere, ed è quindi arricchita dal clima teatrale. Vi si apprezza principalmente il perfetto equilibrio di Maazel che coinvolge tutti gli interpreti, compresi numerosi ruoli di contorno.
Madama Butterfly (1904)
– R. Scotto, C. Bergonzi, A. Di Stasio, R. Panerai/Coro e Orchestra del Teatro dell'Opera di Roma/J. Barbirolli.
2 CD–EMI
– M. Freni, L. Pavarotti, C. Ludwig, R. Kerns/Coro della Staatsoper di Vienna, Wiener Philharmoniker/H. von Karajan.
3 CD–DECCA
La Emi del 1966 è pregevole sia sul piano del canto, con un particolare riferimento alla Scotto, che in quello dell'interpretazione orchestrale, affidata a un raffinatissimo Barbirolli. La Decca del 1974, con la splendida intensità coloristica profusa da von Karajan e dagli altrettanto splendidi Freni e Pavarotti, si pone ancora oggi come punto di riferimento interpretativo di questo capolavoro.
Manon Lescaut (1893)
– M. Caballé, P. Domingo, V. Sardinero/Ambrosian Opera Chorus, New Philharmonia Orchestra/B. Bartoletti.
2 CD–EMI
– M. Freni, P. Domingo, R. Bruson/Coro del Covent Garden di Londra, Philharmonia Orchestra/G. Sinopoli.
2 CD–DG
Entrambe le registrazioni sono pregevoli, anche se la Emi del 1972 trova nella direzione di Bartoletti maggiore vitalità teatrale.
La rondine (1917)
– A. Moffo, D. Barioni, M. Sereni, G. Sciutti, P. De Palma/Coro e Orchestra della Rca italiana/F. Molinari-Pradelli.
2 CD–RCA
– K. Te Kanawa, P. Domingo, L. Nucci, M.

Nicolesco, D. Rendall/Ambrosian Opera Chorus, London Symphony Orchestra/L. Maazel.
2 CD–CBS

La Rca del 1966 è validamente diretta da Molinari-Pradelli e trova nella Moffo un'interpretazione estremamente convincente. La Cbs del 1982 si avvale di un Maazel attentissimo alle atmosfere della partitura, una cura che a volte scivola nell'autocompiacimento. La Te Kanawa è valida sul piano della vocalità, ma appare poco convincente come interprete, anche a causa di un italiano tutt'altro che perfetto.

Tosca (1900)
– M. Callas, G. Di Stefano, T. Gobbi/Coro e Orchestra del Teatro alla Scala di Milano/V. De Sabata.
2 CD–EMI
– L. Price, P. Domingo, S. Milnes/John Alldis Choir, New Philharmonia Orchestra/Z. Mehta.
2 CD–RCA

La Emi del 1953 è caratterizzata dalla vibrante direzione di De Sabata, che trova una piena corrispondenza nella straordinaria personalità vocale e interpretativa della Callas, alla quale manca però la dimensione sensuale del personaggio. Risulta più completa la Price della Rca del 1972. In questa edizione brilla poi il Cavaradossi di Domingo, uno dei suoi ruoli migliori, e la felice caratterizzazione di Milnes quale Scarpia. Accurata e partecipe la direzione di Mehta.

Il Trittico (1918)
Il tabarro, Suor Angelica, Gianni Schicchi
I. Wixell, R. Scotto, P. Domingo–R. Scotto, M. Horne–T. Gobbi, I. Cotrubas, P. Domingo/Ambrosian Opera Chorus, New Philharmonia Orchestra/L. Maazel.
3 CD–CBS

Esecuzioni complessivamente valide, in particolare *Il tabarro* e soprattutto *Suor Angelica*, nella quale emergono la purezza di canto e il fraseggio nobilissimo della Scotto.

Turandot (1926)
– B. Nilsson, F. Corelli, R. Scotto, B. Giaiotti/Coro e Orchestra del Teatro dell'Opera di Roma/F. Molinari-Pradelli.
2 CD–EMI
– J. Sutherland, L. Pavarotti, M. Caballé, N. Ghiaurov/J. Alldis Chor, London Philharmonic Orchestra/Z. Mehta.
2 CD–DECCA

La Emi del 1965 è ancora oggi una delle migliori incisioni dell'ultima opera pucciniana. Tutti gli interpreti sono grandissimi, mentre la direzione di Molinari-Pradelli è vigorosa. Nella Decca del 1973 troviamo una inusitata ma affascinante Sutherland nel ruolo di Turandot; raggiante il Calaf di Pavarotti, eccellente la Caballé. La direzione di Mehta è un trionfo di colori, atmosfere e passionalità.

Le Villi (1884)
R. Scotto, P. Domingo, L. Nucci/Ambrosian Opera Chorus, National Philharmonic Orchestra/L. Maazel.
1 CD–CBS

Esecuzione complessivamente valida.

Purcell Henry (1659-1695)
Dido and Aeneas (1689)
– J. Norman, M. McLaughlin, P. Kern, T. Allen/English Chamber Orchestra e Coro/R. Leppard.
1 CD–PHILIPS
– A.S. von Otter, L. Dawson, N. Rogers, S. Varcoe/The English Concert/T. Pinnock.
1 CD–ARCHIV

La Norman è una Didone dalla vocalità sontuosa e di grande potenza drammatica; eccellenti anche la McLaughlin e Allen. Modesto l'apporto musicale di Leppard. Pregevolissima l'edizione Archiv affidata alla direzione di Pinnock e agli strumenti antichi dell'English Concert. Molto sensibile e perfettamente in stile la von Otter; validissimi gli altri cantanti.

Rameau Jean-Philippe (1683-1764)
Castor et Pollux (1737)
J. Scovotti, M. Schèle, Z. Vandersteene, R. Leanderson, N. Lerer, G. Souzay, J. Villesech/Coro da Camera di Stoccolma, Concentus Musicus Wien/N. Harnoncourt.
3 CD–TELDEC

Di alto livello la direzione di Harnoncourt. Gli interpreti sono validi, e su tutti emergono le voci della Scovotti e della Lerer.

Les Indes galantes (1735)
C. McFadden, J. Corréas, I. Poulenard, N. Rivenq, M. Ruggieri, H. Crook, B. Délétré, J.-P. Fouchécourt/Les Arts Florissants/W. Christie.
3 CD–HARMONIA MUNDI

Impeccabile esecuzione di Christie. Eccellenti gli interpreti vocali.

Platée (1745)
G. Ragon, J. Smith, G. de Mey, V. le Texier, G. Laurens, B. Délétré, V. Gens, M. Verschaeve/Ensemble Vocal Françoise Herr, Les Musiciens du Louvre/M. Minkowski.
2 CD–ERATO

La direzione di Minkowski è elegante e accurata. Bravi i cantanti.

Ravel Maurice (1875-1937)
L'enfant et les sortilèges (1925)
F. Ogéas, S. Gylma, J. Collard, J. Berbié, C. Herzog, H. Rehfuss, C. Maurane, M. Sénéchal/Coro e Orchestra Nazionale dell'Ortf/L. Maazel.
1 CD–DG

Ottimo Maazel. Valido il cast degli interpreti.

L'heure espagnole (1911)
J. Berbié, M. Sénéchal, J. Giraudeau, G. Bacquier, J. Van Dam/Orchestra dell'Opéra di Parigi/L. Maazel.
1 CD–DG

La Berbié è un'ottima interprete ma presenta limiti vocali; ottimi gli altri. Pregevole la direzione d'orchestra di Maazel.

Respighi Ottorino (1879-1936)
Belfagor (1923)
L. Miller, S. Sass, G. Lamberti, L. Polgar, K. Takacs, M. Kalmar/Coro della Radiotelevisione Ungherese, Orchestra Sinfonica di Stato Ungherese/L. Gardelli.
2 CD–HUNGAROTON

Ottima la direzione di Gardelli. Validi gli interpreti vocali, anche se la Sass mostra i segni di un evidente declino vocale.

La fiamma (1934)
K. Takacs, S. Solyom-Nagy, P. Kelen, I. Tokody, T. Takacs, J. Gregor/Coro della Radiotelevisione Ungherese, Orchestra Sinfonica di Stato Ungherese/L. Gardelli.
3 CD–HUNGAROTON

Gardelli dirige con sensibilità, mostrando un amore particolare per questo autore. Validi gli interpreti vocali.

Ricci Federico e Luigi (1809-1877/1805-1859)
Crispino e la Comare (1850)
R. Coviello, S. Lazzarini, D. Lojarro, S. Alaimo/Coro "F. Cilea" di Reggio Calabria, Orchestra Sinfonica di Sanremo/P. Carignani.
2 CD–BONGIOVANNI

Dal cast emergono Coviello e Alaimo. Alquanto modesta l'Annetta della Lojarro, così come appare disuguale e talvolta maldestra la direzione di Carignani.

Rimskij-Korsakov Nikolaj (1844-1908)
Skasanie o Nevidimom grade Kiteže i deve Fevroni (1907)
G. Kalinina, E. Rajkov, V. Piavko, A. Vedernikov, M. Maslov/Orchestra e Coro del Teatro Bolscioi di Mosca/E. Svetlanov.
3 CD–CHANT DU MONDE

Notevole la direzione di Svetlanov. Ottimo il cast, in particolare la Kalinina.

Zarskaia nevěsta (1899)
G. Višnevskaja, I. Arkhipova, V. Atlantov, V. Valajtis, E. Nesterenko, A. Sokolov/Coro e Orchestra del Teatro Bolscioi di Mosca/F. Mansurov.
3 CD–CHANT DU MONDE

Sostanzialmente valida la direzione di Mansurov. La Višnevskaja e la Arkhipova dominano il cast, per altro ottimo.

Rossini Gioachino (1792-1868)
Adelaide di Borgogna (1817)
M. Dupuy, M. Devia, A. Caforio, A. Bertolo, E. Tandura, M. Farruggia, G. Fallisi/New Cambridge Chorus, Orchestra Filarmonica di Satu Mare/A. Zedda.
2 CD–RICORDI-FONIT CETRA

Perfettamente in stile la direzione di Zedda. Validissimo il cast, con due fuoriclasse del calibro della Dupuy e della Devia.

Armida (1817)
C. Gasdia, W. Matteuzzi, B. Ford, C. Merritt, C.H. Workmann, F. Furlanetto/Ambrosian Opera Chorus, I Solisti Veneti/C. Scimone.
2 CD–EUROPA MUSICA

Scimone dirige con troppa estroversione e risulta poco attento alle sfumature "amorose" e delicate della partitura. La Gasdia si impegna a fondo, ma approda a poco: la sua voce manca del peso necessario per un ruolo arduo come quello di Armida; validi i tenori Matteuzzi, Ford e Merritt.

Aureliano in Palmira (1813)
E. Di Cesare, D. Mazzola, L. D'Intino, N. Ciliento/Coro Cooperativa "Artisti del Coro Associati" di Lucca, Orchestra Lirico Sinfonica del Teatro del Giglio di Lucca/G. Zani.
2 CD–NUOVA ERA

Ripresa "dal vivo" al Teatro del Giglio di Lucca nel 1991. Zani, a capo dei modesti complessi lucchesi, non esce onorevolmente. Prova positiva per la D'Intino, la Mazzola e Di Cesare; modesti gli altri.

Il barbiere di Siviglia (1816)

– L. Alva, T. Berganza, H. Prey, E. Dara, P. Montarsolo, S. Malagú/Ambrosian Opera Chorus, London Symphony Orchestra/C. Abbado.
2 CD–DG
– R. Blake, L. Serra, B. Pola, E. Dara, P. Montarsolo, N. Curiel/Coro e Orchestra del Teatro Regio di Torino/B. Campanella.
2 CD–NUOVA ERA

La Dg del 1972 fu la prima incisione a rifarsi all'edizione critica curata da Zedda e ancora oggi rappresenta un punto di riferimento nella storia interpretativa di questa celebre opera. A rendere fondamentale questa incisione è prima di tutto la direzione di Abbado, mentre sul piano del canto si apprezzano il primo Bartolo autenticamente rossiniano di Dara e il raffinato stilismo della Berganza. L'esecuzione della Nuova Era, registrata "dal vivo" al Regio di Torino nel 1987, trova in Campanella un direttore stilisticamente adeguato e brillante. Vi si ammirano poi l'Almaviva di Blake, la Rosina della Serra e il sempre notevolissimo Bartolo di Dara.

Bianca e Faliero (1819)
K. Ricciarelli, M. Horne, C. Merritt, G. Surjan/Coro Filarmonico di Praga, The London Sinfonietta Opera Orchestra/D. Renzetti.
3 CD–RICORDI-FONIT CETRA

Registrata al Rossini Opera Festival del 1986. Corretta, ma non esaltante, la direzione di Renzetti. Ancora notevolissima, nonostante qualche evidente durezza, la Horne, mentre la Ricciarelli nel ruolo di Bianca offre una delle sue piú felici interpretazioni; eccellenti Merritt e Surjan.

La cambiale di matrimonio (1810)
E. Dara, R. Frontali, S. Jeun, L. Canonici/Orchestra Sinfonica della Rai di Torino/D. Renzetti.
1 CD–RICORDI-FONIT CETRA

L'incisione è tratta dall'esecuzione al Rossini Opera Festival del 1991. Renzetti dirige con magistero tecnico ma con scarso brio. Dara si conferma ancora una volta come il maggior "buffo" rossiniano del nostro tempo; apprezzabili Frontali, Jeun e Canonici.

La cenerentola ossia la bontà in trionfo (1817)
T. Berganza, M. Guglielmi, L. Zannini, L. Alva, R. Capecchi, P. Montarsolo, U. Trama/Scottish Opera Chorus, London Symphony Orchestra/C. Abbado.
2 CD–DG

Come per il *Barbiere*, questa registrazione del 1971 si valse dello scrupoloso lavoro di revisione sulla partitura operato da Zedda. Ancora una volta Abbado fissa un autentico caposaldo interpretativo. La Berganza è una grandissima Angelina, mentre gli altri cantanti, eccettuate la Guglielmi e la Zannini, sono alquanto limitati.

Ciro in Babilonia (1812)
D. Dessí, C. Calvi, E. Palacio, S. Antonucci, O. Ferraris, E. Cossutta, D. Serraiocco/Coro "F. Cilea" di Reggio Calabria, Orchestra Sinfonica di Sanremo/C. Rizzi.
2 CD–CGD-HUNT

Rizzi appare piuttosto inesperto, e i modesti complessi da lui diretti a Savona, dove è stata registrata nel 1988 questa esecuzione, non gli sono certamente d'aiuto. Si salvano i cantanti: dal bellissimo timbro della Dessí, a volte in difficoltà nei virtuosismi delle cabalette, alla interessante, anche se acerba, voce contraltile della Calvi, fino al solido professionismo di Palacio.

Le comte Ory (1828)
J. Aler, S. Jo, G. Cachemaille, D. Montague, G. Quilico, R. Pierotti/Coro e Orchestra dell'Opéra di Lione/J.E. Gardiner.
2 CD–PHILIPS

Gardiner sarebbe un direttore attento e non privo di garbo, ma questa edizione è gravemente carente sul piano vocale: Aler è mediocre, la Jo è un'Adele petulante, mentre gli altri non hanno nulla a che fare con Rossini.

La donna del lago (1819)
– M. Caballé, J. Hamari, F. Bonisolli, P. Bottazzo, P. Washington/Coro e Orchestra Sinfonica della Rai di Torino /P. Bellugi.
2 CD–MELODRAM
– K. Ricciarelli, L. Valentini-Terrani, D. Gonzales, D. Raffanti, S. Ramey/Coro Filarmonico di Praga, Chamber Orchestra of Europe/M. Pollini.
3 CD–RICORDI-FONIT CETRA

Documento di un'esecuzione concertistica alla Rai di Torino nel 1970, la registrazione edita dalla Melodram poggia tutta sulla sublime arte vocale della Caballé. L'edizione della Fonit Cetra del 1983, rispetto alla precedente edizione, rivela l'evoluzione della prassi esecutiva rossiniana, anche se qui non siamo al meglio. Pollini come direttore è pedante e sgraziato, mentre la Ricciarelli è una Elena quanto mai sbiadita e vocalmente in difficoltà; ottimi gli altri interpreti.

Elisabetta, regina d'Inghilterra (1815)
M. Caballé, V. Masterson, J. Carreras, U. Benelli/Ambrosian Singers, London Symphony Orchestra/G. Masini.
2 CD–PHILIPS

Complessivamente valida la direzione di Masini. La Caballé è una grandissima Elisabetta; ottimi Carreras e la Masterson.

Ermione (1819)
C. Gasdia, M. Zimmermann, C. Merritt, E. Palacio/Coro Filarmonico di Praga, Orchestra Philharmonique di Monte Carlo/C. Scimone.
2 CD–ERATO

Scimone è abbastanza valido, anche se la resa interpretativa è discontinua. La Gasdia canta un ruolo piú grande di lei: si salva solamente grazie alla sua indubbia musicalità e al senso dello stile; buona la Zimmermann, bene gli altri.

La gazza ladra (1817)
K. Ricciarelli, W. Matteuzzi, S. Ramey, B. Manca di Nissa, L. D'Intino, F. Furlanetto, R. Coviello/Coro Filarmonico di Praga, Orchestra Sinfonica della Rai di Torino/G. Gelmetti.
3 CD–SONY

È stata registrata nel corso delle rappresentazioni pesaresi del 1989. Gelmetti dirige con notevole piglio teatrale. Dal cast vocale emergono, oltre al fuoriclasse Ramey, uno svettante Matteuzzi e un'ottima Manca di Nissa. Decisamente modesta la Ninetta della Ricciarelli.

La Gazzetta (1816)
G. Morigi, P. Barbacini, F. Federici, A. Cicogna, A. Ariostini/Coro "F. Cilea" di Reggio Calabria, Orchestra Sinfonica di Piacenza/F. Luisi.
2 CD–BONGIOVANNI

Esecuzione di buon livello, in una registrazione "dal vivo" a Savona nel 1987.

Guillaume Tell (1829)
– M. Freni, S. Milnes, L. Pavarotti, N. Ghiaurov, F. Mazzoli, J. Tomlinson/Ambrosian Opera Chorus, National Philarmonic Orchestra/R. Chailly.
4 CD–DECCA
– C. Studer, G. Zancanaro, C. Merritt, G. Surjan/Coro e Orchestra del Teatro alla Scala di Milano/R. Muti.
4 CD–PHILIPS

Chailly dirige validamente, anche se non mancano disuguaglianze. Buono Milnes, piú che ottimi la Freni e Pavarotti. La registrazione Philips, tratta dalle recite scaligere del 1988, è dominata dalla personalità interpretativa di Muti. Zancanaro è un Tell vigoroso; prova positiva anche per la Studer e Merritt, nonché per tutti gli altri cantanti.

L'inganno felice (1812)
– E. Cundari, F. Jacopucci, P. Montarsolo/Coro e orchestra "A. Scarlatti" della Rai di Napoli/C. Franci.
1 CD–AS-Disc

È una registrazione Rai del 1963 di modesto livello esecutivo.
– S. Rigacci, E. Palacio, G. Gatti, R. Ripesi, G. Casali/Orchestra Giovanile In canto Terni/F. Maestri.
2 CD–BONGIOVANNI

Interpreti e direzione complessivamente validi.

L'Italiana in Algeri (1813)
M. Horne, E. Palacio, S. Ramey, D. Trimarchi, K. Battle, N. Zaccaria/Coro Filarmonico di Praga, I Solisti Veneti/C. Scimone.
2 CD–ERATO

La direzione di Scimone non è priva di eleganza o di sfumature ma è talvolta priva di mordente. Il cast è dominato dalla Horne e da Ramey; valido Palacio, censurabile Trimarchi.

Maometto II (1820)
J. Anderson, M. Zimmermann, E. Palacio, S. Ramey, L. Dale/Ambrosian Opera Chorus, Philharmonia Orchestra/C. Scimone.
3 CD–PHILIPS

Punto di forza di questa incisione è lo straordinario Maometto II del basso Ramey; la Anderson canta con proprietà ma è inespressiva; la Zimmermann è decorosa. La direzione di Scimone è buona, ma poco attenta al canto.

Moïse et Pharaon (1827)
J. Gregor, A. Molnar, S. Solyom-Nagy, J.B. Nagy, M. Kalmar, J. Hamari/Coro della Radiotelevisione Ungherese, Orchestra dell'Opera di Stato Ungherese/L. Gardelli.
3 CD–HUNGAROTON

Ottima la direzione di Gardelli. Cantanti non particolarmente esaltanti.

Mosè in Egitto (1818)
R. Raimondi, S. Nimsgern, S. Browne, J. Anderson, E. Palacio, Z. Gal, S. Fisichella/Ambrosian Opera Chorus, Philharmonia Orchestra/C. Scimone.
2 CD–PHILIPS

Vi emergono Raimondi e la Anderson; assai modesti gli altri, tranne Fisichella, positivo nel ruolo di Aronne. Di buon livello anche la direzione di Scimone.

L'occasione fa il ladro (1812)
L. Serra, L. D'Intino, R. Gimenez, E. Gavazzi, J.P. Raftery, C. Desderi/Orchestra Giovanile Italiana/S. Accardo.

2 CD–RICORDI-FONIT CETRA
Registrata a Pesaro nel 1987, si avvale di una brillantissima Serra; buoni gli altri interpreti. Non particolarmente esaltante la direzione di Accardo.

Otello, ossia il Moro di Venezia (1816)
F. von Stade, J. Carreras, G. Pastine, S. Fisichella/Ambrosian Opera Chorus, Philharmonia Orchestra/J. Lopez Cobos.
2 CD–PHILIPS
Non particolarmente degna di nota la direzione di Lopez Cobos. Ottima la von Stade, ma come interprete suona sempre troppo flebile; accettabili Carreras, Pastine e Fisichella.

La pietra del paragone (1812)
B. Wolff, E. Bonazzi, A. Elgar, J. Reardon, J. Carreras, A. Foldi, J. Diaz, R. Murcell/Coro e Orchestra The Clarion Concerts/N. Jenkins.
2 CD–VANGUARD
Positiva nel complesso la prova dei cantanti, brillantemente diretti da Jenkins.

La scala di seta (1812)
L. Serra, C. Bartoli, W. Matteuzzi, N. De Carolis, R. Coviello, O. Di Credico/Orchestra del Teatro Comunale di Bologna/G. Ferro.
2 CD–FONIT CETRA
È stata registrata a Pesaro nel 1988. La Serra e Matteuzzi sono semplicemente perfetti nei rispettivi ruoli di Giulia e Dorvil; prova convincente anche per tutti gli altri interpreti, nonché per la direzione di Ferro.

Semiramide (1823)
– J. Sutherland, M. Horne, J. Rouleau, J. Serge, S. Malas/Ambrosian Opera Chorus, London Symphony Orchestra/R. Bonynge.
3 CD–DECCA
– M. Caballé, M. Horne, S. Ramey, F. Araiza, D. Kavrakos/Coro e Orchestra del Festival di Aix-en-Provence/J. Lopez Cobos.
3 CD–LEGATO CLASSIC
L'edizione Decca del 1966 si avvale della memorabile interpretazione della Sutherland e della Horne; i ruoli di Assur e Idreno, sono affidati a Rouleau e Serge, che non sono all'altezza delle ardue vocalità. La registrazione pubblicata dalla Legato è la testimonianza di uno spettacolo ad Aix-en-Provence del 1980, che oltre a essere meno afflitta da tagli, rispetto all'edizione Decca, presenta un cast decisamente piú omogeneo. Oltre alle validissime Caballé e Horne, abbiamo il grande Assur di Ramey e il validissimo Idreno di Araiza.

Il signor Bruschino (1813)
E. Dara, M. Devia, A. Rinaldi, E. Favano, D. Gonzales, A. Antoniozzi/Orchestra Sinfonica della Rai di Torino/D. Renzetti.
2 CD–RICORDI FONIT CETRA
Anche questa registrazione è la testimonianza di uno spettacolo del Rossini Opera Festival del 1988 e ci presenta ottimi interpreti e una direzione d'orchestra sostanzialmente valida.

Tancredi (1813)
M. Horne, L. Cuberli, E. Palacio, N. Zaccaria, P. Schuman, B. Manca di Nissa/Coro e Orchestra del Teatro La Fenice di Venezia/R. Weikert.
3 CD–RICORDI-FONIT CETRA
Corretta la direzione di Weikert. Grandissime le due protagoniste: la Horne e la Cuberli; buono Palacio.

Il turco in Italia (1814)
– M. Callas, N. Rossi-Lemeni, N. Gedda, M. Stabile, F. Calabrese, J. Giardino/Coro e Orchestra del Teatro alla Scala di Milano/G. Gavazzeni.
2 CD–EMI
– S. Jo, S. Alaimo, E. Fissore, R. Gimenez, A. Corbelli, S. Mentzer/Ambrosian Opera Chorus, The Academy of St. Martin in the Fields/N. Marriner.
2 CD–PHILIPS
Nella Emi del 1954 la Callas, alla quale si deve la resurrezione dell'opera a Roma nel 1950, traduce perfettamente la psicologia frivola e aristocratica della protagonista Fiorilla; gli altri cantanti reggono abbastanza bene il confronto. L'edizione, falciata di tagli, è diretta con una certa pertinenza stilistica da Gavazzeni. La Philips del 1992 è affidata alla direzione alquanto raggelante di Marriner e a una compagnia di canto nella quale Fiorilla è affidata alla Jo, un "sopranino" flebile; Alaimo, Corbelli e la Mentzer sono i migliori del cast.

Il viaggio a Reims (1825)
C. Gasdia, L. Valentini-Terrani, L. Cuberli, K. Ricciarelli, E. Gimenez, F. Araiza, S. Ramey, R. Raimondi, E. Dara, L. Nucci/Coro Filarmonico di Praga, The Chamber Orchestra of Europe/C. Abbado.
2 CD–RICORDI-FONIT CETRA
Ha rappresentato lo zenith della rinascita e riscoperta del repertorio rossiniano, ancora una volta grazie alla magistrale arte interpretativa di Abbado. Il cast, superlativo, è dominato dalla Cuberli e da Ramey; molto bene anche Raimondi, la Valentini-Terrani, la Gasdia e Araiza, ma anche gli altri interpreti offrono prestazioni piú che onorevoli.

Zelmira (1822)
C. Gasdia, W. Matteuzzi, C. Merritt, B. Fink, J. Garcia/Ambrosian Singers, I Solisti Veneti/C. Scimone.
2 CD–ERATO
Buona, ma non esaltante, la direzione di Scimone. La Gasdia affronta un ruolo non particolarmente consono alla sua vocalità, ma ne viene a capo onorevolmente; strepitoso Matteuzzi, qui in una delle sue migliori interpretazioni rossiniane; bene anche Merritt.

Roussel Albert (1869-1937)

Padmâvatî (1923)
M. Horne, N. Gedda, J. Van Dam, J. Berbié, C. Burles/Coro Orfeon Donastiarra, Orchestra del Teatro Capitol di Toulouse/M. Plasson.
2 CD–EMI
L'esecuzione orchestrale, affidata alla direzione di Plasson, è eccellente. Il cast, per altro validissimo, è dominato dalla Horne, interprete di grande intensità drammatica.

Saint-Saëns Camille (1835-1921)

Henry VIII (1883)
P. Rouillon, M. Command, L. Vignon, A. Gabriel/Coro del Teatro Des Arts di Rouen, Orchestre Lyrique Français/A. Guingal.
3 CD–CHANT DU MONDE
Si tratta di una ripresa "dal vivo" al teatro di Compiègne nel 1991. La direzione è piú che decorosa; di buon livello i cantanti.

Samson et Dalila (1877)
– J. Vickers, R. Gorr, E. Blanc, A. Diakov/Coro René Duclos, Orchestra dell'Opéra di Parigi/G. Prêtre.
2 CD–EMI
– P. Domingo, W. Meier, A. Fondary, S. Ramey/Coro e Orchestra dell'Opéra Bastille/M. W. Chung.
2 CD–EMI
La Emi del 1963 è ancora oggi eccellente per la notevole interpretazione di Vickers, della Gorr e di Blanc. La registrazione del 1992 si avvale della magistrale direzione di Chung. Domingo, che già aveva inciso il ruolo nel 1978, si presenta qui in una versione decisamente meno superficiale, piú sofferta e intensa; la Meier canta con grandissimo gusto, ma anche con scarsa passionalità; ottimo, anche se eccessivamente vigoroso, Fondary; Ramey è un "Vecchio Ebreo" di lusso.

Salieri Antonio (1750-1825)

Axur, re d'Ormus (1788)
A. Martin, C. Rayam, E. Mei, E. Nova, A. Vespasiani/Coro "Guido d'Arezzo", Orchestra Filarmonica di Russe/R. Clemencic.
3 CD–NUOVA ERA
Registrata "dal vivo" alle Settimane Musicali Senesi del 1989, questa edizione soffre d'una direzione, affidata a Clemencic, pesante e priva di vitalità. Ciò pesa anche sugli interpreti che, a partire da Martin, si salvano grazie a una buona dose di professionalità.

Les Danaïdes (1784)
M. Marshall, D. Kavrakos, R. Gimenez, C. Bartha/Südfunk Chor, Orchestra Sinfonica della Radio di Stoccarda/G. Gelmetti.
2 CD–EMI
Gelmetti, al quale si deve il recupero di questa notevolissima partitura, interpreta con vigore, ma allo stesso tempo con il rigore dovuto, la tragedia neoclassica. Gli interpreti sono però completamente inadatti ai ruoli.

Prima la musica, poi le parole (1786)
M. Casula, K. Gamberucci, G. Polidori, G. Gatti/Orchestra da Camera della Filarmonica della Boemia del Nord/D. Sanfilippo.
2 CD–BONGIOVANNI (piú *Lesbina e Adolfo* di A. Scarlatti).
Esecuzione non particolarmente esaltante.

Scarlatti Alessandro (1660-1725)

La Griselda (1721)
M. Freni, S. Bruscantini, L. Alva, V. Lucchetti, R. Panerai, C. Lavani/Coro e Orchestra "A. Scarlatti" di Napoli della Rai/N. Sanzogno.
2 CD–MEMORIES
Registrazione Rai del 1970, questa edizione non è certo all'insegna della filologia, ma presenta cantanti del calibro della Freni, di Bruscantini e di Alva che con raffinatezza e accuratezza di fraseggio riescono ad essere credibili in una partitura alquanto lontana dalla loro vocalità.

Scarlatti Domenico (1685-1757)

La Dirindina (1715)
G. Gatti, K. Gamberucci, G. Mari/Complesso da Camera dell'Associazione Filarmonica Umbra/F. Maestri.
1 CD–BONGIOVANNI
Esecuzione di buon livello.

Schmidt Franz (1874-1939)

Notre-Dame (1914)
G. Jones, K. Borris, J. King, H. Laubenthal, K. Moll, H. Welker/Coro della Cattedrale di St. Hedwige, Coro da Camera Rias, Orchestra

Sinfonica della Radio di Berlino/C. Perick.
2 CD–CAPRICCIO
Esecuzione complessivamente convincente, anche se la Jones e King non sono certo al meglio delle loro possibilità vocali.

Schönberg Arnold (1874-1951)
Erwartung (1924)
A. Silja/Wiener Philharmoniker/C. von Dohnányi.
2 CD–DECCA (piú *Wozzeck* di Berg)
Esecuzione di altissimo livello.
Moses und Aron (1957)
F. Mazura, P. Langridge, B. Bonney, M. Zakai, D. Harper, A. Haugland/Coro e Orchestra Chicago Symphony/G. Solti.
2 CD–DECCA
La direzione di Solti è di altissimo livello. Impeccabili Mazura e Langridge.

Schreker Franz (1878-1934)
Der ferne Klang (1912)
G. Schnaut, T. Moser, S. Nimsgern, H. Helm, V. von Halem, B. Scherler/Coro e Orchestra della Radio di Berlino/G. Albrecht.
2 CD–CAPRICCIO
Albrecht dirige con abilità e convinzione la difficile partitura. Il cast, di ottimo livello, ha in Moser e Schnaut due interpreti ideali.

Schubert Franz (1797-1828)
Fierrabras (1897)
J. Protschka, K. Mattila, R. Holl, T. Hampson, R. Gambill, L. Polgar, C. Studer/Coro "A. Schönberg" di Vienna, Chamber Orchestra of Europe/C. Abbado.
2 CD–DG
Abbado è l'anima di questo importante recupero teatrale, uno dei massimi avvenimenti musicali degli ultimi anni. Il risultato è piú che eccellente, anche grazie a una notevole compagnia di canto.

Schumann Robert (1810-1856)
Genoveva (1850)
E. Moser, G. Schröter, P. Schreier, D. Fischer-Dieskau, S. Lorenz, S. Vogel/Coro della Radio di Berlino, Orchestra del Gewandhaus di Lipsia/K. Masur.
2 CD–BERLIN CLASSICS
Ottima esecuzione complessiva. Particolarmente apprezzabili le interpretazioni della Moser, di Fischer-Dieskau e di Schreier.

Smetana Bedřich (1824-1884)
Libuše (1881)
G. Benačková, V. Zitek, A. Svorc, L.M. Vodicka, K. Prusa, R. Tucek, E. Dépoltova, V. Soukoupova/Coro e Orchestra dell'Opera Nazionale di Praga/Z. Kosler.
3 CD–SUPRAPHON
Registrata dal vivo nel 1983 in occasione dei cent'anni del Teatro Nazionale di Praga, questa esecuzione è ottima sia sul piano vocale, in particolare per la Benačková, che per la direzione di Kosler.
Prodaná nevěsta (1866)
G. Benačková, P. Dvorsky, M. Kopp, R. Novak/Coro e Orchestra della Filarmonica di Praga/Z. Kosler.
3 CD–SUPRAPHON
Kosler dirige con eleganza e brillantezza. Apprezzabili i cantanti.

Šostakovič Dmitrij Dmitrevič (1906-1975)
Katerina Izmajlova (1959)
G. Zipola, V. Gourov, A. Zagrebelny, S. Doubrovine, A. Istchenko/Coro e Orchestra di Stato di Kiev/S. Tourtchak.
2 CD–CHANT DU MONDE
Si rifà all'edizione dell'opera rappresentata a Mosca nel dicembre del 1962. Abbastanza valida la direzione di Tourtchak. Ottima la Zipola, valido il tenore Gourov; apprezzabili gli altri interpreti.
Ledi Makbet Mcsenskovo Uezda (1934)
G. Visnevskaja, T. Valiakka, B. Finnilä, N. Gedda, W. Krenn/Ambrosian Opera Chorus, London Symphony Orchestra/M. Rostropovič.
2 CD–EMI
Ottima la direzione di Rostropovič, eccellenti i cantanti, in particolare la Visnevskaja.
Nos (1930)
E. Akhimov, B. Tarkhov, V. Belikh, B. Droujinine, A. Lomonossov, L. Sapeguina, L. Oukulova/Coro e Orchestra del Teatro Musicale da Camera di Mosca/G. Rozdestvenskij.
2 CD–CHANT DU MONDE
Esecuzione di altissimo livello.

Spohr Louis (1784-1859)
Jessonda (1823)
J. Varady, R. Behle, K. Moll, T. Moser, D. Fischer-Dieskau, P. Haage/Coro dell'Opera di Stato di Amburgo, Orchestra Filarmonica di Stato di Amburgo/G. Albrecht.
2 CD–ORFEO
La direzione di Albrecht non desta particolari entusiasmi. Buona la Varady, ancora notevolissimo Fischer-Dieskau.

Spontini Gaspare (1774-1851)
Agnes von Hohenstaufen (1829)
M. Caballé, A. Stella, B. Prevedi, S. Bruscantini, G. Guelfi/Coro e Orchestra Sinfonica della Rai di Roma/R. Muti.
2 CD–MEMORIES
È un'esecuzione concertistica Rai del 1970. Oltre alla vigorosa e passionale direzione del giovane Muti, vi si ammirano la Caballé, anche se eccessivamente lirica per il ruolo, e la Stella, afflitta però da problemi nel registro acuto; una prova notevole ci giunge anche da Bruscantini e da Guelfi.
Olympie (1819)
J. Varady, S. Toczyska, F. Tagliavini, D. Fischer-Dieskau, G. Fortune, J. Becker/Coro della Deutsche Oper di Berlino, Orchestra Sinfonica della Radio di Berlino/G. Albrecht.
2 CD–ORFEO
È un'edizione di ottimo livello, con la presenza di una convincente Varady quale Olympie.
La vestale (1807)
R. Plowright, G. Pasino, F. Araiza, P. Lefebvre, F. De Grandis/Coro della Radio Bavarese, Orchestra Sinfonica della Radio di Monaco/G. Kuhn.
2 CD–ORFEO
Prima incisione veramente integrale, e nell'originale francese la Plowright è una Giulia accorata e sensibile; buono Araiza. La direzione di Kuhn è abbastanza pertinente, ma appare a tratti piuttosto compassata.

Strauss Richard (1864-1949)
Die Ägyptische Helena (1928)
G. Jones, M. Kastu, B. Hendricks, W. White, B. Finnilä, C. Rayam/Corale Kenneth Jewell, Orchestra Sinfonica di Detroit/A. Dorati.
2 CD–DECCA
Eccellente la direzione di Dorati. Buona, nel complesso, l'esecuzione vocale.
Arabella (1933)
– K. Te Kanawa, F. Grundheber, E. Gutstein, G. Fontana, P. Seiffert, H. Dernesch/Coro e Orchestra del Covent Garden di Londra/J. Tate.
3 CD–DECCA
– L. Della Casa, G. London, O. Edelmann, H. Güden, A. Dermota, I. Malaniuk, W. Kmentt, E. Wächter/Coro della Staatsoper di Vienna, Wiener Philharmoniker/G. Solti.
2 CD–DECCA
Entrambe le edizioni sono di altissimo livello: la Della Casa e la Te Kanawa sono sicuramente tra le massime interpreti del ruolo di Arabella, cosí come London e Grundheber sono due grandissimi Mandryka. Le direzioni di Solti e Tate, pur assai diverse nella visione dell'opera, raggiungono risultati esemplari.
Ariadne auf Naxos (1912)
– E. Schwarzkopf, R. Streich, R. Schock, I. Seefried, H. Prey, K. Dönch/Orchestra Philarmonia/H. von Karajan.
2 CD–EMI
– J. Norman, E. Gruberova, J. Varady, P. Frey, O. Bär, D. Fischer-Dieskau/Orchestra del Gewandhaus di Lipsia/K. Masur.
2 CD–PHILIPS
Nonostante gli anni, risale infatti al 1954, l'edizione Emi è ancora oggi una delle massime letture della partitura straussiana. Nella Philips del 1989 si ammirano la sontuosa vocalità della Norman e la strepitosa Zerbinetta della Gruberova. Precisa, ma non particolarmente brillante, la direzione di Masur.
Capriccio (1942)
E. Schwarzkopf, E. Wächter, N. Gedda, D. Fischer-Dieskau, H. Hotter, C. Ludwig/Orchestra Philarmonia/W. Sawallisch.
2 CD–EMI
Semplicemente splendida la Contessa della Schwarzkopf; di alto livello anche gli altri cantanti e la direzione di Sawallisch.
Daphne (1938)
L. Popp, O. Wenkel, R. Goldberg, P. Schreier, K. Moll/Coro e Orchestra Sinfonica della Radio Bavarese/B. Haitink.
2 CD–EMI
Eccellente la Popp, solido e appassionato Goldberg; validi gli altri cantanti. Notevole la direzione di Haitink.
Elektra (1909)
– B. Nilsson, M. Collier, R. Resnik, T. Krause, G. Stolze/Coro della Staatsoper di Vienna, Wiener Philharmoniker/G. Solti.
2 CD–DECCA
– H. Behrens, N. Secunde, C. Ludwig, J. Hynninen, R. Ulfung/Tanglewood Festival Chorus, Boston Symphony Orchestra/S. Ozawa.
2 CD–PHILIPS
La Decca del 1966-67 poggia sulla vivida e drammatica direzione di Solti e sull'Elektra della Nilsson, una autentica forza della natura. La Behrens, pur con mezzi vocali non paragonabili a quelli della grande cantante svedese, interpreta con grandissima partecipazione drammatica; apprezzabili gli

altri. La direzione di Ozawa è di altissimo livello.
Feuersnot (1901)
J. Varady, B. Weikl, H.D. Bader, H. Berger-Tuna/Coro e Orchestra Sinfonica della Radio di Monaco/H. Fricke.
2 CD–PILZ
Apprezzabile la direzione di Fricke. La Varady e Weikl interpretano con notevole partecipazione emotiva; validi gli altri.
Die Frau ohne Schatten (1919)
– L. Rysanek, J. King, R. Hesse, W. Berry, B. Nilsson/Coro e Orchestra della Staatsoper di Vienna/K. Böhm.
3 CD–DG
– J. Varady, P. Domingo, H. Behrens, J. Van Dam, R. Runkel/Coro della Staatsoper di Vienna, Wiener Philharmoniker/G. Solti.
3 CD–DECCA
L'edizione DG è stata ripresa "dal vivo" alla Staatsoper di Vienna nel 1977 e conferma Böhm come uno dei massimi direttori straussiani. Dal cast, per altro di altissimo livello, emergono la Rysanek e la Nilsson che, ad onta di un certo declino vocale, si confermano interpreti di prima grandezza. La Decca del 1992 si presenta nella sua totale integrità, senza i tagli solitamente praticati. Solti dirige con cura sottolineando ogni nota della partitura, ma non sembra molto partecipe alle vicende del canto e cosí, salvo Behrens, gli altri, pur cantando bene, non vanno oltre un'interpretazione superficiale.
Friedenstag (1938)
R. Roloff, A. Marc, T. Cook, K. Williams, R. Cassilly, J. Wood, P. Schmidt, P. Van Derick/The Collegiate Chorale and Orchestra/R. Bass.
1 CD–KOCH INTERNATIONAL CLASSICS
Gli interpreti sono tutti apprezzabili: in particolare si evidenziano Roloff e la Marc. Bass dirige con passionalità e rigore.
Guntram (1894)
R. Goldberg, I. Tokody, S. Solyom-Nagy, I. Gati, J. Gregor/Coro dell'Esercito Ungherese, Orchestra Sinfonica di Stato Ungherese/E. Queler.
2 CD–CBS
Goldberg e la Tokody interpretano con convinzione, compensando certi scompensi vocali. Apprezzabile la direzione della Queler.
Intermezzo (1924)
L. Popp, D. Fischer-Dieskau, G. Fuchs, A. Dallapozza, K. Hirte, K. Moll/Orchestra della Radio Bavarese/W. Sawallisch.
2 CD–EMI
Ottima esecuzione complessiva. Emergono, oltre all'elegante direzione di Sawallisch, il timbro luminoso della Popp e il fraseggio raffinato di Fischer-Dieskau.
Die Liebe der Danae (1952)
P. Schöffler, J. Traxel, J. Gostic, L. Szemere, A. Kupper, A. Felbermayer, E. Réthy/Coro della Staatsoper di Vienna, Wiener Philharmoniker/C. Krauss.
2 CD–ORFEO
È la registrazione della prima rappresentazione assoluta al Festival di Salisburgo nel 1952. Straordinaria la lettura orchestrale operata da Krauss; altrettanto prestigiosa la compagnia di canto.
Der Rosenkavalier (1911)
E. Schwazkopf, O. Edelmann, C. Ludwig, T. Stich-Randall, E. Wächter, N. Gedda/Coro e Orchestra Philharmonia/H. von Karajan.
3 CD–EMI
Questa incisione del 1956 resta ancora oggi ineguagliata. La raffinatissima direzione di von Karajan trova una un'adeguata corrispondenza nella Schwarzkopf e nella Ludwig. Non si possono però dimenticare la Sophie "strumentale" della Stich-Randall e l'elegante Ochs di Edelmann.
Salome (1905)
– H. Behrens, A. Baltsa, J. Van Dam, K.W. Böhm, W. Ochman/Wiener Philharmoniker/H. von Karajan.
2 CD–EMI
– C. Studer, L. Rysanek, H. Hiestermann, B. Terfel, C. Bieber/Orchestra della Deutsche Oper di Berlino/G. Sinopoli.
2 CD–DG
La Emi del 1977 è un punto di riferimento della storia discografica di *Salome*, grazie a uno straordinario von Karajan e una compagnia di canto con una grandissima Behrens e gli altrettanto validissimi Van Dam e Baltsa. La Dg del 1991 trova in Sinopoli un direttore attentissimo ai colori ma allo stesso tempo con una visione fortemente intrisa di drammaticità. La Studer è una Salomè luminosa e dalle inflessioni infantili. Ottimi anche gli altri cantanti.
Die schweigsame Frau (1935)
T. Adam, A. Burmeister, J. Scovotti, W. Schöne, E. Büchner, T. Schmidt/Coro della Staatsoper di Dresda, Orchestra della Staatskapelle di Dresda/M. Janowski.
3 CD–EMI
L'interpretazione di Janowski è impetuosa. Del cast, gli interpreti piú convincenti sono la Scovotti e Adam.

Stravinskij Igor (1882-1971)
Mavra (1922)
S. Belinck, M. Simmons, P. Rideaut, S. Kolk/Orchestra Sinfonica della Cbc/I. Stravinskij.
1 CD–SONY
Esecuzione di ottimo livello, anche grazie alla direzione dello stesso Stravinskij.
Oedipus Rex (1927)
– G. Shirley, S. Verrett, D. Gramm, C. Watson, L. Driscoll, J. Westbrook/Coro e orchestra della Washington Society/I. Stravinskij.
1 CD–SONY
– V. Cole, A.S. von Otter, S. Estes, H. Sotin, N. Gedda, P. Chéreau/Coro della Radio Svedese, Coro da Camera Ericson, Orchestra Sinfonica della Radio Svedese/E.P. Salonen.
1 CD–SONY
La Sony del 1962 si avvale della direzione analitica dello stesso Stravinskij. Tra gli interpreti emergono Shirley nel ruolo di Edipo e la Verrett in quello di Giocasta. L'incisione del 1992 è diretta con sonorità gravi e solenni da Salonen. Ottimi gli interpreti vocali.
The Rake's Progress (1951)
– D. Garrad, J. Raskin, A. Young, J. Reardon, J. Manning, R. Sarfaty/Coro Sadler's Wells, Royal Philharmonic Orchestra/I. Stravinskij.
2 CD–SONY
– S. Dean, C. Pope, P. Langridge, S. Ramey, A. Varnay, S. Walker/Coro e Orchestra London Sinfonietta/R. Chailly.
2 CD–DECCA
La Sony del 1964 poggia sulla direzione di Stravinskij e su una compagnia di canto complessivamente efficace. Nella Decca del 1983, Chailly si mostra interprete quanto mai sensibile e accurato nel sottolineare ogni dettaglio della partitura. Il cast, escluso Ramey, non è particolarmente esaltante.

Szymanowski Karol (1882-1937)
Król Roger (1926)
F. Skulski, B. Zagorzanka, S. Kowalski, Z. Nikodem, J. Ostapiuk, R. Racewiz/Coro e Orchestra del Teatro Wielki di Varsavia/R. Satanowski.
2 CD–KOCH SCHWANN
Satanowski dirige con notevole rigore interpretativo, ma scarso abbandono. Ottimi i cantanti.

Thomas Ambroise (1811-1896)
Hamlet (1868)
S. Milnes, J. Sutherland, J. Morris, B. Conrad, G. Winbergh/Orchestra e Coro dell'Opera Nazionale del Galles/R. Bonynge.
3 CD–DECCA
Milnes nel complesso delinea un efficace Amleto; la Sutherland, nonostante qualche segno di declino vocale, è una ottima Ofelia; validi gli altri cantanti. Bonynge dirige con varietà di colori e ottimo senso del teatro.

Tippett Michael (1905)
King Priam (1962)
R. Tear, T. Allen, N. Bailey, F. Palmer, Y. Minton, P. Langridge, S. Robert, H. Harper/Coro e Orchestra London Sinfonietta/D. Atherton.
2 CD–DECCA
Eccellente esecuzione.

Verdi Giuseppe (1813-1901)
Aida (1871)
– L. Price, G. Bumbry, P. Domingo, S. Milnes, R. Raimondi/John Alldis Choir, London Symphony Orchestra/E. Leinsdorf.
3 CD–RCA
– M. Caballé, F. Cossotto, P. Domingo, P. Cappuccilli, N. Ghiaurov/Coro del Covent Garden di Londra, Orchestra Philharmonia/R. Muti.
3 CD–EMI
La Rca del 1970 è efficacemente diretta da Leinsdorf. La Price, nonostante una certa perdita di smalto vocale, è un'Aida di grande espressività; notevolissima l'Amneris della Bumbry; ottimi Domingo, Milnes e Raimondi. La Emi del 1974 ha segnato l'esordio discografico di Muti, e la sua notevole personalità teatrale è già evidente. L'Aida della Caballé è semplicemente splendida sia dal punto di vista vocale sia da quello interpretativo; tra gli altri validi interpreti brilla l'Amneris della Cossotto.
Alzira (1845)
I. Cotrubas, F. Araiza, R. Bruson, J.H. Rootering/Coro e Orchestra della Radio Bavarese/L. Gardelli.
2 CD–ORFEO
La direzione di Gardelli è precisa, ma alquanto compassata. Tra gli interpreti l'unico ad offrire una prova attinente alla vocalità verdiana è Bruson.
Aroldo (1857)
M. Caballé, G. Cecchele, J. Pons, V. Manno,

L. Lebhery/Coro Oratorio Society di New York, Opera Orchestra di New York/E. Queler.
2 CD–CBS

La direzione della Queler è alquanto maldestra e discontinua. Tra i cantanti si salva solamente la Caballé, pur non in ottima forma.

Attila (1846)
S. Ramey, C. Studer, G. Zancanaro, N. Shicoff, G. Surjan/Coro e Orchestra del Teatro alla Scala di Milano/R. Muti.
2 CD–EMI

Ramey è un protagonista di grandissimo impatto vocale e interpretativo, forse anche troppo nobile per il personaggio che interpreta; assai efficace anche l'Ezio di Zancanaro; buona, ma non esaltante, la Odabella della Studer; incolore il Foresto di Shicoff. Muti dirige con travolgente convinzione.

Un ballo in maschera (1859)
– C. Bergonzi, L. Price, R. Merrill, S. Verrett, R. Grist/Coro e Orchestra della Rca Italiana/E. Leinsdorf.
2 CD–RCA

– L. Pavarotti, M. Price, R. Bruson, C. Ludwig, K. Battle/London Opera Chorus, National Philharmonic Orchestra/G. Solti.
2 CD–DECCA

La Rca del 1966 ha due interpreti di grande spicco: Bergonzi e la Price. Non esaltante la direzione di Leinsdorf. La Decca del 1982-83 è diretta con notevole splendore orchestrale, ma con una certa mancanza di teatralità, da Solti. Ottima però la compagnia di canto: da Pavarotti, un Riccardo appassionato, alla Price, una sensibilissima Amelia, al nobilissimo Bruson.

La battaglia di Legnano (1849)
J. Carreras, K. Ricciarelli, M. Manuguerra, N. Ghiuselev/Coro e Orchestra della Radio Austriaca/L. Gardelli.
2 CD–PHILIPS

La direzione di Gardelli è alquanto anonima. Buono Carreras, buona la Ricciarelli, anche se poco adatta agli slanci delle cabalette del giovane Verdi; corretto Manuguerra.

Il corsaro (1848)
J. Carreras, C. Grant, J. Norman, M. Caballé, G. Mastromei/Ambrosian Singers, New Philharmonia Orchestra/L. Gardelli.
2 CD–PHILIPS

Ottimi Carreras, la Caballé, e la Norman; buono Mastromei. Di routine la direzione di Gardelli.

Don Carlo (1867)
– P. Domingo, K. Ricciarelli, R. Raimondi, L. Nucci, L. Valentini-Terrani, N. Ghiaurov/Coro e Orchestra del Teatro alla Scala di Milano/C. Abbado.
4 CD–DG

– C. Bergonzi, R. Tebaldi, N. Ghiaurov, D. Fischer-Dieskau, G. Bumbry, M. Talvela/G.Solti.
3 CD–DECCA

– M. Sylvester, A. Millo, S. Ramey, V. Chernov, D. Zaijck, F. Furlanetto/Coro e Orchestra del Teatro Metropolitan di New York/J. Levine.
3 CD–SONY

La Dg 1983-84 è in lingua francese, rifacendosi alla prima rappresentazione assoluta di Parigi. Brilla la direzione di Abbado, una lettura vibrante che però non coinvolge gli interpreti, tutti piú o meno afflitti da problemi vocali. La Decca del 1965 è diretta, con toni magniloquenti e solenni, da Solti. Il cast, di altissimo livello, vede la presenza di uno straordinario Bergonzi nei panni dell'Infante e della Tebaldi che, sebbene in evidente declino vocale, è una Elisabetta di prima grandezza. L'incisione Sony, pubblicata nel 1993, è affidata a Levine, accurato nell'evidenziare i colori e i contrasti drammatici della partitura, con perfetta aderenza alle indicazioni verdiane. In perfetta sintonia con la direzione si ammirano la splendida Elisabetta della Millo e le notevolissime interpretazioni di Ramey, della Zaijck e Chernov.

I due Foscari (1844)
P. Cappuccilli, J. Carreras, K. Ricciarelli, S. Ramey/Coro e Orchestra della Radio Austriaca/L. Gardelli.
2 CD–PHILIPS

Gardelli dirige qui con una certa varietà ed espressività. Tra gli interpreti spicca la Lucrezia Contarini della Ricciarelli; abbastanza bene Cappuccilli e Carreras.

Ernani (1844)
– P. Domingo, R. Bruson, M. Freni, N. Ghiaurov/Coro e Orchestra del Teatro alla Scala di Milano/R. Muti.
3 CD–EMI

– V. La Scola, P. Coni, D. Dessí, M. Pertusi/Coro da Camera di Bratislava, Orchestra Internazionale d'Italia/G. Carella.
2 CD–NUOVA ERA

Tratta dalle rappresentazioni scaligere del 1982, l'edizione Emi è dominata dal vigore direttoriale di Muti, un vigore che però non investe i cantanti, alquanto discontinui. Anche la Freni e Bruson, i migliori del cast, non sono certo al meglio delle loro possibilità, soprattutto espressive. L'edizione della Nuova Era è stata registrata "dal vivo" al Festival della Valle d'Itria nel 1991. Carella si mostra un direttore alquanto valido e sufficientemente vario. Il cast è dominato dal canto passionale della Dessí, ma anche La Scola, Coni e Pertusi offrono una prova convincente.

Falstaff (1893)
– G. Valdengo, H. Nelli, T. Stich-Randall, C. Elmo, A. Madasi, N. Merriman, F. Guarrara/Robert Shaw Chorale, Orchestra Sinfonica della Nbc/A. Toscanini.
2 CD–RCA

– T. Gobbi, E. Schwarzkopf, A. Moffo, F. Barbieri, L. Alva, N. Merriman, R. Panerai/Orchestra Philharmonia/H. von Karajan.
2 CD–EMI

La Rca del 1950 presenta quella che si può considerare la maggiore realizzazione discografica di Toscanini direttore d'opera, un'interpretazione brillantissima che coinvolge tutti i validissimi interpreti. Piú analitica, soprattutto sul versante lirico, la lettura di von Karajan nell'incisione Emi del 1956. Gobbi mette in luce un fraseggio quanto mai eloquente, ma anche gli altri cantanti offrono prestazioni piú che ottime.

La forza del destino (1862)
– L. Price, P. Domingo, S. Milnes, B. Giaiotti, G. Bacquier, F. Cossotto/John Alldis Choir, London Symphony Orchestra/J. Levine.
3 CD–RCA

– M. Freni, P. Domingo, G. Zancanaro, P. Plishka, S. Bruscantini, D. Zajic/Coro e Orchestra del Teatro alla Scala di Milano/R. Muti.
3 CD–EMI

L'incisione Rca del 1976 è di altissimo livello sia per la direzione appassionata di Levine, sia per la parte vocale. Nella Emi del 1986 Muti dirige con la consueta attenzione, evidenziando anche gli episodi che vengono generalmente considerati marginali. Positiva la prova dei cantanti, ma va evidenziato il Don Carlo di Zancanaro.

Un giorno di regno, ossia il finto Stanislao (1840)
F. Cossotto, J. Norman, J. Carreras, I. Wixell, W. Ganzarolli, V. Sardinero/Ambrosian Singers, Royal Philharmonic Orchestra/L. Gardelli.
2 CD–PHILIPS

La direzione di Gardelli non è certamente esaltante e pesa sulla compagnia di canto, per altro di ottimo livello; il risultato è un'esecuzione che porta a un certo grado di noia.

Giovanna d'Arco (1845)
P. Domingo, S. Milnes, M. Caballé/Ambrosian Opera Chorus, London Symphony Orchestra/J. Levine.
2 CD–EMI

Levine dirige con un fuoco e un temperamento che potremmo definire unici, e ci consegna qui una delle piú splendide interpretazioni del Verdi giovanile. La Caballé è una grandissima Giovanna; ottimi Domingo e Milnes.

Jerusalem (1847)
L. Gencer, G. Aragall, E. Savoldi, G.G. Guelfi/Coro e Orchestra del Teatro La Fenice di Venezia/G. Gavazzeni.
2 CD–MELODRAM

È il rifacimento per le scene parigine dei *Lombardi*. Qui viene però eseguito in italiano, piuttosto tagliato, in una registrazione "dal vivo" del 1963. Brillano la Gencer e Aragall. Gavazzeni non è esaltante.

I lombardi alla Prima Crociata (1843)
– R. Scotto, L. Pavarotti, R. Raimondi, U. Grilli/Coro e Orchestra del Teatro dell'Opera di Roma/G. Gavazzeni.
2 CD–MEMORIES

– C. Deutekom, P. Domingo, R. Raimondi, J. Lo Monaco/Ambrosian Singers, Royal Philharmonic Orchestra/L. Gardelli.
2 CD–PHILIPS

Gavazzeni dirige con fervore, evidenziando gli aspetti patriottici della partitura. La Scotto, Pavarotti e Raimondi oltre che cantanti di rango appaiono qui anche interpreti quanto mai convincenti. La registrazione, buona, è stata effettuata "dal vivo" all'Opera di Roma nell'ottobre del 1966. L'edizione Philips del 1972 vede la presenza, alquanto anonima, di Gardelli, il quale non va oltre una generica lettura di superficie. Con una tale bacchetta anche la prova dei cantanti non va oltre la genericità.

Luisa Miller (1849)
– M. Caballé, L. Pavarotti, S. Milnes, A. Reynolds, B. Giaiotti, R. Van Allan/London Opera Chorus, National Philharmonic Orchestra/P. Maag.
2 CD–DECCA

– M. Caballé, P. Domingo, V. Chernov, F. Quivar, J.H. Rootering, P. Plishka/Coro e Orchestra del Teatro Metropolitan di New York/J. Levine.
2 CD–SONY

La Decca del 1975 è di altissimo livello, grazie alla direzione di Maag e di quasi tutti gli interpreti. La Sony del 1992 conferma Levine come uno dei piú convincenti interpreti del repertorio verdiano e offre una magistrale Millo nel ruolo di Luisa, mentre al suo fianco Domingo e Chernov cantano e interpretano in modo abbastanza convenzionale.

Macbeth (1847)
P. Cappuccilli, S. Verrett, P. Domingo, N. Ghiaurov/Coro e Orchestra del Teatro alla Scala di Milano/C. Abbado.
3 CD–DG

La direzione di Abbado è tutta concentrata a penetrare la tragedia dei due protagonisti, e trova un'adesione pressoché totale da parte di Cappuccilli e della Verrett, una Lady tragicamente introversa; appaiono invece superficiali Domingo e Ghiaurov.

I masnadieri (1847)
– R. Raimondi, C. Bergonzi, P. Cappuccilli, M. Caballé/Ambrosian Singers, New Philharmonia Orchestra/L. Gardelli.
2 CD–PHILIPS
– S. Ramey, F. Bonisolli, M. Manuguerra, J. Sutherland/Coro e Orchestra dell'Opera Nazionale del Galles/R. Bonynge.
2 CD–DECCA

Abbiamo già piú volte sottolineato che Gardelli nel repertorio verdiano non va oltre un'accurata "routine". La mancanza di una direzione stimolante porta i cantanti a un'esecuzione "professionale". Nella Decca del 1986 Bonynge, che non è certo un direttore verdiano, mostra vigore e fantasia nei colori orchestrali e nel canto: gli interpreti si pongono cosí su un piano ben piú stimolante.

Nabucco (1842)
– M. Manuguerra, R. Scotto, N. Ghiaurov, V. Lucchetti, E. Obraztsova/Ambrosian Opera Chorus, Orchestra Philharmonia/R. Muti.
2 CD–EMI
– P. Cappuccilli, G. Dimitrova, E. Nesterenko, P. Domingo. L. Valentini-Terrani/Coro e Orchestra della Deutsche Oper/G. Sinopoli.
2 CD–DG

La Emi del 1977 è splendidamente diretta da Muti. Valida la compagnia di canto, in particolare la Scotto, un'Abigaille di grande temperamento espressivo. Nella Dg del 1982, Sinopoli è eccellente, attento all'accento e allo stile del primo Verdi, anche se non in un modo cosí profondo come nella lettura di Muti. Anche in questa edizione i cantanti sono validissimi e va sottolineata l'Abigaille affidata alla possente vocalità della Dimitrova.

Oberto, conte di San Bonifacio (1839)
R. Baldani, C. Bergonzi, R. Panerai, G. Dimitrova/Coro e Orchestra della Radio di Monaco/L. Gardelli.
2 CD–ORFEO

Questa edizione si salva solo per l'esecuzione vocale, in particolare per quanto riguarda Bergonzi, la Dimitrova e Panerai. La direzione di Gardelli è del tutto inerte.

Otello (1887)
– J. Vickers, L. Rysanek, T. Gobbi, F. Andreolli/Coro e Orchestra dell'Opera di Roma/T. Serafin.
2 CD–RCA
– M. Del Monaco, R. Tebaldi, A. Protti, N. Romanato/Coro della Staatsoper di Vienna, Wiener Philharmoniker/H. von Karajan.
2 CD–DECCA

Serafin dirige con solido professionismo e ottima tenuta teatrale. Vickers, pur se vocalmente meno dotato rispetto all'acclamato Otello di Del Monaco, mostra, rispetto all'illustre collega, una maggiore varietà espressiva. Ottimi la Rysanek e Gobbi. Nella Decca troviamo la suggestiva direzione di von Karajan. I cantanti offrono una prova complessivamente positiva.

Rigoletto (1851)
– C. Bergonzi, D. Fischer-Dieskau, R. Scotto, I. Vinco, F. Cossotto/Orchestra e Coro del Teatro alla Scala di Milano/R. Kubelik.
2 CD–DG
– L. Pavarotti, S. Milnes, J. Sutherland, M. Talvela, H. Tourangeau/Ambrosian Opera Chorus, London Symphony Orchestra/R. Bonynge.
2 CD–DECCA

La Dg del 1963 è una delle massime realizzazioni discografiche del *Rigoletto*, prima di tutto grazie al vigore drammatico e alla tensione narrativa della direzione di Kubelik. Bergonzi e Fischer-Dieskau sono maestri nell'arte del fraseggio, mentre la Scotto si annovera tra le piú grandi interpreti del ruolo di Gilda. L'edizione Decca del 1972 trova in Bonynge un direttore non con una particolare predisposizione verso il repertorio verdiano, e la sua lettura non va oltre una certa correttezza. Le cose migliori vengono dagli interpreti vocali, soprattutto da Pavarotti e la Sutherland; il Rigoletto di Milnes è complessivamente accettabile.

Simon Boccanegra (1857)
– P. Cappuccilli, N. Ghiaurov, J. Van Dam, M. Freni, J. Carreras/Coro e Orchestra del Teatro alla Scala di Milano/C. Abbado.
2 CD–DG
– R. Bruson, R. Scandiuzzi, G. De Angelis, M. Nicolesco, G. Sabbatini/Nikikai Chorus Group, Tokyo Symphony Orchestra/R. Paternostro.
2 CD–CAPRICCIO

Nella Dg del 1977 Abbado dirige con lucidità, senza mai cedere all'enfasi e con una particolare attenzione al dramma intimo dei personaggi. Tutti i cantanti offrono una prova di notevole valore artistico, ma in particolare va sottolineata la superlativa Amelia della Freni. L'edizione della Capriccio è stata registrata "dal vivo" alla Suntory Hall di Tokyo nel 1990 e ha per protagonista Bruson che, nonostante qualche segno di declino vocale, fa sfoggio del suo fraseggio nobilissimo; tra gli altri cantanti si evidenzia il Fiesco di Scanduizzi. Non particolarmente esaltante la direzione di Paternostro.

Stiffelio (1850)
J. Carreras, S. Sass, M. Manuguerra, W. Ganzarolli/Coro e Orchestra Sinfonica della Radio Austriaca/L. Gardelli.
2 CD–PHILIPS

Tradizionale, ma nel complesso valida, la direzione di Gardelli. Buoni Carreras e Manuguerra, notevolissima la Sass, che nel ruolo di Lina offre forse la sua migliore interpretazione discografica.

La traviata (1853)
– M. Callas, G. Di Stefano, E. Bastianini/Coro e Orchestra del Teatro alla Scala di Milano/C.M. Giulini.
2 CD–EMI
– R. Scotto, A. Kraus, R. Bruson/Ambrosian Opera Chorus, Philharmonia Orchestra/R. Muti.
2 CD–EMI

Ripresa "dal vivo" alla Scala nel 1955. La Callas è qui al vertice delle sue capacità vocali e interpretative, con una penetrazione psicologica e vocale del personaggio pressoché totale. Di fronte a tanta arte interpretativa Di Stefano, Bastianini e anche la direzione di Giulini cadono nell'anonimato. Nella Emi del 1981 Muti rispetta pienamente tutte le indicazioni interpretative del compositore con uno scrupolo e un'attenzione che non restano fredda analisi ma si traducono in vibrante teatralità. La Scotto, sebbene in evidente declino vocale, è in perfetta sintonia con il direttore e fraseggia e colorisce con un'arte superlativa; notevolissimi Kraus e Bruson.

Il trovatore (1853)
– S. Milnes, L. Price, F. Cossotto, P. Domingo, B. Giaiotti/Ambrosian Opera Chorus, New Philharmonia Orchestra/Z. Mehta.
2 CD–RCA
– I. Wixell, J. Sutherland, M. Horne, L. Pavarotti, N. Ghiaurov/London Opera Chorus, National Philharmonic Orchestra/R. Bonynge.
2 CD–DECCA

La Rca del 1969 è validamente diretta da Mehta, anche se un po' carente di vitalità. Il cast è omogeneo e tutti i cantanti offrono interpretazioni di ottimo livello. La Decca del 1975 si avvale del luminoso Manrico di Pavarotti e della notevolissima Azucena della Horne che, salvo qualche cedimento "verista", riporta il ruolo a una dimensione "belcantista". Buoni Wixell e la Sutherland, anche se nessuno dei due ha molto a che fare con il canto verdiano. La direzione di Bonynge è nel complesso soddisfacente.

Les vepres siciliennes (1855)
– S. Milnes, P. Domingo, M. Arroyo, R. Raimondi/John Alldis Choir, New Philharmonia Orchestra/J. Levine.
3 CD–RCA
– G. Zancanaro, C. Merritt, C. Studer, F. Furlanetto/Coro e Orchestra del Teatro alla Scala di Milano/R. Muti.
3 CD–EMI

Nella Rca del 1973 prima di tutto si impongono la forte personalità e il piglio direttoriale di Levine. Tra i cantanti spicca la splendida vocalità della Arroyo, anche se l'interpretazione è alquanto carente; complessivamente validi gli altri. La Emi del 1990 appare controversa: registrata alla Scala nel 1989, questa edizione si avvale della direzione ammaliante di Muti, ma i protagonisti si pongono su un piano decisamente inferiore rispetto all'orchestra; il risultato, purtroppo, si sente.

Vivaldi Antonio (1678-1741)
Catone in Utica (1737)
C. Gasdia, M. Schmiege, S. Rigacci, M. Zimmermann, L. Lendy, E. Palacio/I Solisti Veneti/C. Scimone.
2 CD–ERATO

Claudio Scimone dirige con brillantezza e varietà. I cantanti sono ottimi, in particolare la Gasdia che, specie nelle arie patetiche, sfoggia un canto di grande espressività.

Il Farnace (1727)

M. Dupuy, K. Angeloni, P. Malakova, D. Dessí, L. Rizzi, K. Gamberucci, R. Garazioti/Orchestra Sinfonica di Sanremo/M. De Bernart.
2 CD–ARKADIA

Esecuzione complessivamente valida: buona la direzione d'orchestra e, fra i cantanti, brillano la Dupuy e la Dessí.

Orlando Furioso (1727)
M. Horne, V. De Los Angeles, L. Valentini-Terrani, C. Gonzales, L. Kozma, S. Bruscantini, N. Zaccaria/Coro Amici della Polifonia, I Solisti Veneti/C. Scimone.
3 CD–ERATO

Scimone dirige con morbidezza ed eleganza, ma anche con estrema attenzione al ritmo teatrale. Tra gli interpreti, oltre a una Horne di prima grandezza, emergono la Valentini-Terrani e la Gonzales.

Wagner Richard (1813-1883)

Die Feen (1888)
K. Moll, L.E. Gray, K. Lövaas, K. Laki, J. Alexander, R. Hermann, J.H. Rootering, C. Studer/Coro e Orchestra Sinfonica della Radio Bavarese/W. Sawallisch.
3 CD–ORFEO

Sawallisch dirige con piglio e partecipazione. Ottimi i cantanti, in particolare la Gray, Alexander, la Anderson, Moll e Rootering.

Der fliegende Holländer (1843)
- G. London, L. Rysanek, G. Tozzi, K. Liebl, R. Elias, R. Lewis/Coro e Orchestra del Covent Garden di Londra/A. Dorati.
2 CD–DECCA
- J. Van Dam, D. Vejzovic, K. Moll, P. Hofmann, K. Borris, T. Moser/Coro della Staatsoper di Vienna, Berliner Philharmoniker/H. von Karajan.
3 CD–EMI

La Decca del 1961 è complessivamente un'edizione di tutto rispetto, sia per ciò che riguarda la direzione di Dorati, sia per ciò che concerne gli interpreti vocali. La Emi del 1981-83 si avvale di un von Karajan a dir poco splendido, sia sul piano dell'intensità drammatica che su quello dell'introversione lirica, un aspetto questo peculiare nella sua interpretazione del repertorio wagneriano. Tra i cantanti emergono il nobilissimo Olandese di Van Dam, l'espressiva Senta della Vejzovic e l'ottimo Daland di Moll.

Das Liebesverbot (1836)
H. Imdhal, A. Dermota, K. Equiluz, H. Zadek, A. Steffek, C. Sorell/Coro e Orchestra della Radio Austriaca/R. Heger.
2 CD–MELODRAM

Valida la direzione di Heger. Tra i cantanti emerge in particolar modo la luminosa vocalità di Dermota.

Lohengrin (1850)
- J. Thomas, E. Grümmer, C. Ludwig, D. Fischer-Dieskau, G. Frick, O. Wiener/Coro della Staatsoper di Vienna, Wiener Philharmoniker/R. Kempe.
3 CD–EMI
- P. Domingo, J. Norman, E. Randova, S. Nimsgern, H. Sotin, D. Fischer-Dieskau/Coro della Staatsoper di Vienna, Wiener Philharmoniker/G. Solti.
4 CD–DECCA

La Emi del 1962-63 brilla per la magnifica direzione di Kempe. Valido, ma non esaltante, Thomas; eccellenti gli altri. Nella Decca del 1985-86, prima di tutto un piú che convincente Domingo nei panni di Lohengrin; notevolissimi la Norman, la Randova, Sotin e Fischer-Dieskau; delude Nimsgern. Grandiosa per ricchezza di colori, dai piú fastosi ai piú estatici e lirici, la direzione di Solti.

Die Meistersinger von Nürnberg (1868)
- O. Edelmann, H. Hopf, E. Schwarzkopf, E. Kunz, F. Dalberg, G. Unger, I. Malaniuk, H. Pflanzl/Coro e Orchestra del Festival di Bayreuth/H. von Karajan.
4 CD–EMI
- F. Frantz, R. Schock, E. Grümmer, B. Kusche, G. Frick, G. Unter, M. Höffgen, G. Neidlinger/Coro della Deutsche di Berlino, Coro della Cattedrale di St. Hedwigs di Berlino, Berliner Philharmoniker/R. Kempe.
4 CD–EMI

La Emi del 1951 è stata registrata al Festival di Bayreuth del 1951. Von Karajan è "acerbo" ma non privo di fascino e personalità. Tra i cantanti emergono Edelmann, la Schwarzkopf, Kunz e Unger. La direzione di Kempe della Emi del 1956 è il primo punto d'interesse della Emi del 1956, ma non si può sottovalutare la parte vocale, affidata a una compagnia di validissimi cantanti.

Parsifal (1882)
- G. London, M. Talvela, H. Hotter, J. Thomas, G. Neidlinger, I. Dalis/Coro e Orchestra del Festival di Bayreuth/H. Knappertsbusch.
4 CD–PHILIPS
- J. Van Dam, V. von Halem, K. Moll, P. Hofmann, S. Nimsgern, D. Vejzovic/Coro della Deutsche Oper di Berlino/H. von Karajan.
4 CD–DG

La Philips del 1962 e la Dg del 1980, sebbene molto diverse tra loro, vanno considerate come le massime realizzazioni discografiche della partitura wagneriana. Anche sul piano degli interpreti le esecuzioni presentano pregi e limiti, ma complessivamente si collocano su livelli esecutivi di grande valore.

Rienzi der Letze der Tribunen (1842)
R. Kollo, S. Wennberg, T. Adam. N. Hillebrand, J. Martin, P. Schreier/Coro della Staatsoper di Dresda, Orchestra Staatskapelle di Dresda/H. Hollreiser.
3 CD–EMI

Non particolarmente significativa la direzione di Hollreiser. I cantanti sono apprezzabili, ma non esaltanti.

Der Ring des Nibelungen:
Das Rheingold, 1869/*Die Walküre*, 1870/*Siegfried*, 1876/*Götterdämmerung*, 1876.
- B. Nilsson, R. Crespin, K. Flagstad, D. Fischer-Dieskau, G. London, W. Windgassen, G. Neidlinger, G. Frick, H. Hotter/Wiener Philharmoniker/G. Solti.
15 CD–DECCA (disponibili anche in opere singole)
- H. Dernesch, R. Crespin, G. Janowitz, J. Vickers, T. Stewart, G. Janowitz, J. Talvela, G. Stolze, K. Ridderbusch/Berliner Philharmoniker/H. von Karajan.
15 CD–DG (disponibili anche in opere singole)

L'esecuzione di Solti è altisonante nelle sonorità e ricchissima di colori; quella di von Karajan ha rappresentato una rivoluzione nel campo dell'interpretazione wagneriana, mettendo al bando l'enfasi e il canto perennemente "sopra il rigo". Con questa concezione interpretativa von Karajan compie delle scelte coraggiose, come quella di affidare Brünhilde alla Crespin nella *Walkiria*. Nella edizione Decca troviamo la Nilsson, una delle piú acclamate interpreti di Brünhilde e Windgassen, London e Hotter, per citare alcuni tra i principali cantanti wagneriani dell'ultimo trentennio.

Tannhäuser (1845)
- R. Kollo, H. Dernesch, C. Ludwig, V. Braun, H. Sotin/Coro della Staatsoper di Vienna, Wiener Philharmoniker/G. Solti.
3 CD–DECCA
- P. Domingo, C. Studer, A. Baltsa, A. Schmidt, M. Salminen/Coro del Covent Garden di Londra, Philharmonia Orchestra/G. Sinopoli.
3 CD–DG

La Decca del 1971 si rifà alla versione parigina dell'opera del 1861. La direzione di Solti è di prima grandezza: varia, magniloquente, sfarzosa ma anche sfumata. Ottimi i cantanti. Altrettanto meritevole d'interesse è l'incisione Dg del 1989, grazie all'analitica e vibrante direzione di Sinopoli e all'interessante interpretazione di Domingo; validi la Studer e Schmidt; pessima la Baltsa.

Tristan und Isolde (1865)
- L. Suthaus, K. Flagstad, D. Fischer-Dieskau, J. Greindl, B. Thebom/Coro del Covent Garden di Londra, Orchestra Philharmonia/W. Furtwängler.
4 CD–EMI
- J. Vickers, H. Dernesch, W. Berry, K. Ridderbusch, C. Ludwig/Coro della Deutsche Oper di Berlino/H. von Karajan.
4 CD–EMI

Tra le numerose registrazioni del *Tristan und Isolde* le incisioni di Furtwängler del 1952 e di von Karajan del 1972 possono in un certo senso rappresentare un punto di partenza e un fondamentale punto d'arrivo della storia dell'interpretazione wagneriana. Dalla visione mitica di Furtwängler alla visione esacerbata, dolorosa che caratterizza la lettura di von Karajan: due interpretazioni diverse, se vogliamo opposte, ma entrambe di straordinaria levatura musicale. Le compagnie vocali corrispondono poi perfettamente alle due diverse concezioni.

Weber Carl Maria von
(1786-1826)

Euryanthe (1823)
J. Norman, R. Hunter, N. Gedda, T. Krause, S. Vogel, R. Krahmer/Coro della Radio di Lipsia, Orchestra Staatskapelle di Dresda/M. Janowski.
3 CD–EMI

La direzione di Janowski è eccellente per varietà e intensità drammatica. Ottimi i cantanti, in particolare Krause e la Norman.

Der Freischütz (1821)
- E. Grümmer, L. Otto, R. Schock, K.C. Kohn, H. Prey/Coro della Deutsche Oper di Berlino/J. Keilberth.
2 CD–EMI
- G. Janowitz, E. Mathis, P. Schreier, T. Adam, B. Weikl, S. Vogel/Coro della Radio di Lipsia, Orchestra Staatskapelle di Dresda/C. Kleiber.
2 CD–DG

La Emi del 1959 è ancora oggi un'edizione piú che mai degna di nota: la direzione di Keilberth è chiara, precisa e teatrale. Tra i cantanti si fanno particolarmente apprezzare il notevole Max di Schock, la bella linea vocale della Grümmer e il validissimo Kaspar di Kohn. La Dg del 1973 segnò il felicissimo esordio discografico di Kleiber: una direzione sfumata, liricissima, ma allo stesso tempo capace di far scaturire violente accensioni orchestrali. Tra i cantanti sono ammirevoli le eleganti vocalità della Janowitz e della Mathis; buono Schreier, discreti gli altri.

Oberon (1826)
- D. Grobe, B. Nilsson, P. Domingo, H. Prey, J. Hamari, M. Schiml/Coro e Orchestra della Radio Bavarese/R. Kubelik.
2 CD–DG
- G. Lakes, D. Voigt, B. Heppner, D. Croft, D. Ziegler, V. Livengood/Coro dell'Opera di Stato di Colonia, Orchestra Filarmonica di Colonia/J. Conlon.
2 CD–EMI

La Dg del 1972 è un'esecuzione di altissimo livello: Domingo è uno smagliante Hüon, la Nilsson una Rezia di grande slancio, anche se forse un po' troppo teutonica; discreti gli altri cantanti. La direzione di Kubelik è molto elegante e ricca di sfumature. La Emi del 1992 si pone su un ottimo livello interpretativo. Heppner non regge il confronto con il giovane Domingo, mentre la Voigt, pur mostrando una maggiore varietà espressiva, non può vantare l'impeto vocale della Nilsson; buoni gli altri interpreti. Quanto alla direzione di Conlon è complessivamente efficace, anche se qua e là appare discontinua nella resa dei "tempi".

Weill Kurt (1900-1950)

Aufstieg und Fall der Stadt Mahagonny (1930)
- L. Lenya, G. Litz, H. Günther, G. Mund, F. Göllnitz, S. Roth, P. Markwort/Coro e Orchestra della Radio Germania Nordovest/W. Brückner-Rüggeberg.
2 CD–CBS
- A. Silja, A. Schlemm, T. Lehrberger, K. Hirte, W. Neumann, F. Mayer/Coro "Pro Musica" di Colonia, Orchestra della Radio di Colonia/J. Latham-König.
2 CD–CAPRICCIO

La Lenya, nonostante un evidente affievolimento dei suoi mezzi vocali, campeggia nell'incisione Cbs del 1956; buoni gli altri interpreti. Accettabile la direzione di Brückner-Rüggeberg. Anche nella Capriccio del 1988 campeggia un'altra vocalità femminile, quella della Silja, un' "attrice-vocale" di grande impatto; ottimi gli altri cantanti. Complessivamente valida la direzione di Latham-König.

Die Dreigroschenoper (1928)
- L. Lenya, W. Trenk-Trebitsch, E. Shellow, J. von Koczian, W. Neuss/Coro di Günther Arndt, Orchestra der Senders Freies Berlin/W. Brückner-Rüggeberg.
2 CD–CBS
- U. Lemper, R. Kollo, M. Adorf, H. Dernesch, Milva, W. Reichmann, S. Tremper, R. Boyesn/Rias Kammerchor, Rias Berlin Sinfonietta/J. Mauceri.
1 CD–DECCA

La Cbs del 1958 è ottima, sia sul piano dei cantanti che su quello della direzione d'orchestra, affidata a Brückner-Rüggeberg. La Decca del 1988 si avvale della presenza della Lemper e di Milva, a ragione considerate le massime interpreti attuali del repertorio di Weill; notevoli gli altri. Piú che valida la direzione di Mauceri, uno "specialista" di questo autore.

Der Zar lässt sich photographieren (1928)
B. McDaniel, C. Pohl, T. Lehrberger, U. Tocha, M. Napier, H. Kruse/Coro e Orchestra della Radio di Colonia/J. Latham-König.
1 CD–CAPRICCIO
Eccellente esecuzione.

Wolf Hugo (1860-1903)

Der Corregidor (1896)
H. Donath, D. Soffel, D. Fischer-Dieskau, W. Hollweg, K. Moll, V. von Halem/Coro e Orchestra Sinfonica Rias di Berlino/G. Albrecht.
2 CD–SCHWANN
Di buon livello la direzione di Albrecht. Valida, anche se discontinua, la resa dei cantanti.

Wolf-Ferrari Ermanno (1876-1948)

Il campiello (1936)
G. Devinu, M. Bolgan, D. Mazzuccato, C. De Mola, U. Benelli, M.R. Cosotti, M. Comencini/Coro e Orchestra del Teatro "G. Verdi" di Trieste/N. Bareza.
2 CD–RICORDI-FONIT CETRA
È una ripresa "dal vivo" del marzo del 1992. Valida, ma un tantino priva di vivacità, la direzione di Bareza. Ottima la compagnia di canto, nella quale spiccano le voci sopranili della Devinu, della Bolgan e della Mazzuccato.

Zandonai Riccardo (1883-1944)

Francesca da Rimini (1914)
R. Kabaivanska, F. Prandini, M. Manuguerra, W. Matteuzzi, P. De Palma/Coro e Orchestra della Radio Bulgara/M. Arena.
2 CD–RCA
La Kabaivanska è una grandissima Francesca; attorno a lei un inusuale Matteuzzi offre un'ottima interpretazione di Paolo; validissimo Manuguerra. Egregia la direzione di Arena.

REFERENZE FOTOGRAFICHE

Giovanni Agostinucci: 233, 242. Amati Bacciardi: 22a, 41, 51, 62, 267a, 273a, 288, 306b, 326b. Archivio fotografico Teatro alla Scala/Lelli & Masotti: 19, 34, 37, 63a, 76a, 78b, 79, 83d, 85a, 87a, 95, 136a, 165a, 180a, 199b, 210a, 213a, 218a, 295a, 309, 336, 337b, 340a, 357a, 365b, 369b, 370b, 377b. Bisazza: 279. Maurizio Buscarino: 31a, 156a. Enzo Conte: 155. Alberto Dallatomasina: 20. De Rota: 214, 246a. Mike Evans: 217b. Gianfranco Fainello: 13, 103a, 224a, 239a, 374as. Corrado Maria Falsini: 102b, 318. Fayer: 8bs, 27a, 50b, 125b, 131, 137, 140a, 144, 147b, 152a, 154a, 157a, 163a, 163b, 167b, 168a, 169b, 171b, 188b, 194b, 197a, 207a, 208b, 210b, 218b, 219a, 225, 228, 240a, 244a, 248b, 253a, 255b, 296b, 297, 325b, 328a, 337a, 342, 344b, 367a, 371b, 377a, 380b, 382b. Inasaridse: 26b. Gabi Kahle/DGG: 168b. Anne Kirchbach: 26a. Fabio Lensini: 36b. Magic-Vision: 245a. Marchiori: 39b, 48, 49a, 66b, 108, 126, 130b, 139b, 186a, 191, 220, 221b, 247, 312, 330a, 361b, 378a. Marco: 143a. Montanari-Marson: 244b, 292b. M. Montanari-L. Tazzari: 94a. Piccagliani: 21b. Piccardo e Rosso: 152b. Jörg Reichardt/DGG: 216, 335b. Luciano Romano: 24b, 53a, 55, 56b, 57, 59, 64, 83a, 89a, 105, 111, 120, 129, 140b, 229a, 251a, 259, 276b, 303, 307. V. Solowjow: 134b. Christian Steiner/DGG: 45b, 281a.
Le illustrazioni del presente volume non espressamente elencate sono dell'Archivio Mondadori, Milano.

Si ringraziano inoltre: Fedeli Opera International; Gianna Galli; Italartist; Jack Mastroianni della Columbia Artists Management; Stage Door Opera Management; Viviana Zampa e Enrico Tinchini del Rossini Opera Festival; e inoltre tutti gli Enti Lirici e i Teatri d'Opera che hanno gentilmente messo a disposizione il proprio materiale iconografico.